MAISON CENTRALE DE DROGUERIE
FONDÉE EN 1816

CATALOGUE COMMERCIAL

OU

PRIX COURANT GÉNÉRAL

DES

DROGUES SIMPLES
PRODUITS PHARMACEUTIQUES ET CHIMIQUES
PLANTES MÉDICINALES
MÉDICAMENTS SPÉCIAUX ET HOMOEOPATHIQUES
INSTRUMENTS DE PHARMACIE, DE CHIRURGIE, DE CHIMIE, DE PHYSIQUE
ET TOUS AUTRES ARTICLES ET APPAREILS
SCIENTIFIQUES ET INDUSTRIELS
A L'USAGE
DE LA **PHARMACIE** ET DE LA **MÉDECINE.**

CINQUIÈME ÉDITION
1860

MENIER

PHARMACIEN-DROGUISTE

37, Rue Sainte-Croix de la Bretonnerie

A PARIS.

FABRIQUE ET USINE HYDRAULIQUE
à Noisiel-sur-Marne.

RÉCOMPENSES

OBTENUES

PAR MM. MENIER.

1832. Société d'Encouragement. . . . . Médaille d'or.

1834. Exposition des Produits de l'Industrie. . . . . Médaille d'argent.

1839. Exposition des Produits de l'Industrie. . . . . Médaille d'argent.

1844. Exposition des Produits de l'Industrie. . . . Rappel de Médaille d'argent.

1849. Exposition des Produits de l'Industrie. . . . . Médaille d'or.

1851. Exposition universelle de Londres. . . . . { Prize medal. / Mention honorable. }

1853. M. Menier père est nommé *Chevalier de la Légion d'honneur*.

1853. Exposition universelle de New-York. . . . . 2 Médailles de bronze.

1855. Exposition universelle de Paris. . . . . Médaille d'honneur.

PARIS. TYPOGRAPHIE DE HENRI PLON,
IMPRIMEUR DE L'EMPEREUR,
RUE GARANCIÈRE, 8.

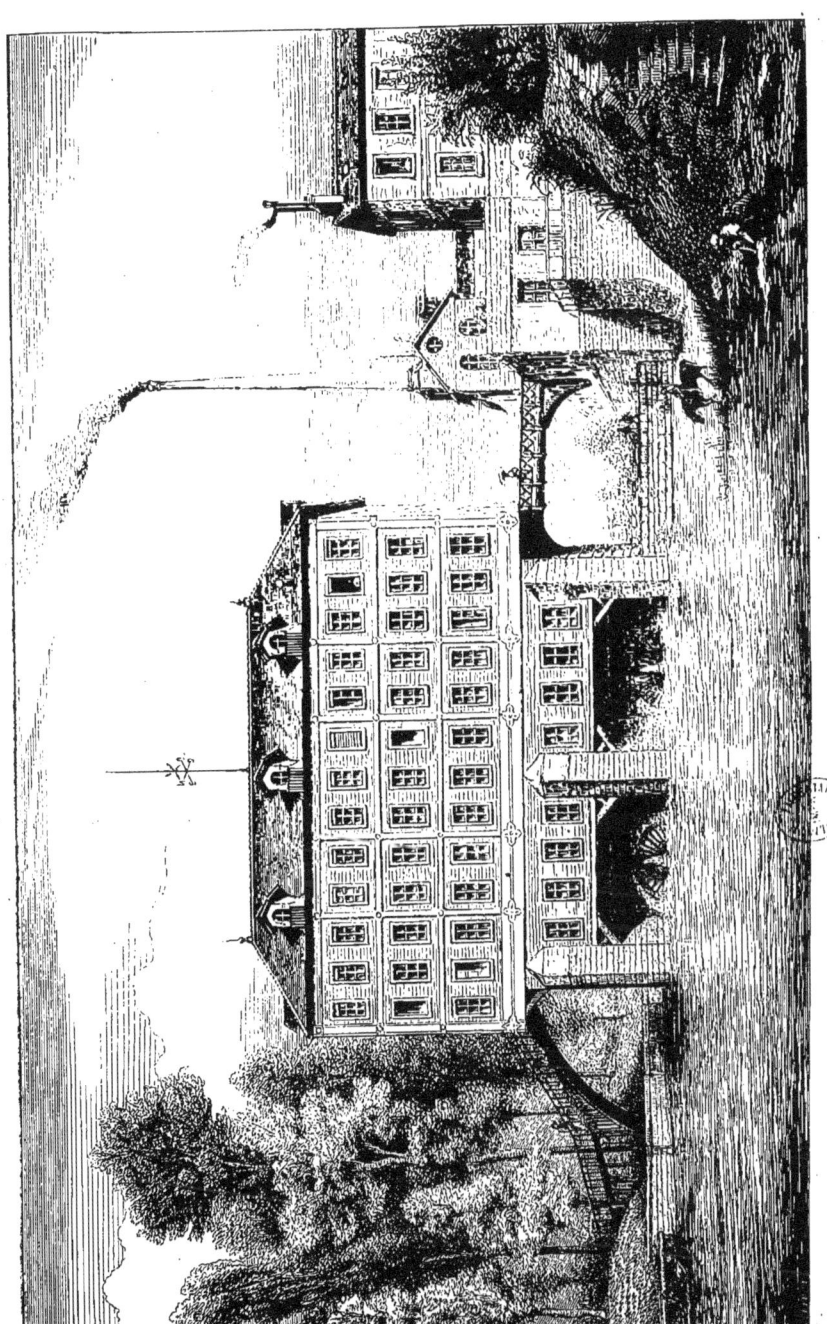

FABRIQUE ET USINE HYDRAULIQUE DE NOISIEL-SUR-MARNE (vue d'aval).

FABRIQUE ET USINE HYDRAULIQUE DE NOISIEL-SUR-MARNE (Vue d'amont).

PRÉFACE.

Nous laissons au rapport du jury de l'Exposition universelle de Paris le soin de rappeler nos titres à la confiance des pharmaciens. La parole des hommes placés à la tête de la science aura plus d'autorité que la nôtre; nous ajouterons seulement cette réflexion : En écoutant les notabilités choisies parmi les peuples les plus avancés de l'Europe proclamer que notre maison *est un établissement hors ligne*, nous avons trouvé la récompense de nos efforts pour faire progresser notre profession, et de notre application constante à consolider notre œuvre par des améliorations successives. Depuis l'Exposition de 1855, cette persévérance à suivre la voie de progrès ne s'est pas amoindrie : nous en donnons un témoignage évident dans cette édition nouvelle de notre Catalogue général.

Ce livre, dont l'utilité est si bien comprise dans les officines, et nous dirons qui sert aussi de guide au commerce de la droguerie, a reçu une augmentation considérable. Nous avons observé les besoins de notre temps, remarqué avec satisfaction l'activité dont quelques pharmaciens donnent l'exemple pour agrandir le cercle d'affaires de leurs officines, et nous avons voulu aider ce mouvement en rassemblant tous les renseignements propres à faire rentrer dans le domaine de la pharmacie les articles qu'elle peut emprunter soit aux industries voisines, soit à celles dont les produits ont un intérêt scientifique. Un pied dans le commerce, l'autre dans la science, le pharmacien doit être dans sa localité l'intermédiaire naturel entre les écoles publiques ou particulières, les amateurs s'occupant d'études ou d'expériences, et les fabricants d'instruments de précision, les constructeurs d'appareils chimiques ou industriels : aussi avons-nous donné une grande extension aux chapitres qui concernent l'enseignement, la physique, la distillation, la photographie, etc.

Si dans le catalogue des substances médicinales, nous avons placé le nom latin en regard du nom français, ce n'a pas été pour faire un vain étalage d'érudition, mais pour rendre plus faciles nos rapports avec les pharmaciens étrangers. Tous savent les appellations latines et sont peu familiarisés avec les noms français. Le mot latin précise nettement la substance médicinale, et rend cette partie de notre Catalogue intelligible à tous. Cette nomenclature aura, du reste, son utilité pour dresser les listes d'étiquettes en latin. Le même désir d'être compris par les pharmaciens étrangers nous a fait traduire les principales observations en anglais et en espagnol.

PRÉFACE.

Une table dressée avec le plus grand soin, par ordre alphabétique, indique la place où se trouvent tous les articles accessoires qui figurent dans notre Prix courant. C'eût été faire un travail superflu que d'y rappeler aussi les articles de droguerie, pharmacie, herboristerie, produits chimiques ou industriels qui sont consignés suivant l'ordre d'un dictionnaire dans le grand chapitre des substances médicinales. La même chose a lieu pour les médicaments spéciaux, rangés avec le même ordre dans leur catalogue particulier.

La composition de cet ouvrage, les nombreuses figures qui rendent le texte plus clair, ont exigé des frais beaucoup plus considérables que ceux de nos publications antérieures; mais nous n'avons reculé devant aucun sacrifice, persuadés que cette publication aurait d'heureuses conséquences pour les intérêts généraux de la profession de pharmacien.

Si l'on s'étonnait qu'une seule maison puisse prendre sous sa responsabilité la vente d'un aussi grand nombre d'articles portés sur notre Catalogue, nous rappellerions que ce qui paraît impossible à réaliser s'exécute sans confusion, et dans des conditions régulières, quand un établissement est pourvu d'une organisation à la hauteur de son travail.

Notre expérience de longue date dans les achats en fabrique de tous genres, aidée par le choix et la compétence de notre personnel, nous permet d'affirmer à nos commettants que leurs intérêts seront aussi bien, sinon mieux servis par notre intermédiaire, que s'ils achetaient eux-mêmes chez les producteurs.

La fabrique de produits chimiques, que nous avons créée pour répondre spécialement aux besoins de la médecine, a pris rang parmi les plus considérées. Son organisation actuelle, au point de vue scientifique et industriel, nous fait espérer qu'elle comblera bientôt le vide laissé par l'extinction d'anciennes fabriques qui jetaient de l'éclat sur cette partie de l'industrie française.

Depuis quelques années, nos relations se sont considérablement étendues dans les pays d'outre-mer. Les médicaments français y sont appréciés pour leur bonne qualité, pour la loyauté de leur préparation; et la confiance qu'ils inspirent y fait des progrès tels, qu'avant peu ces articles de France primeront ceux exportés d'ailleurs. Nous nous félicitons d'avoir contribué pour une bonne part à ce résultat favorable au commerce général.

Paris, 20 janvier 1860.

Nota. *Consulter à la page* 14 *quelques observations sur les usages de notre maison.*

RAPPORT DES MEMBRES DU JURY

DE

L'EXPOSITION UNIVERSELLE DE PARIS-1855

XIIe Classe. — 4e Groupe.

HYGIÈNE, PHARMACIE, MÉDECINE ET CHIRURGIE.

M. Menier est à la tête d'un établissement de pharmacie et de droguerie tout à fait hors ligne. Cet établissement, fondé depuis trente-neuf ans, et qui n'a cessé de s'étendre et de se perfectionner, est le premier en France où ait été introduite la manipulation en grand des produits pharmaceutiques, et notamment des poudres et des extraits.

A cet égard, il est permis de dire que les procédés de fabrication inaugurés par M. Menier père ont été l'origine d'une véritable révolution, non-seulement dans l'industrie, mais aussi dans le commerce de la pharmacie.

La place considérable qu'occupent, dans la thérapeutique, les médicaments administrés sous forme de poudre, peut donner une idée de l'importance que devait offrir tout perfectionnement apporté dans la pulvérisation des substances médicamenteuses. Cependant, il y a peu d'années encore, chaque pharmacien faisait préparer lui-même, à bras d'homme, dans son officine, des poudres médicinales; et si l'on réfléchit aux différences de texture des diverses matières, les unes dures, molles ou filandreuses, les autres résineuses, oléagineuses ou élastiques, on comprendra quel résultat imparfait devaient donner des procédés si insuffisants. L'introduction des agents mécaniques dans la pulvérisation était donc déjà par elle-même un très-grand progrès. Mais ce n'est pas le seul qui ait été réalisé dans l'établissement de M. Menier, tel qu'il existe aujourd'hui. Un moteur hydraulique d'une force de 90 chevaux, la turbine verticale sans directrice ou roue-hélice, récemment inventée par l'ingénieur Girard, met en action des machines appropriées à la nature de chaque substance : pilons à couteaux pour les corps filandreux; à tête conique pour les matières oléagineuses; en forme de massue, d'un poids énorme, pour les corps durs; en bois ou en marbre pour ceux qu'altérerait le contact du fer; meules verticales et horizontales, et enfin tamisoirs mécaniques. C'est à l'aide de ces moyens que M. Menier produit des poudres véritablement impalpables, ou du moins d'une finesse et d'une beauté qu'on ne peut obtenir par les procédés ordinaires, en opérant sur de petites quantités. Ce progrès important et incontestable a été apprécié par les pharmaciens eux-mêmes. Et l'on peut affirmer que depuis qu'ils ont pu se procurer les produits dont ils ont reconnu la bonne préparation et la pureté, ils ont renoncé à les fabriquer eux-mêmes. Il est facile de mesurer l'étendue de ce perfectionnement quand on voit sortir annuellement de l'usine de Noisiel-sur-Marne plus de 200,000 kilog. de poudres médicinales de toutes sortes, dont M. Menier approvisionne non-seulement les quatre cinquièmes des pharmaciens de la France, mais encore un très-grand nombre d'établissements de l'étranger, en Autriche, en Espagne, en Turquie, en Égypte, en Italie et en Amérique.

La fabrication des extraits pharmaceutiques n'a pas été moins perfectionnée dans l'établissement de M. Menier. On sait que les extraits préparés à feu nu risquent d'être altérés par l'action d'une chaleur trop forte et que, par cette raison, on ne peut opérer, à l'aide de cette méthode, que sur des quantités restreintes. En 1843, M. Menier père a eu l'heureuse pensée d'appliquer à la préparation en grand des extraits pharmaceutiques les appareils usités dans l'industrie sucrière, et d'évaporer les sucs de plantes dans le vide, à une température qui n'excède pas 45 à 50 degrés centigrades, et qui est d'autant moins élevée que le vide est plus parfait. C'est ainsi que M. Menier, dont les procédés n'ont pas tardé d'être imités, est arrivé à produire en grand des quantités commerciales d'extraits d'une qualité excellente.

Ce ne sont pas là les seuls titres par lesquels se recommande l'établissement de M. Menier. Sans parler d'un laboratoire de produits chimiques, à l'usage de la médecine, récemment annexé à son usine, et qui la complète, elle possède encore deux branches de fabrication qui doivent être signalées comme une véritable conquête industrielle : il s'agit de l'orge perlé et mondé, et du gruau. Ces deux produits sortent de l'usine de Noisiel dans un état de perfection qui ne pourrait être dépassé, et qui est dû à la supériorité des machines employées à la décortication. Le gruau, fabriqué à l'abri de l'humidité, n'est plus exposé à s'altérer et à s'aigrir.

Quant à l'orge perlé, qu'il suffise de dire que la Hollande, qui était en possession depuis un temps immémorial du monopole de cette fabrication, s'en est vue dépossédée sur le marché français, par la supériorité des produits sortant de l'usine de M. Menier.

En résumé, l'établissement de M. Menier est le premier en France qui, par suite d'une organisation toute spéciale (1), ait présenté le caractère d'un grand centre d'approvisionnement pharmaceutique. En répandant, par la voie d'un commerce très-étendu, dont l'importance atteint annuellement un chiffre de plusieurs millions, des produits d'une qualité supérieure obtenus et livrés à des prix réduits, il a contribué à améliorer dans la province, et même à l'étranger, les conditions dans lesquelles s'exerce le plus généralement la pharmacie.

Par tous ces motifs, M. Menier a paru à la XIIe classe et au 4e groupe digne de la médaille d'honneur.

Le Jury de la XIIe classe :

MM. le Dr F. ROYLE, F. R. S., *Président*, professeur au collège du Roi, membre du Jury de l'Exposition de Londres (1851). — ANGLETERRE.

RAYER, *Vice-Président*, membre de l'Académie des sciences et de l'Académie impériale de médecine, médecin de l'hôpital de la Charité. — FRANCE.

NÉLATON, professeur de clinique à la Faculté de médecine, chirurgien à l'Hôtel-Dieu. — FRANCE.

MÉLIER, membre de l'Académie impériale de médecine et du Comité consultatif d'hygiène publique. — FRANCE.

BUSSY, membre de l'Académie des sciences et de l'Académie impériale de médecine, directeur de l'École de pharmacie. — FRANCE.

HENRY BOULEY, professeur à l'École vétérinaire d'Alfort. — FRANCE.

AMBROISE TARDIEU, *Secrétaire*, professeur agrégé à la Faculté de médecine, membre du Comité consultatif d'hygiène publique, médecin de l'hôpital Lariboisière. — FRANCE.

DEMARQUAY, docteur en médecine. — FRANCE.

Sir JOSEPH OLIFFE, médecin de l'ambassade anglaise à Paris. — ANGLETERRE.

EDWIN CHADWICK, C. B., ancien membre du Comité général d'hygiène. — ANGLETERRE.

le D^r DE VRY, docteur ès sciences physiques et mathématiques, professeur de chimie. — HOLLANDE.

---

(1) Plus de 200 personnes sont employées dans l'établissement Menier, tant à Paris qu'à Noisiel, et y trouvent, outre des conditions de bien-être et d'amélioration morale qui honorent le chef de cette Maison, une caisse d'épargne particulière, où l'intérêt leur est compté à six pour cent.

REPORT OF THE MEMBERS OF THE JURY

OF THE

PARIS UNIVERSAL EXHIBITION OF 1855

12th Class. — 4th Group.

HYGIENE, PHARMACY, MEDECINE AND SURGERY.

Mr. Menier is at the head of an establishment of pharmacy and drug trade which is out of the usual line. It was founded about thirty nine years ago and has been constantly extending and perfecting itself, and is the first in France which introduced the manipulation on a large scale of pharmaceutical productions, and particularly of powders and extracts.

In this respect we may be allowed to say that the manufacturing processes inaugurated by Mr. Menier sen^r, have been the origin of a real revolution, not only in the manufacture, but also in the commerce of pharmacy.

The considerable place occupied in therapeutics by medicines administered in the form of powder, may give an idea of the importance of any improvement which may be made in the pulverisation of medicinal substances. Nevertheless, only a few years ago each pharmacian had prepared himself, by manual labour, in his laboratory medicinal powders; and if we reflect on the difference in the texture of the various matters, some hard, soft or stringy, others resinous, oleaginous or elastic, it may be readily conceived how imperfect a result must have been produced by such insufficient processes. The introduction of mechanical agents in pulverisation was therefore of itself a very considerable progress. This is not however the only one that has been realised in the establishment of Mr. Menier, such as it now exists. An hydraulic machine of 90 horse power; the vertical turbine without guiding or screw-wheel, recently invented by the engineer Girard, puts in motion machines appropriated tho the nature of each substance; knife-pestles for stringy bodies; with a conical head for oleaginous substances; in the form of a club, of enormous weight for hard bodies; in wood or marble for those which may be injured by coming into contact with iron; vertical and horizontal millstone and lastly mechanical sieves. It is by the aid of these means that Mr. Menier produces powders really impalpable, or at least of a fineness and beauty, which cannot be obtained by ordinary processes, or by only operating on small quantities. This important and incontestable progress has been appreciated by the chemists themselves, and it may be affirmed that since they have been able to procure the productions, the good preparation and purity of which, they have fully ascertained they have given up making them themselves. It is easy to judge of the extent of this improvement, when there is seen annually leave the manufactory of Noisiel-sur-Marne more than 200,000 kilogrammes of medicinal powders, with which Mr. Menier supplies not only four fifths of the chemists in France but also a very great number of establishments abroad, in Austria, Spain, Turkey, Egypt, Italy and in America.

The manufacture of pharmaceutical extracts has undergone similar improvement in the establishment of Mr. Menier. It is well known that those extracts when prepared on an open fire run the risk of being injured by the action of too strong a heat, and that for this reason this method cannot be adopted except on limited quantities. In 1843 Mr. Menier sen^r conceived the advantageous idea of applying to the preparation on a large scale of pharmaceutical extracts, the apparatus used in the manufacture of sugar, and of evaporating the juices of plants *in vacuo* at a temperature not exceeding 45 to 50 degrees centigrade, and which is the less high as the vacuum is more perfect. It is thus that Mr. Menier, whose processes were very soon imitated, succeeded in producing in large quantities, extracts of excellent quality.

These are not the only claims which the establishment of Mr. Menier has to public notice. Without speaking of a laboratory of chemical products for the use of medicine which was recently annexed to his manufactory, and which completes it, it also possesses two branches of manufacture which merit to be pointed out as a real industrial conquest: pearl and peeled barley, and groats. These two productions leave the manufactory of Noisiel in a state of perfection which cannot be surpassed, and which is due to the superiority of the machines employed in it. The groats which are made in a dry place, are no longer liable to change or become sour.

Holland which has from time immemorial enjoyed a kind of monopoly in the manufacture of pearl-barley, is now driven out of the French market by the superiority of the production of Mr. Menier.

To sum up, the establishment of Mr. Menier is the first in France which in consequence of its special organization (1) has presented the character of a great centre for the supply of pharmaceutical articles. By distributing by the means of a very extensive trade, the amount of which annually reaches several millions, productions of a superior quality obtained and delivered at reduced prices, it has contributed to improve in the provinces and even abroad, the conditions on which the chemistry business is generally carried on.

From all these reasons Mr. Menier has appeared to the twelfth class and the fourth group worthy of the medal of honour.

The Jury of the twelfth Class are:

Dr F. ROYLE, F. R. S., *President*, professor at King's college, member of the Jury Exhibition at London (1851).	ENGLAND.
Mr. RAYER, *Vice-President*, member of the Academy of Science and of the Imperial Academy of medicine, physician to the Hôpital de la Charité.	FRANCE.
Mr. NÉLATON, Clinical professor at the Faculty of medicine, and surgeon at the Hôtel-Dieu.	FRANCE.
Mr. MÉLIER, member of the Imperial Academy of medicine and of the consultative Committee on public health.	FRANCE.
Mr. BUSSY, member of the Academy of sciences and of the Imperial Academy of medicine, director of the School of pharmacy.	FRANCE
Mr. HENRY BOULEY, professor at the veterinary School of Alfort.	FRANCE.
Mr. AMBROISE TARDIEU, *Secretary*, professor at the Faculty of medicine, member of the consultative Committee on public health, and physician at the Hôpital Lariboisière.	FRANCE.
Mr. DEMARQUAY, physician.	FRANCE.
Sir JOSEPH OLIFFE, physician to the English embassy in Paris.	ENGLAND.
Mr. E. CHADWICK, C. B., ex member of the Board of health.	ENGLAND.
D^r DE VRY, doctor of physics and mathematics sciences, professor of chemistry.	HOLLAND.

---

(1) More than 200 persons are employed in the establishment of Mr. Menier, at Paris and at Noisiel and they there find, in addition to measures for promoting their comfort and moral improvement which do honour to the head of that house, a private savings' bank where they have six per cent allowed to them for their deposits.

INFORME DE LOS MIEMBROS DEL JURADO

DE

LA EXPOSICION UNIVERSAL DE PARIS-1855

XIIª Clase. — 4º Grupo.

HIGIENE, FARMACIA, MEDICINA Y CIRUGÍA

El señor Menier se halla al frente de un establecimiento de farmacia y droguería enteramente excepcional. Este establecimiento, fundado hace treinta y nueve años, no ha cesado de estenderse y perfeccionarse desde entónces, y es el primero en Francia donde se ha introducido la manipulacion en grande de los productos farmacéuticos y especialmente de los polvos y extractos.

Puede asegurarse por lo tanto que los procedimientos de fabricacion inaugurados por el señor Menier padre, han sido el orígen de una verdadera revolucion no solo en la industria sino tambien en el comercio de la farmacia.

El puesto considerable que los medicamentos administrados en forma de polvos ocupan en la terapéutica, puede dar una idea de la importancia que debia ofrecer todo perfeccionamiento obtenido en la pulverizacion de las sustancias medicamentosas, sin embargo, no hace aun muchos años que los farmacéuticos hacian preparar en sus mismos laboratorios, á brazo de hombre, los polvos medicinales; y si se hace uno cargo de las diferencias de textura de las diversas materias, unas duras, blandas ó fibrosas, otras resinosas, oleaginosas ó elásticas, se comprenderá cuan imperfectos resultados debian dar unos procedimientos tan insuficientes. La introduccion de los agentes mecánicos en la pulverizacion era pues ya por sí misma un grandísimo adelanto. Pero no es este el único realizado en el establecimiento del señor Menier, tal cual existe en el dia. Un motor hidráulico de la fuerza de 90 caballos, la turbina vertical sin directora ó rueda hélice, recientemente inventada por el ingeniero Girard, pone en movimiento máquinas apropiadas á la naturaleza de cada sustancia: los morteros con cortantes, para los cuerpos fibrosos; los de cabeza cónica, para las materias oleaginosas; los de forma de maza, de enorme peso, para los cuerpos duros; los de madera ó mármol, para los que pudieran ser alterados por el contacto del hierro; las muelas verticales é horizontales, y por fin los tamices mecánicos. Valiéndose de estos medios, ha producido el señor Menier polvos verdaderamente impalpables, ó al menos de una finura y belleza que no se puede obtener con los procedimientos ordinarios, operando en pequeñas cantidades. Este importante é incontestable progreso ha sido apreciado por los mismos farmacéuticos, pudiéndose afirmar que desde que han podido proveerse de los productos cuya buena preparacion y pureza han reconocido, han renunciado á fabricarlos en sus laboratorios. Fácil es calcular la estension de este perfeccionamiento, si se considera que de la fábrica de Noisiel-sur-Marne, salen anualmente mas de 200,000 kilógramos de polvos medicinales de todas clases, con los cuales provee el señor Menier no solamente á las cuatro quintas partes de los farmacéuticos de Francia, sino tambien á un número crecidísimo de establecimientos extrangeros, en Austria, España, Turquía, Egipto, Italia y América.

No se ha perfeccionado menos la fabricacion de los extractos farmacéuticos en el establecimiento del señor Menier. Sabido es que los extractos preparados á fuego vivo corren riesgo de alterarse por la accion de un calor excesivo, y que por la misma razon, si se sigue este método, no puede operarse mas que en cantidades reducidas. El señor Menier padre tuvo en 1843 la feliz idea de aplicar á la preparacion en grande de los extractos farmacéuticos los aparatos que se usan en las fábricas de azucar, y de evaporar los jugos de las plantas en el vacío á una temperatura que no excede de 45 á 50 grados centígrados, y que es tanto ménos elevada cuanto mas perfecto es el vacío. Así es como el señor Menier, cuyos procedimientos han sido imitados muy pronto, ha llegado á producir por mayor cantidades comerciales extractos de excelente calidad.

No son esos los únicos títulos que recomiendan al establecimiento del señor Menier. Ademas del laboratorio de productos químicos, al uso de la medicina, anexo á su fábrica como complemento de ella, posee otros dos ramos de fabricacion que deben señalarse como una verdadera conquista industrial: se trata de la cebada y avena perladas y mondadas, productos ambos que salen de la fábrica de Noisiel en un estado de perfeccion que no podria ser aventajado, lo cual es debido á la superioridad de las máquinas empleadas en el descortezamiento. La avena, fabricada al abrigo de la humedad, ya no se halla expuesta á alterarse ni agriarse.

Por lo que respecta á la cebada perlada, baste decir que la Holanda, que era la que estaba en posesion del monopolio de esta fabricacion, se ha visto desposeida de él en el mercado francés, por la superioridad de los productos que salen de la fábrica del señor Menier.

En resúmen, el establecimiento del señor Menier es el primero en Francia que, á consecuencia de una organizacion enteramente especial (1), ha presentado el carácter de un gran centro de abastecimiento farmacéuticos. Derramando por la via de un comercio muy estenso, cuya importancia asciende anualmente al guarismo de varios millones, productos de una calidad superior, obtenidos y expendidos á precios reducidos, ha contribuido á mejorar en la provincia, y aun en el extrangero, las condiciones en que generalmente se ejerce la farmacia.

Por todos estos motivos la 12ª clase y el grupo 4º ha considerado al señor Menier digno de la medalla de honor.

El Jurado de la XIIª Clase:

Señores Dr F. ROYLE, F. R. S., *Presidente*, profr en el colegio del Rey, miembro del Jurado de la Exposicion de Lóndres (1851).	INGLATERRA.
RAYER, *Vice-Presidente*, miembro de la Academia de ciencias y de la Academia de medicina, médico del hospital de la Caridad	FRANCIA.
NELATON, profesor de clínica en la Facultad de Medicina, cirujano en el Hotel-Dieu.	FRANCIA.
MELIER, miembro de la Academia imperial de medicina y de la Junta consultativa de higiene pública.	FRANCIA.
BUSSY, miembro de la Academia de ciencias y de la Academia imperial de medicina, dirtor de la Escuela de farmacia.	FRANCIA.
ENRIQUE BOULEY, profr en la Escuela veterinaria de Alfort.	FRANCIA.
AMBROSIO TARDIEU, *Secretario*, profesor agregado á la Facultad de medicina, miembro de la Junta consultativa de higiene, médico del hospital Lariboisière	FRANCIA.
DEMARQUAY, doctor en medicina.	FRANCIA.
Sir José OLIFFE, médico de la embajada inglesa en Paris.	INGLATERRA.
EDWIN CHADWICK, C. B., antiguo miembro de la Junta general de higiene.	INGLATERRA.
Dr DE VRY, doctor en ciencias físicas y matemáticas, profesor de química.	HOLANDA.

---

(1) Mas de 200 personas se hallan empleadas en dicho establecimiento, tanto en Paris como en Noisiel, las cuales encuentran en él, ademas de las condiciones de bienestar y mejoras morales que honran al dueño de esta casa, una caja de ahorros particular que les paga el interés de 6 p. %.

Nous appelons l'attention de nos Commettants de France et de l'Étranger sur les observations suivantes :

1° Les commettants hors de France qui, n'ayant pas eu de relations antérieures avec notre maison, nous adressent pour la première fois une demande, devront l'accompagner d'une lettre de change ou d'une traite de la valeur approximative de la commission; ou bien, nous désigner une maison de France ou de l'une des principales places d'Europe chargée de régler pour eux le montant de la facture.

Ils auront intérêt à comprendre dans cette traite les frais de transport de Paris au port de mer, ceux d'embarquement et d'assurances; nous leur éviterons, en réglant ces frais pour leur compte, les primes de 10 à 20 % que perçoivent les capitaines de navires lorsqu'ils en font les avances.

2° Les prix de nos marchandises étant établis *payables dans Paris,* les frais de change et de négociation de nos traites ou mandats sur la Corse, l'Algérie, l'Étranger et les pays d'outre-mer sont nécessairement à la charge de nos commettants.

3° Apportant tous les soins possibles à l'emballage des marchandises, et surtout de celles qui doivent faire un voyage de long cours, nous ne pouvons accepter la responsabilité des avaries ou des pertes, qui sont toujours le fait du mauvais traitement des colis pendant le transport.

4° Nous ne pouvons fournir les spécialités à un prix plus bas que la cote de notre Prix courant, et 3 % d'escompte au comptant. Cette observation a pour but d'éviter les réclamations de quelques-uns de nos commettants qui voudraient obtenir les conditions de faveur faites par les fabricants de spécialités pour des marchés importants. Nous ne sommes pas en mesure de faire ces concessions; toutefois il y a lieu de remarquer qu'en défalquant la commission d'usage (5 %) payée à l'intermédiaire sur la différence de nos prix, l'écart devient presque insignifiant.

5° Nous rappelons que tout commettant qui payera comptant ou dans le mois suivant le jour de l'expédition, a droit à un escompte de 3 %. Par compensation, lorsque le règlement de nos factures n'est pas effectué au terme de 6 mois, nous portons au débit de notre client l'intérêt de notre créance, suivant le taux en usage dans le pays qu'il habite : cet intérêt, qui peut être plus élevé, ne descend jamais au-dessous de 6 % l'an.

6° Lorsqu'on nous demande un article spécial non mentionné sur notre Prix courant, il est utile de joindre l'adresse du fabricant; à défaut de cette adresse, quelques détails sur la nature de l'objet : en facilitant nos recherches on évitera des retards dans l'expédition. On devra s'attendre à ces retards pour les notes chargées d'articles à faire fabriquer ou à se procurer en ville.

7° En raison des dispositions prises pour le service de nos bureaux et celui de nos expéditions, nous prions nos commettants d'écrire sur des feuilles de papier distinctes leurs observations qui regardent les règlements de comptes et la liste des articles composant une commission à leur expédier.

8° Le travail de notre correspondance est assez considérable pour que nous ne puissions pas constamment envoyer la facture le jour de l'expédition de la marchandise, de sorte que nous recevons quelquefois des réclamations alors que les colis font route depuis plusieurs jours. Nous engageons donc nos commettants à se rassurer dans leurs craintes de retards, tout en prenant de notre côté des mesures pour rendre plus rapide l'envoi de nos factures.

We call the attention of our customers in France and abroad to the following observations :

1. Customers out of France, who, not having had previous relations with our house, send an order to us for the first time, must accompany it with a bill or a draft of about the sum it will amount to; or they may point out a house in France, or in one of the principal cities in Europe, charged to settle the amount of the invoice for them.

It will be for their interest to include in this draft or bill, the expence of carriage from Paris to the sea port as well as the shipping charges and insurance; by settling those charges on their account, we shall save them the premium of from 15 to 20 per cent which the captains of the vessels charge when they make those advances.

2. The prices of our merchandize being established *payable in Paris*, the expenses of the exchange and the negotiation of our drafts or orders on Algeria and countries beyond sea, are necessarily at the charge of our customers.

3. As we pay every possible attention to the packing of our merchandize, and particularly to those sent to foreign countries, we cannot hold ourselves responsible for loss or damage which always result from the way in which the packages are handled during their transport.

4. We cannot furnish special articles at a price below that quoted in our price current, and 3 per cent discount for cash. The object of this observation is to avoid the applications of some of our customers who wish to obtain the same conditions as are accepted by the manufacturers of special articles for large sales. We are not able to make those concessions but we may remark that, by deducting the usual commission, 5 per cent, paid to an intermiate agent from the difference of our prices, the increase will become very trifling.

5. We remark that every customer who pays ready money or within the month following the execution of his order, is entitled to a discount of 3 per cent. By way of compensation when the settlement of our invoices is not made at the end of six months, we carry to the debit of our customer the interest on our debt, according to the usual rate of the country in which he resides. This interest which may be more than 6 per cent per annum, can never be less than that rate.

6. When an order is sent to us for a special article which is not mentioned in our price current, it is adviseable to add the address of the manufacturer, or for want of that address some details as to the nature of the article. Our enquiries being thus facilitated delay in the execution of the order will be prevented. Some delay must be expected where there are a number of articles in the order which have to be made or to be procured in different parts of the city.

7. In consequence of the arrangements made for the service of our offices and for that of our orders, we request our customers to write on distinct sheets of paper any observations relative to the settlement of accounts, and the list of articles composing the order to be executed for them.

8. Our correspondence is so voluminous that we cannot always send off the invoice on the same day as the merchandize, so that we sometimes receive letters on the subject when the package has been several days in the road. We request our customers to be assured that no unnecessary delay shall take place in the execution of their orders, while at the same time we will take measures to ensure the invoice being sent off as quickly as possible.

Llamamos la atencion de nuestros comitentes de Francia y del Extrangero sobre las observaciones siguientes:

1º Los comitentes del Extrangero que, sin haber estado aun en relaciones con nuestra casa, nos dirijan por primera vez un pedido, habrán de acompañar una letra de cambio ó una trata que represente aproximadamente el valor de su encargo, ó bien indicarnos una casa de Francia ó de una de las principales plazas de Europa que se encargue de pagar por ellos el importe de la factura.

De su interes será el comprender en dicha trata los gastos de transporte desde Paris hasta el puerto de mar en que los artículos pedidos hayan de embarcarse, los de embarque y los de seguros; pues pagando nosotros esos gastos por su cuenta se ahorrarán las primas de 10 á 20 por % que cobran los capitanes cuando adelantan ellos el importe de esos gastos.

2º Como los precios de nuestras mercancías, están calculados contando con que estas *serán pagadas en Paris*, los gastos de cambio y de negociacion de nuestras tratas ó libranzas sobre la Argelia y los paises de ultramar quedan necesariamente á cargo de nuestros comitentes.

3º Como quiera que nosotros ponemos el mayor cuidado en el embalaje de las mercancías, sobre todo en el de las que han de hacer un largo viaje, imposible nos es el aceptar la responsabilidad de las averías ó pérdidas que puedan tener lugar y que son siempre ocasionadas por el poco cuidado que se tiene con los bultos durante el transporte.

4º Nosotros no podemos vender nuestras especialidades á un precio inferior á nuestros precios corrientes, con el descuento de 3 por % por el contado. El objeto de esta observacion es el evitar las reclamaciones de algunos de nuestros comitentes que quisieran las condiciones favorables que algunos fabricantes de especialidades hacen cuando se trata de ventas importantes. A nosotros no nos es posible el hacer esas concesiones; pero de observar es que si se disminuye del esceso de nuestros precios la comision de costumbre (5 por %) que se paga al intermediario, la diferencia que resulta es casi insignificante.

5º Tambien debemos recordar que todos los comitentes que paguen al contado ó en el mes siguiente al dia de la espedicion tienen derecho á un descuento de 3 por %. En compensacion, cuando nuestras facturas no son pagadas en el espacio de 6 meses, pasamos al debe de la cuenta de nuestro cliente el interes de nuestro crédito, segun el que se acostumbra en el pais en que aquel vive; y ese interes, que puede ser mas elevado, no baja jamas del 6 por % anual.

6º Cuando se nos pide un artículo especial que no se halla mencionado en nuestros precios corrientes, conveniente es el unir al pedido las señas del fabricante, ó, en su defecto, algunos detalles sobre la naturaleza de los objetos que se desean. De ese modo se hacen mas fáciles nuestras investigaciones y se evitan retardos en la espedicion. Sin embargo, esos retardos no podrán evitarse cuando los artículos pedidos se hayan de hacer fabricar ó se necesite comprarlos en los almacenes.

7º En atencion á las disposiciones que rijen en nuestras oficinas y en el despacho de nuestras espediciones, rogamos á nuestros comitentes que escriban en pliegos separados sus observaciones relativas á las cuentas y á la lista de los artículos que compongan el pedido que se les haya de espedir.

8º Nuestra correspondencia es tan considerable que no siempre podemos enviar la factura el mismo dia de la espedicion de las mercancías, así es que recibimos á veces reclamaciones sobre bultos que desde hace muchos dias se hallan en camino. Rogamos, pues, á nuestros comitentes que se tranquilicen en cuanto á los retardos, bien seguros de que nosotros hacemos cuanto nos es posible para enviar las facturas á la mayor brevedad.

POUDRES IMPALPABLES
A L'USAGE DE LA PHARMACIE.

Comme préface à ce catalogue de nos poudres médicinales, nous rappelons le jugement si favorable exprimé sur nos produits par le jury de l'Exposition de 1849 :

« La préparation en grand des poudres pharmaceutiques ne pourrait réussir qu'entre les mains d'une personne d'une loyauté éprouvée et jouissant de la confiance des pharmaciens ; cette confiance, M. Menier la possède tout entière, il est aujourd'hui le pourvoyeur de la plupart d'entre eux, et le nombre des comptes courants ouverts sur ses livres ne s'élève pas à moins de 8,000.

» On ne saurait nier les services que M. Menier rend chaque jour à l'art de guérir en lui fournissant des substances homogènes d'un bon choix, amenées toujours au même degré de division.

» En considération de ces résultats et pour reconnaître le mérite industriel et commercial de M. Menier, le jury central décerne à cet exposant la médaille d'or. »

Faute de désignation suffisante, nous enverrons les substances marquées d'un *.

Toutes nos poudres expédiées en pays étrangers sont mises en flacons.

Nota. Nous continuons toujours à faire plusieurs numéros de quelques poudres, à cause de l'usage auquel elles sont destinées. La différence entre elles ne provient que du degré de finesse ou du choix des matières premières, et nous les livrerons toutes sans crainte à l'analyse la plus scrupuleuse.

IMPALPABLE POWDERS FOR THE USE OF CHEMISTS.

As a preface to this catalogue of our medicinal powders, we remind its readers of the favorable judgment expressed on our productions by the jury of the Exhibition of 1849 :

" The preparation on a large scale of pharmaceutical powders cannot succeed except in the hands of a person of tried integrity and one enjoying the confidence of chemists. This confidence M. Menier fully possesses; he is now the purveyor of the great majority of them, and the number of accounts open in his books do not amount to less than 8,000.

" It is impossible to deny the services which M. Menier every day renders to the healing art by furnishing homogeneous substances of the best quality and all brought to the same degree of division.

" In consideration of these results, and in order to recognize the industrial and commercial merit of M. Menier, the central jury awards to that exhibitor the gold medal."

In case of insufficient designation, we shall send the substances marked with an asterisk.

All our powders when sent to foreign countries are packed in bottles.

N. B. We still continue to make several numbers of some powders, according to the different uses for which they are intended. The only difference in them is the degree of fineness or the quality of the raw material, and we deliver them all without fearing the most scrupulous examination and analysation.

POLVOS IMPALPABLES AL USO DE LA FARMACIA.

Como prefacio al catálogo de nuestros polvos medicinales, vamos á trascribir el juicio favorabilísimo que el jurado de la Exposicion de 1849 emitió respecto á nuestros productos :

« *La preparacion en grande de los polvos farmacéuticos no podia obtenerse sino encargándola á*
» *una persona de acreditada lealtad y que mereciese la confianza de los farmacéuticos; esta*
» *confianza la posee completa el señor Menier, que es quien hoy, suministra á la mayor parte*
» *de ellos, tanto que el numero de cuentas corrientes abiertas en sus libros no baja de 8,000.*

» *No pueden negarse los servicios que el señor Menier presta diariamente al arte de curar*
» *proveyéndole de sustancias homogéneas, reducidas siempre al mismo grado de division.*

» *Teniendo en consideracion estos resultados y deseando reconocer el mérito industrial y co-*
» *mercial del señor Menier, el jurado central confiere á este exponiente la medalla de oro.* »

A falta de designacion suficiente, remitiremos las sustancias señaladas con una *.

Todos nuestros polvos expedidos á paises estrangeros, estan puestos en frascos.

Nota. Seguimos elaborando varios números de nuestros polvos, á causa del uso á que son destinados; su diferencia no proviene mas que del grado de finura ó de la eleccion de las materias primeras, que sometemos todas sin recelo al mas escrupulosa analisis.

Le prix de tous les articles précédé du signe ⚠ est sujet à de fréquentes variations.	The price of all articles preceded by the letter ⚠ is subject to frequent variations.	Los precios de todos los artículos precedidos del signo ⚠ están sujetos á variaciones frecuentes.			
			kilo.	fr.	c.
Poudre d'absinthe grande	*Pulvis absinthii vulgaris*			2	40
— — maritime	— *artemisiæ maritimæ*			2	»
— sous-acétate de cuivre	— *sub-acetatis cuprici.*	⚠		6	50
— ache (racines)	— *apii (radix)*			3	»
— acide citrique blanc	— *acidi citrici albi*	⚠		10	»
— — oxalique.	— — *oxalici*			4	80
— — tartrique	— — *tartarici*	⚠		7	»
— aconit	— *aconiti*			3	20
— acore vrai (calamus)	— *acori veri (calami)*			2	»
* — agaric blanc n° 1	— *boleti laricis n^{us} 1*			6	»
— — n° 2	— — *n^{us} 2*			5	»
— aigremoine	— *agrimoniæ eupatoriæ*			3	»
— albâtre	— *onychis*			»	60
— alkékenge (baies)	— *alkekengi (baccæ)*			5	»
* — aloès succotrin n° 1	— *aloes succotrinæ n^{us} 1*			3	20
— — n° 2	— — *n^{us} 2*			2	80
— — des Barbades	— *Barbadensis*			10	»
— — caballin	— *caballinæ*			2	60
— — hépatique	— *hepaticæ*			6	»
— alun calciné	— *aluminis usti*			2	40
— — de roche	— — *rupei*			1	»
— — de Rome	— — *Romani*			2	20
— ambrette (semences)	— *hibisci abelmoschi (semen)*			6	»

POUDRES IMPALPABLES.

		kilo.	fr.	c.
Poudre d'amidon	Pulvis amyli		»	90
— ammi	— sii ammios		6	»
— anémone pulsatile	— anemones pulsatillæ		3	»
— angélique (feuilles)	— angelicæ (folium)		2	»
— — (racines)	— — (radix)		3	80
— — (semences)	— — (semen)		8	»
— angusture fausse	— corticis strychni nucis vom: . . .		8	»
— — vraie	— cuspariæ febrifugæ		5	»
— anis étoilé	— illicii anisati		5	»
— — vert	— pimpinellæ anisi		3	»
— antimoine cru (sulfure) . . .	— stibii sulphurati		1	80
— — (métal)	— — metallici		3	50
— aristoloche longue	— aristolochiæ longæ		2	40
— — ronde	— — rotundæ		3	»
— armoise (feuilles)	— artemisiæ vulgaris (folium) . . .		3	»
— — (racine)	— — (radix) . . .		4	»
— arnica (feuilles)	— arnicæ montanæ (folium) . . .		3	»
— — (fleurs)	— — (flos)		3	20
— — (racines)	— — (radix)		3	50
— arrête-bœuf	— ononis spinosæ		2	40
— arsenic blanc très-fin	— arsenici albi tenuissimi		1	50
— — du commerce	— — vulgaris		»	80
— — jaune	— — flavi		2	20
— — rouge	— — rubri		2	20
— arum (gouet)	— ari maculati		2	40
— asarum (feuilles)	— asari (folium)		3	»
— — (racines)	— — (radix)		4	»
— assa fœtida	— asæ fœtidæ		6	»
— aunée n° 1	— inulæ helenii nus 1		2	»
— — n° 2	— — nus 2		1	80
— baies de genièvre	— baccarum juniperi		1	50
— — de laurier	— — lauri		2	»
— bardane	— arctii lappæ		2	»
— basilic	— basilici majoris		4	80
— bdellium	— bdellii		3	»
— belladone (feuilles)	— atropæ belladonæ (folium) . . .		3	»
— — (racines)	— — (radix) . . .		3	60
— benjoin amygdaloïde	— benzoini amygdaloidæ		9	»
— — en sorte	— — vulgaris		6	50
— bénoîte (racine)	— gei urbani (radix)		3	»
— berberis (fruits)	— berberidis vulgaris (fruges) . . .		5	»
— bétoine (racines)	— betonicæ officinalis (radix) . . .		3	»
— — (feuilles)	— — (folium) . . .		3	»
— bi-carbonate de potasse	— bi-carbonatis potassici		4	80
— — de soude	— — sodici		1	40
— — plus grosse, pour appareils à fabriquer l'eau gazeuse . .	— — crassior ad instrumenta aquæ gaziferæ parandæ idonea		1	10
— bistorte	— bistortæ		2	40

POUDRES IMPALPABLES.

		kilo.	fr.	c.
*Poudre de bitume de Judée....	Pulvis bituminis Judaici.......		4	20
— blanc de céruse........	— cerussæ........		1	20
— bleu de Berlin.........	— cærulei Berolinensis.....		11	»
— — de Prusse, n° 1.....	— — Borussi, n^us 1.....		9	»
— — — n° 2.....	— — — n^us 2.....		7	»
— bois d'aloès.........	— ligni aloes........		45	»
— — de Rhodes.......	— — Rhodii........		15	»
— — de Surinam (quassia amara).	— — Surinam (quass. amara)..		4	»
— bol d'Arménie........	— boli orientalis.......		1	40
— borax raffiné.........	— boracis purificati.......		3	60
— bourgeons de peuplier....	— gemmarum populi......		2	»
— — de sapin.....	— — abietis.....		5	»
— bourrache (feuilles).....	— borraginis (folia)......		3	»
— bryone...........	— bryoniæ albæ.......		2	40
— buglose...........	— anchusæ officinalis.....		3	»
— cabaret (feuilles).......	— asari (folia)........		3	»
— cacao caraque torréfié....	— cacao (caraque) tosti.....		8	»
— — maragnan torréfié...	— — (maragnan) tosti....		5	»
— cachou...........	— catechu........		3	»
— caille-lait..........	— galii lutei........		3	»
— caïnça (racines).......	— chiococcæ anguifugæ (radices).		10	»
— calament..........	— calaminthæ.......		2	»
— calamus..........	— calami.........		2	»
— camomille.........	— anthemidis nobilis.....		7	»
— de camphrée de Montpellier..	— camphorosmæ......		3	»
— canne (racines).......	— arundinis donacis (radices)...		1	60
— cannelle blanche.......	— cannellæ albæ.......		4	50
— cannelle Ceylan n° 1.....	— cinnamomi Zeylanici n^us 1...		16	»
— — n° 2.....	— — n^us 2...		14	»
— — de Chine n° 1.....	— — Sinensis n^us 1....		5	»
— — n° 2.....	— — n^us 2....		4	50
— cantharides n° 1.......	— cantharidum n^us 1.....		14	»
— — n° 2.......	— — n^us 2.....		13	»
— cardamome major......	— cardamomi majoris.....		14	»
— — minor......	— — minoris.....		24	»
— carline...........	— carlinæ.........		4	»
— carthame (safranum).....	— carthami tinctorii (safranum)..		12	»
— carvi (semences).......	— cari carvi (semina).....		3	»
— cascarille..........	— cascarillæ........		4	80
— cassia lignea........	— cassiæ ligneæ.......		5	50
— castoréum.........	— castorei........		100	»
— cataire...........	— nepetæ catariæ......		4	»
— céleri (semences)......	— apii dulcis (semina)....		4	»
— centaurée..........	— erythrææ centaurii......		4	»
— cévadille..........	— sabadillæ........		4	80
— chamædrys........	— chamædryos.......		3	»
— chamæpitys........	— chamæpityos.......		3	»
— chanvre indien.......	— cannabis indicæ......		10	»
— charbon de liége.......	— carbonis e subere......		24	»

POUDRES IMPALPABLES.

		kilo.	fr.	c.
Poudre de charbon de peuplier	Pulvis carbonis populei	3	20
— — végétal	— — e ligno	1	»
— chardon bénit	— cnici benedicti	3	»
— — Roland	— eryngii campestris	2	40
— chélidoine (feuilles)	— chelidonii majoris (folia)	3	»
— chervi	— sii sisari	6	»
— chicorée (feuilles)	— cichorii (folia)	3	»
— — (racines)	— — (radices)	2	»
— chiendent	— tritici repentis	3	»
— chlorate de potasse	— chloratis potassici	6	»
— ciguë	— cicutæ majoris	3	»
— cinabre	— cinnabaris	16	»
— citronnelle (aurone mâle)	— artemisiæ abrotani	3	»
— cloportes	— onisci aselli	6	»
— cobalt	— ad muscas necandas	2	40

(Cette substance étant sujette à s'échauffer au point de s'enflammer, on fera bien de la laisser dans les pots qui la contiendront.) (This substance being liable to heat and to take fire, it will be prudent to leave it in the pots wich contain it.) (Como esta substancia está sujeta a calentarse hasta el punto de inflamarse, se hará bien en dejarla en os botes que la encierran.)

Poudre de cochenille	Pulvis coccinellæ	18	»
— cochléaria	— cochleariæ officinalis	6	»
— colchique (bulbes)	— colchici (bulbi)	2	80
— — (semences)	— — (semina)	4	50
— colombo	— cocculi palmati	4	80
— colophane	— colophonii	1	50
— coloquinte (extraction complète des pepins)	— colocynthidis (granis ad unum extractis)	24	»
— consoude	— symphyti officinalis	2	»
— contrayerva	— contrayervæ	»	»
— coquelicot (fleurs)	— papaveris rhœadis (flores)	6	»
— coques de cacao	— putaminum cacao	»	80
— — du Levant	— cocculi indici	3	»
— coquilles d'œuf	— ori putaminum	2	50
— corail rouge	— isidis nobilis	4	80
— coriandre	— coriandri sativi	1	20
— corne de cerf	— cornu cervini	4	»
— — — calcinées	— — — usti	5	»
— crapauds	— ranæ bufonis	50	»
— crème de tartre, n° 1	— cremoris tartari n^{us} 1	4	40
— — — n° 2	— — — n^{us} 2	4	»
— cristal minéral	— nitratis potassici fusi	3	»
— crocus	— oxy-sulphureti stibii	2	20
— cubèbe	— piperis cubebæ	8	»
— cumin	— cumini cymini	2	40
— curcuma	— curcumæ	1	50
— cynoglosse (racines)	— cynoglossi officinalis (radices)	3	»
— daucus de Crète	— dauci cretensis	36	»
— — de France	— — gallici	3	60

POUDRES IMPALPABLES.

		kilo.	fr.	c.
*Poudre de dictame blanc......	*Pulvis dictamni albi*.....		3	»
— dictame de Crète.....	— *dictamni cretensis*		12	»
* — digitale (feuilles).....	— *digitalis purpureæ (folia)*...		3	»
— — (fleurs).....	— — *(flores)*....		4	»
— diosma crenata (buchu)...	— *diosmæ crenatæ (buchu)*...		10	»
— dompte-venin (asclépiade).	— *vincetoxici (asclepiades)*...		3	»
— douce-amère (tiges).....	— *dulcamaræ (caules)*.....		2	»
— écailles d'huîtres calcinées..	— *testarum ostrearum ustarum*.		2	»
— éclaire (chélidoine)......	— *chelidonii*..........		3	»
— écorces de chêne........	— *corticis quernei*......		1	»
— — de citrons.....	— *corticum citreorum*....		3	»
— — de garou......	— *daphnes gnidii corticum*.		5	»
— — de grenades....	— *malicorii*........		3	»
— — d'oranges amères...	— *corticis mali aurantii amari*..		3	»
— — d'orme pyramidal..	— — *ulmi campestris*...		2	40
— — de racine de grenadier.	— — *radicis punicæ granati*.		4	50
— — de saule.......	— — *salicis albæ*......		3	»
— — de Winter......	— — *Winteris*......		»	»
* — ellébore blanc n° 1......	— *veratri albi n^{us} 1*.....		2	40
— — n° 2......	— — *n^{us} 2*.....		2	»
* — — noir n° 1......	— *hellebori nigri n^{us} 1*...		2	40
* — — n° 2......	— — *n^{us} 2*		2	»
— émeri ordinaire.......	— *smyridis vulgaris*.....		»	50
— — du Levant.......	— — *orientalis*......		1	»
— émétique............	— *tartratis stibico-potassici*..		6	50
* — encens, n° 1..........	— *thuris n^{us} 1*......		4	»
— — n° 2...........	— — *n^{us} 2*......		3	»
— espèces vulnéraires......	— *speciei vulnerariæ*.....		3	»
— étain.............	— *stanni*...........		10	»
— euphorbe...........	— *euphorbii*..........		6	»
— extrait de ratanhia.......	— *extracti krameriæ triandræ*..		70	»
— fenouil (semences).......	— *fœniculi dulcis (semina)*...		3	50
— fenugrec n° 1........	— *trigonelli fœni-græci n^{us} 1*...		1	20
— — n° 2........	— — *n^{us} 2*...		1	»
— fèves Tonka.........	— *fabæ Tonka*........		20	»
— fèves Saint-Ignace......	— — *ignatiæ amaræ*....		9	»
— fougère mâle.........	— *filicis maris*........		2	»
— fraisier (racines).......	— *fragariæ vescæ (radix)*....		2	»
— frêne feuilles).........	— *fraxini excelsioris (folium)*..		3	»
— fucus vésiculeux.......	— *fuci vesiculosi*.......		5	»
— fumeterre...........	— *fumariæ officinalis*.....		3	»
— galanga minor (racines)...	— *alpiniæ galangæ minoris (radix)*.		4	»
— galipot............	— *resinæ pini*........		2	»
* — garance............	— *rubiæ tinctoriæ*......		2	40
— gayac (bois).........	— *guayaci officinalis (lignum)*...		»	80
— — (résine).......	— — *(resina)*...		5	»
— gélatine pour bains n° 1...	— *gelatinæ ad balnea n^{us} 1*		2	60
— — n° 2...	— — *n^{us} 2*		2	50
— génépi des Alpes.......	— *Artemisiæ glacialis*.....		8	»

POUDRES IMPALPABLES.

		kilo.	fr.	c.
*Poudre de gentiane n° 1	*Pulvis gentianæ luteæ* n^{us} 1		1	20
— n° 2	— n^{us} 2		»	80
— gingembre blanc	— *zingiberis albi*		8	»
* — — gris	— — *vulgaris*		1	80
— ginseng	— *panacis quinquefolii*		80	»
— girofle	— *caryophylli aromatici*		3	80
— glands doux torréfiés	— *glandis querneæ tostæ*		2	20
* — gomme adragante n° 1	— *tragacanthæ gummi* n^{us} 1		24	»
— — n° 2	— — n^{us} 2		16	»
— — n° 3	— — n^{us} 3		10	»
— — ammoniaque	— *gummi ammoniaci*		8	»

(Malgré la supériorité de nos moyens pour pulvériser certaines gommes, nous n'en pouvons empêcher l'agglomération.) | (Notwithstanding the superiority of our means for pulverising certain gums, we cannot completely prevent the agglomeration of them.) | (A pesar de la superioridad de nuestros medios para pulverizar nuestras gomas, no podemos impedir el que se aglomeren.)

		kilo.	fr.	c.
Poudre de gomme arabique n° 0	*Pulvis gummi arabici* n^{us} 0		4	»
* — — n° 1	— — n^{us} 1		3	50
— — n° 2	— — n^{us} 2		3	»
— — n° 3	— — n^{us} 3		2	50
— — n° 4	— — n^{us} 4		2	20
— — copal dure	— *resinæ copallinæ duræ*		12	»
— — tendre	— — *friabilis*		4	»
— — gutte	— — *guttæ*		10	»
— — kino	— *succi kino*		8	»
— — laque	— *resinæ laccæ*		6	»
— — opoponax	— *gummi opopanacis*		24	»
— gouet (arum)	— *ari maculati*		2	40
— grabeaux de séné	— *frustorum sennæ*		2	40
— graines d'Avignon	— *rhamni infectorii fructus*		3	50
— gratiole (plante)	— *gratiolæ officinalis (planta)*		3	»
— griffes de girofle	— *pedunculi caryophylli aromatici*		1	»
— gui de chêne	— *visci quernei*		3	»
* — guimauve n° 1	— *althææ officinalis* n^{us} 1		2	40
— — n° 2	— — n^{us} 2		1	80
— — n° 3	— — n^{us} 3		»	90
— houblon (cônes)	— *humuli lupuli strobili*		3	»
* — houx (racine de petit)	— *rusci aculeati (radix)*		2	»
— — (feuilles —)	— — *(folia)*		4	»
— hypéricum	— *hyperici perforati*		3	»
— hysope	— *hyssopi officinalis*		3	»
— impératoire (racines)	— *imperatoriæ ostruthii (radix)*		3	»
— indigo flor	— *pigmenti indici*		30	»
* — ipécacuanha n° 1 sans méditulium	— *ipecacuanhæ* n^{us} 1, *sine meditulio*. △		26	»
— — n° 2	— — n^{us} 2 △		22	»
— iris faite avec la racine entière	— *iridis ex integrâ radice eductus*		4	»
* — — n° 1 faite avec les menus	— n^{us} 1 *e frustis* —		2	»
— — n° 2 —	— n^{us} 2 — —		1	50

POUDRES IMPALPABLES.

		kilo.	fr.	c.
Poudre de jalap n° 1	*Pulvis convolvuli jalapæ* n^us 1	△	17	»
* — — n° 2	— — n^us 2	△	16	»
* — jusquiame (feuilles)	— *hyoscyami* (*folia*)		3	»
— — (semences)	— — (*semen*)		4	80
* — karabé jaune	— *succini flavi*		7	»
— — rouge	— — *rubri*		6	50
— kousso (fleur)	— *brayeræ anthelminticæ* (*flos*)		28	»
— lactate de fer	— *lactatis ferrosi*		22	»
— laque carminée n° 1	— *pigmenti coccinellæ* n^us 1		24	»
— — d'office	— — *vulgaris*		8	»
— — plate	— — *ligni brasiliensis*		5	»
— laurier (feuilles)	— *lauri nobilis* (*folia*)		1	»
— lavande (fleurs)	— *lavandulæ* (*flos*)		1	50
* — lichen d'Islande	— *cetrariæ islandicæ*		2	»
— — privé d'amertume	— — *immunis amaritudinis*		3	»
— — (saccharolé de)	— *gelatinæ lichenis cum saccharo*.		6	»
— — carragaheen	— *fusci crispi*		6	»
— lierre terrestre	— *gleomæ hederaceæ*		3	»
— limaille d'acier	— *scobis chalybeæ*		3	»
— — de fer	— — *ferreæ*		5	»
* — litharge anglaise	— *lithargyri anglici*		4	»
— — de France	— — *gallici*		1	50
— lobelie enflée	— *lobeliæ inflatæ*		1	20
— macis	— *macidis*		12	»
— manganèse de France	— *peroxydi manganici gallici*		16	»
* — — d'Allemagne	— — *germani*		»	70
— maniguette	— *grani paradisi*		1	»
— marjolaine	— *origani majoranæ*		4	50
— marrons d'Inde	— *castaneæ Æsculi*		3	»
— marrube blanc	— *marrubii albi*		2	»
— marum verum	— *mari veri*		3	»
— mastic en larmes	— *mastiches selectissimæ*	△	4	»
— matricaire	— *matricariæ*		54	»
— matico	— *piperis angustifolii* (*folia*)		4	»
— mechoacan (*manque*)	— *mechoacannæ* (deest)		8	»
— mélilot	— *meliloti officinalis*		»	»
— mélisse	— *melissæ officinalis*		2	»
— menthe poivrée	— *menthæ piperitæ*		4	»
— mercuriale (plante)	— *mercurialis annuæ* (*planta*)		4	»
— méum (racines)	— *mei athamantici* (*radix*)		3	»
— millefeuilles	— *achilleæ millefolii*		3	»
— millepertuis	— *hyperici perforati*		3	»
* — mine de plomb noire	— *plumbaginis nigræ*		3	»
— — purifiée	— — *purificatæ*		»	70
— morelle	— *solani nigri*		3	»
— mousse de Corse	— *fusci helminthocorti*		3	»
— muguet (fleurs)	— *convallariæ maialis* (*flos*)		3	»
— muscade	— *nucis moschatæ*		8	»
* — myrrhe en larmes n° 1	— *myrrhæ selectissimæ* n^us 1		16	»
			6	»

POUDRES IMPALPABLES.

		kilo.	fr.	c.
Poudre de myrrhe en larmes n° 2...	Pulvis myrrhæ selectissimæ n° 2....		5	»
— myrte (feuilles).........	— myrti communis (folia).....		3	»
— nard celtique...........	— valerianæ celticæ........		9	»
— — indique...........	— — jatamansi.......		8	»
— nénuphar (racines)........	— nymphææ albæ (radix).....		2	40
— nicotiane.............	— nicotianæ...........		4	»
— noix de cyprès..........	— nucis cupressi.........		2	40
— — galle d'Alep.......	— gallæ Aleppensis........		4	50
— — vomique.........	— nucis vomicæ.........		3	»
— noyer (feuilles)..........	— juglandis (folia)........		3	»
— ognons de scille..........	— scillæ maritimæ........		4	»
* — oliban n° 1 (encens)......	— olibani n° 1 (thus).......		4	»
— — n° 2...........	— — n° 2..........		3	»
— opium..............	— opii thebaici..........	100	»
— oranger (feuilles).........	— citri aurantii (folia)......		4	»
— orangette.............	— mali immaturi aurantii.....		2	»
— orcanette.............	— anchusæ tinctoriæ.......		2	40
— origan blanc............	— origani albi..........		3	»
— orpiment.............	— auripigmenti.........		2	20
— os calcinés............	— ossium ustorum........		1	»
— os de sèches...........	— sepiæ............		2	50
— osmonde.............	— osmundæ regalis.......		3	»
— pareira brava...........	— pareiræ bravæ.........		6	»
— pariétaire.............	— parietariæ officinalis.....		3	»
— patience (racines).........	— rumicis acuti (radix).....		2	»
— patchouly.............	— pogostemonis patchouly....		8	»
— paullinia (Guarana)........	— paulliniæ sorbilis (Guarana)..		50	»
— pavot (têtes)...........	— papaveris somniferi (capsæ)..		4	»
— pêcher (fleurs de).........	— amygdali persicæ (flos)....		8	»
— pensée sauvage (plante).....	— violæ tricoloris arvensis (planta).		3	»
— pervenche............	— vincæ minoris.........		3	»
— phellandrie (semences)......	— phellandrii aquatici......		3	20
— phosphate de chaux (os calcinés).	— phosphatis calcici (ossa usta).		1	»
— — de soude.......	— — sodici.........		4	»
— pied-de-chat...........	— gnaphalii dioici........		4	»
— — d'élan..........	— pedum cervi alces.......		10	»
— pied-de-veau (gouet).......	— ari maculati..........		2	40
— pierre calaminaire.........	— lapidis calaminaris......		2	50
— pierre ponce...........	— — pumicis.......		1	»
— piment Jamaïque.........	— piperis Jamaicensis......		3	50
* — pivoine (racines).........	— pæoniæ officinalis (radix)..		3	»
— — (semences).......	— — (semina)..		5	»
— plantain.............	— plantaginis..........		3	»
— poivre blanc...........	— piperis albi..........		3	60
— — de Cayenne........	— capsici frutescentis......		6	»
— — de Guinée........	— capsici annui.........		3	»
— — long...........	— piperis longi.........		4	50
— — noir...........	— — nigri..........		2	60
— polygala de Virginie.......	— polygalæ Senekæ.......		14	»

POUDRES IMPALPABLES.

		kilo.	fr.	c.
Poudre de polypode	Pulvis polypodii vulgaris	2	40	
— pouliot	— menthæ pulegii		3	»
— précipité rouge	— oxydi hydrargyrici		12	»
— pulsatile (anémone)	— anemones pulsatillæ		3	»
— pyrèthre	— anthemidis pyrethri		4	»
— — du Caucase (insecticide) très-fine	— pyrethri Willemoti (lethum bestiolis)		9	»
— quassia amara	— quassiæ amaræ		4	»
* — quinquina gris n° 1	— cort: cinchonæ condamin: n^us 1		10	»
— — n° 2	— — — n^us 2		8	»
* — — jaune royal n° 1	— — — cordifoliæ n^us 1 ⚠		14	»
— — — n° 2	— — — n^us 2 ⚠		13	»
— — rouge vif	— — — oblong: splendent:		32	»
* — — rouge n° 1	— — — oblongifol: n^us 1		26	»
— — — n° 2	— — — n^us 2		20	»
— quintefeuille	— potentillæ reptantis		3	»
— raifort	— cochleariæ armoraciæ		6	»
— ratanhia	— krameriæ triandræ ⚠		8	»
* — réglisse n° 1	— glycyrrhizæ glabræ n^us 1		3	50
— — n° 2	— — n^us 2		3	»
— — n° 3	— — n^us 3		1	50
— — n° 4	— — n^us 4		»	90
* — rhapontic (racine)	— rhei rhapontici (radix)		4	50
— rhubarbe de Chine n° 1	— — palmati n^us 1 ⚠		15	»
— — — n° 2	— — n^us 2 ⚠		14	»
— rhus radicans	— rhois radicantis		7	»
— rue	— rutæ graveolentis		3	60
— rocou	— pigmenti urucu		20	»
— romarin (feuilles)	— rosmarini officinalis (folia)		2	»
— roses de Provins	— rosæ gallicæ ⚠		16	»
— roses pâles	— — centifoliæ		8	»
— rouge d'Angleterre	— oxydi ferri ad polituram		7	»
— sabine	— juniperi sabinæ		2	»
— safran du Gâtinais	— croci sativi ⚠		180	»
— safranum	— carthami		12	»
— sagou	— sagu		2	20
* — salep fine	— salep subtilis		10	»
— — grosse	— — minùs subtilis		9	»
— salseparcille	— sarsaparillæ		7	»
* — sandaraque	— sandarachæ ⚠		6	50
— sang-dragon superfin n° 1	— sanguinis draconis selecti: n^us 1		10	»
— — beau n° 2	— — egregii n^us 2		8	»
— — commun	— — vulgaris		5	»
— sanguine	— lapidis sanguinei		»	80
— santal blanc	— ligni-santali albi		6	»
* — — citrin	— ligni santali citrini		5	»
— — rouge	— — rubri		1	50
* — saponaire (feuilles)	— saponariæ officinalis (folia)		3	»
— — (racines)	— — (radix)		3	»

POUDRES IMPALPABLES.

		kilo.	fr.	c.
Poudre de saponaire d'Égypte	*Pulvis gypsophyllæ struthii*		3	20
— sariette	— *satureiæ hortensis*		3	»
— sassafras	— *ligni lauri sassafras*		3	20
— sauge	— *salviæ officinalis*		3	»
— savon blanc	— *saponis albi*		7	»
— scabieuse (racines)	— *scabiosæ arvensis (radix)*		3	»
— — (feuilles)	— — — (*folia*)		3	»
— — (fleurs)	— — — (*flos*)		4	»
— scammonée d'Alep	— *scammonii Aleppensis*		100	»
— — de Smyrne	— — *Smyrnæi*		75	»
— — en galettes	— *resinæ cynanchi monspeliaci*		10	»
— sceau de Salomon	— *convallariæ polygonati*		5	»
— scille sèche	— *scillæ maritimæ*		4	»
— scordium	— *teucrii scordii*		3	»
— sedum âcre	— *sedi acris*		10	»
— seigle ergoté	— *sclerotii clavi*		18	»
— sel ammoniac blanc	— *salis ammonici albi*		4	50
— — — gris	— — — *cinerei*		3	20
— — duobus	— — *de duobus*		1	80
— — de lait	— *sacchari lactis*		6	»
— — de nitre	— *salis nitrici*		1	80
— — d'oseille	— — *acetosellæ*		6	»
— — de Seignette	— — *Seignetti*		4	50
— — végétal	— *tartratis potassici neutri*		7	50
— selin des marais	— *selini palustris*		18	»
— semen-contra d'Alep	— *artemisiæ contra Aleppensis*		3	50
— — de Barbarie	— — *glomeratæ*		3	»
— séné de la Palthe	— *cassiæ acutifoliæ*		4	50
— serpentaire de Virginie	— *serpentariæ Virginianæ*		12	»
— serpolet	— *thymi serpilli*		2	»
— séséli de Marseille	— *seseleos tortuosi*		6	»
— simarouba (écorce)	— *simarubæ amaræ (cortex)*		6	»
— soufre très-fine	— *sulphuris tenuissimæ*		1	»
— spicanard (racine)	— *valerianæ jatamansi (radix)*		8	»
— spigélie (plante et racine)	— *spigeliæ anthelmiæ (pl. et radix)*		10	»
— squine	— *smilacis Chinæ*		2	40
— staphisaigre	— *delphinii staphisagriæ*		4	20
— stœchas arabique	— *lavandulæ stœchadis*		3	»
— stramonium	— *daturæ stramonii*		3	»
— sublimé corrosif	— *chlorureti hydrargyrici*		10	»
— suc de réglisse	— *succi liquiritiæ*		5	»
— succin jaune	— *succini flavi*		7	»
— — rouge	— — *rubri*		6	50
— sucre blanc pour pastilles	— *sacchari albi ad pastillos*		2	20
— — candi	— — *crystallini*		4	»
— — de vanille au 8ᵐᵉ	— — *vanillæ capiens 1/8*		36	»
— sulfate de fer desséché	— *sulphatis ferrosi exsiccati*		»	60
— sureau (fleurs)	— *sambuci nigræ (flos)*		5	»
— talc de Venise	— *silicatis magnesici*		»	50

POUDRES IMPALPABLES.

		kilo.	fr.	c.
Poudre de tan	Pulvis corticis quernei		1	»
— tanaisie	— tanaceti vulgaris		3	»
— tapioka	— tapioka		3	»
— terre pourrie très-fine	— terræ ad poliendum subtilissim:		»	60
— terre sigillée pâle	— — sigillatæ pallidæ		2	»
— — rouge	— — rubræ		2	»
— thlaspi (semences)	— lepidii campestris (semen)		20	»
— thym	— thymi vulgaris		2	»
— tormentille	— tormentillæ erectæ		2	40
— trèfle d'eau	— menyanthæ trifoliatæ		3	»
— tripoli blanc de Nanterre	— lapidis neptodurensis ad polit:		»	30
— — rose	— — rosei ad polituram		»	40
— — — très-fine	— — pol: subtiliss:		1	»
— turbith végétal	— convolvuli turpethi		14	»
— tuthie	— tuthiæ		4	50
— ulmaire	— spiræa ulmariæ		3	»
— uva ursi	— uvæ ursi		3	»
— valériane grande	— valerianæ phu		4	»
— — petite	— — officinalis		3	»
— véronique	— veronicæ officinalis		3	»
— verre d'antimoine	— oxysulphureti stibii		4	50
— — blanc	— vitri albi		»	60
— vert-de-gris, n° 1	— æruginis cupri n^{us} 1		6	50
— — n° 2	— — n^{us} 2		6	»
— verveine	— verbenæ triphyllæ		3	»
— vétyver	— andropogonis muricati		6	»
— vipères	— colubri beri		80	»
— vipérine de Virg. (serpentaire)	— serpentariæ Virginianæ		12	»
— vitriol blanc (sulfate de zinc)	— sulphatis zincici		1	»
— — bleu (sulfate de cuivre)	— — cuprici		2	»
— — vert (sulfate de fer)	— — ferrosi		»	60
— yeux d'écrevisses vrais	— lapidum astaci fluviatilis		16	»
— zédoaire	— zedoariæ officinalis		3	»
— zinc métallique	— zinci metallici		3	»

(Nous nous chargeons de pulvériser, suivant la demande de nos correspondants, les substances que nous aurions omis de consigner ici; pourvu, toutefois, que la quantité soit au moins de 2 à 3 kilogrammes.)

(We undertake to pulverise, according to the order of our customers, substances which we may have omitted to set down here, provided that the quantity be at least 2 to 3 kilogrammes.)

(Nos encargamos de pulverizar, segun nuestros corresponsales lo exijan, las substancias que hayamos omitido el consignar aquí, siempre que se trate al ménos de 2 á 3 kilógramos.)

Poudres composées.   Pulveres compositi.

			fr.	c.
Poudre alkermès pour électuaire	Pulvis alkermes ad electuarium		20	»
— antiasthmatique	— antiasthmaticus		3	»
— antihystérique	— antihystericus		32	»
— antimoniale de James	— stibicus (James)		12	»
— antispasmodique	— antispasmodicus		8	»

POUDRES IMPALPABLES.

		kilo.	fr.	c.
Poudre aromatique pour embaumement.	Pulvis aromaticus ad corporum condituram.		3	»
— arsenicale du frère Cosme	— arsenicus fratris Cosmi		20	»
— astringente	— astringens		8	»
— — de Knaup (vét.)	— — (Knaup med. veterin).		3	»
— Bresler	— Bresler		3	50
— de cachundé	— cachunde		72	»
— capitale de St-Ange (sternut.)	— major S. Angeli (sternutatorius)		5	50
— des capucins	— contra pediculos		5	»
— de Carignan	— feminæ principis Cariniaci		5	»
— cathartique	— catharticus		20	»
— catholicum pour électuaire	— catholicus (ad electuarium)		10	»
— chalybée	— chalybeus		6	»
— cordiale, n° 1	— corroborans n°s 1		2	»
— — n° 2	— — n° 2		1	50
— cornachine	— cornachina seu de tribus		40	»
— craie camphrée	— cretæ camphoratæ		4	»
— de Curie (épice)	— aromaticus (Curii)		5	»
— dentifrice, n° 1	— dentifricus n°s 1		8	»
— — n° 2	— — n° 2		4	»
— — au quinquina	— — cum cinchonâ		8	»
— — au tannin	— — cum tannino		16	»
— dépilatoire de Boudet	— depilatorius (Boudet)		4	»
— de Duc	— Ducis compositus		5	»
— diascordium pour électuaire	— diascordium ad electuarium		16	»

(Notre poudre pour diascordium contient l'extrait d'opium indiqué dans la formule du Codex.) | (Our powder for diascordium contains the extract of opium indicated in the formula of the Pharmacopœia.) | (Nuestros polvos para diascordio contienen el opio indicado en la formula del Codex.)

Poudre diurétique dite des voyageurs.	Pulvis diureticus cognomine viatorius		4	»
— — (méd. vétér.)	— — (med. veter.)		3	50
— de Dower	— Doweri		18	»
— excitante de Mathieu (vétér.)	— stimulans Mathæi (veter.)		2	»
— ferrée gazifère	— ferrosus et gazifer		6	»
— de Guttète	— Guttetæ		5	»
— hémostatique de Bonafous	— hæmostaticus (Bonafous)		3	50
— pour confection d'hyacinthe	— ad confect: hyacinthi gemmæ		24	»
— d'Iroë	— Iroes		24	»
— de jalap composé (sucre orangé purgatif)	— convolvuli jalapæ compositus (saccharum flavum purgans)		5	»
— de lichen sucré (saccharolé)	— sacchari cum gelatinâ lichenis		6	»
— orviétan pour électuaire	— orvietani ad electuarium		16	»
— pour pilules de cynoglosse	— ad pilulas cynoglossi		50	»
— de scille composée ou incisive	— scillæ compositus seu incisivus		6	»
— sucre orangé purgatif (de jalap composée)	— sacchari flavi purgantis (seu convolvuli jalapæ compositus)		5	»
— sudorifique (médecine vétér.)	— sudatorius (med. veter.)		3	»
— tempérante de Stahl	— temperans (de Stahl)		5	»

POUDRES IMPALPABLES.

	kilo.	fr.	c.
*Poudre thériacale, n° 1, p' électuaire. *Pulvis theriacalis n^{us} 1 ad electuarium*		20	»
— n° 2. — n^{us} 2 —		8	»

(Notre poudre pour la thériaque n° 2 est la même que pour le n° 1, moins les substances d'un prix élevé que nous n'y joignons pas.)	(Our powder for theriaca n° 2 is the same as for n° 1, less the high priced substances which we do not add to it.)	(Nuestros polvos para la teriaca n° 2 son los mismos que para la n° 1, á escepcion de las substancias de precio elevado que no les agregamos.)

		fr.	c.
Poudre des trois santaux	*Pulvis trium santalorum*	8	»
— vermifuge mercurielle	— *vermifugus cum hydrargyro*	8	»
— — végétale	— — *è vegetabilibus*	8	»
— — vétérinaire	— — *veterinarius*	4	»
— de Vienne (caustique)	— *Austriæ Viennæ*	10	»
— de Wetzler	— *Wetzler*	4	»

Poudres grosses
POUR LA PRÉPARATION DES EXTRAITS ET DES TEINTURES.

Pulveres crassiores
AD PARANDUM EXTRACTA ET TINCTURAS.

		fr.	c.
Poudre d'aunée	*Pulvis inulæ helenii*	1	40
— bardane	— *lappæ majoris*	1	60
— belladone (feuilles)	— *atropæ belladonæ (folium)*	2	40
— caïnça	— *chiococcæ anguifugæ*	8	»
— chiendent	— *tritici repentis*	1	80
— ciguë	— *conii maculati*	2	40
— colchique (bulbes)	— *colchici autumnalis (bulbus)*	1	80
— — (semences)	— — (*semen*)	3	20
— digitale (feuilles)	— *digitalis purpureæ (folium)*	1	60
— ellébore noir (racines)	— *hellebori nigri (radix)*	1	60
— gentiane	— *gentianæ luteæ*	»	70
— ipécacuanha	— *cephælis ipecacuanhæ*	18	»
— jalap	— *convolvuli jalapæ*	14	50
— jusquiame (feuilles)	— *hyoscyami (folia)*	2	40
— noix de galle	— *gallæ quercinæ*	3	50
— de patience	— *rumicis acuti*	1	20
— pavots	— *papaveris somniferi*	3	»
— quinquina gris	— *corticis cinchonæ condamineæ*	7	»
— — jaune	— — *cordifoliæ*	12	»
— ratanhia	— *krameriæ triandræ*	6	»
— réglisse	— *glycyrrhizæ glabræ*	1	20
— rhubarbe de Chine	— *rhei palmati (radix)*	12	»
— salsepareille	— *sarsaparillæ*	4	»
— saponaire d'Egypte	— *gypsophyllæ struthii*	1	80
— seilles	— *scillæ maritimæ*	2	»
— simarouba	— *simarubæ officinalis*	5	»
— stramonium (feuilles)	— *daturæ stramonii*	2	40
— tan	— *corticis quernei*	»	80
— valériane petite	— *valerianæ*	1	60

DROGUERIE
PRODUITS CHIMIQUES ET PHARMACEUTIQUES
HERBORISTERIE.

DRUGS
CHEMICAL AND PHARMACEUTICAL PRODUCTIONS
MEDICINAL PLANTS.

DROGUERÍA
PRODUCTOS QUÍMICOS Y FARMACÉUTICOS
PLANTAS MEDICINALES.

Tout article non précédé des lettres *gram.* pour gramme, et *hecto* pour hectogramme, ou de toute autre désignation, devra être considéré comme étant au kilogramme.

En cas de désignation insuffisante, nous enverrons les produits marqués d'un *.

Le prix de tous les articles précédé du signe △ est sujet à de fréquentes variations.

Any article not preceded by the letters *gram.* for gramme, and *hecto* for hectogramme, or by any other designation, must be considered as being, per kilogramme (2 lb).

In case of an insufficient designation we shall send the articles marked with an *.

The price of all articles preceded by the letter △ is subject to frequent variations.

Todos los artículos no precedidos de las letras *gram.* por gramo, y *hecto* por hectogramo, ó de cualquiera otra indicación, deberán considerarse por kilógramos.

En caso de indicación insuficiente, enviarémos los productos marcados con una *.

Los precios de todos los artículos precedidos del signo △ están sujetos á variaciones frecuentes.

A

		kilo.	fr.	c.
Abelmosch (ambrette)	*Hibiscus abelmoschus (semen)* △		3	60
*Absinthe grande (plante)	*Artemisia absinthium (planta)*		1	»
— — (feuilles mondées)	— — *(fol. mund:)*		1	80
— — (racine)	— — *(radix)*		2	»
* — marine (plante)	— *maritima (planta)*		»	80
— — (feuilles mondées)	— — *(fol. mund:)*		1	50
* — petite (plante)	— *pontica (planta)*		1	40
— — (feuilles mondées)	— — *(fol. mund:)*		1	80
— suisse (plante)	— *rupestris (planta)*		1	20
Acacia (suc)	*Succus acaciæ*		12	»
Acacia farnesiana (fleurs)	*Acacia farnesiana (flores)* △		20	»
* — (pseudo-) (fleurs)	*Robinia pseudo-acacia (flores)*		3	20
— — (semences)	— — *(semen)*		5	»

DROGUERIE, PRODUITS CHIMIQUES ET PHARMACEUTIQUES.

		kilo.	fr.	c
Acajou (bois râpé)............	Cassuvium (lignum rasum)......		»	30
— (noix)..............	— (nuces)...........		3	»
Acanthe (feuilles)..........	Acanthus mollis (folia)........		5	»

Acétates. — Acetates.

			fr.	c
Acétate d'alumine pur.......	Acetas aluminicus purus.........		6	»
— — pour les arts...	— — ad artes......		1	50
— d'ammoniaque cristallisé...	— ammonicus crystallinus.....		60	»
— — liquide....	— — solutus.......		3	50
— d'argent cristallisé.......	— argenticus crystallinus..	gram.	»	60
— de baryte........	— baryticus........		24	»
— de bismuth.......	— bismuthicus.......		54	»
— de cadmium......	— cadmicus........		100	»
— de chaux cristallisé......	— calcicus crystallinus.....		10	»
— — pour les arts....	— — ad artes.......		4	»
— chrome liquide concentré..	— chromicus liquor densus....		64	»
— de cinchonine.......	— cinchonicus........	gram.	»	70
— de cobalt cristallisé.......	— cobalticus crystallinus.....		120	»
— — liquide concentré..	— — liquor densus.....		64	»
— de cuivre cristallisé.......	— cupricus crystallinus.....		6	»
— — (sous) vert-de-gris purifié.....	— — (sub) ærugo cuprica purificata.....		5	»
— — en boules.....	— — globulosus....		3	80
— — en poches.....	— — in sacculis.....		4	»
— — ammoniacal....	— — ammonicus.....		48	»
— de fer liquide pur........	— ferricus solutus purus.....		3	50
— — pour les arts (pyrolignite), la barrique.	— — ad artes (pyroliguis) dolium.		30	»
— — au détail.	— — per partes......		»	50
— de magnésie.........	— magnesicus........		24	»
— de manganèse cristallisé pur.	— manganicus crystallinus purus..		60	»
— (proto) de mercure.....	— hydrargyrosus.......		64	»
— (deuto) —	— hydrargyricus.......		64	»
— de morphine......	— morphicus........	gram.	»	70
— de nickel cristallisé.....	— niccolicus crystallinus.....		140	»
— — liquide au 1/4 ..	— — liquor ad 1/4		64	»
— de plomb cristallisé pur...	— plumbicus crystallinus purus..		4	»
— — du commerce...	— — vulgaris......		1	30
— — basique cristallisé.	— biplumbicus crystallinus.....		40	»
— — (sous) liquide (extrait de Saturne).	— triplumbicus solutus (extractum Saturni).........		1	20
— de potasse.........	— potassicus.........		4	50
— de quinine.........	— quinicus.........	gram.	»	60
— de soude brut......	— sodicus imperfectus......		2	»
— — purifié......	— — purificatus......		4	50
— de strontiane cristallisé...	— stronticus crystallinus.....		20	»
— de strychnine cristallisé...	— strychnicus crystallinus..	gram.	1	25
— d'urane cristallisé.....	— uranicus crystallinus......		100	»

DROGUERIE, PRODUITS CHIMIQUES ET PHARMACEUTIQUES.

		kilo.	fr.	c.
Acétate de zinc cristallisé.	Acetas zincicus crystallinus.		14	»
Acétone (esprit pyro-acétique). . . .	Acetona (spiritus pyro-aceticus) . . .		60	»
Ache des marais (plante)	Apium graveolens (planta)		1	50
— — (feuilles mondées) .	— — (folia mundata) . . .		2	»
— — (racine)	— — (rad.)		1	50

Acides. — Acida.

			fr.	c.
Acide acétique cristallisable. . . .	Acidum aceticum glaciale		12	»
— — du verdet (vinaigre radical).	— — aeruginis cupricae (acetum radicale) . . .		16	»
— — pour photographie. . .	— — ad photographiam. . .		16	»
— — du bois, ordinaire. . .	— — ligni vulgare		1	60
— — — pur à 8°. . .	— — — purum 8° . . .		3	»
— aconitique (citrique)	— aconiticum (citricum) . . gram.		»	50
— aloétique (polychromatique). .	— aloeticum (multicolor) . . —		1	50
— anémonique.	— anemonicum . . . . . . —		1	»
— antimonieux.	— stibiosum		32	»
— antimonique.	— stibicum		40	»
— arsénieux pur.	— arseniosum purum		6	»
— — pulvérisé. . . .	— — tritum . . .		8	»
— — du commerce. . . .	— — vulgare		»	80
— — — pulv. .	— — tritum . . .		1	»
— arsénique.	— arsenicum		48	»
— azotique pur.	— nitricum purum		2	50
— — du commerce, à 40°.	— — vulgare 40°		»	90
— — à 36°.	— — 36°		»	80
— — monohydraté.	— — mono-aquatum . . .		4	»
— benzoïque du benjoin sublimé.	— benzoicum e benzoina . . .		160	»
— — — cristallisé	— — cryst: in aqua . .		150	»
— — des herbivores, dit d'Allemagne. . .	— — herbam edentium dict: Germanicum . . .		48	»
— — de l'essence d'amandes amères .	— — ex oleo volat: amygd: amararum . gram.		1	»
— borique cristallisé.	— boracicum crystallinum . .		4	»
— — brut	— — imperfectum.		3	»
— — fondu pur	— — fusum purum		32	»
— bromhydrique.	— bromhydricum		100	»
— bromique.	— bromicum . . . . . gram.		»	25
— butyrique.	— butyricum . . . . . . —		»	80
— campholique.	— campholicum . . . . . —		1	»
— camphorique	— camphoricum . . . . . —		»	50
— carbazotique (picrique). . .	— picricum		36	»
— chloreux (hypo-) dissous. . .	— chlorosum (hypo) solutum. . .		50	»
— chlorique.	— chloricum . . . . . gram.		»	30
— — (per).	— perchloricum . . . . —		»	50
— chlorhydrique pur.	— chlorhydricum purum . . .		2	50
— — du commerce . .	— — vulgare		»	25

34 DROGUERIE, PRODUITS CHIMIQUES ET PHARMACEUTIQUES.

		kilo.	fr.	c.
Acide chloro-nitrique (en 2 flac.).	Acidum chloro-nitricum		3	»
— chromique cristallisé. . . .	—, chromicum crystallin: . . gram.		»	20
— liquide concentré.	— liquor densus. . . .		50	»
— citrique 1er blanc	— citricum perlucidum		8	»
* — — blanc	— — album		7	80
— copahivique.	— copaivicum. . . . . . . gram.		»	50
— cyanhydrique pur. . échantil:	— cyanhydricum purum . . spec:		10	»
— cyanhydrique au 1/4.	— cyanhydricum 1/4		150	»
— — au 7e.	— 1/7		120	»
* — — au 24e.	— 1/24		30	»

(Toutes les fois que l'on ne désignera pas le degré de dilution que l'on désire, l'acide sera expédié au 24e. L'acide au 7e étant indiqué par le Codex, ce serait lui peut-être que nous devrions délivrer à défaut de spécification; en agissant autrement, nous suivons des habitudes de commerce qu'il serait dangereux de changer.) | (Whenever the degree of dilution required is not particularly designated, the acid will be sent at a 24e. The acid at 7e being indicated by the pharmacopœia, that will perhaps what we ought to deliver for want of explicit specification, in acting otherwise we follow the usages of commerce which it would be dangerous to change.) | (Siempre que no se indique el grado de dilucion que se desea, se espedirá el ácido al 24°. Es verdad que el Codex designa el ácido al 7°, y que es ese quizá él que deberíamos enviar á falta de especificacion, pero al no hacerlo nos conformamos á costumbres de comercio que seria peligroso el cambiar.)

			fr.	c.
Acide cyanurique	Acidum cyanuricum . . . . . gram.		5	»
— fluorhydrique	— fluorhydricum		50	»
— fluosilicique	— fluosilicicum		50	»
— formique liquide concentré . .	— formicum liquor densus		100	»
— gallique cristallisé	— gallicum crystall:		45	»
— hippurique	— hippuricum		300	»
— hydriodique	— hydriodicum		100	»
— hydrobromique (bromhyd:) . .	— bromhydricum		100	»
— hydrochlorique pur	— chlorhydricum purum		2	50
* — — du commerce . .	— — vulgare		»	25
— hydrocyanique (voy. cyanhydrique).	— hydrocyanicum (vide cyanhydricum).			
— hydroferrocyanique cristall . .	— hydroferrocyanicum cryst: gram.		»	25
— — liquide . .	— — solutum . . .		120	»
— hydrosulfocyanique	— hydrosulphocyanicum . . gram.		»	25
— hydrosulfurique en dissolut . .	— hydrosulphuricum solutum . . .		1	50
— hypoazotique anhydre	— hyponitricum expers aquæ . . .		100	»
— hypophosphoreux	— hypophosphorosum . . . gram.		»	60
— hypophosphorique (phosphat:)	— hypophosphoricum		60	»
— hyposulfurique	— hyposulphuricum		100	»
— indigotique (nitranilique) . . .	— indigoticum . . . . . . gram.		1	»
— iodique	— iodicum . . . . . —		»	80
— kinique	— kinicum . . . . . —		1	»
— lactique concret	— lacticum concretum . . . —		3	50
* — — liquide concentré . . .	— — liquor densus		80	»
— malique cristallisé (sorbique) .	— malicum crystall: . . . gram.		1	»
* — — liquide sirupeux . . .	— — liquor densior		160	»
— margarique	— margaricum . . . . . gram.		»	75
— méconique cristallisé	— meconicum crystallinum . —		4	»

DROGUERIE, PRODUITS CHIMIQUES ET PHARMACEUTIQUES.

		kilo.	fr.	c.
Acide métagallique	Acidum metagallicum . . . . . gram.	»	20
— molybdique	— molybdicum . . . . . —	»	20
— mucique	— mucicum . . . . . —	»	20
— muriatique pur	— muriaticum purum	2	50
— — du commerce	— — vulgare	»	25
— nitrique (voy. azotique)	— (vide azoticum.)		
— oléique pur	— oleicum purum . . . gram.	»	25
— — du commerce	— — mercatorum	1	80
— oxalique pur	— oxalicum purum	12	»
— — du commerce	— — commune	3	60
— oxychlorique (perchlorique)	— oxychloricum (perchloricum) gr.	»	50
— parabanique	— parabanicum	1	»
— paratartrique (racémique)	— paratartaricum (racemic:)	60	»
— pectique	— pecticum . . . . . gram.	2	»
— phénique crist: (carbolique)	— phenicum crystallinum	80	»
— phosphomolybdique	— phosphomolybdicum . . . gram.	»	50
— phosphoreux	— phosphorosum	100	»
— phosphorique (anhydre)	— phosphoric: expers aquæ . gram.	»	25
— — liquide 45°	— — liquor 45°	30	»
— — vitrifié	— — vitreum	100	»
— picrique cristallisé	— picricum crystallinum	36	»
— — en pâte	— — glutinosum	10	»
— pour le touchau	— ad lapidem lydium	3	50
— prussique (voy. cyanhydrique)	— borussum (vide cyanhydricum)		
— pyrogallique	— pyrogallicum	150	»
— pyroligneux pur	— pyroligneum purum	3	»
— — du commerce	— — commune	1	60
— rosacique	— rosacicum . . . . . gram.	»	»
— salicileux (spireux)	— salicilosum (spirosum) —	3	50
— salicilique (spirique)	— salicilicum (spiricum) —	3	50
— sébacique du ricin	— sebacicum ricini	50	»
— sélénique	— selenicum . . . . . gram.	3	»
— sélénieux cristallisé	— seleniosum crystallinum —	4	»
— sorbique (malique cristallisé)	— sorbicum (malicum cryst:) —	1	»
— stannique	— stannicum	12	»
— stéarique pur	— stearicum purum . . . gram.	»	45
— — du commerce	— — commune	3	60
— subérique	— subericum . . . . . gram.	»	60
— succinique pur	— succinicum purum	100	»
— — huileux	— — oleaceum	100	»
— du sucre (acide oxalique)	— ex saccharo	3	60
— sulfhydrique (hydrosulfurique)	— sulphydricum	1	50
— sulfovinique	— sulphovinosum . . . . gram.	2	»
— sulfureux à 5°	— sulphurosum solutum	1	»
— sulfurique anhydre échant.	— sulphuricum expers aquæ. spec:	5	»
— — pur à 66°	— — purum 66°	2	50
— — du commerce à 66°	— — vulgare 66°	»	35
— — fumant (de Nordhausen)	— — fumidum Nordbausense	2	50

3.

DROGUERIE, PRODUITS CHIMIQUES ET PHARMACEUTIQUES.

	kilo.	fr.	c
Acide tannique (tannin) . . . . . . *Acidum tannicum (tanninum)* . . . . ▲		24	»
* — tartrique en cristaux détachés. — *tartaricum crystall: sejunctis* . ▲		6	»
— — en grappes . . . . . — — *racematum*		7	»
— — en plaques . . . . . — — *in modum laminæ* . .		6	»
— titanique . . . . — *titanicum* . . . . gram.		»	30
— tungstique. . . . . — *wolframicum* . . . . . . —		»	30
— urique . . . . — *uricum* . . . . . . —		»	60
— valérianique. . . . . . . — *valerianicum*		120	»
— vanadique . . . . — *vanadicum* . . . . . . gram.		8	»
Acier (limaille) . . . . *Scobis aciei*		1	»
Aconit napel (plante) . . . . . *Aconitum napellus (planta)* . . .		1	40
* — — (feuilles mondées). . . — — *(fol. mund:)*		1	60
— — (fleurs). . . . . . — — *(flos)*		8	»
— — (racines). . . . . — — *(radix)*		3	50
Aconitine. . . . . *Aconitina* . . . . gram.		5	»
*Acore vrai (racine) . . . . . . *Acorus calamus (radix)*		1	20
— — mondée. . . . . . . — — *mundatus*		1	40
*Agaric blanc . . . . *Boletus laricis* . . . . ▲		3	60
— de chêne choisi. . . . . . — *igniarus selectus*		8	»
Agnus castus (semences) . . . . . *Vitex agnus castus (semen)*		8	»
Agripaume (feuilles mondées). . . . *Leonurus cardiaca (fol: mund:)* . .		1	60
* — (plante) . . . . — *(planta)*		1	20
*Aigremoine (plante) . . . . . . *Agrimonia eupatoria* —		1	20
— (feuilles mondées) . . . — — *(fol: mund:)* . . .		1	60
— (racine) . . . . . . — — *(radix)*		6	»
Aimant naturel . . . . *Lapis magneticus*.		20	»
— pulvérisé . . . . — *in pulverem tritus* . . .		28	»
— choisi (suivant l'échantillon). — *selectus (juxta specimen)*. . . .		»	»
— artificiel (voy. Instruments *Magnes arte factus* (vide *Instrumenta ad*			
de physique). *physicam spectantia*).			
*Airelle (baies). . . . . *Vaccinium myrtillus (baccæ)*.		2	»
— (plante). . . . . — — *(planta)*.		3	20
Ajonc (plante). . . . . *Ulex autumnalis*		2	»
Alambics en cuivre (voy. p. 329). *Cucumellæ stillatoriæ cupreæ.*			
— en verre (voy. p. 428). — — *vitreæ.*			
Alaterne (plante) . . . . *Rhamnus alaternus (planta)*		1	20
* — (feuilles mondées . . . . . — — *(folia mund:)* . . .		2	»
Album ceti (blanc de baleine). . . . *Sperma ceti* . . . . ▲		8	»
Albumine desséchée pure. . . . . *Albumen siccatum purum*		100	»
— iodée médicinale. . . . — *iodicum medicinale*		80	»
— — photographique. . . — — *ad photographiam*. . . .		160	»
* — d'œufs desséchée. . . . — *ex ovo siccatum*. . . . . . ▲		18	»
— du sang — . . . — *ex sanguine*.		12	»
Alcali volatil (ammoniaque liquide) . . *Alkali volatile (ammoniacum fluidum)* .		»	80
— concret (carb: d'ammoniaque). — *concretum (carbonas ammonicus)* .		2	80
Alchimille (plante). . . . . . . *Alchemilla vulgaris (planta)*		3	40

DROGUERIE, PRODUITS CHIMIQUES ET PHARMACEUTIQUES.

		fr.	c.
Alcools.	**Alkohol.**		
Alcool absolu	Alkohol expers aquæ . . . litr.	10	»
— à 96° (40° Cart.)	— 96° . . . —	3	60
— à 90° (36° Cart.) de fécule	— 90° e fæculâ . . . —	2	60
* — à 86° (33° Cart.) de Montp.	— 86° Monspeliacum . . . —	2	80
— à 90° (36°) rectifié	— rectificatum 90°. . . —	4	»
— ammoniacal anglais	— ammonicum anglicum . —	8	»
* — amylique (huile de pommes de terre)	— amylicum (oleum volat: solani tuberosi) . kilo.	1	50
— — pur	— purum. . . .	16	»
— azotique	— nitricum . . .	4	»
— camphré à 90° (36°)	— camphoratum 90° . . . litr.	4	»
* — — faible à 56° (21°)	— — debilius 56°. —	2	40
— — de Raspail (96°)	— — Raspail 96°. —	5	»
— chlorhydrique	— chlorhydricum . . .	4	»
— méthylique (esprit de bois)	— methylicum (spirit: ligni) . litr.	2	40
— sulfurique (eau de Rabel)	— sulphuricum (aqua Rabel) .	4	»
Alcoolats.	**Spiritus.**		
Alcoolat d'anis	Spiritus anisi . . . litr.	3	50
— antiscorbutique	— antiscorbuticus . . . —	6	»
— aromatique ammoniacal de Sylvius	— aromaticus ammonicus Sylvii	40	»
— de cannelle	— cinnamomi . . . litr.	4	»
— carminatif de Sylvius	— carminativus Sylvii . . .	7	»
* — de citrons	— mali citrei . . . litr.	4	»
— — composé (eau de Cologne)	— — compositus seu aqua Coloniensis . . . litr.	5	»
— de cochléaria simple	— cochleariæ simplex . . . —	4	»
* — — composé	— — compositus . . . —	4	»
— de cresson composé	— nasturtii compositus . . . —	4	»
— de fenouil (semences)	— anethi fœniculi (semen) . —	4	»
— de Fioraventi (baume de Fioraventi)	— Fioraventi (balsamum Fioraventi) . . . litr.	6	50
— de fourmis simple	— formicarum simplex . . .	14	»
— — composé (eau de magnanimité)	— — compositus (aqua magnanimitatis)	16	»
— de framboises	— frambœsiarum . . . litr.	4	»
* — de Garus	— Gari . . . —	5	»
— de genièvre	— juniperi (baccæ) . . . —	4	»
— — composé	— — compositus . . . —	4	»
* — de lavande	— lavandulæ . . . —	4	»
— — ambré	— — cum ambaro . . —	5	»
— de mélisse simple	— melissæ simplex . . . —	4	»
* — — composé (eau des Carmes)	— — compositus (aqua Carmelitarum) . . . litr.	4	50
— de menthe	— menthæ piperitæ . . . —	4	»
— — composé	— — compositus . . . —	4	50

DROGUERIE, PRODUITS CHIMIQUES ET PHARMACEUTIQUES

		fr.	c.
Alcoolat de miel composé...... Spiritus mellis compositus..... litr.		12	»
— d'oranges (écorces)..... — corticis mali aurantii.... —		5	»
— de raifort......... — cochleariæ armoraciæ.... —		4	»
— de romarin......... — rosmarini.......... —		4	»
— de roses.......... — rosarum.......... —		5	»
— de térébenthine composé — terebinthinæ compositus (balsamum Fioraventi)...... (baume de Fioraventi)..		6	50
— thériacal.......... — theriacalis......... litr.		7	»
— vulnéraire (eau vulnéraire). — vulnerarius (aqua vulner.). —		3	50

Alcoolatures.   **Alcoolaturæ seu tincturæ vegetabilium recentium.**

		fr.	c.
Alcoolature d'aconit........ Acoolatura aconiti napelli..... litr.		4	50
* — d'arnica (fleurs)..... — arnicæ (flores)..... —		5	»
— — (racines).... — — (radices).... —		5	»
— de belladone...... — belladonæ......... —		4	50
— de bryone........ — bryoniæ.......... —		4	50
— de ciguë......... — cicutæ majoris....... —		4	50
— de colchique (bulbes).. — colchici (bulbi)....... —		4	50
— de digitale........ — digitalis purpureæ..... —		4	50
— de jusquiame...... — hyoscyami......... —		4	50
— de laitue vireuse.... — lactucæ virosæ....... —		4	50
— de stramoine...... — stramonii.......... —		4	50

(Les vases sont comptés à part, ainsi que pour tout ce qui se vend ordinairement au litre.) | (The jars are charged extra as well as for all wich are generally sold by the litre or quart.) | (Las vasijas se cuestan á parte, como sucede con todo lo que se vende generalmente por litro.)

		fr.	c.
Alcornoque (écorce)........ Cortex bowdichiæ majoris.... kilo.		8	»
Aldéhyde............. Aldehyda........... gram.		»	20
Alkékenge (baies avec coques)... Physalis alkekengi baccæ cum tegumento.		2	60
* — (sans coques)..... — — sine —		2	80
Alkermès (électuaire)....... Alkermes electuarium........		8	»
Alizarine............ Alizarina.............		»	»
Alleluia (plante)......... Oxalis acetosella.........		1	60
Alliage fusible de Darcet..... Concretio metallica fusilis Darcet...		8	»
Alliages divers.......... Concretiones metallicæ nonnullæ.			
Alliaire (plante)......... Erysimum alliaria........		1	40
Allumettes chimiques à friction. gros: Sulphurata collisûs ope flagrantia...		»	»
— bougies — — cereæ....		»	»
— amadou à friction... — — cum igniario...		»	»

(Nous ne pourrons expédier ces articles dangereux qu'autant qu'il nous en sera demandé plusieurs grosses à la fois, afin d'en faire un emballage et un envoi séparés.
Cette observation existe en grande partie pour les acides sulfurique et nitrique, et autres articles qui présentent du danger.) | (We cannot send those dangerous articles except several gross are ordered at the same time in order that a separate package may be made of them. This observation also applies the sulphuric and nitric acids and other articles which are attended with danger.) | (No podrémos espedir estos articulos peligrosos sino cuando se nos pidan muchas gruesas á la vez, á fin de hacer un embalaje y un envio separados.
La misma observacion puede aplicarse en gran parte á los ácidos sulfúrico y nitrico, y á otros artículos que ofrecen el mismo peligro.)

DROGUERIE, PRODUITS CHIMIQUES ET PHARMACEUTIQUES.

		kilo.	fr.	c.
Allumettes au phosphore amorphe.	Sulphurata cum phosphoro amorpho		»	»
— Canouil.	— Canouil.		»	»
— androgynes.	— androgyna.		»	»
Aloès des Barbades vrai	Aloe Barbadensis vera.		8	»
— cabalin	— caballina		»	»
— hépatique (rare).	— hepatica		4	»
— succotrin	— soccotrina.		1	50
— (bois).	— lignum.		30	»
Aloïne	Aloina	gram.	»	50
Alpiste (semences).	Phalaris picta (semen)		»	60
Alquifoux.	Sulphuretum plumbic. nativum.		»	70
Althæa officinale (guimauve) racine	Althæa officinalis (radix)		1	»
— (fleurs)	— (flos)		3	»
Alumine pure.	Alumina pura		32	»
— ordinaire.	— vulgaris.		20	»
— en gelée	— gelatinosa.		10	»
Aluminium	Aluminium	gram.	»	25
Alun du commerce	Alumen vulgare		»	40
— à base de potasse.	— potassicum		»	50
— — — pur	— — purum		6	»
— à base d'ammoniaque.	— ammonicum		3	»
— — — pur	— — purum		6	»
— calciné	— ustum		1	60
— de chrome.	— chromicum		15	»
— de fer.	— ferrosum		4	»
— de roche ou de glace.	— rupeum		»	40
— de Rome	— romanum		1	50
Amadou non salpêtré (agaric de chêne)	Boletus igniarius sine nitro.		8	»
— salpêtré.	— cum nitro.		6	»
Amandes amères en sorte.	Amygdalæ amaræ in sortis.		2	20
— triées.	— selectæ		2	80
— douces en sorte.	— dulces in sortis.		2	20
— — triées.	— selectæ.		2	80
— — flots moyennes.	— selectiores		3	50
— — flots surchoisies	— selectissimæ.		4	»
Amandes princesses en coques tendres	— principes tegumento molli		2	60
— à la dame ou en coques dures.	— matronæ tegumento duro.		»	»
Ambre gris	Ambar cinereum	gram.	3	»
— jaune (succin)	— flavum (succinum).		5	»
— rouge	— rubrum.		4	»
Ambrette (semences).	Hibiscus abelmoschus (semen)		3	60
Ambroisie (plante) Botrys	Chenopodium ambrosioides (planta)		2	40
Amiante suivant le choix.	Amiantus 5 fr. à		8	»
Amidon, 1re sorte.	Amylum maxime egregium.		»	85
— 2e sorte.	— minus		»	80
— azuré en paquets	— cœruleum in fasciculos		1	10
Ammi (semences).	Sison ammi (semen)		4	»
Ammoniaque pure à 25°	Liquor ammoniæ purus 25°		3	»
— à 22°.	— — 22°		2	50

DROGUERIE, PRODUITS CHIMIQUES ET PHARMACEUTIQUES.

		kilo.	fr.	c.
*Ammoniaque ordinaire à 22°....	Liquor ammoniæ vulgaris 22°.....		»	80
Amome en grappes (très-rare)....	Amomum racemosum........		»	»
Amygdaline.........	Amygdalina........ gram.		»	80
Amylène.........	Amylena.........	100	»	»
Anacarde orientale (rare).....	Anacardium orientale (rarum)....		»	»
Anatomie, modèles d'Auzoux....	Simulacra anatomica (p. 503).			
—— —— en cire.....	—— —— cerea (p. 508).			
Ancolie (feuilles et fleurs)....	Aquilegia vulgaris (fol: et flos)...		2	»
*Anémone pulsatile (plante).....	Anemone pulsatilla (planta).....		1	40
—— —— (racine)....	—— —— (radix)......		2	60
Anémonine........	Anemonina........ gram.		10	»
Aneth (semences)......	Anethum graveolens (semen)....		3	»
Angélique (plante).....	Archangelica officin: (planta)....		1	»
—— (racine de Bohème)....	—— —— (rad: Bohem:)...		2	50
* —— (racine de Paris)....	—— —— (—— Paris:)...		2	50
—— (semence)......	—— —— (semen)....		6	»
Angusture fausse (écorce) rare...	Cortex strychni nucis vomicæ		5	»
* —— vraie ——	—— Cuspariæ febrifugæ.....		3	»
Anis étoilé (badiane).......	Illicium anisatum (fructus)....		4	»
—— vert grabelé......	Pimpinella anisum (semen)....		2	»
—— couvert.......	Anisum saccharo tectum.....		3	20
*Anthrakokali simple......	Anthrakokali simplex......		20	»
—— sulfuré.....	—— sulphuratus.....		20	»
Antimoine cru (sulfure d'antimoine).	Stibium crudum (sulphuret: stibic:)		1	40
—— métal (régule).....	—— metallicum......		2	75
—— —— pur en lingots....	—— —— purum massulis...		16	»
* —— diaphorétique lavé....	—— diaphoreticum lotum.....		6	»
—— non lavé...	—— illotum.....		5	»
Antimoniate de potasse neutre....	Stibicas potassicus neuter.....		40	»
Antofle (fruit du giroflier).....	Fructus caryophylli......		»	»
Apiol.........	Apiol......... gram.		»	50
Appareils pʳ la distillation des alcools.	Instrumenta ad alcohol stilland: (p. 334)			
—— —— des eaux-de-vie.	—— ad aq: vitæ stilland: (p. 335)			
—— —— du rhum....	—— ad rhum stilland: (p. 336).			
—— de chimie........	—— ad res chimicas (p. 356).			
Appareils de chirurgie en caoutchouc vulcanisé......	—— chirurgica caoutchouc vulcanio (p. 269).			
—— électro-médicaux.....	—— electro-medicata (p. 326).			
—— à eaux minérales :	—— ad aquas medicatas :			
de Beltzung....	de Beltzung (p. 480).			
de Dallemagne....	de Dallemagne (p. 484).			
de François....	de François (p. 482).			
de Lange......	de Lange (p. 479).			
de Savaresse.....	de Savaresse (p. 480).			
de Stevenaux....	de Stevenaux (p. 478).			
—— pour essais et analyses chimiques.....	—— ad experimenta et resolutiones chymicas (p. 378).			
—— pour fractures.....	—— pro fracturis (p. 318).			
—— gazogènes de toute espèce.	—— gazifera omni gen: (p. 472)			

DROGUERIE, PRODUITS CHIMIQUES ET PHARMACEUTIQUES.

		kilo.	fr.	c.
Appareils pour la préparation des extraits dans le vide.	Instrumenta ad extracta parienda in vacuo (p. 330).			
Arabine.	Arabina.	gram.	1	»
Arachide (pistache de terre).	Arachis hypogæa.		2	»
Arcanson (colophane).	Colophonium.		»	40
Arec (noix).	Areca catechu (nuces).		6	»
Argent pur (réduit du chlorure).	Argentum purum (è chlorureto).	gram.	»	40
— de coupelle.	— ad obrussam.	—	»	30
— en poudre.	— in pulverem tritum.	—	»	40
— rognures.	— ramenta.	—	»	35
Argentine (plante).	Potentilla anserina (planta).		1	20
Aréomètres.	Areometra (p. 375).			
Arguel (feuilles mondées).	Cynanchum argel (fol. mund.).		3	20
*Aristoloche (racine longue).	Aristolochia longa (radix).		1	40
— (racine ronde).	— rotunda —		1	60
— clématite (plante).	— clematis (planta).		2	»
— — (racine).	— — (radix).		2	»
Armoise (plante).	Artemisia vulgaris (planta).		1	»
* — (feuilles mondées).	— — (fol. mund.).		1	40
— (fleurs).	— — (flos).		4	»
— (racine).	— — (radix).		1	80
Arnica (feuilles mondées).	Arnica montana (fol. mund.).		2	»
* — (fleurs).	— — (flos).		2	»
— (racine).	— — (radix).		2	40
Arrête-bœuf (racine).	Ononis spinosa (radix).		1	20
Arrow-root vrai (fécule).	Fæcula marantæ indicæ.		2	80

Arséniates.   Arseniates.

Arséniate d'ammoniaque.	Arsenias ammonicus.		30	»
— d'argent.	— argenticus.	gram.	»	50
— de baryte.	— baryticus.		30	»
— de cobalt.	— cobalticus.		100	»
— de cuivre.	— cupricus.		24	»
— de fer.	— ferrosus.		30	»
— — (deuto).	— ferricus.		30	»
— (bi) de potasse pur.	— (bi) potassicus purus.		6	»
* — — pour les arts.	— — ad artes.		2	50
— de quinine.	— quinicus.	gram.	»	80
— de soude pur.	— sodicus purus.		8	»
* — — pour les arts.	— — ad artes.		2	50
Arséniates en général.	Arseniates in universum.			
*Arsenic métallique (cobalt).	Arsenicum (muscis lethiferum).		1	80
— distillé.	— stillatum.		8	»
* — blanc (acide arsénieux) entier.	Acidum arseniosum non tritum.		»	80
— jaune (orpiment).	Arsenicum flavum (auripigmentum).		1	60
— rouge (réalgar).	— rubrum (sandaraca).		1	60

DROGUERIE, PRODUITS CHIMIQUES ET PHARMACEUTIQUES.

Arsénites.	Arsenites.	fr.	c.
	kilo.		
Arsénite d'ammoniaque	Arsenis ammonicus	50	»
— de cuivre	— cupricus	24	»
— de potasse pur	— potassicus purus	20	»
— — ordinaire	— — vulgaris	4	»
— de soude pur	— sodicus purus	20	»
— — ordinaire	— — vulgaris	4	»
Arthanite (cyclamen)	Cyclamen europæum (radix)	30	»
*Arum maculatum (racine)	Arum maculatum (radix)	1	20
— triphyllum (racine)	— triphyllum (radix)	10	»
Arundo phragmites (racine)	Arundo phragmites (radix)	1	40
Asarine	Asarina .... gram.	»	»
*Asarum (feuilles mondées)	Asarum europæum (folia mund.)	1	40
— (racine)	— (radix)	2	40
Asclépiade (racine)	Asclepias vincetoxicum (radix)	1	20
Asparagine	Asparagina .... gram.	1	»
Asperge (baies)	Asparagus officinalis (baccæ)	4	»
— (rac.)	— (radix)	»	80
— (rac. coup.)	— (radix secta)	1	»
Aspérule odorante (plante)	Asperula odorata (planta)	2	»
Asphalte (voy. Bitume de Judée)	Asphaltum (vide Bitumen judaicum)	»	»
Asphodèle (racine)	Asphodelus ramosus (radix)	4	»
*Assa fœtida en larmes	Asa fœtida selecta	3	»
— — en sorte	— — in sortis	2	40
Astragale (plante)	Astragalus glycyphyllos (planta)	1	20
— (racine)	— — (radix)	1	40
Atropine	Atropina .... gram.	5	»
Aubépine (fleurs)	Cratægus oxyacantha (flos)	3	»
Aune noir (écorce)	Rhamnus frangula (cortex)	4	»
— (feuilles)	Alnus communis	1	60
*Aunée (racine)	Inula helenium (radix)	1	20
— (rac. coupée)	— — (radix secta)	1	40
— (feuilles)	— — (folia)	2	»
*Aurone femelle (santoline)	Santolina chamæcyparissus	1	20
— mâle (citronnelle)	Artemisia abrotanum	1	40
Aventurine ordinaire blanche ou jaune	Aventurina alba vel flava vulgaris	10	»
Axonge	Adeps porcinus	2	80
Aya-pana (feuilles)	Eupatorium aya-pana (folia)	8	»
Azotates.	**Nitrates.**		
Azotate d'alumine pur	Nitras aluminicus purus	10	»
— d'ammoniaque pur	— ammonicus —	6	»
— — ordinaire	— — communis	2	50
— d'argent cristallisé	— argenticus crystallinus	175	»
— neutre cristallisé pour photographie	— — neuter ad photographiam	175	»
— — fondu en plaques d°	— — fusus ad photograph.	180	»

DROGUERIE, PRODUITS CHIMIQUES ET PHARMACEUTIQUES.

		kilo.	fr.	c.
*Azotate d'argent blanc en cylindres..	Nitras argenticus albus cylindris....		190	»
— — noir —	— — niger —		175	»
— — très-petits cylind:	— — — minor:.		200	»
— — avec fil de platine à l'intérieur..	— — cum filo platini intus....		250	»
— — ammoniacal.....	— — ammoniacalis....		200	»
— de baryte pur........	— baryticus purus......		10	»
— — ordinaire cristallisé.	— — vulgaris......		1	50
— de bismuth cristallisé....	— bismuthicus crystallinus....		20	»
— (sous-) de bismuth (magistère)	— (sub) bismuth: (magisterium).		16	»
— de cadmium........	— cadmicus........		80	»
— de chaux.........	— calcicus........		5	»
— de cérium, liquide concentré.	— cericus liquor densus... gram.		»	50
— de cobalt cristallisé.....	— cobalticus crystallinus....		150	»
— — liquide concentré..	— — liquor densus.....		60	»
— de cuivre pur.......	— cupricus purus......		8	»
— — ordinaire.....	— — vulgaris......		4	50
— — ammoniacal....	— — ammonicus.....		24	»
— de fer (proto) liquide....	— ferrosus liquor......		3	50
— — (sesqui) —	— ferricus — densus...		4	50
— — — cristallisé...	— — crystallinus..		6	»
— de magnésie........	— magnesicus........		10	»
— de manganèse pur.....	— manganicus purus.....		30	»
— de mercure (proto).....	— hydrargyrosus.......		14	»
— — (deuto).....	— hydrargyricus.......		14	»
— (sous-deuto) de mercure (turbith nitreux).....	— (sub) — (turpethum nitrosum).....		18	»
— (acide) de mercure liquide..	— (acid:) hydrargyr: fluidus...		8	»
— de morphine........	— morphicus........ gram.		1	»
— de nickel cristallisé.....	— niccolicus crystallinus....		100	»
— de palladium........	— palladicus........ gram.		4	»
— de plomb pur........	— plumbicus purus......		4	»
— — ordinaire.....	— — vulgaris......		2	40
— de potasse pur.......	— potassicus purus......		3	»
— — fondu.......	— — fusus.......		2	»
— — en boules..	— — globulosus....		4	»
— — (sel de nitre)....	— — (sal nitricus)....		1	30
— de soude pur.......	— sodicus purus......		4	»
— — du commerce....	— — vulgaris......		1	»
— de strontiane pur......	— stronticus purus......		6	»
— — ordinaire....	— — vulgaris.....		1	50
— — desséché....	— — exsiccatus.....		2	50
— de strychnine.......	— strychnicus....... gram.		1	25
— d'urane cristallisé......	— uranicus crystallinus.....		100	»
— d'urée...........	— ureæ........ gram.		»	60
— de zinc pur.........	— zincicus purus......		8	»
— — ordinaire cristallisé..	— — vulgaris crystallinus..		6	»
Azotates en général........	Nitrates in universum.			

DROGUERIE, PRODUITS CHIMIQUES ET PHARMACEUTIQUES.

		kilo.	fr.	c.
Azotite d'ammoniaque	Nitris ammonicus		60	»
— de plomb	— plumbicus		20	»
Azur 4 feux	Silicas cœruleus cobalticus		2	»

B

Bablah d'Espagne	Fructus mimosæ acaciæ Hispanæ		1	40
— de l'Inde	— — Indicæ		2	»
Badiane (fruits)	Illicium anisatum (fructus)		4	»
Baguenaudier (feuilles)	Colutea arborescens (folia)		2	40
Baies (voy. à leurs noms)	Baccæ (vide nomina privata)			
Bain d'argent (galvanoplastie)	Balneum argenticum (galvan:)	litr.	7	»
— d'or —	— auricum —		8	»
Balances pour analyses (p. 398)	Statera ad resolutiones chymicas		»	»
— bascule	— libramentum (p. 395)			
— de comptoir	— ad mensas (p. 390)			
Balaustes (fleurs de grenadier)	Punica granatum (flores)		5	»
Ballote laineuse (plante)	Ballota lanata (planta)		3	40
Balsamite odorante (plante)	Balsamita suaveolens (planta)		3	»
Bandages divers	Vincturæ omni genere (p. 257)			
Baobab (écorce)	Adansonia digitata (cortex)		»	»
— (fruits)	— — (fructus)		»	»
Barbotine (semen-contra de Barb:)	Artemisiæ glomeratæ capituli		1	60
Bardane (écorce)	Lappa major (cortex)		3	40
Bardane (feuilles)	— — (folia)		1	80
*— (racines)	— — (radix)		1	40
Barras (galipot)	Resina pini		»	60
*Baryte caustique pure	Baryta pura		30	»
— cristallisée hydratée	— aquata crystallina		30	»
Bas à varices	Tibialia contra variculas (p. 267)			
*Basilic (plante)	Ocymum basilicum (planta)		3	»
— (feuilles mondées)	— — (folia mundata)		4	»
Bassines en cuivre	Patinæ cupricæ (p. 331)			
— en tôle contre-oxydée	— è ferro incommutabili (p. 340)			
— à vapeur	— patientes vaporis (p. 332)			
Bassorine	Bassorina	gram.	»	50
Baudruche pour cors . . le livret	Membrana tenuis ad clavos . libellus		»	75
— entière choisie. la feuille	— — integra . folium		»	45
— en vrac	— — promiscuè		8	»

Baumes.   Balsama.

Baume acétique camphré	Balsamum aceticum camphoratum	16	»
— acoustique	— auditum juvans	20	»
— astringent	— astringens	9	»
— d'arcæus (onguent)	— arcæi (unguentum)	4	»
— du Caire (baume de la Mecque)	— Novæ Memphis	50	»

DROGUERIE, PRODUITS CHIMIQUES ET PHARMACEUTIQUES.

		kilo.	fr.	c.
Baume du Canada	Balsamum Canadense		30	»
— céphalique saxon	— cephalicum saxonicum		40	»
— de Chiron	— Chironis		6	»
— de cicutine ou de conicine	— cicutinæ vel conicinæ		12	»
— du Commandeur	— Commendatoris		6	»
— de copahu ordinaire	— copairæ vulgare		7	50
— — solidifiable	— — solidescens		8	»
— — solidifié	— — solidatum		10	»
— de Fioraventi	— Fioraventi		6	50
— de Geneviève	— Genovefæ		5	50
— de Gilead (b: de la Mecque)	— Gileadense seu Meccanense		50	»
— hydriodaté	— cum iodureto		15	»
— des jardins (plante)	Mentha gentilis (planta)		2	60
— — (feuilles mondées)	— — (folia mundata)		3	60
— de Judée (baume de la Mecque)	Balsamum Judaicum vel Meccanense		50	»
— de Laborde	— Laborde		10	»
— de Lucatel	— Lucatel		7	»
— de la Mecque	— Meccanense		50	»
— nerval	— nervinum		12	»
— Opodeldoch	— Opodeldoch		6	»
— — le flacon	— — lagena		»	75
— — le 1,2	— — laguncula		»	40
— — liquide	— — fluidum		7	»
— du Pérou en coque (rare)	— Peruvianum in cucurbitâ		»	»
— — liquide noir	— — fluidum nigrum		22	»
— — (faux) lotier odorant	Melilotus cærulea		2	80
— de soufre simple	Balsamum sulphuris simplex		6	»
— — anisé	— — anisatum		80	»
— — succiné	— — succinatum		32	»
— — térébenthiné	— — cum terebinthinâ		4	»
— tranquille	— tranquillans		4	»
— — de Chomel	— — Chomel		6	»
— de Tolu sec	— Tolutanum siccum		12	»
— — mou	— — molle		10	»
— vert (résine tacamaque)	resina tacamahaca		6	»
— vert de Metz	viride Metense		6	»
— de vie d'Hoffmann	— vitæ Hoffmanni		18	»
— de Vinceguère, de Lectoure	— Lectorense		128	»
Baumier de la Mecque (bois)	Amyris Gileadensis (lignum)		»	»
— — (fruits)	— — (fructus)		10	»
Bdellium	Bdellium		1	80
Bébéerine	Bebeerina	gram.	»	80
Bébéeru (écorce)	Nectandra Rodei (cortex)		»	»
— (semences)	— — (fructus)		»	»
Beccabunga (plante)	Veronica beccabunga (planta)		2	40
Bec-de-grue (plante)	Geranium robertianum (planta)		1	60
Bedeguar (galle du)	Rosa caninæ galla		5	»
Belladone (baies)	Atropa belladona (baccæ)		5	»

DROGUERIE, PRODUITS CHIMIQUES ET PHARMACEUTIQUES.

		kilo.	fr.	c.
*Belladone (feuilles mondées)	Atropa belladona (folia mundata)		2	»
— (racine)	— — (radix)		1	60
— (semence)	— — (semen)		10	»
Ben (noix de)	Glans unguentaria		12	»
Benjoin vanille	Benzoinum vanillam olens		14	»
* — amygdaloïde	— amygdaloides	½	6	50
— en sorte	— vulgare	½	5	»
*Benoîte (plante)	Geum urbanum (planta)		1	20
— (feuilles mondées)	— — (folia mundata)		1	60
— (racines)	— — (radix)		1	60
Benzamide	Benzamida	gram.	6	»
Benzène (phène benzole)	Benzenum (phenum benzolum)	—	2	»
Benzine (huile de houille légère)	Benzina (oleum carbonis fossilis)	litr.	2	»
— rectifiée	— rectificata		2	80
Benzoïne	Benzoina	gram.	2	50
Benzone	Benzona		4	»

Benzoates.   Benzoates.

			fr.	c.
Benzoate d'ammoniaque	Benzoas ammonicus		120	»
— de baryte	— baryticus		120	»
— de chaux	— calcicus		100	»
— de fer	— ferricus		120	»
— de plomb	— plumbicus		100	»
— de potasse	— potassicus		120	»
— de soude	— sodicus		120	»
Berbérine	Berberina	gram.	1	»
*Berberis (baies)	Berberis vulgaris (baccæ)		2	60
— (racine)	— (radix)		»	80
— (semence)	— (semen)		6	»
Berle (plante)	Sium angustifolium (planta)		1	60
Beryl (émeraude de France)	Smaragdus gallicus		4	»
*Bétoine (plante)	Betonica officinalis (planta)		1	20
— (feuilles mondées)	— — (folia mundata)		1	60
— (racine)	— — (radix)		1	60
Bétuline	Betulina	gram.	»	75
*Beurre d'antimoine concret	Butyrum stibii concretum		10	»
— — liquide	— — fluidum		6	»
Beurres des métaux (voy. Chlorures)	Butyra metallica (vide Chlorureta)			
Beurre de cacao (toujours récent)	Butyrum cacao pridie factum	▲	9	»
— de muscades	— nucis moschatæ	▲	14	»
Bicarbonate de potasse	Bicarbonas potassicus		3	50
— de soude	— sodicus	▲	»	90
— — granulé	— — granulatim		1	10
Bismuth purifié	Bismuthum purificatum		20	»
* — du commerce	— commune	▲	14	»
— cristallisé (suiv: échantillon)	— crystallinum (juxta specimen)		24	»

DROGUERIE, PRODUITS CHIMIQUES ET PHARMACEUTIQUES.

		kilo.	fr.	c.
*Bistorte (racine)........	*Polygonum bistorta (radix)*......		1	40
— (racine coupée)......	— — — *secta*...		1	80
Bistre en morceaux......	*Fuscus color fragmentis*........		»	40
— en grains........	— — *granulatim*......		1	20
— poudre impalpable...	— — *pulvis subtilissimus*...		2	50
— ordinaire........	— — *mediocris*......		»	80
— à l'eau.........	— — *cum aquâ tritus*...		»	70
Bitume de Judée choisi......	*Bitumen Judaicum selectum*......		3	»
— — avec menus....	— — *cum frustulis*...		2	40
Black drops (gouttes noires)....	*Black drops (guttæ nigræ)*......		24	»
Blanc de baleine.........	*Album ceti (sperma ceti)*......		8	»

Blancs pour peintures. — Pigmenta albi.

			fr.	c.
Blanc d'argent en pains.......	*Color argenteus placentis*........		2	»
— — en trochisques....	— — *trochiscis*......		2	40
— — de Krems.......	— — Krems'.......		2	40
— — en grains.......	— — *granulatim*......		2	50
— — poudre impalpable...	— — *pulvis subtiliss:*....		2	80
— — à l'eau.........	— — *cum aquâ tritus*....		2	»
— — à l'huile........	— — *oleo* —.....		3	50
Blanc de céruse entier.......	*Cerussa alba integra*........		1	10
— — en poudre......	— — *(pulvis)*......		1	20
— — en grains......	— — *granulatim*......		1	50
— — à l'eau........	— — *cum aquâ trita*.....		1	20
— — broyé à l'huile n° 1.	— — *oleo* — n° 1....		1	»
— — — n° 2....	— — — n° 2....		»	90
— — — n° 3....	— — — n° 3....		»	85
Blanc de Meudon, la barriq. de 300 k°.	*Album Moduni dolium 300 kil.*....		14	»
— — les 100 pains...	— — 100 *placentæ*......		1	50
— de plomb en grains......	— *plumbicum granulatim*.....		1	40
— — à l'huile.......	— — *cum oleo*......		2	»
Blanc de zinc, dit de neige.....	— *zincicum niveum*......		1	»
— — n° 1.........	— — n° 1.......		»	90
— — n° 2.........	— — n° 2.......		»	80
— — gris pierre......	— — *cinereum ut lapis*...		»	70
— — oxyde gris......	— — *oxydum cinereum*...		»	70
— — à l'huile.......	— — *cum oleo tritum*....		1	10
Blende (sulfure de zinc naturel)...	*Sulphuretum zincicum nativum*.....		2	»

Bleu soluble pour le linge. — Cæruleum solubile ad linteum.

			fr.	c.
Qualité extrafine.........	*Selectissimum*...........		24	»
— superfine, de 25, 50, 100 ta-	*Selectius* 25, 50, 100 *particulæ, uncia-*		16	»
blettes par 31 grammes..	*tim*............			

N° 1.....	12	»	N° 3.....	8	»	N° 5.....	5	»
N° 2.....	10	»	N° 4.....	6	»	N° 6.....	4	»

DROGUERIE, PRODUITS CHIMIQUES ET PHARMACEUTIQUES.

Bleu solide pour le linge, en tablettes et en bâtons.	Cæruleum solidum ad linteum in speciem pastilli vel baculi.	fr.	c.
Enveloppés............................	*Involuti*............................ kilo.	20	»
Non enveloppés, de 25, 50 et 100 aux 31 grammes............	*Non involuti* 25, 50, 100 *unciatim*...	16	»
Boules d'azur pour le linge et la soie.	Globi cærulei ad linteum et bombycem.		
*Celles à vendre 10 centimes la pièce, la grosse.	*Globi qui* 10 c. *singuli, iidem veniunt,* 144.	7	20
— — 15 —	— 15 — —	10	80
— — 30 —	— 30 — —	21	60
— — 60 —	— 60 — —	43	20
Boules de couleurs assorties, la douz.	*Globi variis coloribus* .... *duodecim*.	9	»
Demi-boules................... —	*Globuli*..................	4	50
Boules bronzées de 1, 2, 3, 6, 8, 10, 12, 14 et 16 *boules par* 31 *grammes*.	*Globi æris colore nitentes* 1, 2, 3, 6, 8, 10, 12, 14, 16 *globi unciatim*.		
Qualité superfine............	*Selectissimi*............	12	»
N° 1................	N^us 1................	9	»
— 2................	— 2................	8	»
*— 3................	— 3................	7	»
— 4................	— 4................	5	»
Bleu en petits grains, lentilles, étoiles, pierres bleues, mêmes qualités et prix que les boules ci-dessus.	*Cæruleum granulis, lenticulis, stellis, lapidibus cæruleis, simile globulis supradictis virtute, numero et pretio.*		
(Indiquer exactement les numéros, les sortes, et combien on en désire au paquet ou aux 30 grammes.)	(Indicate exactly the numbers, sorts and how much is required by packets or by 30 grammes.)	(Indicar exactamente los números, las especies, y cuanto se quiere por paquetes ó por 30 gramos.)	
Bleu Brécheux, en boules, n° 0...	*Cæruleum* Brécheux *in globis* n^us 0...	5	»
— — — n° 1...	— — — n^us 1...	4	»
— — — n° 2...	— — — n^us 2...	3	»
Bleu de France, de Samuel, n° 1...	*Cæruleum Gallicum* Samuel n^us 1...	24	»
— — — — n° 2...	— — — n^us 2...	16	»
Bleu Mille, en boules..........	— Mille, *in globis*........	12	»
— Samuel, en boîtes à couvercle vitré, 8, 12, 16 boules à l'once.	— Samuel *pyxide tectâ vitro.* 8, 12, 16 *globi unciatim*...	6	»
— d'azur (azur 4 feux)......	— *silicas cobalticus*......	2	»
— en pâte liquide pour confiseurs.	— *glutinosum ad dulciarios*..	10	»
— en liqueur —	*Cæruleus liquor*.........	10	»
— — pour le linge....	— *ad linteum*......	2	»
*— minéral n° 1...........	*Cæruleum minérale* n^us 1......	8	»
— — n° 2...........	— n^us 2......	6	»
— de Berlin............	— Berolinense n^us 1......	9	»
Bleu d'outremer Guimet, en poudre.	— *lazuli* Guimet *tritum, extra*.	40	»
*— — n° 1...	— — n^us 1.	4	»
— — n° 2...	— — n^us 2.	3	»

DROGUERIE, PRODUITS CHIMIQUES ET PHARMACEUTIQUES.

		kilo.	fr.	c.
Bleu d'outremer cobalt clair.	Cæruleum lazuli cobaltico colore.		10	»
— — — n° 2.	— — — n⁰ˢ 2.		8	»
— — en boules, n° 1.	— — globis n⁰ˢ 1.		4	»
— — — n° 2.	— — — n⁰ˢ 2.		3	»
— — Armet (suiv. qualité).	— lazuli Armet (juxtà speciem).		»	»
Bleu de Prusse ordinaire.	Borussum vulgare.		1	80
— — 1/2 fin.	— minus egregium.		3	50
— — fin.	— egregium.		6	»
— — surfin.	— optimum.		7	50
— — pur.	Borussum parum.		30	»
— — en pâte n° 1.	— glutinosum n⁰ˢ 1.		2	»
— — — n° 2.	— — n⁰ˢ 2.		1	50
— — broyé à l'huile n° 1.	— cum oleo tritum n⁰ˢ 1.		10	»
— — — n° 2.	— — — n⁰ˢ 2.		8	»
— de Chine en grains.	Cæruleus color Sinensis.		20	»
— de Thénard.	— Thénard.		120	»
Bluet (plante).	Centaurea cyanus (planta).		2	»
— (fleurs mondées).	— (flos mundata).		5	»
Boa-tam-paijang (fruits). (Manque).	Sapindus rubiginosus (fructus).		»	»
Bois d'aloès vrai.	Lignum verum aloes.		30	»
— néphrétique.	— nephreticum.		24	»
— de Rhodes.	— Rhodium.		10	»

Bois de teinture. — Ligna ad usum tinctorum.

			fr.	c.
Bois de Brésil entier.	Lignum Brasiliense, trunci.		»	80
— — effilé.	— filatim.		1	20
— de Campêche en bûches.	— Campech:, trunci.		»	35
— — effilé.	— — filatim.		»	50
— — varlopé.	— — rasum.		»	45
— de couleuvre.	— colubrinum.		»	»
— d'épine-vinette en racines.	— berberidis vulg: (radix).		»	80
— — varlopé.	— — rasum.		1	20
— de Fernambouc à la marque.	— Cæsalpiniæ signatum.		3	80
— — effilé.	— — filatim.		4	20
— de fustet entier.	— rhois cotini, trunci.		»	60
— — effilé.	— — filatim.		1	»
— d'Haïti en bûches.	— Haïti, trunci.		»	30
— — effilé.	— — filatim.		»	40
— — varlopé.	— — rasum.		»	35
— d'Inde effilé (Campêche).	— Indicum filatim (Campech:).		»	50
— jaune de Cuba entier.	— flavum Cubæ, trunci.		»	45
— — — varlopé.	— — rasum.		»	50
— — — effilé.	— — filatim.		»	80
— — ordinaire en bûches.	— flavum vulgare, trunci.		»	30
— — — effilé.	— — filatim.		»	50
— — — varlopé.	— — rasum.		»	40
— de Lima entier.	— Lima, trunci.		»	80
— — effilé.	— filatim.		1	40

50   DROGUERIE, PRODUITS CHIMIQUES ET PHARMACEUTIQUES.

		kilo.	fr.	c.
Bois de Nicaragua effilé.	*Lignum Nicaragua filatim.*		1	50
— de Sainte-Marthe en bûches.	— *Sanctæ Marthæ, trunci* .		»	70
— — sans aubier.	— — *sine alburno* .		»	90
* — — effilé.	— — *filatim* .		1	20
— — varlopé.	— — *rasum* .		1	10
— de sappan entier.	— *sappan, trunci* .		»	70
* — — effilé.	— — *filatim.*		1	»
Boîtes à réactifs (p. 359).	*Pyxides, ad res chymicas reagentes.*			
— à dissection (p. 291).	— *ad dissectionem.*			
— pour embaumement (p. 511).	— *ad condituram (mortuorum).*			
— homœopathiques (p. 242)	— *homœopathicæ.*			
— à opiat en étain (p. 636).	— *ad opiata stannicæ.*			
— à pastilles diverses (p. 465).	— *ad pastillos omni genere.*			
— à pilules (p. 463).	— *ad pilulas.*			
— de secours (p. 310).	— *in subsidium.*			
Bol d'Arménie.	*Bolus Armenicus* .		»	80
Bon Henri (plante).	*Chenopodium bonus Henricus.*		2	»
Bonbons anglais.	*Cupidia anglica* .		2	80
Borate d'ammoniaque .	*Boras ammonicus.*		48	»
— d'argent.	— *argenticus* .	gram.	»	40
— de baryte .	— *baryticus* .		32	»
— de cuivre .	— *cupricus* .		32	»
— de morphine.	— *morphicus* .	gram.	1	»
— de potasse.	— *potassicus* .		20	»
— de soude pur.	— *sodicus purus.*		10	»
* — ordinaire	— *vulgaris (borax).*		2	20
Borates en général.	*Borates omni genere.*			
*Borax raffiné .	*Boras sodicus purgatus* .		2	20
— octaédrique.	— — *octaedricus* .		6	»
— fondu pur.	— — *fusus purus* .		16	»
Bore.	*Borum* .	gram.	20	»
Botrys (plante) .	*Chenopodium botrys (planta)* .		2	40
*Bouchons à bouteilles, fins .	*Obturamenta ad lagenas selecta*.	mille.	12	50
— surfins.	— *selectiora*. —		18	»
* — à 1/2 bouteilles, fins.	— *ad semi laq: selec:* —		9	»
— — surfins.	— — *selectiora.* —		16	»
* — à eaux minérales, fins.	— *ad aquas medicat:* —		16	»
— — surfins.	— — *selectiora.* —		22	»
* — à litres, fins.	— *ad litra, selecta* . —		14	»
— — surfins.	— — *selectiora* . —		21	»
* — à rouleaux, fins.	— *ad laguncul: selec:* —		5	»
— — surfins.	— — *selectiora.* —		7	»
* — à taupettes, fins .	— *ad minim: laq: selec:* —		4	»
— — surfins.	— — *selectiora.* —		6	»
— à bondes pour cols droits.	— *ad lagenas, ore lato.* —		15	»
Bougies diaphanes (au cours) .	*Candelæ perlucidæ (juxta nundination:)*		»	»
— stéariques —	— *stearicæ* —		»	»
Bougies en gomme, en cire.	*Candelulæ è gummi, è cerá* (p. 265).			

DROGUERIE, PRODUITS CHIMIQUES ET PHARMACEUTIQUES.

		kilo.	fr.	c.
Bouillon-blanc (feuilles)	Verbascum thapsus (folia)		1	»
— (fleurs)	— (flos)		3	»
— (fleurs mondées)	— (flos mund:)		5	»
Bouleau (chaton du)	Betula alba (amentum)		2	»
— (écorce du)	— (cortex)		2	»
Boules de gomme blanches ou roses transparentes	Globi ex gummi, seu albi, seu rosei perlucidi		3	50
— de Mars ou de Nancy	— Martis vel Nancei		2	20
— barégiennes	— baredginenses		4	»
— de zinc pr briquet hydroplat	— zincici ad ignem eliciend:, unus		»	30
*Bourgène (éc). Aune noir	Rhamnus frangula (cortex)		4	»
— (feuilles)	— (folia)		2	»
Bourgeons de peuplier	Gemmæ populi		1	»
— de sapin	— abietis		2	40
*Bourrache (feuilles mondées)	Borrago officinalis (folia mundata)		2	»
— (plante)	— (planta)		1	20
— (fleurs)	— (flos)		4	»
*Bourse à pasteur (plante)	Bursa pastoris (planta)		1	60
— — (feuilles mondées)	— (folia mundata)		2	60
Brai sec (colophane commune)	Resina pini vulgaris		»	40
— noir (poix noire)	Pix nigra		»	60
Briques anglaises . . . . la pièce.	Lateres anglici . . . . unus.		»	25

Bromates.   Bromates.

			fr.	c.
Bromate d'argent	Bromas argenticus . . . . . gram.		1	»
— de baryte	— baryticus	—	»	25
— de mercure	— hydrargyricus	—	»	25
— de plomb	— plumbicus	—	»	25
— de potasse	— potassicus	—	»	25
— de soude	— sodicus	—	»	25
Bromates en général.	Bromates omni genere.			
Brome (variable)	Bromum		32	»
Bromides (voyez Bromures).	Bromidi (vide Bromureta).			
Bromoforme	Bromoformum . . . . gram.		»	80

Bromures.   Bromureta.

			fr.	c.
Bromure d'ammonium	Bromuretum ammonicum		50	»
— d'argent	— argenticum . . . gram.		»	40
— d'antimoine	— stibicum		120	»
— d'arsenic	— arseniosum		300	»
— de baryum	— baryticum		60	»
— de bismuth	— bismuthicum		120	»
— de cadmium	— cadmicum		60	»
— de calcium	— calcicum		100	»
— d'étain	— stannicum		120	»
— de chaux (chaux bromée)	— calcis		18	»

4.

DROGUERIE, PRODUITS CHIMIQUES ET PHARMACEUTIQUES.

		kilo.	fr.	c.
Bromure de fer (proto)	*Bromuretum ferrosum*		60	»
— — (deuto)	— *ferricum*		60	»
— d'iode	— *iodicum*		60	»
— de mercure (proto)	— *hydrargyrosum*		80	»
* — de mercure (deuto)	— *hydrargyricum*		80	»
— de nickel	— *niccolicum*		120	»
— d'or	— *auricum* . . . . gram.		5	»
— de plomb	— *plumbicum*		50	»
— de potassium	— *potassicum*		25	»
— de sodium	— *sodicum*		60	»
— de zinc	— *zincicum*		60	»
Bromures en général (hydrobromates).	*Bromureta omni genere.*			

Bronzes en poudres de toutes couleurs.   Æs tritum omni colore.

Bronze en poudre pâle, foncé, orange, *Æs tritum colore pallido, saturatiore,*
vert, blanc :   *flammeo, viridi, albo :*

N° 0. . . . kil.	8	»	N° 300. . . kil.	24	»	N° 800. . . kil.	44	»
N° 1. . . . —	11	»	N° 400. . . —	30	»	N° 900. . . —	46	»
N° 2. . . . —	13	»	N° 500. . . —	36	»	N° 1000. . . —	48	»
N° 3. . . . —	17	»	N° 600. . . —	40	»	N° 2000. . . —	54	»
N° 4. . . . —	21	»	N° 700. . . —	42	»			

Bronzes B, riche pâle, citron foncé, *Æs tritum eximium B, colore pallido,*
blanc anglais :   *citreo saturatiore, albo anglico :*

N° 0. . . . kil.	9	»	N° 300. . . kil.	32	»	N° 800. . . kil.	50	»
N° 1. . . . —	12	»	N° 400. . . —	37	»	N° 900. . . —	54	»
N° 2. . . . —	18	»	N° 500. . . —	41	»	N° 1000. . . —	58	»
N° 3. . . . —	24	»	N° 600. . . —	44	»	N° 2000. . . —	64	»
*N° 4. . . . —	28	»	N° 700. . . —	46	»			

Bronzes A, cramoisi, rouge feu, citron clair, or vert riche, or vert anglais, riche pâle, couleur chair, violet, lilas, or de Paris :   *Æs tritum optimum A, colore chemesino, rubro-igneo, citreo dilutiore, aureo viridi insigni, aureo viridi anglico, pallido insigni, carneo, violaceo, liliaceo, aureo Parisiensi :*

N° 0. . . . kil.	11	»	N° 300. . . kil.	40	»	N° 800. . . kil.	68	»
N° 1. . . . —	14	»	N° 400. . . —	48	»	N° 900. . . —	72	»
N° 2. . . . —	20	»	N° 500. . . —	54	»	N° 1000. . . —	76	»
N° 3. . . . —	28	»	N° 600. . . —	60	»	N° 2000. . . —	80	»
N° 4. . . . —	34	»	N° 700. . . —	64	»			

(Faute de désignation suffisante, nous enverrons le n° 4 de la 2ᵉ série, à 28 fr.)   (For want of explicit designation we shall send n° 4 of the second series at 28 frs.)   (A falta de indicacion suficiente, enviarémos el nᵃ 4 de la 2ᵃ serie, á 28 fr.)

Brou de noix	*Putamen viride nucis*		1	60
Brucine cristallisée	*Brucina crystallina* . . . . gram.		1	»
* — précipitée	— *præcipitata* . . . . —		»	80
*Brun Vandyck ordinaire	*Fuscus color Vandyck vulgaris*		1	»

DROGUERIE, PRODUITS CHIMIQUES ET PHARMACEUTIQUES.

		kilo.	fr.	c.
Brun Vandyck en grains	Fuscus color Vandyck granulatim		1	20
— — impalpable	— — subtilissimus		1	50
— — à l'huile	— — cum oleo		5	»
— — de Suède	— — Sueciæ		1	40
— — anglais en grains	— — anglicus granul:		2	60
— — — impalpable	— — — subtilis:		3	»
Brunelle (plante)	Prunella officinalis (planta)		1	60
Bryone (racine)	Bryonia dioica (radix)		1	20
Bucco, Buchu (feuilles)	Diosma crenata (folia)		6	»
*Bugle (plante)	Ajuga reptans (herba)		1	40
— (feuilles mondées)	— (folia mundata)		2	»
— (fleurs)	— (flores)		2	40
— (racine)	— (radix)		2	40
*Buglose (feuilles)	Anchusa officinalis (folia)		2	»
— (fleurs)	— (flores)		2	»
— (racine)	— (radix)		1	60
Bugrane (racine)	Ononis spinosa (radix)		1	20
Buis (bois râpé)	Buxus sempervirens (lignum rasum)		»	60
— (écorce)	— (cortex)		3	»
*— (feuilles)	— (folia)		1	60
Bunias (semences)	Erucago segetum (semen)		25	»
Busserole (feuilles mondées)	Uva ursi (folia mundata)		1	20
Butyrate de baryte	Butyras baryticus	gram.	»	80
— de chaux	— calcicus	—	»	50
Buxine	Buxina	—	5	»

C

			fr.	c.
*Cacao caraque, Porto-Cabello	Cacao caracas, Porto-Cabello	≜	5	80
— — grabelé	— — cribrata	≜	6	»
— — en grains torréfié	— — semina tosta	≜	7	50
*— Maragnan	— Maragnan	≜	2	60
*— — grabelé	— — subcreta	≜	2	75
— — torréfié en grains	— — semina tosta	≜	4	»
— Martinique	— Martinicæ	≜	2	40
— Trinité	— Trinitatis	≜	2	60
— Guayaquil	— Guayaquil	≜	2	75
Cachets en cuivre	Sigilla cuprica (p. 350).			
*Cachou coulé sur feuilles	Cathecu fusum in foliis		1	80
— — sur terre	— — in terrâ		»	»
— jaune ou gambir	— flavum vel gambir		1	»
— en grains (odeurs diverses)	— purific: granulis vario odore		8	»
— en grains argentés	— — argentatis		15	»
Cachundé (pastilles)	Cachunde pastilli		60	»
Cacodyle (liqueur de Cadet)	Cacodylum (liquor Cadet)		300	»
Cadmium pur	Cadmium purum		80	»
*— pour les arts	— ad artes		24	»

DROGUERIE, PRODUITS CHIMIQUES ET PHARMACEUTIQUES.

		kilo.	fr.	c.
Cadmium en limaille.	Cadmium scobe.		80	»
Cadres pour photographie	Formæ ad photographiam (p. 604).			
Caféine ou théine	Coffeina vel theina.		2	»
Cafetières diverses (p. 340)	Instrumenta ad coffeum parandum.			
*Caille-lait blanc (plante)	Galium mollugo (planta)		1	40
— — mondé.	— — mundatum		2	»
* — jaune (plante).	— luteum.		1	40
— mondé.	— mundatum.		2	»
— des marais.	— palustre		»	»
Caïnça (racine)	Chiococca anguifuga (radix).		7	»
Calaguala.	Polypodium calaguala (radix).		16	»
*Calament (plante).	Calamintha officinalis.		1	»
— mondé	— — mundata.		1	60
Calamine (carbonate de zinc natur.)	Calamina (carbonas zincicus nativ.)		2	»
*Calamus aromaticus (acore).	Calamus aromaticus (acorus).		1	20
— — mondé.	— — mundatus.		1	40
Calices de roses.	Calices rosæ centifoliæ.		1	60
Calebasse (semences pour culture)	Cucurbitæ semina.		30	»
Calomel à la vapeur.	Calomel vapore paratum.		9	50
— de Raspail	— Raspail.		15	»
Caméléon minéral vert.	Chamæleone mineralis viridis.		8	»
— rouge cristallisé	— ruber crystallinus		80	»
Cameline (semences).	Myagrum sativum (semen).		2	40
Camomille (fleurs d'Allemagne).	Matricaria chamomilla.	⚠	4	»
* — (fleurs du Nord).	Anthemis nobilis.	⚠	4	60
— de Paris	— Parisiensis.	⚠	6	»
— puante	— cotula		1	40
Camphorate de morphine.	Camphoras morphicus. gram.		1	50
— de quinine.	— quinicus. —		1	50
Camphorates en général.	Camphorates in universum.			
Camphre artificiel	Camphora arte facta.		140	»
— brut	— rudis.		5	50
* — raffiné	— purgata.	⚠	6	»
— granulé	— in arenulam redacta.		8	»
— pulvérisé.	— trita		8	50
Camphrée de Montpellier.	Camphorosma Monspeliaca.		2	»
Canchalagua (plante)	Chironia Chilensis (planta)		16	»
Cannabine (haschischine).	Cannabina (haschischina) gram.		»	50
*Canne de Provence (racine) entière.	Arundo donax (radix)		»	60
— — — coupée	— — secta.		»	80
— de Paris	— Parisiensis.		»	90
Cannelle blanche	Cannella alba		3	20
— de Cayenne.	Cinnamomum Cayenne		8	»
— de Ceylan	— Zeylanicum.		12	»
* — de Chine.	— Sinense.	⚠	3	80
— semences ou fruits.	— (semina vel fructus)		6	50
— giroflée.	Dicypellii caryophyllati cortex.		8	»
*Cantharides grabelées	Cantharides cribratæ	⚠	10	»
— grabeaux	— frustulis	⚠	8	»

DROGUERIE, PRODUITS CHIMIQUES ET PHARMACEUTIQUES.

			fr.	c.
		kilo.	»	»
Cantharides de Chine	Cantharides Sinenses (meloe chicorii)		»	»
Cantharidine cristallisée	Cantharidina crystallina	gram	14	»
Caoutchouc en poires	Caoutchouc pyris		»	»
(Cette forme de caoutchouc tend à disparaître du commerce.)	(This form of caoutchouc is gradually disappearing from the trade.)	(Esta forma de goma elástica se encuentra cada vez mas dificilmente en el comercio.)		
Caoutchouc en masse	Caoutchouc massâ		8	»
— en feuilles	— laminis	20 fr. à	30	»
— en fils	— netum		40	»
— en tubes (voy. p. 272)	— tubulis (juxta diametrum)			
— liquide (dissous)	— fluidum (solutum)		7	50
*Capillaire du Canada vrai	Adiantum pedatum		8	»
— faux	— trapeziforme		5	»
— de Montpellier	Capillus Veneris		1	80
— polytric	Asplenium trichomanes		2	»
Câprier (écorce)	Capparis sativa (cortex)		4	»
Capsicine	Capsicina	gram.	2	50
*Capsicum annuum. Poivre de Guinée.	Capsicum annuum (fructus)		1	80
— frutescens. — de Cayenne.	— fructescens —		4	»
Capsules de baume de copahu. boîte.	Involucra plena copaivæ	pyris.	»	70
— — — —	— — —	kilo.	11	»
— roses de sulfate de quinine :	— rosea plena sulph: quinici :			
à 5 centigr. le cent.	5 centigr.	cent.	4	50
à 10 — —	10 —	—	6	»
à 15 — —	15 —	—	7	50
Caramel	Saccharum percoctum		»	75
Carbazotate de potasse	Carbazotas (picras) potassicus	gram.	»	50

Carbonates.   Carbonates.

			fr.	c.
*Carbonate d'ammoniaque	Carbonas ammonicus		2	70
— — pur	— — purus		16	»
— (bi) d'ammoniaque	— (bi) ammonicus		24	»
— d'argent	— argenticus	gram.	»	40
— de baryte pur artificiel	— baryticus arte factus		10	»
— — natif d'Ecosse	— — scotus		1	50
— de bismuth	— bismuthicus		16	»
— de cadmium	— cadmicus		60	»
— de chaux précipité	— calcicus præcipitatus		2	50
— de cobalt	— cobalticus		150	»
— de cuivre pur	— cupricus purus		12	»
— — pour les arts	— — ad artes		8	»
— de fer (sous-)	— ferricus		2	60
— de lithine	— lithicus	gram.	»	80
— de magnésie	— magnesicus		2	60
— de manganèse	— manganosus		12	»
— de manganèse et de fer	— mangano-ferricus		8	»
— de nickel	— niccolicus		100	»
— de plomb pur	— plumbicus purus		10	»

DROGUERIE, PRODUITS CHIMIQUES ET PHARMACEUTIQUES.

		kilo.	fr.	c.
*Carbonate de plomb (céruse)	Carbonas plumbicus (cerussa)		1	10
— de potasse pur.	— potassicus purus.		7	»
* — — ordinaire (sel de tartre)	— — vulgaris (sal tartari)		1	30
— (bi) de potasse.	— (bi) potassicus		3	50
— de soude cristallisé pur.	— sodicus cryst: purus		3	»
— — pur desséché	— — purus siccatus		6	»
— — fondu.	— — fusus		16	»
* — — du commerce.	— — vulgaris cryst:		»	40
— — desséché (sel de soude 80°)	— — siccatus (sal sodicus 80°)		»	70
— (bi) de soude	— (bi) sodicus		»	90
— de strontiane pur.	— stronticus purus		8	»
— — naturel	— — nativus		1	»
— de zinc pur	— zincicus purus.		12	»
Carbonates en général.	Carbonates in universum.			
Carbure de fer (voy. Plombagine).	Carburet: ferricum (vide Plumbago).			
— de soufre (sulfure de carbone)	— sulphuratum (sulphur carb:)		2	»
Cardamine (plante)	Cardamine pratensis (planta)		2	»
*Cardamome (grand)	Cardamomum majus		10	»
— (petit).	— minus		16	»
Carex coupé.	Carex arenaria		2	»
Carline (racine)	Carlina subcaulis (radix)		2	40
Carmin :	Pigmentum coccinellæ :			

N° 6. le kilo.	60	»	N° 12. le kilo.	110	»	N° 30. le kilo	160	»
N° 8. —	72	»	N° 16. —	128	»	N° 36. —	170	»
N° 10. —	96	»	*N° 20. —	150	»	N° 40. —	180	»

Carmin d'indigo pur.	Indicum, dict: carmin, purum.		26	»
— — pour teinture.	— paratum ad tincturam . 4 à		12	»
* — — pour impression	— ad impressionem.		9	»
— de safranum rose.	Carthami color roseus. litr.		40	»
* — en pâte liquide pour dragistes.	Ruber color ad dulciarios —		5	»
— fin en liqueur —	Coccinellæ color solutus		10	»
Carmine.	Carmina. gram.		2	50
Carottes brûlées.	Dauci radices tostæ.		1	25
— sauvages (semence)	Daucus carota (semen)		1	60
Carouges (fruits).	Ceratonia siliqua.		2	»
Carpobalsamum (manque)	Carpobalsamum (deest)		»	»
*Carragaheen	Fucus crispus		1	»
— mondé à la main.	— manu mundatus		1	60
Cartes blanches de toutes grandeurs.	Cartulæ albæ omni mensurâ.		1	40
— manquées	— repulsæ		1	20

| (Ces dernières, blanches d'un côté, manquent souvent.) | (These latter, white on one side, are frequently not to be procured.) | (De estas últimas, blancas por un lado, se carece á menudo.) |

*Carthame (fleurs) d'Espagne	Carthamus tinctorius (flos) Hispanicus.		9	»
— — de l'Inde.	— — Indus		7	»

DROGUERIE, PRODUITS CHIMIQUES ET PHARMACEUTIQUES.

			fr.	c.
		kilo.		
Carthame (semences)	Carthamus tinctorius (semen)		8	»
— (plante)	— — (planta)		2	40
Carthamine	Carthamina	gram.	4	»
Carvi (semences)	Carum carvi (semen)		1	50
— couvert	— — saccharo tectum		3	50
Cascarille	Croton cascarilla (cortex)		3	»
Casse sans sonnettes	Cassia fistula recens		2	»
Cassia lignea	— lignea		4	50
Cassie (fleurs)	Acacia farnesiana (flos)		20	»
Cassis (plante)	Ribes rubrum (planta)		1	»
* — (feuilles mondées)	— — (folia mundata)		1	20
Castoréum sec	Castoreum siccum		75	»
*Cataire (plante)	Nepeta cataria (planta)		2	»
— (feuilles mondées)	— — (folia mundata)		3	»
Cathartine	Cathartina	gram.	»	»
Caustique de Canquoin, n°s 1, 2, 3	Causticum Canquoin n^i 1, 2, 3		8	»
— de Filhos . . . le cylind.	— Filhos		1	»
— du frère Côme	— fratris Cosmi		20	»
— de Rousselot	— Rousselot		20	»
— de Vienne	— Viennæ Austriæ		10	»
Cédrat (écorce coupée)	Cortex citreus sectus		4	»
Cédron (semences)	Simaba cedron (semen)		50	»
* — en coques	— — (fructus)		25	»
— coques vides	— — (putamen vacuum)		20	»
Ceintures abdominales	Zonæ ad abdomen (p. 263)			
— hypogastriques	— ad imam partem ventris (p. 263)			
Céleri (semences)	Apium dulce (semen)		3	»
Cellulose ou ligneux pur	Cellulosa vel ligneum purum	gram.	»	25
*Cendre bleue anglaise	Cineres cærulei anglici		9	»
— française	— — gallici		7	»
Cendres gravelées	— clavellati		2	»
*Centaurée (plante)	Erythræa centaurium (planta)		3	»
— (mondée)	— — mundata		4	»
Céraïne	Ceraina	gram.	1	25
Cérat de Galien	Ceratum Galeni		3	60
— à la rose pour les lèvres (codex)	— rosam olens ad labia		8	»
Cerfeuil musqué (plante)	Chærophyllum odoratum (planta)		5	»
Cérine	Cerina	gram.	1	25
Cerisier (écorce)	Cerasi cortex		3	»
Cérite (minerai de cerium)	Cerita (saxum cerii)		32	»
Cerium réduit	Cerium metallicum	gram.	4	»
Céruse n° 1 entière	Cerussa in placentis		1	10
* — n° 1 en poudre	— in pulverem resoluta		1	20
— broyée n° 1 (v. blanc de cér.)	— trita n^{is} 1		1	»
Ceterach (doradille)	Asplenium ceterach		1	60
Cétine cristallisée pure	Cetina crystall: pura	gram.	»	40
Cétoine dorée	Cœtonia aurata		»	»
Cétrarine	Cetrarina	gram.	2	50
Cévadille (semence)	Veratrum sabadilla (semen)		1	60

58 DROGUERIE, PRODUITS CHIMIQUES ET PHARMACEUTIQUES.

		kilo.	fr.	c.
*Chamædrys	Teucrium chamædrys		1	20
— feuilles mondées	— — (folia mundata)		2	»
Chamæpitys	— chamæpitys		1	60
Chanvre cultivé (plante)	Cannabis sativa (planta)		2	»
* — (semences)	— (semen)		»	70
— indien	— indica		8	»
*Charbon animal ordinaire	Carbo animalis vulgaris		»	40
— en grains	— arenosus		»	50
— animal lavé à l'acide hydro-chlorique	— purgatus acido chlorhy-drico		2	»
— animal lavé pur, ne cédant plus de chaux aux acides	— purus, calcem renuens acido		24	»
— de liége	— è subere		24	»
— de peuplier en vrac	— è populo nigrâ, cumulatim		2	60
*Chardon bénit (plante)	Cnicus benedictus (planta)		1	20
— — (feuilles mondées)	— — (folia mundata)		1	60
— — (racines)	— — (radix)		3	»
— — (semence)	— — (semen)		5	»
* — étoilé (plante)	Centaurea calcitrapa (planta)		1	60
— — (feuilles mondées)	— — (folia mundata)		2	»
— — (racine)	— — (radix)		3	»
* — Marie (plante)	Carduus Marianus (planta)		4	»
— — (semence)	— (semen)		12	»
— Roland (plante)	Eryngium campestre (planta)		2	40
* — (racine)	— (radix)		1	»
Chardonnette (fleurs)	Cinara cardunculus (flos)		5	»
*Charpie anglaise n° 1, les 2 paq. de liv.	Linamentum anglicum nus 1, 2 fasci		16	»
— — n° 2, —	— — nus 2 —		14	»
— ordinaire	— vulgare		3	50
* — fine	— egregium		4	50
— surfine	— optimum		5	50
— longue à mèche	— longum manipulatim		12	»
Chausses à filtrer	Liquatoria (p. 347).			
Chausse-trappe (chardon étoilé)	Centaurea calcitrapa		1	60
*Chaux vive	Calx viva		»	25
— du marbre blanc	— è marmore albo		6	»
— sodée	— cum sodâ		5	»
— des Vosges	— Vogesa		»	60
*Chélidoine (plante)	Chelidonium majus (planta)		1	40
— (racine)	— (radix)		1	60
Chélidonine	Chelidonina	gram.	25	»
*Chêne (écorce)	Quercus robur (cortex)		»	60
— écorce coupée	— cortex sectus		»	80
— (feuilles)	— — (folia)		1	60
Chènevis (semence)	Cannabis sativa (semen)		»	70
Chervi (semence)	Sium sisarum (semen)		4	50
Chèvrefeuille (feuilles)	Lonicera caprifolium (folia)		1	60
* — (fleurs) du Midi	— flos Meridianus		2	»
— (fleurs) de Paris	— Parisiensis		5	»

DROGUERIE, PRODUITS CHIMIQUES ET PHARMACEUTIQUES.

			fr.	c.
		kilo.		
Chicorée (plante)	Cichorium intybus (planta) . . .		1	»
— (feuilles mondées). . . .	— — (folia mundata). .		1	50
— (racines mondées). . . .	— — (radix —). . .		»	80
Chicorée moka en paquets ronds. . .	Radix cichorii tosta in fascicul: rotund:		»	75
— en semoule.	— — arenosa . . .		»	70
— en vrac.	— — cumulatim . . .		»	70
— enveloppée d'étain. . . .	— — involuta stanno . .		»	90
*Chiendent du Nord. . . . la grosse.	Triticum repens boreale	144.	3	»
— — . . . . le kilo.	— —		1	»
— — coupé . . —	— sectum		1	»
— — mondé et coupé. .	— mund: sect:		5	»
— de Paris . . . la grosse.	— Parisiense	144.	2	50
— en petits paquets. le kilo.	— in fasciculis		1	50
— pied-de-poule. la grosse.	Panicum dactylon	144.	2	20
Chirette	Gentiana chirayta			
Chloral.	Chloral . . . . gram.		3	»

Chlorates.   Chlorates.

			fr.	c.
Chlorate d'argent	Chloras argenticus . . . . . gram.		»	60
— de baryte.	— baryticus.		50	»
— de chaux.	— calcicus		60	»
— de cuivre et de potasse. . .	— cuprico-potassicus . . .		16	»
— de potasse pur	— potassicus purus. . . .		12	»
— — du commerce . .	— — vulgaris		4	80
— de soude.	— sodicus.		80	»
— de strontiane	— stronticus		60	»
Chlorates en général.	Chlorates in universum.			
Chlore liquide pur (eau de chlore).	Chlorum solutum (aqua chlori) . . .		1	»
Chlorhydrates (voy. Chlorures et Hydrochlorates).	Chlorhydrates (vide Chlorureta vel hydrochlorates).			
Chlorides (voy. Chlorures).	Chloridi (vide Chlorureta).			
Chloroforme	Chloroformum		16	»
Chloroïodure mercureux à 2 équiv.	Chloroioduretum hydrargyrosum . .		80	»
— — à équiv. égaux.	— hydrargyrosum . . .		80	»
— — en cylindres . .	— hydrargyrosum . . .		100	»
— mercurique de P. Boullay.	— hydrargyricum . . .		100	»
— — de Liébig . .	— hydrargyricum . . .		120	»
— — de Lassaigne.	— hydrargyricum . . .		120	»

Chlorures.   Chlorureta.

		fr.	c.
Chlorure d'aluminium anhydre . . .	Chloruret: aluminic: expers aquæ. gram.	3	»
— — liquide à 12°.	— — solutum 12°. . . .	3	20
— d'antimoine concret (proto).	— stibicum concretum . . .	10	»
— — liquide —	— — solutum	6	»
— (per) d'antimoine.	— (per) stibicum . . . . gram.	1	»
— (sous) — pre d'Algaroth.	— (sub) pulvis Algaroth . . .	16	»

DROGUERIE, PRODUITS CHIMIQUES ET PHARMACEUTIQUES.

		kilo.	fr.	c.
Chlorure d'argent.	Chloruretum argenticum. . . . . gram.	»	35
— d'arsenic.	— arsenicum.	120	»
— de baryum pur.	— baryticum purum. . . .	8	»
— de bismuth (beurre). . . .	— bismuthicum (butyrum). .	16	»
— (sous) de bismuth.	— (sub) bismuthicum . . .	18	»
— de brome	— bromi.	40	»
— de cadmium	— cadmicum.	60	»
— de calcium cristallisé . . .	— calcicum crystall:. . . .	1	50
— — desséché. . .	— siccatum. . . .	1	50
— — fondu blanc . .	— fusum album. . .	8	»
— de carbone liquide (proto).	— carbonic: fluid: (proto). gr.	3	50
— — cristal: (sesqui)	— crystal: sesqui —	»	50
— — (per) liquide. .	— (per) carb: fluidum . . —	3	50
— de chaux titrant 100°. . .	Hypochloris calcicus vim habens 100°. .	»	65
— de cobalt liquide	Chloruretum cobalticum solutum . . .	50	»
— — cristallisé. . . .	— crystall:	100	»
— de chrome sublimé	— chromic: sublimat: . gram.	»	50
— de cuivre (proto)	— cuprosum	50	»
— — (deuto) cristall.	— cupricum crystall: . . .	10	»
— d'étain (proto) (sel d'étain).	— stannosum (sal stannosus).	3	20
— — (deuto) (oxymuriate)	— stannicum (oxymurias) . .	3	60
— — — anhydre (liqueur de Libavius). . .	— expers aquæ (liquor Libavii)	60	»
— (proto) de fer desséché . .	ferrosum siccatum.	6	»
— (per) de fer sec.	ferricum siccum	6	»
— — — liquide à 30°.	— solutum 30° . . .	5	»
— — — sublimé. . .	— sublimat:	80	»
— de fer ammoniacal (fleurs martiales).	ferrosum ammonicum (flos martialis).	12	»
— de glucinium anhydre. . .	glucinii expers aquæ. gram.	3	»
— d'iode.	iodicum	64	»
— de magnésium fondu . . .	magnesicum fusum	10	»
— — cristallisé .	— crystall: . . .	10	»
— — anhydre . .	— expers aquæ. gr.	2	»
— de manganèse cristallisé. .	manganicum crystall: . . .	20	»
— — pour les arts.	— ad artes	4	»
— (proto) de mercure sublimé (mercure doux)	hydrargyrosum sublimatum (hydrargyr: dulce) . .	9	50
— (proto) lavé et porphyrisé .	hydrargyrosum lotum . ⚹	9	50
— — à la vapeur	— vapore . ⚹	9	50
— — précipité blanc. . .	hydrargyros: præcip: alb: .	9	»
— (deuto) de mercure (sublimé corrosif).	hydrargyricum (sublimatus corrosivus) . . . . . ⚹	8	»
— de mercure ammoniacal cristall. (sel alembroth).	hydrargyricum ammonicum crystall:	24	»
— de mercure ammoniacal (précipité blanc des Allemands).	hydrargyricum ammonicum (præcipitatum album Germanorum).	24	»
— de mercure et morphine. .	— hydrargyro-morphic: gram.	»	80

DROGUERIE, PRODUITS CHIMIQUES ET PHARMACEUTIQUES.

		kilo.	fr.	c.
Chlorure de nickel cristallisé. . . .	Chloruretum nicolicum crystall:		100	»
— d'or pur	— auricum purum . . . gram.		2	50
— d'or et de sodium cristallisé (codex)	— aurico-sodium crystallinum (codex) . . . gram.		2	50
— d'or et de potassium	— aurico-potassicum . —		3	»
— d'oxyde de sodium liquide.	Hypochloris sodicus solutus		»	80
— de palladium desséché . .	Chloruretum palladicum . . . . . gram.		4	»
— — liquide . . .	— — solutum. —		1	25
* — de phosphore (proto) . . .	— phophorosum		80	»
— — (per)	— phosphoricum		80	»
— de platine sec	— platinicum siccum . . gram.		1	»
— — et d'ammoniaque	— platinico-ammonic: . —		»	90
— — et de potassium.	— — potassic: . —		1	»
— — et de sodium . .	— — sodicum . . —		1	»
— de plomb cristallisé. . . .	— plumbicum cryst:		20	»
— — précipité	— — præcipitatum . .		10	»
* — de potassium purifié. . . .	— potassicum purificatum . .		3	20
— — ordinaire . .	— — vulgare		2	»
— — fondu	— — fusum		12	»
— de silicium.	— silicicum . . . . gram.		2	»
* — de sodium pur	— sodicum purum		3	»
— — fondu	— — fusum . .		8	»
— — décrépité . . .	— — decrepitatum . . .		1	»
— — (sel gemme) . .	— — sal fossilis		»	80
— de soufre (proto et per). . .	— sulphuros: et sulphuricum .		12	»
— de strontium pur	— stronticum purum		10	»
* — — ordinaire . .	— — vulgare		2	»
— de titane anhydre	— titanic: expers aquæ. gram.		1	25
— d'uranium	— uranicum		100	»
— de zinc distillé	— zincicum stillatum		40	»
* — — solide	— — fusum		10	»
— — liquide à 40° . . .	— — solutum 40° . . .		3	»
— de zirconium	— zirconicum . . . . . gram.		3	»
Chlorures en général.	Chlorureta in universum.			
Chocolats Menier, aliment^{re} (p. 637).	Chocolata dicta Menier alimentaria . . .			
— médicinaux (p. 639).	— medicata . . .			
— sans nom Menier (p. 640).	— sine nomine Menier			
Chocolatières	Instrumenta ad chocol: parand: (p. 343).			
Cholestérine	Cholesterina . . . . gram.		5	»
Christe marine	Crytmum maritimum (planta)		6	»

Chromates.   Chromates.

			fr.	c.
Chromate (bi) d'ammoniaque . . .	Chromas (bi) ammonicus		48	»
— d'argent	— argenticus . . . . gram.		»	50
— de baryte	— baryticus		30	»
— de chaux	— calcicus		30	»
— cuivre liquide	— cupricus solutus		30	»

DROGUERIE, PRODUITS CHIMIQUES ET PHARMACEUTIQUES.

		kilo.	fr.	c.
Chromate cuivre cristallisé	Chromas cupricus crystallinus		160	»
— de fer (minerai de chrome)	— ferricus (primitiæ chromi)		1	»
— de manganèse	— manganicus		80	»
— de mercure	— hydrargyricus		64	»
— de plomb pur	— plumbicus purus		18	»
— — fondu	— — fusus		24	»
— de potasse neutre pur	— potassicus neuter purus		10	»
— — jaune ordin	— — flavus vulgaris		6	»
— (bi) de potasse rouge pur	— (bi) potassic: ruber purus		9	»
— — ordinaire	— — vulgaris		3	50
— de soude	— sodicus		35	»
— de strontiane	— stronticus		30	»
— d'urane	— uranicus		150	»
Chromates en général.	Chromates in universum.			
Chrome, métal	Chromum, metallum	gram.	3	»
Chrysanthème (plante)	Chrysanthemum (planta)		4	»
Cicutine ou conicine	Cicutina seu conicina	gram.	1	50
Cigares de belladone	le cent. Tubi fumifici belladonæ	cent.	5	»
— de jusquiame	— — hyoscyami	—	5	»
— de stramonium	— — — stramonii	—	5	»
Cigarettes arsenicales	boîte. Tubuli fumifici arsenici	pyxis.	1	25
— de belladone	— belladonæ	—	1	25
— camphrées	— camphorati	—	»	60
— iodées	— iodati	—	1	25
— de jusquiame	— hyoscyami	—	1	25
— de stramonium	— stramonii	—	1	25
Ciguë (plante)	Conium maculatum (planta)		1	40
— (feuilles mondées)	— — (folia mundata)		2	»
— (semence)	— — (semen)		2	20
Cinabre (sulfure rouge de mercure)	Cinnabaris (sulphuretum hydrargyri:)		14	»
— d'antimoine de Strohl	— stibica Strohl		32	»
Cinchonine cristallisée	Cinchonina crystallina	gram.	»	20
Cinq racines	Species diureticæ		1	40
*Cire blanche, 1re qualité, en plaques	Cera alba optima discis	▲	6	50
— — en grains	— — arenosa	▲	7	50
— jaune	— flava	▲	6	»
— végétale, blanche	— ex arbustis alba	▲	3	20

Cires à cacheter.   Cera ad signandum.

		fr.	c.
Cire à cacheter, bâtons ronds nos 4	Cera ad signandum, baculis rotund: nus 4	2	10
— — — — 6	— — — 6	2	30
— — — — 8	— — — 8	2	80
*— — — plats no 10	— — planis nus 10	3	40
— — — — 12	— — — 12	4	50
— — — — 14	— — — 14	5	50
— — — — 16	— — — 16	6	80
— — — — 18	— — — 18	7	50

DROGUERIE, PRODUITS CHIMIQUES ET PHARMACEUTIQUES.

		kilo.	fr.	c.
Cire à cacheter, bâtons plats n° 20..	Cera ad signandum, baculis planis n^{us} 20.		8	50
— — — — 24..	— — — — 24.		11	»
— — — — 30..	— — — — 30.		13	»
— — — — 32..	— — — — 32.		15	»
— superfine de France.......	— — per egregia Gallica.		19	»
*Cire à giberne 1re qualité, de Sauvé :	Cera ad peram militarem Sauvé :			»
en bâtons de 10 gram.	— — — baculis....		12	50
en pastilles 5 —	— — — pastillis....		12	50
— ordin: forme boutons.	— — vulgaris, fibula....		4	»
Cire ou goudron ordinaire à bouteilles.	Cera seu resina ad lagenas vulgaris...		»	25
— — demi-fine —	— — — subegregia.		»	30
— — superfine octogone..	— — — peregregia..		»	80

	Citrates.	**Citrates.**		fr.	c.
	Citrate d'argent........	Citras argenticus........ gram.		»	50
	— de baryte........	— baryticus.........		45	»
	— de bismuth.......	— bismuthicus.......		60	»
	— de caféine.......	— cofféina........ gram.		2	»
	— de chaux pur.....	— calcicus purus.....		10	»
	— de fer (proto) desséché...	— ferrosus siccus.....		26	»
	— — (sesqui) liquide à 50°.	— ferricus solutus 50°...		12	»
	— — — en paillettes..	— — bracteolis.....		16	»
	— — — ammoniacal...	— — ammonicus.....		16	»
	— — — et de magnésie.	— — magnesicus.....		24	»
	— — — et de manganèse	— — manganicus.....		24	»
	— — — et de potasse...	— — potassicus.....		16	»
	— de fer (sesqui) et de quinine..	— — quinicus.... gram.		»	20
	— de magnésie médicinal....	— magnesicus medicatus...		9	»
	— de mercure.........	— hydrargyricus......		40	»
	— de morphine........	— morphicus....... gram.		1	»
	— de plomb..........	— plumbicus........		24	»
	— de potasse.........	— potassicus........		10	»
	— de quinine cristallisé....	— quinicus crystall:.... gram.		»	50
	— de soude..........	— sodicus.........		10	»
	— de strychnine.......	— strychnicus...... gram.		1	»
	— de zinc..........	— zincicus.........		40	»
	Citrates en général.	Citrates in universum.			
	*Citron (écorce)..........	Malum citreum (corticula).....		1	80
	— zestes frais........	— (segmen tenuiculum recens)...		2	40
	Citronnelle (plante)........	Artemisia abrotanum (planta).....		1	40
	Civette pure...........	Viverra civetta pura...... gram.		2	»
	Clématite (plante)........	Clematis vitalba........		1	40
	Cloportes.............	Oniscus asellus........		3	60
	Clous fumants..........	Trochisci fumiferi.......		8	»
	Clysoléides...........	Clysteres dicti clysoléides (p. 253).			
	Clyso-poches..........	— — clyso-poches (p. 253).			
	Clyso-pompes..........	— — clyso-pompes (p. 251).			

DROGUERIE, PRODUITS CHIMIQUES ET PHARMACEUTIQUES.

		kilo.	fr.	c.
Clyso à pression.	*Clysteres dicti* clyso à pression (p. 256).			
— à tube conducteur	— — à tube conducteur (p. 251)			
Clysoirs	— — clysoirs (p. 251).			
Coaltar.	*Pix è carbone fossili*		»	50
Cobalt métal en culot	*Cobaltum metallicum fusum* . . . gram.		3	»
— — en mousse	— — *spongia*. . . —		3	»
— minerai de Tunaberg . . .	— *primitiæ* Tunaberg		60	»
Cobolt à mouches entier	*Lethiferum muscis particulatim*		1	80
Coca du Pérou	*Erythroxylum coca (folia)* . . . . *. .*		32	»
Cochenille zacatille.	*Coccus cacti* zacatille		15	»
— des Canaries	— — Canaries.		14	»
— grise	— — *cinereus* . . . . . . ⚠		15	»
— argentée	— — *argenteus*		14	»
— ammoniacale	— — *ammoniacalis*.		18	»
*Cochléaria frais (au cours)	*Cochlearia officinalis recens (juxta nund:)*		»	»
— (feuilles sèches).	— *(folia sicca)*		4	»
— (semence)	— *(semen)*		12	»
Cocognidie (semences).	*Cocognidium*		10	»
Codéine cristallisée	*Codeina crystallina*. . . . . . . gram.		5	»
Coings (fruits) au cours.	*Malum cydonium (juxta nundin:)* . . .		»	»
— (semence de France) . . .	— *(semen Gallicum)* . . .		12	»
* — (semence de Russie). . . .	— *(semen Russiæ)* . . .		7	»
— (zestes secs)	— *(segmen tenuic: sic:)* . .		3	»
Colchicine	*Colchicina*. . . . . gram.		7	»
*Colchique (bulbes).	*Colchicum autumnale (bulbus)*		1	20
— (fleurs)	— *(flos)*		10	»
— (semence)	— *(semen)*		2	40
Colcothar (oxyde rouge de fer) . . .	*Chalcitis (oxydum ferricum)*		1	40
Cold-cream	*Cold-cream*.		10	»
*Colle de Givet véritable, n° 1	*Colla taurina Giveti vera n^{us}* 1. . . . ⚠		2	60
— — n° 2	— — *n^{us}* 2. . . . ⚠		2	50
— (façon Givet)	— — *(modo Giveti)*		1	90
— (1/2 façon)	— — *(semi-modo Giveti)*. . .		1	80
— à bouche	— *ab labia*		3	50
— — parfumée.	— — *odorans*.		4	»
* — de Flandre, n° 1	— *Flandrica n^{us}* 1 . . . . *. .* ⚠		2	»
— — n° 2	— — *n^{us}* 2 . . . . . ⚠		1	90
— de Paris, non transparente . . .	— *Parisiensis opaca*		1	20
— forte liquide. . . . . flacon.	— *fluida* . . . . *lagunculus*.		»	30
— — . . . . . . 1/2 —	— — . . . . . . 1/2 —		»	20
— liquide Audouin . . . flacon.	*Colla fluida* Audouin . . . *lagunculus*.		»	45
— — . . . . 1/2 —	— — . . . . 1/2 —		»	25
— de poisson factice	*Ichthyocolla arte facta*		7	»
* — — véritable en feuilles.	— *vera laminis*		48	»
— — en cordons . . .	— *resticulis*.		48	»
Collection d'anatomie comparée. . .	*Collectanea anatomices collatæ* (p. 510).			
— d'anatomie pathologique.	— — *patholog:* (p. 509).			
— de botanique	— *botanicæ* (p. 502).			
— de cristallographie. . .	— *crystallographiæ* (p. 500).			

DROGUERIE, PRODUITS CHIMIQUES ET PHARMACEUTIQUES.

		kilo.	fr.	c.
Collection de géologie	Collectanea geologiæ (p. 501).			
— d'histoire naturelle	— historiæ naturalis (p. 502).			
— de minéralogie	— mineralogiæ (p. 500).			
— de paléontologie (fossiles)	— palæontologiæ (p. 501).			
Colliers anodins en ambre jaune	Torques anodyni è succino flavo. duodec:		12	»
— — en ivoire	— — ex ebore	—	9	»
— — en os (p. 346)	— — ex ossibus	—	3	60
Collodion simple	Collodion simplex		8	»
— cantharidal	— cum cantharidibus		40	»
— élastique	— elasticum		8	»
— normal	— normale		10	»
— sensibilisé	— sensibile factum		16	»
Collyre de Lanfranc	Collyrium Lanfranci		3	»
Colocynthine	Colocynthina	gram.	5	»
Colombine	Colombina	—	6	»
Colombo (racine)	Cocculus palmatus (radix)		3	20
*Colophane (arcanson)	Colophonia		»	40
— purifiée	— purificata		»	50
— en bâtons	— baculis		1	60
Coloquintes ordinaires	Colocynthidis fructus promiscui		5	»
* — choisies	— selecti		8	»
Columbium (tantale)	Columbium (tantalum)	gram.	»	»
Colza (semence)	Brassica oleifera (semen)		1	20
Composition bleue de France	Compositio cærulea Gallica		1	80
Composteurs à imprimer les étiquettes	Instrumenta ad inscriptiones (p. 353).			
Compresses pour cautères, le paquet	Splenia ad fonticulos	fasci.	»	50
— Leperdriel	— Leperdriel	—	»	60
*Concombres sauvages (semence)	Momordica elaterium (semen)		3	»
— — (racine)	— (radix)		12	»
Confection alkermès	Confectio alkermes		8	»
— d'hyacinthe	— de hyacintho		10	»
— hamech	— hamech		9	»
Confiserie	Res quæ sunt dulciaru (p. 644).			
Conicine (conéine, cicutine)	Conicina (coneina, cicutina)	gram.	1	50
Conserve d'ache	Conserva apii		4	50
— d'airelles	— myrtilli baccæ		8	»
— d'angélique	— angelicæ		5	»
— d'aunée	— inulæ campanæ		4	50
— de casse	— cassiæ		12	»
— de cloportes	— millepedum		4	»
— de cynorrhodons	— cynosbati		8	»
— de genièvre	— juniperi baccæ		3	»
— de pruneaux	— pruni passi		4	»
— de roses rouges	— rosæ rubræ		8	»
— de tamarin	— tamarindi		5	»
Consoude (plante)	Symphytum consolida (planta)		1	60
* — (racine)	— (radix)		»	80
Contrayerva (racine) (rare)	Dorstenia contrayerva —		»	»
Copahivate de fer	Copahivas ferricus	gram.	»	20

5

DROGUERIE, PRODUITS CHIMIQUES ET PHARMACEUTIQUES.

		kilo.	fr.	c.
*Copal (résine) dur.	Rhois copallini resina dura		10	»
— — (mondé).	— — mundata		11	»
— — demi-dur.	— — semi-dura		5	»
— — tendre.	— — friabilis		3	»
Coq des jardins, balsamite odorante.	Balsamita suaveolens		3	»
*Coques de cacao grabelées	Tegmina cacao cribrata		»	30
— — non grabelées	— non cribrata		»	25
— du Levant.	Menispermum cocculus (fructus).		1	60
Coquelicot (capsules de).	Papaver rhœas (fructus).		2	»
— (plante).	— (planta).		1	60
* — (fleurs du Midi).	— — (flos meridionalis).		5	»
— (fleurs de Paris).	— — (— Parisiensis).		6	»
Coquelourde. Anémone pulsatille.	Anemone pulsatilla (folia).		1	40
Coquilles d'or fin . . . . . douz^e.	Testa cum auro egregio . . . duodecim.		4	80
— d'argent.	— argento.		1	80
Corail blanc (très-rare).	Corallium album.		16	»
* — rouge.	— rubrum.		3	20
Coralline blanche.	Corallina alba.		1	50
— noire (mousse de Corse).	— nigra (helminthocorton).		1	20
Coriandre (semence).	Coriandrum sativum (semen).		»	80
— couverte.	— — tectum saccharo.		3	20
*Corne de cerf blanche râpée.	Cornu cervi (rasura alba).		1	20
— — grise.	— (cinerea).		1	40
— — calcinée vraie.	— ustum verum.		3	80
— — — trochisquée vraie.	— — trochiscis verum.		6	»
— — (os calcinés).	— (ossa usta).		»	60
Costus arabique (manque).	Costus arabicus (deest).		»	»
Coton cardé.	Gossipii lanugo pectita . . . . 6 fr. à		10	»
— poudre.	— fulminea.		80	»
— pour collodion.	— ad collodion.		36	»

Couleurs en écailles.   Colores squamis ad dulciarios.

			fr.	c.
Bleu végétal.	Cœruleum herbidum . . . . 31 gram.		5	»
Jaune —.	Flavum — —		4	»
Violet —.	Violaceum — —		3	50
Vert —.	Viride — —		4	»
Couleurs fines pour peinture à l'huile et à l'aquarelle.	Colores egregii ad picturam cum oleo et aquâ (p. 607).			

			fr.	c.
Couperose blanche (sulfate de zinc).	Chalcantum album (sulphas zincicus).		»	40
— bleue (sulfate de cuivre).	— cœruleum (sulphas cupricus).		1	10
— verte (sulfate de fer).	— viride (sulphas ferrosus).		»	15
— — refonte.	— — iterum crystall:		»	20
— — façon Beauvais.	— — modo Bellovaci.		»	30
— — Beauvais.	— — Bellovacum.		»	40
Coussins à air.	Pulvini turgescentes aere (p. 268 et 270).			
Cousso (fleurs). Kousso.	Brayera anthelmintica (flos).		20	»
Craie (blanc de Meudon) la barrique.	Creta seu album Moduni . . . . dolium.		14	»

DROGUERIE, PRODUITS CHIMIQUES ET PHARMACEUTIQUES.

		kilo.	fr.	c.
Craie (blanc de Meudon) 100 pains.	Creta seu album Moduni. 100 placentæ.		1	50
— de Briançon (talc entier)	— Brigantii (talcum)		»	60
— — en poudre	— — trita		»	50
—. lavée	— lota		1	»
— — en trochisques	— — trochiscis		1	40
— précipitée	— præcipitata		2	50
— verte à billard . . . . grosse.	— viridis ad billard		2	40
— camphrée	— camphorata		4	»
— mercurielle	— cum hydrargyro		20	»
Crayons de sulfate de cuivre	Graphia è sulfate cuprico		10	»
Créatine	Creatina	gram.	12	»
Crème de tartre entière grabelée	Cremor tartari cribratus	△	3	60
* — — soluble par mélange.	— — solubilis per mixturam		5	50
— — — (Soubeiran).	— — — (Soubeiran)		7	»
Créosote	Creosotum		24	»
*Cresson de fontaine frais (au cours).	Nasturtium officinale recens		»	»
— — sec	— — siccum		4	»
* — de Para (plante)	Spilanthus oleracea sicca		6	»
— — (sommités)	— — (summa)		10	»
— des prés	Cardamina pratensis		2	»
Cristal minéral (sel de nitre fondu)	Sal nitricus fusus		2	»
Cristaux de soude (carbonate)	Carbonas sodicus crystallinus	△	»	40
— de tartre rouge pour teinture.	Crystalli tartarici rubri ad tincturam		3	»
— — gris —	— — cinerei —		3	10
Crocus metallorum	Oxysulphuretum stibii		1	60
Croisette velue (plante)	Valentia cruciata (planta)		2	»
Croton tiglium (semence)	Croton tiglium (semen)		5	»
Cubèbe (poivre)	Piper cubeba	△	7	»
Cubébine	Cubebina	gram.	5	»
Cudbeard (orseille en poudre)	Roccellæ color tritus		4	»
Cuivre laminé (feuilles minces)	Cuprum laminatum		7	»
Cuivre et zinc laminés pour plaques galvaniques	Cuprum et zincum laminis ad chartas galvanicas		5	50
Cuivre en tournure	Cupri rasuræ		6	»
— en lames . . . . la lame.	— laminæ . . . . una.		»	30
— en poudre	— pulvis		12	»
— préparé en limaille	— scobis		10	»
— réduit par l'hydrogène	Cuprum coactum ope hydrogenii		40	»
*Cumin de Malte	Cuminum cyminum		1	40
— noir	Nigella sativa		2	80
Curaçao jaune mondé	Citrei vulgaris flavi corticula mundat:		3	»
* — — ordinaire	— — — — vulgaris		1	20
— — zesté	— — — segmen tenuissimum		2	40
— de Hollande	— Batavici corticula		4	»
— rouge mondé	— — rubri — mundat:		3	»
* — — ordinaire	— — — vulgar:		1	20
— vert mondé	— vulgaris viridis corticula mundat:		3	»
* — — ordinaire	— — — vulgar:		1	20
— — zesté	— — — segmen tenuissimum		2	40

5.

DROGUERIE, PRODUITS CHIMIQUES ET PHARMACEUTIQUES.

		kilo.	fr.	c.
Curare de l'Orénoque.	Curare.		»	»
Curcuma (racine).	Curcuma tinctoria (radix).		1	»
Cuscute (plante).	Cuscuta epithymum (planta).		2	»
Cyanate de potasse.	Cyanas potassicus.	gram.	»	25
Cyanhydrargyrate d'iodure de potass.	Cyanhydrargyras iodureti potassici —		»	50
Cyanoferrures, Hydroferrocyanates.	Cyanoferr: (vide Hydroferrocyanates).			

Cyanures. — Cyanureta.

		fr.	c.
Cyanure d'argent.	Cyanuretum argenticum. gram.	»	35
— de calcium.	— calcicum.	100	»
— cuivreux.	— cuprosum.	80	»
— cuivrique.	— cupricum.	60	»
— de fer pur (ferroso-ferrique).	— ferroso-ferricum purum.	30	»
— d'iode.	— iodicum. gram.	3	50
— de mercure.	— hydrargyricum.	36	»
— basique de mercure.	— bihydrargyricum.	100	»
— d'or (proto).	— aurosum. gram.	7	»
— — (per).	— auricum. —	7	»
— de plomb.	— plumbicum.	60	»
— de potassium pour les arts.	— potassicum ad artes.	10	»
— — pur fondu.	— — fusum purum.	26	»
— — de Wiggers.	— — modo Wiggers.	60	»
— rouge de potassium et fer.	— rubrum potassico-ferricum.	10	»
— — — pur.	— — purum.	20	»
— jaune — —.	— flavum potassico-ferrosum.	4	80
— — — pur.	— — purum.	8	»
— — — liquide à 20°.	— — solutum 20°.	2	»
— de sodium.	— sodicum.	40	»
— de zinc.	— zincicum.	40	»
Cyanures en général.	Cyanureta in universum.		
Cyclamen (racine).	Cyclamen europæum (radix).	30	»
Cymbalaire (plante).	Linaria cymbalaria (planta).	2	40
*Cynoglosse (plante).	Cynoglossum officinale (planta).	1	20
— (racine).	— — (radix).	1	60
— (écorce de racine).	— — (radicis cortex).	4	»
Cynorrhodons (fruits secs du).	Rosa canina (sicci fructus).	1	60
Cyprès (noix de).	Cupressus sempervirens (nux).	1	20

D

		fr.	c.
Daphné gnidium (bois).	Daphne gnidium (lignum).	2	20
— — (écorce) petits paq.	— — (cortex) in fasciculis.	2	20
— — — en vrac.	— — — cumulatim.	1	20
— — (semence).	— — (semen).	10	»
— lauréole (plante).	— laureola (planta).	3	»

DROGUERIE, PRODUITS CHIMIQUES ET PHARMACEUTIQUES.

		kilo.	fr.	c.
Daphné mézéréon (bois de)	Daphne mezereum (lignum)		6	»
— — (écorce)	— — (cortex)		8	»
Dattes	Dactyli		2	»
Daturine	Daturina	gram.	40	»
*Daucus du pays (carotte sauvage)	Daucus carota		1	60
— de Crète	Athamantha cretensis		30	»
Delphine	Delphina	gram.	4	»
Dentelaire (racine)	Plumbago europæa (radix)		2	40
Dépilatoire des Turcs, ou Rusma	Dropax Turcicus seu Rusma		6	»
— de Boudet	— Boudet		4	»
Dextrine	Dextrina		1	20
Diablotins stimulants	Pastilli stimulantes		50	»
Diachylon gommé	Diachylum gummatum		4	»
Diagrède (scammonée)	Diacrydium		80	»
Diastase	Diastasis	gram.	2	»
*Dictame blanc (racine)	Dictamnus albus (radix)		1	80
— de Crète	Origanum dictamnus		8	»
Digitale (fleurs)	Digitalis purpurea (flos)		2	60
— (plante)	— — (planta)		1	»
* — (feuilles mondées)	— — (folia mundata)		1	20
— (racine)	— — (radix)		2	60
— (semence) le paquet	— — (semen)		»	50
*Digitaline brune	Digitalina imperfecta	gram.	»	80
— pure	— pura		5	»
Diosma crenata (buchu)	Diosma crenata (buchu)		6	»
Dolomie, roche magnésienne	Carbonas calcico-magnesicus nativus		1	»
Dompte-venin (racine)	Asclepias vincetoxicum (radix)		1	20
Doradille (plante)	Asplenium ceterach (planta)		1	60
Doronic (racine)	Doronicum arnica (radix)		2	40
Douce-amère (feuilles)	Solanum dulcamara (folia)		1	80
* — tiges coupées	— caules secti		»	70
— — coupées et fendues	— — sect: et fissi		»	80
— — entières	— — integri		»	60

Dragées médicinales.	**Globi medicinales.**			
Dragées de lactate de fer à 5 cent.	Globi cum lactate ferroso 5 cent:		14	»
— d'aloès à 10 centigr.	— aloe 10 cent:		10	»
— d'anis	— anisi		3	20
— au calomel à 5 centigr.	— cum calomel 5 cent:		10	»
— au copahu	— copaivâ		10	»
— au fer réduit à 5 centigr.	— ferro coacto 5 cent:		30	»
— de proto-iodure de fer à 5 cent.	— iodureto ferroso 5 cent:		36	»
— de rhubarbe à 10 centigr.	— rheo 10 cent:		24	»
— de santonine à 2 1/2 centig.	— santoninâ 25 milligr:		24	»
— de sulfate de quinine à 5 cent.	— sulfate quinico 5 cent:		180	»
— vermifuges (semen-contra couvert)	— contra vermes (semen contra saccharo tectum)		3	20
— (Voy. aussi Granules).	— (Vide Granulos).			

70 DROGUERIE, PRODUITS CHIMIQUES ET PHARMACEUTIQUES.

		kilo.	fr.	c.

Dragées médicamenteuses (voy. aux *Globi medicati* (vide *Medicamina pri-*
    Médicaments spéciaux).   *vata*).
— des confiseurs. . . . . . — *dulciariorum* (p. 544).

E

Eaux spiritueuses   **Aquæ cum spiritu vini**
et eaux composées.   **et aquæ compositæ.**

		fr.	c.
Eau d'Alibour.	*Aqua Alibour* . . . . litr.	1	75
— d'arquebusade (alcool. vulnér.).	*Spiritus vulnerarius* . . . . . . —	3	50
— d'arquebuse de Theden. . . .	*Aqua Theden c^tr vulnera sclopeto*. . —	3	»
— de baryte.	— *barytica*	6	»
— de Bonferme (teinture). . . .	— *Bonferme*	8	»
— de Botot	— *Botot*	5	»
— camphrée.	— *camphorata*	»	50
— de chaux.	— *calcaria*	»	50
— céleste.	— *cælestis*	1	»
— de chlore.	*Chlorum solutum aquâ* . . . . . —	1	»
— de Cologne, n° 1.	*Aqua Coloniensis n^us* 1. . . . . —	5	»
— — la boîte de 6 rouleaux.	— — *pyxis 6 lagunculas capiens*.	5	»
— — la boîte de 12 1/2 roul.	— — 12 *semi laguncul: cap:*	5	50
— de cuivre.	— *ad polituram cupri* . . . . litr.	»	40
— éthérée camphrée	— *ætherea camphorata* . . . . —	1	»
— forte (voy. Acide azotique). .	*Acidum nitricum* . . . . —	»	80
— de goudron.	*Aqua picis nautica* . . . . . . —	»	40
— hémostatique de Pagliari. . .	— *hæmostatica* Pagliari . . . —	1	50
— d'iode.	— *iodata* . . . . —	1	20
— de Javelle rose ou blanche . .	*Hypochloris potassicus roseus vel albus*.	»	15
— de Luce	*Liquor ex ammoniâ et oleo succini*. . .	10	»
— de mélisse des Carmes. . . .	*Aqua carmelitana* . . . . . . litr.	5	»
— — la boîte de 6 rouleaux.	— — *pyxis 6 lagunculas cap:*	2	50
— — de 12 —	— — 12 —	5	»
— mère des soudes de varechs .	*Liquor residuus è sodâ fucorum* . . .	8	»
— oxygénée à 10 volumes . . .	*Aqua oxygenata* 10 *volumina*	60	»
— de Rabel (alcool sulfurique) . .	*Alcohol sulphuricum*	4	»
— régale pure (en 2 flacons) . .	*Acidum nitro-muriaticum*	3	»
— de la reine de Hongrie . . .	*Aqua reginæ Hungariæ*	5	»
— seconde (alcaline).	*Solutio potassica tenuior* . . . . litr.	»	40
*— — (acide).	*Acidum nitricum* 18° . . . . . —	»	70
— sédative Raspail.	*Aqua sedativa* Raspail	»	50
Eau-de-vie allemande	— *vitæ germanica*	8	»
— — camphrée	— — *camphorata*	2	40
— — de gayac.	*Tinctura guayaci*.	3	»
— — de lavande (alcoolat).	*Spiritus lavandulæ* . . . . . . —	4	»
— — — ambrée . .	— — *ambaro suffitus* . —	5	»
Eau vulnéraire blanche.	— *vulnerarius* . . . . . . —	3	50

DROGUERIE, PRODUITS CHIMIQUES ET PHARMACEUTIQUES.

			fr.	c.
Eau vulnéraire rouge.	*Tinctura vulneraria* . . . litr.		3	50

(Pour les autres eaux spiritueuses, voyez Alcoolats ou Teintures.)	(For the other spirituous extracts, see Alcohols or Tinctures.)	(En cuanto á las otras aguas espirituosas, véase Alcoholes ó Tinturas.)

Eaux distillées. — Aquæ stillatitiæ.

		fr.	c.
Eau distillée (simple)	*Aqua stillatitia simplex* . . . . litr.	»	20
— d'amandes amères.	— *amygdalæ amaræ* . . . . —	1	50
— d'anis	— *anisi officinalis* . . . . —	1	»
— d'absinthe	— *absinthii* . . . . . —	1	»
— d'acore.	— *acori veri* . . . . . —	1	»
— d'angélique	— *angelicæ* . . . . . —	1	»
— d'armoise	— *artemisiæ* . . . . . —	1	»
— de bluets	— *cyani* . . . . . . —	1	»
— de bourrache	— *borraginis* . . . . . —	1	»
— de bourgeons de sapin . . .	— *gemmæ abietis* . . . . —	1	25
— de camomille	— *anthemidis nobilis* . . . —	1	»
— de cannelle de Chine . . .	— *cinnamomi Sinensis* . . . —	2	»
— — de Ceylan . . .	— — *Zeylanici* . . . —	4	»
— de cascarille	— *cascarillæ* . . . . . —	2	»
— de cerises noires	— *cerasi nigri* . . . . —	1	50
— de fenouil	— *fœniculi dulcis* . . . . —	1	»
— de fleurs d'oranger de Paris . .	— *floris aurantii Parisiensis* . —	2	50
— — les 24 litres en 2 bout. clissées en osier.	— — 24 *litra* 2 *lagenis tectis craticulâ*	54	»

(Les inconvénients attachés aux vases en cuivre nous ont fait renoncer à expédier l'eau de fleurs d'oranger de Paris en estagnons; nous avons remplacé l'estagnon par deux bouteilles clissées en osier, représentant la même contenance, et, de même que pour le vase de cuivre, les 2 bouteilles sont comprises dans le prix des 24 litres.)	(The inconveniences attendant on copper jars have induced us to give over sending orange flower water from Paris in vases; we have replaced them by two bottles covered with wicker-work representing the same quantity, and, like the copper vessel, the two bottles are comprised in the price of the twenty-four litres.)	(Los inconvenientes que ofrecen las vasijas de cobre nos han hecho renunciar á espedir el agua de flor de naranja de París de ese modo; las hemos reemplazado por dos botellas guarnecidas de mimbre, que representan el mismo contenido; y, como sucede con la vasija de cobre, las dos botellas se hallan comprendidas en el precio de los 24 litros.)

		fr.	c.
Eau de fleurs d'oranger de Grasse :	*Aqua floris aurantii Grassensis* :		
Première qualité	n°s 1 . . . . . l'estagnon.	42	»
Deuxième —	n°s 2 . . . . . —	36	»
en sacoches, la caisse de 12.	*in lagunculis* . . . *pyxis* 12.	10	»
1/2 — — de 24.	*in semi-lagunculis* . — 24.	10	50
— — de 12.	— — . 12.	5	50
— de girofles	— *caryophyllorum* . . . . litr.	1	»
— d'hysope	— *hyssopi* . . . . . —	1	»
— de laitue	— *lactucæ* . . . . . —	1	»
— de laurier-cerise	— *lauri-cerasi* . . . . —	2	»
— de lavande	— *lavandulæ* . . . . . —	1	»
— de lis	— *lilii* . . . . . . —	2	»
— de marasque	— *dicta* marasque . . . . —	1	50

# DROGUERIE, PRODUITS CHIMIQUES ET PHARMACEUTIQUES.

		fr.	c.
Eau de mélisse . . . . *Aqua melissæ* . . . . litr.		1	»
— de menthe poivrée. . . . . . — *menthæ piperitæ* . . . . . —		1	»
— de mélilot . . . . — *meliloti* . . . . —		1	»
— de moutarde. . . . . — *sinapios* . . . . —		1	50
— de muguet . . . . — *convallariæ maialis* . . . . —		2	»
— de nénuphar . . . . — *nymphææ albæ* . . . . . . —		1	50
— de plantain . . . . — *plantaginis* . . . . —		1	»
— de pariétaire . . . . — *parietariæ* . . . . —		1	»
— de pourpier. . . . . — *portulacæ* . . . . —		1	»
— de roses . . . . — *rosæ damascenæ* . . . . . . —		1	60
— — les 24 litres en 2 bouteilles clissées. . . . — — *24 litra 2 lagenis tectis craticulâ*		40	»

(Même observation que pour l'eau de fleurs d'oranger.) | (The same observation as for the orange flower water.) | (La misma observacion que en cuanto al agua de flor de naranjo.)

		fr.	c.
Eau de sassafras. . . . . *Aqua lauri sassafras* . . . . . litr.		1	»
— de sureau. . . . . — *sambuci* . . . . —		1	»
— de tanaisie . . . . — *tanaceti* . . . . —		1	»
— de tilleul . . . . — *tiliæ* . . . . —		1	50
— de valériane. . . . . — *valerianæ officinalis* . . . —		1	»
Eaux minérales naturelles. . . . . *Aquæ medicatæ nativæ* (vide p. 468).			
— — artificielles . . . . . — — *arte factæ* (p. 470).			
Éclaire (plante), Chélidoine. . . . *Chelidonium majus (planta)* . . .		1	40
Écorces (voy. à leurs noms). . . *Cortices* (vide *nomina privata*).			
Églantier (éponges d') . . . . . . *Rosa canina (spongia bedeguaris)* . . .		5	»
— (racine) . . . . — — *(radix)*		10	»
Élaïdine. . . . . *Elaidina* . . . . gram.		1	»
Élatérine . . . . *Elaterina* . . . . —		7	»
*Élaterium (concombres sauvages) sem. *Momordica elaterium (semen)*		3	»
— (racine) . . . . — — *(radix)*		12	»
— (extrait de concomb. sauv.) *Elaterium (extract: elaterii)*		64	»
— blanc des Anglais ou des Allemands . . . . — *album (sedimen e succo elaterii)* . . . . . . gram.		1	50

Électuaires.   Electuaria.

		fr.	c.
Électuaire alkermès . . . . *Electuarium alkermes*		8	»
— catholicum . . . . — *catholicum*		8	»
— dentifrice. . . . . — *dentifricium*		6	»
— diaphœnix . . . . — *diaphœnicum*		9	»
— diaprun simple . . . . — *diaprunum simplex*		7	»
* — — solutif . . . . . — — *solutivum* . . .		9	»
— diascordium . . . . — *diascordium*		9	»
— hamech . . . . — *hamech*		9	»
— hiera-picra . . . . — *hiera-picra*		6	»
— d'hyacinthe. . . . . — *de hyacintho*		10	»
— japonais . . . . — *japonicum*		10	»
— lénitif . . . . — *lenitivum*		7	»
— mésentérique . . . . — *mesentericum*		8	»

DROGUERIE, PRODUITS CHIMIQUES ET PHARMACEUTIQUES.

		kilo.	fr.	c.
Électuaire orviétan.	Electuarium orvietanum.		8	»
— de quinq: composé (Codex).	— de cinchonâ compositum		9	»
— de Salomon.	— Salomonis		8	»
— thériaque fine.	— theriacale egregium		8	»
— — pour vétérinaires.	— — ad veterinarios		3	50
Élémi (résine) vraie	Resina elemi		3	»

Élixirs.   Elixiria.

			fr.	c.
Élixir américain de Courcelles.	Elixirium americ: Courcelles	litr.	5	»
— — les 12 fioles.	— — 12 lagunculæ.		7	»
— antiapoplectique des jacobins.	— antiap: dominicanorum	litr.	6	»
— antiseptique d'Huxam.	— antisepticum Huxam.		7	»
— — de Chaussier.	— — Chaussier		6	»
— amer de Peyrilhe.	— amarum Peyrilhe.	litr.	4	»
— antiglaireux.	— contra lentores	—	7	»
— antigoutteux.	— — arthritidem	—	5	»
— antiscrofuleux.	— — strumas	—	4	»
— calmant de Lebas.	— sedans Lebas.	—	8	»
— fébrifuge d'Huxam.	— febrifugum Huxam.	—	8	»
— de Garus.	— Gari	—	4	50
— de longue vie.	— pro vitâ producendâ.	—	3	»
— parégorique d'Edimbourg.	— paregoric: Edimburgi.	—	12	»
— de pyrèthre composé.	— de pyrethro composito	—	6	»
— de Stoughton (stomachique).	— stomachum juvans	—	3	»
— thériacal.	— theriacale	—	6	»
— viscéral d'Hoffmann.	— viscera juvans	—	7	»
— vitriolique de Mynsicht.	— vitrioli Mynsicht	—	7	»
Ellébore blanc (racine).	Veratrum album (radix)		1	»
— noir (racine)	Helleborus niger —		1	20
— pied de griffon	— fœtidus		4	»
Émeraude de France (béryl)	Smaragdus gallicus.		4	»
Émeri en grains, nos divers.	Smyris arenosa, nᵢ varii		»	50
— du Levant, —	— orientalis —		1	20
— entier.	— rupea		1	»
Émétine brune du Codex.	Emetina imperfecta	gram.	»	50
— pure.	— pura —		5	»
Émétique cristallisé.	Tartras stibico-potassicus		5	»

Emplâtres.   Emplastra.

		fr.	c.
Emplâtre adhésif.	Emplastrum adhærens	3	50
— d'acétate de cuivre.	— de acetate cuprico.	4	50
— de l'abbé Doyen.	— abbatis Doyen	4	»
— agglut: d'André de la Croix.	— agglutinans Andreæ à Cruce.	4	»
— antihystérique.	— antihystericum	6	»
— de Bailleul.	— Bailleul	8	»

DROGUERIE, PRODUITS CHIMIQUES ET PHARMACEUTIQUES.

		kilo.	fr.	c.
Emplâtre de belladone (avec extrait). *Emplastrum cum extracto belladonæ*		20	»
— de bétoine	— *de betonicâ*	6	»
— de Canet	— *Canet*	4	50
— de céroène	— *ceroneum*	4	50
— de céruse	— *de cerussâ*	4	»
— de charpie	— *de linamento*	5	50
* — de ciguë (Codex)	— *de cicutâ (Codex)*	4	»
— — avec l'extrait	— *cum extracto cicutæ*	20	»
— de cire	— *de cerâ*	4	»
— — verte	— *viridi*	4	50
— confortant de Vigo	— *roborans Vigo*	8	»
— contre la rupture	— *pro fracturis*	8	»
— diabotanum	— *diabotanum*	7	»
— diacalcitheos	— *diachalcitheos*	3	60
— diachylon gommé	— *diachylum gummatum*	4	»
— diapalme	— *diapalma*	3	20
— divin rouge	— *divinum rubrum*	5	50
* — — vert	— *viride*	5	50
— des quatre fondants	— *de quatuor discussoriis*	5	»
— de galbanum	— *de galbano*	8	»
— de gomme ammoniaque	— *de gummi ammoniaco*	4	»
— de goudron	— *de pice nauticâ*	3	»
— manus Dei	— *manus Dei*	5	50
— de mélilot	— *de meliloto*	4	»
— de minium	— *de minio*	4	50
— pour mouches de Milan	— *vesicatorium Mediolanense*	12	»
— de mucilage	— *de mucagine*	5	50
— de Nuremberg	— *Norimbergense*	4	50
— oxycroceum	— *oxycroceum*	16	»
— du pauvre homme	— *pauperis hominis*	3	20
— de poix	— *de pice*	3	»
— de ratanhia	— *de ratanhiâ*	48	»
— de Rustaing	— *Rustaing*	8	»
— de savon	— *de sapone*	4	»
— de savon camphré	— — *camphoratum*	4	50
— simple	— *simplex*	3	20
— stomachal Lemort	— *stomachale Lemort*	10	»
— stomachique	— *stomachum juvans*	16	»
— triapharmacum de Virey	— *triapharmacum Virey*	6	»
— vermifuge	— *vermifugum*	7	»
* — vésicatoire (Codex)	— *vesicatorium Codicis*	7	»
— — anglais	— — *anglicum*	10	»
— — de Janin	— — *Janin*	26	»
— de Vigo cum mercurio	— *Vigo cum hydrargyro*	7	»
Emporte-pièces (p. 345).	*Instrumenta ad resecandum tabellas.*		
Émulsine	*Emulsina* . . . gram.	»	50
Encens préparé pour l'Église n° 1	*Thus ad usum Ecclesiæ n^{us} 1*	7	»
— — n° 2	— — *n^{us} 2*	5	»

DROGUERIE, PRODUITS CHIMIQUES ET PHARMACEUTIQUES.

		kilo.	fr.	c.
*Encens en larmes (oliban)	Thus in lacrymis (olibanum)		2	80
— en sorte	— in sortis		1	80

Encres. — Atramenta.

			fr.	c.
*Encre de Chine ordinaire	Atramentum Sinense vulgare		32	»
— de Chine surfine	— optimum		120	»
— noire, en litre de grès	— nigrum, in litris siliceis. litr.		1	20
— — 1/2 —	— — 1/2 —		»	60
— — 1/4 —	— — 1/4 —		»	30
— — 1/8 —	— — 1/8 —		»	20
— rouge surfine . . . flacon.	— rubrum optimum . lagunc.		»	70
— fine	— egregium		»	50
— de toutes couleurs	— omni colore		»	25
— sympathique	— sympathicum		2	»
— à marquer le linge, en étui	— ad sign: linteum, in theca		1	25
— communicative pour copier	— conferens exemplar ope præli		2	»
Énula campana (Aunée)	Enula Helenium (radix)		1	40
Épices fines	Aromata ad culinam egregia		3	»
— 1/2 fines	— — subegregia		2	50
Épices et aromes solubles	Condimenta et odores solubilia (p. 643)			
Épine-vinette (berberis)	Berberis vulgaris (fructus)		2	60
Épithyme (cuscute)	Cuscuta epithymum		2	»
Éponges brunes	Spongia subnigra		10	»
— de cavalerie	— ad usum equitum		18	»
— de Venise ordinaires	— Veneta vulgaris . . . 15 à	20	»
— menues pour carboniser	— frusta torrenda		3	»
* — fines	— egregia . . . . . 60 à	120	»
— — pour biberons	— ad guttos . . . 80 à	100	»
— superfines pour toilette	— peregreg: ad cultum corp: 150 à	250	»

(La valeur des éponges fines pour toilette variant, suivant qualité, de 100 à 300 fr., il est utile d'indiquer le prix approximatif qu'on veut y mettre, afin d'éviter les mécomptes.)

(The value of fine sponges for the toilet varies according to quality from 100 fr. to 300 fr.; it is necessary to point out the price required as near as possible in order to avoid mistakes.)

(Como el precio de las esponjas finas para tocador varia de 100 á 300 fr. segun la calidad, conveniente es el indicar aproximadamente lo que quiere gastarse, á fin de evitar equivocaciones.)

			fr.	c.
Éponges brûlées rousses	Spongia usta rufa		16	»
— calcinées ou carbonisées	— tosta		16	»
— à la ficelle	— cum funiculo		40	»
— à la cire	— cum cera		40	»
— au blanc d'œuf	— cum albumine		60	»
— d'églantiers (bedeguar)	— rosæ caninæ		5	»
Épurge (semences)	Euphorbiæ latyris (semen)		12	»
Ergot de seigle (seigle ergoté)	Secale cornutum		14	»
Ergotine, ext. aqueux repris par l'alc.	Ergotina (extr: coactum alcohol)		140	»
Ers (semences)	Ervum ervilia (semina)		2	»
Éryngium (chardon Roland)	Eryngium campestre		1	»

DROGUERIE, PRODUITS CHIMIQUES ET PHARMACEUTIQUES.

		kilo.	fr.	c.
*Érysimum (plante)	*Erysimum officinale (planta)*		1	60
— (feuilles mondées)	— *(folia mundata)*		3	20
Érythrose de Garot	*Erythrosa*	gram.	»	50

Espèces. — Species.

			fr.	c.
Espèces amères	*Species amaræ*		1	60
— antilaiteuses	— *lac resolventes*		1	60
— anthelminthiques	— *anthelminthicæ*		1	80
— apéritives (cinq racines)	— *aperientes*		1	40
— aromatiques	— *aromaticæ*		1	20
— astringentes	— *adstringentes*		1	60
— béchiques (fl^{rs} pectorales)	— *bechicæ (flores pectorales)*		3	»
— carminatives	— *carminativæ*		1	50
— diurétiques (cinq racines)	— *diureticæ*		1	40
— emménagogues	— *emmenagogæ*		1	60
— narcotiques	— *narcoticæ*		2	»
— pectorales (thé pectoral)	— *pectorales (thea pectoralis)*		4	»
— sudorifiques	— *sudorificæ*		2	»
— vermifuges	— *vermifugæ*		1	20
— vulnéraires	— *vulnerariæ*		1	20
— — de Dubois, 12 roul.	— — Dubois 12 *fasciculi*		2	60
* — — — 12 1/2.	— — 12 *semi fasci:*		1	60
* — — en rouleaux sans nom, les 12.	— — *fasciculis sine nomine*, 12 *fasciculi*		»	60

(Nous préparons nous-mêmes cet article avec des plantes choisies.) | (We prepare this article ourselves with the choicest plants.) | (Preparamos nosotros mismos este artículo con plantas escojidas.)

			fr.	c.
Esprit aromatique huileux de Silvius.	*Spiritus aromaticus oleosus Sylvii*		40	»
— de bois	— *ligni*	litr.	2	40
— carminatif de Sylvius	— *carminativus Sylvii*		7	»
— de fourmis	— *de formicis*		14	»
— de Mindererus (acétate d'ammoniaque liquide)	— *Mindereri (acetas ammonicus solutus)*		3	50
— de nitre dulci: (alcool azotique)	— *nitri mitigatus*		4	»
— de sel (acide muriatique)	— *salis (acidum muriaticum)*		»	25
— de soie crue	— *de serico rudi*		150	»
* — de vin (alcool à 33°, au cours.	— *vini* 33° *juxtà nundinationem.* ⚠		2	80
— — à 36° (fécule) —	— — 36° *(de fæculâ)* ⚠		2	60
— volatil de succin	— *volatilis succini*		16	»
— — de corne de cerf	— — *de cornu cervi*		6	»

(Pour les autres, voyez Alcool.) | (For the others see Alcohol.) | (Por las otras, vease Alcooles.)

			fr.	c.
Esprit d'ammoniaque (ph. de Londres)	*Spiritus ammoniæ*		»	»
— — aromat: —	— *aromaticus*		»	»
— — fétide —	— *fœtidus*		»	»
— d'éther nitrique	— *ætheris nitrici*		»	»

DROGUERIE, PRODUITS CHIMIQUES ET PHARMACEUTIQUES.

		kilo.	fr.	c.
Esprit d'éther sulfur: (ph. de Londres)	*Spiritus ætheris sulphurici*.		»	»
— de genièvre composé —	— *juniperi compositus*.		»	»
— de lavande —	— *lavandulæ*		»	»

(Sur indications spéciales, nous exécuterons toutes les préparations officinales de la pharmacopée de Londres.)	(On special indications we will execute all officinal preparations of the London pharmacopœia.)	(Dándonos indicaciones especiales, ejecutaremos todas las preparaciones oficinales de la farmacopea de Londres.)

Esprits ou Extraits doubles de parfums.   Spiritus seu extracta geminata odorum.

Esprit d'ambre.	*Spiritus ambari*	32	»
— de bouquet.	— *è multifariis floribus*.	32	»
— de cassie.	— *cassiæ*	32	»
— de concombres.	— *cucumeris sativi*.	5	»
— d'héliotrope.	— *heliotropii peruviani*.	32	»
— de jasmin.	— *jasmini*	32	»
— de jonquille.	— *narcissi jonquillæ*	32	»
— de miel d'Angleterre. . . .	— *mellis Anglici*	32	»
— de mille-fleurs.	— *mille florum*	32	»
— de mousseline.	— *dictus nebulæ lineæ*	32	»
— de muguet.	— *convallariæ maialis*	32	»
— de musc.	— *moschi*	32	»
— d'œillet.	— *dianthi caryophylli*	32	»
— de patchouly.	— *pogostemonis patchouly* . . .	32	»
— de pois de senteur.	— *pisi odorati*.	32	»
— de réséda.	— *resedæ luteæ*	32	»
— de roses.	— *rosarum*	32	»
— de tubéreuse.	— *tuberosæ*	32	»
— de vanille.	— *vanillæ*	32	»
— de violettes	— *violarum*	32	»
Essai des engrais.	*Tentamentum fimi* (p. 381).		
— des farines.	— *farinæ* (p. 380).		
— des huiles.	— *olei* (p. 380).		
— du lait.	— *lactis* (p. 383).		
— des métaux.	— *metallorum* (p. 384).		
— des vins.	— *vini* (p. 379).		
— du sucre.	— *sacchari* (p. 389).		
— des urines.	— *urinæ* (p. 385).		

Essences (Huiles volatiles).   Odores seu olea volatilia.

Essence d'absinthe.	*Oleum vol: absinthii*	⚠	70	»
— d'amandes amères	— *amygdalæ amaræ*	⚠	120	»
— d'aneth.	— *anethi graveolentis*		150	»
— d'angélique.	— *angelicæ*		500	»
— d'anis.	— *anisi*	⚠	70	»
— d'anis étoilé (badiane). . .	— *illicii anisati*		45	»

78   DROGUERIE, PRODUITS CHIMIQUES ET PHARMACEUTIQUES.

			kilo.	fr.	c.
*Essence d'aspic pure.	Oleum vol:	lavandulæ spicæ purum. . .		10	»
— — fine.	—	— — egregium. .		6	»
— — ordinaire.	—	— — vulgare . .		4	50
— d'aurone (citronnelle)	—	artemisiæ abrotani		56	»
— de badiane	—	illicii anisati		45	»
— de basilic.	—	ocimi basilici		500	»
— de bergamote	—	bergamiæ		40	»
* — de bigarades au zeste.	—	bigarradiæ è corticulis		50	»
— — distillée.	—	— stillatitium		28	»
— de cajeput.	—	cajuputi		24	»
— de calamus aromaticus.	—	calami aromatici.		200	»
* — de camomille bleue pure.	—	anthemidis cærul: purum		200	»
— — romaine.	—	— nobilis		250	»
— de cannelle de Ceylan.	—	cinnamomi Zeylanici		300	»
* — — de Chine.	—	— Sinensis		70	»
— de cardamome, petit.	—	cardamomi minoris.		500	»
— de carvi.	—	cari carvi.		24	»
— de cédrat.	—	citri cedrati		36	»
— de cèdre	—	juniperi virginianæ.		60	»
— de céleri	—	apii dulcis.		400	»
— de chervi.	—	sii sisari		240	»
* — de citron au zeste.	—	citrei è corticulis		34	»
— — distillée.	—	— stillatitium		26	»
— de copahu.	—	copaivæ.		24	»
— de coriandre.	—	coriandri sativi		300	»
— de cubèbes	—	cubebæ		125	»
— de cumin.	—	cumini cymini.		100	»
— de curaçao (bigarade)	—	citri bigarradiæ		50	»
— d'estragon.	—	artemisiæ dracunculi		300	»
— de fenouil amer.	—	fœniculi amari.		20	»
* — — doux	—	— dulcis.		40	»
— de fleurs d'oranger (Néroli).	—	floris aurantii (vide Neroli).		»	»
— de gaultheria procumbens.	—	gaultheriæ procumbentis		90	»
* — de genièvre (baies).	—	juniperi (baccæ).		40	»
— — (bois)	—	— (lignum)		12	»
— de géranium	—	geranii		120	»
— de girofle.	—	caryophylli		28	»
— de gingembre.	—	zinziberis		160	»
— d'héliotrope (esprit)	—	heliotropii (spiritus)		32	»
— d'hysope	—	hyssopi		240	»
— de jasmin (esprit)	—	jasmini (spiritus)		32	»
— de laurier-cerise.	—	lauro-cerasi.		150	»
* — de lavande fine.	—	lavandulæ egregium		12	»
— — surfine (fleurs).	—	— optimum (è flore).		16	»
— — ordinaire.	—	— vulgare.		9	»
— de limette.	—	limettæ.		90	»
— de macis.	—	macidis.		180	»
— de marc de raisin.	—	vinaceæ		80	»
— de marjolaine.	—	origani majoranæ		48	»

DROGUERIE, PRODUITS CHIMIQUES ET PHARMACEUTIQUES.

	kilo.	fr.	c.
Essence de mélisse........ *Oleum vol:* melissæ........		150	»
— de menthe anglaise véritable. — menthæ anglicæ verum.. ⚠		140	»
— — fine........ — — egregium..... ⚠		60	»
— — ordinaire..... — — vulgare......		40	»
— de mille-fleurs (esprit)... — mille florum (spiritus)...		32	»
— de mirbane........ — amygdalæ arte factum...		12	»
— de moutarde........ — sinapios........ gram.		»	50
— de muscades........ — nucis moschata......		180	»
— de myrte......... — myrti communis......		30	»
— néroli du Midi, surfine... — neroli meridian: optim:.. ⚠		400	»
— — de Paris..... — — parisiense.....		600	»
— d'oranges douces (Portugal). — mali aurantii (lusitanicum).		28	»
— — amères (bigarades) — — amari...		50	»
— d'origan......... — origani vulgaris......		40	»
— de patchouly........ — pogostemonis patchouly...		350	»
— de persicot (noyaux)..... — nuclei armeniaci......		130	»
— de persil......... — apii petroselini......		150	»
— de petit grain....... — mali immaturati aurantii..		120	»
— de piment......... — pimenti........		160	»
— de pommes de terre (alcool — solani tuberosi (alcohol amy-			
amylique pur)..... licum purum)......		16	»
— de poivre......... — piperis nigri.......		200	»
— de Portugal........ — lusitanicum...... ⚠		28	»
— de pouliot......... — menthæ pulegii......		40	»
— de réséda (esprit)...... — resedæ luteæ (spiritus)...		32	»
— de Rhodes......... — ligni Rhodii.......		300	»
— de romarin ordinaire.... — rosmarini vulgare.....		4	50
— — surfine...... — — peregregium...		8	50
— de roses d'Orient...... — rosæ damascenæ... ⚠ gram.		1	30
— — de France...... — — galliæ..... —		2	»
— de rue.......... — rutæ graveolentis.....		20	»
— de sabine......... — juniperi sabinæ......		16	»
— de santal citrin....... — santali ligni.......		200	»
— de sarriette........ — satureiæ hortensis.....		600	»
— de sassafras........ — lauri sassafras......		40	»
— de sauge.......... — salviæ officinalis......		24	»
— de semen-contra...... — artemisiæ contra......		200	»
— de serpolet......... — thymi serpylli......		16	»
— de succin rectifiée...... — succini rectificatum.....		20	»
— — rouge...... — — rubrum......		14	»
— de tanaisie........ — tanaceti vulgaris.....		160	»
— de térébenthine du commerce — terebinthinæ commune.. ⚠		1	50
— — rectifiée... — — rectificatum...		2	20
— de thym blanche....... — thymi vulgaris album.....		12	»
— — rouge...... — — rubrum.....		10	»
— de tubéreuse (esprit).... — tuberosæ (spiritus).....		32	»
— de valériane........ — valerianæ........		200	»
— de verveine des Indes.... — verbenæ triphyllæ.....		100	»
— de vétyver......... — andropogonis muricati...		600	»

DROGUERIE, PRODUITS CHIMIQUES ET PHARMACEUTIQUES.

		kilo.	fr.	c.
Essence de vin............	Oleum vol: vini .... gram.		2	»
— de Vintergreen........	— gaultheriæ procumbentis...		90	»
— de violettes (esprit).....	— violarum (spiritus).....		32	»

Essences artificielles. — Odores arte facti.

		fr.	c.
Essence artificielle d'abricots.....	Odor arte factus armeniaci.......	20	»
— — d'ananas.....	— — bromeliæ ananas....	20	»
— — de cognac....	— — aquæ vitæ Cognac...	30	»
— — fraises.....	— — fragorum......	20	»
— — framboises....	— — frambœsiæ......	20	»
— — groseilles.....	— — de ribesiis.....	20	»
— — pêches.....	— — mali persici......	20	»
— — poires.....	— — pyri........	20	»
— — pommes.....	— — mali........	20	»
— — rhum.....	— — rhum.......	20	»
Essence concentrée de salsepareille.	Liquor densus è sarsaparillâ composit:..	6	»
Estragon (plante)...........	Artemisia dracunculus (planta).....	3	»
Ésule (plante).............	Euphorbia esula (planta).......	3	»
*Étain en baguettes...........	Stannum bacillis...........	4	80
— en chapeaux...........	— in modum petasi.......	4	80
— en feuilles............	— foliis............	5	»
— filé................	— netum...........	5	»
— en grenaille...........	— micis............	4	80
— en lame pour réactif......	— laminatum reagens ... una.	»	20
— laminé en feuilles carrées...	— — foliis quadratis..	5	»
— — pour chocolat aux di-	— — ad chocolat: juxtà		
mensions...........	mensuras.....	5	»
— — de couleur (paillon)...	— — colorat:. duodecim.	3	»
— en limaille............	— scobe............	8	»
— en poudre............	— tritum...........	10	»
— banca en saumon........	— banca massulis........	4	40
Éthal.................	Ethalum .... gram.	»	50

Éthers. — Ætheres.

		fr.	c.
Éther acétique rectifié........	Æther aceticus rectificatus......	8	»
— amylique............	— amylicus..........	100	»
— azoteux pur..........	— nitrosus purus........	»	»
* — — alcoolisé......	— — cum alcohol	8	»
— bromhydrique.........	— bromhydricus........	200	»
— butyrique...........	— butyricus..........	500	»
— cantharidal...........	— cum cantharidibus......	36	»
— chlorhydrique pur.......	— chlorhydricus purus......	»	»
* — — alcoolisé......	— — cum alcohol......	12	»
— — chloré.....	— — chloratus.....	80	»
— formique...........	— formicus..........	100	»
— iodhydrique (hydriodique)...	— iodhydricus.........	80	»

DROGUERIE, PRODUITS CHIMIQUES ET PHARMACEUTIQUES. 81

		kilo.	fr.	c.
Éther nitrique ou azotique pur. . .	Æther nitricus purus		»	»
* — nitrique des pharmacies (nitreux alcoolisé).	— — officinalis (nitrosus cum alcohol).		8	»
— œnanthique.	— œnanthicus . . . . gram.		»	80
— oxalique. . . .	— oxalicus. . . . . —		»	30
— oxamique.	— oxamicus . . . . —		»	50
— phosphoré.	— cum phosphoro		8	»
— silicique.	— silicicus. . . . . gram.		1	»
— sulfureux. . . l'échantillon.	— sulphurosus . . . . specimen.		6	»
— sulfurique pur 65°.	— sulphuricus purus 65°.		8	»
— — ordinaire 56°. . .	— — communis 56°. . . .		5	»
» — — rectifié 62°. . . .	— — rectificatus 62° . . .		6	»
— — alcoolisé (liqueur d'Hoffmann). .	— — alcohol (liquor Hoffmann).		4	»
— valérianique.	— valerianicus		220	»
— valéro-amylique.	— valero-amylicus		150	»
Éthers en général.	Ætheres in universum.			
Ethérolés (voy. Teintures éthérées).	Tincturæ æthereæ.			
Ethiops antimonial (de Malouin). .	Æthiops stibicus Malouin		16	»
— martial (oxyde de fer noir).	— martialis		3	»
— minéral, sulf: noir de merc:.	— mineralis		10	»
Ethyliaque (éthylamine) en dissolut.	Ethyliacum (ethylamina) solutum . .		100	»
Eupatoire (plante).	Eupatorium cannabinum (planta) . . .		1	60
* — (feuilles mondées). . .	— — (fol: mund:) .		2	»
Euphorbe (gomme résine).	Euphorbium		4	»
Euphorbia lathyris (sem.) (épurge).	Euphorbia lathyris (semen)		12	»
Euphraise (plante).	Euphrasia officinalis (planta)		1	60
Eupione.	Eupiona. . . . . gram.		»	60
Extr: de Saturne, s:-acét: de plomb liq:	Extractum Saturni, subacetas plumbicus.		1	20

(Tous les prix des extraits sont cotés à l'hectogramme.)	(All the prices of extracts are quoted per hectogramme.)	(Todos los precios de los estractos están indicados por hectógramos.)

Extraits PRÉPARÉS PAR LA MÉTHODE DE DÉPLACEMENT ET ÉVAPORÉS DANS LE VIDE.	**Extracta** PARATA LIXIVIATIONE ET INSPISSATA IN VACUO.	NATURE DES EXTRAITS.	PRIX DE L'EXTRAIT	
			MOU.	SEC.
		hecto.	fr. c.	fr. c.
Extrait *d'absinthe grande .	Extract: artemisiæ absinthii .	aqueux . . .	1 40	1 80
— — — .	— — — .	hydro-alcool:	2 »	2 50
— — petite. .	— artemisiæ ponticæ .	aqueux . . .	1 50	2 »
— — marine .	— maritimæ .	aqueux . . .	1 50	2 »
— *aconit napel (f^{lles}) .	— aconiti napelli (fol:) .	avec le suc.	2 40	3 »
— — — .	— — — .	hydro-alcool:	3 20	4 »
— — (racine).	— — (radix) .	hydro-alcool:	4 »	5 »
— *agaric blanc. . . .	— boleti laricis.	aqueux . . .	9 »	11 »
— — . . .	— — . . .	hydro-alcool:	12 »	14 »

DROGUERIE, PRODUITS CHIMIQUES ET PHARMACEUTIQUES.

Extraits PRÉPARÉS PAR LA MÉTHODE DE DÉPLACEMENT ET ÉVAPORÉS DANS LE VIDE.	**Extracta** PARATA LIXIVATIONE ET INSPISSATA IN VACUO.	NATURE DES EXTRAITS.	PRIX DE L'EXTRAIT			
			MOU.		SEC.	
		hecto.	fr.	c.	fr.	c.
Extrait d'airelle	Extract: myrtilli (baccæ) . .	suc	2	»	»	»
— *aloès succotrin. .	— aloes soccotrinæ . .	aq: (touj. sec)	»	»	1	20
— —	— — . . .	hydro-alcool:	»	»	1	80
— *anémone pulsatile .	— anemones pulsatillæ	aqueux . . .	3	60	4	50
— —	— —	hydro-alcool:	4	»	5	»
— *angélique racine. .	— angelicæ (radix) . .	aqueux . . .	2	»	2	40
— —	— — . . .	hydro-alcool:	2	40	3	20

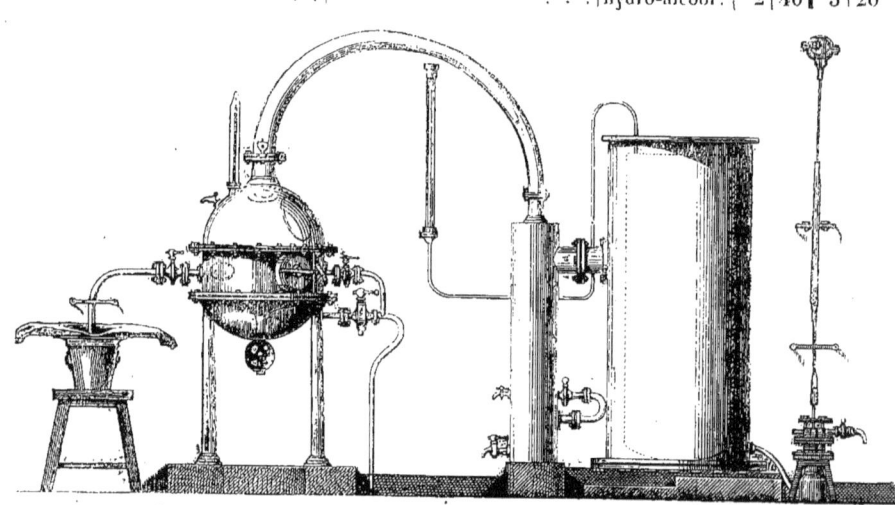

Appareil pour la préparation des extraits dans le vide fonctionnant dans notre laboratoire.

Extrait d'angusture vraie . .	Extract: angusturæ veræ . .	hydro-alcool:	3	60	4	50
— aristoloche	— aristolochiæ . . .	aqueux . . .	2	40	3	20
— armoise.	— artemisiæ vulgaris	aqueux . . .	1	60	2	»
— *arnica (fleur) . . .	— arnicæ (flores) . . .	aqueux . . .	2	»	2	80
— —	— —	hydro-alcool:	3	»	4	»
— arrête-bœuf. . . .	— ononis spinosa . . .	aqueux . . .	2	40	3	20
— artichaut	— cinaræ	aqueux . . .	2	50	3	20
— arum.	— ari maculati . . .	aqueux . . .	2	50	3	20
— *asarum.	— asari	aqueux . . .	2	80	3	20
—	— (radix) . . .	hydro-alcool:	3	60	4	»
— *asperges	— asparagi officinalis	suc.	2	40	3	20
— —	— (radix) . . .	aqueux . . .	2	»	2	40
— aunée	— inulæ helenii . . .	aq: et à froid.	1	40	»	»
— badiane.	— anisi stellati . . .	hydro-alcool:	5	»	»	»
— bardane.	— lappæ majoris . . .	aq: et à froid.	1	20	»	»
— *belladone. . . .	— atropæ belladonæ .	suc épuré . .	2	40	2	80

DROGUERIE, PRODUITS CHIMIQUES ET PHARMACEUTIQUES.

Extraits PRÉPARÉS PAR LA MÉTHODE DE DÉPLACEMENT ET ÉVAPORÉS DANS LE VIDE.	**Extracta** PARATA LIXIVIATIONE ET INSPISSATA IN VACUO.	NATURE DES EXTRAITS.	PRIX DE L'EXTRAIT MOU. hecto. fr. c.		SEC. fr. c.	
Extrait de belladone. . . .	Extract: atropæ belladonnæ	suc av: fécule	2	»	»	»
—	— —	hydro-alcool:	4	»	4	80
— benoîte.	— gei urbani	aqueux . . .	2	80	3	60
— bétoine.	— betonicæ officinalis .	aqueux . . .	2	50	»	»
— bistorte.	— polygoni bistortæ . .	aqueux . . .	2	40	3	20
— bouillon-blanc. . . .	— verbasci albi	aqueux . . .	2	50	3	»
— bourgeons de sapin.	— gemmæ abietis . . .	aqueux . . .	3	60	4	50
— bourrache.	— borraginis officinalis.	aqueux . . .	1	50	2	»
— brou de noix . . .	— putaminis nucis . .	aq: av: le suc	1	60	2	»
— bryone.	— bryoniæ dioicæ . .	aqueux . . .	2	80	3	60
— bucco (diosma cr:)	— diosmæ crenatæ . .	aqueux . . .	8	»	»	»
— buis	— buxi sempervirentis .	aqueux . . .	2	40	3	20
— * —	— —	hydro-alcool:	3	60	4	50
— cachou.	— cathecu	aqueux et sec.	»	»	1	20
— café	— coffeæ	aqueux . . .	4	»	»	»
— caïnça	— chiococcæ anguifugæ	hydro-alcool:	6	40	8	»
— caille-lait.	— galii lutei	aqueux . . .	2	40	3	20
— calamus aromaticus	— calami aromatici . .	hydro-alcool:	2	80	3	50
— camomille.	— anthemidis nobilis. .	aqueux . . .	4	»	5	»
— campêche.	— hæmatoxyli campech:	aqueux . . .	2	»	2	40
— *cantharides	— cantharidum	hydro-alcool:	18	»	22	»
— —	— —	éthérique . .	30	»	»	»
— capillaire Montpel:	— capilli veneris . . .	aqueux . . .	3	50	4	»
— capsicum annuum.	— capsici annui. . . .	aqueux . . .	4	»	»	»
— carotte.	— dauci carottæ . . .	suc	1	50	2	»
— *cascarille.	— crotonis cascarillæ .	aqueux . . .	7	20	8	»
—	— —	hydro-alcool:	9	»	10	»
— casse.	— cassiæ fistulæ. . . .	aqueux . . .	3	60	»	»
— centaurée petite. .	— erythreæ centaurii .	aqueux . . .	2	40	3	20
— cerfeuil.	— chærophylli sativi. .	avec le suc . .	2	40	3	20
— chamædrys	— teucrii chamædryos .	aqueux . . .	2	40	3	»
— chamæpitys, ivet: .	— chamæpityos	aqueux . . .	2	40	3	»
— chanvre indien. . .	— cannabis indici . . .	hydro-alcool:	10	»	»	»
— chardon bénit.	— cnici benedicti . . .	aqueux . . .	2	»	2	60
— — roland . .	— eryngii campestris .	aqueux . . .	2	»	2	60
— *chélidoine	— chelidonii majoris. .	avec le suc . .	2	40	»	»
— —	— —	hydro-alcool:	3	20	3	60
— chêne.	— corticis quercus . . .	aqueux . . .	1	50	1	80
— chicorée.	— cichorii intybi . .	avec le suc . .	1	20	1	50
— chiendent. . . .	— tritici repentis . . .	aqueux . . .	1	20	1	50
— *ciguë	— conii maculati . . .	suc épuré . .	2	»	2	40
— —	— —	hydro-alcool:	2	80	3	20
— ciguë de Storck. .	— —	avec fécule. .	2	40	2	80
— ciguë (semences) .	— — (semen).	alcoolique . .	15	»	»	»
— cochléaria.	— cochleariæ officinalis	avec le suc . .	3	»	4	»

DROGUERIE, PRODUITS CHIMIQUES ET PHARMACEUTIQUES.

Extraits PRÉPARÉS PAR LA MÉTHODE DE DÉPLACEMENT ET ÉVAPORÉS DANS LE VIDE.	Extracta PARATA LIXIVATIONE ET INSPISSATA IN VACUO.	NATURE DES EXTRAITS.	PRIX DE L'EXTRAIT			
			MOU.		SEC.	
		hecto.	fr.	c.	fr.	c.
Extrait *de colchique . . .	Extract: colchici (bulbus) . .	hydro-alcool :	4	»	5	»
— —	— — (semen) . .	hydro-alcool :	7	»	8	»
— —	— — (bulbus) . .	acétique . . .	4	»	»	»
— colombo	— cocculi palmati . . .	aq: et à froid.	5	60	»	»
— —	— —	hydro-alcool :	6	40	»	»
— *coloquintes	— colocynthidis	aqueux . . .	12	»	14	»
— —	— —	hydro-alcool :	13	»	15	»
— coloquintes comp^{sé}.	— — composit:	hydro-alcool :	»	»	6	40
— concombres sauv: .	— momordicæ elaterii .	avec le suc .	6	40	7	60
— consoude	— symphyti officinalis .	aqueux . . .	2	»	2	40
— coquelicot	— papaveris rhœadis .	aqueux . . .	2	40	3	»
— cresson	— nasturtii officinalis .	avec le suc .	3	»	3	60
— — de Para . .	— spilanthi oleraceæ . .	hydro-alcool :	7	»	8	»
— cubèbes	— piperis cubebæ . . .	aqueux . . .	6	»	»	»
— * —	— —	alcoolique . .	7	»	»	»
— cubèbes (oléo-rés:)	— — oleo-resinæ .	éthéré	10	»	»	»
— cuscute	— epithymi cuscutæ . .	aqueux . . .	2	40	3	20
— cynoglosse	— cynoglossi officinalis .	aqueux . . .	2	»	2	40
— *digitale	— digitalis purpureæ . .	suc épuré . .	2	»	2	40
— —	— —	hydro-alcool :	3	»	3	60
— diosma crenata . .	— diosmæ crenatæ . .	aqueux . . .	8	»	»	»
— dompte-venin . . .	— asclepiadis vincetox:	aqueux . . .	2	40	3	»
— douce-amère	— solani dulcamaræ . .	aqueux . . .	1	80	2	20
— élatérium	— momordicæ elaterii .	suc	6	40	7	60
— ellébore blanc . . .	— veratri albi	aqueux . . .	2	40	3	20
— —	— —	hydro-alcool :	3	20	3	60
— *ellébore noir . .	— hellebori nigri . . .	aqueux . . .	2	40	3	20
— —	— —	hydro-alcool :	3	20	3	60
— ellébore de Bacher .	— hellebori Bacher . .	hyd:-al: et vin	4	»	»	»
— espèces béchiques .	— speciei bechicæ . . .	aqueux . . .	2	50	»	»
— eupatoire	— eupatorii cannabini .	aqueux . . .	2	40	3	20
— fèves de St-Ignace .	— fabæ Ignatii	hydro-alcool :	12	80	»	»
— fiel de bœuf . . .	— fellis bovini	aqueux . . .	2	80	3	40
— *fougère mâle . . .	— filicis maris	hydro-alcool :	4	80	»	»
— — (oléo-rés:)	— — (oleo res:)	éthéré	10	»	»	»
— frêne	— fraxini excelsioris . .	aqueux . . .	2	»	2	40
— fumeterre	— fumariæ officinalis .	suc épuré . .	1	20	1	50
— *galanga	— alpiniæ galangæ . .	aqueux . . .	3	60	4	50
— —	— —	hydro-alcool :	5	»	6	»
— garance	— rubiæ tinctorum . .	aqueux . . .	2	»	2	50
— garou	— daphnes gnidii . . .	aqueux . . .	5	»	6	40
— * —	— —	alcoolique . .	7	»	8	»
— —	— —	éthérique . .	12	»	14	»
— *gayac	— guayaci ligni . . .	aqueux . . .	3	20	4	»
— —	— —	hydro-alcool :	»	»	2	40

DROGUERIE, PRODUITS CHIMIQUES ET PHARMACEUTIQUES.

Extraits PRÉPARÉS PAR LA MÉTHODE DE DÉPLACEMENT ET ÉVAPORÉS DANS LE VIDE.	Extracta PARATA LIXIVIATIONE ET INSPISSATA IN VACUO.	NATURE DES EXTRAITS.	PRIX DE L'EXTRAIT MOU.		SEC.	
		hecto.	fr.	c.	fr.	c.
Extrait de genêt.	Extract: spartii scoparii . . .	aqueux . . .	1	60	2	»
— *genièvre	— juniperi baccæ . . .	aq: et à froid.	»	60	»	»
— — (pour vétérinaire).	— — (ad veterinarios).	aqueux. . . .	»	50	»	»
— *gentiane	— gentianæ luteæ	aq: et à froid.	1	20	»	»
— —	— — . . .	aq: et à chaud.	»	70	»	»
— germandrée. . . .	— teucrii chamædryos .	aqueux . . .	2	40	3	»
— *gingembre	— ammomi zingiberis .	hydro-alcool :	6	40	7	20
— —	— —	éthéré. . . .	16	»	»	»
— glands torréfiés . .	— glandis tostæ. . . .	aqueux . . .	2	40	3	»
— gommes-résines . .	— gummi-resinarum . .	hydro-alcool :	1	60	»	»
— *gratiole.	— gratiolæ officinalis. .	aqueux . . .	2	40	3	20
— —	— — . .	hydro-alcool :	2	80	3	60
— grenades (écorce de)	— corticis mali punici .	aqueux . . .	1	60	2	»
— grenadier (racine de)	— punicæ gran: .	aqueux . . .	3	60	4	»
— *	— —	hydro-alcool :	4	»	4	50
— gui de chêne . . .	— visci albi.	aqueux . . .	2	40	»	»
— guimauve.	— althææ officinalis . .	aqueux . . .	»	»	3	»
— haschisch gras. . .	— cannabis indici . . .	beurre . . .	3	»	»	»
— *	— —	alcoolique . .	10	»	»	»
— *houblon	— humuli lupuli . . .	alcoolique . .	2	80	3	40
— —	— — . . .	aqueux . . .	2	40	»	»
— houx.	— ilicis aquifolii . . .	aqueux . . .	3	60	4	50
— ipécacuanha. . . .	— cephælis ipecacuanhæ	aqueux . . .	18	»	22	»
— *	— —	hydro-alcool :	20	»	24	»
— *iris de Florence. .	— iridis florentinæ. . .	aqueux . . .	3	60	4	50
— —	— — . . .	éthérique . .	20	»	»	»
— jalap.	— convolvuli jalapæ .	al: (v. Résine)				
— *	— —	aqueux . . .	2	40	3	»
— joubarbe.	— sempervivi tectorum .	suc	2	40	3	20
— jusée.	— liq: corticis quercûs .	aqueux . . .	3	»	3	60
— *jusquiame.	— hyoscyami nigri . .	suc épuré . .	2	40	2	80
— —	— — . .	hydro-alcool .	4	»	4	80
— —	— — . .	avec fécule. .	2	40	2	80
— — (semences).	— — .	hydro-alcool :	7	20	9	»
— lactucarium . . .	— lactucarii	hydro-alcool :	»	»	»	»
— *laitue cultivée. . .	— lactucæ sativæ . . .	suc	2	»	»	»
— — (thridace). .	— — (thridax). .	suc desséché.	»	»	3	20
— — vireuse. . .	— — virosæ . .	suc	2	40	3	20
— lichen d'Islande. .	— cetrariæ Islandicæ. .	aqueux . . .	»	»	2	»
— — sucré. . . .	— — cum sacchar:	aqueux . . .	»	»	»	60
— lierre terrestre. . .	— glecomæ hederaceæ	aqueux . . .	2	»	2	40
— lobelia inflata. . .	— lobeliæ inflatæ . . .	aqueux . . .	8	»	9	50
— marronnier. . . .	— æsculi hippocastani .	aqueux . . .	2	»	2	40
— marrube blanc. . .	— marrubii vulgaris. .	aqueux . . .	2	40	3	»

86 DROGUERIE, PRODUITS CHIMIQUES ET PHARMACEUTIQUES.

Extraits PRÉPARÉS PAR LA MÉTHODE DE DÉPLACEMENT ET ÉVAPORÉS DANS LE VIDE.	**Extracta** PARATA LIXIVIATIONE ET INSPISSATA IN VACUO.	NATURE DES EXTRAITS.	PRIX DE L'EXTRAIT MOU.		SEC.	
		hecto.	fr.	c.	fr.	c.
Extrait de Mars (*v.* Teintur:)	*Extract: Martis*	aqueux	»	»	»	»
— — pommé	— — *cum succo mali*	suc de pomm:	2	40	»	»
— matico	— *arthantes elongatæ*	hydro-alcool:	4	»	4	80
— matricaire	— *matricariæ parthenii*	aqueux	2	40	3	20
— mélilot	— *meliloti officinalis*	aqueux	2	»	2	40
— ményanthe	— *menyanthæ trifoliatæ*	suc épuré	2	40	2	80
— mercuriale	— *mercurialis annuæ*	—	2	»	2	40
— mille-feuilles	— *achilleæ mille-folii*	aqueux	2	»	2	40
— mille-pertuis	— *hyperici perforati*	aqueux	2	40	3	»
— monesia	— *monesiæ*	aqueux	»	»	7	50
— *morelle	— *solani nigri*	suc épuré	1	60	2	»
—	—	hydro-alcool:	2	40	3	20
— mousse de Corse	— *fuci helminthocorti*	aqueux	»	»	2	40
— — perlée	— *crispi*	aqueux	»	»	2	80
— myrrhe en larmes	— *myrrhæ selectissimæ*	aqueux	»	»	6	»
—	—	hydro-alcool:	»	»	8	»
— narcisse des prés	— *narcissi pseudo*	aqueux	3	»	»	»
—	—	hydro-alcool:	4	»	»	»
— nénuphar	— *nymphæa albæ*	aqueux	2	»	2	40
— nerprun (rob)	— *rhamni (baccæ)*	suc fermenté	1	60	2	»
— *nicotiane	— *nicotianæ rusticæ*	suc	2	40	3	20
—	—	hydro-alcool:	3	20	4	»
— noix de galle	— *gallæ quercinæ*	aqueux	»	»	1	40
— — vomiques	— *nucis vomicæ*	hydro-alcool:	5	60	7	20
— noyer	— *folii juglandis regiæ*	aqueux	2	»	2	40
— *opium gommeux	— *opii (aquâ)*	aqueux	16	»	20	»
— — sans narcotine	— *sine narcotinâ*	par l'éther	25	»	30	»
— oranges amères (ec:)	— *corticis mali aurantii*	aqueux	2	50	3	»
—	—	hydro-alcool:	3	60	»	»
—	—	à froid	»	»	15	»
— oranger (feuilles)	— *folii aurantii*	aqueux	2	50	3	»
— orme pyramidal	— *ulmi campestris*	hydro-alcool:	8	»	10	»
— ortie blanche	— *lamii albi*	aqueux	4	»	5	»
— — grièche	— *urticæ urentis*	suc	3	»	4	»
— osmonde royale	— *osmundæ regiæ*	aqueux	3	»	4	»
— panchymagogue	— *panchymagogum*	hydro-alcool:	»	»	6	40
— pareira brava	— *cissampeli pareiræ*	aqueux	8	»	9	50
— pariétaire	— *parietariæ offic:*	aqueux	2	»	2	40
— patience	— *rumicis acuti*	aq: et à froid	1	20	1	50
— pavots blancs	— *papaveris somniferi*	aqueux	2	60	3	60
—	—	hydro-alcool:	3	20	4	»
— pensée sauvage	— *violæ tricoloris arven:*	aqueux	1	80	2	20
— persil	— *petroselini sativi*	suc	2	40	2	80
—	—	hydro-alcool:	3	»	3	60
— pervenche	— *vincæ minoris*	aqueux	2	»	2	40

DROGUERIE, PRODUITS CHIMIQUES ET PHARMACEUTIQUES.

Extraits PRÉPARÉS PAR LA MÉTHODE DE DÉPLACEMENT ET ÉVAPORÉS DANS LE VIDE.	**Extracta** PARATA LIXIVATIONE ET INSPISSATA IN VACUO.	NATURE DES EXTRAITS.	PRIX DE L'EXTRAIT MOU.		SEC.	
		hecto.	fr.	c.	fr.	c.
Extrait de petit houx. . . .	Extract: rusci aculeati . . .	aqueux . . .	2	»	2	40
— petit chêne.	— teucrii chamædryos .	aqueux . . .	2	40	3	»
— phellandre aquat: .	— phellandrii aquatici .	hydro-alcool :	5	60	6	40
— pissenlit	— taraxaci dentis leonis	aqueux . . .	1	50	2	»
— pivoine.	— pæoniæ officinalis . .	aqueux . . .	3	60	4	50
— * — (racine). .	— — (radix) . .	aqueux . . .	2	40	2	80
— plantain d'eau. . .	— plantaginis aquaticæ	suc	3	20	4	»
— polygala amer. . . .	— polygala amara . .	aqueux . . .	2	50	3	40
— — de Virginie.	— (senekæ) .	hydro-alcool :	15	»	20	»
— polypode de chêne.	— polypodii vulgaris. .	hydro-alcool :	2	»	2	40
— pommes ferré. . .	— succi mali cum ferro.	suc de pomm.	2	40	»	»
— pourpier	— portulacæ oleraceæ .	suc	2	40	3	20
— pyrèthre.	— anthemidis pyrethri .	hydro-alcool :	5	60	6	40
— quassia amara. . .	— quassiæ amaræ . . .	aq. et à froid.	20	»	28	»
— * quina gris.	— cinchonæ condamin:	décoction . .	6	»	7	»
— (sel essentiel de la Garaye).	— (sal la Garaye).	eau froide . .	»	»	12	»
— quina gris	— cinchonæ condamin:	hydro-alcool :	8	»	9	50
— * — jaune. . . .	— cordifoliæ .	décoction . .	19	»	22	»
—	—	hydro-alcool :	19	»	22	»
— — rouge . . .	— oblongifoliæ .	hydro-alcool :	25	»	36	»
— *	—	décoction . .	22	»	30	»
— * ratanhia officinal. .	— krameriæ triandræ .	aqueux . . .	»	»	6	»
—	—	alcoolique. . .	»	»	7	»
— — savanille .	— krameriæ ixinæ. . .	aqueux . . .	»	»	3	50
— * réglisse.	— glycyrrhizæ glabræ .	aq: et à froid.	1	20	1	50
— — Calabre. .	— extracti Calabrici .	aqueux . . .	1	»	»	»
— rhapontic.	— rhei rhapontici . . .	aqueux . . .	2	40	3	»
— * rhubarbe de Chine.	— palmati . . .	aqueux . . .	7	»	8	50
—	—	hydro-alcool :	9	»	11	»
— rhue.	— rutæ graveolentis . .	hydro-alcool :	2	40	3	20
— * rhus radicans . . .	— rhois radicantis. . .	suc	6	»	7	»
—	—	hydro-alcool :	7	»	8	»
— * roses pâles	— rosæ damascenæ . .	aqueux . . .	4	»	5	»
— — rouges . . .	— gallicæ . . .	aqueux . . .	8	»	9	50
— de sabine. . . .	— juniperi sabinæ . . .	hydro-alcool :	2	40	3	20
— safran (variable). .	— croci sativi	hydro-alcool :	25	»	30	»
— salsepareille. . . .	— sarsaparillæ	aq: et à froid.	4	80	5	60
— *	—	hydro-alcool ;	6	»	7	20
— santal rouge. . . .	— ligni santali rubri. .	aqueux . . .	15	»	»	»
— * saponaire.	— saponariæ officinalis.	suc épuré . .	1	60	2	»
—	—	aqueux . . .	1	60	2	»
— sassafras	— lauri sassafras . . .	aqueux . . .	6	»	7	20
— Saturne.	— subacetas plumbi . .	aqueux. kilo.	1	20	»	»
— sauge.	— salviæ officinalis . .	aqueux . . .	2	»	2	40

DROGUERIE, PRODUITS CHIMIQUES ET PHARMACEUTIQUES.

Extraits PRÉPARÉS PAR LA MÉTHODE DE DÉPLACEMENT ET ÉVAPORÉS DANS LE VIDE.	Extracta PARATA LIXIVATIONE ET INSPISSATA IN VACUO.	NATURE DES EXTRAITS.	PRIX DE L'EXTRAIT hecto. MOU.		SEC.	
			fr.	c.	fr.	c.
Extrait de saule	Extract: salicis	aqueux . . .	2	40	3	»
— scabieuse	— scabiosæ arvensis .	aqueux . . .	2	»	2	40
— scille	— scillæ maritimæ . .	aqueux . . .	2	»	2	80
— —	— —	acétique . . .	2	40	3	20
— *	— —	hydro-alcool :	2	40	3	20
— scolopendre	— scolopendrii offic :	aqueux . . .	2	»	2	50
— scordium	— teucrii scordii . . .	aqueux . . .	2	»	2	50
— *seigle ergoté	— sclerotii clavi	aqueux . . .	8	»	10	»
— —	— —	hydro-alcool :	10	»	»	»
— —	— —	éthérique . .	10	»	»	»
— semen-contra . . .	— artemisiæ contra . .	hydro-alcool :	7	20	8	40
— séné palthe	— cassiæ acutifoliæ . .	aqueux . . .	3	20	4	»
— serpentaire de Virg :	— serpentariæ Virgin :	hydro-alcool :	10	»	12	»
— simarouba	— simarubæ	aqueux . .	9	20	11	20
— souci de vigne . . .	— calendulæ arvensis .	aqueux . . .	2	40	3	20
— *spigélie anthelmint :	— spigeliæ anthelmiæ .	aqueux . . .	8	»	9	50
— —	— —	hydro-alcool :	8	»	9	50
— squine	— smilacis chinæ . . .	aq. et à froid .	3	»	3	60
— *stramonium . . .	— daturæ stramonii . .	suc épuré . .	2	40	3	»
— —	— —	hydro-alcool :	3	20	4	»
— —	— —	avec fécule . .	2	»	2	40
— — (semence .	— (semen) . . .	hydro-alcool :	9	»	10	50
— — (racine) .	— (radix) . . .	aqueux . . .	3	60	4	50
— suie	— fuliginis	aqueux . . .	2	40	3	»
— *sureau (rob) . .	— sambuci (baccæ) . .	suc	1	60	»	»
— — (écorce) .	— (cortex) . .	aqueux . . .	5	»	6	40
— — (fleurs) .	— (flos) . . .	aqueux . . .	2	40	3	»
— tanaisie	— tanaceti vulgaris . .	aqueux . . .	2	»	2	50
— thridace	— lactucæ sativæ . . .	suc	»	»	3	20
— tilleul	— tiliæ europææ (flos).	aqueux . . .	2	40	3	20
— tormentille	— tormentillæ erectæ .	aqueux . . .	2	40	3	»
— toxicodendrum . .	— rhois toxicodendri . .	suc	6	»	7	»
— trèfle d'eau	— menyanthæ trifoliatæ	suc	2	40	2	80
— tussilage	— tussilaginis farfaræ .	aqueux . . .	2	»	2	50
— d'ulmaire	— spiræœ ulmariæ . .	aqueux . . .	2	»	2	50
— uva ursi	— uvæ ursi	aqueux . . .	2	»	2	40
— *valériane	— valerianæ officinalis.	aqueux . . .	2	»	2	40
— —	— —	hydro-alcool :	2	80	3	20
— verge d'or	— virgæ aureæ	aqueux . . .	2	»	2	40
— vulnéraire	— speciei vulnerariæ .	aqueux . . .	2	40	3	»
— vulvaire	— chenopodii vulvariæ.	aqueux . . .	2	»	3	20
— yèble (rob)	— sambuci ebuli (baccæ)	suc	1	60	»	»

(Nous ne faisons pas mention des extraits composés pour sirops, parce qu'ils ne sont conseillés ni

(We do not make mention of extracts composed for syrups because they are not recommended

(No hacemos mencion de los estractos compuestos para jarabes, porque ni el Codex ni ninguna far-

DROGUERIE, PRODUITS CHIMIQUES ET PHARMACEUTIQUES. 89

par le Codex ni par aucune pharmacopée; nous tiendrons cependant à la disposition de nos commettants tous ceux qu'ils voudront nous demander.) | by any pharmacopœia, we however keep at the disposal of our customers all those which they may order from us.) | macopea los aconseja : sin embargo tendrémos á la disposicion de nuestros comitentes todos los que quieran pedirnos.)

Extraits pour la teinture. — Extracta ad tincturam.

	fr.	c.
	kilo.	
Extrait de châtaignier liquide à 20°.. *Extractum fagi castaneæ fluidum* 20°..	»	60
* — — sec...... — — *siccum*....	1	80
— de bois de campêche à 10°.. — *ligni campechiani* 10°...	»	60
— — de Cuba —.. — — *Cuba*........	1	»
— — de fustet —.. — *rhois cotini*......	3	50
— de gaude à 30°...... — *resedæ luteolæ* 30°.....	3	60
— de bois de Lima à 10°.... — *ligni Lima*.......	2	»
— d'orseille grenat simple... — *rocellæ tinctoriæ*.....	2	»
* — — double pour Parme. — — *duplex*........	2	40
— — triple pour grenat. — — *triplex*........	»	»
— de quercitron à 10°..... — *quercus tinctoriæ*.....	1	»
— de bois de Sainte-Marthe à 10°. — *cæsalpiniæ brasiliensis*...	2	»

F

Faham fahon (feuilles)....... *Angræcum fragrans (folia)*.......	16	»
Faltrank (espèces vulnéraires).... — (*species vulnerariæ*)....	1	20

Farines. — Farinæ.

Farine de gluten........ *Farina è glutine*........	2	75
— de gruau d'avoine..... — *avenæ desquamatæ*......	1	20
— de lin........... — *lini seminis*........	»	60
— de maïs.......... — *zeæ maïs*..........	»	90
— de moutarde jaune..... — *sinapios flavæ*........	2	»
* — — grise très-forte pour sinapismes.... — — *nigræ acutissimæ ad pediluvia et sinapis:*	1	10
— — grise fine p' la table. — — *egregiæ ad cœnam*...	1	40
— de moutarde anglaise véritable. — — *anglica vera*......	3	60
* — — façon anglaise.. — — *anglicæ instar*.....	2	50
— d'orge fine......... — *hordeacea subtilis*......	»	60
— de pain de pavots...... — *maïs papaveris*.......	»	70
— résolutive......... — *resolvens*.........	»	80
* — de riz, n° 1......... — *oryzæ sativæ* n^{is} 1......	1	20
— — n° 2......... — — n^{is} 2......	1	10
— — extrafine p' parfumeurs. — — *peregregia ad suffitores*..	2	»
— de sarrasin......... — *polygoni fagopyri*......	»	80
— de seigle.......... — *secalis cerealis*......	»	50
— de tourteaux de lin.... — *maïs lineæ*.........	»	45
Fécule en paquets........ *Fæcula in fasciculis*........	»	60

DROGUERIE, PRODUITS CHIMIQUES ET PHARMACEUTIQUES.

		kilo.	fr.	c.
Fécule en vrac	Fæcula cumulatim		»	55
Fenouil (feuilles)	Fœniculum dulce (folia)		1	20
— (racines)	— — (radix)		1	20
* — (semences)	— — (semen)		2	»
Fenugrec (semences)	Trigonella fœnumgræcum (semen)		»	70
Fer en tournure	Ferri rasuræ		1	»
* — en limaille	— scobis		»	80
— — blanche	— — alba		2	40
— porphyrisé	— pulvis		4	»
— en lames	la lame. — laminæ	una.	»	40
— réduit par l'hydrogène	Ferrum coactum ope hydrogenii		24	»
Ferret d'Espagne (pierre à brunir)	Hæmatites Hispanus (ad polituram) 4 à		12	»
Fèves de marais	le litre. Faba major	litr.	»	40
— pichurim vraies	— pichurim		12	»
— Saint-Ignace	— Ignatia amara		5	»
* — Tonka, n° 1	— coumarounæ odoratæ n^{us} 1		16	»
— — n° 2	— — — n^{us} 2		12	»
*Ficaire (plante)	Ranunculus ficaria (planta)		2	40
— (racine)	— — (radix)		12	»
Ficelle blanche, le double paquet.	Funiculus albus duplex fascic:		1	30
— pour eaux minérales	— ad aquas medicatas		2	80
Figues violettes	Caricæ violaceæ		1	40
*Fil rouge surfin	Filum rubrum peregregium		5	50
— — fin	— — egregium		4	50
— chiné de toutes nuances	— variis coloribus infectum		6	»
* — rose surfin	— roseum optimum		7	50
— — fin	— — egregium		6	»
— — bolduc (pelote 16 fils)	— — bolduc (glomus 16 fila)		1	10
— — — (— 12 fils)	— — — (— 12 —)		»	80
Filaments de maïs	Capilli zeæ		10	»
Filière de Lyon	Acies filatim coacta		3	»
Filipendule (plante)	Spiræa filipendula (planta)		1	60
* — (racine)	— — (radix)		2	»
Fleurs pectorales (quatre fleurs)	Flores pectorales		3	»
Fleur de soufre lavé (soufre lavé)	Sulphur lotum		1	20
* — (soufre sublimé)	— sublimatum		»	50
Fleurs argentines d'antimoine	Protoxydum stibii sublimatum		200	»
— martiales ammoniacales	Chloruretum ferrosum ammonicum		12	»
— de zinc (oxyde de zinc)	Oxydum zincicum igne paratum		6	»
Fluates (voyez Fluorures)	Fluates (vide Fluorureta)			
Fluoborate de potasse	Fluoboras potassicus		140	»
— de soude	— sodicus		140	»
Fluoborates en général	Fluoborates in universum			
Fluorides (voyez Fluorures)	Fluoridi vel fluorureta			

Fluorures. Fluorureta.

Fluorure d'ammonium	Fluoruretum ammonicum		40	»
— d'argent	— argenticum	gram.	1	»

DROGUERIE, PRODUITS CHIMIQUES ET PHARMACEUTIQUES.

		kilo.	fr.	c.
Fluorure de baryum	Fluoruretum baryticum		40	»
— de cadmium	— cadmicum		80	»
— de calcium (spath fluor)	— calcicum nativum		1	50
— — pulvérisé	— — tritum		2	»
— — précipité	— — præcipitatum		8	»
— ferreux	— ferrosum		300	»
— de potassium	— potassicum		50	»
— de sodium	— sodicum		50	»
Fluorhydrate d'ammoniaque	Fluorhydras ammonicus		40	»
Fluorhydrates (voy. Fluorures)	Fluorhydrates (vide Fluorareta)			
Fluosilicate de potasse	Fluosilicas potassicus		60	»
— de soude	— sodicus		60	»
Flux blanc	Fluxus albus		8	»
— noir	— niger		8	»
Foie d'antimoine (oxy. sulf. d'antim)	Oxy sulphuretum stibii		1	60
— de soufre du commerce	Hepar sulphuris mercatorum		1	10
— — de notre fabrique	— — e nostra officina		2	»
Follicules de séné Palthe en sorte	Fructus sennæ (Palthe) in sortis		8	»
— — — triées	— — selecti		14	»
— — de Trip. en sorte	— — tripolitanæ in sortis		8	»
— — — triées	— — selecti		14	»

Formiates.   Formiates.

			fr.	c.
Formiate d'ammoniaque	Formias ammonicus		100	»
— de baryte	— baryticus		100	»
— de chaux	— calcicus		100	»
— de cuivre	— cupricus		100	»
— de fer	— ferrosus		100	»
— de plomb	— plumbicus		100	»
— de potasse	— potassicus		100	»
— de soude	— sodicus		100	»
— de strontiane	— stronticus		100	»
— de zinc	— zincicus		100	»
Formiates en général	Formiates in universum			
Fougère (feuilles mondées)	Nephrodium filix mas (fol: mund:)		»	60
— (racines)	— — (radix)		1	»
Fragon (plante)	Ruscus aculeatus (planta)		2	»
— (racine)	— (radix)		»	80
— (racine coupée)	— (radix secta)		1	»
Fraisier (plante)	Fragaria vesca (planta)		2	»
— (racine)	— (radix)		»	80
— (racine coupée)	— (radix secta)		1	»
Framboisier (feuilles)	Rubus idæus (folia)		1	60
Fraxinelle (racine) (Dictame blanc)	Dictamnus albus (radix)		1	80
Fraxinine	Fraxinina	gram.	2	»
Frêne (écorce)	Fraxinus excelsior (cortex)		2	»

DROGUERIE, PRODUITS CHIMIQUES ET PHARMACEUTIQUES.

			kilo.	fr.	c.
Frêne (feuilles)	Fraxinus excelsior (*folia*)			1	60
Fucus amylacé	Fucus amylaceus			1	»
* — crispus (Carragaheen)	— crispus			1	»
— — mondé	— — mundatus			1	60
— helminthocorton (corall.: noire)	— helminthocorton			1	20
— vesiculosus (varech vésicul:)	— vesiculosus			2	»
Fuligokali	Fuligokali			24	»
Fulmi-coton pour collodion	Fulmi-lanugo gossipii ad collodion			36	»
*Fumeterre (plante)	Fumaria officinalis (*planta*)			1	20
— mondée	— — (*mundata*)			2	»
— (racine)	— — (*radix*)			4	»
Fusain (baies)	Evonymus europæus (*baccæ*)			4	»

G

				fr.	c.
Gadolinite (minerai d'yttrium)	Gadolinita (*primitiæ yttrii*)	gram.		3	»
Galanga major (racine)	Alpinia galanga major (*radix*)			1	20
* — minor —	— — minor —			2	60
Galbanum (gomme-résine)	Galbanum (*gummi-resina*)			8	»
*Galéga (plante)	Galega officinalis (*planta*)			2	»
— (racine)	— — (*radix*)			2	»
Galène (sulfure de plomb natif)	Galena (*sulphur plumbicum nativum*)			»	70
Galipot larmeux	Palimpissa			»	60
Gallate de morphine	Gallas morphicus	gram.		1	»
Gallates en général	Gallates in universum				
Galle noire d'Alep	Galla quercina nigra Alepensis	△		3	60
— — et verte	— — — et viridis	△		3	20
* — en sorte	— — in sortis	△		3	»
— blanche	— — alba			1	60
— de Chine	— Sinensis			3	»
Garance (plante)	Rubia tinctorum (*planta*)			2	»
* — (racine)	— — (*radix*)			1	60
— (coupée)	— — (*secta*)			1	80
— moulue d'Allemagne	— molita Germanica			2	»
*Garance d'Alsace SSF	— Alsaciæ SSF	100 kil.		175	»
— — SF	— — SF —			165	»
— — FF	— — FF —			155	»
— — MF	— — MF —			142	»
Garancine	Garancina			»	·
Garou en petits paquets	Daphne gnidium (*fasciculi*)			2	20
* — en rubans	— — (*vittæ*)			1	20
— (bois)	— — (*lignum*)			2	20
— (racines)	— — (*radix*)			2	»
— (semences)	— — (*semen*)			10	»
Gaude (plante)	Reseda luteola (*planta*)			»	40
Gaïac (bois entier)	Guyaci lignum (*truncus*)			»	40
* — (bois râpé)	— — (*rasura*)			»	30

DROGUERIE, PRODUITS CHIMIQUES ET PHARMACEUTIQUES.

		kilo.	fr.	c.
Gaïac (écorce)	*Guyaci lignum (cortex)*		»	50
— (résine)	— *resina* —		3	20
*Gélatine de Lainé pour blanc-manger.	*Gelatina* Lainé *ad succum carnium*		9	»
— — pour bouillon	— — *ad jusculum*		9	»
— — pour vins	— — *ad vina*		7	50
— pour blanc-manger, n° 1	— *ad succum carnium* n^{us} 1		6	50
— — — n° 2	— — — n^{us} 2		5	50
— — — n° 3	— — — n^{us} 3		4	50
— pour vins (VP)	— *ad vina*		2	80
Gelée de coings	*Liquamen cydonii*		3	60
* — de groseilles fine	— *ribesiarum egregium*		1	80
— — ordin: en calottes	— — *vulgare*		1	40
— de pommes	— *malorum*		3	60
— en général (voy. Confiserie)	*Liquamina in universum.*			
Genépi faux	*Ptarmica nana*		2	»
* — vrai	*Artemisia glacialis*		5	»
Genestrolle (plante)	*Genista tinctoria (planta)*		2	»
Genêt des bois (feuilles)	*Spartium scoparium (folia)*		1	40
* — — (fleurs)	— — (*flos*)		2	»
— — (semences)	— — (*semen*)		4	»
— d'Espagne (fleurs)	— *junceum (flos)*		5	»
Genévrier (bois)	*Juniperus communis (lignum)*		1	»
— (feuilles)	— — (*folia*)		1	40
— (racine)	— — (*radix*)		2	»
*Genièvre (baies)	— — (*baccæ*)		»	50
Gentiane coupée	*Gentiana lutea (secta)*		»	80
* — entière	— — (*radix*)		»	60
Gentianin	*Gentianinum*		100	»
Gentisin	*Gentisinum*	gram.	15	»
Géranion (plante) (Bec-de-grue)	*Geranium Robertianum (planta)*		1	60
Germandrée maritime (marum vrai)	*Marum verum*		3	»
* — (petit-chêne)	*Teucrium chamædrys*		1	20
— (feuilles mondées)	— — (*fol: mund:*)		2	»
Gingembre (blanc)	*Zingiber album*		6	»
* — (gris)	— *corticatum*		1	20
Ginseng (racine) (*très-rare*)	*Panax quinquefolium*		50	»
Girofle	*Caryophyllus aromaticus*		2	»
— (griffes)	— *pedunculi*		»	80
Giroflée (plante)	*Cheirantus cheiri (planta)*		2	50
* — (fleurs mondées)	— — (*flos mundatus*)		4	»
Glaïeul (racine)	*Iris germanica (radix)*		1	20
*Glands doux torréfiés	*Glans quercis ilicis tosta*		1	60
— de chêne mondés	— — *roboris*		1	60
Glu ordinaire du houx	*Viscum ilicis aquifolii*		4	50
— marine liquide	— *marinum fluidum*		»	90
— — solide	— — *solidum*		1	70

| (Cet article ne se vend qu'en barils de 75 kilogrammes au moins.) | (This article is only sold in barrels containing at least 75 kilogrammes). | (Este articulo no se vende sino en barriles de 75 kilógramos á lo ménos.) |

94　DROGUERIE, PRODUITS CHIMIQUES ET PHARMACEUTIQUES.

		kilo.	fr.	c
Glucine (oxyde de glucinium)....	Oxydum glucicum .... gram.		1	»
Glucose massé...........	Glucosus spissus		»	80
Gluten sec............	Gluten siccum		25	»
— en farine...........	— farina		2	75
— granulé de Véron frères...	— arenosum Veron fratrum		»	75
Glyadine.............	Glyadina .... gram.		»	60
*Glycérine médicinale.........	Glycerina medicata...........		2	60
— pour l'usage interne....	— ad usum internum.......		4	50
— blanche pure.......	— alba pura		9	»
Glycyrrhizine............	Glycyrrhizina .... gram.		»	20

Gommes.　　　　　　　　　Gummi.

*Gomme adragante, 1ᵉʳ blanc en filets.	Gummi tragacantha albissimum filatim..		14	»
— — 1ᵉʳ blanc en plaq:	— — — bracteis. △		14	»
— — 2ᵉ —	— — albius...... △		12	»
— — 3ᵉ —	— — album		10	»
— — en sorte.....	— — in sortis.....		7	»
* — ammoniaque en larmes...	— ammoniacum lacrymis.....		3	»
— — en sorte....	— — in sortis		2	50
— animée...........	Hymenææ courbaril resina		6	»
— arabique vraie (g: turique).	Gummi arabicum vel turicum		4	20
— de Bassora..........	— Bassora		3	»
— caragne ou carana	Amyridis carannæ resina		12	»
— de cerisier........	Gummi cerasi		2	..
— dammar (copal tendre)...	Resina dammaræ orientalis		3	..
* — élastique (voy. Caoutchouc).	Gummi elasticum (vide Caoutchouc).			
— gutte choisie............	— guttæ selectum		8	»
— — ordinaire......	— — vulgare......		5	»
— salabréda (vermicellée)...	— salabreda in formam vermis ..		3	50
— du Sénégal en sorte grabelée.	— senegalense in sortis cribratum △		1	40
— — — non grab:	— — — non cribrat:		1	25
— — blonde	— — flavum .... △		1	50
— — blanche ordin: .	— — album vulgare ... △		1	70
— — — surchois: .	— — selectissimum .		2	20
— — — menue...	— — — (frusta) .. △		1	60
— — rouge, en gros	— rubrum in speciem			
— — marrons pʳ casser.	castaneæ frangend:		2	60
— — blanche — .	— album		2	60
* — — cassée, n° 1...	— fractum nᵘˢ 1.... △		2	80
— — — n° 2...	— — nᵘˢ 2... △		2	50
— — — n° 3...	— — nᵘˢ 3... △		2	30
— — lavée...	— lotum ...		3	60
— — candie ..	— conditum ..		4	»
— turique en sorte	— turicum in sortis		3	»
— — surchoisie	— selectissimum		4	20

(Pour les autres, voyez à leurs noms.)　(For the others, see their names.)　(Por las otras, vease sus nombres.)

DROGUERIE, PRODUITS CHIMIQUES ET PHARMACEUTIQUES. 95

		kilo.	fr.	c.
Gommes-résines (voy. à leurs noms).	*Gummi resinæ* (v. *singulorum nomina*).			
Goudron liquide.	*Pix nautica fluida*		»	60
— à bouteilles (v. Cire à bout:	— *ad lagenas* (vide *Ceram ad lagenas*).			
— de houille.	— *e carbone fossili*		»	50
Gouet	*Arum maculatum*		1	20
Gouttes amères de Baumé.	*Gutta amara* Baumé		20	»
— anodines anglaises	— *anodynæ anglicanæ*		10	"
— céphaliques anglaises. . . .	— *cephalicæ* —		20	"
— noires.	— *nigræ*		24	"
— d'or du général Lamothe	— *aureæ ducis* Lamothe (*tinctura*			
(teint: éth: de Bestucheff).	*ætherea* Bestucheff).		10	"
Grabeaux de cantharides	*Frusta cantharidum*		8	"
— de séné	— *sennæ*		1	"
— de thé noir.	— *theæ nigræ*		6	"
— de thé vert.	— — *viridis*		5	"

Graines diverses.	**Fructus et Semina varia.**			
Graines pour semer	*Semina serenda* (p. 611).			
Graine d'Avignon.	*Fructus rhamni infector: Avenionenses*.		2	"
— de lin	*Semina lini*		»	55
— de médicinier (pign: d'Inde).	— *jatrophæ curcatis*		6	"
— des Moluques (croton tiglium)	— *crotonis tiglii*		5	"
— de moutarde blanche. . . .	— *sinapios albæ*		1	"
— — bl. mondée à la	— — *accurate mundatæ*			
main	*manu*		1	50
— — rouge n° 1 . . .	— — *rubræ n^{us} 1 Elsaciæ* . . .		1	05
— — rouge n° 2. . .	— — *n^{us} 2 Rupellæ* . .		»	90
— de paradis	— *amomi grani paradisi*		3	"
— de Perse.	*Fructus rhamni infectorii persici* . .		2	20
— — 4/4.	— — 4/4 . .		2	"
— — petite	— — *minor* . .		1	80
— de Tilly (croton tiglium). . .	*Semina Tilly* (*croton tiglium*) . . .		5	"
Grains de cachou	*Grana cathecu*		8	"
— de vie (pilules ante cibum). .	— *vitæ* (*pilulæ ante cibum*) . . .		36	"
— de santé	— *valetudinem juvantia*		36	"
Graisse de blaireau	*Adeps taxoninus*		60	"
— noire pour voitures, n° 1 . .	— *niger ad vehicula n^{us} 1*		»	50
— blonde, — n° 1 . .	— *flavus,* — *n^{us} 1*		»	50
— — n° 2 . .	— — *n^{us} 2*		»	40
— verte, — n° 1 . .	— *viridis,* — *n^{us} 1*		»	35
— — n° 2 . .	— — *n^{us} 2*		»	30

(Cette graisse est logée en boîtes de 2 kilogr. 500, de 5 kilogr. et de 10 kilogr.)	(This grease is packed in boxes containing 2 1/2 kilogrammes, 5 kilogrammes and 10 kilogrammes.)	(Este sebo está colocado en cajas de 2 kilógr. 500, de 5 kilógr. y de 10 kilógr.)

Granules.   Granula.

		fr.	c.
	kilo.		
Granules d'acide arsénieux à 1 millig. Granula acidi arseniosi 1 millig. capient:	28	»
— d'aconitine à 1 millig. . . . — aconitinæ 1 millig. . . . —	240	»
— d'atropine à 1 millig. . . . — atropinæ 1 millig. . . . —	250	»
— de cicutine à 1 millig. . . . — cicutinæ 1 millig. . . . —	15	»
— de codéine à 1 millig. . . . — codeinæ 1 millig. . . . gram.	»	80
— gélatineux de sulfate de qui- — sulfatis quinici involut: gelatin:		
nine à 5 centig. . . 5 centigr. . . . le cent.	4	50
— — à 10 centig . . — — 10 — . . . —	6	»
— — à 15 centig . . — — 15 — . . . —	7	50
— de morphine à 1 millig. . . — morphinæ 1 millig.	60	»
— de strychnine à 1 millig . . — strychninæ 1 —	50	»
— de vératrine à 1 millig. . . — veratrinæ 1 —	48	»
Grateron (plante) . . . . Galium aparine (planta)	1	60
Gratiole (plante) . . . . Gratiola officinalis (planta)	2	»
Grémil (plante) . . . . Lithospermum officinale (planta) . . .	2	»
* — (semence) . . . . . . — (semen)	3	»
Grenades (fruits) (au cours) . . . . Malum punicum (juxta nundinationem) .	»	»
— (écorce) . . . . . . — — (cortex)	1	40
Grenadier (fleurs) . . . . : . . Punica granatum (flos)	5	»
* — (écorce de racine) . . . . — — (radicis cortex) . . .	2	20
— du Midi (racine fraîche) . . — meridionalis (radix recens) . . .	2	50
Grenouillette (racine) . . . . . . Ranunculus acris (radix)	12	»
Griffes de girofle . . . . Pedunculi caryophylli	»	80
Gruau de Bretagne cassé . . . . . Avena desquamata Armorica fracta . .	»	50
— entier . . . . . . — — integra . .	»	50
* — de Noisiel . . . . — — Noisiel	»	90
Guaco . . . . Mikania guaco	20	»
Guano . . . . Guano	»	60
Guarana (Paullinia) . . . . . . Guarana (Paullinia)	40	»
Gui de chêne (mondé) . . . . . Viscum album (mundatum)	1	40
Guimauve (fleurs) . . . . Althæa officinalis (flos)	3	»
— (feuilles) . . . . . . — — (folia)	1	»
* — (racines entières) . . . . . — — (radix integra)	1	»
— (— coupées) . . . . — (— secta)	1	20
— (— fraîch:) (au cours) — — (— recens) juxta nun:	»	»
Gutta-percha (au cours) . . . . . Gutta percha (juxta nundinationem) . .	4	50
— purifiée . . . . — — purificata	8	»
— rose et blanche, pour dentiste. — — rosea et alba, dentariis . .	200	»
— toile baudruche . . . . . — — in modum telæ . . . metr.	3	»

H

Haschisch (chanvre indien) . . . . Cannabis indica (folia)	8	»
— dawamesc (confitures de). Haschisch dawamesc (conditura)	60	»
Haschischine ou cannabine . . . . Haschischina vel cannabina . . . gram.	»	50

DROGUERIE, PRODUITS CHIMIQUES ET PHARMACEUTIQUES.

	kilo.	fr.	c.
Hélicine (saccharolé d'escargots)... *Helicina (helices cum saccharo)*....		12	»
— de la salicine (Piria).... — *ex salicinâ*............gram.		»	50
Héliotrope (plante)......... *Heliotropium canescens (planta)*....		1	80
Hématine (hématoxyline)..... *Hæmatina (hæmatoxylina)*...gram.		2	50
Hématite (pierre)........... *Hæmatites (lapis)*...........		4	»
Hématosine (matière color: du sang). *Hæmatosina (materies color: cruoris)* gr.		3	»
Hépatique des fontaines....... *Marchantia polymorpha*.......		8	»
Herbe aux chantres (Erysimum). *Erysimum officinale*.........		1	60
— aux chats (Cataire)..... *Nepeta cataria*........		2	»
— à éternuer (Ptarmique)... *Ptarmica vulgaris*........		2	»
— à mon père (Mélilot bleu). *Melilotus cærulea*........		2	80
— aux puces........... *Plantago psyllium*.......		5	»
— au pauvre homme (Gratiole). *Gratiola officinalis*.......		2	»
Hermodactes (très-rare)...... *Colchicum illyricum*........		12	»
Herniaire (plante) (Turquette).. *Herniaria alpestris (planta)*.....		1	20
*Hosties (pains azymes) sans effigie. *Hostiæ (azyma) sine effigie*.. le cent.		»	50
— — avec effigie. — — *cum* — .. —		»	75
Houblon (cônes) 1ʳᵉ qualité..... *Humulus lupulus (strobili) eximius*. ▲		2	40
* — — 2ᵉ — — *minus eximius*.		1	50
— (plante)......... — — *(planta)*......		1	60
— (racine)......... — — *(radix)*.......		1	40
Houx grand (feuilles)........ *Ilex aquifolium (folia)*........		2	50
— petit (plante)........ *Ruscus aculeatus (planta)*......		2	»
* — — (fragon) (racine)... — — *(radix)*....		»	80
— — — racine coupée... — — *(— secta)*.....		1	»
Huile de vitriol (acide sulfurique). *Acidum sulphuricum*.........		»	35

Huiles fixes.   Olea.

Huile d'amandes amères filtrée... *Oleum amygd: amar: colatum*.....		3	60
* — — douces — ... — — *dulcium* — ▲		3	60
— de ben............ — *moringæ seminis*.......		20	»
— blanche (au cours)...... — *album nomine (juxta nund:)*..		2	40
— de castor (huile de ricin) filtrée. — *castoris (oleum ricini) colatum*. ▲		2	80
— de chènevis......... — *cannabis sativæ*.......		2	40
— de coco........... — *coci nuciferæ*.........		2	»
— de croton tiglium....... — *crotonis tiglii*.........		90	»

(Afin de pouvoir garantir cette huile, qu'on trouve rarement pure dans le commerce, nous la fabriquons nous-même.) | (In order to be able to guarantee the quality of this oil, which is seldom found pure in the trade, we manufacture it ourselves.) | (A fin de poder garantir este aceite, que se halla pocas veces puro en el comercio, lo fabricamos nosotros mismos.)

Huile d'euphorbia lathyris ou épurge. *Oleum euphorbiæ lathyridis*.....		120	»
— de faîne........... — *Fagi sylvestris (fructus)*.....		3	40
— de foie de morue blanche anglaise — *jecoris morrhuæ album anglicum*.		4	50
* — — du com. — — — *vulgar:* ▲		3	40
— — blonde..... — — — *flavum*... ▲		2	»
* — — brune..... — — — *fuscum*... ▲		1	90

(Hors barrière, 30 c. de moins par kilogr. pour 50 k.) | (Outside the barrier 30 centimes less per kilogr. for 50 | (Fuera de puertas, 30 cént. ménos por kilógr. por 50 ki-

DROGUERIE, PRODUITS CHIMIQUES ET PHARMACEUTIQUES.

logr., et franco de baril pour 100 kilogr.)	kilogr., and franco of barrels for 100 kilogr.)	logr., y franco de baril por 100 kilógr.)	fr.	c.
		kilo.		
Huile de foie de raie (cod-liver)	Oleum jecoris rajæ		5	»
— de lin.	— lini.		2	»
— — cuite	— — coctum		2	50
— — faite à froid	— — sine ignis ope		4	»
— de muscades (beurre)	— nucis moschatæ (butyrum)		14	»
— de noisettes	— avellanæ		8	»
— de noix	— nucis juglandis regiæ		2	80
— — d'acajou (du péricarpe)	— cassuvii (è peri:)		150	»
— d'œillette (dite blanche)	— papaveris seminis		2	40
— d'olives	— olivarum . . . 3 fr. 20 à		3	80
— de palma-christi (huile de ricin)	— palmæ-christi (oleum ricini)		2	80
— de palme	— palmæ		2	»
— de pieds de bœuf	— de pedibus bovis		3	20
— de poisson	— de pisce		1	80
— à quinquet (au cours)	— ad lampadem (juxta nund:)		»	»
* — de ricin filtrée	— ricini colatum		3	»
— — — extra belle	— — peregregium		3	60
— — (cachet de Nîmes)	— — (signatum Nimes)		3	50
— — d'Amérique	— — Americanum		2	80

(Hors barrière, 30 c. de moins par kilogr., et par caisses de 4/2 estagnons.) | (Outside the barrier 30 centimes less per kilogr., and by cases of 4/2.) | (Fuera de puertas, 30 cént. ménos por kilógr., y por cajas de 4/2 estagnons.)

Huile de sésame	Oleum sesami orientalis		2	40
— à tableau décolorée	— decolor ad picturam		4	»
— — grasse	— pingue —		2	40

Huiles médicinales.   Olea medicata.

Huile d'ache	Oleum apii graveolentis		4	20
— de belladone	— belladonæ		4	20
— de camomille par infusion	— anthemidis (infusum)		4	80
— de camomille camphrée	— — camphoratum		5	50
— camphrée	— camphoratum		4	20
— de cantharides	— cantharidum		7	»
— de ciguë	— cicutæ		4	20
— de fenugrec	— Fœnigræci seminis		4	80
— de fougère mâle par l'éther	— filicis maris ope ætheris		100	»
— de garou	— daphnes gnidii		8	»
— d'hypéricum	— hyperici		4	80
— iodée	— iodatum		6	»
— iodo-phosphorée	— iodo-phosphoratum		6	»
— de jusquiame	— hyoscyami		4	20
— de laurier vraie	— lauri baccarum, verum		4	50
— de lis	— lilii florum		5	»
— de mille-pertuis	— hyperici perforati		4	80
— de morelle	— solani nigri		4	20
— de mucilage (huile de fenugrec)	— mucaginum		4	80

DROGUERIE, PRODUITS CHIMIQUES ET PHARMACEUTIQUES.

		kilo.	fr.	c.
Huile de nicotiane	Oleum nicotianæ	4	80	
— d'œufs	— ovorum	50	»	
— phosphorée	— phosphoratum	7	»	
— rosat	— rosatum	12	»	
— de stramoine	— stramonii	4	20	
— de tartre par défaillance	— tartari per deliquium	4	»	
— de vers	— lumbricorum	6	»	

Huiles pyrogénées.   Olea igne parta.

Huile animale de Dippel rectifiée	Oleum animale Dippel rectificatum	32	»
— de bouleau	— betulæ	40	»
— de briques	— de lateribus	24	»
— de cade (huile empyreum.)	— oxycedri pseudo	»	70
— de cade vraie du genévrier	— juniperi verum	3	20
— de caoutchouc pyrogénée	caoutchouc igne partum	32	»
— — (caoutchine)	— (caoutchina)	200	»
— de cire pyrogénée	ceræ igne partum	32	»
— de corne de cerf	cornu cervi	32	»
— de Dippel (animale)	Dippel animale	32	»
— douce de vin	dulce vini	36	»
— empyreumatique	empyreumaticum	»	70
— de goudron de bois (pyrelaïne)	picis nauticæ (pyrelaina)	16	»
— de houille brute	carbonis fossilis imperfectum	1	80
— — rectifiée (benzine)	— — rectificatum . litr.	2	»
— de naphte brute	naphtæ nativum	2	»
— — rectifiée (naphte)	— rectificatum (naphta)	8	»
— de pétrole blanche	petrolei album	6	»
— — noire	— nigrum	2	»
— de schiste pour éclairage	schisti ad lampadem	1	50
— de succin rectifiée	succini rectificatum	20	»
— — rouge	— rubrum	14	»
Huiles parfumées à toutes odeurs.	Olea suffita omnibus odoribus.		
— volatiles (voy. Essences).	— volatilia (vide Odores).		
Hyacinthe (zircon minerai)	Hyacinthus (zirconii primitiæ)	120	»
Hydrate de peroxyde de fer gélatineux.	Hydras ferricus glutinosus	6	»
— de baryte	— baryticus	30	»
— de plomb	— plumbicus	12	»
— de potasse (potasse caustique)	— potassicus	5	»
— de soude (soude —)	— sodicus	5	»

Hydriodates.   Hydriodates.

Hydriodate d'ammoniaque	Hydriodas ammonicus	60	»
— de morphine	— morphicus . . . gram.	1	25
— de quinine	— quinicus . . —	»	75
— de strychnine	— strychnicus . . —	1	25
Hydriodates (voy. Iodures).	Hydriodates (de cæteris, vide Iodureta) .		

7.

DROGUERIE, PRODUITS CHIMIQUES ET PHARMACEUTIQUES.

		kilo.	fr.	c.
Hydrobromate d'ammoniaque....	Hydrobromas ammonicus......		60	»
Hydrobromates (voy. Bromures)...	Hydrobromates (vide Bromureta).			
Hydrocarbure de chlore (liqueur des Hollandais)............	Hydrocarburetum chloricum (liquor Batavicus)...........		90	»

Hydrochlorates. Hydrochlorates.

			fr.	c.
Hydrochlorate d'ammoniaque blanc.	Hydrochloras ammonicus albus....		3	»
— — gris..	— — cinereus....		1	50
— — pur..	— — purus.....		8	»
— de brucine.......	— brucinicus..... gram.		1	»
— de cinchonine....	— cinchonicus..... —		»	45
— de morphine.....	— morphicus..... —		»	75
— — et codéine...	— — et codeicus. —		3	»
— de quinine......	— quinicus..... —		»	60
— de strychnine.....	— strychnicus..... —		1	25
Hydrochlorates (pour les autres, voy. Chlorures).	Hydrochlorates (de cæteris, vide Chlorureta).			

Hydrocyanates. Hydrocyanates.

			fr.	c.
Hydrocyanate d'ammoniaque.....	Hydrocyanas ammonicus......		200	»
— de fer........	— ferroso-ferricus......		30	»
— de morphine.....	— morphicus..... gram.		1	»
— de potasse fondu...	— potassicus fusus......		26	»
Hydrocyanates (pour les autres, voy. Cyanures).	Hydrocyanates (de cæteris, vide Cyanureta).			

Hydroferrocyanates. Cyanoferrureta.

			fr.	c.
Hydroferrocyanate de baryte.....	Cyanoferruretum baryticum......		64	»
— de cuivre.....	— cupricum......		32	»
— de magnésie...	— magnesicum.....		48	»
— de potasse (jaune).	— potassicum flavum..		4	80
— de potasse (rouge).	— — rubrum...		10	»
— de potasse et d'urée	— potassæ et ureæ....		90	»
— de quinine....	— quinicum... gram.		»	50
— de soude.....	— sodicum.......		20	»
— de zinc......	— zincicum.......		24	»
Hydroferrocyanates en général.	Cyanoferrureta in universum.			
Hydrogène sulfuré (acide hydrosulf:)	Acidum sulphydricum solutum.....		1	50

Hydrosulfates. Sulphydrates.

			fr.	c.
Hydrosulfate d'ammoniaque.....	Sulphydras ammonicus........		16	»
— sulfuré d'ammoniaque (liq: de Boyle)....	— sulphuratus ammonic: (liq: Boyle).......		24	»
— de baryte......	— baryticus........		12	»
— de chaux.......	— calcicus........		10	»

DROGUERIE, PRODUITS CHIMIQUES ET PHARMACEUTIQUES.

		kilo.	fr.	c.
Hydrosulfate de potasse liquide	*Sulphydras potassicus fluidus*		6	»
— de soude cristallisé	— *sodicus crystallinus*		3	»
Hydrosulfates (voy. Sulfures)	*Sulphydrates* (vide *Sulphureta*).			
Hydrosulfocyanate de potasse	*Sulphocyanuretum potassicum*		150	»
Hydrosulfocyanates (Sulfocyanures).	*Sulphocyanureta* (vide *Sulfocyanureta*)			
Hydrure d'amyle	*Hydruretum amylicum*	gram.	»	75
— de soufre (lait de soufre)	— *sulphuris (lac sulph:)*		6	»
Hyoscyamine	*Hyoscyamina*	gram.	»	»
Hypericum (plante) (Mille-pertuis)	*Hypericum perforatum (planta)*		1	»
— (mondé)	— — *mundatum*		1	80
Hypochlorite de chaux (chlorure de chaux)	*Hypochloris calcicus (chloruretum calcici oxydi)*		»	65
Hypochlorite de potasse (eau de Javelle)	— *potassicus (liquor vulgò dictus Javel)*		»	15
— de soude liquide (chlorure d'ox: de sodium)	— *sodicus solutus (vel chloruretum ox: sodici)*		»	80
Hypociste (suc épaissi)	*Hypocistis (succus inspissatus)*		12	»

Hypophosphites.   Hypophosphites.

			fr.	c.
Hypophosphite d'ammoniaque	*Hypophosphis ammonicus*		80	»
— de baryte	— *baryticus*		80	»
— de chaux	— *calcicus*		100	»
— de fer	— *ferrosus*		100	»
— de morphine	— *morphicus*	gram.	1	50
— de potasse	— *potassicus*		80	»
— de quinine	— *quinicus*	gram.	1	»
— de soude	— *sodicus*		80	»
Hypophosphites en général.	*Hypophosphites in universum.*			

Hyposulfates.   Hyposulphates.

			fr.	c.
Hyposulfate de baryte	*Hyposulphas baryticus*		80	»
— de potasse	— *potassicus*		80	»
— de soude	— *sodicus*		80	»
Hyposulfates en général.	*Hyposulphates in universum.*			

Hyposulfites.   Hyposulphites.

			fr.	c.
Hyposulfite d'ammoniaque	*Hyposulphis ammonicus*		40	»
— de chaux	— *calcicus*		25	»
— de potasse	— *potassicus*		16	»
— de soude	— *sodicus*		1	50
— d'or et de soude (sel de Gelis et Fordos)	— *aurico-sodicus (sal Gelis et Fordos)*	gram.	3	»
Hyposulfites en général (sulfites sulfurés).	*Hyposulphites in universum (sulphites sulphurati).*			
Hyraceum	*Hyraceum*		20	»

		kilo.	fr.	c.
*Hysope (plante)............	*Hyssopus officinalis* (*planta*).....		1	20
— (feuilles mondées)......	— — (*folia mundata*)..		2	50
— semences.............	— — (*semen*)......		12	»

I

			fr.	c.
Ichthyocolle (colle de poisson vraie).	*Ichthyocolla vera*........		48	»
Igasurine................	*Igasurina*............	gram.	»	»
Ilicine du houx...........	*Ilicina ex ilice aquifolio*.....	—	»	25
Impératoire (racine).......	*Imperatoria ostruthium* (*radix*)...		1	40
Indigo Bengale surfin......	*Indicum* (*Bengale*) *peregregium*		30	»
— — fin........	— — *egregium*...		28	»
— — ordinaire.....	— — *vulgare*....		26	»
— flor......	— *flor*.....		26	»
— Java surfin.......	— *Java peregregium*...		33	»
— — ordinaire......	— — *vulgare*.....		29	»
— Kurpah 1er........	— *Kurpah n^us 1*.....		22	»
— — 2e........	— — *n^us 2*......		18	»
— caraque flor.......	— *caraque flor*......		21	»
— Guatemala.......	— *Guatemala*.......		»	»
— Manille 1er.......	— *Manille n^us 1*.....		»	»
— — 2e.......	— — *n^us 2*......		»	»
— Madras 1er.......	— *Madras n^us 1*.....		20	»
— — 2e.......	— — *n^us 2*......		18	»
— purifié........	— *purificatum*.......		50	»
Indigotine...............	*Indigotina*............	gram.	1	25
Inula bifrons (feuilles)......	*Inula bifrons* (*folia*)......		2	»
Inuline (dalhine)..........	*Inulina* (*dalhina*)........	gram.	»	25

Iodates. — **Iodates.**

			fr.	c.
Iodate d'argent...........	*Iodas argenticus*........	gram.	»	40
— de baryte...........	— *baryticus*..........	—	»	20
— de chaux............	— *calcicus*...........	—	»	20
— de potasse...........	— *potassicus*.........	—	»	20
— de quinine..........	— *quinicus*..........	—	1	25
— de soude............	— *sodicus*...........	—	»	20
— de strychnine........	— *strychnicus*.........	—	1	50
— de zinc.............	— *zincicus*...........	—	»	50
Iodates en général.	*Iodates in universum.*			
Iode sublimé.............	*Iodium sublimatum*.......		34	»
Iodides (voyez Iodures).	*Iodida* (vide *Iodureta*).			
Iodhydrargyrate d'iod: de potassium.	*Iodhydrargyras iodureti potassici*....		200	»
Iodhydrates (voyez Hydriodates, Iodures).	*Iodhydrates* (vide *Hydriodates*, *Iodureta*).			
Iodoforme...............	*Iodoforme*............	gram.	»	40

DROGUERIE, PRODUITS CHIMIQUES ET PHARMACEUTIQUES.

Iodures.	Iodureta.	fr.	c.
Iodure d'amidon insoluble	Ioduretum amyli insolubile.... kilo.	24	»
— — soluble	— — solubile	24	»
— d'ammonium	— ammonicum	60	»
— d'antimoine	— stibicum	80	»
— d'argent	— argenticum..... gram.	»	40
— d'arsenic	— arsenicum	150	»
— d'atropine	— atropinæ..... gram.	6	»
— de baryum	— baryticum	80	»
— de bismuth	— bismuthicum	100	»
— de cadmium	— cadmicum	60	»
— de calcium	— calcicum	80	»
— de carbone (iodoforme)	— carbonicum (iodofor:). gram.	»	40
— de cobalt	— cobalticum	150	»
— de cuivre (proto)	— cuprosum	80	»
— de cyanogène	— cyanicum..... gram.	3	50
— d'étain	— stannosum	90	»
— de fer	— ferrosum	45	»
— — et de manganèse	— ferroso-manganosum	80	»
— — et de morphine	— — morphicum.. gram.	1	»
— — et de quinine	— — quinicum... —	»	60
— ioduré de quinine cristallisé.	— iodatum quinicum cryst: —	1	50
— — — amorphe.	— — — amorph: —	1	»
— de magnésium	— magnesicum	100	»
— de manganèse	— manganosum	120	»
— (proto) de mercure	— hydrargyrosum	40	»
— (deuto) —	— hydrargyricum	50	»
— de morphine	— morphicum..... gram.	1	25
— — et mercure	— — hydrargyr: —	1	»
— d'or	— auricum	7	50
— de palladium	— palladicum	4	»
— de platine	— platinicum..... —	1	25
— de plomb précipité	— plumbicum præcipit:	40	»
— — cristallisé	— — crystallin:	80	»
— de potassium cristallisé	— potassicum crystallin: —	25	»
— — fondu	— — fusum	36	»
— de sodium	— sodicum	50	»
— de soufre	— sulphureum	60	»
— de strontium	— stronticum	80	»
— de strychnine	— strychnicum..... gram.	1	25
— — ioduré, cristall:	— — iodat: cryst: —	2	50
— de zinc	— zincicum	60	»
— de zinc et de morphine	— zincico-morphicum.. gram.	1	»
— — et de quinine	— — quinicum.. —	»	80
— — et de strychnine	— — strychnicum.. —	1	50
Iodures en général (voy. Hydriodates).	Iodureta in universum (vide Hydriodates).		
Ipécacuanha gris en sorte	Cephælis ipeca: radix in sortis	15	»
— choisi	— selecta	18	»

DROGUERIE, PRODUITS CHIMIQUES ET PHARMACEUTIQUES.

		kilo.	fr.	c.
Iridium fondu............	*Iridium fusum*............ gram.		6	50
— en mousse...........	— *in formam spongiæ*... —		6	50
Iris commune (racine).....	*Iris germanica* (*radix*)........		1	20
* — de Florence (racine).....	— *florentina* —		2	»
— — choisie pour hochets.	— — *selecta ad crepitaculum*..		6	»
— — rognures........	— — *frustula*........		1	20
— lavée à l'éther et l'alcool....	— — *lota æthere et alcohol*...		30	»
Ivane (plante)............	*Achillea moschata* (*planta*).......		6	»
Ivette (plante)............	*Chamæpitys* (*planta*)........		1	60
Ivoire râpé.............	*Eboris rasura*...........		»	60

J

Jacée (feuilles et fleurs)......	*Centaurea jacea* (*folia et flos*).....		2	20
*Jalap (racine) choisi........	*Convolvulus jalapa* (*radix selecta*)...		14	»
— (racine) ordinaire......	— — (— *vulgaris*) .		13	»
Jalapine pure...........	*Jalapina*...........		200	»
Jaune en pâte liquide pour confiseur.	*Flavus color spissus ad dulciarios*....		10	»
— en liqueur —	— *solutus* —		10	»

Jaunes pour la peinture.   Flavus color ad picturam.

Jaune de chrome Spooner :	*Chromum flavum Spooner* :			
*1re et 2^e nuance........	*prim: et secund: transitus*......		3	50
3^e et 4e —	*tertius et quart:* —		4	»
5e et 6e —	*quint: et sextus* —		4	50
Jaune de chrôme ordinaire :	*Chromum flavum vulgare* :			
GP * 1re, 2e, 3e et 4e nuance.	GP *prim: secund: tert: et quar: trans:*		2	60
MP * 1re, 2e, 3e et 4e —	MP — — — —		1	40
Jaune de chrome P P 1re qualité...	*Chromum flavum* PP n^{us} 1.....		1	10
— — P P 2e — ..	— — PP n^{us} 2.....		»	80
— — en grains 1re qual:.	— — *granis* n^{us} 1. 2 50 à	5	»
— — — 2e —	— — n^{us} 2. 1 50 à	2	»
— — à l'huile n° 1....	— — *cum oleo tritum* n^{us} 1....		5	»
— — — n° 2...	— — — n^{us} 2....		3	»
*Jaune de Naples en nature.....	*Flavus color neapolitanus, massis*.....		3	»
— — en grains......	— — *granis*.....		3	75
— — impalpable.....	— — *subtilissimus*. 4 à	5	»
— — à l'huile......	— — *cum oleo*...		6	»
Jaune minéral entier.........	— *mineralis integer*.....		3	50
— — en grains.......	— — *granis*.....		4	»
— — impalpable......	— — *subtilis:*. 4 50 à	6	»
— — à l'huile.......	— — *cum oleo*...		5	50
— brillant en poudre.......	— — *splendens tritus*... 7 à	10	»
— d'antimoine..........	— — *stibicus*........		40	»
— de cadmium..........	— — *cadmicus*.......		160	»
— de Rome............	— — *romanus*........		6	50

DROGUERIE, PRODUITS CHIMIQUES ET PHARMACEUTIQUES.

		kilo.	fr.	c.
Jaune indien lavé surfin	*Flavus indicus lotus peregregius*		200	»
* — — n° 1	— — n^{us} 1		160	»
— — n° 2	— — n^{us} 2		120	»
Jervine (du veratrum alb:)	*Jervina (è veratro albo)*	gram.	»	»
Jonc odorant (schœnanthe)	*Andropogon schœnanthus*		»	»
Jujubes nouvelles	*Ziziphi recentes*		2	40
Jus de citron pour teinture	*Succus mali citrei*	100 k.	90	»
Jusquiame (plante)	*Hyoscyamus niger (planta)*		1	20
* — (feuilles mondées)	— (*folia mundata*)		2	»
— (semences)	— (*semen*)		2	50
— (racines)	— (*radix*)		2	20

K

Kaïffa	*Kaiffa*		6	»
Kaolin (terre à porcelaine)	*Terra ad porcellanam*		»	50
Karabé (voy. Succin)	*Succinum*			
Kermès animal ou végétal	*Coccus ilicis*		40	»
Kermès surfin de Clusel	*Kermes peregregium* Clusel		30	»
* — n° 1	— n^{us} 1		10	»
— n° 2	— n^{us} 2		7	»
— n° 3	— n^{us} 3		4	»
Kianoline, violet d'aniline	*Violaceus color anilinæ*	le litre.	18	»
Kinate de chaux	*Kinas calcicus*	gram.	»	50
— de fer	— *ferrosus*	—	»	50
Kinates en général	*Kinates in universum*			
Kino véritable (gomme)	*Gummi kino verum*		5	»
Kousso (fleurs)	*Brayera anthelmintica (flos)*		20	»
Kupfernickel (arséniure de nickel)	*Kupfernickel (arseniuretum niccolicum)*		4	»

L

| Labdanum (gomme-résine) | *Labdanum (gummi-resina)* | | 8 | » |
| Lac-dye | *Laccæ pigmentum præcipitatum* | 5 à | 12 | » |

Lactates.   Lactates.

Lactate de chaux	*Lactas calcicus*		20	»
— de cobalt	— *cobalticus*		120	»
— de cuivre	— *cupricus*		50	»
— de fer	— *ferrosus*		18	»
— — manganeux	— *ferro-manganosus*		20	»
— de manganèse	— *manganosus*		24	»
— de mercure	— *hydrargyricus*		200	»

DROGUERIE, PRODUITS CHIMIQUES ET PHARMACEUTIQUES.

			kilo.	fr.	c.
Lactate de quinine............	*Lactas quinicus*............	gram.		1	50
— de soude liquide, sirupeux...	— *sodicus* (*crassit: syrupi*).....			50	»
— de zinc............	— *zinzicus*			40	»
Lactates en général.	*Lactates in universum.*				
Lactine (lactose, sucre de lait)...	*Lactina* (*saccharum lactis*).....	▲		4	20
Lactucarium d'Allemagne......	*Lactucarium Germanicum*.....	▲		70	»
— d'Auvergne....	— *Arvernum*......			»	
Laîche des sables...........	*Carex arenaria*...........			2	»
*Laitue cultivée (sèche)........	*Lactuca capitata* (*sicca*)......			1	60
— vireuse (plante)......	— *virosa* (*planta*)......			1	60
Lamium blanc (ortie blanche)....	*Lamium album* (*flos*).......	▲		10	»

Laques diverses.   Varia pigmenta præcipitata.

		fr.	c.
Laque carminée surfine.....	*Pigmentum cocci peregregium*...	24	»
* — — n° 1 en grains...	— — n^{us} 1 *granis*.....	20	»
— — n° 2.....	— — n^{us} 2 —.....	16	»
— — n° 3.....	— — n^{us} 3 —.....	12	»
— — n° 4.....	— — n^{us} 4 —.....	10	»
* — rose surfine....	— *roseum per egreg:*..	26	»
— — n° 2.....	— — n^{us} 2 —.....	16	»
*Laque dye........	*Laccæ pigmentum*........	10	»
— — D T entière.....	— — DT *non tritum*...	8	»
— — pulvérisée.....	— — *tritum*......	10	»
— — petite marque......	— *minore signo*.....	5	»
— — pulvérisée.....	— — *tritum*......	6	»
* — d'office n° 5.....	*Pigmentum cocci vulgare* n^{us} 5....	8	»
— — n° 6.....	— — n^{us} 6.....	6	»
— — n° 7.....	— — n^{us} 7.....	5	»
— plate.........	— *ligni brasiliensis*......	3	50
Laque de garance cristallisée....	— *rubiæ crystallinum*.....	74	»
— — n° 1 en grains...	— — n^{us} 1 *granis*.....	70	»
— — n° 2 — ...	— — n^{us} 2 —.....	60	»
— — n° 3 — ...	— — n^{us} 3 —.....	48	»
— — n° 4 — ...	— — n^{us} 4 —.....	42	»
— — n° 5 — ...	— — n^{us} 5 —.....	32	»
— — foncée......	— *saturatius*......	92	»
— — rose......	— *roseum*.......	60	»
— — brune......	— *fuscum*.......	48	»
Laque de gaude surfine.......	— *resedæ luteolæ peregregium*..	18	—
— — n° 1.........	— — n^{us} 1.......	12	»
— — n° 2.........	— — n^{us} 2.......	10	»
Laque jaune surfine........	— *flavum peregregium*......	14	»
— — n° 1........	— — n^{us} 1........	12	»
— — n° 2........	— — n^{us} 2........	10	»
— brûlée.........	— *ustum*........	32	»
— verte..........	— *viride*........	18	»
— violette.........	— *violaceum*.......	14	»

DROGUERIE, PRODUITS CHIMIQUES ET PHARMACEUTIQUES. 107

	kilo.	fr.	c.
Laque (résine) blanche. . . . . . *Laccæ resina alba*		5	40
* — — blonde . . . . . . — — *flava*		5	»
— — brune . . . . . . — — *fusca*		4	50
— — cerise. . . . . . — — *cerasina* :		5	»
— — orangée. . . . . . — — *aurei coloris*		5	20
— — en bâtons. . . . . . — — *ramis*		3	20
— — en grains . . . . . . — — *granis*.		5	»
Laudanum de Rousseau . . . . *Laudanum abbatis* Rousseau.		24	»
* — de Sydenham . . . . — Sydenham		24	»
Laurier-cerise frais (au cours). . . *Cerasus lauro-cerasus (folia recentia)* . .		»	»
— sec . . . . — (— *sicca*) . . .		3	»
— sauce (baies). . . . . *Lauri nobilis baccæ*.		1	»
* — (feuilles mondées). . . — (*folia mundata*)		1	20
— — (— fraîches) . . . — — (— *recentia*) . . .		2	»
Lavande (plante). . . . . *Lavandula vera (planta)*		1	20
* — (fleurs mondées). . . . . — — (*flos mund:*) . . .		1	»
*Léicome ou gommeline, dite indigène. *Gummi ex fæculâ dictum indigenum* . .		1	»
— — dite céréale . — — *cereale*		1	25
Lénitif (voy. Electuaire). *Lenitivum* (vide *Electuaria*).			
Lepidium iberis (petite passerage) . *Lepidium iberis (folia)*		5	»
Lessive de soude ou des savonniers *Lixivium saponarium*		1	»
— de potasse à 36° . . . . — *potassicum* 36°		1	60
— de tartre (huile de tartre par — *tartaricum* (*oleum tartari per*			
défaillance). . . . . . *deliquium*).		4	»
Lettres pour enseignes. *Litteræ ad signa* (p. 349).			
Levure de bière, en pâte . . . . . *Fermentum cerevisiæ glutinosum*		1	50
Libidibi. . . . . *Cæsalpiniæ coriariæ (fructus)*		1	40
Librairie (catalogue de). . . . . . *Index librorum de doctrinâ* (p. 615).			
*Lichen carragaheen ordinaire . . . *Fucus crispus vulgaris*		1	»
— — mondé . . . . . . — — *mundatus*		1	60
— de Ceylan ou de Jaffna. . . *Gracilaria lichenoides*		1	»
* — d'Islande. . . . . . . *Cetraria islandica*		»	90
— — beau. . . . . . . — *egregia*		1	20
— — extra beau . . . . . — *insignis*		1	40
— — privé d'amertume . . — *expers amaritudinis* . .		2	»
— perlé (carragaheen) . . . . *Fuscus crispus*		1	»
— pixidé . . . . *Scyphophorus pyxidatus*.		4	»
— pulmonaire. . . . . *Sticta pulmonaria*		1	20
Liége en planches . . . . *Suber tabulis*. . . . . 1 60 à		2	»
Lierre (baies) . . . . *Hederæ helicis baccæ*		2	40
— (écorce) . . . . — — *cortex*		1	60
— (feuilles fraîches) au cours. . . — — *folium recens j: nundin:* . .		»	»
* — terrestre (plante). . . . . . *Glecoma hederacea (planta)*		1	»
— — (feuilles mondées) . . — — (*folia mundata*) . . .		1	60
Lin fulminant pour photographie. . . *Linum fulminans ad photog:*		40	»
Linaire (plante) . . . . *Linaria vulgaris*		1	50
Liniment dialytique éthéré . . . . *Linimentum dialyticum æthereum* . . .		12	»
— — bitumineux . . . — — *cum bitumine* . .		14	»
Liparolés (Onguents et Pommades). *Liparolea* (vide *Unguenta et Pomata*).			

Liqueurs médicinales ou chimiques. / Liquores medicati seu chymici.

	fr.	c.
Liqueur arsenicale de Pearson.... *Liquor arsenicus* Pearson .... kilo.	1	50
— — de Fowler.... — — Fowler........	2	»
— de Barreswill........ — Barreswill........	12	»
— de Donovan........ — Donovan........	32	»
— de Fehling........ — Fehling........	12	»
— fumante de Boyle (Hydrosulfate d'ammoniaque)... — *fumans* Boyle (*Hydrosulph: ammonicum*).....	24	»
— fumante de Libavius (Chlorure d'étain anhydre).. — Libavii (*Chloruretum stannicum expers aquæ*).....	60	»
— de Gannal (embaumement). — Gannal (*conditura mortuorum*).	3	»
— de Gowland........ — Gowland........	4	50
— d'Hoffmann........ — Hoffmann........	4	»
— des Hollandais........ — Batavorum........	90	»
— hygiénique de Raspail. la b^{lle}. — *diæteticus* Raspail... *lagena*.	5	»
— de Labarraque....... — Labarraque.......	1	60
— pour alcalimétrie...... — *ad alcalimetriam*.....	3	50
— normale arsénieuse pour chlorométrie....... — *normalis arseniosus ad chlorometriam*......	2	»
— pour argenter par la pile.. — *ad tegendum argento ope pilæ*.	7	»
— pour dorer — — — *auro ope pilæ*...	8	»
— de Van Swieten...... — Van Swieten......	1	»
— de Villatte........ — Villatte........	2	»
Liquidambar........ *Liquidambar styrax*.....	24	»
Lis (fleurs)........ *Lilium candidum* (*flos*)...	20	»
*Litharge anglaise....... *Lithargyrum anglicum*.... ⚠	1	10
— française....... — *gallicum*....... ⚠	»	90
Lithine......... *Lithina*.........	3	»
Lithium......... *Lithium*......... gram.	»	»
Livret d'argent pur..... le livret. *Libellus ex argento puro*.... *unus*.	»	35
— d'or jaune vif.... — — *ex auro flavo nitido* —	1	90
* — — 1/2 jaune vif.... — — — 1/2 *flavo nitido*. —	1	80
— — jaune citron... — — — *flavo citreo*. —	2	25
— — jaune orange.. — — — *flavo aureo*. —	2	50
— — blanc..... — — — *albo*. —	2	25
— — vert..... — — — *viridi*. —	2	50
*Lobélie enflée....... *Lobelia inflata*....... ⚠	8	»
— syphilitique...... — *syphilitica*......	»	»
Lotier odorant....... *Melilotus cœrulœa*.....	2	80
Lupin blanc (semence).... *Lupini albi semen*.....	1	20
*Lupuline nettoyée...... *Lupulina expurgata*.....	20	»
— purifiée à l'alcool.... — *purificata ope alcohol*...	60	»
Lut gras......... *Lutum pingue*.......	4	»
Lycopode (plante)..... *Lycopodium clavatum* (*planta*)	12	»
* — tamisé........ — (*pulvis sporangii*).... ⚠	9	»
— lavé à l'alcool et à l'éther. — *lotum æthere et alcohol*..	40	»

DROGUERIE, PRODUITS CHIMIQUES ET PHARMACEUTIQUES. 109

M

		fr.	c.
	kilo.		
Macaroni français. . . . (au cours).	Macaroni gallicus juxta nundinationem.	"	"
— d'Italie (voy. articles de Groult, p. 642).	— italicus (vide Res quæ sunt Groult).		
Machines diverses p' les pharmaciens.	Machinæ variæ ad pharmacop: (p. 336).		
Macis.	Macis (arilla) . . . . △	12	"
Magistère de bismuth (sous-nitrate) .	Magisterium bismuthi (sub nitras) . . △	16	"
— de soufre (soufre précipité).	— sulphuris (sulphur præcip:).	6	"
*Magnésie anglaise (carbonate). . . .	Carbonas magnesicus . . . . △	2	60
* — calcinée du commerce. . .	Magnesia usta mercatorum . . . . . △	6	50
— — de notre laboratoire.	— — e nostra officina	8	"
— de Henry. . . . le flacon.	— Henry . . . . . . lagunc:	1	"
— liquide.	— fluida (bicarbonas magnesic:).	4	"
Magnésium	Magnesium . . . . gram.	"	"
Maïs (paille de)	Zea mais (stramen)	"	50
— (filaments)	— — (capillus).	10	"
*— (semence)	— — (semen) . . . . . . △	"	60
Malabathrum (feuilles) (rare)	Malabathrum (folia) (rarum)	"	"

Malates.   Malates.

		fr.	c.
Malate d'ammoniaque	Malas ammonicus . . . . gram.	1	"
— de chaux cristallisé	— calcicus cryst: . . . . . —	"	75
— de fer sec	— ferroso-ferricus siccus	60	"
— — liquide.	— — solutus.	40	"
— de manganèse.	— manganicus	140	"
— de plomb pulvérulent	— plumbicus arenosus	120	"
— — cristallisé	— — crystallinus . . . gram.	1	"
Malates en général (sorbates).	Malates in universum.		
Mandragore (feuilles).	Atropa mandragora (folia)	20	"
— (fruits)	— — (fructus)	40	"
* — (racine)	— — (radix)	20	"
Manganate de potasse vert	Manganas potassicus viridis	8	"
— (per-) de potasse rouge. . .	— (per) potassicus ruber. . . .	80	"
Manganèse d'Allemagne	Peroxydum manganicum Germanicum .	"	90
* — de France	— — Gallicum . . .	"	50
— métal.	Manganium metallum . . . . . gram.	4	50
Maniguette (graine de paradis) . . .	Amomum granum paradisi	3	"
Manne en larmes nouvelle	Manna lacrymata recens . . . . . △	17	"
— — boîtes d'orig. de 3 k°.	— in pyxide siculâ . . △	18	"
— débris de larmes nouvelle . . .	Mannæ frusta lacrymatæ recentis. . . △	8	50
* — en sorte	Manna in sortis . . . . △	7	50
Mannite.	Mannita	50	"
Margarate de potasse.	Margaras potassicus . . . . . . gram.	"	60
Margarates en général.	Margarates in universum.		
Marguerite (petite fleur)	Bellis perennis	3	20

DROGUERIE, PRODUITS CHIMIQUES ET PHARMACEUTIQUES.

		kilo.	fr.	c.
Marguerite (grande fleur).	Chrysanthemum leucanthemum.		2	20
Marjolaine à coquille.	Origanum majoranoides.		2	20
— des jardins	— majorana		1	40
— — mondée.	— mundatum		2	40
Maroute (plante). Camomille puante.	Anthemis cotula (planta)		1	40
Marronnier (écorce)	Æsculi hippocastani cortex.		2	»
— (feuilles).	— folia.		2	40
Marrons d'Inde	— fructus.		1	»
*Marrube blanc (plante).	Marrubii vulgaris planta		1	»
— (feuilles mondées)	— folia mundata.		1	80
— noir (plante).	Ballotæ nigræ planta.		1	40
— (feuilles mondées).	— folia mundata.		2	40

Mars pour peinture.	**Pigmenta dicta Mars.**		
Mars (brun de)	Pigmentum Mars fuscum	70	»
— (écarlate de)	— purpureum.	160	»
— (jaune de).	— flavum.	70	»
— (orange de)	— luteum.	110	»
— (rouge de).	— rubrum.	70	»
— (violet de).	— violaceum.	110	»

Marum vrai.	Teucrium marum.		3	»
Massicot	Oxydum plumbicum.		4	50
*Mastic en larmes (très-rare).	Pistaciæ lentisci resina		45	»
— en sorte	— in sortis.		35	»
— à fontaine.	Lithocolla ad fontes.		»	20
Matico (feuilles)	Arthante elongata (folia).		6	»
Matière color. du sang (Berzélius).	Materies colorans cruoris . . . gram.		3	»
— perlée de Kerkrengius.	Acidum stibicum		40	»
*Matricaire (feuilles et fleurs).	Matricaria parthenium (fol: et fl:).		2	»
— (fleurs mondées)	— (flos mundatus).		4	»
Mauve (plante)	Malva glabra (planta).		1	»
— (feuilles mondées).	— (folia mundata).		1	40
— cultivée (fleurs).	— sativa (flos).		4	50
— extra-belle	— (flos peregregius).		6	50
— fleurs des champs.	— rotundifolia (flos arvensis).		3	50
Mèches à quinquet. . . la grosse.	Ellychnium ad lampadem . . . (144)		1	40
— soufrées.	Igniarium sulphuratum.		»	70
— — à la violette	— cum violâ.		»	70
— — de Henry	— Henry.		1	»
Méchoacan (racine) (manque)	Convolvuli mechoacanæ (radix).		»	»
Méconate de chaux.	Meconas calcicus . . . . . gram.		»	»
Méconates en général.	Meconates in universum.			
Méconine.	Meconina. . . . . gram.		10	»
Médicaments anglais.	Medicamina anglica (p. 241)			
Médicaments homœopathiques.	Medicamenta homœopathica (p. 242)			
Médicaments spéciaux.	Medicamina privata (p. 166).			
Mélasse de betterave	Fæx sacchari ex betâ vulgari.		»	60

DROGUERIE, PRODUITS CHIMIQUES ET PHARMACEUTIQUES.

		kilo.	fr.	c.
Mélasse de canne	Fœx sacchari ex arundine	»	»	70
Mélilot bleu, lotier odorant	Melilotus cærulea		2	80
— — (fleurs)	— (flos)		10	»
— — jaune (plante)	— officinalis (planta)		1	20
— — (mondé)	— — (mundata)		1	80
Mélisse officinale (plante)	Melissa officinalis (planta)	»	2	»
— — (feuilles mondées)	— — (folia mundata)		3	»
— — de Moldavie (plante)	Moldavica punctata (planta)		4	»
— — — (semence)	— — (semen)		15	»

Mellites.   Mellita.

			fr.	c.
Mellite de cuivre (onguent ægyptiac)	Mellitum de cupri acetate		4	»
— colchique	bouteille. — de colchico	lagena.	2	50
— de mercuriale	— de mercuriali	—	2	50
— de roses rouges	— de rosâ rubrâ	—	4	»
— de scille	— de scillâ maritimâ	—	2	50
— simple (sirop de miel)	— — simplex	—	2	25
Mellite (minerai) (mellitate d'alumine)	— seu mellitas aluminicus	gram.	4	»
Méloé de mai	Meloe proscarabeus		»	»
Ménispermine	Menispermina	gram.	»	»
Menthe aquatique (plante)	Mentha aquatica (planta)		2	»
— (baume). Baume des jardins	— gentilis		2	60
— blanche	— rotundifolia		1	40
— coq (balsamite odorante)	Balsamita suaveolens		3	»
— crépue	Mentha crispa		2	40
— poivrée (plante)	— piperita (planta)		2	»
— (feuilles mondées)	— (folia mundata)		3	»
— pouliot	— pulegium		1	20
— (feuilles mondées)	— (folia mundata)		2	»
Ményanthe (trèfle d'eau)	Menyanthes trifoliata		1	60
Mercure cru (variable)	Hydrargyrum (sæpe variatur)	»	6	»
— distillé pur	— stillatum		8	»
Mercure doux sublimé	— dulce sublimatum	»	9	50
— — lavé et porphyrisé	— — lotum et tritum		9	50
— — (calomel à la vapeur)	— — (calomel ope vaporis)		9	50
— avec la craie	— cum cretâ		20	»
— gommeux de Plenk	— gummatum Plenk		12	»
— soluble d'Hahnemann	— solubile Hahnemann		40	»
— fulminant d'Howard	— fulminans Howard		160	»
Mercuriale (plante)	Mercurialis annua (planta)		1	20
— (feuilles mondées)	— (folia mundata)		1	60
Métaphosphate de soude	Metaphosphas sodicus		60	»
Meum (racine)	Meum athamanticum (radix)		1	60
Mézéréon (écorce)	Daphne mezereum (cortex)		8	»
Mica lamellaire	Mica lamellis	de 16 à	60	»
— pulvérulent (poudre d'or)	— arena aurea		»	50
Miel de Bretagne	Mel Armoricum	»	1	»

DROGUERIE, PRODUITS CHIMIQUES ET PHARMACEUTIQUES.

		kilo.	fr.	c.
Miel blanc ordinaire	Mel album vulgare	ₖ	1	80
* — fin	— egregium	ₖ	2	»
— surfin	— peregregium	ₖ	2	20

(Ces miels en barils, 10 c. de moins par kilogr., avec tare d'usage de 10 %.)	(These honeys in barrels ten centimes less per kilogr. with the usual tare of 10 %.)	(Estas mieles en barril, 10 cént. ménos por kilógr., con la tara de costumbre 10 %.)

Miel de mercuriale et autres (Mellites)	Mel mercuriale et cætera (vide Mellita).		
*Mignonnette blanche	Piper mignon: album	3	60
— noire	— nigrum	2	60
*Mille-feuilles (plante)	Achillea millefolium (planta)	1	20
— (fleurs mondées)	— (flos mundatus)	2	»
Mille-fleurs (bourse à pasteur)	Bursa pastoris	1	60
*Mille-pertuis (plante)	Hypericum perforatum (planta)	1	»
— (fleurs mondées)	— (flos mundatus)	1	80
Millet (semence)	Panicum Italicum (semen)	»	50
— en grappes . . . . la botte	— racematum . . fascic:	»	80
Mine orange	Minium aurei coloris	1	60
* — de plomb noire . . . . . . 50 à	Plumbago nigra	»	60
— — rouge (minium)	— rubra (minium)	1	»
— — orange	— aurei coloris	1	60
— — anglaise vraie	— anglica vera	2	»
Minium n° 1 pour cristallerie	Minium nᵘˢ 1 ad crystallum agendum	1	20
* — n° 2 —	— nᵘˢ 2	1	»

Mines (Minerais).   Primitiæ metallorum.

Mine de cadmium	Primitiæ cadmii	60	»
— de cerium	— cerii	32	»
— de chrome (fer chromé)	— chromi (ferrum chromat:)	1	20
— de cobalt de Tunaberg	— cobalti Tunaberg	60	»
— de glucine (émeraude)	— glucinæ (smaragdus)	4	»
— d'iridium	— iridii . . . . gram.	2	50
— de lithine (pétalite)	— lithinæ (petalita)	48	»
— de molybdène (molybdène sulfuré sans gangue)	— molybdeni (molybdenum sulphureum sine rupe)	60	»
— de platine (platine natif)	— platini (platinum nativ:) gram.	1	»
— de plomb (galène)	— plumbi (galena)	»	70
— de titane (rutile)	— titani (rutilum)	8	»
— de tungstène	— Wolframii	5	»
— d'urane de Saxe	— uranii Saxonici	40	»
* — — d'Autun	— — Augustodunensis	36	»
— d'yttria (gadolinite)	— yttriæ (gadolinita) . . . gram.	3	»
— de zinc (calamine)	— zinci (calamina)	2	»
— de zircone	— zirconiæ	120	»
Minerais en général.	Primitiæ metallorum in universum.		
Mispikel (sulfo-arséniure de fer)	Mispikel (sulpho-arseniuret: ferricum)	5	»
Mixtion à dorer	Mixtura ad aurum inducendum	2	50
Moelle de bœuf purifiée	Medulla bovilla purificata	10	»

DROGUERIE, PRODUITS CHIMIQUES ET PHARMACEUTIQUES.

		kilo.	fr.	c.
Moldavique (mélisse de Moldavie).	*Moldavica punctata*.		4	»
Molène (voy. Bouillon blanc).	*Verbascum album.*			

Molybdates.   Molybdates.

Molybdate d'ammoniaque.	*Molybdas ammonicus*		120	»
— de potasse.	— *potassicus*.		125	»
— de soude	— *sodicus*.		125	»
— de plomb natif.	— *plumbicus nativus*		120	»
Molybdates en général.	*Molybdates in universum.*			
Molybdène réduit	*Molybdenum coactum*	gram.	4	»
Momie d'Égypte.	*Mumia ægyptia*.		8	»
— — impalpable.	— — *subtilissima*		10	»
Monésia (écorce).	*Monesiæ cortex*.		10	»
Morelle (plante)	*Solanum nigrum (planta)*.		1	»
— (mondée)	— — *(folia mundata)*		1	40
Morgeline (plante).	*Alsine media (planta)*		2	»
Morphine cristallisée	*Morphina crystallina*	gram.	»	80
Mort aux mouches (cobalt)	*Muscis lethiferum*.		1	80
Mortiers en fer, en cuivre.	*Mortaria ferrea, cuprica* (p. 348).			
— en verre, en porcelaine.	— *è vitro, è porcellana* (p. 411 et 443).			

Mouches de Milan   Vesicatoria dicta Muscæ
C. B.   Mediolanenses C. B.

Mouches de Milan C. B. en très-jolies boîtes contenant une grosse :	*Muscæ Mediolanenses C. B. in pyxide elegantissima* 144 *capiente* :			
— sur un seul taffetas noir.	— *cum uno panno serico nigro*.		8	»
— — vert.	— — — *viridi*.		8	»
— sur deux taffetas vert et noir.	— *cum duobus pannis sericis*		9	»
— les mêmes, sans boîte, la grosse.	— *eædem sine pyxide*. 7 fr. 50 c. et		8	50

(Faute de désignation, nous enverrons les mouches sur un seul taffetas noir avec boîte.) | (For want of proper designation, we shall send the patches on a single black silk with box.) | (A falta de indicacion, enviaremos las moscas sobre un solo tafetan negro con caja.)

Mouches prompto-vésicants.   Prompto-vesicantia.

Mouches prompto-vésicants ou vésicatoires sur taffetas gommé rafraîchissant :	*Muscæ prompto-vesicantia vel vesicatoria in panno gummato refrigerante* :			
— n° 1, pour oreilles, boîte de 12.	— *n^{us} 1 ad aures*. 12 *in pyxide*.		1	»
— n° 2, pour petits bras, boîte de 12.	— *n^{us} 2 ad brachiolum* 12 —		1	20
— n° 3, pour gros bras, boîte de 12.	— *n^{us} 3 ad brachium*. 12 —		1	80
— n° 4, pour mollet, boîte de 12.	— *n^{us} 4 ad suram* . 12 —		2	40
— n° 5, pour cuisse, poitrine, boîte	— *n^{us} 5 ad crus et pectus* 12 —		3	»
Mouloirs en étain.	*Pultarii è stanno* (p. 636).			
Mouron rouge (plante)	*Anagallis phœnicea (planta)*.		2	»

DROGUERIE, PRODUITS CHIMIQUES ET PHARMACEUTIQUES.

		kilo.	fr.	c.
Mousse . . . . . . les 12 bottes.	Muscus . . . . duod: fascie:		1	50
— de Ceylan (lichen de Jafna) .	Gracilaria lichenoides		1	»
(Nouveau lichen très-gélatineux.)	(A new kind of moss very gelatinous.) (Nuevo liquen muy gelatinoso.)			
Mousse de chêne	Usnea plicata		5	»
* — de Corse, 3/4 grab	Fucus helminthocorton, 3/4 crib: . . .		1	20
— — cardée	— — carminatus . . .		1	60
— perlée (carragaheen)	— crispus		1	»
— de platine monté pour briquet à gaz . . . . . . la pièce.	Spongia platini ad ignem producendum ope gaz . . . . una.		1	60
Moutarde de table	Sinapis ad cœnam		»	60
— en pots de faïence douz^e.	— in vasculis faventinis . . duodec.		7	20
* — 1/2 —	— 1/2 —		3	60
Mucates en général.	Mucates in universum.			
Mucilage de coings desséché	Mucago cydonii sicca		100	»
Muguet (fleurs mondées)	Convallaria maialis (flos mund:) . . .		6	»
Mûres (fruits). Au cours suivant la saison.	Mora. Juxta nundinationem et pro tempestate.			
Murexide vert cristallisé n° 1	Murexida viridis crystallina n^{us} 1 . . .		65	»
— — n° 2	— — n^{us} 2 . . .		55	»
— brun	— fusca		45	»
— en poudre	— trita		35	»
Muriates (voy. Chlorures).	Muriates (vide Chlorureta).			
Mûrier (racine)	Morus nigra (radix)		3	»
Musc Tonquin en vessie	Moschus Tonquin in vesiculâ . . gram.		2	50
* — hors vessie	— è vesiculâ . . .		3	50
— poches vides et débris	— vesiculæ vacuæ et frusta. —		»	25
*Muscades des Moluques, choisies . .	Nuces moschatæ Moluques selectæ . . . △		12	»
— Bourbon	— Bourbon . . . △		10	»
Mylabre de la chicorée	Cantharis Sinensis . . . . △		24	»
Myricine	Myricina . . . . gram.		1	20
Myrobolans	Myrobolani		3	»
Myronate de potasse	Myronas potassicus . . . . . . gram.		»	»
Myrosine	Myrosina		»	»
*Myrrhe en larmes	Myrrha lacrymata . . . . △		4	50
— en sorte	in sortis . . . . △		2	50
*Myrte (feuilles mondées)	Myrtus communis (folia mundata) . . .		1	80
— (baies)	— (baccæ)		3	»
Myrtille (baies)	Vaccinium myrtillus (baccæ)		2	»

N

			fr.	c.
Napelline	Napellina . . . . gram.		16	»
Naphtaline pure cristallisée	Naphtalina pura crystallina		40	»
— brute	— impura		1	50
Naphte rectifiée	Naphta rectificata		8	»
Narcéine	Narceina . . . . gram.		18	»

DROGUERIE, PRODUITS CHIMIQUES ET PHARMACEUTIQUES.

		kilo.	fr.	c.
Narcisse des prés (fleurs)	Narcissus pseudo (flos)		2	50
Narcotine cristallisée	Narcotina crystallina	gram.	»	75
Nard celtique	Valeriana celtica		6	»
— indique	— jatamansi		5	»
Natron (carbonate de soude natif)	Natrum (carbonas sodicus nativus)		3	»
Nénuphar (feuilles)	Nymphœa alba (folia)		3	»
— (fleurs) *très-rare*	— — (flos) rarissima		10	»
*— (racines)	— — (radix)		1	40
— (racines coupées)	— — (— secta)		1	80
Nerprun (baies fraîches) au cours	Rhamni cathartici (baccœ rec:) j: nund:			
*— (— sèches)	— — (— siccœ)		3	»
— (feuilles)	— — (folia)		2	40
Nickel pur fondu	Niccolicum purum fusum	gram.	2	»
*— pour les arts	— ad artes		20	»
*Nicotiane (feuilles mondées)	Nicotiana rustica (folia mundata)		2	80
— (plante)	— — (planta)		1	80
Nicotianine (nicotine)	Nicotianina vel nicotina	gram.	2	50
Nigelle odorante (cumin noir)	Nigella odorata		2	80
*Nitrate de potasse	Nitras potassicus	⚕	1	30
— en neige	— in modum nivis	⚕	1	50
Nitrates (voy. Azotates)	Nitrates			
Nitrite de plomb	Nitris plumbicus		20	»
Nitro-benzine (essence de mirbane)	Nitro-benzina (odor mirbane)		12	»
Nitro-sulfure (bi) de fer	Nitro-sulphuretum (bi) ferricum	gram.	»	50
Noir de platine	Platinum nigrum	—	2	»
— animal (voy. Charbon animal)	Carbo animalis			
— — gros pour clarifier	— — crassus ad liquandum		»	50
*— — fin	— — subtilis		»	40
— — lavé à l'acide	— — lotus ope acidi		2	»

Noirs pour la peinture. Pigmenta nigra.

			fr.	c.
Noir de bouchons	Atramentum è subere		11	»
— de bougie	— è candelâ		36	»
— de charbon extra-fin	— è carbone subtilissimum		»	70
*— — surfin	— — subtilius		»	50
— — fin	— — subtile		»	40
— — ordinaire	— — commune		»	25
— — fin à l'huile	— subtile cum oleo		»	70
— — ordinaire à l'huile	— commune cum oleo		1	»
*Noir de fumée d'Allemagne	Fuligo germanica		»	70
— — léger purifié	— levis purificata		7	»
— — calciné	— usta		18	»
— — léger de Paris	— levis Parisiensis		1	40
— — en cornets.. la douz.	— in culis.......... duodecim		»	30
*Noir d'ivoire pour cirage	Atramentum ex ebore ad nitorem corii		»	40
— en écailles	— — squamis		1	10
— en pains	— — placentis		1	50
— en grains	— — granis		1	80

8.

DROGUERIE, PRODUITS CHIMIQUES ET PHARMACEUTIQUES.

		kilo.	fr.	c.
*Noir d'ivoire en poudre ordinaire	Atramentum ex ebore pulvere mediocri		1	10
— — impalpable	— — subtilissimum		2	90
— — à l'huile	— — cum oleo. 2 fr. 50 à		4	»
— — nº 2 en pains	— — nᵘˢ 2 placentis		1	10
— — — en grains	— — — granis		1	20
— — — en poudre	— — — tritum		»	75
— — nº 3 en —	— — nᵘˢ 3 —		»	50
* — de pêche entier	è persico non tritum		3	»
— — en grains	— granis		4	»
— — impalpable	— subtilissimum		4	75
— — à l'huile	— cum oleo		4	75
— végétal fin	è ligno subtile		»	50
* — de vigne en branche	è vite ramosum		1	20
— — en grains	— granis		1	60
— — en poudre ordinaire	— pulvere mediocri		1	20
— — impalpable	— subtilissimum		2	50
— — à l'huile	— cum oleo		3	50
Noix (brou de)	Putamen nucis		1	60
* — vomiques entières	Nux vomica integra		1	20
— — râpées	— rasa		1	80
(Pour les autres noix, voyez à leurs noms.)	(For the other nuts, see their names.)	(En cuanto á las otras nueces, véanse sus nombres.)		
Noyaux d'abricots	Nuclei pruni armenii		2	»
— de cerises	— cerasi		2	»
— de pêches	— persici		2	»
— de prunes	— pruni		2	»
*Noyer (feuilles)	Juglans regia (folia)		1	»
— (feuilles mondées)	— — (folia mundata)		1	60
— (écorce)	— — (cortex)		2	»
— (chatons)	— — (amentum)		2	60
Nymphæa (voy. Nénuphar)	Nymphæa alba seu nenuphar.			
Nummulaire (plante)	Nummularia (planta)		4	»

O

Ocres pour la peinture en bâtiments.   Ochræ ad picturam ædium.

			fr.	c.
Ocre jaune ordinaire en barrique	Ochra flava vulgaris in dolio	100 k.	12	»
* — — au détail	— — — particulatim		»	20
— — broyée en poudre	— — in pulverem trita		»	25
— — en grains	— — granis		»	90
— — impalpable	— — subtilissima		1	80
— — à l'huile	— — cum oleo		1	»
— — à l'eau	— — cum aquá		»	40
— — fine	— — egregia		»	25

DROGUERIE, PRODUITS CHIMIQUES ET PHARMACEUTIQUES.

	kilo.	fr.	c.
Ocre jaune en boules . . . . *Ochra flava globosa*		»	50
— — lavée. . . . . — — *lota*		»	40
Ocre rouge en barrique. . . . . . . — *rubra in dolio* . . . . 100 kil.	15	»	
* — — au détail. . . . . . . — — *particulatim*		»	20
— — broyée en poudre. . . . — — *in pulverem trita*		»	35
— — en grains . . . . . . — — *granis*.		»	90
— — impalpable. . . . . . . — — *subtilissima*	2	»	
— — à l'huile . . . . — — *cum oleo*	1	»	
— —. à l'eau. . . . . — — *cum aquâ*		»	40
— — en boules . . . . — — *globosa*		»	60
— — lavée. . . . . — — *lota*		»	55
*Ocre de rue en poudre ordinaire. . . — *Ru, pulvis vulgaris*.		»	30
— — broyée en poudre. . . . — — *trita in pulverem*.		»	60
— — en grains . . . . . . — — *granis*	1	»	
— — impalpable. . . . . . . — — *subtilissima*	1	80	
— — à l'huile. . . . . . . — — *cum oleo*	2	»	
— — à l'eau. . . . . — — *cum aquâ*	1	»	
OEillets rouges (fleurs) . . . . . *Dianthus caryophyllus* (*flos*)	25	»	
OEillette (semence) . . . . *Papaveris nigri* (*semina*)	1	20	
OEnolés (voy. Vins médicinaux). . . *OEnoleta* (vide *Vina medicata*).			
Oignons brûlés (*très-variables*) . . . *Cepæ tostæ*	1	80	
* — de scille secs (squammes) . . *Scillæ maritimæ bulbi sicci*	1	40	
— — frais. . . . . . . — — *recentes*	1	80	
Oléine pure. . . . . *Oleina pura* . . . . gram.	1	»	
* — du commerce. . . . . . . *Acidum oleicum mercatorum*	1	50	
Oléo-stéarate de mercure. . . . . *Oleo-stearas hydrargyricus*	80	»	
*Oliban en larmes . . . . *Olibanum lacrymatum*	2	80	
— en sorte . . . . — *in sortis*	1	80	
Olives confites. . . . . . le litre. *Oliva condita* . . . . litrum.	1	80	
Olivier (feuilles mondées). . . . . *Oleæ europææ folia mund:*	3	»	

Onguents.	**Unguenta.**		
Onguent ægyptiac . . . . *Unguentum ægyptiacum*	4	»	
— d'althæa . . . . — *althææ*	4	»	
— antipsorique pour chevaux — *antipsoricum equis* (*pharma-*			
(pharmacopée Lebas) . . *copœa* Lebas)	4	»	
— antipsorique pour moutons — *antipsoricum ovibus* (*phar-*			
(pharmacopée Lebas) . . *macopœa* Lebas)	3	20	
— d'arcæus . . . . — *arcæi*.	4	50	
— basilicum. . . . . — *basilicum*	3	»	
— blanc rhazis . . . . . . — *album rhazis*	2	50	
— brun ou détersif. . . . . — *fuscum seu detergens*	4	»	
— de Canet (emplâtre) . . . . — Canet (*emplastrum*)	4	50	
— citrin . . . . — *citrinum*	4	»	
— contre le piétin des moutons — *contra morbum ovium dic-*			
(pharmacopée Lebas) . . *tum* piétin	4	»	
— digestif simple . . . . . — *digestivum simplex*	4	»	

118 DROGUERIE, PRODUITS CHIMIQUES ET PHARMACEUTIQUES.

		kilo.	fr.	c.
Onguent digestif animé.	*Unguentum digestivum animatum.*		8	»
— de Duc (vétérinaire)	— *Ducis (veterinarium).*		3	50
— épispastique (vétérinaire).	— *epispasticum (veterinarium).*		7	»
— gris ou mercuriel simple	— *hydrargyricum simplex.*		4	»
— de laurier.	— *lauri.*		4	»
* — mercuriel double	— *hydrargyricum duplex*		7	»
— de la mère	— *matris*		3	»

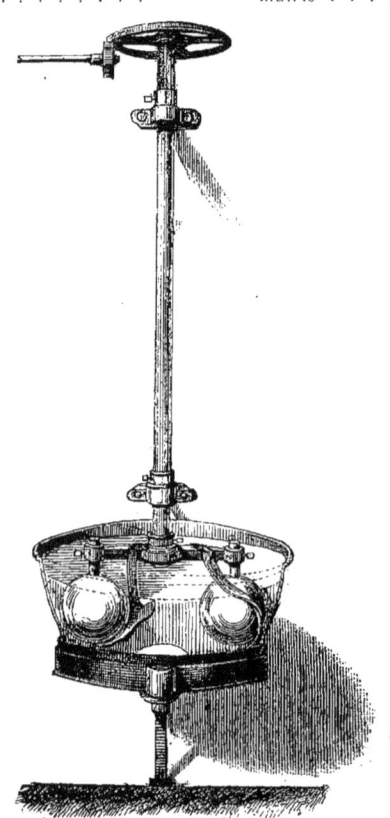

Machine pour la préparation de l'onguent mercuriel employée dans notre laboratoire (voy. p. 338).

			fr.	c.
Onguent napolitain (mercuriel doub.)	*Unguentum neapolitanum hydrargyric:*		7	»
— nervin (vétérinaire)	— *nervinum (veterinarium)*		6	»
— nutritum	— *nutritum*		4	»
— de pieds (vétérinaire)	— *ad pedes (veterinarium).*		3	20
— populeum	— *populeum*		3	20
— résolutif fondant (vétérin:)	— *resolvens (veterinarium)*		8	»
— rosat.	— *rosatum*		4	»

DROGUERIE, PRODUITS CHIMIQUES ET PHARMACEUTIQUES.

		kilo.	fr.	c.
Onguent de Saturne (vétérinaire)	Unguentum Saturni (veterinarium)		5	50
— de scarabées (vétérinaire)	— de scarabeis (veterinarium)		9	»
— de styrax	— styracis		4	50
— vert contre la gale des chevaux	— viride contra psoram equor.		3	50
— vésicatoire (vétérinaire)	— vesicatorium (veterinarium)		7	..
Opianine	Opianina	gram.	»	»
Opiat dentifrice	Opiatum dentifricium		6	c
Opine	Opina	gram.	..	..
Opium brut choisi et titré	Opium selectum et ratione probatâ		65	»
— à 10 % d'Aubergier	— à 10 % teste Aubergier		70	»
Opobalsamum (baume de la Mecque)	Opobalsamum (balsamum Meccæ)		50	»
Opoponax	Pastinacæ opoponax gummi resina		20	»
*Or laminé	Aurum laminatum	gram.	3	75
— divisé (poudre)	— attenuatum (pulvis) —		4	50
— en feuilles (rognures)	— foliis (frusta) —		5	..
— mussif (sulfure d'étain) (deuto)	— mozaicum (sulphuretum stanni)		24	»
Oranges (suiv. la beauté et la saison)	Mala aurantii (pro formâ et tempestate)		..	»
— douces (écorces)	— — dulcia (cortices)		1	20
* — amères (voy. Curaçao)	— — amara (vide Curaçao)		1	20
*Oranger (feuilles du Midi)	Citri aurantii folia meridiana		1	40
— (fleurs)	— — flos —		8	..
— — épanouies	— — dehiscens		12	»
— — pétales	— — petalum		20	»
— (feuilles de Paris)	— vulgaris (fol. Parisiense)		4	»
* — (fleurs) —	— (flos —)		24	»
— — pétales	— — petalum		60	»
— — fraîches (au cours)	— — (recens)		»	»
Orangettes grosses	Mala aurantii immatura crassa		1	»
* — moyennes	— — — modica		1	20
Orcanette (racine)	Anchusæ tinctoriæ radix		1	40
Orcéine pour violet solide	Orceina, violaceus color stabilis		7	50
Orcine	Orcina	gram.	3	75
Oreilles de Judas	Auricula Judæ		20	»
Orge mondé de Noisiel	Hordeum decorticatum Noisiel		»	50
* — perlé n° 1 —	— perlatum n°s 1		»	60
— n° 2 —	— n°s 2		»	55
*Origan (feuilles et fleurs)	Origani vulgaris fol. et flos		1	»
— (feuilles et fleurs mondées)	— — — mund.		1	40
Orme (feuilles)	Ulmi campestris folia		1	60
* — pyramidal (écorce)	— — cortex		1	20
Orobe (semence)	Orobi sylvatici semen		20	»
Orpiment (sulfure jaune d'arsenic)	Auripigmentum (sulphuretum arsenic:)		1	60
Orpin doré (sulfure d'arsenic natif)	— (— nativum)		3	50
— doré en grains	— granis		4	50
*Orpin dans l'huile	Sedum telephium cum oleo		4	60
— sec	— siccum		8	»
Orseille en boules	Roccella tinctoria globis		6	»
* — de Lyon	— Lugdunensis		1	20

DROGUERIE, PRODUITS CHIMIQUES ET PHARMACEUTIQUES.

	kilo.	fr.	c.
Orseille de terre (parelle d'Auvergne). *Variolaria orcina*		»	60
— de mer . . . . . . *Roccella tinctoria nativa*.		»	70
*Ortie blanche (fleurs mondées) . *Lamii albi flos mundatus*		10	»
— — (— non mondées) . — — non mund:		5	»
— — (feuilles). . . . — — *folia*		1	60
* — grièche (feuilles). . . . . *Urticæ urentis folia*		1	20
— — (semence) . . . . — — *semen*		4	»
Orvale (plante) . . . . . . *Salvia sclarea planta*		3	»
Os calcinés entiers. . . . . *Ossa usta integra*.		»	60
— — trochisqués. . . . . — — *trochiscis*.		3	»
— de sèche. . . . . le cent. — *sepiæ* . . . . . . cent.		3	»
Oseille (racine) . . . . . . *Rumicis scutati (radix)*		1	20
Osmazome . . . . *Osmazoma*		120	»
Osmium . . . . *Osmium*. . . . . . . gram.		22	50
Osmiure d'iridium (mine d'iridium) . *Osmiuretum iridii (primitiæ iridii)* —		2	50
Osmonde royale (plante) . . . *Osmunda regia (planta)*		1	»
* — — (feuilles mondées) . — — *(folia)*		1	20
— — (racine) . . . . — — *(radix)*.		2	40
Outremer artificiel (voyez Bleu Gui- *Lapis-lazuli arte factus (vide Cæruleum* met). *Guimet)*.			

Oxalates.   **Oxalates.**

		fr.	c.
*Oxalate d'ammoniaque ordinaire. . . *Oxalas ammonicus communis*		15	»
— — pur . . . . — — *purus*		20	»
— de baryte . . . . . . — *baryticus*.		20	»
— de chaux. . . . . . . — *calcicus*		12	»
— de cobalt . . . . . . — *cobalticus*		200	»
— — et d'ammoniaque. — *cobaltico-ammonicus*		200	»
— de cuivre . . . . . . — *cupricus*		35	»
— d'étain. . . . . — *stannosus*		30	»
— de fer . . . . — *ferrosus*		48	»
— de manganèse . . . . . — *manganicus*		60	»
— de mercure. . . . . . — *hydrargyricus*		64	»
— de nickel . . . . . . — *niccolicus*		200	»
— — ammoniacal. . . . — *niccolico-ammonicus*		200	»
— de plomb . . . . . . — *plumbicus*		25	»
— de potasse neutre. . . . . — *potassicus neuter*		20	»
* — — (bi) pur . . . . — — *(bi) purus*		16	»
— — acide (sel d'oseille) — — *(sal acetosellæ)*		4	50
— de soude neutre . . . . . — *sodicus neuter*.		16	»
— — (bi). . . . . . — — *(bi)*		20	»
— de strontiane. . . . . . — *stronticus*		24	»
— de strychnine. . . . . . — *strychnicus* . . . . gram.		1	»
— d'urane . . . . — *uranicus*. . . . . . —		»	50
— de zinc . . . . — *zincicus*		20	»
Oxalates en général. *Oxalates in universum*.			
Oxaméthane (éther oxamique). . . . *Oxamethanum (æther oxamicus)*. gram.		»	50

DROGUERIE, PRODUITS CHIMIQUES ET PHARMACEUTIQUES.

		kilo.	fr.	c.
Oxamide	Oxamida . . . . gram.	»	»	50
Oxychlorates (voy. Perchlorates).	Oxychlorates (vide Perchlorates).			

Oxydes. — Oxyda.

			fr.	c.
Oxyde d'aluminium (alumine pure)	Oxydum aluminicum		32	»
— d'antimoine (fleurs argentines).	— stibicum (ope ignis)		200	»
— — pur (par précip.).	— — purum præcipitatum . .		10	»
— — par le nitre (antimoine diaphorétique)	— — nitro (stibium diaphoreticum)		6	»
— d'argent	— argenticum . . . . gram.		»	40
— de baryum pur (baryte)	— baryticum purum		30	»
— — — cristallisé . . .	— — — crystall: . .		30	»
— (bi) — — . . .	— (bi) baryticum		60	»
— de bismuth jaune	— bismuthicum flavum		50	»
— — (magistère de) . . .	— — (magisterium) . . .		16	»
— de cadmium	— cadmicum		80	»
— de calcium pur	— calcicum purum		6	»
— de cérium	— cericum . . . . gram.		»	75
— de chrome par précipitation . .	— chromicum præcipitatum . . .		80	»
— — (sesqui) hydraté . .	— — (sesq: aquatum) . .		100	»
— — (par le mercure) . .	— — (hydrargyro) . . .		50	»
— — (par le soufre) . . .	— — (sulphure)		25	»
— — (deuto) brun	— — (deuto) fuscum . . .		100	»
— de cobalt pur noir	— cobalticum purum atrum . . .		70	»
— — hydraté violet . . .	— — cum aquâ violac: .		80	»
— — pour les arts P. O.	— — ad artes P. O. . . .		60	»
— — K. O. H.	— — K. O. H.		75	»
— de cuivre (proto) pur	— cuprosum purum		50	»
— — pour les arts .	— — ad artes		40	»
— — (deuto) pur	— cupricum purum		24	»
— — pour les arts .	— — ad artes		10	»
— d'étain (proto)	— stannosum		24	»
— — (deuto) acide stannique .	— stannicum		12	»
— — hydraté	— stannosum aquatum		6	»
— de fer noir (éthiops martial) .	— ferroso-ferricum (æthiops mart:)		3	»
— — rouge pur (colcothar) . .	— ferricum (chalcitis)		1	40
— — hydraté (gélatineux) . .	— — aquatum		6	»
— de glucinium (glucine)	— glucicum (glucina) . . . gram.		1	»
— d'iridium	— iridicum . . . . . . —		5	»
— de lanthane	— lanthanicum . . . . . —		2	50
— de lithium (lithine)	— lithicum (lithina) . . . —		3	»
— de manganèse (proto)	— manganosum		20	»
— — (deuto) rouge . .	— manganicum rubrum		40	»
— — (peroxyde pur) . .	— (per) manganicum purum . .		24	»
— — (— naturel) .	— — nativum . .		»	90
— de mercure noir (proto)	— hydrargyrosum		40	»
— (bi) — (précipité rouge) .	— hydrargyricum		10	»
— de molybdène (proto)	— molybdosum . . . . . gram.		»	50

122 DROGUERIE, PRODUITS CHIMIQUES ET PHARMACEUTIQUES.

		kilo.	fr.	c.
Oxyde molybdique.	Oxydum molybdicum . . . . . gram.	»	»	50
— de nickel (proto).	— niccolosum . . . . —	100	»	
— — (sesqui)	— niccolicum . . . . —	120	»	
* — d'or (par la potasse)	— auricum ope potassæ . . gram.	4	»	
— — (par la magnésie)	— — magnesiæ . —	4	»	
— — (par l'étain)	— — stanni . . —	2	50	
— d'osmium.	— osmicum . . . . —	25	»	
— de palladium	— palladicum . . . . —	4	»	
— de platine.	— platinicum . . . . —	2	»	
— de plomb (proto) hydraté . . .	— plumbosum aquatum	18	»	
— — calciné (massicot) . .	— — tostum	4	50	
* — — fondu (litharge) . . .	— — fusum	1	10	
— — deuto (minium) . . .	— plumbicum (minium) . .	1	20	
— — mine orange . . .	— — aurei coloris . .	1	60	
— — puce (peroxyde) . .	— (per) plumbicum fuscum . . .	40	»	
* — de potassium (à la chaux) . .	— potassicum ope calcis	5	»	
— — (à l'alcool) . . .	— — alcohol	30	»	
— de silicium (silice pure)	— silicicum	30	»	
* — de sodium (à la chaux) . . .	— sodicum ope calcis	5	»	
— — (à l'alcool)	— — alcohol	30	»	
— de strontium (strontiane) . . .	— stronticum	30	»	
* — de titane	— titanicum . . . . gram.	»	50	
— (per) — (acide titanique) . .	— (per) titanicum (acid: titan:) gr.	»	30	
— de thorinium	— thoricum . . . . gram.	»	»	
* — de tungstène	— wolframicum . . . . . —	»	50	
— (per) tungstène (acide tungst:) .	(per) — (acid: wolfr:) —	»	30	
— d'uranium jaune (peroxyde) . .	— uranicum flavum	80	»	
* — — pour les arts .	— — ad artes	70	»	
— de vanadium	— vanadicum . . . . . . gram.	8	»	
— d'yttrium	— yttricum . . . . —	»	»	
* — de zinc par sublimation	— zincicum ope ignis	6	»	
— — par précipitation . . .	— — præcipitatum	10	»	
— — blanc de zinc (p. 47).	— — album zincicum.			
— de zirconium	— zirconicum . . . . . . gram.	2	»	
Oxydes en général.	Oxyda in universum.			
Oxymel colchique . . . . bouteille.	Oxymel colchicum . . . . . lagena.	2	75	
— simple . . . . . —	— — simplex . . . —	2	50	
— scillitique . . . . —	— — scilliticum . . —	2	75	
Oxymuriate d'étain (bichlorure d'étain	Oxymurias stannicus (chloruretum stan-			
hydraté)	nicum aquatum)	3	60	

P

Paillon blanc . . . . la douz.	Folia rigida stanni albi . . . duodecim.	3	»	
— de couleur . . . . —	— — variis coloribus . —	3	»	
*Pains azymes ronds ou carrés . . .	Azyma rotunda seu quadrata . . cent.	»	50	

DROGUERIE, PRODUITS CHIMIQUES ET PHARMACEUTIQUES.

		kilo.	fr.	c.
Pains azymes ronds avec effigie	*Azyma cum effigie* . . . cent.		»	75
— — carrés grands	— *quadrata majora* . . —		»	70
Pains à cacheter ordinaires	— *ad obsignandum vulgaria*		3	»
* — — mi-fins	— — *mediocria*		4	50
— — fins glacés	— — *egregia nitentia*		6	»
— d'épice vermifuge . . la douz.	*Panis mellitus contra vermes* . . duodec:		1	»
— de gluten . . . . la boîte.	— *è glutine* . . . . . pyxis.		2	»
Pain de pourceau	*Cyclamen europœum*		30	»
Palladium	*Palladium* . . . . . . gram.		4	50
Panama (écorce)	*Quillaya smegmadermos (cortex)*		»	60
Panax (ginseng) (*très-rare*)	*Panax quinquefolium (radix)*		50	»
Panicaut (chardon Rolland)	*Eryngium campestre*		1	»
Papavérine	*Papaverina* . . . . . gram.		2	50

Papiers médicinaux et autres.   **Chartæ medicatæ et aliæ.**

			fr.	c.
*Papier à cautères ordinaire . . boîte.	*Charta ad fonticulos vulgaris* . . pyxis.		»	20
— — beau	— — *eximia* . . —		»	30
— — extra-beau	— — *per eximia* . —		»	40
— épispastique n°ˢ 1, 2, 3	— *epispastica* n¹ 1, 2, 3 . —		»	40

(Ce papier sans nom est parfait ; faute de désignation, nous enverrons le n° 2.) | (This paper without a name is perfect ; for want of designation we shall send n° 2.) | (Este papel sin nombre es perfecto ; à falta de indicacion, enviarémos el n° 2.)

			fr.	c.
Papier à cautère ou épispastique de différents auteurs	*Charta ad fonticulos aut epispastica cum nomine auctoris* (p. 273).			
Papier emplâtre de poix . . . le roul.	*Charta cum emplastro de pice* . scapus.		»	70
— nitré contre l'asthme. la feuil.	— *cum nitro antiasthmatica. folium.*		»	30
Papier de tournesol	— *tournesol* . . . . —		»	20
— de curcuma	— *curcumœ* . . . . —		»	20
— à filtrer pour analyses. la main.	— *emporetica ad resolutiones. man:*		2	»
— ozonométriques de Houzeau . .	— *ozonum indicans* Houzeau . fol.		»	50
— — de Schœnbein.	— — Schœnbein —		»	50
— pour la photographie, négatif.	— *ad photograph: negativa . man:*		2	»
— — — positif.	— — *positiva* . —		2	»
Papier blanc cassé, fin	— *alba quassa, tenuis*		1	10
— brouillard, dit à douleurs. fin.	— *sorbens, dicta ad dolores. manus.*		»	20
— à filtre, gris . . . . la rame.	— *emporetica cinerea* . . 20 —		7	»
— — blanc	— — *alba* —		10	»
— de soie, pʳ compresses. —	— *serica ad pannulum* . . —		10	»
— bleu, à envelopper . —	— *cœrulea ad involvendum* . —		6	50
— gris, — . . —	— *cinerea* — —		3	50
— tue-mouches . . . 100 feuill.	— *muscis lethifera* . . . 100 folia.		2	50
— de verre sur registre, grand format. . . . 100 feuill.	— *pulvere vitreo tecta ampla* . —		4	»
* — de verre sur registre, écu	— — écu . —		3	50
— — — carré . .	— — *quadrata* . . —		2	75
— — — couronne.	— — *corona* . . . —		2	50
— — ordinaire	— — *communis* . . —		2	25

DROGUERIE, PRODUITS CHIMIQUES ET PHARMACEUTIQUES.

	fr.	c.
Papier de verre Fremy de toute espèce *Charta vitrea* Fremy *omni gen:* 100 *fol:*	3	60
* — émeri, n° 1. . . . . — *tecta smyride* n^{us} 1 . . —	3	60
— — n° 2. . . . . — — n^{us} 2 . . —	2	25
Papiers de couleur pour coiffer les bouteilles, couronne simple : — *colorata ad tegentum collum lagenæ, corona simplex :*		
Papier de couleur bleu clair, la rame. *Charta colore subcæruleo* . . 20 *manus.*	12	»
— — rouge . . — — *rubro* . . . . —	12	»
— — lilas . . . — — *sub violaceo* . —	12	»
— — rose . . — — *roseo* . . . . —	12	»
— — bleu foncé — — *percæruleo* . . —	12	»
— — bouton d'or. — — *flavo nitente.* . —	12	»
— — vert foncé. — — *perviridi* . . . —	14	»
— — chair. . . — — *carneo* . . . . —	12	»
— — vert anglais. — — *viridi anglico* . —	14	»
— — hanneton. — — *scarabeo* . . . —	16	»
— — aurore . . — — *luteo* . . . . —	12	»

(Les mêmes nuances, format double couronne, 10 à 12 fr. en plus.) | (The same colours, double crown form, 10 fr. to 12 fr. extra.) | (Los mismos matices, formando doble corona, de 10 á 12 fr. mas.)

	fr.	c.
Papier Prat Dumas à filtrer : *Charta emporetica Prat Dumas :*		
La liasse de 100 feuill., 15 cent. diam. *Fasciculus* 100 *folior:* 15 *c: diam:* . . .	»	50
— — 19 — — 19 — . . .	»	60
— — 25 — — 25 — . . .	»	75
— — 33 — — 33 — . . .	1	05
— — 40 — — 40 — . . .	1	25
— — 45 — — 45 — . . .	1	50
— — 50 — — 50 — . . .	1	70
— — 80 — — 80 — . . .	7	50

(Ce papier présente tous les avantages de la qualité, de l'économie et d'une plus grande commodité dans la pratique.) | (This paper presents all the advantages of quality, economy and convenience for use.) | (Este papel ofrece las mayores ventajas en cuanto á la calidad y á la economía, y ademas una comodidad muy grande en la práctica.)

	fr.	c.
Pâquerette, gr^{des} fleurs (marguerite). *Chrysanthemum leucanthemum.* . kilo.	2	20
* — petites fleurs — *Bellis perennis* . . . . —	3	20
Parafine cristallisée. . . . . *Parafina crystallina* . . . . . gram.	»	15
* — blanche du commerce . . . — *alba mercatorum.* . . . . . —	6	»
Paramylène. . . . . *Paramylena.* . . . . gram.	»	30
Parchemin . . . . *Charta pergamena*	8	»
Pareira-brava (racine) . . . . *Pareira brava (radix)*	4	50
Parelle (patience), racine. . . . . . *Rumex acutus* —	»	80
*Pariétaire (plante) . . . . *Parietaria officinalis (planta)* . .	1	20
— (feuilles mondées) . . . . — — *(folia mund:)* . .	2	»
Parfumerie. . . . . *Ad suffitores pertinentia* (p. 648).		
Parfums pour liqueurs. . . . . . . *Aromata ad liquores compositos* (p. 649).		
Parigline (smilacine). . . . . *Pariglina.* . . . . gram.	12	»
Pas-d'âne (tussilage) . . . . *Tussilago farfara (flos)*	4	»

DROGUERIE, PRODUITS CHIMIQUES ET PHARMACEUTIQUES.   125

	kilo.	fr.	c.
Passerage grande (plante) . . . . . *Lepidium latifolium (planta)*		3	»
— petite (plante) . . . . . — *iberis (planta)*		5	»
Pastèque (semence) . . . . *Cucumis citrullus (semen)*		3	»

Pastilles pharmaceutiques.   **Tabellæ medicatæ.**

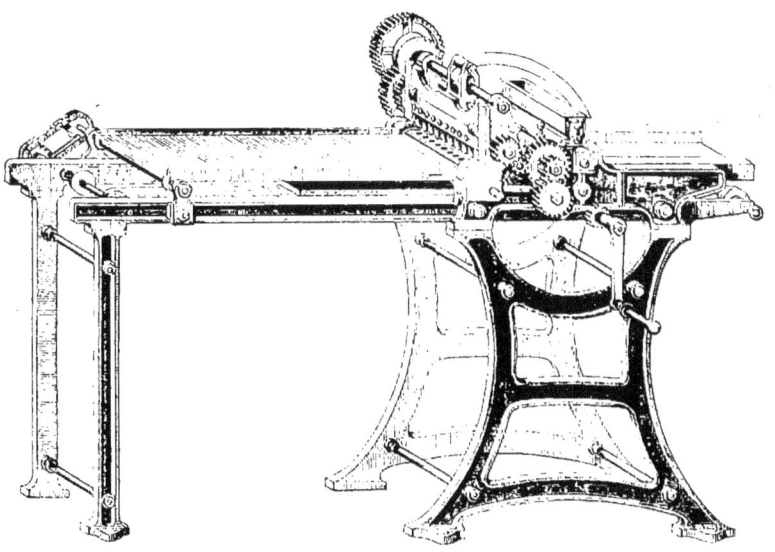

Machine à fabriquer les pastilles de notre laboratoire. (Voir pour le prix des différentes grandeurs, p. 336.)

	kilo.	fr.	c.
Pastilles d'acide citrique . . . . . . *Tabellæ de acido citrico*		4	50
— — tartrique . . . . . — — *tartarico*		4	»
— alcalines de Darcet . . . . — *alcalinæ Darcet*		3	50
— — dites de Vichy . . . — — *dictæ Vichy*		3	50
— amygdalines à la réglisse . . — *amygdalinæ cum liquiritiâ* . . .		3	60
— d'anis à la goutte . . . . . — *de aniso, guttis*		3	20
— antimoniales de Kunkel . . . — *stibicæ Kunkel*		5	»
— de cachou . . . . — *de cathecu*		4	»
— de cachundé . . . . — *dictæ cachunde*		60	»
— de Calabre ou de réglis: crist: — *Calabricæ vel liquiritiæ cryst:* .		3	50
— — ou de manne comp: — — *vel de mannâ c:* . . .		6	»
— de calomel à 25 milligr . . . — *cum calomel 25 milligr:*		5	50
— — à 5 centigr . . . — — *5 centigr:*		6	»
— — à 10 — . . . — — *10* —		7	»
— de carbonate de fer . . . . . — *de ferro carbonico*		5	»
— de charbon . . . . — *de carbone*		4	50
— de chlorure de chaux . . . . — *de chlorureto calcis*		5	»
— de chocolat ferrugineux . . . — *de chocolato ferrico*		6	»

126   DROGUERIE, PRODUITS CHIMIQUES ET PHARMACEUTIQUES.

		kilo.	fr.	c.
Pastilles de chocolats médicinaux	Tabellæ de chocolato medicato (p. 638).			
— de citrate de fer à la goutte.	— de citrate ferrico in modum guttæ.		10	»
— — de magnésie	— — magnesico		8	»
— de citron à la goutte	— citreæ, guttis.		3	20
— de coquelicot	— de flore rhœadis.		5	»
— diacarthami	— diacarthami		12	»
— d'émétique à 12 millig.	— de tartaro stibiato 12 millig:		3	50
— — à 25 —	— — — 25 —		4	»
— — à 5 centig.	— — — 5 centig:		5	»
— d'encens	— de thure		8	»
— d'éponges brûlées	— de spongiis ustis		8	»
— d'extrait de ratanhia	— de extracto ratanhiæ.		6	»
— galantes	— blandiores		3	20
— de gingembre	— de zingibere		4	50
— de ginseng composées	— de panace quinquefolio comp:		20	»
— de gomme arabique (tablett.)	— de gummi arabico		4	»
— — liq. crist. roses ou blanches.	— — liquid: cryst: ros: vel albæ		3	50
— — solides crist. roses ou blanches	— — solid: cryst: ros: vel albæ		3	50

(Pour les autres pastilles de gomme, voyez Confiserie, p. 644.) | (For other gum lozenges see Confectionary, p. 644.) | (En cuanto á las demas pastillas de goma, véase Confitería, p. 644.)

Pastilles de guimauve	Tabellæ de althææ		3	50
— de goudron	— de pice nautica		3	50
— d'ipécacuanha du Codex	— de ipecacuanhá Codicis.		3	50
— — à 25 milligr.	— — 25 milligr:		4	»
— — à 5 centigr.	— — 5 centigr:		5	»
— de kermès.	— cum kermes.		4	50
— de lactate de fer à la goutte.	— de lactate ferroso guttis.		6	»
— — — découpées.	— — — resectæ		6	»
— de lichen (avec le saccharolé)	— de saccharo lichenis		4	50
— de magnésie.	— de magnesiá		4	50
— — calcinée	— — ustá		7	»
— de manne comp. en losange.	— de mannâ compositæ, rhombis.		6	»
— — à la gout.	— — guttis.		6	»
— martiales ou chalybées	— martiales seu chalybeæ.		5	»
— de menthe blanc^{es} ou coupées.	— de menthâ albæ seu bicolores		3	20
— — anglaises (tabl.).	— — anglicæ resectæ		5	»
— de nitrate (sous-) de bismuth.	— de sub nitrate bismuthico		6	»
— d'oxalate de potasse	— de oxalate potassico		4	50
— de quinquina	— de cinchoná.		6	»
— de Richelieu.	— Richelieu		20	»
— de rhubarbe.	— de rheo		6	»
— à la rose	— rosam olentes.		3	20
— de safran à la goutte	— de croco in modum guttæ.		12	»
— de santonine roses à 25 mill.	— de santoniná 25 milligr:		12	»
— — blanches —	— albæ —		12	»

DROGUERIE, PRODUITS CHIMIQUES ET PHARMACEUTIQUES.

	kilo.	fr.	c.
Pastilles de soufre........ *Tabellæ de sulphure*........		3	50
— stimulantes........ — *stimulantes*........		50	»
— de Tolu........ — *de Tolutano*........		5	»
— de thridace........ — *thridacis*........		5	50
— vermifuges calomel 5 centig. — *vermifugæ cum calomel 5 cent:*		6	»
— — santonine à 25 mill. — — *santoninâ 25 m:*		12	»
— — à 5 centig. — — *5 cent.*		15	»
— de Vichy sans arome.... — *dictæ Vichy sine odore* ...		3	50
— — à la vanille.... — — *cum vanillâ*		5	»
— — à odeurs diverses . — — *variis odoribus* ...		3	50
— d'yeux d'écrevisses .... — *de concretione astaci fluviatilis* .		6	»

(Nos pastilles pharmaceutiques sont confectionnées au moyen d'une machine qui les découpe et les timbre en relief des deux côtés en même temps; leur beauté et la netteté des empreintes ne laissent rien à désirer.
Pour une quantité de 5 kilogr. de pastilles d'une même sorte, nous pourrons les timbrer au nom du pharmacien.)

(Our pharmaceutical lozenges are manufactured by means of a machine which cuts and stamps them in relief on both sides at the same time; their beauty and the clearness of the stamps cannot be surpassed.
For an order of 5 kilogr. of lozenges of the same kind, we can stamp them with the name of our customer.)

(Nuestras pastillas farmacéuticas están hechas con una máquina que las corta y las timbra por los dos lados al mismo tiempo; su perfeccion y la limpieza de los estampes no dejan nada que desear.
Si se tratare de una cantidad de 5 kilogr. de pastillas de una misma clase, podrémos timbrarlas con el nombre del farmacéutico.)

		fr.	c.
Patchouly (plante)........ *Pogostemon patchouly (planta)*....		3	»
— (feuilles mondées).... — (*folia mund:*)...		5	»
*Pâte d'amandes bise amère en paquets *Maiæ amygdalæ ciner: amar: fasce*...		1	80
— — douce — — *dulcis*		1	60
— blanche amère — — *albæ amaræ.* —		3	»
— douce — — *dulcis* —		2	40
Pâtes féculentes........ *Pastæ fæculentæ* (p. 642)....			

Pâtes pharmaceutiques.   Massæ pharmaceuticæ.

		fr.	c.
Pâte de gomme au candi..... *Massa gummi cum saccharo cryst:* ...		3	50

(Voyez aussi Confiserie, page 644.) | (See also Confectionary, p. 644.) | (Véase tambien Confitería, p. 644.)

		fr.	c.
Pâte de Calabre......... *Massa liquiritiæ dicta Calabrica*		4	»
— de Canquoin nos 1, 2, 3.... — *Canquoin ni 1, 2, 3*		8	»
— de guimauve extra-belle.... — *althææ peregregia*		4	»
— — candie..... — *cum saccharo cryst:* ...		4	»
*— de jujubes n° 1....... — *jujubæ nus 1*		3	»
— — n° 2....... — — *nus 2*		2	70
— — n° 3....... — — *nus 3*		2	40
— — à la vanille..... — — *vanillam olens*.....		6	»
— — candie...... — — *cum saccharo crystall:* ...		3	20
— de lichen......... — *lichenis*		3	»
— — candie....... — — *cum saccharo crystall:*.		3	20
— de limaçons .... — *helicis pomatiæ*		5	50
— de réglisse battue...... — *liquiritiæ contrita*		3	»
* — transparente .... — — *pellucida*		3	»
— candie...... — — *cum saccharo crystall:* .		3	20

DROGUERIE, PRODUITS CHIMIQUES ET PHARMACEUTIQUES.

		kilo.	fr.	c.
Pâte phosphorée.	Massa phosphorata		2	»
— de thridace.	— thridacis		5	»
Patience (racine).	Rumex acutus (radix)		»	80
Paullinia (Guarana)	Paullinia sorbilis (extractum fructûs). .		40	»
Pavots (extra gros).	Papaveris fructus (crassior) . . . cent.		4	»
— (gros)	— — (crassus) . . . —		3	50
— (moyens).	— — (modicus) . . . —		2	»
— (petits).	— — (parvus) . . . —		1	25
— (pour extraits).	— — (ad extracta)		1	20
— (feuilles)	— — (folia)		1	60
Peaux blanches grandes. . . la pièce.	Pelles albæ amplæ . . . . . . singulæ.		1	50
— — moyennes. . —	— — modicæ		1	25
— — petites . . . —	— — parvæ . . . . . . —		1	»
— de chamois (suivant qualités).	— rupicapræ (pro variis qualitat:) .		»	»
— de chat. . . . . . . la pièce.	— felinæ. . . . . singulæ.		2	»
— de chien de mer grandes . . .	— scyllii caniculæ amplæ. . . —		5	»
— — moyennes. . .	— — modicæ . —		4	»
Pechblende (mine d'uranium). . . .	Pechblende (primitiæ uranii)		36	»
Pêcher (feuilles mondées).	Amygdali persicæ (folia mund:)		1	40
— (fleurs).	— — (flores).		5	»
Pectate d'ammoniaque	Pectas ammonicus . . . . gram.		1	»
— de chaux	— calcicus		1	»
— de plomb.	— plumbicus . . . . . —		1	»
— de potasse.	— potassicus		1	»
Pectates en général.	Pectates in universum.			
Pelures de coings	Cutis cydonii vulgaris.		3	»
*Pensée sauvage (feuilles)	Viola tricolor avensis (folia)		1	20
— (feuilles mondées).	— — — (folia mund:) . .		1	80
— (fleurs).	— — — (flores)		3	80
— (racines).	— — — (radix)		4	»
Pepsine neutre.	Pepsina neutra.		220	»
* — acidifiée	— aciditatis particeps		220	»
Perce-bosse (plante)	Lysimachia thyrsiflora (planta)		2	»
Perce-mousse (plante)	Polytricum commune (planta)		1	60
Perchlorate de potasse	Perchloras potassicus		80	»
Perchlorates en général.	Perchlorates in universum.			
Permanganate rouge de potasse. .	Permanganas potassicus ruber		80	»
Persicaire (plante)	Polygonum persicaria (planta)		2	»
*Persil (racine).	Petroselini sativi radix		»	80
— (semence).	— — semen		2	40
— de Macédoine (semence) . . .	Bubon macedonicum		»	»
*Pervenche (plante).	Vinca minor (planta)		1	»
— (feuilles mondées) . . .	— — (folia mundata) . . .		2	»
Pèse-sirops en verre.	Syrupi-metra vitrea (p. 375).			
— en métal.	— metallica (p. 377).			
Pétalite (minerai de lithium) . . .	Petalita (primitiæ lithii)		48	»
Pétasite (racine).	Tussilago petasites (radix)		3	»
Petit-chêne	Chamædrys		1	20

DROGUERIE, PRODUITS CHIMIQUES ET PHARMACEUTIQUES.

		kilo.	fr.	c.
Petit houx (fragon) (plante)	Ruscus aculeatus (planta)		2	»
* — (racine)	— — (radix)		»	80
— — (coupée)	— — (radix secta)		1	»
Peuplier (écorce)	Populi nigræ cortex		2	»
— (bourgeons)	— — gemmæ		1	»
Pharmacies homœopathiques (p. 264)	Capsæ medicamentariæ homœopathicæ.			
— portatives (p. 471)	— — gestabiles.			
Phellandrie (feuilles)	OEnanthe phellandrium (folia)		2	»
* — (semence)	— — (semen)		1	80
Phényle du goudron de houille	Phenylum è pice carbonis fossilis		16	»
Phloridzine cristallisée	Phloridzina crystallina	gram.	»	25

Phosphates. — Phosphates.

			fr.	c.
Phosphate d'alumine	Phosphas aluminicus		16	»
— d'ammoniaque	— ammonicus		20	»
— — et de soude	— ammonico-sodicus		24	»
— d'antimoine	— stibicus		40	»
— d'argent	— argenticus	gram.	»	40
— de baryte	— baryticus		20	»
— de bismuth	— bismuthicus		40	»
— de cadmium	— cadmicus		60	»
— de chaux (os calcinés pulv.)	— calcicus (ossa usta trita)		1	20
* — — précipité pur	— — præcipit: purus		12	»
— — trochisqué	— — trochiscis		3	»
— — acide mielleux	— — acidus in mod: mellis		3	»
— — fondu	— — fusus		40	»
— de cobalt	— cobalticus		80	»
— de cuivre	— cupricus		28	»
* — de fer (proto)	— ferrosus		20	»
— — (deuto)	— ferricus		28	»
— de magnésie	— magnesicus		16	»
— de manganèse	— manganicus		50	»
— de mercure (proto)	— hydrargyrosus		64	»
— — (deuto)	— hydrargyricus		64	»
— de nickel pur	— niccolicus purus		80	»
— — et d'ammoniaq:	— niccolico-ammonicus		80	»
— de plomb	— plumbicus		16	»
— de potasse	— potassicus		16	»
— de quinine	— quinicus	gram.	1	»
— de soude pur	— sodicus purus		6	»
* — — ordinaire	— — communis		2	50
— — effleuri	— — qui effloruit		4	»
— — et d'ammoniaque	— sodico-ammonicus		24	»
— de strontiane	— stronticus		20	»
— d'uranium	— uranicus		120	»
— de zinc	— zincicus		24	»
Phosphates et phosphates doubles en général.	Phosphates et phosphates duplices in universum.			

Phosphites. — Phosphites.

		fr.	c.
	kilo.		
Phosphite d'ammoniaque — Phosphis ammonicus		120	»
— de baryte — baryticus		140	»
— de potasse — potassicus		120	»
— de soude — sodicus		120	»
Phosphites en général — Phosphites in universum.			
Phosphore en potiches de 1, 2, 3, 4, 5 kil. — Phosphorum in vasis ex ferro-albo		10	»

(La potiche n'est pas comptée pour 5 kilogrammes.) (For an order of 5 kilogrammes the vase is not charged for.) (El botecito de hoja de lata no está contad por 5 kilógramos.)

	fr.	c.
Phosphore amorphe (rouge) — Phosphorum amorphum (rubrum)	32	»

Phosphures. — Phosphureta.

	fr.	c.
Phosphure d'argent — Phosphuretum argenticum . . . gram.	»	75
— d'arsenic — arsenicum —	»	70
— de barium — baryticum	60	»
— de cadmium — cadmicum	160	»
— de calcium — calcicum	40	»
— de cuivre — cupricum	80	»
— d'étain — stannicum	80	»
— de fer — ferricum	80	»
— de nickel — niccolicum	240	»
— de plomb — plumbicum	60	»
— de zinc — zincicum	80	»
Phosphures en général. Phosphureta in universum.		
Phtorures (voy. Fluorures). Phtorureta (vide Fluorureta).		
Phyllyrée à larges feuilles — Phyllyrea latifolia	2	»
Picamar — Picamar . . . gram.	»	»
Picromel — Picromel —	1	25
Picrotoxine — Picrotoxina —	3	»
Pied-d'alouette (feuilles) — Delphinium consolida (folia)	6	»
Pied-de-chat (fleurs) — Gnaphalium dioicum (flos)	3	»
Pieds d'élan . . . la pièce. Pedes cervi alces . . . unus.	3	»
Pied-de-lion (alchimille) — Alchemilla vulgaris	3	40
Pied-de-veau — Arum maculatum	1	20
Pierre d'aigle, suivant la grosseur — Ætites (juxta amplitudinem) . unus.	2	50
— d'aimant (aimant naturel) — Magnes lapis	16	»
— calaminaire (calamine) — Lapis calaminaris	2	»
* — à cautères en plaques — ad cauterium, laminis	5	»
— — en cylindres — — cylindris	8	»
— — en pastilles — — pastillis	10	»
— divine — divinus	3	20
— de fougère (pilules) — è filice mare	25	»
— hématite — Hæmatites	4	»

DROGUERIE, PRODUITS CHIMIQUES ET PHARMACEUTIQUES.

		kilo.	fr.	c.
*Pierre infernale noire	Lapis infernus niger		175	»
— — blanche	— — albus		190	»
— de Knaup.	— Knaup		2	50
— noire.	— ater.		»	40
— ponce, gros morceaux	Pumex, frustis crassis.		»	70
— — moyens morceaux . . .	— — modicis		»	60
— — granulée.	— arenosus		1	»
— — calcinée avec l'acide sulfurique. . . .	— astus cum acido sulphurico		6	»
— de touche . . . . la pièce.	Lapis lydius . . . . unus 12 à		30	»
Pignons d'Inde (vrais)	Jatropha curcas (semen)		6	»
— — petits (croton tiglium)	Croton tiglium —		5	»
— doux.	Pinus pinea —		2	20
Piloselle (plante)	Hieracium pilosella (planta).		3	60

Pilules.   Pilulæ.

Pilules ante cibum.	Pilulæ ante cibum		20	»
— asiatiques	— asiaticæ		10	»
— balsamiques de Morton . . .	— balsamicæ Morton		40	»
— bénites de Fuller	— benedictæ Fuller.		14	»
— de Bacher	— Bacher		40	»
— de Blaud (divisées et argentées).	— Blaud (divisæ et argentatæ) . . .		32	»
— bleues	— cærulæ		30	»
— cochées mineures	— cochiæ minores		40	»
— de copahu solidifié	— de copaivâ solidificatâ		10	»
— de cynoglosse	— de cynoglosso		40	»
— dialytiques	— dialyticæ		64	»
— écossaises d'Anderson	— scoticæ Anderson		20	»
— de Frank	— Frank		20	»
— de fougère	— de filice mare		25	»
— hydragogues de Bontius . . .	— hydragogæ Bontii		16	»
— d'iodure de fer inaltérable divisées et argentées . . .	— de iodureto ferroso incommutabili divisæ et argentatæ		60	»
— mercurielles de Belloste . . .	— hydrargyricæ Belloste		22	»
— — savonn. de Sédil.	— — cum sapone Sédillot.		12	»
— de Méglin	— Méglin.		18	»
— de Morton	— Morton.		40	»
— de Rudius	— Rudii		64	»
— de Rufus.	— Rufi		28	»
— de savon.	— de sapone.		5	50
— scillitiques	— de scillâ maritimâ		10	»
— de térébenthine cuite	— de terebinthinâ coctâ		8	»
— selon la formule de Vallet . .	— juxta rationem Vallet.		8	»
Et toutes autres pilules.	Et cæteræ omnes pilulæ.			

(A ces prix, et faute de désignation, ces pilules seront livrées en masse; la division les augmentera de 10 fr. par | (At those prices, and for want of particular designation, these pills will be sent in a mass; the division will in- | (A esos precios, y á falta de indicacion, se venderán estas píldoras en masa; la division ocasionará el aumento de 10 fr.

DROGUERIE, PRODUITS CHIMIQUES ET PHARMACEUTIQUES.

		fr.	c.
kilogr. non argentées et de 16 fr. argentées. Voyez pour les autres pilules aux Médicaments spéciaux.)	crease the price by 10 fr. per kilogr. not silvered, and by 16 fr. it silvered. For other pills, see special Medicaments.)	por kilógr. no plateadas y el de 16 fr. si lo están. Véase en cuanto á las demas píldoras los Remedios especiales.)		

		kilo.	
Piluliers.	Instrumenta pilulis dividendis (p. 345).		
Piment de Cayenne (poivre de Cay):	Capsicum frutescens (fructus)	4	»
— enragé (poivre de Cayenne).	— — —	4	»
— des jardins (poivre de Guinée).	— annuum — . . . . ⚠	1	80
— Jamaïque	Myrtus pimenta — . . . . ⚠	2	60
— Tabago	— acris —	2	»
Pimprenelle (plante)	Poterium sanguisorba (planta)	2	»
Pipérin cristallisé	Piperinum crystallinum . . . . gram.	»	60
Pissenlit (feuilles)	Taraxacum dens leonis (folia)	1	20
— (racines)	— — — (radix)	1	20
Pistaches	Pistacia vera (semen)	9	»
— de terre (arachide)	Arachis hypogea (semen)	2	»
Pivoine (fleurs)	Pæonia officinalis (flos)	5	»
— (racine)	— — (radix)	1	80
— (semences plates)	— — (semen planum) . . .	4	»
— (semences rondes, mondées).	— corallina (— rotund:) . . .	12	»
Plantain (plante)	Plantago major (planta)	1	60
— (feuilles mondées)	— (fol: mund:)	2	»
Plaques galvaniques Raspail. le roul:	Lamina galvanica Raspail. . . scapus.	»	80
Platine (minerai)	Platinum (primitiæ) . . . . . gram.	1	»
— en lame et en fil gros	— laminâ et filo crasso . —	1	30
— en fils fins sur bobines . . .	— filo tenui in fusis . . . —	1	30
— en mousse.	— spongiâ . . . . . —	1	30
— noir de Liebig	— atrum Liebig . . . . —	2	»
Plomb pauvre.	Plumbum egens	2	40
— laminé pour plaies	— laminatum ad plagas . . .	2	»
Plombagine purifiée	Plumbago purificata	3	»
— ordinaire (mine de plomb).	— communis . . . . . 50 c. à	»	60
Plombate de chaux	Plumbas calcicus	10	»
— de potasse	— potassicus	10	»
Plumeaux.	Scopæ pennatæ (p. 355).		

Pois à cautère.   Globuli pro fonticulis.

Pois d'iris ou d'orange :	Globuli iridis seu aurantii :		
nº 1 à 9. . . . le cent.	à nus 1 ad num 9. . . . cent.	»	25
10, 11, 12. . . —	10, 11, 12. . . . —	»	50
13, 14, 15. . . —	13, 14, 15. . . . —	1	»
16, 17, 18. . . —	16, 17, 18. . . . —	1	20
19, 20, 21. . . —	19, 20, 21. . . . —	1	80
22, 23, 24. . . —	22, 23, 24. . . . —	3	»
— 1/2 sphériques, comme les précédents	— semi globosi, ut priores.		

(Pour les autres, voyez Médicaments spéciaux.) | (For the others, see special Medicaments.) | (Para los demas, véanse los Remedios especiales.)

DROGUERIE, PRODUITS CHIMIQUES ET PHARMACEUTIQUES.

		kilo.	fr.	c.
Pois chiches	Cicer arietinum (semen)		1	20
Pois velus	Dolichos pruriens (siliqua)		5	»
*Poivre blanc n° 1, de Paris	Piper album n° 1, Parisiense		3	10
— — n° 2	— — n°s 2, —		3	»
— naturel	— nativum		3	»
— de Cayenne	Capsicum frutescens		4	»
— de Guinée	— annuum		1	80
— long	Piper longum		3	»
— noir (lourd)	— nigrum (grave)		2	30
— (1 2 lourd)	— — (levius)		2	10
* — alepy	— alepy		2	30
— à queue (cubèbes)	— cubeba		7	»
*Poix blanche ou de Bourgog: en vessie	Pix Burgundiæ purificata vesicâ		»	50
Poix de Bourgogne en tinette	— — alveo		»	40
— noire	— nigra		»	60
* — résine blonde	— resina flava		»	40
— — purifiée	— — purificata		»	50
Polygala amara (plante)	Polygala amara (planta)		2	80
* — de Virginie (racine)	— seneka (radix)		10	»
Polypode de chêne	Polypodium vulgare		1	20
Polytric des boutiques	Asplenium trichomanes		2	»

Pommades médicinales.   Pomata medicata.

			fr.	c.
Pommade citrine (onguent citrin)	Pomatum citrinum		4	»
— ammoniacale de Gondret	— ammonicum Gondret		6	»
— camphrée	— camphoratum		5	»
— aux concombres	— de cucume		4	50
— de Dupuytren	— Dupuytren		16	»
— épispastique au garou	— epispast: cum daphne Gnidio		4	80
— — jaune	— — flavum		4	80
* — — verte	— — viride		4	80
— de goudron	— de pice nautica		4	»
— de laurier (onguent)	— de lauro nobili		4	»
— de mézéréon ou au garou	— de mezereo seu daphne Gnidio		4	80
— ophthalmique de Desault	— ophthalmicum Desault		12	»
— — de Janin	— — Janin		12	»
— — de Lyon	— — Lugdunense		16	»
— — de Régent	— — Régent		14	»
— oxygénée	— oxygenatum		3	20
— rosat pour les lèvres	— rosatum ad labia		8	»
* — — (onguent rosat)	— — (unguentum rosatum)		4	»
— stibiée (d'Autenrieth)	— stibiatum		6	»
Pommades pour la toilette (v: Parf.)	Pomata (vide Res quæ sunt suffitoris).			
Potasse d'Amérique	Potassa Americana		1	40
— de Russie	— Russiæ		1	30
— factice	— arte facta		»	55
* — perlasse du commerce	— alba mercatorum		1	30

134   DROGUERIE, PRODUITS CHIMIQUES ET PHARMACEUTIQUES.

		kilo.	fr.	c.
*Potasse caustique à la chaux	Potassa caustica ope calcis		5	»
— — à l'alcool	— — alcohol		30	»
Potassium	Potassium	gram.	1	»
Potée d'émeri	Lutum smyridis		1	»
— d'étain (stannate de plomb)	Stannas plumbicus		3	80
Potentille (racine) (Quintefeuille)	Potentilla reptans (radix)		1	60
Poudre d'algaroth (sous-chlorure d'antimoine)	Pulvis algaroth (sub chloruretum stibicum		16	»
— d'or pour l'écriture	Pulvis aureus ad scripturam		»	50
— à poudrer	— cyprius		1	20
— à punaises (pyrethr: Caucasi)	— cimicibus lethifer		8	»
Poudres simples et composées (voy. Poudres impalpables)	Pulveres simplices et compositi (vide Pulveres subtilissimi)			
*Pouliot vrai (menthe pouliot)	Mentha pulegium		1	20
— — (feuilles mondées)	— (folia mundata)		2	»
— des montagnes	Teucrium polium		»	»
Pourpre de Cassius (stannate d'or)	Stannas auricus	gram.	2	50
Pralines superfines	Amygdalæ saccharo conditæ peregregiæ		5	»
— fines	— — egregiæ		3	20
— demi-fines	— — sub egregiæ		2	80
— ordinaires	— — communes		2	40

(Pour les autres, voyez Confiserie.)   (For the others see Confectionary.)   (Para las demas, véase Confitería.)

			fr.	c.
*Précipité blanc (protochlorure de mercure	Præcipitatum album (chloruretum hydrargyrosum)		9	»
— rouge	— rubrum		10	»
— — pulvérisé et lavé	— — tritum et lotum		16	»
— per se (oxyde rouge de mercure)	— per se (oxydum hydrargyricum)		10	»
Prêle	Equisetum hiemale		1	50
Présure liquide, le flacon	Coagulum liquidum, lagunc:		»	20
— solide	— solidum		4	50
Primevère (feuilles)	Primula veris (folia)		1	60
* — (fleurs)	— (flos)		2	50
Prompto-vésicants (voy. Mouches de Milan)	Prompto-vesicantia (vide Muscæ Mediolanenses)			
Propylamine	Propylamina	gram.	»	40
Protéine	Proteina		»	50
Pruneaux à médecine ou noirs	Pruna passa medicata		1	»
Prunier sauvage (fleurs)	Pruni spinosæ flos		5	»
*Prussiate de potasse jaune	Prussias potassicus flavus		4	80
— — rouge ordinaire	— — ruber vulg:		10	»
Prussiates (voy. Hydroferrocyanates et Cyanures)	Prussiates (vide Hydroferrocyanates et Cyanureta)			
Psyllium (plante)	Plantago psyllium (planta)		5	»
* — (semence)	— (semen)		1	50
Ptarmique	Ptarmica vulgaris		2	»
*Pulmonaire officinale	Pulmonaria officinalis		1	40

DROGUERIE, PRODUITS CHIMIQUES ET PHARMACEUTIQUES.

		kilo.	fr.	c.
Pulmonaire de chêne. Lichen pulmon.	*Sticta pulmonaria*		1	20
Pulpe de casse	*Pulpa cassiæ*		12	»

(Dans l'intérêt de sa conservation, nous y ajoutons son poids de sucre.)	(For the purpose of preserving it, we add to it its weight in sugar.)	(En interes de su conservacion le anadimos su peso de azúcar.)

			fr.	c.
Pulpe de tamarin	*Pulpa tamarindorum*		8	»
Et toutes autres pulpes.	*Et omnes cæteræ pulpæ.*			
*Pulsatille (anémone pulsatille)	*Anemone pulsatilla* (*folia*)		1	40
— (racine)	— (*radix*)		2	60
Pyrelaïne de goudron	*Pyrelaina picis nauticæ*		12	»
Pyrèthre (racine)	*Anthemidis pyrethri* (*radix*)		2	40
— du Caucase d'origine	*Pyrethrum Willemoti nativum*		8	»
— — très-fine	— — *subtilissimum*		9	»
— — (fleurs)	— — (*flos*)		10	»
Pyrolignite de fer . . . la barrique.	*Pyrolignis ferricus* . . . . . *dolium.*		30	»
— — au détail	— — *per partes*		»	50
— de plomb sec	— *plumbicus siccus*		1	50
Pyrophore de Gay-Lussac.	*Pyrophorus* Gay-Lussac.		30	»
— de Homberg	— Homberg		30	»

Pyrophosphates.

			fr.	c.
Pyrophosphate d'argent	*Pyrophosphas argenticus*	gram.	»	40
— de fer citro-ammoniac.	— *ferro citro-ammonicus*		40	»
* — ferreux amorphe	— *ferrosus amorphus*		20	»
— ferrique	— *ferricus*		24	»
— de fer et de soude	— *ferroso-sodicus solidus*		20	»
* — de soude pour les arts.	— *sodicus ad artes*		5	»
— — pur	— — *purus*		24	»
Pyrothonide concrète	*Pyrothonis concreta*		100	»
* — liquide	— *liquida*		60	»
Pyroxiline (coton poudre)	*Pyroxilina*		80	»

Q

			fr.	c.
Quatre-fleurs (fleurs pectorales)	*Flores bechici*		3	»
Quassia amara entier	*Quassia amara ramis*		1	50
* — — râpé	— — *rasuris*		2	80
Quassine	*Quassina*	gram.	1	»
Quercitron	*Quercus tinctoria*		»	60
Queues de cerises	*Pedunculi cerasorum*		4	»
Quillai savonneux (écorce de Panama)	*Quillaya smegmadermos* (*cortex*)		»	60
Quinine brute	*Quinina imperfecta*	gram.	»	30
* — blanche pure	— *alba pura*	—	»	80
Quinidine	*Quinidina*	—	»	50

DROGUERIE, PRODUITS CHIMIQUES ET PHARMACEUTIQUES.

		kilo.	fr.	c.
Quinium	Quinium		200	»
Quinoïdine	Quinoidina		80	»

Quinquinas.   Cinchonæ cortices.

			fr.	c.
*Quinquina gris choisi	Cinchona Condaminea selecta . . . . ⚠		8	»
— gris ordinaire	— — communis . . ⚠		6	»
— — menu	— — frusta . . ⚠		6	»
* — jaune callisaya choisi. . .	— cordifolia selecta : . . . ⚠		12	»
— — — ordinaire .	— — communis. . . . ⚠		11	»
— — Pitayo, 1er choix. .	— Pitaya selecta		9	»
— — Carthagène	— Carthaginis novæ.		5	»
— rouge ordinaire	— oblongifolia communis . . ⚠		18	»
* — — vif beau.	— — egregia . . . . ⚠		22	»
— — extra-beau. .	— — peregregia . .		26	»
*Quintefeuille (racine).	Potentilla reptans (radix)		1	60
— (plante).	— (planta)		2	»

R

		fr.	c.
Racahout	Racahout	6	»
Racine de Jean Lopez (rare)	Radix Lopesiana	»	»
*Raifort frais . . . . au cours.	Cochlearia armoracia (radix recens) . .	1	»
— sec	— — sicca .	4	»
Raisins de Corinthe	Uvæ Corinthiacæ . . . . ⚠	1	80
— de Malaga	— Malaga . . . . ⚠	2	60
— de caisse	— passæ . . . . ⚠	1	40
Ratanhia officinal (souches et filets) .	Krameriæ triandræ caudex et radicellæ. ⚠	4	»
* — — (choisi filets) . . .	— — (radicellæ) . . . ⚠	6	»
Ratanhia Savanille	— ixinæ radix	3	»
Ravensara (noix) (rare)	Agathophylli aromatici nux (rara) . . .	10	»
Ray-grass	Lolium perenne	»	70
Réactifs en général.	Reagentia in universum.		
Réalgar (sulfure d'arsenic rouge) . .	Sulphuretum arseniosum	1	60
*Réglisse sèche (racine choisie) . . .	Glycyrrhizæ glabra radix sicca . . . . ⚠	1	»
— — ordinaire . . 100 k°.	— — mediocris . 100 k°	75	»
— — mondée au vif . . .	— — ad vivum mundat: .	2	80
— verte	— viridis recens . . . ⚠	»	80
Reine des bois (aspérule odorante) . .	Asperula odorata	2	»
— des prés (voy. Ulmaire) . . .	Spiræa ulmaria	1	20
Remède du Dr Turck, de tous degrés.	Remedium Dr Turck omni gradu	1	»
Renoncule scélérate	Ranunculus sceleratus	2	»
Résine blonde (poix résine)	Resina flava (pix resina)	»	40
— purifiée	— purificata	»	50
* — de jalap de notre laboratoire. .	— jalapæ è nostrâ officinâ	160	»
— — blanche et pure . . .	— — alba et pura	200	»
— — de Marseille	— — Massiliensis	16	»

DROGUERIE, PRODUITS CHIMIQUES ET PHARMACEUTIQUES.

			fr.	c.
		kilo.		
*Résine de quina gris.	Resina cinchonæ cinereæ.		100	»
— — jaune.	— — flavæ.		200	»
— — rouge.	— — rubræ.		220	»
— de scammonée blanche et pure.	— scammonii alba et pura.		220	»
Résines purifiées pour emplâtre.	Gummes resinæ purific: ad emplastrum.		16	»
Résinéone de goudron.	Resineona è pice nautica.		12	»
Rhapontic (racine).	Rhei rhapontici radix.		3	»
Rhéine.	Rheina.	gram.	1	50
Rhodium.	Rhodium.	—	10	»
Rhododendron ferrugineux (rosage).	Rhododendrum ferrugineum.		8	»
Rhubarbarine.	Rhubarbarina.	gram.	»	50
*Rhubarbe de Chine, bonne march[ise].	Rhei sinensis radix, bona merx.		10	»
— — cassée belle.	— — secta optima.		12	»
— — ordinaire.	— — mediocris.		9	»
— plate, très-belle.	— — plana insignis.		12	»
— — — cassée.	— — — secta.		13	»
— de Moscovie (manque).	— — Moscoviæ.		»	»
— de France (Rhapontic).	— rhapontici radix.		3	»
Rhum de la Jamaïque vrai. la bout[lle].	Rhum Jamaicæ rerum.	lagena.	3	50
Rhus radicans (feuilles).	Rhois radicantis folia.		4	50
— toxicodendrum.	— toxicodendri folia.		»	»
— coriaria (voy. Sumac).	— coriariæ —			
Ricin (semence).	Ricini communis semen.		1	40
*Riz Caroline, n° 1 (au cours).	Oryza Caroliniana n[us] 1.		»	85
— — n° 2.	— — n[us] 2.		»	80
— de l'Inde.	— Indica.		»	60
— à veau.	— vitulis.		»	50
Rob d'airelle.	Rob myrtillorum.		20	»
— de nerprun.	— rhamni cathartici.		16	»
— de sureau.	— sambuci.		16	»
— d'yèble.	— ebuli.		16	»
Rocou avec feuilles.	Pigmentum urucu cum foliis.		»	»
— sans feuilles.	— — sine —.		4	50
— sec.	— siccum.		16	»
Rognures d'argent.	Ramenta argenti.	gram.	»	35
— d'or.	— auri.		5	»
Romarin (plante).	Rosmarini officin: planta.		1	20
— (feuilles mondées).	— folia mund:		1	»
— (fleurs).	— flos.		2	»
Ronces (boutons de).	Rubi inermis gemma.		2	20
*— (feuilles).	— folia.		1	»
— (feuilles mondées).	— — mund:		1	60
Roquette (plante).	Brassica erucastrum.		2	»
Rosage.	Rhododendrum ferrugineum.		8	»
Roseau commun.	Arundo phragmites.		1	40
— tipha. la douz[e].	— tipha.	duodecim:	»	50
Roses muscades blanches.	Rosæ moschatæ flos.		8	»
— pâles fraîches (au cours).	— Damascenæ rec: flos (juxta nund:)		»	»
— pâles sèches.	— — siccus flos.		5	»

138 DROGUERIE, PRODUITS CHIMIQUES ET PHARMACEUTIQUES.

		kilo.	fr.	c.
*Roses rouges de Provins	Rosa gallica (flos).		12	»
— — — onglées.	— — sublato unguiculo.		14	»
— — diverses.	— — pseudo.		8	»
* — trémières.	Althææ roseæ flos.		2	40
— — couleurs variées.	— — variis coloribus.		3	»
Rouge d'Angleterre.	Oxydum ferricum ad polituram.		6	»
— — impalpable.	— — subtilissimum.		7	»
— de Prusse n° 1.	— borussicum.	100 k°.	30	»
— — — au détail.	— — per partes.		»	40
Rue des murailles.	Asplenium ruta muraria.		2	80
— officinale (plante)	Ruta graveolens (planta).		1	50
* — — (feuilles mondées).	— (folia mundata).		2	»
Ruthenium.	Ruthenium.	gram.	»	»
Rutile (titanate de fer)	Rutilum (titanas ferricus).		8	»

S

Sabadilline.	Sabadillina.	gram.	4	»
Sabine mâle ou savinier.	Juniperus sabina.		1	»
* — femelle (mondée).	— (folia mundata).		1	»
Sable bleu ou rose pour l'écriture.	Arena cærulea seu rosea ad scripturam.		»	30
Sacs de papier roux anglais simples.	Sacci è chartâ fuscâ anglici simplices.		»	90
— — doublés de bleu.	— duplicati chartâ cæruleâ.		»	95
— — — de blanc.	— — albâ.		1	10
— — bleu simples.	— cæruleâ simplices.		1	20
— — blanc simples.	— albâ —.		1	50
Saccharate de chaux.	Saccharas calcicus.		10	»
Saccharolé de jalap composé (sucre orangé purgatif).	Saccharum de jalapâ compos: (saccharum luteum purgans).		5	»
— d'escargots (hélicine).	— de helice pomatiâ.		12	»
— de lichen.	— de lichene.		6	»
— de mousse de Corse.	— de fuco helminthocorto.		6	»
— — perlée.	— crispo.		8	»
Saccharure d'aconit.	— de aconito.		10	»
— de belladone.	— de belladonâ.		10	»
— de fer.	— de ferro.		24	»
Safran gâtinais.	Croci sativæ stigmates.		140	»
* — de mars apéritif.	Carbonas ferricus hydratatus.		2	60
— — astringent.	— sine aquâ.		2	60
Safranine.	Safranina.	gram.	1	50
Safranum de l'Inde (Carthame).	Carthami tinctorii flos Indicus.		7	»
* — d'Espagne.	— — Hispanus.		9	»
Safre.	Oxy-sulphuretum cobalticum.		6	»
Sagapénum.	Sagapenum.		7	50
Sagou de l'Inde vrai.	Sagu Indicum verum.		1	10
Sainbois (écorce) (voy. Garou).	Daphnes Gnidii cortex.			
Salep de Perse.	Orchis masculæ tuberculi.		7	50
Salicaire (plante).	Lythrum salicaria (planta).		3	»

DROGUERIE, PRODUITS CHIMIQUES ET PHARMACEUTIQUES.

		kilo.	fr.	c.
Salicine.	Salicina.		80	»
Salicylite de potasse	Salicylis potassicus . . . . . gram.		2	»
Salpêtre (azotate de potasse) brut	Nitras potassicus impurus		1	25
* — — raffiné	— — purificatus		1	30

Salsepareilles. — Sarsaparillæ radices.

			fr.	c.
Salsepareille Honduras (rare)	Sarsaparilla Honduras		»	»
* — Tampico	— Tampico		2	80
— — coupée	— — secta		5	20
— Portugal	— Brasiliensis		6	50
— rouge de la Jamaïque	— rubra Jamaicensis		6	»
— — — coupée	— — secta		8	»
— souches	— caudices		1	20
— — coupées	— secti		1	60
Salseparine (parigline, smilacine)	Sarsaparina (pariglina, smilacina). gr.		12	»
Sandaraque lavée	Sandaracha lota		5	50
* — en sorte	— in sortis		4	50
Sang de bouquetin	Sanguis capræ ibicis		12	»
Sang-dragon en roseaux longs	— draconis arundine longâ		10	»
* — en masse beau	— — mole, egregius		8	»
— — ordinaire	— — communis		5	»
Sanguinaire du Canada (racine)	Sanguinaria Canadensis (radix)		10	»
Sanguine (pierre rouge)	Sanguineus lapis		»	40
*Sanicle (plante)	Sanicula europæa (planta)		1	20
— (feuilles mondées)	— (folia mund:)		2	40
Santal blanc en copeaux (rare)	Lignum santali albi schidiis		3	50
— citrin —	— citrinum schidiis		3	»
— rouge —	— rubrum —		»	80
— — moulu	— — molitum		»	70
Santaline	Santalina . . . . gram.		1	»
Santoline (plante)	Santolina chamæcyparissus (planta)		1	20
Santonine cristallisée	Santonina crystallina		150	»
Sapin (bourgeons)	Gemmæ abietis		2	40
Saponaire d'Egypte	Gypsophylla struthium		1	50
— officinale (plante)	Saponaria officinalis (planta)		1	»
* — — (feuilles mond.)	— — (folia mund:)		1	60
— — (fleurs)	— — (flos)		4	»
— — (racine)	— — (radix)		1	40
Saponine	Saponina . . . . gram.		»	80
Sarcocolle (gomme)	Gummi sarcocollæ		7	»
Sarcocoline	Sarcocollina . . . . gram.		»	50
Sarrasin mondé . . . . le litre.	Polygonum fagopyrum mundatum . litr.		»	50
Sarriette (plante)	Satureia hortensis		2	»
Sassafras entier	Lignum sassafras truncis		»	90
* — en copeaux	— schidiis		1	50
— noix (fèves pichurim)	Lauri sassafras nuces		12	»
Sauge (plante)	Salvia officinalis (planta)		1	20

DROGUERIE, PRODUITS CHIMIQUES ET PHARMACEUTIQUES.

		kilo.	fr.	c.
*Sauge (feuilles mondées)	Salvia officinalis (folia mundata)		1	50
— des prés	— pratensis		3	»
Saule (écorce)	Salicis albæ cortex		1	60
Savon animal	Sapo animalis		3	»
— arsenical de Becœur	— cum arsenico Becœur		3	»
— blanc	— albus		1	40
— — parfumé	— — odoratus		1	40
— blanc de Marseille	— — Massiliensis		1	60
— d'huile de croton-tiglium	— cum oleo crotonis tiglii		90	»
— médicinal ou amygdalin	— medicatus seu amygdalinus		4	»
— de Starkey	— Starkey		5	»
— des verriers (manganèse)	— vitrariorum (oxy: manganicum)		»	90
— vert en 1/4 ou en 1/8	— viridis cado 1/4, cado 1/8.	100 k.	68	»
— — au détail	— — per partes		»	80
Saxifrage granulée (racine)	Saxifraga granulata (radix)		2	»
— des prés (racine)	Peucedanum pratense (radix)		2	50
*Scabieuse (feuilles)	Scabiosa arvensis (folia)		1	»
— (— mondées)	— (— mund:)		1	40
— (fleurs)	— (flos)		2	»
— (racine)	— (radix)		1	»
*Scammonée d'Alep surfine	Scammonium Alepense per egregium		80	»
— de Smyrne	— Smyrneum		60	»
— en galettes	Resina cynanchi Monspeliaci		7	»
Scarlett en poudre	Pygmentum cum iodureto hydrargyrico		140	»
Sceau de Notre-Dame (vigne vierge)	Tamni communis radix		»	80
— de Salomon (plante)	Convallaria polygonatum (planta)		1	20
*— — (racine)	— — (radix)		1	50
Schœnanthe (jonc odorant)	Andropogon schœnanthus		»	»
Scilles (oignons frais)	Scillæ maritimæ bulbus recens		1	80
*— squammes sèches	— squammæ siccæ		1	40
Scillitine brune	Scillitina (in modum extracti)	gram.	»	50
Scolopendre (feuilles)	Scolopendrii officinalis folia		1	20
Scordium (plante)	Teucrium scordium (planta)		1	20
Scories de crocus	Oxysulphureti stibici scoriæ		»	70
Scorsonère (racine)	Scorsonera hispanica (radix)		2	»
*Scrofulaire (plante)	Scrofularia nodosa (planta)		1	40
— (racine)	— (radix)		2	50
Sébestes (fruit) (manquent)	Fructus cordiæ sebestenæ (desunt)		»	»
Sédum âcre (plante)	Sedum acre (planta)		8	»
Seigle ergoté	Sclerotium clavus (secale cornutum)		14	»

Sels.   Sales.

			fr.	c.
Sel d'absinthe (carbonate de potasse des cendres d'absinthe)	Sal absinthii (carbonas potassicus è cinere absinthii)		7	»
— alembroth (chlorure de mercure ammoniacal cristallisé)	— alembroth (chloruretum hydrargyrico-ammonicum cryst:)		24	»
*— ammoniac blanc	— ammonicus albus		3	»
— — gris	— — cinereus		1	50

DROGUERIE, PRODUITS CHIMIQUES ET PHARMACEUTIQUES. 141

		kilo.	fr.	c.
Sel arsenical de Macquer (arséniate de potasse)	Sal arsenicus Macquer (arsenias potassicus)		8	»
*— de Boutigny, à 2 équivalents	— Boutigny, 2 portionibus		80	»
— — à équivalents égaux	— — portionibus æquis		80	»
— cathartiq. amer (sulfate de magnésie	— catharticus amarus (sulphas magnesicus)		»	40
— de Cheltenham	— Cheltenham		1	»
— duobus (sulfate de potasse)	— duobus (sulphas potassicus)		1	20
— d'Epsom de Lorraine (sulfate de soude)	— Epsom Lotharingus (sulphas sodicus)		»	30
— d'Epsom vrai (sulfate de magnésie)	— — verus (sulphas magnesicus)		»	40
— essentiel de quinquina (extrait sec de quinquina)	— essentialis cinchonæ (extractum siccum cinchonæ)		120	»
— d'étain (protochlor: d'étain crist:)	— stannosus (chloruretum stannosum)		3	20
— fébrifuge de Sylvius (hydrochlorate de potasse)	— febrifugus Sylvii (chloruretum potassicum)		3	20
— de Gélis et Fordos (hyposulfite d'or et de soude)	— Gélis et Fordos (hyposulphis auricosodicus)	gram.	3	»
— gemme (chlorure de sodium)	— fossilis (chloruretum sodicum)		»	80
— de Glauber (sulf: de soude crist:)	— Glauberi (sulphas sodicus crystall:)		»	40
— de Gregory	— Gregory	gram.	3	»
— de Guindre	— Guindre		3	»
— de lait (lactose, sucre de lait)	— lactis (saccharum lactis)		4	20
— marin (chlorure de sodium pur)	— marinus (chlorur: sodicum purum)		3	»
— de Mars de Rivière	— Martis Rivière		3	»
— de nitre (azotate de potasse)	Nitrum (nitras potassicus)		1	30
— d'oseille (oxalate acide de potasse)	Sal acetosellæ (oxalas acidus potassicus)		4	50
— de phosphore	Phosphas ammonico-sodicus		24	»
— polychreste de Glaser (sulfate de potasse)	Sal polychrestum Glazeri (sulphas potassicus)		1	20
— de prunelle (azot: de potas: fondu)	— prunellæ (nitras potassicus fusus)		2	»
— de Puche	— d^r Puche		200	»
— de la Rochelle (sel de Seignette)	Tartras sodico-potassicus		3	80
— de Saturne (acétate de plomb)	Sal Saturni (acetas plumbicus cryst:)		1	30
— de Schlippe	Sulphuretum stibico-sodicum		10	»
— sédatif de Homberg (acide borique)	Sal sedativus Homberg (acidum boricum crystallinum)		4	»
— de Sedlitz (sulfate de magnésie)	— Sedlitz (sulphas magnesicus)		»	40
— de Seidchutz —	— Seidchutz —		»	40
— de Seignette (tartrate de potasse et de soude)	— Seignette (tartras sodico-potassicus crystallinus)		3	80
*— de soude (carbonate de soude desséché) à 80°	Carbonas sodicus exsiccatus 80°		»	70
— — à 40°	— — 40°		»	50
— de succin (acide succinique)	Sal succini (acidum succinicum)		100	»
— de tartre (carbonate de potasse)	— tartari (carbonas potassicus)		1	30
— végétal (tartrate de potasse neutre)	Tartras potassicus neuter		6	»
— de verre	Recrementa vitri		»	90
— de Vichy artificiel	Sal Vichy arte factus		2	»

142 DROGUERIE; PRODUITS CHIMIQUES ET PHARMACEUTIQUES.

	kilo.	fr.	c.
Sel de vinaigre (sulfate de potasse granulé) . . . . *Sulphas potassicus granulatus ad lagunculos*		2	40
— volatil d'Angleterre (carbonate d'ammoniaque) . . . . . . *Sal volatilis anglicus (carbonas ammonicus)*		2	70
— volatil de benjoin (acide benzoïque sublimé . . . . — *benzoini (acidum benzoicum)*		160	»
— volatil de corne de cerf (carbonate d'ammoniaque empyr:) . — *cornu cervi (carbonas ammonicus empyreum:)* . .		2	70
— volatil de succin (acide succiniq.). — — *succini (acid: succinicum)* .		100	»
Séléniate de potasse . . . . *Selenias potassicus* . . . . gram.		2	25
Séléniates divers. *Seleniates vario genere.*			
Sélénites divers. *Selenites — —*			
Sélénium . . . . *Selenium* . . . . gram.		2	50
Séléniures divers. *Seleniureta vario genere.*			
Selin des marais . . . . *Selinum palustre*		14	»
*Semen-contra d'Alep vrai. . . . . *Artemisia contra capituli* . . . . △		1	80
— de Barbarie . . . . . — *glomeratæ capituli* . . .		1	60
— couvert . . . . . . *Artemisia contra tecta saccharo.* .		3	20
Semences chaudes . . . . *Semina ferventia*		2	»
— froides . . . . — *refrigerentia*		2	»
(Pour les autres semences, voyez à leurs noms.)	(For other seeds, see their names.)	(En cuanto á las demas semillas, véanse sus nombres.)	
Semoule (*au cours*) . . . . *Farina granulata (juxta nundinationem)*		»	60
Séné Moka . . . . *Cassia lanceolata*		1	80
— de la Palthe mondé à la main . — *acutifolia mundata manu* . . .		12	»
* — — 3/4 mondé . . . — — 3/4 . . △		2	80
* — de Tripoli 3/4 mondé . . . — *Tripolitana* — 3/4 . . △		2	80
Ces deux derniers en sorte . . . . *Quæ ambæ novissimæ in sortis* . .		2	30
Seneçon (plante) . . . . *Senecio vulgaris (planta)*		1	40
*Sépia en nature . . . . *Sepiæ pigmentum nativum*		16	»
— impalpable . . . . — — *subtilissimum* . .		34	»
Serpentaire de Virginie (racine) . . *Serpentaria Virginiana (radix)* . △		8	»
*Serpolet (plante) . . . . *Thymus serpyllum (planta)*		1	»
— (mondé) . . . . . . — — *mundatus*		1	40
Sésame (semences) . . . . *Sesamum orientale (semen)* . . .		2	»
Séséli de Marseille (semences) . . . *Seseli tortuosum (semen)*		4	»
Silicate de potasse soluble sec . . . *Silicas potassicus solubilis siccus*		12	»
* — pour la silicatisation à 40° . . . — — 40° *ad silicifaciendum*		»	70
— de soude soluble sec . . . — *sodicus solubilis siccus*		12	»
* — pour la silicatisation à 40° . . — — 40° *ad silicifaciendum*		»	70
Silice (cristal de roche pulvérisé) . . *Silicea (crystallum rupeum tritum)* . . .		8	»
— en gelée . . . . — *in modum liquaminis*		10	»
* — pure anhydre . . . . — *pura expers aquæ*		30	»
Silicium cristallisé . . . . *Silicium crystallinum* . . . . . gram.		18	»
Silicofluorure (voyez Fluosilicates). *Silico fluorureta (vide Fluosilicates).*			

DROGUERIE, PRODUITS CHIMIQUES ET PHARMACEUTIQUES.

			fr.	c.
		kilo.		
Siliques douces (carouges)	Fructus ceratoniæ (siliqua dulcis) . . .		2	»
Simarouba (écorce)	Simarubæ cortex		4	»
— (— coupée)	— — sectus		4	50
Sinapisine	Sinapisina	gram.	»	»

Sirops.   Syrupi.

(Contrairement à l'usage, et pour la plus grande commodité de nos commettants, nous avons donné les prix de nos sirops à la bouteille et au litre, vases compris.) | (Contrary to general custom and for the greater convenience of our customers, we have given the prices of our syrups by the bottle and by the litre, bottle and jar included.) | (Contrariamente á la costumbre, y para mayor comodidad de nuestros comitentes, hemos dado los precios de nuestras jarabes por botellas y por litros, comprendidas las vasijas.)

		Bouteille.		Litre.	
		fr.	c.	fr.	c.
Sirop d'acide cyanhydrique . . .	Syrupus acidi cyanhydrici	2	50	3	75
— — tartrique	— — tartarici	2	25	3	40
— d'amandes (sirop d'orgeat) .	— amygdalarum	2	40	3	60
— antiscorbutique du Codex .	— antiscorbuticus Codicis . .	2	50	3	75
— — de Portal . .	— — Portal . . .	2	75	4	10
— d'armoise simple	— artemisiæ simplex	2	25	3	40
— — composé	— — compositus . . .	2	50	3	75
— d'aunée	— enulæ	2	25	3	40
— de baume de Tolu	— Tolutanus	3	»	4	50
— de belladone	— belladonæ	2	25	3	40
— de Bellet	— Belleti	2	25	3	40
— de berberis	— berberis	3	»	4	50
— de bourgeons de sapin . . .	— gemmæ abietis	2	25	3	40
— de bourrache	— borraginis	2	»	3	»
— de cachou	— cathecu	2	50	3	75
— de café	— coffeæ arabicæ	2	50	3	75
— de caïnça	— cahincæ	2	25	3	40
— de calebasse (garanti d'origine)	— cucurbitæ lagenariæ (orig: probata)	10	»	»	»
— de Calabre	— Calabricus	2	50	3	75
— de camomille	— anthemidis nobilis	2	50	3	75
— de camphre	— camphoratus	2	»	3	»
— de cannelle	— cinnamomi	2	75	4	10
— de capillaire du Canada . .	— adianti pedati	2	»	3	»
— de capsules de pavots (sirop diacode)	— de capsulâ papaveris (syrupus diacodium)	2	25	3	40
— de cerises	— cerasorum	2	»	3	»
— de chèvrefeuille	— caprifolii	2	25	3	40
— de chicorée composé . . .	— de cichorio compositus . .	2	75	4	10
— de chou rouge	— brassicæ rubræ	2	25	3	40
— des cinq racines apéritives .	— de quinque radicibus . . .	2	25	3	40
— de citrate de fer	— citratis ferrici	2	75	4	10
— de codéine (form: Guibourt)	— codeinæ (ratione Guibourt) .	8	»	12	»
— de coings	— cydoniorum	2	50	3	75

DROGUERIE, PRODUITS CHIMIQUES ET PHARMACEUTIQUES.

		Bouteille.		Litre.	
		fr.	c.	fr.	c.
Sirop de consoude	Syrupus symphyti offic:	2	»	3	»
— de coquelicot	— rhœadis	2	»	3	»
— de cresson de Para	— spilanthi oleraceæ	2	50	3	75
— de Cuisinier	— de sarsaparillâ compositus	3	40	5	10
— de cynoglosse	— de cynoglosso	2	»	3	»
— dépuratif de Larrey	— depurans Larrey	3	40	5	10
— de Desessarts	— Desessarts	2	50	3	75
— diacode (d'extrait de pavots)	— diacodium	2	25	3	40
— dialytique	— dialyticus	3	»	4	50
— de digitale	— digitalis purpureæ	2	25	3	40
— de douce-amère	— dulcamaræ	2	»	3	»
— d'écorces d'oranges amères	— corticis mali aurant: amar:	2	25	3	40
— d'émétine	— emetinæ	2	50	3	75
— d'érysimum simple	— erysimi simplex	2	25	3	40
— composé	— compositus	2	50	3	75
— d'éther sulfurique	— ætheris sulphurici	2	75	4	10
— d'extrait d'opium	— de extracto opii	2	25	3	40
— — — succiné (sirop de karabé)	— — succinatus dictus è karabé	2	50	3	75
— de feuilles de noyer	— foliorum juglandis regiæ	2	»	3	»
— de fleurs d'oranger	— de floribus aurantii	2	75	4	10
— — de pêcher	— persicæ	3	»	4	50
— de fraises	— fragarum	3	»	4	50
— de framboises	— frambæsiarum	2	50	3	75
— de fumeterre	— fumariæ offic:	2	»	3	»
— de gentiane	— gentianæ luteæ	2	»	3	»
— — au vin de Madère	— cum vino Maderæ	3	»	4	50
— de gomme arabique	— de gummi arabico	2	»	3	»
— de goudron	— de pice nauticâ	2	»	3	»
— de grenades	— granatorum	4	»	6	»
— de groseilles	— ribesiorum	2	»	3	»
— — framboisé	— cum frambæsiâ	2	25	3	40
— de guimauve	— altheæ officinalis	2	»	3	»
— de houblon	— humuli lupuli	2	25	3	40
— d'huile de foie de morue	— de oleo jecoris gadi	3	»	4	50
— d'hysope	— hyssopi officinalis	2	»	3	»
— d'iodure d'amidon	— de iodureto amyli	3	50	5	25
— d'iodure de fer (proto)	— de iodureto ferroso	3	»	4	50
— d'ipécacuanha	— ipecacuanhæ	2	75	4	10
— d'ipécacuanha composé (sirop de Desessarts)	— compositus dictus Desessarts	2	50	3	75
— de jusquiame	— hyoscyami	2	25	3	40
— de karabé	— opii succinatus	2	50	3	75
— de lactate de fer	— lactatis ferrosi	2	75	4	10
— de lait	— de lacte	2	25	3	40
— de lichen	— lichenis	2	25	3	40
— de lierre terrestre	— glecomæ hederaceæ	2	»	3	»
— de limaçons	— de helice pomatiâ	2	75	4	10

DROGUERIE, PRODUITS CHIMIQUES ET PHARMACEUTIQUES.

		Bouteille.		Litre.	
		fr.	c.	fr.	c.
Sirop de limons	Syrupus limonum	2	50	3	75
— de longue vie (miel de mercuriale composé)	— longæ vitæ (mel mercurialis comp:)	2	50	3	75
— de menthe poivrée	— menthæ piperitæ	2	25	3	40
— de ményanthe	— menyanthæ trifoliatæ	2	»	3	»
— de mézéréon	— daphnes mezerei	2	25	3	40
— de miel	— de melle	2	25	3	40
— de monesia	— monesiæ	2	50	3	75
— de morphine	— morphicus	2	50	3	75
— de mou de veau	— de pulmone vitulino	3	»	4	50
— de mousse de Corse	— helminthocorti	2	40	3	60
— de mûres	— mororum	2	75	4	10
— de narcisse des prés	— pseudo narcissi	2	25	3	40
— de nerprun	— rhamni cathartici	2	75	4	10
— de nymphéa	— nymphææ albæ	2	25	3	40
— d'œillets rouges	— caryophylli rubri	4	»	6	»
— d'opium	— opii	2	25	3	40
— d'oranges	— malorum aurantii	2	50	3	75
— d'orgeat	— amygdalarum	2	40	3	60
— de pensée sauvage	— violæ tricoloris arvensis	2	»	3	»
— de phellandrie	— de phellandrio	3	»	4	50
— de pivoine	— pæoniæ officin:	2	25	3	40
— de pointes d'asperges	— de succo asparagi	2	75	4	10
— de polygala	— polygalæ senekæ	2	75	4	10
— de pommes composé	— de pomis compositus	3	»	4	50
— de punch	— punch	3	»	4	50
— de quina à l'eau	— cinchonæ, aquâ	2	75	4	10
— — au vin de Bordeaux	— — vino Burdigalensi	3	»	4	50
— — — Lunel	— — — Lunel	4	»	6	»
— — — Madère	— — — Maderæ	4	»	6	»
— — — Malaga	— — — Malaga	4	»	6	»
— de raifort composé (sirop antiscorbutique)	— armoraciæ compositus (vel antiscorbuticus)	2	50	3	75
— de ratanhia	— krameriæ triandræ	3	»	4	50
— de rhubarbe simple	— de rheo simplex	3	25	4	85
— — composé (de chicorée composé)	— — compositus (vel de cichorio compos:)	2	75	4	10
— de roses pâles	— de rosis pallidis	2	50	3	75
— de safran	— de croco	7	»	10	50
— de salsepareille composé (sirop de Cuisinier)	— sarsaparillæ compositus (vel syrup: d^{is} Cuisinier)	3	40	5	10
— de salsepareille simple	— sarsaparillæ simplex	3	50	5	25
— de saponaire	— saponariæ offic:	2	»	3	»
— de seigle ergoté	— secalis cornuti	2	50	3	75
— de semen-contra	— artemisiæ contra	2	25	3	40
— de stœchas composé	— stœchadis compositus	2	50	3	75
— de stramonium	— stramonii	2	25	3	40
— de sucre	— sacchari	1	60	2	40

146 DROGUERIE, PRODUITS CHIMIQUES ET PHARMACEUTIQUES.

		Bouteille.		Litre.	
		fr.	c.	fr.	c.
Sirop sudorifique (sirop de salse- pareille composé) . . .	Syrupus sudorificus (vel de sarsaparillâ comp:)	3	40	5	10
— de sulfate de morphine . .	— de sulphate morphico . . .	2	50	3	75
— — quinine . . .	— — quinico	3	»	4	50
— de térébenthine.	— terebinthinæ	3	»	4	50
— de thridace.	— thridacis	2	25	3	40
— de tussilage	— tussilaginis	2	»	3	»
— de valériane	— valerianæ	2	»	3	»
— vermifuge	— vermifugus	2	75	4	10
— de vinaigre framboisé . . .	— aceti frambœsiarum	2	20	3	30
— de violettes.	— violarum	4	25	6	40

		kilo.	fr.	c.
Sirop de fécule liquide	Syrupus è fæculâ liquidus		»	70
* — — massé, glucose . . .	— — in modum mellis . .		»	75
— blanc (dit de froment 40°). . .	— albus (dictus tritici 40°). . .		»	90

(Pour 200 kilogr. et au-dessus, la valeur du baril ne sera pas comptée.)	(For a quantity of 200 kilogrammes and upwards, no charge will be made for the barrel.)	(No se contará el barril cuando contenga 200 ó mas kilógramos.)

Smilacine (parigline).	Smilacina (pariglina)	gram.	12	»
Soda water (étiquette anglaise). boîte.	Soda water (inscriptio anglica) .	pyxis.	1	»
— powders — —	— powders — —		1	»
Sodium	Sodium	gram.	»	10
Solanine	Solanina . . . . —		6	»
Soleil (semence).	Helianthi annui semen		1	60
Solution de protoïodure de fer au 10ᵐᵉ pour le sirop.	Solutio iodureti ferrosi 1/10 capiens ad syrupum		10	»
Souchet comestible	Cyperus esculentus		32	»
* — long	— longus		1	80
— odorant.	— —		1	80
— rond	— rotundus		1	40
Souci cultivé (fleurs).	Calendula officinalis (flos) . . .		4	»
— de vigne (feuilles et fleurs) . .	— arvensis (folia et flos). . . .		1	40
* — — (fleurs mondées). . .	— — (flos mund:)		3	»
Soude d'Alicante	Soda aloniensis		»	50
— à l'alcool	— ope alcohol		30	»
* — à la chaux	— — calcis.		5	»
— de varech.	— fucorum varech		»	50
— — purifiée	— — purificata . . .		2	»
Soufre en canons	Sulphur cylindris		»	40
— brun	— fuscum		80	»
— doré d'antimoine	— stibicum auratum.		10	»
— lavé.	— lotum.		1	20
— natif.	— nativum.		»	50
— — cristallisé (suivant échantillon).	— — crystallinum (juxtà specimen)		»	»
— précipité (magistère)	— præcipitatum (magisterium). .		6	»

DROGUERIE, PRODUITS CHIMIQUES ET PHARMACEUTIQUES.

		kilo.	fr.	c.
Soufre sélénifère	Sulphur cum selenio		32	»
— sublimé (fleur de soufre)	— sublimatum (flos sulphuris)		»	50
Sparadrap camphré de Raspail, bande.	Sparadrap camphoratum Raspail, fascia		»	70
— de céroène	— ceroneum	—	1	»
— de ciguë	— cicutæ	—	»	80
— diachylon	— diachylum	—	»	40
— — sur toile	— — in tela		»	60
— diapalme	— diapalma	—	»	40
— de poix de Bourgogne	— de pice Burgundiæ	—	»	50
— — émétisé	— — stibiatum		1	25
— des quatre fondants	— è quatuor discussoriis	—	1	»
— de Vigo. C. M.	— Vigo cum hydrargyro.	—	1	»
— de tous autres emplâtres, suivant la demande.	— de cæteris emplastris rogantis arbitrio.			

(Chaque bande sera livrée dans un étui.)   (Each band will be sent in a case.)   (Se entregará cada lienzo en un estuche.)

			fr.	c.
Spath fluor (fluorure de calcium)	Spath fluor (fluoruretum calcicum)		1	50
— pesant (sulfate de baryte natu:)	— grave (sulphas baryticus nativus)		»	60
Spécialités pharmaceutiques	Medicamina privata (p. 166).		»	»
Speiss (arsénio-sulfure de nickel)	Speiss (arsen: sulphur: niccolicum)		6	»
Spermaceti (blanc de baleine)	Spermaceti		8	»
Spic (feuilles)	Lavandula spica (folia)		1	20
Spicanard	Valeriana Jatamansi		5	»
*Spigélie (feuilles et racines)	Spigelia anthelmin: (folia et radix)		8	»
— (racine)	— — (radix)		7	»
Spilantus oleracea (cresson de Para)	Spilantus oleracea		6	»
Squammes de scille (scilles)	Squamæ scillæ maritimæ		1	40
Squine entière	Smilacis Chinæ radix.		1	»
* — coupée	— — secta		1	40
Stannate d'or	Stannas auricus	gram.	2	50
— de potasse	— potassicus		10	»
— de soude	— sodicus		8	»
Staphisaigre (semences)	Staphisagriæ semen.		3	20
Stéarate de fer	Stearas ferrosus		40	»
— de cuivre	— cupricus		40	»
— de plomb	— plumbicus		40	»
Stéarates en général.	Stearates in universum.			
Stéarine du commerce	Stearina mercatorum		3	60
— pure	— pura	gram.	»	50
*Stil de grain jaune	Pigmentum rhamni luteum		1	50
— — brun ou d'Angleterre	— — fuscum		16	»
Stœchas arabique (fleurs)	Lavandulæ stœchadis flos		1	60
*Storax calamite	Styrax calamita		10	»
— en pains	— placentis		2	80
Stramonium (plante)	Datura stramonium (planta)		1	20
— (feuilles mondées)	— — (folia mundata)		2	»
— (pommes de)	— — (fructus)		2	»
— (racine)	— — (radix)		2	»

148 DROGUERIE, PRODUITS CHIMIQUES ET PHARMACEUTIQUES.

			kilo.	fr.	c.
Stramonium (semence).	Datura stramonium (semen).			2	40
Strontiane caustique.	Strontiana caustica.			30	»
*Strychnine cristallisée	Strychnina crystallina	gram.	»	80
— précipitée	— præcipitata	—	»	75
Styrax liquide.	Styrax liquidum.			6	50
Sublimé corrosif.	Chloruretum hydrargyricum.			8	»

Sucs.   Succi.

				fr.	c.
Suc d'asperges	litre.	Succus asparagi	litrum.	2	»
— de berberis	—	— berberis	—	3	50
— de cerises.	—	— cerasorum	—	2	»
— de citrons.	—	— mali citrei	—	6	»
— de coings	—	— cydoniorum.	—	2	25
— de framboises	—	— frambœsiarum.	—	2	50
— de grenades.	—	— granatorum	—	6	»
— de groseilles.	—	— ribesiorum	—	2	»
— — framboisé . .	—	— cum frambœsia	—	2	»
— de merises	—	— cerasorum nigrorum . .	—	2	50
— de mûres	—	— mororum	—	2	25
— de nerprun	—	— baccæ rhamni cathartici.	—	2	50
— d'oranges douces.	—	— mali aurantii	—	3	50

Sucs de réglisse.   Extracta liquiritiæ.

		fr.	c.
*Suc de réglisse, vrai Calabre, Pignatelli..	Extractum liquiritiæ Calabricum Pignatelli	3	40

(Les sucs de Calabre, vrai Cassano et P. S. manquent; il est difficile de s'en procurer.) | (The Calabrian juice, true Cassano and P. S. are very difficult to be procured.) | (Los jugos de Calabria, Cassano verdadero y P. S. no los tenemos, y es dificil el proporcionárselos.)

Suc de réglisse pur, fabr. de Marseille.	Extractum liquiritiæ purum Massiliense .	3	»
— — à 70 0/0 — —	— 70 0/0 capiens .	2	50
— — anisé en grains	— anisatum granis. .	3	50
— — à la violette en grains .	— violam olens gran:.	3	80
— — à la plume	— in modum styli . .	3	50
— — en bougies	— helicis .	3	60
— — coché	— cum incisuris . . .	3	60

(Il existe dans le commerce, sous les mêmes dénominations, des produits à bas prix, dont les qualités laissent beaucoup à désirer; nous ne les expédierons que sur demande expresse.) | (There exist in the trade, under the same names, low priced productions the quality of which are very inferior; we shall not send them unless they are expressly ordered.) | (Existen en el comercio, bajo las mismas denominaciones, productos á precio ínfimo, cuya calidad deja mucho que desear : nosotros no los espediremos sino cuando nos sean pedidos espresamente.)

*Succin jaune	Succinum flavum.	6	»
— rouge	— rubrum	5	50

DROGUERIE, PRODUITS CHIMIQUES ET PHARMACEUTIQUES.

		fr.	c.
Succinates.	**Succinates.**		
Succinate d'ammoniaque	Succinas ammonicus .... kilo.	100	»
— de fer	— ferricus	100	»
— de magnésie	— magnesicus	400	»
— de potasse	— potassicus	100	»
— de soude	— sodicus	100	»
Succinates en général.	Succinates in universum.		
Sucre candi blanc d'alun au détail.	Saccharum cryst: album modo aluminis.	2	40
— — — ordin. —	— — vulgare	2	30
— — paille —	— — flavum	2	15
— — roux, ordinaire —	— — rutilum	1	90
— — — clair —	— — sub rutilum	2	»
Les mêmes en caisses de 20 kilo.	Eadem in capsis 20 kilo (juxtà nund:)	»	»
— en terrines. . (au cours).	— modo cymbii (juxtà nundin:)	»	»
Sucre candi rose, jaune ou bleu.	Saccharum cryst: roseum, luteum, cœrul:	4	60
— de lait	— lactis	4	20
— de lichen (saccharolé)	— lichenis	6	»
— orangé purgatif (poudre de jalap composé)	— flavum purgans (pulvis jalapæ compositus	5	»
— d'orge en bâtons	— hordeatum baculis	2	»
— — en boules ou tablettes	— — globis seu tabellis.	2	40
— de pommes (voy. Confiserie, p. 644).	— de pomis (vide Res quæ sunt dulciarii).		
— de vanille au huitième	— de ranillâ 1/8 capiens	36	»
Suie préparée	Fuligo splendens parata	12	»
Sulfates.	**Sulphates.**		
Sulfate d'alumine pur	Sulphas aluminicus purus	6	»
— — p' les arts	— — ad artes . . 100 kil:	45	»
— — au détail.	— — per partes	»	60
— d'ammoniaque purifié	— ammonicus purificatus	3	»
— — pour les arts	— — ad artes . . 100 kil.	80	»
— d'antimoine	— stibicus	12	»
— (sous-) d'antimoine	— (sub) stibicus	8	»
— d'argent	— argenticus .... gram.	»	30
— d'atropine	— atropinæ —	5	»
— de baryte pur	— baryticus purus	6	»
— — naturel	— — nativus	»	60
— de bébéerine	— bebeerinæ ...... gram.	»	80
— de brucine	— brucinæ —	»	80
— de cadmium	— cadmicus	60	»
— de chaux cristallisé artificiel	— calcicus cryst: arte factus	20	»
— — naturel (gypse).	— — nativus (gypsum)	»	75
— de cinchonine	— cinchoninæ	120	»
— de cobalt cristallisé	— cobalticus crystallinus	100	»
— de codéine	— codeinæ .... gram.	5	»

DROGUERIE, PRODUITS CHIMIQUES ET PHARMACEUTIQUES.

		kilo.	fr.	c.
Sulfate de coniciue.	Sulphas conicinæ. . . . gram.	3	»
— de cuivre pur.	— cupricus purus.	4	»
— — ordinaire	— — mercatorum.	1	10
— — ammoniacal cristal:	— cuprico-ammonicus crystallinus.	16	»
— — — desséché.	— — siccatus.	10	»
— de cuivre en cylindres.	— cupricus cylindris.	10	»
— d'étain.	— stannosus.	24	»
— de fer pur	— ferrosus purus.	1	50
— — de Bonsdorff	— — Bonsdorff.	4	50
— — desséché.	— — siccatus.	3	»
— — ordinaire.	— ferrosus mercatorum.	»	15
— — — refonte.	— — iterum crystallinus.	»	20
— — et de manganèse	— ferroso-manganicus.	16	»
— — et de potas: (alun de fer)	— — potassicus.	4	»
— de sesquioxyde de fer	— ferricus.	6	»
— d'indigo (réactif)	— indici (reagens).	15	»
— de magnésie (sel de Sedlitz).	— magnesicus (sal Sedlitz).	»	40
— — pur.	— — purus.	5	»
— de manganèse cristallisé pur.	— manganicus cryst: purus.	10	»
— — ord: desséché.	— — vulgaris siccus.	4	50
— (proto) de mercure	— hydrargyrosus.	14	»
— (deuto) —	— hydrargyricus.	8	»
— (sous-deuto) de mercure (turbith minéral.	— (sub) hydrargyricus (turpethum minerale).	16	»
— de morphine	— morphicus. . . . gram.	»	75
— de nickel cristallisé	— niccolicus crystallinus.	100	»
— de plomb ordinaire	— plumbicus communis.	1	20
— — pur.	— — purus.	4	»
— de potasse (sel Duobus)	— potassicus (sal Duobus).	1	20
— — acide.	— — acidus.	2	»
— — granulé.	— — granulatus.	2	40
— — pur	— — purus.	4	»
— de quinine (3 cachets) les 30 gr.	— quinicus (3 sigillis). 30 gram.	7	50
— — cachet Menier —	— sigillo Menier. —	7	50
— — cachets divers —	— sigillis variis —	7	50
	le kilo.	240	»

(Le cours de cet article est très-variable. — Faute de désignation, nous enverrons celui aux trois cachets.) (The price of this article is subject to considerable variation. For want of particular designation we shall send that with three seals.) (El precio de este artículo varia mucho. — A falta de indicacion, enviarémos él de tres sellos.)

Sulfate (bi) de quinine cristallisé	Sulphas (bi) quinicus crystall: . gram.	»	60
— de soude pur.	— sodicus purus.	2	»
— — ord: (sel de Glauber)	— — vulgaris (sal Glauberi).	»	40
— — petits cristaux	— — crystallino tenui.	»	30
— — pour chaulage	— — ad frumentum tuendum.	»	25
— — effleuri	— — qui effloruit.	1	»
— — acide pour appareils gazogènes.	— — acidus ad instrumenta gazifera.	1	»

DROGUERIE, PRODUITS CHIMIQUES ET PHARMACEUTIQUES. 151

		kilo.	fr.	c.
Sulfate de strontiane pur.	Sulphas stronticus purus		4	»
— — naturel	— — nativus		»	60
— de strychnine	— strychnicus . . . gram.		»	90
— de vératrine	— veratrinæ —		1	25
— de zinc pur cristallisé	— zincicus purus		2	»
— — — précipité	— — præcipitatus		3	»
— — — fondu	— — fusus		3	50
— — ordinaire cristallisé	— — vulgaris crystallinus		»	60
— — — en plaques	— — — tabulis		»	40
Sulfates et sulfates doubles en général.	Sulphates et sulphates duplices.			
Sulfhydrates (voy. Hydrosulfates).	Sulphydrates (vide Hydrosulphates).			

Sulfites.   Sulphites.

Sulfite d'ammoniaque	Sulphis ammonicus		24	»
— de chaux sec	— calcicus siccus		1	50
— (bi) de chaux liquide à 10°	— (bi) calcicus liquid: 10°		1	30
— de potasse	— potassicus		8	»
— de soude	— sodicus		2	»
Sulfites en général.	Sulphites in universum.			
Sulfites sulfurés (voy. Hyposulfites).	Sulphites sulphurati (vide Hyposulphites).			
Sulfocyanogène	Sulphocyanum . . . gram.		2	»
Sulfocyanure de potassium	Sulphocyanuretum potassicum		150	»
Sulfocyanures en général.	Sulphocyanureta in universum.			
Sulfovinate de baryte pur	Sulphorinas baryticus purus . gram.		»	50
— de chaux	— calcicus		»	50
Sulfovinates en général.	Sulphorinates in universum.			

Sulfures.   Sulphureta.

Sulfure d'antimoine lavé	Sulphuretum stibicum lotum		4	»
— — pur artificiel	— — purum arte fact:		16	»
— — du commerce	— — mercatorum		1	40
— — (oxy) crocus	— (oxy) stibicum, crocus		1	60
— d'argent	— argenticum . . . gram.		»	30
— d'arsenic jaune (trisulfure)	— arsenicum		1	60
— — rouge (bisulfure)	— arseniosum		1	60
— — (quintisulfure)	— arsenicum quinti sulphur:		20	»
— de baryum cristallisé	— baryticum crystallinum		12	»
— — sec	— — siccum		5	»
— de bismuth	— bismuthicum		20	»
— de cadmium	— cadmicum		60	»
— (mono) de calcium	— (mono) calcicum		8	»
— de chaux voie sèche	— calcis ope ignis		2	»
— de chaux liquide	— — liquidum		1	50
— de carbone du commerce	— carbonicum mercatorum		1	50
— — rectifié	— — rectificatum		2	50
— de cuivre voie sèche	— cupricum ope ignis		8	»
— — hydraté	— — hydratatum		10	»

152 DROGUERIE, PRODUITS CHIMIQUES ET PHARMACEUTIQUES.

		fr.	c.
	kilo.		
Sulfure d'étain (proto)...... Sulphuretum stannosum......		12	»
* — — (deuto) (or mussif).. — stannicum (aurum mozaic:)		24	»
— — lavé.... — lotum....		30	»
* — de fer par la voie sèche... — ferrosum ope ignis....		3	»
— — hydraté...... — ferricum ope aquâ....		16	»
— de manganèse....... — manganicum.......		60	»
— de mercure noir (éthiops mi- — hydrargyricum nigrum (æ-			
néral)........... thiops mineralis)....		10	»
— de mercure rouge (cinabre).. — hydrargyricum rubrum..		14	»
— — (vermillon)... Cinnabaris arte facta.....		12	»
— de molybdène natif..... Sulphuretum molybdicum nativum...		60	»
— de nickel......... — niccolicum.......		100	»
— d'or............ — auricum.... gram.		5	»
— de platine........ — platinicum.... —		1	75
— de plomb artificiel...... — plumbicum arte factum..		2	50
— — naturel (galène).. — — nativum....		»	70
— (mono) de potassium (procédé — (mono) potassicum (ratione			
de Berthier)....... Berthier).......		100	»
* — de potasse (foie de soufre) (1) — potassæ (hepar sulphuris).		1	10
— — de notre laborat:. — — e nostrâ officinâ..		2	»
— de sodium cristallisé (hydro- — sodicum cryst: (hydrosul-			
sulfate de soude)..... phas sodicus......		3	»
— de soude (polysulfure de so- — sodæ (polysulphuretum so-			
dium).......... dicum).........		1	10
* — de strontium........ — stronticum........		5	»
— — cristallisé... — — crystall:...		10	»
— de zinc artificiel....... — zincicum arte factum...		20	»
— — naturel (blende)... — — nativum....		2	»
Sulfures en général. Sulphureta in universum.			
*Sumac de Sicile......... Rhus coriaria Siciliensis......		»	60
— de Malaga....... — — Malaga.....		»	70
— (fleurs)....... — — (flos).....		5	»
Sumbul..,.......... Sumbul (radix).......		20	»
Suppositoires (suivant la demande). Suppositoria juxtà postulatum.			
Sureau (feuilles).......... Sambuci nigræ folia.......		2	»
— (baies).......... — — baccæ.......		4	»
— (fleurs grappes)....... — — flos racemosus....		2	»
* — (fleurs mondées)....... — — — mundatus....		3	»
* — (1re éc.)........... — — prior cortex.....		2	»
— (2e éc.).......... — — posterior cortex....		4	»
Surinam (quassia amara) entier... Quassia amara (lignum).....		1	50
— — râpé.... — — (rasura).....		2	80
Synaptase (émulsine)........ Synaptasa (emulsina).... gram.		»	50

(1) NOTA. *Sous le nom de foie de soufre, sulfure de potasse, on livre habituellement dans le commerce du sulfure de soude ou un mélange de sulfure de soude et de potasse; l'analogie de propriétés et le bas prix ont fait accepter cette substitution. Lorsqu'on voudra du foie de soufre fait avec la potasse seule, le désigner de* notre laboratoire.

DROGUERIE, PRODUITS CHIMIQUES ET PHARMACEUTIQUES.

T

		fr.	c.
	kilo.		
Tablettes de bouillon de Lainé....	*Tabellæ è jusculo* Lainé.......	9	»
Tablettes (voy. Pastilles).......	— *seu Pastilli.*		
Tacamahaca (résine).........	*Tacamahaca (resina)*.......	6	»
*Taffetas anglais beau.... la douz^e.	*Sericum adhæsivum egregium*... *duod:*	1	25
— — enveloppes riches —	— — *lautis involucris* —	1	50
— — — ordin. —	— — *vulgar: involuc:* —	1	»
— — .... le mètre.	— — .... *metrum.*	1	25
Taffetas gommé, pour douleurs, jaune	*Sericum gummeum pro doloribus, flavum*		
ou vert (3 couches). la pièce.	*aut viride........ fasc:*	9	50
— — au détail.. le mètre.	*Sericum gummeum per partes. metrum.*	2	50
Talc de Venise, entier........	*Talcum Venetæ (lapis)*.......	»	60
* — en poudre..........	— — *tritum*......	»	50
Tamarin................	*Tamarindus indica*.........	1	60
Tambayang (*manque*)........	*Tambayang fructus* (deest)....	»	»
*Tanaisie (plante)..........	*Tanacetum vulgare (planta)*....	1	»
— (feuilles mondées)....	— (*folia mundata*)...	1	60

Tannates.   Tannates.

		fr.	c.
Tannate de chaux..........	*Tannas calcicus*..........	24	»
— de fer.............	— *ferricus*............	24	»
— — et manganèse....	— *ferrico-manganosus*.....	80	»
— de plomb............	— *plumbicus*...........	24	»
— de quinine...........	— *quinicus*....... gram.	»	25
— de zinc.............	— *zincicus*............	24	»
Tannates en général.........	*Tannates in universum.*		
*Tannin de Pelouze..........	*Tanninum* Pelouze........	24	»
— à l'alcool...........	— *ope alcohol.*	8	»
*Tapioka de l'Inde..........	*Fæcula tapioka Indica*......	2	»
— — en semoule......	— — *granulata*.....	2	20
Tarque (goudron liquide)......	*Pix nautica*............	»	60

Tartrates.   Tartrates.

		fr.	c.
Tartrate d'ammoniaque........	*Tartras ammonicus*.........	64	»
— d'antimoine et de potasse	— *stibico-potassicus (sal dictus eme-*		
(émétique)........	*ticus)*............	5	»
— de bismuth..........	— *bismuthicus*...........	60	»
— borico-potassique (crème de	— *borico-potassicus (cremor tartari*		
tartre soluble)......	*solubilis)*.........	7	»
— de cuivre et de potasse (li-	— *cupro-potassicus (liquor* Barres-		
queur de Barreswil)...	*wil)*.............	12	»
* — de fer (sesqui) en paillettes.	— *ferricus bracteolis*........	14	»
— — (proto) (blanc-verd.).	— *ferrosus*.............	8	»

154 DROGUERIE, PRODUITS CHIMIQUES ET PHARMACEUTIQUES.

		kilo.	fr.	c.
Tartrate de fer et quinine	Tartras ferro-quinicus . . . . gram.		»	20
— de magnésie soluble	— magnesicus solubilis . . .		7	50
— de potasse et de fer ord: . .	— ferro-potassicus amorphus		6	»
— de potasse et de fer (paill:	— — bracteolis. . .		14	»
— de potasse neutre (sel végétal)	— potassicus neuter		6	»
— de potasse acide (crème de tartre).	— — acidus (cremor tartari crystallinus). . . .		3	60
— de potasse et de soude (sel de Seignette)	— potassico-sodicus (sal polychrestus solubilis)		3	80
— de quinine	— quinicus . . . . gram.		»	60
— de soude neutre	— sodicus neuter		8	»
— (bi) — —	— (bi) sodicus		12	»
— de zinc	— zincicus		14	»
Tartrates en général.	Tartrates in universum.			
Tartre antimonié (émétique). . . .	Tartras stibico-potassicus . . .		5	»
* — blanc grabelé.	Tartarum album cribratum . . .		2	70
— — menu	— (frusta)		2	60
* — rouge grabelé.	— rubrum cribratum . . .		2	60
— — menu	— (frusta)		2	50
— martial soluble	— martis solubile		24	»
— stibié (émétique)	Tartras stibico-potassicus . . .		5	»
— vitriolé (sulfate de potasse) . .	Sulphas potassicus		1	20

Teintures alcooliques.	**Tincturæ ope alcohol.**			
Teinture alc: d'absinthe.	Tinctura alc: absinthii		4	»
— — d'aconit	— — aconiti		4	50
— — d'aloès	— — aloes		3	50
— — composé (élixir de longue vie). litre.	— — composita (elixirium pro vitâ producendâ. litr.		3	»
— — d'ambre au 1/12. . .	— — ambari 1/12 capiens . . .		280	»
— — amère (élixir stom. de Stoughton) . litre.	— — amara (elixirium Stoughton) . . . . . litrum.		3	»
— — antiscorbutique	— — antiscorbutica		4	50
* — — d'arnica (fleurs)	— — arnicæ cum flore . . .		4	»
— — (racines) . . .	— — — radice . . .		4	50
— — d'assa fœtida	— — asæ fœtidæ		4	50
— — d'aunée	— — inulæ		4	»
— — balsamique composée ou baume du comm.	— — balsamica comp: (seu balsamum commendatoris) .		6	»
— — de baume du Pérou . .	— — balsami peruviani . . .		10	»
— — — de Tolu . . .	— — balsami Tolutani . . .		8	»
— — de belladone	— — belladonæ		4	»
— — de benjoin	— — benzoes		5	»
— — de Bonferme	— — Bonferme		8	»
— — de brou de noix . . .	— — putaminis nucum . . .		4	50
— — de cachou	— — cathecu		4	»
— — de caïnça	— — chiococcæ anguifugæ . . .		5	50

DROGUERIE, PRODUITS CHIMIQUES ET PHARMACEUTIQUES.

		kilo.	fr.	c.
Teinture alc: de camphre composé	Tinctura alc: camphorata composita		5	»
— — de cardamome compos:	— cardamomi composita		5	»
— — de cannelle	— cinnamomi		4	50
— — de cantharides	— cantharidum		7	»
— — de cascarille	— cascarillæ		6	»
— — de castoréum	— castorei		40	»
— — de chanvre indien	— cannabis indicæ		6	»
— — de ciguë	— cicutæ		4	»
— — de citrons (zestes frais)	— corticulæ rec: mali citrei		7	»
— — cochenille	— coccinellæ		12	»
— — de colchique (bulbes)	— bulbi colchici		4	»
— — (semence)	— seminis colchici		4	»
— — de colombo	— cocculi palmati		5	»
— — de coloquintes	— colocynthidis		5	»
— — de cresson de Para	— spilanthi oleraceæ		8	»
— — de cubèbes	— cubebarum		5	»
— — de curcuma	— curcumæ		4	»
— — de digitale	— digitalis purpureæ		4	»
— — d'ellébore noir	— hellebori nigri		5	»
— — blanc	— veratri albi		5	»
— — d'euphorbe	— euphorbii		5	»
— — d'extrait d'opium	— de extracto opii		24	»
— — de galanga	— galangæ		5	»
— — de gaïac (eau-de-vie de gaïac litre.	— de guayaco ligno (aqua vitæ guayaci). litrum.		3	»
— — de gentiane simple	— gentianæ simplex		3	50
— — ammoniac. ou élixir antiscroful:	— ammonica seu elixir: contra strames. litr.		4	»
— — de gentiane alcaline ou élixir amer de Peyrilhe	— gentianæ alcalina seu elix: amarum Peyrilhe. litr.		4	»
— — de gingembre	— zingiberis		5	»
— — de girofle	— caryophylli aromatici		5	»
— — de haschisch (chanv: in:)	— cannabis indicæ		6	»
— — de haschischine	— de haschischinâ		120	»
— — d'Huxam	— Huxam		7	»
— — d'iode	— de iodio		8	»
— — d'ipécacuanha	— ipecacuanhæ		8	»
— — d'iris de Florence	— iridis Florentinæ		5	50
— — de jalap	— jalapæ		10	»
— — composé ou eau-de-vie allemande	— compos: seu aqua vitæ germanica. litr.		8	»
— — de jusquiame	— hyoscyami		4	»
— — de kino	— gummi kino		4	»
— — de lavande composée	— lavandulæ composita		7	»
— — de lobélie	— lobeliæ		8	»
— — de Mars tartarisée	— Martis cum tartaro		6	»
— — pommée	— cum pomis		16	»
— — de métaux (lilium de Paracelse)	— metallorum (lilium Paracelse)		12	»

DROGUERIE, PRODUITS CHIMIQUES ET PHARMACEUTIQUES.

		kilo	fr.	c.
Teinture alc: de monesia.	Tinctura alc: monesiæ	6		»
— . — de musc 1/12.	— — moschi 1/12 capiens. gram.	»	40
— — de muscades	— — nucis moschatæ	10	»
— — de myrrhe	— — de myrrhâ	5	»
— — de nicotiane	— — nicotianæ.	4	»
— — de noix de galle	— — gallarum	5	»
— — de noix vomiques . . .	— — nucis vomicæ	5	»
— — d'opium ammoniacale (élixir parégorique d'Édimbourg. . litre.	— — opii ammonic: (elixirium paregoricum Edimburgi) . . . . litrum.	12	»
— — d'oranges (zestes frais).	— — cortic: rec: mali aurantii.	7	»
— — d'orseille	— — roccellæ tinctoriæ . . .	4	»
— — de perchlorure de fer. .	— — de chlorureto ferrico . . .	6	»
— — de polygala.	— — polygalæ.	8	»
— — de pyrèthre simple. . .	— — anthemidis pyrethri. . . .	5	»
— — de quassia amara . . .	— — quassiæ amaræ. . . .	5	»
— — de quinquina	— — cinchonæ condamineæ . .	5	»
— — de raifort composé (teinture antiscorbutique).	— — armoraciæ composita seu antiscorbutica. . . .	4	50
— — de ratanhia.	— — krameriæ triandræ. . . .	5	»
— — de rhubarbe.	— — rhei palmati.	9	»
— — de rue	— — rutæ graveolentis. . . .	5	»
— — de sabine.	— — juniperi sabinæ	4	»
— — de safran	— — croci sativi	36	»
— — de salsepareille	— — sarsaparillæ	7	»
— — de sang-dragon	— — sanguinis draconis. . . .	6	»
— — de savon	— — saponis.	4	»
— — — titrée	— — — portione probatâ . .	8	»
— — de scammonée	— — scammonii	34	»
— — de scille	— — scillæ maritimæ	4	50
— — de seigle ergoté	— — secalis cornuti.	6	»
— — de semen-contra. . . .	— — artemisiæ contra. . . .	4	»
— — de séné.	— — cassiæ acutifoliæ. . . .	5	»
— — de serpentaire	— — serpentariæ.	6	»
— — de stramonium (feuilles).	— — stramonii (folium)	4	»
— — — (semences).	— — — (semen)	5	»
— — de succin	— — succini	7	»
— — de suie	— — fuliginis	4	»
— — de tournesol	— — pigmenti tournesol. . . .	4	»
— — de valériane.	— — valerianæ.	4	»
— — de vanille au 1/4 . . .	— — vanillæ 1/4 capiens . . .	100	»
— — vulnéraire (eau vulnéraire rouge). . litre.	— — vulneraria (aqua vulneraria rubra). . litrum.	3	50
Teintures alc: avec les plantes fraîches (voyez Alcoolatures).	Tincturæ è plantis recentibus (vide Alcoolaturas)		

DROGUERIE, PRODUITS CHIMIQUES ET PHARMACEUTIQUES. 157

Teintures éthérées.	Tincturæ ope ætheris.	fr.	c.
	kilo.		
Teinture éth: d'acétate de fer	Tinctura æth: acetatis ferrici	12	»
— — d'aconit (feuilles)	— — aconiti (folia)	9	»
— — d'ambre au 1/4	— — ambari . . . . gram.	»	75
— — d'assa fœtida	— — asæ fœtidæ	9	»
— — de baume de Tolu	— — balsami Tolutani	12	»
— — de belladone (feuilles)	— — belladonæ (folia)	9	»
— — de Bestucheff	— — Bestucheff	10	»
— — de rhizomes de fougère	— — de caudice filicis maris	9	»
— — de chlorure (per) de fer (teinture éthérée de Bestucheff)	— — chlorureti ferrici (tinctura æther: Bestucheff)	10	»
— — de cantharides	— — cantharidum	20	»
— — de castoréum	— — castorei	60	»
— — de ciguë (feuilles)	— — cicutæ (folia)	9	»
— — de digitale (feuilles)	— — digitalis purpureæ (folia)	9	»
— — de jusquiame (feuilles)	— — hyoscyami (folia)	9	»
— — de klaproth (teinture éth: d'acétate de fer)	— — klaproth (tinctura æther: acetatis ferrici)	12	»
— — de musc au 1/4	— — moschi 1/4 capiens. gram.	»	75
— — de stramonium (feuilles)	— — stramonii (folia)	9	»
— — de valériane (racine)	— — valerianæ (radix)	9	»
Teintures mères (voy. Médicaments homœopathiques)	Tincturæ dictæ matres (vide Medicamenta homœopathica, p. 242)	»	»
Tellure (très-rare)	Tellurium (rarissimum) . . . gram.	8	»
Térébenthine cuite, transparente	Terebinthina cocta perlucida	1	20
— de Bordeaux	— Burdigalensis	1	20
— de Chio	— Chia	8	»
— de Pise	— Pisana	1	20
— de Suisse	— Helvetica	3	20
— de Venise	— Venetæ	8	»
Terre foliée de tartre (acétate de potasse)	Acetas potassicus (dictus terra foliata tartari)	4	50
— — minérale (acétate de soude)	— sodicus (dictus terra foliata mineralis)	4	50
— verte (verdet purifié)	Terra viridis (ærugo cuprica purif:)	5	»

Terres de couleur POUR LA PEINTURE EN BATIMENTS.	Terræ quæ sunt pigmenta AD PICTURAM ÆDIUM.		
Terre de Cassel calcinée	Terra Cassellæ usta	»	80
* — naturelle	— nativa	»	50
— impalpable	— subtilissima	1	40
* — de Cologne en poudre	— Coloniensis trita	»	60
— impalpable	— subtilissima	1	50
* — d'Italie naturelle	— Italica nativa	1	20

DROGUERIE, PRODUITS CHIMIQUES ET PHARMACEUTIQUES.

		kilo.	fr.	c.
Terre d'Italie naturelle impalpable. .	Terra Italica nativa subtilissima		1	60
* — — brûlée	— — usta		1	75
— — — impalpable . . .	— — — subtilissima		2	»
* — d'ombre naturelle	— umbriæ nativa		»	50
— — — impalpable . .	— — — subtilissima		1	»
* — — brûlée	— — usta		»	50
— — — impalpable . .	— — — subtilissima		1	»
* — de Sienne naturelle	— Senensis nativa		»	80
— — impalpable	— — subtilissima . . .		1	60
* — de Sienne brûlée	— — usta		1	20
— — — impalpable . .	— — — subtilissima		2	»
* — verte de Vérone	— viridis Veronensis		1	20
— — impalpable	— — subtilissima . .		1	75
Terre de pipe calcinée	Argilla tubis fumificis, usta		»	40
— — naturelle	— — nativa		»	20
— pourrie entière	— ad polituram		»	30
* — — en poudre	— — trita		»	40
— sigillée pâle	Terra sigillata pallida		1	20
* — — rouge	— — rubra		1	20
— de Sommières ou à foulon . . .	Argilla fullonica		»	50
Têtes de pavots (voy. Pavots).	Fructus papaveris (vide Papavera) . .			
— de vipères . . . . la douzaine.	Capita viperæ beri . . . . . duodecim.		3	»
Thalictron (sem)	Sisymbrii sophiæ semen		5	»

Thés.   Theæ.

Thé hyswin	Thea hyswin		11	»
* — noir soutchong	— soutchong		9	»
— perlé impérial nº 1	— perlata imperialis		12	»
— pékao à pointes blanches . . .	— pekao		24	»
— pouchong	— pouchong		7	»
— poudre à canon	— poudre à canon		11	»
— vert schulang	— viridis schulang		18	»
* — vert tonkay grabelé supérieur. .	— viridis tonkay cribrata egregia . .		8	»
— — — superfin . . .	— — — per egregia . .		9	»
— — hyson tonkay	— — hyson tonkay		9	»
— pectoral	Species pectoralis		4	»
— de Saint-Germain	— S.-Germain		8	»
— suisse (Espèces vulnéraires) . .	Thea helvetica (Species vulneraria) . . .		1	20
— — de Dubois en roul: les 12.	— — Dubois, cylindris, duodec:		2	60
* — — — 1/2	— — — semi cylind: —		1	60
— — sans nom en roul: —	— — cylindris . . . . . —		»	60
— — (vulnéraire) en vrac . . .	— — cumulatim		1	20
Thébaïne	Thebaina . . . . gram.		»	»
Théine ou caféine	Theina seu cafeina . . . . . —		2	»
Théobromine	Theobromina		5	»
Thériaque de Venise	Theriaca Veneta		8	»

DROGUERIE, PRODUITS CHIMIQUES ET PHARMACEUTIQUES.

		kilo.	fr.	c.
Thériaque diatessaron	Theriaca diatessarum		6	»
— vétérinaire	— veterinaria		3	50
Thlaspi (semence)	Lepidium campestre (semen)		14	»
— (cresson des ruines)	Thlaspi ruderale (planta)		5	»
Thorine (oxyde de thorinium)	Thorina (oxydum thoricum)		»	»
Thuya occidental	Thuya occidentalis		8	»
— oriental	— orientalis		4	»
Thym (bouquet)	Thymus vulgaris (fasciculus)		1	»
*— (mondé)	— — (mundatus)		1	»
Thymélée (voy. Garou).	Daphne thymelea (v. Daphne Gnidium).			
*Tilleul avec bractées, des bois	Tilia europæa sylvestris cum bracteis		2	»
— — de Hollande	— platyphylla		2	60
— (mondé)	— europæa (flos mundatus)		4	»
³ — (1ʳᵉ éc.)	— — (prior cortex)		1	»
— (2ᵉ éc.)	— — (posterior cortex)		1	50
Tinckal (borate de soude naturel)	Boras sodicus nativus		3	»
Tisane sèche	Ptisana diuretica siccata		4	»
Titane pur réduit	Titanum purum coactum	gram.	3	»
Titanate de fer (minerai) (rutile)	Titanas ferricus (rutilum)		8	»
Toile cirée verte et noire . le mètre.	Tela gummi linita viridis et nigra. metr:		3	50
— — verte d'un côté	— — viridis alterâ facie		3	»
— — noire —	— — nigra —		3	»
Toile de maï sur calicot . la bande.	Tela maii in gossipio . . . . fascia.		»	60
— — toile	— — cannabina —		»	75

(Chaque bande sera livrée dans un étui.) (Each band will be sent in a case.) (Se entregará cada lienzo en un estuche.)

			fr.	c.
Toiles vésicantes spéciales	Telæ vesicantes privatæ (p. 273).			
*Tormentille racine	Tormentilla erecta (radix)		1	40
— (racine coupée)	— (radix secta)		1	80
Tournesol en pains	Pigmentum tournesol placentis		3	»
Tourteaux de lin	Maia lini		»	45
— de pavots	— papaveris		»	60
— d'amandes amères	— amygdalarum amarum		1	50
Toute-bonne (orvale)	Salvia sclarea		3	»
Traînasse (plante)	Polygonum erectum (planta)		1	20
Trèfle d'eau	Menianthes trifoliata		1	60
Tripoli rouge entier	Alana rubra, rupes		»	30
* — en poudre	— trita		»	40
— de Nanterre entier	— Neptodurensis		»	20
* — en poudre	— trita		»	30
— de Venise entier	— Venetæ, rupes		2	50
* — en poudre	— trita		4	»
* — pour daguerréotype	— ad daguerreotypum		6	»
— — purifié	— — purificata		7	»
Trochisques escharotiques	Trochisci escharotici		30	»
— de minium	— de minio		30	»
Tungstate d'ammoniaque	Wolframicas ammonicus		300	»
— de fer (minerai)	— ferricus (primitiæ)		4	»

DROGUERIE, PRODUITS CHIMIQUES ET PHARMACEUTIQUES.

		kilo.	fr.	c.
Tungstate de potasse	*Wolframicas potassicus*		300	»
— de soude	— *sodicus*		300	»
Tungstates en général.	*Wolframicates in universum.*			
Tungstène pur réduit.	*Wolframium coactum.*	gram.	4	»
Turbith minéral	*Turpethum minerale.*		16	»
— nitreux	— *nitrosum.*		18	»
Turbith végétal (racine).	*Convolvuli turpethi radix.*		10	»
Turquette	*Herniaria alpestris.*		1	20
Tussilage (feuilles).	*Tussilago farfara (folia).*		1	20
— (fleurs).	— — *(flos).*		4	»
— (racine).	— — *(radix).*		2	»
Tuthie entière.	*Tuthia, fragmine.*		3	»
— préparée.	— *parata.*		5	»
Typha	la douz. *Typha latifolia.* duodec.		»	50

U

			fr.	c.
*Ulmaire (feuilles)	*Spiræa ulmaria (folia)*		1	20
— (feuilles mondées).	— — *(folia mundata)*		2	»
— (fleurs).	— — *(flos).*		3	»
— (racine).	— — *(radix).*		4	»
Ulmine (acide ulmique).	*Ulmina (acidum ulmicum).* gram.		1	50
*Uranite d'Autun (minerai).	*Primitiæ uranii Augustodinenses*		36	»
— de Saxe (minerai).	— *Saxonicæ*		40	»
Uranium pur réduit	*Uranium purum coactum* gram.		12	»
Urate d'ammoniaque.	*Uras ammonicus.* —		»	50
Urée pure.	*Urea pura* —		»	20
Uva ursi (feuilles) Busserole.	*Arbuti uvæ ursi folia.*		1	20

V

Valérianates.	**Valerianates.**			
Valérianate d'ammoniaque cristallisé.	*Valerianas ammonicus crystal:* gram.		»	15
— d'amyle	— *amylicus* —		»	30
— d'atropine.	— *atropinæ* —		5	»
— de bismuth.	— *bismuthicus* —		»	40
— de brucine	— *brucinæ* —		1	50
— de fer	— *ferricus* —		»	15
— de magnésie	— *magnesicus* —		»	20
— de morphine	— *morphicus* —		1	50
— de quinine	— *quinicus* —		»	70
— de potasse	— *potassicus.* —		»	20
— de soude.	— *sodicus* —		»	20
— de zinc.	— *zincicus* —		»	15
Valérianates en général.	*Valerianates in universum.*			

DROGUERIE, PRODUITS CHIMIQUES ET PHARMACEUTIQUES. 161

		kilo.	fr.	c.
Valériane grande (racine)	Valeriana phu (radix)		1	80
— petite (racine)	— officinalis (radix)		1	20
— (feuilles)	— — (folia)		2	»
Vanadate d'ammoniaque	Vanagas ammonicus	gram.	7	»
Vanadium	Vanadium	—	»	»
Vanille longue belle	Vanilla longa egregia	△	220	»
— bonne marchandise	— bona merx	△	180	»
— ordinaire	— vulgaris	△	160	»
Vanillon	Vanilla pompona		60	»
Varech vésiculeux	Fucus vesiculosus		2	»
Velvote (plante)	Linaria spuria (planta)		1	60
Vératrine	Veratrina	gram.	»	80
Verdet cristallisé en grappes	Acetas cupricus racemis	△	6	»
— en pochés	Sub acetas cupricus sacculis	△	4	»
— en boules	— — globis	△	3	80
— pulvérulent raffiné	— — arenosus purificat:	△	5	»
Verge d'or (plante)	Solidago virga aurea (planta)		1	60
Vermeil pour doreur	Vernicium ad auraturam		4	50
Vermicelle (au cours)	Vermicelli (juxtà nundinationem)			
Vermillon de France	Pigmentum cinnabaris Gallicum		11	»
— d'Allemagne	— — Germanicum		12	»
— de Chine	— — Sinense		19	»
— anglais	— — Anglicum		17	»

Vernis.   Vernicia.

Vernis à meubles ou au tampon. litre.	Vernicium ad supellectilia. litrum.		2	80
— au copal, n° 1	— de resinâ copal n°¹ 1	—	3	25
— — n° 2	— — n°¹ 2	—	3	»
— — n° 3	— — n°¹ 3	—	2	75
— à l'esprit-de-vin, n° 1	ope spiritus vini n°¹ 1	—	3	»
— — n° 2	— — n°¹ 2	—	2	75
— — n° 3	— — n°¹ 3	—	2	25
— — n° 4	— — n°¹ 4	—	2	»
— extra blanc p^r étiquettes	albissimum ad inscriptiones		4	50
— à l'essence	ope olei terebinthinæ,	litrum.	1	10
— à la gomme laque ou au tampon, n° 1. litre.	de resinâ laccâ n°¹ 1, nitescens politurâ litrum.		2	80
— à relieur	— ad glutinatores		6	»
— à tableaux	— pro pictoribus		5	»
Véronique (plante)	Veronica officinalis (planta)		1	20
— (feuilles mondées)	— (folia mundata)		1	80
Verre d'antimoine	Oxysulphuretum stibii vitreum		3	60
— soluble (silicate de soude)	Vitrum solubile (silicas sodicus)		12	»
Vert en pâte liquide pour confiseur	Color viridus spissus ad dulciarios		10	»
— en liqueur —	— solutus		10	»

DROGUERIE, PRODUITS CHIMIQUES ET PHARMACEUTIQUES.

Verts POUR LA PEINTURE EN BATIMENTS.	Pigmenta viridia AD PICTURAM ÆDIUM.	fr.	c.
Vert anglais ordinaire............	*Pigmentum viride anglic: vulg:* 100 k.	30	»
— — — demi-fin.....	— — subegregium.—	50	»
— — fin........	— — egregium...	70	»
— — E C.......	— — E C.....	100	»
— — extra-fin......	— — peregregium.—	120	»
— — au sulfate de plomb or- dinaire.	— — cum sulphat: plum- bico vulgare.	1	20
— — — demi-fin...	— — — subegregium.	1	40
— — — surfin.....	— — — peregregium.	4	»
— optime........	— optimum.....	3	50
— feuille morte.....	— colore folii decidui..	3	»
— wagon........	— — wagon....	3	40
— russe........	— Russiæ......	4	»

(Les barils d'origine en vert ordinaire sont de 300 kilogr. — Au-dessous de 130 kilogr., on compte 2 fr. d'emballage.) | (The original barrels of ordinary green, weigh 300 kilogr. Below 130 kilogr. 2 fr. charged for package.) | (Los barriles primitivos de verde ordinario son de 300 kilógr. — Por ménos de 130 kilógr. se cuentan 2 fr. de embalaje.)

Vert de cobalt........	*Pigmentum viride de cobalto*.....	60	»
— de chrome.......	— — de chromo......	24	»
— émeraude........	— — smaragdinum.....	140	»
Vert-de-gris en boules.....	*Subacetas cupricus globis*.......	3	60
— en pains......	— — massâ......	4	»
Vert métis surfin.......	*Pigmentum viride métis optimum*....	2	60
— — n° 1........	— — n^{us} 1......	2	»
— — n° 2........	— — n^{us} 2......	1	60
— — n° 3........	— — n^{us} 3......	1	20
— — n° 4........	— — n^{us} 4......	1	10
— — n° 5........	— — n^{us} 5......	1	»
— minéral........	— minerale.....	10	»
— Paul Véronèse......	— Pauli Veronese....	7	»
— de Scheele (arsenit: de cuivre).	— Scheeli......	24	»
— de Schweinfurth.....	— Schweinfurth. 3 50 à	4	»
— de vessie.........	— rhamni cathartici....	10	»
Verveine odorante (feuilles mondées).	*Verbena triphylla (folia mundata)*...	5	»
— officinale (plante).....	— *officinalis (planta)*......	1	20
— — (feuilles mondées)..	— — *(folia mundata)*...	2	»
Vésicatoires spéciaux......	*Vesicatoria privata* (p. 273).		
Vesse-de-loup........	*Lycoperdon proteus*.......	10	»
Vessies de musc (vides).....	*Vesicæ moschi vacuæ*....... gram.	»	25
Vétyver..........	*Andropogon muricatum*.......	5	»
Vigne rouge (feuilles)......	*Vitis viniferæ folia rubra*.....	1	20
— vierge (feuilles).....	*Tamnus communis (folia)*.....	2	40
— — (racine fraîche)....	— — *(radix recens)*....	»	80

DROGUERIE, PRODUITS CHIMIQUES ET PHARMACEUTIQUES.

Vins médicinaux. — Vina medicata.

		fr.	c.
	kilo.		
Vin d'absinthe. . . . la bouteille. *Vinum absinthii.* . . . . . . *lagena.*		2	»
— d'Alicante. . . . . — — *Alonii.* — .		3	»
— antiscorbutique . . — — *antiscorbuticum.* . . . . —		2	»
— aromatique. . . . . — — *aromaticum* . . . . —		2	»
— d'aunée. . . . . . — — *inulæ.* . . . . . —		2	»
— de Bagnols . . . . — — *Balneoli.* . . . . —		2	»
— chalybé. . . . . . — — *chalybeatum.* . . . . —		2	»
* — de colchique (bulbe) au vin d'Espagne. la bout^{lle}.	— *hispanicum è bulbo colchici. lagena.*	4	»
— — (semences) au vin d'Espagne. . . . la bouteille.	— *hispanicum de semine colchici. lagena.*	4	50
— de Collioure. . . . — — *Collioure.* . . . . . —		2	»
— diurétique amer. . — — *diureticum amarum* . . . —		2	50
— émétique. . . . . — — *stibiatum* . . . . . —		4	»
— émétique trouble. . — — — *turbidum.* . . . . —		4	»
— de gentiane. . . . — — *gentianæ* . . . . . —		1	75
— d'ipécacuanha. . . — — *ipecacuanhæ.* . . . . —		7	»
— de Lunel . . . . . — — *Lunel* . . . . . . —		3	»
— de Madère . . . . — — *Maderæ.* . . . . . —		3	»
— de Malaga. . . . . — — *Malaga.* . . . . . —		3	»
— d'opium composé (laudanum de Sydenham) . . —	— *opii compositum (laudanum Sydenham).*	24	»
— d'opium par fermentation (laudanum de Rousseau).	— — *ope fermenti (laudanum abbatis* Rousseau. . . .	24	»
* — de quinquina au Bordeaux, bout^{lle}.	— *cinchonæ Burdigalense. lagena.*	2	»
— — — vieux. —	— — — *vetus.* —	3	»
— — au Malaga . —	— — *è Malaga* . . . —	4	50
— — au Madère . —	— — *è Maderâ* . . . —	4	50
— de rhubarbe. . . . . . —	— *de rheo* . . . . . —	4	50
— de salsepareille . . . . —	— *sarzaparillæ* . . . . —	6	»
— scillitique. . . . . . . —	— *de scillâ* . . . . . —	4	50
Vins médicinaux en général.	*Vina medicata in universum.*		

Vinaigres divers. — Aceta varia.

		fr.	c.
Vinaigre anglais pour flacons	*Acetum anglicum pro lagunculis* . . .	20	»
— antiseptique des 4 voleurs. .	— *antisepticum 4 latronum.* litrum	2	50
— de bois.	— *ligni.*	1	60
— camphré	— *camphoratum.* . . . . litrum	2	»
— de colchique.	— *de colchico.* . . . . . —	2	»
— cristallisable.	— *congelans.* . . . . . —	12	»
— framboisé.	— *de frambœsiis.* . . . . litrum	2	»
— de Mollerat (acide pyrolig:) .	— *Mollerat (acidum pyrolig:)* . .	2	»
— radical (acide acétique du verdet)	— *primigenium (spiritus æruginis cupricæ).*	16	»
— rosat.	— *rosatum.* . . . . . litrum	3	»
— scillitique.	— *scilliticum* . . . . . —	2	»

11.

164 DROGUERIE, PRODUITS CHIMIQUES ET PHARMACEUTIQUES.

		fr.	c.
Vinaigre de vin distillé . . . le litre.	*Acetum vini stillatitium. . . . . litrum.*	2	»
Vinaigres médicinaux divers.	*Aceta medicata varia.*		
Violet en pâte liquide pour confiseur.	*Violaceus color spissus ad dulciários. . .*	10	»
— en liqueur —	— *solutus* — . . .	10	»
— pour peinture	*Pigmentum violaceum. . . . .*	5	»
*Violettes (fleurs).	*Viola odorata (flos). . . . .*	3	»
— (fleurs fraîches) pour sirop.	— — *recens ad syrupum. . . .*	»	»
— (feuilles)	— — *(folia) . . . .*	3	»
— (racines)	— — *(radix). . . . .*	5	»
Vipères entières . . . . . . la douz.	*Coluber berus. . . . . duodec.*	3	»
— têtes. . . . . —	*Colubri beri capita. . . . . —*	3	»
Vitriol blanc (sulfate de zinc)	*Sulphas zincicus . . . .*	»	40
— bleu (sulfate de cuivre) . .	— *cupricus . . . .*	1	10
— mixte (sulfate de cuivre et de fer)	*Chalcanthum mixtus (cupro-ferrosus).*	»	65
— de Salzbourg (sulfate de cuivre et de fer).	— Salzbourg *(sulphas cupro-ferrosus) . . . .*	»	55
— vert (sulfate de fer)	*Sulphas ferrosus. . . . .*	»	20
Vulnéraires (espèces) en vrac	*Species vulneraria cumulatim . . . .*	1	20
— de Dubois, les 12 rouleaux	— — Dubois . . 12 *scapi.*	2	60
— 12 1/2 —	— — 12 1/2 —	1	60
— rouleaux sans nom —	— — *scapis sine nomine.* —	»	60
— (plante)	*Vulneraria anthyllis (planta) . . . . .*	2	40
Vulvaire (plante).	*Chenopodium vulvaria (planta) . . .*	3	»

W

Winter (écorce de) (*très-rare*) . . .	*Cortex Winteri (rarissimus) . . . . . .*	»	»
Wolfram (mine de tungstène). . . .	*Wolfram (primitiæ Wolframii) . . . .*	5	»

X

Xylobalsamum (*très-rare*).	*Xylobalsamum lignum . . . .*	»	»
Xyloïdine (azotate d'amidon)	*Xyloidina . . . .*	40	»

Y

Yttria (oxyde d'yttrium)	*Yttria (oxydum yttrii). . . . . . gram.*	»	»
Yttrium pur réduit.	*Yttrium purum coactum. . . . . —*	»	»
— minerai (gadolinite) . . .	*Gadolinita primitiæ yttrii . . . . —*	3	»
Yèble (baies)	*Sambuci ebuli baccæ . . . .*	2	»
* — (feuilles).	— — *(folia) . . . .*	1	60
— (racine).	— — *(radix). . . . .*	2	»
*Yeux d'écrevisses entiers	*Concrementa cancrorum integra . . .*	10	»
— — préparés	— — *usta et parata.*	20	»

Z

		kilo.	fr.	c.
Zanthoxyle (frêne épineux)	Zanthoxylum fraxineum		»	»
Zédoaire (racine)	Zedoariæ radix		2	»
Zérumbet (racine)	Amomi zerumbet radix		»	»
Zestes de citrons frais	Corticula citrea		2	40
— d'oranges —	— è malo aureo		2	40
Zimome de Taddei	Zimomum Taddei	gram.	»	20
Zinc distillé pur	Zincum stillatitium purum		8	»
— granulé du commerce	— granulatum mercatorum		1	60
— laminé pour plaques galvan.	— laminatum		4	»
— en limaille	— scobe		10	»
— pulvérisé	— tritum		3	»
— en saumon	— massulâ		»	80
— en table	— tabulâ		»	80
Zircon (minerai)	Zircon (primitiæ zirconii)		120	»
Zircone (oxyde de zirconium)	Zircona (oxydum zirconii)	gram.	2	»
Zirconium (métal réduit)	Zirconium (metallum coactum)	—	»	»
Zostère (algue)	Zostera maritima		»	30

SUPPLÉMENT.

			fr.	c.
Affium (opium de France)	Affium (opium gallicum)		150	»
Ananas (conserve d'origine), la boîte.	Bromeliæ ananas (fructus custoditus)		4	50
Castorine	Castorina	gram.	25	»
Cérat jaune	Ceratum cum cerâ flavâ		3	40
Cire végétale brute	Cera ex arbustis impura		2	80
Élémi (résine sèche)	Resina elemi sicca		3	80
Esculine de l'écorce de marronnier.	Æsculina è cortice hippocastani	gram.	1	»
Excréments de boa (acide urique brute)	Excrementa è boa constrictore		60	»
Extrait d'hydrocotyle asiatique	Extractum hydrocotylæ		»	»
Formiate de quinine	Formias quinicus	gram.	1	»
Hydrocotyle asiatique (plante)	Hydrocotyla asiatica (planta)		»	»
Pastilles de bonne haleine (Raspail).	Pastillæ ad jucundiorem halitum		12	»
— de chlorate de potasse	— chloratis potassici		5	»

(Nous pourrons faire une réduction sur les prix de tous les articles précédents, lorsque la demande s'élevant à une quantité importante il nous sera possible d'expédier la marchandise en emballage d'origine, par suite d'entrepôt, ou hors barrière quand elle est grevée de droits d'octroi.)

(We can make a reduction in the prices of all the preceding articles, when the order is sufficiently large to enable us to send the goods in the original package, direct from the entrepot, or from outside the barrier when subject to octroi duty.)

(Podrémos hacer una reduccion en los precios de todos los artículos que preceden, cuando el pedido ascienda á una cantidad importante que nos permita el espedir las mercancías con el embalaje primitivo, á causa del lugar de depósito, ó fuera de puertas cuando han de pagar derechos.)

MÉDICAMENTS ET ARTICLES SPÉCIAUX
DES PHARMACIENS.

Il est important de désigner si l'on veut des flacons ou des demi-flacons, des boîtes ou des demi-boîtes, des bouteilles ou des demi-bouteilles.

En cas d'explications insuffisantes, nous mettrons les articles marqués d'un *.

A

	PRIX pour le pharmacien.		PRIX pour le public.	
	fr.	c.	fr.	c.
Adipine cantharidée, de Poulenc aîné. Les 200 grammes équivalant à 1,000 grammes de cantharides.	20	»	»	»
Alcool de menthe, de Ricqlès. . . . . le flacon.	3	75	5	»
* — — . . . . le 1/2.	1	90	2	50
Alcoolature de ciguë, de Mentel. . . . . le flacon.	1	75	3	50
— double, de Gardes . . . . —	1	05	1	60
Alcoolé de rhubarbe, de Stanislas Martin. . . . . —	3	75	5	»
— tannique de Duhamel pour injection. . . . . le 1/2 kilo.	5	50	8	»
Algotine de Didier . . . . le flacon.	2	»	3	»
Althodonte-Gautier contre les maux de dents. . . . . —	1	50	2	»
Anticholéra mixture de Roberts et Cie, le flac., 4 fr. pour 5 fr.; *le 1/2.	2	50	3	»
Antifiévreux-Léchelle (poudre antipériodique). . . . . la boîte.	10	»	15	»
* — — . . . . la 1/2.	7	»	10	»
Antigoutteux électrique de Léchelle. . . . . le flacon.	10	»	15	»
* — — . . . . le 1/2.	7	»	10	»
— de Genevoix (huile pure de marrons d'Inde). le flacon.	7	»	10	»
* — — — le 1/2.	3	50	5	»
Antimigraine du Dr Achille Hoffmann, chez Flon. . . . le flacon.	3	50	5	»
Appareil iodomètre Chartroule pour les inspirations de vapeurs d'iode.	45	»	50	»
— fumigatoire du Dr Mandl	12	»	»	»
— inhalateur pour l'iode, de Duroy, avec instruction, la pièce.	3	»	4	»
— galvano-électrique de Récamier, chez P. Gage, à 4 disques.	15	»	20	»
* — — 2 —	11	25	15	»
— gazogène anesthésique pour l'emploi du gaz acide carbonique de Briet. . . . . la pièce.	40	»	45	»
— à éthérisation de Ferrand, laine et soie. . . . . —	5	»	7	»
Auxiliaire du principe vital (voy. Poudre de Labourey) les 10 doses.	10	»	»	»

B

Bagues magnétiques . . . . la pièce.	1	»	»	»
Bains de Baréges inodores de Quesneville. . . . . . . le flacon.	1	25	2	»
— d'iode naissant du Dr Bernard. . . . . —	1	40	2	»
— minéraux de Pennès . . . . la dose.	»	75	1	25
— de mer de Pelletier père et fils, de Lyon . . . le flacon.	1	25	2	»

MÉDICAMENTS ET ARTICLES SPÉCIAUX DES PHARMACIENS.

Faute de désignation, nous enverrons les articles marqués d'un *.

		PRIX pour le pharmacien.		PRIX pour le public.	
		fr.	c.	fr.	c.
Bains de mer de Moride.	le flacon.	1	50	2	»
— parfumés de Chable	le bain.	»	75	1	»
— thérapeutiques des frères M. Mahon :					
étiquette M, pour acnés, visages couperosés. .	le paquet.	1	10	1	20
— A, pour démangeaisons	—	1	10	1	20
— S, pour maladies de la peau	—	1	10	1	20
Baudruche chimique contre les cors, de Royer.	le livret.	»	75	1	»
Baume acoustique, contre la surdité, de Paul Gage. . .	le flacon.	3	»	4	»
— antihémorrhoïdal de Corvisart, chez Plateau. . .		3	75	5	»
— — de Paul Gage.	le pot.	3	»	4	»
— antinerveux du Dr Poggioli, contre les névralgies, les rhumatismes, la sciatique, etc.	le pot.	3	25	5	»
Le même baume liquide (pour les colonies) . . .	le flacon.	3	25	5	»
— antinévralgique de Josephat.	—	3	50	5	»
— — de Pelletier père et fils, de Lyon.	—	1	50	2	»
— antiphlogistique de Michau.	—	1	»	1	50
— antirhumatismal, de Paul Gage.	—	3	»	4	»
— d'arnica du Mont-Dore de Lecoq et Bargoin. . .	—	»	70	1	»
— asiatique pour les dents, de Roberts.	—	3	20	4	»
* — — —	le 1/2.	1	60	2	»
— astringent de Terrat.	la bout^{lle}.	1	50	2	»
— atrophique de Billard, contre les cors, chez Plateau.	le pot.	1	40	2	»
— calmant d'Aubergier.	le flacon.	1	75	2	25
— du chevalier de Laborde, chez E. Boyer.	—	3	75	5	»
* — — —	le 1/2.	2	25	3	»
— de Chiron de Lausanne, chez Moucelot-Vivien. .	la boîte.	1	75	2	50
— — chez Collas . . . . . /	—	3	»	4	»
* — — —	la 1/2.	1	50	2	»
— chloroformique de F. Luthrand	le flacon.	1	50	2	»
— de Compingt, chez Dupont.	la boîte.	2	25	3	»
— de conicine, de Guilliermond.	le flacon.	3	»	4	»
— — bromuré —	—	3	»	4	»
— — ioduré —	—	3	»	4	»
— contre les engelures, de Paul Gage.	—	1	50	2	»
— de Corvisart, contre les hémorrhoïdes, chez Genevoix	—	2	40	4	»
— — — chez Plateau .	—	3	75	5	»
* — — —	le 1/2.	1	90	2	50
— électrique de Pennès.	le flacon.	1	30	2	»
— iodoformique de E. Hardouin.	—	2	25	3	»
— nerval au beurre de muscades, contre les rhumatismes, de Bugeaud.	le flacon de 100 gr.	3	35	5	»
— — — — de la pharmacie normale.	le flacon.	2	25	3	»
— Patris, pour plaies, ulcères, brûlures, engelures.	le pot.	1	75	2	50
* — — — — —	le 1/2.	1	»	1	50
— Plancher, contre les douleurs.	le flacon.	1	50	2	»
— de quinine, contre les maux de dents, de P. Gage.	—	1	50	2	»

MÉDICAMENTS ET ARTICLES SPÉCIAUX DES PHARMACIENS.

Faute de désignation, nous enverrons les articles marqués d'un *.

	PRIX pour le pharmacien.		PRIX pour le public.	
	fr.	c.	fr.	c.
Benzine-Barral, pour détacher les étoffes. . . . . . . le flacon.	»	75	1	25
— parfumée, de Thibierge. . . . . —	1	»	1	50
— de Collas. . . . . —	»	90	1	25
Biscuits dépuratifs du docteur Ollivier. . . . . . . la boîte de 52.	6	50	10	»
* — — — . . . . . . la 1/2 de 25.	3	25	5	»
— — — le flacon de 52 biscuits en poudre (semoule).	3	90	6	»
— ferrugineux cinnamomés de F. Simon. . . . . . la boîte.	1	15	1	60
— purgatifs de Meynet. . . . . . la boîte de 2 purgations.	1	»	1	50
— — de Badin, à la résine de scammonée :				
n° 1 pour hommes; n° 2 pour femmes. la pièce.	»	55	»	75
n° 3 pour adolescents; n° 4 pour enfants. —	»	30	»	40
— — de Caroz, à la résine de scammonée . . la boîte.	»	70	1	»
* — — de F. Simon, à la magnésie. . . . . . —	1	15	1	60
— — — — . . . . . la 1/2.	»	65	»	90
— — de Sulot, à la résine de scammonée. la douz. de boît^{es}.	4	»	»	»
* — — et vermifuges au calomel, de Sulot. — —	1	50	»	»
Les mêmes, sans boîtes. . . . . la douz.	»	75	»	»
— — et vermifuges de Habert. . . . . . . la pièce.	»	45	»	60
— — — de Carrié. . . . . —	»	30	»	50
— vermifuges de Gaffard, à la santonine. . . . . la douz.	3	»	6	»
— — de Pennès —	2	60	4	»
— — de Pinel. . . . . la pièce.	»	50	»	75
— — de F. Simon, à Poissy. . . . . . . la boîte.	»	40	»	60
* — — de Sulot à la santonine. . la douzaine de boîtes.	2	40	»	»
Les mêmes, sans boîtes. . . . . la douz.	1	»	»	»
Boisson économique de Bin-Dupart et Durand, p. 120 litres. le flacon.	1	50	2	»
Boîte à pansement, de Denaud, pour vésicatoires ou cautères. . .	4	75	7	»
Bols antilépreux de Leroy, en boîtes de 20 pilules (*avec prospectus espagnol*).	2	25	3	»
— d'Arménie, de Ch. Albert. . . . . la boîte.	3	75	5	»
— de cubèbe au tannate de fer, de Léchelle. . . . —	2	»	4	»
— purgatifs Leroy, chez Signoret fils . . . . . . le flacon.	4	50	6	»
* — — — . . . . le 1/2.	2	25	3	»
— sédatifs contre l'hydropisie et les palpitat., de P. Gage. le flacon.	3	75	5	»
— vermifuges de Tocquaine, n° 1. . . . . la boîte.	»	30	»	40
* — — — 2. . . . . —	»	40	»	50
— — — 3. . . . . —	»	55	»	70
— — — 4. . . . . —	»	80	1	»
Bonbons anglais, de Bardy. . . . . le kilo.	3	»	»	»
— — de Missier. . . . . —	2	80	»	»
— Caroz, purgatifs et vermifuges. . . . . la boîte.	»	50	»	75
— à la diastase, de B. Peuvret. . . . . —	1	15	1	50
— fébrifuges de quinine, de Nau. . . . . —	2	20	3	»
— ferrugineux, de Colmet-Dàage. . . . . —	2	10	3	»
— héliciés, de Baron-Barthélemy. . . . . —	1	15	1	50

MÉDICAMENTS ET ARTICLES SPÉCIAUX DES PHARMACIENS.

Faute de désignation, nous enverrons les articles marqués d'un *.

	PRIX pour le pharmacien.		PRIX pour le public.	
	fr.	c.	fr.	c.
Bonbons iodés, à l'eau de Vichy, de Batilliat. . . . . . la boîte.	1	35	2	»
— iodhydriques de Galy . . . . le flacon.	»	95	1	25
— au kousso, de Boggio, contre tous les vers. . . . —	1	»	1	50
— de Malte, contre le mal de mer. . . . . le flacon.	2	25	3	»
— de manne (dragées pectorales) de J. Alliot. . . la boîte.	1	10	1	50
— mauritains, pour la voix, de Laroque. . . . . le flacon.	1	25	1	50
— mytiliques, de Foucher, d'Orléans. . . . . . . —	1	10	1	50
— pectoraux à l'ananas, de Brunaud. . . . . . —	1	40	2	»
— — lénitifs et antiphlogistiques, de Baron-Barthélemy de Béziers. . . . . la boîte.	1	15	1	50
— — au gruau, de Colmet-Dâage . . . . —	1	15	1	50
— persans, de Duvignau. . . . . —	1	50	2	»
— — — . . . . la 1/2.	»	95	1	25
— purgatifs de Frogé, de Beaumont. . . . . . . la pièce.	»	50	1	»
— rafraîchissants, de Duvignau . . . . la boîte.	3	75	5	»
— — — . . . . la 1/2.	2	25	3	»
— vermifuges à la santonine, de Colmet-Dâage. . la boîte.	2	10	3	»
— — — et au saccharure de mousse de mer, de Roche et Vincenot. le flacon.	»	85	1	25
— — — le 1/2.	»	50	»	75
Bouquet œnanthique des vins (sève de Médoc), de U. Roy. le flacon.	1	50	2	»
Bouts de sein en taffetas collodion, de Valérius. la boîte de 6 paires.	9	»	12	»
— — — — de 3 —	4	50	6	»

C

Cache-nez calorifère, spirotherme métallique doré, tissu fixe, de Ferrand. la pièce.	6	50	8	»
Cache-nez calorifère, spirotherme métallique doré, tissu mobile, de Ferrand. . . . . la pièce.	10	»	13	»
*Cachou de Bologne, chez Collas. . . . . la boîte.	»	40	1	»
— — — . . . . la 1/2.	»	20	»	50
— — pour les fumeurs, de Reuflet. Boîtes en bois ou en carton. . . . . la douz.	3	»	6	»
— — de Freppel de Sainte-Marie-aux-Mines. la boîte.	»	50	»	»
— des dames, du même. . . . . —	»	50	»	»
— en grains, à tous arômes, de Collas. . . . . . le kilo.	8	»	»	»
— en grains argentés, de Collas. . . . . —	15	»	»	»
— de Paris, de Henrion. . . . la douz. de boîtes, avec étui.	3	»	»	»
— de Toussaint, de Castelnaudary, à la rose, à la menthe, à la vanille, à la bergamote, à la violette. . . . la boîte.	1	»	1	25
— de Bologne, du même, perfectionné. . . . . —	1	50	2	»
— oriental, —	2	50	3	»
Canchalagua de F. Le Beuf. . . . . . le paquet de 125 grammes.	2	25	3	75
Capsules d'Apiol, de Lamouroux et Pujol. . . . . le flacon.	2	10	3	50
— — — . . . . . . le 1/2.	1	05	1	75

MÉDICAMENTS ET ARTICLES SPÉCIAUX DES PHARMACIENS.

Faute de désignation, nous enverrons les articles marqués d'un *.

	PRIX pour le pharmacien.		PRIX pour le public.	
	fr.	c.	fr.	c.
Capsules antigoutteuses et antirhum., de Tricard aîné. . le flacon.	4	50	6	»
— de copahu à la magnésie, form^le Ricord, chez Favrot —	3	»	5	»
— de copahu à la magnésie, de Béral, chez Accault. —	1	25	2	50
— au baume de cubèbe, de P.: Lemettais et Cie. . —	2	20	4	»
— de cubèbe alumineuses, form. Ricord, chez Favrot. la boîte.	3	»	5	»
— ferrugineuses de la Mecque, chez Alain. . . . —	3	»	4	»
— de Gaffard au copahu pur; copahu et cubèbe; cubèbe, ratanhia et fer, etc. . . . . la boîte.	»	80	4	»
— gélatineuses astringentes au citrate de fer, au cachou, de Biron-Devèze, la boîte, 3 fr. pour 4 fr. ; — *la 1/2.	1	50	2	»
— gélatineuses au cubèbe et alun, de Genevoix. . la boîte.	2	»	4	»
* — — — — . . la 1/2.	1	25	2	50
— glutineuses, de Raquin, au copahu pur. . . . le flacon.	2	75	5	»
— de Houitte au baume de copahu. . . la boîte de 40 caps.	»	90	3	»
— — — — . . . . . . le flacon.	1	25	4	»
— à l'iodure de fer, de Guy. . . . . —	3	»	4	»
— Josephat, à l'huile de foie de morue. . . . . . . la boîte.	2	10	3	»
— — à l'huile de ricin. . . . . —	»	60	1	»
— — au baume de copahu. . . . . . —	2	40	4	»
— de Laroze au baume de copahu, à l'huile de foie de morue, à l'huile de ricin. . . . . la boîte de 40 caps.	1	»	3	»
Les mêmes. . . . . le kilo.	12	»	»	»
— de Laroze au cubèbe, au copahu et cubèbe, copahu et fer, copahu et ratanhia, au cubèbe et alun. la boîte.	1	50	4	»
Les mêmes. . . . . le kilo.	18	»	»	»
— — à la térébenthine de Venise, à l'essence de téréb., au goudron de Norwége. . la boîte de 60 caps.,	2	»	4	»
— — à l'huile de Harlem, contre les maladies de la vessie. . . . . la boîte de 60 caps.	3	»	6	»
— — purgatives, aux extraits et à l'huile de ricin. la boîte de 6 caps.	»	60	1	»
— Le Huby (enveloppes médicamenteuses en gélatine) : N°s 1, 2, 3, 4. . . . . la boîte de 100 caps.	1	50	»	»
— de Mathey-Caylus à enveloppes de gluten : au copahu pur; C: et cubèbe; C: et citrate de fer; C: et ratanhia; C: cubèbe et ratanhia; C: cubèbe et fer; C: cubèbe et alun; C: et tannin; C: et cachou; C: et magnésie; cubèbe pur; cubèbe et alun; cubèbe et térébenthine; cubèbe et tannate de fer; térébenthine de Venise; goudron de Norwége, etc. . . le flacon.	2	»	4	»
— de Micque, chez Chaumer (les 50 boîtes, 60 f.). la boîte.	1	50	2	»
— de Mothes, Lamouroux et Cie : à l'huile de foie de morue, à l'huile de foie de raie, à l'huile de ricin, à la térébenthine de Venise pure, à l'essence de térébenthine rectifiée, au copahu et cubèbe, C: et magnésie, C: et rathania, C: ferrugineux,				

MÉDICAMENTS ET ARTICLES SPÉCIAUX DES PHARMACIENS.

Faute de désignation, nous enverrons les articles marqués d'un *.

	PRIX pour le pharmacien fr. | c.	PRIX pour le public fr. | c.
au cubèbe, au cub. et alun, à la rhubarbe, au goudron de Norwège, au baume de copahu, au citrate de fer dulcifié, à l'éther. . . . . . . la boîte.	2 | »	4 | »
Capsules de Reuflet, au copahu pur. . . . . —	» | 90	» | »
— de Reynal, au copahu, au cubèbe, etc. . . . . —	1 | »	4 | »
— de Ricord, chez Houcix. . . . . —	3 | 50	5 | »
Carbonate ferro-manganeux de Burin-Dubuisson. . . . le kilo.	8 | »	» | »
Carburine-Chavanon (essence à détacher). . . . . . . le flacon.	» | 90	1 | 25
Carton ou papier antiasthmatique, de J.-B. Carrié. . . . la boîte.	3 | 25	5 | »
Catapepsienne de Leconte, liqueur digestive au bicarbonate de soude. . . le flacon.	5 | »	6 | »
— — — le 1/2.	2 | 50	3 | »
Caustique de Canquoin de Ferrand, en sparadrap de 20 centimètres carrés, avec rouleau fer-blanc	5 | »	10 | »
— Filhos, chez Leperdriel. . . . . le cylindre.	1 | »	» | »
Cérébrine Léchelle, poudre non sternutatoire. . . . . la boîte.	2 | »	3 | »
Cétoine dorée, contre l'épilepsie, préparée par Sauvan . . le flacon.	8 | »	12 | »
Charbon de saule au quina p' les dents, de B. Casteran à Vic-Big. la boîte.	1 | 25	1 | 75
Chlorophylle dentaire de Voituret, pour les maux de dents. le flacon.	1 | 20	1 | 50
Chlorure d'oxyde de sodium (liq' de Labarraque), chez Frère. la bout.	1 | 60	3 | »
*Chocolat antistrumeux, de Desvergnes-Lafont-Defaye. . les 500 gr.	3 | »	4 | »
— blanc, de Houcix, chez Challonneau. . . . . . 500 gr.	4 | 20	6 | »
— — — 250 —	2 | 10	3 | »
— bromo-ioduré, de Boille. . . . . le kilo.	9 | »	12 | »
— — ferreux de Boille. . . . . . . le kilo.	9 | »	12 | »
— Carrié, à la magnésie. . . . . la boîte.	» | 80	1 | 25
— dépuratif du docteur Ollivier. . . . . / la boîte de 250 gr.	1 | 75	2 | 50
— Desbrière, purg. à la magnésie, chez Delangrenier. la boîte.	1 | »	1 | 50
— digestif de Vichy, de l'Établissement thermal, surfin, 1/2 kilo.	3 | 40	4 | 50
— — — — fin. .	2 | 25	3 | »
— ferro-manganeux, de Burin-Dubuisson. . . . . —	3 | »	4 | »
— ferrugineux, de Colmet-Dàage. . . . . —	3 | 50	5 | »
— fortifiant et fébrifuge au quinquina de Gagnière. . —	3 | 50	5 | »
— Menier, alimentaire et médicinal (voy. la table).		
— à l'osmazome, de Bardel, ... le kilo.	6 | 75	9 | »
— à l'ostéine, de Mouriès, chez Frère. . . . . . la boîte.	2 | 25	3 | »
— Philhygiène, de Duhamel. . . . . les 500 gr.	3 | 50	5 | »
— purg. à la magn. hydr., de Bélugou de Montpellier. la tablette	» | 60	1 | »
— — à la magnésie, de Th'° Laborde. . . . la boîte.	» | 80	» | »
— — à la scammonée, de Colmet-Dàage. . . —	» | 80	1 | 25
— — — ou à la magnésie, de Pauliac —	» | 50	1 | »
— vermifuge à la santonine, du même. . . . . . —	» | 50	1 | »
Cigares antiasthmatiques, de MM. Joy et Boudinon. . . —	2 | 25	3 | »
— de stramonium, belladone, jusquiame, de Collas. le cent.	5 | »	20 | »
— — — — . . la boîte.	1 | »	2 | »
— — — — . . la 1/2.	» | 50	1 | »

MÉDICAMENTS ET ARTICLES SPÉCIAUX DES PHARMACIENS.

Faute de désignation, nous enverrons les articles marqués d'un *.

	PRIX pour le pharmacien.		PRIX pour le public.	
	fr.	c.	fr.	c.
Cigarettes antiasthmatiques du Dr Frary, chez Gagnière. la boîte.	3	»	4	»
* — — — — la 1/2.	1	50	2	»
— arsenicales, formule Trousseau, chez Villette . . la boîte.	1	80	3	50
* — — — — — la 1/2	»	90	1	75
— balsamiques de Pariss . . . . la boîte.	7	50	10	»
* — — — — . . . . . la 1/2.	3	»	4	»
— de J. Espic, de Bordeaux. . . . . la boîte.	1	50	2	»
— iodées de Chartroule. . . . . le flacon.	2	25	3	»
— iodoformiques, de E. Hardouin. . . . . . . —	1	50	2	50
— pectorales, de Cleret. . . . . —	1	40	2	»
Ciment céramique Dumoulin. . . . . —	»	30	»	»
— dentaire, de Delezenne de Lille. . . . . . . —	1	25	2	»
— W. Rogers, pour plomber soi-même les dents. . —	2	10	3	»
— Royer, ou plombateur dentaire de Royer. . . . —	2	»	3	»
Citrate de fer et de manganèse, en paillettes, de Burin-Dubuisson. le kil.	32	»	»	»
Coffret-sachet insecticide, ou insectifuge à volonté, de Ferrand. la pièce.	1	75	2	50
Cold-cream du docteur Wilson, chez Trablit. . . . . . le pot.	1	35	2	»
Colle Audouin, pour coller tous les corps à froid. . . . le flacon.	»	45	»	»
* — — — — le 1/2.	»	25	»	»
— blanche liquide, de Dumoulin, le flacon, 30 c. . . . *le 1/2.	»	20	»	»
Colliers électro-magnétiques de Royer, contre les convulsions des enfants. . . . . la pièce, de 4 à	12	»	»	»
Collodion vétérinaire de Lemoine. . . . . le flacon.	1	75	2	25
Collyre divin, de Léchelle. . . . . —	»	75	1	»
*Colorantes de Fèvre, pour colorer le bouillon . . . . la boîte.	»	70	»	»
Composition contre le piétin, de Miramont. . . . . . . la bout^{lle}.	1	50	2	»
Compresses économiques d'Albespeyres en papier préparé- le paquet.	»	70	1	»
— de Denaud, en papier spongieux lavé. . . . —	»	60	1	»
— de Leperdriel. . . . . —	»	60	1	»
— — chlorurées. . . . . —	»	60	1	»
— — désinfectantes au charbon . . . —	1	80	3	»
— — sans nom . . . . —	»	50	»	»
Cônes médicaux de Lolmède, chez Carrié. . . . . . . —	4	50	5	»
Conservateur de la bouche, de Genevoix. . . . . . . le flacon.	1	75	2	50
— — — le 1/2.	1	10	1	50
Copahine-Mége ferrée, chez Jozeau. . . . . la boîte.	3	»	5	»
— liquide pour injections, chez Joseau. . le flacon.	1	80	3	»
* — simple, chez Jozeau. . . . . la boîte.	2	40	4	»
Copahu ferrugineux du docteur Clarke, chez Accault. . le flacon.	4	»	6	»
* — — — le 1/2.	2	»	3	»
Cosmétique Delacour, contre les gerçures du sein . . . . le flacon.	2	25	3	»
— ou eau hygiénique de Mettemberg. . . . . —	3	25	4	»
Crème alcaline dentaire, de Vautier	2	»	3	»
— balsamique de Chazal . . . . le pot.	2	50	3	»
— — pectorale au cacao, de Lecoq et Bargoin. le flacon.	2	25	3	»
— virginale de Pennès. . . . . la boîte.	1	»	1	50

MÉDICAMENTS ET ARTICLES SPÉCIAUX DES PHARMACIENS.

Faute de désignation, nous enverrons les articles marqués d'un *.

	PRIX pour le pharmacien.		PRIX pour le public.	
	fr.	c.	fr.	c.
Créosote-Billard, chez Plateau . . . . le flacon.	1	40	2	»
—— chloroform. de Royer, contre les maux de dents. —	1	50	2	»
Cryps-bols au quinquina et sel d'aluminium, contre le mal de mer, de F. Sauvan . . . . les 2 flacons.	3	50	5	»
Curaçao français de Laroze. . . . . la bout^{lle}.	4	50	6	»

D

Dentaire Patris, contre le mal de dents. . . . . le flacon.	1	10	1	60
Dentéine de Serres-Duvignau. . . . . —	1	50	2	»
Dentifrice Frogé. la boîte.		75	1	50
*Dépuratif de Guérin, chez Delangrenier. . . . . le paquet.	3	75	5	»
—— — — . . . . le double paquet.	7	50	10	»
—— du sang par le soufre homœopath^e, d'Hoffmann. . le tube.		60	1	»
Désinfectant hygiénique de Léchelle, pour l'assainissement. la bout^{lle}.	»	75	1	»
Disques métalliques préservatifs du choléra, de Béral, chez Accault.	2	»	3	»
Dragées acétiques de colchique, de Laurent, contre la goutte, chez Labélonye. . . . . la boîte.	3	25	5	»
— d'aloès, à 10 centig., de Garnier-Lamoureux et Cie. le kilo.	10	»	»	»
— antiscorbutiques de Laurent, chez Labélonye. . le flacon.	1	70	2	50
— d'armoise composé, — — —	1	»	1	50
— antiblennorrhagiques de Guigon. . . . . le grand flacon.	12	»	20	»
— — — . . . . le petit —	6	»	10	»
— antigoutteuses de Bourgeaud. . . . . le flacon.	3	75	5	»
— antivénusiennes, chez Silvant. . . . . —	2	35	3	50
— astringentes (au cachou), de Laurent. . } . . . . —	1	70	2	50
— — (au ratanhia), —	2	»	3	»
— — de Leconte. . . . . —	1	50	2	»
— — de Prodhomme-Vauthrin . . . . . la boîte.	2	50	4	»
— de bicarbonate de soude, de Garnier-Lamoureux. le kilo.	12	»	»	»
— de calomel à 5 centigrammes, de G.-Lamoureux. —	6	»	»	»
— — à 5 centigrammes, de Collas . . . . —	10	»	»	»
— de carbonate ferreux, de Garnier-Lamoureux et Cie. —	12	»	»	»
— de charbon végétal à 10 centigrammes, de Garnier-Lamoureux et Cie.	12	»	»	»
— de citrate de fer à 10 centigrammes, de Garnier-Lamoureux et Cie. . . . . . . —	24	»	»	»
— de conicine (semence de ciguë), à 5 centigram., de Garnier-Lamoureux et Cie. . . . . . . —	12	»	»	»
— au copahu, au cubèbe, au ratanhia et fer, de Garnier-Lamoureux et Cie. . . . . —	20	»	»	»
— de cubébine au copahu, de Labélonye. . . la boîte de 72.	2	»	3	»
— dépuratives (au suc d'herbes), de Laurent. . . . le flacon.	1	70	2	50
— écossaises d'Anderson, à 10 centigrammes de Garnier-Lamoureux et Cie. . . . . le kilo.	15	»	»	»

MÉDICAMENTS ET ARTICLES SPECIAUX DES PHARMACIENS.

Faute de désignation, nous enverrons les articles marqués d'un *.

Article		PRIX pour le pharmacien.		PRIX pour le public.	
		fr.	c.	fr.	c.
Dragées égyptiennes, de Poisson, chez Ramonde	la boîte.	3	75	5	»
* — — —	la 1/2.	2	25	3	»
— égyptiennes du Dr Delarue, chez Sias Martin.	la boîte.	3	75	5	»
* — —	la 1/2.	2	25	3	»
— d'ergotine de Bonjean, chez Labélonye.	le flacon.	2	»	3	»
— d'érysimum composé, de Laurent, chez Labélonye.	la boîte.	1	»	1	50
— d'extrait d'ipéca à 3 milligr. de Garnier-Lamoureux.	le kilo.	8	»	»	»
— au fer réduit par l'hydrog. de Pelletier père et fils.	le flacon.	1	»	2	»
— — de Garnier-Lamoureux et Cie.	le kilo.	34	»	»	»
— ferro-manganésiennes, de Vittel, chez Savoye.	la boîte.	1	75	2	50
— ferrugineuses du Dr Répiquet, chez Fournier.	le flacon.	3	»	5	»
— — manno-bismuthées de L. Foucher. —		1	50	2	50
— — au paullinia, de Cléret.	la boîte.	2	40	4	»
— — de Royat, chez Lecoq et Bargoin.	le flacon.	1	10	1	50
— fondantes, sudorif. et purgat. de Brou-Duclaud. —		1	»	2	»
— de Fortin au copahu, C: et cubèbe; C: et ratanhia; C: cubèbe, ratanhia et fer	la boîte de 72.	1	50	3	»
Les mêmes.	le kilo.	12	»	»	»
— de Fortin au copahu, cubèbe et oxyde de bismuth. —		16	»	»	»
— — au lactate de fer à 5 centigr.		14	»	»	»
— — —	la boîte de 120.	1	50	3	»
— de Gaffard au copahu, cubèbe, fer, ratanhia, etc.	le kilo.	10	»	»	»
Les mêmes.		»	60	4	»
— de Gélis et Conté, chez Labélonye. —		2	80	4	»
* — — — —	la 1/2.	1	40	2	»
— de Gille, au protoïodure de fer.	le flacon.	2	25	3	»
— globules de phellandrium aquaticum, de Leret.	la boîte.	1	60	2	»
— de Grimaud aîné, de Poitiers, au fer et seigle ergoté		3	50	5	»
— d'hydroferrocyanate de potasse et d'urée, du Dr Baud, chez Savoye.	la boîte.	2	80	4	»
— d'iodure de fer et de quinine, de Bouchardat, chez Villette,	le flacon.	2	»	3	»
— d'iodure de potassium, de Garnier-Lamoureux et Cie.	le kil.	60	»	»	»
— — — —	le flac. de 100 dragées.	2	»	»	»
— de kermès à 1 centigr., de Garnier-Lamoureux et Cie.	le kil.	9	»	»	»
— —	le flacon.	2	»	3	»
— de lactate de fer, de Béral, chez Frère.	la boîte.	2	»	3	»
— de lactate de fer à 5 centigrammes, de Collas.	le kilo.	25	»	»	»
— — — de Mure de Pont-Saint-Esprit.	la boîte.	2	»	4	»
* — — — —	la 1/2.	1	»	2	»
— — — et de manganèse, de Burin Dubuisson.	le flacon.	2	»	3	»
— — — à 5 centigr., de Garnier-Lamoureux et Cie.	le kilo.	14	»	»	»
— — — à 5 centigr., de Fortin.	la boîte de 120.	1	50	3	»
— — — —	le kilo.	14	»	»	»

MÉDICAMENTS ET ARTICLES SPÉCIAUX DES PHARMACIENS.

Faute de désignation, nous enverrons les articles marqués d'un °.

	PRIX pour le pharmacien.		PRIX pour le public.	
	fr.	c.	fr.	c.
Dragées de magnésie calcinée à 10 centigr., de G.-Lamoureux. le kilo.	12	»	»	»
— de Naples, au baume de copahu, chez Allaize. la boîte.	2	»	3	»
° — de pâte de jujubes ou de réglisse, de L. Foucher. —	»	80	1	»
° — — — — — la 1/2.	»	40	»	50
— de pâte de guimauve, de L. Foucher d'Orléans. . la boîte.	»	80	1	»
— — — — . . . . . la 1/2	»	40	»	50
— de paullinia de Cléret. . . . . la boîte.	3	»	5	»
— pectorales de mou de veau, de Laurent. . . . —	1	»	1	50
— — de manne en larmes, de Jules Alliot. —	1	10	1	50
— pharmaceutiques de Pommier.	»	»	»	»
— de phosphate de fer soluble de Leras (pyrophosphate de fer et soude), chez Grimault et Rigaud. . . . . . la boîte.	1	50	2	»
° — de Pougues, stomach. et ferrug. chez Garnier. . —	2	»	3	»
— — — — — . . la 1/2.	1	35	2	»
— de protoïodure de fer, à 5 centigrammes, de Garnier-Lamoureux et Cie. . . . . le kilo.	40	»	»	»
— de pyrophosphte de fer, de E. Robiquet, chez Frère. le flacon.	2	25	3	»
— Quevenne, au fer réduit et chocolat, chez E. Genevoix. —	3	25	5	»
— — — — le 1/2.	1	95	3	»
— du Dr Répiquet, chez Fournier. . . . . . . le flacon.	2	40	4	»
° — rafraîchissantes et laxatives (au tamarin), de Laurent, —	2	»	3	»
— de rhubarbe composée, stomach. et purg., de Laurent, —	2	»	3	»
— — — — — le 1/2.	1	»	1	50
— — à 10 centigr., de Garnier-Lamoureux. le kilo.	16	»	»	»
— de santonine à 5 centigrammes, de Collas . . . —	30	»	»	»
° — — de Gaffard. . . . . le flacon.	»	75	2	»
— — de Pelletier père et fils de Lyon. . —	»	65	1	»
— — à 25 milligr., de Garnier-Lamoureux. le kilo.	1	»	2	»
— de semences de phellandrie à 10 centig., de Garnier-Lamoureux et Cie. . . . . le kilo.	24	»	»	»
— de sève de pin, de Lagasse de Bordeaux. . . . la boîte.	15	»	»	»
— de sous-nitrate de bismuth, de Garnier-Lamoureux. le kilo.	1	»	1	50
— stomachiques et rafraîchissantes à la magnésie calcinée, de Dégenétais. . . . . la boîte.	15	»	»	»
— sudorifiques et dépuratives de salseparille composée, de Laurent, chez Labélonye. . . . . le flacon.	2	25	3	»
— de sulfate de quinine à 5 centig., de G.-Lamoureux. le kilo.	2	»	3	»
— — — de Fortin . . le cent.	220	»	»	»
— de tartrate de potasse et de fer à 10 centig., de Garnier-Lamoureux. . . . . le kilo.	5	»	»	»
— toniques (à la gentiane), de Laurent. . . . . le flacon.	22	»	»	»
— de valérianate de quinine à 5 centigr., de Garnier-Lamoureux et Cie. . . . . le kilo.	»	80	1	25
— — tri-basique de fer, de zinc et de bismuth, de Roche et Vincenot. . . . . le flacon.	500	»	»	»
	2	»	3	»

MÉDICAMENTS ET ARTICLES SPÉCIAUX DES PHARMACIENS.

Faute de désignation, nous enverrons les articles marqués d'un *.

	PRIX pour le pharmacien.		PRIX pour le public.	
	fr.	c.	fr.	c.
Dragées du Dr Vaume, contre les maladies syphilitiques, dartreuses, scrofuleuses et goutteuses, chez Dupont. le flacon ou la boîte.	4	50	6	»
* Les mêmes. . . . . . le 1/2 flacon ou la 1/2 boîte.	2	25	3	»
— vermifuges au calomel à 5 centig., de Collas . . . le kilo.	10	»	»	»
— — de Houeix. . . . . la boîte.	»	60	»	75

E

Eau antiapoplectique des Jacobins, de chez Habert. . . le flacon.	2	25	3	»
— — de chez Lefebure. . —	3	»	4	»
* — — — le 1/2.	2	25	3	»
* — — de Capon. . . . . le flacon.	1	80	2	50
— antigout^{se} et antirhum^{ale} de Casteran frères, de Lortet. —	3	»	4	»
— antihémorrhagique de Tisserand, chez Savoye. . . . —	3	50	5	»
— — — . . . . le 1/2.	2	10	3	»
— antiophthalmique de Loche, chez Letellier . . . . . le flacon.	4	50	6	»
— — de Pinel. . . . . . . —	2	»	2	50
— antipsorique de Mettemberg, ordinaire. . . . . . . la bout^{lle}.	5	»	6	»
— — concentrée, ou quintessence. le flacon.	5	»	6	»
— antiputride de Beaufort, chez P. Guyot. . . . . . la bout^{lle}.	2	»	3	»
— antiscorbutique de W. Rogers. . . . . le flacon.	3	50	5	»
— d'arnica de E. Boyer. —	»	85	1	25
— balsamique dentifrice de Marinier. —	»	75	1	»
— — de Barral. —	1	25	2	»
* — — de Botot . . . . —	2	25	3	»
— — — . . . . le 1/2.	1	40	1	75
— buccale dentifrice de Pennès. . . . . le flacon.	»	80	1	25
* — chimique de Lob, pour faire repousser les cheveux . . . —	8	»	10	»
— — — . . . . le 1/2.	4	»	5	»
— de Cologne de J.-M. Farina. . . . . . la boîte de 6 rouleaux.	6	50	»	»
— — — la boîte de 12 1/2 roul.	7	60	»	»
— contre la calvitie, de Cressent-Petit. . . . . . . le flacon.	2	75	4	»
— — les engelures, de Bosse-Crosnier. . . . . —	»	75	1	»
— — — d'Etienne-Lescot . . . . . —	»	75	1	»
— — — de Ventejoul. . . . . —	1	25	2	»
— — le piétin, de Jouanne . . . . la bout^{lle}.	1	75	2	50
* — — des moutons, de F. Simon. . . . . —	3	25	5	»
— — — — . . . . . la 1/2.	1	75	2	50
— — — — de Martin-Chapuis. . . . . le flacon.	»	80	1	25
— crénatée ferrugineuse des Thermes de Château-Gontier, chez Mahier. la bout^{lle}.	»	45	»	»
— dentifrice du Dr Jackson, chez Trablit. . . . . . . le flacon.	2	»	3	»
— — de Biron-Devèze . . . . —	3	»	4	»
* — — — . . . . le 1/2.	1	50	2	»

MÉDICAMENTS ET ARTICLES SPÉCIAUX DES PHARMACIENS.

Faute de désignation, nous enverrons les articles marqués d'un *.

	PRIX pour le pharmacien.		PRIX pour le public.	
	fr.	c.	fr.	c.
Eau dentifrice de Desirabode . . . . le grand flacon.	4	»	5	»
* — — . . . . le moyen flacon.	2	40	3	»
— — de Philippe. . . . . le flacon.	2	»	2	50
* — — — . . . . le 1/2.	1	20	1	50
— — — . . . . flacon riche doré.	4	»	5	»
— — du D' Pierre. . . . . le double flacon.	4	25	5	»
* — — — . . . . le flacon.	2	50	3	»
— — de Plancher, antiseptique. . . . . —	1	10	1	50
— — de quinine, de Paul Gage. . . . . —	2	20	3	»
* — — — . . . . le 1/2.	1	10	1	50
— détersive à la saponine, de F. Le Beuf. . . . . . le flacon.	1	50	2	»
— divine parfumée, de Cauvin. . . . . —	3	»	4	»
* — — — — . . . . le 1/2.	1	90	2	50
— de Fattet, pour l'embaumement des dents. . . . le flacon.	4	50	6	»
— ferrugino-gazeuse de Plombières, de Gentilhomme, chez Plisson. . . . . la bout^lle.	»	75	»	»
— des frères M.-Mahon, pour nettoyer la tête et arrêter la chute des cheveux. . . . . la bout^lle.	»	90	1	»
— fondante de Trevez, chez Faucou. . . . . —	»	90	1	20
* — hémostatique de Léchelle, contre les hémorrhagies. . le flacon.	3	30	5	»
— — — — — le 1/2.	1	65	2	50
— — de Freppel, de Sainte-Marie-aux-Mines. le flacon.	2	50	3	»
— — de Royer . . . . —	1	50	2	»
— hongroise végétale de Rosenthal et Cie, pour faire croître les cheveux (la douzaine 100 fr.). . . . . le flacon.	10	»	»	»
* — de Léchelle, dite hémostatique. . . . . —	3	30	5	»
— — — . . . . / . . . le 1/2.	1	65	2	50
— leucodermine de Laroze. . . . . le flacon.	2	25	3	»
— leucodonte de Garot. . . . . —	1	25	1	50
— lustrale pour les soins de la tête, de Laroze. . . . —	2	25	3	»
— de Mars contre les maux de dents, chez Carrié. . . —	2	»	3	»
* — de mélisse des Carmes, de Boyer, blanche ou jaune, boîte 12 roul.	9	»	12	»
— — — — — la boîte de 6 roul.	4	50	6	»
— — — de Capon. . . . . le roul.	»	70	1	»
— — — de Prosper Dumont . . . . . —	»	60	1	»
— de mer gazeuse, de Paquier de Fécamp. . . . . . la bout^lle.	1	20	1	50
— — — purgative de Boyé de Douarnenez. —	»	80	1	40
— de J. Martin, balsamique dentifrice, chez Flon. . . le flacon.	1	15	1	50
— minérale iodo-phosphatée d'Uzac, pour remplacer l'huile de foie de morue. . . . . le flacon.	1	85	2	50
— minérale naturelle d'Argentière, alcaline gazeuse, ferrugineuse, chez Gagnière. . . . . la bout^lle.	»	75	1	»
— odontalgique du D' O'Méara. . . . . le flacon.	1	40	1	75
— odontophile pour les soins de la bouche, de Royer. . .	1	50	2	»
* — parisienne de Mme Adée et Cie, contre les taches de rouss'. —	5	»	6	»
— — — — — le 1/2.	2	50	3	»

MÉDICAMENTS ET ARTICLES SPÉCIAUX DES PHARMACIENS.

Faute de désignation, nous enverrons les articles marqués d'un *.

	PRIX pour le pharmacien.		PRIX pour le public.	
	fr.	c.	fr.	c.
Eau de Paris, de Leistner............... le grand flacon.	2	25	3	»
* — — — .... le petit —	1	40	1	75
— pectorale dissolvante du Dr Tirat, chez Leret.... le flacon.	2	40	3	»
— persane pour teindre les cheveux, de Royer..... la boîte.	3	75	5	»
— des princes, du Dr Barclay, chez Trablit....... le flacon.	1	35	2	»
— puritaine contre les taches de rousseur, de Royer... —	2	»	3	»
— de pyrèthre, de Pedelaborde................ —	2	25	3	»
— radicale antiophthalmique, de Bugeaud....... la bout^{lle}.	2	»	3	»
* — — — .... la 1/2.	1	»	1	50
— résolutive de Pennès................ le flacon.	»	65	1	»
— de W. Rogers, pour embaumement des dents.... —	2	10	3	»
— — n° 2, pour le raffermissement des dents. —	7	»	10	»
— rouge de Gagnière................... la bout^{lle}.	3	»	5	»
— russe de Saluces, contre les engelures....... le flacon.	1	»	1	50
— sanitaire, de Léchelle, antiputride........ —	2	»	3	»
— tonique de Chalmin, pour les cheveux, n°s 1, 2, 3. —	2	25	3	»
— — régénératrice des cheveux, de Royer.... —	2	»	3	»
— vermifuge de Bagnères, de F. Camus de Bagn^{res}-de-Big^{re}, la bout^{lle}.	1	90	2	50
— — des Pyrénées, de Duserm, —	1	75	2	50
— virginale astringente, de Chable........... —	2	20	3	»
— vulnéraire spiritueuse des Pyrénées, de Duserm... —	3	50	5	»
* — — — la 1/2.	1	75	2	50
Élixir américain de Courcelles, chez Calloud...... le flacon.	2	25	3	»
— antiapoplectique des Jacobins de Rouen, chez Habert. —	2	25	3	»
— antiasthmatique de Carrié................ —	2	25	3	»
— antifébrile de Brou-Duclaud............. —	3	»	5	»
— antiglaireux, du Dr Guillé, chez Dupont..... la bout^{lle}.	4	50	6	»
* — — — ..... la 1/2.	2	60	3	50
— — chez Paul Gage.... la bout^{lle}.	3	50	6	»
* — — — ..... la 1/2.	2	»	3	50
— antigoutteux du docteur Gouttebessis, par Batilliat. le flacon.	6	»	10	»
— — de Séguin, chez Besse......... —	2	25	3	»
— — et antirhumatismal, de Lebel..... —	15	»	20	»
* — — — ..... le 1/2.	7	50	10	»
Le livre des Goutteux, par Astier et Lebel .... 1 volume.	2	25	»	»
— de Barry, liqueur stomachique, chez Trablit.... le flacon.	2	»	2	50
— calmant de Lebas, chez Lemoine........... —	1	75	2	50
— au citro-lactate de fer du Dr Thermes, de Chalais. —	2	25	3	»
— de la grande Chartreuse (cachet Garnier), suivant contenance.				
— dentifrice d'Abbadie................. le flacon.	1	»	1	25
— — de Détban, au sel de Berthollet (chlor^{te} de pot^{sse}) —	1	50	2	»
— — d'Hoffmann................. —	1	50	2	»
— — de Laroze, au quinquina, pyrèthre et gayac. —	»	95	1	25
— — de Le Beuf à la saponine........ —	2	25	3	»
— — d'O'Méara, chez Delangrenier....... —	1	90	2	50
— — au paraguay, chez Roux........ —	2	25	3	»

MÉDICAMENTS ET ARTICLES SPÉCIAUX DES PHARMACIENS.

*Faute de désignation, nous enverrons les articles marqués d'un *.*

	PRIX pour le pharmacien.		PRIX pour le public.	
	fr.	c.	fr.	c.
Élixir de Fattet, pour la bouche.	3	75	5	»
— ferrugineux de Charlot, chez Leperdriel. . . . . la bout^{lle}.	1	50	3	»
— de Guillard contre le mal de dents. . . . . le flacon.	1	50	2	»
— hermétique de Saint-Germain, chez Colmet-Daâge. —	4	50	5	»
— des Jacobins de Rouen, chez Collas. . . . . . . —	1	75	2	50
— odontalgique de J. Pelletier, chez Frère. . . . . —	2	25	3	»
— odontalgique à l'oxalate de potasse et au quina, de B. Casteran de Lortet. . . . . le flacon.	3	»	5	»
— — de Toussain de Saint-Yrieix	»	40	»	60
— purgatif du Dr Lavolley, chez Allaize. . . . . . . la bout^{lle}.	2	50	3	50
— — de Gardes. . . . . le flacon.	1	50	3	»
— de pyrophosphate de fer, de Tigeot de Rennes. . . —	2	»	3	»
— de rhubarbe de Borde. . . . . la 1,2 bout.	4	80	6	»
— — — . . . . le 1/4.	2	40	3	»
— rouge antiventeux de Stanislas Martin. . . . . . le flacon.	3	75	5	»
— stomachique de faham, de Besson. . . . . . . —	2	25	3	»
— de salsepareille indigène, de Serres-Duvignau. . . —	3	»	4	»
— de Stougthon, chez Collas. . . . . —	»	90	1	20
— tonique fébrifuge de E. Fournier . . . . la bout^{lle}.	4	»	6	»
— tonique, de Bévenot, contre les glaires. . . . . . le flacon.	2	80	3	50
— — — — le 1/2.	1	40	1	75
— végétal, dit de santé, de Biron-Devèze . . . . . le flacon.	3	75	5	»
— — — — . . . . . le 1/2.	2	25	3	»
— vermifuge de Deslauriers, le flacon, 1 fr. 50 p^r 2 fr. le 1/2.	»	75	1	»
Emplâtre Andino, pour les cors, chez Chevrier, la boîte de 8 emplâtres.	1	90	2	50
— diapalme à l'aconit camphré de d'Auduran, contre les rhumatismes. . . . . / . . . le roul.	»	90	1	25
— du pauvre homme, de Dorvault, chez Grimault. —	»	60	1	»
— — — de Johnson. —	»	50	1	»
— — — de Béral, chez Frère . . . . —	»	60	1	»
— du P. Blanc, contre la sciatique et les douleurs rhumatismales, chez Bourgogne. . . . . le roul.	»	75	1	»
— de thapsia, du Dr Rebouilleau, chez Leperdriel, le mètre.	2	»	5	»
Encens des Mages, de Laurencel. . . . . la boîte.	4	50	6	»
— — — . . . . la 1/2.	2	25	3	»
Encre à marquer le linge, de Chable. . . . . la douz.	7	20	»	»
— — — de Collas. . . . . la boîte.	1	50	2	»
— — — sans préparation, de Roberts. . le flacon.	1	20	1	50
— — — sans préparation, de Pariss . . —	3	»	4	»
— — — — — le 1/2.	1	50	2	»
— violette communicative de Cany, chez Saluce. . . le litre.	2	25	2	50
— — — — — . . le 1/2.	1	10	1	25
— — — — — . . le 1/4.	»	65	»	75
— sèche de Dumont. . . . . la boîte.	»	60	1	»
Encrivore Chable, grand modèle. . . . . la douz.	8	40	14	40
— petit — . . . . —	4	20	7	20

MÉDICAMENTS ET ARTICLES SPÉCIAUX DES PHARMACIENS.

Faute de désignation, nous enverrons les articles marqués d'un *.

	PRIX pour le pharmac.en.		PRIX pour le public.	
	fr.	c.	fr.	c.
Encrivore de Gardes. . . . . le flacon.	»	30	»	60
Ergotine Bonjean. . . . . le flacon de 30 gram.	4	50	9	»
Ervalenta-Warton. . . . . la boîte de 1/2 kilo.	2	»	2	50
— — . . . . — 1 —	3	20	4	»
— — . . . . — 2 —	6	»	7	50
— — . . . . — 4 —	11	20	14	»
Esculine d'Émile Mouchon de Lyon, en flacons de 15 et 30 gr. le gram.	»	60	1	50
Esprit éthéré de fourmis, de Béral, chez Accault. . . . . le flacon.	4	»	5	»
Esprit minéral de Zuccani. . . . . le litre.	2	80	»	»
Essence antigoutteuse et antirhumatismale de Lebéhot. . le flacon.	4	50	6	»
— bordelaise de Larue-Dubarry, de Limoges, pour l'amélioration des vins. le flacon.	»	95	1	25
— de café Trablit. . . . . le flacon de 15 tasses.	1	»	1	50
— — moka, de Lescurre . . . . la douzaine de flacons.	15	»	18	»
— — de E. Boyer. . . . . le flacon de 15 tasses.	1	60	1	75
— caryophylle du Dr Delarue, chez Stanislas Martin, le flacon.	3	75	5	»
— de Cognac, pour vieillir et clarifier instantanément les eaux-de-vie, d'Ulysse Roy de Poitiers. le flacon pour 2 hectol.	4	»	5	»
— concentrée de salsepar^{lle} (ph^{ie} Colbert), chez Plateau, le flacon.	3	75	5	»
— — — de Paul Gage. . . . —	2	50	5	»
— — — iodurée, de Bidot. . —	2	80	4	»
— — — de H. Soula. . . . . —	2	»	4	»
— — — de Stanislas Martin. —	3	75	5	»
✻ — — — rouge, de Pariss. . . . . le 1/2.	7	50	10	»
— — — — de la Ph^{ie} normale. . le flacon.	3	75	5	»
— — — de la Ph^{ie} normale. . le flacon.	3	»	4	»
— dépurative à l'iodure de potassium, de Ducoux de Poitiers, le flacon, 8 fr. pour 12 fr. . . . . * le 1/2 flacon.	4	25	6	50
— éthérée antiépileptique de Stanislas Martin. . . . le flacon.	11	25	15	»
✻ — — et balsamique d'Audin-Rouvière. . . . . —	3	75	5	»
— — — . . . . le 1/2.	2	25	3	»
✻ — de gingembre de la Jamaïque, de Pariss. . . . le flacon.	3	75	5	»
— — — . . . . le 1/2.	2	25	3	»
— de menthe rectifiée, de Mayet. . . . . l'hecto.	15	»	»	»
— névrophile du Dr Delacroix, chez Plateau. . . . le flacon.	3	75	5	»
— de rhum d'Ulysse Roy. . . . . —	5	»	6	»
✻ — de salsepareille de Roberts . . . . —	7	50	10	»
— — — le 1/2.	3	75	5	»
— tonique du Dr Grimaldi, chez Stanislas Martin. . le flacon.	11	25	15	»
— de Victoria, chez Roberts et Cie	8	»	10	»
— de vie du chevalier Treffenschel, de chez Garot. —	2	50	3	»
✻ — vestimentale de Dupleix.	2	50	3	»
— — — le 1/2.	1	25	1	50
Éther hydriodique de Quesneville. . . . le flacon de 20 grammes.	3	»	4	»
— carafe pour le respirer.	2	50	3	»
— pipette p. le mesurer, avec étui.	1	60	2	»

MÉDICAMENTS ET ARTICLES SPÉCIAUX DES PHARMACIENS.

	PRIX pour le pharmacien.		PRIX pour le public.	
	fr.	c.	fr.	c.
Faute de désignation, nous enverrons les articles marqués d'un *.				
Éther sulfurique rectifié, de Mayet. . . . . le kilo.	8	»	»	»
*Éthéroléine de Chalmin, pour enlever les taches. . . . gr. modèle.	1	15	1	50
— — — — petit —	»	75	1	»
Extrait alcoolique de lactucarium, cachet Aubergier, prix variable.				
— dépurato-sudorifère pur, dit l'ennemi du mercure, de Bertrand aîné de Lyon. . . . . le flacon.	6	»	10	»
Extrait dépurato-sudorifère sucré, dit sirop iodé de Bochet, par Bertrand aîné. . . le flacon.	3	»	5	»
* — — — — — le 1/2.	1	50	2	50
— d'opium titré, cachet Aubergier, par pots de 25, 50, 100, 500 grammes. . . . . le kilo.	200	»	»	»
Extraits pharmaceutiques de Laurent, chez Labelonye	»	»	»	»
— préparés par la Société du Cercle pharmaceutique de la Marne.	»	»	»	»

F

	fr.	c.	fr.	c.
*Farine de santé Du Barry, la boîte de 1 livre anglaise.	3	20	4	»
— 2 livres anglaises.	5	60	7	»
— 5 —	12	80	16	»
— 12 —	25	60	32	»
— Qualité raffinée, — 1 livre anglaise.	6	40	8	»
— — — 2 livres anglaises.	11	20	14	»
— — — 5 —	25	60	32	»
— — — 10 —	46	40	58	»
Fébrifuge Volpélière, chez Fabre jeune, à Arles. . . . la boîte.	2	10	3	»
Fer manganeux réduit par l'hydrogène, de Burin-Dubuisson, le kilo.	50	»	»	»
— réduit de Quevenne, chez Em. Genevoix. . . . le flac. de 10 gr.	2	10	3	50
— — par l'hydrogène, de Béral, chez Frère. . . . . le kilo.	30	»	»	»
— — — de la Pharmacie normale. . . le flacon.	1	65	2	25
Ferrugineux de Nancy, de Béral, chez Frère . . . . . . la boîte.	2	»	3	»
Feu anglais de Lelong, chez Lemoine . . . . la bout^lle.	3	50	5	»
— français, ou baume résolutif d'Olivier de Châlons. .	3	»	5	»
Fraxinine de Mandet de Tarare.. . . . le flacon de 60 grammes.	5	»	»	»
— principe fébrifuge, d'Emile Mouchon de Lyon.. le gram.	2	»	»	»
Fraxinite, principe purgatif, d'Emile Mouchon de Lyon. . —	»	20	»	40
Fumigateur pectoral (voy. Cigarettes de J. Espic).				

G

	fr.	c.	fr.	c.
Gants de crin électriques p^r frictions, de Béral, chez Accault. la pièce.	3	25	4	»
Gants-éponge, pour frictions sèches ou humides, de Guichard :				
Le gant simple (1 plaquette éponge).	2	50	4	»
Le gant charnière (2 plaquettes éponges).	3	25	5	»
Le gant électrique (1 plaq. crin, 1 plaq. éponge). . .	5	»	7	50

MÉDICAMENTS ET ARTICLES SPÉCIAUX DES PHARMACIENS.

Faute de désignation, nous enverrons les articles marqués d'un *.

Article		Prix pour le pharmacien fr. c.	Prix pour le public fr. c.
Gargarisme du Dr Edmond, pour la voix . . . . le flacon.		1 40	2 »
— de Roberts . . . . —		2 »	2 50
Gelée d'huile de foie de morue, de Cordier. . . . . —		2 25	3 »
— émulsive d'huile de foie de morue, de Duroy. . . . le pot.		3 75	5 »
— — — — — le 1/2.		2 25	3 »
— — — — de Roche . . . le flacon.		2 10	3 »
— saccharine — — de Dériard . . . —		1 70	» »
Gingembre perlé, de Collas. . . . . —		1 »	2 »
Glands doux de Lecoq et Bargoin . . . . le kilo.		1 80	2 40
— d'Espagne torréfiés de J. Laurier . . . . le flacon.		2 60	3 50
— — — le 1/2.		1 50	2 »
Glaubérine-Savoye (dragées de sel de Glauber pur). . . le flacon.		1 »	1 50
Globules antinévralgiques de Cauvin. . . . . —		6 50	10 »
— d'éther de Josephat. . . . . —		1 20	2 »
— pectoraux homéopathiques d'Hoffmann. . . . . le tube.		» 60	1 »
Gluten Véron granulé pour potages, chez Ulysse Roy. . . le kilo.		» 75	1 20
— de Martin et Cie pour potages . . . . —		» 80	» »
Glycérine blanche officinale pour l'intérieur, de Dalpiaz. . —		8 »	» »
— — sans odeur, pure, de Grimault et Rigaud. le flacon.		3 »	4 »
— de P. A. Cap et Garot, blanche. . . . . le kilo.		4 »	» »
— — — ambrée. —		3 25	» »
— — — brune. . . . . —		2 50	» »
— pure, de Price de Londres, chez Roberts. . . . le flacon.		7 50	10 »
— de Devers, pour toilette. . . . . —		1 90	2 50
— parfumée de Bruère-Périn, chez Frère . . . . —		1 90	2 50
Gomme pectorale aux mucilages d'escargots et de mou de veau, de Rébuffat de Nîmes. . . . . la boîte.		» 95	1 25
Gouttes anticholériques de Plancher. . . . . le flacon.		» 75	1 »
— antidiarrhéiques —		» 75	1 »
— de Harlem, chez Collas. . . . . —		2 »	2 50
— indiennes de Philippe. . . . . —		1 »	1 25
— japonaises, c. les maux de dents, de Mathey-Caylus. —		1 75	2 50
— — — — le 1/2.		1 10	1 50
— noires anglaises, de Roberts et Cie . . . . . le flacon.		3 60	4 50
— de Smith, pour enlever les taches, chez Roberts. —		1 20	1 50
Graine de moutarde blanche, de Didier. . . . le paquet de 500 gr.		1 05	1 25
Grains de santé véritables, d'Audin-Rouvière, chez Leroy, la boîte.		1 50	3 »
— — — — la 1/2.		» 75	1 50
— de vie de Baumé, de chez Barral . . . . . la boîte.		1 20	» »
— — — — la 1/2.		» 60	» »
— — de Clérambourg, chez Massignon . . . . la boîte.		» 90	1 20
— — — — la 1/2.		» 45	» 60
— — de Faucou . . . . la boîte.		1 »	1 50
— — d'Hoffmann . . . . —		1 50	2 »
— — de Micque, chez Chaumer . . . . —		1 75	2 50
— — — . . . . les 50 boîtes.		75 »	» »

MÉDICAMENTS ET ARTICLES SPÉCIAUX DES PHARMACIENS.

Faute de désignation, nous enverrons les articles marqués d'un *.

	PRIX pour le pharmacien.		PRIX pour le public.	
	fr.	c.	fr.	c.
Graisse d'ours des Pyrénées pour la chevelure, par F. Camus de Bagnères-de-Bigorre. . . . . le pot.	2	25	3	»
Granules d'acide arsénieux à 1 milligr., de G.-Lamoureux et Cie, le kilo.	30	»	»	»
— — — le flacon de 5 gr.	»	50	»	»
— — à 1 milligr., de Pelletier père et fils. le flacon.	»	50	1	»
— d'aconitine à 1 milligr, de Garnier-Lamoureux et Cie. le kilo.	300	»	»	»
— — — — le flacon de 5 gr.	1	50	»	»
— — — de Pelletier père et fils. . le flacon.	1	»	2	50
— d'aconitine à 1 milligr., de Pommier.	1	50	3	»
— d'atropine à 1 milligr., de Garnier-Lamoureux et Cie. le kilo.	300	»	»	»
— — — les 5 gram.	1	50	»	»
— — — de Pelletier père et fils. . le flacon.	1	»	2	50
— de cicutine, — — —	1	»	2	50
— de codéine à 1 centig., de Garnier-Lamoureux et Cie. l'hecto.	100	»	»	»
— — — les 10 gram.	10	»	»	»
— de conicine (semen-ciguë) à 1 centigr. — le kilo.	15	»	»	»
— — — les 10 gram.	»	50	»	»
— de digitaline à 1 milligramme. — le kilo.	300	»	»	»
— — — le flacon.	1	25	»	»
— — — sans nom.	1	25	»	»
— — d'Homolle et Quevenne. . . le flacon de 60.	2	»	3	»
— — de Pelletier père et fils, à 1 milligr. le flacon.	1	»	2	50
— d'extrait de belladone, de Garnier-Lamoureux et Cie, le kilo.	24	»	»	»
— d'extrait d'ipécacuanha à 1 centig., — — —	64	»	»	»
— — — — — les 10 gr.	»	75	»	»
— d'extrait de jusquiame à 1 centig., — le kilo.	24	»	»	»
— — — — les 10 gr.	»	60	»	»
— d'extrait d'opium à 1 centig., — — le kilo.	64	»	»	»
— — — — les 10 gr.	»	75	»	»
— d'hydrocotyle asiatica à 5 centig. de J. Lépine, chez Fournier et Labelonye. . . . . le flacon.	3	50	5	»
— de Laboureur, au valérianate d'ammoniaque. . —	2	80	4	»
— de Leconte, contre la migraine, chez Chevrier. —	2	10	3	»
— Mentel, à l'iodure de fer.	2	»	4	»
— . . . . le 1/2.	1	50	2	50
— — à la magnésie. . . . . la boîte.	»	90	1	25
— — au sous-nitrate de bismuth. . . . . . —	1	25	2	»
— — à la rhubarbe. . . . . —	1	»	1	50
— — au selin des marais. . . . . —	1	75	2	50
— — — . . . . la 1/2.	»	90	1	25
— et poudre de Meynet, au valérianate de quinine. la boîte.	2	70	4	»
— de morphine, chlorhydrate, à 1 millig., de Garnier-Lamoureux et Cie. . le kilo.	50	»	»	»
— — — les 5 gr.	»	70	»	»
— — de Pelletier père et fils, à 1 centigr. le flacon.	1	»	2	50
— de scillitine simple, de Mandet. . . . . —	2	25	3	»

MÉDICAMENTS ET ARTICLES SPÉCIAUX DES PHARMACIENS.

Faute de désignation, nous enverrons les articles marqués d'un *.

	PRIX pour le pharmacien.		PRIX pour le public.	
	fr.	c.	fr.	c.
Granules de strychnine à 1 millig., de Garnier-Lamoureux et Cie. le kilo.	50	»	»	»
— — — — les 5 gr.	»	70	»	»
— — de Pelletier père et fils, à 1 millig. le flacon.	1	»	2	50
— de valérianate d'atropine de Michéa, chez Etienne, le flacon de 60 grammes.	2	50	4	»
— de valérianate d'atropine à 1 millig., de G.-Lamoureux. le kilo.	300	»	»	»
— — — les 5 gr.	2	»	»	»
— — à 1 milligr., de Pelletier père et fils. le flacon.	1	»	2	50
— de vératrine à 1 millig., de Garnier-Lamoureux et Cie. le kilo.	50	»	»	»
— — — les 5 gr.	»	70	»	»
— — — de Pelletier père et fils. . le flacon.	1	»	2	50
— divers de Pommier.	»	»	4	»
Guano purifié, de Demars. . . . . le flacon.	1	10	1	50
Guarana contre la migraine et la diarrhée, de Grimault. . la boîte.	2	25	3	»

H

Haschisch-Dawamesc d'Orient, chez Collas. . . . les 10 grammes.	»	60	»	»
Hélicine du Dr Delamare, chez Caulier. . . . . . . le flacon.	1	20	1	50
Hochet de dentition W. Rogers.	1	40	2	»
Huile acoustique de Mène-Maurice. . . . . le flacon.	9	»	10	»
* — — . . . . le 1/2.	5	50	6	»
— de concombres, pour préparer la pommade en toute saison, de Ph. Toussain. . . . . les 250 grammes.	1	25	»	»
— de foie de morue anglaise de la Pharmacie normale. le flacon.	3	75	5	»
* — . — — le 1/2.	2	05	2	75
— — — de Berthé. . . . . le flacon.	1	90	2	50
— — — de Berghen, par Ortlieb. . . . . —	1	75	2	50
* — — — au cacao, de Baret. . . . . —	2	80	3	75
— — — — . . . . . le 1/2.	1	50	2	»
— — — de Christiania, chez Mialhe. . . le flacon.	3	»	3	50
— — — de Guillard, première extraction. 500 gram.	3	75	5	»
* — — — — les 250 —	2	25	3	»
* — — — pure, de Hogg. . . . . . . le flacon.	6	»	8	»
— — — — le 1/2.	3	»	4	»
— — — du Dr Jongh. . . . . le flacon.	1	25	2	»
— — — de Royer, blanche. . . . . . —	3	75	5	25
* — — — — le 1/2.	1	95	2	75
— — — — blonde. . . . . . . le flacon.	3	»	4	25
* — — — — le 1/2.	1	75	2	25
— — — — brune. . . . . . . le flacon.	2	25	3	25
* — — — — le 1/2.	1	25	1	75
— — — de Roberts et Cie. . . . . . . le flacon.	3	75	5	»
* — — — — le 1/2.	2	50	3	»
— — — de Swan. . . . . le flacon.	5	60	7	50
* — — — — le 1/2.	2	85	3	75

MÉDICAMENTS ET ARTICLES SPÉCIAUX DES PHARMACIENS.

Faute de désignation, nous enverrons les articles marqués d'un *.

	PRIX pour le pharmacien.		PRIX pour le public.	
	fr.	c.	fr.	c.
Huile de foie de squale, du Dr Delatre, chez Naudinat . . le flacon.	4	50	6	»
— — — — — le 1/2.	2	25	3	»
— de Harlem pour la gravelle, de Delezenne, à Lille. le flacon.	1	»	1	50
— ou gouttes de Harlem, chez Collas. . . . . —	2	»	2	50
— iodée de J. Personne, chez Labelonye. . . . . . —	3	25	4	50
* — — — — . . . . . . le 1/2.	1	75	2	50
* — — de Quesneville. . . . . . le flacon de 125 grammes.	1	»	1	50
— — — — . . . . . le litre.	6	»	10	»
— — — — . . . . . le 1/2.	3	»	5	»
— iodoformique de E. Hardouin. . . . . le flacon.	3	75	5	»
* — — — . . . . le 1/2.	2	25	3	»
— de Macassar-Naquet, pour les cheveux . . la douz^e de flacons.	18	»	36	»
— — — — . . le flacon.	2	»	3	»
* — pure de marrons d'Inde, de Em. Genevoix . . . . —	7	»	10	»
— — — — . . . . . . le 1/2.	3	50	5	»
— de protoïodure de fer, de Gille . . . . le flacon.	2	25	3	»
— de ricin récente, préparée à froid, de Mayet . . . le kilo.	8	»	»	»
— — — — — les 30 gram.	»	»	»	80
Hydrofugine, savon hydrofuge de Menotti. . . . . . les 500 —	4	25	4	80
Hydro-insecto, liqueur contre les insectes, de Leperdriel. la bout^{lle}.	1	20	2	»

I

Inhalateur du Dr Mayer, chez Royer. . . . . la pièce.	3	»	4	»
Médicaments appropriés aux quatre classes d'affections pulmonaires à traiter par l'inhalateur . . . . . . / le rouleau.	1	50	2	»
Injection antirrhéique, au tannate de zinc, de Sauvan. . le flacon.	3	»	5	»
— antivénusienne, de Silvant. . . . . —	1	90	2	50
— astringente, de Leconte. . . . . —	1	50	2	»
— Brou. . . . . —	2	50	5	»
— Chable. —	1	50	2	»
— Faugas. —	3	75	5	»
— gallique, de Houcix . . . . la bout^{lle}.	1	90	2	50
— hygiénique de Mathieu. . . . . le flacon.	2	»	2	50
— de perchlorure de fer, du Dr Deleau, pour hommes. —	2	40	3	»
— — — pour femmes. —	3	20	4	»
— Sampso. —	2	40	4	»
— au tannate de fer, de Guy. . . . . —	2	25	3	»
— — de zinc, de Sauvan (antirrhéique) . . —	3	»	5	»
— de tannin, de Béraud. . . . . —	1	25	2	»
— au tannin, de Fleury. . . . . —	2	»	3	»
— Thezet. —	2	50	5	»
— du Dr Thiveaux. . . . . —	7	50	10	»
Insecto-mortifère de Leperdriel, pour détruire les punaises, la bout.	1	20	2	»

Faute de désignation, nous enverrons les articles marqués d'un *.

	PRIX pour le pharmacien.		PRIX pour le public.	
	fr.	c.	fr.	c.

K

Kaïffa d'Orient pour potages, chez Trablit . . . . le flacon.	2	50	4	»
Kousso contre le ver solitaire, de Boggio. . . . . la dose.	10	»	20	»
* — — de Philippe, la dose ordin. 15 gram.	7	50	15	»
— — — la dose forte. 20 gram.	10	»	20	»

L

Lactate de fer et de manganèse de Burin-Dubuisson. . . . le kilo.	20	»	»	»
Lactucarium, cachet Aubergier, le flacon de 50 gr.; prix variable.	»	»	»	»
— — — 25 — .	»	»	»	»
— extrait alcoolique du même. 25 —	»	»	»	»
Lactucine d'Émile Mouchon de Lyon. . . . . le gram.	2	»	»	»
Lait antéphélique, c. les taches de rousseur, de Candès. le flacon.	4	»	5	»
Lait de lis et de roses pour la toilette, de F. Camus, de Bagnères-de-Bigorre. . . . . le flacon.	2	25	3	»
Lanière électrique (crin et éponge), de E. Guichard.	10	»	15	»
— simple (4 plaq. éponge) —	8	»	12	»
Lessive Moisson, pour nettoyer le linge, la laine et la soie. le kilo.	1	20	1	60
Limonade gazeuse au tartrate de potasse et de fer iodurée, contre la chlorose, l'aménorrhée, etc., par Bordo de Perpignan. le litre.	1	50	2	»
Limonade gazeuse de Quentin, purgative. . . . . la bout^lle.	1	50	2	»
— purg^e de Rogé, au citrate de magnésie, à 60 gram. —	1	75	»	»
— — — 50 — —	1	60	»	»
— — — à 40 et 45 — —	1	50	»	»
— sèche au citrate de magnésie, de Langlois, au Mans. le flacon.	1	»	2	»
— végétale rafraîchissante de Morison, chez Arthaud. —	1	»	1	75
Liniment antirhumatismal du Dr Falleti, chez St-Genez. . —	7	50	10	»
* — — — — le 1/2.	3	75	5	»
— — — — le grand flacon.	15	»	20	»
— antipsorique, contre la gale des chevaux, de H. Soula de Pamiers. . . . . la bout^lle.	3	»	5	»
— balsamique, antirhumatismal, de Laigniez. . . le flacon.	1	50	2	50
— Boyer, chez Michel d'Aix. . . . . la bout^lle.	3	50	5	»
— de Laborie d'Aix, pour les chevaux. . . . . . —	2	50	4	»
— contre les engelures, d'Hoffmann. . . . . . . le flacon.	»	70	1	»
— de Plateau (ph^ie Colbert). —	1	10	1	50
— pour remplacer le feu, de L. Géneau. . . . . —	4	»	6	»
— des frères M.-Mahon, pour décroûter la tête. . —	»	90	1	»
Liqueur antigoutteuse de Laville, chez Accault. . . . . —	7	50	10	»
— — et antirhumatismale de Tricard aîné. —	4	50	6	»
* — — — — le 1/2.	2	25	3	»
— balsamique contre les engelures, de H. Vandamme. le flacon.	1	»	1	50
— bohémienne contre le gonflement des bestiaux, de Lecoq et Bargoin . . . . le flacon.	1	50	2	»

MÉDICAMENTS ET ARTICLES SPÉCIAUX DES PHARMACIENS.

Faute de désignation, nous enverrons les articles marqués d'un *.

	PRIX pour le pharmacien.		PRIX pour le public.	
	fr.	c.	fr.	c.
Liqueur contre le piétin, de Delamarre, à Bourgachard (Eure)...	1	25	2	»
— ferrugineuse du Dr Pauly, chez Carrié.... le flacon.	2	25	3	»
— germinatrice contre l'alopécie, de Chevrier... —	2	25	3	»
— de Golfin, antispasmodique, chez Carrié.... —	2	»	3	»
— hémostatique de perchlorure de fer, du Dr Pravaz, chez Burin-Dubuisson............ le flacon.	3	50	5	»
— — — — le kilo.	8	»	»	»
— d'Hufeland, stomachiq. et digestive, chez Léchelle, le flacon.	1	»	1	50
— hygiéni-laxative Augier........... —	2	75	3	50
*Le moyen flacon, 1 fr. 15 pour 1 fr. 50; le petit flacon.	»	95	1	20
— ignée de Cabaret, remplaçant le feu....... la bout^{lle}.	3	»	4	»
— de Labarraque (chl. d'oxy de sodium), chez L. Frère.	1	60	3	»
— phosphorée contre l'atonie des fonctions nerveuses, d'Etienne Lescot................ le flacon.	3	»	4	»
— sédative de Batley, chez John Dalpiaz... les 30 grammes.	3	50	6	»
— stimulante, de Léchelle............ le flacon.	1	90	2	50
— tonique et balsamique pour l'hygiène des dames, de Mathieu................ le flacon.	1	50	2	25
— Trasforêt, ou essence de Médoc (le litre 25 fr.). —	1	50	2	»
Looch glacé (pâte pectorale) de Molant de Nantes.... la boîte.	1	»	1	50
— incisif kermalisé calmant et diacodé, d'Albin-Deflou. le flacon.	1	35	1	80
— pectoral en pastilles, — la boîte.	1	15	1	50
— solide de Gallot............ —	2	40	3	»
* — — la 1/2.	1	20	1	50
Lotion du berger contre le piétin, de Fouquerolle... la bout^{lle}.	2	25	3	»
— cosmétique arménienne de Fevret........ —	2	25	3	»
— du Dr Locock contre la calvitie, chez Pariss... le flacon.	6	»	8	»
— du Dr D. Louis, chez Vivien.......... —	1	50	2	25
— de Gowland, pour blanchir le teint, de Roberts.. —	3	20	4	»

M

Magnésie calcinée de Béral, chez Accault....... le flacon.	1	25	2	50
— — de Roberts et Cie....... —	2	40	3	»
— de Henry, chez Collas.......... —	1	»	»	»
— liquide de Barruel, sans arome....... —	1	50	2	»
* — — avec arome....... —	1	60	2	25
— fluide de Dinneford, chez John Dalpiaz... —	1	50	3	»
* — — — ..... le 1/2.	»	75	1	50
— — de Lachambre, de Dieppe... le flacon.	1	20	2	»
Malthène-Alix, pour détacher et nettoyer les étoffes... —	»	90	1	25
Mannite pure de Quesneville pour purger, avec l'instruction. le kilo.	60	»	80	»
* — La dose pour une grande personne, de 50 grammes...	3	»	4	»
— La 1/2 dose pour enfant, de 25 grammes.......	1	50	2	»
Marmelade purgative de Besuchet, chez Colmet-Daâge.. le pot.	4	50	5	»

Faute de désignation, nous enverrons les articles marqués d'un *.

	PRIX pour le pharmacien.		PRIX pour le public.	
	fr.	c.	fr.	c.
Mastic liquide contre les maux de dents, de Biron-Devèze. . le flacon.	»	75	1	»
Matière dentaire de Warton pour plomber les dents. . . la boîte.	4	25	5	»
— — . . . la 1/2.	2	50	3	»
Médecine officinale du curé de Deuil, chez Gardes, le 1/4 de bout^lle.	1	»	1	50
— noire du codex de Laroze, la boîte pour une purgation.	»	60	1	»
Mélasse de Warton contre la constipation (voy. Sirop) . . le flacon.	2	40	3	»
Menthe perlée, chez Collas. . . . . —	1	»	2	»
Métal inoxydable pour plomber les dents, de Desirabode, les 30 gram.	20	»	»	»
Mixture anticholérique de Roberts et Cie. . . . . le flacon.	3	75	5	»
— — . . . . le 1/2.	2	25	3	»
— balsamique du Dr Cullérier, chez Mathey-Caylus. le flacon.	3	50	5	»
— du bon pasteur, de Tricard, contre le piétin. . . —	2	25	3	»
— brésilienne de Lepère (Victor). . . . . flacon ou boîte.	4	»	6	»
— dentifrice d'Hoffmann. . . . . le flacon.	1	40	2	»
— détersive contre le piétin des moutons, d'Acard, à Rugles. .	1	50	2	»
— ignée, dit feu anglais, d'Aubin. . . . . la bout^lle.	3	»	»	»
— odontalgique de Pennès. . . . . le flacon.	»	65	1	»
— ovine contre le piétin, de Capron de l'Ile-Adam. la bout^lle.	1	60	2	»
— Plancher contre le mal de dents. . . . . . . le flacon.	1	50	2	»
Mouches de Milan, C. B. (dont nous avons le dépôt principal), (voy. le Catalogue de droguerie).				
Moutarde blanche de Didier. . . . . les 500 grammes.	1	05	1	25
Moxa japonais, de Sallé. . . . . la boîte.	»	60	1	»
— de Percy, chez Raincelin-Desnoix . . . . —	4	50	6	»
Myrostome, spécifique pour les dents, de Duvignau. . . . le flacon.	2	25	3	»

N

Névrosine de Léchelle contre les névralgies. . . . . . le flacon.	4	»	6	»
— — — . . . . . le 1/2.	2	»	3	»

O

Odontalgique Deslauriers. . . . . le flacon.	2	65	3	50
— Chautard. . . . . —	1	50	2	»
Odontine de J. Pelletier, chez Frère. . . . . la boîte.	2	25	3	»
Odontoïde-Billard pour plomber les dents, chez Plateau. le flacon.	2	»	3	»
Odunéphatine, pour calmer le mal de dents, de Marinier. —	»	75	1	25
Onguent balsamique, antihémorrhoïdal, de Lebel. . . . le pot.	2	»	3	»
— Canet, de Girard. . . . . le rouleau.	1	10	1	50
— — de Jutier. . . . . —	1	10	1	50
— contre la gale des bestiaux, de Gillet de Nangis. le pot.	1	50	2	50
— — — le 1/2.	1	»	1	50
— de James (voy. Pommade).				

MÉDICAMENTS ET ARTICLES SPÉCIAUX DES PHARMACIENS.

Faute de désignation, nous enverrons les articles marqués d'un *.

	PRIX pour le pharmacien.		PRIX pour le public.	
	fr.	c.	fr.	c.
Onguent vésicatoire anglais pour chevaux, d'Aubin, pot de 125 gram.	3	50	»	»
— — — — 1/2 60 —	2	»	»	»
— — de James chez Renault. . . . pot 30 —	2	»	»	»
— — — . . . . — 60 —	3	50	»	»
— — — — 125 —	6	»	»	»
— — — — 250 —	11	25	»	»
— — — — 500 —	20	»	»	»
Opiat balsamique de Guérin, chez Delangrenier. . . . . le pot.	3	75	5	»
— dentifrice au quinquina, pyrèthre et gaïac, de Laroze. —	1	15	1	50
— — de Déthan, au sel de Berthollet (chl. de pot.) le flacon.	1	90	2	50
— fébrifuge et tonique de Macé, de Rennes. . . . . . le pot.	2	20	3	»
*— — — — — le 1/2.	1	10	1	50
— fébrifuge de Rebuffat, de Nîmes. . . . . le pot.	6	»	8	»
Opium titré d'Aubergier, garanti à 10 °/₀ de morphine, pains de 125 grammes (prix variable suivant les cours). . . . le kilo.	70	»	»	»
Ostéine-Mouriès, sous forme de semoule, chez Frère. . . le flacon.	1	50	2	»
Ovoïdes au copahu pur, chez Carrié. . . . . la boîte.	3	»	5	»
Oxyos de Sedum, contre les cors, de F. Simon. . . . . le flacon.	2	50	5	»
*— — — — — le 1/2.	1	»	1	50

P

Pains-biscuits dépuratifs à l'iodure de potassium de Gagnière, la boîte de 60.	4	20	6	»
— — — — — la 1/2 — 30.	2	10	3	»
— d'épices purgatifs à la résine de scammonée, de Foucher, la boîte d'une purgation.	»	40	»	75
— d'épices purgatifs à la résine de scammonée, de Lamant : la boîte de 2 purgations	»	80	1	25
*— 1 purgation.	»	50	»	75
— d'épices vermifuges de Foucher, pour adulte, la boîte de 4 pains.	»	50	»	80
— — — — — de 3 —	»	50	»	75
— — — pour enfants — de 4 —	»	30	»	50
— — — de Lamant, à base de santonine : Pour adultes. . . . . la boîte de 12 pains.	1	80	2	40
*— — — 3 —.	»	50	»	75
Pour enfants. . . . . . . la boîte de 12 demi-pains.	»	90	1	20
*— . . . . — 4 —	»	35	»	50
*— ferrugineux de Gagnière. . . . . . . la boîte de 60 pains.	5	60	8	»
— — — . . . . la 1/2 — 30 —	2	80	4	»
— de gluten de froment, de Durand	»	»	»	»
*Palamoud, chez Delangrenier. Au maigre. . . . . la boîte.	1	90	2	50
— — Au gras.	1	50	2	»
Paludine de E. Fournier. . . . . le flacon.	1	10	1	50
Papier adoucissant pour cautères, de Leperdriel. . . . la boîte.	»	50	»	»

MÉDICAMENTS ET ARTICLES SPÉCIAUX DES PHARMACIENS.

Faute de désignation, nous enverrons les articles marqués d'un *.

	PRIX pour le pharmacien.		PRIX pour le public.	
	fr.	c.	fr.	c.
Papier anglais de Sterry et Sons. . . . . la boîte.	»	75	»	»
— anglais pour vésicatoires, de Gremeret-Lecomte. . —	»	80	»	»
— ou carton antiasthmat. de J.-B. Carrié, la boîte de 50 feuilles.	3	25	5	»
— à cautère, de Steinacher, chez Giniez. . . . . . la boîte.	1	»	1	50
— — de Lebrun et Renaud, chez Collas. . . —	»	75	1	25
— chimique d'Ancelin. . . . . le rouleau	»	60	2	»
* — — . . . . le 1/2.	»	30	1	»
— — de Hébert (de la veuve Poupier) . . . . le rouleau	1	»	2	»
* — — — — . . . . le 1/2.	»	50	1	»
* — — de Fayard et Blayn. . . . . le rouleau	1	»	2	»
— — — . . . . le 1/2.	»	50	1	»
— — de Gaffard. . . . . la boîte.	»	60	»	»
* — — — . . . . la 1/2.	»	30	»	»
— — au goudron, de Bocquet. . . . . le rouleau	»	60	1	»
— dérivatif anglais de Léchelle, empl. du pauvre homme. —	»	40	»	60
— Dunand. . . . . —	1	»	2	»
* — — . . . . le 1/2.	»	50	1	»
— électro-magnétique de Royer, contre les douleurs. le rouleau	1	40	2	»
— épispastique d'Albespeyres, p' vésic., n°' 1, 2, 3. la boîte.	»	75	1	»
— — de Biron-Devèze, n°' 1, 2, 3. . . . —	»	75	1	»
— — perforé, de Denaud, n°' 1, 2, 3. . . . —	»	70	1	»
— — de Faure. . . . . —	»	50	1	»
— — de Guyot. . . . . —	»	45	1	»
— — de Lausanne, chez Genevoix. . . . . —	»	70	1	»
* — — de Leperdriel, n°' 1, 2, 3. . . . . —	»	50	»	»
— — — sans nom, n°' 1, 2, 3. —	»	40	»	»
— — de Mallard. . . . . —	»	45	1	»
— — de Thiou, avec ou sans nom. . . . —	»	40	1	»
— avec l'extrait éthérique de garou, de Mayet. . . —	»	60	1	»
— Fruneau contre l'asthme. . . . la boîte de 100 feuilles avec grille argentée.	2	60	4	»
* — — — . . . . la 1/2 boîte de 45 feuilles avec grille argentée.	1	50	2	25
— fumigatoire de Swann. . . . . la boîte.	2	»	3	»
* — — — . . . . la 1/2.	1	»	1	50
— à fumigations antiasthmatiques, de Caulier. . . . la boîte.	1	10	1	50
— au goudron, antirhumatismal, de Bocquet . . . . le rouleau	»	60	1	»
— gommé adoucissant, pour les cautères, de Baudry. . la boîte.	1	»	1	20
— Moure, pour la destruction des mouches. . . les 100 feuilles.	2	50	5	»
— sérofuge adoucissant d'Ancelin . . . . la boîte.	»	75	1	»
— — épispastique — . . . . —	»	75	1	»
— tue-mouches, de Ferrand (dit du lion). . . . . . le cent.	2	50	5	»
— — et fourmis, de Gebin à Metz, étiquette jaune, les 100 feuilles.	2	50	5	»
— — et fourmis de Gebin à Metz, étiquette bleue, le paquet de 6 feuilles.	»	15	»	30

MÉDICAMENTS ET ARTICLES SPÉCIAUX DES PHARMACIENS.

Faute de désignation, nous enverrons les articles marqués d'un *.

Article	Prix pharmacien fr.	c.	Prix public fr.	c.
Papier tue-mouches, non toxique, sans nom, étiquette blanche, les 100 feuilles.	2	50	5	»
* — de Vée, n°s 1, 2, 3, avec nom. . . . . la boîte.	»	60	1	»
— — — sans nom. . . . . —	»	45	»	»
— végéto-épispastique de Guillard . . . . —	»	50	1	»
— Winsi. . . . . —	1	»	1	50
Paraguay-Roux, spécifique contre les maux de dents. . . . le flacon.	2	25	3	»
Parfums pour liqueurs d'Ulysse Roy	2	50	3	»
Parfum de café, d'Ulysse Roy. . . . . le flacon pour 200 1/2 tasses.	4	»	5	»
Pastilles d'abiétine, de Thomay . . . . la boîte.	1	20	1	50
— — — la 1/2.	»	60	»	75
— albumino-iodiques de Gaffard. . . . . la boîte.	2	»	3	»
— américaines du Dr Paterson, par Fayard. . . . . —	1	50	2	»
— anglaises de toutes espèces, chez Collas.	»	»	»	»
— de badiane, de Saint-Genez. . . . . la boîte.	2	25	3	»
* — — — la 1/2.	1	10	1	50
— de bismuth de Johnson. . . . . la boîte.	1	50	2	»
— bonne bouche pour parfumer l'haleine, de Royer. —	»	75	1	»
— de Calabre, de Potard, chez Guillemaud . . . . —	2	25	3	»
* — — — la 1/2.	1	15	1	50
— de charbon, du Dr Belloc, chez Frère. . . . . la boîte.	1	10	1	50
— de chocolat ferro-manganeux, de Burin-Dubuisson. —	1	75	2	50
— — ferrugineux, de Colmet-Daâge. . . . —	2	10	3	»
— — fortifiant et fébrifuge au quina de Gagnière —	1	05	1	50
— — iodé de Chaix, de Lyon. . . . . . —	1	75	2	50
— contre la mauvaise haleine, de Stanislas Martin. —	2	25	3	»
* — — la 1/2.	1	15	1	50
— de Contrexeville, chez Lepage, ph^{en} de l'établis^t. la boîte.	2	»	3	»
* — — — la 1/2.	1	»	1	50
— de J. Coutant, à l'iodure d'albumine . . . . . . la boîte.	1	40	2	»
— crénatées ferrug^{ses} de Château-Gontier, chez Mahier. —	1	50	2	»
* — — — — la 1/2.	»	75	1	»
— dépuratives de Fontaine. . . . . la boîte.	1	15	1	50
— — du Dr Ollivier, chez Coutant. . la boîte de 60.	1	40	2	»
— de Déthan, au sel de Berthollet (chlorate de potasse). la boîte.	1	90	2	50
— digestives à la pepsine, de Wasmann, par B. Peuvret —	1	35	1	80
— — de paullinia, de Fournier. —	1	50	2	»
— — de Darras, chez Richard. —	1	60	2	»
* — — — la 1/2.	»	95	1	25
— — de Royat, chez Lecoq et Bargoin. . . . le flacon.	»	75	1	»
— — rafraîchissantes de Toussain de St-Yrieix. la boîte.	»	75	1	»
— de digitale de Labelonye. . . . . —	1	50	2	»
— du Dr Edmond, pour la voix . . . . —	1	40	2	»
— H. Flon, bonbon pectoral, chez Reynal et Cie. . —	1	15	1	50
— de Gélis et Conté, chez Labelonye. . . . . la boîte de 120.	2	80	4	»
* — — — . . . . la 1/2 de 60.	1	40	2	»

MÉDICAMENTS ET ARTICLES SPÉCIAUX DES PHARMACIENS.

Faute de désignation, nous enverrons les articles marqués d'un *.

		PRIX pour le pharmacien.		PRIX pour le public.	
		fr.	c.	fr.	c.
Pastilles hydro-minérales de Vichy, de Larbaud.	la boîte.	1	»	2	»
— — — —	la 1/2.	»	50	1	»
* — d'iodure de potassium à 5 centigr., de Signoret.	le flacon.	2	25	3	»
— — à 10 — —		3	»	4	»
— de lactate de fer et de manganèse, de Burin-Dubuisson, la boîte, 2 fr. 75 c. p^r 4 fr.; — *la 1/2 boîte.		1	25	2	»
— — de Béral .	la boîte.	2	»	3	»
— laxatives de Rogé, chez Frère.		1	90	2	50
* — — — —	la 1/2.	»	95	1	25
— de Lepère (Victor), n°s 1, contre la toux.		»	50	»	75
* — — 2, contre le rhume.		1	»	1	50
— — 3, contre le catarrhe .		»	70	1	»
— Pilules complémentaires du même .	la boîte.	»	75	1	25
* — de manne en larmes, de Guillard.		1	10	1	50
— — — —	la 1/2.	»	60	»	75
— de mannite composées, de Biron-Devèze.	la boîte.	1	50	2	»
* — — — —	la 1/2.	»	75	1	»
— de menthe de Wilcox et Cie, chez Roberts	la boîte.	4	»	5	»
* — — — —	la 1/2.	2	»	2	50
— ministres, de Pajot.	la boîte.	1	60	2	»
— — — —	la 1/2.	»	80	1	»
* — orientales, du Dr Paul Clément, chez Laroze.	la boîte.	1	50	2	»
— — — —	la 1/2.	»	75	1	»
— de paullinia au chocolat, de la Pharmacie normale.	la boîte.	2	40	3	50
— pectorales au baume de Tolu, de Trablit	—	1	»	1	50
— — de limaçons, d'Hoffmann.	—	1	10	1	50
— — du Mont-Dore, de Gautier-Duché et Chabory, la boîte, 1 fr. 20 c. pour 2 fr.; — *la 1/2 boîte.		»	60	1	»
— — du Mont-Dore, de Lecoq et Bargoin	la boîte.	1	10	1	50
— de réglisse d'Hoffmann.	—	»	75	1	»
— de rhubarbe, de Pajot.	—	1	60	2	»
— de santonine à demi-grain, de Collas.	—	»	50	1	»
— — et saccharure de mousse de Corse, de Roche et Vincenot.	le flacon de 30.	»	85	1	25
— — — — *	le 1/2 flacon.	»	50	»	70
— — pure, de Gaffard.	la boîte.	»	50	1	»
— — de Pelletier père et fils.	—	»	50	1	»
— — de Ph. Toussain de Saint-Yrieix.	—	»	60	1	»
— de tannate de quinine, de Barreswil, chez Frère.	—	1	35	2	»
— de thridace d'Abbadie.	—	1	50	2	»
— — de Roberts, contre la toux.	—	1	20	1	50
— de Tolu anglaises, chez Collas.	—	1	50	2	»
— de Vichy, de Brosson frères, aux Pyramides.	—	1	»	2	»
* — — — —	la 1/2.	»	50	1	»
* — — de l'établissement thermal.	la boîte.	1	»	2	»
— — —	la 1/2.	»	50	1	»

MÉDICAMENTS ET ARTICLES SPÉCIAUX DES PHARMACIENS.

Faute de désignation, nous enverrons les articles marqués d'un *.

Désignation		PRIX pour le pharmacien.		PRIX pour le public.	
		fr.	c.	fr.	c.
Pastilles de Vichy, de Garnier-Dégenétais	la boîte.	»	90	2	»
* — — —	la 1/2.	»	45	1	»
— — de Larbaud	la boîte.	1	»	2	»
* — — —	la 1/2.	»	50	1	»
— — de l'entrepôt des pharmaciens	la boîte.	»	90	2	»
* — — —	la 1/2.	»	45	1	»
Pâte d'Aubergier, au lactucarium	la boîte.	1	15	1	50
— balsamique à la reine, de Saint-Genez	—	1	»	1	25
— — de thridace, de Genevoix	—	1	40	2	»
— béchique de Desessarts, chez Massignon	—	»	95	1	25
— de Berthé, à la codéine	—	1	15	1	60
— de bourgeons de sapin, de Blayn	—	2	25	3	»
— calmante de thridace, de A. Petit	—	»	70	1	»
— citrique pour blanchir et adoucir la peau, de Pariss.	—	4	50	6	»
* — — — —	la 1/2.	2	60	3	50
— de dattes au lichen, de Barbot	la boîte.	»	90	1	25
— — de Savoye	—	1	25	1	50
— d'escargots, de Mure de Pont-Saint-Esprit	—	»	70	1	»
— d'escargots au lait d'ânesse, de Belugou frères	—	»	75	1	»
— de fucus crispus, de Duchesnes de Nantes	—	»	95	1	25
— — de Carrié	—	1	50	2	»
* — — —	la 1/2.	»	90	1	25
— de Georgé à la réglisse, chez Reynal frères et Cie	la boîte.	1	»	1	50
* — — — —	la 1/2.	»	50	»	75
— de lichéline, contre les toux, bronchites, etc., de Bordo, de Perpignan	la boîte.	»	75	1	»
— de lichen, de Houeix, chez Challonneau	—	1	50	2	»
* — de limaçons et de manne en larmes, de Reuflet	—	1	65	2	25
— — —	la 1/2.	»	95	1	25
* — — de Quelquejeu, chez Roche	la boîte.	3	»	4	»
— — —	la 1/2.	1	50	2	»
* — — et de manne de Darriès, chez Pourat	la boîte.	1	70	2	25
— — —	la 1/2.	»	90	1	20
— de mou de veau au lichen d'Islande, de Paul Gage	la boîte.	»	90	1	50
— myocide allemande pr détruire les rats, de Lenourichel	le pot.	»	20	»	»
— de nafé, chez Delangrenier, *la boîte, 95 c. pr 1 fr. 25; la 1/2.		»	60	»	75
— obturatrice pour la carie des dents, de Fattet	le pot.	4	50	6	»
— officinale pour la préparation pharmaceutique des lochs et émulsions, de Véc.	le 1/2 kil.	3	20	»	»
* — pectorale de Baudry	la double boîte.	2	25	3	»
— — —	la boîte.	1	15	1	50
— — balsamique de Leblond de Rouen	—	1	20	1	50
— — iodurée de Ad. Capon	—	1	10	1	50
* — — d'hélicine de Thle Laborde	—	1	»	1	50
— — de Tourainne	—	»	95	1	25
— — —	la 1/2.	»	60	»	75

Faute de désignation, nous enverrons les articles marqués d'un *.

		PRIX pour le pharmacien.		PRIX pour le public.	
		fr.	c.	fr.	c.
Pâte pectorale de Biron-Devèze, dite tisane sèche sédative.	la boîte.	1	50	2	»
* — — — — —*	la 1/2.	»	75	1	»
— — de Carragaheen, de Leret.	la boîte.	1	»	1	25
— — — de Dunand.	—	1	10	1	50
— — corinthienne, de Fevret.	—	1	80	2	40
— — —	la 1/2.	»	90	1	20
— — de Dubuisson, chez Patris.	la boîte.	1	10	1	50
— — d'escargots, de O. Figuier de Montpellier.	—	1	60	2	»
* — — — —	la 1/2.	»	80	1	»
— — de Faucher-Allain.	la boîte.	1	10	1	50
— — de Favrot, à la violette.	—	»	95	1	25
— — de P. Lamouroux.	—	1	10	1	50
— — de Mayet.	—	»	80	1	25
— — de Micque, chez Chaumer.	les 50 boîtes.	37	50	»	»
— — — —	la boîte.	»	90	1	25
— — du Mont-Dore, de Gautier-Duché et Chabory,	—	1	»	1	50
— — — de Lecoq et Bargoin.	—	1	10	1	50
— — de mou de veau, de Dégenétais. . .	la grande boîte.	1	50	2	»
* — — — —	la moyenne boîte.	1	10	1	50
— — — composée, de Brou-Duclaud,	la boîte.	»	90	1	25
— — de mou de veau et à la réglisse, de St<sup>es</sup> Martin.	—	1	50	2	»
— — — —	la 1/2.	»	90	1	20
— — de mousse perlée, de Roux et Paret. . . .	la boîte.	»	80	1	25
— — mucilagineuse aux escargots, de Sauvan.	—	»	85	1	25
* — — de Petit, chez Cressent-Petit.	—	»	90	1	25
— — — —	la 1/2.	»	50	»	70
* — — de Plancher, au tolu.	la boîte.	1	50	2	»
* — — — —	la 1/2.	»	75	1	»
— — de Regnauld aîné, chez Frère.	la boîte.	1	10	1	50
— — — —	la 1/2.	»	60	»	75
— — de réglisse et thridace, de Plateau (ph<sup>ie</sup> Colbert)	la boîte.	»	80	1	»
— — — à la guimauve, de Bourières. . .	—	1	50	2	»
* — — — —	la 1/2.	»	95	1	25
— — du Sénégal, de Giraud père et fils, d'Aix.	la boîte.	»	60	»	75
* — — de Vauquelin, chez Deslauriers-Comar .	—	1	50	2	»
* — — — — . .	la 1/2.	»	75	1	»
— — du baron Yvan, chez Stanislas Martin. . .	la boîte.	2	25	3	»
* — — —* — . .	la 1/2.	1	15	1	50
— — sédative au verbascum, de Guy.	la boîte.	»	95	1	25
— — de réglisse iodhydrique de Galy.		1	15	1	50
— phosphorée de Bigot, à Sourdeval.	le pot.	»	40	1	»
* — —	le 1/2.	»	20	»	50
— — de Delapommerais et Rousseau d'Orléans.	le flacon.	»	75	1	»
* — — — —	le 1/2.	»	20	»	50
— — de Gaffard.	le pot.	»	20	»	50
— — de Herbert, le pot, 40 c. pour 1 fr.; —	*le 1/2.	»	20	»	50

MÉDICAMENTS ET ARTICLES SPÉCIAUX DES PHARMACIENS.

*Faute de désignation, nous enverrons les articles marqués d'un *.*

	PRIX pour le pharmacien.		PRIX pour le public.	
	fr.	c.	fr.	c.
Pâte phosphorée de Menière d'Angers, pour la destruction des rats, le pot, 40 c. pour 1 fr. .... * le 1/2 pot.	»	20	»	50
— — de Roth. . . . . le pot.	»	40	1	»
* — — — . . . . le 1/2.	»	20	»	50
— de thridace, de Em. Genevoix. . . . . la boîte.	1	40	2	»
* — — — . . . . la 1/2.	»	70	1	»
— — — . . . . le kilo.	5	»	»	»
— tylacéenne pour les cors, de Breton, chez Mallard. le pot.	3	»	4	»
* — — — — — le 1/2.	1	50	2	»
*Paullinia-Fournier. . . . . la boîte.	3	75	5	»
— — . . . . la 1/2.	2	25	3	»
— sans nom, L. E. F. B. . . . . la boîte.	2	50	5	»
— — — . . . . la 1/2.	1	50	3	»
Pectoral de Nice, sirop de carouge, de L. Fouque. . . . le flacon.	»	»	»	»
— — pâte de carouge, du même. . . . . . la boîte.	»	»	»	»
Pepsine du Dr Corvisart, ou poudre nutrimentive, préparée par Boudault, et divisée par gramme :				
* — n° 1, acide, ou pepsine naturelle. . . . . le flacon.	2	10	3	»
— n° 2, additionnée de morphine. . . . . —	2	10	3	»
— n° 3, — de strychnine . . . . —	2	10	3	»
— n° 4, neutre relativement au n° 1. . . . . . . —	2	10	3	»
— acide ou neutre, par flacon de 30, 125, 250, 500 gr., le kilo.	220	»	300	»
Percaline adhésive, à la glycérine, d'Ancelin. . . . . le rouleau.	»	80	1	»
Perchlorure de fer de Pravaz, chez Burin-Dubuisson. . . le flacon.	3	50	»	»
— — — — . . . le kilo.	8	»	»	»
Perles de chloroforme du Dr Clertan. . . . . le flacon.	1	75	2	50
— d'essence de térébenthine du Dr Clertan. . . . . —	1	40	2	»
— d'éther — —	1	75	2	50
— d'éthérolé d'assa fœtida — —	2	10	3	»
— de digitale, de valériane —	2	10	3	»
— — de castoreum —	2	45	3	50
Pharmacies de poche Marinier (voy. page 253). . .				
— homœopathiques complètes (voy. page 253).				
— portatives (voy. la Table).				
Phonogène-Augier, ou le réparateur de la voix.	»	»	»	»
Phosphate de fer et de manganèse, de Burin-Dubuisson. le kilo.	32	»	»	»
Phosphate de fer soluble de Leras (pyrophosphate de fer et de soude), chez Grimault et Rigaud. . . . . le flacon.	1	50	2	»
Phospholéine en poudre de Garot, chez Frère. . . le double flacon.	4	50	6	»
* — — — . . . . le flacon.	2	25	3	»
— en tablettes — . . . . la boîte.	2	25	3	»
Pile électrique en flacons pour argenter le cuivre à froid et réparer l'argenture des objets en plaqué, chez Besson. .. le flacon 2, 5 et	15	»	»	»
Pilules Alègre contre les hémorrhoïdes, chez Collas. . . le flacon.	3	50	5	»
— angéliques d'Anderson, chez Johnson. . . . . . la boîte.	1	25	2	»
— ante cibum de Stanislas Martin. . . . . —	2	25	3	»

Faute de désignation, nous enverrons les articles marqués d'un *.

	PRIX pour le pharmacien.		PRIX pour le public.	
	fr.	c.	fr.	c.
Pilules antibilieuses du Bengale, de Roberts et Cie. . . . la boîte.	1	60	2	»
— anticholériques du Dr Dutouquet, chez Sarlat. . . —	1	20	1	50
— antidartreuses de Guérin, chez Delangrenier, la double boîte.	3	»	4	»
* — — — . . . la boîte.	1	50	2	»
— antifébriles de Brou-Duclaud	3	»	5	»
— antigoutteuses de Lartigues, chez Schaeuffele. . . le flacon.	7	50	10	»
— — de Laville, chez Accault. . . . . —	7	50	10	»
— — du Dr Gouttebessis, par Batilliat. . —	6	»	10	»
— antilaiteuses de Jaumes, chez Belugou de Montpellier —	2	»	3	»
— antimorbifiques du Dr de Bocy, disciple d'Hahnemann, chez J. de Bocy, à Courtrai. . . . . le cent.	35	»	50	»
— antinévralgiques de Dublanc, chez Bourières.	2	25	3	»
— — de Houcix. . . . . le flacon.	4	50	6	»
— antisyphilitiques, hydrargyro-ferrées de Lebel . . la boîte.	3	»	5	»
— balsamiques capsulées, à l'iodure de fer, de Guy . . —	3	75	5	»
— de bismuth et quinine, de Voituret, c. les névralgies, —	2	»	3	»
— de Blancard, à l'iodure de fer. . . le flacon de 100 pilules.	2	60	4	»
* — — — . . . le 1/2 — 50 —	1	50	2	25
— de Blaud, de Beaucaire . . . . le flacon.	2	50	5	»
* — — — . . . . le 1/2.	1	50	3	»
— de Bouchardat, à l'iodure de fer et de quinine, chez Villette, le flacon de 60 pilules.	2	»	3	»
— de Bouin, contre les maladies du porc. . . . la boîte.	1	50	2	50
— de Boutigny fils, à l'iodure de chlorure mercureux. le flacon.	3	50	5	»
— bromo-iodurées, de Boille . . . . —	2	25	3	»
— — ferrées, du même. . . . . . . —	2	25	3	»
— de Charles Albert (voy. Bols d'Arménie).				
— de carbonate ferro-manganeux, de Burin Dubuisson. le flacon.	1	50	2	50
— de Carrié, au tartrate de potasse d'ammon. et fer. la boîte.	2	»	2	50
* — de Cauvin, gourmandes-purgatives.	2	50	4	»
— — — . . . . la 1/2.	1	25	2	»
— de conicine, de Guilliermond, *n° 1 et n° 2 . . . . le flacon.	3	75	5	»
— contre la migraine, les névralgies, d'Étienne-Lescot. la boîte.	3	75	5	»
— de J. Coutant, à l'iodure d'albumine . . . . le flacon.	2	10	3	»
— Cronier et Cie, à l'iodure de fer et quinine . . . —	2	40	4	»
* — — — . . . . le 1/2.	1	20	2	»
— de d'Anduran, toni-purgat. à la rhubarbe et magnésie le flacon.	2	25	3	»
— déconstipantes non purgatives, de Borel . . . . la boîte.	2	»	3	»
* — de Dehaut, purgatives.	3	50	5	»
— — — . . . . la 1/2.	1	75	2	50
— de Denoyel, purgatives et dépuratives . . . . la boîte.	3	50	5	»
* — — — . . . . la 1/2.	1	75	2	50
— dépuratives du Dr Ollivier . . . . le flacon.	2	10	3	»
— — de salsepareille iodurée, de Ferrier. . la boîte.	3	»	4	»
— écossaises du Dr Anderson, chez Giniez . . . . —	1	»	1	50
— — — chez Collas . . . . . —	1	25	2	»

MÉDICAMENTS ET ARTICLES SPÉCIAUX DES PHARMACIENS.

Faute de désignation, nous enverrons les articles marqués d'un *.

	PRIX pour le pharmacien.		PRIX pour le public.	
	fr.	c.	fr.	c.
Pilules d'extrait d'olivier, de Faucher . . . . la boîte	3	50	5	»
— — — — . . . . la 1/2.	2	25	3	»
— d'extrait d'opium d'Aubergier, de 1 centigr. . . . la boîte.	»	75	1	»
— Les mêmes . . . . le flacon de mille pilules.	10	»	»	»
— d'extrait de paullinia, de Fournier . . . . la boîte.	3	75	5	»
— — — — . . . . la 1/2.	2	25	3	»
— — — de Daras, chez Richard . . la boîte.	3	75	5	»
— — — — — . . la 1/2.	2	25	3	»
— ferrugineuses de paullinia-Fournier . . . . la boîte.	3	»	4	»
— — — de Daras, chez Richard. —	3	»	4	»
— — — — — la 1/2.	1	90	2	50
— — aloétiques de Simon . . . . la boîte.	2	»	3	»
— — au citrate de fer, de Mayet . . . . . le flacon.	2	»	3	»
— — tempérantes de Biron-Devèze . . . . la boîte.	2	25	3	»
— — — — . . . . la 1/2.	1	15	1	50
— au fer réduit, formule Bretonneau, chez Gardes. le flacon.	1	75	3	»
— — — — le 1/2.	»	90	1	»
— du Dr Frary, antiasthmatiques, chez Gagnière . . . le flacon.	3	»	4	»
— — — — le 1/2.	1	50	2	»
— des frères M.-Mahon, purgatives . . . . la boîte.	1	80	2	»
— de germandrée et scordium, de Lebel	2	»	3	»
— d'huile éthérée de fougère mâle de Genève, chez Mayet. la dose.	6	»	9	»
— hydrargyro-ferrées du Dr Lepetit, chez Gille . . . la boîte.	3	75	5	»
— indiennes du Dr Delacroix, chez Plateau (pharmacie Colbert) . . . . la boîte.	2	25	3	»
— d'iode naissant du Dr Bernard . . . . le flacon.	2	10	3	»
— iodo-ferriques de Saint-Genez . . . la boîte de 100 pilules.	2	25	3	»
— — la 1/2 de 40 —	1	15	1	50
— iodoformiques, de E. Hardouin . . . . le flacon.	3	»	4	»
— iodoformo-ferriques, de E. Hardouin . . . . . —	3	»	4	»
— de Jusée de Barruel . . . . —	2	25	3	»
— laxatives et purgat. du Dr Barbier, par Jules Alliot. —	1	40	2	»
— du Dr Lavolley, chez Allaize . . . . la boîte de 40 pilules.	1	50	2	»
— de Morison, chez Arthaud . . . . la petite boîte.	1	»	2	»
— — — . . . . la moyenne boîte.	2	»	4	»
— — — . . . . la grande boîte.	3	»	6	»
— — — . . . . la boîte de famille.	7	»	14	»
Poudre de limonade allant avec les Pilules . . . . le flacon.	1	»	1	75
— napolitaines de Poisson, chez Ramonde . . . . . la boîte.	2	25	3	»
— nutrimentives à la pepsine acidifiée, chez Hogg. le flacon de 100 pilules.	3	50	5	»
— d'or, du Dr Ormutz, chez Massignon . . . . . . la boîte.	2	25	3	»
— de paullinia-Fournier . . . . —	3	75	5	»
— — . . . . la 1/2.	2	25	3	»
— de pepsine au fer réduit par l'hydrog. de Hogg, le flacon de 100.	2	80	4	»
— — — — — 50.	1	75	2	50

MÉDICAMENTS ET ARTICLES SPÉCIAUX DES PHARMACIENS.

Faute de désignation, nous enverrons les articles marqués d'un *.

	PRIX pour le pharmacien.		PRIX pour le public.	
	fr.	c.	fr.	c.
Pilules de pepsine à l'iodure ferreux, de Hogg.. le flacon de 100 pil.	2	80	4	»
* — — — — 50 —	1	75	2	50
— de perchlorure de fer, du Dr Deleau...... le flacon.	2	40	3	»
— de protéine ferrée, de Leprat..... le flacon de 100 pil.	2	10	3	»
* — — — 60 —	1	40	2	»
— de protoïodure de fer, de Villette, chez C. Genevoix, le flacon.	2	»	3	»
— — et de mangan., de B.-Dubuisson, —	2	»	3	»
— purgatives antidartreuses, de Ventéjoul...... la boîte.	1	10	1	50
— — antigoutteuses du Dr Pauly, chez Carrié, —	2	»	3	»
* — — — — la 1/2.	1	»	1	50
— — de Gardes..... la boîte.	»	50	1	»
— — de Coirre..... —	3	»	5	»
* — — — la 1/2.	1	50	2	50
— — Leroy, chez Signoret fils...... le flacon.	3	75	5	»
— de quinium, d'Alfred Labarraque..... la boîte.	1	50	2	»
— de Rébillon, à l'iodure de fer et quinine..... le flacon.	2	80	4	»
* — — — le 1/2.	1	40	2	»
— rhéo-ferrugineuses de Lebrou...... le flacon.	2	25	3	»
— du Dr Rochard, dépurat., épispasiq., chez Pouzadoux, la boîte.	2	25	3	»
— de salseparcille indigène, de Serres-Duvignau, le flac. de 100.	2	25	3	»
— de santé, de Laroze...... la boîte.	2	25	3	»
* — — la 1/2.	1	15	1	50
— de scillitine composée, de Mandet...... le flacon.	2	40	3	»
— sédatives Besuchet, chez Colmet-Daâge, n°s 1, 2, 3, la boîte.	4	50	5	»
— souveraines purgatives du Dr Levrat, par Chevrier, —	2	25	3	»
— stomachiques (ante cibum), de Plateau (ph^{ie} Colbert) —	2	25	3	»
— — et digestives, de Prodhomme.... —	1	80	3	»
— — ante cibum, ou grains de santé ou de vie, de Stanislas Martin......... la boîte.	2	25	3	»
— de tannate de quinine, de Barreswil, chez Frère, le flacon.	2	»	3	»
— toni-purgatives, de Genevoix —	2	»	3	»
— toniques et déconstipantes, de Tourainne.... —	1	15	1	50
* — de Vallet, chez Frère....... —	2	»	3	»
— — le 1/2.	1	»	1	50
— végétales de L. Geneau, contre la goutte, les rhumatismes, etc., la double boîte.	6	50	10	»
* — — — — la boîte...	3	25	5	»
— de Rivière, toniques, purgatives, digestives, la boîte.	1	40	2	»
— vespérides de Hébert, chez Rexès........ —	2	25	3	»
* — — la 1/2.	1	15	1	50
Plombateur (le) des dents, de Warton (voy. Matière dentaire).				
Pois (nouveaux) élastiques Leperdriel...... l'étui de 100.	»	50	1	»
Poli-cuivre de Deleschamps................ le flacon.	»	60	»	»
— — .... la bout^{lle}.	1	60	»	»
* — — .... la 1/2.	1	»	»	»
— — .... le litre.	2	10	»	»

MÉDICAMENTS ET ARTICLES SPÉCIAUX DES PHARMACIENS.

Faute de désignation, nous enverrons les articles marqués d'un ⁂.

	Désignation		PRIX pour le pharmacien		PRIX pour le public	
			fr.	c.	fr.	c.
	Pommade antidartreuse de Dumont . . . . le pot.		2	50	3	50
⁂	— — de Boggio, nos 3, 4 . . . . . —		1	75	2	50
	— — de Guérin, chez Delangrenier, le double pot.		4	50	6	»
⁂	— — — le pot ordinaire.		2	25	3	»
	— — de Guy . . . . le pot.		3	75	5	»
⁂	— — — le 1/2.		2	25	3	»
	— — de E. Figuier, de Belleville . . . le pot.		2	»	3	»
	— — de l'Hˢˡ St-Louis, chez Ventéjoul. —		1	25	2	»
	— — de Montpert. . . . . —		2	»	3	»
	— antiherpétique de Bidot . . . . —		1	40	2	»
	— — de Fontaine. . . . . —		1	50	2	»
	— — de Giniez. . . . . —		2	25	3	»
	— — de Giraud père et fils, d'Aix. . —		»	75	1	»
	— — de Suply-Taillandier . . . . . . —		3	75	5	»
	— antiophthalmique de Desault, chez Sᵗᵉ Martin, —		2	25	3	»
	— — de la veuve Farnier . . . . —		2	50	3	»
	— — de l'Hôt-Dieu de Lyon, chez Collas, —		»	75	1	»
	— — de Petit, à Saint-Amand. . . —		1	25	2	»
	— antirhumatismale de Lesault, chez Garot-Dublanc. —		3	75	5	»
	— — de E. Figuier, de Belleville, —		5	»	10	»
⁂	— — — le 1/2.		3	»	6	»
	— antiscrofuleuse fondante, de Biron-Devèze . . . le pot.		1	50	2	»
⁂	— — — le 1/2.		»	75	1	»
⁂	— de Barèges, de Quesneville, nº 1. . . . . . . le pot.		1	15	1	50
	— — — nº 2. . . . . . —		1	25	1	75
	— blanche à la crème, contre les maladies de la peau, de Biron-Devèze, le pot, 1 fr. 90 pʳ 2 fr. 50 c.; ⁂le 1/2 pot.		»	95	1	25
	— de Boutigny (d'Evreux) fils, à l'iodure de chlorure mercureux modifié. . . . . le pot.		3	50	5	»
	— Carrié pour arrêter la chute des cheveux . . . —		1	40	2	»
⁂	— contre la brûlure et les engelures, de Reuflet. —		1	10	1	50
	— — — le 1/2.		»	55	»	75
	— contre les engelures, de Cressent-Petit . . . . le pot.		2	»	3	»
⁂	— — de Fevret. . . . . —		1	50	2	»
	— — — . . . . . . le 1/2.		»	90	1	20
	— — de Lebrou . . . . le pot.		1	50	2	»
	— contre les maladies de la peau, de Fontaine . . —		1	50	2	»
	— — — de Barral . . . —		2	25	3	»
⁂	— — — — le 1/2.		1	15	1	50
	— contre le pityriasis du cuir chevelu, du Dʳ Allain. —		2	10	3	»
	— curative de Huc, chez Silvant . . . . le flacon.		2	»	3	»
	— dépurative contre les dartres et la gale, de Royer. le pot.		2	»	3	»
	— de Dessault, chez E. Figuier, de Belleville . . —		2	10	3	»
⁂	— — — . . . le 1/2.		1	05	1	50
⁂	— de Dupuytren, de chez Mallard . . . . le pot.		1	90	2	50
⁂	— — — . . . le 1/2.		1	15	1	50

MÉDICAMENTS ET ARTICLES SPÉCIAUX DES PHARMACIENS.

Faute de désignation, nous enverrons les articles marqués d'un *.

	PRIX pour le pharmacien.		PRIX pour le public.	
	fr.	c.	fr.	c.
* Pommade de Dupuytren, de chez Lefébure .... le flacon.	3	»	4	»
— — — ..... le 1/2.	2	25	3	»
— épispastique d'Albespeyres............ le pot.	»	75	1	»
— — de Lausanne, chez Collas .... la boîte.	1	20	1	50
— — de Bisor, chez Royer ...... le pot.	»	90	1	20
* — — de Clérambourg, chez Massignon. —	»	75	1	»
— — — le 1/2.	»	45	»	60
— — au garou, de B. Casteran .... le pot.	»	75	1	»
— éthiopienne, de Duvignau............ le flacon.	3	»	4	»
— avec l'extrait éthérique de garou, de Mayet. . le pot.	1	»	1	50
— exutoire de Baget, chez Morize.......... —	1	25	1	50
— — d'Hoffmann .... —	1	10	1	50
— ferrugineuse de Joséphat, chez Gagnière. . . —	1	80	3	»
— au goudron, de Collas .... —	1	»	1	50
— d'hydrocotyle asiatica, de J. Lépine, chez Fournier et Labelonye............. le pot.	2	10	3	»
— hygiénique épispasique de Rochard, chez Pouzadoux, —	2	25	3	»
— à base d'iodure de cadmium, de Quesneville.... —	2	»	3	»
— iodoformique de E. Hardouin .... le flacon.	2	25	3	»
— de Lebrou, contre les engelures, gerçures, etc. —	1	50	2	»
— des frères M.-Mahon :				
Etiquette A, pour conserver les cheveux. . . le pot.	»	90	1	»
— B, pour acnés, visages couperosés. . —	1	35	1	50
— C, pr pityriasis, dartres, démangeaisons, —	1	80	2	»
— D, pour la teigne, les maladies des cheveux, etc. .... le pot.	»	90	1	»
— Martin-Chapuis, contre les dartres, la gale des animaux.............. le pot.	1	10	1	50
— nutrimentive contre l'alopécie, de Chevrier. . —	1	50	2	»
— ou onguent de James pour chevaux, chez John Dalpiaz :				
le pot de 30 grammes..........	»	90	1	25
— de 60 —	1	50	2	»
— de 120 —	3	»	4	»
— de 250 —	6	»	8	»
— de 500 —	11	50	15	»
— ophthalmo-détersive de Bocquet....... le pot.	1	75	2	25
— de perchlorure de fer, du Dr Deleau..... —	2	40	3	»
— Perkins et Dupuytren, pour les cheveux, de chez Trablit.	1	35	2	»
— phosphorée contre la paralysie et les rhumatismes, d'Etienne-Lescot. .... le pot.	3	75	5	»
— pour les yeux, de Habert .... —	1	»	1	50
— de Régent pour les yeux, chez Trablit .... —	2	»	3	»
— résolutive de Royer contre les hémorrhoïdes. le flacon.	1	75	2	50
— — iodurée pour le goître, de Bertrand aîné. le pot.	»	75	1	25
— du Dr Rochard, dépurative, épispasique, nos 1 et 2, chez Pouzadoux .... le pot.	4	50	6	»

MÉDICAMENTS ET ARTICLES SPÉCIAUX DES PHARMACIENS.

Faute de désignation, nous enverrons les articles marqués d'un * :

	Prix pour le pharmacien.		Prix pour le public.	
	fr.	c.	fr.	c.
Pommade de sainbois, de Dubouais de Bordeaux. . . . le pot.	1	10	1	50
— — — — le 1 2.	»	55	»	75
Les mêmes pots couverts en parchemin pour l'exportation, 5 et 10 cent. en plus.				
— de H. Soula, antipsorique, c^{re} la gale des chevaux, le pot.	3	»	5	»
— suppurative de Denaud, pour cautères. . . . —	»	70	1	»
— végétale contre les dartres, de Reuflet. . . . —	3	75	5	»
— — — — . . . . le 1 2.	2	25	3	»
Porte-filtre Fayard, chez Leprat. . . . . à 4 entonnoirs.	9	50	»	»
— — — . . . . à 2 —	7	»	»	»
Potion cordiale de Micque, chez Chaumer. . . . . les 50 flacons.	125	»	»	»
— — . . . . le flacon.	3	»	5	»
— purgative officinale de Deslauriers-Comar. . . . la bout^{lle}.	7	50	10	»
— — — — . . — la 1 2.	3	75	5	»
— — — — la dose pour purger un adulte.	1	30	1	70
Poudre d'Ailhaud de chez Peyre . . . . . le paquet de 10 prises.	10	50	12	50
— . . . . . le 1 2 paquet de 5 prises.	5	50	6	50
Poudre américaine du Dr Paterson, par Fayard . . . . . la boîte.	3	»	4	»
— antiépileptique du Cte Duplessis, chez Lepoix. le flacon.	5	»	6	»
— antimoniale de James P. L., chez John Dalpiaz, les 30 gr.	4	»	»	»
— antiozenneuse de Ducoux . . . . la boîte.	6	»	10	»
— — . . . . la 1 2.	3	»	5	»
— antipsorique de Vauremoire . . . . la boîte.	2	25	3	»
— — . . . . la 1 2.	1	50	2	»
— antivénusienne, de Silvant. . . . . le flacon.	1	35	2	»
— béchique incisive de Miramont, contre la gourme des chevaux . . . . la boîte.	3	50	5	»
— de charbon du Dr Belloc, chez Frère . . . . . le flacon.	1	50	2	»
— contre la maladie des chiens, chez Gardes. . . . le prise.	»	40	»	60
— contre les convulsions des enfants, de Deschamps. la boîte.	1	25	2	»
— dentifrice O'Méara, chez Delangrenier. . . . . —	»	80	1	»
— — au charbon de tilleul, de Royer. . . . —	1	»	1	50
— — de Charlard-Guillemette . . . . —	»	90	1	10
— — de Dethan, au sel de Berthollet (ch^{te} de pot^{se}) —	1	50	2	»
— — du Dr Pierre, au corail. . . . . —	2	50	3	»
— — — au quinquina. . . . . . —	2	50	3	»
— — de Biron-Devèze. . . . . —	1	50	2	»
— — — . . . . la 1/2.	»	75	1	»
— — de Jackson, chez Trablit. . . . . . . la boîte.	1	35	2	»
— — de Laroze, au quing^{na}, pyrèthre et gaïac, —	»	95	1	25
— — de Naquet, chez Rouxel (*Boîtes rouges*). —	2	60	3	50
— — — — — la 1/2.	1	50	2	»
— — au paraguay, chez Roux. . . . . la boîte.	2	25	3	»
— — de Pennès	»	80	1	25
— — de Philippe, aux absorbants . . la boîte en métal.	2	40	3	»
— — — — . . . — ordinaire.	1	60	2	»

MÉDICAMENTS ET ARTICLES SPÉCIAUX DES PHARMACIENS.

Faute de désignation, nous enverrons les articles marqués d'un *.

	PRIX pour le pharmacien.		PRIX pour le public.	
	fr.	c.	fr.	c.
Poudre dentifrice de Philippe, au quina et charbon, la boîte en métal.	1	80	2	25
— — — — — — ordinaire.	1	»	1	25
— — de Plancher, antiacide. . . . . la boîte.	»	75	1	»
— — de quinine, de Paul Gage . . . . . le flacon.	2	20	3	»
— — — — . . . . . . le 1/2.	1	10	1	50
— — de Rogers, n° 1. . . . . la boîte.	2	10	3	»
— — — n° 2. . . . . —	3	50	5	»
— — rose camphrée, de Pariss . . . . . . le flacon.	5	60	7	50
— — — — . . . . . . le 1/2.	3	75	5	»
— — — — . . . . . . le 1/4.	2	25	3	»
— diurétique de Lebas, modifiée, chez J. Lemoine. le kilo.	3	50	5	»
— Duluc-Mesnier, pour les bestiaux . . . . le rouleau.	3	»	4	»
— pour eau gazeuse ferrée, de Quesneville. . . . . le flacon.	1	25	2	»
— d'extrait de lichen sucré, de Lecrosnier . . . . . la boîte.	3	»	4	»
— de Fattet, pour blanchir les dents. . . . . —	3	75	5	»
— — pour les dents artificielles . . . . . . —	3	75	5	»
— de Fernandez, pour blanchir les mains, chez Frère. —	1	10	1	50
— — — — — la 1/2.	»	60	»	75
— ferro-mangan., p' eau gazeuse de Burin-Dubuisson. le flacon.	1	25	2	»
— de Fèvre, pour eau de Seltz, limonade gazeuse et vin de Champagne . . . . le paq. pour 20 bouteilles.	»	80	1	»
La même, plus forte . . . — —	1	20	1	50
— gélatineuse, de Trasforêt . . . . la boîte.	»	50	»	60
— de glands doux composée, de Lecoq et Bargoin. . le kilo.	1	80	2	40
— de Hémel, contre les maladies des chiens, chez Giniez, la douzaine de prises, 5 fr. pour 7 fr. 20 c.; — la prise.	»	45	»	60
— hygiénique et analeptique de Grandclément, à Orgelet (Jura), pour préserver les bestiaux des épizooties, les 500 gram.	1	50	2	»
— d'iodure d'amidon soluble pour sirop, de Quesneville, le flacon de 50 grammes.	2	»	3	»
— — insoluble pour pastilles, pilules. le flac.	2	»	3	»
— insecto-mortifère, de Leperdriel. . . . . la boîte.	»	50	1	»
— Labourey, ou auxiliaire du principe vital, le paq. de 50 doses.	48	»	»	»
— — de 10 —	10	»	»	»
— de Larue-Dubarry, contre la graisse des vins. . . le flacon.	1	»	1	25
— J. Martin, balsamique dentifrice, chez Flon. . . —	1	15	1	50
— Martin-Chapuis, pectorale à l'aconit, pour les bestiaux, le paquet de 9 doses.	1	50	2	»
— de Métra, pour appareil de 2 bouteilles, la boîte de 16 doses.	1	40	2	»
— et granules de Meynet, au valérianate de quinine. la boîte.	2	70	4	»
— à nettoyer l'argenterie, de Dumont . . . . le paquet.	»	15	»	20
— nutrimentive, pepsine du D' Corvisart, préparée par Boudault, n°s 1, 2, 3, 4. . . . . le flacon de 10 prises.	2	10	3	»
— de paullinia, de Ch. Daras . . . . la boîte.	3	75	5	»
— — . . . . la 1/2.	2	25	3	»
— — de Fournier (voy. Paullinia).				

MÉDICAMENTS ET ARTICLES SPÉCIAUX DES PHARMACIENS.

Faute de désignation, nous enverrons les articles marqués d'un *.

	PRIX pour le pharmacien.		PRIX pour le public.	
	fr.	c.	fr.	c.
Poudre péruvienne de Poisson, p^r les dents, chez Ramonde. la boîte.	2	»	3	»
* — — — — — la 1/2.	1	»	1	50
— purgative d'Irroë, de Monier, chez Allaize, le paq. de 12 prises.	12	»	15	»
— purgative de Rogé, au citrate de magnésie . . . . le flacon.	1	50	2	»
— de pyrèthre du Caucase, acclimaté par Villemot, en flacons :				
n° 1, 6 fr. 50 pour 8 fr. . . . . n° 2.	3	25	4	»
n° 3, 1 fr. 60 pour 2 fr. . . . . n° 4.	1	20	1	50
n° 5, » fr. 80 c. pour 1 fr. . . . . n° 6.	»	45	»	60
La même, en boîtes, n° 1, 75 c. pour 1 fr. . . . n° 2.	»	60	»	75
n° 3, 35 c. pour 50 c. . . n° 4.	»	20	»	30
(Cette poudre appliquée à l'aide de soufflets paraît réussir pour la destruction de tous les insectes.)				
— réparatrice de Tricard. . . . . le paquet.	»	95	1	25
— scillée, de Gillet de Nangis, pour détruire rats, souris, mulots, loirs et taupes. . . . . le paquet.	1	»	2	»
*le 1/2 paquet, 50 c. pour 1 fr.; le 1/4.	»	25	»	50
— de scordium composé, de Lebel . , ... la boîte.	2	»	3	»
— de Sedlitz, étiquette anglaise, chez Collas. . . . —	1	25	2	50
— — de Savory et Moore, chez John Dalpiaz. —	3	75	5	»
— — véritable de Pariss.	2	25	3	»
— — — de Roberts . . . . —	2	40	3	»
— de seigle ergoté inaltérable, de Genevoix . . . . le kilo.	12	»	»	»
— de Seltz, étiquette anglaise, chez Collas . . . . la boîte.	1	»	2	»
— de Sency, chez Bazière frères . . . . le flacon.	3	75	5	»
— *pour topique*, des mêmes. . . . . le rouleau	1	50	2	»
— de soda, étiquette anglaise, chez Collas. . . . . la boîte.	1	»	2	»
— tartare insecticide de Ferrand, paquets insufflateurs (par cartons de 100, 50 et 25) . . . . le paquet.	»	15	»	20
— tartare insecticide de Ferrand,, grand modèle, dit revolver insecticide. . . . . le paquet.	»	30	»	40
— — — le flacon.	»	70	1	»
— tempérante de Ch. Albert . . . . la boîte.	2	25	3	»
— tonique cordiale de Miramont . . . . —	2	25	3	»
— de Vatrin, chez Roche. . . . . le paquet.	»	70	1	»
— végéto-minérale de Miramont . . . . le flacon.	1	50	2	»
Pralines Dariès au cubèbe pur, chez Trablit . . . . —	2	»	4	»
— de chocolat à la santonine de Colmet-Daâge. . . —	1	90	2	50
Présure liquide de Delapommerais et Rousseau d'Orléans. —	»	20	»	»
— — — — le litre.	1	25	»	»
— — — — le 1/2.	»	75	»	»
— liquide de Jules Alliot, d'Orléans . . . . . . le litre.	1	25	»	»
— — — — . . . . . le 1/2.	»	75	»	»
— — — — . . . . . le 1/4.	»	40	»	»
— — — — . . . . . le 1/8.	»	20	»	»
— liquide de Ramillon, à Bar-sur-Aube . . . . . le litre.	1	25	1	50

MÉDICAMENTS ET ARTICLES SPÉCIAUX DES PHARMACIENS.

Faute de désignation, nous enverrons les articles marqués d'un *.

	PRIX pour le pharmacien. fr. c.	PRIX pour le public. fr. c.
Prises de paullinia-Cléret. . . . . la boîte.	3 »	5 »
* — — —. . . . . la 1/2.	2 »	3 »
Purgatif Leroy, n°s 1, *2, 3, 4, chez Signoret fils. . . le flacon.	4 50	6 »
Pyrophosphate de fer et de soude (phosphate de fer soluble de Leras), chez Grimault et Rigaud. . . . . le flacon.	1 50	2 »

Q

Quinquina Laroche, liqueur tonique, digestive . . . . . le flacon.	3 50	5 »
Quintessence de Mettenberg (Eau antipsorique concentrée).	5 »	6 »

R

Racahout des Arabes, de Delangrenier . . . . . . le grand flacon.	6 »	8 »
* — — . . . . le flacon.	3 »	4 »
Régénérateur universel de Tranche-Lahausse . . . . . . —	2 25	3 »
Réglisse de Sanguinède de Montpellier, chez Leperdriel. la boîte.	» 50	» 75
— de Jalard de Narbonne.	» 75	1 »
* — . . . . la 1/2.	» 45	» 60
Remède contre la migraine, de chez Gardes. . . . . . le flacon.	1 »	1 75
— contre le piétin, — . . . . . . la boîte.	1 »	2 »
— contre le ver solitaire, de Chardin . . . . . . la bout^lle.	9 »	12 »
* — . . . . la 1/2.	6 »	8 »
Réparateur Tricard, pour les chevaux couronnés . . . le flacon.	1 90	2 50
* — — — — . le 1/2.	1 15	1 50
Rétinolé contre les engelures, de Dumont . . . . . . le flacon.	» 75	1 »
Rob de Boyveau-Laffecteur, rue Richer . . . . la bout^lle.	8 »	15 »
* — . . . . la 1/2.	4 »	7 50
— dépuratif antisyphilitique de Cuginaud. . . . . . la bout^lle.	4 75	6 »
— — de brou de noix iodé de Chaix. . . . . le flacon.	2 10	3 »
— — à l'iodure de potassium, de Cleret. . . . . la bout^lle.	7 50	15 »
* — — — . . . . la 1/2.	3 75	7 50
— — du Dr Héreau, à l'iodure de potassium, chez Fournier, la bout^lle.	3 75	7 50
— de gaïac, de Guérin, chez Delangrenier . . . . . —	3 75	5 50
— de Laffecteur, de la rue des Petits-Augustins . . . —	12 »	18 »
Ruban de Bruges, chez Collas. . . . . la boîte.	1 50	2 »
Rusma des Perses pour épiler, de Paul Gage . . . . . le flacon.	3 75	5 »

S

Saccharure d'aconit de Béral, chez Accault. . . . . . la boîte.	1 »	1 50
— de citrate de fer de Béral. . . . . le flacon.	2 »	3 »
Sachets parfumés pour bains, de Chable. . . . . . . le sachet.	» 75	1 »
Saponine de Duvignau. . . . . la boîte.	1 15	1 50

MÉDICAMENTS ET ARTICLES SPÉCIAUX DES PHARMACIENS.

Faute de désignation, nous enverrons les articles marqués d'un *.

	PRIX pour le pharmacien.		PRIX pour le public.	
	fr.	c.	fr.	c.
Savon anodin d'Hébert . . . . le flacon.	2	25	3	»
— antirhumatismal, aromatico-camphré, de Letz. le grand pain.	1	»	1	50
— à la glycérine de Bruère-Perin . . . . le pain.	1	10	1	50
— hydrofuge de Menotti. . . . . le 1/2 k.	4	25	4	80
— minéral de Patris, pour les cors . . . . le rouleau.	1	»	1	60
— ponce, n° 1 . . . . la douz^{ne}.	9	60	12	»
— — — 2 . . . . —	7	20	9	»
— — — 3 . . . . —	5	75	7	20
Savonule Lebel au copahu pur. . . . . la boîte.	1	50	3	»
— — ferré (citrate de fer) . . . . . —	2	»	4	»
— — cubèbe et ratanhia. . . . . . —	2	»	4	»
Savonnière Moisson, en paquets de 500 et 250 gram. . le kilo.	1	20	1	60
— — liquide. . . . . le flacon.	»	75	1	25
— — — . . . . le 1/2.	»	50	»	75
— — — . . . . le 1/4.	»	30	»	40
Scillitine médicinale de Mandet de Tarare . le flacon de 30 gram.	10	»	»	»
Sel de Guindre véritable . . . . le paquet de 6 prises.	3	90	4	50
— — de chez Gardes . . . . la prise.	»	30	»	60
— de Pennès pour bains minéraux. . . . . la dose.	»	75	1	25
Sels purifiés de varech pour bain, de Grimault . . . . le rouleau.	»	75	1	»
— naturels de Vichy pour boisson, de Larbaud . . . . le flacon.	1	»	2	»
Pour bain. . . . . le rouleau.	1	»	2	»
Sels minéraux naturels de Vichy, de l'établissement thermal :				
Pour boisson. . . . . le flacon.	2	»	4	»
— en paquets . . . . la boîte pour 50 litres.	3	50	5	»
Pour bains. le flacon.	1	»	2	»
— . . . . le rouleau.	1	10	1	50
Semelles métallo-galvaniques d'Aurèle, contre les pieds froids, les rhumatismes, la goutte, les crampes, etc. . . . . . . la paire.	8	»	10	»
Semoule ferrugineuse du Dr Mathieu, chez H^{te} Faure . . . le flacon.	1	50	2	»
— de gluten pour les diabétiques, de E. Martin . . le kilo.	»	80	1	20
— de pain de gluten, de Durand et Cie	»	»	»	»
Serre-bouchons, de Fèvre . . . . le cent.	16	»	»	»
Serre-bras supérieurs, d'Albespeyres . . . . la douz.	15	»	»	»
— — en plaqué . . . . —	18	»	»	»
Sève de Médoc, de F. Triaud de Saint-Jean d'Angely . . le flacon.	2	25	3	»
— de pin maritime, de Lagasse, de Bordeaux . . . . la bout^{lle}.	2	»	3	»
Sirop d'abiétine de Thomay, de Lyon . . . . le flacon.	2	»	2	50
— — . . . . le 1/2.	1	20	1	50
— d'aconit napel de Ferrand, anticatar: et antinévralg: le flacon.	1	60	2	25
— alviléen de Burcq, chez Rabion . . . . la bout^{lle}.	4	»	5	»
— — . . . . la 1/2.	2	40	3	»
— antichlorotique à l'iodure de fer, de Guy . . . . la bout^{lle}.	7	50	10	»
— — — — la 1/2.	4	50	6	»
— antiépileptique de galium palustre, du Dr Miergues, par Blanc . . . . le flacon.	4	50	6	»

MÉDICAMENTS ET ARTICLES SPÉCIAUX DES PHARMACIENS.

Faute de désignation, nous enverrons les articles marqués d'un *.

	PRIX pour le pharmacien.		PRIX pour le public.	
	fr.	c.	fr.	c.
Sirop antigoutteux, de Boubée (les 6 flac., 48 fr. p^r 72 fr.) le flacon.	9	»	12	»
— — de Paul Gage . . . . la bout^{lle}.	7	»	10	»
— — de Plateau (pharmacie Colbert) . . . —	3	75	5	»
— — et antirhum: de Casteran frères, de Lortet. le flacon.	2	50	3	»
— antilaiteux du Dr Maigrier, chez Allaize . . . . . —	2	50	3	50
— antiphlogistique de Briant. —	3	»	4	50
— — — . . . . la 1/2.	1	50	2	25
— antiscorbutique de Liébert, chez Quentin. . . . . la bout^{lle}.	2	25	3	»
— — préparé à froid de Poumerol, chez Gagnière, le flacon.	2	»	3	»
— antiscrofuleux, fondant, dépuratif de Biron-Devèze. —	3	»	4	»
— — — le 1/2.	1	50	2	»
— antispasmodique du Dr Delacroix, chez Plateau . . le flacon.	3	75	5	»
— aromatique ferrugineux de Desvergnes-Lafont-Defaye, de Saint-Junien. . . . . le flacon.	3	50	5	»
— d'Aubergier, au lactucarium. . . . . —	2	25	3	»
— balsamique de Vauquelin (voy. Sirop de Vauquelin).				
— de baume de la Mecque, chez Lavigne . . . . . . la bout^{lle}.	3	»	4	»
— — — la 1/2.	1	50	2	»
— béchique d'Hébert . . . . —	1	50	2	»
— de Berthé, à la codéine. . . . . le flacon.	2	25	3	»
— Bonnaire, contre la coqueluche, par Aviat . . . . —	1	15	1	50
— de bourgeons de sapin, de Blayn. . . . . la bout^{lle}.	6	40	8	»
— — — la 1/2.	4	»	5	»
— bromo-ioduré de Boille. . . . . le flacon.	2	25	3	»
— — ferré de Boille . . . . —	2	25	3	»
— bronchique de E. Brunaud. . . . . la bout^{lle}.	1	70	2	50
— de canchalagua de F. Le Beuf. . . . . le flacon de 275 gr.	1	50	2	50
— de castoréum de Lebrou (antinerveux) . . . . . . le flacon.	3	»	4	»
— — — le 1/2.	1	50	2	»
— de Chaumonot, chez Ramonde . . . . la bout^{lle}.	4	»	5	»
— — — la 1/2.	2	»	2	50
— de citrate de fer de Béral . . . . le flacon.	4	»	6	»
— — de Briant, aux Herbiers . . . . . —	2	25	3	»
— — de Chable . . . . —	3	75	5	»
— de Clérambourg contre la toux, chez Massignon. . le flacon.	2	10	2	75
— — le 1/2.	»	75	1	»
— concentré de salseparcille composé, de Quet aîné. la bout^{lle}.	8	»	12	»
— — la 1/2.	4	»	6	»
— — de raisins, d'Ulysse Roy . . . . la bout^{lle}.	4	»	»	»
— contre la coqueluche, de Deharambure. . . . . . le flacon.	1	30	1	60
— contre la diarrhée, de Mayet . . . . la dose pour 2 potions.	1	»	2	»
— — — 1 —	»	50	1	»
— de J. Coutant, à l'iodure d'albumine . . . . . . le flacon.	1	75	2	50
— de Cuisinier, avec addition d'iodure de potassium, de Quesneville. . . . . le flacon, 6 fr. pour 8 fr. ; — *le 1/2.	3	»	4	25

MÉDICAMENTS ET ARTICLES SPÉCIAUX DES PHARMACIENS.

Faute de désignation, nous enverrons les articles marqués d'un *.

	PRIX pour le pharmacien.		PRIX pour le public.	
	fr.	c.	fr.	c.
Sirop de curaçao iodé de Chaix. . . . . le flacon.	2	10	3	»
— de dentition du Dr Delabarre . . . . —	2	50	3	50
— dépuratif épispasique de Rochard, chez Pouzadoux. —	4	50	6	»
— — et légèrement purgatif des frères M.-Mahon. la bout^{lle}.	2	70	3	»
— — à l'iodure de potassium, de Chable . . . le flacon.	3	75	5	»
— — — — de Lamant. . . —	4	»	6	»
— — — — le 1/2.	2	35	3	50
— — — de fer, de Guy. . . . . la bout^{lle}.	7	50	10	»
— — — — . . . . la 1/2.	4	50	6	»
— — du Dr Mascagny. . . . . —	4	50	6	»
— — du Dr Ollivier. . . . . —	2	10	3	»
— — de Royer, rob de salsepareille. . . . . . —	3	»	4	»
— — végétal, de Chable. . . . . le flacon.	3	75	5	»
— — végétal, de Mayet . . . . la bout^{lle}.	5	»	8	»
— — — — . . . . la 1/2.	2	50	4	»
— de Desessarts contre la toux, chez Massignon. . le flacon.	2	10	2	75
— — — — le 1/2.	»	75	1	»
— de dentoïodure ioduré de Gibert, chez Duhamel. la bout^{lle}.	7	»	10	»
— — — — la 1/2.	3	50	5	»
— de digitale de Labelonye . . . . la bout^{lle}.	3	75	5	»
— — — . . . . la 1/2.	2	25	3	»
— d'écorces d'oranges amères iodé de Sauvan, contre les maladies scrofuleuses. . . . . le flacon.	2	»	3	»
— de l'enfance, du Dr D. Louis, contre les convulsions, de Vivien . . . . le flacon.	1	50	2	25
— d'escargots, de Sauvan. . . . . —	1	30	2	»
— d'escargots de Mure, de Pont-Saint-Esprit . . . —	»	95	1	50
— ferreux de Dusourd . . . . la bout^{lle}.	3	75	5	»
— — — . . . . la 1/2.	2	25	3	»
— — balsam. antiblennorrhag. de Brou-Duclaud. le flacon.	3	»	5	»
— de feuilles de noyer iodé, de Chaix. . . . . . . —	2	10	3	»
— de Flon, lénitif, pectoral, chez Reynal et Cie . . . —	1	75	2	50
— fondant G. R. L., pour glandes, rachitisme, leucorrhée, des frères M.-Mahon . . . . la bout^{lle}.	3	15	3	50
— du Dr Forget, chez Chable . . . . le flacon.	2	25	3	»
— de fraxinine de Mandet. . . . . —	2	»	2	50
— de feuilles de frêne, d'Emile Mouchon, n° 1. . . . le litre.	4	»	6	»
— — — n° 2. . . . —	7	»	10	»
— — — n° 3. . . . —	9	»	12	»
— de fruits béchiques, de Lebeault. . . . . le flacon.	1	50	2	25
— de gentiane, avec addition d'iodure de fer, de Quesneville, la bouteille, 3 fr. 75 pour 5 fr. . . . . * la 1/2 bout^{lle}.	2	»	2	75
— de goudron incolore, de Saint-Genez. . . . . . . le flacon.	2	25	3	»
— hélicié, de Baron-Barthélemy . . . . —	2	25	3	»
— — — . . . . le 1/2.	1	35	1	80
— d'hieracium regale, affect. de la vessie, de Grimault, le flacon.	3	»	4	»

MÉDICAMENTS ET ARTICLES SPÉCIAUX DES PHARMACIENS.

Faute de désignation, nous enverrons les articles marqués d'un *.

	PRIX pour le pharmacien.		PRIX pour le public.	
	fr.	c.	fr.	c.
Sirop homéopath. d'Hoffmann contre les affect. de poitrine. le flacon.	2	25	3	»
— d'hydrocotyle asiatica de J. Lépine, chez Fournier et Labelonye . . . . la bout^{lle}.	3	50	5	»
— d'hyosciamine de Duvignau. . . . . le flacon.	1	90	2	50
— d'hyposulfite de soude, de Quesneville . . . . . la bout^{lle}.	2	»	3	»
— d'iodhydrate de fer, de Galy. . . . . le flacon.	1	90	2	50
— iodhydrique de Galy. . . . . —	1	90	2	50
— iodoformique de E. Hardouin . . . . —	3	»	4	»
— iodotannique de Demolon, chez Frère . . . . . —	4	50	6	»
— — de Guilliermond. . . . . —	2	25	3	»
* — d'iodure d'amidon, de Quesneville. . la bouteille d'un litre.	5	20	8	»
— — — . . . . le flacon.	1	75	2	50
— — — de Ph. Toussain, de Saint-Yrieix. —	2	25	3	»
— — de fer simple, de Quesneville . . . . . la bout^{lle}.	3	75	5	»
* — — — . . . . la 1/2.	1	75	2	50
— — ferro-manganeux, de Burin Dubuisson. . . le flacon.	2	»	3	»
— — de soufre soluble, de Favrot. . . . . . . —	2	25	3	»
— de jujubes, de Montpert . . . . —	2	»	3	»
— de Jusée, de Barruel . . . . —	2	»	3	»
— de Laboureur, au valérianate d'ammoniaque . . . —	2	25	3	»
— de lactate de protoxyde de fer et de manganèse, de Burin Dubuisson. . . . . le flacon.	2	80	4	»
— de lactucarium d'Aubergier. . . . . —	2	»	3	»
— de Laroze, tonique, d'écorces d'oranges amères. . —	2	25	3	»
— de Leconte, contre la toux. . . . . —	2	25	3	»
— de Lhoste. . . . . —	»	90	1	25
— de lichéline de Bordo, de Perpignan, contre les bronchites et catarrhes. . . . . le flacon.	1	25	1	50
— de lichen de Houeix . . . . la bout^{lle}.	1	10	1	50
— de limaçons d'Hoffmann . . . . le flacon.	3	»	4	»
— — de Quelquejeu, chez Roche . . . . . la bout^{lle}.	1	70	2	25
— — et de manne de Dariès, chez Pourat. —	2	25	3	»
* — — — — la 1/2.	3	40	4	50
* — de magnésie de Brunaud . . . . le flacon.	1	70	2	25
— — — le 1/2.	2	50	4	»
— de mélasse de Warton. . . . . le flacon.	1	25	2	»
— minéral-sulfureux, de Crosnier . . . . —	2	50	3	»
— de mou de veau composé, de Quet aîné . . . . la bout^{lle}.	2	25	3	»
— — au lichen d'Islande, de Paul Gage. —	1	50	2	25
* — — — — la 1/2.	2	80	5	»
— de mousse perlée composé, de Roux et Paret . . . la bout^{lle}.	1	40	2	50
— mytilique et analeptique, de Foucher d'Orléans. —	1	30	2	»
— de nafé, chez Delangrenier . . . . —	1	75	2	50
— oléo-résineux aux bourgeons de sapin, au goudron, à la térébenthine, de Garot-Dublanc . . . . la bout^{lle}.	1	50	2	»
— d'oranges, de Bergey de Libourne . . . . . . le flacon.	1	75	2	50
	1	80	2	25

MÉDICAMENTS ET ARTICLES SPÉCIAUX DES PHARMACIENS.

Faute de désignation, nous enverrons les articles marqués d'un *.

		PRIX pour le pharmacien.		PRIX pour le public.	
		fr.	c.	fr.	c.
Sirop d'oranges rouges, de Poisson . . . . la bout^lle.	3	»	4	»
— — — la 1/2.	1	50	2	»
— de paludine, de Fournier . . . . le flacon.	2	25	3	»
— de paullinia, de Daras, chez Richard . . . . —	3	»	4	»
* — — — le 1/2.	1	90	2	50
— — de Fournier . . . . le flacon.	3	»	4	»
— pectoral d'ache de mer, de Moride . . . . —	»	»	»	»
— — à l'ananas, de Brunaud . . . . . . —	2	»	3	»
— — aromatique, de Gardet . . . . la bout^lle.	3	50	4	50
* — — — la 1/2.	1	75	2	25
— — et antispas. au fucus crispus, de Brou-Ducland. le flac.	1	50	2	»
— — et adoucissant, de St-Georges, de H^er Ligot, —	1	60	2	50
— — balsamique ioduré, de Ad. Capon. . . . la bout^lle.	1	70	2	25
— — au baume de Tolu, de Trablit . . . . —	1	35	2	»
— — — de la Mecque, de Poure . . . . le flacon.	1	50	2	»
— — calmant, de Micque . . . . —	1	50	2	»
— — de Carragaheen, de Leret . . . . —	2	»	2	50
— — de Dégenétais, chez Garnier . . . . —	3	»	4	»
* — — — . . . . le 1/2.	1	70	2	25
* — — de Dunand . . . . le flacon.	2	25	3	»
* — — — . . . . le 1/2.	1	10	1	50
— — aux escargots, de O. Figuier de Montpellier. le flacon.	1	60	2	»
— — au faham, composé, de Pincet . . . . . . —	2	»	2	50
— — de Frogé . . . . —	1	25	2	50
— — de gruau, de Colmet-Daàge . . . . la bout^lle.	2	70	3	50
* — — — . . . . la 1/2.	1	50	2	»
— — — de Guillemaud . . . . le flacon.	2	70	3	50
— — — — le 1/2.	1	50	2	»
* — — incisif de Boullay, contre la coqueluche . . le flacon.	1	50	2	»
— — la 1/2 bout^lle, 2 fr. 60 pour 3 fr. 50 . . la bout^lle.	5	25	7	»
— — incisif, de F. Simon . . . . le flacon.	1	50	2	50
— — de P. Lamouroux . . . . la bout^lle.	2	80	4	50
* — — — . . . . la 1/2.	1	40	2	25
— — lénitif et antiphlog., de Baron-Barthélemy. le flacon.	2	25	3	»
* — — — le 1/2.	1	35	1	80
— — de Mayet, le flacon, 1 fr. 50 p^r 2 fr. 50 ;* —	»	75	1	25
* — — de la Mecque, du Dr Delarue, chez S^tes Martin, la bout^lle.	6	»	8	»
— — — la 1/2.	3	»	4	»
* — — de mou de veau, de Macors . . . . le flacon.	2	25	3	»
— — — le 1/2.	1	35	1	80
* — — de Plancher, au baume de Tolu . . . . le flacon.	2	25	3	»
— — — le 1/2.	1	20	1	60
— — de tambayangs, de Besson . . . . le flacon.	1	70	2	25
— — de thridace, de Plateau (ph^ie Colbert) . . la bout^lle.	3	75	5	»
* — — — la 1/2.	1	90	2	50
— — de vélar, de Royer . . . . —	1	50	2	25

14

210 MÉDICAMENTS ET ARTICLES SPÉCIAUX DES PHARMACIENS.

Faute de désignation, nous enverrons les articles marqués d'un *.

	PRIX pour le pharmacien.		PRIX pour le public.	
	fr.	c.	fr.	c.
Sirop pectoral du baron Yvan, chez Stanislas Martin. . . la bout^{lle}.	6	»	8	»
— — — — — — . . la 1/2.	3	»	4	»
* — — — — — — . . le 1/4.	1	50	2	»
— de perchlorure de fer, du Dr Deleau . . . . le flacon.	4	»	5	»
* — — . . . . le 1/2.	2	40	3	»
— péruvien, de Félix Martin. . . . . —	»	»	»	»
— de phellandrie, de Bourgeaud . . . . le flacon.	1	50	2	»
— de phellandrium, de Leret . . . . la 1/2 bout^{lle}.	2	40	3	»
— de phosphate de fer de Leras (pyrophosphate de fer et de soude), chez Grimault et Rigaud. . . . . . . le flacon.	1	75	2	50
— phlogotemnique au laurier cerise, de Voituret, c. la toux —	1	50	2	»
— de pointes d'asperges, de Johnson . . . . . la 1/2 bout^{lle}.	3	50	4	50
* — — — . . . . . . le 1/4 —	1	75	2	25
* — de protoïodure de fer, de Blancard . . . . . . le flacon.	1	65	2	50
— — . . . . le litre.	6	»	»	»
— — — de Gille . . . . le flacon.	3	75	5	»
— — — de Gardes . . . . —	3	50	5	»
— — — et de manganèse, de Burin-Dubuisson. . . . . le flacon.	2	»	3	»
— — — de la Pharmacie normale. . —	1	50	2	»
— — — et de quinine, de Rébillon . —	3	»	4	»
— purifiant du baron Larrey, chez Léchelle . . . . . . —	6	»	8	»
— de pyrophosphate de fer, de E. Robiquet, chez Frère. —	2	25	3	»
— de raifort iodé, préparé à froid, de Grimault . . . —	3	»	4	»
— — — de la Pharmacie normale. —	1	85	2	50
— de Rivière, pectoral, balsamique . . . . —	1	60	2	50
— de santé, de Saint-Genez . . . . la bout^{lle}.	3	75	5	»
* — — — . . . . la 1/2.	2	25	3	»
— de scillitine, de Mandet. . . . . le flacon.	2	25	3	»
— sédatif de Besuchet, chez Colmet-Daäge. . . . . la bout^{lle}.	3	75	4	25
— — de Biron-Devèze. . . . . le flacon.	3	»	4	»
* — — . . . . le 1/2.	1	50	2	»
— — pectoral, de Bourgogne, contre la coqueluche et l'asthme . . . . le flacon.	1	50	2	»
— — pectoral au verbascum, de Guy . . . . . —	3	»	4	»
* — — — — — . . . . . le 1/2.	1	75	2	25
— de séve de pin, de Lagasse de Bordeaux . . . . . le flacon.	2	25	3	»
— stimulant, contre les bronchites, formule du Dr Rodenberg, chez Badin, le flacon.	1	40	2	»
* — — . . . . le 1/2.	»	90	1	25
— de thridace, d'Abbadie . . . . la bout^{lle}.	3	75	5	»
* — — . . . . la 1/2.	1	90	2	50
— tonique du Pérou, de Le Couppey. . . . . . . le flacon.	2	25	3	»
— — dépuratif au vin de Bordeaux, du Dr Giffard, par B. Casteran . . . . . . le flacon de 500 gram.	5	»	6	50
— — névrosthénique, de Gille. . . . . le flacon.	2	25	3	»

MÉDICAMENTS ET ARTICLES SPÉCIAUX DES PHARMACIENS.

Faute de désignation, nous enverrons les articles marqués d'un *.

	PRIX pour la pharmacien.		PRIX pour le public.	
	fr.	c.	fr.	c.
Sirop d'uva ursi, de Dethan, contre les flux, diarrhées, etc. le flacon.	2	25	3	»
— de Vauquelin, chez Deslauriers-Comar. . . . . la bout^lle.	4	50	6	»
* — — — . . . . la 1/2.	2	25	3	»
— — — . . . . le 1/4.	1	35	1	75
— de vélar, de E. Figuier de Belleville. . . . . . la bout^lle.	2	80	4	»
* — — — . . . . la 1/2.	1	40	2	»
— vermifuge, de Macors . . . . le flacon.	1	70	2	25
* — — — . . . . . . le 1/2.	»	95	1	25
— — de Roux et Paret . . . . le flacon.	»	70	1	»
— — du Dr Blanc, préparé par Bourguignon. —	1	50	2	»
— — de Biron-Devèze.	2	25	3	»
* — — — . . . . le 1/2.	1	15	1	50
— vineux d'écorces d'oranges, de Gille . . . . . le flacon.	1	75	2	25
— Warton, ou mélasse de la Cochinchine. . . . —	2	50	3	»
Soie dolorifuge de Léchelle, antirhumatismale. . . . . . le rouleau	2	»	3	»
Solution alumineuse benzinée, de Mentel. . . . . le flacon.	2	»	3	»
— antinévralgique de valérianate de quinine et d'ammoniaque de F. Simon, le flacon.	9	»	14	»
* — — — — — le 1/2.	5	»	8	»
— — — — — le 1/4.	2	75	4	»
— caustique de perchlorure de fer du Dr Deleau. . le flacon.	2	40	3	»
— du Dr Bernard, pour produire l'iode naissant. . l'étui.	3	50	5	»
Les deux flacons de solutions à part.	2	10	3	»
— iodo-tannique normale, de Guilliermond. . . . le flacon.	2	25	3	»
— — iodurée, —	2	25	3	»
— normale de perchlorure de fer du Dr Deleau . . —	4	»	5	»
Sous-nitrate de bismuth en pâte sucrée et aromatisée, contre les diarrhées opiniâtres, préparé par Quesneville :				
le flacon (dose pour 10 jours)	4	50	6	»
1/2 — (— 5 —)	2	25	3	»
Sparadrap Leperdriel, gommeux, sans emplâtre ni résine, s'appliquant comme le taffetas anglais . . . . . la bande.	1	»	2	»
— Patris, pour plaies, ulcères, brûlures, etc. . . le rouleau	1	75	2	50
— perfectionné des hôpitaux, de Dallier, au Mans, marque (E.-D.). . . . . le rouleau	»	60	»	»
— de poix de Bourgogne, de Leperdriel. . . . . le mètre.	1	»	»	»
— — émétisée, de Leperdriel. —	1	25	»	»
— vésicant de B. F. P. . . . . le mètre.	2	»	»	»
— agglutinatif de Gardes . . . . —	»	55	1	»
Spécifique Warton contre le mal de dents. . . . . le flacon.	4	25	5	»
— — — — . . . . le 1/2.	2	50	3	»
— de Reynold contre la goutte, chez Roberts et Cie. le flacon.	6	»	7	50
— contre les vers, de Félix Martin	»	»	»	»
Spruce-fir (esprit de bière), de Lecomte. . . . . le pot.	1	80	2	»
Struthine-Duval pour enlever les taches. . . . . le flacon.	»	75	1	25
Suc pectoral Marinier. . . . . la boîte.	»	75	1	»

MÉDICAMENTS ET ARTICLES SPÉCIAUX DES PHARMACIENS.

Faute de désignation, nous enverrons les articles marqués d'un *.

	PRIX pour le pharmacien.		PRIX pour le public.	
	fr.	c.	fr.	c.
Suc de réglisse gommeux, de Dubois-Colmet, à l'anis et à la violette............... le flacon de 100 gram.	»	75	1	25
— — — — 200 —	1	50	2	25
— — — — 400 —	2	75	4	»
— de réglisse gommé à l'anis, menthe, violette, de Lecoq et Bargoin................ la boîte.	»	75	1	»
— de réglisse purifié, de Genevoix, à l'anis, violette. . le kilo.	6	»	»	»
*— — — — — . . la boîte.	»	70	1	»
— — — — — . . la 1/2.	»	35	»	50
*— — pur de Paris, préparé par Moutardier . . la boîte.	»	75	1	»
— — — — — . . la 1/2.	»	45	»	60
Sucre orangé purgatif, de Plateau (pharmacie Colbert). . la boîte.	»	95	1	25
— d'orge du Mont-Dore, chez Lecoq et Bargoin. . . —	1	60	2	»
— de Royat, chez Lecoq et Bargoin............	»	75	1	»
— purgatif de Caulier............ le flacon.	»	85	1	20
Sulfate de fer et de manganèse, de Burin-Dubuisson. . . le kilo.	6	»	»	»
Sulfine-Pajot............ le flacon.	»	90	1	25
Suppositoires iodoformiques, de E. Hardouin...... la boîte.	4	50	6	»
*— — — .... la 1/2.	2	25	3	»

T

Tablettes anticatarrhales de Vauquelin, chez Deslauriers. la boîte.	2	25	3	»
*— — — — la 1/2.	1	15	1	50
— de bouillon, d'Appert............ le 1/2 kil.	12	»	14	»
— de dattes au lichen, de Quentin......... la boîte.	1	15	1	50
— d'iodure d'amidon, de Quesneville...... —	2	»	3	»
*— — — ..... la 1/2.	1	25	1	75
— martiales, de Plateau (pharmacie Colbert). . . la boîte.	1	50	2	»
— pectorales de Laroque, c. les rhumes, catarrhes, etc. —	»	90	1	25
*— — — — la 1/2.	»	50	»	70
— de thridace, de Plateau (pharmacie Colbert) . . la boîte.	1	50	2	»
Taffetas d'Angleterre, dit taffetas Dubois, chez Collas . . la pièce.	»	75	1	20
— collodium de Valérius pour les coupures. . . . la douz.	1	80	6	»
— — — — le mètre.	2	»	4	»
— épispastique de Leperdriel p^r vésicat^{es}, n°s 1, 2, 3, 4. le rouleau	1	50	2	»
*— — — — le 1/2.	»	75	1	»
— d'Albespeyres............ le rouleau	»	60	1	»
— perforé de Denaud, n°s 1, 2, 3... —	»	70	1	»
— émollient	»	70	1	»
— français de Boggio, en étuis......... la pièce.	1	»	1	50
*— — en portefeuilles de 3 carrés blancs, roses ou noirs......... la douz.	2	»	6	»
— gommé, de Baget, pour pansement...... le rouleau	»	75	1	»
— — de Paul Gage, pour la guérison des cors. la boîte.	1	50	2	»

MÉDICAMENTS ET ARTICLES SPÉCIAUX DES PHARMACIENS.

Faute de désignation, nous enverrons les articles marqués d'un *.

	PRIX pour le pharmacien.		PRIX pour le public.	
	fr.	c.	fr.	c.
Taffetas homéopathique d'Hoffmann cont. les douleurs rhumatism.	1	15	1	50
— de Lacroix, pour les cors . . . . la boîte.	1	60	2	»
* — Mauvage, p' vésicatoires, chez Fumouze-Albespeyres. —	»	75	1	»
— — pour cautères, —	»	75	1	»
— rafraîchissant d'Albespeyres, pour cautères. . . le rouleau	»	60	1	»
— — de Leperdriel. . . . . —	1	50	2	»
* — — — . . . . le 1/2.	»	75	1	»
— vésicant de Baget. . . . . : . . le rouleau	6	»	»	»
* — — — . . . . le 1/2.	3	»	»	»
— vulnéraire français de Marinier, au baume du commandeur ou à l'arnica. . . . . la douz. de pièces.	1	20	6	»
Les mêmes. . . . . le mètre.	1	»	3	»
Tannate de quinine, de Barreswil, chez Frère, la boîte de 25 grammes divisée en 100 paquets.	12	50	25	»
Tartrate de fer et de manganèse, en paill., de Burin-Dubuisson, le kilo.	25	»	»	»
— de magnésie soluble de Lemoine. . . . . —	7	»	»	»
Teinture antigoutteuse, de Fournier . . . . le flacon.	7	»	10	»
— antipsorique contre la gale des moutons, de Capron, la bout^lle.	1	80	2	25
— — contre la gale des chevaux, —	2	»	2	50
* — d'arnica, de Pelletier père et fils de Lyon . . . le flacon.	1	»	2	»
— — — — le 1/4 de bout^lle.	3	25	5	»
— — des Pyrénées, de Duserm, de Bagnères de Bigorre, la 1/2 bouteille, 3 fr. 25 pour 5 fr. . . . . * le flacon.	1	50	2	»
— de colchique, de Cocheux.	3	50	5	»
— germanique modifiée, de Giniez . . . . —	3	50	5	»
— de haschischine, de Collas. . . . . —	2	50	»	»
— homéopathique d'arnica, d'Hoffmann.	1	50	2	»
— de paullinia, de Fournier	3	75	5	»
— — de Daras, chez Richard.	3	75	5	»
* — purgative composée, de Micque, chez Chaumer. —	1	10	1	50
Thé de germandrée et scordium, de Lebel . . . . la boîte.	2	»	3	»
— des Pyrénées, de F. Camus, de Bagnères de Bigorre, le rouleau	»	35	»	50
— — de Duserm, — — —	»	25	»	50
— de Saint-Germain, chez Johnson. . . . . la boîte.	»	75	1	»
Thériaque de Venise, chez Collas . . . . —	2	50	»	»
— fine de Moutillard-Huraut, chez Buirat. . . . le kilo.	10	»	»	»
— — — — le pot de 60 gram.	1	»	2	»
* — — — — de 30 —	»	70	1	25
Tisane purgative rafraîchissante, de chez Letellier. . . . la boîte.	»	75	1	»
— sèche de salsepareille, de Sauvan	3	»	5	»
— sèche sédative (pâte), de Biron-Devèze. . . . . . —	1	50	2	»
* — — — — . . . . . la 1/2.	»	75	1	»
Tissu électro-magnétique, de Paul Gage. . . . . . la boîte.	7	50	10	»
* — — — — . . . la 1/2.	3	75	5	»
Toile chimique antigoutteuse et antirhumatismale, de Biron-Devèze, le rouleau, 1 fr. 50 pour 2 fr. . . . . * le 1/2.	»	75	1	»

MÉDICAMENTS ET ARTICLES SPÉCIAUX DES PHARMACIENS.

Faute de désignation, nous enverrons les articles marqués d'un *.

	PRIX pour le pharmacien.		PRIX pour le public.	
	fr.	c.	fr.	c.
Toile épispastique de H. Besse. . . . . le rouleau de 1 mètre.	2	40	»	»
* — vésicante, de Leperdriel. . . . . le mètre.	3	»	»	»
— — . . . . le 1/2.	1	50	»	»
* — — d'Albespeyres. . . . . le mètre.	2	75	»	»
— — — — le 1/2.	1	50	»	»
— — d'Ancelin, largeur 25 centimètres . . . . le mètre.	2	50	»	»
* — — — 18 — . . . . —	2	25	»	»
— — de Bévière, 18 à 20 centimètres de large. —	2	»	»	»
— — de Baldou. . . . . —	2	60	»	»
— — verte, de Denaud, sans nom. . . . . . —	2	50	»	»
— — préparée par Irague, à Sarlat . . . . . le rouleau	2	50	»	»
— — de Ph. Toussain de Saint-Yrieix, le rouleau de 12 à 15 centimètres de large.	2	»	»	»
Toni-purgatif Leroy (Voyez Purgatif).				
— de Saint-Genez . . . . le flacon.	1	50	2	»
Topique Bertrand de Lyon, pour les douleurs, en portefeuilles très-élégants, de 10 grandeurs, au prix de 15 centimes à. .	3	»	»	»
— fondant de Fabre jeune, d'Arles. . . . . . . le pot.	1	40	2	»
— portugais, de C. Rouxel, remède externe pour les chevaux et les bestiaux . . . . le flacon.	3	50	5	»
— Pommier-Tricard pour remplacer le feu. . . .	3	»	4	»
— résolutif, fondant, de Lemoine. . . . . le pot.	2	25	3	»
— Saissac, pour les cors, chez Guillemaud . . . . —	2	75	3	50
* — — — — . . . . le 1/2.	1	50	2	»
— Terrat, chez Renault aîné . . . . le pot.	3	»	6	»
— Thézet, contre les hernies . . . . la bout.lle	17	50	20	»
Trésor de la bouche, de Jutier. . . . . le flacon.	3	»	4	»
*le 1/2 flacon, 1 fr. 50 pour 2 fr. . . . . le 1/4.	»	75	1	»
— du Vieux de la Montagne, ou haschich d'Orient, de Grimault. . . . . le flacon de 50 pilules.	7	50	10	»
Tympanifuge de Bouin, contre la météorisation des bêtes à cornes . . . . le flacon.	1	10	1	60

V

Valérianate d'ammoniaque de Pierlot, contre les affections nerveuses . . . . le flacon.	4	»	6	»
*Végéto-minéral de Marinier, pour cors, oignons, durillons. la boîte.	1	»	2	»
— — la pièce, 50 c. pour 1 fr. . . . . . la 1/2 pièce.	»	25	»	50
Vermifuge des Alpes de Ronin-Cambacérès. . . . . . le flacon.	1	70	2	25
* — . . . . le 1/2.	»	95	1	25
— des enfants, de Colmet-Daâge. . . . . le flacon.	1	90	2	50
Vernis pour étiquettes de pharmacie, de Roche . . . . . —	2	»	»	»
Vésicatoire de Gremeret-Lecomte . . . . l'hecto.	5	»	10	»
— rouge Leperdriel (Voyez Toile vésicante).				

MÉDICAMENTS ET ARTICLES SPÉCIAUX DES PHARMACIENS.

Faute de désignation, nous enverrons les articles marqués d'un *.

	PRIX pour le pharmacien.		PRIX pour le public.	
	fr.	c.	fr.	c.
Vin antigoutteux et antirhumatismal, de A. d'Anduran . . le flacon.	7	»	10	»
— antihydropique de Quentin . . . . la bout^lle.	9	»	12	»
— de canchalagua, de F. Le Beuf. . . . le flacon de 210 gram.	1	50	5	50
— de colombo composé, tonique, digestif, de Letellier. . le flacon.	3	75	2	»
* — — — — — — le 1/2.	2	25	3	»
— fébrifuge de quinquina, de Mentel. . . . . la bout^lle.	4	»	6	»
* — — — — — la 1/2.	2	»	3	»
— de zingiber de Willis, chez Allaize. . . . . la bout^lle.	2	50	3	50
— de pepsine au malaga, de Boudault. . . . . . . —	3	50	5	»
— de quina, de Seguin, chez Besse. . . . . —	7	»	12	»
* — — — — — la 1/2.	3	50	6	»
— de quinium au malaga, d'Alfred Labarraque. . . . la bout^lle.	4	50	6	»
— de quinquina au malaga, d'Abbadie . . . . . . —	3	75	5	»
* — — — — la 1/2.	2	25	3	»
— — chalybé de Lebel. . . . . la bout^lle.	2	70	4	»
— — ferrugineux, au quina jaune, de Mayet. —	6	»	10	»
* — — — — la 1/2.	3	»	5	»
— de salsepareille, de Ch. Albert. . . . . la bout^lle.	3	75	5	»
— de Séguin (Gilbert). . . . . —	9	»	12	»
* — — — — — la 1/2.	4	50	6	»
— toni-nutritif au quinquina et cacao, de Bugeaud. . . la bout^lle.	2	75	4	»
— tonique apéritif de Bourgogne d'Alais. . . . . le flacon.	1	40	2	»
— — et fébrifuge de Félix Martin.	»	»	»	»
Vinaigre anglais pour flacon de poche, chez Trablit . . . le flacon.	1	35	2	»
— aromatique de Powels, pour toilette, chez Trablit. . . .	1	»	1	50
— balsamique, du Dr Pierrre. . . . . le flacon.	2	50	3	»
— aux roses de Provins, du même. . . . . . . —	2	50	3	»
— de Bully (J. V.). . . . . —	2	20	3	»
* — — — — — le 1/2.	1	10	1	50
— hygiénique, de Pennès. . . . . le flacon.	»	80	1	25
— à la saponine, de F. Le Beuf. . . . . . . —	1	50	2	»
— de toilette, de la Société hygiénique . . . . . —	1	60	2	»
— — — — le 1/2.	1	»	1	25
Vomi-purgatif Leroy (vomitif), chez Signoret fils. . . . . le flacon.	2	20	3	»
* — — — — le 1/2.	1	10	1	50

SUPPLÉMENT.

Poudre désinfectante de Corne et Demeaux, n° 1, n° 2 et n° 3, la boîte de 1 kilo.	1	40	2	»

Nous avons le dépôt général de cette poudre.

Lorsqu'on ne désigne pas, c'est le n° 2 que nous envoyons.

INDICATION PAR ORDRE ALPHABÉTIQUE
DES AUTEURS OU DES DÉPOSITAIRES DES SPÉCIALITÉS
DONT NOUS VENONS DE DONNER LA LISTE.

M. Abadie; Labat, successeur.
Élixir dentifrice.
Pastilles de thridace.
Sirop de thridace.
Vin de quinquina au malaga.

M. Acard, à Rugles.
Mixture détersive contre le piétin.

M. Accault.
Capsules de copahu à la magnésie de Béral.
Copahu ferrugineux du Dr Clarck.
Disques métalliques préservatifs du choléra.
Esprit éthéré de fourmis de Béral.
Gants de crin électriques de Béral.
Liqueur antigoutteuse du Dr Laville.
Magnésie anglaise de Béral.
Pilules antigoutteuses du Dr Laville.
Saccharure d'aconit de Béral.

Alain.
Capsules ferrugineuses de la Mecque.
Pâte pectorale de Fauché.
Pommade contre le pityriasis du cuir chevelu.

Ch. Albert.
Bols d'Arménie.
Vin de salsepareille.

Albin-Deflou.
Looch incisif, kermalisé, diacodé.
— pectoral en pastilles.

Alix.
Malthène-Alix.

Allaize.
Dragées de Naples au copahu.
Élixir purgatif du Dr Lavolley.
Pilules purgatives —

Poudre purgative d'irroé.
Sirop antilaiteux du Dr Maigrier.
Vin de zingiber de Willis.

Jules Alliot.
Bonbons de manne (dragées pectorales).
Pilules laxatives et purgatives du Dr Barbier.
Présure liquide.

Ancelin.
Capsules de Houitte, au copahu.
Papier chimique.
— sérofuge adoucissant.
— — épispastique.
Percaline adhésive.
Toile vésicante.

Arthaud.
Pilules de Morison.
Poudre de limonade allant avec les pilules.

Aubergier.
Baume calmant d'Aubergier.
Extrait d'opium titré.
— alcoolique de lactucarium.
Lactucarium d'Aubergier.
— extrait alcoolique.
Opium titré garanti à 10 p. 100 de morphine.
Pâte d'Aubergier, au lactucarium.
Pilules d'extrait d'opium indigène.
Sirop de lactucarium.

Aubin; Cathala, successeur.
Mixture ignée, ou feu anglais.
Onguent, vésicatoire anglais pour chevaux.

Audin-Rouvière.
Essence éthérée et balsamique.
Grains de santé véritables.
Régénérateur universel de Tranche-Lahausse.

Augier.
Liqueur hygiéni-laxative.
Phonogène-Augier, ou le réparateur de la voix.

Aviat.
Sirop Bonnaire, contre la coqueluche.

Badin.
Biscuits purgatifs à la résine pure de scammonée.
Sirop stimulant contre les bronchites, du Dr Rodenberg.

Baget; Morize, successeur.
Pommade exutoire de Baget.
Taffetas gommé —
— vésicant —

Baldou.
Toile vésicante.
Vésicatoires découpés.

Barbot, à Saintes.
Pâte de dattes au lichen.

Baré.
Cigares antiasthmatiques de Joy et Boudinon.

Baret.
Huile de foie de morue au cacao.

Baron-Barthélemy.
Bonbons héliciés.
— pectoraux, lénitifs et antiphlogistiques.
Sirop hélicié.
— pectoral, lénitif et antiphlogistique.

Barral.
Chocolat à l'osmazome de Bardel.
Grains de vie de Baumé.

Barruel.
Magnésie liquide avec arome.
— — sans arome.
Pilules de Jusée.
Sirop —

Batilliat.
Bonbons iodés à l'eau de Vichy.
Élixir antigoutteux du Dr Gouttebessis.
Pilules —

Baudry.
Papier gommé adoucissant.
Pâte pectorale.

Bazière frères.
Poudre de Sency-Bazière, contre le goître.
Topique-Bazière.

Béral (voyez Accault et Frère).

Belugou frères.
Chocolat purgatif à la magnésie.
Pâte d'escargots au lait d'ânesse.
Pilules antilaiteuses de Jaumes.

Béraud.
Capsules au copahu.
Injection au tannin.

Bergey, à Libourne.
Sirop d'oranges.

J. Bernard (docteur).
Bain d'iode naissant.
Pilules —
Solutions pour produire l'iode naissant.

Berthé.
Pâte de Berthé à la codéine.
Sirop de Berthé —

Bertrand aîné, à Lyon.
Extrait dépurato-sudorifère, dit l'ennemi du mercure.
— — sucré, sirop de Bochet.
Pommade résolutive iodurée, contre le goître.
Topique Bertrand, pour les douleurs.

Besse.
Élixir antigoutteux de Seguin.
Vin de quina de Seguin-Besse.

Besson.
Élixir stomachique de faham.
Sirop pectoral de tambayangs.

Beveton.
Élixir tonique antiglaireux.

Bévière.
Toile vésicante de 20 centimètres de large.

Bidot.
Essence concentrée de salsepareille iodurée.
Pommade antiherpétique.

Bigot, à Sourdeval.
Encre Bigot, en poudre.
Pâte phosphorée.

Bin-Dupart et Durand.
Boisson économique.

Biron - Devèze; Mohamed, succr.
Capsules gélatineuses astringentes.
Eau dentifrice.
Élixir végétal, dit de santé.
Papier épispastique.
Pastilles de mannite composée.
Pilules ferrugineuses tempérantes.
Pommade antiscrofuleuse fondante.
— blanche à la crème contre les maladies de la peau.
Poudre dentifrice.
Sirop antiscrofuleux.
— sédatif.
— vermifuge.
Tisane sèche sédative, sous forme de pâte.
Toile chimique antigoutteuse.

Blanc, à Anduze.
Sirop antiépileptique de galium palustre, du Dr Miergues.

Blancard.
Pilules de Blancard, à l'iodure de fer.
Sirop de protoïodure de fer.

Blaud, de Baucaire.
Pilules de Blaud.

Blayn.
Élixir de rhubarbe de Borde.
Pâte de bourgeons de sapin.
Sirop —

Bocquet.
Appareil hydrocarbonifère pour eau gazeuse.
Papier chimique au goudron.
Pommade ophthalmo-détersive.
Poudres gazéifères pour l'appareil.

Boey.
Pilules antimorbifiques du Dr Boey, disciple d'Hahnemann.

Boggio.
Bonbons au kousso.
Kousso contre le ver solitaire.
Pommade antidartreuse.
Taffetas français en étui.
— — en portefeuille.

Boille.
Chocolat bromo-ioduré.
— — ferreux.
Pilules bromo-iodurées.
— — ferrées.
Sirop bromo-ioduré.
— — ferreux.

Bonjean (voyez Labelonye).

Bordo, à Perpignan.
Limonade gazeuse au tartrate de potasse et de fer iodurée.
Pâte de lichéline.
Sirop —

Borel.
Pilules déconstipantes non purgatives.

Bottot.
Eau balsamique pour les dents.

Boubée.
Sirop antigoutteux.

Boudault.
Pepsine du Dr Corvisart.
Poudre nutrimentive n° 1, 2, 3, 4.
Vin de pepsine de Boudault.

Bouin.
Pilules contre les maladies du porc.
Tympanifuge contre la météorisation des bêtes à cornes.

Boullay: Echaupre, successeur.
Sirop pectoral incisif.

Bourgeaud.
Dragées antigoutteuses.
Sirop de phellandrie.

Bourgogne.
Emplâtre du père Blanc contre la sciatique.
Sirop sédatif pectoral.
Vin tonique apéritif.

Bourguignon, à Sedan.
Sirop vermifuge du D' H. Blanc.

Bourières.
Pâte pectorale de réglisse à la guimauve.
Pilules antinévralgiques de Dublanc.

Boutigny fils, d'Évreux.
Pilules à l'iodure de chlorure mercureux.
Pommade — — —

Boyé, à Douarnenez.
Eau de mer gazeuse purgative.

E. Boyer.
Baume du chevalier de Laborde.
Eau d'arnica.
Essence de café moka.

Briant, aux Herbiers.
Sirop de citrate de fer.

Brosson frères.
Pastilles de Vichy.

Brou.
Injection Brou.

Brou-Buclaud, à Rochefort.
Dragées fondantes sudorifiques et purgatives.
Élixir antifébrile.
Pâte pectorale de mou de veau composée.
Pilules antifébriles.
Sirop ferreux balsamique antiblennorrhagique.
— pectoral antispasmodique au fucus crispus.

Callou, Vallée et C⁰.
(Établissement thermal de Vichy.)
Pastilles de Vichy.
Sel de Vichy pour boisson.
— pour bains.

Brunaud.
Bonbons pectoraux à l'ananas.
Sirop de magnésie.
— pectoral à l'ananas.
— bronchique

Bugeaud: Beslandes, successeur.
Baume nerval.
Eau radicale antiophthalmique.
Vin toni-nutritif au kina et cacao.

Bully (J. V.).
Vinaigre de toilette.

Burin-Dubuisson.
Chocolat ferro-manganeux.
Dragées de lactate de fer et de manganèse.
Liqueur hémostatique du D' Pravaz.
Perchlorure de fer liquide à 30° du D' Pravaz.
Pastilles de chocolat ferro-manganeux.
— de lactate de fer et de manganèse.
Pilules de carbonate ferro-manganeux.
— d'iodure de fer et de manganèse.
Poudre ferro-manganique.
Sirop d'iodure ferro-manganeux.
— de lactate de fer et de manganèse.

Cabaret.
Liqueur ignée de Cabaret, remplaçant le feu.

Calloud.
Élixir américain de Courcelles.

Camus, à Bagnères de Bigorre.
Eau vermifuge de Bagnères.
Graisse d'ours des Pyrénées.
Lait de lis et de roses.
Thé des Pyrénées.

Candès et C⁰.
Lait antéphélique de Viel contre les taches de rousseur.

Capon, à Rouen.

Eau antiapoplectique des Jacobins.
Eau de mélisse des Carmes déchaussés.
Pâte pectorale balsamique iodurée.
Sirop pectoral balsamique ioduré.

Capron.

Mixture ovine contre le piétin des moutons.
Teinture antipsorique ovine, contre la gale des moutons.
— — contre la gale des chevaux.

Caroz.

Biscuits purgatifs.
Bonbons purgatifs et vermifuges.

Carrié.

Biscuits vermifuges et purgatifs.
Carton ou papier antiasthmatique.
Chocolat Carrié à la magnésie.
Cônes médicaux de Lolmède.
Eau de Mars contre les maux de dents.
Élixir antiasthmatique.
Liqueur ferrugineuse contre la chlorose.
— de Golfin, antispasmodique.
Ovoïdes au copahu pur.
Pâte de fucus crispus.
Pilules au tartrate de potasse, d'ammoniaque et de fer.
Pilules purgatives antigoutteuses du Dr Pauly.
Pommade Carrié pour arrêter la chute des cheveux.

Casteran.

Charbon de saule au quina pour les dents.
Eau antigoutteuse et antirhumatismale.
Élixir odontalgique à l'oxalate de potasse et au quina.
Pommade épispastique au garou, préparée avec la plante fraîche.
Sirop antigoutteux et antirhumatismal.
— tonique dépuratif au vin de Bordeaux.

Caulier.

Hélicine du Dr Delamare.
Papier à fumigations antiasthmatiques.
Sucre purgatif.

Cauvin.

Eau divine parfumée.
Globules antinévralgiques.
Pilules gourmandes purgatives.

Chable.

Bains parfumés.
Eau virginale astringente.
Encre à marquer le linge.
Encrivore de Chable.
Injection —
Sachets parfumés pour bains.
Sirop au citrate de fer.
— dépuratif à l'iodure de potassium.
— dépuratif végétal.
— du Dr Forget.

Chaix, à Lyon.

Pastilles de chocolat iodé.
Rob dépuratif de brou de noix iodé.
Sirop de curaçao iodé.
— de feuilles de noyer iodé.

Chardin, à Badonviller.

Remède contre le ver solitaire.

Chautard.

Odontalgique Chautard.

Chavanon.

Carburine Chavanon, essence à détacher.

Chéry-Broudeau.

Pommade de sainbois de L. Dubouais, de Bordeaux.

Chevrier.

Emplâtre Andino contre les cors.
Granules Leconte contre la migraine.
Liqueur germinatrice contre la chute des cheveux.
Pilules souveraines purgatives du Dr Levrat.
Pommade nutrimentive contre la chute des cheveux.

Clérambourg; Massignon, succr.

Grains de vie de Clérambourg.
Pâte béchique de Desessarts.
Pilules d'or du Dr Ormutz.
Pommade épispastique.
Sirop de Desessarts contre la toux.

Cleret.

Dragées de paullinia.
— ferrugineuses de paullinia.
Prises de paullinia.
Rob Cleret dépuratif à l'iodure de potassium.

Cocheux; Magnan, successeur.

Teinture de colchique de Cocheux.

Collas.

Baume Chiron.
Benzine Collas.
Cachou de Bologne.
— en grains.
Cigares de belladone, stramonium, jusquiame.
Dragées de santonine.
— de calomel.
— de lactate de fer.
Élixir des Jacobins de Rouen.
— de Stougthon.
Encre à marquer le linge.
Granules de digitaline d'Homolle et Quevenne.
Huile ou gouttes de Harlem.
Papier à cautère de Lebrun et Renault.
Pastilles anglaises de toutes espèces.
— de tolu, anglaises.
— de santonine.
Pilules Alègre contre les hémorrhoïdes.
— écossaises d'Anderson.
Pommade au goudron.
— épispastique de Lausanne.
— de l'Hôtel-Dieu de Lyon.
Poudre de Sedlitz (étiquettes anglaises).
— de Seltz —
— de soda. —
Ruban de Bruges.
Taffetas d'Angleterre, dit de Dubois.
Teinture de haschischine.
Thériaque de Venise.

Colmet-Daâge.

Bonbons ferrugineux au chocolat.
— vermifuges à la santonine.
— pectoraux au gruau.
Chocolat ferrugineux.
— purgatif à la scammonée.
Élixir hermétique du chevalier de St-Germain.
Pilules sédatives de Bésuchet.
Marmelade purgative —
Sirop pectoral de gruau.
— sédatif de Bésuchet.
Vermifuge des enfants, pralines de chocolat à la santonine.

Coutant (J.).

Pastilles à l'iodure d'albumine.
Pilules d'iodure —
Sirop — —

Cressent-Petit.

Eau contre la calvitie.
Pâte pectorale de Petit.
Pommade contre les engelures.

Cronier.

Pilules Cronier, à l'iodure de fer et de quinine.

Crosnier.

Eau contre les engelures.
Sirop minéral sulfureux.

Cuginaud.

Rob dépuratif antisyphilitique.

Dalpiaz (J.).

Glycérine officinale.
Liqueur sédative de Batley.
Magnésie liquide de Dinneford.
Pommade ou onguent de James.
Poudre antimoniale de James.

D'Anduran.

Emplâtre diapalme à l'aconit camphré.
Pilules de d'Anduran.
Vin antigoutteux et antirhumatismal.

Debarambure; Naveteur, succr.
Sirop contre la coqueluche.

Dehaut.
Pilules purgatives.

Delabarre.
Sirop de dentition.

Delacour.
Cosmétique contre les gerçures du sein.

Delamarre, à Bourgachard.
Liqueur contre le piétin.

Delapommerais et Rousseau.
Pâte phosphorée.
Présure liquide.

Deleau (docteur).
Injections de perchlorure de fer.
Pilules   —   —
Pommade   —   —
Sirop   —   —
Solution caustique de perchlorure de fer.
  — normale   —   —

Deleschamps.
Poli-cuivre.

Delezenne.
Ciment dentaire.
Huile de Harlem.

Demars.
Guano purifié.

Denaud.
Boîtes à pansement pour vésicatoires ou cautères.
Compresses en papier spongieux et lavé.
Papier épispastique perforé.
Pommade suppurative.
Taffetas émollient perforé.
  — épispastique —
Toile vésicante verte.

Denoyel.
Pilules purgatives et dépuratives.

Dériard.
Gelée saccharine d'huile de foie de morue.

Deschamps.
Poudre contre les convulsions des enfants.

Deslauriers; Comar, successeur.
Élixir vermifuge.
Odontalgique Deslauriers.
Pâte pectorale de Vauquelin.
Potion purgative officinale.
Sirop de Vauquelin.
Tablettes anticatarrhales de Vauquelin.

Desnoix, succr de Raincelain.
Moxa de Percy.

Desvergnes Lafont Defaye.
Chocolat antistrumeux.
Sirop aromatique ferrugineux.

Dethan.
Élixir dentifrice au sel de Berthollet.
Opiat   —   —
Pastilles de Dethan —   —
Poudre dentifrice —   —
Sirop d'uva ursi.

Didier.
Graine de moutarde blanche.

Didier.
Algontine, ou chloroforme dentaire.

Du Barry.
Farine de santé.
  —   — qualité raffinée.

Dubois-Colmet.
Suc de réglisse gommeux.

Duchesne, à Nantes.
Pâte de fucus crispus.

Ducoux, à Poitiers.

Essence dépurative à l'iodure de potassium.
Poudre antiozenneuse.

Duhamel.

Alcoolé tannique, pour injections.
Chocolat philhygiène.
Sirop de deuto-iodure ioduré du Dr Gibert.

Duluc-Mesnier.

Poudre Duluc-Mesnier pour les bestiaux.

Dumont, à Cambrai.

Encre sèche.
Pommade antidartreuse.
Poudre à nettoyer l'argenterie.
Rétinolé contre les engelures.

Dunand.

Papier Dunand.
Pâte pectorale au carragaheen.
Sirop pectoral de Dunand.

Dupont.

Baume compingt.
Dragées du docteur Vaume.
Élixir tonique antiglaireux du Dr Guillié.

Duroy.

Appareil inhalateur pour l'iode.
Gelée émulsive d'huile de foie de morue.

Duserm, à Bagnères de Bigorre.

Eau vermifuge des Pyrénées.
— vulnéraire —
Teinture d'arnica —
Thé des Pyrénées.

Dusourd.

Sirop ferreux.

Duvigneau (voyez Serres).

Edmond et Sons.

Gargarismes du Dr Edmond pour la voix.
Pastilles — —

Espic (J.).

Fumigateur pectoral, ou cigarettes Espic.

Estibal.

Pâte pectorale de Dégenétais.

Etienne.

Eau contre les engelures.
Granules de valérianate d'atropine de Michéa.
Liqueur phosphorée contre la paralysie.
Pilules contre la migraine et les névralgies.
Pommade phosphorée de Lescot.

Fabre jeune, à Arles.

Fébrifuge Volpelière, sans sulfate de quinine.
Topique fondant contre les engorgements.

Faucher.

Pilules d'extrait d'Olivier.

Faucou.

Eau fondante de Trevez.
Grains de vie.

Faugas.

Injection Faugas.

Faure.

Papier épispastique.

Faure (H.).

Semoule ferrugineuse du Dr Mathieu.

Faure et Darasse.

Capsules Reynal au copahu, cubèbes, etc.

Favrot.

Capsules de copahu à la magnésie, form. Ricord.
— de cubèbe alumineuses, form. Ricord.
Pâte pectorale à la violette.
Sirop d'iodure de soufre soluble.

Fayard, à Lyon.

Pastilles américaines du Dr Paterson.
Poudre américaine

Fayard et Blayn.
Papier chimique.

Ferrand, à Lyon.
Appareil à éthérisation.
Cache-nez calorifère, spirotherme métallique.
Caustique de Canquoin en sparadrap.
Coffret-sachet insecticide.
Papier tue-mouches.
Poudre tartare insecticide.
Sirop d'aconit napel, anticatarrhal.

Ferrier.
Pilules dépuratives de salseparcille iodurée.

Fevret.
Lotion cosmétique arménienne.
Pâte pectorale corinthienne.
Pommade contre les engelures.

O. Figuier, à Montpelier.
Pâte pectorale d'escargots.
Sirop pectoral —

E. Figuier, à Belleville.
Pâte d'escargots.
Pommade antidartreuse.
— antirhumatismale.
— de Dessault.
Sirop de vélar.

Fleury.
Injection au tannin.

Fontaine.
Pastilles dépuratives.
Pommade contre les maladies de la peau.

Fortin.
Dragées au copahu.
— — et cubèbes.
— — et ratanhia.
— au lactate de fer.
— de sulfate de quinine à 5 centigr.

L. Foucher, à Orléans.
Bonbons mytiliques.
Dragées de pâte de guimauve.
— — de jujubes.
— — de réglisse.
— ferrugineuses manno-bismuthées.
Pains d'épice purgatifs à la résine de scammonée.
— — vermifuges.
Sirop mytilique.

Fouque, à Nice.
Pectoral de Nice, pâte de carouge.
— — sirop —

Fouquerolle.
Lotion du berger, contre le piétin des moutons.

Fournier.
Dragées du Dr Répiquet.
— ferrugineuses du Dr Répiquet.
Elixir tonique fébrifuge.
Granules d'hydrocotyle asiatica de J. Lépine.
Paludine de Fournier.
Pastilles digestives de paullinia.
Paullinia Fournier.
— sans nom.
Pilules de paullinia.
— ferrugineuses de paullinia.
Pommade d'hydrocotyle asiatica de J. Lépine.
Rob dépuratif du Dr Héreau, à l'iodure de potassium.
Sirop d'hydrocotyle asiatica de J. Lépine.
— de paludine.
— de paullinia.
Teinture antigoutteuse de Fournier.
— de paullinia.

Freppel; Steinbrenner, success^r.
Cachou de Bologne de Freppel.
— des dames.
Eau hémostatique.

Frère.
Chocolat à l'ostéine.
Dragées de lactate de fer de Béral.
— de pyrophosphate de fer de Robiquet fils.

Élixir odontalgique de Pelletier.
Emplâtre du pauvre homme, de Béral.
Fer réduit par l'hydrogène, de Béral.
Ferrugineux de Nancy, de Béral.
Glycérine parfumée, de Bruère-Périn.
— de Cap et Garot.
Huile de foie de morue médicinale de Berthé.
Limonade Rogé, au citrate de magnésie.
Liqueur de Labarraque.
Odontine de Pelletier.
Ostéine-Mouriès (principe générateur des os).
Pastilles de charbon végétal, de Belloc.
— laxatives de Rogé.
— de tannate de quinine, de Barreswil.
Pâte pectorale de Regnauld aîné.
Perles de chloroforme du Dr Clertan.
— d'essence de térébenthine.
— d'éther du Dr Clertan.
— d'éthérolé d'assa fœtida, de castoréum, de digitale, valériane, du Dr Clertan.
Phospholéine de Garot.
Pilules de Vallet.
— de quinium de Labarraque.
— de tannate de quinine de Barreswil.
Poudre de charbon végétal de Belloc.
— de Fernandez, p^r blanchir les mains.
— purgative de Rogé, au citrate de magnésie.
Saccharure de citrate de fer de Béral.
Savon à la glycérine de Bruère-Périn.
Sirop de citrate de fer de Béral.
— iodo-tannique de Demolon.
— d'iodure de fer de Béral.
— de pyrophosphate de fer de Robiquet fils
Tannate de quinine de Barreswil.
Vin de quinium au malaga, de Labarraque.
Vinaigre à la glycérine de Bruère-Périn.

G. Frogé.

Bonbons purgatifs.
Dentifrice Frogé.
Sirop pectoral.

Fruneau.

Papier Fruneau contre l'asthme.

Fumouze-Albespeyres.

Capsules glutineuses de Raquin au copahu.
Compresses économiques d'Albespeyres.

Papier Albespeyres pour vésicatoires.
— — cautères.
Pommade épispastique.
Serre-bras supérieurs d'Albespeyres.
Taffetas épispastique —
— rafraîchissant —
— mauvage.
Toile vésicante d'Albespeyres.

Gaffard.

Biscuits vermifuges à la santonine.
Capsules au copahu, aux cubèbes, etc.
Dragées de Gaffard au copahu, cubèbes, etc.
— de santonine.
Pastilles albumino-iodiques.
— de santonine.
Pâte phosphorée.

Gage (Paul).

Appareil galvano-électrique de Récamier.
Baume acoustique.
— antihémorrhoïdal.
— antirhumatismal.
— contre les engelures.
— de quinine contre les maux de dents.
Bols sédatifs contre l'hydropisie et les palpitations.
Eau dentifrice de quinine.
Élixir antiglaireux du Dr Guillié.
Essence concentrée de salsepareille.
Pâte de mou de veau au lichen d'Islande.
Poudre dentifrice de quinine.
Rusma des Perses.
Sirop antigoutteux.
— de mou de veau au lichen d'Islande.
Taffetas gommé pour les cors.
Tissu électro-magnétique contre les douleurs.

Gagnière.

Chocolat fortifiant et fébrifuge au quinquina.
Cigarettes antiasthmatiques du Dr Frary.
Eau minérale naturelle d'Argentières.
— rouge de Gagnière.
Pains-biscuits dépuratifs à l'iodure de potassium.
Pains ferrugineux.
Pilules antiasthmatiques du Dr Frary.
Pommade ferrugineuse de Joséphat.

15

Galy.

Bonbons iodhydriques.
Pâte de réglisse iodée.
Sirop —
— d'iodhydrate de fer.

Gardes.

Alcoolature double de ciguë.
Élixir purgatif du Codex.
Encrivore de Gardes.
Médecine purgative du curé de Deuil.
Pilules au fer réduit.
— purgatives.
Poudre contre les maladies des chiens.
Remède contre la migraine.
Sirop de protoïodure de fer.
Sparadrap agglutinatif.

Garnier-Dégenétais.

Pastilles de Vichy.
Sirop pectoral de Dégenétais.

Garnier-Lamoureux et Cie.

Dragées d'aloès à 10 centigr.
— de bicarbonate de soude.
— de calomel.
— de carbonate ferreux.
— de citrate de fer.
— de conicine.
— de copahu, de cubèbes, de ratanhia, etc.
— d'extrait d'ipéca.
— de fer réduit par l'hydrogène.
— d'iodure de potassium.
— de kermès.
— de lactate de fer.
— de Pougues.
— de protoïodure de fer.
— de rhubarbe.
— de santonine.
— de sous-nitrate de bismuth.
— de sulfate de quinine.
— de tartrate de potasse et de fer.
— de valérianate de quinine.
Granules d'acide arsénieux.
— d'aconitine.
— d'atropine.
— de codéine.
— de conicine.
Granules de digitaline.
— d'extrait de belladone.
— — de jusquiame.
— — d'ipéca.
— — d'opium.
— de morphine (chlorhydrate).
— de strychnine.
— valérianate d'atropine.
— de vératrine.

Garot; Dublanc, successeur.

Eau leucodonte pour les dents.
Essence de vie du chevalier Treffenschel.
Pommade antirhumatismale de M. Lesault.
Sirop oléo-résineux de bourgeons de sapin.
— — de goudron, de térébenthine.

Gautier, à Saumur.

Althodonte-Gautier.

Gautier-Duché et Chabory.

Pastilles pectorales du Mont-Dore.
Pâte pectorale —

Gebin.

Papier tue-mouches.

Gallot (voyez Lecrosnier).

Gélis et Fordos.

Sel d'or (hyposulfite d'or et de soude).

L. Géneau.

Liniment pour les chevaux.
Pilules végétales contre la goutte, rhumatismes, etc.

E. Genevoix; successeur de Miquelard-Debreuil.

Antigoutteux Genevoix (huile pure de marrons d'Inde)
Baume Corvisart contre les hémorrhoïdes.
Conservateur de la bouche.
Dragées Quevenne au fer et chocolat.
Fer Quevenne.
Papier épispastique de Lausanne.
Pâte de thridace.
Pilules toni-purgatives.
Suc de réglisse purifié.

Ch. Genevoix; success' de Villette.

Cigarettes arsenicales, formule Trousseau.
Dragées d'iodure de fer et quinine.
Élixir ou liqueur stomachique de Villette.
Pilules d'iodure de fer et de quinine (formule Bouchardat).
Pilules de protoïodure de fer, de Villette.

Gentilhomme; Plisson, succ'.

Eau ferrugino-gazeuse de Plombières.

Gille.

Dragées de Gille au protoïodure de fer.
Huile —
Pilules hydrargyro-ferrées de Lepetit.
Sirop de protoïodure de fer.
— tonique névrosthénique.
— vineux d'écorces d'oranges.

Gillet, à Nangis.

Onguent contre la gale des bestiaux.
Poudre scillée pour détruire rats, souris, mulots, etc.

Giniez.

Papier à cautères de Steinacher.
Pilules écossaises d'Anderson.
Pommade antiherpétique.
Poudre de Hemel contre la maladie des chiens.
Teinture germanique modifiée.

Girard.

Onguent Canet.

Giraud père et fils, à Aix.

Pâte pectorale du Sénégal.
Pommade antiherpétique.

Giraudeau de Saint-Gervais.

Rob Boyveau-Laffecteur.

Grandclément.

Poudre hygiénique et analeptique, pour préserver les bestiaux des épizooties.

Gremeret.

Papier anglais pour vésicatoires de Lecomte.
Vésicatoires de Lecomte.

Grimaud et Rigaud.

Dragées de phosphate soluble de Leras.
Guarana contre la migraine.
Emplâtre du pauvre homme, de Dorvault.
Glycérine blanche pure.
Phosphate de fer soluble de Leras (pyrophosphate de fer et de soude).
Sels purifiés de varech pour bains.
Sirop d'hiéracium régale.
— de phosphate de fer soluble de Leras.
— de raifort iodé, préparé à froid.
Trésor du Vieux de la montagne, ou haschisch d'Orient.

Guérin-Delangrenier.

Chocolat Desbrières.
Dépuratif Guérin.
Eau du D' O'Méara.
Élixir —
Gelée d'huile de foie de morue de Cordier.
Opiat balsamique de Guérin.
Pâte de nafé.
Pommade antidartreuse de Guérin.
Pilules antidartreuses de Guérin.
Poudre dentifrice du D' O'Méara.
Racahout des Arabes.
Rob de gaïac de Guérin.
Sirop de nafé.
Cosmaceti, vinaigre de toilette.

E. Guichard.

Gants-éponge.
Gants-charnière.
— électriques.
Lanières électriques
— simples.

Guigon et Cie.

Dragées antiblennorrhagiques.

Guillard; Girault, successeur.

Élixir de Guillard contre le mal de dents.
Huile de foie de morue.
Pastilles de manne en larmes.
Papier végéto-épispastique.

15.

Guillemaud.

Pastilles de Calabre de Potard.
Sirop pectoral de gruau.
Topique Saissac.

Guillemette.

Poudre dentifrice de Charlard.

Guilliermond père et fils.

Baume de conicine.
— — bromuré.
— — ioduré.
Pilules — n°ˢ 1 et 2.
Sirop iodotannique.
Solution iodotannique normale.
— — iodurée.

Guindre.

Sel de Guindre, véritable.

Guy.

Capsules à l'iodure de fer.
Injection au tannate de fer.
Pâte sédative pectorale au verbascum.
Pilules balsamiques à l'iodure de fer.
Pommade antidartreuse.
Sirop antichlorotique à l'iodure de fer.
— dépuratif
— sédatif pectoral au verbascum.

Guyot.

Eau antiputride de Beaufort.
Papier épispastique.

Habert.

Biscuits purgatifs et vermifuges de Lepelletier.
Eau antiapoplectique des Jacobins.
Pommade pour les yeux.

E. Hardouin.

Baume iodoformique.
Cigarettes —
Huile. —
Pilules —
— iodoformo-ferriques.
Pommade iodoformique.
Sirop iodoformique.
Suppositoires iodoformiques.

Hébert (voy. Rexès).

Herbert.

Pâte phosphorée.

A. Hoffmann (docteur).

Antimigraine.

Hoffmann.

Dépuratif du sang par le soufre homéopathique.
Élixir dentifrice.
Globules pectoraux homéopathiques.
Grains de vie.
Liniment contre les engelures.
Mixture dentifrice.
Pastilles pectorales de limaçons.
Pommade exutoire.
Sirop de limaçons.
— homéopathique.
Taffetas —
Teinture — d'arnica.

Hogg.

Huile de foie de morue.
Pilules de pepsine au fer réduit.
— à l'iodure ferreux.
— nutrimentives à la pepsine acidifiée.

Houeix; Challonneau, succʳ.

Capsules de Ricord.
Chocolat blanc.
Dragées vermifuges.
Injection gallique.
Pâte de lichen.
Pilules antinévralgiques.
Sirop de lichen.

Houitte (voy. Ancelin).

Iragne, à Sarlat.

Toile vésicante perfectionnée.

Jalard, à Narbonne.

Réglisse Jalard, pâte pectorale balsamique.

Johnson; Boisard, successeur.

Emplâtre du pauvre homme.
Pastilles de bismuth.

Pilules angéliques, dites d'Anderson.
Sirop de Johnson, aux pointes d'asperges.
Thé de Saint-Germain.

Josephat.

Baume antinévralgique.
Capsules Josephat, au baume de copahu.
— — à l'huile de foie de morue.
— — de ricin.

Jouanne.

Eau contre le piétin des moutons.

Jozeau.

Copahine Mège.
— — ferrée.
— — liquide.

Jutier.

Onguent Canet.
Pastilles de sous-nitrate de bismuth.
Trésor de la bouche.

Labelonye.

Dragées acétiques de colchique de Laurent.
— antiscorbutiques, —
— d'armoise composées, —
— astringentes au cachou, —
— — au ratanhia, —
— de cubébine au copahu de Labelonye.
— dépuratives au suc d'herbes de Laurent.
— d'ergotine de Bonjean.
— d'érysimum composées de Laurent.
— de Gélis et Conté.
— pectorales au mou de veau de Laurent.
— rafraîchissantes et laxatives de Laurent.
— de rhubarbe composées de Laurent.
— sudorifiques de salsepareille composées, de Laurent.
— toniques à la gentiane de Laurent.
Ergotine Bonjean.
Extraits pharmaceutiques de Laurent.
Granules d'hydrocotyle asiatica de J. Lépine.
Huile iodée de J. Personne.

Pastilles de digitale de Labelonye.
— de Gélis et Conté.
Pommade d'hydrocotyle asiatica de J. Lépine.
Sirop de digitale de Labelonye.
— d'hydrocotyle asiatica de J. Lépine.

Th. Labordie, à Podensac.

Chocolat purgatif à la magnésie.
Pâte pectorale balsamique d'hélicine.

Laborie.

Liniment pour les chevaux.

Laboureur.

Granules de Laboureur au valérianate d'ammoniaque.
Sirop — —

Lachambre.

Magnésie liquide de Lachambre.

Laffecteur.

Rob de Laffecteur, de la rue des Petits-Augustins.

Lagasse.

Dragées de séve de pin maritime.
Séve de pin maritime.
Sirop de séve de pin maritime.

Lamant, à Orléans.

Pain d'épice purgatif à la résine de scammonée.
Pain d'épice vermifuge à la santonine.
Sirop dépuratif à l'iodure de potassium ioduré.

P. Lamouroux.

Pâte pectorale.
Sirop pectoral.

Lamouroux et Pujol.

Capsules d'Apiol, de Joret et Homolle.
Sirop antiphlogistique de Briant.

Larbaud.

Pastilles hydro-minérales de Vichy.
Sels naturels de Vichy pour boisson.
— — pour bains.

Laroque; Arnol, successeur.

Bonbons mauritains.
Tablettes pectorales de Laroque.

Laroze.

Capsules au copahu, à l'huile de foie de morue, à l'huile de ricin.
— au copahu et cubèbe.
— — et ratanhia.
— — et cachou.
— au cubèbe; au cubèbe et alun.
— à la térébenthine de Venise, à l'essence.
— de térébenthine, au goudron de Norvége.
— à l'huile de Harlem.
— purgatives aux extraits et à l'huile de ricin.
Curaçao français hygiénique.
Eau leucodermine pour la toilette.
Eau lustrale contre la chute des cheveux.
Élixir dentifrice au quinquina, pyrèthre et gaïac.
Médecine noire du Codex, en capsules.
Opiat dentifrice.
Pastilles orientales du Dr Paul Clément.
Poudre dentifrice au quina, pyrèthre et gaïac.
Sirop de Laroze, tonique, d'écorces d'oranges amères.

Larue-Dubarry.

Essence bordelaise pour améliorer les vins.
Poudre de Larue-Dubarry, contre la graisse des vins.

Lavigne.

Sirop de baume de la Mecque.

Laurencel.

Encens des Mages.

Lebeault.

Sirop de fruits béchiques.

Léon Lebéhot.

Essence antigoutteuse et antirhumatismale.

Lebel (André).

Onguent balsamique antihémorrhoïdal.
Pilules antisyphilitiques hydrargyro-ferrées.
— de germandrée et scordium.
Poudre de scordium composée.
Savonule Lebel au copahu.
— — au copahu ferré.
— — au cubèbe et ratanhia.
Thé de germandrée et scordium.
Vin de quinquina chalybé.

Lebel.

Élixir antigoutteux et antirhumatismal.
Livre des goutteux, par Astier et Lebel.

Le Beuf.

Canchalagua.
Eau détersive à la saponine.
Élixir dentifrice à la saponine.
Lait balsamique d'amandes amères à la saponine.
— aux roses de Damas et à la saponine.
Sirop de canchalagua.
Vin
Vinaigre de toilette à la saponine.

Leblond.

Pâte pectorale balsamique.

Lebrou.

Pommade contre les engelures.
Sirop de castoréum.

Léchelle.

Antifiévreux, poudre antipériodique.
Antigoutteux électrique.
Bols de cubèbe au tannate de fer.
Cérébrine Léchelle, poudre non sternutatoire.
Collyre divin.
Eau de Léchelle, dite hémostatique.
Eau sanitaire, dite antiputride.
Désinfectant hygiénique pour l'assainissement
Liqueur d'Hufeland, stomachique.
— stimulante.
Névrosine Léchelle contre les névralgies.
Papier dérivatif anglais.
Sirop purifiant du Dr Larrey.
Soie dolorifuge contre les rhumatismes.

Leconte.

Catapepsienne ou liqueur digestive.
Dragées astringentes.
Injection —
Sirop contre la toux.

Lecoq et Bargoin.

Baume d'arnica du Mont-Dore.
Crème balsamique pectorale au cacao.
Dragées ferrugineuses de Royat.
Poudre de glands doux.
Liqueur bohémienne contre le gonflement des bestiaux.
Pastilles digestives de Royat.
    — pectorales du Mont-Dore.
    — — de Royat.
Pâte — du Mont-Dore.
Suc de réglisse gommé et parfumé.
Sucre d'orge du Mont-Dore.
    — de Royat.

Le Couppey.

Sirop tonique du Pérou.

Lecrosnier.

Looch solide de Gallot.
Poudre d'extrait de lichen sucré.

Léfébure.

Eau antiapoplectique des Jacobins, de Rouen.
Pommade Dupuytren.

Leistner.

Eau de Paris.

Lemettais et Cie.

Capsules au baume de cubèbe.

Lemoine.

Collodion vétérinaire Lemoine.
Élixir calmant de Lebas.
Feu anglais de Lebas.
Poudre diurétique de Lebas, modifiée.
Tartrate de magnésie soluble.
Topique résolutif fondant.

Lenoir.

Taffetas Delacroix.

E. Lenourichel.

Pâte myocide allemande p^r détruire les rats.

Lepage.

Pastilles de Contrexeville.

Leperdriel.

Capsules Le Huby (enveloppes en gélatine).
Caustique Filhos.
Compresses Leperdriel.
    — chlorurées.
    — désinfectantes au charbon.
    — sans nom.
Élixir ferrugineux de Charlot.
Emplâtre de thapsia du Dr Reboulleau.
Hydro-insecto, liqueur contre les insectes.
Insecto-mortifère pour détruire les punaises.
Papier adoucissant pour cautères.
    — épispastique pour vésicatoires.
Pois élastiques à la guimauve.
    — suppuratifs au garou.
    — désinfectants au charbon.
— suppuratifs non élastiques.
— nouveaux, élastiques.
Poudre insecto-mortifère.
Réglisse de Sanguinède.
Sparadrap gommeux s'appliquant comme le taffetas anglais.
Taffetas épispastique pour vésicatoires.
    — rafraîchissant pour cautères.
Vésicatoire rouge (toile vésicante Leperdriel).

Lepère (Victor).

Mixture brésilienne.
Pastilles de Lepère contre la toux.
    — — contre le rhume.
    — — contre le catarrhe.
Pilules complémentaires.

Leprat.

Pilules de protéine ferrée.
Porte-filtres Fayard à 4 entonnoirs.
    — — 2 —

Leret.

Dragées globules de phellandrium.
Eau pectorale dissolvante du Dr Tirat.
Pâte pectorale de Carragaheen.
Sirop pectoral —
    — de phellandrium.

Letellier.
Eau antiophthalmique de Loche.
Tisane purgative rafraîchissante.
Vin de colombo composé.

Letz.
Savon antirhumatismal aromatico-camphré.

Lhoste.
Sirop de Lhoste.

Ligot (Hector).
Sirop pectoral et adoucissant de St-Georges.

L. Lob.
Eau chimique pour faire repousser les cheveux

F. Luthrand.
Baume chloroformique.

Macé, à Rennes.
Opiat fébrifuge et tonique.

Macors.
Sirop pectoral de mou de veau.
— vermifuge.

Magnan.
Teinture de colchique, de Cocheux.

Mahier (docteur).
Eau crenatée ferrugineuse des Thermes de Châteaugontier.
Pastilles crenatées des Thermes de Châteaugontier.

M.-Mahon frères, docteurs.
Bains thérapeutiques M. A. S.
Eau pour nettoyer la tête.
Liniment pour décroûter.
Pilules purgatives.
Pommade A. pour conserver les cheveux.
— B. pour acnés, visages couperosés.
— C. pour pityriasis, dartres, etc.
— D. pour la teigne.
Sirop dépuratif et purgatif.
— fondant G. R. L.

Mallard.
Papier épispastique.
Pommade de Dupuytren.
Pâte tylacéenne de Breton, pour les cors.

Mandet.
Fraxinine de Mandet.
Granules de scillitine.
Pilules de scillitine composées.
Scillitine médicinale.
Sirop de fraxinine.
— de scillitine.

Marinier.
Eau balsamique dentifrice.
Odunéphatine, éther balsamique pour les dents.
Suc pectoral Marinier.
Taffetas vulnéraire français à l'arnica.
— — au baume du Commandeur.
Végéto-minéral pour les cors, durillons, etc.

Martin-Chapuis.
Eau contre le piétin.
Pommade Martin-Chapuis contre les dartres, la gale des animaux.
Poudre Martin-Chapuis, pectorale à l'aconit, pour chevaux, bœufs et moutons.

Martin (Félix), à Allanches.
Sirop péruvien.
Spécifique contre les vers.
Vin tonique et fébrifuge.

Martin (Stanislas).
Alcoolé de rhubarbe.
Dragées égyptiennes du Dr Delarue.
Élixir rouge antiventeux.
Essence caryophylle du Dr Delarue.
— concentrée de salsepareille.
— éthérée antiépileptique.
— tonique du Dr Grimaldi.
Pastilles contre la mauvaise haleine.
— de mou de veau et à la réglisse.
Pâte pectorale du baron Ivan.
Pilules ante cibum.
Pommade antiophthalmique de Desault.

Sirop pectoral aromatique de Gardet.
— du baron Ivan.
— de la Mecque.

Mathey-Caylus.

Capsules au copahu pur; C: et cubèbe; C: et citrate de fer; C: cubèbe et ratanhia ; C: cubèbe et fer; C: cubèbe et alun; C: et tannin ; C: et cachou; C: et magnésie; cubèbe pur; cubèbe et alun; cubèbe et térébenthine; cubèbe et tannate de fer, à la térébenthine de Venise, au goudron de Norvége, etc.
Gouttes japonaises contre les maux de dents.
Mixture balsamique du Dr Cullérier.

Mathieu.

Injection hygiénique.
Liqueur tonique et balsamique.

Mayet.

Essence de menthe rectifiée.
Éther sulfurique rectifié.
Huile de ricin récente préparée à froid.
Papier avec l'extrait éthérique de garou, sans cantharides.
Pâte pectorale.
Pilules ferrugineuses au citrate de fer.
— d'huile éthérée de fougère mâle.
Pommade à l'extrait éthérique de garou.
Sirop contre la diarrhée.
— pectoral.
— dépuratif végétal.
Vin de quinquina ferrugineux.

Mène-Maurice.

Huile acoustique.

Menière, à Angers.

Pâte phosphorée.

Mentel.

Alcoolature de ciguë.
Granules à l'iodure de fer.
— à la magnésie.
— au sous-nitrate de bismuth.
— à la rhubarbe.
— au sélin des marais.
Solution alumineuse benzinée.
Vin fébrifuge de quinquina.

Mesnier, à la Rochelle.

Poudre Duluc-Mesnier.

Mettemberg.

Cosmétique ou eau hygiénique.
Eau antipsorique ordinaire.
— concentrée (quintessence).

Meynet, à Lyon.

Biscuit purgatif à la résine de scammonée.
Poudre et granules Meynet, au valérianate de quinine, contre les migraines et névralgies.

Michan.

Baume antiphlogistique pour brûlures, engelures, etc.

Michel, à Aix.

Liniment Boyer.

Micque; Chaumer, successeur.

Capsules de Micque.
Grains de vie.
Pâte pectorale.
Potion cordiale.
Sirop pectoral calmant.
Teinture purgative composée.

Miramont.

Composition contre le piétin.
Poudre tonique cordiale.
— végéto-minérale.
— béchique, incisive et dépurative.

Molant, à Nantes.

Looch glacé, pâte pectorale.

Montpert.

Pommade antidartreuse.
Sirop de jujubes.

Moride.

Bains de mer de Moride.
Sirop pectoral d'ache de mer.

Morize.

Pommade exutoire de Baget.
Taffetas gommé —
— vésicant —

Mothes-Lamouroux et Cie.

Capsules au baume de copahu, à l'huile de foie de morue, à l'huile de ricin, à la térébenthine de Venise, à l'essence de térébenthine, au copahu et cubèbes; copahu et magnésie, copahu et ratanhia; copahu ferrugineux, au cubèbe; cubèbe et alun, à la rhubarbe; au goudron de Norvége, au citrate de fer dulcifié, à l'éther, etc.

E. Mouchon.

Esculine, principe amer du marron d'Inde.
Fraxinine, principe fébrifuge.
Fraxinite — purgatif.
Sirop de feuilles de frêne.

Moure.

Papier Moure pour détruire les mouches.

Moutardier.

Suc de réglisse pur de Paris.

Moutillard; Buirat, successeur.

Thériaque fine.

Mure.

Dragées de lactate de fer.
Pâte d'escargots.
Sirop d'escargots.

Naquet; Rouxel, successeur.

Huile de Macassar.
Poudre Naquet pour les dents.

Nau.

Bonbons fébrifuges de quinine.

Naudinat.

Huile de foie de squale.
Papier Wlinsi.
Pâte calmante de thridace de Petit.

Nicolle.

Busc électro-magnétique.

Olivier, à Châlons-sur-Marne.

Feu français ou baume résolutif.

Ollivier (docteur).

Biscuits dépuratifs.
Chocolat dépuratif.
Pastilles dépuratives.
Pilules —
Sirop dépuratif.

Ortlieb.

Huile de foie de morue de Berghen.

Pajot; Cicile, successeur.

Pastilles ministre.
— de rhubarbe.
Sulfine Pajot.

Paquier, à Fécamp.

Eau de mer gazeuse.

Pariss.

Cigarettes balsamiques.
Encre à marquer le linge.
Essence concentrée de salsepareille rouge.
— de gingembre de la jamaïque.
Lotion du Dr Locock.
Pâte citrique pour blanchir les mains.
Poudre dentifrice rose, camphrée.
— de Sedlitz véritable.

Patris.

Baume Patris pour plaies, brûlures, engelures, etc.
Dentaire Patris.
Pâte pectorale de Dubuisson.
Savon minéral pour cors, durillons, etc.
Sparadrap au baume modifié.

A. Pauliac.

Chocolat purgatif à la magnésie.
— — à la scammonée.
— vermifuge à la santonine.

Pelletier père et fils, à Lyon.

Bains de mer.
Baume antinévralgique.
Dragées au fer réduit par l'hydrogène.
— de santonine.
Granules d'acide arsénieux.
— d'aconitine.
— d'atropine.
— de cicutine.
— de digitaline.
— de morphine.
— de strychnine.
— de valérianate d'atropine.
— de vératrine.
Teinture d'arnica.

Pennès.

Bains minéraux.
Baume électrique.
Biscuits vermifuges à la santonine.
Crème virginale.
Eau buccale dentifrice.
— résolutive.
Mixture odontalgique.
Poudre dentifrice.
Sels de Pennès pour bains minéraux.
Vinaigre hygiénique.

Petit, à Saint-Amand.

Pommade antiophthalmique.

Peuvret.

Bonbons à la diastase.
Pastilles digestives à la pepsine de Wasmann.

Peyre.

Poudre d'Ailhaud.

Pharmacie normale.

Baume nerval.
Essence concentrée de salsepareille rouge.
Fer réduit par l'hydrogène.
Huile de foie de morue anglaise.
Pastilles de paullinia au chocolat.
Quinquina Laroche.
Sirop de protoïodure de fer.
— de raifort iodé.

Philippe.

Eau dentifrice.
Gouttes indiennes.
Kousso Philippe contre le ver solitaire.
Poudre dentifrice aux absorbants.
— — au quina et charbon.

Pierlot.

Valérianate d'ammoniaque.

Pierre (docteur).

Eau dentifrice.
Poudre — au corail.
— — au quinquina.
Vinaigre balsamique.
— aux roses de Provins.

Pinel.

Biscuits vermifuges.
Eau antiophthalmique.

Pincet, à Nantes.

Sirop pectoral aromatique au faham.

Plancher.

Baume Plancher contre les douleurs.
Eau dentifrice.
Gouttes anticholériques.
— antidiarrhéiques.
Mixture contre le mal de dents.
Pâte pectorale au tolu.
Poudre dentifrice anti-acide.
Sirop pectoral au tolu.

Plateau (pharmacie Colbert).

Baume atrophique de Billard.
— de Corvisart pour les hémorrhoïdes.
Créosote Billard.
Essence concentrée de salsepareille.
— névrophile du Dr Delacroix.
Liniment contre les engelures.
Odontoïde Billard, pour plomber les dents.
Pastilles de thridace.
Pâte pectorale de réglisse et de thridace.
Pilules indiennes du Dr Delacroix.
— stomachiques, ante cibum.

Sirop antispasmodique du Dr Delacroix.
— antigoutteux.
— pectoral de thridace.
Sucre orangé purgatif.
Tablettes martiales.
— de thridace.

Poisson; Ramonde, successeur.

Pilules égyptiennes de Poisson.
— napolitaines —
Poudre péruvienne —
Sirop de Chaumonot.
— d'oranges rouges.

Pommier.

Dragées et granules médicamenteux, de toutes espèces.

Poulenc aîné; Valentin, succ^r.

Adipine cantharidée.

Poumerol.

Sirop antiscorbutique préparé à froid.

Pourat.

Pâte de limaçons et de manne de Dariès.
Sirop — — —

Poure.

Sirop pectoral au baume de la Mecque.

Pouzadoux.

Pilules du Dr Rochard, dépuratives, épispastiques.
Pommade — — —
— hygiénique du Dr Rochard.
Sirop dépuratif épispastique.

Prodhomme; Vauthrin, successeur

Dragées astringentes.
Eau dentifrice.
Essence de salsepareille.
Lotion du Dr Turck.
Pâte pectorale.
Pilules stomachiques, digestives.
Poudre dentifrice.
Vinaigre aromatique pour flacons de poche.

Quentin.

Limonade gazeuse purgative.
Sirop antiscorbutique de Liébert.
Tablettes de dattes au lichen.
Vin antihydropique.

Quesneville.

Éther hydriodique.
Carafe pour le respirer.
Pipette pour le mesurer.
Huile iodée.
Mannite pure.
Poudre d'iodure d'amidon soluble.
— — insoluble.
Pommade à base d'iodure de cadmium.
Sirop de Cuisinier, avec addition d'iodure de potassium.
— de gentiane, avec add. d'iodure de fer.
— d'hyposulfite de soude.
— d'iodure d'amidon.
— — de fer, simple.
Sous-nitrate de bismuth en pâte sucrée et aromatisée.
Tablettes d'iodure d'amidon.

Quet aîné.

Sirop concentré de salsepareille composé.
— de mou de veau composé.

Rabion.

Sirop aviléen de Burcq.

Ramillon, à Bar-sur-Aube.

Présure liquide.

Rebillon.

Pilules Rebillon, à l'iodure de fer et de quinine.
Sirop de protoïodure de fer et de quinine.

Rebuffat.

Gomme pectorale aux mucilages d'escargots et de mou de veau.
Opiat fébrifuge.

Renault aîné.

Baume astringent de Terrat.
Onguent de James pour les chevaux.
Topique Terrat.

Reuflet.

Cachou de Bologne pour les fumeurs.
Capsules de Reuflet au copahu pur.
Pâte de limaçon et de manne.
Pommade contre les brûlures et engelures.
— végétale contre les dartres.

Rexès.

Papier chimique d'Hébert.
Pilules vespérides —
Savon anodin. —
Sirop béchique —

Reynal.

Bains de Baréges du Dr Quesneville.
Eau de J. Martin, balsamique dentifrice.
Pastilles de H. Flon.
Pâte de Georgé.
Pommade de Baréges du Dr Quesneville.
Poudre ferrée avec arome —
— sans — —
Poudre de J. Martin, balsamique.
Sirop d'hyposulfite de soude, du d^r Quesneville
— de H. Flon, lénitif, pectoral.

Richard.

Pastilles digestives de paullinia de Daras.
Pilules d'extrait — —
Poudre . — —
Sirop — —
Teinture — —

Ricqlès.

Alcool de menthe de Ricqlès.

J. Rivière.

Pilules végétales, de Rivière, toniques, purgatives.
Sirop de Rivière, pectoral, balsamique.

Roberts et Cie; Shorthose, success^r.

Anticholéra mixture.
Baume asiatique pour les dents.
Encre à marquer le linge.
Essence de salseparcille.
— Victoria.
Gargarisme de Roberts.
Glycérine pure de Price, de Londres.

Gouttes noires anglaises.
— de Smith pour enlever les taches.
Huile de foie de morue.
Lotion de Gowland.
Magnésie calcinée.
Pastilles de menthe de Wilcox et Cie.
— de thridace.
Pilules de Bengale.
Poudre de Sedlitz, véritable.
Spécifique de Reynold.

Roche.

Gelée d'huile de foie de morue.
Pâte de limaçons de Quelquejeu.
Poudre de Vatrin, contre la maladie des chiens.
Sirop de limaçons de Quelquejeu.

Roche et Vincenot.

Bonbons vermifuges à la santonine et au saccharure de mousse de mer.
Dragées de valérianate tri-basique de fer, de zinc et de bismuth.
Pastilles de santonine et de saccharure de mousse de mer.

W. Rogers.

Ciment pour plomber soi-même les dents.
Eau antiscorbutique.
— de W. Rogers pour embaumement des dents.
— — n° 2, pour le raffermissement des dents.
Hochet de dentition.

Ronin-Cambacerès.

Vermifuge des Alpes.

Roth, à Strasbourg.

Pâte phosphorée.

Roux.

Élixir dentifrice au paraguay.
Paraguay-Roux.
Poudre dentifrice au paraguay.

Roux et Paret.

Pâte pectorale de mousse perlée.
Sirop de mousse perlé composé.
— vermifuge.

C. Rouxel.

Topique portugais, médicament externe à l'usage des chevaux et bestiaux.

U. Roy, à Poitiers.

Bouquet œnanthique des vins, sève de Médoc.
Essence de cognac, ou Rancio.
— de rhum.
Gluten-Véron pour potages.
Parfum de café.
— pour liqueurs.
Sirop concentré de raisins.

Royer.

Baudruche chimique contre les cors.
Ciment Royer ou plombateur dentaire.
Colliers anodins électro-magnétiques, contre les convulsions des enfants.
Créosote chloroformée, contre les maux de dents.
Eau hémostatique.
— odontophile pour les soins de la bouche.
— persane, pour teindre les cheveux.
— puritaine contre les taches de rousseur.
— tonique pour la chevelure.
Huile de foie de morue.
Inhalateur du Dr Mayer.
Médicaments appropriés pour l'inhalateur.
Papier électro-magnétique.
Pastilles bonne bouche.
Pommade dépurative contre les dartres.
— épispastique de Bizor.
— résolutive contre les hémorrhoïdes.
Poudre dentifrice au charbon de tilleul.
Sirop dépuratif de salsepareille rouge.
— pectoral de vélar.

Saint-Genez.

Liniment antirhumatismal du Dr Falleti.
Pastilles de badiane.
Pâte balsamique à la reine.
Pilules iodoferriques.
Sirop de goudron.
— de santé.
— toni-purgatif.

Sallé; Sinval, successeur.

Copahu sans odeur ni saveur, de Sallé.
Moxa japonais de Sallé.

Sampso.

Injection Sampso.

Sarlat.

Pilules anticholériques du Dr Dutouquet.

Sauvan (Frédéric).

Cétoine dorée contre l'épilepsie.
Cryps-bols au quinium et sel d'aluminium.
Injection antirrhéique au tannate de zinc.
Pâte pectorale mucilagineuse aux escargots.
Sirop d'écorces d'oranges rouges.
— pectoral aux escargots.
Tisane sèche de salsepareille.

Savoye.

Dragées d'hydroferrocyanate de potasse et d'urée du Dr Baud.
— ferro-manganésiennes de Vittel.
Eau antihémorrhagique de Tisserant.
Glaubérine-Savoye.
Pâte de dattes.

Schaeuffèle.

Pilules antigoutteuses de Lartigue.

Séguin (Gilbert); Lefort, succ^r.

Sirop dépuratif de Mascagny.
Vin de Séguin.

Serres-Duvignau.

Bonbons de Malte, contre le mal de mer.
— persans, pectoraux.
— rafraîchissants de Duvignau.
Dentéine contre la carie des dents.
Élixir de salsepareille indigène.
Myrostome, spécifique pour les dents.
Pilules de salsepareille indigène.
Pommade éthiopienne.
Saponine Duvignau.
Sirop d'hyosciamine du Dr Chaussier.
— de salsepareille indigène.

Signoret.

Bols antilépreux de Leroy.
— purgatifs —
Pilules —
Purgatif —
Vomi-purgatif —
Pastilles d'iodure de potassium.

Silvant; Demarle, successeur.

Dragées antivénusiennes.
Injection —
Pommade curative de Huc.
Poudre antivénusienne.

Simon, à Poissy.

Biscuits ferrugineux cinnamomés.
— purgatifs à la magnésie.
— vermifuges.
Eau contre le piétin des moutons.
Oxyol de Sedum contre les cors.
Pilules ferrugineuses aloétiques.
Sirop pectoral incisif.
Solution antinévralgique de valérianate double de quinine et d'ammoniaque.

Société hygiénique.

Savon-ponce.
Vinaigre de toilette.

H. Soula, à Pamiers.

Essence concentrée de salsepareille.
Liniment vétérinaire contre la gale des chevaux.
Pommade — — —

Sulot.

Biscuits purgatifs à la résine de scammonée.
— — et vermifuges au calomel.
— vermifuges à la santonine.

Suply-Taillandier.

Pommade antiherpétique.

Swann.

Huile de foie de morue.
Papier fumigatoire.

Thermes (docteur), de Chalais.

Élixir au citro-lactate de fer.

Theulier (docteur).

Pommade antiophthalmique de la veuve Farnier.

Thézet.

Injection Thézet.
Topique contre les hernies.

Thibierge.

Benzine parfumée.

Thiou.

Papier épispastique.

Dr Thiveaux.

Injection du Dr Thiveaux.

Thomay, à Lyon.

Pastilles d'abiétine.
Sirop —

Tigeot, à Rennes.

Élixir de pyrophosphate de fer.

Tocquaine, à Remiremont.

Bols vermifuges de Tocquaine.

Tourainne.

Pâte pectorale balsamique.
Pilules toniques et déconstipantes.

Toussain, à Saint-Yrieix.

Élixir odontalgique.
Huile de concombre pour préparer la pommade en toute saison.
Pastilles digestives et rafraîchissantes.
— de santonine.
Sirop d'iodure d'amidon.
Toile vésicante camphrée.

Toussaint, à Castelnaudary.

Cachou parfumé à la menthe, à la rose, à la vanille et à la violette.
Cachou de Bologne argenté à la menthe.
— oriental à l'ambre.

Trablit.

Cold-cream du Dr Wilson.
Eau dentifrice du Dr Jackson.
— des princes, du Dr Barclay.

Élixir de Barry, liqueur stomachique.
Essence de café de Trablit.
Kaïffa d'Orient.
Pastilles pectorales au baume de Tolu.
Pommade Perkins.
— de Régent.
Poudre dentifrice du Dr Jackson.
Pralines Dariès au cubèbe.
Savon hydrofuge de Menotti (hydrofugine).
Sirop pectoral au baume de Tolu.
Vinaigre anglais pour flacons de poche.
— aromatique de Powels pour toilette.

Trasforest.

Liqueur Trasforest (sève de Médoc).
Poudre gélatineuse pour clarifier les vins.

Traverse et Saluce.

Eau russe contre les engelures.
Encre violette communicative de Cany.

F. Triaud, à Saint-Jean-d'Angely.

Sève de Médoc.

Tricard aîné, à Lisieux.

Capsules antigoutteuses et antirhumatismales.
Liqueur —

Tricard, aux Thernes.

Mixture du bon pasteur.
Poudre réparatrice, tonique, digestive.
Réparateur Tricard, cosmétique du cheval.
Topique Pommier-Tricard, pour remplacer le feu.

Uzac.

Eau minérale iodo-phosphatée, pour remplacer l'huile de foie de morue.

Valérius.

Bouts de sein en taffetas collodium.

Vandamme, à Hazebrouck.

Liqueur balsamique contre les engelures.

Vauremoire.

Poudre antipsorique.

Vée.

Papier de Vée épispastique, avec nom.
— — sans nom.
Pâte amygdaline officinale.

C. Ventéjoul.

Eau contre les engelures.
Pilules purgatives antidartreuses.
Pommade antidartreuse de l'hôpital St-Louis.

Villette (voy. Ch. Genevoix).

Vivien.

Baume Chiron vrai de Lausanne.
Lotion du Dr D. Louis.
Sirop de l'enfance du Dr D. Louis.

Voituret.

Pilules de bismuth et quinine.
Sirop phlogotemnique au laurier-cerise.
Chlorophylle dentaire pour les maux de dents.

Warton.

Ervalenta Warton.
Matière dentaire.
Sirop Warton, ou mélasse de la Cochinchine.
Spécifique Warton contre le mal de dents.

MÉDICAMENTS ANGLAIS.

CATALOGUE OF GENUINE DRUGS, CHEMICALS, PATENT MEDICINES, AND OTHER ARTICLES.

	PRIX pour le pharmacien.		PRIX pour le public.	
	fr.	c.	fr.	c.
American soothing syrup.	4	»	5	»
Cockles antibilious pills.	2	»	2	50
Scotts Anderson's pills.	2	»	2	50
Henry's calcined magnesia.	4	»	5	»
Henry's aromatic vinegar.	4	»	5	»
Dixon's antibilious pills.	4	»	5	»
Old Parrs life pills	2	»	2	50
Holloway's pills.	2	»	2	50
Holloway's ointment.	2	»	2	50
Dalby's carminative	2	85	3	50
Leeming's essence.	4	»	5	»
James blister.	1	50	2	»
Locok's pulmonic wafers	4	»	5	»
Blairs gout pills.	4	»	5	»
Steer's opodeldoc	4	»	5	»
Widow-welch's pills.	4	»	5	»
Gold beaters skin. . . . . la pièce.	»	80	1	»
London court plaster. . . . . la feuille.	»	75	1	»
Poor mans plaster.	»	40	»	75
James Fever powder. . . . . le paquet.	4	»	5	»
Saunder's dentifrice.	2	50	3	50
Savory's absorbant lozenges	1	75	2	50
Chinga worm lozenges. . . . . le paquet.	2	»	2	50
Gowland's lotion.	4	»	5	»
Rowland's Kalydor.	6	»	7	»
Rowland's Maccassar oil.	3	50	4	50
Savory's Seidlitz powder. . . . . . . la boîte.	3	75	5	»
Anodyne necklace.	12	50	15	»
Hooper's female pills	2	»	2	50
Hunt's family pills.	2	»	2	50
Singleton's golden ointment.	4	»	5	»
Dinneford's liquid magnesia. . . . . . le flacon.	1	50	3	»
Roche's embrocation.	4	»	5	»
Norton's camomile pills.	2	»	2	50
Reynold's specific	7	»	8	50
Bond's marking ink.	1	60	2	»
Glas's magnesia.	4	»	5	»
Frampton's pills.	2	»	2	50
Keating's lozenges.	2	»	2	50
Butler's pommade divine.	4	»	5	»
Morrisson's pills.	2	»	2	50
Locock's hair lotion	1	50	2	50

MÉDICAMENTS HOMÉOPATHIQUES.

Tous ces médicaments sont préparés par un pharmacien spécial et avec les soins délicats qu'exigent les procédés recommandés par Hahnemann et ses disciples.

Véhicules et ustensiles.

	fr.	c.		fr.	c.
Eau distillée homéopathique. le litre.	1	60	Huile d'arnica montana. . le flacon.	3	50
Alcool rectifié — —	5	»	Tubes bouchés en liège, le cent, de		
Sucre de lait (pulvérisé) pur. le kilo.	12	»	5 fr. à	8	»
Globules saccharins inertes. —	16	»	Flacons pour la teinture mère et les		
Teinture d'arnica, le flac. 30 gr. .	»	60	dilutions, bouchés en liège, le %.	12	»
— — — 50 —	1	20	Appareil dynamisateur	2500	»
— — — 125 —	2	40	Codex des médicaments homéopa-		
— — . . . . . le litre.	18	»	thiques par Weber.	6	»
Chocolat homéopathique. . le kilo.	6	»	Pharmacopée homéopathique par		
Café — —	3	»	Jahr et Catellan.	7	»
Taffetas d'arnica . . . . la pièce.	»	50	Presse en étain pour les teintures. .	15	»

Boîtes pour pharmacies homéopathiques, avec les tubes vides.

(Ces boîtes sont élégantes, en maroquin vert, avec ornements, et garnies de leurs tubes ou flacons bouchés.)

	fr.	c.		fr.	c.
Boîtes de poche pour le malade :			Boîtes portefeuilles à tubes couchés :		
De 6 tubes couchés . . . la pièce.	4	»	De 90 tubes.	12	»
De 12 — . . . —	5	»	De 90 flacons avec étui.	28	»
De 24 — . . . —	7	»	Boîte à ressort à tubes debout de 98		
De 24 — avec ressort. —	10	»	tubes avec étui	20	»
De 40 — à crochet. —	10	»	— portefeuille doublée en soie de		
De 60 — — . —	12	»	98 tubes couchés.	20	»
Boîtes avec tubes debout, à ressort :			— ordinaire de 12 tubes debout.	3	»
De 40 tubes	12	»	— en bois, à filets, de 28 tubes		
De 60 —	12	»	debout.	8	»
De 60 avec case.	13	»	(Nous nous chargeons de faire confec-		
De 104 —	16	»	tionner des boîtes de toutes formes et de		
De 150 —	20	»	toutes contenances, au gré de nos corres-		
De 200 —	25	»	pondants.)		

Préparations officinales, teintures mères.

Absinthe.	Bryon.	Cina.	Dulcam.	Ipecac.	Nux m.
Aconit.	Calend.	Clamat.	Euphras.	Lactuc. v.	— vom.
Agn. c.	Cannab.	Coccul.	Filix m.	Lobel.	Opium.
Anacard.	Canthar.	Coff.	Granat.	Menyanth.	Petrosel.
Arnica.	Castoreum.	Colocynth.	Hellebor.	Mezer.	Poterium.
Artemis.	Chamom.	Conium.	Hyosc.	Millef.	Prun. sp.
Asparag.	China.	Crocus s.	Hyperic.	Nigell.	Pulsat.
Bellad.	Cicuta.	Digit.	Ignat.	Nux j.	Ranunc. b.

MÉDICAMENTS HOMÉOPATHIQUES.

Ratanh.	Rhus v.	Spongia.	Symphyt.	Thuia.	Valer.
Rheum.	Sambuc.	Squilla.	Tarax.	Tinct. sulf.	Veratr.
Rhus t.	Senega.	Staphis.	Teucr.	Uva ursi.	Viola tr.

	fr.	c.		fr.	c.
Le flacon de 4 grammes.	1	25	Le flacon de 15 grammes.	3	»
— 8 —	2	»	— 30 —	4	»

Nous tenons à la disposition des pharmaciens qui ne croiraient pas avoir l'expérience suffisante de la pharmacie homéopathique, ces diverses teintures atténuées à toutes les dilutions, aux prix suivants :

Dilutions ou teintures mères atténuées.

	fr.	c.		fr.	c.
Le flacon de 4 grammes.	1	»	Le flacon de 15 grammes.	2	»
— 8 —	1	50	— 30 —	3	»

Nous pouvons fournir *aux mêmes prix* les hautes puissances de Bœnninghausen et de Jennichen.

Olfaction d'anémone, contre le rhume de cerveau. . . . . . . le flacon, 1 fr. » c.

MÉDICAMENTS EN GLOBULES.

Tous les médicaments du Codex homéopathique figurent dans le catalogue suivant, et chacun d'eux sous trois atténuations en globules. La valeur de ces atténuations est exprimée par les nombres qui accompagnent le nom de chaque substance.

Nous avons ajouté les hautes puissances de Bœnninghausen et de Jennichen, et les triturations les plus usuelles.

Le prix des médicaments en globules est uniforme.

Médicaments en globules sous trois atténuations de degré différent.

Absinth., 3, 15, 30.
Acid. benz., 6, 18, 30.
— fluor., 6, 18, 30.
— mur., 6, 18, 30.
— nitr., 6, 18, 30.
— phosph., 6, 18, 30.
— sulf., 6, 18, 30.
Aconit., 3, 15, 30.
Act. sp., 3, 15, 30.
Æthus., 3, 15, 30.
Agn. c., 3, 15, 30.
Aloë., 3, 15, 30.
Alumin., 6, 18, 30.
Ammon. c., 6, 18, 30.
— m., 6, 18, 30.
Anagal., 3, 15, 30.
Anacard., 3, 15, 30.
August. v., 3, 15, 30.

Antim., cr., 6, 18, 30.
Apis, 3, 15, 30.
Aran. d., 6, 18, 30.
Argent., 6, 18, 30.
— nitr., 6, 18, 30.
Amor., 3, 15, 30.
Arnica, 3, 15, 30.
Arsen., 6, 18, 30.
Artem. v., 3, 15, 30.
Arum, 3, 15, 30.
Assa f., 3, 15, 30.
Aspar., 3, 15, 30.
Aster., 6, 18, 30.
Auripigm., 6, 18, 30.
Aurum, 6, 18, 30.
Aur. mur., 6, 18, 30.
— sulf., 6, 18, 30.
Baryt. c., 6, 18, 30.

Bellad., 3, 15, 30.
Berber., 3, 15, 30.
Bismuth., 6, 18, 30.
Borax, 6, 18, 30.
Bovist., 3, 18, 30.
Brom., 3, 15, 30.
Bryon., 3, 15, 30.
Calad., 3, 15, 30.
Calc. carb., 6, 18, 30.
— phosph., 6, 18, 30.
Calend., 3, 15, 30.
Camph., 3, 15, 30.
Cannab. i., 3, 15, 30.
— sat., 3, 15, 30.
Canth., 3, 15, 30.
Capsic., 3, 15, 30.
Carbona., 6, 18, 30.
— v., 6, 18, 30.

Cascar., 6, 18, 30.
Castor. eq., 6, 18, 30.
Castoreum, 3, 15, 30.
Caustic., 3, 15, 30.
Cedron, 6, 18, 30.
Chamom., 3, 15, 30.
Chelid., 3, 15, 30.
China, 3, 15, 30.
Chin. sulf., 6, 18, 30.
Cicut. v., 3, 15, 30.
Cina, 3, 15, 30.
Cinnab., 6, 18, 30.
Cist. can., 3, 15, 30.
Clemat., 3, 15, 30.
Coccinel., 3, 15, 30.
Cocul., 3, 15, 30.
Coccus, c., 6, 18, 30.
Coff., 3, 15, 30.
Colchic., 3, 15, 30.
Colocynt., 3, 15, 30.
Conium, m., 3, 15, 30.
Corall., 6, 18, 30.
Creos., 6, 18, 30.
Croc. s., 3, 15, 30.
Croton, 6, 18, 30.
Cupr. ac., 6, 18, 30.
— met., 6, 18, 30.
Cyclam., 3, 15, 30.
Daphn. i., 3, 15, 30.
Digit., 3, 15, 30.
Dulcam., 3, 15, 30.
Droser., 3, 15, 30.
Euphorb., 3, 15, 30.
Euphras., 3, 15, 30.
Evonym., 3, 15, 30.
Ferr. ac., 6, 18, 30.
— met., 6, 18, 30.
— mur., 6, 18, 30.
Filix m., 3, 15, 30.
Genseng, 6, 18, 30.
Granat., 3, 15, 30.
Graph., 6, 18, 30.
Guajac., 3, 18, 30.
Helleb. n., 3, 15, 30.
Hep. sulf., 6, 18, 30.
Hippom., 6, 15, 30.
Hyosc., 3, 15, 30.
Hyper., 3, 15, 30.
Iodium., 3, 15, 30.
Ignat., 3, 15, 30.

Ipecac., 3, 15, 30.
Kadm. s., 6, 18, 30.
Kalc. c., 6, 18, 30.
— hydr., 6, 18, 30.
Lachesis., 6, 18, 30.
Lactuc. v., 3, 15, 30.
Lam., 3, 15, 30.
Ledum, 3, 15, 30.
Liq. Lamp., 6, 18, 30.
Lobel. infl., 3, 15, 30.
Lycop., 6, 18, 30.
Mangan., 6, 18, 30.
Menyanth., 3, 15, 30.
Mephit., 6, 18, 30.
Merc. corr., 6, 18, 30.
— dulc., 6, 18, 30.
— pr. i., 6, 18, 30.
Merc. sol., 6, 18, 30.
— viv., 6, 18, 30.
Mezer., 3, 15, 30.
Millef., 3, 15, 30.
Morph. p., 6, 18, 30.
Mosch., 6, 18, 30.
Murex, 6, 18, 30.
Natr. c., 6, 18, 30.
— m., 6, 18, 30.
— s., 6, 18, 30.
Niccol., 6, 18, 30.
Nigell., 3, 15, 30.
Nitr., 6, 18, 30.
Nux j., 3, 15, 30.
— m., 3, 15, 30.
— v., 3, 15, 30.
Oleand., 3, 15, 30.
Ol. an., 6, 18, 30.
— jecor. m., 6, 18, 30.
— petr., 6, 18, 30.
— tereb., 6, 18, 30.
Opium, 3, 15, 30.
Pæon., 3, 15, 30.
Paris, 3, 15, 30.
Petros., 3, 15, 30.
Phellandr., 3, 15, 30.
Phosph., 3, 15, 30.
Pichur., 3, 15, 30.
Platin., 6, 18, 30.
— m., 6, 18, 30.
Plumb. ac., 6, 18, 30.
— met., 6, 18, 30.
Poter. sac., 3, 15, 30.

Prun. sp., 3, 15, 30.
Psoric., 6, 18, 30.
Pulsat., 3, 15, 30.
Ranunc. b., 3, 15, 30.
— sc., 3, 15, 30.
Ratanh., 3, 15, 30.
Rheum, 3, 15, 30.
Rhodod., 3, 15, 30.
Rhus t., 3, 15, 30.
— v., 3, 15, 30.
Ruta, 3, 15, 30.
Sabad., 3, 15, 30.
Sabin., 3, 15, 30.
Sambuc., 3, 15, 30.
Sanguin., c., 3, 15, 30.
Sassafr., 3, 15, 30.
Sassap., 3, 15, 30.
Secale c., 3, 15, 30.
Selen., 6, 18, 30.
Senega, 3, 15, 30.
Sepia, 6, 18, 30.
Silicea, 6, 18, 30.
Solan. m., 3, 15, 30.
— nigr., 3, 15, 30.
Spigel., 3, 15, 30.
Spir. nitr., 3, 15, 30.
Spong., 3, 15, 30.
Squilla, 3, 15, 30.
Stann., 6, 18, 30.
Staphys., 3, 15, 30.
Stram., 3, 15, 30.
Stront., 6, 18, 30.
Strych. p., 6, 18, 30.
Sulfur., 6, 18, 30.
Symph., 3, 15, 30.
Tabac., 3, 15, 30.
Tanac., 3, 15, 30.
Tarax., 3, 15, 30.
Tart. tem., 6, 18, 30.
Taxus, 3, 15, 30.
Teucr. m., 3, 15, 30.
Thea, 3, 15, 30.
Therid., 6, 18, 30.
Thuia, 3, 15, 30.
Tilia, 3, 15, 30.
Tinct. sulf., 3, 15, 30.
Tonco, 3, 15, 30.
Tuss. pet., 3, 15, 30.
Ulmus, 3, 15, 30.
Urtica, 3, 15, 30.

MÉDICAMENTS HOMÉOPATHIQUES.

Uva, 3, 15, 30.
Valer., 3, 15, 30.
Veratr., 3, 15, 30.
Verbasc., 3, 15, 30.

Veron., 3, 15, 30.
Vinca, 3, 15, 30.
Viola od., 3, 15, 30.
— tric., 3, 15, 30.

Zinc. m., 6, 18, 30.
— s., 6, 18, 30.
Zingiber, 3, 15, 30.

Hautes puissances de M. de Bœnninghausen et de Jennichen. Globules.

Aconit., 200.
— 2,000.
Arsen., 200.
— 4,000.
Bellad., 200.
— 14,000.
Bryon., 200.
— 1,000.
Calc. c., 200.
— 2,000.
Canth., 200.
Carb. v., 200.
Caustic., 200.
— 2,000.
Chamom., 200.
— 1,000.
Coccul., 200.

Coccul., 1,000.
Coffea, 200.
— 1,000.
Conium, 800.
Cuprum, 200.
Dulcam., 200.
— 1,200.
Graph., 200.
— 2,000.
Hep. s., 200.
— 1,200.
Ignat., 200.
— 1,000.
Ipecac., 200.
— 1,000.
Laches., 200.
— 2,000.

Lycop., 200.
— 2,000.
Merc. s., 200.
— 2,000.
Natr. c., 200.
— 1,200.
— m., 300.
— 2,000.
Nux v., 200.
— 1,000.
Phosph., 200.
Platin., 800.
Pulsat., 200.
— 4,000.
Rhus t., 200.
— 3,000.
Secale, 200.

Sepia, 200.
— 1,600.
Silicea, 200.
— 1,400.
Spong., 200.
— 1,000.
Stann., 200.
— 3,000.
Staphys., 200.
Sulfur., 200.
— 3,000.
— 6,000.
Tart. emet., 200.
Thuia, 200.
Veratr., 200.

Médicaments par trituration, au moyen du Dynamisateur, jusqu'à la 15ᵐᵉ trituration inclusivement.

Aconit, 6.
Alumin., 15.
Ammon. c., 9.
Antim. cr., 15.
Arsen., 15.
Assa f., 9.
Aurum, 12.
— mur., 15.
Baryt. c., 15.
Bellad., 9.
Bismuth, 6.
Borax, 6.
Bryon., 9.
Calc. c., 15.
Cannab., 3.
Canth., 6.
Carbo a., 15.

Carbo v., 15.
Chamom., 6.
China, 6.
China, 6.
Cinnab., 15.
Coccul., 9.
Coff., 3.
Colocyn., 15.
Conium m., 12.
Croc. s., 9.
Croton, 6.
Cupr. m., 15.
Droser., 12.
Dulcam., 12.
Ferr. m., 6.
Granat, 3.
Graph., 15.

Hep. sulf., 3.
Ignat., 6.
Ipecac., 6.
Kalc. carb., 15.
— hydriod., 15.
Laches., 15.
Lycop., 15.
Merc. c., 16.
— s., 6.
— v., 6.
Morph. p., 3.
Natr. c., 12.
— m., 15.
Nitr., 9.
Opium, 9.
Phosph., 6.
Platin, 15.

Plumb. m., 12.
Pulsat., 6.
Rhus t., 15.
Sasap., 15.
Secale c., 3.
Selen., 6.
Sepia, 15.
Silicea, 15.
Spong., 3.
Stann., 12.
Staphys., 9.
Stramon., 15.
Sulfur., 15.
Tartar. em., 6.
Thuia, 3.
Veratr., 6.

Le flacon de 5 gram., 2 fr.; — le flacon de 10 gram., 3 fr. 50 c.

MÉDICAMENTS HOMÉOPATHIQUES.
PHARMACIES PORTATIVES HOMÉOPATHIQUES.

Pharmacies de poche.			Boîtes ordinaires avec tubes debout.		Boîtes de luxe avec tubes couchés.	
			fr.	c.	fr.	c.
N° 1. Boîte contenant 24 médicaments en globules.			18	»	24	»
—	30	—	20	»	28	»
N° 2. —	35	—	25	50	»	»
—	40	—	27	»	30	»
N° 3. —	48	—	30	»	40	»
—	60	—	40	»	50	»
N° 4. —	96	—	50	»	60	»

Pharmacie de campagne.

	fr.	c.
Boîte contenant 240 médicaments en globules. . . . . Les tubes de cette boîte sont plus grands que ceux des pharmacies de poche.	85	»

Pharmacie de voyage.

	fr.	c.
Boîte contenant 300 médicaments en globules. . . . . Les tubes contiennent le double de globules que ceux du n° précédent.	127	50

Boîte à expédition ordinaire.

	fr.	c.
Cette boîte est richement garnie. Elle contient 3 atténuations différentes en globules de 216 médicaments des hautes puissances de Bœnninghausen et de Jennichen, 66 triturations faites avec le dynamisateur, 64 teintures mères, 48 dilutions liquides, 16 triturations basses, et 16 flacons de médicaments polychrestes. Elle est suffisante pour les pharmaciens qui ne peuvent avoir un établissement homéopathique spécial et qui désirent exécuter les formules homéopathiques des médecins.	440	»
La hauteur des tubes est de 45 millimètres, la largeur de 8 millimètres; les flacons des teintures et des médicaments polychrestes ont le volume qu'occuperaient 4 grammes d'eau. — Prix de chaque tube.	1	50
Pharmacie plus complète, avec le double de médicaments.	880	»
Pharmacie vétérinaire, 120 médicaments en globules	68	»
— — — en dilutions	106	25
Boîte contenant les médicaments brésiliens en globules.	85	»
— — — en dilutions.	68	»
Pharmacie anticholérique, avec l'instruction, contenant les médicaments liquides et en globules qui ont obtenu le plus de succès.	17	»

Pharmacie de poche Marinier.

	fr.	c.
Pharmacie homéopathique de Marinier, cadre doré : 24 flacons ou 48 flacons plus petits, avec garniture d'instruments, complète. . .	22	»
Étuis en maroquin, n° 1, tout garni.	3	»
— — n° 2, —	4	»
— — n° 3, —	6	»

APPAREILS POUR L'ALLAITEMENT.

BIBERONS, BOUTS DE SEIN, MAMELONS, TIRE-LAIT.

Biberons de madame Breton (avec un avis aux mères).

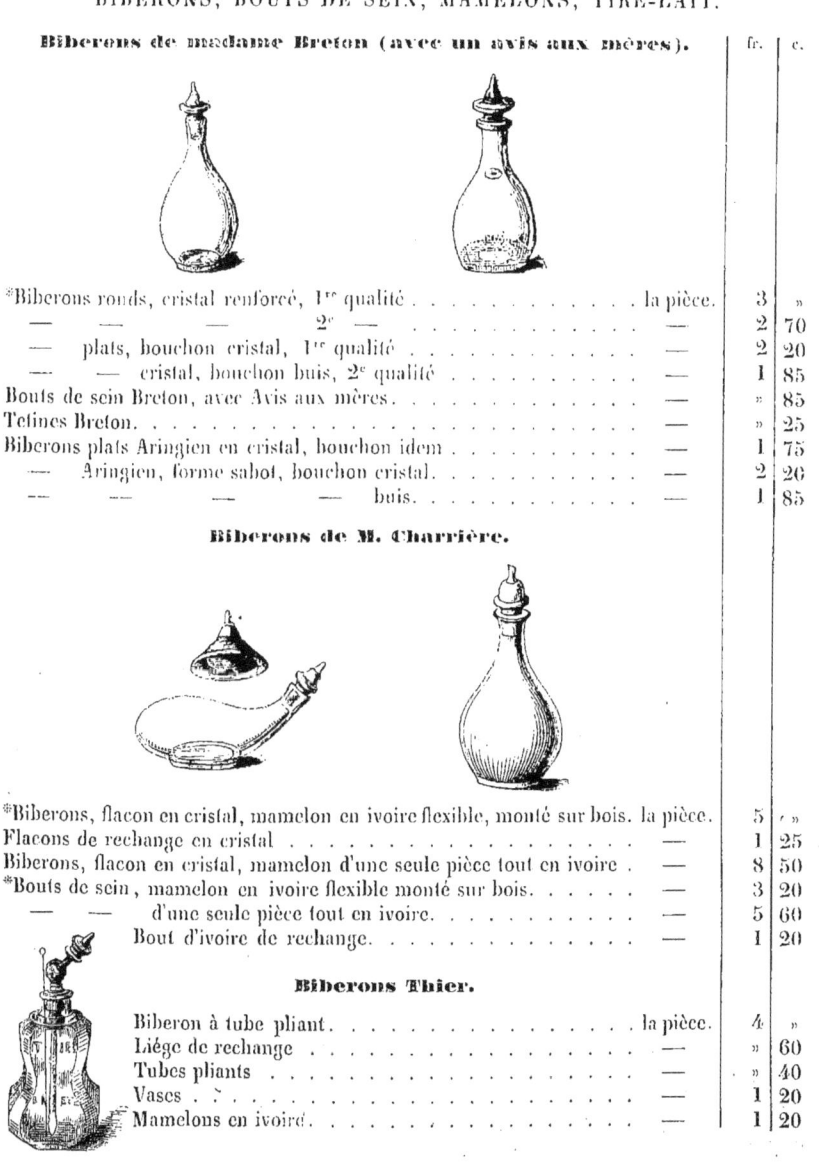

	fr.	c.
*Biberons ronds, cristal renforcé, 1re qualité . . . . la pièce.	3	»
— — — 2e — —	2	70
— plats, bouchon cristal, 1re qualité . . . —	2	20
— — cristal, bouchon buis, 2e qualité . —	1	85
Bouts de sein Breton, avec Avis aux mères . . . . . . —	»	85
Tetines Breton . . . . —	»	25
Biberons plats Aringien en cristal, bouchon idem . . . . . —	1	75
— Aringien, forme sabot, bouchon cristal . . . . —	2	20
— — — buis . . . . . . —	1	85

Biberons de M. Charrière.

	fr.	c.
*Biberons, flacon en cristal, mamelon en ivoire flexible, monté sur bois. la pièce.	5	»
Flacons de rechange en cristal . . . . —	1	25
Biberons, flacon en cristal, mamelon d'une seule pièce tout en ivoire . —	8	50
*Bouts de sein, mamelon en ivoire flexible monté sur bois . . . . . —	3	20
— — d'une seule pièce tout en ivoire . . . . —	5	60
Bout d'ivoire de rechange . . . . —	1	20

Biberons Thier.

	fr.	c.
Biberon à tube pliant . . . . la pièce.	4	»
Liége de rechange . . . . —	»	60
Tubes pliants . . . . —	»	40
Vases . . . . —	1	»
Mamelons en ivoire . . . . —	1	20

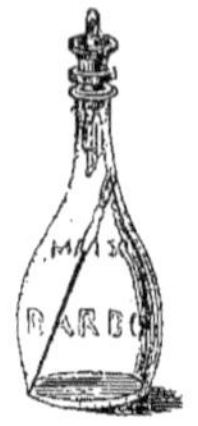

APPAREILS POUR L'ALLAITEMENT.

Biberons de M. Darbo.

	fr.	c.
*Biberon à spirale, monture en buis . . . . la pièce.	5	»
— et monture en ivoire. . . . . —	9	»
*Bout de sein en buis, la pièce, 3 fr. 30 ; — en ivoire, —	6	50
Flacon de rechange en cristal . . . . —	»	80
Spirale . . . . —	1	60
Mamelon de rechange en liége.	»	80
— préparé pour la dentition.	»	80
— en buis.	»	80

Biberons Leplanquais
à goulot flexible.

Fig. 1.    Fig. 2.    Fig. 3.

	fr.	c.
*Biberon, bout en liége, pis de vache, ou en gomme vulcanisée (fig. 1). la pièce.	3	60
— — en ivoire. . . . . —	4	60

Bouchons pour biberons, du même, pouvant s'adapter à toutes les carafes.

	fr.	c.
*Bouchons montés pis de vache, sans la carafe (fig. 2) . . . . la pièce.	1	50
— — caoutchouc vulcanisé —	1	50
— — en liége, la pièce, 2 fr. ; — en ivoire	2	50
Carafe simple (fig. 3, vue garnie du bouchon). . . . . —	»	50
Biberons anglais. . . . . —	1	25
Bouts de sein anglais. . . . . la douz^e.	7	50
Vrais bouts de pis de vache, en flacons, préparés à l'alcool. . . . . —	5	»

Biberons aérifères Jamet et Piquart. — Biberons de Burq.

	fr.	c.
Biberon bouchon cristal, mamelon hippopotame flexible, garniture en ivoire. .	4	»
— — — liége, garniture en ivoire.	3	75
— — — — en buis	2	75
— — — pis de vache, garniture en buis.	2	»
Bout de sein en buis, mamelon hippopotame flexible.	1	50
Biberon Burq, complet.	1	50

APPAREILS POUR L'ALLAITEMENT.

Biberons en étain de Guilbaut.

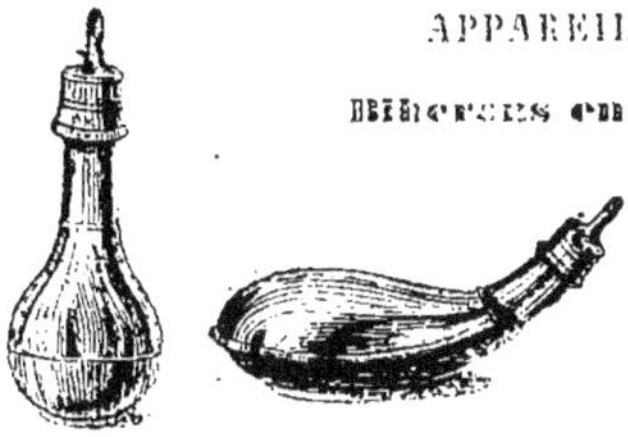

	fr.	c.
Biberon droit en étain.	1	»
— forme sabot.	2	50

Biberons du commerce avec la carafe.

Fig. 1. 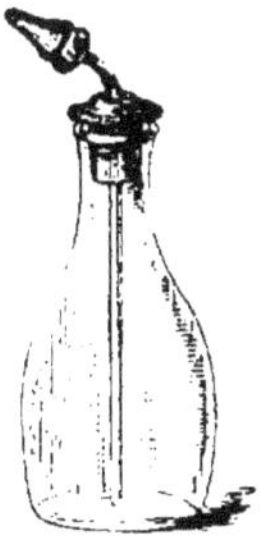 Fig. 2. 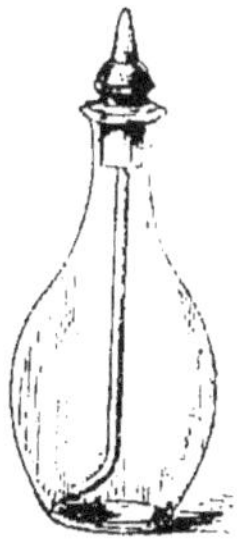 Fig. 3.  Fig. 4.

	fr.	c.
*Biberons bouts en gomme ou pis de vache (fig. 1) . . . . la pièce.	1	25
— en liége.	1	50
— tubes en étain, bouts en gomme ou pis de vache (fig. 2). . .	1	50
— — bouts ivoire flexible.	3	»
— — bouts en liége.	1	70
— tubes en corne, bouts en gomme ou pis de vache (fig. 3) . .	2	10
— — — bouts en liége.	2	50
— plats en verre, forme limande (fig. 4)	»	60

Biberons sans carafe.

	fr.	c.
Bouchons de carafe à tube en étain ou sans tube :		
montés avec mamelon en gomme . . . . la pièce.	»	75
— — en pis de vache	»	75
— — en liége.	1	»
Biberettes en ivoire.	1	»
Carafes rondes ou plates	»	60
— forme sabot	»	50

Bouts de sein montés — Mamelons divers
DU COMMERCE.

Fig. 1.  Fig. 2.

	fr.	c.
Bouts de sein en buis montés pis de vache (fig. 1). . . . . la douz.	5	»
*— — — — caoutchouc vulcanisé n° 1 . . . . . . —	5	»
— — — — — — n° 2 . . . . . . —	6	»

250   APPAREILS POUR L'ALLAITEMENT.

		fr.	c.
*Bouts de sein en buis montés liége, qualité n° 1............ la douz.		15	»
— — — — — n° 2........ —		16	»
— — — — ivoire flexible........ —		21	»
Bout de sein tout en gomme (fig. 2).... —		5	»
Mamelons de rechange caoutchouc vulcanisé.... —		1	80
* — — liége n° 1........ —		4	50
— — — n° 2........ —		7	20
— — ivoire végétal........ —		7	»
— — — flexible........ —		12	»
— — pis de vache........ —		1	80
— — en gomme........ —		1	80

Pompes à sein, Tire-lait, Garde-lait, etc.

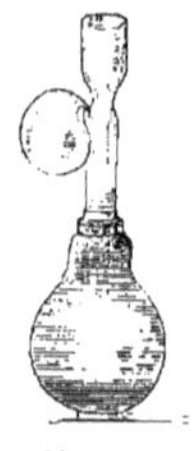

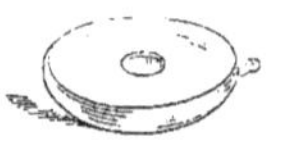

Fig. 4.    Fig. 5.

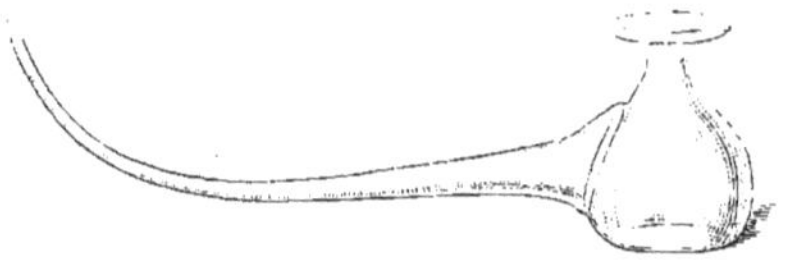

Fig. 1.   Fig. 2.    Fig. 3.

Tire-lait atmosphérique (fig. 1) de Leplanquais.......... la pièce.		7	»
— en verre (dits pipes à lait) (fig. 2)...... —		»	60
— ou Pompe à sein, montée corne, tube coton...... —		1	75
— — — os, tube fil (fig. 3)...... —		2	»
— — — ivoire, tube soie........ —		4	»
*Garde-lait ou Garde chemise en verre (fig. 4)........ —		1	»
— en gomme (fig. 5)........ —		1	»
— en buis........ —		1	»
Tasses en buis pour l'allaitement........ —		1	50
*Tabliers de nourrices, imperméables, indienne d'Alsace...... —		5	»
— — — de Rouen...... —		4	»
Anneaux de dentition en caoutchouc........ —		»	45
— — — avec sifflet........ —		»	90
— — en ivoire........ —		»	40
— — en os........ —		»	25
*Colliers anodins, ivoire, perles longues............ la douz.		12	»
— — — rondes........ —		15	»
— en os — longues........ —		3	60
— — — petites olives........ —		8	»
— — — rondes........ —		10	»
* — ambre jaune vrai, n° 1............ la pièce.		1	»
— — — n° 2........ —		1	25
— — faux, perles égales........ —		»	70
— — — étagées........ —		»	75

CLYSOPOMPES, IRRIGATEURS, ETC., SPÉCIAUX,
SERINGUES EN ÉTAIN, EN VERRE ET EN CRISTAL.

Nous invitons nos commettants à ne se rapporter qu'à la description détaillée pour nous bien indiquer l'espèce et le numéro qu'ils désirent; car s'il survenait quelques erreurs faute de renseignements, nous ne pourrions accepter de pour compte.

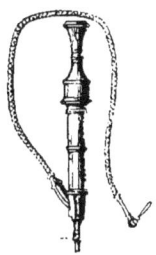 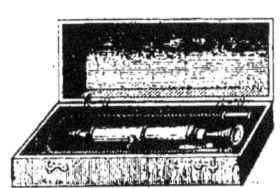 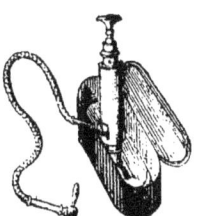

Clysopompe simple.   *Clysopompe dans sa boîte.*   *Jet continu, cuvette orale.*

Clysopompes simples. 1re sorte.	fr.	c.	Clysopompes simples. 2e sorte.	fr.	c.
Sans boîte.	1	75	Sans boîte.	1	50
*Avec cuvette fer-blanc verni . . .	2	65	Avec cuvette fer-blanc verni. . . .	2	25
Avec boîte en noyer.	3	15	Avec boîte en noyer.	2	65
* — jaune, n° 2	3	50	— jaune, n° 2	3	25
— — n° 3	3	80	— — n° 3	3	55
— — n° 4	4	25	— — n° 4	4	05
— — n° 5	4	65	— — n° 5	4	50
— — n° 6	5	15	— — n° 6	5	05
Clysopompes à jet continu. 1re sorte.			**Clysopompes à jet continu.** 2e sorte.		
Avec cuvette fer-blanc verni. . .	3	75	Avec cuvette fer-blanc verni. . . .	3	25
Sans marque, — . . .	3	»	Sans marque.	2	75
Avec boîte jaune, n° 2.	5	25	Avec boîte jaune, n° 2.	4	75
— n° 3.	5	50	— n° 3.	5	»
— n° 4.	6	»	— n° 4.	5	50
— n° 5.	6	50	— n° 5.	6	»
— n° 6.	6	75	— n° 6.	6	25

Avec cuvette intérieure, 75 cent. en plus sur chaque numéro.
Avec cuvette intérieure et boîte acajou ou palissandre, 1 fr. 75 en plus sur chaque n°.

	fr.	c.
Clysopompes à manivelle, de Fatoux.	5	50
Clyso-tube conducteur, de Comolot.	4	75
Clysoirs en étoffe imperméable. . . . . la pièce.	3	»
— — tissu intérieur en caoutchouc de Rattier. —	4	»

Clysoirs divers en caoutchouc vulcanisé, voy. Instruments en caoutchouc vulcanisé.
Siphons irrigateurs de M. Charrière. . . . . la pièce, 8 fr.

CLYSOPOMPES, IRRIGATEURS, SERINGUES, ETC.

SERINGUES EN ÉTAIN, EN VERRE ET EN CRISTAL.

Faute de désignation, nous enverrons les qualités marquées d'un *.

	fr.	c.
Seringues en étain pour lavements.		
Seringue forte pour homme, bâton de bois, canon droit. . . . . . la pièce.	3	30
— — — — courbe. . . . —	3	50
— — — — à platine. . . . —	4	85
Seringue moyenne force, bâton de bois, canon droit. . . . . —	2	90
* — — — — courbe. . . . . . . —	3	»
— — — — à platine. . . . . . —	4	15
Seringue petit-modèle, bâton de bois, canon droit. . . . . . . —	2	65
— — — — courbe. . . . . . . —	2	75
— — — — à platine. . . . . . —	3	90
Seringue dites 3/4, bâton de bois, canon droit . . . . —	2	40
— — — — courbe . . . . —	2	50
— — — — à platine . . . . . . —	3	60
Seringue dites 1/2, — — droit . . . . . . —	2	20
— — — — courbe . . . . . . —	2	30
— — — — à platine. . . . . . —	3	40
Seringue d'enfant, canon droit, n° 4. . . . . —	1	75
— — — n° 3. . . . . —	1	50
* — — — n° 2. . . . . —	1	25
— — — n° 1. . . . . —	1	10
Seringues à révérence, sans boîte . . . . —	5	50
— — boîte en noyer. . . . . —	13	50
Boîtes en bois pour les seringues. . . . . de 30 à	»	40
Canons de seringues en étain.		
Canons droits . . . . la douz^e.	3	60
— petite vis. . . . . —	2	40
Canons courbes . . . . —	4	80
— arrosoir. . . . . —	6	»
— — petites vis. . . . . —	4	80
Seringue gros calibre pour cheval . . . . la pièce.	6	25
Seringues à injections en étain.		
Seringue à injection pour femme, canon courbe, n° 4. . . . . . la pièce.	2	»
— — — — n° 3. . . . . . —	1	75
* — — — — n° 2. . . . . . —	1	50
— — — — n° 1. . . . . . —	1	25
Seringue à injection pour homme, n° 0. . . . . la douz^e.	1	75
— — — n° 1. . . . . —	2	»
* — — — n° 2. . . . . —	2	25
— — — n° 3. . . . . —	2	75
— — — n° 4. . . . . —	3	75
Seringue à injection pour oreille, n° 1. . . . . —	2	»
* — — — n° 2. . . . . —	2	25
— — — n° 3. . . . . —	2	75

(La hausse continue des métaux en général motive la nouvelle augmentation des instruments en étain.)

CLYSOPOMPES, IRRIGATEURS, SERINGUES, ETC.

Seringues à injections en verre ou en cristal.

	fr.	c.
Seringues à injection pour l'urèthre, en verre, piston bleu ou toute autre couleur, à anneau ou bouton, garnies en coton . . . . la douz^e.	1	25
* Les mêmes plus soignées. . . . . —	1	50
Seringues en verre, avec étui en bois. . . . . —	6	»
Seringues en cristal ordinaire, garnies en coton. . . . . . . —	2	»
— — piston émail, garnies en coton. . . . . . . —	2	50
— — — — en peau. . . . . . . —	3	»
— — à bout refoulé, garnies en coton . . . . . —	2	25
— — — — en peau . . . . . —	3	»
— — avec étui en bois. . . . . —	8	»
— — montées en os et étain, garnies en peau. . . —	12	»
— — — — avec étui en bois . . —	18	»
Seringues en verre pour femmes, courbes ou droites, dites Ricord. la pièce.	»	80
Les mêmes en cristal . . . . —	1	25
— montées en os et étain, garnies en peau. . . . . —	3	»
Seringues en os à injection, petites. . . . . la douz^e.	6	50
— — — grandes . . . . —	15	»

Clysoléide Lehodey.

Boîte du Clysoléide, renfermant tout l'appareil.   *Clysoléide monté.*

Clysoléide Lehodey, peint en bronze uni. . . . . la pièce.	7	50
— décoré de peintures. . . . . —	8	50

Clyso-poche Lehodey.

Clyso-poche.   *Clyso-poche.*

Clysopoche Lehodey, n° 1. . . . . la pièce.	5	75
— — n° 2, poli. . . . . —	5	»
— — — verni. . . . . —	4	50
Clysopompe Lehodey à réservoir démontant.	4	»

CLYSOPOMPES, IRRIGATEURS, SERINGUES, ETC.

Irrigateurs Éguisier.

Irrigateur Éguisier.

	fr.	c.
Cuivre étamé, peint. n° 1, capacité de 375 grammes.	11	»
2 — 500 —	11	50
3 — 1,000 —	13	»
Étain peint. n° 2 — 500 —	12	50
3 — 1,000 —	15	50
Cuivre ou étain poli. n° 2 — 500 —	16	50
3 — 1,000 —	21	»
Tubes de rechange, montés. . . . . . . la pièce.	3	20

Accessoires et Rechanges pour les Irrigateurs Éguisier.	N° 1.		N° 2.		N° 3.	
	fr.	c.	fr.	c.	fr.	c.
Boîte en hêtre.	»	80	»	80	»	80
— en citronnier.	2	40	2	40	3	20
— en tilleul.	4	»	4	»	4	75
— en maroquin.	4	»	4	75	6	40
— en noyer.	6	40	6	40	9	60
Tube de rechange, non monté	2	40	2	40	2	40
— — monté	3	20	3	20	3	20
Ressort de rechange.	1	75	1	75	2	25
Cuvette à double courant.	10	50	»	»	»	»

Clyso-injecteurs de Cottiau.

Clyso-injecteur.

	fr.	c.
Clyso-injecteur double. . . . . la pièce.	4	25
— simplifié . . . . —	2	50

Clyso de voyage de Thier.

Petit clyso de voyage.

	fr.	c.
Clyso de voyage, de Thier. . . . . la pièce.	7	50

CLYSOPOMPES, IRRIGATEURS, SERINGUES, ETC.   255

Hydroclyses Naudinat.

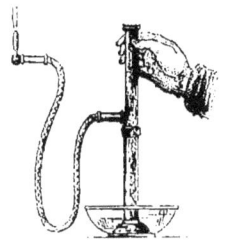

Hydroclyse Naudinat.

	fr.	c.
Hydroclyse Naudinat, n° 1. Il se compose de la pompe vernie, du tube, de la canule à lavement, le tout renfermé dans une *cuvette ovale vernie*.	4	25
N° 2. Le même que le n° 1, dans une boîte gainée, plus un pied de 250 gram. sur lequel se visse l'instrument.	5	25
N° 3. Le même que le n° 2, avec une canule courbe à injections et le mandrin pour le fixer au bout du tube.	6	»
N° 4. Complet avec toutes les canules.	7	»

Les mêmes, avec boîte en acajou, 50 centimes en plus.

Hydrocloses.

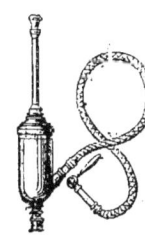 

Hydroclose.   *Hydroclose, vue intérieure.*

	fr.	c.
Hydroclose à ressort, boîte jaune, n° 2. . . . . la pièce.	5	75
— — 3. . . . . —	6	»
— — 4. . . . . —	6	50
— — 5. . . . . —	7	»
— — 6. . . . . —	7	50

Les mêmes, avec cuvette intérieure, 75 centimes en plus.

(Le nombre des instruments accessoires contenus dans les boîtes varie suivant les numéros et les prix.)

CLYSOPOMPES, IRRIGATEURS, SERINGUES, ETC.

Clysoir atmosphérique de Guérin.

Clysoir atmosphérique.

	fr.	c.
Clysoir atmosphérique de Guérin :		
En verre double................ la pièce.	9	»
En cristal fort.............. —	10	80
En cristal taillé............. —	12	60
Boîte en bois verni.............	2	»
Irrigateurs de Guérin............ —	10	80

Clyso-trousse Darbo

Dans sa boîte. — *Monté.*

	fr.	c.
Clyso-trousse de voyage et de nécessaire, de Darbo, avec tube et canule...	9	50
Étui en peau pour le renfermer.............	»	80
Étui forme lorgnette pour le renfermer..........	2	40
Canule injective et mandrin..............	1	20
Tube de rechange, en gomme.............	»	80

(Ce petit instrument peut être mis dans une trousse ou dans la poche. Toutes les pièces sont mobiles et renfermées dans le récipient à air.)

	fr.	c.
Pompes-jumelles de Darbo, à jet continu, avec boîte et tube en caoutchouc...	12	»
— petit modèle................	8	»
Canule injective en gomme, avec mandrin.........	1	60
Pied en plomb pour faire tenir l'instrument pour grandes injections...	1	60
Tuyau en étain articulé, à presse à 2 points........	3	20

Irrigateurs du commerce.

				fr.	c.
Irrigateurs du commerce,	Cuivre peint....	n° 1, capacité de 375 grammes...		9	»
		2 — 500 — ...		10	»
		3 — 1,000 — ...		12	»
	Étain......	n° 1 — 375 — ...		11	»
		2 — 500 — ...		11	50
		3 — 1,000 — ...		14	50
	Étain et cuivre poli.	n° 1 — 375 — ...		15	»
		2 — 500 — ...		16	»
		3 — 1,000 — ...		19	50
Clyso à pression, petit couvercle.............				4	50
— — à soupape en cuir............				4	50
Seringue à tige conductrice en fer blanc..........				3	»
— — en étain............				4	25
— sans tige en étain................				3	75
— à vis sans tige..................				4	25

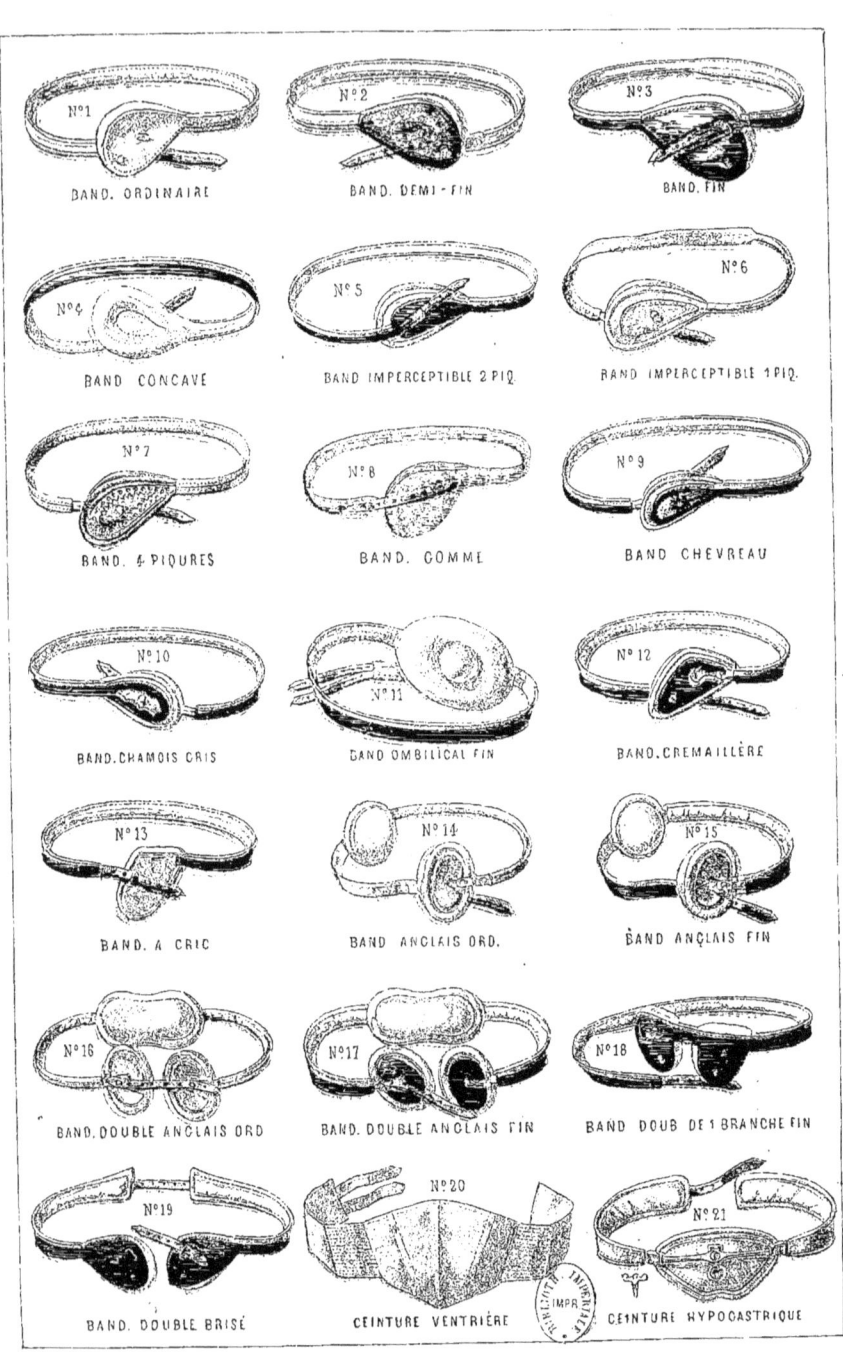

BANDAGES.

OBSERVATIONS.

1° Dans toute demande de bandages, il est nécessaire de désigner l'espèce, la qualité, si c'est pour hommes, pour cadets ou pour enfants, s'ils doivent être droits ou gauches. En cas de désignation insuffisante, nous enverrons des bandages droits et gauches de la qualité ordinaire, et pour homme ;

2° La mesure d'un bandage doit être prise depuis le crochet ou bouton placé au milieu de la plaque, sur la pelote, jusqu'au point où commence la courroie.

3° Faute de désignation suffisante, nous enverrons la qualité de bandages marquée par un *.

Nous avons intercalé une planche coloriée pour montrer le confectionnement des principales qualités de bandages.

Bandages simples.

	HOMMES.	CADETS.	ENFANTS.
	fr. c.	fr. c.	fr. c.
Bandages de nuit sans ressorts . . . . la douzᵉ.	12 »	10 »	8 »
— ordinaires . . . . —	16 »	13 »	10 »
— — à recouvrements . . . . —	17 »	14 »	11 »
— — garnis laine . . . . —	18 »	16 »	12 »
— demi-fins . . . . —	20 »	17 »	15 »
— fins . . . . —	24 »	21 »	15 »
— en toile . . . . —	24 »	21 »	15 »

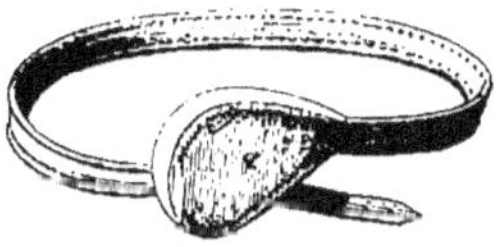

Fig. 1.

— en basane (fig. 1) . . . . —	24 »	21 »	15 »
— en peau de chien . . . . —	30 »	24 »	21 »
— en velours . . . . —	24 »	21 »	15 »
— en chamois gris . . . . —	30 »	24 »	21 »
— tour de corps . . . . —	36 »	30 »	24 »
— cruraux . . . . —	24 »	21 »	15 »
— brodés, pelotes ordinaires . . . . —	36 »	30 »	24 »

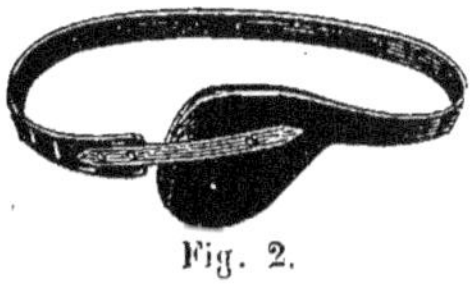

Fig. 2.

— en gomme (fig. 2) . . . . —	40 »	36 »	30 »
— — naturelle . . . . : . —	60 »	50 »	40 »

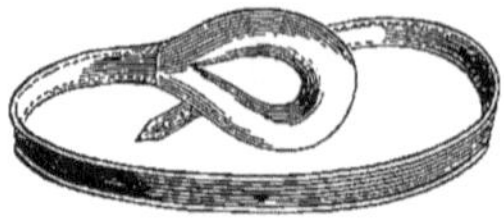

BANDAGES.

Fig. 3.

	HOMMES.	CADETS.	ENFANTS.
	fr. c.	fr. c.	fr. c.
Bandages concaves (fig. 3) . . . . la douz^e.	30 »	24 »	21 »

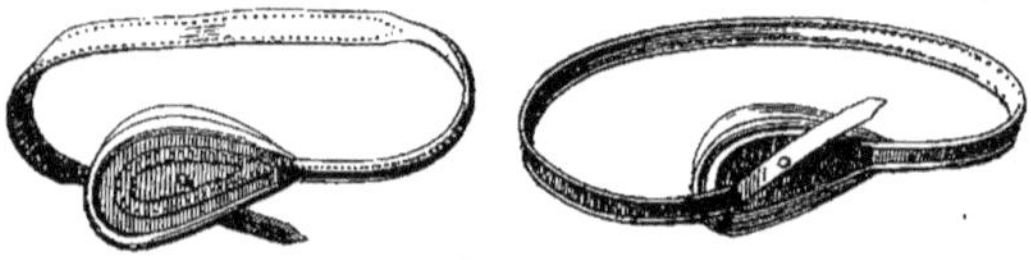

Fig. 4.

	HOMMES	CADETS	ENFANTS
* — imperceptibles, 1 piqûre, coussinet (fig. 4). —	36 »	30 »	24 »
— — 2 — — . . . . —	48 »	42 »	36 »
— — 4 — — . . . . —	54 »	48 »	42 »
— — en castor, pelotes à jour. . . —	60 »	54 »	48 »
— — en peau de chevreau, idem. —	72 »	60 »	48 »
— — en soie, couleurs variées . . —	84 »	72 »	60 »
— — en coton, sans coutures. . . —	24 »	21 »	15 »

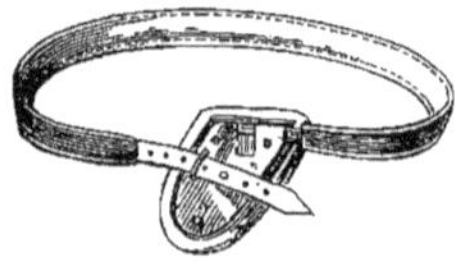

Fig. 5.

— à crics (fig. 5). . . . . —	51 »	48 »	42 »
— — en gomme. . . . . —	72 »	66 »	60 »

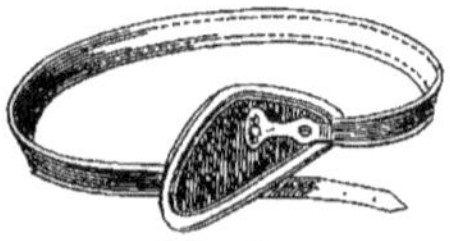

Fig. 6.

— à crémaillères (fig. 6). . . . . —	36 »	33 »	30 »

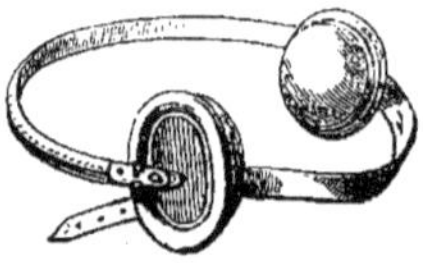

Fig. 7.

* — anglais ordinaires, pelotes mobiles (fig. 7). . —	30 »	27 »	24 »
— — fins, — . . . . . —	42 »	36 »	30 »
— — en gomme, — . . . . . —	60 »	51 »	41 »
* — dits Burat ordinaires, pelotes fixes . . . . . —	36 »	33 »	30 »
— — fins, — . . . . . —	48 »	42 »	36 »

(Les bandages à bec-de-corbin coûteront 1 franc de plus par douzaine.)

BANDAGES.   259

Bandages doubles sur une branche.

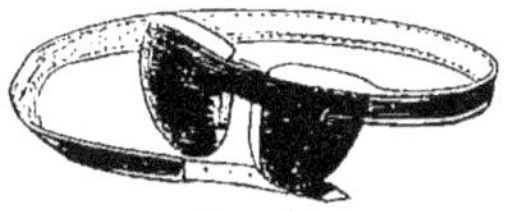

Fig. 8.

	HOMMES.	CADETS.	ENFANTS.
	fr. c.	fr. c.	fr. c.
Bandages sans ressorts, dits de nuit (fig. 8) . . . . la douz^e.	15 »	12 »	11 »
— ordinaires . . . . —	22 »	18 »	15 »
— — à recouvrements . . . . —	23 »	18 »	15 »
— — garnis laine . . . . —	23 »	19 »	16 »
— demi-fins . . . . —	27 »	22 »	18 »
— fins . . . . —	30 »	24 »	21 »
— en toile . . . . —	30 »	24 »	21 »
— en veau . . . . —	30 »	24 »	21 »
— en peau de chien . . . . —	36 »	30 »	24 »
— en velours . . . . —	30 »	24 »	21 »
— en chamois gris . . . . —	36 »	30 »	24 »
— tour de corps . . . . —	48 »	42 »	36 »
— en gomme . . . . —	48 »	42 »	36 »
— — naturelle . . . . —	60 »	50 »	40 »
— piqués ou brodés . . . . —	36 »	30 »	24 »
— imperceptibles, 1 piqûre, cou....l . . . —	48 »	42 »	36 »
— — 2 — . . . . . —	54 »	48 »	42 »
— — 4 — . . . . . —	72 »	60 »	54 »
— — coton sans coutures . . . —	36 »	30 »	24 »
— à cries . . . . —	72 »	60 »	54 »
— — en gomme . . . . —	96 »	84 »	72 »

(Les bandages à bec-de-corbin coûteront 2 fr. de plus par douzaine.)

Bandages doubles brisés.

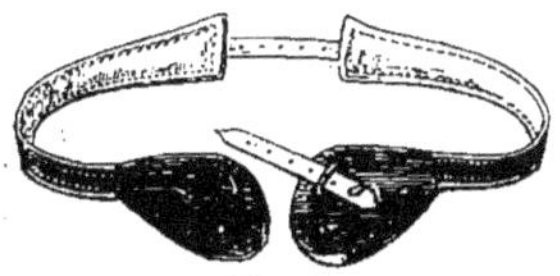

Fig. 9.

Bandages sans ressorts, dits de nuit (fig. 9) . . . . la douz^e.	24 »	21 »	18 »
— ordinaires . . . . —	30 »	25 »	20 »
— — à recouvrements . . . . —	32 »	26 »	21 »
— — garnis laine . . . . —	32 »	26 »	21 »
— demi-fins . . . . —	36 »	27 »	21 »
— fins . . . . —	42 »	36 »	30 »
— en toile . . . . —	42 »	36 »	30 »
— en veau . . . . —	42 »	36 »	30 »
— en peau de chien . . . . —	48 »	42 »	36 »
— en velours . . . . —	42 »	36 »	30 »

17.

BANDAGES.

	HOMMES.	CADETS.	ENFANTS.
	fr. c.	fr. c.	fr. c.
Bandages en chamois gris . . . . la douz^e.	48 »	42 »	36 »
— cruraux. . . . . —	42 »	36 »	30 »
— en gomme. . . . . —	72 »	66 »	60 »
— — naturelle . . . . —	84 »	72 »	66 »
— brodés, pelotes ordinaires. . . . . —	45 »	40 »	36 »
— à crémaillères . . . . —	60 »	54 »	48 »

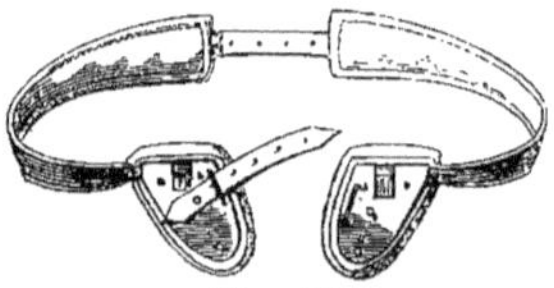

Fig. 10.

— à crics (fig. 10) . . . . —	102 »	96 »	92 »
— — en gomme. . . . . —	108 »	102 »	96 »

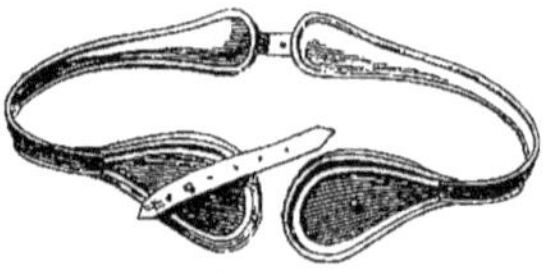

Fig. 11.

— imperceptibles, 1 piqûre, coussinet (fig. 11). —	48 »	42 »	36 »
— — 2 — — . . —	72 »	54 »	48 »
— — 4 — — . . —	84 »	72 »	60 »
— — en castor, pelotes à jour . . —	84 »	72 »	60 »
— — en peau de chevreau, idem. —	96 »	84 »	72 »
— — en soie, couleurs variées . . —	108 »	96 »	84 »
— — en coton, sans coutures. . . —	48 »	36 »	30 »

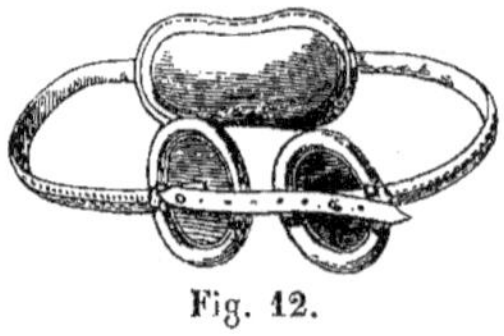

Fig. 12.

* — anglais ordinaires, pelotes mobiles (fig. 12). —	54 »	48 »	42 »
— — fins, — . . . . . —	84 »	72 »	60 »
— — en gomme, — . . . . —	90 »	84 »	72 »
— dits Burat ordinaires, pelotes fixes . . . . . —	72 »	66 »	54 »
— — fins, — . . . . . —	96 »	84 »	78 »

(Les bandages à bec-de-corbin coûteront 2 fr. de plus par douzaine.)

BANDAGES.

Bandages ombilicaux.

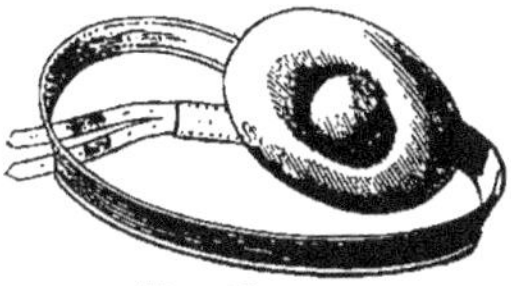

Fig. 13.

		HOMMES.	CADETS.	ENFANTS.
		fr. c.	fr. c.	fr. c.
Bandages sans ressorts, dits de nuit (fig. 13)....la douz^e		24 »	18 »	12 »
— ordinaires..................	—	27 »	21 »	15 »
— demi-fins..................	—	30 »	27 »	24 »
— fins......................	—	33 »	30 »	27 »
— en toile....................	—	33 »	30 »	27 »
— en veau...................	—	33 »	30 »	27 »
— en peau de chien...........	—	36 »	33 »	30 »
— en velours.................	—	33 »	30 »	27 »
— en chamois gris............	—	36 »	33 »	30 »
— tour de corps...............	—	36 »	30 »	24 »
— concaves..................	—	48 »	42 »	36 »
— brodés, pelotes ordinaires...	—	60 »	54 »	48 »
— en gomme.................	—	60 »	54 »	48 »
— imperceptibles, 1 piqûre, pelot. à coussinet.	—	42 »	36 »	30 »
— — 2 — —	—	48 »	42 »	36 »
— — 4 —. —	—	72 »	60 »	54 »
— — en coton, sans coutures...	—	33 »	27 »	24 »
— — en castor, pelotes à jour ..	—	72 »	60 »	48 »
— — en chevreau, — . .	—	84 »	72 »	60 »
— — en soie, couleurs variées, id.	—	92 »	84 »	72 »

Fig. 14.

— anglais ordinaires, pelotes mobiles (fig. 14).	—	48 »	42 »	36 »
— — fins, —	—	60 »	54 »	48 »
— système Burat ordinaires, pelotes fixes ...	—	72 »	60 »	51 »
— — fins, — . .	—	84 »	72 »	60 »

				fr. c.
Pelotes de bandages anglais simples................la douz^e				15 »
— — — doubles........			—	30 »
— — — simples fins.....				18 »
— — — doubles —			—	36 »
Fourreaux — — simples ordinaires......				18 »
— — — doubles —			—	30 »

Nous nous chargerons de faire exécuter au plus juste prix les objets et bandages de commande ; mais il est important qu'on nous désigne bien ce qu'on voudra, et qu'on indique surtout le côté et le volume de la hernie ainsi que la grosseur de la personne.

Toute commande de bandage ne sera exécutée qu'autant qu'on suivra les indications ci-dessus.

BANDAGES SPÉCIAUX DE LA FABRIQUE DE DIVERS INVENTEURS.

Bandages Leplanquais.

	fr.	c.
Bandages Leplanquais à pression progressive et inclinaison facultative :		
* Ordinaires simples............................ la pièce.	6	»
— doubles......................... —	12	»
Fins simples............................ —	10	»
— doubles........................... —	20	»

Bandages Burat.

	fr.	c.
Bandage Burat simple, à ressort mobile et brisé........... la pièce.	8	»
— double, — — —	15	»
— ombilical, — — —	11	»
— simple, à brisure à pont et pivot excentrique...... —	9	»
— double, — — —	17	»

Bandages Wickam frères.

	fr.	c.
Bandages Wickam frères, *simples étamés............. la pièce.	6	75
— — — 1re qualité......... —	9	50
— — — imperceptibles....... —	12	»
— — — à vis de pression...... —	14	»
— — — cruraux........ —	10	»
— — ombilicaux 1re qualité........ —	12	50
— — *doubles étamés........... —	12	»
— — — 1re qualité......... —	16	50
— — — imperceptibles....... —	18	»
— — hypogastriques, ressorts à charnières... —	20	»

Bandages Biondetti.

	fr.	c.
Bandage Biondetti simple............ la pièce, depuis 10 fr. jusqu'à	36	»
— double.......... — — 20 fr. —	72	»
— simple à régulateur.............. la pièce.	75	»
— double — —	150	»
— à régulateur, 1re qualité, fin simple........ —	200	»
— — — — double........ —	400	»
— ombilical à régulateur.... la pièce, depuis 75 fr. jusqu'à	200	»

Bandages Valérius.

	fr.	c.
Bandage Valérius simple...................... la pièce	50	»
— — double....................... —	75	»
— — ombilical..................... —	50	»

Ceintures Rainal.

	fr.	c.
Ceintures simples, pour hommes, cadets, enfants..... la douzaine, 24, 36 et	48	»
— doubles, — — — 36, 60 et	72	»
— ombilicales, — — — 24, 36 et	60	»
— ventrière élastique................ — » »	72	»
— hypogastrique, pour déplacement de matrice...... — » »	120	»

CEINTURES, SUSPENSOIRS, PESSAIRES, SONDES, ETC.

Ceintures ventrières, hypogastriques, etc.

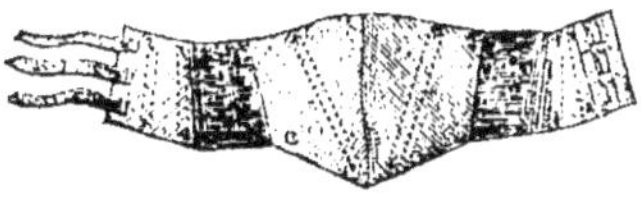

Fig. 1. 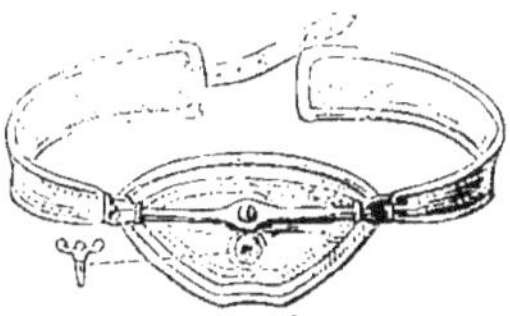   Fig. 2.

		fr.	c.
*Ceintures ventrières, caoutchouc couvert coton......... la pièce.		10	»
— — toile et élastique, doublées coton (fig. 1)... —		7	»
— — — fine et élastique, doublées toile..... —		10	»
— — coutil et élastique............ —		12	»
— — pour femmes enceintes......... —		20	»
— hypogastriques à clef, sans charnières (fig. 2)..... —		15	»
— — — avec charnières brisées...... —		20	»
— périodiques en gomme................ —		1	50
— — en chamois, 5 élastiques........ —		2	»
— — 8 — .... —		4	»
— ombilicale, caoutchouc vulcanisé, pour adulte.... —		9	»
— — — — pour cadet...... —		6	»
— — — — pour enfant...... —		3	»
*— périnéale (plancher périnéal) en caoutchouc vulcanisé, sans pessaire................. —		4	50
— — avec pelote obturatrice....... —		6	»
*— abdominales, caoutchouc vulcanisé............ —		9	»
— — coupées sur tissu en pièce......... —		12	»
— de natation ou de sauvetage............ —		12	»

(Faute de désignation, nous enverrons les ceintures marquées d'un *.)

Suspensoirs.

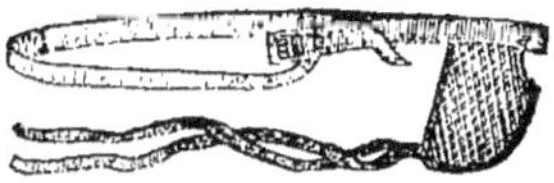

		fr.	c.
*Suspensoirs avec ou sans sous-cuisses, en coton...... la douz^e.		5	»
— — en fil........... —		7	50
— — en soie.......... —		16	»
*— à ceinture élastique, en coton........ —		8	»
— — en fil............ —		10	»
— — en soie........... —		24	»
— à l'anglaise, bouton ou agrafe, en coton...... —		10	»
— — — en fil........ —		12	»
— — — en soie....... —		18	»
— à hydrocèle en coton............... —		10	»
— — en fil.................. —		12	»
— — en soie................. —		24	»

SUSPENSOIRS, PESSAIRES.

	fr.	c.
*Suspensoirs façon néo-hygiénique en coton............ la douz^e.	10	»
— — en fil............ —	12	»
— — en soie............ —	18	»
— à bateau en coton............ —	6	»
— — en fil............ —	8	»
— — en soie............ —	18	»
— cavaliers en coton............ la pièce.	1	»
— — en fil............ —	1	80
— — en soie............ —	2	»
Tulle à suspensoirs en coton............ le mètre.	5	»
— en fil............ —	15	»
— en soie............ —	50	»
Suspensoirs mobiles de Leplanquais............ la douz^e.	9	»
— néo-hygiéniques de Conté de Lévignac....... —	15	»
— de Milleret............ —	18	»
Poches de rechange de Milleret............	7	»

(Faute de désignation suffisante, nous enverrons les suspensoirs coton à 5 fr. la douzaine. — Les suspensoirs à coulisse coûtent 1 fr. de plus par douzaine.)

Pessaires en gomme, en ivoire, en buis, etc.

Fig. 1.    Fig. 2.

	fr.	c.
Pessaires en gomme, ronds ou ovales (fig. 1, 2)...... la douz^e.	6	»

Fig. 3.    Fig. 4.    Fig. 5.

	fr.	c.
Pessaires en gomme à bondon (fig. 3)............ la douz^e.	12	»
— — en 8 de chiffre (fig. 4)............ —	9	»
— — à tige (fig. 5)............ —	15	»
— à cuvette............ —	9	»
— à controversion............ —	12	»
— en ivoire, ronds, ovales et à tige....... la pièce de 5 fr. à	10	»
— en buis — .... la douz^e.	12	»
— — à tiges. — .... —	24	»
— à air fixe, en caoutchouc vulcanisé. } (Voir Instruments en caout-		
— à air libre et réservoir d'air à robinet. } chouc vulcanisé.)		
Pessaires galvaniques Raspail............	»	»

Sondes et Bougies.

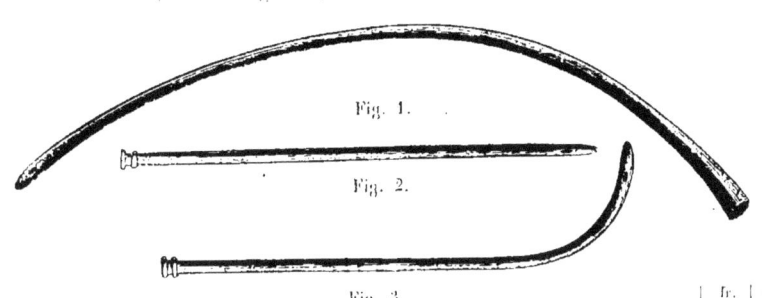

Fig. 1.
Fig. 2.
Fig. 3.

	fr.	c.
*Sondes en gomme droites, noires ou blondes, ordinaires (fig. 2) . . la douz^e.	2	25
— — — 1re qualité. . . . . . —	5	»
— — anglaises, têtes os et mandrins. . . . . —	8	»
— — façon anglaise. . . . . —	6	»
— — courbes (fig. 3), ordinaires, 4 fr.; — *supérieures, —	5	»
— — coniques. . . . . —	6	»
— — olivaires, ordinaires, 6 fr.; — *supérieures. . . —	12	»
— œsophagiennes (fig. 1).	9	»
— à double courant. . . . . la pièce.	3	»
— porte-empreintes numérotées. . . . . la douz^e.	6	»
— galvaniques Raspail. . . . . la pièce.	1	50
— de *Lasserre*, droites. . . . . la douz^e.	9	»
— — à courbures fixes. . . . . —	18	»
— — coniques. . . . . —	15	»
— — olivaires. . . . . —	24	»
— de *Lamotte*, droites. . . . . —	5	»
— — à courbures fixes . . . . —	10	»

Bougies en gomme, en cire, etc.

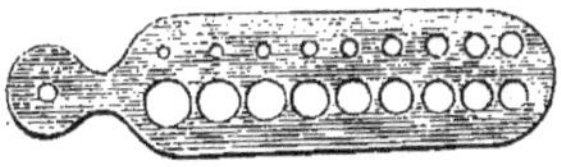

Fig. 4.

	fr.	c.
Filière Moriceau, à 18 trous (fig. 4). . . . . la pièce.	1	25
— Leplanquais, divisée par 1/2 millimètre, 19 trous. . . . —	1	25
— Charrière. — 1/3 — 30 — . . —	4	»
Bougies cylindriques en gomme ordinaire . . . . la douz^e.	2	25
— — qualité supérieure. . . . . —	5	»
— à ventre. . . . . —	6	»
— courbes . . . . —	5	»
— coniques. . . . . —	6	»
— olivaires, ordinaires, 6 fr.; — *supérieures. . . . . —	12	»
— filiformes. . . . . —	9	»
— en cordes à boyau. . . . . —	3	»

BOUGIES, CANULES, URINAUX, ETC.

	fr.	c.
Bougies en cire jaune . . la douzaine, 2 fr.; — blanche ou rose . . la douz⁰.	4	»
— anglaises, tête os. . . . . —	8	»
— de *Lamotte*, coniques. . . . . —	9	»
— — olivaires. . . . . —	10	»
— de *Lasserre*, cylindriques . . . . —	9	»
— — à courbure fixe. . . . . —	18	»
— — olivaires. . . . . —	15	»

Fig. 1.

Bougie pour le rectum en gomme. (fig. 1). . . . . —	9	»

Canules, Urinaux, etc.

Fig. 2.    Fig. 3.

	fr.	c.
Canules en gomme droites, de 3 à 18 centimètres (fig. 2). . . . . la douz⁰.	2	25
— — — à injections. . . . . —	4	»
— — courbes à injections (fig. 3). . . . . —	6	»
— — — à bidet . . . . —	4	»
— — à fractures de 54 à 60 centimètres. . . . . . —	9	»
— en buis . . . . —	1	»

Fig. 4. 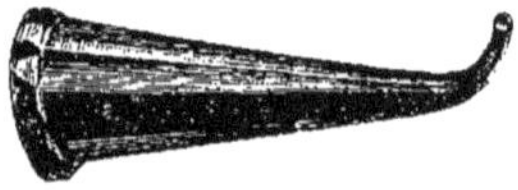   Fig. 5.

	fr.	c.
Suppositoire en gomme (fig. 4) . . . . la pièce.	»	75
Cornet acoustique en gomme (fig. 5) . . . . —	4	»

Fig. 6.    Fig. 7.    Fig. 9.    Fig. 8.

	fr.	c.
Urinal pour hommes, en gomme (fig. 6) . . . . la pièce.	5	»
— — à polichinelle (fig. 7) . . . . —	6	»
— pour femme — (fig. 8). . . . . —	6	»
Godet pour urinal (fig. 9)	»	»

URINAUX, BAS ÉLASTIQUES, ETC.   267

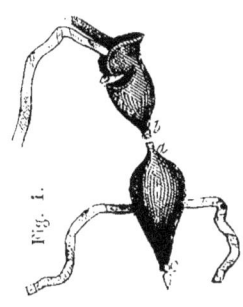

Fig. 1.

	fr.	c.
Urinal pour homme, caoutchouc vulcanisé, grand modèle. (fig. 1)	12	»
— — — — — qualité ordinaire	9	»
— — — — — à ceinture	7	»
— — — — — qualité ordinaire	6	»
Urinal pour femme, caoutchouc vulcanisé	7	»
— — — — qualité ordinaire	6	»
Urinal simple pour homme, caoutchouc vulcanisé	4	50
— — — — — qualité ordinaire	3	75

Bas élastiques pour varices

en fil de caoutchouc vulcanisé recouvert de soie ou de coton.

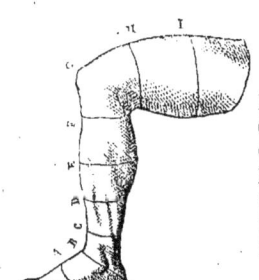

Fig. 2.

TISSU FRANÇAIS.

	fr.	c.
Bas de A à F. . . . . la pièce.	8	»
Cuissard de F à I. . . . . —	10	»
Genouillère de F. à H. . . . . —	6	»
Mollet de C à F . . . . —	6	»
Chaussette de A à D . . . . —	6	»
Bas à genouillère de A à H. . . . . . . —	15	»
Bas à cuissard de A à I. . . . . —	21	»

TISSU ANGLAIS.

	Coton ordinaire.		Coton mi-fin.		Coton extra-fin.		Soie.	
	fr.	c.	fr.	c.	fr.	c.	fr.	c.
Bas de A à F. . . . . . la pièce.	4	»	5	»	6	»	9	»
Cuissard de F à I. . . . . . —	3	50	4	50	5	50	8	»
Genouillère de F à H. . . . —	3	»	4	»	5	»	6	50
Mollet de C à F. . . . . . . —	3	»	4	»	5	»	6	50
Chaussette de A à D. . . . —	2	75	3	75	4	75	6	»

Faute de désignation nous enverrons les bas tissus anglais mi-fin.

Nota. Prendre les mesures qu'on nous transmettra sur les lignes horizontales tracées sur la figure ci-jointe et indiquer la *longueur* du bas depuis une lettre jusqu'à l'autre de la même figure.

BAS LEPERDRIEL, ARTICLES DIVERS EN CAOUTCHOUC.

		fr.	c.
Bas en caoutchouc vulcanisé, sans œillets............ la pièce.		5	50
— — avec œillets............ —		6	50
Bas en coutil gris, lacés............ —		6	»
— blanc, lacés............ —		6	»
*Bas en peau de chien façon, lacés............ —		6	»
— — vraie, suivant les grandeurs.			
Chaussons en caoutchouc vulcanisé pour homme............ la paire.		3	»
— — — pour femme............ —		2	50
— — — pour enfant............ —		2	»
Chaussettes — — .... —		3	»

Bas à varices de Leperdriel.

	fr.	c.
Bas au-dessous du genou (tissu A) fort............ la pièce.	9	»
— (— B) plus doux............ —	7	50
Chaussettes, mollet, genouillère, l'un ou l'autre tissu........ —	6	»
Cuissard, prix variables suivant la grandeur.		
Bas à cuisse de A à I (tissu A) fort............	12	»
— — (— B) plus doux............	10	50

Articles en caoutchouc pour divers usages.

	fr.	c.
Toile imperméable caoutchouc entre 2 toiles ; largeur, 80 centimètres. le mètre.	6	»
Toile d'hôpital caoutchouc, blanc d'un côté ; largeur, 1 mètre.... —	6	»
Tabliers de nourrices, indienne d'Alsace............ la pièce.	5	»
— — de Rouen............ —	4	»
Fil lacet plat recouvert de coton............ le kilo.	16	»
— — de soie noire............ —	58	»
Fil pour tricoter des bas à varices............ —	42	»
Bouteilles en caoutchouc de 1/2 litre............ la pièce.	2	25
— — de 1 litre............ —	2	75
— — de 1 litre 1/2............ —	3	50
Matelas à air, avec soufflet, 2 mètres sur 80 centimètres...... —	100	»
Oreillers à air, avec ou sans compartiment, petit............ —	8	»
— — — — moyen............ —	11	»
— — — — grand............ —	14	»
Coussins à air, 1re qualité, carrés, ronds, plats, cannelés, etc.... —	8	»
— — — — — grand modèle.. —	10	»
Ferme-porte, ressorts en fil............	1	»
Tuyaux acoustiques pour magasins et appartements............ le mètre.	2	75
Papillons et sifflets pour la monture des tuyaux......... la monture.	6	»
Rondelles, clapets de pompe, feuilles de caoutchouc pour les joints hydrauliques et joints de vapeurs.		
Dissolution de caoutchouc ou caoutchouc liquide........... le kilo.	6	»
Caoutchouc en feuilles, selon le plus ou moins d'épaisseur, le kilo, de 18 à	30	»
— pour bureau............ le kilo.	8	»

Nous ne faisons pas mention des instruments de chirurgie en gutta-percha. Cette substance devient cassante et friable au bout d'un certain temps : c'est un inconvénient des plus graves.

APPAREILS ET INSTRUMENTS EN CAOUTCHOUC VULCANISÉ
DE GALANTE.

	fr.	c.
Alèse simple en caoutchouc vulcanisé, pour adulte et enfant . . la pièce, 12 fr. et	18	»
— à poche — — — . . — 18 fr. et	25	»
Anneaux pour dentition. . . . . la douzaine.	4	»
Bains locaux, grandeurs assorties.	4	»
Bandages en caoutchouc vulcanisé, pelote à air . . . . . . la pièce, 5 fr. à	6	50
— du Dr van Praag, en caoutchouc, pour enfants. . . . . la pièce.	5	»
Bandes (le mètre par chaque centimètre de largeur).	»	20
Bas caoutchouc vulcanisé, sans œillets . . . . la pièce.	5	50
— — avec œillets. . . . . . . —	6	50
Béquilles à coussins d'air comprimé . . . . la paire.	25	»
Bonnet à glace simple, pour fièvre cérébrale, aliénation mentale (fig. 1), pour adulte, la pièce.	8	»
— — — pour enfant, —	6	»
— — à double courant, pour adulte, —	11	»
— — — pour enfant, —	9	»

Fig. 1.  Fig. 2.  Fig. 3.

Bouchons-tétines (fig. 2) . . . . la douzaine.	1	75
Boules aspiratoires en caoutchouc vulcanisé. . . . . la pièce.	2	»
Bouts de biberons . . . . —	»	75
— de sein en caoutchouc vulcanisé . . . . —	»	35
— — plaques en buis, tétines vulcanisées. . . . . —	»	25
Brosses électriques pour frictions (fig. 3), n° 1. . . . . —	3	»
— — n° 2. . . . . —	4	»
— — n° 3. . . . . —	5	»
Ceinture hypogastrique, caoutchouc vulcanisé. . . . . —	10	»
— — à clef, garniture ordinaire. . . . . —	15	»
— — — garniture fine . . . . —	20	»
— — gomme élastique à clef ou à anneau. . . . —	22	»
Ceinture ombilicale, caoutchouc, pour adulte . . . . —	9	»
— — — pour cadet . . . . —	6	»
— — — pour enfant. . . . . —	3	»
— périnéale, caoutchouc vulcanisé, sans pessaire. . . . . . —	4	50
— — avec pelote obturatrice. . . . . —	6	»
Chaussettes caoutchouc vulcanisées . . . . —	3	»
Chaussons hygiéniques, pour hommes . . . . la douzaine de paires.	36	»
— — pour femmes, 27 fr. — pour enfants —	21	»

270 APPAREILS ET INSTRUMENTS EN CAOUTCHOUC VULCANISÉ.

	fr.	c.
Clysoir anglais, pour injection ou lavement. . . . . la pièce.	5	»
— à boule. . . . . —	3	»
— de poche, caoutchouc vulcanisé, n° 1. . . . . —	3	»
— — — — n° 2. . . . . —	4	»
— — — — n° 3. . . . . —	5	»

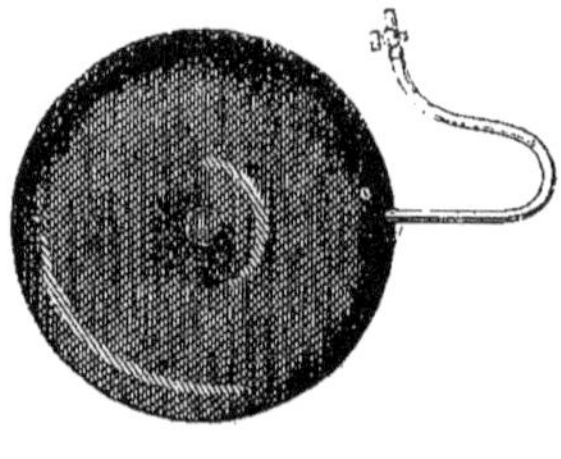

Fig. 4. *Compresseur du sein.*    Fig. 5. *Coussin à air pour la tête.*

	fr.	c.
Compresseur du sein (fig. 4), suivant grandeurs. . . . . la pièce, 3 fr. à	4	»
Cornets acoustiques, suivant grandeurs. . . . . — 3 fr. à	4	»
Coussinets à fractures pour bras. . . . . les trois.	21	»
— pour jambes. . . . . —	36	»
Coussins hémorrhoïdaux, caoutchouc vulcanisé. . . . . la pièce, 5 fr. et	6	»
— à air en caoutchouc vulcanisé, pour malades (fig. 5), formes diverses, suivant le diamètre, de 25 à 50 centimètres. . . la pièce, de 10 fr. à	30	»
— en tissus pour voyage. . . . . la pièce.	10	»
— pour béquilles, petit et grand modèle. . . . . la paire, 4 fr. et	6	»
Doigtiers, caoutchouc vulcanisé, assortis de grandeurs. . . . . . la douzaine.	2	»
Extension et contre-extension (appareil pour fracture du col du fémur)	20	»
Flacons de voyage de 125 à 1,000 grammes . . . . . la douzaine de 18 fr. à	42	»
Gants anatomiques. . . . . la paire.	8	»
Genouillère, caoutchouc vulcanisé . . . . la pièce.	3	50
— orthopédique, l'appareil complet	18	»
Insufflateurs à robinets, assortis de grandeurs. . . . . la douzaine.	36	»
Irrigateur vaginal à jet continu de M. le docteur Maisonneuve.	18	»
— Blatin	10	»
Manchons pour spéculum à charnière. . . . . la douzaine.	18	»
Mèche creuse . . . . le mètre.	1	»
Mentonnière de M. le Dr Guersant. . . . . la pièce.	3	»
OEillères à irrigation continue . . . . —	8	»

Fig. 5 bis. *Pelote à tamponnement.*

	fr.	c.
Pelotes à tamponnement vaginal (fig. 5 *bis*) . . . . la douzaine.	24	»
— ombilicales et autres. . . . . — 18 à	30	»

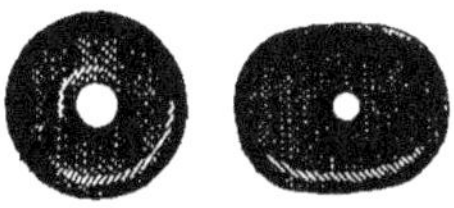

APPAREILS ET INSTRUMENTS EN CAOUTCHOUC VULCANISÉ. 271

	fr.	c.

Fig. 6. *Pessaires à air fixe.* 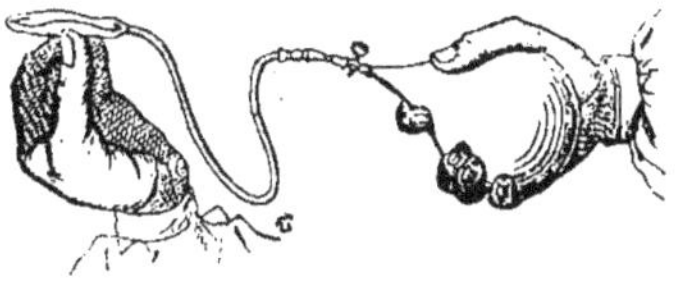   Fig. 7. *Pessaire à réservoir d'air.*

	fr.	c.
Pessaires à air fixe, ronds ou ovales (fig. 6), assortis de grandeur. la douzaine.	15	»
Pessaire à réservoir d'air de Gariel (fig. 7), à 2 robinets . . . . la pièce.	7	»
Petit pessaire Simpson, à robinet. . . . . —	2	50
Poches périodiques . . . . —	2	50

Fig. 9. *Poire à injection pour oreilles ou urèthre.*
Fig. 8. *Poire à injection vaginale.* 
Fig. 10. *Poire pour clystère.*

Poires à injection vaginale (fig. 8) . . . . la douzaine, 36 fr. à	51	»
— — pour oreilles (fig. 9). . . . . — 16 fr. à	27	»
— — pour clystères (fig. 10). . . . . . . — 16 fr. à	45	»

Fig. 11.
Pyxide à insufflation de poudres médicamenteuses.

Pyxide à robinet et insufflateur (fig. 11). . . . . la pièce.	3	»
Robinets à pessaires, en cuivre doré. . . . . —	1	»
— d'urinaux — . . . . —	1	25
— d'irrigateur — . . . . —	1	25
Serre-bras en caoutchouc vulcanisé. . . . . la douz^e.	4	»
— vulcanisé, à air fixe. . . . . —	36	»
— — à air mobile. . . . . —	48	»
Serre-cuisses ordinaire, tirants élastiques . . . . —	12	»
Sous-cuisses en caoutchouc . . . . la douzaine de paires.	18	»
Spiromètre de M. le Dr Boudin. . . . . la pièce.	15	»

APPAREILS ET INSTRUMENTS EN CAOUTCHOUC VULCANISÉ.

	fr.	c.
Suppositoire dilatateur, caoutc. vulc., avec insufflateur et 2 robinets, la douz^e.	84	»
Suspensoirs vulcanisés, en gomme mince. —	30	»
— — — forte. —	42	»
— — blennorrhagiques. —	54	»
Tire-lait, cloche cristal à tube. —	21	»
— — monté ébène. —	12	»
Tubes pour clysopompe, en caoutchouc vulcanisé recouvert coton. . . le mètre.	1	50
— — — soie. —	4	»

	DIAMÈTRE INTÉRIEUR. millimètr.	NOMBRE DE MÈTRES AU KILOGRAMME.	PRIX DU KILOGR. fr. c.
Tubes en caoutchouc vulcanisé, n° 1.	» 1/2	152 mètres » cent.	60 »
— — — n° 2.	1 1/2	122 — » —	53 »
— — — n° 3.	2	102 — » —	46 »
— — — n° 4.	2 1/2	87 — » —	41 »
— — — n° 5.	2 3/4	77 — » —	38 »
— — — n° 6.	3	62 — » —	35 »
— — — n° 7.	3 3/4	45 — » —	30 »
— — — n° 8.	4	27 — » —	25 »
— — — n° 9.	6	24 — » —	23 »
— — — n° 10.	7	19 — » —	22 »
— — — n° 11.	8 3/4	17 — » —	21 »
— — — n° 12.	9	15 — » —	19 50
— — — n° 13.	9	11 — 50 —	19 »
— — — n° 14.	11	10 — 50 —	17 »
— — — n° 15.	12	9 — 25 —	16 50

	fr.	c.
Urinal pour hommes, caoutchouc vulcanisé, grand modèle. . . . . la pièce.	12	»
— — — — qualité ord. —	9	»
— — — à ceinture. —	7	»
— — — — qualité ordinaire. —	6	»
— — — polichinelle. —	5	50
— — — — qualité ordinaire. —	4	50
— pour femmes, caoutchouc vulcanisé. —	7	»
— — — qualité ordinaire. —	6	»
— simple pour hommes, caoutchouc vulcanisé. —	4	25
— — — — qualité ordinaire. —	3	50

Fig. 12. *Ventouse cloche cristal.*    Fig. 13. *Ventouse montée ébène.*

	fr.	c.
Ventouse caoutchouc, cloche en cristal (fig. 12). . . . . la pièce, 2 fr. et	3	»
— — montée ébène (fig. 13).	1	»
Vessie à glace, caoutchouc vulcanisé. . . . . la pièce.	6	»

VÉSICATOIRES
ET ARTICLES POUR PANSEMENT DES VÉSICATOIRES ET CAUTÈRES.

Vésicatoires B B.	fr.	c.	Vésicatoires Baldou.	fr.	c.
Nᵒˢ 1, 3 centimètres.... le cent.	3	50	Nᵒˢ 1, rond, 2 centim. la douz.	»	30
2, 4 — ... —	5	»	2, ovale, 4 — —	»	60
3, 5 — ... —	7	50	3, — 6 — —	»	90
4, 6 — ... —	10	50	4, — 6 1/2 — —	1	20
5, 7 — ... —	13	50	5, — 8 1/2 — —	1	50
6, 8 — ... —	16	50	6, — 9 — —	1	80
Pour oreilles........	4	50	7, — 11 — —	2	10
Vésicatoires Gremmeret-Lecomte,			8, — 14 — —	3	»
l'hecto.	5	»	8, — 16 — —	4	»
Vésicatoires rouges de Leperdriel			10, — 18 — —	5	»
(voy. Toile vésicante).			11, pour oreille.......	»	50
			Vésicat. sur percaline coton, la pièce	3	50

Toiles vésicantes.

	fr.	c.		fr.	c.
Toile vésicante d'Albespeyres, le mètre	2	75	Toile vésicante Pollet.. le rouleau.	2	»
— — — le 1/2.	1	50	— — Baldou.. —	2	60
— — Leperdriel, le mètre.	3	»	— — de Bévière, le mètre.	2	»
— — — le 1/2.	1	50			

Taffetas pour vésicatoires.

			fr.	c.
Taffetas vésicant Baget................ le mètre.			6	»
— — .... le 1/2.			3	»
— Mauvage, nᵒˢ 1, 2, 3............ la boîte.			»	75
— épispastique Leperdriel, nᵒˢ 1, 2, 3........... le rouleau.			1	50
— — — le 1/2.			»	75
— d'Albespeyres, nᵒˢ 1, 2, 3.......... le rouleau.			»	60

Papiers épispastiques de divers auteurs.

	fr.	c.		fr.	c.
Papier épispastique d'Albespeyres,			Papier épispastique de Thion... la boîte.	»	40
nᵒˢ 1 faible, 1, 2, 3.. la boîte.	»	75	— — de Vée, nᵒˢ 1, 2, 3.	»	60
Papier épispastique de Biron-Devèze,			— — sans nom.	»	40
nᵒˢ 1, 2, 3...... la boîte.	»	75	— — de Baldou, suivant		
Papier épispastique de Faure, —	»	50	les grandeurs..	»	»
— — de Guyot.. —	»	40	— — de Leperdriel...	»	50
— — de Mallard, —	»	45	— — sans nom.	»	40
— — de Lausanne, de E.			— végéto-épispast. de Guillard.	»	50
Genevoix, la boîte.	»	70	— anglais, de Gremmeret-Lecomte	»	80

Pois Leperdriel.

			fr.	c.
Pois élastiques à la guimauve ou suppuratifs au garou de 0 à 12.... le cent.			1	50
De 13 à 14..... le cent.	1	55	De 17 à 18.... —	2	25
De 15 à 16.... —	1	75	De 19 à 20.... —	3	»
— désinfecteurs au charbon, mêmes prix.					
— suppuratifs non élastiques, la boîte de 100..............			»	75

ARTICLES POUR PANSEMENT DE VESICATOIRES ET CAUTÈRES.

Taffetas, Papiers à cautères, Compresses.

	fr.	c.		fr.	c.
Caustique de Filhos . . . le cylindre.	1	»	Papier à cautère ordinaire. la boîte.	»	20
Taffetas Leperdriel . . . le rouleau.	1	50	— — beau. . . . —	»	30
* — — . . le 1/2.	»	75	— — extra-beau. —	»	40
— de Baget . . . le rouleau.	»	80	— sérofuge d'Ancelin. —	»	75
— à cautère d'Albespeyres, le rouleau.	»	60	Compresses Leperdriel . . le paq¹.	»	60
Papier de Gauthier-Steinacher, boîte.	1	»	— chlorur: —	»	60
— de Lebrun et Renault. . —	»	75	— au charbon —	1	80
Papier à cautère Leperdriel, la boîte.	»	50	— sans nom. . . . . —	»	50
			— d'Albespeyres. . . —	»	70

SERRE-BRAS SPÉCIAUX ET SERRE-BRAS DU COMMERCE.

Serre-bras Leperdriel 1ʳᵉ sorte.

		fr.	c.
Serre-bras n° 1, à plaque en doublé d'argent bruni. . . . . la pièce.		1	50
— n° 1 bis, même plaque, mais à jour. . . . . —		1	50
— n° 2, sans plaque, à lacets en soie . . . . —		1	50
— n° 2 bis, sans plaque, à courroies, sans couture . . . . —		2	»
— n° 3, à plaque noire en gomme, galerie en doublé d'argent bruni. —		1	20
Les mêmes n°ˢ pour enfants, 50 c. en moins.			
— n° 4, à plaque d'argent, très-soigné. . . . . —		10	»
Serre-cuisses Leperdriel, 50 c. de plus que les serre-bras.			

Serre-bras Leperdriel 2ᵐᵉ sorte.

	fr.	c.
Serre-bras n°ˢ 5, 6, 7, 8, 9, plaques en fer-blanc, etc. . . . . la pièce.	»	50
Serre-cuisses, 2ᵉ sorte, 50 c. de plus que les serre-bras.		

Serre-bras du commerce (Fig. 1, 2, 3, 4).

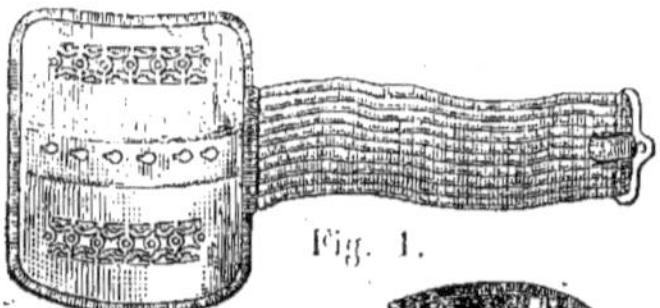

Fig. 1. 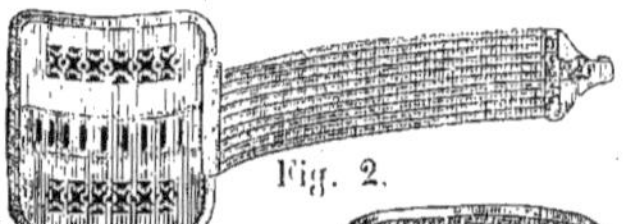   Fig. 2.

Fig. 3. 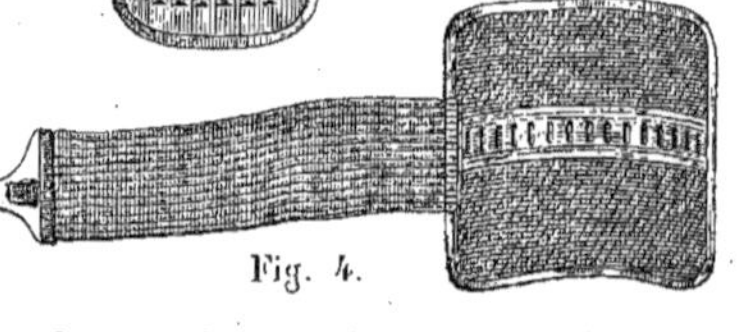   Fig. 4.

	fr.	c.
Serre-bras en fer-blanc, en gomme, à cordons ou à crémaillère. . . . la pièce.	»	50
— — — — — . . . . la douzᵉ.	5	»
— en toile métallique (fig. 4) . . . . —	12	»
— en tissu élastique. . . . . —	12	»
— en caoutchouc vulcanisé, de Galante, ordinaires. . . . . . —	4	»
— — — — à air fixe . . . . . —	36	»
— — — — à air mobile. . . . . —	48	»
Serre-cuisses tirants élastiques, de Galante. . . . . —	12	»

INSTRUMENTS DE CHIRURGIE.

NOUVELLES TROUSSES DE M. CHARRIÈRE, GARNIES D'INSTRUMENTS NOUVEAUX.

PREMIER MODÈLE.

	fr.	c.
1. *Bistouri à lame pointue, manche d'écaille (1)	3	50
2. *Lame convexe (2)	1	50
3. *Lame concave de Cooper ou de Pott, pour le débridement des hernies	1	50
4. *Lame longue de bistouri mousse ou boutonné.	1	50
5. *Lame de ténaculum (3) . . .	1	50
6. *Curette et levier (4)	2	»
7. *Spatule ronde et flexible (5) . .	1	50
8. 2 lancettes lame large, châsse d'écaille, à 1 fr. 50.	3	»
1 lancette lame étroite. . . .	1	50
1 d° à vacciner. . . .	1	50

	fr.	c.
9. *1 paire de ciseaux droits à tenon et superposée.	2	50
10. *Trocart à hydrocèle ou à paracentèse, moyenne grandeur; la canule est en argent et à entonnoir, la tige en maillechort et à pointe d'acier (6). . . .	4	»
(La tige de ce trocart est creuse et renferme une aiguille à cataracte aiguë ou carrée pour l'extraction des corps étrangers de la cornée.)		
11. *Trocart explorateur, canule en argent, tige en maillechort, pointe en acier	2	50

(1) La présence d'une lame entre les deux valves du manche empêche la flexibilité de ce dernier; la solidité de ce manche devient égale à celle d'un fort scalpel.

(2) Notre nouveau bistouri diffère de tous les autres en ce qu'il n'a pas besoin de coulant ni d'aucun accessoire pour fixer la lame ouverte ou fermée. Le manche est composé de deux valves bien tendues par deux clous rivés à leurs extrémités. Un troisième clou, servant de point d'arrêt, fixe la lame aussi solidement que celle d'un scalpel cloué sur son manche. Si on veut monter sur un même manche une seconde lame de bistouri ou de tout autre instrument, le quatrième clou sert de point d'arrêt. Pour les lames renfermées entre les valves du manche, on évitera de serrer la partie moyenne de la châsse, et il suffit d'user du moyen suivant : 1° on saisit le manche par l'extrémité opposée à l'articulation de la lame; 2° de l'autre main on presse sur le bord dorsal de la queue, on la fait basculer; 3° on ouvre la lame comme toutes les autres, en la saisissant par le dos.
Il ne faut pas plus de temps pour ouvrir et fermer ces bistouris, pour monter et démonter les lames, que pour ouvrir et fermer les bistouris ordinaires : la solidité de cet instrument est aussi grande que celle des scalpels, le nettoyage est des plus simples et des plus complets.
Quant aux bistouris à châsses tournantes, on les ouvre et on les ferme avec la plus grande facilité. Les deux valves sont assemblées au moyen d'un touret; celui-ci est ouvert, les deux valves sont séparées comme les châsses de lancette.
On peut monter sur le manche de bistouri toutes les lames isolées qui se trouvent dans cette trousse.

(3) Cette lame peut, comme les précédentes, être montée sur les manches; le talon est néanmoins assez large pour qu'il puisse servir facilement de manche et être tenu dans la main.

(4) Chaque extrémité de cet instrument est destinée à remplir une indication spéciale; il est applicable surtout à l'extraction des corps étrangers de l'oreille. Il peut être monté sur un manche ou tenu seul dans la main.

(5) Cet instrument peut servir d'abaisse-langue; il est employé seul ou monté.

(6) Le trocart se monte sur l'étui n° 15 du porte-pierre; il porte une gorge sur laquelle on peut fixer une baudruche quand on pratique la thoracentèse. La tige du trocart est creuse et renferme une aiguille à cataracte, pour extraire les corps étrangers de la cornée.

	fr.	c.
12. *5 aiguilles à suture, courbes et demi-courbes (1), avec 12 viroles en étain de M. Galli, de Luc, pour remplacer les nœuds dans les sutures profondes (2)..........	2	50
12 bis. *Aiguilles courbes ou droites à pointe en fer de lance; la douzaine d'aiguilles droites (3)..	3	»
13. Pelote articulée couverte d'épingles et d'aiguilles à suture...	»	»
14. Plaque d'écaille porte-fil....	1	50
15. *Porte-pierre à crayon en argent (4)	14	»
*Porte-pierre très-simple et très-solide, remplissant les mêmes conditions; étui en buffle, cercle en argent.....	2	50
16. *Pince à ligature et à torsion, porte-épingle à verrou démontant, modèle Charrière (5)..	6	»
La pince à artère sans verrou coûte..........	2	»
La pince à ressort de Graef avec vis d'allonge......	4	50
17. *2 petites érignes (6).....	3	»
18. *Pince à anneau et à pression continue, vue ses branches superposées afin de réduire la surface; la même pince montée, et portant entre ses mors une aiguille à suture (7)...	5	»
*La même pince non disposée pour recevoir les érignes.	3	»
19. *Érignes simple et double se montant ensemble ou séparément sur la pince à anneaux (8)..	3	»

(1) Le chas des aiguilles est latéral, afin que le fil ne soit pas pincé par la pince porte-aiguille.

(2) Ces viroles sont munies d'un pas de vis à l'intérieur, afin de les empêcher de glisser sur le fil.

(3) Ces aiguilles sont en acier; la pointe seule est trempée; la tige peut donc se couper comme une épingle.

(4) Ce porte-pierre est en argent le plus pur, sans soudure ni assemblage; il ne peut donc être détérioré par le nitrate d'argent. Il porte à son extrémité arrondie un pas de vis interne qui reçoit la pince à artère, laquelle alors en augmente la longueur, ou bien sur l'étui on monte le trocart n° 10, ou tout autre instrument auquel il sert de manche.

(5) Cet instrument peut se monter sur l'étui du porte-pierre pour le pansement dans les cavités profondes; celle-ci représente les deux instruments assemblés; à un bout se trouve le nitrate d'argent, à l'autre extrémité un pinceau, un bourdonnet de charpie ou de coton.

(6) Ces petites érignes se montent sur les deux branches de la pince à artère pour former une pince à griffe; si on ne monte qu'une de ces deux érignes sur une des branches de la pince, et si on ferme cette dernière en poussant son verrou, on a une érigne simple et double à manche.

(7) 1° Cet instrument sert de pince à pansement ordinaire, de pince à polypes; 2° l'élasticité de ses branches permet de saisir très-solidement les corps étrangers, tels que les esquilles, les séquestres, etc., les artères dans les hémorrhagies, etc., etc. Les deux branches sont maintenues serrées à plusieurs degrés, à l'aide d'un clou qui s'engage dans l'un des deux petits trous creusés près des anneaux et au delà de la branche; 3° enfin, chacune des branches désassemblées peut servir de levier. Sur les mors de cette pince on peut monter des érignes simples ou doubles, etc.

Pour fixer les deux branches des pinces à anneaux, il suffit d'engager le clou placé près des anneaux dans un des trous creusés sur la branche opposée. La manœuvre nécessaire pour atteindre ce résultat est des plus simples : il suffit d'engager très-peu le pouce et le doigt médius dans les anneaux et de luxer légèrement les deux branches, comme on le fait pour les ciseaux lorsqu'on veut les faire mieux couper quand la vis est desserrée; on peut ainsi croiser les deux anneaux, les écarter et engager le point d'arrêt dans le trou. Pour rendre les branches libres, la manœuvre est exactement la même, mais se fait en sens inverse.

(8) Ces érignes, montées ensemble ou séparément sur la pince à anneaux ou sur une de ses branches, forment :

    1° Une pince de Museux ;

    2° Des érignes simples et doubles à manche.

INSTRUMENTS DE CHIRURGIE.

	fr.	c.
20. Stylets aiguillé et cannelé en argent; on peut les réunir ensemble, et l'on a la sonde de poitrine.	4	50
21. Porte-mèche en acier	»	50
D° en argent. . . . 2 »		
22. Sonde cannelée en argent. . .	4	»
23. Sonde de femme en argent. . .	3	»
D° en argent, à robinet et à coulisse qui s'allonge d'un tiers . . . . 6 »		
23 bis. *Sonde d'homme et de femme divisée en trois bouts, en argent.	12	»
24. *Second manche de bistouri en écaille	3	»

	fr.	c.
25. *Lame de scarificateur des gencives, etc.	1	50
26. *Lame de ténotome mousse . .	1	50
27. *Lame de bistouri n° 1	1	50
28. *Aiguille à chas brisé pour les sutures profondes (1)	2	50
C. Trachéotome (2)	»	»
DD. *Valves du trachéotome. 3 »		
E. *Lame du même instrument 1 50		
F. *Scarificateur des fosses nasales pour être monté sur un manche de bistouri; la lame est vue ouverte . . . . . . 4 »		

* Ce nouveau modèle de trousse, que nous avons proposé et qui est déjà dans la pratique générale, n'a que 0,12c de long sur 0,6c de large, contient presque tous les instruments d'une grande trousse ordinaire. Par ces nouvelles combinaisons, plusieurs des instruments sont comme ceux des suivantes, plus grands, plus solides, remplissent des conditions plus nombreuses et relativement un tiers plus économiques.

Plus une planchette avec une patte à recouvrement et qui se place dans la poche, 3 fr.

La trousse est à trois pliants, celui du milieu contient une planchette; il est muni de deux pattes à recouvrement qui ferment plus hermétiquement la trousse que les sept pattes des anciennes trousses.

Grâce à notre nouveau modèle de sonde d'homme et de femme à trois bouts, on peut avoir dans cette petite trousse une sonde d'homme qui ne pouvait être placée que dans une trousse plus grande.

En donnant un peu plus d'étendue à la trousse, on peut y placer un rasoir et un plus grand nombre de manches de bistouris, de ciseaux, etc., comme on le voit dans la 2e.

	fr.	c.
*Prix de la trousse en maroquin et velours de soie 1re qualité, avec deux fermoirs et passettes élastiques non vulcanisées.	14	»
*La même, encadrée de métal comme un porte-monnaie, avec un agenda par trimestres.	19	»
Enveloppe en drap pour la trousse, fermant entièrement avec un seul bouton.	3	»

Les prix sont cotés pour les instruments du plus beau fini; si les châsses et les manches étaient en buffle, la trousse complète coûterait 5 fr. de moins (voir le détail de la 2e trousse).

Les n°s 10, 11, 15, 20, 22 et 23 sont tous en argent, comme il est dit dans la note.

---

(1) Ces divers instruments se montent sur les manches de bistouris n°s 1 et 24; on peut les remplacer dans la trousse par les instruments DD, E, F, ou par toute autre pièce de proportions équivalentes.

(2) Cet instrument se compose : 1° de deux valves DD, que l'on monte comme les érignes sur la pince à pansement n° 18; 2° d'une lame E dont la forme et l'étendue peuvent être modifiées, et qui s'articule au moyen d'un double clou qui s'engage dans les deux trous des valves; on peut ainsi, au moyen d'oscillations, agrandir l'ouverture faite à la trachée.

Lorsque l'incision est faite, on desserre les deux mors de la pince en dégageant le point d'arrêt; la lame devient libre, on l'enlève, puis on écarte avec les deux valves les lèvres de la plaie, afin de permettre l'introduction de la canule. Cet instrument devient une pince dilatatrice.

Cet instrument est fait dans le but de simplifier le trachéotome de M. Marc Sée.

Les instruments portant les n°s 6, 7, 9, 12, 12 bis, 16, 18, 19, 21 et F peuvent être argentés au galvanisme, et coûtent en plus 15 fr.

Les instruments portant les n°s 6, 7, 9, 10, 11, 12, 12 bis, 15, 16, 18, 19, 20, 21 et F peuvent être dorés au galvanisme, et coûtent en plus 20 fr.

Les instruments portant les n°s 6 et 7 peuvent être en argent, et coûtent en plus 3 fr. et 4 fr. 50. La pince n° 21 est bien préférable en acier, et coûte 7 fr. moins cher qu'en argent.

Tous les instruments qui portent un astérisque (*) sont fabriqués d'après nos nouveaux modèles.

Nous avons tiré quelques exemplaires représentant notre trousse pour être vue au stéréoscope.

Trousse n° 1 *bis*, poli ordinaire.

(Les instruments sont fabriqués dans les mêmes principes que les précédents.)

	fr.	c.		fr.	c.
1. *1 bistouri à lame pointue, manche en buffle	1	50	11. 1 pince à artères, taillée en lime.	1	50
2. *1 rasoir à lame fixe ou mobile, à volonté, manche en buffle. .	2	50	12. *1 d° à anneaux, à point d'arrêt et à pression continue, modèle Charrière, servant pour comprimer les artères divisées, pour les pansements, et servant encore de porte-épingle, porte-aiguille, etc., n° 3 . . .	3	»
(Les manches de ces deux instruments sont disposés pour monter à l'une de leurs extrémités les 4 lames suivantes, ou toutes autres.)					
3. *1 lame de bistouri convexe. .	1	»			
4. *1 d° longue et boutonnée. .	1	»	13. 1 sonde cannelée en acier, n° 3.	»	75
5. *1 d° ténaculum (celui-ci peut servir sans manche)	1	»	14. 3 stylets variés, dont 1 porte-mèche	1	»
6. *1 spatule ronde et flexible. .	1	25	15. 1 porte-pierre et le coulant en argent, sans soudure; étui en buffle, cerclé d'argent. . . .	2	»
7. *1 paire de ciseaux à tenon que l'on peut superposer à volonté, n° 3	2	»	16. 1 plaque en buffle, porte-fil pour ligatures	»	50
8. 4 lancettes variées de largeur, châsses en buffle, à 1 fr. . .	4	»	17. 1 trousse fermant très-hermétiquement avec deux pattes seulement	5	50
9. 3 aiguilles à suture variées, renfermées dans leur poche.					
10. 12 épingles ordinaires piquées sur une pelote articulée. . .	1	»	Complète	29	50

DEUXIÈME MODÈLE DE TROUSSE.

Nomenclature des instruments qui composent la trousse de MM. les chirurgiens militaires, modèle Charrière (1).

	fr.	c.		fr.	c.
1. 1 bistouri à lame pointue, manche en buffle	2	»	3. 1 bistouri long, boutonné ou mousse (2)	2	50
2. 1 bistouri convexe	2	»	(Les mêmes, à manche d'écaille, 1 fr. 50 c. de plus par pièce.)		

---

(1) Toutes les pièces exigées par les règlements sont indiquées par des numéros chiffrés, toutes celles qui peuvent être casées dans la trousse et être livrées aux prix que nous avons proposés au conseil de santé sont indiquées par des lettres; les prix seront indiqués sur la colonne placée en dedans de la colonne du prix des instruments réglementaires (trousse 1re).

(2) Le manche de cet instrument est à touret pour monter fixe ou mobile les lames du rasoir, du scarificateur ou de toute autre pièce.

INSTRUMENTS DE CHIRURGIE.

	fr.	c.
4. 1 lame convexe de rechange	1	50
5. 1 d° pointue de rechange	1	50
6. 1 ténaculum	1	50
7. 1 lame de rasoir (1)	1	75
G. 1 ténotome mousse, à tige longue	1	50
H. 1 planchette ployante avec lien élastique pour y caser les pièces suivantes, que l'on place dans la poche de la trousse (2)	3	»
J. 1 lame de bistouri, à pointe et à dos très-forts, pour les résections	1	50
K. 1 lame pointue et étroite	1	50
L. 1 d° moyenne ordinaire	1	50
M. 1 d° à longue tige et petite lame	1	50
N. 1 lame scarificateur de Larrey	2	»
O. 1 lame de bistouri convexe, n° 3	1	50
P. 1 herniotome de Pott ou de Cooper	1	50
Q. 1 scie cultellaire de M. le baron Hip. Larrey	2	50
R. 1 aiguille à chas brisé, modèle Charrière	2	50
S. 1 manche à chàsse tournante, en buffle (3)	2	»
Le même, en écaille	3	»
T. 1 scie à chaîne (4)	18	»
8. 1 paire de ciseaux droits articulés à tenon, modèle réglementaire	2	50
9. 1 paire de ciseaux courbes	2	50
Les mêmes, en argent, soudés avec l'acier, coûtent 12 fr. la pièce.		

	fr.	c.
10. 1 sonde cannelée en argent, forte	4	»
La même, en acier	1	25
11. Sonde d'homme et de femme, très-forte, tout en argent, modèle Charrière	10	»
La même, en maillechort, 5 f. (5).		
12. 1 stylet aiguillé en argent	2	»
13. 1 d° cannelé d°	2	»
Les mêmes, en acier, 50 c. chac.		
14. 1 porte-mèche en acier	»	50
Le même, en argent	2	»
15. 1 spatule ronde et flexible, terminée d'un bout par une curette. Cet instrument peut servir seul ou monté comme il est représenté fig. 76	2	»
La même, en argent	6	»
16. 1 pince à anneau et à pression continue et à point d'arrêt, de Charrière, modèle réglementaire (6)	3	»
La même pince, disposée pour recevoir les pièces suivantes et quelques autres décrites plus loin	5	»
U. 2 érignes, simple et double, se montant sur la pince comme elles sont figurées sur la planche 2, fig. 35, 36, 37 et 38.	3	»
V. 2 mors de pince à phimosis de M. Ricord (ces deux mors montés sur la pince). Cet instrument ainsi disposé peut servir pour les pansements dans les cavités profondes	3	»

---

(1) Le manche portant une lame de rasoir fixe ou mobile; sur l'autre bout on peut monter toute espèce de lame de bistouri.

(2) On peut changer les lames à volonté pour d'autres lames du même prix.

(3) Sur ce manche comme sur les manches n°s 1, 2 et 3, on monte indistinctement toutes les pièces et lames à crochet.

(4) Les manches et l'étau sont remplacés par deux lacets noués et faisant l'office d'anneaux flexibles dans lesquels on place des instruments servant de poignées.

(5) La sonde en maillechort devient cassante par son contact avec l'urine.

(6) Pour ses usages et la manière de fixer les branches, voir les notes explicatives page 276.

	fr.	c.
17. 1 pince à artère	2	50
La même, à ressort, pour la maintenir fermée	4	»
La même, avec vis pour l'assemblage, avec l'étui du porte-pierre	4	50
La même, à verrou montant avec vis d'allonge	6	»
Y. 2 petites érignes, simple et double, se montant sur la pince à verrou	3	»
18. 1 porte-pierre et son coulant en argent, sans assemblage, étui en buffle cerclé d'argent et à vis d'allonge	2	»
Le même, portant une vis métallique pouvant se monter sur la pince, sur le trocart, etc.	2	50
Le même, étui en argent avec porte-mine	14	»
Le même, avec porte-sulfate de cuivre sans porte-mine	16	»
19. 2 lancettes, dites à grain d'orge ou lame large	2	»
1 lancette à grain d'avoine ou lame étroite	1	»
1 lancette à vacciner	1	»
Les mêmes, à châsses d'écaille, 1 fr. 50 c. chacune.		
20. 5 aiguilles à suture variées, courbes ou demi-courbes, piquées dans un morceau de flanelle et enfermées dans la poche	1	75
21. 12 épingles à suture ordinaire, piquées sur une petite pelote articulée	»	»
12 épingles en acier; la pointe seule est trempée et en forme de fer de lance	3	»
22. Plaque en buffle, porte-fil préparé	»	50
La même, en écaille	1	50
AA. 1 trocart à hydrocèle, ou moyen pour paracentèse; canule en argent, mod. Charrière, adopté par le conseil de santé des armées	4	»
Le même, renfermant dans la tige une aiguille à cataracte pour extraire les corps étrangers de la cornée	6	»
BB. 1 trocart explorateur, la canule en argent, la tige en maillechort, la pointe seule en acier; modèle Charrière	2	50
CC. 1 tire-fond à double crochet, vu monté sur un manche de bistouri	2	»
DD. 2 mors courbes de pince à dents de souris ou à érignes, se montant sur la pince à verrou	3	»
EE. 2 mors droits à dents de souris	3	»
FF. 1 serre-nœud en acier à vis à pression continue; modèle Charrière, adopté par le conseil de santé des armées (1)	5	»
GG. 1 serre-nœud à double vis d'appel; mod. Charrière (2)	10	»

(1) Cet instrument peut être fabriqué de toute grandeur et de toute grosseur. Il offre l'avantage de pouvoir, lorsque l'arc métallique est tendu, fonctionner seul jusqu'au moment où il est complètement redressé. On se sert pour cet instrument, selon la puissance et la force que l'on veut exercer, soit d'un fil de chanvre ou de soie, ou d'une ficelle, soit enfin d'une chaîne articulée, soit, comme le veut M. Maisonneuve, d'un faisceau formant une chaîne métallique. Avec ce serre-nœud on peut étreindre, séparer toute espèce de tumeur rapidement ou lentement, selon les indications, car la vis est le moyen à l'aide duquel on peut le mieux régler la vitesse.

(2) Cet instrument a été imaginé pour les cas dans lesquels le chirurgien croit avoir besoin d'un mouvement alternatif; avec lui on peut faire soit la section simple, soit la section alternative ou en sciant, en se servant des mêmes ligatures que celles que nous avons indiquées en décrivant le serre-nœud simple. On possède avec ce serre-nœud, malgré son petit volume, une puissance supérieure à celle que donnent les autres moteurs, sans beaucoup de fatigue; on peut employer à volonté la pression continue.

INSTRUMENTS DE CHIRURGIE.

	fr.	c.		fr.	c.
23. La trousse à trois ployants en maroquin première qualité, les passettes en caoutchouc non vulcanisé, modèle Charrière, contenant tous les instruments réglementaires désignés plus haut.	12	»	La même, disposée pour renfermer tous les instruments contenus dans la trousse vue ouverte.	15	»
			1 enveloppe en drap et fermant complétement la trousse avec un seul bouton. . . .	3	»

Si on désire faire argenter ou dorer les instruments de cette trousse, les prix sont relatifs à la petite trousse précédente. Il est bien entendu que les instruments au poli ordinaire sont d'un prix moindre et de même qualité que ceux au beau poli.

AVANTAGES DE LA NOUVELLE TROUSSE SUR CELLE DE 1841.

Nous fournissons en plus : 2 lames de bistouri de rechange, 1 ténaculum. Les ciseaux sont assemblés à tenon, peuvent se démonter très-facilement pour le nettoyage, et on n'a pas à redouter les inconvénients qui résultent du desserrage de la vis. La pince à anneaux offre des avantages incontestables que nous avons signalés dans la note précédente. Les bistouris sont plus solides et plus faciles à nettoyer. La spatule porte une curette à la place du levier, les deux branches de la pince à anneaux, séparées, pouvant isolément servir de levier.

Deuxième Trousse n° 2 *bis*.

Mêmes instruments que la précédente, et casés dans un étui encadré d'un cercle de métal, coûtent 5 fr. de plus.

Si on désire un plus grand nombre d'instruments, voir la composition suivante.

TROISIÈME TROUSSE (NOUVEAU MODÈLE).

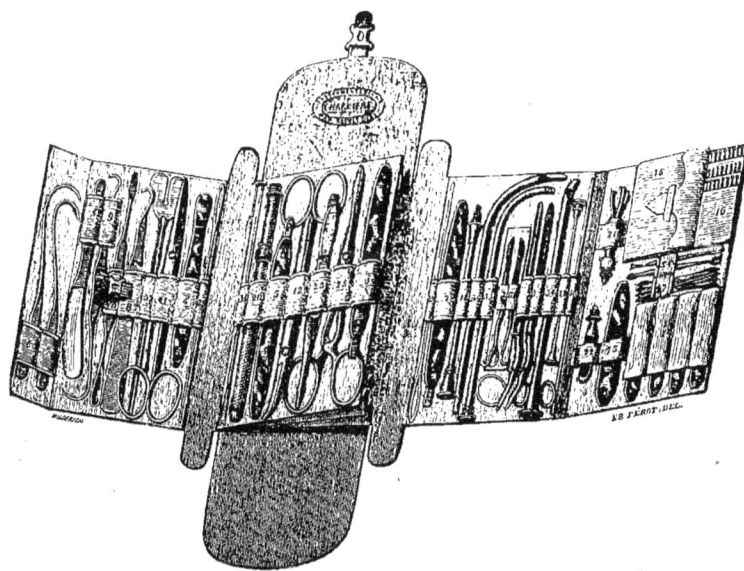

Cette trousse est à quatre volets ou ployants, se ferme très-hermétiquement avec deux pattes seulement. Si on désire une trousse renfermant le même nombre d'instruments, mais moins épaisse, on peut la faire à trois ployants; en augmentant un peu la longueur et la largeur de chaque ployant, on peut avoir un nombre plus considérable d'instruments que l'on choisira dans la liste générale. Cette trousse renferme en outre un certain nombre de lames ou d'autres pièces de rechange que l'on place sur une ou deux planchettes ployantes, lesquelles se logent dans une ou deux poches. Ces pièces peuvent également être placées dans les coulisses pratiquées sur les volets.

Il est bien entendu que nous fournissons des trousses intermédiaires entre celle-ci et la précédente.

	fr.	c.		fr.	c.
Figure 1. *1 bistouri à lame pointue, manche d'écaille, modèle Charrière.	3	50	12. *1 paire de ciseaux courbes assemblés à tenon.	2	50
2. *1 bistouri convexe.	3	50	*Les mêmes, avec branches d'argent assemblées à la soudure forte avec les lames, 12 fr. pièce.		
3. *1 — long, boutonné ou mousse, manche à touret.	4	»			
Les mêmes bistouris avec châsses en buffle coûtent 1 fr. 50 c. de moins par pièce.			13. 1 lancette à abcès, châsse d'écaille.	2	50
			La même, à châsse en buffle, 1 fr. 50 c.		
4. *1 manche à châsse tournante, terminé en queue de poisson, comme un scalpel, et sur lequel on peut monter, comme sur les précédents, toute espèce de lames et instruments à crochet, en écaille.	3	»	14. 2 lancettes à lames larges, châsses d'écaille, à 1 fr. 50 c.	3	»
			1 lancette à lame étroite, châsse d'écaille.	1	50
			1 lancette (ou une aiguille à cannelure) à vacciner, châsse d'écaille.	1	50
Le même, en buffle, 2 fr.			Les mêmes, avec châsses en buffle, à 1 fr. pièce.		
5. *1 lame de rasoir se montant sur le manche figure 3 (1).	1	75			
6. 1 ténaculum.	1	50	15. 6 aiguilles à suture, variées de forme, de courbure et de grandeur (dans la poche).	2	50
7. 1 aiguille courbe à chas brisé, modèle Charrière (2).	2	50			
8. *1 spatule ronde et flexible, terminée par un crochet mousse.	2	»	16. *12 épingles ordinaires ou en acier pour suture, piquées sur une pelote articulée.		
9. *1 aiguille de Cooper, pour lier les artères profondes, et terminée aussi par un crochet (3).	2	»	*8 épingles en acier; le fer de lance seul est trempé.		
10. *1 levier et une curette pour l'oreille (4).	2	»	18 viroles en étain, de M. Galli, pour remplacer les nœuds dans les sutures profondes, le tout pour.	3	»
Les mêmes, en argent, à 5 fr. 50 c. pièce.					
11. *1 paire de ciseaux droits assemblés à tenon.	2	50	17. 1 plaque d'écaille porte-fil.	1	50
			La même, en buffle, 50 c.		

(1) Il est préférable de prendre le rasoir monté sur son manche.

(2) Avec celle-ci on opère d'arrière en avant, avec l'aiguille demi-courbe on ne peut opérer que d'avant en arrière.

(3) Ces deux crochets servent pour tenir les plaies écartées.

(4) Chacun de ces trois instruments, à double usage, équivaut à six instruments; ils ne forment, ensemble, pas plus de volume qu'un bistouri; ils peuvent, comme le ténaculum, servir avec ou sans manche.

INSTRUMENTS DE CHIRURGIE.

	fr.	c.
18. *1 trocart à hydrocèle, moyen ou plus gros, pour paracentèse et ponction sous-cutanée, avec gorge pour baudruche, de Reybard, la canule en argent, la tige en maillechort et la pointe d'acier (modèle Charrière)...	4	50
*1 aiguille à cataracte, renfermée dans la tige creuse du même trocart, pour extraire des corps étrangers de la cornée.	2	50
19. *1 trocart explorateur, modèle du même et canule en argent.	2	50
20. *1 porte-pierre à crayon, en argent, sans soudure, grand modèle (1)........	16	»
Le même porte-pierre, étui en buffle, ayant une vis interne à chaque bout, 3 fr. 50 c.		
21. *1 pince à trois branches, vissée sur une pièce articulée et à échancrures (modèle Charrière), en argent (2)....	5	»
22. *1 cuvette porte-caustique pour l'utérus, en argent......	3	»
23. *1 pince à ligature et à torsion d'artères, avec verrou démontant, portant à son extrémité une vis pour qu'on puisse l'assembler à l'étui du porte-pierre, modèle Charrière.....	6	»
La même, avec ressort de Graef et avec vis, 4 fr. 50 c.		
24. *2 petites érignes, une simple et une double, se montant en- semble et séparément sur la pince...........	3	»
25. *1 pince à anneaux à pression continue et à point d'arrêt, se démontant à tenon, ce qui permet de séparer les branches; les mors servent de levier.........	5	»
La même, non disposée pour recevoir les pièces de rechange, 3 fr.		
26. *2 érignes, simple et double, se montant ensemble ou séparément sur la pince (3)...	3	»
27. *2 mors de pince à phimosis de M. Ricord, se montant sur la pince comme les érignes; avec cette addition la pince est assez longue pour faire le pansement de l'utérus.......	3	»
28. 1 stylet aiguillé en argent...	2	»
29. 1 d° très-fin et flexible, en argent.........	1	75
30. 1 stylet cannelé, en argent...	2	»
31. 1 porte-mèche en argent...	2	»
Les mêmes, en acier, à 50 c. pièce.		
32. 1 sonde cannelée, forte, en argent...........	4	»
Deuxième sonde cannelée sans cul-de-sac, 4 fr.		
Les mêmes, en acier, 1 fr. 25 pièce.		
33. *1 sonde de Belloc, en argent, modèle Charrière (4)....	8	»

(1) Celui-ci est muni d'une vis interne du côté du porte-mine, afin qu'il soit possible de visser aussi de ce côté les pièces fig. 21 et 22; et, de l'autre bout de l'étui, on visse la pince pour opérer dans les cavités.

(2) Cette pince à fortes griffes, dont le coulant est échancré dessous, passe sur deux clous d'arrêt, et, en le tournant comme une baïonnette, les clous l'empêchent de redescendre, ce qui fait que les bourdonnets de charpie, de coton ou d'éponge enduits de solution destinée à cautériser dans toutes les directions, ne peuvent s'échapper dans l'organe. L'inclinaison se fait et s'arrête solidement à tous les degrés au moyen d'une articulation sur laquelle il y a cinq échancrures dans lesquelles on serre au moyen d'une vis le bout de chaque pièce montée, que l'on arrête où l'on veut. C'est ainsi qu'on peut y monter un porte-nitrate grillagé et autres.

(3) Elles sont casées sur une plaque articulée sous laquelle on place également les deux petites érignes et d'autres pièces.

(4) Nous l'appelons de notre modèle parce qu'avant nous, pour la placer dans la trousse, on devait

INSTRUMENTS DE CHIRURGIE.

	fr.	c.
34. *1 sonde d'homme et de femme, tout en argent, modèle Charrière (1)............	10	»
*1 trousse à quatre volets en maroquin et velours de soie première qualité, les passettes en tissu élastique, contenant les trente-quatre instruments indiqués sur cette planche et fermant très-hermétiquement, avec deux pattes seulement..	20	»
*1 enveloppe en drap noir, fermant très-exactement avec un seul bouton.........	3	50
Prix total, avec les manches en écaille et pièces d'argent...	153	»

Lames de rechange et autres pièces qu'on pourra choisir dans la liste générale, pour être casées dans une ou deux planchettes ployantes à 8, 10 ou 12 passettes, et que l'on loge dans les poches de la trousse. Le prix de chacune de ces planchettes fermées avec un lien en tissu élastique, est de 3 fr. 50 c.

	fr.	c.
*1 lame de bistouri pointue, de toutes longueurs........	1	50
*1 lame à pointe et à dos fort, pour les résections..........	1	50
*1 lame à tranchant droit et à pointe rabattue, même usage.....	1	50
*1 lame longue et étroite.....	1	50
*1 lame n° 1 à tige longue et pointue pour aviver dans les cavités profondes...........	1	50
*1 lame de ténotome mousse à tige longue, servant aussi pour les mêmes avivements........	1	50
*1 lame n° 1 convexe à tige longue.	1	50
*1 lame convexe de toutes longueurs............	1	50
*1 lame courbe de Cooper ou de Pott (herniotome).......	1	50
*1 lame herniotome à gaîne d'argent, de M. Grimala.....	6	»
*1 lame de M. Desmarres, pour scarifier la cornée, ou celle pour les gencives..........	1	50
*1 aiguille à crochet, de M. le professeur Nélaton, pour suture..	1	50
*1 aiguille demi-courbe à chas brisé, modèle Charrière pour sutures profondes, et en opérant d'avant en arrière......	2	50
*1 aiguille de J.-L. Petit, pour le même usage...........	1	50
*1 aiguille pour passer les sétons, s'adaptant à frottement (ou pression continue) sur un porte-lame (le porte-lame se monte comme toutes les pièces sur les manches). La lame ou aiguille, 2 fr.; le porte-lame, 2 fr......	4	»
*1 tire-fond ou double érigne...	2	»
*1 érigne double à crochets....	1	75
*1 — simple........	1	50
*2 mors de pince dilatatrice de M. le professeur Trousseau, pour la trachéotomie. On les monte sur la pince à anneaux, comme les érignes	3	»
*1 lame mousse à deux crochets, avec laquelle on peut, si on le désire, assembler deux manches au bout l'un de l'autre; lorsqu'une lame est ouverte, on peut opérer dans les cavités les plus profondes et sans flexion de la châsse, qui est remplie par la		

---

démonter le bouton et le stylet, revisser le bouton, et *vice versâ* quand on voulait la remonter pour s'en servir; nous avons, par une simple transformation de vis, évité tout démontage, excepté cependant pour nettoyer l'instrument (*voir* le stylet et le ressort démontés dans les planches et liste générale, et dans notre notice de 1855, fig. 28).

(1) On peut monter aussi sur la même base le bout du tube laryngien de Chaussier, le bout de sonde d'enfant; de même un bout de sonde droite et autres.

INSTRUMENTS DE CHIRURGIE.

	fr.	c.		fr.	c.
portion la plus longue de cette lame mousse	1	75	Le même, moins large, pour abaissement, se montant aussi sur un manche	2	50
*1 scie à chaîne, les manches étant remplacés comme il est dit dans l'explication de la pl. 3 (1)	18	»	*1 bout de tube laryngien en argent, se montant sur la base de la sonde d'homme et de femme	3	»
*2 érignes doubles et latérales se montant sur la pince à anneaux et formant la pince à érigne de M. Robert, pour les amygdales	3	»	*1 bout de sonde d'enfant, se montant sur le même, en argent	5	»
*1 lame de petit couteau à deux tranchants, pour amputations	3	»	*1 sonde utérine graduée et à coulant, de Valleix (2)	3	50
*1 scie à dos mobile pour le même usage	5	»	*1 curette mobile et à point d'arrêt sur son articulation; elle se monte aussi sur l'étui du porte-pierre	10	»
Ces deux instruments se montent sur un fort manche d'écaille fabriqué d'après les mêmes principes que ceux des bistouris	6	»	Rondelle que l'on pousse pour fermer la curette, et que l'on tire pour la faire ouvrir (3)		
Le même, manche en buffle, 3 f. 50.			*1 double curette ou brise-pierre uréthral, avec coulisse, pour saisir les corps étrangers entre les deux mors, qui sont articulés comme la précédente	20	»
*1 releveur de paupière, de M. Desmarres, que l'on monte sur un manche de bistouri	2	50			

(1) Cette scie se place dans une poche des planchettes.

(2) Elle est de la longueur de la trousse, et elle s'allonge au moyen de l'étui du porte-pierre sur lequel on la visse et qui lui sert de manche.

(3) Cette manœuvre se fait d'une seule main et aussi vite que la pensée. Cet instrument est beaucoup plus simple et surtout plus commode que la curette à vis : il reste toujours une main libre pour aider à charger le corps étranger.

Les anciennes curettes articulées avaient un très-grave inconvénient, c'est de n'être pas suffisamment solides : quand on voulait rapprocher et serrer les mors du brise-pierre uréthral, toute la fatigue pesait sur l'articulation d'une tige interne nécessairement trop faible; au contraire, dans notre nouvelle curette, simple ou double, tout l'effort porte sur le talon de l'articulation qui lui sert de point d'arrêt; la tige interne ne sert plus qu'à mobiliser la curette. De cette manière, la solidité de notre nouvel instrument est bien supérieure à celle de l'ancien modèle. D'après les indications de M. Mercier, nous avons mis à découvert la tige interne, en enlevant un tiers du tube qui forme alors une gouttière. La tige peut ainsi être parfaitement nettoyée et n'est plus exposée à être détruite par la rouille. Ce mode de fabrication nous permet de faire des curettes très-déliées ou très-fortes, selon les indications.

Nota. M. Charrière, dans son Catalogue, a donné le détail d'une grande variété de compositions de trousses de son nouveau modèle, dont quatre sont figurées sur trois planches gravées sur acier et dans le genre de celles que nous venons de décrire. L'une d'elles est encadrée de métal avec agenda d'une très-petite dimension; une autre qui est de grandeur pour entrer dans la giberne de MM. les chirurgiens militaires : cette dernière a été adoptée, dans le courant de 1859, par les conseils de santé de la guerre et de la marine comme modèle type. Ils ont adopté de même l'usage du tenon en place de la vis pour assembler tous les instruments croisés à deux branches, tels que ciseaux, cisailles et pinces de tous genres; ils ont également adopté pour modèle type, la pince à pression continue et à point d'arrêt près des anneaux, en remplacement des anciennes pinces, pour toutes les pinces tire-balles, à polypes, à pansement, œsophagiennes, à érignes, etc., etc. Il en est de même de ses pinces à artères à verrou démontant, trocarts de tous genres, cisailles, de son modèle de scie d'amputation, porte-pierre, bistouris à lame démontante, curettes articulées, brise-pierre, etc., etc.

Les anciens modèles de trousse que nous décrivons plus loin peuvent, au lieu des instruments ordinaires, recevoir les plus importants des nouveaux instruments, tels que les pinces, porte-pierre, ciseaux, etc. Il en est de même des instruments de chirurgie vétérinaire.

INSTRUMENTS DE CHIRURGIE.

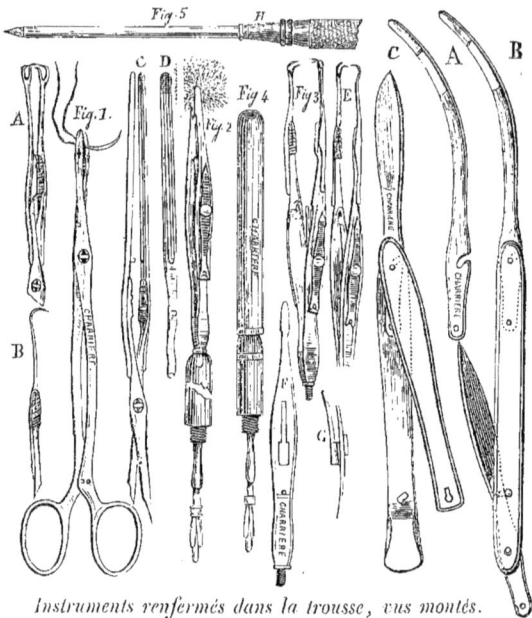

Instruments renfermés dans la trousse, vus montés.

Fig. 1. Pince à pansement avec une aiguille courbe entre les mors. — A. Érignes doubles montées sur les deux mors de la pince à pansement, et formant une pince de Museux. — B. Une érigne simple montée sur une des branches de la pince à pansement. — C. Deux mors de la pince à phimosis de M. Ricord, montés sur les deux branches de la pince à pansement. — D. Mors d'une pince à phimosis isolé.

Fig. 2. Pince à artères à verrou démontant, montée sur l'extrémité du porte-pierre et portant entre ses mors un bourdonnet de charpie.

Fig. 3. La même pince, sur laquelle sont montées des érignes doubles. — E. La même, une érigne simple d'un côté, une érigne de l'autre. — F. La même, le verrou est démonté. — G. Verrou démonté.

Fig. 4. Porte-pierre allongé par son extrémité supérieure, vissé sur son extrémité opposée.

Fig. 5. Trocart monté sur le porte-pierre.

Fig. A, B, C. Cette figure représente les lames de bistouris montées et démontées. Les scalpels à dissection sont montés et démontés d'après les mêmes principes.

MODÈLES DE TROUSSES ORDINAIRES.

Trousse nº 1.

	fr.	c.		fr.	c.
1 bistouri.	1	25	Cette trousse, avec instruments au poli ordinaire.	12	50
1 paire de ciseaux.	2	50			
1 porte-mèche.	»	50	La même, le bistouri manche d'ivoire ou en corne noire, instruments au beau poli, à petits coulants.	18	50
1 stylet.	»	50			
1 pince à artères.	1	50			
1 porte-pierre modèle Charrière. .	2	25			
La trousse, avec passettes élastiques non vulcanisées	4	»	La même, manche en écaille, instruments au beau poli.	19	75

INSTRUMENTS DE CHIRURGIE.

Trousse n° 2.

	fr.	c.		fr.	c.
1 rasoir.	2	50	Cette trousse avec instruments au poli ordinaire.	21	75
2 bistouris	2	50	La même, manches en corne noire, instruments au beau poli, à petits coulants.	29	50
1 paire de ciseaux.	2	50			
1 sonde cannelée.	1	25			
2 stylets	1	»	La même, manches en ivoire, instruments au beau poli, à petits coulants.	31	50
1 spatule.	1	25			
1 pince à artères.	1	50			
1 pince à pansement à mors croisés.	2	50	La même, manches en écaille, instruments au beau poli, à petits coulants.	34	75
1 porte-pierre modèle Charrière.	2	25			
La trousse, etc., comme au n° 1.	4	50			

Trousse n° 3.

	fr.	c.		fr.	c.
1 rasoir.	2	50	Cette trousse, avec instruments au poli ordinaire.	30	»
3 bistouris	3	75			
2 paires de ciseaux.	5	50	La même, manches en corne noire, instruments au beau poli, à petits coulants.	36	25
1 sonde cannelée.	1	25			
1 sonde de femme en argent.	3	»			
3 stylets	1	50	La même, manches en ivoire, instruments au beau poli, à petits coulants.	38	25
1 spatule.	1	25			
1 pince à artères.	1	50			
1 pince à pansement à mors croisés.	2	50	La même, manches en écaille, instruments au beau poli, à petits coulants.	40	25
1 porte-pierre, nouveau modèle.	2	25			
La trousse, etc., comme au n° 1.	5	»			

Trousse n° 4.

	fr.	c.		fr.	c.
1 rasoir.	3	25	1 spatule.	1	25
4 bistouris à petit coulant.	13	»	1 pince à artères.	2	»
2 paires de ciseaux.	5	50	1 pince à pansement à mors croisés.	2	50
1 sonde cannelée.	1	50	1 porte-pierre, modèle Charrière.	2	25
1 sonde de Belloc, en argent, modèle Charrière.	8	»	La trousse, etc., comme au n° 1.	12	»
			Cette trousse avec manches en corne noire, instruments au beau poli.	62	75
1 sonde pour homme et femme, toute en argent, mod^le Charrière.	10	»	La même, avec manches en ivoire.	65	75
3 stylets	1	50	La même, avec manches en écaille.	67	75

Trousse n° 5.

	fr.	c.		fr.	c.
1 rasoir.	3	25	1 aiguille à séton.	3	25
1 bistouri droit, pointu.	3	25	2 paires de ciseaux.	5	50
1 bistouri droit, étroit.	3	25	1 ténaculum.	3	25
— convexe.	3	25	1 érigne double à curette en acier.	3	50
— long boutonné, servant aussi pour les amygdales..	4	50	1 trocart explorateur, modifié.	2	50
			4 stylets dont un fin.	2	»
1 bistouri d'A. Cooper ou de Pott, pour les hernies.	4	»	2 sondes cannelées, dont une en argent.	6	»

288 INSTRUMENTS DE CHIRURGIE.

	fr.	c.		fr.	c.
1 sonde de Belloc, en argent, modèle Charrière..........	8	»	La trousse, etc., comme au n° 1..	15	»
1 sonde pour homme et pour femme, en argent............	10	»	Cette trousse, avec manches en corne noire, instruments au beau poli................	88	75
1 spatule.............	1	50	La même, avec manches en ivoire, instruments au beau poli.....	93	»
1 pince à artères.........	2	»
1 pince à pansement à mors croisés.	2	50	La même, avec manches en écaille, instruments au beau poli.....	97	»
1 porte-pierre, modèle Charrière.	2	25

Trousse n° 6.

	fr.	c.		fr.	c.
1 bistouri pointu, manche en écaille, à petit coulant, modèle Charrière,	4	»	modèle, pouvant servir pour cautériser dans les cavités profondes, le col de l'utérus, etc., modifié..	3	50
1 bistouri convexe, manche en écaille, à petit coulant, modèle Charrière.............	4	»	1 trousse en maroquin dit chagrin, en première qualité, garnie à l'intérieur en velours de soie, fermoir en maillechort, avec passettes élastiques non vulcanisées....	15	»
1 bistouri long, boutonné, servant aussi pour les amygdales.....	5	»
1 bistouri courbe, concave de Pott ou de Cooper..........	5	»	Prix en détail..........	82	»
1 rasoir, ou, à volonté, 1 aiguille à séton............	5	50	L'addition des objets suivants donnera lieu à des augmentations diverses.		
1 paire de ciseaux droits.....	2	50
— courbes sur le plat ou sur le côté........	3	»	4 lancettes variées à châsses d'écaille, dont 2 à grain d'orge, 1 à grain d'avoine, et 1 à vaccine, augmentation de........	6	»
1 érigne double à curette en acier pour saisir les tumeurs et extraire les corps étrangers de l'oreille..	3	50
1 trocart explorateur en argent nouvellement modifié........	3	»	4 aiguilles à suture, dont 2 courbes et 2 demi-courbes, augmentation de...........	2	»
1 pince à ligature d'artères et à torsion, modèle Charrière, à verrou démontant, et disposée pour porte-épingle (la pièce ordinaire ne coûte que 2 fr. 50 c.).....	6	»	Le fermoir de la trousse en argent.	3	50
			1 ténaculum à châsse en écaille et à petit coulant...........	4	»
1 pince à pansement, anneaux à mors croisés, modèle Charrière, trempée en ressort comme tous les instruments........	2	50	Le remplacement du porte-pierre, étui en buffle, long modèle du prix de 3 fr. 50 c., par un porte-pierre à crayon tout en argent, modèle riche, qui est du prix de 12 fr., donnera lieu à une augmentation de..........	8	50
1 stylet aiguillé en argent....	1	50
— cannelé —.....	1	50
1 porte-mèche en acier......	»	50	Ce dernier porte-pierre à crayon, le porte-nitrate en platine inaltérable très-fort, en plus......	5	»
1 sonde cannelée forte en argent..	4	50
1 spatule en acier servant de levier, au beau poli...........	1	50	1 sonde de Belloc en argent, modèle Charrière...........	8	»
1 sonde d'homme et femme, en argent (modèle Charrière)....	10	»	1 bistouri droit, pointu, à lame étroite, manche en écaille....	4	»
1 porte-pierre étui, en buffle, long		

INSTRUMENTS DE CHIRURGIE.

	fr.	c.		fr.	c.
1 deuxième sonde cannelée, celle-ci en acier.	1	50	partie des instruments supplémentaires désignés ci-dessus, en sus........ 3 ou	4	»
1 lancette à abcès.	2	50	Prix de la trousse et des suppléments.	131	»
Différence pour la capacité de la trousse devant contenir tout ou					

Trousse n° 7.

	fr.	c.		fr.	c.
Composée de tous les mêmes instruments que celle n° 6, avec les suppléments, mais à laquelle on ajoute :			1 pince à érigne de M. Robert, pour les amygdales.	4	50
			1 pince-porte-charpie en argent, de M. Ricord, ajustée au bout de la sonde de femme.	7	»
1 petit bistouri convexe à manche d'écaille.	4	»	1 pince à dissection ordinaire.	2	»
1 paire de ciseaux courbes sur le côté.	3	»	1 stylet fin en argent.	1	50
1 bout de sonde d'enfant ajusté sur la sonde d'homme et femme.	5	»	1 pharyngotome droit en argent (celui en maillechort 10 fr.).	16	»
1 aiguille de Cooper, à manche comme les bistouris.	4	50	Pour le supplément de la grandeur de la trousse, en égard aux instruments ajoutés.	8	»
1 sonde de poitrine, en acier.	1	50	Cette trousse complète.	188	»

Trousse n° 8.

	fr.	c.		fr.	c.
Composée de tous les mêmes instruments que les précédents numéros, et à laquelle on ajoute :			1 crochet œsophagien articulé en argent avec éponge d'un bout.	15	»
			300 épingles à suture.	1	50
1 très-fort bistouri pour les amputations (manche d'écaille).	9	»	6 aiguilles supplémentaires pour sutures.	3	»
1 scie démontante.	15	»	1 porte-aiguille nouveau de M. Rigal de Gaillac, pour ses sutures élastiques.	7	»
1 trocart moyen en argent, à entonnoir, manche ovale quadrillé, pour paracentèse et hydrocèle, modèle Charrière.	6	»	Différence pour la capacité en plus de la trousse, en raison des instruments qui viennent d'être ajoutés.	6	»
1 ténotome à 2 lames, manche d'écaille.	7	»			
1 scarificateur des gencives.	4	50	Cette trousse complète.	267	50

Trousse n° 9.

	fr.	c.		fr.	c.
Trousse dite Agenda ; elle est composée de deux pliants : le pliant supérieur ou de droite est disposé pour recevoir les instruments suivants :			2 stylets en acier, 1 cannelé, 1 aiguillé.	1	»
			1 sonde cannelée en acier.	1	50
			1 spatule en acier.	1	50
			1 porte-mèche.	»	50
2 bistouris en buffle à coulant.	6	50	1 sonde d'homme et de femme, en argent (modèle Charrière).	10	»
1 paire de ciseaux droits n° 3.	2	50			
1 pince à pansement n° 3.	2	50	1 trocart explorateur en argent, nouveau modèle.	2	50
1 pince à artères, en acier.	2	25			

INSTRUMENTS DE CHIRURGIE.

	fr.	c.		fr.	c.
1 porte-pierre en buffle, cerclé d'argent, nouveau modèle. . . .	2	25	Les deux stylets en argent en place de ceux en acier, en plus. . . .	2	»
4 lancettes, châsses en buffle . . .	4	»	Pour le fermoir de la trousse en argent, en plus	3	»
4 aiguilles à sutures trempées en ressort.	2	»	Pour le porte-pierre à crayon étui en argent, sans soudure, beau modèle, et le porte-crayon; en plus	12	»
La trousse en maroquin première qualité, intérieur en velours soie.	12	»			
Cette trousse complète.	51	»			
Cette même trousse ayant les deux bistouris en écaille en place de ceux en buffle, en plus. . . .	1	50	Les quatre lancettes en écaille en place de celle en buffle, en plus.	2	»

Si on désirait les ciseaux et la pince à pansement garnis d'argent assemblé, soudé et non cimenté, ils coûtent en plus 7 fr. chacun.

Voir page 278 pour la dorure et l'argenture.

On peut fabriquer tous ces modèles de trousses de manière à réduire leur longueur à 12 centimètres.

Trousses diverses.

	fr.	c.		fr.	c.
Trousses vides à passettes élastiques non vulcanisées (mod^le Charrière), de toutes grandeurs, dont le prix varie suivant le luxe que l'on désire. . . . . de 2 fr. 50 c. à	20	»	le rasoir et les lancettes à manche d'écaille, en plus.	7	»
Giberne et baudrier pour trousse de MM. les officiers de santé de l'armée, suivant le modèle-type adopté en 1841, dorure solide. . . .	35	»	Giberne pour trousse de MM. les vétérinaires militaires en premier, également d'après le modèle-type, indiqué par M. Renault à la demande de M. le ministre de la guerre (bien dorée).	35	»
La même, adoptée par le règlement de 1859 (voy. p. 285).			Giberne brunie pour les vétérinaires en second.	28	»
Trousse réglementaire pour MM. les officiers de santé de l'armée, modèle-type adopté en 1841. . . .	55	50	Trousse réglementaire pour MM. les vétérinaires, modèle-type. . .	51	75
La même, mais avec les bistouris,			La même, avec les nouveaux modèles de pinces et de bistouris adoptés par le conseil hippique. .	65	»
			Trousse vétérinaire à . . . 58 fr. et	72	50

TROUSSES DE SAGES-FEMMES.

Trousse n° 1.   fr. | c.

2 lancettes en corne.
1 paire de ciseaux en acier.
1 sonde cannelée en acier.
1 sonde de femme en argent.
1 tube laryngien en argent.
1 porte-pierre avec étui en buffle.
Trousse tout en maroquin.
Prix total. . . . . 20 | »

Trousse n° 2.

2 lancettes en écaille.
1 paire de ciseaux en acier.
1 sonde cannelée en argent.
1 sonde de femme en argent.
1 tube laryngien en argent.
1 porte-pierre avec étui en corne.
Trousse en maroquin, l'intérieur en velours. — Prix total. . . . . 30 | »

Trousse n° 3.

Comme la précédente, en maroquin, garnie en velours, porte-pierre en argent. 40 | »

INSTRUMENTS DE CHIRURGIE.

LANCETTES ET LANCETIERS.

	fr.	c.		fr.	c.
Lancette ordinaire à châsses en buffle.	1	»	Lancetier portefeuille en maroquin doublé en soie.	2	»
Lancette moyenne en buffle.	1	25			
Lancette à abcès en buffle.	1	50	Lancetier en maillechort à 2 places.	5	»
Lancette à vaccine en buffle.	1	»	Lancetier en maillechort à 4 places.	8	»
Lancette ordinaire en écaille.	1	50	Lancetier en maillechort à 6 places.	9	»
Lancette moyenne en écaille.	2	»	Lancetier en argent à 2 places.	15	»
Lancette à abcès en écaille.	2	50	Lancetier en argent à 3 places.	20	»
Lancette à vaccine en écaille.	1	50	Lancetier en argent à 4 places.	22	»
Aiguille à suture trempée en ressort.	»	50	Lancetier en argent à 6 places.	24	»
Lancetier en carton couvert en peau.	1	25	Lancetier en vermeil à 2 places.	18	»
Lancetier en bois de palissandre, ébène et autres, cerclé en grillé, en maillechort goupillé.	2	»	Lancetier en vermeil à 3 places.	25	»
			Lancetier en vermeil à 4 places.	30	»
			Lancetier en vermeil à 6 places.	35	»

BOITES DE DISSECTION ET A AUTOPSIE.

	fr.	c.		fr.	c.
Boîtes-trousses à dissection, modèle Charrière, n° 1.	12	75	Boîtes d'instruments d'anatomie microscopique, n° 1.	14	»
n° 2.	18	40	Boîtes d'instruments d'anatomie microscopique, n° 2.	27	»
— — n° 3, plus complètes.	36	15			
— — n° 4, beaucoup plus complètes.	104	»	Boîtes d'instruments d'anatomie microscopique, n° 3.	37	50
— — n° 5 (nouveau modèle).	12	25	Boîtes d'instruments d'anatomie microscopique, n° 4, modèle de M. Lebert.	39	75
Boîtes à autopsie, n° 1.	59	50			
— — n° 2.	86	50	Seringues à injections fines en maillechort.	24	»
— — n° 3.	111	50			
Boîtes-trousses pour autopsie et anatomie réunies.	161	»	Seringues à injections fines en acier pour le mercure.	39	75

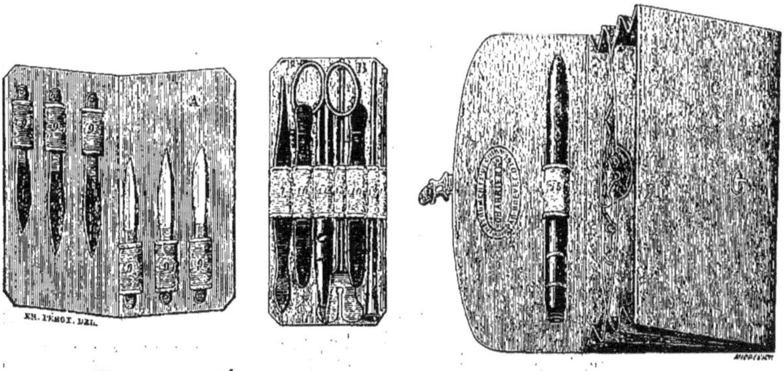

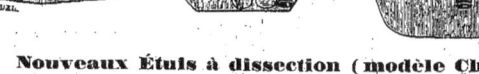

Nouveaux Étuis à dissection (modèle Charrière).

Fig. 7. 1 pince à disséquer n° 3, taillée en lime.
8. 1 chaîne avec 3 érignes.
Fig. 9. *6 lames de scalpel variées de grandeur ou de forme.

19.

Fig. 10. *2 manches sur lesquels on monte les lames, grattoirs, érignes ou autres pièces.

Fig. 11. *1 paire de ciseaux pointus n° 3, à lame courte de notre modèle à tenon, que l'on peut démonter et superposer.

Toutes ces pièces étaient contenues dans l'ancienne boîte. Ce nouvel étui, réduit au tiers du volume de ces dernières, est au même prix, reçoit tous ces instruments, et est disposé pour recevoir en outre, si on le désire, les pièces suivantes :

	fr.	c.
Fig. 12. 1 chalumeau en maillechort pour insuffler.	1	»
13. 1 sonde cannelée en acier n° 3.	»	75
14. 1 stylet explorateur en acier.	»	40
15. *1 porte-pierre, étui en buffle, cercle et coulant en argent sans soudure.	2	»

Sans augmenter sensiblement le volume de cet étui, on peut ajouter un bien plus grand nombre de lames et les instruments suivants, c'est alors que l'on peut constater une véritable économie :

	fr.	c.
*1 scie à dos mobile n° 1, fixée sur le manche.	3	»
*1 forte lame de scalpel à cartilage n° 5.	1	»
*2 petits scalpels pointus n°s 1 et 2, semblables à ceux qu'emploie M. Robin, à 60 c.	1	20
*2 d°, convexes, à 60 c.	1	20
*2 grattoirs n°s 1 et 4, à 1 fr.	2	»
*1 tranchoir de M. Strauss.	1	50
*1 fort manche pour monter les pièces dont l'emploi exige plus de force.	1	50
*2 pinces à pression continue n° 1, droite et courbe, à 2 fr., modèle Charrière.	4	»
1 pince fine n° 1.	1	75
1 d°, modèle que nous avons fait pour M. Strauss.	1	50

	fr.	c.
*1 paire de ciseaux droits et pointus n° 1, articulés à tenon, que l'on peut superposer, modèle Charrière.	2	»
1 plaque en buffle porte-fil.	»	50
3 aiguilles demi-courbes pour sutures.	1	»
3 aiguilles courbes.	1	»
12 épingles.	»	»
3 limes variées pour préparation.	1	50
*2 aiguilles à manche, une droite et une courbe, de M. Robin.	3	»
1 porte-aiguille n° 2 avec 3 aiguilles, dont une est montée très-solidement.	2	50
2 stylets explorateurs, dont 1 en baleine.	1	»
1 ciseau-burin n° 1, taillé en lime.	1	25

Toutes ces pièces peuvent entrer dans l'étui figuré sur la planche, mais un peu augmenté de volume. Cette modification et les deux planchettes pour caser ces instruments coûtent en plus 3 fr.

	fr.	c.
1 loupe de la fabrique de M. Nachet.	7	»
1 scie à arbre n° 1, à lame très-fine et tournante au moyen des coussinets; elle peut servir avec ou sans manche. Avec 12 lames de rechange.	6	»

INSTRUMENTS POUR LES MALADIES DES YEUX.

Cataracte.

	fr.	c.
1 releveur de paupière en argent à plaque d'ivoire.	5	»
3 couteaux de Richter ou de tout autre auteur, à 2 fr. 50 c.	7	50
1 couteau boutonné de M. Desmarres pour agrandir l'incision de la cornée.	2	50

	fr.	c.
1 couteau à staphylome de M. Desmarres.	3	»
1 kystitome à curette d'argent, de Boyer, ou autre.	5	»
4 aiguilles pour abaissement de Dupuytren ou autre, à 2 fr. 50 c.	10	»
1 aiguille de M. Desmarres pour la paracentèse de la cornée.	3	»

INSTRUMENTS DE CHIRURGIE.

	fr.	c.
1 pince capsulaire de M. Sichel..	4	50
1 — à manche et à bascule que M. Desmarres nomme sertelle (modèle Charrière)...	25	»
1 pince capsulaire du même, à coulant............	18	»
1 aiguille à pompe de M. Laugier.	25	»
1 aiguille-ciseaux à coulisse de M. le prof' Gerdy (modèle Charrière fils)	15	»
1 aiguille-pince pour cataracte secondaire, par Charrière fils..	25	»
1 aiguille-ciseaux de M. de Grand-Boulogne, par Charrière fils..	18	»
1 aiguille-pince de M. le docteur Canuet.............	25	»
1 paire de ciseaux de M. le docteur Wilde (de Dublin) pour cataracte secondaire (modèle Charrière)..	25	»
Instrument de M. Nélaton pour extraire les fragments de capsule..	25	»
1 pince à coulisse de M. Notta (de Lisieux) pour cataracte secondaire (modèle Charrière)....	15	»
1 pince de M. Tavignot......	7	»
1 fixateur de l'œil, à anneau...	3	»
1 fixateur de l'œil, de M. Nélaton, en argent............	6	»
1 injecteur double, de M. Desmarres, applicable sur toute espèce de pompe...........	10	»
1 scarificateur des fosses nasales, de M. Desmarres........	8	»

Pupille artificielle.

	fr.	c.
1 couteau lancéolaire de Beer...	2	50
1 érigne du même........	2	50
1 pince droite à griffes......	2	50
1 — courbe........	3	»
1 — à pupille artificielle de Sichel.........	4	50
Pinces à griffes limitées, de M. Desmarres, droites........	4	»
Les mêmes, courbes.......	4	50
1 paire de ciseaux droits......	2	50
1 — courbes sur le plat, assemblés à tenon........	3	»

Fistule lacrymale.

	fr.	c.
1 bistouri de J. L. Petit.....	3	»
6 clous en plomb, de Scarpa..	2	»
6 — en ivoire flexible de Charrière, à 75 c.........	4	50
4 canules de Dupuytren, en argent.	4	»
1 mandrin dilatateur pour les placer et les retirer...........	5	»
1 canule d'argent à ressort de Pamard, pour appliquer le séton du haut en bas..........	4	»
2 cathéters pleins en acier, de M. Gensoul..........	3	»
2 cathéters du même, en argent creux.............	8	»
1 seringue d'Anel, en argent, avec ses trois canules, en argent sans soudure (mod^{le} Charrière), le tout renfermé dans une boîte à part.	22	»
1 seringue d'Anel en verre, montée à vis et à trois anneaux.....	25	»
2 stylets d'Anel et de Méjean, en argent............	2	»
1 stylet de M. Desmarres, en acier.	1	»
1 cautère à fistule lacrymale de M. Desmarres, avec son manche.	7	»
2 dilatateurs de M. Desmarres, pour écarter les plaies pendant l'application du cautère......	7	»
Compresseur des voies lacrymales de M. Bonnafond.........	30	»
1 trocart de M. Laugier......	5	»
4 canules en platine préférables à celles en argent, à 3 fr. 50 c.	14	»
1 mandrin à crochet du professeur Cloquet, pour extraire les canules.............	2	»
1 porte-caustique de M. Sichel, en argent............	3	»
1 porte-caustique avec canule de M. Desmarres, en argent....	5	»

Strabisme.

	fr.	c.		fr.	c.
1 abaisseur des paupières à manche.	3	50	1 pince à ressort.	4	»
1 dilatateur des paupières.	2	»	1 érigne double à manche.	3	»
2 pinces à griffes de M. Lucien Boyer, à 3 fr.	6	»	1 paire de ciseaux courbes sur le plat	3	»
			1 crochet mousse	2	50

Paupières.

	fr.	c.		fr.	c.
1 scarificateur de M. Desmarres.	3	»	1 ténotome convexe de M. Guérin.	3	50
2 scalpels fins.	5	»	1 pince d'Adams.	7	»
Pince de M. Tavignot pour sutures des paupières avec des épingles.	8	»	1 boîte en acajou garnie en velours de soie à l'intérieur, fermant à serrure, etc., dont le prix varie selon le luxe et la quantité d'instruments qu'elle renferme.		
1 pince à suture des paupières de M. Desmarres.	3	»			
1 pince à béquille à ectropion.	4	»			
1 pince fenêtrée de M. Desmarres, pour les tumeurs.	6	»	Les petites boîtes destinées à recevoir de 3 à 8 pièces, telles que couteaux, aiguilles, et autres instruments de ce genre, coûtent de . . . . . 1 fr. 50 c. à	5	»
1 ophthalmoscope de M. Desmarres, simple et complet. 11 et	16	»			
1 ténotome droit et mousse pour les muscles des membres.	3	»			

BOITES D'INSTRUMENTS
POUR LES MALADIES DES OREILLES, DU NEZ, DES LÈVRES, DE LA BOUCHE, ETC.

Oreilles.

	fr.	c.		fr.	c.
1 spéculum brisé d'Itard et Ménière, ou de M. Blanchet, maillechort.	5	»	1 bouteille en caoutchouc vulcanisé avec robinet et deux canules en maillechort.	12	»
1 spéculum brisé, de M. Bonnafont en argent.	8	»	La même, avec soupape de M. Blanchet, en sus.	2	»
1 spéculum brisé de M. Deleau.	3	»			
1 sonde d'Itard, en argent	4	50	1 levier avec curette pour les corps étrangers	2	50
2 — complètes de M. Deleau.	5	»	1 pince coudée à pivot de Dupuytren, même usage.	5	»
4 sondes de M. Deleau, en gomme de rechange, à 75 c.	3	»	1 pince de Hunter, à branches séparées (modèle Charrière).	12	»
2 pincettes pour fixer les sondes de M. Deleau, en argent.	2	»	1 perforateur du tympan, de M. Fabrizj.	12	»
1 seringue en maillechort, piston à double parachute, avec 2 canules.	15	»	1 pince porte-caustique de Ménière.	3	»

Polypes des fosses nasales et du pharynx.

	fr.	c.		fr.	c.
2 pinces à polypes à mors croisés droite et courbe, à tenon, à 4 fr. 50 l'une.	9	»	Les mêmes, à point d'arrêt (modèle Charrière), 5 fr. 50 c. l'une.	11	»
			La même à pivot.	7	»

INSTRUMENTS DE CHIRURGIE.

	fr.	c.		fr.	c.
1 sonde de Belloc, en argent (modèle Charrière)..........	8	»	Serre-nœud à pression continue, modèle Charrière..........	6	»
1 porte-ligature de M. Félix Hatin.	20	»	Porte-caustique de M. Cazenave (de Bordeaux)............	6	»
Le même de M. Leroy d'Etiolles. .	25	»	Rhinobion de M. Martin Saint-Ange, argent.............	8	»
— modèle Charrière....	12	»	Pelote à tamponnement de M. Gariel...............	3	»
Serre-nœud de Dessault........	3	»			
— à vis de Graaff, modèle Charrière......	8	»			

Bec-de-lièvre.

	fr.	c.		fr.	c.
1 paire de ciseaux pour bec-de-lièvre, servant aussi à d'autres usages, assemblé à tenon.....	6	»	2 aiguilles en argent à vis de Thierry.	4	»
			300 épingles de force et de grandeur variées............	1	50
6 aiguilles en fer de lance de Larrey, à 40 c............	2	40	2 pinces à pression continue, ou grandes serre-fines à vis, de M. Guersant, à 3 fr.......	6	»
6 aiguilles dont la pointe seule est trempée (modèle Charrière)...	1	80	1 pince emporte-pièce du même..	15	»
6 aiguilles en argent, à pointe mobile, à 1 fr.............	6	»	Compresseur de la voûte palatine, de divers modèles........	40	»

Staphyloraphie.

	fr.	c.		fr.	c.
1 abaisse-langue en argent de Colombat..............	12	»	2 tiges porte-aiguille mobiles de M. Bourgougnon.........	8	»
1 abaisse-langue de M. Green, modifié par M. Trousseau.....	7	»	6 aiguilles du même........	6	»
1 abaisse-langue de M. Green, articulé......	10	»	2 aiguilles courbes à chas brisé pour échapper le fil, avec manche mobile (modèle Charrière)...	10	»
1 — et dilatateur de la mâchoire (modèle Charrière)..	18	»	1 porte-suture de M. Depierris..	20	»
			1 pince courbe à long bec de Graaff.	4	»
1 abaisse-langue à anneau à bascule de M. Chassaignac (2 mod^les).	15	»	1 paire de ciseaux coudés de Roux................	5	»
1 abaisse-langue (forme spéculum à 3 valves), modèle Charrière...	10	»	1 bistouri pointu à lame étroite et à long manche pour aviver...	3	»
			1 bistouri mousse.........	3	»
1 porte-aiguille de M. Roux (modèle Charrière).........	8	»	1 serre-nœud de Sottot......	2	»

Amygdales.

	fr.	c.		fr.	c.
1 érigne double sur un manche fixe.	3	50	fants, modifié par M. Velpeau, la pièce............	22	»
1 pince-érigne de M. Robert...	4	50			
La même, à point d'arrêt.....	5	50	Le même, avec deux lames de rechange (modèle Charrière)...	28	»
1 bistouri long boutonné fixe...	3	50			
Le pareil, fermant, se trouve dans les trousses.			Amygdalotome de M. Maisonneuve (modèle Charrière), fonctionnant d'une seule main, avec deux lames et boîte..........	30	»
Amygdalotome de M. Fahnestock..	22	»			
— de trois grandeurs variées pour adultes et pour en-			1 lame moyenne en plus......	5	»

Œsophage.

	fr.	c.		fr.	c.
1 appareil dilatateur de l'œsophage, tige d'argent, et six olives en ivoire, de grosseurs variées...	30	»	1 instrument de Vacca pour l'œsophagotomie............	15	»
2 sondes œsophagiennes de grosseur différente à double tissu..	5	»	1 crochet en argent à bascule de Graff, avec éponge à l'autre bout.	5	»
1 pompe-seringue avec robinet à double effet, et ses accessoires, modèle Charrière, maillechort et étain............	30	»	1 crochet tout en argent, modèle de Bégin............	10	»
			1 pince œsophagienne de Dupuytren, branches croisées, mod^{le} Charrière	7	»
La même, tout en maillechort...	50	»	1 pince œsophagienne de M. Cloquet, à point d'arrêt près des anneaux.	9	»

Trachéotomie.

	fr.	c.		fr.	c.
1 pince dilatatrice du professeur Trousseau............	4	»	2 baleines porte-éponge et 1 écouvillon.............	3	»
1 pince dilatatrice de M. Guersant.	6	»	1 longue baleine porte-éponge pour cautériser le pharynx, de M. Bretonneau............	3	»
3 canules doubles, de grosseurs variées, en argent fin, à pivot, de MM. Trousseau et Borgelat...	36	»	Baleine porte-éponge avec pince à trois branches en argent de M. Buck............	7	»
1 canule à ailes de M. Guersant..	12	»			
1 canule de M. Richet, avec canal à la partie supérieure (m^{le} Charrière).	20	»	Souffloir pour insuffler du nitrate d'argent, de M. Guillon.....	»	»
1 canule à soupape, mod^{le} du même.	15	»	Boîte en maroquin à 10, 15 ou	20	»
1 canule avec extrémité inférieure mobile, de M. Morel-Lavallée..	23	»	Tube en argent de M. Loiseau, pour le cathétérisme du larynx....	11	»
1 pince courbe pour les fausses membranes, de M. Guersant...	5	»	Anneau protecteur, du même...	1	50
1 ténaculum cricoïdien, de M. Chassaignac............	3	»	Sondes porte-caustique flexibles et rigides, de tous modèles, pour la cautérisation du larynx, du même.	»	»
1 pince dilatatrice du même....	8	»			

Nouveaux instruments pour l'alimentation des aliénés.

	fr.	c.		fr.	c.
Appareil en argent, de M. Billod.	30	»	Appareil en bois, de M. Belhomme.	12	»

Ablation des tumeurs.

	fr.	c.		fr.	c.
Écraseur linéaire de M. Chassaignac, modèle Charrière....	30	»	pour se prêter à toutes les directions (modèle Charrière)....	25	»
Constricteur de M. Maisonneuve. Le lien est formé de fil de fer tordu en corde et assez souple			Le même, petit modèle pouvant entrer dans les trousses......	7	»
			Aiguilles à chas mobile......	3	»

Anesthésie.

	fr.	c.		fr.	c.
Appareil à chloroforme (Charrière).	11	»	Appareil pour douches anesthésiques de M. Demarquay, avec manomètre.........	46	»
Appareil pour douches anesthésiques locales du docteur Hardy..	20	»			
Appareil pour douches anesthésiques de M. Follin.......	8	»	Appareil à acide carbonique de M. Fordos..........	15	»

INSTRUMENTS DE CHIRURGIE.

INSTRUMENTS POUR LES DENTS.

Boîte n° 1.
(Manches en ébène.)

	fr.	c.		fr.	c.
1 sonde à manche	1	50	1 burin plat	1	50
1 déchaussoir	1	50	1 boîte de métal fusible, en ébène	1	»
1 clef de Garengeot et 4 crochets variés, dont 1 à racines	4	50	4 limes à 50 cent	2	»
1 davier droit taillé en lime	3	50	Une boîte en palissandre, fermant à serrure et deux tourets, intérieur garni en peau rouge	14	»
1 — courbe sur le plat	3	50	Complète	40	50
1 levier ou langue de carpe	3	»	La même boîte, garnie en velours de soie	20	»
2 rugines	3	»			
1 cautère	1	50			

Boîte n° 2.

(Les manches des instruments de cette boîte sont en ivoire vert, virole en argent, embase à facettes, le tout au beau poli. Ce genre d'instruments réunit les avantages de la pratique à l'élégance.)

	fr.	c.		fr.	c.
1 miroir en argent	11	»	2 curettes droite et gauche pour carie, à 4 fr. 50 c	9	»
1 sonde à manche	4	50			
1 déchaussoir	4	50	1 fouloir	4	50
1 clef de Delabarre avec 4 crochets doubles, dont 1 à racines	15	»	1 porte-lime	7	»
			6 limes	3	»
1 davier droit, branches à cannelures	5	»	1 rugine triangulaire	4	50
1 davier courbe sur le plat	5	»	1 — pointue et d'équerre	4	50
1 davier droit d'enfant	5	»	1 — courbe	4	50
1 pince courbe pour racines	5	»	1 burin plat	4	50
1 levier, pied-de-biche ou langue-de-carpe	6	50	1 boîte de métal fusible, en ivoire	2	»
1 porte-équarrissoir, foret et fraise	4	50	1 caisse en acajou, coins de cuivre, fermant à serrure et 2 tourets, intérieur en velours de soie	40	»
4 forets	2	»			
3 fraises	3	»	Une enveloppe en cuir, environ	8	»
1 cautère	4	50	Complète	167	»

Collection d'instruments à manches d'ébène et d'ivoire, embase unie.
(Les instruments à embases à facettes sont compris dans la boîte n° 2.)

	ÉBÈNE.		IVOIRE.			ÉBÈNE.		IVOIRE.	
	fr.	c.	fr.	c.		fr.	c.	fr.	c.
1 spatule à déprimer la commissure des lèvres	3	»	4	»	1 davier courbe sur le côté pour adulte	3	50	»	»
1 miroir en argent	9	»	11	»	1 — courbe d'enfant	3	50	»	»
1 sonde	1	50	3	50	1 — courbe sur le plat	3	50	»	»
1 déchaussoir	1	50	3	50	1 — droit taillé en lime	3	50	»	»
1 seringue en argent avec deux canules	18	»	18	»	1 — droit d'enfant	3	50	»	»
					1 pince droite à racines	3	50	»	»
1 clef à point d'appui mobile et à pompe, 4 crochets	12	»	16	»	1 — courbe	3	50	»	»
					1 pied-de-biche	3	50	7	»
1 clef pour enfants, modèle Delabarre	7	»	12	»	1 langue-de-carpe	3	»	7	»
					1 levier	3	»	7	»

INSTRUMENTS DE CHIRURGIE.

	ÉBÈNE.	IVOIRE.		ÉBÈNE.	IVOIRE.
	fr. c.	fr. c.		fr. c.	fr. c.
1 tire-fond à fort manche.	3 »	4 »	2 fouloirs de 2 grosseurs.	3 »	7 »
1 pince incisive droite.	5 50	» »	1 cautère à boule.	1 50	3 50
1 — courbe sur le plat.	5 50	» »	2 curettes droite et gauche pour carie.	3 »	7 »
6 forets.	3 »	» »	1 rugine triangulaire.	1 50	3 50
1 porte-foret à colonne torse, et porte-fraise.	11 »	12 »	1 — pointue, courbe ou d'équerre.	1 50	3 50
4 fraises.	4 »	» »	2 langues-de-carpe droite et gauche.	3 »	7 »
1 porte-lime.	6 »	7 »	1 d° double.	1 50	3 50
1 scie à deux coussinets, sans vis de rappel.	5 »	6 »	1 burin carré.	1 50	3 50
12 feuillets de rechange.	1 »	1 »	1 — plat à biseau.	1 50	3 50
2 paires de ciseaux droits et courbes à longues branches.	7 »	7 »	1 cure-dent.	1 50	3 50
1 pince porte-agaric.	4 »	4 »	1 petit bistouri.	3 »	3 50
1 brunissoir.	1 50	3 50	1 scarificateur de gencives.	3 50	3 50

	fr. c.
Une caisse et une enveloppe, dont les prix sont, en raison de la capacité et du luxe du coffre. . . . . de 60 fr. à	120 »
Daviers, modèles de Préterre de New-York, très-beaux modèles (la collection complète se compose de 45 modèles différents), chacun.	10 »

(Les daviers droits et gauches à courbure excentrique et tous les autres instruments particuliers dont nous ne pouvons faire ici l'énumération, sont fournis sur demande, ainsi que les moules pour prendre les empreintes, simples et doubles.)

Dents minérales et naturelles.

Dents minérales ordinaires. . . . . le cent.	18	»
— dites à gencives. . . . . —	30	»
— molaires ordinaires. . . . . —	25	»
— transparentes à crampon. . . . . —	50	»
— molaires transparentes à crampon. . . . . —	60	»
— dites à tube de platine. . . . . —	75	»
— molaires à tubes de platine. . . . . —	75	»
— naturelles, les six dents de devant. . . . . à 7 fr., 10 fr. et	12	»
Poudre à plomber les dents de Wilson (*argent et étain*). . . . . les 30 gram.	10	»

(Amalgamées avec un peu de mercure, ces deux poudres constituent un mastic qui devient très-dur; il ne subit pas de retrait, et il permet de plomber les dents à froid et sans pression.)

Ressorts en or pour râteliers très-bien confectionnés. . . . . . . le gramme.	3	75
Succédané Seymour pour remplir les dents cariées. . . . . le flacon.	20	»
Le plombateur Warton. . . . . —	3	»
Ciment Rogers pour plomber soi-même les dents.	3	»
Métal inoxydable à plomber les dents, de Désirabode. . . . . les 30 gram.	20	»
Cadmium pour dentistes. . . . . le flacon de 30 gram.	5	»

INSTRUMENTS DE CHIRURGIE.

Instruments pour ponction de la vessie, empyème, abcès, hydrocèle, etc.

	fr.	c.		fr.	c.
1 trocart explorateur en argent.	2	50	La même, en maillechort, canule divisée en trois grosseurs différentes.	25	»
1 trocart en platine, la pointe seulement en acier.	5	»	Seringues en ivoire teint en noir, de diverses grosseurs, canule en platine (nouveau modèle Charrière), piston à double parachute pour les injections iodées, d'après la méthode de M. le professeur Velpeau. . . . . 20, 25, 30 et	35	»
1 trocart à hydrocèle en argent, à manche plat, à entonnoir (modèle Charrière), comme pour tous les suivants.	5	50			
Le même, à robinet	10	»			
— en platine, pour les injections iodées.	14	»	d°, en verre.	12	»
Le même en platine à robinet, tout en platine, pointe en acier.	37	»	1 robinet à double effet, modèle Charrière, se montant sur la seringue en étain, pour aspirer par le trocart de M. Guérin.	8	»
Trocart à lame de lancette de M. le professeur Cloquet, moyen.	7	»			
1 trocart de M. Guérin, pour abcès par congestion.	12	»	Le même, en maillechort.	12	»
1 trocart moyen en argent.	6	50	1 canule plongeante pour aspirer ou rejeter le liquide, en étain.	2	»
— pour la paracentèse de l'abdomen.	7	»	La même, en maillechort.	6	»
1 trocart courbe pour la vessie.	9	»	Grande canule à jet unique et à arrosoir, servant après la taille, en maillechort.	7	»
1 trocart de M. Reybard, pour l'empyème, en argent, à robinet.	10	»			
Appareil à ponction pour hydrocèle, de Baudens, dans sa boîte.	12	»	1 canule conique sur laquelle se montent toutes canules élastiques, sondes œsophagiennes pour établir un double courant, en étain.	1	»
1 seringue à trois anneaux, tige graduée, en étain, à double parachute, canule partie en maillechort	9	»	La même, en maillechort.	3	»

Anus contre nature, fistules et fissures à l'anus.

	fr.	c.		fr.	c.
Instrument de M. Ricord, pour injection du sac herniaire.	25	»	1 porte-caustique anal	10	»
Instrument de M. Maisonneuve.	9	»	Erigne qui se dilate à volonté, servant, avec l'écraseur de M. Chassaignac, pour attirer les hémorrhoïdes.	8	»
Aiguille de M. Gerdy.	12	»			
Entérotome de Dupuytren ou de Blandin.	12	»	Scarificateur d'Amussat.	15	»
Dilatateur anal à trois branches de M. Demarquay.	30	»	Bistouri à gaîne de Blandin, modèle Charrière.	14	»
Longue sonde cannelée en argent, à stylet de Larrey.	10	»	Pince porte-caustique, de M. Amussat, pour les hémorrhoïdes	15	»
1 bistouri de Breschet et de M. Marx.	12	»	Pince protectrice, du même.	15	»
— à rainure au dos de la lame et à stylet mobile, m^le Charrière.	6	»	Suppositoires divers en ivoire flexible.	12	»
			Trocart de M. Guersant, pour imperforation de l'anus.	12	»
Gorgeret en ébène	2	»			
Spéculum plein de M. Barthélemy (de Saumur).	2	50	Capsule de M. Jobert de Lamballe, pour la cautérisation à la pâte caustique.	3	»
Spéculum bivalve	8	»			
— à développement et à trois valves, modèle Charrière.	10	»	Pince porte-caustique, de M. Barthélemy (de Saumur).	10	»

Varicocèle, phimosis.

	fr.	c.
2 pinces Landouzy, à 1.5 fr.	30	»
Serre-nœud en fer à cheval, de Ricord	12	»
Serre-nœud à enroulement de M. le professeur Jobert de Lamballe.	5	»
2 aiguilles de M. Ricord.	1	»
2 aiguilles droites et courbes, pour y visser le fil d'argent.	4	»
Fil d'argent, le gramme 50 c.		
Pince porte-caustique, de M. Nélaton	12	»
Pince à double effet, de Vidal de Cassis, pour enrouler et couper les fils d'argent, modèle Charrière.	10	»
Pince à phimosis de M. Ricord.	6	»
2 aiguilles, du même.	2	»
Pince à phimosis et à pression continue, de M. Vidal.	4	»
Dilatateur à phimosis de M. Bonnafond.	10	»

Maladies des femmes.

	fr.	c.
1 spéculum en étain, de M. Récamier, de 4 grosseurs, à	2	50
1 spéculum avec embout en ébène.	4	50
— ivoire, de M. Jobert, de 20 fr. à	22	»
— en buis, du même.	6	»
— bivalve, du même, en maillechort	12	»
1 spéculum de M. Ricord, sans embout	10	»
1 spéculum de M. Ricord, manche démontant, en maillechort	12	»
1 spéculum de M. Lisfranc, bivalve, en maillechort.	15	»
1 spéculum de M. Ségalas, à 4 valves et à développement plein	25	»
1 spéculum de M. Tanchou	15	»
— à 4 valves (m^le Charrière).	18	»
1 spéculum à 4 valves, manches démontants	20	»
1 spéculum de M. Dubois, avec un seul manche et un seul embout, les trois spéculums en étain.	25	»
1 spéculum à 3 valves, développement plein, de Charrière	12	»
2 paires de longs ciseaux droits, courbes sur le plat, à 8 fr.	16	»
2 longues pinces-érignes, droite et courbe, à 6 fr.	12	»
Les mêmes, à point d'arrêt	13	»
2 longues érignes à manche, simple et double, à 4 fr.	8	»
1 long porte-pierre avec pince à crémaillère, porte-charpie et cuvette.	15	»
1 pince à anneaux, porte-charpie pour pansement	5	»
2 porte-nœuds de Desault, à 6 fr.	12	»
1 longue canule courbe, du même.	6	»
1 canule double de Levret, avec son fil d'argent	6	»
1 pince porte-ligature de M. Cloquet.	12	»
1 long serre-nœud de Desault	3	50
— à vis.	8	»
1 long serre-nœud à pression continue, modèle Charrière	8	»
1 canule à érigne de M. Lallemand.	25	»
1 miroir réflecteur de M. Amussat.	15	»
— de M. Richelot.	15	»
2 couteaux hystérotomes, droit et gauche, de M. Velpeau.	8	»
1 curette double de Récamier.	3	»
1 pessaire de M. Nélaton, s'allongeant à volonté	6	»
1 pessaire redresseur de l'utérus, de Simpson, modifié par M. Valleix.	23	»
1 pessaire à réservoir d'air, de M. Gariel.	11	»
1 sonde utérine de Valleix.	5	»
1 sonde utérine rentrant dans le manche.	7	»
1 sonde utérine de M. Huguier.	10	»
1 pessaire complet du prof^r Simpson, pour redresser le col utérin	15	»
1 sonde utérine du même.	6	»
Spéculum intra-utérin de M. Jobert.	20	»
1 sonde de M. Robert, pour redresser l'utérus	25	»
1 dilatateur du col utérin, de M. Aussandon, en ivoire flexible (modèle Charrière). de 15 fr. à	50	»
Pelote à tamponnement pour la métrorrhagie, de M. Gariel	3	»

INSTRUMENTS DE CHIRURGIE.

Instruments de M. Jobert pour les fistules vésico-vaginales.

	fr.	c.
1 spéculum à une valve coudée, pour déprimer la partie postérieure du vagin	10	»
2 lames plates pour déprimer les parois latérales	12	»
1 spatule pour soulever la paroi antérieure du vagin	8	»
2 pinces de Museux, pour saisir le col de l'utérus et abaisser cet organe	12	»
2 pinces à dents de souris pour saisir les lèvres de la fistule, afin de les raviver avec les ciseaux ou le bistouri droit ou boutonné	10	»
1 pince en crochet pour attirer en avant les lèvres de la fistule dans le cas où l'on ne peut abaisser le col de l'utérus	12	»
2 porte-aiguilles	16	»
6 aiguilles courbes de différentes dimensions et de courbure variable	3	»
1 sonde en argent forte pour femme	5	»
3 sondes en gomme élastique	2	50
1 sonde à dard, ou porte-fil	14	»
1 longue aiguille à manche	4	»
1 longue paire de ciseaux droits mousses, pour couper les fils	8	»
1 bistouri droit et boutonné à manche long	5	»
1 bistouri convexe	5	»
— pointu	5	»

Accouchements.

	fr.	c.
Compas de Baudelocque	15	»
Levier du même	10	»
Pelvimètre de Coutouli	14	»
Intro-pelvimètre de Mme Boivin	20	»
Compas du professeur Van Huevel, dernier modèle	25	»
Tube laryngien de Chaussier, en argent	5	»
Porte-cordon à tige en baleine	8	»
Pince à faux germe à clou de forceps	12	»
Forceps du professeur Dubois	22	»
— de MM. Moreau, Cazeaux, Chailly, Depaul, Hatin, etc., chacun	22	»
La brisure à tenon (nouveau modèle Charrière), adoptée par tous les accoucheurs pour tous les modèles de forceps, augmente l'instrument de 10 fr.		
Pour ajouter deux cuillers de rechange, plus petites ou plus grandes, droites ou courbes, s'adaptant au même manche, chaque paire, 18 fr.		
Forceps brisé démontant, de M. Pajot	32	»
Petit forceps pour le détroit inférieur, du même auteur	25	»
1 paire de ciseaux céphalotomes de M. Dubois	14	»
1 ciseau de Smellie, perce-crâne, avec gaîne protectrice	14	»
Perce-crâne, de M. Blot (modèle Charrière)	14	»
1 céphalotribe de M. Baudelocque	45	»
— de M. Depaul, avec chaîne articulée	50	»
1 céphalotribe de M. Chailly, avec courroie	45	»
1 céphalotribe brisé démontant, du même principe que le forceps brisé	60	»
1 céphalotribe de M. Blot	45	»
4 aiguilles de M. Roux pour la suture du périnée	3	»
2 aiguilles de M. Vidal (de Cassis), à 3 fr.	6	»
1 perce-membrane de M. le professeur Dubois	3	»
1 perce-membrane articulé	6	»
1 curette articulée de 3 grandeurs sur la même tige, de M. Pajot	22	»
1 curette articulée, de M. Dubois	15	»
1 bistouri pour élargir l'ouverture du col de l'utérus, de M. Dubois	4	»
1 bistouri à court tranchant, de M. Cazeaux	4	»
1 paire de ciseaux pour le même usage, de M. le professeur Dubois	7	»
1 sonde à dard métallique	10	»

	fr.	c.
1 ergotribe de M. Douda	14	»
1 forceps-scie de M. Van Huevel, de 130 et	180	»
12 serres-fines en argent	9	»
1 pompe à douche, pour l'accouchement prématuré artificiel (modèle Charrière)	35	»
Mannequin fœtus et placenta	70	»

Maladies des voies urinaires.

	fr.	c.
6 sondes en argent à fortes parois, variées de grosseurs, pour enfant et adulte, environ	35	»
1 sonde prostatique graduée, de M. Mercier, en maillechort	5	»
1 sonde exploratrice de la vessie avec bouchon articulé et deux coquilles remplaçant les anneaux, de M. Caudmont	13	»
1 sonde exploratrice à petite courbure, du même	5	»
1 sonde exploratrice à gouttière, pour projeter le liquide au loin, de M. Civiale	8	»
1 sonde conique en argent	7	»
12 sondes élastiques 1re qualité	10	»
6 sondes à courbure fixe	24	»
Bougie en baleine à renflement successif de M. Guillon	2	»
Bougies en baleine, coniques et à boule	1	50
12 bougies cylindriques	8	»
— coniques	10	»
— — et à boule, de M. Guillon	15	»
12 bougies en cire, 1re qualité, assorties	10	»
12 bougies en boyau	4	»
Sondes coniques et à bout olivaire, de M. Guillon	2	»
6 sondes en maillechort (2 f. l'une)	12	»
7 sondes de Mayor, en étain, les sept numéros	14	»
3 mandrins à patte, en maillechort, pour sondes	6	»
1 filière à dix trous, de M. Guillon	2	50
1 filière millimétrique de Charrière	4	»
3 porte-empreinte gradués, de Ducamp	4	50
3 bougies en gomme, de M. Leroy	4	50
— métalliques, de M. Ségalas	6	»
2 porte-caustique droits, de M. Lallemand, de deux grosseurs, canule, tige et cuvette sans assemblage, argent fin	28	»
2 porte-caustique courbes à chaîne pour produire les mouvements de rotation	34	»
1 porte-caustique du même, pour le col de la vessie	25	»
1 porte-caustique de M. Pasquier et Ducamp, pour l'urèthre	12	»
1 porte-caustique droit de M. Ségalas, en argent	25	»
1 porte-caustique courbe avec chaîne	33	»
— de M. Leroy	25	»
— de M. Barré (de Rouen), même usage	23	»
1 porte-caustique de M. Dieulafoy (de Toulouse)	25	»
2 porte-caustique de M. Amussat, droit et courbe	36	»
1 porte-caustique de M. Civiale	6	»
— de M. Delcroix	20	»
1 scarificateur de MM. Bégin et Robert	18	»
2 scarificateurs de M. Ricord, droit et courbe	24	»
1 scarificateur de M. Bonnet, à conducteur	18	»
1 scarificateur de M. Tanchou	12	»
— de M. Leroy	17	»
— de M. Amussat	10	»
— de M. Rattier	25	»
— uréthral de MM. Civiale, Robert, modèle Charrière fils	15	»
1 bougie en gomme, se montant sur l'instrument	1	50
1 scarificateur courbe de M. Dupierris	15	»
1 scarificateur droit de M. Dupierris	15	»

INSTRUMENTS DE CHIRURGIE.

	fr.	c.
1 scarificateur à lames plus longues, modèle Charrière fils.	15	»
1 scarificateur à lames plus longues et à éminence latérale, par M. Robert	15	»
1 scarificateur uréthral de M. Caudmont.	12	»
1 scarificateur à olive, du même.	20	»
Dépresseur de la prostate, de MM. Rigal, Tanchou et Leroy	25	»
Compresseur des fistules urinaires, de M. Nélaton.	15	»
Exciseur emporte-pièce prostatique, de M. Mercier.	50	»
Inciseur de la prostate d'avant en arrière, du même	20	»
Inciseur de la prostate de haut en bas, du même.	25	»
Inciseur de la prostate, de M. Civiale.	35	»

	fr.	c.
Inciseur de M. Maisonneuve.	20	»
— de M. Leroy d'Étiolles.	25	»
Uréthrotome de M. Civiale.	23	»
Explorateur du même.	15	»
Uréthrotome du même, pour le méat urinaire.	15	»
Lithotome scarificateur uréthral à articulation mobile et dilatation parallèle, de M. Maisonneuve.	35	»
1 dilatateur de M. Civiale.	30	»
— principal modèle, de M. Rigaud	25	»
1 dilatateur modèle Charrière.	15	»
— du col de la vessie, de M. Mercier.	30	»
30 numéros de bougies en étain, de M. Béniqué, à 1 fr. 50 c.	45	»
1 boîte spéciale pour ces 30 bougies.	23	»
— pour 6 bougies, de M. Béniqué.	8	»

Lithotritie.

	fr.	c.
2 sondes à robinet, en maillechort, de deux grosseurs	12	»
1 seringue n° 4 (indiquée pour l'hydrocèle), avec sa canule divisée en trois grosseurs, en maillechort	25	»
La même en étain	10	»
3 brise-pierre à mors fenêtrés, à pignons, pour attaquer et diviser la pierre par pression ou percussion, modèle Charrière, n°s 1, 2 et 2 1/2, à 35 fr. l'un	105	»
2 brise-pierre à mors plats ou lithoclastes, de MM. Civiale et Amussat, à écrou brisé pour saisir et écraser les fragments, n°s 1 et 2, modèle Charrière, à 45 fr. l'un	90	»
2 brise-pierre à levier et à évacuateur, de M. Guillon	80	»
1 marteau.	7	»
2 sondes évacuatrices à chaîne intérieure.	30	»
1 brise-pierre uréthral	15	»
1 pince uréthrale droite à deux ou trois branches.	10	»

	fr.	c.
1 pince uréthrale courbe à deux branches.	10	»
1 sonde à double courant en argent.	15	»
1 caisse en acajou, coins de cuivre, poignée incrustée, fermant à serrure et deux tourets	30	»
Enveloppe en cuir	12	»
(On pourrait ajouter à cette caisse d'autres grosseurs de brise-pierre, telles que le n° 0 et le n° 3, pour chaque genre, et chacun pour le même prix. — Il existe également des brise-pierre à mors plats et à pignons au même prix que ceux fenêtrés.)		
Brise-pierre de M. Jacobson.	35	»
Instrument à trois branches de M. Civiale, pour la vessie, avec fraise et clef pour la poulie.	35	»
1 étau support à main, de M. Amussat.	15	»
1 brise-pierre à volant, de M. Ségalas	45	»
2 numéros de sonde évacuatrice simple, en maillechort	7	»
2 curettes articulées droite et courbe, de M. Leroy.	20	»
1 pince à trois effets, de M. Civiale.	15	»

Taille périnéale.

	fr.	c.		fr.	c.
1 bistouri à deux tranchants de la pointe, long modèle.	5	»	tion, par la suppression des trois quarts de la gaine dorsale)	45	»
3 cathéters ou sondes conductrices pour enfants et adultes.	9	»	1 gorgeret conducteur.	3	»
1 bouton à crête et à curette conducteur.	5	»	3 tenettes droites à branches croisées et décroisées près des anneaux, n°ˢ 1, 2 et 3 (modèle du même).	19	50
1 lithotome du frère Côme (modèle Charrière.	20	»	1 tenette courbe n° 3, même modèle.	8	»
1 lithotome double de Dupuytren (modèle du même, auquel il vient de réduire le volume d'introduc-			2 canules à chemises n°ˢ 1 et 2, en maillechort, pour le tamponnement des hémorrhagies.	8	»

Taille sus-pubienne.

	fr.	c.		fr.	c.
1 sonde à dard du frère Côme, modifiée par M. Civiale, en maillechort.	10	»	1 caisse en acajou comme la précédente.	30	»
1 gorgeret suspenseur et conducteur, de M. Belmas, modèle de M. Civiale.	8	»	1 ou 2 gorgerets tranchants de M. Cline, à 8 fr. pièce. Quelquefois on ajoute encore le bistouri aponévrotome de MM. Belmas et Civiale.	6	»
1 tenette à forceps n° 4, à clou latéral (modèle Charrière)	10	»	Enveloppe en cuir.	12	»

(On réunit très-généralement dans la même caisse les instruments de lithotritie et ceux de taille. On peut ajouter aux instruments ci-dessus plusieurs autres grosseurs de sondes conductrices ou cathéters, de même un lithotome d'enfant, au même prix que ceux désignés. De même, 1 ou 2 gorgerets conducteurs de tenettes, à 5 fr. la pièce.)

Trépan et résections.

	fr.	c.		fr.	c.
1 arbre de trépan avec sa pyramide, 2 couronnes, modèle Charrière, avec leur curseur, 1 exfoliatif.	35	»	1 pince pour extraire les esquilles, balles, etc., de Baudens.	5	»
1 tire-fond indépendant.	5	»	1 tire-fond, tire-balle et sa canule, du même.	6	»
1 couteau lenticulaire.	3	»	2 cisailles de Liston, grande et petite, modèle Charrière.	26	»
1 rugine pointue.	3	»			
1 élévatoire double.	3	»	2 cisailles droite et gauche de M. Nélaton.	25	»
1 — à rugine.	3	»			
1 couronne à part.	6	»	1 grande pince coupe-net, disposée pour servir à l'amputation de la mâchoire.	12	»
1 exfoliatif	3	»			
1 brosse plate.	1	»			
1 manche de tréphine et sa tige, sur laquelle se montent les couronnes du trépan.	7	»	1 pince-gouge pour résection, de M. Roux.	12	»
2 scies à crête de coq, grande et petite.	12	»	1 Pince à perforation des os, de M. Nélaton.	18	»
1 scie de M. H. Larrey.	4	»	2 ciseaux-burins taillés en lime.	4	»
1 scie à dos mobile, de Charrière.	5	50	2 gouges.	5	»
1 scie à chaîne à étau.	23	»	1 maillet de plomb garni de maillechort (modèle Charrière).	7	»

INSTRUMENTS DE CHIRURGIE.

	fr.	c.		fr.	c.
1 lime emmanchée.	4	»	Scie à molette de Charrière, avec 2 molettes.	100	»
1 sonde cannelée articulée à manche, de Blandin.	12	»	Scie à molette grand complet	150	»
2 daviers, droit et courbe.	7	»	2 forts scalpels pour le périoste et désarticulations de phalanges, à 3 fr. 50 c.	7	»
1 très-fort davier pour maintenir les os qui doivent être réséqués.	5	»	12 aiguilles à suture.	6	»
1 clef et 4 crochets.	4	»	1 paire de ciseaux droits et forts.	6	»
1 porte-molette et champignons, 3 molettes, 3 champignons de M. Martin, la tige allant sur l'arbre du trépan.	80	»	1 scie de Heine avec deux nouveaux points d'appui comme à la scie à molette, et mobilisée par un aide avec l'arbre du trépan (modèle Charrière)	250	»
Scie à molette avec trépan.	120	»			

Amputations.

	fr.	c.		fr.	c.
1 tourniquet à 2 pelotes et à vis.	10	»	1 scie à dos mobile, petit modèle.	23	50
3 couteaux à un tranchant, de grandeur variée, à 5 fr. 50 c.	16	50	1 grande pince incisive servant aussi aux amputations partielles de la mâchoire.	12	»
1 couteau à deux tranchants ou interosseux.	5	50	1 cisaille de Liston ayant le point de réunion excentrique, nouveau modèle Charrière	14	»
1 fort bistouri fixe à dos fort et pointu, servant pour les désarticulations de phalanges et le périoste.	3	50	1 pince à ligature et à torsion d'artères, et porte-épingles, verrou démontant (modèle Charrière).	6	»
2 forts bistouris droits, pointus, grandeur nos 2 à 3.	4	»	1 pince ordinaire.	2	50
2 forts bistouris convexes.	4	»	1 ténaculum fixe.	2	50
1 grande scie avec deux lames, dont une étroite; cette dernière sert à remplacer la scie à arbre dite à phalange (mle Charrière).	20	»	1 aiguille de Cooper.	2	50
			6 aiguilles à suture.	3	»
1 scie à chaîne avec étau, de M. Manric.	5	»	1 caisse en bois d'acajou à coins en cuivre, fermant à serrure et à 2 tourets.	33	»

(Ces instruments, comme les précédents, sont au beau poli et du fini le plus parfait; tous les manches en ébène quadrillés.)

Autres instruments qui peuvent entrer dans les caisses à amputations :

	fr.	c.		fr.	c.
1 tourniquet à pression continue, modèle Charrière	12	»	1 pince à ressort.	4	»
1 tourniquet à ardillon, petit modèle Charrière.	7	»	1 pince à pression continue, de Charrière.	4	»
1 petite scie à arbre, dite à phalange, lame tournante.	15	»	1 pince courbe.	4	50
			1 aiguille de J. L. Petit.	3	»
1 pince à ligature profonde du professeur Cloquet.	7	»	2 aiguilles droite et gauche de Deschamps, à 3 fr.	6	»
1 pince de Savigny pour le même usage, à mors larges et coniques.	6	»	Compresseur fémoral de Dupuytren	45	»
			Compresseur brachial du même.	30	»

(On fournit, pour opérer sur le cadavre, des couteaux à amputation au poli ordinaire. Prix : 3 à 4 fr.)

INSTRUMENTS DE CHIRURGIE.

Boîtes à ventouses.

N° 1.

	fr.	c.		fr.	c.
2 verres à robinet de grandeur variée, à 3 fr. la pièce	6	»	1 tuyau élastique intermédiaire	2	50
			1 scarificateur à 8 lames divergentes	12	»
1 verre à robinet pour vider les mamelles	3	»	1 boîte en noyer fermant avec deux tourets, poignée	9	»
1 pompe aspirante, piston à parachute, modèle Charrière	7	50	Prix en détail	40	50

N° 2.

	fr.	c.		fr.	c.
Même composition que la précédente et en plus :			2 rangées de six lames de rechange pour ce dernier	5	»
1 verre ovale à robinet	3	»	Différence pour la capacité de la boîte	4	»
1 scarificateur à douze lames en remplacement de celui à huit lames, différence	3	»	Prix en détail	65	50

N° 3.

	fr.	c.		fr.	c.
Comme les précédentes, mais augmentée de :			La boîte, pour son plus grand volume de contenance	5	»
2 verres de grandeur variée à robinets	6	»	Prix en détail	76	50

Ventouses simples en verre, avec soupapes de toutes grandeurs	2	»
Bulle avec garniture à frottement s'adaptant aux ventouses pour le vide	3	»

Scarificateurs à ressort.

	fr.	c.		fr.	c.
Scarificateur à lames divergentes, modèle Charrière à 8 lames, caisse en cuivre	12	»	Scarificateur à 16 lames, caisse en maillechort	20	»
Scarificateur à lames divergentes, modèle Charrière, à 8 lames, caisse en maillechort	14	»	Scarificateur de Larrey, châsse en corne noire, en ivoire ou en écaille . . . . . . 3 fr. à	4	50
Scarificateur à 12 lames, caisse en cuivre	15	»	Scarificateur de Pasquier, à 8 ou 12 lames, caisse en maillechort, 35 à	40	»
Scarificateur à 12 lames, caisse en maillechort	17	»	Scarificateur en maillechort, modèle Charrière, à 8 et 12 lames, 20 à	30	»
Scarificateur à 16 lames, caisse en cuivre	18	»	Scarificateur pour les gencives, châsse en corne noire, en ivoire ou en écaille . . . 2 fr. 50 c. à	4	»

Grandes ventouses Junod.

	fr.	c.		fr.	c.
Appareil n° 1 pour un membre inférieur, une botte	30	»	1 bracelet métallique pour fixer le manchon	8	»
1 manchon en gomme que l'on monte au sommet de la botte	14	»	1 robinet que l'on monte à vis sur la botte	4	»

INSTRUMENTS DE CHIRURGIE.

	fr.	c.		fr.	c.
1 pompe avec piston en parachute, de Charrière	33	»	bre inférieur et un membre supérieur	147	»
1 tuyau élastique garni en cuivre à chaque bout pour assembler la pompe avec la botte	5	»	Appareil n° 3 servant pour les deux membres inférieurs	155	»
Appareil complet pour un membre supérieur	86	»	Appareil n° 4 servant pour les deux membres inférieurs et pour un membre supérieur	208	»
Appareil n° 2 servant pour un mem-			Appareil n° 5 servant pour les quatre membres à la fois	266	»

Cautères.

	fr.	c.		fr.	c.
1 cautère droit en roseau, modèle ordinaire	3	»	2 cautères en haricot, courbes verticalement et latéralement, à 3 fr. l'un	6	»
1 cautère droit en roseau plus court (ce modèle se fait de 3 grosseurs)	3	»	1 cautère pince hémorrhoïdale de M. Guersant	12	»
1 cautère à boule (ce modèle se fait de 3 grosseurs)	3	»	1 cautère à boule avec pointe en platine, de M. Guersant	10	»
1 cautère conique droit (ce modèle se fait de 3 grosseurs)	3	»	Tous ces cautères se montent indistinctement sur les manches-boîtes ci-après :		
1 cautère à olive	3	»			
— courbe	3	»			
— conique courbe	3	»	2 manches-boîtes, à 5 fr. l'un	10	»
— très-fin, et muni d'une sphère pour conserver le calorique	3	»	Sonde galvano-caustique de Mieldeldorf, simplifiée, avec cautère, de M. Becquerel	50	»
1 cautère en rondache	3	»			
— pour l'onyxis, de Raynaud	3	»			
— triangulaire	3	»	Appareil galvano-caustique, de MM. Grenet et Broca	200	»
— à champignon pour le col de l'utérus	3	»			

Porte-moxa.

	fr.	c.
3 porte-moxa de Larrey, de grandeur variée, à 2 fr. 50 c. l'un	7	50
1 manche allant sur tous	3	»
1 porte-moxa, pince à pression continue, de M. Guérin	12	»
1 chalumeau (brisé par le milieu) en maillechort, avec embouchure en ivoire	5	»

Acupuncture et électropuncture.

La pièce.	fr.	c.	La pièce.	fr.	c.
Aiguilles à anneaux en acier	»	40	Aiguilles à anneaux en acier à tête octogonale	»	75
— — en platine	1	50			
— — en or	3	»	Aiguilles à anneaux en or, partiellement garnie de gomme laque, pour la méthode de M. Pétrequin	4	»
— — en acier, à tête de cire	»	40			

INSTRUMENTS DE CHIRURGIE.

Instruments divers d'invention récente.

	fr.	c.
Appareil à irrigation des yeux, de M. Margoulies.	25	»
Appareil à irrigation des yeux, de M. le Dr Montaut, de Madrid	35	»
Ténaculum à coulisse, pour faire les ligatures sans le secours d'un aide.	10	»
Appareil à transfusion du sang.	50	»
Etau s'adaptant à toute espèce de coupe-net, cisailles pour augmenter la force sans se fatiguer (modèle Charrière).	12	»
Mandrin uréthral articulé de MM. Rigal, Tanchou et Leroy, pour la dépression de la prostate.	25	»
Mandrin œsophagien simplifié, d'après le modèle des auteurs ci-dessus dénommés (modèle Charrière).	30	»
Petites serre-fines en argent, de Vidal (de Cassis).. la douz.	5	»
Moyennes coudées (modèle Charrière).. —	8	»
— n° 4. —	9	»
Grandes, dites de sûreté, chacune.	1	25
Pince porte-serres-fines.	8	»
— forme serre-fine, à trois mors, pour les sutures du périnée, de M. Charrier, chacune	4	»
Aiguilles à chas brisé de diverses formes	2	50
Laryngoscope articulé (modèle Charrière).	12	»
Ventouses en caoutchouc.	2	»
Pince emporte-pièce pour bec-de-lièvre.	15	»
Cathéter articulé de M. Vallet.	15	»
Dynamomètre médical de M. Burcq.	50	»
Appareil pour la réduction des luxations, de M. Sédillot.	230	»
Appareils gymnastiques orthopédiques de M. Duchenne (de Boulogne) . . . . 60 fr. à	100	»
Seringue et trocart de Pravaz (modèle Charrière) en verre ou en argent pour les injections de perchlorure de fer et pour les injections sous-cutanées, d'après la méthode de M. le docteur Béhier, avec deux trocarts et une canule.	25	»
La même, avec addition de deux petites lames d'argent pour protéger le tube en verre, telle que nous avions déjà fait pour les seringues d'Anel et les seringues à injection d'iode.	27	»
Serre-nœud à pression continue, nouveau modèle, pouvant être placé dans les plus petites trousses.	7	»
Pinces unissantes de M. le professeur Duval (de Brest).	»	75
Compresseur brachial du même.	30	»
— fémoral du même.	45	»
— de M. Broca.	»	»
— de M. le professeur J. Roux (de Toulon), pouvant à volonté être fixé sur les divers appareils de fracture.	40	»
D°, modèle Charrière.	35	»
Compresseur fémoral de Signorini.	45	»
— de Baudens pour le cubitus.	12	»
Tourniquet à pression continue, modèle Charrière, adopté par les ministères de la guerre et de la marine).	12	»
Appareil à fractures de la mâchoire, par M. Morel-Lavallée.	6	»
Pointe mobile compressive pour les fractures de l'extrémité supérieure de la jambe, par M. Malgaigne.	15	»
Griffes du même auteur pour les fractures de la rotule.	10	»
Gouttière à fracture de Mayor pour bras, jambes et cuisses, suivant la grandeur. . . . 8, 10, 12,	15	»
Gouttières à suspension de l'avant-bras.	30	»
Gouttières doubles de Bonnet (de Lyon), pour les fractures du col du fémur et les coxalgies. . 150 à	250	»
Appareil à fractures de Baudens.	18	»
Appareil à fractures de la rotule de M. le professeur Laugier.	6	»

INSTRUMENTS DE CHIRURGIE.

	fr.	c.
Pince à réduction des luxations du pouce et du gros orteil (modèle Charrière)............	18	»
Pince à réduction des luxations de la mâchoire inférieure, par M. le professeur Nélaton.......	30	»
Trident servant à fixer les corps étrangers dans les articulations, par M. le professeur Jobert de Lamballe.............	20	»
Appareil de M. Bossmann, pour les fistules vésico-vaginales, ciseaux pour avivement, côté droit et côté gauche. La boîte complète.	180	»
Valves doubles de diverses grandeurs...............	22	»
Bougies et sondes assemblées de M. Phillips...........	5	»
Bistouri herniaire de Grizmala, à gaîne d'argent..........	10	»
Sonde d'homme et de femme divisée en 4 parties, pouvant se mettre dans les trousses de 11 centimètres de longueur (modèle Charrière)...............	12	»
Filière millimétrique divisée par tiers de millimètre (modèle Charrière)................	4	»
Érigne articulée et à coulisse de M. le prof^r Jobert de Lamballe..	12	»
Uréthrotome et scarificateur de M. Ricord, nouveau modèle..	25	»
Instrument de M. Ségalas pour extraire les sondes de la vessie...	25	»
Instrument de M. Mercier......	25	»
Compresseur uréthral de Nuck...	6	»
Serre-nœud de M. Ricord modifié, à pression continue, tout en acier argenté, pour le varicocèle...	10	»
Pince porte-serre-fines se montant sur la pince à pansement, à point d'arrêt (modèle Charrière), de 4 à	8	»

	fr.	c.
Spéculum intra-utérin de M. le professeur Jobert de Lamballe, tout en ivoire avec son cautère....	20	»
Spéculum dilatateur du col de l'utérus, se montant sur la pince à pansement à point d'arrêt, par M. le professeur Laugier....	6	»
Trois dilatateurs d'Aussandon pour le col de l'utérus........	9	»
Dilatateur du col de l'utérus avant l'accouchement, par M. le Dr Lamenant des Chenais.....	30	»
Forceps de M. Mattei.......	35	»
Forceps s'allongeant à volonté, par M. le Dr Campbell (modèle Charrière)..............	40	»
Pompe portative pour douches utérines et rectales pour l'accouchement prématuré artificiel...	35	»
Irrigateur à double courant anal et vaginal............	4	»
Appareil à castration des vaches, de M. Colin, chef de service à l'école d'Alfort..... dans sa boîte.	50	»
Écraseur linéaire, à vis de rappel (modèle Charrière), pour la méthode de M. Chassaignac, de dimension pour la chirurgie vétérinaire.............	40	»
Dilatateur du pied des chevaux (modèle Charrière), adopté comme type par le conseil d'hygiène hippique..............	7	»
Brise-pierre de M. Guillon, pour la lithotritie chez le cheval.....	180	»
Le même, à pignon (modèle Charrière)..............	100	»
Canule à trachéotomie de M. Richet, avec tube complet ou seulement la moitié de la paroi antérieure, haut et bas (modèle Charrière)..	20	»

Plessimètres.

	fr.	c.
Plessimètre de M. Piorry, en ivoire.	2	75
— en métal et à oreilles articulées.......	4	»
— en écaille.......	8	»

	fr.	c.
Plessimètre en métal garni de peau, de M. Trousseau..	4	50
— en gutta-percha, de M. Horteloup fils........	»	»
Marteau, du même (m^{le} Charrière).	4	50

INSTRUMENTS DE CHIRURGIE.

Stéthoscopes.

	fr.	c.		fr.	c.
Stéthoscope de Laennec, bois de cèdre	2	»	Stéthoscope de M. Gendrin, cèdre.	2	50
— de M. Piorry, bois de cèdre et plaque d'ivoire...	3	25	— — ébène.	3	50
— de M. Piorry, bois d'ébène et plaque d'ivoire...	4	»	— de M. Fauvel, b. de cèdre.	1	75
— modifié........	5	»	— — ébène.	2	25
— de M. Louis, bois de cèdre	2	75	— de M. Depaul, b. de cèdre	2	25
— — d'ébène.	3	50	— — ébène.	3	»
— de M. Trousseau, bois de cèdre........	2	75	— de M. Landouzy....	5	»
— de M. Trousseau, ébène.	3	50	— de M. Nauche......	10	»
			— de M. Biundi......	3	50
			— en frêne ou autre bois moins cassant.........	1	25

Spéculums.

Spéculum en gomme.

Spéculums de tous modèles en gomme...........	3 fr. à	6 »
— — en ivoire flexible..........	15 à	25 »
— — en étain..............	2 à	6 »
— — en maillechort..........	15 à	20 »
— — en argent.............	60 à	100 »
Réservoirs pour bains locaux.................	3 à	4 »

(On peut faire des spéculums avec d'autres métaux.)

Pour les autres, voyez Maladies des femmes.

Appareil contre l'onanisme pour les deux sexes...........	20 à	200 »

INSTRUMENTS POUR DONNER DES SECOURS AUX ASPHYXIÉS.

Objets contenus dans les boîtes de secours.

(MODÈLE CHARRIÈRE.)

1 paire de ciseaux de 16 centimètres de long, à pointes mousses pour couper les vêtements.
1 peignoir en laine } réunis et formant burnous.
1 bonnet en laine }
2 seringues à double piston en parachute de Charrière, ou pompes à air, munies du robinet à double effet. La seringue sur laquelle sont inscrits ces mots : *Seringue à fumigation,* est spécialement destinée pour cet usage. La seringue fig. 1 sert à toutes les autres indications.

1 canule à narines qui s'adapte à la seringue et qui sert à retirer les mucosités des fosses nasales.
1 canule élastique pour retirer les mucosités de la trachée.
1 flacon d'huile de pieds de bœuf pour graisser les frottements.
1 bandage à six chefs croisés pour faire exécuter à la poitrine et au ventre les mouvements qui ont lieu pendant la respiration.
1 double levier en bois pour commencer à ouvrir la bouche.

1 double levier à bascule pour tenir la bouche ouverte : les crans sont garnis d'étain au lieu d'être en fer comme dans les anciens instruments.

1 bâillon terminé en pointe d'un côté pour faire ouvrir la bouche. Il est destiné ensuite à être placé entre les dents, et alors l'ouverture du milieu peut donner un libre passage aux sondes.

2 gants en crin pour frictionner.

1 strigille ou brosse à rouleau pour frictionner ou masser la surface du corps sans user l'épiderme.

1 bassinoire et réservoir en cuivre.

1 bouteille en fer-blanc pour l'esprit-de-vin.

1 tuyau et une canule fumigatoire que l'on monte aussi sur le robinet de la seringue.

1 pipe ou boîte à fumigation que l'on visse sur le robinet de la seringue.

1 boîte contenant 120 grammes d'espèces aromatiques (fleurs de lavande et feuilles de sauge, de chaque 60 grammes; poudre de résine de benjoin, 13 grammes).

1 sonde œsophagienne à triple tissu suivant mon modèle.

1 verre à ventouse que l'on applique directement au robinet de la seringue.

1 canule pour lavements que l'on monte sur le robinet de la seringue.

1 canule plongeante que l'on monte sur le même robinet et qui sert à remplir la seringue du liquide médicamenteux.

1 aiguille pour dégorger les canules terminée par un bouton.

Des plumes pour chatouiller la gorge.

1 cuiller étamée ; l'extrémité de son manche sert d'abaisse-langue et de conducteur pour engager la canule dans la glotte.

1 bouteille couverte d'osier contenant de l'eau-de-vie camphrée.

1 flacon contenant de l'eau de mélisse spiritueuse.

1 petite boîte contenant plusieurs paquets d'émétique de 2 grains chacun.

1 gobelet d'étain.

1 biberon d'étain.

2 bandes à saigner, des bandes roulées, des compresses et de la charpie. Ces objets se trouvent placés dans un sac à coussinet qui sert lui-même à garantir les autres instruments du ballottage.

2 lancettes avec leur étui.

1 sachet en toile contenant du soufre et du camphre pour la conservation des objets en laine.

1 paquet d'amadou pour allumer les aromates placés dans la pipe.

1 briquet à frottement avec des allumettes.

Prix d'une boîte de secours complète ou n° 1 . . . . 170 fr.
Prix d'une boîte n° 2, contenant les objets indispensables. . . . . . 130 fr.

Nota. — Sur chacune des pièces est gravé d'une manière très-visible le numéro correspondant à celui qui se trouve sur cette liste. Ainsi la sonde œsophagienne porte le n° 19. — La canule à narines porte le n° 5. — La canule fumigatoire porte le n° 16, etc. Par ce moyen, les manœuvres se feront avec plus de promptitude, et toutes les personnes pourront, à la rigueur, préparer les différents appareils.

Ces boîtes sont en chêne, compartimentées à fortes parois et à feuillures avec équerres pour en maintenir l'ouverture ; elles ferment avec serrure et moraillon. A l'extérieur se trouvent deux poignées auxquelles on peut adapter une bande en cuir qui, croisée sur les épaules du porteur, facilite le transport.

Appareils pour la pulvérisation de l'eau.

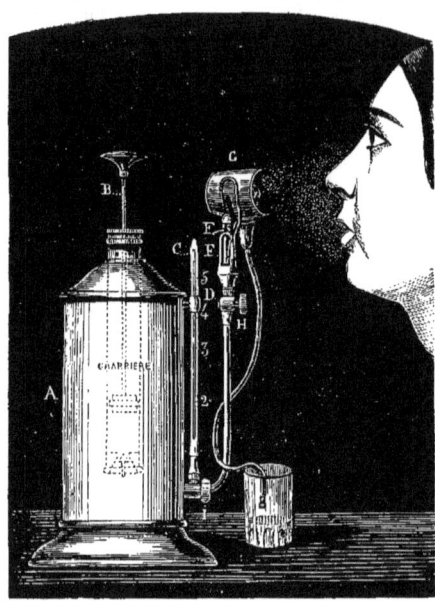

A. Vase contenant le liquide à poudroyer. — B. Piston de la pompe produisant la compression du liquide. — C. Manomètre pour indiquer le degré de cette compression. — D. Le degré 4, qu'il ne faut jamais dépasser. — EF. Clef du filet d'eau capillaire. — G. Le tambour qui dirige la poussière liquide vers la bouche du malade. — H. Robinet qui donne passage au liquide à poudroyer. — I. Vis qui joint la branche I H F au corps de l'appareil, et ouverture par où on met le liquide dans le vase. — 2, 3, 4, 5, chiffres qui marquent la pression du liquide en atmosphères (modèle Charrière).

L'auteur de cet appareil se propose de faire pénétrer des médicaments liquides dans les bronches, non pas en vapeur, mais dans un état de division telle que le malade peut les faire pénétrer dans la poitrine plus facilement que s'ils étaient à l'état de vapeur. La figure et son explication montrent d'une manière très-nette le mode d'action de cet appareil; une notice spéciale indique les nombreux usages auquel il est destiné, et la manière de le faire fonctionner.

	fr.	c.
Appareil portatif pour la pulvérisation des eaux minérales, de M. Sales-Girons.	80	»
Le même appareil en verre, pour les liquides médicamenteux, de deux modèles différents. . . . . à 40 et	50	»
Appareil du même, grand modèle pour les salles de respiration des établissements thermaux.	450	»
Néphogène Mathieu, pour la pulvérisation de l'eau.	56	»
Appareil fumigatoire portatif.	15	»
— pour les fumigations de vapeur, grand modèle.	45	»
— — — petit modèle	20	»

Instruments pour la physiologie expérimentale.

LISTE TELLE QU'ELLE A ÉTÉ COMMUNIQUÉE PAR M. LE PROFESSEUR CLAUDE BERNARD.

	fr.	c.
3 érignes simples, dont une mousse, à 75 c.	1	75
1 instrument pour le diabète artificiel.	2	50
1 d° pour la section de la 5ᵉ paire.	1	25
1 d° pour la section du grand sympathique dans la poitrine et dans l'abdomen.	1	25
1 d° pour la section du pneumogastrique dans la poitrine.	1	50
1 d° pour les piqûres des centres nerveux.	1	50
1 d° pour la section des nerfs.	1	25
Manche-boîte avec sa vis de pression. . . . . . . chacun.	1	75
(M. le professeur Claude Bernard a deux manches dans sa boîte.)		

Instruments de physique appliqués à la physiologie.

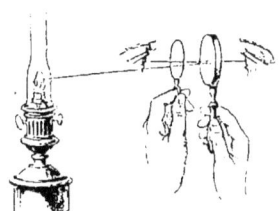

Ophthalmoscope de Coccius.

	fr.	c.
Ophthalmoscope de Coccius, modifié par M. Follin.	22	»
— — — par M. Desmarres.	10	»
Le même, accompagné d'une série de lentilles concaves de différents foyers.	15	»
Hémodynamomètre de M. Poiseuille, pour mesurer la tension du sang dans les artères.	35	»
Idem. Perfectionné par M. Claude Bernard.	50	»
Hémodromomètre de M. Wolkmann, pour déterminer la vitesse du cours du sang.	50	»
Pneumatomètre de M. Bonnet, pour mesurer le volume d'air aspiré ou exhalé par les poumons.	60	»

Instruments pour la botanique.

	fr.	c.
2 aiguilles tranchantes et à manche de M. le professeur Payer, à 2 f.	4	»
1 pince porte-aiguille à pression continue et à point d'arrêt, modèle de la pince employée en chirurgie.	2	50
4 aiguilles variées de largeur, dont une est montée sur la pince et une sur le porte-aiguille aussi solidement que si les deux instruments étaient d'une seule pièce, à 75 c.	3	»
2 petites érignes, une simple, une double.	1	50

APPAREILS ET MEMBRES ARTIFICIELS.

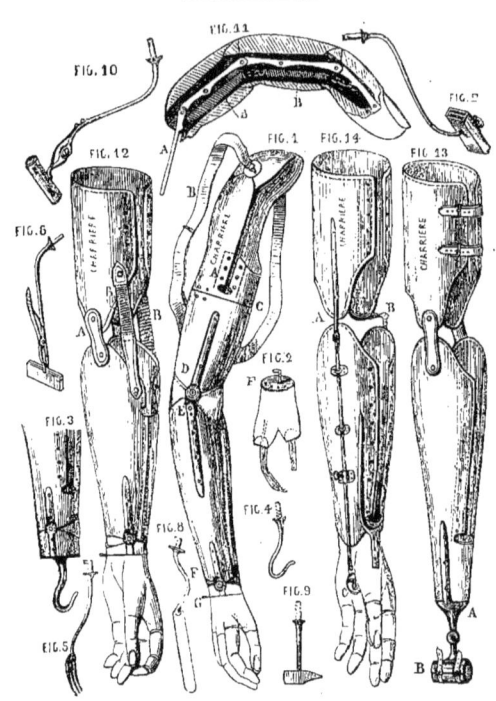

	fr.	c.
Appareil pour remplacer le bras amputé, avec point d'appui sur l'épaule, articulation avec coude et main artificielle (fig. 1). . . . . de 300 fr. à	400	»
Brassard à crochet pour amputation de l'avant-bras (fig. 13) . . . de 60 à	120	»
Fourchette pour monter sur le brassard (fig. 5)	10	»
Presse-papier ou pince à bascule (fig. 6).	15	»
Porte-brosse et porte-rasoir (fig. 7).	25	»
Couteau s'adaptant à toutes les mains (fig. 8).	8	»
Marteau (fig. 9).	8	»
Porte-plume ou porte-crayon à bascule (fig. 10).	12	»
Mécanisme des articulations du doigt vu intérieurement (fig. 11).	»	»
Appareil pour amputation de l'avant-bras, avec main artificielle (fig. 12) . . . . de 300 fr. à	400	»
Appareil remplaçant l'avant-bras amputé, sans main. . . . . . . de 100 à	150	»
Appareil remplaçant le poignet et permettant la flexion et l'extension des doigts par la rotation du poignet. . . . . de 400 à	600	»

(Toutes les pièces indépendantes représentées sur la figure ci-dessus peuvent être adaptées à toutes les mains artificielles commandées.)

MEMBRES ARTIFICIELS.

Mesures à prendre pour l'exécution d'un bras et d'une main artificiels.

Côté amputé (ajouter *gauche* ou *droit*).

1. Circonférence de l'entournure de l'épaule.
2. D° du bras au-dessous de l'aisselle.
3. D° au bout du moignon.
4. Longueur en dehors du dessus de l'épaule au bout du moignon.
5. D° en dedans au bout du moignon.

Côté existant.

6. Circonférence au-dessous et près du coude.
7. D° au poignet.
8. Longueur du dessus de l'épaule en dehors au point articulé du coude.
9. D° du coude au poignet.
10. Longueur du poignet à la naissance des doigts.
11. D° de la naissance des doigts au bout du médius.
12. Largeur de la main à la naissance des doigts.
13. Diamètre du médius.
14. D° du pouce.
15. Longueur du pouce.
16. D° totale du bras du dessus de l'épaule au bout du médius.

Couronne.

17. Longueur du dessus de l'épaule du côté amputé en passant sous l'aisselle du côté existant à rejoindre le point de départ.

Mesures à prendre pour l'exécution d'un avant-bras et d'une main artificiels.

Côté amputé (ajouter *gauche* ou *droit*).

1. Circonférence au milieu du bras.
2. D° au-dessous et près du coude.
3. D° au bout du moignon.
4. Longueur du coude à l'extrémité du moignon.

Côté existant.

5. Circonférence au poignet.
6. Longueur du coude au poignet.
7. D° du poignet à la naissance des doigts.
8. D° totale de l'avant-bras, du coude au bout du doigt médius.
9. Largeur de la main à la naissance des doigts.
10. Diamètre du doigt médius.
11. D° du pouce.
12. Longueur du pouce.

Mesures à prendre pour l'exécution d'une main artificielle dans les cas de désarticulation du poignet.

Côté désarticulé (ajouter *droit* ou *gauche*).

1° Le moulage en plâtre du côté désarticulé jusqu'au-dessus du coude.

2° Prendre les mêmes mesures sur la main existante que dans le cas d'amputation de l'avant-bras.

Pour l'exécution de doigts artificiels dans le cas d'amputation ou désarticulation de 1, 2, 3 ou 4 doigts.

1° Le moulage de la main blessée jusqu'au-dessus du poignet.

2° Prendre les mêmes mesures sur la main existante que dans le cas d'amputation de l'avant-bras.

(Joindre dans tous les cas, autant que possible, l'âge et le sexe de la personne.)

MEMBRES ARTIFICIELS.

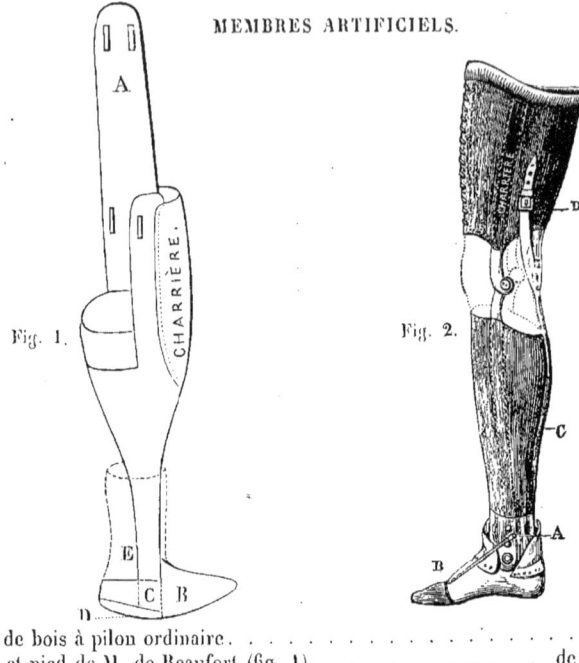

Fig. 1.   Fig. 2.

	fr.	c.
Jambe de bois à pilon ordinaire.	25	»
— et pied de M. de Beaufort (fig. 1). de 30 fr. à	40	»
Cuissard à pilon ordinaire	30	»
Jambe artificielle après l'amputation sus malléolaire. de 200 fr. à	300	»
La même, avec pied articulé (fig. 2). de 300 à	500	»
Cuissard articulé au genou pour amputation de la cuisse, à pilon. de 300 à	400	»
La même, à pied articulé. de 400 à	500	»
La même, après l'amputation de la jambe au lieu d'élection disposé pour prendre point d'appui sur le genou fléchi avec pied. de 400 à	500	»
Pieds mécaniques de tous modèles. de 50 à	150	»

Mesures à prendre pour une jambe articulée à pied ou à pilon, après l'amputation au-dessous du genou.

Longueur totale du membre sain.	Circonférence du haut de la cuisse.	Circonférence du mollet.
D° du périnée au milieu du genou.	D° du genou.	D° des malléoles.
D° du milieu du genou au sol.	D° du milieu.	D° du bout du moignon.
D° du milieu du genou au bout du moignon.	D° du bas.	La chaussure du pied qui manque.
	D° du dessous du genou.	

Pour une jambe articulée à pied ou à pilon, après l'amputation au-dessus du genou.

Longueur totale du membre sain.	Circonférence du milieu de la cuisse.
D° du périnée au milieu du genou.	D° du bas.
D° du milieu du genou au haut de la cuisse.	D° du genou.
D° en dehors, jusqu'à l'articulation.	D° du dessous du genou.
D° du moignon.	D° du mollet.
Circonférence du corps, pour la ceinture.	D° des malléoles.
D° du haut de la cuisse.	La chaussure du pied qui manque.

MEMBRES ARTIFICIELS.

Pour une jambe à marcher sur le genou, à pied ou à pilon.

Longueur totale du membre sain.
 D° du périnée au milieu du genou.
 D° du milieu du genou au sol.
 D° du milieu du genou au bout du moignon (jambe amputée).
 D° du dessous du genou au sol (jambe amputée).
Circonférence du haut de la cuisse.

Circonférence du milieu de la cuisse.
 D° du bas.
 D° du genou.
 D° du dessous du genou.
 D° du mollet.
 D° des malléoles.
 D° du bout du moignon (jambe amputée).
La chaussure du pied qui manque.

Pour appareil de jambe faible.

Longueur totale du membre faible.
 D° du périnée au milieu du genou.
 D° du milieu du genou aux malléoles.
 D° des malléoles au sol.
Circonférence du haut de la cuisse.
 D° du milieu.

Circonférence du bas de la cuisse.
 D° du genou.
 D° du mollet.
 D° des malléoles.
La chaussure du pied de la jambe faible.

Pour appareil de jambe fléchie à pied ou à pilon, dite à sellette.

Longueur totale du membre sain.
 D° du membre fléchi.
 D° du périnée au milieu du genou.
 D° du milieu du genou au pied.
 D° du pied au sol.

Circonférence du haut de la cuisse.
 D° du milieu.
 D° du bas.
 D° du genou.
 D° du mollet.
 D° des malléoles.

(Tracer la courbure du membre fléchi sur une feuille de papier, ou donner le moulage).

Pour appareil de jambe raccourcie à pied ou à pilon.

Longueur totale du membre sain.
 D° du membre raccourci.
 D° du périnée au milieu du genou.

Longueur du milieu du genou à la plante du pied.
 D° de la plante du pied au sol.

(Le moulage pour cet appareil est indispensable).

Pour tous les appareils suivants, il est nécessaire d'envoyer une reproduction moulée en plâtre des parties du sujet sur lesquelles ils doivent être appliqués. Cette opération se fait de la manière suivante :

On commence par raser la partie, lorsque celle-ci est couverte de poils; on la graisse soit avec de l'huile, soit avec un corps gras quelconque. Cela fait, on dépose le plâtre, que l'on divise en deux ou plusieurs coquilles, soit à l'aide d'un fil, soit par deux ou plusieurs opérations successives. Lorsque le plâtre est sec, la réunion des coquilles représente intérieurement le volume et la forme de la partie.

Cette première opération étant terminée, on graisse l'intérieur de la coquille de la même manière qu'on avait graissé la partie à mouler, et on la remplit de plâtre. Après quoi on brise la coquille, et l'on a le volume et la forme de la partie naturelle.

	fr.	c.
Appareils orthopédiques . . . . de 60 fr. à	300	»
— — de tous modèles pour le cou (torticolis), minerves . . . . de 60 à	300	»
Ceinture d'épaules destinée à renverser les épaules en arrière, élargir la poitrine et faciliter la respiration . . . . de 30 à	100	»

318 MEMBRES ARTIFICIELS.

	fr.	c.
Corset orthopédique avec bandes de rappel et tuteurs. . . . . . . de 70 fr. à	120	»
Ceinture contre la déviation de la colonne vertébrale. . . . . . . de 80 à	150	»
— à sustentation . . . . de 70 à	120	»
Appareil à fractures non consolidées du bras, à l'aide duquel on maintient fixes et rapprochés les fragments de l'os, qui facilite les mouvements et permet de se servir du membre fracturé (modèle Charrière). . . . . de 150 fr. à	300	»
Petit appareil à extension ou redressement des doigts. . . . . . de 15 à	30	»

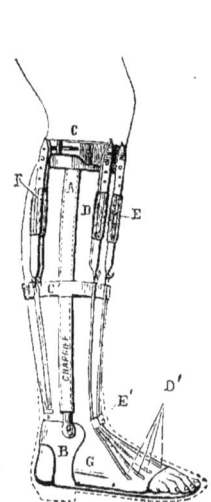
Fig. 1.
Appareil à muscles artificiels.

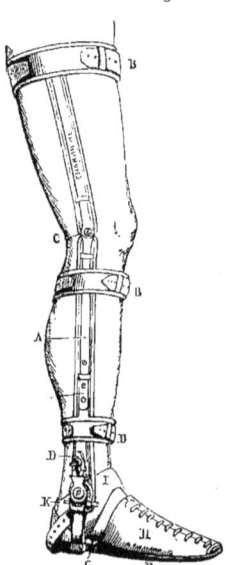
Fig. 2. Appareil à pied-bot.

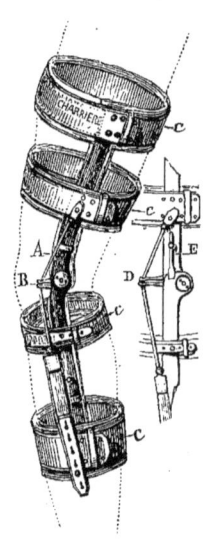
Fig. 3.
Appareil à fracture de la rotule.

	fr.	c.
Appareils gymnastiques du Dr Duchenne (de Boulogne), pour faciliter l'usage d'un membre paralysé. de 40 fr. à	100	»
Appareil à extension des jambes (fig. 1). . . . . de 70 à	150	»
— à courbure des jambes. . . . . de 40 à	120	»
— à déviation des genoux . . . . de 60 à	150	»
— à pied-bot, équin, varus, pied plat, talus et valgus (fig. 2). de 80 à	150	»
Appareil jambe artificielle, qui facilite la marche dans les cas de tumeurs blanches du genou, d'entorses, de luxations coxo-fémorales et de raccourcissement des membres, en prenant le point d'appui sur les ischions. de 150 fr. à	300	»
Appareils pour les fractures de la rotule et les ruptures des tendons rotulien et du droit antérieur dont la réunion est incomplète (fig. 3). . . . de 80 fr. à	120	»

MEMBRES ARTIFICIELS. 319

Appareils à mouvement de Bonnet de Lyon.

(Comme spécimen, nous donnons la figure de l'appareil à mouvement du coude.)

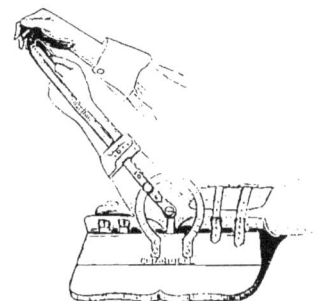

Appareil à mouvement du coude de Bonnet de Lyon.

Cet appareil se compose : 1° d'une gouttière fixée sur une planche et qui sert à assujettir le bras ; 2° de deux tiges parallèles entre lesquelles l'avant-bras est retenu au moyen d'un bracelet : ces tiges sont articulées à charnières en dedans et en dehors du coude, pour se prêter aux mouvements de l'avant-bras sur le bras ; 3° d'un arc de cercle gradué, qui sert à mesurer l'étendue de ces mouvements quand la tige externe glisse sur lui.

Prix. . . . . de 60 à 120 fr.

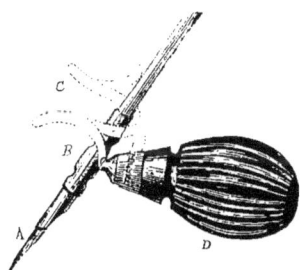

Porte-plume pour la crampe des écrivains.

	fr.	c.
Porte-plume pour la crampe des écrivains. . . . . de 8 fr. à	15	»
Nez artificiels de tous modèles. . . . . de 8 à	200	»
Obturateurs en platine pour la voûte palatine. . . . . de 10 à	200	»
Yeux humains de collection. la pièce.	10	»
— demandés sur modèle ou peinture. . . . . —	25	»

INSTRUMENTS DE CHIRURGIE DE DIVERS AUTEURS.

	fr.	c.
Amygdalotome, modèle Mathieu.	25	»
Pince pour retirer de la vessie les fragments de sondes ou les tiges quelconques, de M. Leroy-d'Etiolles.	35	»
La même, modifiée par Mathieu.	35	»
Instrument pour retirer les épingles de la vessie, de M. Courti, modèle Mathieu.	25	»
Porte-aiguille, modèle Mathieu, pour les fistules vésico-vaginales, la staphyloraphie.	18	»
Sonde d'homme et de femme. — Sonde de Belloc, modifiée par Mathieu.	1	50
Pince à polypes et à pansement, modèle Mathieu.	8	»
Erigne à branches divergentes, de M. Chassaignac.	18	»
Pince à ligatures, de M. Cavallini, modèle Mathieu.	6	»
Appareil contre la spermatorrhée, de M. Trousseau.	15	»
Spéculum dilatateur pour le vagin et pour le rectum, de M. Reybard.	22	»
Trocart, modèle Mathieu. 5 50 et	6	»
Seringue à injections récurrentes, de M. Langlebert, modèle Mathieu.	3	»
Instrument pour opérer la séparation des tumeurs par broiement linéaire des tissus, de M. Chassaignac, modèle Mathieu.	45	»
Appareil à fumigations de M. E. Langlebert, modèle Mathieu	18	»
Tire-mamelons de caoutchouc, modèle Mathieu.	3	»
Spéculum bivalve à manches brisés de M. Ricord, modèle Mathieu	15	»
— à quatre valves,	25	»
Irrigateur vaginal de M. Aran, modèle Mathieu	22	»
Forceps brisé de M. Pajot, modèle Mathieu.	33	»
Ventouses à refoulement de M. Blatin, modifiées par Mathieu. . . . . 2 et	3	»
Cautère électro-caustique, modifié par Mathieu	»	»
Sonde de Bouchut, pour le tubage du larynx.	»	»
Trocart à quatre pièces entrant l'une dans l'autre, de Mathieu, en argent.	20	»
Le même, en maillechort.	15	»
Ténaculum double, de Langenbeck, de Berlin, pour fixer et dilater la trachée dans l'opération de la trachéotomie.	10	»
Forceps de Simpson, pour le détroit inférieur.	25	»
Fixateur de l'œil de Lüer.	4	»
Extracteur à gaîne, manche en ivoire, de Lüer.	8	»
— — grand manche ébène.	12	»
Compresseur, de Lüer.	10	»
Toncilotome, de Lüer, se maniant d'une main.	38	»
Pince porte-ligatures profondes, et 4 aiguilles, de Lüer	15	»
Porte-aiguilles et porte-ligatures, du même.	15	»
Bistouri en écaille, pour trousses, à tenon, de Lüer.	4	»
Anneau hémorrhoïdal de Jobert.	4	»
Appareil à chloroforme, de Lüer.	10	»
Cathéter en acier, du docteur Seyme.	4	»
— avec plaque, du docteur Brook.	14	»
Bistouri, de Seyme.	2	»
Pince-gouge, de Lüer.	16	»
Ophthalmostate, du docteur Castorani.	50	»
Spéculum en porcelaine opaque.	3	50

INSTRUMENTS DE CHIRURGIE DE DIVERS AUTEURS.

	fr.	c.
Spéculum à bout fermé, de Ricord.	12	»
Ophthalmoscope, de Coccius.	35	»
Releveur double, en maillechort, de Lüer	6	»
Pince à luxation, de Lüer.	18	»
Pinces à crémaillère, de Lüer. . . . . 14, 16 et	18	»
Appareil fumigatoire, de Mandl.	12	»
Ressorts pour les ongles incarnés.	1	50
Écraseur, de Lüer.	80	»
— petit modèle.	50	»
Serre-nœuds en acier.	18	»
Pince à phimosis à crémaillère, modifiée par Lüer.	10	»
Trocart, de Chassaignac.	7	»
Crochet multiple, de Chassaignac.	18	»
Tubes en gomme, de Gally, pour ligature des artères. . . . la douz°.	»	50
Pince-porte et ôte-canules, de Lüer.	5	»
Instruments de Lüer, en 3 parties, pour retirer les corps étrangers de la vessie	35	»
Pince-fixateur, de Jaëger.	5	»
Forceps, de Busch.	40	»
Pince, de Garin, pour la trachéotomie et la dilatation	20	»
Pince remplaçant le couteau de Strauss, modifiée par Lüer.	20	»
Pince dilatatrice, du docteur Pitha.	20	»
Pince pour saisir les os, à 2 mors, de Fergusson.	20	»
Pince, de Langenbeck	20	»
Appareil, de Loiseau, pour trachéotomie.	60	»
Pince capsulaire, de Lüer.	35	»
— forme ciseau.	40	»
Scies à chaînes, de Lüer, à étau.	23	»
Brise-pierre à levier, de Lüer.	50	»

INSTRUMENTS DE CHIRURGIE VÉTÉRINAIRE.

	fr.	c.		fr.	c.
Aiguilles à séton en 2 pièces.	3	»	Anneaux pour taureau à demeure.	4	»
— en 3 pièces	5	»	— nouveau système à écrou.	6	»
— en 4 pièces	7	»	— mouchette.	6	»
— à manche	3	50	— croisée, à ressort	7	»
— pour chien	2	»	Baleine à dépommer	5	50
— à sutures, trempées en ressort	»	25	Bâtons à saigner	1	50
			— se dévissant.	2	25
— à inoculer.	1	50	Bistouris simples, droit ou convexe à	1	25
— à bourdonnet, à manche fixe.	2	»	— à l'anglaise.	1	50
			— à virole, manche buffle.	2	50
— — à ressort.	»	»	— à coulant	3	»
— — manche buffle.	4	»	— modèle Méricant.	3	»
— — manche ivoire.	5	»	Bistouris boutonnés, 50 c. en plus.		
— — modèle Méricant.	4	50	Bridons à breuvages en cuivre, à pistons	28	»
— à acupuncture.	»	40	Bridons à breuvages en fer-blanc.	18	»

INSTRUMENTS DE CHIRURGIE VÉTÉRINAIRE.

	fr.	c.
Brûloirs pour la tonte des chevaux, de 2 fr. 50 c. à	6	»
Cautères cutellaires	1	50
— en pointes	1	50
— à pointes pénétrantes	1	50
— à olive et autres	2	»
— brûle-queue	4	50
Cannes hippométriques pour mesurer les chevaux, de 15 fr. à	30	»
Coupe-queue monté en bois	15	»
— branches en fer avec supports en cuivre	28	»
— pour chien, tout acier	18	»
Ciseaux vétérinaires, de 2 fr. 50 c. à	4	»
— à tondre	4	»
— — avec peigne en cuivre en plus	1	»
— à crins	2	50
Caoutchouc pour la ferrure, le kil.	25	»
— pour séton, le mètre	1	50
Désencastelleur ou dilatateur du pied, de tous modèles, de 10 fr. à	20	»
Dilatateur des naseaux, de M. Prangé, les 2	3	»
Écraseur linéaire de M. Chassaignac, modèle Méricant (à levier)	40	»
— le même, avec système recevant 2 chaînes de différentes grosseurs	55	»
Élévatoire double	3	»
Épingles d'acier, trempées en ressort, le cent	»	30
Érignes à dissection et à javart, de 1 f. à	1	25
— doubles, de 1 fr. 75 c. à	2	»
— à chaîne	»	75
Feuilles de sauge, à droite, à gauche, et doubles, manches rivés	1	75
— à virole	2	»
— manche ivoire	4	50
Feuilles de sauge-renettes droite et gauche, manches rivés	2	»
— à virole	2	50
Flammes, étui cuivre, à 1 lame	2	50
— à 2 lames	3	50
— à 3 lames	4	50
— étui rivé buffle, à 1 lame	3	»
— à 2 lames	4	»
— à 3 lames	5	»

	fr.	c.
Flammes étui à virole, à 1 lame	4	»
— à 2 lames	5	»
— à 3 lames	6	»
— étui à platine, à 1 lame	5	»
— à 2 lames	6	»
— à 3 lames	8	»
— de poche, à 1 lame	3	»
— à 2 lames	4	»
— à 3 lames	5	»
Forceps pour cheval	70	»
— pour chien	12	»
Hématomètre de M. Delafond	16	»
Herniotome de M. Bouley	18	»
Hystérotome de M. Delamarre	20	»
Lancettes vétérinaires, de 1 fr. à	1	25
Lancette avec curseur pour l'inoculation avec une spatule cannelée, de M. Delafond, montée en buffle	7	»
Lancette en ivoire	8	»
Lithotriteur à levier	»	»
Névrotome, de 5 fr. à	6	»
Pillulières de M. Lebas	3	»
— nouveau modèle	20	»
Pinces à pansement à mors croisés, selon la grandeur, de 2 fr. 50 à	4	»
Pince à dissection et à artères, de 1 fr. 25 c. à	2	50
— à dents de souris, de 1 f. 75 à	2	50
— à torsion	7	»
— pour la hernie ombilicale, de M. Bénard	18	»
— à marquer les moutons par le tatouage, avec 3 séries de chiffres avec boîte	100	»
— par emporte-pièces	12	»
Pince limitative pour couper les oreilles des chiens	5	»
Pessaire pour vaches, de M. Delamarre	18	»
— pour brebis	12	»
Pompe à jet continu pour douches, irrigations et lavements	60	»
Porte-épingles de M. Gourdon	4	»
Porte-pierre, de 1 fr. 50 c. à	3	50
Renettes doubles	4	»
— à clou de rue, manches rivés	2	»
— — à virole	2	50
— — manches ivoire	4	50

INSTRUMENTS DE CHIRURGIE VÉTÉRINAIRE.

	fr.	c.		fr.	c.
Renettes simples ou rugines, manches rivés.	1	75	Sonde trayeuse, en ivoire	»	60
— — à virole	2	»	— pour la vessie	4	»
— à javart, manches rivés	1	»	— le mandrin en plus	»	50
— — à virole	2	50	— œsophagienne de M. Prangé	»	»
— à piqûre, manches rivés	2	»	— avec bâillon, pour bœuf	10	»
— — à virole	2	50	— pour mouton	6	»
— à enclouure, manches rivés	1	75	Tenettes pour la cystotomie	18	»
— — à virole	2	»	Ténotome droit	1	50
Repoussoir œsophagien se démontant	12	»	— concave et mousse	1	50
Scies anatomiques à phalanges, à amputation de 8 fr. à	18	»	— à coulant	2	50
Scies à chaîne	20	»	Trocarts pour le rumen	8	»
Seringues de toutes dimensions, de 75 c. à	12	»	— pour le mouton	6	»
— avec trocart, de Guérin, pour injections	22	»	— pour le tournis	6	»
— bouteille en caoutchouc, avec trocart	22	»	— d'essai	3	»
Sondes à spatule	1	»	— d'essai, courbe	4	»
— en S	2	75	— pour le cœcum	5	»
— bougie	1	»	— plat, pour cheval	5	»
			— courbe, pour hyo-vertébrotomie	12	»
			Tube de M. Bey, en gutta-percha, pour injections nasales	4	50
			Vrille pour barrer les seimes, de 2 fr. 50 c. à	3	»

Trachéotomie.

	fr.	c.		fr.	c.
Tubes de M. Renault	9	»	Tube provisoire du même, avec trocart	7	»
— de M. Leblanc	12	»	— provisoire simple	2	»
— de M. Bourgoin	8	»	— — ordinaire	2	»
— de M. Reynal	9	»			

Instruments à dents.

	fr.	c.		fr.	c.
Pas d'âne à vis	24	»	Rabot odontriteur de M. Charlier	24	»
— nouveau modèle à mors mobiles	32	»	Sécateur à dents, pour la résection des dents par compression	35	»
— pour chien	18	»	Râpe à dents	6	»
Clef de Garangeot, se démontant, et munie de 3 crochets	28	»	— nouveau modèle	8	»
— pour poulain, à crochet mobile, de M. Delamarre	25	»	Gouge simple	7	»
Rabot odontriteur de Brognez	24	»	— nouveau modèle	10	»
			Daviers pour incisives, droit ou courbe	9	»

Castration du cheval.

	fr.	c.		fr.	c.
Pinces à casseaux	10	»	Pinces par le feu double, de M. Huart	20	»
— pour la torsion, les deux	28	»	Casseaux linéaires de M. Bouley	10	»
— de M. Reynal	36	»	— de toutes grandeurs, 25 à	»	30
— par le feu simple	9	»	— courbes	1	25

21.

INSTRUMENTS DE CHIRURGIE VÉTÉRINAIRE.

Castration des vaches.

PROCÉDÉ DE M. CHARLIER.

	fr.	c.
1 dilatateur.		
1 pince à torsion.		
1 paire de ciseaux.		
1 bistouri serpette à coulisse.		
1 doigtier.		
La trousse avec l'appareil complet.	125	»

PROCÉDÉ DE M. COLIN.

	fr.	c.
1 pince à torsion se démontant.		
1 bistouri convexe avec curseur.		
1 pince limitative à anneaux.		
La boîte contenant l'appareil complet.	50	»

Trépan.

	fr.	c.
1 arbre de trépan.	36	»
2 couronnes avec leur curseur		
1 rugine.	3	50
1 couteau lenticulaire.	4	50

	fr.	c.
1 Élévatoire double.	3	»
1 tire-fond à anneau.	4	»
1 tréphine avec couronne et curseur.	15	»

Parturition.

	fr.	c.
1 crochet articulé.	7	»
1 porte-corde droit.	4	»
— courbe.	4	»
1 crochet pointu.	3	»

	fr.	c.
1 crochet mousse.	3	»
1 repoussoir.	4	»
1 monture recevant un crochet articulé et 1 repoussoir articulé.	25	»

Périostotomie.

1 cisaille.		
1 bistouri fixe.		
1 périostome.		
Le tout dans une boîte.		

2 aiguilles courbes, dont 1 boutonnée se montant sur un manche à coulisse.	25	»

Instruments de dissection.

	fr.	c.
Trousse composée de 9 instruments, manches rivés en ébène.	10	»
— avec instruments à viroles.	11	»
— — ivoire.	17	»

	fr.	c.
Trousse modèle de M. Goubaux.	16	»
— — du même, avec instruments se démontant.	25	»

Instruments de ferrure.

	fr.	c.
1 boutoir acier fondu.	4	50
1 brochoir.	4	»
1 triquoise.	5	»

	fr.	c.
1 rogne-pied.	1	50
1 couteau anglais.	2	25

Instruments d'abatage et de contention.

	fr.	c.
Entravons complets. de 45 fr. et	50	»
— seuls (les 4).	23	»
Plate-longe.	10	»
Lacs avec sa chaîne.	12	»
— en corde.	6	»
Entravons anglais complets.	75	»

	fr.	c.
Capote d'abatage.	7	»
Licol fumigatoire.	8	»
— de force, doublé en cuir.	10	»
Traverse en bois, avec entravons aux bouts.	15	»

INSTRUMENTS DE CHIRURGIE VÉTÉRINAIRE.

TROUSSES DE VÉTÉRINAIRE.

Il y a des trousses de 8 à 24 places, selon le désir; elles varient dans leur composition, comme dans le prix, par le plus ou moins de luxe des instruments. Voici le prix des trousses généralement demandées :

Trousse n° 1.

	fr.	c.
Dite serviette, composée de 8 instruments, manches ébène rivés, 1 lancette, 2 aiguilles à suture.	20	»

Trousse n° 2.

	fr.	c.
Composée de 9 instruments, manches ébène à virole, 1 lancette et 2 aiguilles à suture. . . . . de 30 fr. à	32	»

Trousse n° 3.

	fr.	c.
De poche, avec pattes à tirettes élastiques, composée de 8 instruments, manches ébène à virole, 2 lancettes et 2 aiguilles à suture.	32	»
La même, montée en ivoire.	38	»
La trousse garnie en velours, 3 fr. en plus.		

Trousse n° 4.

	fr.	c.
Trousse-agenda-portefeuille, garnie en velours, recevant un agenda par trimestres, composée de 8 instruments, manches ébène.	35	»
La même, montée ivoire.	40	»
— — écaille.	45	»

Trousse n° 5.

	fr.	c.
Composée de 15 instruments, manches ébène à virole, 2 lancettes, 3 aiguilles à suture. . . . . 40 fr. et	50	»
La même, montée ivoire.	60	»

Trousse n° 6.

	fr.	c.
Composée de 18 instruments manches ébène à virole, 2 lancettes et 3 aiguilles.	60	»

Trousse n° 7.

	fr.	c.
Composée de 24 instruments, manches ébène à virole, 3 lancettes et 3 aiguilles à suture.	75	»

Trousse de chasseur.

	fr.	c.
Composée de 8 instruments, manches ébène à virole.	30	»
La même, montée ivoire.	38	»

Trousse pour MM. les vétérinaires militaires.

	fr.	c.
Trousse réglementaire.	50	»
Giberne réglementaire pour trousse.	38	»

APPAREILS ÉLECTRO-MÉDICAUX.

L'intérêt que présente l'application de l'électricité au traitement de certaines maladies nous a engagés à grouper dans un chapitre spécial les divers instruments inventés pour rendre cette application commode et facile.

Fig. 1.

	fr.	c.
Appareil à double courant, du Dr Duchenne de Boulogne, avec 3 paires d'excitateurs; première force (fig. 1)	180	»
Le même, de deuxième force	220	»
Appareil du Dr Duchenne, nouveau modèle, avec la pédale	250	»
Tube à eau pour graduer la force de l'appareil	12	»
Dynamomètre, de M. Duchenne	30	»

Cet appareil est destiné à diriger et à limiter l'action électrique dans les organes, à déterminer le mode et le degré d'excitabilité de chacun d'eux; il est également applicable à la thérapeutique et à l'étude d'un certain nombre de phénomènes physiologiques et pathologiques. L'ancien appareil marchait à l'aide de l'acide azotique; le nouveau marche avec l'acide sulfurique. — Une note spéciale indique la manière de mettre cet appareil en action.

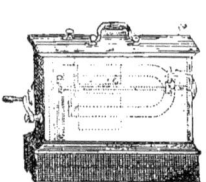 

Fig. 2.   Fig. 3.

Appareil électro-médical de Breton frères, fonctionnant sans pile ni liquides; à commotions graduées à volonté (fig. 2)	140	»
Le même, dont la boîte est en palissandre et dont tous les accessoires sont en cuivre doré	180	»
Appareil électro-médical, très-grand modèle, boîte en palissandre, devanture en glace laissant voir tout le mécanisme intérieur	380	»
Appareil de Morin et Legendre, d'un très-petit volume, fonctionnant avec une pile simple (fig. 3)	60	»
Le même, avec pile double	100	»

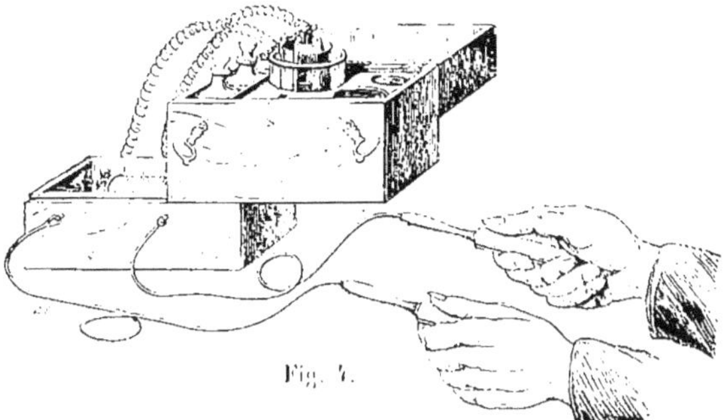

APPAREILS ÉLECTRO-MÉDICAUX.   327

Fig. 4.

Appareil d'induction, par J. Salleron, donnant à volonté l'extra-courant inducteur et les courants induits direct et inverse, avec pile et excitateurs (fig. 4). . | 70 | "

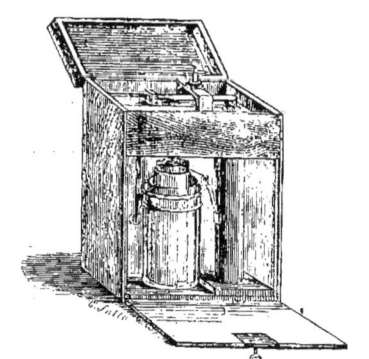

Fig. 5.

Appareil de Gaiffe, fonctionnant sans pile, boîte en acajou (fig. 5). . . . . . . | 100 | "
Le même, grand modèle . . . . | 140 | "

Fig. 6.

Appareil électro-médical d'Érick Bernard, à cinq courants d'induction, boîte en acajou (fig. 6). . . . . | 60 | "
Appareil électro-médical de Bianchi, fonctionnant avec une pile. . . . . | 100 | "

APPAREILS ÉLECTRO-MÉDICAUX.

	fr.	c.
Appareil électro-médical de Ruhmkorff, donnant les courants inducteurs et induits, avec pile à bisulfate de mercure.	50	»
Le même, mieux soigné	55	»
Petit appareil électro-médical, de Bondois, sur planchette acajou, bobine verticale; pile séparée de l'appareil.	35	»
Le même appareil, sur planchette en palissandre.	40	»
Accessoires : 2 porte-éponges et balai métallique.	4	»
Appareil du même, en acajou, avec pile dans la boîte, accessoires compris.	60	»
Le même appareil, en deux boîtes séparées, accessoires compris.	66	»

Fig. 7.

	fr.	c.
Pile de Grenet, à chromate de potasse et à insufflation d'air, petit élément pour dentiste (fig. 7).	35	»
Élément chirurgical pour les cautérisations galvaniques, n° 2	180	»
— — — — n° 3	160	»
Appareil de Grenet et Broca, avec instruments et boîte en plomb.	250	»

Appareils de Pulvermacher.

	fr.	c.
*Chaîne ou bande hydro-électrique à 20 éléments. . . . . . la pièce.	9	»
— — à 30 — . . . . . . —	13	50
*Chaîne-batterie simple, à 60 éléments (sans accessoires). . . . —	22	50
— double, à 120 — . . . . . . —	40	50
— — à 120 — dans une boîte contenant 2 interrupteurs, 2 conducteurs excitateurs et 1 conducteur à dent . . . . . la pièce.	45	»
Bracelet électro-médical . . . . . . —	4	50
Busc électro-médical. . . . . . —	4	50
*Colliers électro-médicaux n° 1 . . . . . . —	4	50
— — n° 2 . . . . . . —	9	»
*Ceintures électro-médicales n° 1 . . . . . . —	9	»
— n° 2 . . . . . . —	13	50
*Trousse électro-médicale en boîte complète.	63	»
La même, sans interrupteur vibrateur ni décompositeur.	54	»

Appareils de Goldberger.

	fr.	c.
Chaîne galvano-électrique de Goldberger, avec instruction, la pièce, *4 fr. 25 et	6	»
— — — plus forte . . . . . . la pièce.	10	20
— — — très-faible. . . . . . —	2	60

USTENSILES ET INSTRUMENTS EN CUIVRE

SERVICE D'UN LABORATOIRE DE PHARMACIEN.

Alambics.

Détail des pièces composant un alambic complet :

Cucurbite, bain-marie, chapiteau, col de cygne, rafraîchissoir, couvercle, grille, entonnoir, trop-plein, robinet et manchon en cuivre étamé, serpentin en étain pur d'un seul jet, sans soudure.

La contenance d'un alambic est mesurée d'après celle du bain-marie.

Alambics très-soignés en cuivre fin, serpentin étain pur :

	fr.	c.		fr.	c.		fr.	c.
De 6 litres	160	»	De 30 litres	375	»	De 80 litres	640	»
10 —	210	»	40 —	435	»	100 —	720	»
15 —	255	»	50 —	510	»	125 —	805	»
20 —	290	»	60 —	550	»	150 —	925	»
25 —	335	»	75 —	600	»	200 —	1180	»

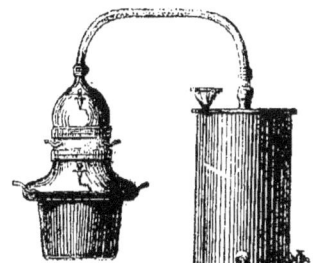

Fig. 1. *Alambics en cuivre fin et ordinaire.*

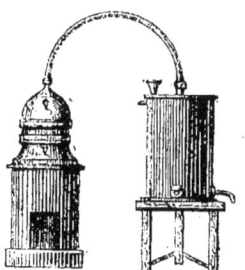

Fig. 2. *Alambics d'essai.*

Alambics soignés en cuivre ordinaire, serpentin étain fin (fig. 1) :	fr.	c.
de 6 litres	145	»
10 —	160	»
15 —	210	»
20 —	230	»
25 —	275	»
30 —	300	»
40 —	360	»
50 —	440	»

Alambics d'essai avec fourneau et trépied pour le serpentin (fig. 2) :	fr.	c.
de 1/2 litre	55	»
1 —	60	»
1 1/2 —	70	»
2 —	80	»
3 —	90	»
4 —	100	»
5 —	115	»

Appareils divers applicables sur l'alambic.

Communication de la vapeur de la curcubite au bain-marie, système Soubeyran :	fr.	c.
Pour un alambic de 1 à 15 litres	15	»
— 20 à 50 —	18	»
— 60 à 100 —	21	»

330 USTENSILES ET INSTRUMENTS DE LABORATOIRE.

Colonne de rectification (fig. 3) pour remonter les alcools en degrés et en améliorer le goût :

Pour un alambic de 5 litres. . . . . 60 fr.
—   10 — 85
—   20 — 110
—   50 — 165

Fig. 3. *Colonne de rectification.*

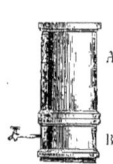

Colonne à fleurs et vase extractif pour distiller des substances aromatiques, et recueillir aussi leurs produits fixes. Cette pièce s'adapte sur l'alambic. La colonne A sert à contenir les fleurs ; le vase B a pour but d'extraire par le robinet, et pendant la distillation, les produits fixes non distillables :

Pour un alambic de 5 litres. 55 fr. | De 20 litres. 110 fr.
—   10 — 65 | 50 — 150

Fig. 4. *Colonne à fleurs et vase extractif.*

Appareil Égrot pour la fabrication des extraits et la concentration dans le vide, pouvant servir également pour la distillation des eaux aromatiques et des alcoolats.

Coupe de l'appareil.   *Vue extérieure.*

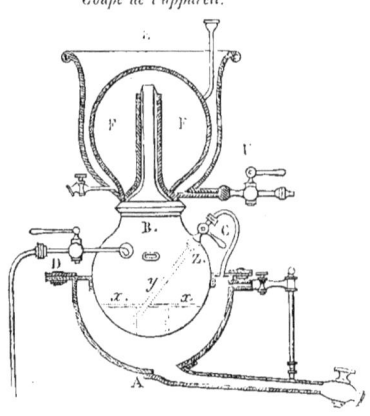 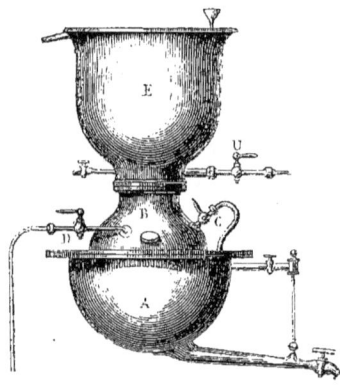

DESCRIPTION D'APRÈS LE PLAN :

A, chaudière avec vidange et tube indicateur du niveau. Cette pièce ne contient que de l'eau ou de la vapeur, et tient les fonctions de la cucurbite dans les alambics ordinaires. B, évaporateur portant panache, qui forme joint avec la chaudière A. Sur l'évaporateur existent deux voyants : un robinet C, pour communication de vapeur entre la chaudière et l'évaporateur, quand il s'agit de faire le vide dans l'appareil, et un robinet D, avec tuyau d'aspiration, pour introduire le liquide à concentrer ou à distiller dans l'évaporateur. E, rafraîchissoir du récipient condensateur (voir la coupe). F, récipient condensateur, formé d'un tuyau central, qui élève la vapeur de l'évaporateur et du robinet U, servant à la sortie de l'air ou à celle du liquide condensé pendant l'opération.

Quand l'appareil doit servir à la distillation des plantes aromatiques, il est fourni (représenté par des lignes pointées) un tuyau d'introduction y, s'ajustant en z, et une grille xx, soutenue par des pieds.

On peut avec cet appareil, et sans la présence d'une pompe pneumatique, faire les opérations dans un vide aussi complet qu'on peut le désirer dans l'industrie.

Pour faire le vide dans cet appareil, après avoir porté à l'ébullition l'eau contenue dans la chaudière A, on ouvre en G, et la vapeur s'introduit dans l'évaporateur B, puis dans le condensateur F, chassant l'air qui sort en U; quand tout l'air est chassé, on ferme en U et en C, de manière que l'intérieur de l'appareil ne communiquant plus avec l'air extérieur par aucune ouverture, la vapeur y contenue se condense, et le vide se trouve fait.

		fr.	c.
Appareil de la contenance de 5 litres, 275 fr.; avec addition pour distiller. .		295	»
— — 10 — 330 — — . .		350	»
— — 15 — 385 — — . .		410	»
— — 25 — 465 — — . .		490	»
— — 35 — 575 — — . .		610	»
— — 45 — 685 — — . .		720	»
— — 55 — 795 — — . .		840	»
— — 65 — 905 — — . .		950	»

Voy. p. 336, pour les mêmes appareils appliqués à l'industrie.

Poêlons, Bassines, etc.

Fig. 5. *Poêlon à fond plat.*

Fig. 6. *Poêlon à fond rond.*

Poêlons à fond plat (fig. 5) :

	fr.	c.
de 1/2 litre	4	50
1 —	5	50
1 1/2 —	7	50
2 —	9	»
3 —	11	»
4 —	13	50
5 —	17	»

Poêlons à fond rond, ou cassines (fig. 6) :

				fr.	c.
1/2 litre, sans bec, 4 fr. 20 c., av. bec				4	50
1 — — 6	»	—		6	50
1 1/2 — — 8	»	—		9	»
2 — — 9	»	—		10	»
3 — — 11	»	—		12	50
4 — — 14	»	—		15	»
5 — — 16	»	—		18	»

Fig. 7. *Bassines en cuivre soignées.*

Bassines à fond rond ou conique (fig. 7) :

	fr.	c.		fr.	c.
De 3 litres	12	»	De 20 litres	28	»
6 —	16	»	30 —	36	»
10 —	20	»	40 —	46	»
12 —	22	»	50 —	55	»
15 —	24	»	60 —	66	»

Bassines doubles au bain-marie (fig. 8) :

	fr.	c.
De 5 litres (contenance de la bassine intérieure) . . .	36	»
10 — — — — . . .	55	»
15 — — — — . . .	66	»
20 — — — — . . .	82	»
30 — — — — . . .	100	»

Fig. 8 *Bassine double au bain-marie*

USTENSILES ET INSTRUMENTS DE LABORATOIRE.

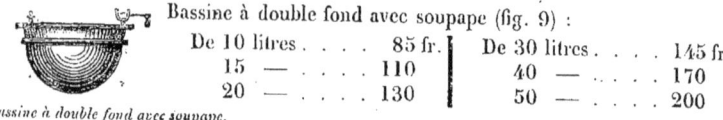

Bassine à double fond avec soupape (fig. 9) :

De 10 litres	85 fr.	De 30 litres	145 fr.
15 —	110	40 —	170
20 —	130	50 —	200

Fig. 9. *Bassine à double fond avec soupape.*

Entonnoirs à filtrer en cuivre étamé ou argenté (fig. 10) :

Étamés.				Argentés.	
De 1 litre	5 fr.	De 5 litres	14 fr.	De 1 litre	20 fr.
2 —	7	10 —	18	2 —	28
3 —	10	15 —	21	3 —	40

Fig. 10. *Entonnoir à filtrer.*

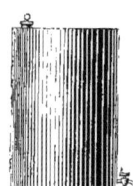
Fig. 11. *Estagnon.*

Fig. 12. *Table à filtres, avec cuvette.*

	fr.	c.
Estagnon en cuivre étamé à l'intérieur, de 20 à 100 litres (fig. 11), de 20 fr. à	90	»
Tables à filtres, avec cuvette en cuivre étamé, n° 2 (fig. 12)	110	»
— — — — n° 1	85	»

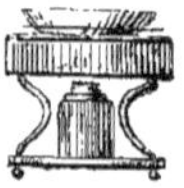

Fig. 13.

Petites capsules en cuivre avec rondelles.

Trépied et lampe.

Petites capsules en cuivre avec lampe, trépied et rondelles, n° 1 complet (fig. 13).	85	»
— — — — n° 2 —	110	»

Ustensiles en cuivre pour liquoristes et distillateurs.

Alambics et bassines à double fond, marchant par la vapeur produite à l'aide d'un générateur :
(Les robinets et conduits de vapeur ne sont pas compris dans les prix ci-dessous.)

Alambic à double fond avec vidange, chapiteau et serpentin, timbré à 3 ou 4 atmosphères :	fr.	c.	Bassines à double fond, avec ou sans vidange, timbrées à 3 ou 4 atmosphères :	fr.	c.
De 75 litres	715	»	De 25 litres	155	»
100 —	880	»	50 —	220	»
150 —	1045	»	75 —	300	»
200 —	1320	»	100 —	385	»
300 —	1650	»	150 —	440	»
			200 —	520	»
			300 —	715	»

USTENSILES ET INSTRUMENTS DE LABORATOIRE.

Bassines ordinaires à fond plat, poignées renforcées en cuivre et panache :

	fr.	c.		fr.	c.		fr.	c.
De 3 litres.	17	»	De 20 litres.	35	»	De 50 litres.	66	»
6 —	22	»	25 —	40	»	60 —	77	»
10 —	27	»	30 —	45	»	75 —	95	»
15 —	30	»	40 —	55	»	100 —	120	»

Fig. 14. *Écumoire.*

Fig. 15. *Versoir.* Fig. 16. *Filtre pour liqueurs.* Fig. 17. *Puisard et son plateau.*

Écumoire petit modèle (fig. 14), 7 fr.; — moyen modèle, 9 fr.; — grand modèle, 11 fr.

Versoir pour les sirops (fig. 15), de 15 litres, 36 fr.; — de 20 litres, 40 fr.

Filtres en cuivre avec robinet, pour liqueurs (fig. 16) :

	fr.	c.		fr.	c.
De 7 litres.	22	»	De 20 litres.	35	»
10 —	25	»	25 —	38	»
15 —	32	»	30 —	44	»

Puisard et son plateau (fig. 17), de 1 litre, 16 fr.; — de 2 lit., 18 fr.; — de 3 lit., 21 fr.

Conges ordinaires avec échelle, couvercle et robinet à téton, pour embouteiller et dépoter :

	fr.	c.		fr.	c.
De 100 litres:	105	»	De 200 litres.	175	»
150 —	140	»	300 —	220	»

Conge à trancher les liqueurs : De 100 litres. . . . . 330 fr.
— — De 150 litres, 440 fr.; — de 200 litres. . . 550 fr.

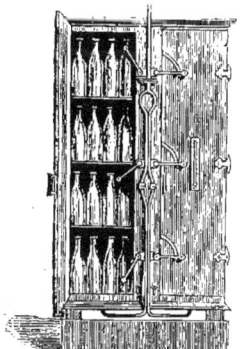

Fig. 18. *Armoires d'Appert.*

Armoires pour préparer les conserves, sirops et substances alimentaires, méthode d'Appert (fig. 18) :

Ces armoires, en tôle de fer, sont à un ou deux compartiments avec grilles; les garnitures accessoires de chaque compartiment sont : le joint en caoutchouc, le tient-fermoir à glissement, un thermomètre à mercure, un robinet d'air ou de purge, un robinet de vapeur et le tuyau d'introduction attenant à l'armoire.

	fr.	c.
Prix des armoires de 50 bouteilles.	185	»
— — 100 —	330	»
— — 200 —	495	»
— — 200 — à double compartiment.	550	»
— — 300 —	715	»
— — 300 — à double compartiment.	795	»

Brocs et Bouteilles en cuivre.

	fr.	c.		fr.	c.
Brocs en cuivre, de 1 litre	12	»	Brocs en cuivre, de 5 litres	23	»
— — 2 litres	14	»	— — 8 —	28	»
— — 3 —	17	»	— — 10 —	34	»

Bouteilles en cuivre de 1 litre, 3 fr. 50 c.; — 2 litres, 5 fr. 75 c.

Pour la série au-dessus, 2 fr. 50 c. par litre de contenance.

Appareils en cuivre pour le fermier distillateur.

Alambic simple pour brûleur, composé de la cucurbite avec rebord portant sur un fourneau et douille pour le remplir, du chapiteau avec bras, du serpentin avec son bac muni de l'entonnoir, du trop plein et de la sortie du serpentin. Toutes ces pièces sont en cuivre étamé à l'intérieur; le bac contenant le serpentin est en tôle.

Fig. 19. *Alambic simple pour brûleur.*

Alambics soignés, serpentin en cuivre (fig. 19) :	fr.	c.	Alambics très-soignés, serpentin étain pur :	fr.	c.
De 75 litres	190	»	De 75 litres	265	»
100 —	230	»	100 —	320	»
200 —	310	»	200 —	395	»
300 —	375	»	300 —	475	»
400 —	530	»	400 —	660	»
500 —	685	»	500 —	845	»

Alambic perfectionné avec chapiteau rectificateur, composé d'une chaudière avec vidange et robinet, d'un trou à balai sur le couvercle pour le nettoyage, d'un chapiteau rectificateur se plaçant directement sur le couvercle, avec entonnoir et robinet, d'un col de cygne et d'un serpentin placé dans son bac et muni de tous ses accessoires. Toutes les pièces de cet alambic sont en cuivre étamé à l'intérieur, le serpentin en étain pur, le bac du serpentin en tôle.

	fr.	c.
Alambic de 100 litres (contenance de la chaudière)	330	»
— 200 — — —	455	»
— 300 — — —	640	»
— 400 — — —	910	»
— 600 — — —	1210	»
— 1000 — — —	1935	»
— 1500 — — —	2660	»

APPAREILS POUR L'INDUSTRIE.

Appareils d'Égrot pour la distillation des vins et autres jus fermentés.

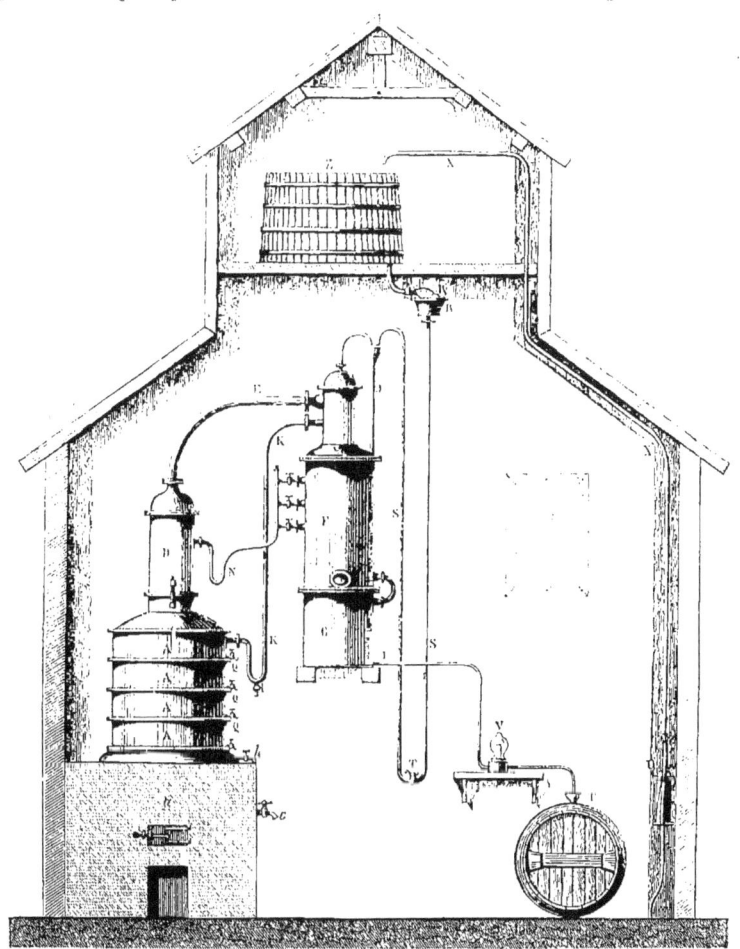

Fig. 20. *Appareil pour la distillation des vins.*

Appareils d'Égrot pour la distillation des vins et autres jus fermentés, avec tous ses accessoires et pièces de rechange (fig. 20) :

		fr.	c.
N° 0, distillant 1500 litres de vin en 24 heures		1540	»
N° 1, — 2500 — —		2200	»
N° 2, — 5000 — —		3300	»
N° 3, — 9000 — —		4950	»
N° 4, — 12000 — —		6600	»

APPAREILS DE DISTILLATION, MACHINES DIVERSES.

Appareils industriels à évaporer dans le vide, sans pompe ni engin pour la cuite des sirops et la concentration des extraits de bois de teinture.

	fr.	c.
De 100 litres de capacité.	1320	»
200 — —	2200	»
400 — —	4400	»
500 — —	5500	»
1000 — —	11000	»
1500 — —	16500	»

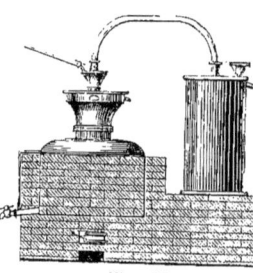

Fig. 12.

Appareils pour la distillation du rhum.

Fig. 21.

	fr.	c.
De 200 litres.	770	»
400 —	990	»
600 —	1375	»
1000 —	1980	»
1500 —	2640	»
2000 —	3740	»

MACHINES DIVERSES.

Machines à fabriquer les pastilles et les timbrant des deux côtés à la fois.

N° 1. Machine (voy. le dessin page 125), montée sur un pied ou bâti en fonte très-solide de 1 mètre 80 de longueur sur 60 centimètres de large; elle coupe et grave en relief 9, 10, 11 et 13 pastilles à chaque coup de piston; elle a 2 séries de cylindres en marbre ou bronze, pour laminer la pâte, et elle fonctionne au moyen de la manivelle.

Une forme et une série de timbres sont livrées avec la machine, dont le prix est de. . . . . 2,600 fr.

N° 2. Machine ne différant de la précédente qu'en ce qu'elle n'a qu'une seule série de cylindres pour laminer la pâte, et que la fécule se met à la main sur la pâte qui doit être laminée. Le prix est de . . . . 2,200 fr.

N° 3. Machine plus petite, également montée sur un pied ou bâti en fonte; elle ne porte que 5, 6 et 7 timbres ou cachets. Elle fonctionne au moyen de la manivelle. Le prix est de. . . . . 1,900 fr.

N° 4. Machine de 90 centimètres de longueur sur 30 centimètres de large, avec 4, 5 et 6 timbres ou cachets et un jeu de cylindres en bronze pour laminer la pâte. Elle diffère des précédentes en ce qu'elle n'est pas montée sur un pied ou bâti, et qu'on peut la

mettre sur une table ou sur un comptoir. Elle fonctionne à l'aide d'une manivelle (fig. 1).
Le prix est de.. 1,000 fr.

Fig. 1. *Machine à fabriquer les pastilles n° 4.*

N° 5. Petite machine à levier, avec une série de cylindres pour laminer la pâte. Elle se pose comme le n° 4 sur une table ou un comptoir, et elle a 4, 5 et 6 timbres ou cachets ; mais elle ne fournit que de 20 à 25 coups de piston à la minute (fig. 2).
Le prix est de.. 700 fr.

Fig. 2. *Machine à fabriquer les pastilles n° 5.*

Les timbres ovales pour pastilles de Vichy, ou autres, coûtent.... la pièce, 3 fr. 50 c.
Les timbres ronds pour pastilles de guimauve, ipéca, calomel, etc.. — 3 »

Pastilleuse de Fery.

Pastilleuse garnie de 13 emporte-pièces timbrant des deux côtés....... 600 fr. » c.
Chaque série d'emporte-pièces de forme différente............. 200 »
Chaque timbre spécial............................. la pièce. 3 50

MACHINES ET USTENSILES DIVERS.

Machine à préparer l'onguent mercuriel (d'après le dessin page 118). . . . . . 500 fr.
Dynamisateur, ou machine à pulvériser et à triturer les poudres homœopathiques. 1000
Prix de l'emballage 20
    (Cette machine occupe un emplacement de 1 mètre 25 centimètres sur 80 centimètres de large.)
Mortier mécanique en biscuit de porcelaine, pour pulvériser, triturer et porphyriser les produits pharmaceutiques (poids 31 kilos). . . . . 110 fr.
Emballage. 4
    (Grandeur de l'emplacement : 55 centimètres sur 40 centimètres.)
Machine à pulvériser, modifiée par Gélis, produisant son effet par l'action de billes en fonte sur la matière à pulvériser placée dans un cylindre en rotation . . . . . 750 fr.
Machine à écraser les groseilles et les fruits. . . . . 270 fr.
Machines Chalopin à boucher les conserves et les bouteilles de vin, liqueurs, etc. :

	fr.	c.		fr.	c.
Machine n° 1	35	»	Machine n° 3	70	»
— n° 2	50	»	— n° 4	150	»

Nota. Les machines n°s 1, 2 et 3 sont spéciales pour boucher à la cave ; le n° 3 est disposé pour boucher les bouteilles entièrement pleines, sans globule d'air. — Le n° 4 est destiné à boucher les conserves en litres, carafons et tous les vases à fruits.

Petite machine à main et en bois pour boucher les flacons. . . . . 3 fr.

MOULINS POUR LA FARINE DE LIN ET CELLE DE MOUTARDE.

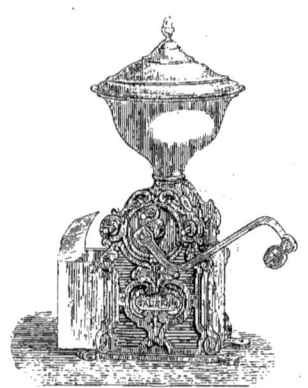

Le même moulin peut servir à obtenir l'une ou l'autre espèce de farine. Un écrou qu'on serre à volonté permet de donner au produit un degré de finesse plus ou moins grand. Ces moulins servent aussi pour le café et le poivre. (*Ce système de moulin est préférable à celui de notre Prix courant de 1854.*)

Moulins avec un tiroir et noix en acier.

	fr.	c.
N° 6, fournissant à l'heure 5 kilogrammes de farine.	50	»
N° 7, — — 6 — —	62	»
N° 8, — — 8 — —	73	»
N° 9, — — 10 — —	90	»

MACHINES ET USTENSILES DIVERS.

Moulins ordinaires avec un tiroir et noix en fer.

Les noix en fer de ces moulins s'usent plus promptement que les noix en acier.

	fr.	c.
N° 2, fournissant à l'heure 3 kilogrammes de farine.	25	»
N° 4, — — 4 — —	32	»
N° 6, — — 5 — —	45	»
N° 7, — — 6 — —	57	»
N° 8, — — 8 — —	68	»
N° 9, — — 10 — —	85	»

Une diminution de 5 fr. est faite sur chacun de ces moulins lorsqu'on le demande sans le tiroir.

	fr.	c.
Casse-sucre, sans volant, à levier.	25	»
— à volant, de Nolet.	70	»
Machine à casser le sucre en morceaux réguliers, à 1 scie.	65	»
— — — 3 scies.	140	»
Machine pouvant casser 2,000 à 2,500 kilogrammes de sucre par jour, fonctionnant, soit à bras d'hommes, soit par un moteur, avec deux casse-sucre et vingt scies circulaires.	800	»
Coupe-savon, instrument pour éviter les déchets de la coupe des briques de savon, et pouvant couper deux briques à la fois.	9	»
Le même, pour couper quatre briques de savon à la fois.	12	»

Porte-bouteilles en fer de Barbou.

MODÈLE N° 1.	fr.	c.	MODÈLE N° 2.	fr.	c.
Porte-bouteilles simples, ouverts, à 1 rang de bouteilles superposées :			Porte-bouteilles doubles, ouverts, à 2 rangs de bouteilles bout à bout :		
pour 100 bouteilles.	17	»	pour 200 bouteilles.	30	»
150 —	26	»	300 —	45	»
200 —	35	»	400 —	60	»
300 —	51	»	500 —	75	»
Les mêmes, fermant à clef, avec portes :			Les mêmes, fermant à clef, avec portes :		
pour 100 bouteilles.	35	»	pour 200 bouteilles.	52	»
150 —	44	»	300 —	78	»
200 —	58	»	400 —	104	»
300 —	86	»	500 —	130	»

Panier à bouteilles, en fer, fermant à clef, pour 6 bouteilles. . . . . 14 »

Capsules en fer contre-oxydé de E. Paris.

	fr.	c.		fr.	c.
Capsules de 16 centimèt. de diam.	1	75	Capsules de 30 centimèt. de diam.	6	70
— 18 —	2	10	— 32 —	8	»
— 20 —	2	70	— 34 —	9	35
— 22 —	3	30	— 36 —	10	70
— 24 —	3	85	— 38 —	12	»
— 26 —	4	50	— 40 —	13	50
— 28 —	5	35			

340 BASSINES EN FER, FILTRES HERMÉTIQUES, CAFETIÈRES A BASCULE.

Bassines en fer contre-oxydé de E. Paris.

	fr.	c.		fr.	c.
Bassines de 16 centimèt. de diam.	1	75	Bassines de 30 centimèt. de diam.	6	70
— 18 — —	2	10	— 32 — —	8	»
— 20 — —	2	70	— 34 — —	9	35
— 22 — —	3	30	— 36 — —	10	70
— 24 — —	3	85	— 38 — —	12	»
— 26 — —	4	50	— 40 — —	13	50
— 28 — —	5	35			

Filtres hermétiques de Septier.

	fr.	c.		fr.	c.
De 10 litres, en fer-blanc, la pièce.	55	»	De 40 litres, en zinc. . . la pièce.	85	»
15 — — —	75	»	50 — — . . . —	95	»
25 — — —	95	»	Nota. Le fabricant ne fait pas de filtres en zinc au-dessous de ces deux capacités; mais il en fera de capacités supérieures sur commandes.		
De 10 litres, en cuivre. . . —	85	»			
15 — — . . . —	105	»			
25 — — . . . —	140	»			

Cafetières à bascule.

Cafetière à bascule, bouchon perfectionné.

	Tasses			
	2	3	5	10
	fr.	fr.	fr.	fr.
*Pied et bouilleur en porcelaine blanche, monture en cuivre verni . . .	13	14	15	20
Pied en porcelaine blanche, bouilleur avec filet or et filets bleu, cerise ou vert.	15	16	17	22
— — — — décor or et couleur. . . .	16	17	18	24
— — — — semé de fleurs.	18	19	20	26
— — — — fond chamois, bleu, rose ou vert, avec un joli cartel de fleurs.	20	21	22	28

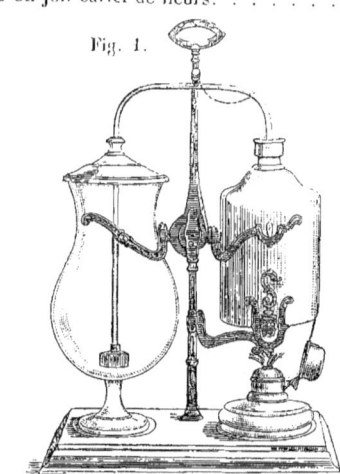

Fig. 1.

Cafetière à bascule, fermeture à vis (fig. 1).

*Pied et bouilleur en porcelaine blanche, monture en cuivre verni . . .	15	16	17	22
Pied en porcelaine, bouilleur en cuivre poli et étamé en dedans.	20	21	22	28

CAFETIÈRES DIVERSES.

	Tasses				
	2 fr.	3 fr.	5 fr.	10 fr.	15 fr.
Cafetière à bascule, fermeture à vis, monture riche, ciselée et vernie.					
Pied et bouilleur en porcelaine blanche.	»	»	»	»	32
— en porcelaine blanche, bouilleur avec filet or et filet bleu, cerise ou vert.	18	19	20	25	35
— — — — filet, décor or et couleurs.	20	21	22	28	38
— — — — — décor plus riche.	21	22	23	29	39
— — — — — semé de fleurs.	22	23	24	30	40
— — — — fond chamois, bleu, rose ou vert, avec joli cartel de fleurs.	24	25	26	32	44
— — — — même décor, avec verre et lampe dorée.	30	31	32	38	50
Pied même décor que le bouilleur, verre et lampe dorée.	36	37	38	44	54
Pied en porcelaine blanche, bouilleur en verre.	»	»	23	28	»
— — — — en cuivre poli et étamé.	»	»	»	»	40
Cafetière à bascule, tout en argent massif, 10 tasses.				1200 fr.	

Cafetière à trois moteurs (fig. 2).

Curieuse application des propriétés du siphon.

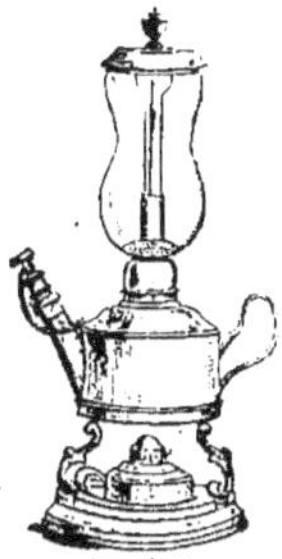

	fr.	c.
Cafetière en fer-blanc, 2 tasses.	7	»
— — 4 —	8	»
— — 6 —	9	»
— — 8 —	10	»
Cafetière en verre et fer-blanc, 2 tasses.	8	»
— — — 4 —	9	»
— — — 6 —	10	»
— — — 8 —	11	»

Fig. 2.

Cafetière l'*Excellente* (fig. 3).

FONCTIONNANT PAR LA PRESSION ATMOSPHÉRIQUE.

	fr.	c.
En fer-blanc, cloche en cristal, 1 tasse.	5	»
— — — 2 —	6	»
— — — 3 —	7	»
— — — 4 —	8	»
— — — 5 —	9	»
— — — 6 —	10	»

En cuivre, réchaud bronzé, cloche graduée :

	fr.	c.
2 tasses.	13	»
4 —	15	»
6 —	17	»

Fig. 3.

RÉCHAUD ÉCONOMIQUE, ÉOLIPYLES, FERBLANTERIE.

Réchaud économique à l'esprit de vin, avec lampe en verre, à fermeture perfectionnée.

Fig. 1.

	fr.	c.
Monture et pied en fonte (fig. 1)............	3	»
— — en porcelaine.............	3	»
— en cuivre et pied en porcelaine...........	4	»
— — — — avec filet or....	5	»
— — — — décoré......	6	»

Éolipyles. — Ferblanterie.

Fig. 2.   Fig. 3.   Fig. 4.

 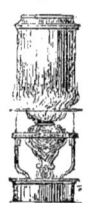 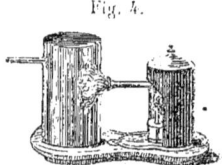

Éolipyle réchaud à forme Psyché.   *Éolipyle à jet vertical.*   *Éolipyle réchaud, flamme horizontale.*

	fr.	c.
Petit éolipyle en tôle, ou lampe à souder, sans manche...........	3	50
— en cuivre, — —	5	»
Grand éolipyle en tôle, — —	8	»
— — en cuivre, — —	10	»
Éolipyle forme psyché, avec un pied séparé (fig. 2)............	15	»
— à flamme verticale, dans un récipient en cuivre, avec manche (fig. 3)..	14	»
— grand, à flamme verticale, avec une boîte en cuivre, à manche et grand réchaud à colonne............	25	»
Réchaud simple à esprit-de-vin, avec boîte en cuivre, à manche, pour voyage..	8	»
— sur plateau, avec boîte en fer-blanc et manche (fig. 4)......	5	»
— — en cuivre, les 3 pièces.........	8	»
— en cuivre, pour nettoyer les pipes...........	7	»
— en tôle, — —	5	»
Boîtes à pâte de jujube, guimauve, etc., de toutes couleurs; filets en or, lettres en noir, ou en or garanti............	6	»
Boîtes à pâte de jujube, guimauve, etc., de toutes couleurs, avec griffes de lion..	7	»
— à thé. Suivant la grandeur et les ornements.		
Capsules peintes et vernies de toutes couleurs, assorties de grandeur, à double filet en or................ le cent.	35	»
Les mêmes, moirées............	40	»
Moules ou plaques à pâte de jujube............	1	25

CHOCOLATIÈRES, GLACIÈRES ARTIFICIELLES.

Chocolatières françaises.

APPAREIL TRÈS-INGÉNIEUX POUR LA PRÉPARATION DU CHOCOLAT.

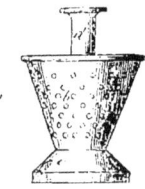
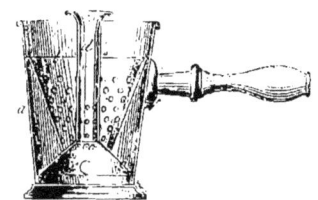

Réservoir à chocolat.	Vue intérieure.

EN FER-BLANC.	fr.	c.	EN CUIVRE.	fr.	c.
Pour 1 déjeuner petit modèle	2	50	Pour 1 déjeuner	4	50
— 1 — grand —	2	75	— 2 —	6	»
— 2 —	3	50	— 3 —	7	50
— 3 —	4	50	— 4 —	9	»
— 4 —	5	50	— 5 —	10	50
— 5 —	6	50			

EN CUIVRE BRONZÉ.	fr.	c.	RÉCHAUDS EN CUIVRE A CÔNE.	fr.	c.
Pour 1 déjeuner	5	50	Pour 1 déjeuner petit modèle	2	25
— 2 —	7	»	— 1 — grand —	2	50
— 3 —	9	»	— 2 —	3	»
			— 3 —	3	50

Appareils à fumigation sèche ou humide de Duval et Guerlepied.

	fr.	c.
Appareil complet pour bains de vapeur sèche ou humide, à prendre sur la chaise ou dans le lit.	70	»
— en y comprenant les bains sulfureux	115	»
— pour douches de vapeur humide ou sèche, assis sur une chaise	45	»
— pour bains hydro-sulfureux	85	»
— tuyaux en fer-blanc sans cerceaux, pour vapeur ou douche locale humide ou sèche	25	»
— (Lampe seule) pour fumigation sèche, assis sur une chaise	5	»
Tuyaux flexibles, 12 fr. — Cerceaux	3	»

(Chaque appareil est accompagné d'une notice indiquant la manière de s'en servir.)

Pour les autres appareils à fumigations de Charrière, voir page 312.

GLACIÈRES ARTIFICIELLES.

Glacières portatives de Fumet.

Cylindre pour glace brute :	fr.	c.	Sorbetière pour glaces et sorbets :	fr.	c.
Appareil n° 1, pour faire 1 kilo de glace brute	11	»	Appareil n° 1, produisant glaces et sorbets pour 12 personnes.	17	»
Appareil n° 2, pour faire 2 kilos.	16	»	Appareil n° 2, produisant glaces et sorbets pour 25 personnes.	22	»
(On emploie pour cet appareil l'un des mélanges frigorifiques cités plus loin.)					

GLACIÈRES ARTIFICIELLES.

Glacières parisiennes.

Fig. 1. *Glacière.*

Moule à glace.

Cylindres de glace.

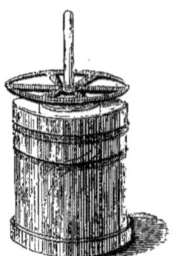
Fig. 2. *Sorbetière.*

	fr.	c.
Glacières parisiennes. N° 1, à 19 tubes, donnant 1,500 grammes de glace (fig. 1).	55	»
— — 2, à 12 — — 500 — —	38	»
— — 3, pour 4 personnes	18	»
Sorbetières. N° 1, donnant 20 glaces (fig. 2)	55	»
— 2, — 12 à 15 glaces	38	»
— 3, — 6 à 8 —	25	»
Sel frigorifique pour ces appareils (nitrate d'ammoniaque)...... le kilo.	3	»

(On peut employer avec cet appareil le mélange de glace et de sel marin, ou de salpêtre et de glace ; il est préférable de se servir du nitrate d'ammoniaque et d'eau pure, parce qu'en évaporant la dissolution on peut retirer le nitrate d'ammoniaque par la cristallisation et le faire servir à une opération nouvelle.)

Congélateur glacière des familles.
(Fig. 3.)

Fig. 3.

Ce congélateur peut fonctionner également avec les mélanges frigorifiques :
glace 2 parties, sel marin 1 partie ;
sulfate de soude 4 parties, acide sulfurique à 45° 3 parties ;
sulfate de soude 8 parties, acide chlorhydrique 5 parties ;
eau 1 partie, nitrate d'ammoniaque 1 partie ;
sel ammoniac 5 parties, nitrate de potasse 5 parties, sulfate de soude 8 parties, eau 16 parties.

	fr.	c.		fr.	c.
N° 0. Récipient simple.	50	»	N° 2. Récipient simple.	85	»
			— — pour 3 bout^{lles}.	95	»
(Cet appareil donne 1 kilogr. 1/2 de glace, ou bien des glaces pour cinq personnes et 1/2 kilogr. de glace.)			— — pour 10 bout^{lles}.	105	»
			(Cet appareil donne 5 kil. 1/2 de glace.)		
N° 1. Récipient simple.	72	»	N° 4. Récipient simple.	100	»
— — pour 3 bout^{lles}.	82	»	— — pour 4 bout^{lles}.	120	»
— — pour 10 bout^{lles}.	105	»	— — pour 10 bout^{lles}.	150	»
(Cet appareil donne 3 kil. 1/2 de glace.)			(Cet appareil donne 7 kil. de glace.)		

(Deux mesures graduées, l'une pour le *sulfate de soude*, l'autre pour l'*acide muriatique*, le *coupe-glace* et la *spatule* pour travailler les glaces, se vendent en dehors de l'appareil. Prix : 12 fr.)

La note relative aux appareils manufacturiers de Carré, pour fabriquer de la glace (invention récente), nous ayant été communiquée tardivement, nous avons dû en faire un chapitre spécial. Voy. la Table.

INSTRUMENTS DIVERS.
INSTRUMENTS EN BOIS ET EN MÉTAL.

Fig. 1. — *Sparadrapier.*

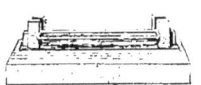

Fig. 2. *Sparadrapier à double entonnoir.*

Fig. 3. — *Fer à emplâtres.*

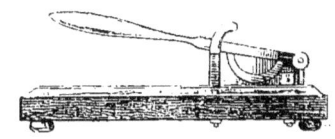

Fig. 4. — *Couteau à racines à lame oblique.*

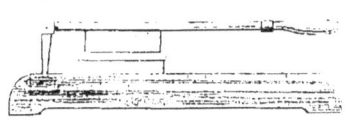

Fig. 5. — *Couteau à racines à lame droite.*

	fr.	c.		fr.	c.
Sparadrapier ordinaire (fig. 1) :			Emporte-pièce pour pastilles rondes.	2	»
de 40 centimètres.	16	»	— ovales de Vichy. .	2	50
de 33 —	13	»	— façonnées en cœur ou		
de 27 —	11	»	losange.	4	»
Sparadrapier à entonnoir (fig. 2) :			Emporte-pièce à ressort, avec ca-		
de 40 centimètres.	25	»	chet de Vichy.	8	»
de 33 —	20	»	Cachet pour pastilles de Vichy. . .	3	»
de 27 —	16	»	Coupe - pâte Guichard, à double		
Sparadrapier à double enton^r en fer.	34	»	guide, droit et oblique, pour		
— à bassin.	22	»	couper en carrés et losanges de		
Poupée volante pour sparadrapier.	7	»	toutes dimensions	42	»
Couteau à sparadrap	4	»	Ciseaux à pâte de jujube	28	»
Fer à emplâtres (fig. 3).	5	»	Sébile cerclée, avec son boulet,		
Coupe-racines semi-circul^{re} (fig. 4).	26	»	pour le sirop d'orgeat, suivant		
— à lame oblique. . . .	26	»	grandeur.		
— à lame droite ordin^{re}.	15	»	Piluliers ovales pour capsules de		
Cuiller à poudre	3	»	toutes dimensions, depuis 28 fr.		
— à émétique.	1	25	et au-dessus.		

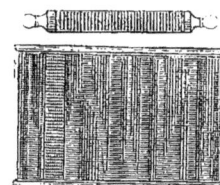

Fig. 6. — *Pilulier.*

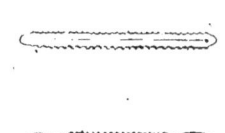

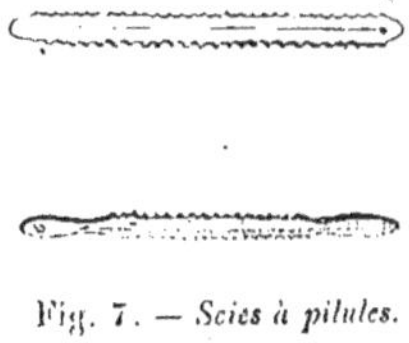

Fig. 7. — *Scies à pilules.*

(Fig. 6.)	fr.	c.		fr.	c.
Pilulier à 40 rainures fer ou cuivre.	24	»	Pilulier à 18 rainures fer ou cuivre.	12	»
— 36 — —	19	»	— à dents, 36 cannelures. . .	6	»
— 30 — —	17	»	— 24 — . . .	5	»
— 24 — —	15	»	— 18 — . . .	3	75
— 20 — —	13	»	Scies à pilules, en fer (fig. 7). 4 50 à	5	50

	fr.	c.		fr.	c.
Spatules en fer de 11 centimètres.	»	45	Spatules en fer de 43 centimètres.	3	»
— — 14 —	»	55	— — 46 —	3	25
— — 16 —	»	65	— — 50 —	3	50
— — 19 —	»	75	— — 52 —	3	65
— — 22 —	»	90	— — 55 —	4	»
— — 25 —	1	»	— — 57 à 65 centim.	5	»
— — 27 —	1	35	Spatule flexible en acier, à 7 cent.		
— — 30 —	1	50	le centimètre.		
— — 33 —	1	65	Moules à boules de gomme	1	25
— — 35 —	1	75	Pèse-sirop en argent.	15	»
— — 38 —	1	90	— en cuivre	8	»
— — 40 —	2	»	Hachette pour casser la gomme . .	2	25

Tabletterie. — Ouvrages de tour.

	fr.	c.		fr.	c.
Anneaux pour dentition en ivoire :			Colliers en ambre vrai :		
sans sifflet, grands. . la douz^e.	4	80	perles grosses. . . . la douz^e.	24	»
— moyens. . —	3	»	perles moyennes . . —	18	»
avec sifflet. . . . . —	12	»	perles petites. . . . —	12	»
Anneaux en os :			Colliers en ivoire :		
sans sifflet, grands. . —	2	40	perles longues. . . . — 9 et	12	»
— moyens. . —	1	80	— olivettes . . . —	13	»
avec sifflet, grands. . —	6	»	— rondes. . . . —	15	»
— moyens . —	4	80	Colliers en os :		
Boîtes à ficelle, à vis. . . la pièce.	2	25	perles longues. . . . —	3	60
— à fil, — —	1	75	— olivettes . . . —	6	»
Boîtes à argenter, en bois. —	1	25	— rondes. . . . —	6	»
— — en buis. —	2	»	— et olives. —	4	50
Boîtes à pommade :			Couteau à papier en buis. —	»	50
en buis (Paris) . . . la douz^e.	1	20	— — en os. . —	»	60
— — à vis. . —	2	»	Flacons dans un étui en buis :		
en palissandre, corail. —	1	40	— de 240 gram. . la pièce.	4	50
à cuvette, étain. . . —	3	»	— 125 —	3	»
en os. . . . . —	3	60	— 40 —	2	»
Boîtes en buis d'Allemagne :			(Les mêmes en bois d'érable, de 25 à 75 centimes de moins par pièce.)		
polies, grandes. . . la grosse.	9	»			
— petites . . . —	7	20	Flacons dans un étui en palissandre :		
— non pol., gr^d. —	7	20	— de 15 gram. . . la pièce.	1	20
— — petites —	5	50	— 8 — . . .	1	»
Canules en buis vernies. la douz^e.	1	»	— allongés de 6 gram. —	1	50
Cartes en corne, grandes. —	9	»	— 4 —	1	20
— moyen^{es}. —	6	»	Hochets ivoire à dent. . —	3	50
— petites. . —	4	80	— à anneaux —	4	»
Cigarettes :			— os à dent. . . . . . . —	1	25
en ivoire. . . . . . —	4	80	— — à anneaux. —	1	80
os, os et coco . . . —	1	20	Hochets, anneaux en os, boule en gomme vulcanisée avec sifflet et 4 grelots. . . . . la pièce.	1	50
os, qual. supérieure. —	1	50			
coco à feu . . . . . —	3	»			
os et coco, façon pipes —	2	40	Les mêmes, en gomme. —	1	40

USTENSILES ET INSTRUMENTS DIVERS.

	fr.	c.		fr.	c.
Pessaires en ivoire :			Spatules en os :		
à tige, moyens . . . la pièce.	5	50	longueur 27 centim. la douz^e.	13	»
sans tige, moyens . . —	3	50	— 24 — —	11	»
Pessaires en buis :			— 21 — —	9	»
à tige, moyens . . . —	1	75	— 19 — —	8	»
sans tige, moyens . . —	1	»	— 16 — —	5	50
Pilons en gaïac, suivant la grandeur.	»	»	— 13 — —	4	»
— — en buis d^o d^o	»	»	— 11 — —	3	»
Porte-pierres ébène, garnis argent.	1	25	Spatules en buis :		
Pots à pommade, dans un étui en			longueur 40 centim. la douz^e.	13	»
palissandre, à vis :			— 32 — —	11	»
de 4 grammes . . . la douz^e.	6	»	— 30 — —	8	»
8 — . . . —	7	20	— 27 — —	6	50
15 — . . . —	8	»	— 24 — —	4	80
30 — . . . —	9	»	— 21 — —	3	60
45 — . . . —	11	»	— 19 — —	3	»
60 — . . . —	15	»	— 16 — —	2	40
Rouleaux à pastilles en buis. la pièce.	5	50	— 13 — —	2	»
— — en bois. —	3	»	Assorties de 13 à 32 cent. —	5	»
Scies à pilules en os . . . —	2	50	Spatules en bois, pour laboratoire :		
Seringues os, à injections :			petites . . . . la pièce.	1	50
petites . . . . la douz^e.	6	50	moyennes . . . —	2	25
grandes . . . . . . —	15	»	grandes . . . —	3	»
Spatules os, à cuiller . . . la pièce.	1	»	Spéculum en buis, avec embout et		
— — à grains . . . —	»	75	manche	3	50
Petites spatules à grains p^r trousses.	»	60	Tasses en buis pour allaitement . .	1	50
— — à cuiller —	»	40	Tasses quassia amara, la pièce, 2 fr.		
			2 fr. 50 c. et	3	50

ARTICLES DIVERS.

Boîtes à thé en bois pour étalage, avec jolis dessins chinois.

	fr.	c.		fr.	c.
Boîtes à thé de 1 kil. . . la pièce.	1	25	Boîtes à thé de 6 kil. . . la pièce.	2	30
— 1 500. —	1	35	— 8 . . . —	2	60
— 2 . . . —	1	50	— 10 . . . —	3	»
— 3 . . . —	1	80	Boîtes à thé en carton (voy. Canistres)		
— 5 . . . —	2	10	— — fer-blanc (v. p. 342).		

Étoffes diverses. — Chausses. — Étamines.

	fr.	c.		fr.	c.
Chausses à sirop en feutre ou mol-			Étamines à looch . . . . . le mètre.	2	25
leton, suivant la grandeur.			Étoffe pour chausse à sirop. —	3	60
Chausse en feutre de 2 litres	1	75	Tabliers de pharmacien . . la pièce.	2	25
— — 4 — . . .	2	50	Gaze cirée, verte et jaune, n° 2. —	9	»
— — 6 — . . .	3	»	* — — n° 3. —	10	»
— — 8 — . . .	3	50	Percaline cirée, verte et noire . —	14	»
Chausse en molleton de 2 litres . .	2	25	— — verte ou rouge d'un		
— — 4 — . .	3	»	côté . la pièce.	12	»
— — 6 — . .	3	75	— noire vernie d'un côté. —	7	»
— — 8 — . .	4	50	Serre-tête en gaze jaune. la douz^e.	11	»

348   USTENSILES ET INSTRUMENTS DIVERS.

Mortiers en métal.

	fr.	c
Mortiers en cuivre tourné, suivant la grandeur.		
— en fer tourné, avec pilon, 8 c. de haut. (contenance de 250 gr. environ).	12	»
— — — 9 — — 375 —	15	»
— — — 11 — — 500 —	20	»
— — — 12 —	24	»
— — — 14 — . . .	30	»
— en fonte. . . . . le kilo.	»	50
Pilons aciérés. . . . . —	2	50

(Pour les autres mortiers, voyez Verrerie et Porcelaine.)

Tamis et Cribles.

	fr.	c
Tamis à tambour en soie forte, de 35 centimètres.	7	»
* — — en soie ordin., — —	6	»
— de rechange en soie ordin.	3	50
— . — en crin, —	6	»
— — en crin.	3	»
Tamis à tambour en soie forte, de 30 —	6	»
— — en soie ordin., —	5	»
— — en crin, —	5	»
— — en soie forte, de 20	3	75
— — en soie ordin., —	3	»
Tamis en soie forte simple, de 35 centimètres.	3	75
— — ordinaire, — —	3	»
* — en crin croisé, —	2	»
— — ordinaire, — —	1	75
— en laiton, de 45 centimètres, pour la graine de lin et la moutarde. . .	6	»
— — 35 — — — . . .	4	»
Poche à mortier.	7	»
Soie forte. le mètre.	7	»
Soie ordinaire. . . . . —	4	»
Cribles en cuivre, suivant le n° de grosseur de toile, de 35 à 45 centim., la pièce, 5 fr. à	8	»
— en fer, —	»	»
— en peau, de toutes grosseurs, de 50 à 55 centim.	3	50

Fig. 1. *Mâche-bouchon.*

Fig. 2. *Porte-coupe fil.*

	fr.	c
Mâche-bouchon (fig. 1).	3	50
Porte coupe-fil de Doré (fig. 2), bronzé.	6	»
Pompe de jardin à jet continu donnant 600 litres d'eau à l'heure, n° 1 (ardopompe)	13	»
La même, n° 2	10	50
Tuyaux en fil de 3 centimètres pour lesdites pompes. le mètre.	1	»

LETTRES POUR ENSEIGNES ET DEVANTURES.

Lettres et Chiffres en verre.

Ces Lettres, d'un brillant effet, sont très-solidement fixées sur le bois ou les vitres à l'aide de la colle Audouin.

Dimension des Lettres.	Tout or ou tout argent, simple biseau.	1. Dorées ou argentées, double biseau. 2. Dorées, simple biseau argenté. 3. Argentées, simple biseau doré.		1. Dorées, double biseau argenté. 2. Argentées, double biseau doré. 3. Or mat, simple biseau bruni. 4. De couleur, simple biseau argenté ou doré.		1. Or mat, double biseau bruni. 2. De couleur, double biseau argenté ou doré.	
	Égyptiennes.	Égyptiennes. 1, 2, 3.	Pans coupés. 1.	Égyptiennes. 1, 2, 3, 4.	Pans coupés. 1, 2.	Égyptiennes. 1, 2.	Pans coupés. 1, 2.
centimètres.	fr. c.	fr. c.	fr. c.	fr. c.	fr. c.	fr. c.	fr. c.
5	1 »	1 20	» »	1 30	» »	1 40	» »
6	1 10	1 30	1 60	1 45	1 90	1 55	2 »
7	1 20	1 40	1 90	1 55	2 »	1 65	2 25
8	1 30	1 60	2 05	1 70	2 25	1 80	2 50
9	1 60	1 80	» »	1 90	» »	2 10	» »
10	1 70	2 05	2 40	2 25	2 50	2 45	2 80
12	2 »	2 30	3 10	2 50	3 30	2 75	3 60

Lettres et Chiffres en glace, à reflet d'or ou d'argent.

	ÉGYPTIENNES. DIMENSION :		PANS COUPÉS. DIMENSION :	
	24—27	30—40	24—27	30—40
	fr. fr.	fr. fr.	fr. fr.	fr. fr.
Lettres tout or, simple biseau.	9 10	11 18	10 11	12 20
— or, simple biseau argenté.				
— argentées, simple biseau doré.	10 11	12 20	11 13	15 25
— tout or, double biseau.				
— or mat, simple biseau bruni.				

Colle Audouin, pour appliquer ces lettres. . . . . le kilo, 4 fr. 50 c.

Lettres en zinc pour enseignes.

	fr. c.		fr. c.
Lettres en zinc dorées de 6 centim.	» 50	Lettres en zinc dorées de 22 centim.	2 »
— — 8 —	» 75	— — 24 —	2 25
— — 11 —	1 »	— — 27 —	2 50
— — 14 —	1 20	— — 30 —	2 74
— — 16 —	1 50	— — 33 —	3 »
— — 19 —	1 75		

(Les lettres fantaisie ornées et dorées, 40 centimes les 27 millimètres.)

Lettres inaltérables et transparentes en mica.

Lettres fond transparent bleu ou rouge, biseau or. . . . . . . le centimètre, » fr. 5 c.
— — or, filet rouge ou bleu transparent. . . . . — » 6

ARTICLES DE BUREAUX.

Tableaux et Registres à l'usage des pharmaciens.

	fr.	c.
Livre-copie d'ordonnances, de 400 pages, de Philippe.	6	»
— — 300 —	4	50
— — 200 —	3	50
— — 100 —	2	50
Les mêmes, plus soignés.......... 6 fr., 8 fr. et	10	»
Registre pour copie d'ordonnances, de Brioude, de 300 pages.	5	»
— — — 400 —	8	»
Livre-registre pour la vente des poisons, par Chevallier et Thieullen	8	»
Tarif des pharmaciens de la Haute-Garonne.	2	»
— — du Haut-Rhin.	5	»
Tarif général de pharmacie, en blanc.	3	»
Livre de comptabilité des pharmaciens, 400 pages.	6	»
— — — 300 —	5	»
Enveloppes d'ordonnances............ le cent.	2	50
Memento du pharmacien, par J. M. Deleschamps :		
10 cartons dans une boîte, forme de livre.	5	»
— sur fort papier, relié en livre.	2	»
— — broché.	1	60
20 tableaux de rechange.	1	60
Tableau des premiers secours à donner aux empoisonnés, asphyxiés, noyés et brûlés, par G. E. Courtois.	6	»
Tableau synoptique des recettes et dépenses d'une pharmacie, pour cinq ans, de Brioude.	6	»
Tableaux synoptiques coloriés de M. Dumont de Cambrai :		
N° 1, contenant l'indication des secours à porter en cas d'accidents de toute espèce, en attendant l'arrivée du médecin.	5	»
N° 2, renfermant la toxicologie populaire et les moyens faciles d'administrer le contre-poison et les premiers soins aux personnes empoisonnées.	5	»
Ces deux tableaux ensemble.	8	»

(Ces tableaux sont appelés à rendre d'utiles services aux industriels, chefs d'atelier, d'usine ou de manufacture. Ils résument pour le pharmacien les prescriptions de la science.)

Cartes étamées rondes pour couvrir les pots.

	fr.	c.		fr.	c.
N°s 30, 71 millim. de diam., le mille.	7	»	N°s 70, 47 millim. de diam., le mille.	4	»
35, 67 — —	7	»	75, 44 — —	4	»
40, 64 — —	6	»	80, 39 — —	4	»
50, 61 — —	6	»	85, 37 — —	3	»
55, 55 — —	5	»	90, 33 — —	3	»
60, 53 — —	5	»	95, 31 — —	3	»
65, 50 — —	5	»	100, 21 — —	2	»

Cartes étamées carrées de dimensions diverses........ le kilo, 3 fr. 75 c.

Cachets.

	fr.	c.
Cachets à cire, gravés sur cuivre, suivant le travail...... de 2 fr. à	5	»
— à timbre humide, — — ...... de 5 à	30	»
— — sec, — — ...... de 25 à	50	»

ARTICLES DE BUREAUX.

Cire à cacheter (20 bâtons au paquet de 500 grammes).

	fr.	c.			fr.	c.
N°⁸ 8 . . . . le paquet.	1	25	N°ˢ 20 . . . . le paquet.		4	»
10 . . . . —	1	50	24 . . . . —		5	50
12 . . . . —	2	»	30 . . . . —		6	»
14 . . . . —	2	50	32 . . . . —		8	»
16 . . . . —	3	»	Superfine de France . . . —		8	»

Pains à cacheter.

	fr.	c.
Grands, moyens, petits, mignonnettes et mouches, communs . . . . . le kilo.	2	25
— — — — — ordinaires . . . . . —	3	»
— — — — — mi-fins . . . . . —	4	50
— — — — — fins . . . . . —	6	»
Grandes lentilles, fins . . . . —	6	»
Petites lentilles fines . . . . —	7	»
Notaires (toutes grandeurs), mi-fins . . . . —	6	»
— — fins . . . . —	7	»
Nonpareilles, fins . . . . —	12	»
Carréotypes (on ne les vend plus au kilo) . . . . la boîte.	»	50

Tampons à timbre humide.

	fr.	c.
Tampon-Plancher, n° 1, 10 centimètres sur 12, avec encre et rouleau	4	»
— 2, 12 — 14, —	6	»
— 3, 12 — 16, —	7	50
— 4, 14 — 18, —	9	»
— 5, 16 — 21, —	12	»
Encre à tampon chimique, de Plancher, noire . . . . le flacon.	»	60
— — — bleue	»	70
— — — rouge	»	85
— — pour marquer le linge, avec cachet, du même, le flacon.	1	50
Tampon à timbre humide, ordinaire, avec le flacon d'encre noire ou bleue . . .	2	50
— — plus grand	3	75
— — n° 5, d'un grand modèle	5	»
Télégraphe, de Duroy, nouveau tampon inaltérable, pour timbre humide, et à imprimer les étiquettes de pharmacie, suivant grandeurs . . . . . . de 6 à	17	»

Encre noire et de couleur.

	fr.	c.
Encre noire, en litre de grès . . . . le litre.	1	20
— — . . . . le 1/2.	»	60
— — . . . . le 1/4.	»	30
— — . . . . le 1/8.	»	20
— rouge surfine . . . . le flacon.	»	70
— — fine . . . . —	»	50
— de toutes couleurs . . . . —	»	20
— sympathique . . . . —	2	»
— à marquer le linge, en étui	1	25
Encre de Chine . . . . la douzaine, de 3 fr. à	30	»
— communicative pour la presse à copier . . . . la bouteille.	2	»
Colle à bouche parfumée transparente, 1ʳᵉ qualité . . . . le kilo.	4	»
— — 2ᵉ —	3	50

ARTICLES DE BUREAUX.

PRESSES A COPIER. — PRESSES A TIMBRE SEC.

Presses à copier à vis perfectionnées.

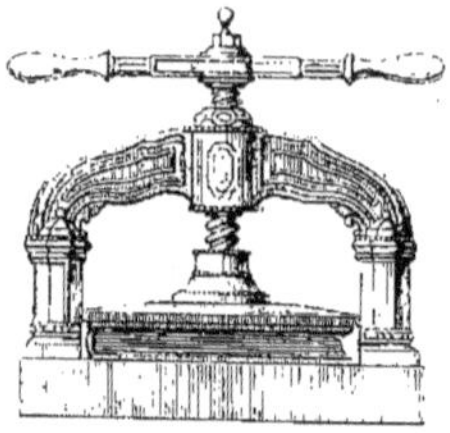

		fr.	c.
N° 0. Sommier en fonte uni, socle fonte		25	»
N° 1. — sculpté, —		30	»
N° 2. — orné, —		35	»
N° 3. Sommier en fer verni, socle fonte		55	»
N° 4. — poli, —		60	»

MODÈLES EN TRAVERS.

N° 1. Sommier en fonte uni, socle fonte		45	»
N° 2. — cannelé, —		50	»
N° 3. — sculpté, —		70	»
N° 4. Sommier en fer verni, socle fonte		100	»
N° 5. — poli, —		120	»

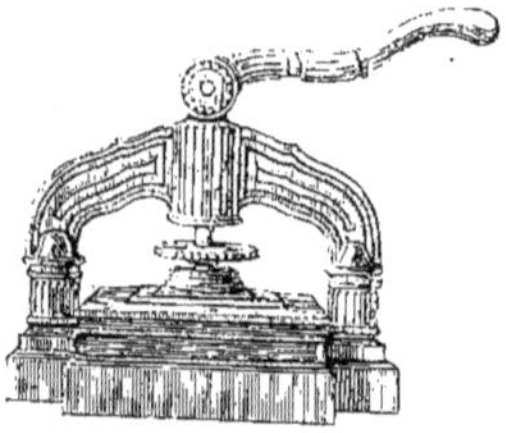

Fig. 1.

Presses à copier à levier excentrique.

N° 0. Sommier en fonte uni, socle fonte		30	»
N° 1. — sculpté, —		33	»

MODÈLES EN TRAVERS.

Sommier en fonte sculpté, socle fonte		40	»
— — orné, —		50	»

Fig. 2.

Presses à timbre sec.

Fig. 3. *Presse à timbre sec à levier.*  Fig. 4. *Presse à timbre sec sans moise.*

Presse à timbre sec à levier, avec timbre gravé en acier et la contre-partie en cuivre (fig. 3), n° 2, avec cachet gravé de 3 lignes. . . . . 25 »
D°   n° 3,   —   — de 4 — . . . . 30 »
Chaque ligne en sus augmentera la presse de 1 fr. 50 c.

Presse à timbre sec sans moise (fig. 4) :

N° 1, vernie à filets or, boules cuivre.	50	»	N° 6, vernie à filets or, boules cuivre.	155
2, — — —	60	»	7, — — —	220
3, — — —	75	»	8, — — —	280
4, — — —	90	»	9, — — —	350
5, — — —	115	»	10, — — —	400

COMPOSTEURS A LETTRES MOBILES.

Composteurs à lettres mobiles, pour Raisons de commerce, Cartes d'adresse, Cartes de visite, et Initiales.

	fr.
Modèle n° 1. La collection de 600 lettres sur acier en six genres de caractères, les abréviations, chiffres, espaces, trois noms de ville sur blocs d'acier, une ligne cintrée, trois interlignes ornées, trois unies, une jolie vignette pour cartes de visite, un composteur à six lignes et tous les accessoires nécessaires au déchiquetage du cuir, le tout contenu dans une boîte en acajou. Net. . .	250

(La presse à timbre sec (fig. 4) n° 7 ou 8 convient pour cet usage.)

Modèle n° 2. La collection de 400 lettres sur acier en quatre genres de caractères, les abréviations, chiffres, espaces, un nom de ville sur bloc d'acier, une ligne cintrée, deux interlignes gravées, deux unies, un composteur à quatre lignes et tous les accessoires nécessaires au déchiquetage du cuir, le tout contenu dans une boîte en acajou. Net	150

(La presse n° 5 ou 6 convient pour cet usage.)

Modèle n° 3. *Composteurs initiales.* — La collection pour timbrer aux initiales avec les lettres mobiles, composée de deux châssis gravés en acier à 2 et 3 lettres, 6 couronnes de titre, une de fantaisie, le porte-châssis. Net . . .	35
Modèle n° 4. La collection, composée de 50 lettres gothique, anglaise ou ornée, deux châssis gravés à deux et trois lettres, un châssis uni pour timbrer, sans ornements, 6 couronnes de titre, une de fantaisie, le porte-châssis et les outils nécessaires au déchiquetage du cuir, le tout contenu dans une boîte en acajou. Net.	55
Modèle n° 5. *Composteurs filagrammes.* — La collection en acier trempé, composée de 180 lettres et abréviations en deux genres de caractères, espaces, un nom de ville, une ligne cintrée, deux interlignes ornées, deux unies, le composteur et la contre-partie en acier trempé, le tout contenu dans une boîte en acajou. Net.	250

(La presse n° 6 ou 7 convient pour cet usage.)

Composteurs avec tampon pour imprimer soi-même des étiquettes, etc.

N° 1. Boîte et casier contenant 170 lettres et chiffres, tampon et boîte composteur pour faire toute espèce de compositions	35
N° 2. Boîte et casier contenant 100 lettres et chiffres, tampon et boîte composteur à une ligne, avec laquelle on peut composer les mois, jours, dates, années, etc.	22
N° 3. Boîte et casier contenant 12 mois, 20 chiffres, tampons et boîte composteur à une ligne.	20
N° 4. Boîte en acajou pour imprimer les étiquettes de pharmacie, casier contenant 200 lettres et chiffres, boîte composteur avec encadrement d'étiquettes et griffe	70

PRESSES DE LABORATOIRE.

	fr.	c.

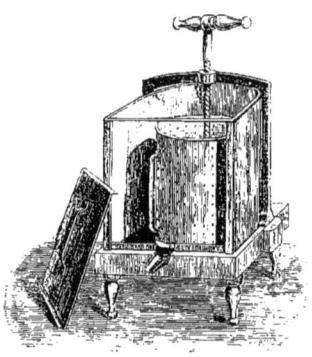

Presse de Rigal.

Cette presse est solide, très-commode pour exprimer les résidus de teinture, les sucs d'herbes et de fruits. Elle est suffisante pour le service d'un grand nombre d'officines.

	fr.	c.
Presse de laboratoire de Rigal	25	»

Fig. 1.

Presse à balancier. — Presses à percussion.

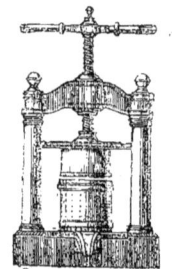 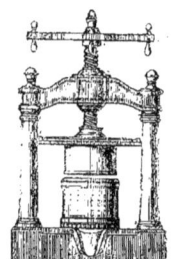

Fig. 2. *Presse à balancier.*   Fig. 3. *Presse à percussion.*

	fr.	c.
Presse de laboratoire à balancier, socle en chêne garni d'étain (fig. 2)	120	»
Presse de laboratoire à percussion, montée sur une base à 4 pieds (fig. 3)	225	»
Presse de laboratoire à percussion, de très-forte dimension	300	»

Seaux en fer, cerclés, percés et étamés.

						fr.	c.
N°s 1, 16 centim. 8 millim. de largeur, 19 centim. 6 millim. de hauteur						45	»
2, 19	— 6 —	— 22	— 4 —	—		55	»
3, 22	— 4 —	— 25	— 2 —	—		65	»
4, 25	— 2 —	— 28	— » —	—		80	»
5, 28	— » —	— 30	— 8 —	—		90	»

Billots-fouloirs garnis en étain.

	fr.	c.
N°s 1	15	»
2	17	»
3	18	»
4	23	»
5	25	»

PRESSES DE LABORATOIRE.

Presse à percussion de Poirier.

Fig. 4.

Presse de laboratoire à percussion de Poirier (fig. 4).

Cette presse, d'une plus grande puissance et pouvant être appliquée à l'expression des huiles et à toute espèce de travail industriel, est établie à volonté avec des montants en fonte ou en bois de chêne. Le prix est le même pour l'une et l'autre monture; il est calculé sur le diamètre de la vis, qui croît en raison des dimensions de la presse elle-même.

					fr.	c.
Nos 1, Vis de 40 millimètres, largeur entre les colonnes, 60 centimètres.					230	»
2, — 45 — — — 68 —					260	»
3, — 50 — — — 72 —					300	»
4, — 55 — — — 75 —					360	»
5, — 60 — — — 78 —					420	»
6, — 65 — — — 80 —					500	»
7, — 70 — — — 90 —					600	»
8, — 75 — — — 100 —					750	»
9, — 80 — — — 110 —					850	»

Plumeaux.

	fr.	c.		fr.	c.
Plumeaux, coq, 1re qualité, nº 1.	4	»	Plumeaux, vautour, 1re qualité, nº 1.	3	50
— — — 2.	4	50	— — — 2.	4	»
— — — 3.	5	»	— — — 3.	4	50
— — — 4.	6	»	— — — 4.	5	50

APPAREILS, OUTILS ET INSTRUMENTS
POUR LE SERVICE D'UN LABORATOIRE DE CHIMIE.

	fr.	c.
Allonge en cuivre pour la préparation du phosphore.	6	»

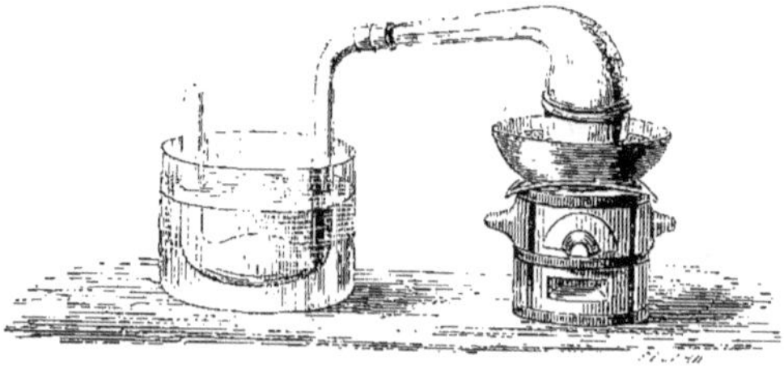

Fig. 1.

Appareil en plomb pour la préparation de l'acide fluorhydrique (fig. 1)	36	»

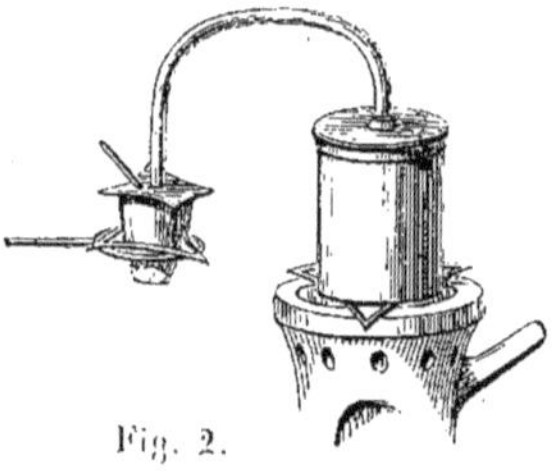

Fig. 2.

Appareil de Laurent pour l'analyse des silicates alcalins (fig. 2)	15	»
— — avec tube de platine.	30	»
— pour la préparation de l'acide phosphorique anhydre.	15	»

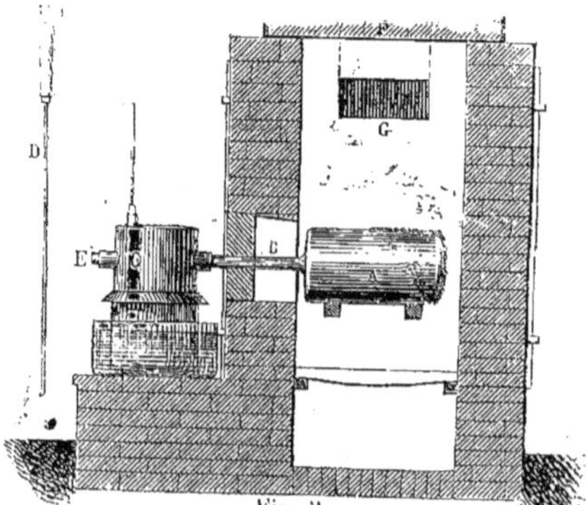

Fig. 3.

Appareil de Brunner pour l'extraction du potassium (fig. 3)	36	»

APPAREILS, OUTILS ET INSTRUMENTS POUR LABORATOIRE DE CHIMIE.   357

	fr.	c.
Appareil de M. Boussingault pour le dégagement de l'oxygène par l'oxydation de la baryte, avec aspirateur double de 10 litres.	75	"
— de Gay-Lussac pour le dégagement de l'hydrogène. . . . . 25 fr. à	35	"
— de Gay-Lussac et Thénard pour l'analyse des substances végétales. .	20	"

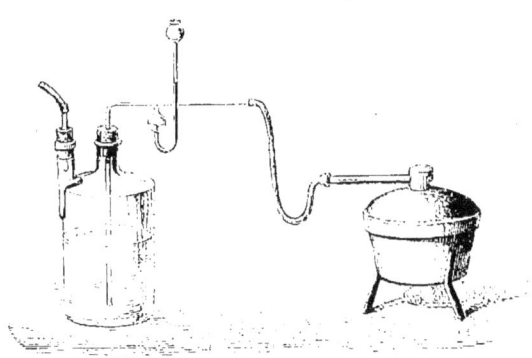

Fig. 4.

Appareil de J. Salleron pour le dégagement de l'oxygène (fig. 4).	15	"
— à déplacement simple.	6	"
— à déplacement à robinet.	10	"
— à déplacement de Guibourt.	20	"
— à déplacement ou digesteur de Gerhardt.	20	"

 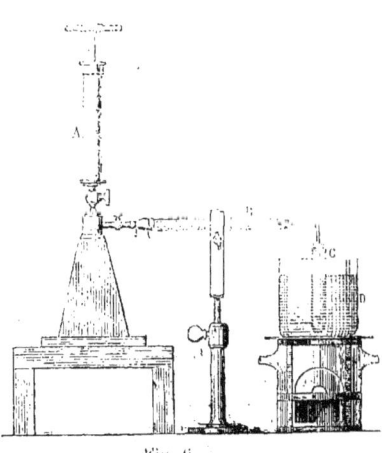

Fig. 5.   Fig. 6.

Appareil à déplacement de M. Berjot, servant aussi à filtrer les substances épaisses et visqueuses (fig. 5)	20	"
— de dessiccation par la chaleur et le vide (fig. 6).	40	"

358 APPAREILS, OUTILS ET INSTRUMENTS POUR LABORATOIRE DE CHIMIE.

	fr.	c.
Aspirateur simple de 5 litres de capacité (fig. 7)	12	»
— — 10 —	20	»
— — 25 —	30	»
— — 50 —	45	»

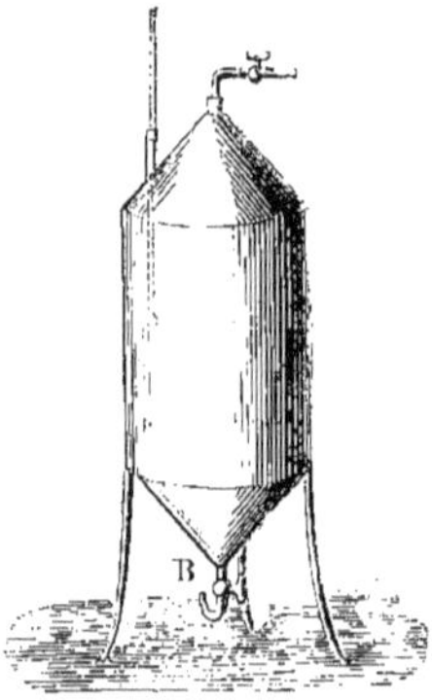

Fig. 7. 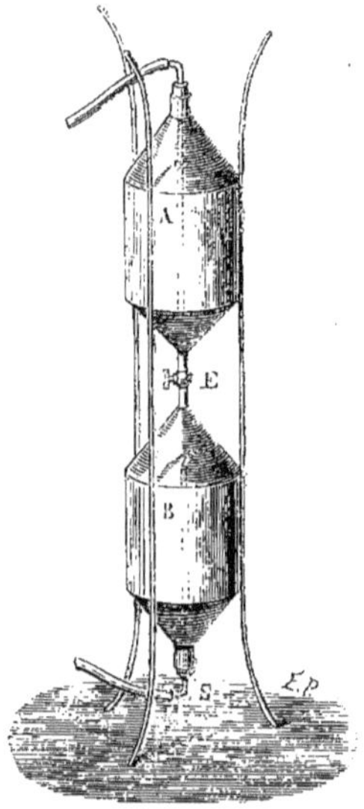　　　　Fig. 8.

	fr.	c.
Aspirateur double de 2 litres de capacité (fig. 8)	25	»
— — 5 —	35	»
— — 10 —	40	»
— — 25 —	50	»
— — 50 —	60	»

Ces aspirateurs fonctionnent d'une manière continue; un des compartiments s'emplit quand l'autre se vide, de sorte que l'eau n'a pas besoin d'être renouvelée.

	fr.	c.
Autoclave, de 4 litres	50	»
— de 6 litres	60	»
Bain-marie à manche en cuivre avec disques de différents diamètres, suivant la grandeur	16	»
— pouvant servir de bain d'huile	12	»
— en fer battu avec disques	3	50
Bains de sable en fonte, suivant le diamètre . . 75 c. à	3	»
— — en tôle . . . . 75 c. à	3	»
Balances d'analyses et de laboratoire (voy. p. 390 et 398).		
Ballon en cristal à robinet en cuivre, 1 litre	8	»
— — 2 litres	10	»
— — 4 litres	12	»
— — 6 litres	15	»
Ballons ou aérostats en baudruche (voy. Instruments de physique).		

APPAREILS, OUTILS ET INSTRUMENTS POUR LABORATOIRE DE CHIMIE. 359

Boîtes à réactifs.

Fig. 9.

	fr.	c.
Boîte étagère contenant 35 flacons à étiquettes vitrifiées garnis de leurs réactifs (fig. 9), en noyer. . . . . flacons de 62 gram.	65	»
— en acajou . . . . — —	70	»
— en palissandre . . . . — —	75	»
— en noyer. — 125 gram.	90	»
— en acajou . . . . — —	95	»
— en palissandre . . . . — —	100	»

Fig. 10.

Boîtes avec couvercle fermant à clef, contenant 35 flacons à étiquettes vitrifiées, avec tiroirs, verres à expériences, capsules, lampe à esprit-de-vin, tubes d'essai (fig. 10) :

	fr.	c.
Boîte en noyer. . . . . flacons de 62 gram.	90	»

360 APPAREILS, OUTILS ET INSTRUMENTS POUR LABORATOIRE DE CHIMIE.

		fr.	c.
Boîte avec couvercle en acajou............ flacons de 62 gram.		100	»
— — en palissandre........ — —		110	»
— — en noyer............ — 125 gram.		115	»
— — en acajou............ — —		125	»
— — en palissandre........ — —		140	»
Bouchons fins pour analyses............. le cent.		5	»
(Pour les autres espèces de bouchons, voy. p. 52.)			
Burettes graduées (voy. p. 369).			
Canon de fusil.................		6	»
— de pistolet fermé à vis...........		6	»
Caoutchouc en feuilles............ le kilog.		20	»
— vulcanisé en feuilles....... —		20	»
— en tubes de gros diamètres..... —		25	»
— — moyens....... —		30	»
— — petits......... —		60	»
Capsules en argent, selon le poids (façon en plus)..... le gram.		»	30
— en platine — —		1	20
— en alliage de platine et de rhodium....... —		1	15
— en porcelaine (voy. p. 444).			
— en tôle contre-oxydée (voy. p. 339).			
Carrés en bois pour porter les toiles à filtrer, suivant la grandeur. . 1 fr. à		2	»
Chalumeau en fer-blanc verni............		1	50
Chalumeau de Berzélius, en cuivre, à bout en cuivre rouge.......		6	»

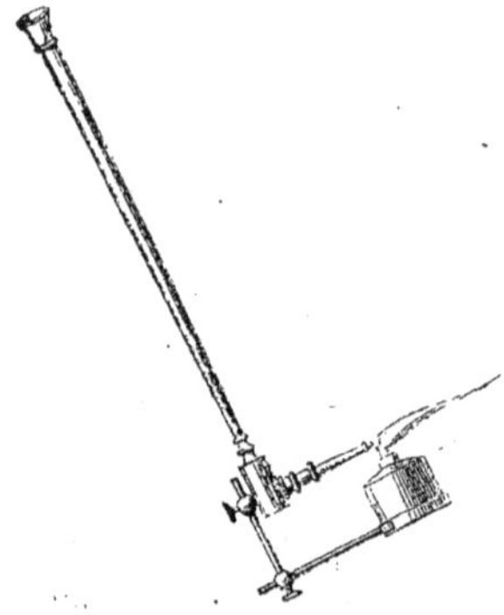

Fig. 11.

Chalumeau de Berzélius à bout en platine..........		8	»
— à bout en platine, avec lampe à alcool (fig. 11)...		12	»
— de Luca, à jet continu, avec vessie de caoutchouc......		18	»
— de Barruel, avec vessie et boîte........		35	»
— — à 2 vessies......		40	»
Chalumeau de M. Deville, à gaz oxy-hydrogène........		22	»
— disposé pour produire la lumière de Drummond.....		60	»
Bout en platine pour chalumeau...........		2	50

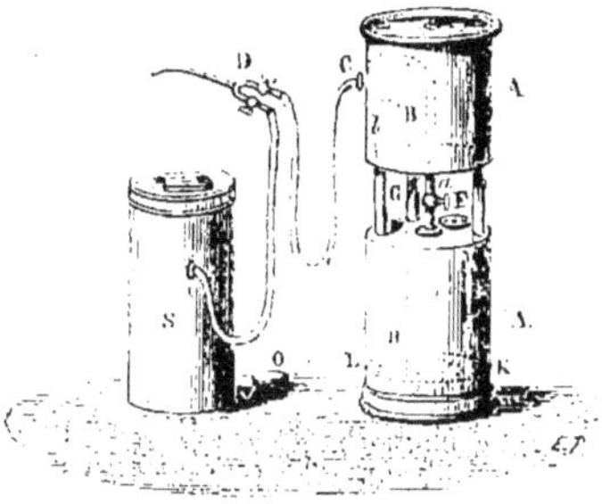

APPAREILS, OUTILS ET INSTRUMENTS POUR LABORATOIRE DE CHIMIE.

Fig. 12.    Fig. 13.

	fr.	c.
Chalumeau de M. Desbassayns de Richemont, pour souder le plomb des chambres à acide sulfurique, avec gazomètre, soufflet, tuyaux, etc. (fig. 12).	275	»
Charbon pour couper le verre.	»	50
Cloches à robinet, divisées en fractions de litre, ou non divisées :		
— de 1 litre. . . . . 8 fr. à	12	»
— de 2 litres. . . . . 10 fr. à	15	»
— de 4 —. . . . . 12 fr. à	18	»
— de 6 —. . . . . 15 fr. à	25	»
Cloches à gaz courbes. . . . . 50 c. à	»	75
— — à bouton en cristal. . . . . le kilog.	3	»
Cône en tôle pour allumer les fourneaux. . . . . 2 fr. 50 c. à	3	50
Cornue en fer à tubulure et bouchon rodé, de 1/4 de litre.	20	»
— — — — 1/2 litre.	25	»
— — — — 1 —.	30	»
— — — s'ouvrant en 2 parties.	70	»
— — en cuivre rouge s'ouvrant en 2 parties.	35	»
— — de J. Salleron, à fermeture hermétique, de 2 litres (fig. 13).	12	»
Cornues en grès (voy. p. 453).		
— — en verre (voy. p. 430).		
Coupelles en poudre d'os pour les essais par la coupellation, suivant la dimension, du n° 1 au n° 9, le cent, de. . . . . 5 fr. à	50	»
— de Le Baillif pour le chalumeau, en argile. . . . . le cent.	1	50
Couteau en ivoire.	1	50
— — en corne.	1	25
— — fin à bouchons.	4	»
— — pour couper les tubes de verre.	3	»
Creusets en argent (façon en plus). . . . . le gram.	»	30
— — en platine (façon en plus). . . . . —	1	20
— — en alliage de platine, de rhodium et d'iridium (façon en plus) —	1	15
— — en fonte de fer, suivant la dimension. . . . . 3 fr. à	10	»
— — en fer forgé et tourné, — . . . . 20 — à	50	»
— — en plombagine, —	»	»
— — en porcelaine (voy. p. 444).		
— — en terre de Paris (voy. p. 452).		
— — de Hesse (voy. p. 452).		
Cuillier en fer à projection. . . . . 1 fr. à	1	50
— — en tôle, emmanchée, pour combustion.	1	50

362 APPAREILS, OUTILS ET INSTRUMENTS POUR LABORATOIRE DE CHIMIE.

	fr.	c.
Cuiller en verre.	1	»
Cuivre recuit pour tubes à analyses. . . . . le kilo.	6	»
Cuve à eau en zinc verni, avec tablette et robinet, de 25 litres	18	»
— — — — de 50 —	22	»
— — — — de 100 —	35	»
Cuve à eau en chêne, doublée en plomb, avec tablette et robinet, de 50 litres.	55	»
— — — — de 200 —	80	»
— à mercure, en porcelaine, de 60 centilitres.	8	»
— — — de 1 litre	18	»
— — — de 2 litres.	25	»
— — en pierre de liais, avec ou sans cuvette et couvercle à cadenas.		
— — de 1 litre . . . . 20 à	35	»
— — de 2 litres. . . . . 30 à	45	»
— — de 3 — . . . . 40 à	55	»
— — de 4 — . . . . 50 à	65	»
— — de 5 — . . . . 60 à	75	»
— — de 6 — . . . . 75 à	90	»
— — de 7 — . . . . 90 à	110	»
— — de 8 — . . . . 100 à	125	»
— — en fonte de fer, de M. Doyère.	25	»

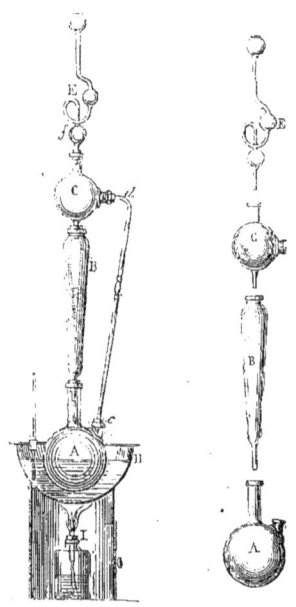

Fig. 14.

Digesteur de MM. Corriol et Berthemot, pour les liquides et les sucs volatils. .	30	»
— de M. Payen (fig. 14).	15	»

APPAREILS, OUTILS ET INSTRUMENTS POUR LABORATOIRE DE CHIMIE.

	fr.	c.
Disques en tôle pour fourneaux. . . . . 75 c. à	2	»
Entonnoirs en verre (voy. p. 428).		
— en cuivre	10	»
— en grès (voy. p. 455).		
Éprouvettes en verre à pied et sans pied, non graduées. . . . . le kilo.	2	»
— — — graduées (voy. p. 370).		
Étuve de Darcet, à quinquet.	70	»
— — de Gay-Lussac, perfectionnée, pouvant servir à l'huile et à l'eau bouillante.	65	»
— — du docteur Coulier, à courant d'air chaud, à l'aide d'une lampe à double courant, et permettant d'obtenir une dessiccation à toutes les températures comprises entre 50° et 200°.	30	»

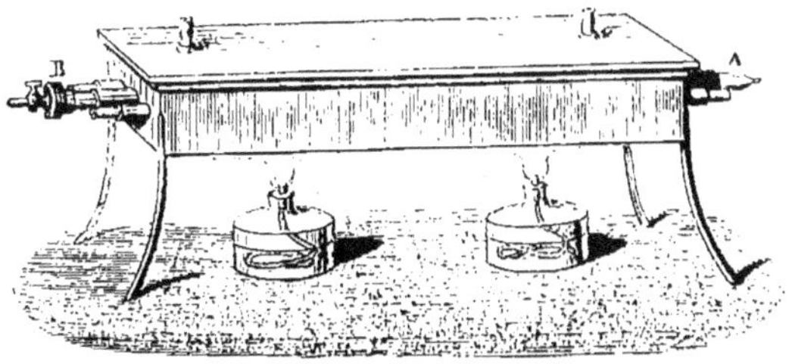

Fig. 15.

	fr.	c.
Étuve de M. Hervé-Mangon, pour la dessiccation des résidus par la chaleur et le vide (fig. 15).	30	»
Eudiomètres (voy. p. 382).		
Fers dits à moustache pour le charbon, suivant la dimension : le pouce (27 millimètres).	»	25
Fils d'argent vierge. . . . . le gram.	»	35
— de platine . . . . —	1	20
Fil de fer de Clavecin. . . . . la bobine.	»	50
Flacon en argent pour l'acide fluorhydrique (façon en plus). . . . . le gram.	»	30
— en plomb — suiv. dimension, de 3 à	10	»
— en gutta-percha. . . . . — 3 à	6	»
Forge portative de Deyeux, avec grille en terre	20	»
— — — en fer à trous concentriques	45	»
— — avec soufflet monté	75	»
— — soufflet cylindrique à simple vent.	125	»
— — à double vent	180	»
Terre-feu avec couvercle, pour fondre les métaux avec les forges ci-dessus. .	10	»
Forge pouvant s'adapter à la lampe de M. Sainte-Claire Deville et servir de table d'émailleur, avec chalumeau et lampe.	225	»
Fourneaux à réverbère (voy. p. 450).		
Fourneaux à bassine (voy. p. 450).		
Fourneaux à manche (voy. p. 450).		
Fourneaux à coupelles (voy. p. 451).		

Fourneaux à gaz.

L'usage des fourneaux à gaz, dans les travaux chimiques, économise un temps considérable. Pour les mettre en service, il suffit de relier le tube d'alimentation, par un tuyau en caoutchouc, avec une prise de gaz quelconque.

Fig. 16.

	fr.	c.
Fourneau ou grille à tubes pour les analyses organiques, portant 24 becs (fig. 16).	165	»

Fig. 17.

Fig. 18.

	fr.	c.
Fourneau pour bassines, capsules, bains de sable, etc., muni de 4 becs (fig. 17).	18	»
— — — — — de 9 —	24	»
— — — — — de 12 —	30	»
— à 12 becs, pour les pharmaciens, remplaçant la lampe Berzélius.	16	»
Bec de Bunsen remplaçant la lampe à alcool (fig. 18).	8	»
Trépied pour bec ci-dessus (fig. 18).	2	»

APPAREILS, OUTILS ET INSTRUMENTS POUR LABORATOIRE DE CHIMIE.

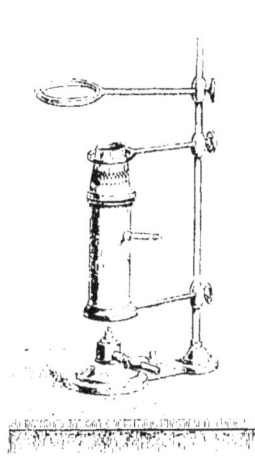
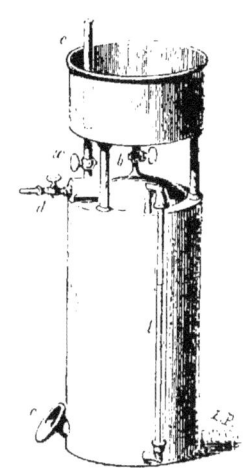

Fig. 19.   Fig. 20.

	fr.	c.
Appareil complet de chauffage au gaz, dit de laboratoire, pour les creusets, capsules, ballons (fig. 19)...	60	»
Gazomètre de Mitcherlisch, à cuvette supérieure, robinet à raccord, tube de niveau :		
de 25 litres, en zinc verni (fig. 20), 75 fr. ; en cuivre.........	100	»
de 50 — — 130 — —.........	170	»
de 100 — — 150 — —.........	200	»
Gazomètre à cloche, à double paroi, en zinc verni, avec potence et contre-poids :		
de 25 litres...	40	»
de 50 —	80	»
de 100 —	100	»
Grille carrée en fil de fer....................................... 1 fr. 75 c. à	2	»
— à tubes, pour analyses, avec écrans, de 40 centimètres...........	7	»
— — — — — de 60 —...........	8	»
— — — — — de 80 —...........	9	»
— circulaire pour distiller l'acide sulfurique.......................	8	»
— — — — avec recouvrement en tôle.......	10	»
— à phosphures.. 4 fr. à	5	»
Lames métalliques pour réactifs............................. la pièce.	»	20
Lampe à alcool en cristal...	2	50
— en cuivre avec bouchon à vis.............................	5	»
— Berzélius à double courant, montée sur tablette en bois...........	25	»
— — — — montée sur tablette en porcelaine.....	35	»
— — — — sans tablette à manche (forme réchaud)...	25	»
— à niveau constant..	20	»
— — — avec cheminée et chalumeau...................	24	»
— de M. Ste-Claire Deville, à essence de térébenthine et à niveau constant.	35	»
Soufflet pour ladite, avec table....................................	40	»

366   APPAREILS, OUTILS ET INSTRUMENTS POUR LABORATOIRE DE CHIMIE.

	fr.	c.
Lampe à huile, ou laboratoire portatif de Guyton-Morveau, avec les différentes pièces en cuivre pour porter les matras, cornues, etc., deux bains de sable en fer, deux supports en bois.	80	»
La même, petit modèle.	50	»
Lampes éolipyles (voy. p. 342).		

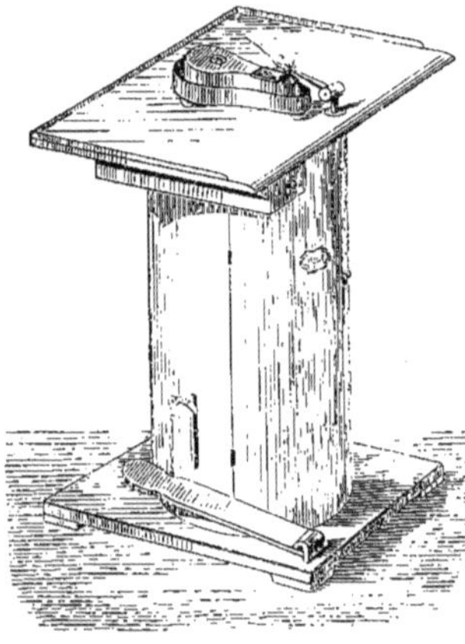

Fig. 21.

		fr.	c.
Lampe d'émailleur, en cuivre.		15	»
— — en fer-blanc.		6	»
— — avec table et soufflet carré ordinaire.		45	»
— — à soufflet cylindrique (fig. 21).		70	»
— — à chalumeau vertical, d'après Péclet.		70	»
Lime triangulaire, ronde ou demi-ronde.		»	75
Lingotière en fonte pour les essais métalliques.		3	»
— en fer ou en cuivre, à 24 rainures (fig. 22).		98	»
— — — à 12 —		45	»
— — — à 6 —		22	»
— — — à 4 —		20	»
— en argent, pour l'azotate d'argent blanc (au poids).			
Main à cases pour recevoir les coupelles.		10	»
Manche pour cuiller de platine.		2	»

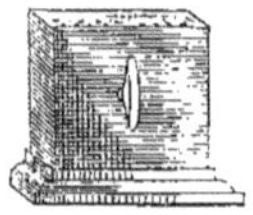

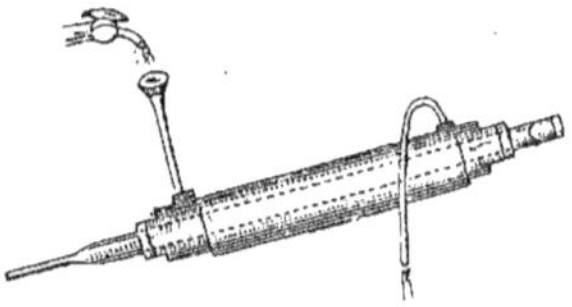

Fig. 22.

Fig. 23.

	fr.	c.
Manchon réfrigérant, en zinc, de 55 centimètres (fig. 23).	8	»
— — de 70 —	9	»
Mandrin en bois pour brasquer les creusets.	»	50

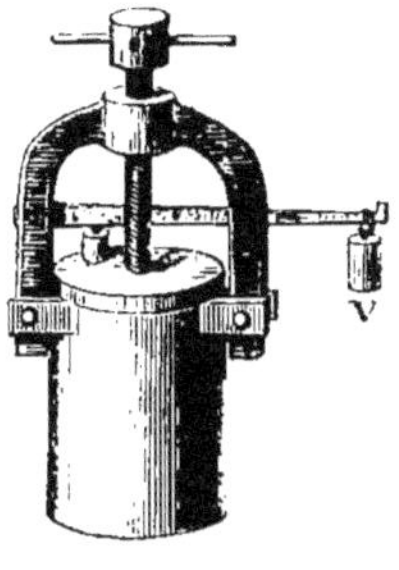

APPAREILS, OUTILS ET INSTRUMENTS POUR LABORATOIRE DE CHIMIE. 367

Fig. 24.

	fr.	c.
Marmite de Papin, de 1/2 litre, avec soupape de sûreté. (fig. 24).	120	»
— — de 1 litre.	140	»
Masque en toile métallique.	2	»
— — avec lunettes en verre.	10	»
Matras de diverses grandeurs (voy. p. 428).		
Mesures graduées (voy. Verres gradués, p. 371).		
Mortiers en fonte, en fer, en cuivre (voy. p. 348).		
— en porcelaine, en verre, en agate (voy. p. 411, 443 et 456).		
Papier à filtrer pour analyses. . . . . la main.	2	»
— à réactifs. . . . . la feuille.	»	20
— — . . . . la boîte de papiers assortis.	1	25
Papier ozonométrique de Schœnbein. . . . . . . le cahier de 60 bandes.	»	50
— — de Jame, de Sedan. . . . . — —	»	50
— — d'Houzeau. . . . . . . — —	»	50
Obturateurs en verre poli ou dépoli. . . . . de 20 c. à		60
Pelle à braise en tôle, petite.	1	50
— — — grande	2	»
Perce-bouchons en cuivre, série de 6 grosseurs.	5	»
— — série de 9 —	6	»
— — série de 12 —	7	50
Percerettes pour les bouchons.	»	50
Pierre de touche, suivant le choix. . . . . de 4 fr. à	30	»
Pinces à charbon, droites, suivant la dimension, le pouce (27 millimètres).	»	25
— — à bouts recourbés — — —	»	30
— à creusets, droites — — —	»	30
— — à bras recourbés — — —	»	35
— à coupelles.	8	»
— à cuiller pour cloches courbes.	5	»
— en acier à bouts de platine.	7	»
Pipettes (voy. Pièces soufflées, p. 372).		
Pissette pour le lavage des précipités.	1	25
Pompe de Gay-Lussac pour les analyses organiques, à deux robinets.	25	»
— — — — dont les robinets sont remplacés par des soupapes aspirante et foulante.	35	»
Poids (voy. p. 396 et 399).		

368   APPAREILS, OUTILS ET INSTRUMENTS POUR LABORATOIRE DE CHIMIE.

	fr.	c.
Porte-tubes à essais, en bois, garni de 8 tubes fermés d'un bout.	3	»
— — — — de 12 — —	4	»
— — — — de 16 — —	4	50
— — — — de 24 — —	8	»
Râpes plates, rondes, demi-rondes, emmanchées. . . . . 60 c. à	1	25
— à deux fins.	1	50
Ressort de montre.	»	75
— de pendule.	1	50
Ringard en fer.	1	50
Robinet à vessie, en cuivre.	5	»
— — avec chalumeau.	7	50
— en cuivre, pour analyses. . . . . 2 fr. 50 c. à	3	»
— en étain, pour flacons.	1	25
Spatules en verre, p. 432; — en fer, p. 348; — en os, p. 347.		
Support en bois, à entonnoir, simple.	1	25
— — — double. . . . . 2 fr. 50 c. à	3	50
— — à pince droite.	3	»
— — à potence.	3	»
— — à charnière.	3	50
— — à chandelier pour élever les appareils.	2	50
— — à crochet.	2	50
— — à coulisse.	5	»
— — à fourche.	2	50
— — à tige en fer avec 3 anneaux en cuivre	9	»
— — — 2 —	8	»
— en fer, à pince droite.	30	»
— en cuivre, à pince droite.	15	»
— en fer-blanc, pour chauffer les tubes.	1	25
— en fil de fer, pour lampe à alcool. . . . . 1 fr. 25 c. à	1	50
— en cuivre, à bague. . . . . 1 fr. 50 c. à	2	»
Tamis en crin ou en toile métallique, etc. (voy. p. 348).		
Touchau pour l'argent, à 10 branches, de 20 en 20 millièmes.	25	»
— — à 5 — de 40 en 40 —	15	»
Touchau pour l'or, à 10 branches, de 20 en 20 millièmes	65	»
— — à 5 — de 40 en 40 —	35	»
Triangles pour fourneaux. . . . . de 50 c. à	1	»
Tubes en fer, selon la dimension. . . . . de 1 fr. à	5	»
— — fermés à vis.	5	»
Tubes en fer, avec manchon à vis.	8	»
— en plomb . . . . le kilo.	»	80
— en caoutchouc vulcanisé (voy. p. 272).		
Valets en bois . . . . 60 c. à	»	75
— en paille. . . . . 35 c. à	»	60
— en jonc. . . . . 15 c. à	»	25
Verre de montre.	»	10
Vessies préparées. . . . . 1 fr. 50 c. à	2	»
— avec robinet.	6	50
— en caoutchouc. . . . . 4 fr. à	6	»

APPAREILS, OUTILS ET INSTRUMENTS POUR LABORATOIRE DE CHIMIE. 369

Polymétrie.

INSTRUMENTS EN VERRE JAUGÉS ET GRADUÉS.

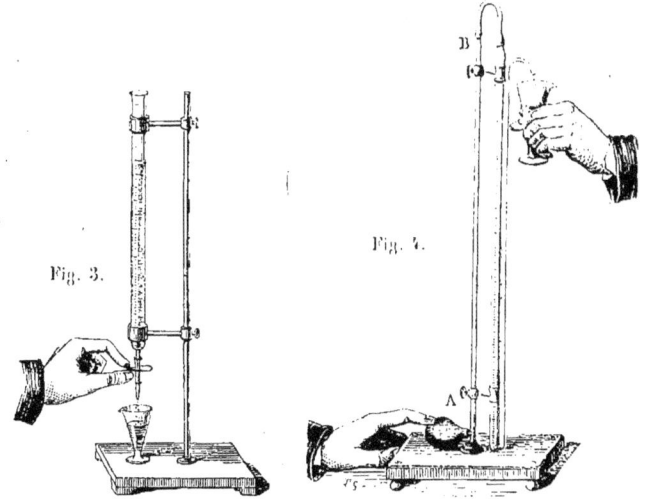

Fig. 1.   Fig. 2.

	fr.	c.
Burette de Gay-Lussac, de 100 cent. cubes, divisée par cent. cubes (fig. 1).	7	»
— — de 50 centimètres cubes, divisée par 1/2 cent. cubes.	6	»
— — de 25 cent. cubes, divisée par 10⁰ˢ de cent. cube.	7	»
Burette anglaise de 100 cent. cubes, divisée par cent. cubes (fig. 2).	7	»
— — de 50 cent. cubes, divisée par 1/2 cent. cubes.	6	»
— — de 25 cent. cubes, divisée par 10⁰ˢ de cent. cube.	7	»
Burette de M. Mohr, de 100 cent. cubes, divisée par cent. cubes (fig. 3).	7	»
— — de 50 cent. cubes, divisée par 1/2 cent. cubes.	6	»
— — de 25 cent. cubes, divisée par 10⁰ˢ de cent. cube.	7	»
Support pour burette de Mohr (fig. 3).	8	»
Pince à ressort pour burette de Mohr (fig. 3).	1	25
Burette de M. Mangon, de 100 cent. cubes, divisée par cent. cubes, avec support (fig. 4).	15	»
— — de 50 cent. cubes, divisée par 1/2 cent. cubes.	14	»
— — de 25 cent. cubes, divisée par 10⁰ˢ de cent. cube.	15	»

24

370 APPAREILS, OUTILS ET INSTRUMENTS POUR LABORATOIRE DE CHIMIE.

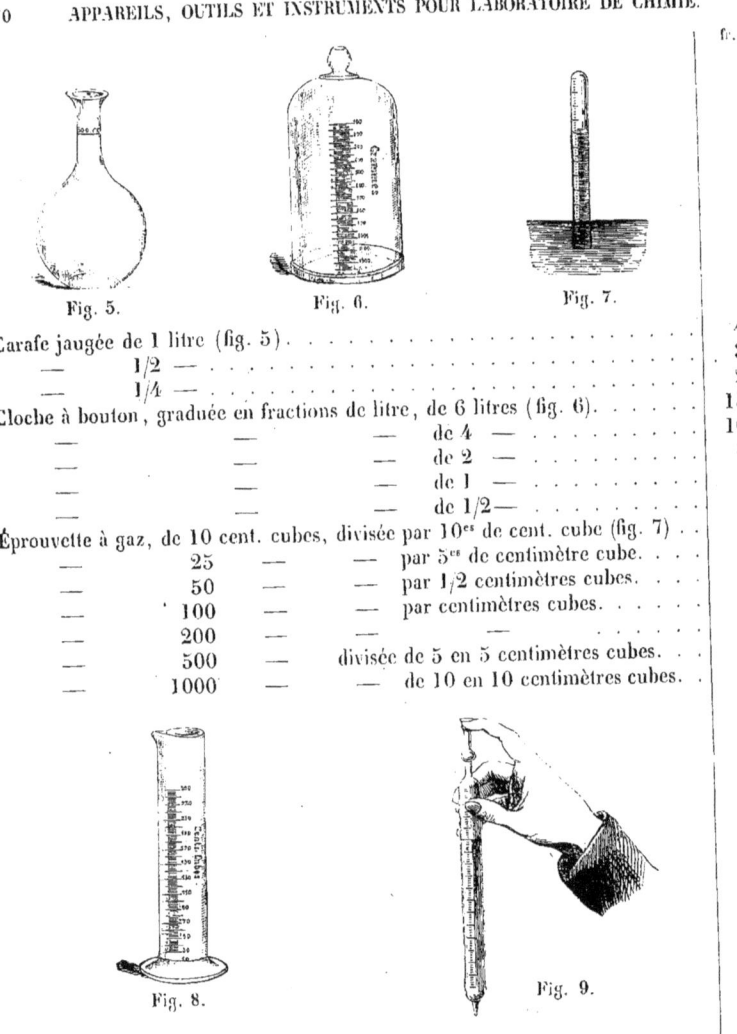

Fig. 5. Fig. 6. Fig. 7.

	fr.	c.
Carafe jaugée de 1 litre (fig. 5)	4	»
— 1/2 —	3	»
— 1/4 —	2	50
Cloche à bouton, graduée en fractions de litre, de 6 litres (fig. 6)	15	»
— — — de 4 —	10	»
— — — de 2 —	8	»
— — — de 1 —	6	»
— — — de 1/2 —	5	»
Éprouvette à gaz, de 10 cent. cubes, divisée par 10es de cent. cube (fig. 7)	3	»
— 25 — — par 5es de centimètre cube	3	»
— 50 — — par 1/2 centimètres cubes	3	»
— 100 — — par centimètres cubes	3	50
— 200 — —	5	»
— 500 — divisée de 5 en 5 centimètres cubes	5	50
— 1000 — — de 10 en 10 centimètres cubes	7	»

Fig. 8. Fig. 9.

	fr.	c.
Éprouvette à pied en cristal, de 30 cent. cub., graduée en cent. cub. (fig. 8)	2	50
— — 50 — —	3	»
— — 100 — —	4	»
— — 150 — —	4	50
— — 200 — graduée de 2 en 2 cent. cubes	4	50
— — 250 — —	5	»
— — 500 — — de 5 en 5 cent. cubes	6	»
— — 1000 — — de 10 en 10 cent. cubes	8	»
Pipette de 2 centimètres cubes, graduée par 10es de centimètre cube (fig. 9)	2	50

APPAREILS, OUTILS ET INSTRUMENTS POUR LABORATOIRE DE CHIMIE.

	fr.	c.
Pipette de 5 centimètres cubes, graduée par 1/5 de centimètre cube (fig. 9).	3	»
— 10 — — par 1/2 centimètres cubes.	3	»
— 25 — — par centimètres cubes.	3	»
— 50 — — —	3	50
— 100 — — —	5	»

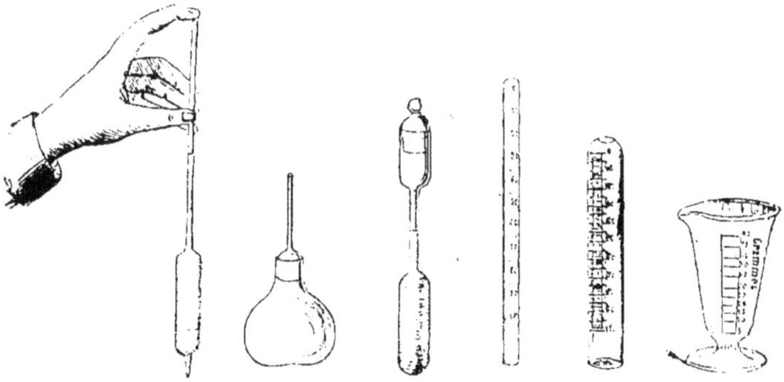

Fig. 10.   Fig. 11.   Fig. 12.   Fig. 13.   Fig. 14.   Fig. 15.

	fr.	c.
Pipette jaugée de 1 centimètre cube (fig. 10).	1	25
— — 2 —	1	25
— — 5 —	1	50
— — 10 —	2	»
— — 20 —	2	25
— — 50 —	2	50
— — 100 —	3	»
Flacon à densité, de M. Regnault, pour les corps solides (fig. 11).	5	»
— — pour les liquides (fig. 12).	3	»
Support pour maintenir les flacons sur la balance.	3	»
Tube gradué en fractions de cent. cubes, de 10 c. cubes en 100 parties (fig. 13).	2	50
— — — 20 — 100 —	2	75
— — — 25 — 100 —	3	»
— — — 50 — 200 —	4	»
— — — 100 — 100 — (fig. 14)	3	50
— — — 100 — 200 —	5	»
Verre à pied en cristal, gradué de 15 grammes à 1000 grammes (fig. 15).	6	»
— — — 15 — 750 —	5	»
— — — 15 — 500 —	4	»
— — — 15 — 250 —	3	»
— — — 4 — 190 —	3	»
— — — 4 — 155 —	2	75
— — — 4 — 125 —	2	50
— — — 4 — 95 —	2	25
— — — 4 — 62 —	2	»
— — — 4 — 31 —	1	50
— — — 1 — 24 —	1	50
— — — 1 — 16 —	1	25

372   APPAREILS, OUTILS ET INSTRUMENTS POUR LABORATOIRE DE CHIMIE.

Tubes de sûreté et pièces en verre soufflé.

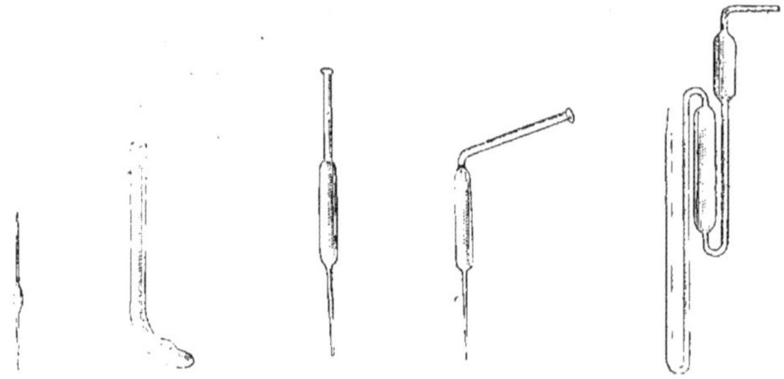

Fig. 1.   Fig. 2.   Fig. 3.   Fig. 4.   Fig. 5.

	fr.	c.
Ampoule (fig. 1) . . . . la pièce.	»	10
Agitateur ou baguette. . . . . —	»	10
— — à bouton . . . . —	»	15
Ballon de Dumas, à pointe effilée pour densité de vapeurs . . . . . —	»	40
Cloche courbe (fig. 2) . . . . la pièce, 30 c. à	»	50
Compte-gouttes . . . . —	»	50
Entonnoir soufflé . . . . la pièce.	»	15
Pipette ordinaire à boule . . . . —	»	30
— à cylindre, droite (fig. 3) . . . . la pièce, 40 c. à	»	50
— — recourbée (fig. 4) . . . . — 50 c. à	»	70
— à gaz (fig. 5)	1	50
— de M. Doyère, montée sur bois	8	»

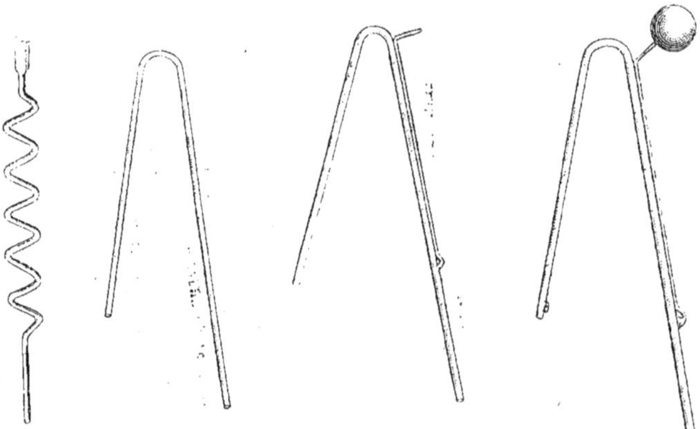

Fig. 6.   Fig. 7.   Fig. 8.   Fig. 9.

Serpentin (fig. 6) . . . . la pièce.	5	»
— avec réfrigérant . . . . —	7	»
Siphon simple (fig. 7) . . . . —	»	60
— à branche pour amorcer (fig. 8) . . . . —	1	20
— — et à boule (fig. 9) . . . . —	1	50

APPAREILS, OUTILS ET INSTRUMENTS POUR LABORATOIRE DE CHIMIE. 373

	fr.	c.
Siphon de M. Bloch............................ la pièce.	3	»
Amorce-siphon................................	3	50
(Ce petit appareil permet d'amorcer tous les siphons sans aspirer ; il est surtout utile pour transvaser les liquides corrosifs.)		
Siphon à robinet pour les acides..................	10	»

Fig. 10.    Fig. 11.   Fig. 12.

Tubes abducteurs diversement courbés (fig. 10, 11, 12)..... de 20 c. à	»	30
— fermés pour essais, ordinaires................. le cent.	12	50
— — — grands............. le cent, de 15 à	25	»

Fig. 13.    Fig. 14. 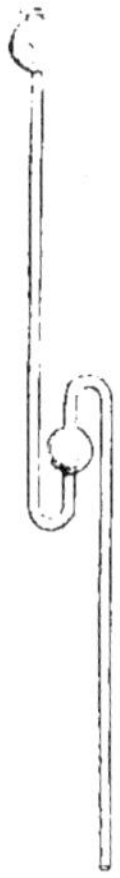   Fig. 15. 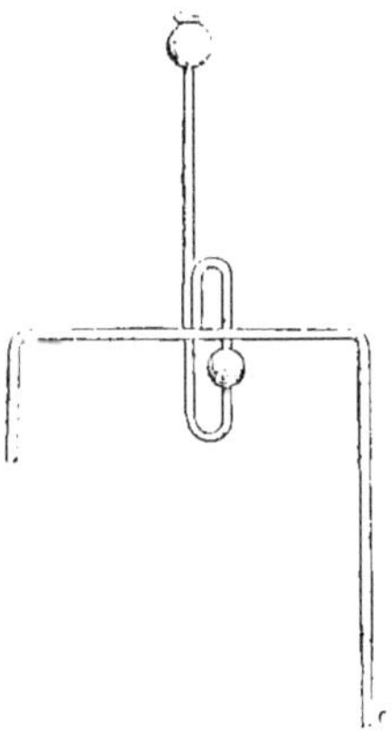   Fig. 16.

Tube de sûreté, à entonnoir (fig. 13)................	»	30
— en S, sans boule (fig. 14)................ —	»	60
— — à boule ou à cylindre (fig. 15)........... —	»	75
— de Welter (fig. 16)...................	1	20
— en T..................... de 50 c. à	1	»

374 APPAREILS, OUTILS ET INSTRUMENTS POUR LABORATOIRE DE CHIMIE.

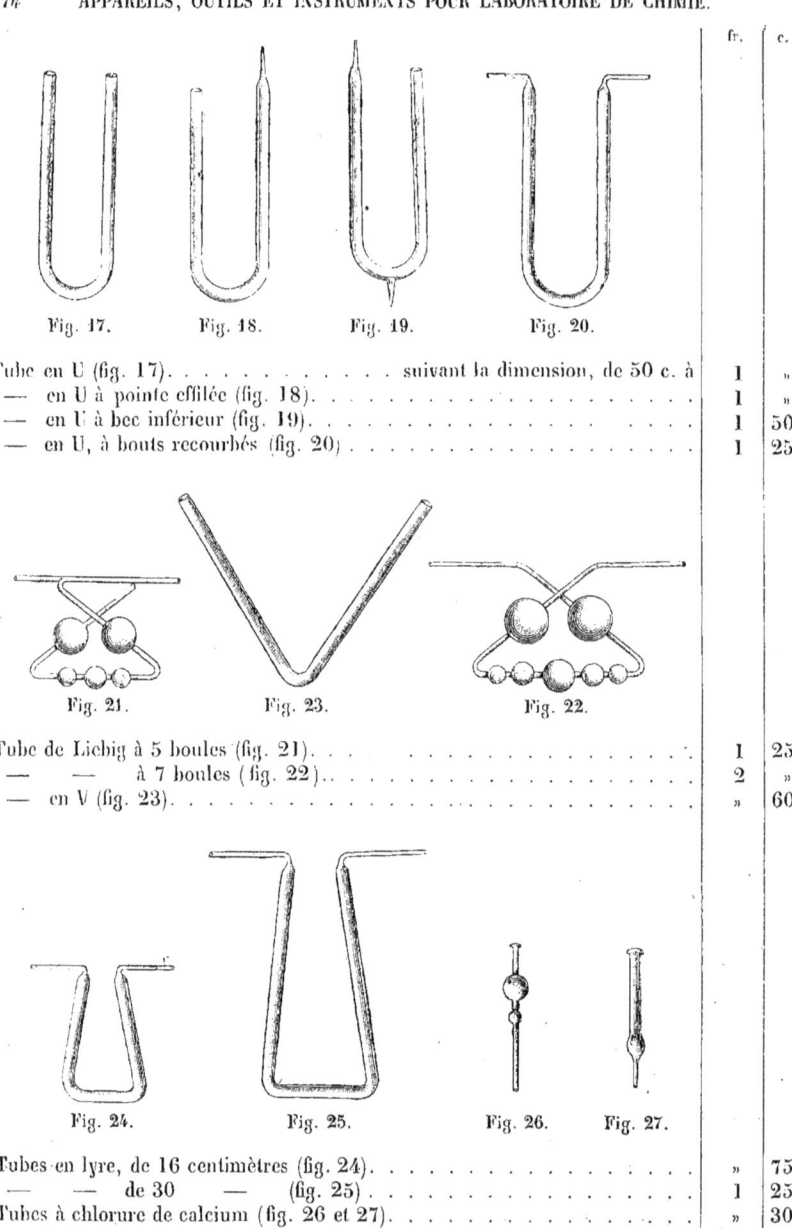

Fig. 17. Fig. 18. Fig. 19. Fig. 20.

	fr.	c.
Tube en U (fig. 17). . . . . suivant la dimension, de 50 c. à	1	»
— en U à pointe effilée (fig. 18).	1	»
— en U à bec inférieur (fig. 19).	1	50
— en U, à bouts recourbés (fig. 20).	1	25

Fig. 21. Fig. 23. Fig. 22.

Tube de Liebig à 5 boules (fig. 21).	1	25
— — à 7 boules (fig. 22).	2	»
— en V (fig. 23).	»	60

Fig. 24. Fig. 25. Fig. 26. Fig. 27.

Tubes en lyre, de 16 centimètres (fig. 24).	»	75
— — de 30 — (fig. 25).	1	25
Tubes à chlorure de calcium (fig. 26 et 27).	»	30
— à dessécher les substances organiques.	»	75

APPAREILS, OUTILS ET INSTRUMENTS POUR LABORATOIRE DE CHIMIE.

	fr.	c.
Tube pour liquéfier l'acide sulfureux (fig. 28)	1	25
— pour liquéfier l'acide sulfhydrique (fig. 29)	1	25
— pour la préparation de l'acide bromhydrique (fig. 30)	1	»
Tube de Will et Varentrap (fig. 31)	1	»
— — — à 3 boules (fig. 32)	1	50
— effilé, en verre vert, pour analyses	»	50
Appareil de Frésénius et Will pour le dosage de l'acide carbonique (fig. 33)	2	50
Idem. De MM. Moride et Bobierre (fig. 34)	2	50
Idem. De Mohr, pour le même usage (fig. 35)	3	»
Idem. De MM. Wurtz	2	50

Aréomètres du commerce.

Pèse-liqueurs de Cartier . . . . . . la douz^e.	15	»
— sirops, sels, acides, bières, lessives, tannins, etc. —	15	»
— acides concentrés. —	18	»
— éthers. —	18	»
— lait ou galactomètre. —	15	»
— vins ou vinaigres. —	18	»

Aréomètres de précision, construits avec soin et vérifiés.

Les aréomètres les plus fréquemment employés en France sont ceux de *Baumé*. On sait qu'il existe deux aréomètres de Baumé : l'un destiné à peser les liquides plus lourds que l'eau ; l'autre destiné aux liquides plus légers que l'eau. Le plus souvent on donne à ces instruments le nom du liquide qu'ils doivent peser : c'est ainsi qu'on appelle les pèse-acides, pèse-sels, pèse-sirops, pèse-bières, pèse-lessives, pèse-tannins, etc., qui ne sont tous que des aréomètres de Baumé pour les liquides plus denses que l'eau. De même, on donne à l'aréomètre destiné aux liquides moins denses que l'eau les noms de pèse-éthers, pèse-alcalis, pèse-huiles, etc.

Il est donc important, quand on demande de ces aréomètres, de désigner soit les degrés que l'échelle doit porter, soit la nature des liquides qu'ils doivent servir à peser.

	fr.	c
Appareils pour déterminer la densité des solides, des liquides, et des gaz (voy. Instruments de physique).		
Aréomètre de Baumé pour les liquides plus lourds que l'eau, marquant depuis 0 jusqu'à 70 degrés, pour les acides concentrés.	2	25
Le même, divisé de 0 à 40° pour les sels, sirops, acides, etc.	2	»
— portant 0 à 20° pour les bières, lessives, tannins, etc.	2	»
Aréomètre de Baumé, divisé de 0 à 10°, par 10^{cs} de degré, pour la fermentation des jus sucrés, pour les dissolutions de bisulfite de chaux, etc.	2	50
Le même, de 10 à 20°.	2	50
— de 20 à 30°.	2	50
— de 30 à 40°.	2	50
— de 0 à 3°, divisé par 10^{cs} de degré, ou acétomètre pour les vinaigres.	2	50
Aréomètre de Baumé pour les liquides plus légers que l'eau, divisé de 10 à 70°, pour les éthers, essences, eaux ammoniacales, etc.	2	25
Alcoomètres (voy. le chapitre Alcoométrie, page 379).		
Densimètre de Gay-Lussac pour les liquides plus lourds que l'eau, portant 100 et 190° pour les acides concentrés.	3	»
Le même, portant 100 et 110° pour les jus de betterave et les dissolutions sucrées.	3	»
Densimètre de Gay-Lussac. Série de trois instruments formant entre eux l'échelle entière de 100 à 190° à divisions très-espacées.	9	»
Densimètre de Gay-Lussac pour les liquides plus légers que l'eau, divisé de 100 à 70° pour les éthers, huiles, essences, etc.	3	»
Le même, série de trois instruments formant entre eux l'échelle de 100 à 70°, à divisions très-espacées.	9	»
Volumètre de Gay-Lussac pour les liquides plus lourds que l'eau.	3	»
— — pour les liquides plus légers.	3	»
Densimètre de Rousseau pour les liquides dont on ne possède que de très-petits échantillons (fig. 36).	6	»
Éprouvette en verre pour recevoir les aréomètres.	1	»
Pèse-vins (voy. Alcoométrie, page 379).		
Pèse-lait (voy. Essai du lait, page 383).		
Pèse-huile (voy. Essai des huiles, page 380).		
Pèse-urine (voy. Essai des urines, page 385).		

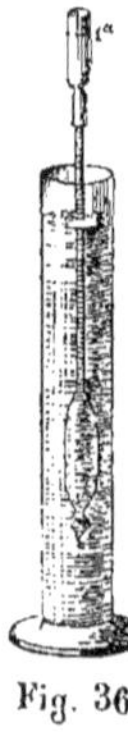

Fig. 36.

APPAREILS, OUTILS ET INSTRUMENTS POUR LABORATOIRE DE CHIMIE.

Aréomètres en métal.

	Cuivre.	Maillechort.	Argent.
Aréomètre de Baumé pour les sirops, sels, lessives, etc.	8 fr.	9 fr.	15 fr.
— de Cartier pour les alcools.	8	9	15
Alcoomètre de Gay-Lussac.	12	13	18
Densimètre.	14	15	20
Galactomètre ou pèse-lait.	8	9	15
Gleuco-œnomètre ou pèse-moût.	8	9	15
Œnomètre ou pèse-vin.	8	9	15

Les indications des aréomètres en métal sont sujettes à plusieurs causes d'erreurs qui devraient sinon proscrire, du moins restreindre leur emploi. Les liquides mouillent difficilement les métaux, il en résulte que ces aréomètres ne flottent pas librement et ne prennent pas toujours exactement leur point d'affleurement; de plus, quand un aréomètre de métal est bossué, son volume et par suite la valeur de ses divisions se trouvent altérés. Pour ces raisons, les aréomètres en verre doivent leur être préférés.

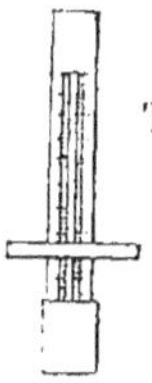

Thermomètres.

	Tube à l'alcool.		Tube au mercure.	
	fr.	c.	fr.	c.
Thermomètre de bains, à liége (fig. 37).	2	»	3	»
— à contre-poids	2	»	3	»
— de jardinier pour les couches	5	»	6	»
— éprouvette pour les spiritueux.	2	50	3	50
— de brasseur, divisé sur bois.	»	»	5	»
— — divisé sur plaque de cuivre	»	»	7	»
— pour les étuves et l'air chaud	»	»	30	»
Grand thermomètre pour la cuisson et la défécation des sucres.	»	»	18	»
Thermomètre de laboratoire, division sur papier renfermée dans une chemise de verre.	2	50	3	50
Le même, à 200 degrés.	»	»	4	50
Thermomètre pour la chimie, tube au mercure, échelle calibrée divisée sur verre, de — 20° à + 100°.	»	»	12	»
— de — 20° à + 200°.	»	»	14	»
— de — 20° à + 300°.	»	»	16	»
— de — 20° à + 360°.	»	»	18	»
Thermomètre à alcool, divisé sur verre de — 70° à + 50°.	»	»	7	»
— normal étalon à tube calibré, divisé sur verre par 5ᶜˢ de degré, de 0 à 100°.	»	»	25	»
Thermomètre étalon à échelle arbitraire calibrée, portant 0° et 100°.	»	»	25	»

Fig. 37.

(Pour les autres Thermomètres, voir Météorologie, et Calorique.)

ESSAIS ET ANALYSES
INSTRUMENTS ET APPAREILS, SPÉCIAUX.

Alcalimétrie, Acidimétrie et Chlorométrie. | fr. | c.

Fig. 1. Fig. 2.

	fr.	c.
Alcalimètre de Descroizilles (fig. 1)	5	»
Le même, avec un poids de 5 gr. et la notice de Descroizilles sur l'alcalimétrie	12	»
Alcalimètre et acidimètre de Gay-Lussac (fig. 2)	30	»

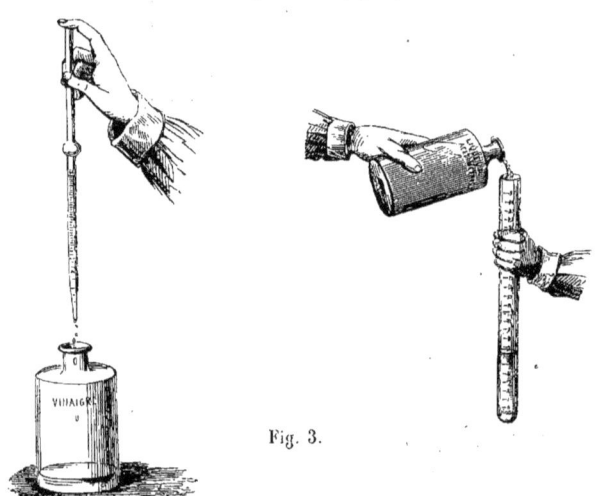

Fig. 3.

	fr.	c.
Acétimètre de O. Reveil et J. Salleron, pour doser la quantité d'acide acétique contenue dans les vinaigres, avec flacon de liqueur titrée et instruction (fig. 3)	10	»

INSTRUMENTS POUR ESSAIS ET ANALYSES. 379

	fr.	c.
Nécessaire acétimétrique des mêmes auteurs, pour l'essai des vinaigres et la recherche de leurs falsifications.	30	»
Chloromètre de Gay-Lussac, pour l'essai des chlorures de chaux.	30	»
Thermomètre divisé sur verre par 5⁰ˢ de degré, pour l'essai des chlorures de potassium.	15	»

Alcoométrie et Essai des vins.

	fr.	c.
Aréomètre de Cartier, pour les eaux-de-vie et les liqueurs.	1	50
Aréomètre de Tessa avec l'échelle de Gay-Lussac en regard.	2	50
Alcoomètre de Gay-Lussac, portant 0 et 50 degrés, pour les alcools faibles.	2	50
Le même, portant 40 et 100 degrés, pour les eaux-de-vie et alcools.	2	50
Alcoomètre Étalon, portant 0 et 35 degrés, divisé par 5⁰ˢ de degré.	10	»
— — 35 et 70 degrés.	10	»
— — 70 et 100 degrés.	10	»
Thermomètre éprouvette pour les corrections de température.	2	50

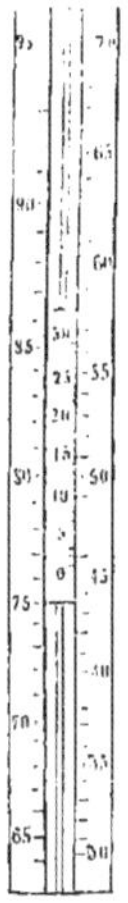

Fig. 4.    Fig. 5.    Fig. 6.

	fr.	c.
Échelle alcoométrique pour opérer sans calculs les corrections de température des liquides alcooliques (fig. 4).	2	»
Gleuco-œnomètre ou pèse-moût.	2	50
OEnomètre ou pèse-vin.	2	50
Mustimètre pour mesurer la quantité de sucre contenue dans le moût.	3	»
Tartrimètre pour doser la quantité de tartre contenue dans le moût.	18	»
Alambic de J. Salleron, pour l'essai des vins et des liqueurs alcooliques sucrées, avec instruction (fig. 5).	25	»
Thermomètre alcoométrique pour le même usage (fig. 6).	35	»
Appareil pour essais des vins, d'après Gay-Lussac.	50	»
— — des alcools, avec réactifs et ustens., d'après M. Dubrunfaut.	60	»
Gypsomètre de M. Poggiale, pour reconnaître le plâtrage des vins.	30	»
Bonde hydraulique de M. Payen, pour indiquer le degré de fermentation du vin dans les cuves à vin.	10	»

Essai des céréales.

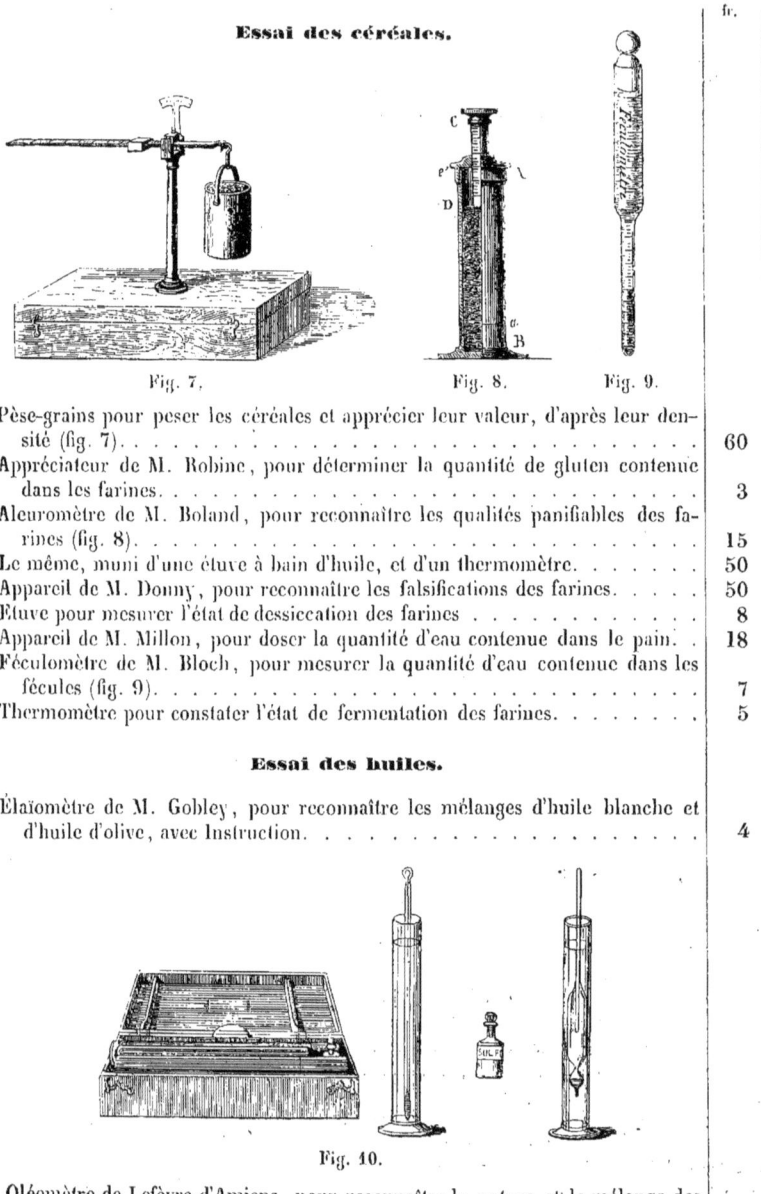

Fig. 7. Fig. 8. Fig. 9.

	fr.	c.
Pèse-grains pour peser les céréales et apprécier leur valeur, d'après leur densité (fig. 7)...	60	»
Appréciateur de M. Robine, pour déterminer la quantité de gluten contenue dans les farines...	3	»
Aleuromètre de M. Boland, pour reconnaître les qualités panifiables des farines (fig. 8)..	15	»
Le même, muni d'une étuve à bain d'huile, et d'un thermomètre.......	50	»
Appareil de M. Donny, pour reconnaître les falsifications des farines.....	50	»
Étuve pour mesurer l'état de dessiccation des farines................	8	»
Appareil de M. Millon, pour doser la quantité d'eau contenue dans le pain..	18	»
Féculomètre de M. Bloch, pour mesurer la quantité d'eau contenue dans les fécules (fig. 9)...	7	»
Thermomètre pour constater l'état de fermentation des farines.........	5	»

Essai des huiles.

	fr.	c.
Élaïomètre de M. Gobley, pour reconnaître les mélanges d'huile blanche et d'huile d'olive, avec Instruction..	4	»

Fig. 10.

	fr.	c.
Oléomètre de Lefèvre d'Amiens, pour reconnaître la nature et le mélange des huiles (fig. 10)..	30	»

INSTRUMENTS POUR ESSAIS ET ANALYSES.

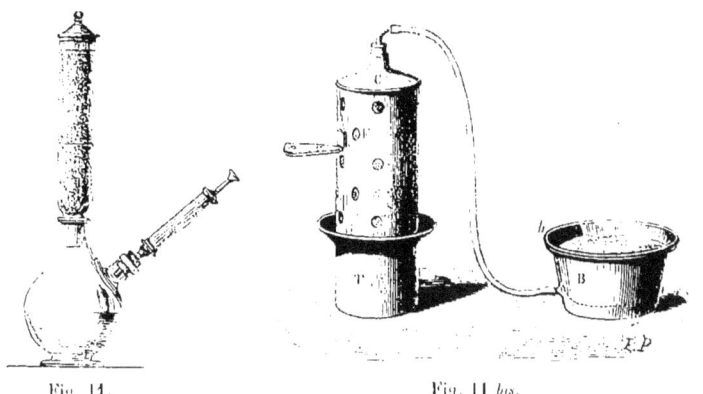

Fig. 11.   Fig. 11 bis.

	fr.	c.
Élaïomètre de M. Berjot, pour doser la quantité d'huile contenue dans les graines oléagineuses (fig. 11 et 11 bis.)	55	»

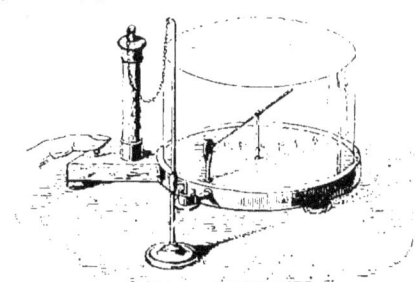

Fig. 12.

	fr.	c.
Diagomètre de Rousseau, pour reconnaître le mélange des huiles par leur conductibilité électrique (fig. 12)	50	»

Essai des engrais.

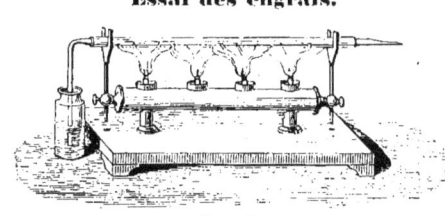

Fig. 13.

	fr.	c.
Eudiomètre de Dupasquier, pour le dosage de l'azote	6	»
Ammonimètre de M. Bobierre, pour doser l'ammoniaque contenue dans les engrais (fig. 13)	25	»
Le même, complet, avec balance, éolipyle, burette et pipette graduées, liqueurs titrées, etc.	95	»

382   INSTRUMENTS POUR ESSAIS ET ANALYSES.

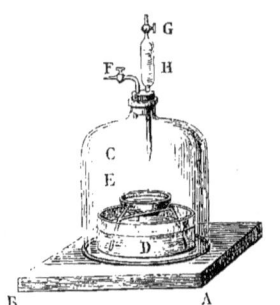

Fig. 14.

	fr.	c.
Appareil de M. Schlœsing, pour le dosage de l'ammoniaque (fig. 14).	25	»

Analyse de l'air atmosphérique.

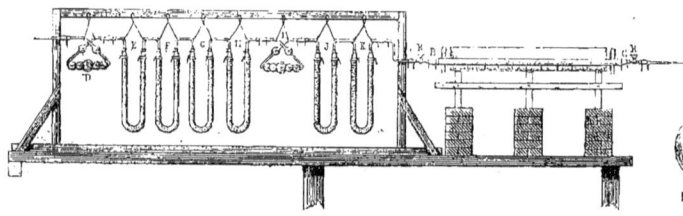

Fig. 15.

	fr.	c.
Cinq tubes en U, suspendus à un support, pour le dosage de la vapeur d'eau et de l'acide carbonique.	16	»
Aspirateur de 50 litres, avec robinet et thermomètre (voir fig. 7, p. 358).	55	»
Le même de 25 litres.	35	»
Appareil de MM. Dumas et Boussingault, pour l'analyse de l'air (fig. 15).	60	»
Ozonomètre de M. Schœnbein, composé d'une échelle ozonométrique, et de 365 bandes de papier préparé pour les observations quotid. de l'année.	6	»
Ozonomètre de M. James de Sedan, accompagné de la gamme chromatique de MM. Bérigny et J. Salleron, avec instruction	6	»
Oxymètre de M. Houzeau, pour doser l'ozone ou oxygène naissant contenu dans l'atmosphère.	50	»
Appareil de M. Léon Gigot pour recueillir les miasmes atmosphériques.	50	»
— Eudiomètre à combustion, garni en cuivre.	9	»
— — garni en fer.	10	»
— — à soupape, garni en cuivre.	15	»
— — en fer.	18	»
— — à fils de platine et tube gradué (fig. 16)	6	»
— de Volta, complet.	75	»
— de Regnault, complet, avec viseur et tubes gradués	340	»
— de Doyère, complet.	300	»

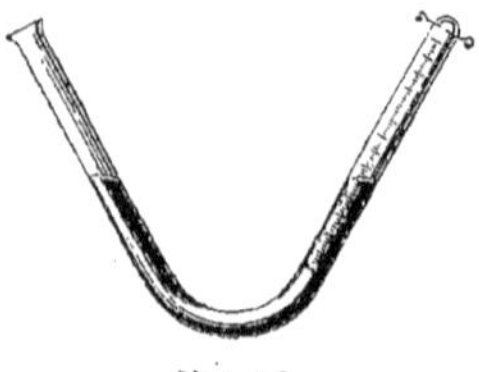

Fig. 16.

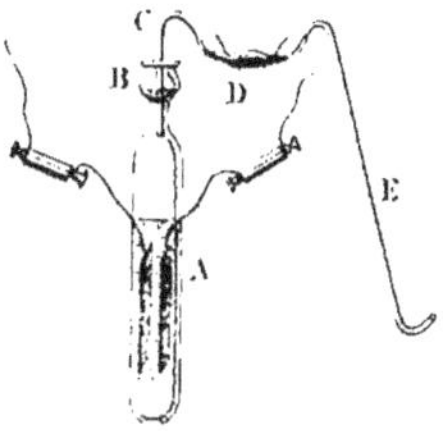

INSTRUMENTS POUR ESSAIS ET ANALYSES. 383

Fig. 17.

	fr.	c.
Appareil de M. Bunsen, pour obtenir, par le courant de la pile, le gaz détonant nécessaire aux combustions eudiométriques (fig. 17).	15	»

Essai du lait.

	fr.	c.
Galactomètre ou pèse-lait.	1	50
Lacto-densimètre de Quevenne, avec instruction.	3	»

Fig. 18.    Fig. 19.

	fr.	c.
Crémomètre de Quevenne (fig. 18).	4	»
Thermomètre du même.	2	50
Lactomètre centésimal de A. Chevalier, avec crémomètre, thermomètre et instruction (fig. 19).	11	50

Fig. 20.

	fr.	c.
Lactoscope de Donné (fig. 20).	18	»

INSTRUMENTS POUR ESSAIS ET ANALYSES.

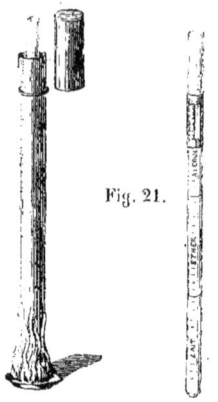

Fig. 21.

Fig. 22.

	fr.	c.
Lacto-butyromètre de M. Marchand, pour doser le beurre contenu dans le lait (fig. 21)..	8	»
Le même, avec thermomètre et réactifs renfermés dans une boîte........	16	»
Appareil de M. Rosenthal perfectionné par M. Poggiale, pour doser la lactine contenue dans le lait..	15	»
Lacto-saccharimètre de MM. A. Chevalier et O. Reveil, pour doser la lactine et reconnaître les falsifications du lait (fig. 22).................	35	»

Essai des métaux.

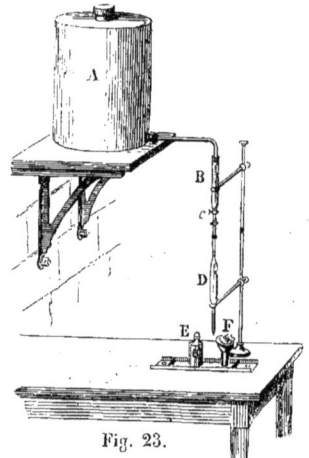

Fig. 23.

	fr.	c.
Appareil de Gay-Lussac, pour les essais d'argent par la voie humide, complet (fig. 23)...	450	»

INSTRUMENTS POUR ESSAIS ET ANALYSES. 385

	fr.	c.
Balance de Gay-Lussac, pour les essais d'argent par la voie humide et par les pesées.	300	»
Burette graduée pour les essais d'argent par la balance.	8	»
Appareil de M. Pelouze, pour les essais de cuivre par la dissolution de sulfure de sodium, avec flacons de réactifs et liq. titrées, renfermés dans une boîte.	35	»
Deux tubes en verre, dont un gradué et lorgnon en verre bleu, pour le dosage du cuivre par la méthode de M. Jacquelain.	14	»
Appareil de M. Marguerite, pour les essais de fer par la dissolution de permanganate de potasse.	35	»
Appareil de M. Flores-Domonte, pour les essais de plomb.	35	»
— de M. Schaffner, pour les essais de zinc.	35	»

Fig. 24.

Balance de Plattner, trébuchant à 1/10e de milligramme, pour peser les échantillons de minerais pour les essais de métaux (fig. 24).	160	»

Essai des urines et du sang.

Aréomètre de Baumé, divisé par 10es de degré ou pèse-urine.	3	»

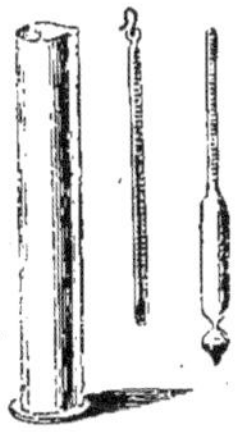

Fig. 25. 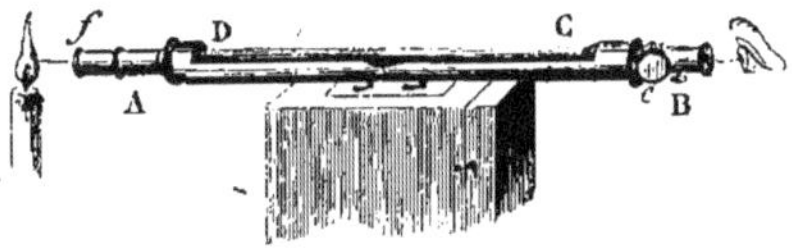   Fig. 26.

Pèse-urine, composé d'un densimètre, d'un thermomètre et d'une éprouvette, renfermés dans un étui de petite dimension (fig. 25).	10	»
Diabétomètre de M. Robiquet, pour doser le sucre de diabète (fig. 26).	90	»

25

386 INSTRUMENTS POUR ESSAIS ET ANALYSES.

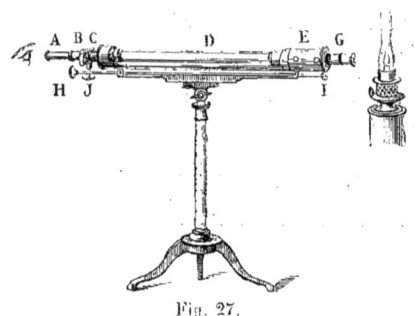

Fig. 27.

	fr.	c.
Saccharimètre de M. Soleil pour le même usage (fig. 27).	280	»
Albuminimètre de M. A. Becquerel, pour doser l'albumine du sérum du sang.	150	»

Toxicologie.

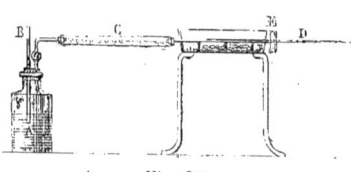

Fig. 28.

	fr.	c.
Appareil de Marsh, modèle de l'Académie des sciences (fig. 28).	3	»
— — complet, avec les réactifs et ustensiles nécessaires pour les analyses médico-légales.	45	»

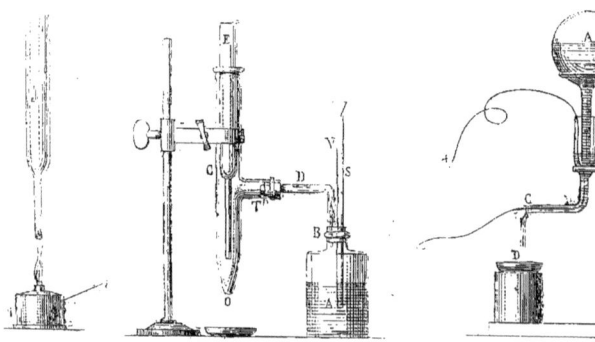

Fig. 29. Fig. 30.

	fr.	c.
Appareil de Flandin et Danger, pour la recherche de l'arsenic (fig. 29).	20	»
— — — — du mercure (fig. 30).	12	»

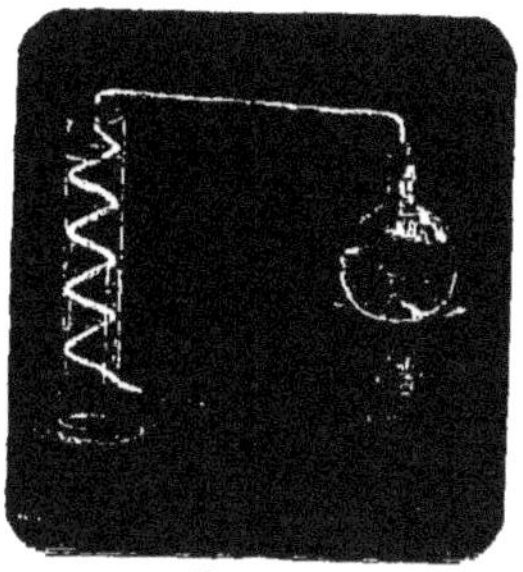

INSTRUMENTS POUR ESSAIS ET ANALYSES.   387

Fig. 31.

	fr.	c.
Appareil de M. Mitcherlisch pour la recherche du phosphore (fig. 31).....	10	»

Essais divers.

	fr.	c.
Décolorimètre de M. Houton-Labillardière pour l'essai des indigos.......	20	»
Fig. 32. Fig. 33.		
Colorimètre de M. Collardeau, pour l'essai des matières tinctoriales (fig. 32).	70	»
Tube de M. Chancel, pour l'essai des fleurs de soufre (fig. 33).........	4	»
Quinimètre de MM. Glénard et Guilliermond, pour doser la quinine contenue dans les quinquinas et les sulfates de quinine.................	35	»
Aiguille de M. Vicat, pour essayer la dureté des bétons et mortiers hydrauliques....................................	45	»

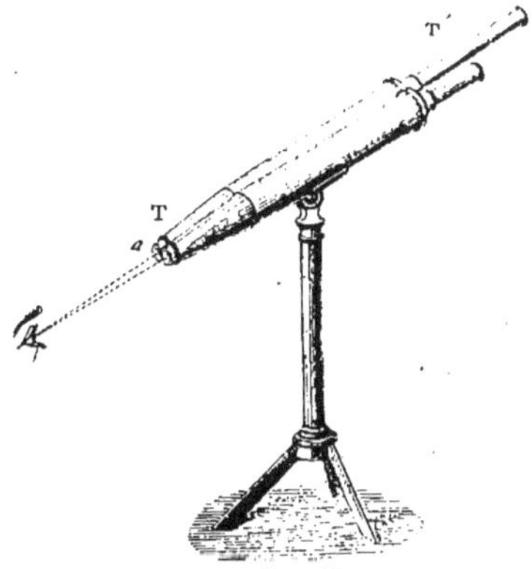

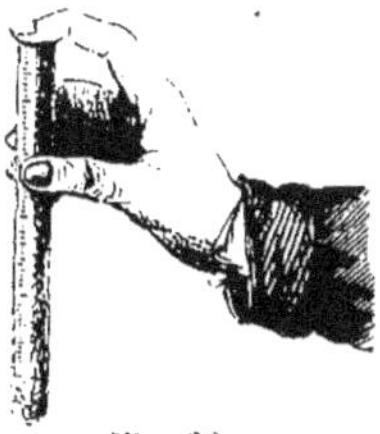

Analyse des eaux minérales et des eaux potables.

	fr.	c.
Densimètre pour les eaux de source et de rivière...............	10	»
— pour les eaux de mer......................	10	»
Pipette de M. Mohr, pour puiser l'eau des sources minérales, avec écrin...	8	»
Flacon de M. Mohr, pour le même usage..................	5	»
Matras-cuvette, pour recueillir par l'ébullition les gaz tenus en dissolution dans l'eau...	10	»

25.

388 INSTRUMENTS POUR ESSAIS ET ANALYSES.

	fr.	c.
Tire-bouchon de M. Fontan, pour recueillir les gaz contenus dans les eaux gazeuses en bouteilles.............	12	»
Tube gradué de M. Abich, pour mesurer l'acide carbonique libre contenu dans les eaux................	6	»

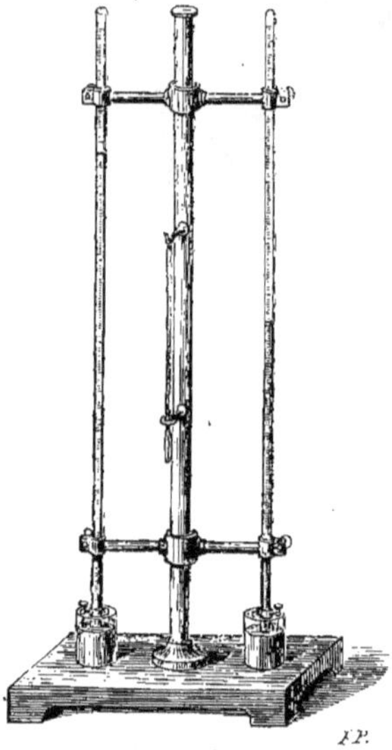

Fig. 34.

Appareil de M. Buignet, pour le même usage (fig. 34).........	60	»
Hydrotimètre de MM. Boutron et Boudet, pour doser la quantité de sels calcaires contenue dans les eaux potables (fig. 35).......	30	»

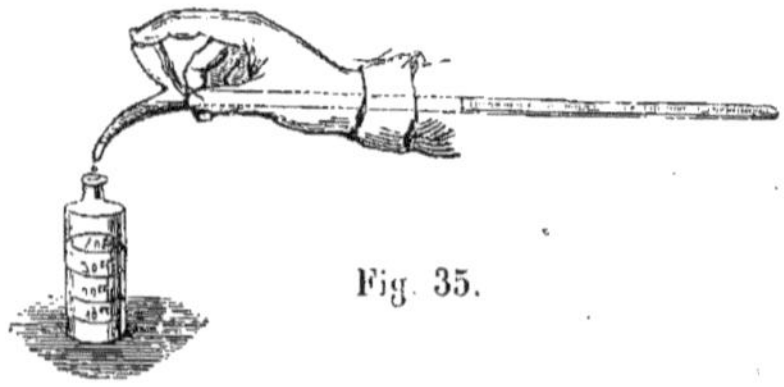

Fig. 36.

Fig. 35.

Burette hydrotimétrique (fig. 35)................	7	»
Flacon jaugé à 10, 20, 30 et 40 centimètres cubes (fig. 35)......	2	50
Liqueur hydrotimétrique titrée, le litre.............	6	»
Sulfhydromètre de Dupasquier, pour l'analyse des eaux sulfureuses (fig. 36).	30	»
Burette sulfhydrométrique.................	5	»

INSTRUMENTS POUR ESSAIS ET ANALYSES.   389

Saccharimétrie.

	fr.	c.
Saccharomètre ou aréomètre de Baumé, pour les sirops	2	»
Le même, indiquant la quantité réelle de sucre contenue dans les sirops. . .	3	»
Appareil de M. Barreswil, pour l'essai des sucres par la dissolution cupro-potassique, avec flacon de liqueur titrée.	25	»
Tube gradué, pour l'essai des sucres par la méthode de M. Payen.	8	»

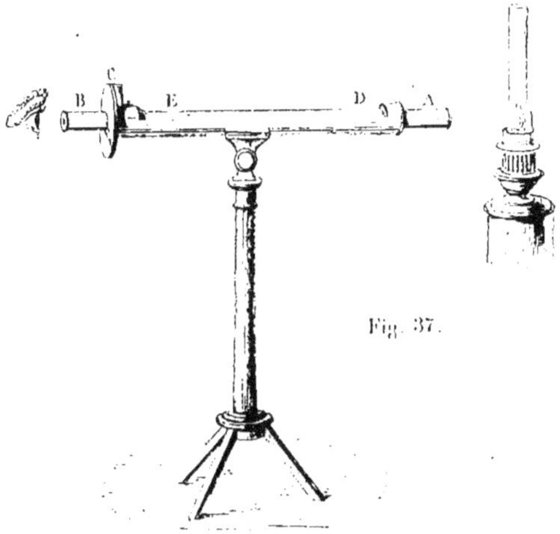

Fig. 37.

	fr.	c.
Saccharimètre de M. Mitcherlisch, pour doser les sucres par la rotation du plan de polarisation (fig. 37).	130	»
Saccharimètre de M. Soleil, pour le même usage (voir fig. 27).	280	»
Le même, accompagné d'un nécessaire contenant tous les réactifs et appareils pour titrer et décolorer les dissolutions.	400	»
Petite presse pour extraire le jus des échantillons de canne et de betterave	90	»
Nécessaire de M. Vilmorin, pour déterminer la richesse saccharine des betteraves.	18	»

Collections d'appareils composant un laboratoire pour l'étude de certaines parties de la chimie et pour des recherches spéciales.

	fr.	c.
Collection d'appareils et ustensiles nécessaires aux expériences d'un cours de chimie élémentaire (chimie minérale).	150	»
La même, plus complète, avec une balance trébuchet pour analyses.	250	»
La même, avec addition de capsules, creusets, etc., en platine.	350	»
Collection d'appareils composée spécialement pour les analyses organiques, avec balance d'analyses pouvant peser 200 grammes	400	»
Collection des appareils, burettes et pipettes graduées, réactifs et liqueurs titrées pour les analyses par la méthode des volumes.	250	»

Ces collections sont composées en vue d'être utiles aux jeunes gens qui veulent répéter les expériences des cours ou continuer leurs études pratiques après leur sortie des écoles, aux ingénieurs en séjour dans de petites localités; enfin à tous les amateurs de la science chimique.

POIDS ET MESURES.

BALANCES ET POIDS A L'USAGE DU COMMERCE.

Afin de donner une idée plus exacte de l'effet du métal, de la peinture sur colonne en porcelaine, du bronze et de la dorure sur les principaux types de balances, nous avons fait reproduire en couleur quelques-unes des figures noires du texte. Ce double emploi a pour but de présenter à nos lecteurs une image plus saisissante de l'aspect de ces divers instruments.

Balances de comptoir.

Fig. 1. *Colonne riche bronzée et dorée.*

	Hauteur totale des colonnes.	Prix.	
	centimètres.	fr.	c.
Balance de comptoir (fig. 1). Colonne à piédestal carré avec tube cannelé, chapiteau corinthien surmonté d'une coupe, parties dorées et parties bronzées, fléau en acier, plateaux et étriers en cuivre. . . .	51 60 68	78 100 128	» » »
Les mêmes, avec piédestal carré en marbre noir, 6, 7 et 10 fr. en plus.			
Les mêmes, avec piédestal carré et tube en cristal taillé à pointes de diamant, 11, 17 et 25 fr. en plus.			

Fig. 2. *Colonne en porcelaine.*

Balance de comptoir (fig. 2). Colonne en porcelaine, peinte et dorée, à piédestal carré avec attributs pharmaceutiques et autres, surmontée d'une coupe en cuivre doré, fléau en acier, plateaux et étriers en cuivre. . . .	68	110	»

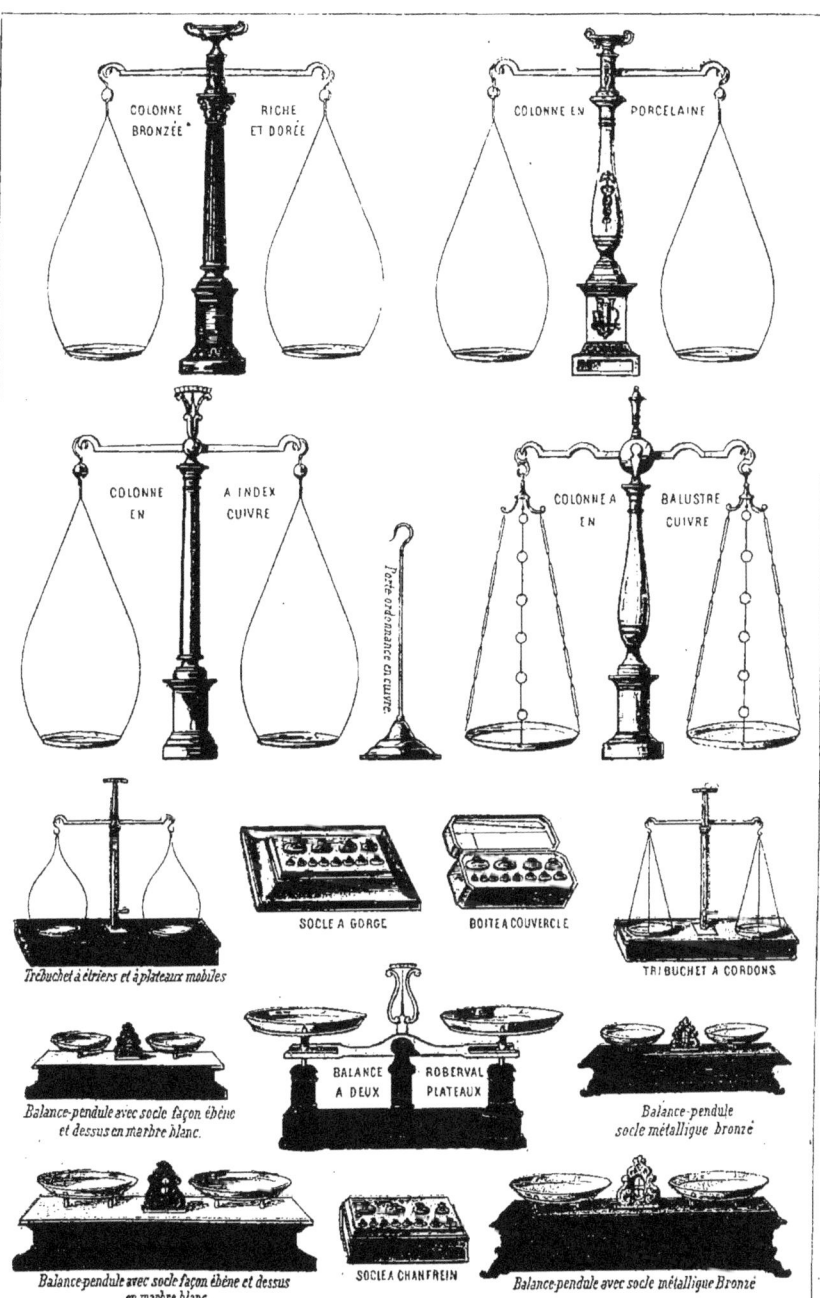

BALANCES DE COMPTOIR.

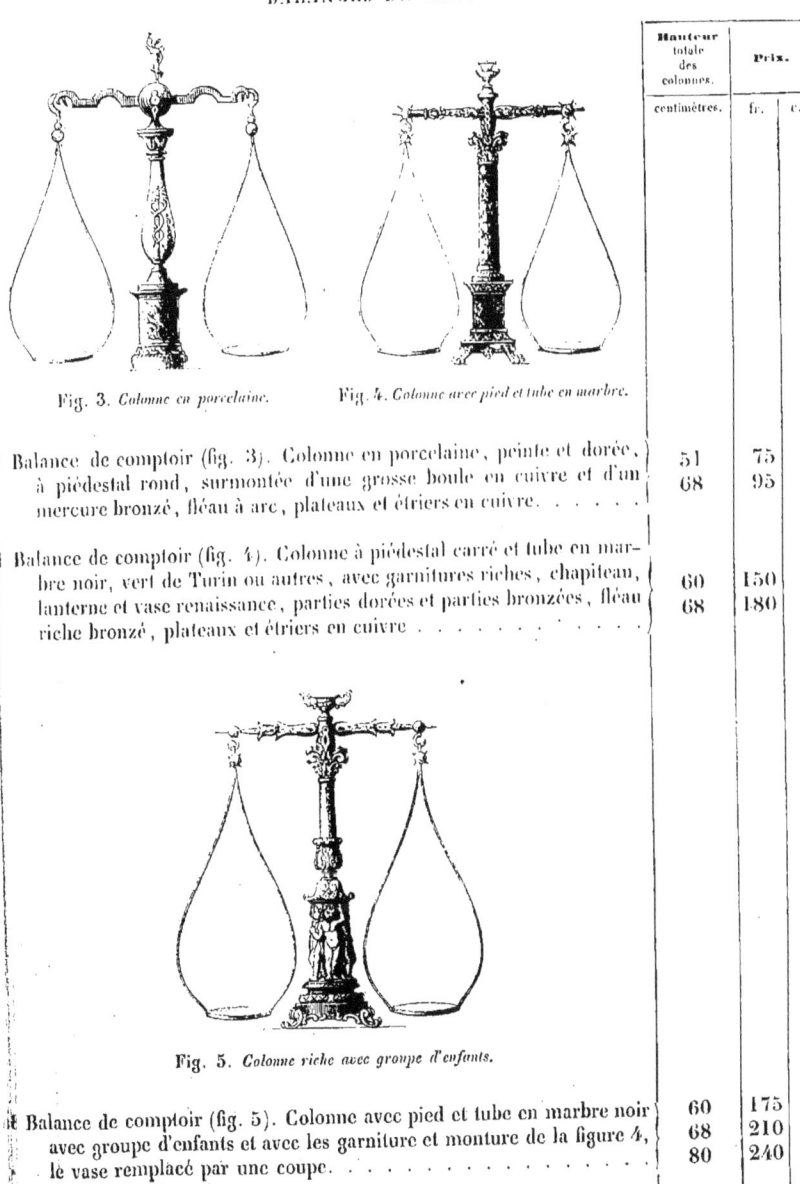

Fig. 3. *Colonne en porcelaine.* Fig. 4. *Colonne avec pied et tube en marbre.*

Fig. 5. *Colonne riche avec groupe d'enfants.*

	Hauteur totale des colonnes.	Prix.	
	centimètres.	fr.	c.
Balance de comptoir (fig. 3). Colonne en porcelaine, peinte et dorée, à piédestal rond, surmontée d'une grosse boule en cuivre et d'un mercure bronzé, fléau à arc, plateaux et étriers en cuivre.	51 68	75 95	» »
Balance de comptoir (fig. 4). Colonne à piédestal carré et tube en marbre noir, vert de Turin ou autres, avec garnitures riches, chapiteau, lanterne et vase renaissance, parties dorées et parties bronzées, fléau riche bronzé, plateaux et étriers en cuivre	60 68	150 180	» »
Balance de comptoir (fig. 5). Colonne avec pied et tube en marbre noir avec groupe d'enfants et avec les garniture et monture de la figure 4, le vase remplacé par une coupe.	60 68 80	175 210 240	» » »

BALANCES DE COMPTOIR.

Fig. 6. Colonne à boule en cuivre.

Fig. 7. Colonne à index en cuivre.

Hauteur totale des colonnes.	Prix.	
centimètres.	fr.	c.
41	20	»
46	22	»
52	28	»
60	35	»
65	38	»
70	45	»
41	17	»
46	19	»
52	24	»
60	31	»
65	34	»
70	41	»

Balance de comptoir (fig. 6) à colonne ordinaire en cuivre, à boule ou à index, fléau en cuivre ou en acier, montée à étriers ou à chaînes soudées avec triangles...

Balance de comptoir (fig. 7) à colonne ordinaire en cuivre, à boule ou à index, fléau en cuivre ou en acier, montée à cordons ou à chaînes ordinaires sans triangles...

Fig. 8. Colonne à balustre en cuivre.

Hauteur totale des colonnes.	Montée à étriers ou à chaînes soudées avec triangles.		Montée à cordons ou à chaînes ordinaires sans triangles.	
centimètres.	fr.	c.	fr.	c.
41	22	»	20	»
46	26	»	23	»
52	34	»	29	»
60	40	»	34	»
65	45	»	37	»
70	50	»	44	»

Balance de comptoir (fig. 8) à colonne en cuivre à balustre avec grosse boule et vase, fléau à arc en cuivre....

Balances-pendules.

Fig. 9.

Balances-pendules socle métallique bronzé.

Fig. 10.

Fig. 11.

Balances pendules avec socle façon ébène et dessus en marbre blanc.

Fig. 12.

	Grandeur des bassins.	Portée en kilogram.	Figures 9 et 10.		Figures 11 et 12.		Figure 13.		Figure 14.	
	centimètres.		fr.	c.	fr.	c.	fr.	c.	fr.	c.
A Balance-pendule (fig. 9 et 10), modèle riche, boîte en métal bronzé, dessus en marbre blanc.	14	1	50	»	40	»	90	»	100	»
	16	2	60	»	50	»	110	»	125	»
	18	5	70	»	60	»	130	»	150	»
B Balance-pendule (fig. 11 et 12), simple, boîte façon ébène, dessus en marbre blanc. . .	20	8	85	»	75	»	155	»	190	»
	22	10	100	»	90	»	175	»	225	»
	24	15	115	»	100	»	200	»	250	»
C Balance-pendule (fig. 13), socle en marbre avec pendule en cuivre doré.	26	20	130	»	110	»	225	»	275	»
	28	25	160	»	130	»	»	»	325	»
	30	30	180	»	150	»	»	»	375	»
D Balance-pendule (fig. 14), socle en marbre blanc, garnitures en cuivre doré	32	40	200	»	170	»	»	»	»	»
	34	45	230	»	190	»	»	»	»	»
	36	50	260	»	210	»	»	»	»	»
	40	60	300	»	250	»	»	»	»	»

Fig. 13.

Balance-pendule avec socle en marbre blanc.

Fig. 14.

Balance-pendule riche avec socle en cuivre doré et marbre blanc.

Balances Roberval.

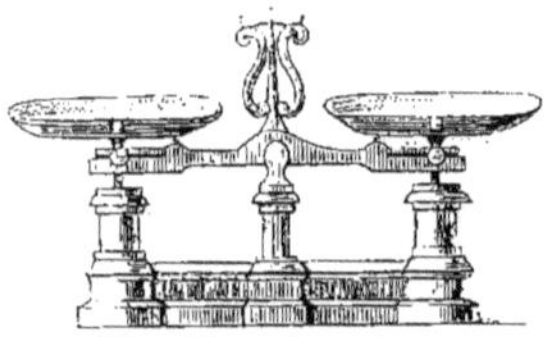

Fig. 15. A deux plateaux.

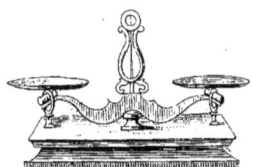

Fig. 16. Socle en bois noir ou acajou, dessus en marbre blanc.

	Portée en kilogr.	Figure 15.		Figure 16.	
		fr.	c.	fr.	c.
Balance Roberval (fig. 15), socle en fonte, avec deux plateaux en cuivre.	1/2	»	»	22	»
	1	18	»	24	»
	2	21	»	28	»
	5	25	»	34	»
	10	32	»	40	»
Balance Roberval (fig. 16), boîte acajou, noyer ou façon ébène, avec dessus en marbre blanc.	15	38	»	47	»
	20	42	»	55	»
	30	50	»	»	»
	50	70	»	»	»
	75	90	»	»	»

Trébuchets ordinaires.

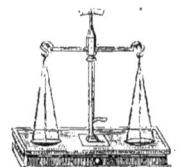

Fig. 17. Trébuchet à cordons.

Fig. 18. Trébuchet à étriers et à plateaux mobiles.

Figures 17 et 18.	Montures					
	en cordons en soie ou à chaînes en cuivre.		en étriers.		en étriers, cercles et plateaux mobiles.	
	fr.	c.	fr.	c.	fr.	c.
Trébuchet de 24 centimètres, en noyer.	10	»	14	»	16	»
— — en acajou	11	50	15	50	17	50
— de 27 centimètres, en noyer.	12	»	16	»	18	»
— — en acajou	13	50	17	50	19	50
— de 24 centim., en ébène, avec dessus en marbre.	15	»	19	»	21	»
— de 27 — — — —	17	»	21	»	23	»

Pour la dorure des trébuchets ci-dessus par le procédé Ruolz, de 14 fr. à 18 fr. en plus.

Trébuchets à main.

	fr.	c.
Trébuchets à main, boîte non vernie, fléau ordinaire, 50 gram. de poids.	2	50
— — boîte vernie, fléau mi-fin, 50 gr. de poids.	3	50
— — — fléau fin, 50 gram. de poids.	7	»

Fig. 19.

TRÉBUCHETS, BALANCES-BASCULES.

Fig. 20.

Trébuchets plus exacts.

	fr.	c.
Trébuchet pouvant peser 30 grammes, sensible à 5 milligr., et renfermé dans une cage en noyer verni (fig. 20), poids compris)	70	»
Trébuchet semblable à celui ci-dessus, mais pouvant peser 50 grammes	80	»

Balances-bascules de Strasbourg.

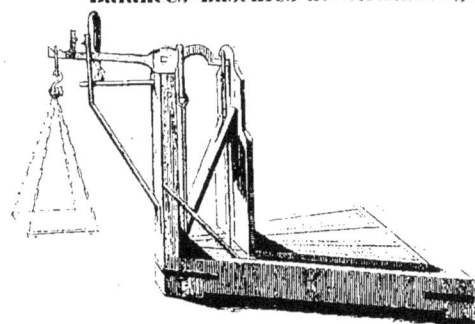

Fig. 21. *Bascule triangulaire.*

	Fig. 21, à plateau triangulaire.		Fig. 22, à cadre et à plateau carrés.	
	fr.	c.	fr.	c.
Balance-bascule de la portée de 100 kilos	40	»	45	»
— — 150 —	45	»	50	»
— — 200 —	62	»	65	»
— — 250 —	70	»	75	»
— — 300 —	»	»	80	»
— — 500 —	85	»	95	»
— — 750 —	95	»	115	»
— — 1,000 —	110	»	130	»
— — 1,250 —	130	»	145	»
— — 1,500 —	145	»	165	»

Et au-dessus.

Fig. 22. *Bascule à cadre et à plateau carrés.*

BASCULE A ROMAINE, PESONS, BOITES ET SOCLES DE POIDS.

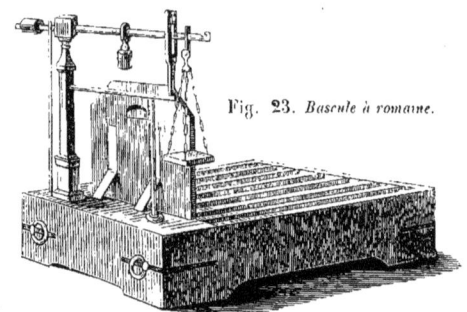

Fig. 23. *Bascule à romaine.*

	fr.	c.		fr.	c.
Bascule à romaine (fig. 23), de la portée de 100 kilos	90	»	Bascule à romaine (fig. 23), de la portée de 1250 kilos	250	»
200 —	110	»	1500 —	280	»
300 —	140	»	2000 —	360	»
500 —	160	»	3000 —	450	»
750 —	200	»	4000 —	550	»
1000 —	230	»			

Pesons cylindriques à étui.

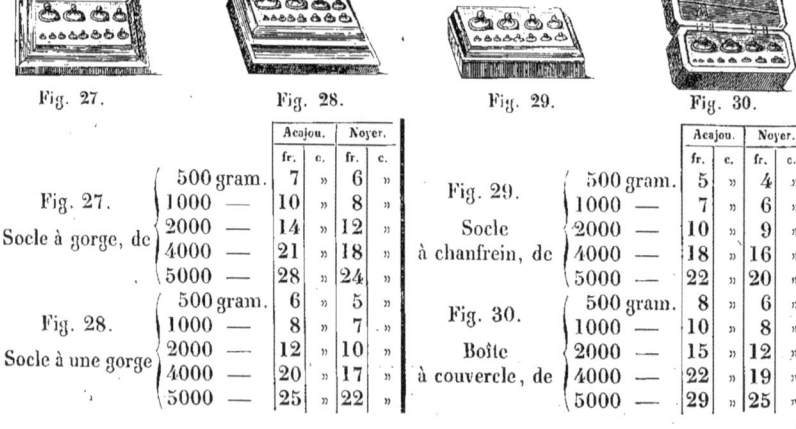

Fig. 24, 25, 26.

		Divisés par demi-kilogram. et pouvant peser	Divisés par double hectogr. et pouvant peser	fr.	c.
Peson à crochet fixe (fig. 24)		de 25 à 30 kilogr.	de 20 à 21 kilogr.	8	50
— mobile (fig. 25)		—	—	11	»
— fixe		de 18 à 20 —	de 10 à 11 —	6	50
— mobile (fig. 26)		—	—	8	»
— fixe		de 7 à 8 —	de 5 à 6 —	4	50
— mobile		—	—	6	»

Boîtes et socles de poids.

Fig. 27.   Fig. 28.   Fig. 29.   Fig. 30.

		Acajou.		Noyer.				Acajou.		Noyer.	
		fr.	c.	fr.	c.			fr.	c.	fr.	c.
Fig. 27. Socle à gorge, de	500 gram.	7	»	6	»	Fig. 29. Socle à chanfrein, de	500 gram.	5	»	4	»
	1000 —	10	»	8	»		1000 —	7	»	6	»
	2000 —	14	»	12	»		2000 —	10	»	9	»
	4000 —	21	»	18	»		4000 —	18	»	16	»
	5000 —	28	»	24	»		5000 —	22	»	20	»
Fig. 28. Socle à une gorge	500 gram.	6	»	5	»	Fig. 30. Boîte à couvercle, de	500 gram.	8	»	6	»
	1000 —	8	»	7	»		1000 —	10	»	8	»
	2000 —	12	»	10	»		2000 —	15	»	12	»
	4000 —	20	»	17	»		4000 —	22	»	19	»
	5000 —	25	»	22	»		5000 —	29	»	25	»

Poids à boutons et divisés.

Fig. 31. *Poids à boutons.* Fig. 32. *Poids divisés.*

	fr.	c.		fr.	c.
Fig. 31. Poids à boutons :			Fig. 32. Poids divisés :		
De 1 gramme . . le cent.	5	»	De 50 grammes . . .	1	50
2 — —	10	»	100 — . . .	2	75
5 — —	15	»	200 — . . .	3	50
10 — —	20	»	500 — . . .	5	25
20 — la pièce.	»	30	1000 — . . .	9	»
50 — —	»	50	Division du gramme jusqu'à 5 centigrammes.	»	20
100 — —	»	90			
200 — —	1	50	Division du gramme jusqu'au centigramme.	»	30
500 — —	2	»			
1000 — —	3	50	Division du gramme jusqu'au milligramme.	5	»
2000 — —	6	»			
5000 — —	13	»			

Porte-ordonnance, Romaine à cadran.

Fig. 33. *Porte-ordonnance bronzé.* Fig. 34. *Porte-ordonnance en cuivre.* Fig. 35. *Romaine à cadran.*

	fr.	c.
Fig. 33. Porte-ordonnance bronzé.	7	»
Fig. 34. — en cuivre poli.	4	»
Fig. 35. Romaine à cadran de 50 kilog.	12	»
— 50 kilog., fabrique de Paris.	15	»

Pèse-lettres.

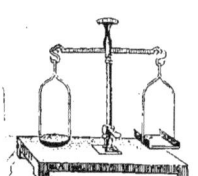
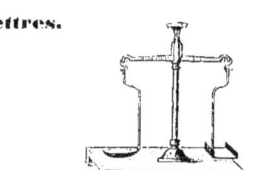

Fig. 36. *Pèse-lettres fin.* Fig. 37. *Pèse-lettres ordinaire.*

	Figure 36. Étriers à 2 branches, colonne à pédale, fléau fin, 3 poids de poste.		Figure 37. Étriers à une branche, colonne à pied rond, fléau mi-fin, 3 poids de poste.	
	fr.	c.	fr.	c.
Pèse-lettres de 24 centimètres sur socle	14	»	10	50
— 27 — —	16	»	12	»
— 24 — sur tablette à tiroir	15	»	11	50
— 27 — —	17	»	13	»

BALANCES DE PRÉCISION
A L'USAGE DES CHIMISTES, DES PHYSICIENS ET DES ESSAYEURS.

Fig. 1.

	fr.	c.
Balance de haute précision, pouvant porter 2 kilogrammes dans chaque plateau et sensible à 1 milligramme; les 3 couteaux reposent sur des plans d'agate; la cage est en acajou; avec la série de poids.	1000	
Idem, pouvant porter 1 kilogramme, et sensible à 1/2 milligramme	800	
— — 500 grammes, — — —	600	
— — 250 — — — — (fig. 1). .	500	

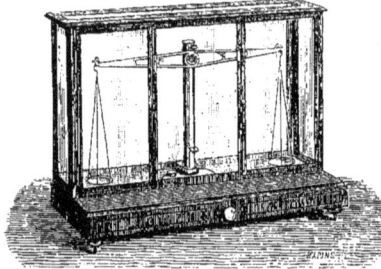
Fig. 2.

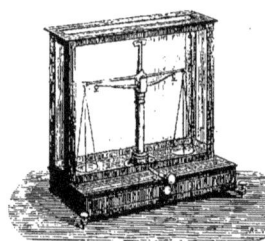
Fig. 3.

Balance pour la chimie et les analyses, pouvant porter 2 kilogrammes dans chaque plateau, et sensible à 5 milligrammes; les plateaux sont suspendus aux extrémités du fléau par des crochets d'acier; série de poids et cage en acajou	500	
Idem, pouvant porter 1 kilogramme, et sensible à 5 milligrammes.	400	
— — 500 grammes, — 1 milligramme	350	
— — 200 — — 1/2 — (fig. 2). . .	300	
Balance pouvant porter 50 grammes, sensible à 1/2 — (fig. 3). . .	100	
Balance moins sensible, d'une construction moins délicate mais plus résistante, pouvant porter 10 kilogrammes dans chaque plateau, et sensible à 5 centigrammes, avec série de poids et cage en chêne	700	

BALANCES DE PRÉCISION, POIDS ÉTALONS.

	fr.	c.
Balance pouvant porter 5 kilogrammes, sensible à 5 centigrammes	500	»
— — 2 — — 1 —	400	»
— — 1 — — — —	350	»
— — 500 grammes, — 5 milligrammes	250	»
— — 250 — — 2 —	200	»
Balance à colonne, de la même construction que les précédentes, mais montée sur un triangle à vis à caler, pouvant porter 10 kilogrammes dans chaque plateau, et sensible au décigramme, avec série de poids	650	»
Idem, pouvant porter 5 kilogrammes, sensible à 1 décigramme	450	»
— — 2 — — — —	350	»
— — 1 — — 5 centigrammes	250	»
— — 500 grammes, — 1 —	200	»
Balance pour les essais d'or et d'argent pouvant peser 2 grammes sur chaque plateau, et sensible à 1/10e de milligramme, avec séries de poids pour l'or et pour l'argent; toute la balance, d'une construction très-élégante, est entièrement dorée, la cage est en ébène	600	»
Idem, d'une construction plus simple, et trébuchant à 1/5e de milligramme, la cage en acajou, avec les deux séries de poids	400	»

Fig. 4. 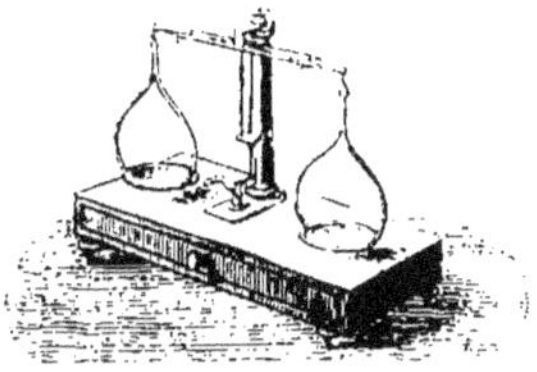   Fig. 5.

Balance de Plattner, pouvant porter 1 gramme sur chaque plateau et trébuchant à 1/10e de milligramme, avec série de poids et cage pliante (fig. 4)	160	»
Trébuchet construit avec précision, monté sur tablette en noyer, pouvant porter 200 grammes dans chaque plateau, et sensible au centigramme, avec poids (fig. 5)	60	»

POIDS DE PRÉCISION.

Poids étalons.

	fr.	c.
Série de poids en cuivre, dont le plus fort poids est de 10 kilogr., et une subdivision du gramme au milligr. en platine, boîte à compartiments en acajou	200	»
Idem, de 5 kilogrammes	170	»
— 2 —	125	»
— 1 —	90	»
Idem, de 500 grammes	70	»
— 100 —	50	»
— 50 —	40	»
— 20 —	30	»

POIDS ÉTALONS, POIDS DE CARATS, MESURES LINÉAIRES.

	fr.	c.
La subdivision du gramme au milligramme étant en cuivre et non en platine, diminue les prix ci-dessus de.	10	»
Division du gramme jusqu'au milligramme, en cuivre.	8	»
Idem, renfermée dans une boîte en acajou à compartiments.	14	»
— en platine	18	»
— renfermée dans une boîte en acajou à compartiments.	24	»
Boîte de poids pour les essais d'or ou d'argent, du gramme au 1/2 milligramme :		
en platine	55	»
en argent	45	»

Poids de carats pour les diamants.

	fr.	c.		fr.	c.
Poids de 400 carats en argent.	5	»	Poids de 4 carats	1	50
— 300 —	4	»	— 2 —	1	»
— 200 —	3	»	— 1 —	1	»
— 100 —	3	»	— 1/2 —	»	75
— 64 —	3	»	— 1/4 —	»	75
— 32 —	3	»	— 1/8 —	»	75
— 16 —	2	50	— 1/16 —	»	75
— 8 —	2	»	— 1/32 —	»	75
			— 1/64 —	»	75

MESURES LINÉAIRES.

Mesures usuelles.

	fr.	c.
Double décimètre plat en buis, divisé en millimètres.	»	75
— à deux biseaux, l'un divisé en millim^{es}, l'autre en demi-millim^{es}.	1	25
— en ivoire, — — —	5	»
Échelle en bois de 50 cent^{es} de long., divisée en millim^{es} sur les deux biseaux.	4	»
Mètre pliant en buis.	»	75
— — divisé en millimètres sur toute la longueur.	1	50
— en baleine, garni et pointé en maillechort.	2	50
— — très-mince, garni et pointé en argent.	3	50
— en ivoire, — —	6	»
Mètre plat, divisé en centimètres dans toute sa longueur	1	50
— en noyer, garni de fer à ses extrémités.	2	50
Double mètre, divisé en centimètres.	4	»
— en noyer, garni en fer.	5	»
Mètre canne, dit mètre d'arpenteur.	2	»
— — en bois des Iles.	5	»
Double mètre se dévissant en deux parties.	9	»
Équerre de charpentier de 50 centimètres, avec bec en fer	5	»
Mesure à tirage pour toiser les chevaux, canne en jonc.	30	»
Décamètre en fer ou chaîne d'arpenteur avec ses fiches.	9	»
Double décamètre en fer —	5	»
Décamètre à ruban en ressort d'acier.	15	»
— — enroulé sur une bobine en bois.	17	»
Double décamètre à ruban en ressort d'acier.	28	»
— — enroulé sur une bobine en bois.	30	»

MESURES DIVERSES.

	fr.	c.
Mesures à ruban en fil imprimé par centimètres, boîte en cuir, de 5 mètres	2	50
— — — — de 10 —	3	50
— — — — de 15 —	5	»
— — — — de 20 —	7	»
— — — — de 30 —	10	»
Ruban-compteur pour le cubage des arbres, donnant le cube des bois de construction au 1/4 ou au 1/5 réduit, etc., avec instruction	6	»
Mesure pour déterminer le poids des bœufs d'après leur taille, avec instruction	2	50

Mètres étalons.

	fr.	c.
Règle en cuivre de 50 cent^s de longueur, divisée en millim^{es}, avec boîte	30	»
Echelle en cuivre, de 1 mètre de longueur, à biseau divisé en millimètres dans toute sa longueur	60	»
Mètre étalon en cuivre, à traits, biseau divisé en centimètres, le premier décimètre divisé en millimètres ; la longueur du mètre est comprise entre deux lignes tracées sur des disques d'argent ; avec boîte	55	»
Mètre étalon en cuivre, à bouts, divisé en centimètres, le premier décimètre divisé en millimètres ; avec boîte	55	»

Machines à diviser.

	fr.	c.
Machine à diviser les lignes droites, construite pour graduer les mesures du commerce, et pouvant diviser une longueur de 1 mètre	400	»
Machine à diviser les lignes droites, disposée spécialement pour diviser des thermomètres et calibrer des tubes ; vis micrométrique de 40 centimètres de longueur, dont le pas donne le demi-millimètre	800	»

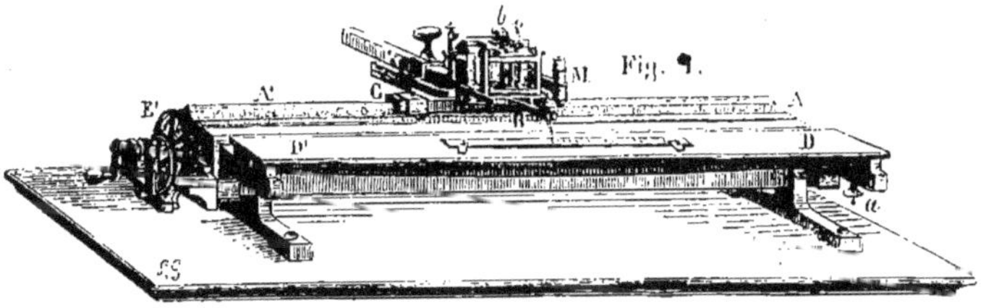

Fig. 1.

	fr.	c.
Machine à diviser les lignes droites, construite avec une grande précision, et disposée pour diviser toutes espèces de mesures, échelles de thermomètres, etc. ; la vis micrométrique a 60 centimètres de longueur, le pas donne le 1/2 millimètre, le compteur permet d'apprécier 1/200e de millimètre (fig. 1)	1400	»

MESURES DE CAPACITÉ.

Mesures pour les liquides.

	fr.	c.		fr.	c.
Double litre en étain	10	»	Décilitre en étain	1	25
Litre —	5	»	1/2 décilitre —	1	»
1/2 litre —	3	75	Double centilitre —	»	65
Double décilitre —	2	25	Centilitre —	»	50
La série complète du litre au centilitre				13	»
— — du double litre au centilitre				23	»

Mesures pour les grains.

	En bois		
	bordées du haut.	ferrées ordinaires.	ferrées avec cylindres forgés.
Demi-hectolitre............	» fr. » c.	12 fr. » c.	14 fr. » c.
Double décalitre............	» »	5 »	6 40
Décalitre................	2 10	3 25	4 25
Demi-décalitre.............	1 50	2 70	3 75
Double litre...............	» 80	1 25	» »
Litre...................	» 50	» 80	» »
Demi-litre................	» 50	» 80	» »
Double décilitre............	» 50	» 80	» »
Décilitre................	» 50	» 80	» »
Demi-décilitre.............	» 50	» 80	» »

Mesures pour le charbon, la chaux, le plâtre, etc.

	Hectolitre.	1/2 hectolitre.	Double décalitre.
En bois double, sans potence............	» fr. » c.	16 fr. 50 c.	7 fr. » c.
— — avec plat bord...........	40 »	21 »	11 »
— simple, —	26 »	13 »	6 40
— double, avec potence et plat bord......	41 50	22 »	12 »
— — avec pieds et plat bord.......	50 »	30 »	18 »
— simple, — —	32 50	19 50	12 25

	fr.	c.
La paire de poignées en fer, fixées à l'hectolitre, se paye en sus.........	3	»
— — — au demi-hectolitre, —	2	50
— — — au double décalitre, —	2	»
La potence ajoutée au décalitre se paye en sus.................	»	75

Mesures types.

Mesures en cuivre étalonnées avec précision ; un disque en glace rodé sur le bord supérieur de la mesure la ferme exactement en lui conservant une capacité constante :

Double décalitre...............	220	»
Décalitre...................	150	»
Demi-décalitre................	100	»
Litre.....................	50	»
Demi-litre...................	25	»
Double décilitre...............	20	»
Décilitre...................	15	»
Demi-décilitre................	12	»
Double centilitre...............	10	»
Centilitre...................	8	»

Mesures en verre divisées ou verres à pied gradués (voyez p. 371).

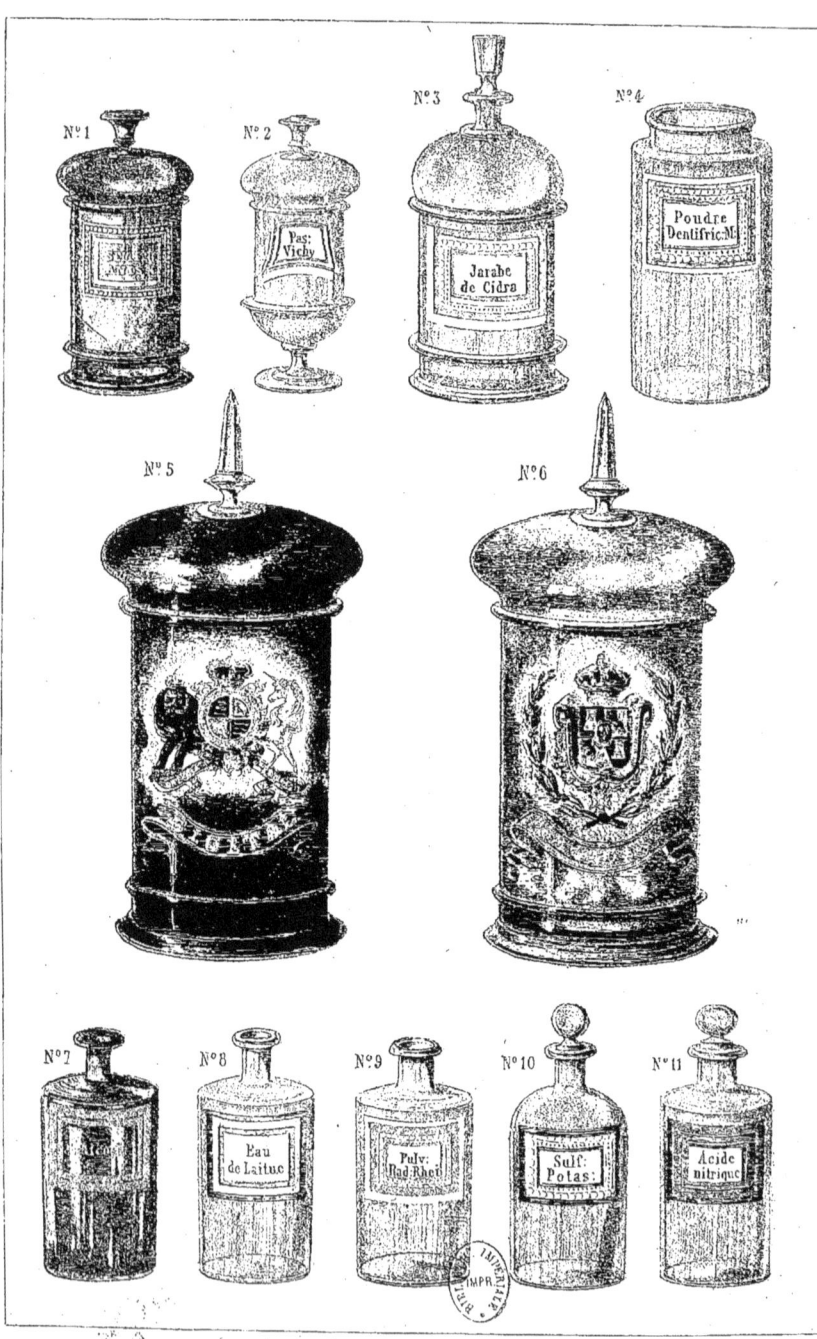

AQUARELLES TYPOGRAPHIQUES HENRI PLON, A PARIS.

CRISTAUX, VERRERIES, PORCELAINES,
FAÏENCES, TERRES ET GRÈS.

Nous invitons nos commettants à prendre note des observations suivantes s'ils veulent éviter les erreurs d'interprétation et les malentendus provenant de désignations insuffisantes.

1° Le mot *flacons* tout seul ne spécifie pas ; pour être compris, il est nécessaire de le faire suivre d'une autre qualification, telle que flacons à l'émeri A ÉTROITE OU LARGE OUVERTURE, ou flacons NON BOUCHÉS A L'ÉMERI.

2° Les flacons non bouchés à l'émeri sont désignés dans la fabrique sous le nom de GOULOTS lorsqu'ils sont appliqués aux liquides; de POUDRIERS ou de COLS DROITS lorsqu'ils doivent renfermer des substances sèches, et de BOCAUX A FLEURS lorsque l'ouverture a presque le diamètre du flacon.

3° Il est utile de spécifier l'espèce de verre par les mots CRISTAL FIN, CRISTAL ORDINAIRE, VERRE BLANC ou VERRE BLEU ; et de désigner la forme des vases par le numéro des figures.

4° La manière la plus simple d'indiquer la grandeur des vases en verre est de l'exprimer par leur capacité en litres et fractions de litres. Si l'on veut fixer la hauteur et le diamètre, il est essentiel de dire : HAUTEUR JUSQU'A LA BASE DU COL (épaulement), HAUTEUR TOTALE JUSQU'A L'ORIFICE, DIAMÈTRE A LA BASE DU FLACON, DIAMÈTRE DE L'OUVERTURE. Ce dernier chiffre est utile à connaître pour adapter des capsules à ces flacons.

5° Lorsqu'on veut faire remplacer le couvercle d'une conserve, il faut dire si ce couvercle couvrait en dehors ou en dedans, et envoyer la figure du cercle obtenu en posant sur un papier l'ouverture de la conserve, et traçant une circonférence avec un crayon promené autour de cette ouverture. Ces remplacements de couvercle réussissent difficilement, parce que les vases en verre ne sont pas des cylindres réguliers. Ce n'est que sur la conserve elle-même qu'on pourrait adapter un couvercle convenable.

6° Il faut toujours s'attendre à un délai de vingt-cinq jours à un mois pour la livraison, par les fabricants, des flacons à étiquettes vitrifiées, des capsules en fer-blanc verni, des pots de pharmacie en porcelaine décorée.

L'exécution des petits pots en porcelaine avec adresse et vignette exige six semaines à deux mois de délai. Les mêmes pots en demi-porcelaine ne peuvent être obtenus des fabricants qu'au bout de cinq à six mois ; parce qu'ils ne veulent s'en occuper qu'à leurs moments perdus.

Pour l'une et l'autre qualité de petits pots avec adresse, la commande n'est acceptée que lorsqu'elle s'élève au nombre de huit cents à mille assortis.

CRYSTAL, GLASS, PORCELAIN, EARTHEN-WARE,
COMMON EARTH AND SANDS-TONE ARTICLES.

We request our customers to attend to the following observations, if they wish to avoid errors in the interpretation of their orders, and misunderstandings arising from insufficient designations.

1. The word *flacon* or bottle alone is not sufficiently clear; in order to be well understood it is necessary to add another description, such as bottles with ground glass stoppers WITH SMALL OR LARGE MOUTHS, or bottles WITHOUT GROUND GLASS STOPPERS.

2. The bottles without ground glass stoppers, are designated, in the trade, by the name of GOULOTS when meant for liquids; by that of POUDRIERS or COLS DROITS when they are to be filled with dry substances, and by that of BOCAUX A FLEURS when the mouth is almost as wide as the diameter of the bottle.

3. It is also useful to specify the kind of glass by the words FINE CRYSTAL, COMMON CRYSTAL, WHITE GLASS or BLUE GLASS and to designate the form of the vases, according to the number attached to the drawings.

4. The most simple manner of indicating the size of the vases is to express it by their capacity in litres or parts of litres. If it be wished to give the height and diameter it is essential to say : HEIGHT UP TO THE SHOULDER OF THE NECK; TOTAL HEIGHT UP TO THE MOUTH; DIAMETER AT THE BOTTOM OF THE BOTTLE; DIAMETER OF THE MOUTH. This last measurement is useful for knowing the capsules which will fit them.

5. When it is wished to replace the cover of a vessel of any kind, it is necessary to state whether the cover fits outside or inside the mouth, and send the exact size of the top of the vessel, by tracing the circumference if it on paper. It is very difficult to replace covers, because the glass vases are not always regular circles. It is only on the vessel itself that the covers can be properly fitted.

6. A delay of from three weeks to a month must be given for the execution of an order for bottles with vitrified labels, capsules in varnished tin, or gallipots in ornamented porcelain.

The manufacture of small pots in porcelain with address and vignette, requires from six weeks to two months. The same pots in demi-porcelain, can only be obtained from the manufacturer in five or six months, as they will not occupy themselves with them except at their leisure moments.

For either of the above qualities of small pots, with address, no order can be received unless it amounts in number to from eight hundred to a thousand assorted.

CRISTAL, VIDRIO, PORCELANA, LOZA,
BARRO Y PIEDRA ARENISCA.

Rogamos á nuestros comitentes se sirvan tomar nota de las observaciones que se espresan á continuacion si quieren evitar las equivocaciones y los errores que ocasiona la falta de indicaciones bastante detalladas.

1º La palabra *frascos* por sí sola no basta para significar lo que se desea; para ser comprendido, necesario es el hacerla seguir de otra calificacion, tal como frascos CON ESMERIL CON LA ABERTURA ESTRECHA Ó ANCHA, ó frascos NO TAPADOS CON ESMERIL.

2º Los frascos no tapados con esmeril son conocidos en la fábrica bajo el nombre de « GOULOTS » cuando se aplican á los líquidos; de « POUDRIERS » ó de « COLS DROITS » cuando han de contener substancias secas, y de « BOCAUX A FLEURS » cuando la abertura casi tiene el diámetro del frasco.

3º Es útil el indicar la especie de frasco que se quiere, sirviéndose de las palabras CRISTAL FINO, CRISTAL ORDINARIO, VIDRIO BLANCO Ó VIDRIO AZUL, y designar la hechura de las vasijas por el número de las figuras.

4º El modo mas sencillo de indicar el tamaño de las vasijas de cristal es el espresar su capacidad por litros y fracciones de litros. Si se quiere fijar la altura y el diámetro, es esencial el decir: ALTURA HASTA LA BASE DEL CUELLO (espaldon), ALTURA TOTAL HASTA EL ORIFICIO, DIAMETRO DE LA BASE DEL FRASCO, DIAMETRO DE LA ABERTURA. Es muy útil el conocer este último diámetro para poder adaptar las cápsulas á esos frascos.

5º Cuando se quiere reemplazar la tapadera de una conserva, es menester decir si cubria por fuera ó por dentro, y enviar la figura del círculo que se obtenga poniendo sobre un papel la abertura de la conserva, y trazando con un lápiz una circunferencia al rededor. Sin embargo es sumamente difícil el reemplazar dichas tapaderas, pues las vasijas de cristal no son cilindros exactos. En vista de la conserva misma es como, únicamente, se le podria adaptar una tapadera que le fuese bien.

6º Es necesario contar que se necesitan de veinte y cinco dias á un mes para poder espedir los frascos con rótulos vitrificados, las cápsulas de hoja de lata barnizada, y los botes de farmacia de porcelana con adornos.

Para hacer botecitos de porcelana con las señas y una viñeta se necesitan seis semanas ó dos meses. Los mismos botecitos de media porcelana no pueden obtenerse de los fabricantes sino al cabo de cinco ó seis meses, pues no quieren ocuparse de ellos en las fábricas sino en los ratos perdidos.

No se acepta pedido alguno de botecitos de cualquiera de las dos caidades espresadas con señas, si no se eleva á ochocientos ó mil de todos tamaños.

PREMIÈRE PARTIE.

CRISTAL FIN.

Conserves forme bourse, forme ordinaire et à pied.

Fig. 1.

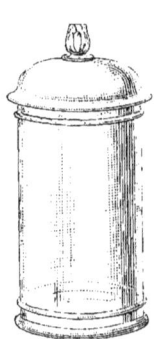
Fig. 2.

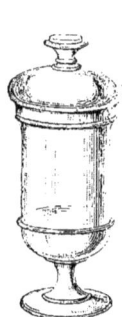
Fig. 3.

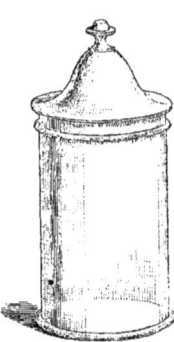
Fig. 4.

HAUTEUR SANS LE COUVERCLE.	HAUTEUR AVEC LE COUVERCLE.	Double cordon.		Simple cordon.	
		fr.	c.	fr.	c.
475 millimètres.	610 millimètres.	35	»	30	»
450 —	582 —	30	»	25	»
425 —	562 —	26	»	20	»
400 —	527 —	21	»	17	»
375 —	500 —	18	»	15	»
350 —	460 —	15	»	12	»
325 —	420 —	12	»	9	50
300 —	387 —	10	»	7	50
275 —	352 —	7	50	6	»
250 —	317 —	6	50	5	50
225 —	300 —	6	»	5	»
200 —	275 —	5	»	4	50
180 —	257 —	4	50	4	»
160 —	216 —	3	75	3	»
140 —	189 —	2	75	2	25
110 —	162 —	2	10	1	75
80 —	130 —	1	75	1	50

Faute de désignation spéciale, nous enverrons les conserves à simple cordon.

CRISTAL FIX.

Flacons forme œuf, urne et potiche, avec bouchons soufflés, pour devanture.

Fig. 5.   Fig. 6.   Fig. 7.

HAUTEUR SANS LE BOUCHON.	HAUTEUR AVEC LE BOUCHON.	Unis.		Taillés.	
		fr.	c.	fr.	c.
425 millimètres.	595 millimètres.	23	»	30	»
400 —	565 —	19	»	25	»
375 —	527 —	16	»	22	»
350 —	490 —	14	»	18	»
325 —	460 —	12	»	15	»
300 —	420 —	10	»	12	»
275 —	393 —	9	»	10	50
250 —	352 —	8	»	9	»

Pour éviter toute confusion dans l'exécution de la demande, mentionner l'espèce de flacons par le numéro de la figure.

Faute de désignation spéciale, nous enverrons les flacons *unis*.

CRISTAL FIN.

Vases Médicis, forme œuf et nouvelle forme (fig. 8 et 9).

HAUTEUR SANS LE COUVERCLE.	HAUTEUR TOTALE ENVIRON.	Unis.		Taillés.	
		fr.	c.	fr.	c.
325 millimètres.	500 millimètres.	9	50	15	»
300 —	480 —	7	50	11	»
275 —	420 —	6	50	8	»
250 —	380 —	5	»	7	»
225 —	350 —	4	75	6	»
200 —	290 —	3	50	4	50
175 —	255 —	3	»	4	»
160 —	240 —	2	75	3	50
140 —	210 —	2	50	3	»
120 —	180 —	2	10	2	60
110 —	150 —	1	75	2	25

Fig. 8.

Fig. 9.

Fig. 10.

Vases socle avec flacon sur le couvercle (fig. 10).

HAUTEUR SANS LE COUVERCLE.	HAUTEUR AVEC LE COUVERCLE.	Unis.		Taillés.	
		fr.	c.	fr.	c.
400 millimètres.	700 millimètres.	24	»	35	»
350 —	600 —	20	»	28	»

Faute de désignation spéciale, nous enverrons les vases *unis*.

CRISTAL FIN.

Vases gondoles et chinois (fig. 11 et 12).

HAUTEUR SANS LE COUVERCLE.	HAUTEUR TOTALE ENVIRON.	Unis.		Taillés.	
		fr.	c.	fr.	c.
475 millimètres.	760 millimètres.	50	»	70	»
450 —	730 —	40	»	50	»
400 —	700 —	30	»	38	»
350 —	635 —	20	»	25	»
300 —	550 —	15	»	18	»
275 —	480 —	11	»	15	»
250 —	430 —	10	»	12	»
190 —	300 —	5	»	7	»

  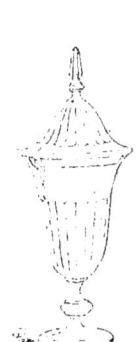 

Fig. 11.   Fig. 12.   Fig. 13.   Fig. 14.

Vases Médicis, forme allongée (fig. 13).

HAUTEUR SANS LE COUVERCLE.	HAUTEUR AVEC LE COUVERCLE.	Unis.		Taillés.	
		fr.	c.	fr.	c.
350 millimètres.	490 millimètres.	20	»	26	»

Vases à socle en trois pièces (fig. 14).

HAUTEUR SANS LE COUVERCLE.	HAUTEUR AVEC LE COUVERCLE.	Unis.		Taillés.	
		fr.	c.	fr.	c.
600 millimètres.	730 millimètres.	70	»	90	»
500 —	620 —	50	»	65	»

Nous enverrons les vases *unis* toutes les fois qu'on ne mentionnera pas le mot *taillés*.

CRISTAL FIX.

Vases forme potiche, sans pied (fig. 15).

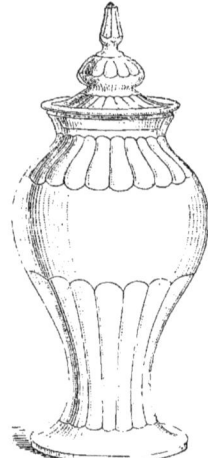

Fig. 15.

HAUTEUR SANS LE COUVERCLE.	HAUTEUR AVEC LE COUVERCLE.	Unis.		Taillés.	
		fr.	c.	fr.	c.
450 millimètres.	600 millimètres.	25	»	30	»
425 —	550 —	20	»	26	»
400 —	500 —	17	»	22	»
375 —	480 —	14	»	18	»
350 —	460 —	11	»	15	»
325 —	440 —	8	50	12	»
275 —	400 —	6	50	9	»
250 —	360 —	5	50	7	50
225 —	320 —	4	50	6	50

Vases forme potiche à pied (fig. 16).

HAUTEUR SANS LE COUVERCLE.	HAUTEUR AVEC LE COUVERCLE.	Unis.		Taillés.	
		fr.	c.	fr.	c.
400 millimètres.	530 millimètres.	25	»	30	»
350 —	470 —	20	»	25	»

Faute de désignation spéciale, nous enverrons les vases *unis*.

Fig. 16.

Flacons anglais forme gourde (fig. 17).

Fig. 17.

HAUTEUR SANS LE BOUCHON.	HAUTEUR AVEC LE BOUCHON.	PRIX.	
		fr.	c.
500 millimètres.	700 millimètres.	35	»
450 —	650 —	30	»
400 —	560 —	28	»
350 —	500 —	22	»
300 —	440 —	18	»
250 —	390 —	13	»

CRISTAL FIX.

Flacons à alcali bouchés.

	AVEC ÉTUI.		SANS ÉTUI.	
	fr.	c.	fr.	c.
Flacons taillés (fig. 19).......... la pièce.	1	25	1	»
— non taillés (fig. 18)........ —	1	»	»	75

Fig. 18. Fig. 19.

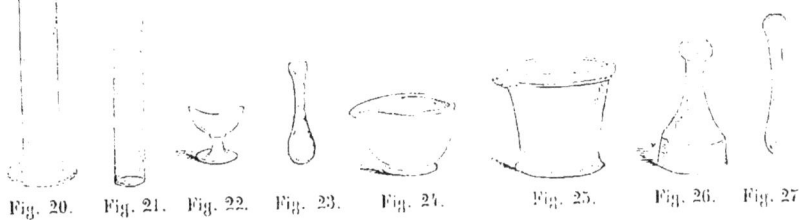

Fig. 20.   Fig. 21.   Fig. 22.   Fig. 23.   Fig. 24.   Fig. 25.   Fig. 26.   Fig. 27.

		fr.	c.
Mortier et pilon forme élevée (fig. 25)...........	le kilo.	2	50
— — basse (fig. 24)...........	—	2	50
OEillères (fig. 22)...........	la pièce.	»	40
Éprouvettes à pied et sans pied (fig. 20 et 21)...	le kilo.	3	»
Molette dépolie à broyer, grosse (fig. 26)........	—	3	»
— — petite..........	—	4	»
Spatules (fig. 27)..........	—	3	50

Lampes à esprit-de-vin en cristal, garnies d'un porte-mèche en cuivre.

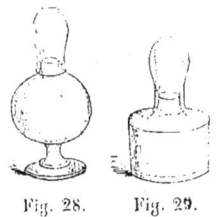

		fr.	c.
Lampe à pied (fig. 28)......... la pièce.		2	50
— sans pied (fig. 29)......... —		1	50

Fig. 28.   Fig. 29.

Éprouvettes à vanille (fig. 30).

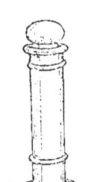

		fr.	c.
Éprouvettes grandes............ la pièce.		5	»
— petites............ —		4	»

Fig. 30.

CRISTAL FIX.

Guéridons en cristal moulés, avec socle et cylindre (fig. 31).

		fr.	c.
Guéridon à quatre étages............................ la pièce.		45	»
— à trois étages............................ —		35	»

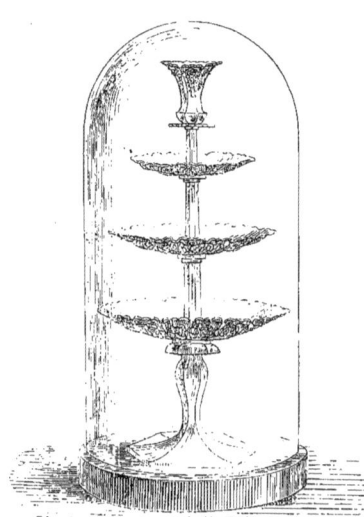
Fig. 31.

Fig. 32.

Guéridons en bois d'acajou ou citronnier, avec cylindre (fig. 32).

		fr.	c.
Guéridon à cinq étages............................ la pièce.		25	»
— à quatre étages............................ —		22	»
— à trois étages............................ —		20	»

Briquets à gaz, becs en porcelaine.

Fig. 33.

Fig. 34.

	CYLINDRE.		POIRE.	
	fr.	c.	fr.	c.
Cristal uni (fig. 33)	8	»	9	»
— gravé.	9	»	10	»
Bleu ou opale uni (fig. 34). . . .	9	»	10	»
— décoré.	13	»	14	»

CRISTAL FIN.

Cuvettes de baromètre.

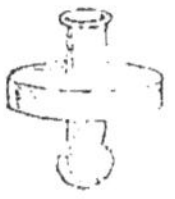

Fig. 35.

	fr.	c.
Cuvette de 148 millimètres............ la pièce.	4	»
— de 135 — .... —	3	75
— de 122 — .... —	2	40
— de 108 — .... —	2	»
— de 94 — .... —	1	70
— de 81 — .... —	1	40
— de 68 — .... —	1	20
— de 54 — .... —	1	»

Spéculums.

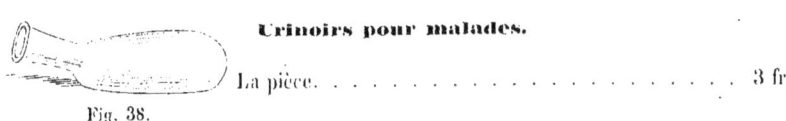

Fig. 36.   Fig. 37.

	À MANCHE.		SANS MANCHE	
	fr.	c.	fr.	c.
Petits........... la pièce.	2	»	1	75
Moyens........... —	2	75	2	25
Grands........... —	3	50	3	»

Urinoirs pour malades.

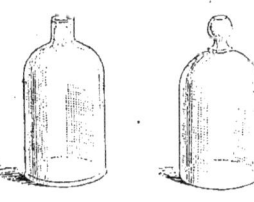

Fig. 38.

La pièce................. 3 fr.

Cloches à douille ou à bouton.

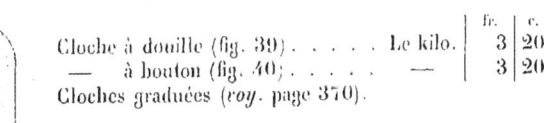

Fig. 39.   Fig. 40.

	fr.	c.
Cloche à douille (fig. 39)..... Le kilo.	3	20
— à bouton (fig. 40);..... —	3	20
Cloches graduées (*voy.* page 370).		

Flacons désinfectants avec étui en buis.

Fig. 41.

	fr.	c.
Flacons désinfectants, grands............ la pièce.	3	»
— — moyens........... —	2	50
— — petits........... —	2	»

CRISTAL FIN.

Flacons à sels taillés, dés en vermeil.

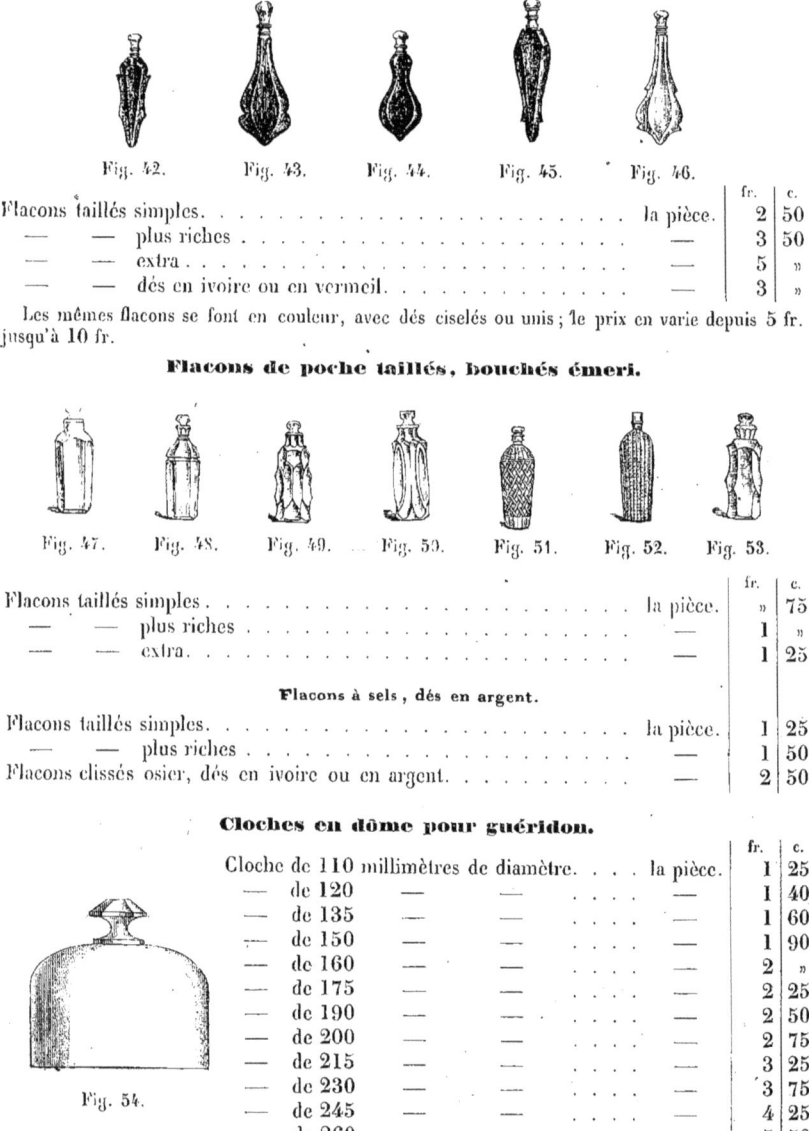

Fig. 42.   Fig. 43.   Fig. 44.   Fig. 45.   Fig. 46.

	fr.	c.
Flacons taillés simples............................ la pièce.	2	50
— — plus riches........................ —	3	50
— — extra................................. —	5	»
— — dés en ivoire ou en vermeil......... —	3	»

Les mêmes flacons se font en couleur, avec dés ciselés ou unis; le prix en varie depuis 5 fr. jusqu'à 10 fr.

Flacons de poche taillés, bouchés émeri.

Fig. 47.   Fig. 48.   Fig. 49.   Fig. 50.   Fig. 51.   Fig. 52.   Fig. 53.

	fr.	c.
Flacons taillés simples............................ la pièce.	»	75
— — plus riches........................ —	1	»
— — extra................................. —	1	25

Flacons à sels, dés en argent.

	fr.	c.
Flacons taillés simples............................ la pièce.	1	25
— — plus riches........................ —	1	50
Flacons clissés osier, dés en ivoire ou en argent......... —	2	50

Cloches en dôme pour guéridon.

	fr.	c.
Cloche de 110 millimètres de diamètre.... la pièce.	1	25
— de 120 — — .... —	1	40
— de 135 — — .... —	1	60
— de 150 — — .... —	1	90
— de 160 — — .... —	2	»
— de 175 — — .... —	2	25
— de 190 — — .... —	2	50
— de 200 — — .... —	2	75
— de 215 — — .... —	3	25
— de 230 — — .... —	3	75
— de 245 — — .... —	4	25
— de 260 — — .... —	5	50
— de 275 — — .... —	7	»

Fig. 54.

CRISTAL FIX. 415

Guéridons pour cloches.

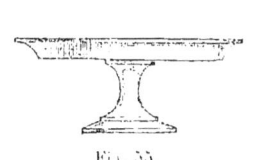
Fig. 55.

	fr.	c.
Guéridon de 135 millimètres de diamètre, la pièce.	2	25
— de 150 — — —	2	50
— de 160 — — —	2	75
— de 175 — — —	3	»
— de 190 — — —	3	25
— de 200 — — —	3	50
— de 215 — — —	3	75
— de 230 — — —	4	25
— de 245 — — —	4	75
— de 260 — — —	5	25
— de 270 — — —	6	50
— de 285 — — —	8	»
— de 300 — — —	9	»
— de 325 — — —	10	»

Coupes forme corbeille.

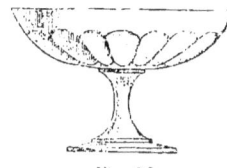
Fig. 56.

Fig. 57.

	UNIES.		TAILLÉES.	
	fr.	c.	fr.	c.
Coupes de 200 millimètres de diamètre . . . . la pièce.	4	50	5	50
— de 215 — — —	5	»	6	»
— de 230 — — —	5	50	7	»
— de 245 — — —	6	»	7	75
— de 270 — — —	7	50	9	50

Coupes forme ordinaire et évasée.

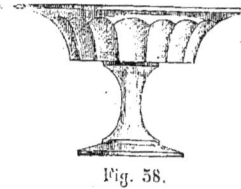
Fig. 58.

	UNIES.		TAILLÉES.	
	fr.	c.	fr.	c.
Coupe de 200 mill. de diam., la pièce.	4	»	5	»
— de 215 — — —	4	25	5	50
— de 230 — — —	5	»	6	50
— de 245 — — —	5	50	7	»
— de 270 — — —	6	50	8	»

CRISTAL FIN.

Coupe forme corbeille; pied six pans.

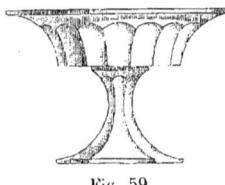

Fig. 59.

	fr.	c.
Coupe de 190 millim. de diamètre, taillée, la pièce.	5	50
— de 200 — — — —	6	25
— de 215 — — — —	7	»
— de 230 — — — —	7	50
— de 245 — — — —	8	50
— de 270 — — — —	10	50

Nota. La jambe taillée coûte en plus 75 c.
La taille sous le pied. — 75

Assiettes de compotiers.

Fig. 60.

	UNIES.		TAILLÉES.	
	fr.	c.	fr.	c.
Assiette de 205 mill. de diamètre, la pièce.	1	35	1	75
— de 193 — — —	1	10	1	50
— de 182 — — —	1	»	1	35
— de 162 — — —	»	90	1	20
— de 135 — — —	»	80	»	95

MODÈLES VARIÉS D'ÉTIQUETTES VITRIFIÉES,
CONSERVES EN CRISTAL DÉCORÉES DE PEINTURES INTÉRIEURES.

La planche ci-jointe présente la série des différents genres de vitrification.
Les colonnes de prix indiquent la valeur des bocaux, goulots, flacons à l'émeri à étroite ou large ouverture, portant une étiquette vitrifiée suivant les dessins numéro 1, 2, etc. — Pour plus de clarté, nous ajoutons les explications suivantes :

Le n° 1 se compose de filets à jour, lettres blanches. | Les n°s 3, 9, 2 filets or, lettres noires.
Les n°s 4, 8, 10, de 2 filets noirs, lettres noires. | Le n° 7, 2 filets or, lettres or.
Le n° 2, étiquette anglaise, 2 filets or, lettres noires. | Le n° 11, 2 filets or, 2 filets noirs, lettres noires.

Conserves en cristal décorées de peintures (fig. 5 et 6).

Conserves cristal bouton flèche.	Hauteur tout compris.	610^{mm}	527^{mm}	352^{mm}
	Prix	90 fr.	70 fr.	45 fr.

Nous sommes en mesure de faire peindre sur ces conserves tous les genres de dessins dont on nous fournira le modèle.

Conserves	HAUTEUR TOUT COMPRIS.									
CRISTAL ORDINAIRE, VERRE BLEU OU BLANC.	216 mill.		257 mill.		285 mill.		317 mill.		350 mill.	
	fr.	c.	fr.	c.	fr.	c.	fr.	c.	fr.	c.
Dessin n° 1	3	»	4	»	6	»	8	»	10	»
— n°s 4, 8, 10	4	»	5	»	7	»	9	»	11	»
— n°s 2, 3, 7, 9	5	»	6	»	8	»	10	»	12	»
— n° 11	6	»	7	»	9	»	11	»	14	»

MODÈLES VARIÉS D'ÉTIQUETTES VITRIFIÉES.

DÉSIGNATION DES ESPÈCES DE FLACONS AVEC ÉTIQUETTES VITRIFIÉES SUIVANT LES DESSINS.	CONTENANCES ET PRIX.				
	500 gr.	750 gr.	1 litre.	1 litre 1,2	2 litres.
	fr. c.	fr. c.	fr. c.	fr. c.	fr. c.
Bocaux, poudriers et goulots, ÉPAULE RONDE OU CARRÉE, VERRE BLEU OU BLANC.					
Dessin n° 1.	» 90	1 »	1 25	1 50	2 »
— n°s 4, 8, 10	1 50	1 75	2 »	2 50	3 »
— n°s 2, 3, 7, 9.	1 75	2 25	2 75	3 25	3 75
— n° 11.	2 25	2 75	3 25	3 75	4 50
Flacons étroite ouverture, BOUCHÉS A L'ÉMERI, ÉPAULE RONDE OU CARRÉE, VERRE BLEU OU BLANC.					
Dessin n° 1.	1 50	1 75	2 »	2 50	3 25
— n°s 4, 8, 10	2 »	2 25	2 50	3 »	3 50
— n°s 2, 3, 7, 9.	2 50	3 »	3 50	4 »	4 50
— n° 11.	3 »	3 50	4 »	4 50	5 »
Flacons large ouverture, BOUCHÉS A L'ÉMERI, ÉPAULE RONDE OU CARRÉE, VERRE BLEU OU BLANC.					
Dessin n° 1.	2 25	2 50	2 75	3 25	4 »
— n°s 4, 8, 10	2 50	2 75	3 25	4 »	4 75
— n°s 2, 3, 7, 9.	3 »	3 50	4 »	4 50	5 »
— n° 11.	3 50	4 »	4 50	5 »	5 50

Flacons forme bourse A ÉTIQUETTE VITRIFIÉE, N° 3 DE LA PLANCHE.	ÉTROITE OUVERTURE.				LARGE OUVERTURE.			
	BOUCHÉ ÉMERI.		NON BOUCHÉ.		BOUCHÉ ÉMERI.		NON BOUCHÉ.	
	1 litre.	2 litres.	1 litre.	2 litres.	1 litre.	2 litres.	1 litre.	2 litres.
	fr. c.	fr. c.	fr. c.	fr. c.	fr. c.	fr. c.	fr. c.	fr. c.
Dessin n° 1.	4 50	6 »	3 50	5 »	5 50	7 »	4 50	6 »
— n°s 4, 8, 10	5 »	7 »	4 »	6 »	6 »	8 »	5 »	7 »
— n°s 2, 3, 7, 9.	6 »	8 »	5 »	7 »	7 »	9 »	6 »	8 »
— n° 11.	10 »	12 »	9 »	11 »	11 »	13 »	10 »	12 »
Les mêmes, sans étiq. vitrifiées.	3 »	4 50	1 75	2 50	3 50	5 25	2 »	2 75

Ce nouveau modèle de flacons a été exécuté afin de répondre au désir des commettants qui, pour donner à leur pharmacie un aspect uniforme, veulent assortir les flacons avec les conserves et les pots en porcelaine, forme bourse.

DEUXIÈME PARTIE.

CRISTAL ORDINAIRE.

Flacons à ouverture ordinaire,
BOUCHÉS A L'ÉMERI.

Flacons à large ouverture,
BOUCHÉS A L'ÉMERI.

Fig. 1.

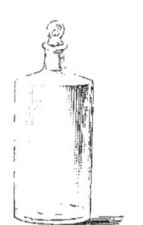
Fig. 2.

Fig. 3.

Fig. 4.

	SANS ÉTIQUETTE.		ÉTIQUETTE VITRIFIÉE.			SANS ÉTIQUETTE.		ÉTIQUETTE VITRIFIÉE.	
	fr.	c.	fr.	c.		fr.	c.	fr.	c.
De 6 litres. la pièce.	4	80	»	»	De 6 litres. la pièce.	7	»	10	»
4 — . —	3	20	5	25	4 — . —	5	»	6	50
3 — . —	2	40	4	50	3 — . —	3	50	5	»
2 50. . —	2	»	3	75	2 50. . —	3	»	4	50
2 — . —	1	60	3	25	2 — . —	2	75	4	»
1 50. . —	1	20	2	50	1 50. . —	2	»	3	25
1 — . —	»	80	1	75	1 — . —	1	75	2	50
750 gr. —	»	75	1	60	750 gr. —	1	40	2	25
500 — —	»	65	1	50	500 — —	1	25	2	20
375 — —	»	55	1	25	375 — —	1	20	2	»
310 — —	»	50	1	20	310 — —	1	10	1	90
250 — —	»	45	1	10	250 — —	1	»	1	80
187 — —	»	40	1	»	187 — —	»	90	1	70
155 — —	»	38	»	95	155 — —	»	80	1	50
125 — —	»	35	»	90	125 — —	»	75	1	25
93 — —	»	30	»	80	93 — —	»	60	1	15
62 — —	»	25	»	65	62 — —	»	50	1	»
45 — —	»	25	»	65	45 — —	»	50	1	»
30 — —	»	20	»	55	30 — —	»	40	»	90
24 — —	»	20	»	55	24 — —	»	40	»	90
16 — le cent.	17	50	»	50	16 — —	»	30	»	80

Au-dessous de 16 grammes, même prix.

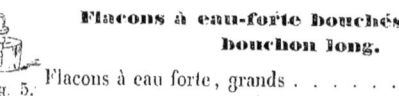

Fig. 5. **Flacons à eau-forte bouchés à l'émeri, bouchon long.**

	ÉTIQUETTE VITRIFIÉE.		SANS ÉTIQUETTE.	
	fr.	c.	fr.	c.
Flacons à eau forte, grands . . . . la pièce.	1	»	»	60
— — petits . . . . —	»	90	»	50

CRISTAL ORDINAIRE BLANC.

Conserves forme bourse ordinaire et à pied.

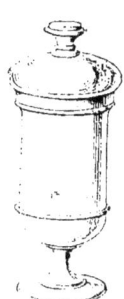
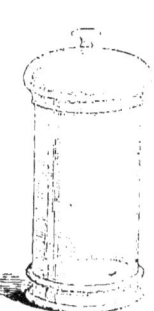
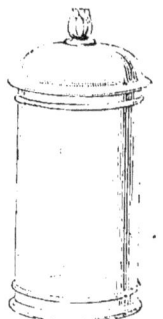

Fig. 6.   Fig. 7.   Fig. 8.

	HAUTEUR SANS LE COUVERCLE.	HAUTEUR AVEC LE COUVERCLE.	SANS ÉTIQUETTE.		ÉTIQUETTE VITRIFIÉE.	
			fr.	c.	fr.	c.
N° 1	486 millimètres.	620 millimètres.	22	»	45	»
2	459 —	582 —	20	»	40	»
3	432 —	562 —	16	»	35	»
4	405 —	527 —	14	»	30	»
5	378 —	500 —	12	50	25	»
6	351 —	460 —	10	»	20	»
7	324 —	420 —	8	»	17	»
8	267 —	387 —	6	»	13	»
9	270 —	352 —	5	»	10	»
10	243 —	317 —	4	»	8	»
11	216 —	285 —	3	»	6	»
12	189 —	257 —	1	75	4	»
13	162 —	216 —	1	50	3	»
14	123 —	189 —	1	25	2	»
15	108 —	162 —	1	»	1	50

Vases Médicis.

Fig. 9.   Fig. 10.

HAUTEUR SANS LE COUVERCLE.	HAUTEUR AVEC LE COUVERCLE.	PRIX.	
		fr.	c.
351 millimètres.	568 millimètres.	6	»
324 —	506 —	5	»
297 —	480 —	4	»
270 —	420 —	3	50
243 —	380 —	3	»
216 —	352 —	2	50
189 —	300 —	2	»
162 —	257 —	1	50
135 —	230 —	1	25
108 —	162 —	1	»

CRISTAL ORDINAIRE BLANC.

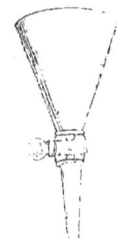

Entonnoirs à robinet.

	fr.	c.
Entonnoirs de 2 litres . . . . la pièce.	5	»
— 1 50 . . . . —	4	50
— 1 litre . . . . —	4	»
— 500 grammes . . . . —	3	50
— 250 — . . . . —	3	»

Fig. 11.

Flacons bouchés à l'émeri, avec robinet au bas.

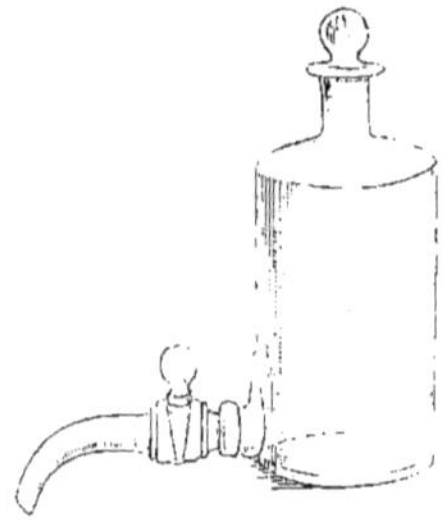

De 12 litres . . . . la pièce.	16	»
10 — . . . . —	14	»
8 — . . . . —	10	50
6 — . . . . —	9	50
4 — . . . . —	8	»
3 — . . . . —	7	»
2 — . . . . —	6	50
1 50 . . . . —	6	»
1 — . . . . —	5	50
750 grammes . . . . —	5	25
500 — . . . . —	5	»
375 — . . . . —	4	50
250 — . . . . —	4	»

Fig. 12.

Flacons d'appareil pour le chlore.

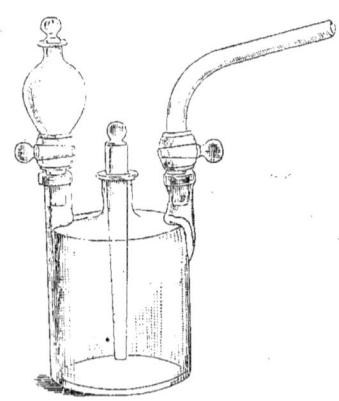

Fig. 13.

Sans réchaud . . . . la pièce.	10	»
Avec réchaud en fer-blanc . . . . —	14	»

Flacons respiratoires (fig. 14).

	fr.	c.
Flacons respiratoires, grands . . . . la pièce.	3	50
— — petits . . . . —	3	»

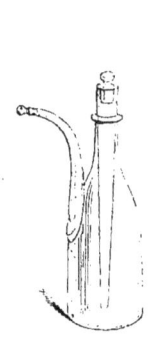
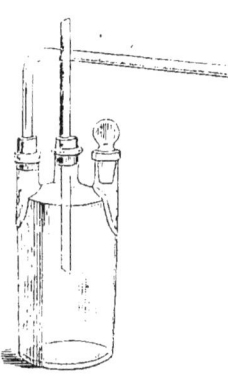

Fig. 14. Fig. 15.

Appareil de fumigation avec tube courbe pour la bouche (fig. 15).

Prix : 3 fr.

Appareil de Marsh.

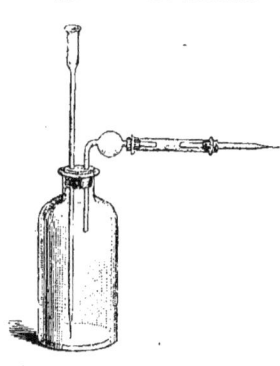

Fig. 16.

	fr.	c.
Appareil de Marsh, simple . . . . la pièce.	2	»
— — modifié . . . . —	3	»

Voyez *Instruments de toxicologie*, page 386.

CRISTAL ORDINAIRE BLANC.

Appareil à déplacement.

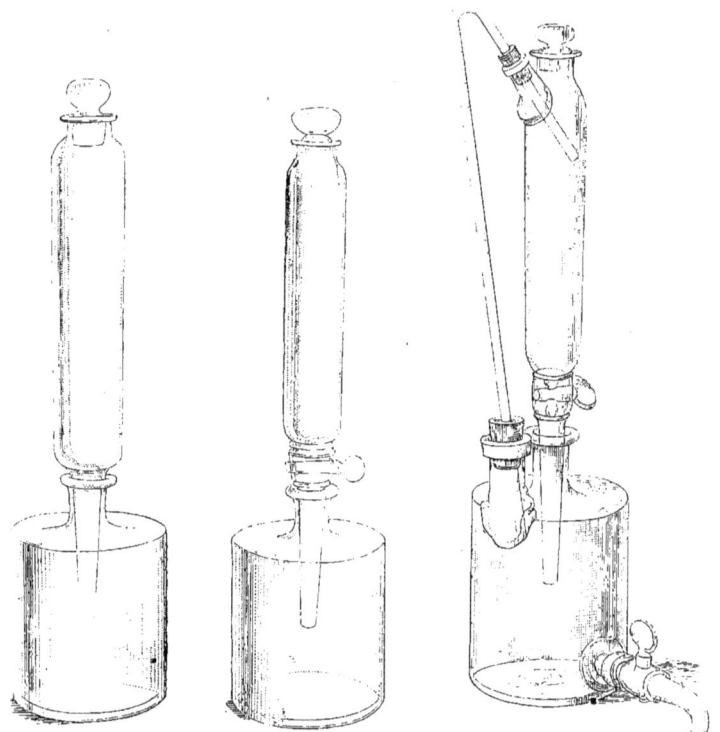

Fig. 17.   Fig. 18.   Fig. 19.

		fr.	c.
Appareil à déplacement, simple (fig. 17)............la pièce.		6	»
— — à robinet (fig. 18)............... —		10	»
— — Guibourg (fig. 19)............ —		20	»

Carafes à huile.

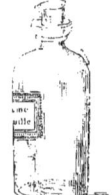

Fig. 20.

	SANS ÉTIQUETTE.		ÉTIQUETTE VITRIFIÉE.	
	fr.	c.	fr.	c.
Carafe à huile de 2 litres .... la pièce.	2	50	3	75
— — 1 — .... —	1	75	2	25
— — 500 grammes.... —	1	25	1	75
— — 250 — ..... —	»	75	1	25

CRISTAL ORDINAIRE BLANC ET VERRE BLEU.

Carafes pour biberons.

Fig. 21.

Fig. 22.

Le 100. . . . . 50 fr.

VERRE BLEU.

Bocaux, cols droits et goulots.

Fig. 23.

Fig. 24.

Fig. 25.

	SANS ÉTIQUETTE.		AVEC ÉTIQUETTE VITRIFIÉE.	
	fr.	c.	fr.	c.
Bocaux de 6 litres.	3	»	7	»
— 5 —	2	50	6	»
— 4 —	2	»	4	50
— 3 —	1	50	3	50
— 2 —	1	»	2	75
— 1 50	»	75	2	25
— 1 —	»	50	1	75
— 750 grammes	»	40	1	50
— 500 —	»	27 50	1	»
— 375 —	»	25	»	90
— 310 —	»	22 50	»	85
— 250 —	»	20	»	80
— 187 —	»	17 50	»	75
— 155 —	»	15	72	50
— 125 —	»	12 50	67	50
— 93 —	»	10	60	»
— 62 —	»	9 50	57	50
— 45 —	»	9	55	»
— 31 —	»	7	52	50
— 16 —	»	6	50	»

CRISTAL ORDINAIRE BLANC ET VERRE BLEU.

Flacons ronds et carrés, avec nom de médicament externe.

		fr.	c.
Flacons de 15 grammes	le cent.	6	»
— 30 —	—	8	»
— 60 —	—	10	»
— 93 —	—	12	»
— 125 —	—	15	»
— 155 —	—	17	»

Fig. 26.

Flacons à pilules avec inscription ou unis.

	Verre bleu.		Verre blanc.	
	fr.	c.	fr.	c.
Flacons de 2 à 4 grammes . . . . . le cent.	6	»	6	»
— 8 à 15 —	7	»	7	»
— 30 —	10	»	10	»

Fig. 27.

OBSERVATION. C'est à tort qu'on attribue aux vases en verre bleu la propriété de protéger contre l'action de la lumière les produits qu'on y renferme. Le verre bleu laisse passer les rayons violet, bleu et indigo, et avec eux les rayons chimiques qui agissent avec le plus d'énergie. Le verre noir seul est parfaitement efficace; il éteint tous les rayons du spectre solaire. Après le verre noir, le verre rouge ou jaune est à tous égards préférable au verre bleu.

Pour l'usage commercial, le verre rouge serait d'un prix trop élevé; mais nous espérons décider les fabricants à confectionner les vases en verre noir ou en verre jaune au même prix qu'en verre bleu dès que les demandes seront assez importantes.

BOCAUX CYLINDRIQUES
POUR FŒTUS ET PIÈCES D'HISTOIRE NATURELLE.

Boules creuses en verre pour la suspension des pièces.

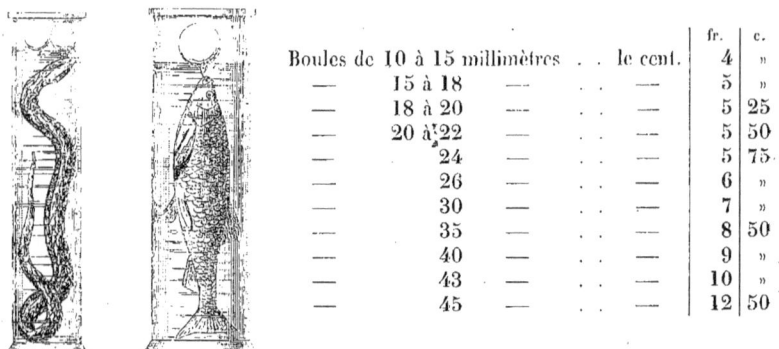

	fr.	c.
Boules de 10 à 15 millimètres . . le cent.	4	»
— 15 à 18 —	5	»
— 18 à 20 —	5	25
— 20 à 22 —	5	50
— 24 —	5	75
— 26 —	6	»
— 30 —	7	»
— 35 —	8	50
— 40 —	9	»
— 43 —	10	»
— 45 —	12	50

Fig. 28.   Fig. 29.

Quadrilatères en verre pour suspendre les pièces anatomiques.

Chaque quadrilatère ajusté sur son bocal . . . . » fr. 50 c.

CRISTAL ORDINAIRE BLANC.

Bocaux cylindriques avec pied.

Fig. 30.　　　　Fig. 31.

HAUTEURS en CENTIMÈTRES.	DIAMÈTRES DES BOCAUX EN CENTIMÈTRES.												
	3	4	5	6	7	8	10	12	15	18	20	22	25
	fr. c.	fr. c.	fr. c.	fr. c.	fr. c.	fr. c.	fr. c.	fr. c.	fr. c.	fr. c.	fr. c.	fr. c.	fr. c.
3	» 15	» 20	» »	» »	» »	» »	» »	» »	» »	» »	» »	» »	» »
4	» 15	» 20	» 20	» »	» »	» »	» »	» »	» »	» »	» »	» »	» »
5	» 15	» 20	» 20	» »	» »	» »	» »	» »	» »	» »	» »	» »	» »
6	» 15	» 20	» 25	» 30	» 35	» »	» »	» »	» »	» »	» »	» »	» »
7	» 20	» 20	» 25	» 30	» 40	» 45	» »	» »	» »	» »	» »	» »	» »
8	» 20	» 25	» 30	» 35	» 45	» 50	» 60	» »	» »	» »	» »	» »	» »
10	» 25	» 30	» 35	» 35	» 45	» 60	» 70	» 80	» »	» »	» »	» »	» »
12	» 30	» 30	» 40	» 50	» 60	» 70	» 80	1 »	1 50	» »	» »	» »	» »
15	» 40	» 40	» 50	» 60	» 70	» 80	» 90	1 20	1 75	2 50	» »	» »	» »
18	» 45	» 50	» 50	» 60	» 80	1 »	1 10	1 50	2 50	2 75	3 50	» »	» »
20	» 50	» 50	» 60	» 80	1 »	1 20	1 50	2 »	2 70	3 50	4 »	5 »	» »
25	» 60	» 65	» 70	1 »	1 20	1 40	1 70	2 25	2 90	3 75	4 50	5 50	7 »
30	» 80	» 90	1 »	1 10	1 30	1 60	1 90	2 40	3 25	4 25	5 »	6 50	8 »
35	» 90	1 »	1 20	1 30	1 50	1 80	2 25	2 50	3 75	5 50	7 »	8 »	10 »
40	1 »	1 10	1 30	1 40	1 60	2 »	2 50	3 »	4 50	6 50	7 50	9 »	13 »
45	1 10	1 20	1 40	1 50	2 »	2 50	3 »	3 50	5 »	7 »	9 »	12 »	18 »
50	1 40	1 60	1 75	1 90	2 30	2 80	3 50	4 50	6 50	9 »	11 »	15 »	22 »

Couvercles plats en verre double

Ajustés sur les bocaux ci-dessus et bouchant hermétiquement, ou non ajustés.

	NON AJUSTÉS.		AJUSTÉS.	
	fr.	c.	fr.	c.
Couvercles de 3 à 5 centimètres de largeur . . . . . le cent.	4	»	10	»
— 5 à 8 — —	7	50	15	»
— 8 à 10 — —	10	»	25	»
— 10 à 12 — —	15	»	35	»
— 12 à 15 — —	20	»	45	»
— 15 à 18 — —	30	»	60	»
— 18 à 20 — —	40	»	75	»
— 20 à 22 — . . . . . la pièce.	»	60	1	20
— 22 à 25 —	»	75	1	50

Ces couvercles plats sont également employés pour les bocaux sans pied désignés ci-contre.

Bocaux plats ou ovales, de toutes grandeurs, dressés sur les bords et prêts à être bouchés, au prix de 3 fr. 25 c. le kilogramme.

VERRE BLANC.

Conserves ou bocaux sans cordon, à couvercles bombés ou chinois.

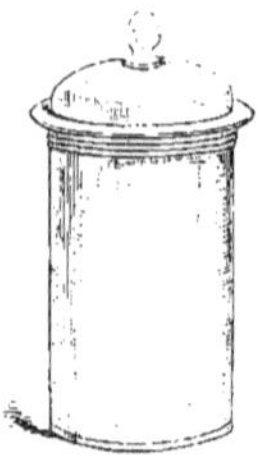

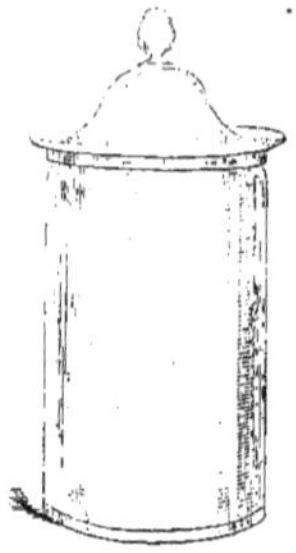

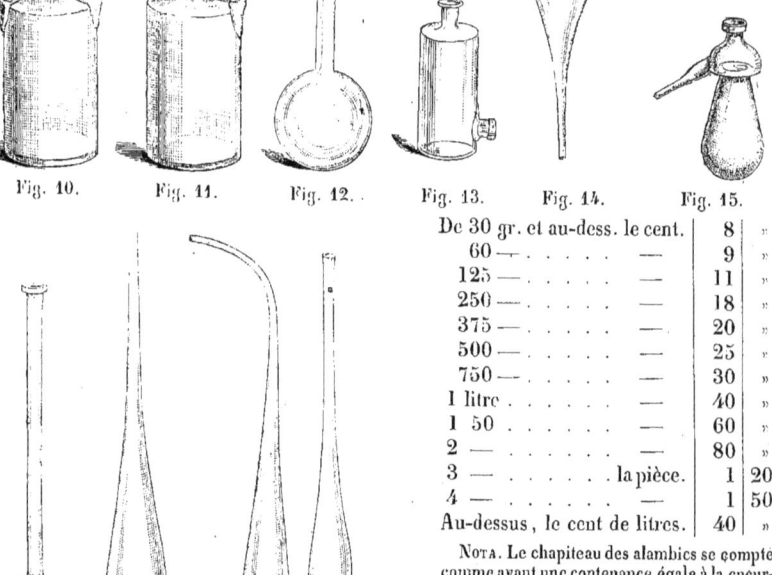

	fr.	c
De 12 litres . . . . la pièce.	8	»
10 — —	7	»
8 — —	5	50
6 — —	4	»
4 — —	2	75
3 — —	2	»
2 — —	1	75
1 50 —	1	25
1 — —	»	75
750 grammes —	»	70
500 — —	»	60
375 — —	»	55

Fig. 8. Fig. 9.

Flacon de Woulf, ballons, matras, entonnoirs, cornues, alambics, allonges droites et courbées.

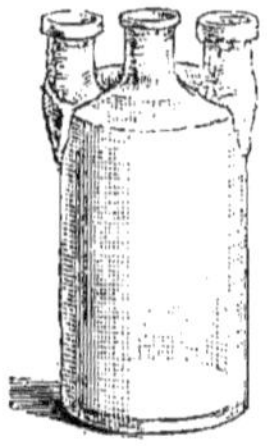

Fig. 10. Fig. 11. Fig. 12. Fig. 13. Fig. 14. Fig. 15.

	fr.	c
De 30 gr. et au-dess. le cent.	8	»
60 — . . . . —	9	»
125 — —	11	»
250 — —	18	»
375 — . . . . —	20	»
500 — —	25	»
750 — —	30	»
1 litre . . . . —	40	»
1 50 . . . . —	60	»
2 — —	80	»
3 — . . . . . la pièce.	1	20
4 — . . . . —	1	50
Au-dessus, le cent de litres.	40	»

Fig. 16. Fig. 17. Fig. 18. Fig. 19.

NOTA. Le chapiteau des alambics se compte comme ayant une contenance égale à la cucurbite. Chaque tubulure ou pointe effilée adaptée à l'une des pièces ci-dessus (autre que le col) sera compté depuis la plus petite grandeur jusqu'à 4 litres, 0 fr. 60 c.
De 5 à 10 — 0 fr. 90 c.
11 à 20 — 1 fr. 75 c.
21 et au-dessus, 2 fr. 75 c.

VERRE BLANC.

Récipients florentins (fig. 20).

	fr.	c.
Récipient de 4 litres . . . . la pièce.	3	60
— 3 — . . . . —	2	50
— 2 — . . . . —	1	75
— 1 50 . . . . —	1	70
— 1 — . . . . —	1	45
— 500 grammes . . . . —	1	»

Fig. 20.

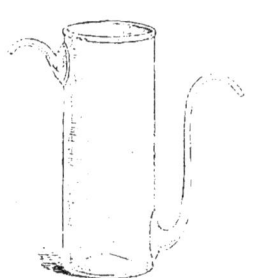

Fig. 21.

Récipients florentins cylindriques à deux tubulures (fig. 21).

	fr.	c.
Récipients de 1 litre . . . . la pièce.	4	»
— 2 — . . . . —	5	»
— 4 — . . . . —	7	»

Alambics bouchés à l'émeri.

Fig. 22.

	fr.	c.
Alambic de 15 litres . . . . la pièce.	14	»
— 12 — . . . . —	13	»
— 10 — . . . . —	11	»
— 8 — . . . . —	9	»
— 6 — . . . . —	7	50
— 4 — . . . . —	5	50
— 3 — . . . . —	3	75
— 2 — . . . . —	2	75
— 1 50 . . . . —	2	25
— 1 — . . . . —	1	50
— 750 grammes . . . . —	1	40
— 500 — . . . . —	1	25
— 375 — . . . . —	1	20
— 250 — . . . . —	1	10
— 187 — . . . . —	1	»

VERRE BLANC.

Cornues, ballons, matras, bouchés à l'émeri.

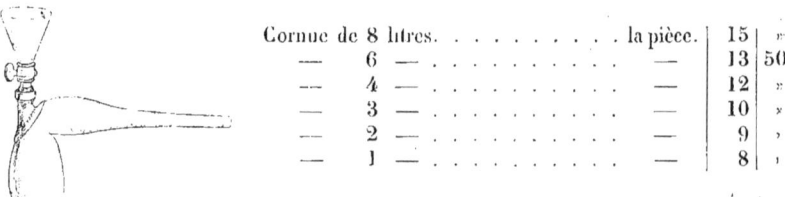

Fig. 23.
Fig. 24. 
Fig. 25. 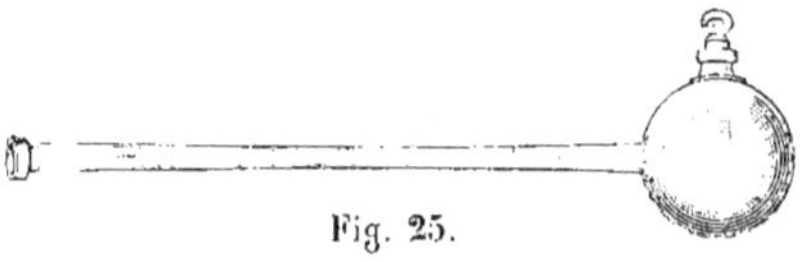

			fr.	c.
De 15 litres	. . . . .	la pièce.	11	»
12 —	. . . . .	—	8	»
10 —	. . . . .	—	7	50
8 —	. . . . .	—	5	50
6 —	. . . . .	—	4	»
4 —	. . . . .	—	3	»
3 —	. . . . .	—	2	25
2 —	. . . . .	—	2	»
1 litre 50	. . . . .	—	1	75
1 —	. . . . .	—	1	50
750 grammes	. .	—	1	25
500 —	. .	—	1	»
375 —	. .	—	»	90
250 —	. .	—	»	80
187 —	. .	—	»	75
125 —	. .	—	»	60
93 —	. .	—	»	60
60 —	. .	—	»	70

Cornue garnie de son tube à robinet.

Fig. 26.

		fr.	c.
Cornue de 8 litres	. . . . . . la pièce.	15	»
— 6 —	. . . . . . —	13	50
— 4 —	. . . . . . —	12	»
— 3 —	. . . . . . —	10	»
— 2 —	. . . . . . —	9	»
— 1 —	. . . . . . —	8	»

Vases à sangsues et à poissons, à pied ou sans pied.

Fig. 27. Fig. 28.

	SANS PIED.		A PIED.	
	fr.	c.	fr.	c.
De 8 litres. la pièce.	3	»	4	80
7 — . —	2	60	4	20
6 — . —	2	25	3	60
5 — . —	1	90	3	»
4 — . —	1	50	2	40
3 — . —	1	15	1	80
2 — . —	»	75	1	20
1 — . —	»	40	»	70

VERRE BLANC.

Ventouses à bouton et sans bouton.

		fr.	c.
Ventouses de 15 millimètres .... la pièce.	»	15
— 27 — .... —	»	20
— 45 — .... —	»	25
— 54 — .... —	»	30
— 68 — .... —	»	40
— 81 — .... —	»	45
— 95 — .... —	»	55
— 108 — .... —	»	60

Fig. 29.
Fig. 30.

Verres à expériences, à bec ou sans bec.

Verres de 15 grammes .... le cent.	18	»
— 30 — .... —	18	»
— 60 — .... —	20	»
— 90 — .... —	25	»
— 125 — .... —	30	»
— 187 — .... —	35	»
— 250 — .... —	40	»
— 375 — .... —	45	»
— 500 — .... —	50	»
— 750 — .... —	65	»
— 1 litre .... —	70	»

Fig. 31.

Rouleaux à sirops, taupettes, etc.

Fig. 32.    Fig. 33.    Fig. 34.    Fig. 35. 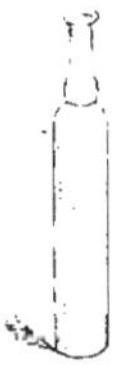   Fig. 36.    Fig. 37. 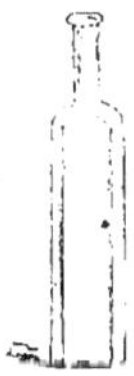   Fig. 38.

Rouleaux à sirop (fig. 32) .... le cent.	12	»
1/2 — — .... —	10	»
Taupettes moulées épaulement rond (fig. 33) .... —	14	»
1/2 — — — (fig. 34) .... —	11	»
Rouleaux eau de Cologne (fig. 35) .... —	9	50
1/2 — .... —	8	»
Rouleaux eau de mélisse (fig. 36) .... —	10	»
1/2 — — .... —	7	»
Taupettes à 8 pans (fig. 37) .... —	14	»
1/2 — .... —	11	»
Taupettes plates (fig. 38) .... —	14	»
1/2 — — .... —	11	»

VERRE BLANC.

Cornues, ballons, matras, bouchés à l'émeri.

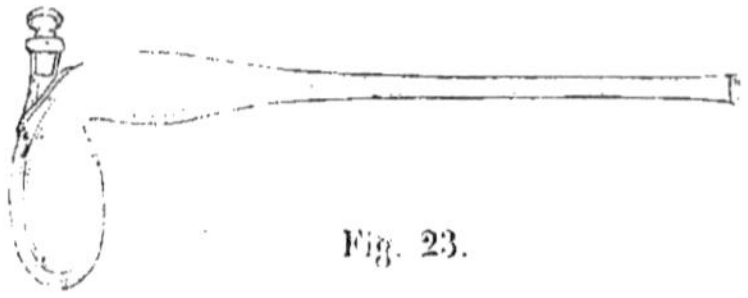

	fr.	c.
De 15 litres...... la pièce.	11	»
12 — ...... —	8	»
10 — ...... —	7	50
8 — ...... —	5	50
6 — ...... —	4	»
4 — ...... —	3	»
3 — ...... —	2	25
2 — ...... —	2	»
1 litre 50..... —	1	75
1 — ...... —	1	50
750 grammes.. —	1	25
500 — .. —	1	»
375 — .. —	»	90
250 — .. —	»	80
187 — .. —	»	75
125 — .. —	»	60
93 — .. —	»	60
60 — .. —	»	70

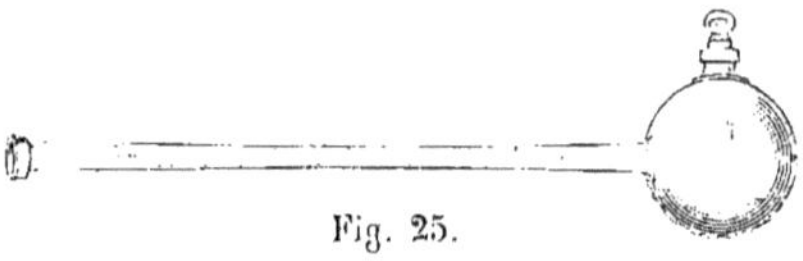

Fig. 23.
Fig. 24.
Fig. 25.

Cornue garnie de son tube à robinet.

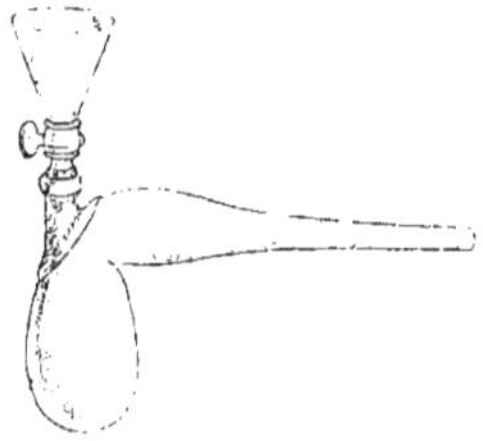

	fr.	c.
Cornue de 8 litres.......... la pièce.	15	»
— 6 — .... —	13	50
— 4 — .... —	12	»
— 3 — .... —	10	»
— 2 — .... —	9	»
— 1 — .... —	8	»

Fig. 26.

Vases à sangsues et à poissons, à pied ou sans pied.

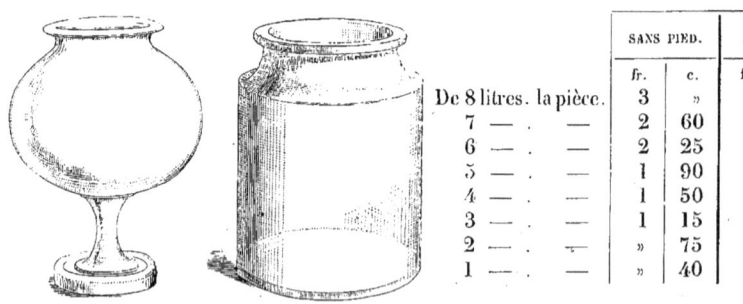

	SANS PIED.		A PIED.	
	fr.	c.	fr.	c.
De 8 litres. la pièce.	3	»	4	80
7 — . —	2	60	4	20
6 — . —	2	25	3	60
5 — . —	1	90	3	»
4 — . —	1	50	2	40
3 — . —	1	15	1	80
2 — . —	»	75	1	20
1 — . —	»	40	»	70

Fig. 27. Fig. 28.

VERRE BLANC.

Ventouses à bouton et sans bouton.

				fr.	c.
Ventouses de	15 millimètres............................la pièce.	»	15
—	27	—	....	—	»	20
—	45	—	....	—	»	25
—	54	—	....	—	»	30
—	68	—	....	—	»	40
—	81	—	....	—	»	45
—	95	—	....	—	»	55
—	108	—	....	—	»	60

Fig. 29.
Fig. 30.

Verres à expériences, à bec ou sans bec.

Verres de	15 grammes............................le cent.	18	»
—	30	—	....	—	18	»
—	60	—	....	—	20	»
—	90	—	....	—	25	»
—	125	—	....	—	30	»
—	187	—	....	—	35	»
—	250	—	....	—	40	»
—	375	—	....	—	45	»
—	500	—	....	—	50	»
—	750	—	....	—	65	»
—	1 litre	—	70	»

Fig. 31.

Rouleaux à sirops, taupettes, etc.

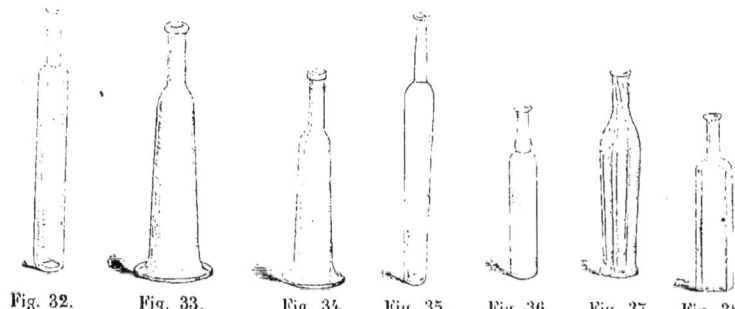

Fig. 32.   Fig. 33.   Fig. 34.   Fig. 35.   Fig. 36.   Fig. 37.   Fig. 38.

Rouleaux à sirop (fig. 32)............................le cent.	12	»
1/2 — — .... —	10	»
Taupettes moulées épaulement rond (fig. 33)............ —	14	»
1/2 — — (fig. 34)............ —	11	»
Rouleaux eau de Cologne (fig. 35)............ —	9	50
1/2 — .... —	8	»
Rouleaux eau de mélisse (fig. 36)............ —	10	»
1/2 — .... —	7	»
Taupettes à 8 pans (fig. 37)............ —	14	»
1/2 — .... —	11	»
Taupettes plates (fig. 38)............ —	14	»
1/2 — .... —	11	»

VERRE BLANC.

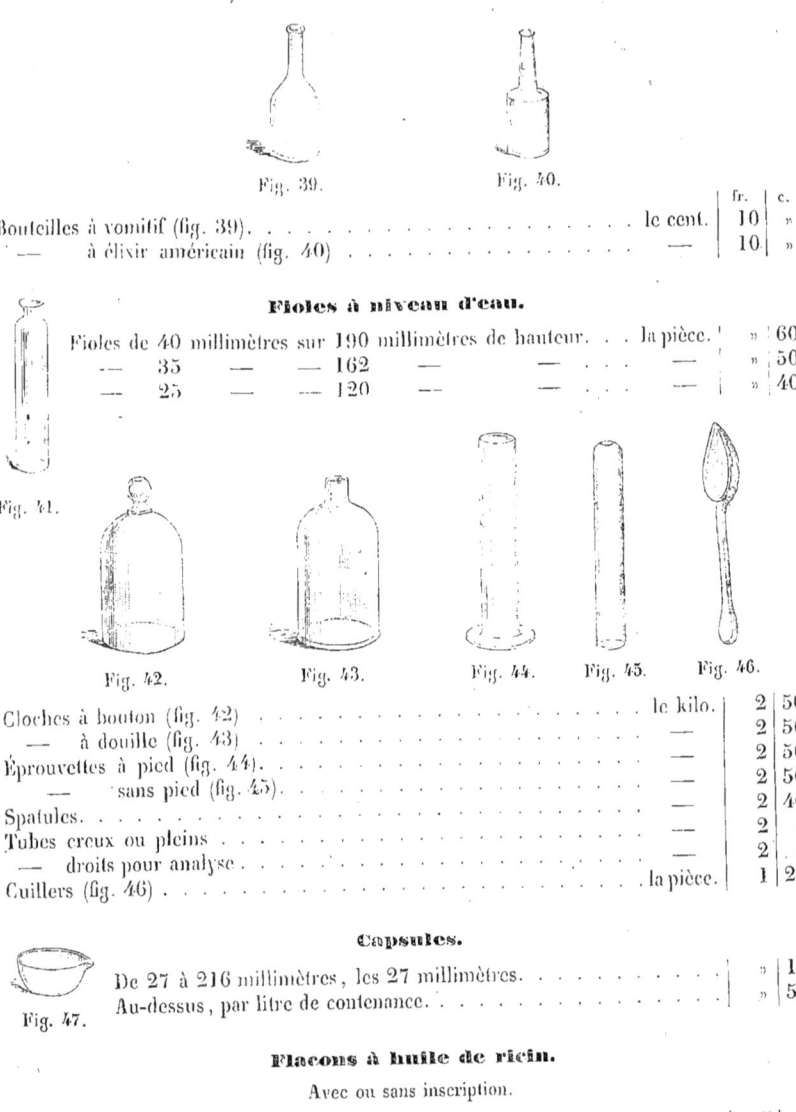

Fig. 39.   Fig. 40.

		fr.	c.
Bouteilles à vomitif (fig. 39) . . . . le cent.		10	»
— à élixir américain (fig. 40) . . . . —		10	»

Fioles à niveau d'eau.

	fr.	c.
Fioles de 40 millimètres sur 190 millimètres de hauteur . . . la pièce.	»	60
— 35 — — 162 — . . . . —	»	50
— 25 — — 120 — . . . . —	»	40

Fig. 41.   Fig. 42.   Fig. 43.   Fig. 44.   Fig. 45.   Fig. 46.

		fr.	c.
Cloches à bouton (fig. 42) . . . . le kilo.		2	50
— à douille (fig. 43) . . . . —		2	50
Éprouvettes à pied (fig. 44) . . . . —		2	50
— sans pied (fig. 45) . . . . —		2	50
Spatules . . . . —		2	40
Tubes creux ou pleins . . . . —		2	»
— droits pour analyse . . . . —		2	»
Cuillers (fig. 46) . . . . la pièce.		1	25

Capsules.

Fig. 47.

	fr.	c.
De 27 à 216 millimètres, les 27 millimètres	»	15
Au-dessus, par litre de contenance	»	50

Flacons à huile de ricin.

Avec ou sans inscription.

		fr.	c.
Flacons de 15 grammes . . . . le cent.		7	»
— 30 — . . . . —		8	»
— 45 — . . . . —		9	»
— 60 — . . . . —		10	»

Fig. 48.

VERRE BLANC.

Flacons à looch, forme carrée, à pans, ovales, à cadre rond, épaulement rond.

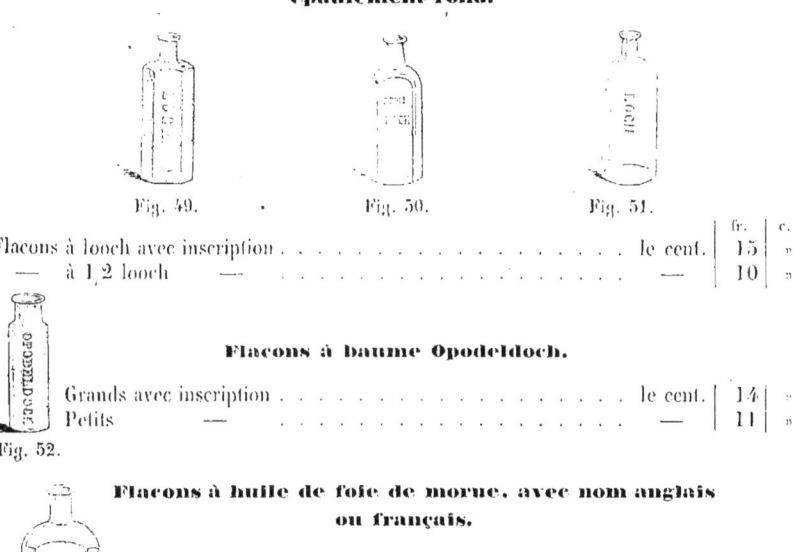

Fig. 49.   Fig. 50.   Fig. 51.

	fr.	c.
Flacons à looch avec inscription . . . . le cent.	15	»
— à 1/2 looch — —	10	»

Flacons à baume Opodeldoch.

Grands avec inscription . . . . le cent.	14	»
Petits — . . . . —	11	»

Fig. 52.

Flacons à huile de foie de morue, avec nom anglais ou français.

Flacons de 250 grammes . . . . le cent.	20	»
— 500 — . . . . —	40	»

Fig. 53.

Flacons à magnésie, à vinaigre, à arrow-root, à salsepareille.

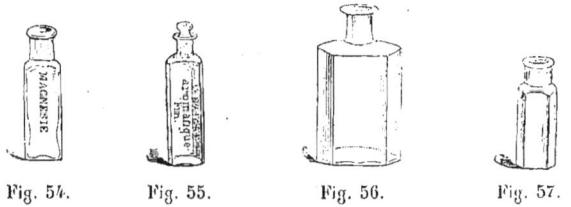

Fig. 54.   Fig. 55.   Fig. 56.   Fig. 57.

Flacons à magnésie de 15 grammes (fig. 54) . . . . le cent.	12	50
— 30 — . . . . —	18	»
— vinaigre, bouché (fig. 55) . . . . —	17	50
— arrow-root . . . . —	25	»
— 1/2 » . . . . —	12	50
— salsepareille (fig. 56) . . . . —	35	»
— 1/2 » . . . . —	20	»
— moutarde (fig. 57) . . . . —	20	»

Il existe des flacons salsepareille en verre brun, aux mêmes prix qu'en verre blanc.

VERRE BLANC.

Flacons à teinture d'arnica, carrés.

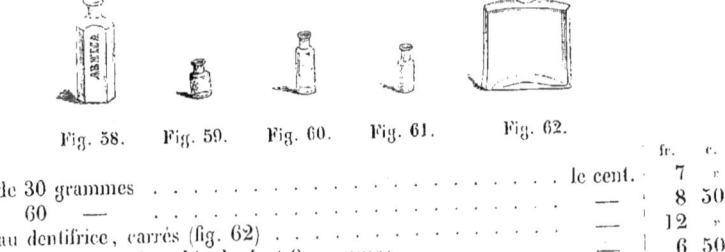

Fig. 58.　Fig. 59.　Fig. 60.　Fig. 61.　Fig. 62.

	fr.	c.
Flacons de 30 grammes .... le cent.	7	»
— 60 —	8	50
— eau dentifrice, carrés (fig. 62) .... —	12	»
— polis pour l'homéopathie de 4 et 8 grammes .... —	6	50

Flacons moulés forme carrée, à pans plats, à huit pans, épaulement rond, ovales à cadre ou unis.

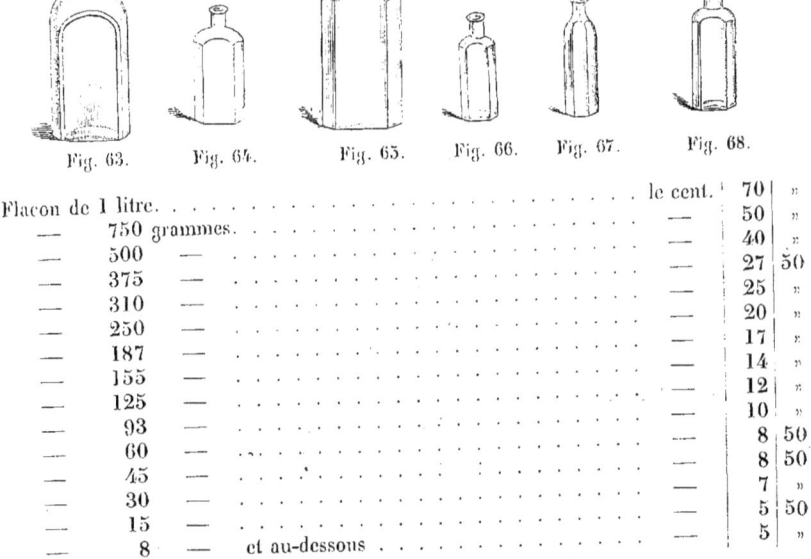

Fig. 63.　Fig. 64.　Fig. 65.　Fig. 66.　Fig. 67.　Fig. 68.

	fr.	c.
Flacon de 1 litre .... le cent.	70	»
— 750 grammes .... —	50	»
— 500 — .... —	40	»
— 375 — .... —	27	50
— 310 — .... —	25	»
— 250 — .... —	20	»
— 187 — .... —	17	»
— 155 — .... —	14	»
— 125 — .... —	12	»
— 93 — .... —	10	»
— 60 — .... —	8	50
— 45 — .... —	8	50
— 30 — .... —	7	»
— 15 — .... —	5	50
— 8 — et au-dessous .... —	5	»

Nota. On peut les commander avec ou sans inscription.

Pour une demande de mille flacons d'une même grandeur, l'inscription n'augmentera pas le prix.

VERRE BLANC.

Goulots ouverture ordinaire, bouchés à l'émeri.

		fr.	c.
Goulots de 6 litres et au-dessus . . . . le cent de litres.	60	»
— 4 litres . . . . la pièce.	2	40
— 3 — . . . . —	1	80
— 2 — . . . . —	1	20
— 1 litre 1 2 . . . . —	»	90
— 1 — . . . . —	»	60
— 750 grammes . . . . —	»	55
— 500 — . . . . —	»	45
— 375 — . . . . —	»	40
— 310 — . . . . —	»	40
— 250 — . . . . —	»	35
— 187 — . . . . —	»	30
— 125 — . . . . —	»	25
— 93 — . . . . —	»	20
— 62 — . . . . le cent.	17	50
— 31 — . . . . —	15	»
— 16 — et au-dessous . . . . —	12	50

Fig. 69.

Ces goulots diffèrent de ceux en cristal ordinaire en ce qu'ils ne sont pas aussi forts; ce sont des goulots simples bouchés à l'émeri. Dans cette qualité de flacons on ne peut pas boucher à l'émeri ceux à *large ouverture*. Le verre est trop mince.

Bouteilles à pans (fig. 70).

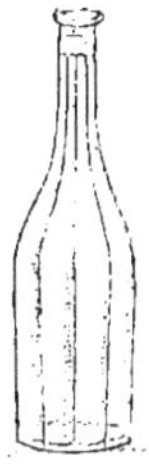

Fig. 70.    Fig. 71.    Fig. 72.

	fr.	c.
Bouteilles à pans de 750 grammes . . . . le cent.	50	»
— — 310 — . . . . —	30	»
— — 190 — . . . . —	17	»
— — 110 — . . . . —	12	»

Bouteilles unies (fig. 71).

	fr.	c.
Bouteilles unies de 300 grammes . . . . le cent.	25	»
— — 175 — . . . . —	15	»

Bouteilles à limonade purgative (fig. 72).

	fr.	c.
Bouteilles à limonade de 500 grammes . . . . le cent.	40	»
— — de 250 — . . . . —	25	»

VERRE BLANC.

Seringues à injections en cristal et verre blanc.

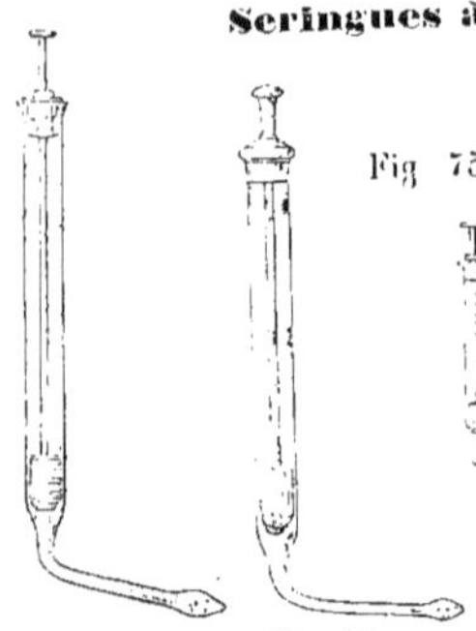

Fig. 75, 76, 77, 78, 79, 80, 81.

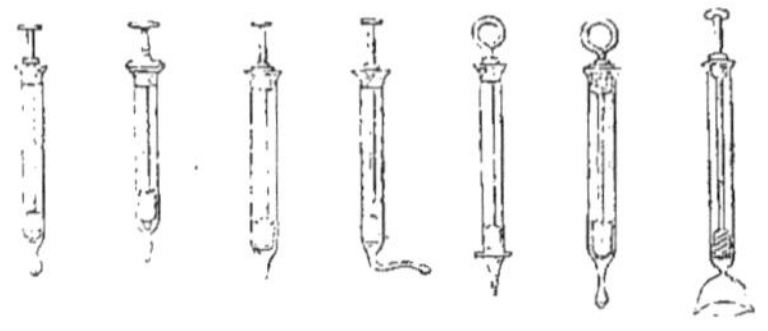

Fig. 73.   Fig. 74.   Fig. 82. Fig. 83.

	fr.	c.
*Seringues à injections en verre, piston bleu ou autres couleurs, anneaux ou boutons garnis en coton............... la douzaine.	1	25
Les mêmes mieux soignées.......... —	1	50
Seringues en cristal piston émail garni en coton...... —	2	50
— — — en peau.... —	3	»
— — bout refoulé, — en coton (fig. 79)..... —	2	25
— — — en peau :...... —	3	»
Seringues en verre, étui en bois............ —	6	»
— en cristal, — .... —	8	»
— — montées en os, et étain garni en peau (fig. 76). —	12	»
Les mêmes avec étui................ —	18	»
Seringues en verre pour femme, courbe ou droite, dites Ricord. la pièce.	»	80
Les mêmes en cristal.............. —	1	25
— montées en os, étain, garnies en peau (fig. 74)... —	3	»
Seringues en cristal pour le nez (fig. 75), pour les oreilles (fig. 80). la douzaine.	6	»
— — pour les yeux (fig. 81)....... —	12	»
Seringues en étain, voyez page 252.		

Injectoclyses, seringues sans piston.

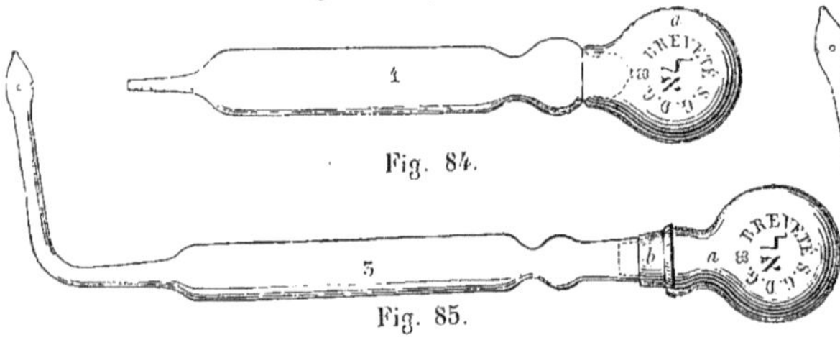

Fig. 84.   Fig. 85.   Fig. 86.

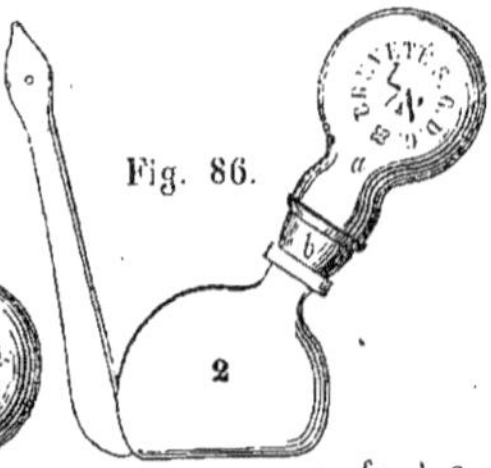

	fr.	c.
Injectoclysé à urèthre, pour homme (fig. 84), avec étui en carton. . la pièce.	»	60
— — — en bois... —	»	75
— pour le nez, les dents et les oreilles......... —	»	75
— pour les yeux............. —	1	»
— pour femme, forme tubulaire (fig. 85).... } Les prix ne sont pas		
— forme matras (fig. 86)..... } encore fixés.		

QUATRIÈME PARTIE.

VERRE VERT.

Courtines épaulement rond.

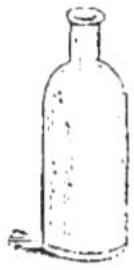

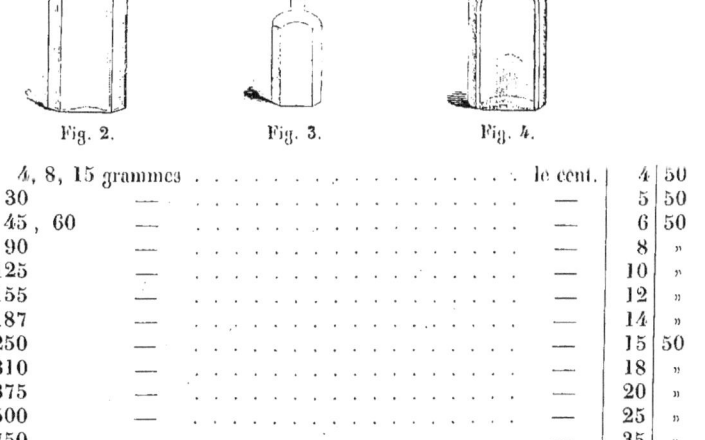

Fig. 1.

			fr.	c.
Courtines de	15 grammes..............	le cent.	4	25
—	30 —	—	4	50
—	60 et 90	—	4	50
—	125 —	—	5	50
—	155 —	—	6	»
—	187 —	—	7	50
—	250 —	—	9	»
—	310 —	—	11	»
—	375 —	—	13	»
—	500 —	—	18	»
—	750 —	—	25	»
—	1 litre............	—	30	»

Flacons moulés forme carrée, plate, ovale.

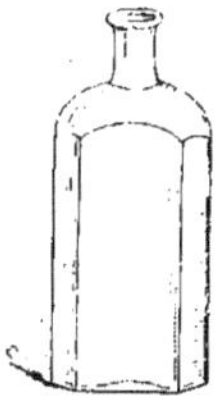

Fig. 2.   Fig. 3.    Fig. 4.

				fr.	c.
Flacons de	4, 8, 15 grammes	le cent.	4	50
—	30	—		5	50
—	45 , 60	—		6	50
—	90	—		8	»
—	125	—		10	»
—	155	—		12	»
—	187	—		14	»
—	250	—		15	50
—	310	—		18	»
—	375	—		20	»
—	500	—		25	»
—	750	—		35	»
—	1 litre...........	—		45	»

VERRE VERT.

Rouleaux à sirop, taupettes, régences, etc.

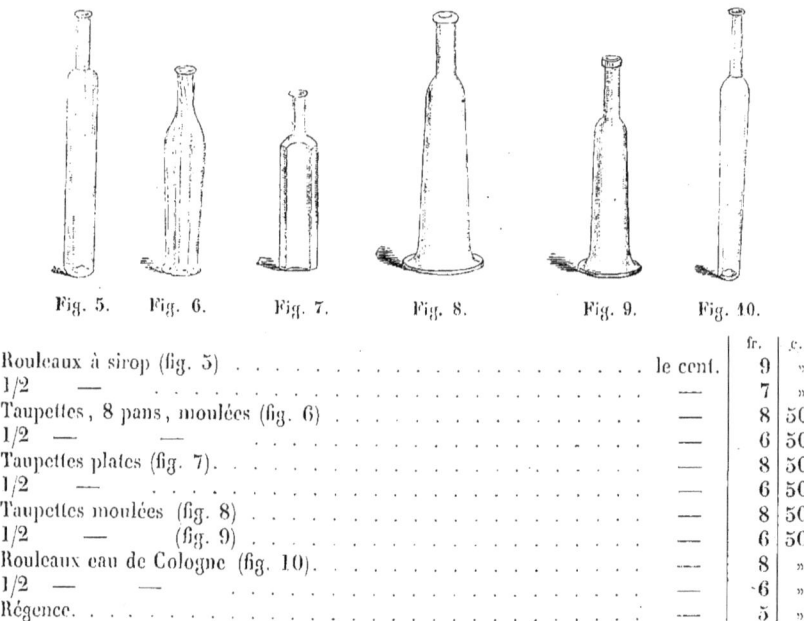

Fig. 5. Fig. 6. Fig. 7. Fig. 8. Fig. 9. Fig. 10.

	fr.	c.
Rouleaux à sirop (fig. 5) . . . . le cent.	9	»
1/2 — —	7	»
Taupettes, 8 pans, moulées (fig. 6) . . . . —	8	50
1/2 — —	6	50
Taupettes plates (fig. 7) . . . . —	8	50
1/2 — —	6	50
Taupettes moulées (fig. 8) . . . . —	8	50
1/2 — (fig. 9) . . . . —	6	50
Rouleaux eau de Cologne (fig. 10) . . . . —	8	»
1/2 — — . . . . —	6	»
Régence . . . . —	5	»

Bouteilles à pans, unies et à limonade purgative.

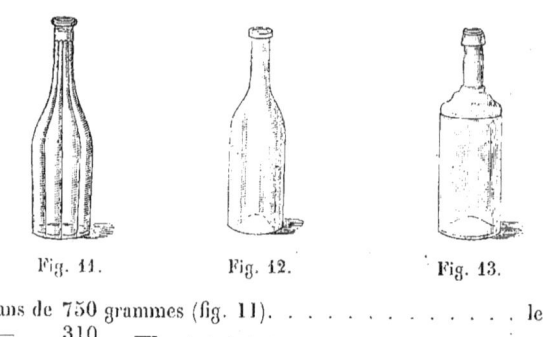

Fig. 11. Fig. 12. Fig. 13.

	fr.	c.
Bouteilles à pans de 750 grammes (fig. 11) . . . . le cent.	40	»
— — 310 — . . . . —	20	»
— — 190 — . . . . —	12	»
— — 110 — . . . . —	8	»
— unies de 300 — (fig. 12) . . . . —	20	»
— à limonade purgative de 500 (fig. 13) . . . . —	25	»
1/2 — — — 250 . . . . —	20	»

VERRE VERT.

Bouteilles forme bordeaux, à petit-lait, bocaux cols droits, dits poudriers.

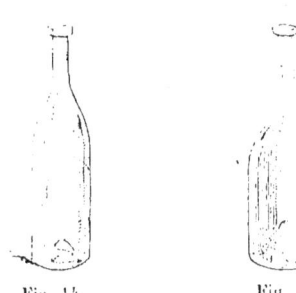
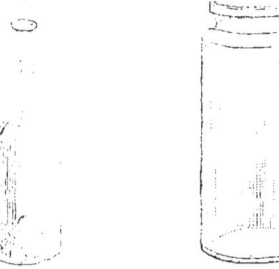

Fig. 14.   Fig. 15.   Fig. 16.

		fr.	c.
Bouteilles de 125 grammes et au-dessous . . . . le cent.		7	»
— 150 — . . . . —		8	»
— 190 — . . . . —		9	»
— 250 — . . . . —		12	»
— 300 — . . . . —		14	»
— 400 — . . . . —		16	»
— 500 — . . . . —		20	»
— 750 — . . . . —		30	»
— 1 litre . . . . —		32	»
— au-dessus le cent de litre.		32	50

Sacoches à eau de fleurs d'oranger.

	fr.	c.
Sacoches de 500 grammes . . . . le cent.	17	50
— 312 — . . . . —	12	50
— 250 — . . . . —	10	50
— 187 et 125	7	50

Fig. 17.

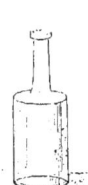

Fig. 18.   Fig. 19.   Fig. 20.

	fr.	c.
Flacons à eau des Jacobins (fig. 18) . . . . le cent.	10	»
Bouteilles à purgatif (fig. 19) . . . . —	12	»
Flacons à eau de Baréges (fig. 20) . . . . —	15	»

440   VERRE VERT.

Bocaux à sangsues.

		fr.	c.
Bocaux de 30 grammes........................ le cent.	4	50
— 60 et 90 .... —	5	»
— 125 — .... —	5	50

Fig. 21.

Matras à sublimer.

Fig. 22.

	fr.	c.
Matras de 1 litre........................ le cent.	30	»
— 500 grammes................... —	25	»
— 250 — et au-dessous............. —	15	»

Au-dessus d'un litre, 30 centimes en plus par litre.

Fig. 23.   Fig. 24.

	fr.	c.
Marasquins carrés garnis (fig. 23)........... le cent.	85	»
1/2 — — .... —	65	»
Rosolios (fig. 24)......................... —	80	»
1/2 — .... —	60	»

Assortiment de bocaux ronds, carrés, à l'usage des marchands de comestibles.

CINQUIÈME PARTIE.

VERRE NOIR.

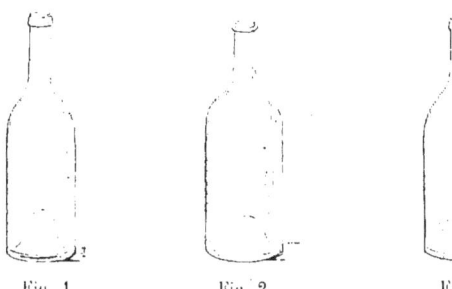

Fig. 1.   Fig. 2.   Fig. 3.

Bouteilles formes ordinaires.
Litres ordinaires.
Bordeaux.
Litres verre clair.
Eau de Seltz.
A chlore.

1/2 litre.
1/2 bouteilles ordinaires à sirop.
1/2 bordeaux.
1/2 eau de Seltz.
1/2 anglaise.
1/4 anglaise.

Nous ne pouvons fixer les prix de ces diverses bouteilles parce qu'ils sont sujets à de fréquentes variations.

Le cachet appliqué sur les bouteilles coûte en plus par cent . . . . 2 fr.
Bouteilles à fruits.
1/2 bouteilles à fruits.

Bouteilles de toutes formes, étiquettes vitrifiées.

Fig. 4.

		NON BOUCHÉES.		BOUCHÉES.	
		fr.	c.	fr.	c.
Bouteilles de 1/2 litre . . . . la pièce.		1	»	1	50
— 1 litre . . . . —		1	50	2	»
— 2 — . . . . —		2	25	3	»
— 3 — . . . . —		3	»	4	»
— 4 — . . . . —		4	»	5	»

PORCELAINE.

SIXIÈME PARTIE.

PORCELAINE.
Pots de pharmacie décorés.

(Voir les planches coloriées.)

Pots cylindriques.	HAUTEUR ET PRIX.			
	28 centim.	26 centim.	24 centim.	20 centim.
	fr. c.	fr. c.	fr. c.	fr. c.
A. F.	5 »	4 50	4 25	4 »
L. J. G.	5 50	4 75	4 50	4 25
H. I. K. B. C.)	6 25	5 50	5 »	4 75
P. Q. M. N.)				
D. E.	6 50	5 75	5 50	5 »

Pots forme carrée, à pans.	28 centim.	26 centim.	24 et 22 c.	20 centim.
	fr. c.	fr. c.	fr. c.	fr. c.
Q. R.	8 »	7 »	6 50	5 »

Pots forme bourse.	28 centim.	26 centim.	24 et 22 c.	20 centim.
	fr. c.	fr. c.	fr. c.	fr. c.
S. T.	9 »	8 »	7 »	6 »

NOTA. — On peut décorer les pots à pans et forme bourse d'un dessin quelconque choisi parmi ceux de la planche; tous les dessins s'y adaptent également.

Vases V pour devanture.	HAUTEUR COMPRIS LE COUVERCLE.		
	700 millim.	600 millim.	500 millim.
	fr. c.	fr. c.	fr. c.
Vases richement décorés. . . . . la paire.	235 »	175 »	145 »

NOTA. — Ces mêmes vases, avec une simple inscription au lieu d'une figure, coûteront 10 francs de moins par paire.

Étiquettes à tiroir.

MENTHE	VICHY
Fig. 1.	Fig. 2.

	fr.	c.
Inscription lettres noires ou or . . . . la pièce.	1	50
Les mêmes, sans filet . . . . —	1	25

AQUARELLES TYPOGRAPHIQUES HENRI PLON, A PARIS.

PORCELAINE.

Mortiers émaillés, forme élevée.

Fig. 3.

		fr	c
De 70 millimètres de diamètre en dedans . . . la pièce.		2	50
90 —		3	»
115 —		4	»
120 —		4	50
132 —		5	50
147 —		6	»
160 —		6	50
175 —		8	50
187 —		10	50
203 —		11	»
230 —		12	»

Mortiers forme basse.

Fig. 4.

Fig. 5.

	ÉMAILLÉ.		BISCUIT.	
	fr.	c.	fr.	c.
De 70 millim. de diam. en dedans . . la pièce.	2	50	1	50
90 —	2	75	1	75
97 —	3	»	2	»
105 —	3	50	2	25
125 —	4	50	3	»
132 —	5	50	3	»
145 —	6	»	4	»
153 —	6	50	4	50
167 —	8	50	4	75
182 —	9	50	5	75
196 —	10	»	6	»
210 —	11	»	7	50
235 —	12	»	8	50
260 —	15	»	12	»

Pilons tout en porcelaine.

Fig. 6.

	ÉMAILLÉ.		BISCUIT.	
	fr.	c.	fr.	c.
1re grandeur . . . . la pièce.	2	50	1	50
2e —	2	»	1	25
3e —	1	75	1	»
4e —	1	50	1	»

Pilons à manches en buis.

Fig. 7.

	fr.	c.
1re et 2e grandeur . . . . la pièce.	2	25
3e et 4e —	2	»
5e —	1	75

PORCELAINE.

Capsules à fond rond ou plat.

		À BEC.		SANS BEC.	
		fr.	c.	fr.	c.
Capsules de 440 millimètres de diamètre, la pièce.		25	»	23	»
— 410 — — —		22	»	20	»
— 390 — — —		19	»	18	»
— 360 — — —		16	»	15	»
— 335 — — —		9	50	8	50
— 305 — — —		8	»	7	50
— 280 — — —		7	50	7	»
— 250 — — —		6	»	5	75
— 223 — — —		4	»	3	50
— 195 — — —		3	25	3	»
— 167 — — —		2	»	1	75
— 140 — — —		1	50	1	25
— 125 — — —		1	25	1	»
— 110 — — —		1	»	»	90
— 97 — — —		»	90	»	75
— 84 — — —		»	75	»	60
— 70 — — —		»	60	»	45
— 55 — — —		»	40	»	30
— 40 — — —		»	30	»	25
— 27 — — —		»	25	»	20

Fig. 8.
Fig. 9.

Capsules à manche, à fond plat, à bec et couvercle.

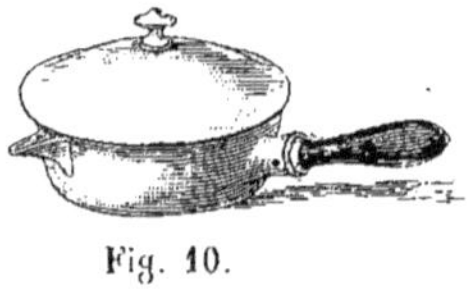

	fr.	c.
Capsules grandeur extra de 170 millim., la pièce.	3	50
— 1re grandeur 160 — —	3	»
— 2e — 150 — —	2	75
— 3e — 140 — —	2	»
— 4e — 130 — —	1	50

Fig. 10.

Creusets en biscuit couverts.

	fr.	c.
Creusets de 280 millimètres de haut............la pièce.	6	»
— 250 — — —	4	»
— 223 — — —	3	»
— 180 — — —	2	»
— 170 — — —	1	50
— 140 — — —	1	25
— 110 — — —	»	90
— 84 — — —	»	75
— 54 — — —	»	50
— 27 — — —	»	30

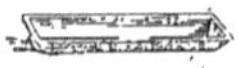

Fig. 11.

Nacelles.

	fr.	c.
Nacelles 1re grandeur................la pièce.	»	60
— 2e — .... —	»	40

Fig. 12.

PORCELAINE.

Cornues en biscuit.

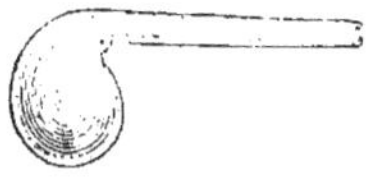

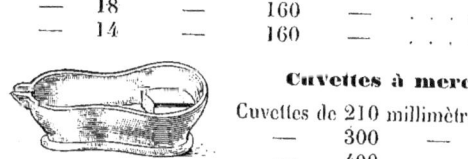

Fig. 13.

		fr.	c.
Cornues de 2 litres . . . . la pièce.	10	»
— 1 1/2 —	7	»
— 1 —	6	»
— 750 grammes —	5	»
— 500 —	4	»
— 250 —	3	»
— 125 —	2	50
— 80 —	2	»
— 30 —	1	50

Carreaux à broyer.

Fig. 14.

	fr.	c.
Carreaux de 160 millimètres . . . . la pièce.	1	50
— 108 —	1	»

Tubes en biscuit.

Fig. 15.

	fr.	c.
Tubes de 14 millimètres de diamètre . . . . la pièce.	»	90
— 18 —	1	25
— 20 —	1	50
— 23 —	2	»
— 28 —	2	50
— 32 —	2	75
— 36 —	3	»
— 40 —	4	»
— 55 —	5	»

Tubes en biscuit fermés.

Fig. 16.

	fr.	c.
Tubes de 28 millimètres sur 110 de longueur . . . . . . la pièce.	1	25
— 23 — 110 —	1	»
— 18 — 160 —	1	50
— 14 — 160 —	1	25

Cuvettes à mercure.

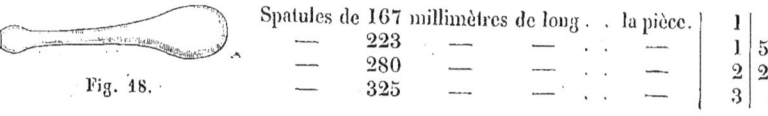

Fig. 17.

	fr.	c.
Cuvettes de 210 millimètres . . . . la pièce.	9	»
— 300 —	18	»
— 400 —	25	»

Spatules.

Fig. 18.

	fr.	c.
Spatules de 167 millimètres de long . . la pièce.	1	»
— 223 —	1	50
— 280 —	2	25
— 325 —	3	»

PORCELAINE.

Pots cylindriques pour onguent.

			fr.	c.
Pots de 4 et 8 grammes	. . . .	le cent.	5	50
— 15 —	. . . .	—	6	50
— 24 —	. . . .	—	7	»
— 30 —	. . . .	—	7	50
— 45 —	. . . .	—	9	50
— 62 —	. . . .	—	10	»
— 93 —	. . . .	—	12	»
— 125 —	. . . .	—	16	»
— 155 —	. . . .	—	20	»
— 187 —	. . . .	—	25	»
— 250 —	. . . .	—	37	»
— 375 —	. . . .	—	45	»
— 500 —	. . . .	—	65	»
Avec l'adresse mise sur chaque pot, en plus par cent.		—	2	50
Avec vignette et adresse — — —		—	3	»

Fig. 19. Fig. 20. Fig. 21, 22, 23.

Fig. 24.

Fig. 25.

Pots épais pour pommade épispastique.

			fr.	c.
Pots de 16 grammes	. . . .	le cent.	10	»
— 31 —	. . . .	—	12	»
Avec l'adresse mise sur chaque pot, en plus par cent	. . . .	—	2	50
Avec vignette et adresse — — —		—	3	»

Fig. 26.

Pots à opiat couverts.

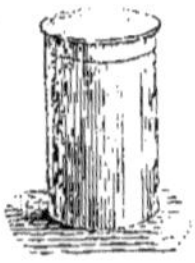

			fr.	c.
Pots à opiat de 4 grammes.	. . . .	le cent.	14	»
— 8 —	. . . .	—	18	»
— 15 —	. . . .	—	20	»
— 30 —	. . . .	—	25	»
— 45 —	. . . .	—	28	»
— 60 —	. . . .	—	30	»
— 90 —	. . . .	—	45	»
— 125 —	. . . .	—	50	»
— 250 —	. . . .	—	80	»
— 500 —	. . . .	la pièce.	1	25
— 1 kilo.	. . . .	—	2	25

Fig. 27.

Avec inscription du nom de la substance, 75 centimes en plus par pot.

PORCELAINE.

Boîtes à pommade pour les lèvres.

		fr.	c.
Boîtes blanches . . . . le cent.		20	»
Fig. 28. — décorées avec roses, filets or . . . . —		30	»

Entonnoirs.

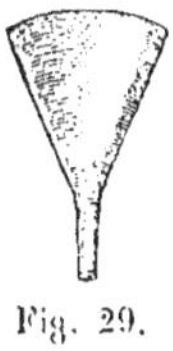

	fr.	c.
Entonnoirs de 80 millimètres . . . . la pièce.	»	90
— 97 — . . . . —	1	»
— 110 — . . . . —	1	25
— 167 — . . . . —	2	75
— 195 — . . . . —	3	50
— 223 — . . . . —	4	50
Fig. 29. — 250 — . . . . —	6	»

1/2 PORCELAINE, DITE PORCELAINE OPAQUE.

Pots cylindriques pour onguent.

	fr.	c.
Pots de 4 à 8 grammes . . . . le cent.	4	50
— 15 — . . . . —	6	»
— 30 — . . . . —	7	»
— 45 — . . . . —	8	50
Fig. 30. — 60 — . . . . —	8	50
— 90 — . . . . —	10	»
— 125 — . . . . —	12	»
— 155 — . . . . —	14	»
— 187 — . . . . —	16	»
— 250 — . . . . —	20	»
— 275 — . . . . —	27	»
— 500 — . . . . —	30	»

2 francs par 100 pour l'adresse ou vignette mise sur chaque pot, analogue aux figures ci-dessous.

Fig. 31.    Fig. 32.

Nous croyons devoir rappeler que l'exécution d'une demande de pots en demi-porcelaine avec adresse, exige cinq à six mois, les fabricants ne voulant s'en occuper qu'à leurs moments perdus, et encore la commande n'est-elle acceptée que lorsqu'elle s'élève de 800 à 1,000 pots.

Pots épais pour pommade épispastique.

	fr.	c.
Pots de 15 grammes	8	50
Fig. 33. — 31 —	9	50

2 francs par 100 pour l'adresse ou vignette mise sur chaque pot.

SEPTIÈME PARTIE.

FAIENCE, POTS DE PHARMACIE.

Fig. 1.

	fr.	c.
Hauteur, compris le couvercle, de 25 centimètres......... la pièce.	1	75
— — 19 — —	1	25
Avec nom, lettres noires, en plus par pot.................	»	75

Pots à extrait, avec rebord intérieur pour essuyer la spatule.

Fig. 2.

		fr.	c.
Pots de 31 grammes................ le cent.		20	»
— 62 — —		25	»
— 93 — —		30	»
— 125 — —		35	»
— 250 — —		60	»
— 500 — .... la pièce.		1	»
— 1 kilo........ —		1	75

Pots cylindriques pour onguent.

Fig. 3.

	fr.	c.
Pots de 16 grammes et au-dessous........... le cent.	5	»
— 30 — —	6	»
— 45 — —	6	50
— 60 — —	7	»
— 93 — —	8	»
— 125 — —	10	»
— 155 — —	11	»
— 187 — —	13	»
— 250 — —	14	»
— 310 — —	16	»
— 500 — —	20	»
— 750 — —	30	»
— 1 kilo............. —	35	»
— 1 500............. —	50	»
— 2 kilo............. —	75	»
— 3 — .... la pièce.	1	10

L'adresse mise sur chaque pot coûte 1 franc en plus par 100.

FAIENCE, POTS DE PHARMACIE.

Pots épais pour pommade épispastique.

		fr.	c.
Pots de 15 grammes............ le cent.		5	»
— 31 — —		6	»

Fig. 3.

L'adresse mise sur chaque pot coûte 1 franc en plus par 100.

Terrines en faïence

Terrines de 16 centimètres......... la pièce.		1	10
— 19 — —		1	25
— 22 — —		1	50
— 24 — —		2	»
— 27 — —		2	50
— 31 — —		3	50
— 34 — —		4	25
— 37 — —		4	75
— 40 — —		5	75
— 42 — —		6	25
— 45 — —		7	25

Moules à savon.

Moules à savon, grands........... la pièce.		1	25
— — moyens........... —		1	»
— — petits........... —		»	75

Carreaux pour fourneaux, laboratoires de chimie, variés.

Carreaux de 162 millimètres........ le cent.		35	»
— 108 — —		12	»

Urinoirs pour malades.

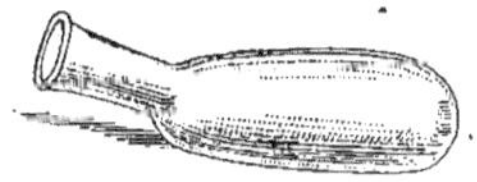

Pour hommes............ la pièce.		»	90
Pour femmes............ —		1	10

Fig. 4.

Bassins de lit pour malades.

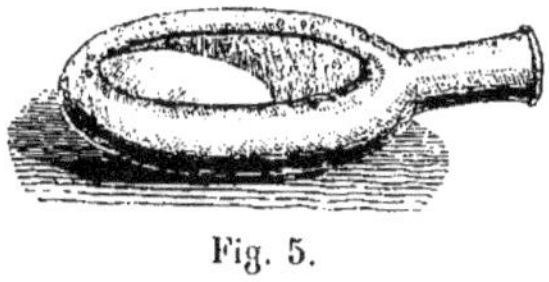

Bassins n° 1............ la pièce.		1	25
— n° 2............ —		1	50
— n° 3............ —		1	80
— n° 4............ —		2	25
— n° 5............ —		2	75

Fig. 5.

HUITIÈME PARTIE.

TERRES, GRÈS DE PICARDIE, MARBRES, AGATE ET SERPENTINE.

Fourneaux à réverbère.

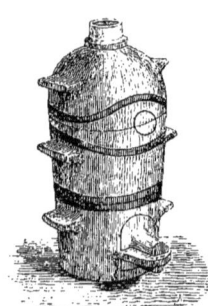

Fig. 1.

		fr.	c.
Fourneaux de 80 millimètres . . . . . . la pièce.		5	50
— 108 — . . . . . . —		6	50
— 135 — . . . . . . —		7	50
— 162 — . . . . . . —		8	50
— 189 — . . . . . . —		9	50
— 217 — . . . . . . —		10	50
— 244 — . . . . . . —		11	50
— 271 — . . . . . . —		14	»
— 298 — . . . . . . —		15	»
— 325 — . . . . . . —		17	»
— 352 — . . . . . . —		20	»
— 379 — . . . . . . —		24	»
— 410 — . . . . . . —		30	»
— 440 — . . . . . . —		32	»

Fourneaux à bassine.

Fig. 2.

		fr.	c.
Fourneaux de 81 millimètres de diamètre, la pièce.		1	50
— 108 — — —		2	»
— 135 — — —		2	75
— 162 — — —		3	50
— 189 — — —		4	»
— 217 — — —		5	25
— 244 — — —		6	50
— 271 — — —		8	50
— 298 — — —		9	75
— 325 — — —		10	»
— 352 — — —		12	75
— 379 — — —		16	»
— 406 — — —		18	»
— 440 — — —		22	»

Fourneaux à manche.

Fig. 3.

		fr.	c.
Fourneaux de 135 millimètres de diamètre. . la pièce.		1	25
— 162 — — . . —		1	50
— 190 — — . . —		1	75

TERRES, GRÈS DE PICARDIE, MARBRES, AGATE ET SERPENTINE.   451

Fourneaux a coupelle (fig. 4).

			fr.	c.
Fourneaux de 108 millim. de largeur à 125 millim. de longueur . . . la pièce.	12	»
— 120 — — 162 — — . . . —	18	»
— 125 — — 189 — — . . . —	22	»
— 162 — — 217 — — . . . —	28	»
— 189 — — 271 — — . . . —	60	»
— 217 — — 298 — — . . . —	90	»

Fig. 4.

Fig. 5.

Fourneaux à tubes (fig. 5).

	fr.	c.
Fourneaux de 244 millimètres de diamètre . . . . la pièce.	9	»
— 271 — —	10	»
— 298 — —	11	»
— 315 — —	12	»
— 352 — —	13	»
— 379 — —	15	»
— 406 — —	17	»
— 440 — —	20	»

Tets à rôtir.

Fig. 6.    Fig. 7.

Fig. 8.

	fr.	c.
Tets de 27 millim. de diamètre, le cent.	7	»
— 54 — —	9	»
— 108 — —	15	»
— 125 — —	18	»
— 162 — —	25	»
— 200 — —	50	»

Tets à gaz.

De 25 à 50 centimes l'un.

29

452   TERRES, GRÈS DE PICARDIE, MARBRES, AGATE ET SERPENTINE.

Creusets triangulaires en grès de Hesse.

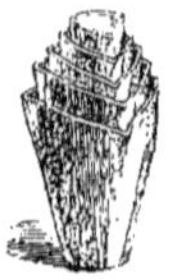

		r.	c.
Creusets, la pile de 8		1	75
— — 6		1	10
— — 5		»	75
Les mêmes de 1 kilo de contenance	la pièce.	1	»
— 500 grammes	—	»	60
— 250 —	—	»	40
— 125 —	—	»	20
— 93 —	—	»	15
— 60 et au-dessous	—	»	10

Fig. 9.

Creusets ronds en grès de Hesse.

Creusets de 244 millimètres de hauteur de 4 à la pile	6	»
— 216 — — 3 —	3	50
— 189 — — 3 —	2	»
— 162 — — 3 —	1	25
— 135 — — 3 —	1	»

Fig. 10.

Creusets ronds en terre de Paris.

Creusets n°		cm sur		le cent.		
Creusets n°	0	5 centimètres sur	3	le cent.	5	50
—	1	6 —	4	—	8	»
—	2	6 1/2 —	4	—	10	»
—	3	7 —	4 1/2	—	15	»
—	4	8 —	5	—	15	»
—	5	8 1/2 —	5	—	15	»
—	6	9 1/2 —	6	—	15	»
—	7	11 —	6	—	20	»
—	8	13 —	7	—	25	»
—	9	14 —	8	—	30	»
—	10	14 —	8 1/2	—	35	»
—	11	15 —	8	—	40	»
—	12	17 1/2 —	10	—	60	»
—	13	18 —	11	—	70	»
—	14	19 1/2 —	11 1/2	—	90	»
—	15	22 1/2 —	12	—	120	»
—	16	23 —	13	—	140	»
—	17	25 —	14	—	160	»
—	18	27 1/2 —	14	—	190	»
—	19	30 —	16	—	200	»
—	20	23 —	17	—	250	»

Fig. 11.

Toutes les fois qu'on ne désignera pas l'espèce de creuset, nous enverrons ceux en terre de Paris, qui résistent le mieux à l'action du feu.

TERRES, GRÈS DE PICARDIE, MARBRES, AGATE ET SERPENTINE.

Couvercles pour couvrir les creusets.

Fig. 12.   Fig. 13.    Fig. 14.    Fig. 15.    Fig. 16.    Fig. 17.    Fig. 18.

		fr.	c.
Couvercles depuis 0, 1, 2, 4, 5, 6............ le cent.	5	»
— — 7, 8, 9, 10, 11 .... —	10	»
— — 12, 13, 14, 15, 16, 17 .... —	15	»
— — 18, 19 .... —	20	»
— — 20, 21 .... —	25	»
— — 22 .... —	40	»

Assortiment de grilles, moufles, porte-bouchons, tuyaux, cheminées pour fourneaux, etc.

Tubes en terre réfractaire.

Fig. 19.

	fr.	c.
Tubes de 50 centimètres.................... la pièce.	1	25

Terrines en grès de Picardie.

Fig. 20.

	fr.	c.
Terrines de 595 millimètres de diamètre.... la pièce.	2	50
— 540 — — ... —	2	50
— 485 — — ... —	1	20
— 430 — — ... —	1	»
— 380 — — ... —	»	90
— 325 — — ... —	»	75
— 297 — — ... —	»	50
— 270 — — ... —	»	35
— 244 — — ... —	»	30
— 216 — — ... —	»	25

Cornues en grès de Picardie.

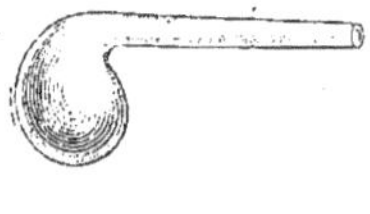

Fig. 21.

	fr.	c.
Cornues de 20 litres............ la pièce.	4	50
— 15 — .... —	4	»
— 12 — .... —	2	50
— 8 — .... —	2	»
— 6 — .... —	1	80
— 4 — .... —	1	20
— 3 — .... —	»	75
— 2 — .... —	»	50
— 1 — .... —	»	35
— 500 grammes .... —	»	30
— 250 — .... —	»	25
— 135 — .... —	»	20

Les mêmes cornues tubulées, 25 centimes en plus par tubulure.

Cornues en grès de Desse, avec ou sans tubulure.

Fig. 22.

	Sans tubulure.		Avec tubulure.	
	fr.	c.	fr.	c.
Cornues de 6 litres . . . . la pièce	3	50	4	»
— 4 — —	2	50	3	»
— 3 — —	2	»	2	25
— 2 — —	1	40	1	80
— 1 — —	»	80	1	»
— 500 grammes . . . —	»	60	»	80
— 250 — . . . —	»	50	»	70
— 125 — . . . —	»	40	»	60

Entonnoirs de toutes grandeurs.

Fig. 23.

Prix suivant la grandeur.

Touries pour la fabrication du chlore.

Fig. 24.   Fig. 25.

8 francs la pièce.

Tourillons.

Fig. 26.

	1 goulot.		2 goulots.		3 goulots.	
	fr.	c.	fr.	c.	fr.	c.
Tourillons . . . . la pièce	4	50	5	»	6	»
1,2 tourillons . . . . —	3	50	4	»	5	»

Terrines en grès fin, émail gris.

Fig. 27.

				fr.	c.
Terrines en grès de 540 millimètres. . . . . . . la pièce.				6	50
— — 485 — . . . . . . —				5	50
— — 430 — . . . . . . —				4	50
— — 403 — . . . . . . —				4	»
— — 335 — . . . . . . —				1	75
— — 270 — . . . . . . —				1	25
— — 216 — . . . . . . —				1	»
— — 162 — . . . . . . —				»	75
— — 108 — . . . . . . —				»	60

Entonnoirs grès fin.

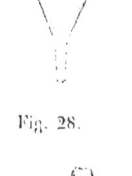

Fig. 28.

				fr.	c.
Entonnoirs 1re grandeur 125 grammes. . . . . . . la pièce.				»	40
— 2e — 250 — . . . . . . —				»	50
— 3e — 500 — . . . . . . —				»	70
— 4e — 750 — . . . . . . —				1	»
— 5e — 1 litre . . . . . . —				1	25
— 6e — 2 — . . . . . . —				1	50
— 7e — 3 — . . . . . . —				2	»

Cruchons en grès fin.

Fig. 29.

	fr.	c.
Cruchon de litre . . . . la pièce.	»	35
Cruchon de 1/2 litre . . . . —	»	25

Mortiers en marbre noir.

Fig. 30.

		fr.	c.
Mortier de 406 millimètres de diamètre intérieur. .		75	»
— 380 — . .		60	»
— 352 — . .		55	»
— 325 — . .		48	»
— 297 — . .		44	»
— 270 — . .		32	50
— 244 — . .		22	50
— 216 — . .		20	»
— 189 — . .		16	»
— 162 — . .		13	50
— 135 — . .		10	»
— 108 — . .		8	»
— 81 — . .		6	»
— 54 — . .		3	»

456 TERRES, GRÈS DE PICARDIE, MARBRES, AGATE ET SERPENTINE.

Mortiers en marbre blanc.

		fr.	c.
Mortiers de 54 millimètres de diamètre .... la pièce.		6	»
— 81 — — .... —		9	»
— 108 — — .... —		16	»
— 135 — — .... —		20	»
— 162 — — .... —		30	»

Fig. 31.

Porphyres en marbre noir.

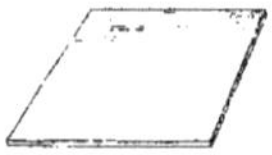

	fr.	c.
Porphyre de 325 millimètres carrés........ la pièce.	4	»
— 403 — — .... —	6	»
— 485 — — .... —	10	»
— 650 — — .... —	16	»

Fig. 32.

Molettes en marbre.

	fr.	c.
Molettes de 54 millimètres............ la pièce.	2	50
— 81 — .... —	3	50
— 108 — .... —	4	50

Fig. 33.

Pilons en gaïac et en buis.

Fig. 34.  Fig. 35.

Le prix varie selon la grandeur.

Mortiers avec pilon en serpentine.

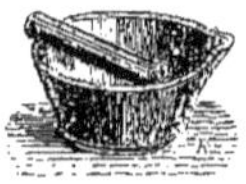

	A BEC.		SANS BEC.	
	fr.	c.	fr.	c.
Mortier de 215 millimètres de diamètre	9	»	8	»
— 205 — —	8	»	7	»
— 175 — —	6	»	5	»
— 162 — —	5	»	4	»
— 149 — —	4	»	3	50
— 135 — —	3	50	3	»
— 108 — —	2	75	2	50
— 81 — —	2	25	2	»

Fig. 36.

Mortiers avec pilon en agate.

Mortier de 3 et 4 centimètres de diamètre....	6 et 7 fr.
— 4 1/2 et 5 — —	9 et 12
— 5 1/2 et 6 — —	13 et 16
— 7 et 8 — —	22 et 35
— 9 et 10 — —	45 et 55

Fig. 37.

ÉTIQUETTES PASSE-PARTOUT POUR FIOLES, BOITES, ETC.

SUIVANT LA PLANCHE CI-CONTRE.

Étiquettes carrées.

La planche d'étiquettes passe-partout représente un spécimen de chaque dessin. Les modèles carrés peuvent être exécutés sur quinze grandeurs différentes, dont le tracé se trouve ci-dessous indiqué. Ces dessins comprennent les n°s 50, 51, 52, 53, 54, 55, 56 et 57.

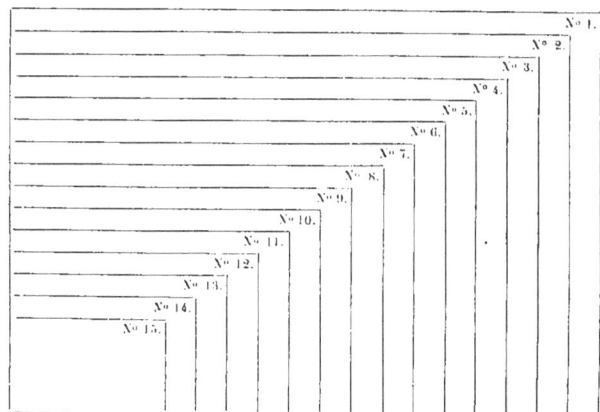

Les prix des étiquettes passe-partout varient suivant la grandeur, quel que soit le dessin que l'on choisisse. Elles se vendent au mille. On n'en délivre pas moins de 500; et lorsqu'on ne prend que cette dernière quantité à la fois, les 500 coûtent les deux tiers du prix du mille, suivant les prix courants ci-dessous. Il ne doit jamais y avoir qu'une seule et même inscription sur chaque étiquette pour un tirage; cependant sur un tirage de 1000 étiquettes, on peut en demander 500 avec une inscription telle que *Sirop de Gomme*, et les 500 autres avec une inscription différente, telle que *Sirop de Groseilles*.

Prix des étiquettes n°s 50, 51, 52, 53, 54, 55, 56, 57.

Grandeurs 1, 2, 3. . . . . le mille.	4 fr.	»
— 4, 5, 6. . . . . —	3	75
— 7, 8, 9. . . . . —	3	50
— 10, 11, 12. . . . . —	3	»
— 13, 14, 15. . . . . —	2	50

En demandant ces Étiquettes par plusieurs mille, on obtient les réductions suivantes :

Grandeurs 1, 2, 3, 4, 5, 6, 7, 8.

Les dix premiers mille coûtent. . le mille.	2 fr.	50
Les dix suivants. . . . . —	2	25
Les dix suivants. . . . . —	2	»
Les dix suivants. . . . . —	1	75
Les dix suivants et au-dessus . . —	1	50

Grandeurs 9, 10, 11, 12, 13, 14, 15.

Les dix premiers mille coûtent. . le mille.	2 fr.	»
Les dix suivants. . . . . —	1	75
Les dix suivants. . . . . —	1	50
Les dix suivants. . . . . —	1	25
Les dix suivants et au-dessus . . —	1	»

Assorties dans tous les numéros en général.

Les dix premiers mille coûtent. . le mille.	3 fr.	»
Les dix suivants. . . . . —	2	75
Les dix suivants. . . . . —	2	50
Les dix suivants. . . . . le mille.	2 fr.	25
Les dix suivants et au-dessus . . —	2	»

458 — ÉTIQUETTES DIVERSES, FACTURES.

Modèles ronds et ovales.

Les modèles ovales numéros 58 et 59, ainsi que les modèles ronds 60, 61, 62, 63, 64 et 65, peuvent être exécutés sur les cinq grandeurs tracées ci-dessous.

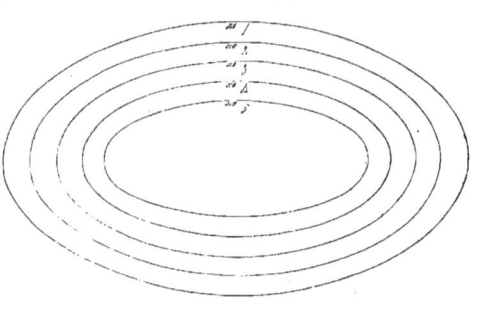 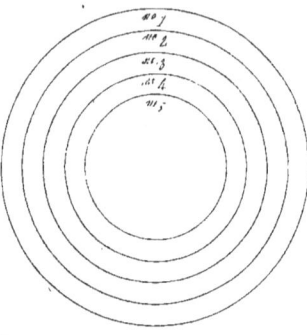

Prix des Étiquettes ovales n°s 58, 59. | **Prix des Étiquettes rondes n°s 60, 61, 62, 63, 64, 65.**

Grandeur 1. . . . le mille. 4 fr. » c.	Grandeur 1. . . . le mille. 3 fr. 50 c.
— 2. . . . — 3 75	— 2. . . . — 3 25
— 3. . . . — 3 50	— 3. . . . — 3 »
— 4. . . . — 3 25	— 4. . . . — 2 75
— 5. . . . — 3 »	— 5. . . . — 2 50

En demandant ces Étiquettes par plusieurs mille, on obtient les réductions suivantes :

Les dix premiers mille coûtent. . . . . le mille.	3 fr.	» c.
Les dix suivants . . . . —	2	75
Les dix suivants . . . . —	2	50
Les dix suivants . . . . —	2	25
Les dix suivants et au-dessus. . . . . —	2	»

Factures avec en-tête lithographié.

	fr.	c.
Factures ordinaires, format in-4° de coquille. . . . . le mille.	20	»
— — — . . . . . . 500.	14	»
— — — soignées. . . . . . le mille.	25	»
— — — — . . . . 500.	18	»
— — format in-8° — . . . . le mille.	15	»
— — — soignées.	18	»

Étiquettes pour liqueurs, vins, fruits, etc.

Vignettes impression noire . . . . le cent.	1	»
— imitation or . . . . —	2	»
— en plusieurs couleurs. . . . . —	3	50
— — — (riches) . . . . —	4	»
— — — vernies (très-riches) . . . . —	6	»
— aux armes de France ou d'Angleterre, exécutées en cinq couleurs, pour grandes conserves de devantures. . . . . la pièce.	5	»

Exécution de tous les modèles de fantaisie en impression noire et polychrôme.

ÉTIQUETTES DIVERSES.
PRIX DES ÉTIQUETTES A BOCAUX DE PHARMACIE.

Pour éviter les complications que présentait notre prix courant de 1854, qui donnait des prix variables suivant la dimension des étiquettes à bocaux, nous avons coté les grandeurs les plus usuelles toutes au même prix. Il n'y a que les trois grandeurs exceptionnelles, n° 1, n° 1 bis, n° 1 ter, qui soient cotées à des prix différents.

Désignation des modèles.		Grandeurs N°s 6, 5, 4, 3, 2.	Grandeur N° 1.	Grandeur N° 1 bis.	Grandeur N° 1 ter.
N° 66.	Remplies. . .	28 fr.	33 fr.	38 fr.	45 fr.
	Non remplies.	25 —	30 —	35 —	40 —
N°s 67 et 68. . . .	Remplies. . .	25 fr.	30 fr.	35 fr.	45 fr.
	Non remplies.	22 —	27 —	31 —	40 —
N° 69.	Remplies. . .	18 fr.	23 fr.	28 fr.	33 fr.
	Non remplies.	16 —	20 —	25 —	28 —
N°s 70 et 71. . . .	Remplies. . .	28 fr.	33 fr.	38 fr.	45 fr.
	Non remplies.	25 —	30 —	35 —	40 —
N° 74.	Remplies. . .	6 fr.	10 fr.	15 fr.	20 fr.
	Non remplies.	4 —	8 —	12 —	15 —
N°s 75, 76, 77. . .	Remplies. . .	8 fr.	12 fr.	16 fr.	22 fr.
	Non remplies.	6 —	9 —	12 —	18 —
N° 78.	Remplies. . .	8 fr.	12 fr.	18 fr.	24 fr.
	Non remplies.	6 —	9 —	15 —	20 —
N°s 79, 80, 81. . .	Remplies. . .	10 fr.	14 fr.	20 fr.	26 fr.
	Non remplies.	8 —	11 —	16 —	21 —
N°s 82, 83, 84, 85, 90, 91, 92, 93.	Remplies. . .	12 fr.	17 fr.	22 fr.	27 fr.
	Non remplies.	10 —	14 —	18 —	22 —
N°s 86, 87, 88, 89, 94. . .	Imitation or. . . .	18 fr.	23 fr.	28 fr.	33 fr.
	Avec lettres argent.	22 —	27 —	32 —	36 —
	Tout argent. . . .	25 —	30 —	35 —	40 —
	Or fin	35 —	40 —	45 —	50 —
N°s 95, 96.	Imitation or. .	25 fr.	30 fr.	35 fr.	40 fr.
	Or fin	40 —	45 —	50 —	55 —
N° 97.	Imitation or. .	30 fr.	35 fr.	40 fr.	45 fr.
	Or fin	50 —	55 —	60 —	65 —
N°s 98, 99, 104, 105.	Remplies. . .	30 fr.	35 fr.	40 fr.	45 fr.
	Non remplies.	27 —	30 —	35 —	40 —
N°s 100, 101, 102, 103.	Imitation or. .	35 fr.	40 fr.	45 fr.	50 fr.
	Or fin	45 —	50 —	55 —	60 —

Ces prix s'appliquent au cent d'étiquettes.

Nota. Grâce à un collage spécial, on n'est plus exposé à voir se détacher les bandes d'or collées sur les étiquettes ; c'est pourquoi nous n'avons pas hésité à faire figurer les modèles 66, 67, 68, 69, 70, 71 et 72.

ÉTIQUETTES DIVERSES.

ÉTIQUETTES POUR TIROIRS, NUMÉROS 72 ET 73.

Dimensions des grandeurs différentes d'étiquettes pour tiroirs.

9ᵉ grandeur, longueur 10 cent. » millim.	4ᵉ grandeur, longueur 22 cent. 5 millim.
8ᵉ — — 12 — 5 —	3ᵉ — — 25 — » —
7ᵉ — — 15 — » —	2ᵉ — — 27 — 5 —
6ᵉ — — 17 — 5 —	1ʳᵉ — — 30 — » —
5ᵉ — — 20 — » —	La largeur est toujours proportionnée à la longueur.

Prix du nº 72.
Grandeurs : 9, 8, 7 . . . . le cent 18 fr.
— 6, 5, 4 . . . . — 25
— 3, 2, 1 . . . . — 32

Prix du nº 73.
Grandeurs : 9, 8, 7 . . . . le cent 6 fr.
— 6, 5, 4 . . . . — 9
— 3, 2, 1 . . . . — 12

OBSERVATIONS

SUR

LE TABLEAU CI-JOINT DES GRANDEURS D'ÉTIQUETTES A BOCAUX.

Ce tableau représente les différentes grandeurs dans lesquelles on peut exécuter tous les modèles, depuis le nº 66 jusqu'au nº 105 inclusivement.

Ces différentes dimensions sont calculées sur la capacité des bocaux en usage dans la pharmacie.

Le cadre nº 1 *ter,* ayant 22 centimètres de longueur sur 15 centimètres de hauteur, convient pour les goulots, poudriers, conserves de 8 à 10 litres et au-dessus.

Le cadre nº 1 *bis,* ayant 18 centimètres 5 millimètres de longueur sur 12 centimètres 5 millimètres de hauteur, convient pour les goulots, poudriers, conserves de 5 et 6 litres.

Le cadre nº 1, ayant 15 centimètres de longueur sur 10 centimètres de hauteur, convient pour les goulots, poudriers, conserves de 3 et 4 litres.

Le cadre nº 2, ayant 13 centimètres 5 millimètres de longueur sur 9 centimètres de hauteur, convient pour les goulots, poudriers, conserves de 1 litre et demi et 2 litres.

Le cadre nº 3, ayant 11 centimètres 8 millimètres de longueur sur 7 centimètres 8 millimètres de hauteur, convient pour les goulots, poudriers, conserves de 750 grammes et 1 litre.

Le cadre nº 4, ayant 10 centimètres de longueur sur 6 centimètres 6 millimètres de hauteur, convient pour les goulots, poudriers, conserves de 375 et 500 grammes.

Le cadre nº 5, ayant 8 centimètres 5 millimètres de longueur sur 5 centimètres 5 millimètres de hauteur, convient pour les goulots, poudriers, conserves de 187 et 250 grammes.

Le cadre nº 6, ayant 7 centimètres de longueur sur 4 centimètres 5 millimètres de hauteur, convient pour les goulots, poudriers, conserves de 125 et 150 grammes.

Nota. Il est important de remarquer que les modèles d'étiquettes *déposés* sont notre propriété exclusive, et qu'on s'exposerait à des poursuites judiciaires en les faisant exécuter sans notre autorisation.

Nous continuons à fournir des étiquettes à bocaux d'après les modèles de notre Prix courant de 1854.

ÉTIQUETTES DIVERSES.

ÉTIQUETTES ET IMPRIMÉS DIVERS TOUJOURS PRÊTS.

Instructions, Prospectus, Étiquettes, etc.

PRIX DU CENT.

	fr.	c.
Instructions ou prospectus pour Eau de Cologne.	2	25
— — — vulnéraire.	3	50
— — — de Mélisse des Carmes.	2	75
— — — antiapoplectique des Jacobins.	3	25
— — pour Boules de Nancy.	2	25
— — pour Élixir de Courcelles.	3	75
— — pour Baume Opodeldoch.	3	»
— — pour Grains de santé.	2	50
— — pour Thé suisse.	2	25
Étiquettes à Magnésie anglaise avec le cachet.	4	50
Prospectus — — (les trois).	3	50
Étiquettes à Essence ou Sirop de salsepareille.	2	»
— à Eaux de Vichy, Sedlitz, Seltz, pour bouteille.	1	25
— — — — 1/2 —	1	»
— à Limonades purgatives et Limonades gazeuses pour bouteille.	1	25
— — — — — 1/2 —	1	»
— à Soda-water, Sedlitz-powders, Cold Drawn Castor Oil, Pure Cod Liver Oil Cold Drawn.	2	»
— à Huile de foie de morue (petit format).	»	50
— — — (grand format).	1	»
— pour paquets à ipécacuanha, émétique, tartre stibié.	»	75
— à Sel de nitre, sel Duobus, sel d'oseille, rhubarbe.	»	75
— à Sulfate de quinine, kermès, vétérinaire, etc.	»	75
— à Capsules gélatineuses au copahu.	1	50
— — à l'huile de ricin.	1	50
— — de foie de morue.	1	50
— à Eau de Cologne, — Idem, de fleurs d'oranger, — Idem, de Botot, et à sirops divers (petites), pour rouleaux.	»	30
Les mêmes étiquettes pour bouteilles.	1	25
— à Eau sédative, Eau-de-vie camphrée.	»	30
— à Potion selon la formule, Potion à prendre par cuillerées toutes les heures.	»	30
— à Purgatif, Collyre, Solution, Liniment, Pilules, Looch, Sirop, Pommade selon la formule et tous Sirops quelconques.	»	30
— à Huile de ricin, Huile d'amandes douces.	»	30
— Agitez la bouteille, Tenir la bouteille bien bouchée, idem dans un endroit frais.	»	25
— Éther sulfurique, Laudanum de Rousseau; idem de Sydenham.	»	25
— Prises de Rhubarbe; idem de Poudre, Dextrine, Chloroforme.	»	25
— à Usage externe (papier rouge).	»	30

ÉTIQUETTES DIVERSES.
ÉTIQUETTES GOMMÉES ET DÉCOUPÉES
S'APPLIQUANT COMME LES TIMBRES-POSTE.

Prix de la façon du gommage et du découpage du 1000 d'étiquettes.

LES FEUILLES A DÉCOUPER CONTENANT DE 12 A 25 ÉTIQUETTES ENVIRON.

	fr.	c.		fr.	c.		fr.	c.
Grandeur n° 15...	»	50	Grandeur n° 10...	»	95	Grandeur n° 5...	1	25
— n° 14...	»	55	— n° 9...	1	»	— n° 4...	1	30
— n° 13...	»	60	— n° 8...	1	05	— n° 3...	1	35
— n° 12...	»	65	— n° 7...	1	10	— n° 2...	1	40
— n° 11...	»	70	— n° 6...	1	15	— n° 1...	1	45

(Ces grandeurs correspondent à celles du tracé de nos étiquettes passe-partout, page 457.)

Prix de la façon du découpage seul du 1000 d'étiquettes.

	fr.	c.		fr.	c.		fr.	c.
Grandeur n° 15...	»	35	Grandeur n° 10...	»	60	Grandeur n° 5...	»	85
— n° 14...	»	40	— n° 9...	»	65	— n° 4...	»	90
— n° 13...	»	45	— n° 8...	»	70	— n° 3...	»	95
— n° 12...	»	50	— n° 7...	»	75	— n° 2...	1	»
— n° 11...	»	55	— n° 6...	»	80	— n° 1...	1	05

Prix de la façon du gommage seul des feuilles imprimées à plusieurs étiquettes, suivant leurs différentes dimensions.

DIMENSIONS DE LA FEUILLE.	LES 100 FEUILLES.		LES 500 FEUILLES.		LES 1000 FEUILLES.	
	fr.	c.	fr.	c.	fr.	c.
45 centimètres sur 28 ...	1	65	8	»	15	»
28 — 22 ...	1	»	5	»	10	»
22 — 14 ...	»	75	3	75	7	50
14 — 11 ...	»	65	3	25	6	50
11 — 7 ...	»	60	3	»	6	»
7 — 6 ...	»	50	2	50	5	»
Tous les formats au-dessous.	»	50	2	50	5	»

NOTA. Les conditions du gommage et du découpage des étiquettes sont les mêmes que pour l'impression : le minimum est de 500, et lorsqu'on ne livre que cette quantité, elle coûte les deux tiers du prix du 1000.

Les étiquettes rondes ou ovales sont aux mêmes prix que celles carrées lorsqu'elles sont d'un diamètre égal à la longueur ou à la largeur de ces dernières.

Les étiquettes gommées et découpées pour *Médicament pour usage externe* ou *interne*, *Agitez la bouteille*, etc., sont aux mêmes prix que les autres, suivant leurs grandeurs.

Étiquettes passe-partout filets bleus pour tares, prix de revient, etc.

(Le prix de la **boîte** est de **30 centimes**, quelle que soit la dimension.)

Boîte contenant 150 étiquettes, dimension de 6 centimètres sur 4 centimètres.
      —   200   —   —   5 1/2   —   — 3 1/2 —
      —   250   —   —   5   —   — 3 —
      —   300   —   —   4 1/2   —   — 2 1/2 —
      —   350   —   —   4   —   — 2 —
      —   400   —   —   3   —   — 1 1/2 —
      —   500   —   —   2   —   — 1 —

BOITES ET CARTONNAGES.

1° Lorsque la demande ne désignera pas l'espèce de boîtes, nous enverrons celles de la qualité demi-fine.

2° Les boîtes assorties de grandeurs sont de couleurs variées.

BOITES A PILULES.

Rondes ordinaires.

La grosse.	fr.	c.
Boîtes de 2, 4 et 8 grammes. . . .	2	50
— 12 —	2	75
— 15 —	3	»
— 30 —	3	50
— 60 —	4	50
— 90 —	5	50
— 125 —	6	50
— 180 —	9	»
— 250 —	12	»
— assorties de 4 à 60 grammes.	3	»

Ovales ordinaires.

La grosse.	fr.	c.
Boîtes de 4 et 8 grammes. . . .	3	25
— 12 —	3	75
— 15 —	4	50
— 30 —	6	»
— 60 —	7	»
— 90 —	8	»
— 125 —	9	50
— 180 —	11	»
— 250 —	13	»
— assorties de 4 à 60 grammes.	4	»

Rondes demi-fines.

La grosse.	fr.	c.
Boîtes de 2, 4 et 8 grammes. . . .	3	»
— 12 —	3	50
— 15 —	4	»
— 30 —	4	50
— 60 —	5	50
— 90 —	6	50
— 125 —	9	»
— 180 —	12	»
— 250 —	15	»
— assorties de 4 à 60 grammes.	4	»

Ovales demi-fines.

La grosse.	fr.	c.
Boîtes de 8 grammes	4	»
— 12 —	4	50
— 15 —	5	50
— 30 —	6	50
— 60 —	8	»
— 90 —	9	»
— 125 —	12	»
— 180 —	15	»
— 250 —	18	»
— assorties de 8 à 90 grammes.	6	»

Rondes fines.

La grosse.	fr.	c.
Boîtes de 2, 4 et 8 grammes. . . .	4	»
— 12 —	4	50
— 15 —	5	50
— 30 —	6	50
— 60 —	8	»
— 90 —	10	»
— 125 —	12	»
— 180 —	16	50
— 250 —	18	»
— assorties de 4 à 60 grammes.	5	50

Ovales fines.

La grosse.	fr.	c.
Boîtes de 8 grammes	4	50
— 12 —	6	»
— 15 —	8	»
— 30 —	9	»
— 60 —	10	»
— 90 —	13	»
— 125 —	15	»
— 180 —	18	»
— 250 —	24	»
— assorties de 8 à 90 grammes.	9	»

BOITES ET CARTONNAGES.

*Rondes, filet petit or.	fr.	c.	*Ovales, filet petit or.	fr.	c.
La grosse.			*La grosse.*		
Boîtes de 4 et 8 grammes	10	»	Boîtes de 8 grammes	13	»
— 12 —	12	»	— 12 —	15	»
— 15 —	14	»	— 15 —	17	»
— 30 —	17	»	— 30 —	19	»
— 60 —	20	»	— 60 —	22	»
— 90 —	24	»	— 90 —	26	»
— 125 —	30	»	— 125 —	32	»
— 180 —	36	»	— 180 —	38	»
— 250 —	42	»	— 250 —	45	»
— assorties de 4 à 60 grammes.	15	»	— assorties de 8 à 90 grammes.	20	»

Rondes, filet or fin, très-soignées.			Ovales, filet or fin, très-soignées.		
La grosse.			*La grosse.*		
Boîtes de 4 et 8 grammes	15	»	Boîtes de 8 grammes	18	»
— 12 —	17	»	— 12 —	20	»
— 15 —	20	»	— 15 —	23	»
— 30 —	23	»	— 30 —	26	»
— 60 —	27	»	— 60 —	30	»
— 90 —	30	»	— 90 —	34	»
— 125 —	36	»	— 125 —	40	»
— 180 —	48	»	— 180 —	51	»
— 250 —	58	»	— 250 —	60	»
— assorties de 4 à 60 grammes.	20	»	— assorties de 8 à 90 grammes.	24	»

Rondes fines, papier gaufré or ou argent avec filet de couleur.			Ovales fines, papier gaufré or ou argent avec filet de couleur.		
La grosse.			*La grosse.*		
Boîtes de 2, 4 et 8 grammes	5	50	Boîtes de 8 grammes	6	50
— 12 —	7	»	— 12 —	8	»
— 15 —	9	»	— 15 —	10	»
— 30 —	12	»	— 30 —	13	»
— 60 —	13	»	— 60 —	15	»
— 90 —	16	»	— 90 —	19	»
— 125 —	19	»	— 125 —	22	»
— 180 —	22	»	— 180 —	26	»
— 250 —	30	»	— 250 —	33	»
— assorties de 4 à 60 grammes.	12	»	— assorties de 8 à 60 grammes.	13	»

	fr.	c.
Boîtes de 1 gramme, rondes, fines. . . . la grosse.	8	»
— — — filet petit or. . . —	12	»
— — — — or fin . . . —	17	»

Toutes les boîtes avec filet ou gorge de couleur coûteront 1 fr. 25 c. de plus par grosse. Elles sont toujours faites dans la qualité de *boîtes fines*.

CARTONNAGES DIVERS.

	La grosse.	fr.	c.
Boîtes à tiroirs, 4 grandeurs. . . .		10	»
— — filets d'or.		22	»
— à pastilles de Vichy, grandes.		14	»
— — — petites.		8	50
— à pâte pectorale garnies d'étain, grandes.		16	»
— à pâte pectorale garnies d'étain, petites.		12	»
— garnies d'étain, assorties de 4 à 60 grammes.		6	50
— à pastilles santonine, toutes roses extérieurement. . .		9	»
— à pastilles santonine, doublées de rose intérieurement . .		11	»
Boîtes carrées, aloès en grumeaux.		6	»
— à papier épispastique		10	»
— à sedlitz, avec étiquettes. . .		18	»
— à soda water, — . . .		18	»
— à capsules de copahu, avec étiquettes.		16	»
— à papier à cautère.		8	»
Étuis à tapioca et cacao carrés, le cent		10	»
— — ronds. —		14	»
Boîtes à grains de santé, sans étiquettes, grandes.		4	50
— — avec étiquettes, —		5	»
— — sans étiquettes, petites.		3	75
— — avec étiquettes, —		4	50

Boîtes à poudre dentifrice.

	La grosse.	fr.	c.
Boîtes à poudre dentifrice 1/2 fines, filet de couleur, de 30 gr.		8	»
— 1/2 fines, filet de couleur, de 60 grammes.		9	»
— fines, filet de couleur, de 30 g.		10	»
— — — de 60 g.		12	»
Boîtes fines, filet or, de 30 gram. .		18	»
— — de 60 — . .		24	»
— papier de fantaisie, de 30 gr.		22	»
— papier de fantaisie, de 60 gr.		27	»

Avec les mots *Poudre dentifrice* dorés, 6 fr. en plus par grosse.

Boîtes Canistres.

	fr.	c.
Boîte Canistre pour thé, avec beau papier chinois,		
— — de 1 kilo . . le cent.	90	»
— — de 1/2 kilo . . —	75	»
— — de 250 gram. —	60	»
— — de 100 — —	40	»

Boîtes à 8 pans, filet or, papier fantaisie verni.

	fr.	c.
Boîtes de 50 gram. . . . la douz.	3	»
— 100 — . . . —	4	50
— 150 — . . . —	6	»
— 300 — . . . —	12	»
— 500 — . . . —	16	»

Boîtes forme navette.

	fr.	c.
Boîtes de 50 gram. . . . la douz.	2	50
— 100 — . . . —	3	»

Boîtes ovales à pans coupés.

	fr.	c.
Boîtes de 200 gram. . . . la douz.	8	»
— 500 — . . . —	10	»

Boîtes rondes fantaisie.

	fr.	c.
Boîtes de 350 gram. . . . la douz.	10	»
— 250 — . . . —	8	»
— 200 — . . . —	6	»
— 125 — . . . —	5	»
— 90 — . . . —	4	50
— 60 — . . . —	4	»

Boîtes à houppe bombées, filet or, à poudre de riz.

	fr.	c.
Boîte petite. . . . . . . la grosse.	22	»
— moyenne. . . . . . —	25	»
— grande. . . . . . —	30	»
— petite, à pap. fantaisie —	75	»
— moyenne, — —	90	»
— grande, — —	102	»

STORES, TRANSPARENTS.

VOIR LA PLANCHE COLORIÉE.

L'usage des stores a été généralement apprécié comme moyen simple, commode et élégant de garantir des effets du soleil la devanture des pharmacies. Dans la pensée de faciliter le choix de nos commettants, nous leur présentons une planche de dessins variés. Ces dessins ne sont pas les seuls que nous puissions faire exécuter. Nous sommes en mesure de remplir, au gré de nos correspondants, toutes les indications qu'ils voudraient nous transmettre sur les changements ou les formes nouvelles plus d'accord avec leurs désirs.

Possédant sur les stores tous les renseignements spéciaux de notre Prix courant, MM. les pharmaciens trouveront souvent l'occasion d'être utiles à quelques habitants de leur localité, qui n'attendent pour appliquer ce genre de rideaux que des explications suffisantes.

		fr.	c.
Stores à filets ordinaires simples............ le mètre superficiel....		3	50
— à nielle ou arabesque dans les coins (fig. 1).. —		8	»
— à passe grecque................... —		4	»
— — et petit filet (fig. 2)....... —		5	»
— à fond damas à deux teintes........... —		7	»
— à ornements ou fleurs dans les coins...... —		10	»
— à fleurs, entourages et bouquets (fig. 3)... — depuis		12	»
— à fleurs en plein.................. — depuis		15	»
— à paysages variés (fig. 4)........... — depuis		15	»
— à chasse et marine............... — depuis		15	»
— style renaissance Louis XV........... — depuis		20	»
— Pompadour.................... — depuis		20	»
— à sujets Boucher et Watteau.......... — depuis		25	»
— gothiques d'église et pittoresques, imitation de pierre ou bois sculpté, avec vitraux de couleur (fig. 5, 6, 7, 8).. le mètre superficiel, depuis		15	»
— mauresque.................... — depuis		25	»

Nota. Pour les champs de couleur, 50 c. du mètre superficiel en plus.
Pour les fonds teintés, 1 fr.
Lettres en peinture faites sur stores, 15 fr. le cent de lettres.
Garniture complète : cordons, poulies, crémaillère, rouleau en bois, de 6 à 8 fr.
Reproduction en stores de tous tableaux d'histoire et de genre.

La mesure d'un store doit être prise sur la largeur et la hauteur de la croisée, en indiquant 2 centimètres de plus sur la largeur de chaque côté (soit 4 centimètres en tout) et 20 centimètres de plus sur la hauteur pour l'enroulement sur le bâton.

Avis important sur le chapitre des Stores de notre Prix courant général de 1854, page 188.

Le dessin de store n° 2, doit être marqué n° 1.
— — n° 1, — n° 2.
— — n° 4, — n° 3.
— — n° 3, — n° 4.

Avec cette rectification, tous les dessins de stores seront conformes aux désignations et prix de la page 188.

Nous ferons aussi remarquer que les encadrements et les ornements qui paraissent dorés sur les dessins de quelques stores, ne doivent être considérés que comme une peinture jaune d'or.

AQUARELLES TYPOGRAPHIQUES HENRI PLON, A PARIS.

ÉCLAIRAGE A L'HUILE.

Lampes modérateurs.

La construction de ces lampes repose sur l'action d'un ressort qui fait monter l'huile jusqu'à la mèche. On tend le ressort avec une clef comme pour une pendule. Ces lampes sont d'un usage très-répandu depuis qu'on a trouvé un mécanisme simple pour *modérer* la pression du ressort de manière à la rendre constante et uniforme. Quoique nous n'ayons cité que les modèles les plus simples et les plus demandés, nous sommes en mesure de fournir à des prix relatifs des lampes modérateurs montées avec luxe et de tous les genres.

				fr.	c.
Lampe modérateur unie,		6 et 7 lignes.		4	75
—	—	cannelée, 6 et 7 —		5	»
—	—	unie, 7 et 8 —		5	75
—	—	cannelée, 7 et 8 —		6	25
—	—	unie, 9 et 11 —		6	75
—	—	cannelée, 9 et 11 —		7	25
—	—	unie, 13 et 15 —		7	75
—	—	cannelée, 13 et 15 —		8	»
Lampe estampée en fer-blanc, 6 et 7 lignes.				5	50
—	—	— 7 et 8 —		6	50
—	—	— 9 et 11 —		7	50
—	—	— 13 et 15 —		8	25
Lampe estampée en cuivre, socle fer-blanc, 9 et 11 lignes.				8	50
—	—	— 13 et 15 —		9	50
Lampe estampée tout cuivre, à gorge, 9 et 11 lignes.				10	»
—	—	— 13 et 15 —		11	»
—	—	1 2 riche simple, 9 et 11 lignes.		10	50
—	—	— 13 et 15 —		11	50
—	—	— 3 pièces fondues, 9 et 11 lignes.		13	»
—	—	— — 13 et 15 —		14	»
Lampe tout cuivre riche, 5 pièces fondues, 9 et 11 lignes.				15	»
—	—	— 13 et 15 —		16	»

Trépieds métalliques pour les lampes unies, cannelées et estampées en fer-blanc.

Pour lampes de 6 lignes. . . . 1 fr. » c. | Pour lampes de 9 et 11 lignes. . 2 fr. » c.
— de 8 — . . . . 1 50 | — 13 et 15 — . . 3 »

Trépieds galvanisés pour les lampes à gorge, demi-riches à 3 et 5 pièces fondues.

Pour lampes de 9 et 11 lignes. . 2 fr. 50 c. | Pour lampes de 13 et 15 lignes. 4 fr. 25 c.
Trépied grand, tout cuivre, à rinceau. . . . . 15 »

Globes.

Globes pour lampes, unis, 1/2 dépolis, dépolis, gravés. } Prix suivant leurs dimensions
— anglais, gravés et unis. . . . . } et la richesse des dessins.
— taillés riches, de tous dessins. . . . . }

30.

EAUX MINÉRALES NATURELLES FRANÇAISES & ÉTRANGÈRES.

SOURCES.	NATURE DES EAUX.	CAPACITÉS.	FR.	C.
Amélie-les-Bains...	sulfureuse alcaline...........	la bouteille..	1	»
Auteuil........	ferrugineuse............	—	»	55
Bagnères-de-Bigorre.	sulfureuse.............	—	1	10
— de-Luchon.	—	—	1	10
Bagnols........	— accidentelle, excitante....	—	»	95
Balaruc........	saline thermale, laxative......	—	1	30
Baréges.......	sulfureuse thermale........	—	1	»
—	—	1/2 —	»	85
Birmenstorff.....	purgative............	—	1	30
Bonnes........	sulfureuse thermale........	3/4 —	»	90
—	—	1/2 —	»	75
—	—	1/4 —	»	55
Bourbonne-les-Bains.	saline —	—	»	95
Bussang.......	ferrugineuse froide.........	—	»	55
Carlsbad.......	saline, thermale.........	—	1	75
Cauterets.......	sulfureuse, thermale.......	—	1	»
—	—	1/2 —	»	85
—	—	1/4 —	»	65
Chabetôut......	acidule, alcaline, ferrugineuse....	—	»	90
Challes........	sulfureuse, iodurée, bromurée et alcaline.	—	1	15
Chateldon......	acidule, gazeuse.........	—	»	85
Coise.........	alcaline, ammoniacale, iodurée, bromurée.	—	1	»
Condillac.......	acidule, gazeuse, diurétique.....	—	»	45
Contrexeville.....	ferrugineuse, froide........	—	»	85
Cransac (s^{ce} h^{te} et b^{sse}).	ferro-manganésienne	—	1	10
Ems..........	alcaline.............	le cruchon..	»	80
Enghien........	sulfureuse, froide.........	la bouteille..	»	85
—	—	1/2 —	»	65
—	—	1/4 —	»	50
Evian.........	ferrugineuse, froide........	—	1	25
Fachingen......	acidule, gazeuse.........	le cruchon..	»	90
Forges........	ferrugineuse, froide........	la bouteille..	»	85
Friedrichshall.....	saline, purgative.........	le cruchon.	1	70
......	....	1/2 —	1	10
Grandrif.......	alcaline, gazeuse.........	la bouteille..	»	50
Gréoulx........	sulfureuse............	—	1	10
Heilbrunn......	iodurée.............	—	1	75
Hombourg......	saline, froide..........	bout. et cruch.	1	10
Iwonicz........	acidule, gazeuse.........	la bouteille..	1	70
Kissingen(s^{ce} Kakoczy)	— —	le cruchon..	1	10
......	....	1/2 —	»	85
Kreutznach......	iodurée, bromurée........	—	1	50
Labassère......	sulfureuse, sodique, froide......	3/4 litre.	»	90
—	—	1/2 —	»	75
—	—	1/4 —	»	65
Marienbad......	Acidule, saline..........	le cruchon..	1	75

EAUX MINÉRALES NATURELLES FRANÇAISES ET ÉTRANGÈRES.

SOURCES.	NATURE DES EAUX.	CAPACITÉS.	FR.	C.
Mont-Dore	Alcaline, thermale.	la bouteille	1	10
—	—	1/2 —	»	95
—	—	1/4 —	»	80
Néris	saline.	—	»	90
Niederbrunn	saline, laxative.	—	1	10
Orezza	ferro-manganeuse.	—	»	90
Passy	ferrugineuse, froide.	—	»	75
Pierrefonds	—	—	»	75
Plombières	alcaline, thermale.	—	»	75
Pougues	acidule, gazeuse, ferrugineuse.	—	»	85
Pullna	saline, purgative.	le cruchon	1	60
—	—	1/2 —	1	10
Pyrmont	gazeuse, ferrugineuse.	la bouteille	2	30
Saint-Alban	alcaline, gazeuse.	—	»	50
Saint-Galmier	—	—	»	45
Saint-Pardoux	— thermale	—	»	90
Schwalbach	ferrugineuse, froide, gazeuse.	—	1	»
Schwalheim	—	—	»	90
Sedlitz	saline, purgative.	le cruchon	1	75
—	—	1/2 —	1	30
Seltz	acidule, gazeuse.	—	»	75
—	—	1/2 —	»	55
Sermaize	saline, ferrugineuse.	la bouteille	»	80
Seidschütz	saline, purgative.	le cruchon	2	»
—	—	—	1	30
Soultzbach	alcaline, ferrugineuse, froide.	—	»	90
Soultzmatt	acidule, gazeuse.	—	»	65
Spa	ferrugineuse, gazeuse.	bout. et cruch.	1	15
Vals	alcaline.	la bouteille	1	10
Vernet	sulfureuse, thermale.	—	1	10
Vic-sur-Cère	acidule, gazeuse, saline.	—	1	»
Vichy — Grande-Grille	alcaline, thermale	—	»	75
Vichy — Hauterive	alcaline, gazeuse.	—	»	75
Vichy — Hôpital	alcaline, thermale	—	»	75
Vichy — Célestins	— froide, gazeuse	—	»	75
Vichy — Chomel	—	—	»	75
Vichy — des Dames	—	—	»	75
Vichy — Ste-Marie-Cusset	—	—	»	70
Vichy — Sainte-Yorre	—	—	»	75
Vichy — Lardy	—	—	»	70
Vittel	—	—	»	90
Weilbach	sulfureuse.	1/2 cruchon	1	»

Contenance des caisses *franco* d'emballage :

Bonnes, 3/4 litre, 52 bout. | Bussang, 50 bouteilles. | Seltz, 50 cruchons.
— 1/2 — 52 — | Pullna, 40 cruchons. | Spa (paniers), 25 et 27 bout.
— 1/4 — 104 — | — 40 1/2 — | Vichy, 50 bouteilles.

EAUX MINÉRALES FACTICES POUR BOISSONS & POUR BAINS.

La supériorité des produits des établissements du Gros-Caillou et des Gobelins a justifié la préférence qu'on leur accorde : c'est pourquoi nous continuons à donner le prix courant de ces deux établissements. On voudra bien cependant nous désigner celui des deux auquel on donnera la préférence.

	ÉTABLISSEMENT DU GROS-CAILLOU. Capsules en plomb.		ÉTABLISSEMENT DES GOBELINS. Capsules en plomb.	
	la b^{lle}.	1/2 b^{lle}.	la b^{lle}.	1/2 b^{lle}.
	fr. c.	fr. c.	fr. c.	fr. c.
Acidule gazeuse.	» 50	» 35	» 45	» 32 1/2
Alcaline gazeuse	» 50	» 35	» 45	» 32 1/2
Balaruc	» 50	» 35	» 45	» 32 1/2
Baréges	» 50	» 35	» 45	» 32 1/2
Bonnes.	» 50	» 35	» 45	» 32 1/2
Bourbonne-les-Bains.	» 50	» 35	» 45	» 32 1/2
Bussang	» 50	» 35	» 45	» 32 1/2
Cauterets.	» 50	» 35	» 45	» 32 1/2
Contrexeville.	» 50	» 35	» 45	» 32 1/2
Forges.	» 50	» 35	» 45	» 32 1/2
Limonade gazeuse au citron, au rhum, à l'orange, etc. (capsulées).	» 75	» 45	» 70	» 42 1/2
Limonade gazeuse au citron, au rhum, à l'orange, etc. (sans capsule)	» 70	» 45	» 65	» 40
Limonade purgative au citrate de magnésie à 40 gr. par bouteille.	1 »	» 85	1 »	» »
Limonade purgative au citrate de magnésie à 45 gr. par bouteille.	1 15	1 »	1 10	» »
Limonade purgative au citrate de magnésie à 50 gr. par bouteille.	1 25	1 10	1 15	» »
Limonade purgative au citrate de magnésie à 60 gr. par bouteille.	1 50	1 20	1 25	» »
Magnésienne gazeuse n° 2 (8 grammes par bouteille).	» 75	» 50	» 70	» 45
— — n° 6 (24 — —	1 50	1 10	1 25	» 90
— saturée non gazeuse n° 2 1/2 (10 gr. par bouteille)	1 »	» »	» 90	» 55
Passy.	» 50	» 35	» 45	» 32 1/2
Plombières.	» 50	» 35	» 45	» 32 1/2
Pullna.	1 »	» »	» 90	» 50
Pyrmont	» 50	» 35	» 45	» 32 1/2
Sedlitz, n° 2 (8 gram. par bouteille)	» 50	» »	» 45	» »
— n° 4 (16 —)	» 65	» 60	» 60	» »
— n° 6 (24 —)	» 70	» 65	» 60	» »
— n° 8 (32 —)	» 75	» 70	» 65	» »
— n° 10 (40 —)	» 80	» 75	» 65	» »
— n° 12 (48 —)	» 80	» 75	» 70	» »
— n° 16 (62 —)	» 90	» 85	» 80	» »
— concentrée (toujours en 1/2 bouteille), 32 ou 48 grammes par bouteille.	» »	» »	» 60	» »

EAUX MINÉRALES FACTICES

POUR BOISSONS ET POUR BAINS

(Suite).

	ÉTABLISSEMENT DU GROS-CAILLOU. Capsules en plomb.		ÉTABLISSEMENT DES GOBELINS. Capsules en plomb.	
	la b^{lle}. fr. c.	1/2 b^{lle}. fr. c.	la b^{lle}. fr. c.	1/2 b^{lle}. fr. c.
Seltz....................................	» 45	» 35	» 42 1/2	» 32 1/2
— sans capsule (ficelées ou goudronnées)...	» 40	» 30	» 40	» 30
Soda-water...............................	» 50	» 35	» 45	» 32 1/2
Spa......................................	» 50	» 35	» »	» »
Vichy....................................	» 50	» 35	» 45	» 32 1/2

Observation. Quels que soient les soins apportés par le fabricant, il se produit un dépôt dans les limonades au citrate de magnésie, au bout d'un temps plus ou moins long. Nous ne pouvons donc répondre de leur bonne conservation, ni accepter les retours de ces limonades une fois sorties de nos magasins.

Préparations pour bains.

	fr. c.		fr. c.	
Bain de Baréges blanc à base d'hydrosulfate de soude en une bouteille.................	1 25	» »	1 »	» »
Bain de Baréges ancien, A et B, en deux bouteilles.	1 50	» »	1 25	» »
— alcalin, en deux bouteilles...............	1 50	» »	1 25	» »
— de Plombières, en une bouteille et un flacon..	1 50	» »	1 25	» »
— de Vichy, en deux bouteilles..............	1 50	» »	1 25	» »
— de Bourbonne, en deux bouteilles..........	1 50	» »	1 25	» »
— du Mont-Dore, —	1 50	» »	1 25	» »
— gélatineux simple en un flacon............	1 50	» »	1 25	» »
— — aromatique en un flacon.........	2 »	» »	1 75	» »
— de mer, en un grand flacon...............	5 »	» »	4 50	» »
— ioduré du docteur Lugol, en une bouteille...	2 »	» »	1 75	» »

Prix des emballages des deux établissements.

	fr. c.			fr. c.
6 bouteilles (en paniers)......	1 »	6 bouteilles (en caisses)......		1 50
12 —	1 25	12 —		2 »
18 —	1 60	18 —		2 50
25 —	2 »	25 —		3 50
30 —	2 50	30 —		4 »
40 —	3 »	40 —		5 »
50 —	3 50	50 —		6 »
60 —	4 »	60 —		7 »

Prix de l'emballage des eaux minérales naturelles.

6 bout^{lles}, 50 c. — 12 bout^{lles}, 80 c. — 18 bout^{lles}, 1 fr. — 25 bout^{lles}, 1 fr. 25 c.; 30 b^{lles}, 1 fr. 60 c. — 40 b^{lles}, 2 fr. — 50 b^{lles}, *franco* d'emballage (eaux assorties ou non).

APPAREILS GAZOGÈNES.

Le goût public s'est prononcé en faveur de ces petits appareils avec lesquels on peut soi-même préparer l'eau gazeuse dans les ménages. Nous présentons un tableau général de tous ceux qui nous sont connus. Nous n'avons pas cité plusieurs de ces appareils qui figuraient dans notre Prix courant de 1854, parce que leur fabrication a été suspendue.

Appareil gazogène Briet.

	PRIX pour le pharmacien.		PRIX pour le public.	
	fr.	c.	fr.	c.
Appareil pied porcelaine de 2 bouteilles	12	»	15	»
— — 3 —	15	»	18	»
— — 4 —	20	»	25	»
— — 6 —	24	»	30	»
— — 8 —	32	»	40	»

Les mêmes à pieds décorés avec augmentation de 3 fr. et au-dessus, selon la richesse du décor.

Poudres pour appareils gazogènes.

100 doses ou 100 paquets doubles pour 1 bouteille	10	»	12	»
— — 2 —	14	40	18	»
— — 3 —	19	20	24	»

Porte-acide Garnaud s'adaptant au tube des grands ou petits appareils Briet, tout monté	4	»	5	»
Flacon à acide sulfurique, étiquette vitrifiée	1	60	2	»
Étui en bois pour contenir le flacon	2	40	3	»
Bocal de bicarbonate de soude granulé et sa mesure pour 20 opérations	1	20	1	50

(Le porte-acide Garnaud permet d'employer pour les gazogènes un acide liquide au lieu d'acide tartrique. L'opération est beaucoup plus prompte et il y a une économie considérable.)

Appareil de J. Bocquet.

Appareil hydrocarbonifère de J. Bocquet, de la contenance de 1 litre 3 décilitres	11	»	14	»
Poudre gazéifère, du même, le paquet de 10 charges	1	25	1	50

(La carafe est en porcelaine et en cristal, sans aucun métal à l'intérieur.)

APPAREILS GAZOGÈNES.

Appareil Villiet.

Droit. — Renversé.

	PRIX pour le pharmacien. fr. c.	PRIX pour le public. fr. c.
Appareil Villiet de 1 litre, droit.	12 »	15 »
— 1 — renversé.	13 »	16 »
— 1 — 1 2 —	14 50	18 »
— 2 — —	16 »	20 »
— 3 — —	20 »	25 »
— 4 — —	24 »	30 »
— 5 — —	32 »	40 »

Au lieu d'acide tartrique, l'inventeur trouve plus économique d'employer le sulfate acide d'alumine disposé en cartouches; il livre les sels sous cette forme aux prix suivants :

La double boîte de 30 charges, pour appareil de 1 litre.	3 50	» »
— — — 2 —	6 50	» »
— — — 3 —	9 50	» »
— — — 4 —	12 50	» »
— — — 5 —	15 50	» »

Seltzogène Fèvre.

Seltzogène D. Fèvre, de 1 bouteille.	10 »	12 »
— — de 2 —	12 »	15 »
— — de 3 —	14 »	18 »

Poudres pour toute espèce d'appareil.

100 doubles paquets pour 100 bouteilles.	10 »	12 »
— — — 200 —	14 40	18 »
— — — 300 —	19 20	24 »
Serre-bouchons. . . . . le cent.	16 »	» »
Bouchons coniques . . . . —	3 »	» »

Gazothèke Veissière.

Appareil gazothèke de 2 bouteilles.	12 »	15 »
— — de 3 —	14 »	18 »

(Les deux vases s'ajustent dans le gazothèke Veissière à l'aide d'un écrou circulaire serrant les deux garnitures d'étain.)

APPAREILS GAZOGÈNES.

	PRIX pour le pharmacien.		PRIX pour le public.	
	fr.	c.	fr.	c.

Gazifère de Guérin.

Gazifère à bascule Guérin.............	12	»	15	»
Poudres pour faire les boissons gazeuses, les 2 kilos. . .	8	50	»	»
Petite mesure en fer-blanc pour mesurer les poudres. . .	»	50	»	»

Gazolitres.

Gazolitre à simple effet. . . .	12	50	15	»
— à double effet. . . .	14	50	18	»

A simple effet. *A double effet.*

Gazateur Rousselle.

Gazateur de Rousselle se dévissant.	16	»	18	»
— — non démontant.	15	»	17	»
Sulfate acide de soude granulé. . . . . le kilo.	1	»	»	»

(Le sulfate acide de soude granulé, contenant 1/3 de son poids d'acide sulfurique libre, remplace avec économie l'acide tartrique pour le service de toute espèce de gazogènes. On dégage entièrement l'acide carbonique du bicarbonate de soude avec le double dde son oids de sulfate acide de soude.)

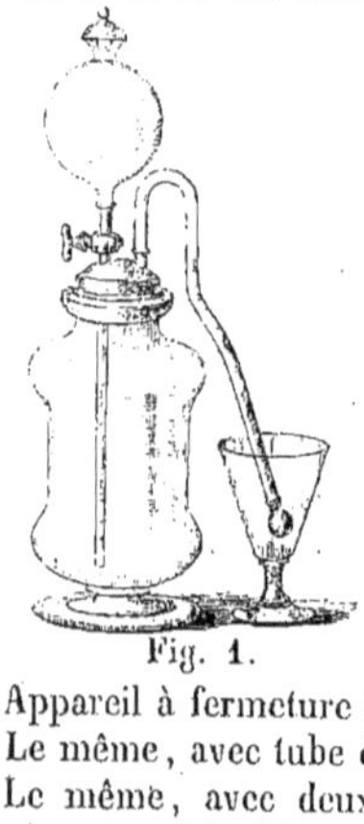

Gazogène Poncelin.

Cet appareil donne une source d'acide carbonique disponible à volonté, avec laquelle on peut saturer de gaz, à la pression ordinaire, une boisson quelconque. En ouvrant ou fermant le robinet, on produit ou on arrête le dégagement d'acide carbonique.

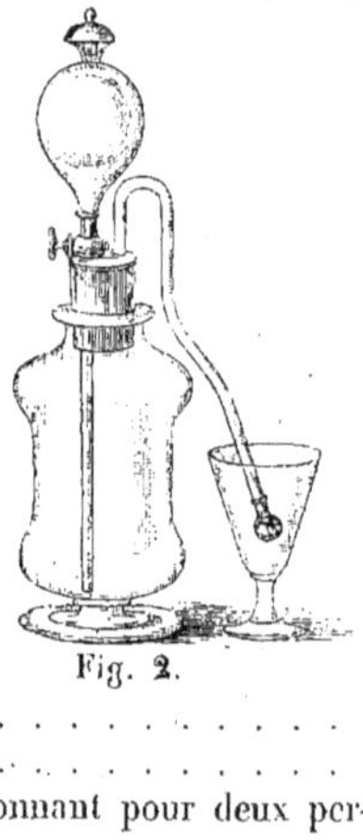

Fig. 1.   Fig. 2.

Appareil à fermeture à vis, tube cristal (fig. 1).	12	»	15	»
Le même, avec tube élastique.	13	»	16	50
Le même, avec deux tubes élastiques, fonctionnant pour deux personnes à la fois.	18	»	22	»
Appareil à fermeture en liége, tube en verre (fig. 2)	8	»	9	50
Le même, avec un tube élastique.	9	»	10	50

APPAREILS GAZOGÈNES, ETC.

	PRIX pour le pharmacien.		PRIX pour le public.	
	fr.	c.	fr.	c.
Tube de cristal de rechange.	1	»	1	50
Tube fléchisseur élastique de rechange.	2	»	3	»
Bicarbonate de soude, la boîte pour saturer 100 bouteilles. . . .	5	»	»	»
— — 1/2 — 50 —	2	50	»	»
Acide pour dégager le gaz. . . . . le litre.	»	25	»	»

BOUTEILLES ET VASES SIPHOÏDES.

Vases siphoïdes de Hammer.

L'invention des bouteilles siphoïdes a supprimé tous les inconvénients qu'on reprochait aux boissons gazeuses présentées dans des bouteilles ordinaires.

Nous avons réuni dans ce chapitre les bouteilles siphoïdes des différents systèmes, afin que nos commettants puissent faire leur choix sur des renseignements complets.

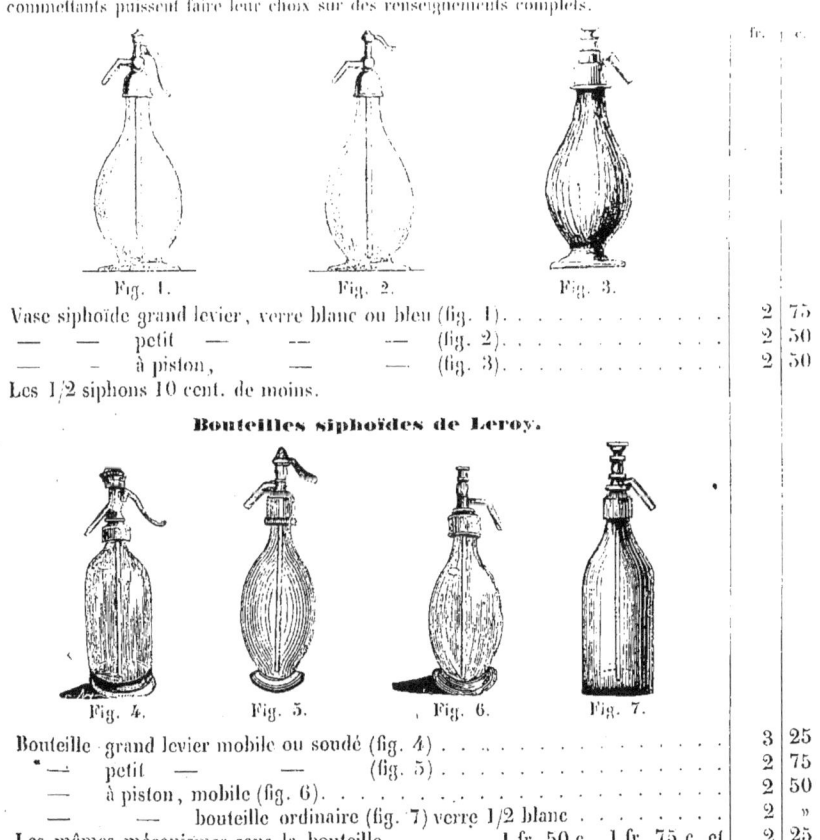

Fig. 1.   Fig. 2.   Fig. 3.

	fr.	c.
Vase siphoïde grand levier, verre blanc ou bleu (fig. 1).	2	75
— — petit — — — (fig. 2).	2	50
— — à piston, — — (fig. 3).	2	50

Les 1/2 siphons 10 cent. de moins.

Bouteilles siphoïdes de Leroy.

Fig. 4.   Fig. 5.   Fig. 6.   Fig. 7.

	fr.	c.
Bouteille grand levier mobile ou soudé (fig. 4)	3	25
— petit — — (fig. 5)	2	75
— à piston, mobile (fig. 6).	2	50
— — bouteille ordinaire (fig. 7) verre 1/2 blanc	2	»
Les mêmes mécanismes sans la bouteille. . . . . . 1 fr. 50 c., 1 fr. 75 c. et	2	25

BOUTEILLES ET VASES SIPHOÏDES.

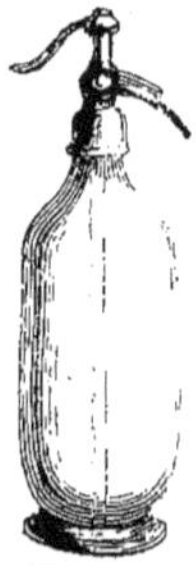

Siphons de François.

	fr.	c.
Siphon de François, verre vert, piston, bague à vis.	1	75
— — 1/2 blanc, — —	2	»
— — — à levier.	2	35
— — blanc, piston, bague à vis (fig. 8)	2	40
— — — à levier (fig. 9)	2	75

Fig. 8. Fig. 9.

Siphons de Martin.

(La monture métallique se visse sur le goulot du verre même taillé en pas de vis : c'est le système le plus simple.)

Siphon de Martin, verre bleu (fig. 10).	2	60
— — — blanc (fig. 11).	2	50

Fig. 10. Fig. 11.

Siphons de Beltzung.

Siphon de Beltzung, à levier.	2	80
— — à pédale.	2	60

Siphon de Nouveau aîné.

Siphon monté, de Nouveau aîné.	3	»

Vases siphons de Briet.

Vase à siphon à pédale, en cristal blanc (fig. 12).	3	»
Le même, clissé en rotin (fig. 13)	3	75
Le même, forme ananas clissé, pied porcelaine.	4	75

Fig. 12. Fig. 13.

Bouteille siphoïde de Veissière.

Bouteille à piston siphoïde mobile de Veissière, en verre.	1	75
— — — en grès	2	»
L'appareil siphoïde mobile sans le verre.	1	50

(Cet appareil peut être démonté à volonté pour être vissé sur une bouteille quelconque, sans masticage ni sertissage.)

BOUTEILLES ET VASES SIPHOÏDES.

Vases siphoïdes de Savaresse.

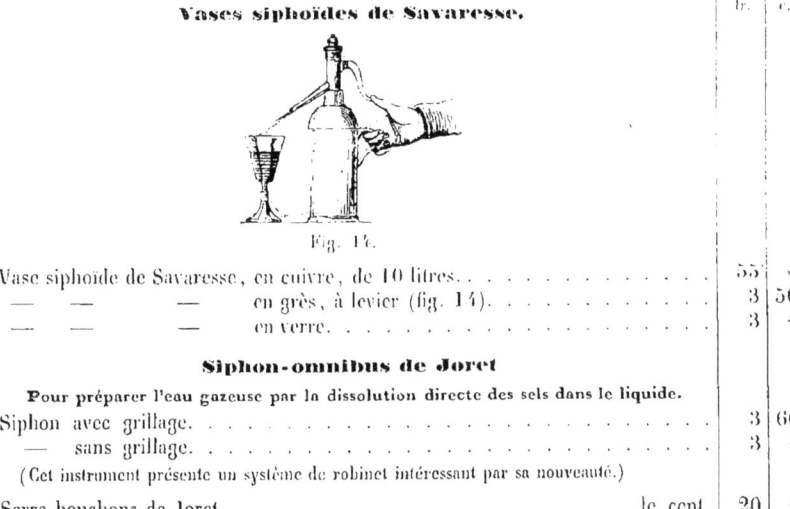

Fig. 14.

	fr.	c.
Vase siphoïde de Savaresse, en cuivre, de 10 litres.	55	»
— — — en grès, à levier (fig. 14).	3	50
— — — en verre.	3	»

Siphon-omnibus de Joret

Pour préparer l'eau gazeuse par la dissolution directe des sels dans le liquide.

	fr.	c.
Siphon avec grillage.	3	60
— sans grillage.	3	»
(Cet instrument présente un système de robinet intéressant par sa nouveauté.)		
Serre-bouchons de Joret . . . . le cent.	20	»

CAPSULES EN ÉTAIN ET EN PLOMB

POUR LE BOUCHAGE DES EAUX MINÉRALES ET DES FLACONS DE TOUTES GRANDEURS.

MÉTAL.	Nos DU DIAMÈTRE A L'OUVERTURE.	DIAMÈTRE A L'OUVERTURE en millimètres.	HAUTEUR en millimètres.	PRIX DU MILLE	
				en blanc.	en couleur.
				fr. c.	fr. c.
Étain.	10, 11.	23, 25.	16	15 »	19 »
—	12, 13.	27, 29.	16	17 »	21 »
—	14, 15.	32, 34.	16	18 »	24 »
—	16, 17, 18.	36, 38, 40.	16	22 »	28 »
—	11, 12.	25, 27.	20	17 »	23 »
—	13, 14, 15.	29, 32, 34.	20	18 »	24 »
—	16, 17.	36, 38.	20	22 »	27 »
—	18.	40.	20	24 »	30 »
—	11, 12.	25, 27.	27	24 »	29 »
—	13, 14, 15.	29, 32, 34.	27	25 »	30 »
—	16, 17.	36, 38.	27	26 »	31 »
—	13, 14, 15.	29, 32, 34.	34	31 »	37 »
—	16, 17.	36, 38.	34	33 »	40 »
— pr le Champagne.	14, 15.	32, 34.	56	60 »	70 »
— —	16, 17.	36, 38.	56	64 »	75 »
— coniques pour eaux minérales.	15, 16, 17, 18.	34, 36, 38, 40.	34	42 »	» »
Plomb.	15, 16, 17, 18.	34, 36, 38, 40.	34	38 »	» »

Les personnes qui désireraient ces mêmes capsules avec leur nom ou leur cachet n'auront à payer en plus que la confection du cachet, qui est de 15 fr. à 20 fr. suivant la grandeur.

APPAREILS A FABRIQUER EN GRAND LES EAUX GAZEUSES.

Appareil à système continu de Bramah
PERFECTIONNÉ PAR STEVENAUX.

Cet appareil a la sanction de l'expérience, il a été pendant longtemps le seul employé dans les grandes fabriques. S'il exige un emplacement un peu considérable pour être installé, il présente l'avantage de fonctionner avec une grande rapidité et sans intermittence dans le travail.

			fr.	c.
N° 1, pouvant produire	400 bouteilles par jour.	800	»
N° 2, —	800 — —	1000	»
N° 3, —	1,100 — —	1300	»
N° 4, —	1,400 — —	1600	»
N° 5, —	2,500 — —	2300	»

(La machine à boucher, les accessoires et l'emballage sont compris dans les prix indiqués ci-dessus. — Le modèle n° 5 est accompagné de deux machines à boucher.)

APPAREILS A FABRIQUER EN GRAND LES EAUX GAZEUSES.

	fr.	c.
Machine à boucher, prise isolément de l'appareil.	235	»
— — les vins et les sirops	170	»
1 grosse machine à boucher les conserves de fruits ou de légumes	360	»
1 flacon de lavage de rechange.	6	»
1 — à acide —	15	»
1 niveau d'eau —	5	»
1 manomètre —	10	»
1 mètre de tuyaux en caoutchouc fait exprès.	9	»

Appareil système Viel-Casal, perfectionné par Lange.

	fr.	c.
Appareil n° 1, pouvant tirer 1,000 siphons par jour, avec un tirage de bouteilles et un tirage de siphons	1200	»

APPAREILS A FABRIQUER EN GRAND LES EAUX GAZEUSES.

	fr.	c.
Appareil n° 2, pouvant tirer 2,000 siphons, avec un tirage de bouteilles et un tirage de siphons.	1400	"
Appareil n° 3, pouvant tirer 3,000 siphons, avec un tirage de bouteilles et deux tirages de siphons.	1700	"
Appareil n° 4, pouvant tirer 4,000 siphons, avec un tirage de bouteilles et deux tirages de siphons.	2100	"
Appareil de tirage de siphons.	125	"
— — de bouteilles.	150	"
Robinet de tirage pour siphons.	40	"

Appareils de Beltzung.

Ces appareils sont construits avec une extrême solidité.
Un ouvrier peut faire 300 siphons à l'heure.

	fr.	c.
Appareil n° 1.	3500	"
— avec machine à vapeur.	4500	"
Appareil n° 2.	2000	"
— avec machine à vapeur.	3000	"
Appareil n° 3.	1500	"
Pompe à sirop.	150	"

Appareils à eaux minérales de Savaresse.

Les appareils de M. Savaresse se distinguent surtout par le peu d'espace qu'ils occupent. Ils réunissent sur le même banc le récipient générateur dans lequel s'opère le dégagement du gaz, les vases laveurs, le cylindre où le liquide se sature d'acide carbonique et la machine à embouteiller. Leur disposition est établie de telle sorte, que la seule pression du gaz suffit pour déter-

APPAREILS A FABRIQUER EN GRAND LES EAUX GAZEUSES.

miner la saturation de l'eau sans l'intervention d'une pompe aspirante ou foulante ; une seule personne peut procéder à l'opération et l'achever.

Les quatre premières grandeurs sont disposées pour qu'on puisse y fabriquer aussi les vins mousseux. Tous sont pourvus d'une machine à boucher, et les deux plus grands sont munis de deux vases laveurs ; il n'y en a qu'un seul aux deux plus petits.

Nous nous ferons un plaisir de fournir les instructions détaillées et les formules pour fabriquer les vins mousseux à ceux de nos commettants de l'étranger qui voudraient tenter ce genre d'industrie.

	Contenance du cylindre.	Produit par jour.		fr.
Appareil 1re grandeur (fig. 1),	100 bout^{lles},	1,500 à 2,000 bout^{lles},	tout emballé.	1650
— 2e —	— 60 —	1,000 à 1,500 —	—	1450
— 3e —	— 40 —	600 à 800 —	—	1250
— 4e —	— 35 —	450 à 500 —	—	800
— 5e — (fig. 2),	25 —	300 bouteilles et plus,	—	650

(Deux mètres carrés suffisent pour loger l'appareil n° 1, dont le poids ne dépasse pas 350 kilos. — Une brochure servant d'instruction accompagne chaque appareil.)

Objets divers et de rechange des appareils de Savaresse.

Manomètre.	5 »
Pied à ficeler.	6 50
Entonnoir en cuivre, de 3 litres, pour les trois premières grandeurs.	10 »
— — — pour les deux dernières grandeurs.	12 »
— en fer-blanc, de 1 litre 1/2.	2 »
Tube en étain sans raccords pour embouteillage.	6 »
— avec raccords.	11 »
— le mètre.	5 »
Couteau, 2 fr.; trèfle, 1 fr. 50 ; clef grande, 6 fr.; à tournevis.	4 »
Embouteillage sans pied pour les vases siphoïdes.	10 »
Masque, suivant la force. . . . . 1 fr. 50 c. à	10 »
Rondelle pour la machine à boucher.	» 75
Pince à ficeler, 12 fr.; pour introduire le sirop dans les vases siphoïdes.	22 »
Pompe à fixer aux bancs des trois premières grandeurs, avec quatre vis.	150 »
Embouteillage monté sur un pied en fonte, avec lequel on peut remplir les vases siphoïdes avec tous les appareils connus.	60 »
Machine à boucher à levier.	250 »
— — à engrenage.	165 »

(Avec une augmentation de prix de 20 fr., ces deux machines peuvent être disposées pour boucher les vins mousseux.)

Colonne dorée et argentée pour fontaine gazeuse, avec un tube et un écrou pour la fixer sur un comptoir.	125 »
Cylindre de 35 bouteilles, à mettre sous le comptoir dans une caisse en bois, et une autre en zinc pour alimenter la fontaine.	250 »

(On peut fournir ce cylindre plus grand ou plus petit, alors le prix varie.)

Appareil Savaresse à système continu.

Pour produire de 2,500 à 5,000 bouteilles par jour . . . . . de 2,500 fr. à 3500 »

APPAREILS A FABRIQUER EN GRAND LES EAUX GAZEUSES.

Appareil François
POUR LA FABRICATION DES EAUX MINÉRALES GAZEUSES.

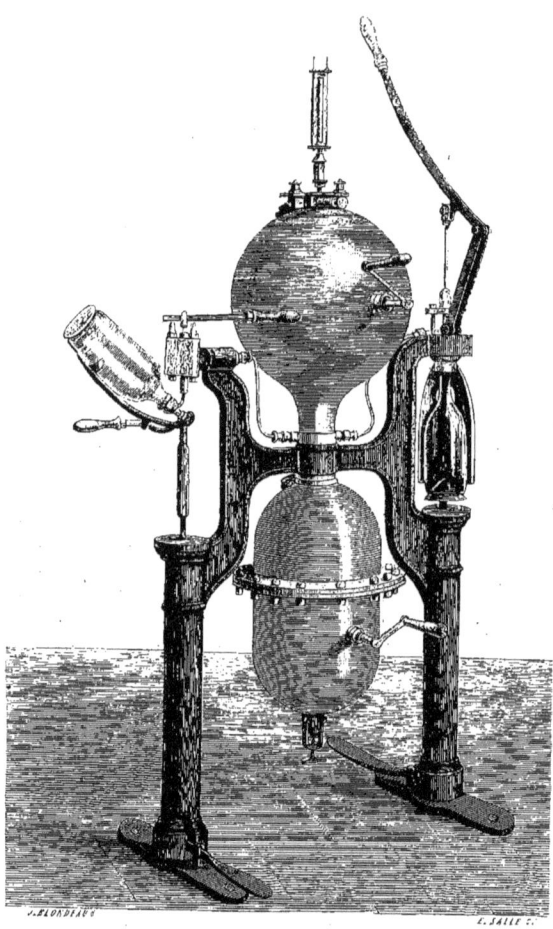

Cet appareil a l'avantage de réunir l'embouteillage au liége et celui pour siphons avec robinet à dégagement. Il offre toutes les garanties contre les explosions, étant essayé sous une pression de 20 atmosphères, et les quantités de matières étant mesurées. En outre, il est expédié tout monté et prêt à fonctionner, et ne nécessite aucune dépense pour son installation. Une notice explicative est jointe à l'appareil.

	fr.	c.
Appareil n° 1, de 25 bout^{lles} de contenance, et pouvant faire 300 bout^{lles} par jour.	500	»
— n° 2, de 35 — — — 420 — —	600	»

APPAREILS A FABRIQUER EN GRAND LES EAUX GAZEUSES.

	fr.	c.
Appareil n° 3, de 50 bout^lles de contenance, et pouvant faire 550 bout^lles par jour.	700	»
— n° 4, de 75 — — — 700 —	900	»
(Dans ces prix n'est pas compris le robinet à dégagement pour tirage des siphons; il est en plus de 75 fr.)		
Robinet à dégagement, avec sa colonne, pour tirage des siphons.	110	»
Un appareil pour 24 bouteilles, à un seul support, avec embouteillage au liége, et pouvant faire 280 bouteilles par jour, est du prix de.	400	»

APPAREILS DE LA FABRIQUE DE HAMMER.

Appareils à gaz comprimé par lui-même.

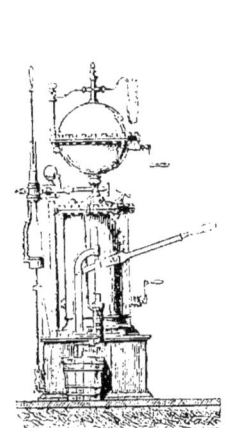

Fig. 1.

Appareil à gaz comprimé par lui-même, n°s 2 et 3.

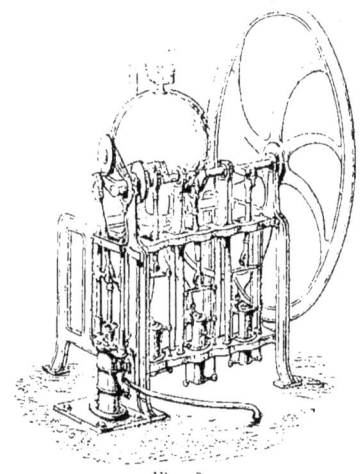

Fig. 2.

Grand appareil à trois pompes avec machine à vapeur.

	fr.	c.
Appareil n° 1.... contenant 25 bout^lles, produisant par jour 200 bout^lles.	600	»
— n° 2 (fig. 1) — 45 — — — 600 —	1100	»
— n° 3.... — 70 — — — 900 —	1250	»
(Les générateurs de ces appareils sont doublés en plomb.)		

Appareils continus complets.

	fr.	c.
Appareil à bâti à une pompe, avec générateur, 2 laveurs en cuivre, gazomètre et 2 tirages, produisant par jour 1,500 bouteilles.	1800	»
Le même, sur de plus grandes dimensions, 2,000 —	2000	»
— avec 2 pompes et 3 tirages, 3,000 —	3800	»
— avec 3 — et 5 — 4,500 — (fig. 2).	5800	»
Appareil continu complet à colonne, produisant par jour 1,500 bouteilles.	1600	»

484   APPAREILS A FABRIQUER EN GRAND LES EAUX GAZEUSES.

Pièces détachées.

	fr.	c.
Machine à boucher les bouteilles au liège	150	»
— à remplir les siphons	120	»

Pompe à sirop.

	fr.	c.
Pompe à sirop pour doser le sirop dans les bouteilles	160	»
Machine à monter les siphons à vis de rappel	40	»

Appareils de Léon Dalemagne.

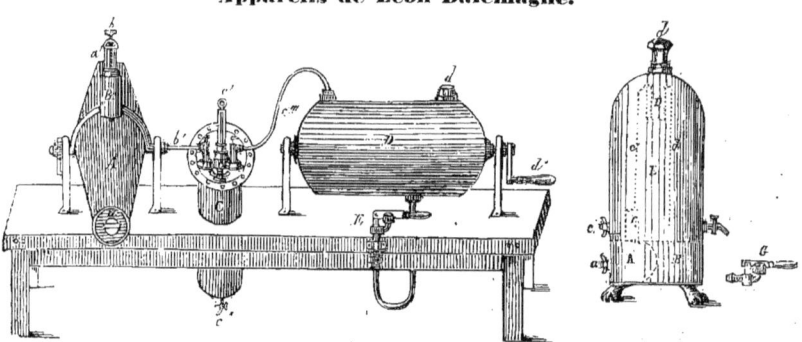

	fr.	c.
Appareil n° 1 (pour laboratoire), pouvant faire 70 bouteilles à l'heure	550	»
Le même, avec roue de volée	600	»
Le même système d'appareil, mais avec récipient vertical, disposé comme le laveur, et ne fournissant que 60 bouteilles à l'heure, coûte 50 fr. de moins.		
Appareil n° 2 (pour comptoir), de la contenance de 6 litres pour 9 à 11 siphons.	180	»
— — — 8 à 9 — 15 à 16 —	200	»
Les mêmes, avec soupapes de sûreté, 25 fr. en plus.		

FABRICATION ARTIFICIELLE DE LA GLACE

PAR LA VAPORISATION DANS LE VIDE DES LIQUIDES VOLATILS.

APPAREILS CARRÉ.

Le problème de la fabrication de la glace à bon marché, par un procédé facile et constant dans ses résultats, paraît être réalisé par les appareils Carré. Au point de vue médical et industriel, l'intérêt que présente cette fabrication devra éveiller l'attention des pharmaciens qui, par la nature de leurs connaissances spéciales, sont appelés à s'assimiler cette industrie nouvelle mieux qu'on ne peut le faire dans les autres professions.

La marche de cet appareil est très-simple; une force motrice quelconque, vapeur, cheval ou bras d'homme, met en mouvement un piston qui fait le vide dans un réservoir d'éther ou de sulfure de carbone. Le liquide volatil en se vaporisant, produit un froid qui peut descendre à 24° au-dessous de zéro et qui congèle rapidement de l'eau pure placée dans des cylindres annexés au réservoir. Le même éther peut servir indéfiniment sans perte sensible, attendu que, par une disposition particulière de la machine, il passe de l'état de vapeur à l'état liquide et revient dans le réservoir recommencer la même évolution. Les frais de fabrication ne résultent que de la force motrice employée, et on obtient en moyenne 20 à 25 kilogr. de glace par heure et par force de cheval-vapeur, égal à la consommation de 4 à 5 kilogr. de charbon. Sur ces données, chacun peut établir le prix de revient du kilogramme de glace. Il y a tout lieu d'espérer que l'expérience des constructeurs amènera une amélioration dans les prix de ces appareils.

Appareils manufacturiers.

	fr.	c.
Appareil pour une fabrication de 10,000 kilogr. de glace en 24 heures.	32500	»
— — — 5,000 — — —	18500	»
— — — 2,500 — — —	11000	»

L'emploi d'un moteur hydraulique ou d'une machine à vapeur réunit les conditions de force applicable à cette sorte d'appareil; ainsi une turbine Girard, d'une force moyenne de 25 chevaux, ne coûtant pas de charbon, pourrait donner 500 kilogr. de glace par heure, ou 12000 kilogr. par 24 heures.

Appareils domestiques.

	fr.	c.
Appareil fonctionnant par une force motrice quelconque, celle d'un cheval ou celle d'un homme, produisant 20 kilogr. de glace à l'heure.	3300	»
— — — — 15 — — —	2600	»
— — — — 10 — — —	2000	»
— — — — 5 — — —	1320	»
— — — — 2 — — —	760	»
Appareils domestiques fonctionnant sans force motrice et produisant :		
20 kilogr. de glace à l'heure.	4400	»
15 — — —	3600	»
10 — — —	2750	»
5 — — —	1550	»
2 — — —	880	»

Les appareils Carré peuvent être appliqués à la production de l'air froid pour la réfrigération des appartements dans les pays chauds, des cuviers de brasseurs, et pour les rafraîchissoirs de toute espèce.

MOTEURS HYDRAULIQUES ET MACHINES A VAPEUR.

Turbines Girard.

Nous signalons à l'attention de nos commettants qui voudraient utiliser une chute d'eau dans leur localité, l'application des turbines Girard. Ces machines hydrauliques rendent en effet utile 75 pour 100 de la force employée. Elles fonctionnent dans plus de 400 usines en France, à l'étranger et surtout à Gênes, en donnant les résultats pratiques les plus avantageux.

La chute d'eau étant de 5 mètres à 50 mètres, le prix des turbines est fixé ainsi qu'il suit :

De la force de 5 chevaux.... 3000 fr.	De la force de 30 chevaux....	6000 fr.
— 10 — 4000	— 40 —	7000
— 20 — 5000	— 50 —	8000

Lorsque la chute est au-dessous de 5 mètres, les prix ne peuvent être déterminés qu'après avoir fait connaître la chute et la force en chevaux qu'on veut utiliser. Ces machines peuvent être expédiées entièrement montées et prêtes à être mises en place.

Machines à vapeur fixes.

Nous ne signalons ici que les machines à vapeur qui, par leurs petites dimensions et leurs prix relatifs, sont d'une application plus générale ; mais nous nous chargeons de faire construire des machines de toutes proportions et des meilleurs modèles.

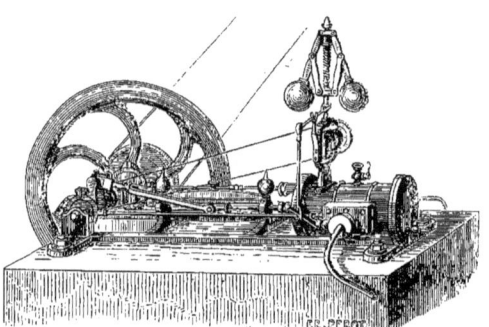

Fig. 1.

Machines à vapeur à haute pression et à cylindre horizontal, avec pompe alimentaire, régulateur à force centrifuge, etc. (fig. 1) :

De la force de 1/2 cheval. . 630 fr.
— de 1 — . . 750
— de 2 chevaux . 1265
— de 3 — . . 1840
— de 4 — . . 2415

Les mêmes machines, accompagnées de leur chaudière, avec robinets, niveau d'eau, manomètre et appareils de sûreté :

De la force de 1/2 cheval. . 1100 fr.
— de 1 — . . 1440
— de 2 chevaux . 2200
— de 3 — . . 2875
— de 4 — . . 3680

Ces machines sont complètes et d'une installation facile ; il suffit, pour les mettre en état de fonctionner, de sceller sur un socle de pierre le bâti en fonte sur lequel elles sont montées, et d'envelopper la chaudière par un fourneau en briques réfractaires.

MACHINES A VAPEUR.

Machines locomobiles.

Fig. 2.

Machine à vapeur locomobile, montée sur une chaudière tubulaire portée par 4 roues, pompe alimentaire, régulateur à force centrifuge, niveau d'eau, manomètre, appareils de sûreté, etc. (fig. 2) :

De la force de 1/2 cheval	1325 fr.
— de 1 —	1955
— de 2 chevaux	2530
— de 3 —	3335
— de 4 —	4255

Ces moteurs, dont l'usage se répand de plus en plus, sont d'un emploi facile et commode ; ils occupent un volume très-réduit et peuvent être employés à une foule d'usages, eu égard à la facilité avec laquelle ils se déplacent.

ACCESSOIRES DE MACHINES A VAPEUR.

Manomètres.

	fr.	c.
Manomètre à air libre pour une atmosphère	14	»

(Nous ne mentionnons pas les manomètres à air libre pour des pressions plus élevées ; les nouveaux *manomètres métalliques de M. Bourdon*, qui sont aujourd'hui presque exclusivement employés, les remplacent avec avantage.)

	fr.	c.
Manomètre à air comprimé divisé sur tube de cristal	6	»
— — monté sur bois	12	»
— — divisé sur cuivre	18	»
Thermomanomètre indiquant la pression de la vapeur d'après sa température	30	»

Manomètres métalliques de M. E. Bourdon.

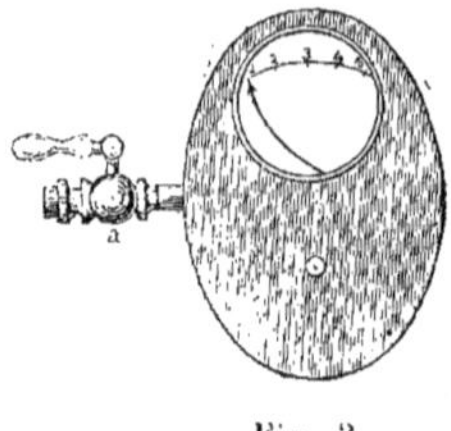

Fig. 3.    Fig. 4.    Fig. 5.    Fig. 6.

	fr.
Manomètre métallique pour machines fixes, boîte en fonte vernie, avec robinet à raccord, pour toutes les pressions depuis 3 jusqu'à 8 atmosphères (fig. 3 et 4).	50 »
Idem. A boîte ronde en cuivre, pour machines fixes de bateau et locomotives (fig. 6).	65 »
Petit manomètre portatif de 8 centimètres de diamètre, tel qu'il est employé en France par les ingénieurs, pour vérifier sur place les manomètres et faire les épreuves des chaudières. Marquant jusqu'à 18 atmosphères, avec deux petites presses à vis en acier pour fixer le manomètre sur l'ajustage, étui en maroquin (fig. 5).	70 »
Idem. Petit modèle, pour locomobiles et locomotives (fig. 5).	70 »

(Ce petit manomètre est également employé avec avantage sur les appareils à eaux gazeuses.)

	fr.
Indicateur du vide à tube métallique, pour appliquer sur les condenseurs des machines à vapeur et sur les appareils à cuire le sucre dans le vide. Boîte en cuivre et robinet à raccord en bronze.	80 »

Niveaux d'eau, soupapes de sûreté, etc.

	fr.
Indicateur du niveau de l'eau dans les chaudières, avec robinets de jauge.	40 »
Flotteur de niveau d'eau simple, avec sifflet d'alarme.	35 »

	Course de 15 cent.	Course de 21 cent.	Course de 30 cent.
Indicateur magnétique du niveau de l'eau.	150 fr. »	160 fr. »	185 fr. »
— — muni d'un sifflet d'alarme pour le manque d'eau.	170 »	180 »	205 »
— — avec deux sifflets séparés; un pour le manque d'eau, l'autre pour le trop plein.	190 »	200 »	225 »

	fr.	c.
Soupape de sûreté simple, suivant la dimension . . de 60 fr., 80 fr., 100 fr. à	120	»
— — munie d'un flotteur de niveau d'eau et sifflet d'alarme, suivant la dimension. . . . . 90 fr., 120 fr., et	150	»
Baromètre au mercure ou éprouvette pour mesurer le vide des condenseurs, des appareils à cuire le sucre, etc. . . . . 35 fr. à	65	»
Ventimètre pour mesurer la pression de l'air dans les tuyaux des machines soufflantes	15	»

MACHINES A VAPEUR.

Dynamomètres et Compteurs.

	fr.	c.
Dynamomètre de Regnier, pour mesurer les forces de pression et de traction, et principalement employé pour la pression des mains et le tirage des chevaux, suivant la force. . . . . 180 fr. à	250	"
Idem. A compression, pour les coups de poing	180	"
Dynamomètre de traction, à compteur à pointage, inscrivant la force du travail ; pour une force de trois à quatre chevaux.	500	"
Idem, à style et crayon, inscrivant les efforts sur une feuille de papier	700	"
Dynamomètre de rotation à compteur à pointage ou à style et crayon, pour une force de deux chevaux	1000	"
Manivelle dynamométrique avec crayon traçant les efforts sur une feuille de papier.	450	"
Frein de Prony, suivant la dimension. . . . . 50 fr. à	180	"

Fig. 7.

Indicateur de Watt, indiquant la tension de la vapeur dans les cylindres des machines à vapeur, pendant toute la durée de la course du piston, et inscrivant la quantité de travail développé pendant chaque course du piston (fig. 7). . .	180	"
Idem. Plus complet, pouvant être appliqué à une foule de machines et pouvant servir pour les lignes continues ou fermées	480	"
Compteur à cadrans, inscrivant le nombre des tours de roues des machines, voitures, etc., à cinq chiffres	120	"
Idem. A roues différentielles.	50	"
Dynamomètre pour mesurer la force des toiles et des tissus. Pour une traction de 450 kilog.	300	"
Idem. Pour une traction de 600 kilog.	350	"
Appareil dynamométrique, ou frosomètre de M. Alcan, pour mesurer la résistance de la soie suivant son degré de torsion	300	"
Dynamomètre ou éprouvette pour la poudre à canon.	85	"

CRÉATION ET ÉTABLISSEMENT
D'UNE PHARMACIE.

Les pharmaciens qui se disposent à créer une pharmacie nouvelle éprouvent toujours quelque embarras et beaucoup de préoccupations d'esprit pour dresser la liste des objets qui leur sont nécessaires.

Nous avons voulu leur épargner les ennuis de ce travail en préparant divers projets de pharmacie, calculés et combinés, quant à l'approvisionnement de médicaments, le nombre et le luxe des ustensiles, suivant la dépense qu'on veut faire. Les étiquettes sont collées sur les bocaux et toutes vernies, et l'ensemble général est disposé de manière qu'à la réception de nos colis, on n'a qu'à mettre chaque objet en place sur les rayons ou les comptoirs; le lendemain, on peut ouvrir au public une maison prête à fonctionner pour tous les détails du service pharmaceutique.

Nous avons préparé quatre projets de pharmacies, en rapport pour la quantité de marchandises, pour le nombre des ustensiles, le luxe des flacons et des étiquettes, avec les sommes indiquées ci-après :

N° 1. Pharmacie de 10,000 francs.
N° 2. — de 8,000
N° 3. — de 6,000
N° 4. — de 4,000

Certainement, nous n'avons pas la prétention de satisfaire, avec ces plans de pharmacie préparés d'avance, aux conditions particulières à chaque localité et à chaque pharmacien; mais l'organisation générale, relative au prix, est au moins fixée; il n'y a plus que des modifications de détail à faire, pour approprier chaque projet aux besoins et aux désirs du demandeur. Aussi, dès que nous entrerons en pourparler pour cette question, nous communiquerons au pharmacien la liste détaillée des articles qui composent l'ordre d'établissement, à sa convenance. Il n'aura qu'à faire des retranchements ou des additions et à nous renvoyer le projet annoté, pour que nous soyons en mesure d'opérer la livraison de sa pharmacie dans un délai de six semaines.

PHARMACIE POUR LE SERVICE DES SOCIÉTÉS DE BIENFAISANCE
OU DES GRANDS ÉTABLISSEMENTS INDUSTRIELS.

Cette pharmacie se compose de 117 médicaments logés dans des flacons et dans des boîtes de bois, le tout étiqueté avec étiquettes imprimées très-apparentes. Ces médicaments sont accompagnés d'une balance, de quelques instruments, d'un petit approvisionnement de verrerie nécessaire pour le service, et de plusieurs bandages. Le tout peut être symétriquement disposé dans une armoire à rayons. Nous fournirons préalablement la liste des substances et de leur quantité, afin qu'on puisse y faire les modifications désirables pour chaque localité et chaque destination.

Le prix total, y compris l'emballage, est de. . . . . 400 fr.

PHARMACIES PORTATIVES.

Nous avons perfectionné considérablement nos anciens modèles de pharmacies portatives. Ce sont aujourd'hui des meubles élégants, commodes, qu'il suffit d'ouvrir pour embrasser d'un seul coup d'œil tout ce qu'ils contiennent. On ne peut en confier la direction qu'à un médecin ou à toute autre personne ayant l'expérience de la préparation et de l'action des médicaments.

Le modèle n° 1 contient la série de tous les médicaments ayant une action thérapeutique marquée. C'est un assortiment presque aussi complet que celui d'une officine; il peut suffire à l'exécution de toute espèce de formules médicinales.

Faute de désignation précise, nous enverrons les pharmacies portatives avec flacons et pots à étiquettes vitrifiées, et garnies de médicaments.

Pharmacie portative n° 1, première grandeur.

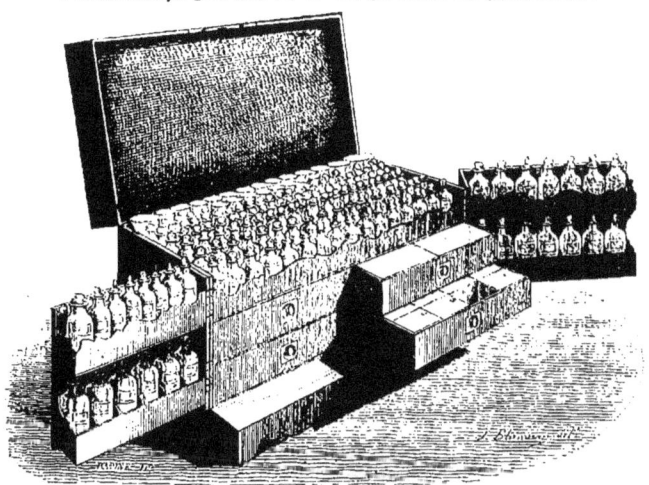

Boîte élégante en acajou massif, à portes et développement à charnières, flacons bouchés à l'émeri et pots de porcelaine, étiquettes non vitrifiées. Prix. . . . . 500 fr.
Avec flacons et pots de porcelaine à étiquettes vitrifiées. Prix. 600

Les flacons marqués d'un * sont à large ouverture.

5 FLACONS DE 500 GRAMMES.

| Eau distillée. | Eau sédative. | Eau de roses. |
| — de fleurs d'oranger. | — de tilleul. | |

15 FLACONS DE 250 GRAMMES.

Alcool rectifié.	Huile de ricin.	Huile de camomille cam-
— camphré.	Vin de quinquina.	Baume tranquille. [phrée.
— vulnéraire.	— antiscorbutique.	Sirop diacode.
— de mélisse.	— chalybé.	— de sucre.
Huile d'amandes douces.	— scillitique.	Vinaigre des 4 voleurs.

PHARMACIES PORTATIVES.

24 FLACONS DE 125 GRAMMES.

Sirop de morphine.
— d'éther.
— de Tolu.
— d'ipécacuanha.
— de chicorée composé
— de quinquina.
— de valériane.
— de ratanhia.

Miel rosat.
Eau de laurier-cerise.
— de cannelle.
— de menthe.
Liqueur hygiénique de Ras-
Élixir de longue vie. [pail.
— de Garus.
*Chlorure de chaux.

Acétate de plomb liquide.
Eau-de-vie allemande.
Baume du commandeur.
Alcool de cochléaria.
Teinture de digitale.
Chlorure de soude.
Perchlorure de fer 30°.
Ammoniaque liquide.

12 FLACONS DE 60 GRAMMES.

*Carbonate de magnésie.
*Sulfate de fer.
*Crème de tartre soluble.
*Baume Opodeldoch.

*Magnésie calcinée.
Baume de Fioraventi.
Chloroforme.
Éther sulfurique.

Eau-de-vie de gaïac.
Eau de Botot.
*Acide citrique.
Laudanum de Sydenham.

38 FLACONS DE 30 GRAMMES.

*Bicarbonate de soude.
*Acide tartrique.
*Camphre.
*Borate de soude.
*Sulfate de quinine.
*Fleur de soufre.
*Poudre de réglisse.
* — de guimauve.
* — de rhubarbe.
* — de sel de nitre.
* — de quinquina.
* — de jalap.
* — de scille.

*Poudre de valériane.
* — d'alun.
* — de cubèbe.
* — de digitale.
* — d'ipéca.
*Carbonate de fer.
*Iodure de potassium.
Laudanum de Rousseau.
Acétate d'ammoniaque.
Acide azotique.
— sulfurique.
— muriatique.
Eau de Rabel.

Collodion.
Éther acétique.
*Chlorate de potasse.
Teinture de castoreum.
— de cantharides.
— de rhubarbe.
— de safran.
— de valériane.
— d'iode.
Beurre d'antimoine liquide.
Vinaigre anglais.
*Chlorure de barium.

34 FLACONS DE 15 GRAMMES.

*Émétique.
*Pierre infernale.
*Poudre de Vienne.
*Gomme adragante.
*Poudre de ciguë.
* — de belladone.
*Alun calciné.
*Calomel.
*Cantharides.
*Cachou.
*Poudre de Dower.
*Fer réduit par l'hydrogène.

*Acétate de plomb.
*Citrate de fer.
*Acide oxalique.
*Sulfate de zinc.
* — de cuivre.
*Acétate de potasse.
*Pilules de cynoglosse.
* — de Vallet.
* — écossaises.
* — d'aloès.
* — de Meglin.
* — d'opium à 5 cent.

*Pilules Dupuytren.
* — d'iodure de fer.
*Granules de digitaline.
*Seigle ergoté pulvérisé.
*Safran.
*Tannin.
*Sous-nitrate de bismuth.
*Oxyde d'antimoine.
* — de zinc.
*Chlorhydrate d'ammoniaque.

26 FLACONS DE 8 GRAMMES.

*Potasse caustique.
*Protoiodure de mercure.
*Bichlorure de mercure.

*Iodure de plomb.
*Kermès minéral.
*Iode.

*Hydrochlorate de morphine
*Musc.
*Cyanure de potassium.

Cyanure de mercure.
*Chlorure d'or et de soude.
*Nitrate d'argent cristallisé.
*Lactate de fer.
*Oxyde rouge de mercure.
*Poudre de scammonée.

*Valérianate de zinc.
* — de quinine.
*Lactate de zinc.
Acide cyanhydrique.
Huile de croton.
Teinture d'assa fœtida.

Alcoolature d'aconit.
Teinture de semence de colchique.
Essence de menthe.
Créosote.
Santonine.

2 POTS DE 125 GRAMMES.

Cérat. | Pommade de concombres.

12 POTS DE 30 GRAMMES.

Thériaque.
Diascordium.
Pommade au garou.
Emplâtre vésicat{re} anglais.

Onguent mercuriel.
— populéum.
— basilicum.
— de la mère.

Baume nerval.
Opiat dentifrice.
Savon médicinal.
Beurre de cacao.

10 POTS DE 8 GRAMMES.

Extrait de quinquina.
— d'opium.
— de ciguë.
— de digitale.

Extrait de jusquiame.
— de noix vomique.
— de ratanhia.

Extrait de valériane.
— de stramonium.
— de scille.

2 BOÎTES EN FER-BLANC DE 1,500 GRAMMES.

Farine de lin. | Farine de moutarde.

50 BOÎTES EN BOIS CONTENANT :

Emplâtre de Vigo.
— de poix.
— de Canet.
— de ciguë.
Aloès en grumeaux.
Fleurs d'arnica.
— de camomille.
— pectorales.
— de kousso.
— de guimauve.
— de mauve.
— de violettes.
— de tilleul, 2 boîtes.
Quinquina gris. D° jaune.

Feuilles d'oranger, 2 boît.
Rhubarbe cassée.
Roses rouges.
Semen-contra.
Séné mondé.
Gomme cassée, 2 boîtes.
Sulfate de magnésie, 2 b{e}.
Pastilles de soufre.
— de Vichy, 2 boît{e}.
— d'ipécacuanha.
— de calomel.
— de santonine.
Feuilles de digitale.
Benjoin concassé.

Polygala de Virginie.
Thé vert.
— noir.
Hysope.
Manne en larmes, 2 boîtes.
Mélisse.
Menthe poivrée.
Squammes de scille.
Pâte de lichen candie.
Semences de coings.
Salsepareille coupée, 2 b{e}.
Cire blanche.
Agaric de chêne.
Taffetas d'Angleterre.

OBJETS POUR PANSEMENT.

Charpie.
Bandes de toile.

Compresses en linge.
Peau blanche.

Sparadrap.

USTENSILES DANS LES TIROIRS.

Balance trébuchet.
Poids pour la balance.
Spatule.
Mortier de porcelaine.
2 Entonnoirs.

2 Verres.
1 Mesure graduée de 60 grammes.
1 Poêlon de cuivre ou de porcelaine.

1 Réchaud à esprit-de-vin.
1 Paire de ciseaux.
Papier blanc.
— à filtrer.
Flacons à potions.

Pharmacie portative n° 2, deuxième grandeur.

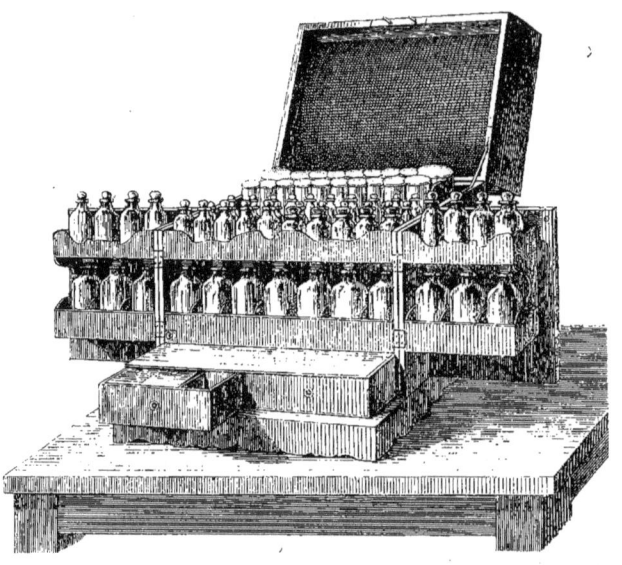

Boîte élégante en acajou massif, à portes et développement à charnières, flacons bouchés à l'émeri et pots de porcelaine, étiquettes non vitrifiées. Prix. . . . . 280 fr.
Avec flacons et pots de porcelaine à étiquettes vitrifiées. Prix. 325

Les flacons marqués d'un * sont à large ouverture.

13 FLACONS DE 250 GRAMMES.

Alcool camphré.	Eau distillée.	Sirop diacode.
— vulnéraire.	— de fleurs d'oranger.	Vinaigre des 4 voleurs.
— de mélisse.	— sédative.	Eau de Botot.
Huile d'amandes douces.	— de roses.	Huile camphrée.
— de ricin.		

8 FLACONS DE 125 GRAMMES.

Baume du commandeur.	*Chlorure de chaux.	*Magnésie calcinée.
Acétate de plomb liquide.	Éther sulfurique.	*Camphre pulvérisé.
Sirop d'éther.	Ammoniaque liquide.	

6 FLACONS DE 30 GRAMMES.

Laudanum de Sydenham.	*Bicarbonate de soude.	*Alun.
Eau de laurier-cerise.	*Acide tartrique.	Collodion.

PHARMACIES PORTATIVES.

12 FLACONS DE 15 GRAMMES.

*Émétique.
*Poudre d'ipéca.
* — de cantharides.
* — de rhubarbe.

*Poudre de scammonée.
* — de jalap.
*Pierre infernale.
*Iodure de potassium.

*Sulfate de quinine.
Chloroforme.
Vinaigre anglais.
*Sous-nitrate de bismuth.

9 FLACONS DE 8 GRAMMES.

Créosote.
Huile de croton.
*Hydrochlorate de morphine

*Nitrate d'argent cristallisé.
*Sulfate de zinc.
*Calomel.

*Pilules de cynoglosse.
* — d'opium à 5 cent.
*Kermès minéral.

2 POTS DE 125 GRAMMES.

Cérat. | Pommade aux concombres.

12 POTS DE 30 GRAMMES.

Thériaque.
Diascordium.
Onguent mercuriel.
 — populéum.

Pommade au garou.
Emplâtre vésicatoire an-
Onguent de la mère. [glais.
Pommade camphrée.

Beurre de cacao.
Baume nerval.
Opiat dentifrice.
Baume Opodeldoch.

8 POTS DE 8 GRAMMES.

Extrait d'opium.
 — de digitale.
 — de quinquina.

Extrait de ratanhia.
 — de valériane.
 — de ciguë.

Extrait de scille.
 — de jusquiame.

2 BOÎTES EN FER-BLANC.

Farine de moutarde. | Farine de lin.

18 BOÎTES CONTENANT :

Fleurs de camomille.
 — pectorales.
 — de tilleul.
Feuilles d'oranger.
Quinquina concassé.
Rhubarbe cassée.

Séné mondé.
Sulfate de magnésie.
Thé vert.
Pastilles de Vichy.
 — d'ipécacuanha.
 — de santonine.

Gomme cassée.
Emplâtre de Vigo.
 — de ciguë.
Feuilles de digitale.
Agaric de chêne.
Taffetas d'Angleterre.

OBJETS POUR PANSEMENT.

Sparadrap.
Charpie.

Bandes de toile.
Compresses en linge.

Peau blanche.

USTENSILES DANS LE COFFRE INTÉRIEUR.

Spatule.
Poêlon de cuivre ou de porcelaine.

Mortier de porcelaine.
Papier blanc.
1 Mesure graduée de 60 gr.

1 Paire de ciseaux.
1 Trébuchet.

Pharmacie portative n° 3, troisième grandeur (1).

Boîte élégante en acajou massif, à portes et développement à charnières, flacons bouchés à l'émeri, garnie de médicaments. Prix. . . . . 200 fr.
Avec flacons et pots de porcelaine à étiquettes vitrifiées. Prix. 230

*Les flacons marqués d'un * sont à large ouverture.*

5 FLACONS DE 250 GRAMMES.

Alcool camphré.	Eau vulnéraire.	Chlorure de soude.
Eau sédative.	— de fleurs d'oranger.	

6 FLACONS DE 125 GRAMMES.

Sirop diacode.	Huile d'amandes douces.	Éther sulfurique.
Acétate de plomb liquide.	Baume du commandeur.	Ammoniaque liquide.

6 FLACONS DE 30 GRAMMES.

*Camphre pulvérisé.	Laudanum de Sydenham.	Chloroforme.
*Nitrate de potasse.	*Alun.	Perchlorure de fer.

9 FLACONS DE 15 GRAMMES.

Vinaigre anglais.	*Cantharides en poudre.	*Fer réduit.
*Pierre infernale.	*Scammonée en poudre.	*Rhubarbe en poudre.
*Sulfate de quinine.	*Sous-nitrate de bismuth.	*Ipécacuanha.

5 FLACONS DE 8 GRAMMES.

Créosote.	*Calomel.	*Kermès minéral.
*Émétique.	*Pilules d'opium à 5 centig.	

(1) Nous avons un modèle n° 4, dans le même genre, contenant 34 flacons carrés garnis de médicaments, au prix de 150 fr.

PHARMACIES PORTATIVES.

2 POTS DE 125 GRAMMES.

Cérat.	Pommade de concombres.

4 POTS DE 30 GRAMMES.

Thériaque.	Emplâtre vésicatoire anglais.	Pommade au garou.
Onguent mercuriel.		

2 POTS DE 8 GRAMMES.

Extrait d'opium.	Extrait de quina.

2 BOÎTES EN FER-BLANC.

Farine de moutarde.	Farine de lin.

12 BOÎTES CONTENANT :

Fleurs pectorales.	Sulfate de magnésie, 2 b^{tes}.	Agaric de chêne.
— de camomille.	Séné mondé.	Thé vert.
— de tilleul.	Pastilles de Vichy.	Aloès en grumeaux.
Gomme cassée.	— de santonine.	

OBJETS POUR PANSEMENT.

Charpie.	Compresses en linge.	Taffetas d'Angleterre.
Bandes.	Sparadrap.	

USTENSILES DANS LE COFFRE INTÉRIEUR.

Spatule.	Poêlon de cuivre ou porcelaine.	1 Paire de ciseaux.
Mortier de porcelaine.		Papier blanc.
Mesure graduée.	1 Trébuchet.	

Pharmacie portative de voyage.

Souvent on demande à l'improviste une boîte pour voyage, propre à contenir quelques médicaments, et la condition de la fourniture est qu'elle soit livrée de suite. En prévision de ces besoins, nous tenons constamment à la disposition de MM. les pharmaciens le modèle suivant.

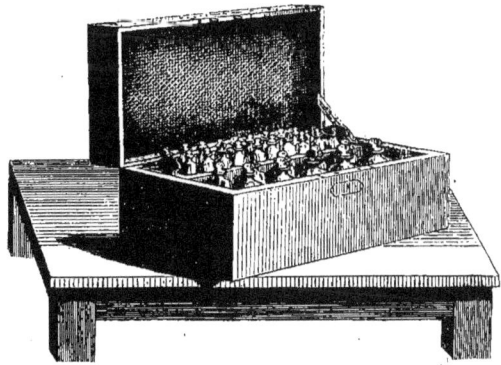

Boîte en noyer poli, fermant à clef, contenant 27 flacons bouchés à l'émeri non garnis de médicaments. . . . . 35 fr.

PHARMACIES PORTATIVES.

La même, garnie de médicaments suivant la liste ci-jointe. . . . . 55 fr.

10 FLACONS DE 187 GRAMMES.	7 FLACONS DE 30 GRAMMES.	10 FLACONS DE 15 GRAMMES.
Alcool camphré.	Laudanum de Sydenham.	*Calomel.
Eau sédative.	Créosote odontalgique.	*Rhubarbe.
Extrait de Saturne.	Vinaigre aromat. anglais.	*Pilules d'opium à 5 centig.
Baume du commandeur.	*Magnésie calcinée.	*Ipéca pulvérisé.
Ammoniaque liquide.	*Bicarbonate de soude.	Sulfate de quinine.
Éther sulfurique.	*Acide tartrique.	*Camphre.
Teinture d'arnica.	*Cérat.	*Pilules d'aloès.
Eau de fleurs d'oranger.		*Sel de nitre.
*Sulfate de magnésie.	Sparadrap. — Charpie.	*Alun pulvérisé.
*Thé vert.	Bandes.	Collodion.

(Chaque pharmacien peut modifier à son gré la nature des médicaments qui composent cette boîte.)

Pharmacies de poche Marinier.

	PRIX pour le pharmacien.		PRIX pour le public.	
	fr.	c.	fr.	c.
N° 1. 5 flacons cristal, 2 boîtes à compartiments, ciseaux, pinces, porte-nitrate.	15	»	20	»
N° 2. 2 flacons cristal, 2 boîtes simples, ciseaux, lancette	9	50	12	»
N° 3. 7 flacons, 7 boîtes, ciseaux, pinces, lancette, porte-nitrate. .	22	50	30	»
N° 4. (Grand modèle) 8 flacons de 15 grammes, 2 grandes boîtes doubles, garniture plus complète.	37	50	50	»
N° 5. 4 flacons, 2 boîtes, ciseaux, pinces, lancettes.	12	»	16	»
N° 6. 2 flacons, ciseaux et lancette.	3	75	5	»
Le même numéro en mouton.	3	»	4	»
Les mêmes numéros avec cadres dorés, 2 fr. en plus.				

Pharmacies portatives d'après le système Raspail.

Boîte en noyer grand modèle, contenant les 25 médicaments en usage dans la méthode Raspail. . . . . 50 fr.

Boîte en noyer petit modèle, garnie de 11 médicaments essentiels. 25

Livret pharmaceutique très-détaillé, à l'usage des pharmacies portatives pour la campagne et le voyage, avec instructions pour les secours, conformes au tableau officiel; par Duroziez, pharmacien. . . . . 1 fr. 25 c.

ENSEIGNEMENT PUBLIC ET PARTICULIER.

COLLECTIONS SCIENTIFIQUES A L'USAGE DES ÉCOLES & DES ÉLÈVES.

MATIÈRE MÉDICALE.

	fr.	c
Matière médicale pour une école de médecine.	4200	»

Cette collection est composée de 1,000 types de substances usitées en médecine, contenus dans des bocaux de 22 centimètres de hauteur et de 10 centimètres de diamètre portant une étiquette imprimée sur laquelle on lit le nom vulgaire, le nom scientifique, la famille ou l'origine du produit.
Ces bocaux, fermés par un bouchon de liège et une capsule de fer-blanc vernie, sont tout disposés pour être placés immédiatement sur les rayons d'un cabinet. Un catalogue par ordre alphabétique accompagne cette collection.
L'emballage est compris dans le prix de 4,200 fr.

Matière médicale composée d'après les listes et la convenance de chaque établissement. Prix variable suivant le luxe des flacons et la quantité des échantillons désignés.

	fr.	c
Matière médicale à l'usage des professeurs particuliers et des élèves.	300	»

Ce petit droguier est composé de 500 échantillons de choix renfermés dans des bocaux de 187 grammes et portant chacun un numéro correspondant à ceux d'un catalogue explicatif.

Collection des alcaloïdes et des principes immédiats cristallisés du règne organique, dans des flacons forme éprouvette à pied, bouchés à l'émeri. Prix variable suivant la quantité demandée de chaque produit.

BOTANIQUE.

	fr.	c
Herbier médical de 120 plantes officinales, dans une boîte de bois, à charnière, forme de livre in-folio. Prix.	30	»

Chaque plante est étalée et fixée sur une feuille de papier où l'on peut lire imprimés et rangés méthodiquement son nom vulgaire et son nom scientifique, ses caractères spécifiques, ses propriétés thérapeutiques et les doses médicinales.

	fr.	c
Herbier agricole, composé de graminées et de plantes fourragères, pour l'étude des prairies naturelles et des prairies artificielles.	40	»
Herbier de 3,000 plantes, classées dans 30 cartons.	600	»
Collection de plantes marines, 60 espèces.	20	»
— — — 100 espèces et variétés.	36	»
Cryptogames de toutes les classes au choix, par collection, le 100 d'espèces.	35	»
Grille à dessécher les plantes, de Moride :		
N° 1, pour botaniste.	14	»
N° 2, — élève de pharmacie.	10	»

MINÉRALOGIE.

1° Collections élémentaires pour les élèves.

	fr.	c.
Collection élémentaire de 65 minéraux, petit format	20	»
— — format moyen (6 centimètres)	30	»
— — grand format (8 centimètres)	40	»
Collection de 100 minéraux, petit format	35	»
— — format moyen	50	»
— — grand format	70	»

2° Pour les professeurs, pour les colléges, pensions, etc.

	fr.	c.
Collection de 200 minéraux, petit format	75	»
— — format moyen	105	»
— — grand format	145	»
Collection de 300 minéraux, petit format	120	»
— — format moyen	165	»
— — grand format	225	»
Collection de 400 minéraux, petit format	170	»
— — format moyen	230	»
— — grand format	310	»

A la demande de l'acheteur, ces collections sont classées d'après Delafosse, Dufrénoy, Beudant, Haüy, Brard, ou tout autre auteur.

Pour la conservation en bon ordre de ces collections, nous logeons chaque échantillon dans des boîtes en carton, dont le prix est de 5 fr. par 100 échantillons pour le petit format, 6 fr. pour le format moyen et 8 fr. pour le grand format.

	fr.	c.
Collection spéciale des minerais de fer, suivant le nombre et le format, de 15 fr. à	100	»
— — de cuivre, — — de 15 fr. à	150	»
— — des minerais d'argent, 15 à 25 échantillons . . de 30 fr. à	150	»
— — — d'or, 5 à 12 — . . . de 25 fr. à	150	»
— — des minerais de zinc . . . . de 15 fr. à	150	»

Collections de 500, 1,000 et 2,000 échantillons, composées suivant les indications de l'acheteur.

Minéraux de toute espèce au choix : communs, rares ou précieux.

CRISTALLOGRAPHIE.

Modèles de cristaux.

	fr.	c.
Collection des 26 formes primitives des minéraux, en bois, d'un bon format, faites avec un tel soin, qu'on peut les mesurer au goniomètre, avec boîte à dessus de verre	7	50
La même, en gros cristaux, pour les cours nombreux	22	»
Collection générale des 85 formes primitives et secondaires dont cinq en plusieurs pièces pour montrer la molécule intégrante, les hémitropies, etc. Cristaux en bois grand format d'une exécution parfaite	100	»
Cristaux naturels d'un très-grand nombre d'espèces minérales et de variétés, au choix.		
Collection de 20 cristaux naturels, choisis dans les divers types	40	»
— 50 — . . . . de 50 fr. à	120	»

ENSEIGNEMENT PUBLIC ET PARTICULIER.

GÉOLOGIE.

Collections pour les élèves et les industriels.

Collection de 40 roches, minéraux et fossiles les plus usuels et les plus caractéristiques dans chaque terrain, à l'usage des *écoles primaires*, 10, 15 ou 20 fr., selon le format.

Collection élémentaire de 72 roches de tous les terrains, 20, 30 et 40 fr., selon le format.

	fr.	c.
Collection de 100 roches, petit format.	30	»
— — format moyen	45	»
— — grand format.	60	»
Collection de 200 roches, petit format	65	»
— — format moyen	95	»
— — grand format.	125	»
Collection de 300 roches . . . . 105, 150 et	195	»
— 400 — . . . . 150, 210 et	270	»

Collections de 500 et 600 roches et au delà.

Roches de toute espèce, de tout pays : au choix sur 200,000 échantillons.

En envoyant la liste des roches que l'on désire, indiquer le format.

Collection des roches, gangues, minéraux et fossiles qui *annoncent et caractérisent les gîtes exploitables* de minerais métallifères, de combustibles, et de toute espèce de mines ou de matières utiles pour l'industrie. Ces collections comprennent cinq séries, vendues séparément :

1re *série*; pour les mines d'or, d'argent, mercure, plomb, zinc, étain, manganèse, antimoine, cobalt, etc.

2e *série*, pour les mines de fer de toute espèce.

3e *série*, pour les gîtes de houille, de lignite, d'anthracite, bitume, soufre, et tout ce qui s'emploie particulièrement dans la fabrication des produits chimiques.

4e *série*. Les matières utilisées pour la peinture, les marbres, les pierres précieuses, et tout ce qui intéresse l'ornement, la sculpture, la mosaïque, la joaillerie, la grosse bijouterie, la quincaillerie, etc.

5e *série*. Les matières employées pour les diverses poteries, pour le verre, pour la porcelaine, les ciments, les pierres à chaux et à plâtre de toute espèce, etc.

	fr.	c.
Le prix de chacune de ces séries, suivant le format. . . . 75 fr., 150 fr. et	200	»
Collections de géologie agricole, suivant le nombre et le choix . . de 25 fr. à	190	»

PALÉONTOLOGIE.

Collections de fossiles caractéristiques

Comprenant des fossiles de tous les ordres, mais principalement des coquilles, des oursins, des polypiers, des plantes, etc., choisis parmi les plus caractéristiques et les plus abondants de chaque étage :

    50 espèces différentes, 20 francs.
    100 — · — 45 —
    200 — — 100 —
    300 — — 165 —
    400 — . — 240 — et ainsi de suite.

Les mêmes, *en premier choix* : 10 fr. de plus par 100. Le second choix suffit complètement pour l'étude; chaque fossile y présente nettement ses caractères distinctifs.

Fossiles au choix sur 60,000 espèces, de tous les terrains et de toutes les parties du monde, à 25 c., 50 c. et au-dessus.

CABINET COMPLET D'HISTOIRE NATURELLE.

	CABINET		MUSÉE	
	de 1000 fr. format moyen.	de 2000 fr. grand format 1er choix.	de 5000 fr. grand format très-beau choix.	de 9000 fr. grand format choix d'élite.
Zoologie.	Nombre d'échantillons.	Nombre d'échantillons.	Nombre d'échantillons.	Nombre d'échantillons.
Mammifères	6	12	20	25
Oiseaux	30	60	140	200
Reptiles	6	10	20	30
Poissons	6	10	20	30
Arachnides et crustacés	10	25	45	60
Insectes	200	300	600	800
Mollusques	200	300	500	800
Rayonnés	6	10	20	30
Zoophytes	8	16	25	40
Squelettes	»	3	6	12
Botanique.				
Plantes dicotylédones, monocotylédones et acotylédones	300	400	2000	3600
Géologie, Minéralogie.				
Minéraux	300	400	600	1000
Modèles de cristaux	26	26	85	145
Roches par terrains	300	400	500	600
Fossiles caractéristiques	200	220	400	600
Grandes pièces pour démonstrations théoriques	»	10	20	30
Total des échantillons	1600 éch.	2200 éch.	5000 éch.	8000 éch.
Caisses et emballage	80 fr.	120 fr.	225 fr.	350 fr.

PETIT MUSÉE CLASSIQUE POUR COLLÈGE, SÉMINAIRE, PENSIONNAT, ETC.

Ce petit musée, bien que réduit à sa plus simple expression, offre les types de la plus grande partie des êtres du règne organique et inorganique dont on demande l'étude dans le programme universitaire.

Il se compose pour la ZOOLOGIE : de 4 mammifères, 12 oiseaux, 5 reptiles et poissons, 6 crustacés et arachnides, 50 insectes de tous ordres, 50 mollusques marins fluviatiles et terrestres, 5 rayonnés et zoophytes.

Pour la GÉOLOGIE : de 100 roches de tous les terrains, 100 fossiles caractéristiques de chacun de ces terrains ; 2 tableaux figuratifs de l'état et de la structure universelle du globe.

Pour la BOTANIQUE : de 130 plantes dicotylédones, monocotylédones et acotylédones, avec un très-grand tableau synoptique du règne végétal.

Ensemble : 460 échantillons avec les boîtes, les supports, les cartons, les flacons nécessaires, y compris les caisses et l'emballage ; en premier choix. . . . . 380 fr.

MODÈLES DU DOCTEUR AUZOUX

POUR L'ÉTUDE DE L'ANATOMIE.

Ces Modèles sont composés par des pièces solides qui peuvent aisément se monter et se démonter, s'enlever une à une, comme dans une véritable dissection.

	francs.
Homme clastique complet, de 1 mètre 80 cent., sur lequel se trouvent 130 parties, muscles ou organes, que l'on peut détacher, et plus de 2000 objets de détail, c'est-à-dire tout ce que peut indiquer le traité le plus complet d'anatomie descriptive.	3000
Homme clastique, de 1 m. 16 cent. (3 pieds 1/2), sur lequel se trouvent les mêmes coupes, les mêmes détails que sur le précédent.	1000
Homme clastique, de 82 cent. (2 pieds 1/2), offrant tous les détails nécessaires pour le médecin praticien, quoique les coupes et les détails soient un peu moins multipliés que sur les deux précédents.	500
Homme clastique, de 55 cent. (1 pied 1/2), aussi complet que celui de 500 fr.	300
Modèle d'homme, de 1 m. 80 cent. (5 pieds 1/2), *pour les vaisseaux lymphatiques,* représentant d'un côté l'écorché avec les veines superficielles; de l'autre, les os, avec le réseau vasculaire complet, artères et veines, depuis le cœur jusqu'aux plus petites divisions, avec les ganglions et vaisseaux lymphatiques connus.	3000
Homme clastique incomplet, de 1 mètre 80 cent. (5 pieds 1/2), destiné à *l'enseignement de l'histoire naturelle dans les lycées et les établissements qui ne s'occupent pas d'une manière spéciale de la pratique de l'art de guérir,* représentant, d'un côté, les muscles et les vaisseaux de la couche superficielle; de l'autre côté, les muscles, les vaisseaux et les nerfs de la couche profonde; du reste, offrant, pour les organes renfermés dans les cavités splanchniques, que l'on peut également enlever séparément, les mêmes coupes, les mêmes détails que sur le modèle complet.	1000
Modèle incomplet, de 1 m. 16 cent. (3 pieds 1/2), *pour les collèges,* disposé comme le précédent.	500
Modèle de femme, sur lequel se trouvent les muscles et les vaisseaux de la couche superficielle, l'appareil interne et externe de la génération; en enlevant la paroi antérieure du ventre, on trouve tous les organes que renferment les cavités thoracique et abdominale, les organes de la génération, les muscles, les nerfs, les vaisseaux et tous les viscères, que l'on peut enlever séparément.	1000
Bassin de femme, avec les organes de la génération internes et externes, les vertèbres lombaires, le diaphragme, les muscles, les *aponévroses* du périnée, les vaisseaux et les nerfs.	300
Pubis de femme, avec les organes de la génération internes et externes, et 3 utérus montrant le produit de la conception, 1er et 3e mois.	150

	francs.
Ovologie. Collection de plus de 20 pièces, reproduites avec un grossissement énorme, montrant, presque jour par jour, toutes les modifications que subissent le germe et ses enveloppes, la vésicule vitelline, depuis le 1ᵉʳ jour jusqu'au 30ᵉ, c'est-à-dire depuis l'apparition de l'ovule dans l'ovaire jusqu'à la formation de l'embryon, résumant tous les travaux modernes sur ce sujet.	200
8 utérus, avec le produit de la conception au 1ᵉʳ, 2ᵉ, 3ᵉ, 4ᵉ, 7ᵉ et 9ᵉ mois, avec des exemples de la grossesse tubaire et ovarique.	300
Œuf d'épiornis (*Is. Geoffroy Saint-Hilaire*), de grosseur naturelle, c'est-à-dire 148 fois plus gros que l'œuf de poule sur lequel, au moyen de 4 coupes différentes, on peut étudier la structure de l'œuf frais et suivre la formation du germe jusqu'à son complet développement.	100
Bassin d'homme, avec les organes de la génération internes et externes, les muscles, les *aponévroses du périnée*, les vaisseaux et les nerfs.	300
Cerveau, cervelet, protubérance annulaire et **bulbe rachidien,** montrant les détails les plus minutieux du système nerveux de l'homme et des animaux vertébrés, d'après les travaux modernes; préparation sur laquelle, au moyen de nombreuses coupes, on peut suivre les faisceaux médullaires du bulbe depuis leur origine jusqu'à leur terminaison, chaque partie constituante de la masse encéphalique, de la protubérance annulaire et de la moelle allongée se détachant séparément.	150
Cervelet, moelle épinière, dans toute son étendue, avec l'origine des nerfs spinaux, racines antérieures et postérieures.	50
Cœur d'adulte, se divisant en deux moitiés, montrant la disposition des cavités, des fibres musculaires, les vaisseaux, les nerfs, les valvules, les orifices des vaisseaux.	50
Cœur de fœtus de grande dimension, disposé comme le précédent, montrant de plus la disposition du trou de Botal, la valvule d'Eustache, le canal artériel, etc.	50
Œuf complet de très-grande dimension, avec une portion de l'orbite, les muscles, les vaisseaux, les nerfs, les membranes, le corps vitré, etc., chaque partie se détachant.	60
Le même, coupé verticalement (une moitié seulement), avec une portion de l'orbite, des muscles, des vaisseaux, des nerfs, des membranes et du corps vitré.	60
Oreille, temporal de 60 cent. (2 pieds) de long, montrant l'oreille interne, externe et moyenne, dans ses plus petits détails, l'épanouissement des nerfs auditifs, etc., appareil complet d'audition.	150
Oreille, moitié moins grande que la précédente, offrant les mêmes détails. . . .	100
Oreille des oiseaux, dans des proportions gigantesques.	50
Oreille des poissons, dans des proportions gigantesques.	50
Larynx de grande dimension, cartilages, muscles, vaisseaux et nerfs.	10

MODÈLES D'ANATOMIE D'AUZOUX.

	francs.
Larynx de grande dimension, montrant les mêmes détails que le précédent, et, de plus, la trachée-artère, la division des bronches jusqu'aux dernières ramifications.	30
Moitié de tête de grande dimension, montrant jusque dans leurs plus petits détails toutes les parties qui se trouvent à la base du crâne, les divisions et les anastomoses des 5ᵉ et 7ᵉ paires de nerfs, et particulièrement de l'œil, de l'oreille, des fosses nasales, la bouche, la langue, le pharynx, le larynx, avec les muscles et tous les vaisseaux.	250
La même, montrant seulement les détails nécessaires à l'explication des phénomènes de la mastication, de l'insalivation, de la déglutition, de la voix, du goût, de l'odorat.	150
Cheval complet, de 1 mètre 30 cent., anatomie complète offrant plus de 3000 objets de détail, se décomposant en 200 pièces ou morceaux, montrant sur un côté les muscles, nerfs et vaisseaux de la couche superficielle qui ne peuvent se déplacer ; sur l'autre côté, les muscles, nerfs et vaisseaux, s'enlevant un à un comme dans une dissection, depuis la couche superficielle jusqu'au squelette, et dans les cavités splanchniques tous les organes qu'elles renferment, et que l'on peut enlever et étudier séparément.	4000
Cheval incomplet montrant sur un côté les muscles, nerfs et vaisseaux de la couche superficielle ; sur l'autre côté, les muscles, nerfs et vaisseaux de la couche profonde seulement, et dans les cavités tous les organes splanchniques s'enlevant séparément comme dans le modèle complet.	2000
Mâchoires du cheval accusant nettement l'âge aux différentes époques de la vie. Collection composée de 30 types différents.	200
Tableau montrant en relief la forme et l'organisation de toutes les dents du cheval.	15
Mâchoires du bœuf accusant nettement l'âge aux différentes époques de la vie. Collection composée de 14 types différents.	100
Tares osseuses, composées d'os secs ou de portions d'os, montrant, depuis le principe jusqu'au maximum de développement, les affections connues sous le nom de *courbes, jardes, éparvins, formes, suros, osselets.* Collection composée de plus de 50 pièces.	200
Jambe de cheval saine, écorchée, coupée à 20 cent. au-dessus de l'articulation du jarret, dont on peut détacher la portion d'os sur laquelle se forme une tare, et la remplacer par des portions d'os malade ; avec 14 pièces de rechange, montrant toutes les tares osseuses aux différents degrés de développement.	100
Jambe écorchée, sur laquelle se trouvent les tares osseuses, en place.	50
Jambe recouverte par la peau, avec des exemples de toutes les tares osseuses, en place.	50
Jambe saine et recouverte de la peau seulement.	50
Jambe à la condition de squelette, dont chaque os peut se détacher séparément, composée de 13 os différents.	50

	francs
Tares molles, jambe de cheval, moitié écorchée, moitié recouverte par la peau sur laquelle se trouvent des exemples de tares molles, *molettes, vésigond, capelet.*	50
Pied du cheval montrant la disposition de la boîte cornée, du tissu podophylleux, du coussinet plantaire, avec les vaisseaux et les nerfs, etc.; toutes ces parties se détachant séparément	50
Sabot du cheval se décomposant à la manière de Bracy-Clark, c'est-à-dire en muraille, sole, fourchette, périople.	15
Dindon. — *Meleagris*, Lin., comme type des **Volatiles,** anatomie complète.	300
Serpent. — *Boa constrictor* de 2 m. 20 cent. de long, anatomie complète, comme type des **Reptiles**	300
Tête de vipère, considérablement grossie, montrant l'appareil venimeux; muscles, glandes et crochets	100
Perche de mer. — *Sciæna aquila*, G. Cuvier, 1 mètre 50 cent. de long, comme type des **Poissons;** anatomie complète, muscles, nerfs, vaisseaux, viscères.	500
Hanneton (*Melolonta vulgaris*), comme type des **Insectes** à l'état parfait, considérablement grossi, 12 fois le diamètre ordinaire, avec les muscles, les vaisseaux, les nerfs, les viscères, se décomposant en autant de fragments qu'il y a d'organes, et offrant plus de 600 objets de détail indiqués par autant de numéros; anatomie complète	250
Colimaçon (*Helix pomatia*, Lin.), comme type des **Mollusques,** considérablement grossi, 33 cent de large (1 pied) sur 66 cent. de long (2 pieds), avec les muscles, les vaisseaux, les nerfs, les viscères, se décomposant en autant de fragments qu'il a d'organes, et offrant plus de 600 objets de détail; anatomie complète	250
Sangsue (*Hirudo medicinalis*), comme type des **Annélides** (60 cent. de long), montrant les appareils vasculaires, nerveux, digestif, de la reproduction et de la locomotion; anatomie complète	200
Ver à soie (*Bombyx sericaria*), comme type de l'**Insecte à l'état de larve,** considérablement grossi (80 cent. de long), muscles, nerfs, trachées, montrant l'appareil de la soie dans toute son étendue, depuis l'organe qui sécrète le liquide soyeux jusqu'à la filière; anatomie complète.	250
Papillon du ver à soie, mâle et femelle, dans de grandes proportions. Chaque, 100 fr.	200
Abeille (*Apis mellifica*), grossissement considérable, 8 centimètres de long (3 pouces), reproduite sous 6 formes différentes : reine, mâle, cirière, ouvrière avec propolis, avec pollen, sur lesquelles se retrouvent les caractères intérieurs et extérieurs qui distinguent chaque type; avec un gâteau de cire, dans les mêmes proportions, montrant l'œuf et le développement de la larve aux différentes époques de l'incubation.	200

MODÈLES D'ANATOMIE D'AUZOUX.

Anatomie comparative. Pour montrer comment s'opèrent les principales fonctions de la vie dans toute la série animale, depuis l'homme jusqu'au zoophyte; pour faire apprécier les différences que les organes présentent dans leur structure, dans leurs fonctions, on a exécuté, *dans des proportions gigantesques,* les organes de la digestion, de la respiration, de la circulation, de l'innervation, dans les Mammifères, les Oiseaux, les Reptiles, les Poissons, les Insectes, les Mollusques. Prix de cette collection complète . . . . 1000 francs.

Pièces détaillées de la précédente collection.

Pour la digestion :

	fr.		fr.
Estomac du lion	30	Estomac et tube intestinal de squale.	30
— de ruminant	80	— — d'écrevisse . .	30
— du cheval	35	— — de poulpe . .	30
— de rongeur	30	— — de sauterelle .	30
— d'un oiseau granivore . . .	20	— — d'abeille . .	20
— d'un oiseau de proie, hibou.	5	Ensemble.	350

Pour la circulation :

	fr.		fr.
Cœur et vaisseaux du fœtus humain .	50	Cœur et vaisseaux de l'huître . . .	10
— — du crocodile . .	40	— et branchies de doris . .	25
— — du serpent	30	— — de sèche	25
— — de la tortue . . .	40	— — de moulette . .	20
— — du dugong . . .	40	— et trachées d'insecte	40
— et branchies de la carpe . . .	40	Ensemble	350

Pour l'innervation :

	fr.		fr.
Cerveau et moelle épinière de l'homme	150	Cerveau de la raie . . . . Système nerveux des mollusques . .	20 / 5
— du chat	50	— des arachnides . .	5
— du rat	30	— des écrevisses . .	5
— de l'oie	30	— des articulés . .	5
— de la vipère	20	— des rayonnés . . .	3
— de la tortue	20	Ensemble	350

Respiration des oiseaux :

Larynx, trachée-artère et poumons avec les sacs aériens 50

Respiration des reptiles :

Poumons de grenouille 40

Respiration des insectes :

Trachées et cœur de la nèpe 40

MODÈLES EN CIRE D'ANATOMIE ET DE PATHOLOGIE.

Anatomie générale.

	francs.
Cerveau avec la dure-mère	90
— avec la pie-mère	90
Hémisphère gauche du cerveau	70
Anatomie du cerveau, pièces mobiles	120
Lobes du cerveau retenus par le corps calleux	90
Cerveau avec la moelle épinière en rapport avec la colonne vertébrale	200
Division de la dure-mère et de l'arachnoïde transparente laissant voir la faux du cerveau et ses sinus	85
OEil, dix fois nature, se décomposant	35
OEil, coupe médiane	35
Anatomie de l'œil en treize pièces	450
Oreille interne moyenne et externe, quatre fois nature, se démontant	70
Oreille interne moyenne et externe naturelle, avec vaisseaux et nerfs	40
Tête avec les vaisseaux d'un côté et les sept premières paires de nerfs, l'oreille interne et l'œil de l'autre côté	180
Demi-tête avec vaisseaux	90
— avec nerfs	90
Cinquième paire de nerfs	35
— — avec l'artère maxillaire interne en rapport	45
Maxillaire interne et ses branches collatérales	35
Les muscles de la face du cou avec vaisseaux et nerfs (buste d'homme)	350
Les muscles du bras avec vaisseaux et nerfs	300
Les muscles de la jambe avec vaisseaux et nerfs	350
Cœur s'ouvrant pour voir les ventricules	70

	francs.
Larynx avec la trachée et les bronches	20
Coupe médiane de la tête et du cou	100
Anatomie des organes du goût et de l'odorat	80
Région cervicale supérieure	100
— — profonde	120
— axillaire	80
— de l'aine	90
Région du périnée chez l'homme	130
— — chez la femme	130
Glande mammaire	90
Système pulmonaire en rapport avec le cœur	160
Anatomie des diverses articulations; chaque pièce, de 30 fr. à	50
Les principaux réservoirs chylifères, 100 fr. et	300
Bassin d'homme, anatomie des organes	320
Bassin de femme, anatomie de l'utérus contenant le produit de la conception	320
Coupe du bassin chez la femme, le rein, les voies urinaires et les organes génitaux	120
Anatomie des organes contenus dans l'abdomen, se déplaçant à volonté, avec les parties génitales internes et externes chez la femme	600
Sujet entier homme se décomposant, démontrant les autopsies du cerveau, de la poitrine et de l'abdomen, les couches des muscles avec vaisseaux et nerfs	3000
Appareil sexuel urinaire mâle	40
— digestif complet	400
Masse intestinale, glandes, vaisseaux sanguins et lymphatiques	200
Vaisseaux lymphatiques du foie et de l'estomac	100
Buste de femme avec les muscles, les vaisseaux, les nerfs superficiels et profonds, glande mammaire	350

MODÈLES D'ANATOMIE EN CIRE. OSTÉOLOGIE.

	francs.		francs.
Autopsie complète	1500	Écorché, muscles de la couche superficielle.	3000
Centre nerveux céphalo-rachidien .	500		
Nerf grand-sympathique.	1000	Écorché, muscles des couches moyenne et profonde	3000
— — colonne et cœur transparents laissant voir la moelle épinière et les ventricules.	1200	Vénus anatomisée, se décomposant en 85 morceaux.	3000

Anatomie pathologique.

	francs.		
Reproduction en cire de 150 pièces tirées du musée Dupuytren. Le prix de chaque pièce varie depuis 25 fr. jusqu'à.	150	Maladies des yeux et des paupières, 87 pièces en cire dans 5 cadres. La collection	650
80 maladies de la peau prises sur nature et reproduites avec de la cire. Prix selon l'importance de la pièce, de 35 fr. jusqu'à . . .	80	Maladies du col de l'utérus, collection de 12 pièces.	160
		Maladies syphilitiques, chaque pièce	50
		La collection de 80 pièces.	4000

Accouchement (pièces en cire).

	francs.		
Les 9 époques mensuelles de la grossesse, s'ajustant dans un bassin.	500	Grossesse à sept mois.	60
		— à neuf mois.	90
Utérus ouvert, montrant d'un côté la granulation se détachant de l'ovaire, et de l'autre tombant dans l'utérus	50	— extra-utérine tubaire, ovarique.	60
		Opération césarienne.	420
		— de la symphyse.	100
OEuf humain à deux mois, avec la vésicule ombilicale.	40	Accouchement par le forceps. . . .	600
		Circulation du fœtus	150
Grossesse à six mois avec ses enveloppes.	60	Le cœur s'ouvrant laisse voir le trou de Botal, avec placenta.	250

OSTÉOLOGIE HUMAINE.

Ostéologie générale.

	francs.		
Squelettes humains désarticul. 70 f. à	350	Tête sciée avec les oreilles interne et moyenne, montrant les sinus.	50
— — articulés. 60 f. à	150		
— — montés à la Bauchêne, c'est-à-dire désarticulés et remontés à distance, tous les os dans leurs rapports.	600	Têtes sciées sans préparation. 20 fr. à	30
		— avec la dure-mère naturelle, de 18 fr. à	25
Têtes naturelles articulées. 10 fr. à	20	— avec diploë, sous verre. . . .	35
— — désarticul. 15 fr. à	25	Oreille interne.	15
Têtes désarticulées, remontées à la Bauchêne, avec ou sans oreilles interne et moyenne, vaisseaux et nerf dentaire. . . . . de 160 à	200	— moyenne.	10
		Collection d'oreilles, 14 pièces, de 150 fr. à	250
		Bassin avec ligaments. . de 15 fr. à	25

OSTÉOLOGIE. PHRÉNOLOGIE.

	francs.		francs.
Mains ou pieds articulés. de 3 fr. à	5	Membre thoracique monté avec des ressorts, laissant dans leur mouvement les surfaces articulaires continuellement en contact et permettant la démonstration des luxations	30
— — enfilés avec corde à boyau.. de 3 fr. à	5		
— — montés à la Bauchêne	30		
— — — sur support	50		
Coupe médiane du tronc pivotant sur support	60	Membre abdominal, même système que ci-dessus	30

Embryogénie et développement des os.

	francs.		francs.
Squelette avec ligaments. de 15 fr. à	25	remontés à distance, sur support avec socle	45
Série de neuf fœtus	140		
Squelettes de fœtus désarticulés, mis en rapport dans un cadre (différents âges)	35	Jambe de jeune sujet, comme ci-dessus	45
Tête de fœtus à terme	4	Main et pied, les os et les épiphyses à distance, les deux avec ou sans supports . . . . . . de 30 et	50
— — désarticulée, remontée à distance	50	Vertèbres avec épiphyses	5
Bras de jeune sujet épiphysé, désarticulation des os et des épiphyses		Série des vertèbres, atlas, axis, cervicale, dorsale, lombaire	25

Phrénologie.

	francs.		francs.
Crâne naturel avec la topographie des Drs Gall et Spurzheim	25	Buste grandeur naturelle, avec le cerveau d'un côté	9
Crâne en plâtre topographié	10	— moyenne grandeur	7
Buste, grandr naturelle, topographié	9	— petit	5

ANATOMIE COMPARÉE.

Squelettes de mammifères montés.

	francs.
Types choisis dans les quadrumanes, les carnassiers, les marsupiaux, les rongeurs, les édentés, les pachydermes, les ruminants et les cétacés. Prix variable, suivant le sujet, de 20 fr. à	800

Squelettes d'oiseaux.

Types choisis dans les oiseaux de proie, passereaux, grimpeurs, gallinacés, échassiers, palmipèdes. — Prix variable de 10 fr. à	90

Squelettes de reptiles montés.

Divers types des chéloniens, sauriens, ophidiens et batraciens. Prix variable, suivant le sujet, de 6 fr. à	300

Squelettes de poissons montés.

Divers types des acanthoptérygiens, malacoptérygiens subrachiens, malacoptérygiens apodes, lophobranches, plectognothes, chondroptérygiens à branchies fixes. Prix variable, suivant le sujet, de 15 fr. à	300

EMBAUMEMENTS, INSTRUMENTS DE NATURALISTE, YEUX ARTIFICIELS.

EMBAUMEMENTS.

Procédé égyptien.

	fr.	c.
Poudre salino-aromatique du Codex de 1750........ le kilo.	3	»
Sparadrap aromatique... la bande.	2	»
Vernis balsamique..... le kilo.	12	»
Alcool camphré fort.... —	6	»

Procédé Tranchina.

	fr.	c.
Bouillie alcoolique d'acide arsénieux, le kilo.	5	»

Liqueur de Goalby

POUR LA CONSERVATION DES PIÈCES ANATOMIQUES.

	fr.	c.
Solution nos 1, 2, 3, 4 et 5, le kilo.	1	»

Procédé Sucquet.

	fr.	c.
Chlorure de zinc pur à 40°, le kilo.	3	»
Hyposulfite de soude.... —	1	50
Essences aromatiques pour un embaumement..........	40	»
Chlorure ferrique liquide doué des mêmes propriétés que le chlorure de zinc....... le kilo.	5	»

Procédé Gannal.

	fr.	c.
Solution 1re formule Gannal, le kilo.	»	50
Chlorure d'aluminium à 34°, 5 litr.	30	»
Quatre essences...... 2 —	80	»

Procédé Falconi.

	fr.	c.
Sulfate de zinc en solution concentrée....... le kilo.	»	»
— de fer pulvérulent. —	»	60

Procédé Corne.

	fr.	c.
Poudre à embaumement et conservation des pièces anatomiques, 100 k.	20	»

Injections anatomiques.

	fr.	c.
Seringue en acier pour le mercure, avec ses accessoires, dans une boîte........ de 60 fr. à	100	»
Boîte complète pour toutes espèces d'injections.........	164	»
Huile de houille pour la conservation des bois..... le kilo.	»	75

BOITES D'INSTRUMENTS POUR PRATIQUER LES EMBAUMEMENTS
AU MOYEN D'INJECTIONS PAR LA CAROTIDE.

Boîte pour la méthode Gannal.

	fr.	c.
2 seringues en maillechort, pistons à double parachute, grandeur n° 8, avec 3 robinets de même métal et 4 canules..........	135	»
1 boîte ronde en maillechort....	16	»
— carrée longue à 3 compart.	20	»
1 aiguille longue pour ligature....	2	50
1 paire de ciseaux........	2	50
2 pinces à ressorts.......	8	»
1 érigne à chaîne........	1	»
2 petites pinces à pression continue.	5	»
8 scalpels assortis, manches quadrillés, au beau poli........	16	»
12 aiguilles à suture trempées en ressort...........	6	»
1 caisse en acajou à coins de cuivre.	60	»

(Le prix de cet appareil peut être réduit, en remplaçant les corps de seringue en maillechort par ceux en cuivre.)

Boîtes pour la méthode Sucquet.

	fr.	c.
1 trocart à canule d'argent....	6	»
1 seringue en cuivre n° 6, avec collier pour recevoir les deux manches............	30	»
1 seringue en cuivre n° 8, avec collier pour recevoir les deux manches............	41	»
2 manches à poignée s'adaptant aux deux seringues.........	5	»
1 sonde cannelée en acier, beau poli.	1	25
2 robinets..........	10	»
4 canules à oreille......	10	»
2 paires de ciseaux.......	5	50
2 bistouris, droit et convexe, à coulants............	6	»
6 aiguilles à suture trempées en ressort............	3	»
1 caisse en acajou, coins de cuivre,	43	»

INSTRUMENTS ET PRÉPARATIONS POUR NATURALISTE.

	fr.	c.
Scalpels de différentes grand^{rs}, 1 50 et	2	»
Brucelles — 1 f. 25 jusqu'à 3 et	4	»
Pinces à dissection	»	60
— plates	1	50
— coupantes	3	»
— rondes	1	50
— dites à pansement, pour bourrer et débourrer les peaux des oiseaux	2	50
Ciseaux droits et courbes, 2 f., 2 50 et	3	»
Limes diverses . . . . . . 1 fr. à	1	50
Poinçons	»	»
Vrilles	»	»
Cure-crâne . . . . 75 c. et	1	»
Plaques en plomb pour fixer les pattes des oiseaux	1	»
Préservatif de Bécœur . . . le kilo.	3	»
Liquide conservateur . . . ——	»	75
Brosse en crin pour étendre le savon de Bécœur	»	»
Filets simples à papillons	1	50
— à cannes et à charnière, 3 fr. et	3	50

	fr.	c.
Filets dits troubleaux, pour les insectes d'eau	7	»
Épingles à insectes, *à têtes rivées*, le mille, 2 fr.. 2 fr. 50 c. et	3	50
Boîtes en carton liégées . . 2 fr. à	2	50
Planches en liège, la douz^{ne}, 2 fr. 25, 4 fr. 50 et	6	»
Étaloirs pour papillons, 2 fr. 50 c. à	3	50
Pinces diverses à insectes	»	»
L'Art de préparer, monter et conserver les oiseaux ; suivi de la manière de prendre, préparer et conserver les papillons et autres insectes. Brochure in-8°. . . .	1	25
Trousse ou boîte pour naturalistes, renfermant tous les instruments nécessaires à la préparation des animaux, n° 1. . . . . 25 fr. à	30	»
Trousse plus complète, n° 2. 45 fr. à	65	»
Bocaux spéciaux pour pièces d'histoire naturelle (voy. p. 424).		

Nous nous chargeons de faire empailler avec le plus grand soin tous les sujets du règne animal.

YEUX ARTIFICIELS EN ÉMAIL.

Pour les oiseaux.		Yeux noirs. Prix des 100 paires.		Yeux de couleur. Prix des 100 paires.		**Pour les quadrupèdes**		Yeux à tours blancs. Prix des 100 paires.	
N°s.	Diamètre.	fr.	c.	fr.	c.	N°s.	Diamètre.	fr.	c.
1	2 millimètres.	1	»	6	»	6	7 et 8 millim.	25	»
2	3 ——	1	50	7	»	7	8 à 9 ——	30	»
3	3 à 5 ——	2	»	8	»	8	7 à 10 ——	35	»
4	5 à 6 ——	2	50	9	»	9	10 à 11 ——	40	»
5	6 à 7 ——	3	»	10	»	10	11 à 12 ——	50	»
6	7 à 8 ——	4	»	12	»	11	12 à 14 ——	75	»
7	8 à 9 ——	5	»	15	»	12	14 à 15 ——	90	»
8	9 à 10 ——	6	»	18	»			La paire.	
9	11 ——	8	»	24	»	13	16 à 17 ——	1	25
10	12 ——	10	»	30	»	14	18 à 19 ——	1	75
11	13 ——	15	»	35	»	15	20 à 21 ——	2	50
12	14 ——	15	»	40	»	16	23 à 24 ——	3	50
13	15 ——	20	»	50	»	17	25 à 26 ——	4	50
14	16 ——	25	»	60	»	18	27 à 29 ——	6	»
15	17 à 18 ——	40	»	90	»	19	29 à 31 ——	7	»
				La paire.		20	31 à 34 ——	8	»
16	20 et 21 ——	50	»	1	50				
17	23 et 24 ——	65	»	2	50				
Yeux de grand-duc. .		»	»	3	50				

NOTA. Le diamètre indiqué est celui de l'iris, non compris le blanc.

BUSTES D'HOMMES CÉLÈBRES
TÊTES DES RACES HUMAINES, ETC.

Bustes en plâtre grandeur naturelle (50 à 60 centimètres de hauteur).

Cuvier. . . . . 10 fr. » c.	Hippocrate. . . 5 fr. » c.	Cicéron. . . . . 5 fr. » c.
Dupuytren . . . 10 »	Esculape. . . . 5 »	Socrate. . . . . 5 »
Broussais. . . . 10 »	Ambroise Paré. 5 »	Platon. . . . . 5 »
Vauquelin . . . 10 »	Hahnemann. . . 9 »	Molière. . . . . 5 »
Fourcroy. . . . 7 50	Geoffroy Saint-	Voltaire . . . . 5 »
Linné . . . . . 10 »	Hilaire. . . . 9 »	Racine. . . . . 5 »
Parmentier. . . 10 »	*Franklin . . . 6 »	Rousseau. . . . 5 »
Galien. . . . . 5 »	*Newton. . . . 6 »	La Fontaine . . 5 »
Dubois. . . . . 5 »	*Spurzheim . . 6 »	Corneille. . . . 5 »
Sabattier. . . . 5 »	*Gall. . . . . . 6 »	Bossuet. . . . . 5 »
Desault. . . . . 5 »	*Raspail . . . . 6 »	Fénelon . . . . 5 »
Buffon. . . . . 5 »	Washington. . . 5 »	Lord Byron. . . 5 »
Bichat. . . . . 5 »	Démosthènes. . 5 »	Shakspeare. . . 5 »

(Les bustes précédés d'un * sont moulés sur nature, et sont de hauteurs diverses.)
Les mêmes en plâtre couleur bronze. . . . . en plus. 4 fr.

Bustes en plâtre au quart de grandeur naturelle (20 centim. de hauteur).

Cuvier.	Pinel.	Platon.	La Fontaine.
Galien.	Broussais.	Socrate.	L'Hospital.
Hippocrate.	Buffon.	Homère.	D'Aguesseau.
Esculape.	Linné.	Racine.	Parmentier.
Gall.	Lamartine.	Pothier.	Chateaubriand.
Bichat.	Molière.	Gluck.	J.-J. Rousseau (sur socle).
Desault.	Corneille.	Shakspeare.	Voltaire (sur socle).

Tous ces bustes au quart de grandeur naturelle de 20 cent^{es} de hauteur. . la pièce. 2 fr.
Les mêmes en plâtre couleur bronze. . . . . en plus. 1
(NOTA. *L'emballage se paye à part.*) Pour un buste grandeur naturelle. 5
Pour deux — 8

Têtes des différentes races humaines (6 fr. la pièce, au choix).

Tête de Mozambique.	Tête de Zélandais.	Tête de Madura (Java).
— de Malabar.	— de Mongol.	— d'Indien (anciens tombeaux de la Bolivie).
— de Bengali.	— de femme malaise.	
— de Patagon.	— de Chinois pur.	Crâne de négresse (avec un anneau à la lèvre).
— de Bédouin.	— de Malgache.	
— d'homme de la terre de Van Diémen.	— de druide (homme).	Femme Boschiman (Vénus hottentote).
	— (femme).	
— de Caucasienne.	— de Caraïbe.	Mahoca (peuple au delà des Cafres).
— du golfe du Mexique.	— de Lapon.	

Têtes des grands criminels moulées sur nature, au nombre de 35. . chaque tête, 6 fr.
Têtes, bustes et crânes d'idiots historiques. . . . . la pièce, 6
Bustes de singes orang-outang, chimpanzé (peint). . . . . — 25
— — — (blanc). . . . . — 15
Crânes d'ourang-outang, de chimpanzé, de gorille . . . . — 15

INSTRUMENTS DE PHYSIQUE,
D'OPTIQUE, DE MATHÉMATIQUES ET D'ASTRONOMIE.

MÉCANIQUE.

Composition des forces.

	fr.	c.
Plan vertical sur lequel un corps parcourt la résultante de deux forces opposées.	30	»
Appareil pour démontrer la composition des forces parallèles.	75	»
— de M. Delaunay pour la démonstration du parallélogramme des forces.	110	»
— pour les démonstrations du levier et du rapport des forces qui agissent obliquement par des poulies.	110	»
— des trois leviers combinés.	110	»
Levier arithmétique et ses poids.	90	»
Appareil pour la théorie du fléau de la balance.	50	»
— pour démontrer tous les systèmes de poulies simples et mouflées.	100	»
Poulie à gorges concentriques pour démontrer son rapport avec le levier.	40	»
Appareil à roues dentées.	80	»

Centre de gravité.

	fr.	c.
Disque, triangle et rectangle suspendus à un support, pour la détermination du centre de gravité.	18	»
Cylindre remontant un plan incliné.	12	»
Double cône pour la même expérience.	15	»
Culbuteur chinois à deux figures.	10	»
Équilibriste, ou figure maintenue dans un équilibre stable.	5	»

Modèles de machines.

	fr.	c.
Modèle de chèvre, construit en bois.	15	»
— de cabestan, — —	15	»
— de grue, — —	35	»
— de treuil ou de roue de carrière.	20	»
— — différentiel.	25	»
— — à 2 leviers, avec encliquetage à rochets et frein.	60	»
— de sonnette ou mouton.	15	»
— — à déclic, avec treuil à levier.	35	»
— d'engrenage droit.	18	»
— — conique.	22	»
— — à lanterne.	22	»
Modèles d'engrenages de tous les systèmes, chaque sujet construit en fonte de fer ; suivant sa complication. 80 à	120	»
Modèle de cric.	50	»
— de vis sans fin.	50	»
— de manége mû par 4 chevaux.	250	»

MÉCANIQUE.   515

	fr.	c.
Modèle de ventilateur soufflant, à ailes planes.	100	»
— de ventilateur aspirant ou Tarare, à aubes courbes.	100	»
— de moulin à vent, au 30ᵉ d'exécution.	50	»
Modèle de toutes les transformations de mouvement employées en mécanique, contenant la plupart de toutes les combinaisons mécaniques en usage dans l'industrie et un grand nombre d'applications pratiques	1200	»

Production et modification du mouvement par les forces.

Appareil pour démontrer les propriétés du plan incliné.	80	»
Le même, avec plan en glace et arc de cercle en cuivre.	140	»
Coin à angle variable pour démontrer le rapport entre les poids et l'angle du coin.	150	»
Appareil pour démontrer que la vis est composée d'un plan incliné dont la hauteur représente le pas de la vis, et la longueur le filet.	5	»

Chute des corps.

Machine d'Atwood montée sur une colonne en bois de noyer, pendule à secondes, poids, etc.	240	»
Id. Grand modèle, montée sur une colonne en acajou, poulie tournant sur 4 roues, compteur à secondes, détente qui laisse tomber le corps en même temps qu'elle fait marcher le compteur, etc.	800	»
Appareil de M. Morin, à cylindre tournant, pour démontrer les lois de la chute des corps.	220	»
Appareil pour démontrer que les cordes d'un cercle sont parcourues en même temps que le diamètre.	90	»
Appareil pour démontrer la chute parabolique des corps solides.	30	»
— — — — — liquides	70	»

Force centrifuge.

Appareil à force centrifuge, avec trois applications différentes.	120	»
— grand modèle, avec 6 applications différentes.	220	»
Appareil pour démontrer l'aplatissement de la terre par le mouvement de rotation.	30	»
Chemin de fer aérien à force centrifuge.	75	»
Appareil de Bohnenberger pour la précession des équinoxes.	35	»

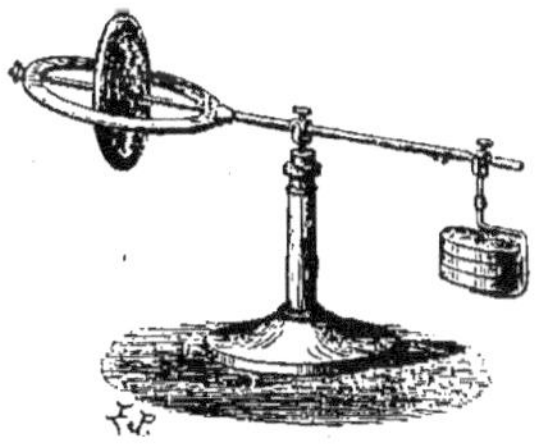

Fig. 1.

Balance gyroscopique de M. Plucker (fig. 1).	90	»
Gyroscope de M. L. Foucault.	1500	»

INSTRUMENTS DE PHYSIQUE.

Choc des corps.

	fr.	c.
Appareil pour démontrer que le choc augmente la gravitation.	60	»
Plan de marbre et bille d'ivoire pour l'élasticité.	12	»
Appareil à billes d'ivoire, avec arc de cercle divisé et timbre, pour le choc des corps.	60	»
— à sept billes d'ivoire pour la communication du mouvement.	50	»
— à billes décroissantes pour la même expérience.	50	»
— à plan de marbre pour la loi de la réflexion des solides.	75	»

Frottement.

Appareil à deux balanciers pour la résistance des milieux.	40	»
Double moulinet pour la résistance de l'air.	40	»
Tribomètre de Coulomb pour étudier les lois du frottement.	25	»
— de Desaguilliers.	150	»
Appareil de M. Morin pour déterminer les lois du frottement au départ et pendant le mouvement, avec plateau pour relever les courbes tracées sur le papier.	1400	»

Pendules.

Pendules de différentes longueurs, avec support, pour démontrer les lois du pendule.	20	»
Pendule réversible du capitaine Kater pour déterminer, dans un lieu quelconque, la longueur absolue du pendule.	350	»
Pendule absolu de Borda, conforme à celui qui a servi à MM. Biot et Mathieu pour les mêmes recherches que le précédent.	500	»
Le même, avec boule en platine.	1000	»
Pendule monté sur un support à rotation pour démontrer la fixité du plan d'oscillation.	50	»
Sphère en cuivre de 12 centimètres de diamètre, terminée par une pointe d'acier, avec suspension supérieure et fil d'acier, pour répéter les expériences de M. Foucault sur la démonstration du mouvement de la terre par l'invariabilité du plan d'oscillation du pendule.	200	»

Machines à vapeur.

Modèle de machine à vapeur de Watt à basse pression et à balancier, démonstration du tiroir de distribution, du parallélogramme, du condenseur, des pompes à eau, à air, et d'alimentation, etc.	20	»
Modèle de locomotive, système Crampton, cylindres et tiroirs extérieurs, coulisse de Stephenson ; pompe alimentaire, chaudière tubulaire, etc.	25	»
Modèle de bateau à roues à aubes, à basse pression et à balancier, démonstration du tiroir de distribution à déclanchement, du balancier, du parallélogramme, du condenseur, des pompes à eau et à air, des soupapes, etc.	25	»
Modèle de bateau à hélice, à connexion directe, à 2 cylindres et à basse pression ; coulisse de Stephenson, condenseur, pompes à eau et à air, soupapes, etc.	25	»
Modèle de bateau à hélice à connexion directe et à quatre cylindres accouplés deux à deux ; coulisse de Stephenson, détente variable, condensation, etc.	30	»
Mêmes machines que ci-dessus, de grandes dimensions (65 centimètres sur 1 mètre), pour la démonstration dans les grands amphithéâtres ; chacune.	250	»

(Les modèles qui précèdent sont imprimés en couleur, découpés en relief et mis en mouvement au moyen d'une manivelle ; tous les organes fonctionnent comme dans une machine véritable, ce qui facilite considérablement la démonstration.)

MÉCANIQUE.

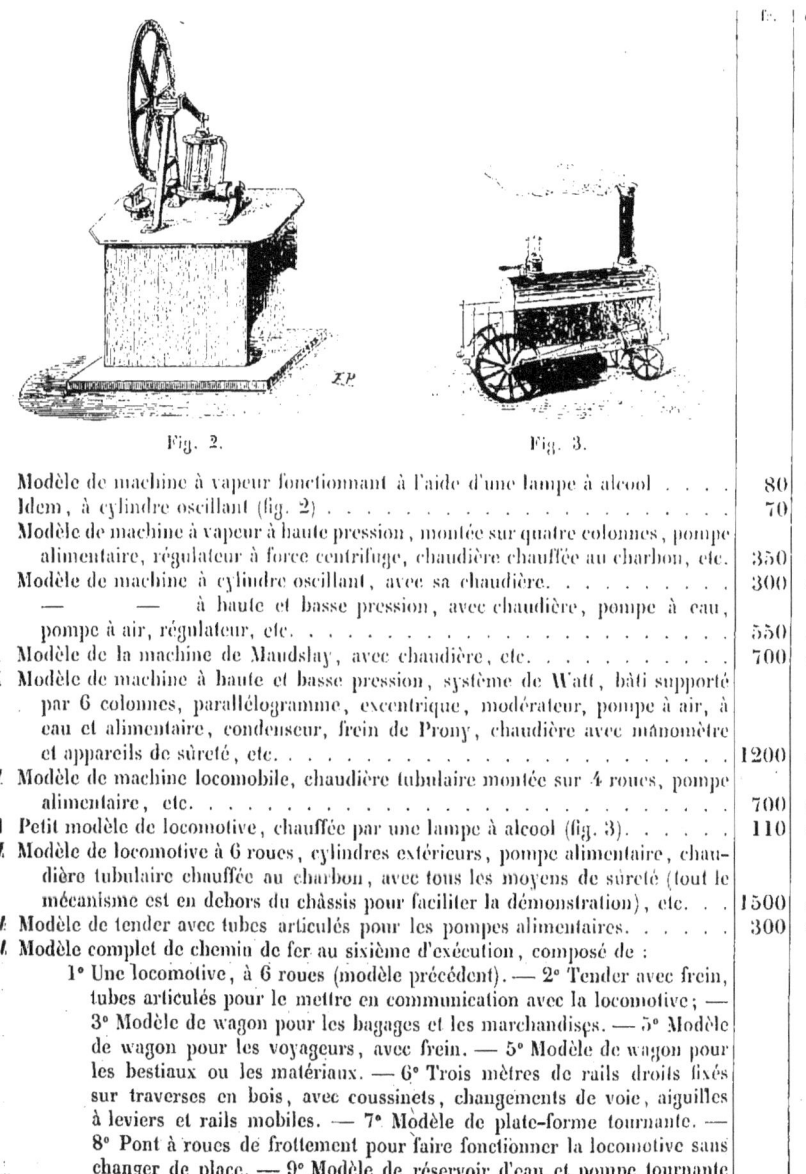

Fig. 2.   Fig. 3.

	fr.	c.
Modèle de machine à vapeur fonctionnant à l'aide d'une lampe à alcool	80	»
Idem, à cylindre oscillant (fig. 2)	70	»
Modèle de machine à vapeur à haute pression, montée sur quatre colonnes, pompe alimentaire, régulateur à force centrifuge, chaudière chauffée au charbon, etc.	350	»
Modèle de machine à cylindre oscillant, avec sa chaudière	300	»
— — à haute et basse pression, avec chaudière, pompe à eau, pompe à air, régulateur, etc.	550	»
Modèle de la machine de Maudslay, avec chaudière, etc.	700	»
Modèle de machine à haute et basse pression, système de Watt, bâti supporté par 6 colonnes, parallélogramme, excentrique, modérateur, pompe à air, à eau et alimentaire, condenseur, frein de Prony, chaudière avec manomètre et appareils de sûreté, etc.	1200	»
Modèle de machine locomobile, chaudière tubulaire montée sur 4 roues, pompe alimentaire, etc.	700	»
Petit modèle de locomotive, chauffée par une lampe à alcool (fig. 3).	110	»
Modèle de locomotive à 6 roues, cylindres extérieurs, pompe alimentaire, chaudière tubulaire chauffée au charbon, avec tous les moyens de sûreté (tout le mécanisme est en dehors du châssis pour faciliter la démonstration), etc.	1500	»
Modèle de tender avec tubes articulés pour les pompes alimentaires.	300	»
Modèle complet de chemin de fer au sixième d'exécution, composé de : 1° Une locomotive, à 6 roues (modèle précédent). — 2° Tender avec frein, tubes articulés pour le mettre en communication avec la locomotive; — 3° Modèle de wagon pour les bagages et les marchandises. — 4° Modèle de wagon pour les voyageurs, avec frein. — 5° Modèle de wagon pour les bestiaux ou les matériaux. — 6° Trois mètres de rails droits fixés sur traverses en bois, avec coussinets, changements de voie, aiguilles à leviers et rails mobiles. — 7° Modèle de plate-forme tournante. — 8° Pont à roues de frottement pour faire fonctionner la locomotive sans changer de place. — 9° Modèle de réservoir d'eau et pompe tournante pour remplir le tender à la station. Le tout.	3600	»

	fr.	c.
Petit modèle de bateau à vapeur à hélice chauffé par une lampe à esprit-de-vin.	150	»
Idem. Avec bassin en zinc de 1 mètre 20 de diamètre pour le faire fonctionner.	200	»
Modèle de machine de bateau à hélice, montée dans une coque de métal de 1 mètre de longueur, pouvant marcher dans un bassin ou se placer sur deux supports pour fonctionner hors de l'eau ; avec chaudière tubulaire chauffée au charbon.	2000	»
Modèle de tiroir de machine à vapeur.	24	»
— de tiroir de cylindre oscillant.	60	»
— de piston à ressorts.	35	»
— de piston à étoupe.	18	»
— de soupape de sûreté.	40	»
— de détente variable ou coulisse de Stephenson.	150	»

HYDROSTATIQUE.

	fr.	c.
Appareil démontrant ce principe de Pascal : que les liquides transmettent en tous sens les pressions exercées en un point de leur masse.	30	»
Flacon à plusieurs ouvertures, pour les pressions latérales.	5	»
Appareil de Haldat pour démontrer le paradoxe de Pascal.	90	»
— de M. Masson pour la même expérience	50	»
— pour constater la poussée des liquides, ou pression de bas en haut.	12	»
— pour démontrer le principe d'Archimède.	30	»
Double cylindre pour la même expérience.	20	»
Ludion à pompe.	25	»
— à simple éprouvette de cristal fermée par une baudruche.	4	»
— la figure en émail.	2	»
Les quatre éléments, ou fiole contenant quatre liquides de densités différentes.	4	»
Passe-vin.	4	»
Appareil pour prouver l'équilibre des liquides dans les vases communiquants.	50	»
— pour faire voir que toutes les colonnes d'un liquide exercent leur pression indépendamment les unes des autres.	35	»

Pesanteur spécifique des corps.

	fr.	c.
Balance hydrostatique montée sur colonne en cuivre, s'élevant à volonté par une crémaillère, avec sphères de différents métaux de même poids et de densités différentes.	200	»
Id. Grand modèle, avec cage en acajou, série de poids, vase en cristal, appareil pour la démonstration du principe d'Archimède, etc.	350	»

Densité des solides.

	fr.	c.
Balance de Nicholson en fer-blanc poli ou verni.	8	»
— — en verre.	12	»
— — en cuivre, avec capsule renversée pour les corps plus lourds et plus légers que l'eau.	25	»
Flacon à densité pour les solides (voy. fig. 11 et 12, p. 371).	3	»
Gravimètre pour mesurer la densité de la poudre à canon.	60	»

HYDROSTATIQUE. 519

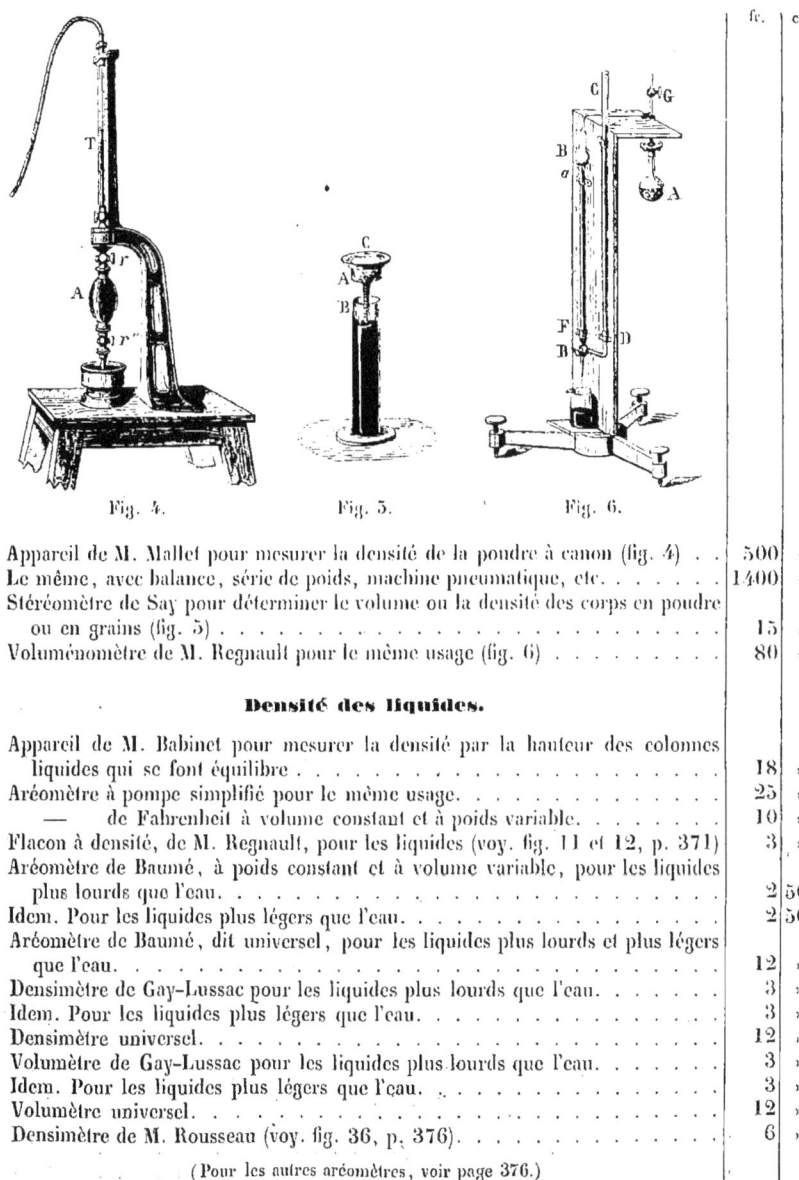

Fig. 4.   Fig. 5.   Fig. 6.

	fr.	c.
Appareil de M. Mallet pour mesurer la densité de la poudre à canon (fig. 4) . .	500	»
Le même, avec balance, série de poids, machine pneumatique, etc.	1400	»
Stéréomètre de Say pour déterminer le volume ou la densité des corps en poudre ou en grains (fig. 5).	15	»
Voluménomètre de M. Regnault pour le même usage (fig. 6)	80	»

Densité des liquides.

	fr.	c.
Appareil de M. Babinet pour mesurer la densité par la hauteur des colonnes liquides qui se font équilibre	18	»
Aréomètre à pompe simplifié pour le même usage.	25	»
— de Fahrenheit à volume constant et à poids variable.	10	»
Flacon à densité, de M. Regnault, pour les liquides (voy. fig. 11 et 12, p. 371)	3	»
Aréomètre de Baumé, à poids constant et à volume variable, pour les liquides plus lourds que l'eau.	2	50
Idem. Pour les liquides plus légers que l'eau.	2	50
Aréomètre de Baumé, dit universel, pour les liquides plus lourds et plus légers que l'eau.	12	»
Densimètre de Gay-Lussac pour les liquides plus lourds que l'eau.	3	»
Idem. Pour les liquides plus légers que l'eau.	3	»
Densimètre universel.	12	»
Volumètre de Gay-Lussac pour les liquides plus lourds que l'eau.	3	»
Idem. Pour les liquides plus légers que l'eau.	3	»
Volumètre universel.	12	»
Densimètre de M. Rousseau (voy. fig. 36, p. 376).	6	»

(Pour les autres aréomètres, voir page 376.)

Densité des gaz.

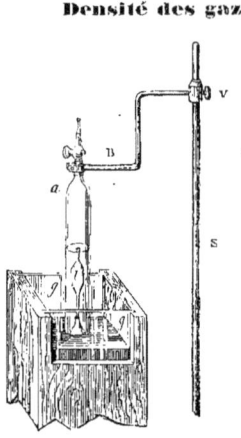

Fig. 7.

	fr.	c.
Ballon de 10 litres, muni d'un robinet, pour peser les gaz et déterminer leur densité.	25	»
Appareil de M. Bunsen pour déterminer la densité des gaz par la vitesse de leur écoulement, avec cuve à mercure spéciale (fig. 7).	25	»

Hydraulique ou Hydrodynamique.

	fr.	c.
Grand appareil de Venturi pour la théorie de l'écoulement des liquides, avec robinets et ajustages à minces parois, tubes cylindriques et coniques, etc. . . .	350	»

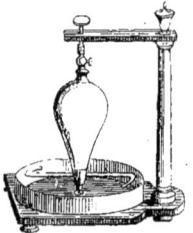

Fig. 8.

	fr.	c.
Tourniquet hydraulique pour la force de réaction de l'eau (fig. 8).	45	»
Flotteur de Prony, à écoulement constant, pour démontrer que les vitesses d'écoulement sont entre elles comme les carrés des charges.	40	»
Idem. Grand modèle à deux flotteurs.	110	»
Appareil de Venturi pour démontrer la succion produite par l'écoulement d'une colonne liquide.	25	»
Modèle du bélier hydraulique de Montgolfier.	100	»
Idem. Grand modèle.	160	»
Tube à soupape pour élever l'eau par l'oscillation	10	»

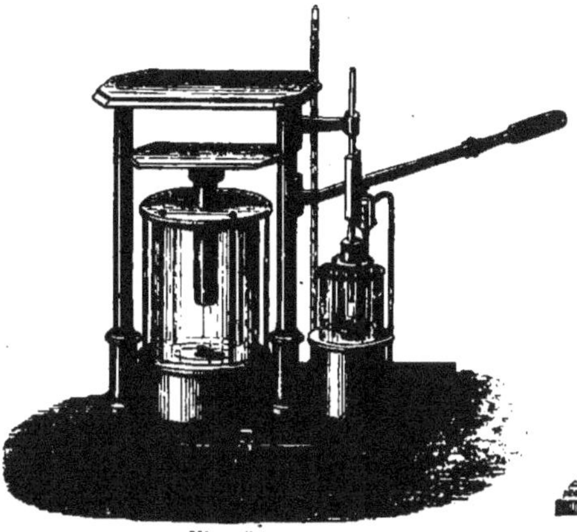

HYDROSTATIQUE.

Fig. 9. 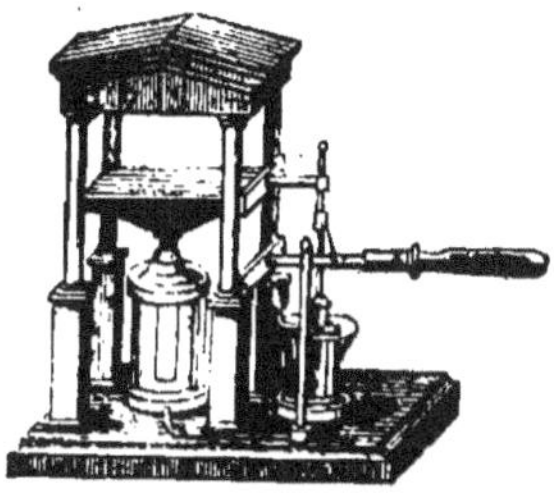   Fig. 10.

	fr.	c.
Modèle de presse hydraulique en cristal, monture en fonte de fer (fig. 9).	180	»
Idem. A quatre colonnes et monture en bronze, socle en acajou (fig. 10).	250	»
Modèle de vis d'Archimède, tube en cristal.	60	»
— de roue à tympan.	100	»
Roue hydraulique en dessous, à aubes courbes, système de M. Poncelet; roue de 40 centimètres de diamètre, entièrement en fer verni, avec réservoir d'eau et vanne à mouvement mécanique.	400	»
Roue à palettes planes s'adaptant au modèle ci-dessus.	200	»
Roue hydraulique en dessus, à aubes courbes, montée comme la précédente, mais ayant le réservoir supporté par 6 colonnes	400	»
Roue à palettes, emboîtée dans un coursier, s'adaptant au modèle ci-dessus.	200	»
Modèle d'écluse.	200	»
Modèle de turbine de Fourneyron, roue de 25 centimètres de diamètre à directrices horizontales.	1200	»
Idem. De Kœchlin.	1200	»
Modèle de machine à colonne d'eau de Reichenbach.	800	»

Appareils hydrauliques agissant à l'aide de la pression atmosphérique.

	fr.	c.
Fontaine de compression de 6 litres de capacité, avec pompe foulante et divers ajustages.	90	»
Idem. De 10 litres.	120	»
Flacon de Mariotte à écoulement constant.	5	»
Appareil pour démontrer la cause des engorgements dans les tuyaux de conduite.	18	»
— des siphons de trois espèces et du siphon à jet d'eau dans le vide.	60	»
Siphon à réservoir de Porta.	80	»
Siphons ordinaires pour la chimie (voy. p. 372).		
Vases de Tantale, avec siphons de formes différentes	6	»
Bonde de cellier ou de tonnelier; en verre.	1	»
Vase d'où l'on fait à volonté sortir deux liquides.	16	»
Bouteille à cinq compartiments dite bouteille inépuisable pour la même expérience.	20	»
Entonnoir magique Idem.	4	»

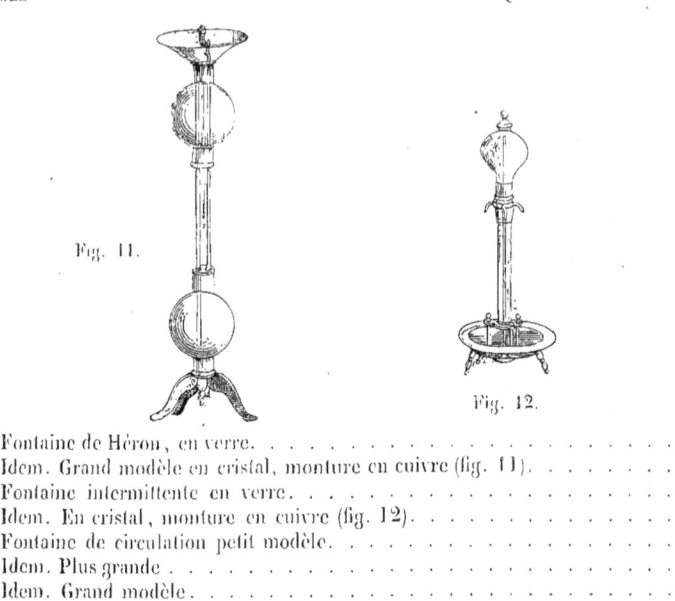

Fig. 11.   Fig. 12.

	fr.	c.
Fontaine de Héron, en verre.	25	»
Idem. Grand modèle en cristal, monture en cuivre (fig. 11).	90	»
Fontaine intermittente en verre.	25	»
Idem. En cristal, monture en cuivre (fig. 12).	60	»
Fontaine de circulation petit modèle.	15	»
Idem. Plus grande.	30	»
Idem. Grand modèle.	50	»
Modèle de gazomètre d'usine à gaz.	65	»
— de cloche à plongeur.	90	»
— de trompe ou soufflet hydraulique.	100	»

Modèles de Pompes.

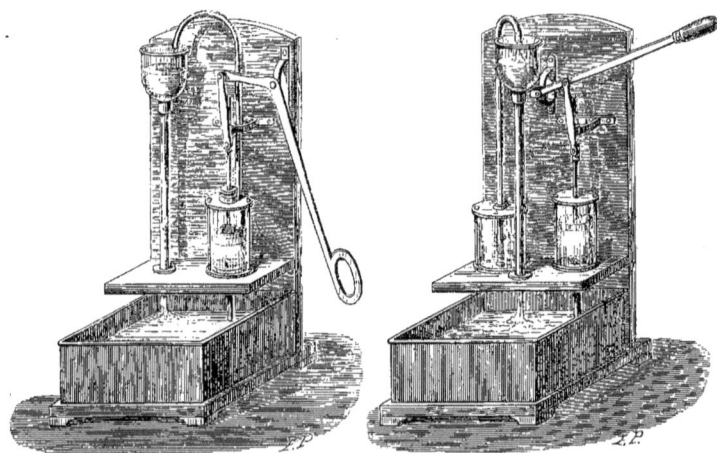

Fig. 13.   Fig. 14.

	fr.	c.
Modèle de pompe aspirante, corps de pompe en cristal, monture en cuivre (fig. 13)	70	»
Idem. Foulante, à réservoir d'air (fig. 14).	70	»

HYDROSTATIQUE.   523

	fr.	c.
Modèle de pompe aspirante et élévatoire.	140	»
Idem. Aspirante, foulante et à réservoir d'air.	140	»
Pompe aspirante, élévatoire, foulante et à réservoir d'air.	200	»
La même, grand modèle, servant en plus à la démonstration du soufflet hydraulique.	320	»
Pompe sans piston, dite pompe des Prêtres.	140	»
— à chapelet.	150	»
Noria ou pompe à godets.	150	»
Pompe de Véra ou à cordes.	150	»
— à engrenages.	200	»
Modèle de pompe à incendie, à deux corps et à réservoir d'air en cristal, montée en cuivre.	350	»
Modèle de piston à cuir embouti.	18	»
— — à étoupe.	18	»
— — à clapet.	22	»
— — à double clapet.	22	»
Modèle de corps de pompe à clapet.	25	»
— de soupape à clapet.	14	»
— — conique.	14	»
— — à boulet.	16	»

Mesure de la vitesse des courants d'eau.

Deux sphères en cuivre, pouvant être lestées à volonté pour flotter à des profondeurs variables, et destinées à mesurer la vitesse moyenne des cours d'eau.	40	»
Pendule hydrométrique avec flotteur à profondeurs variables.	40	»
Rhéomètre de Poletti.	75	»
Roue à palettes avec compteur, pour mesurer la vitesse à la surface de l'eau.	80	»

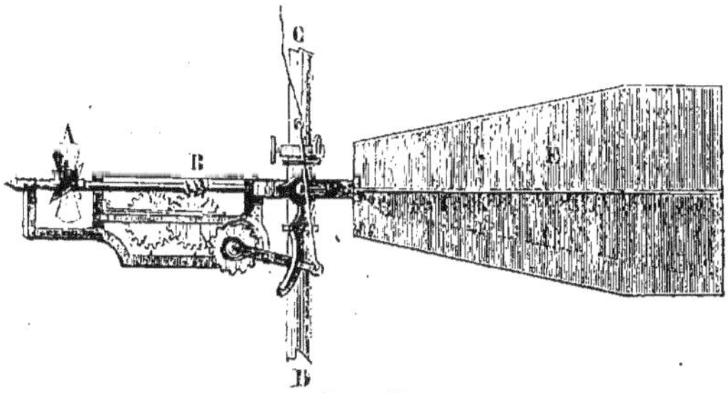

Fig. 15.

Moulinet de Woltmann pour mesurer la vitesse des courants à toutes profondeurs.	70	»
Idem. A ailes hélicoïdales perfectionné par M. Baumgarten (fig. 15).	140	»
Le même, inscrivant par l'électricité, sur le rivage, la vitesse des courants d'eau, quelle que soit la profondeur à laquelle il est immergé.	300	»
Tube de Pitot, modifié par M. Darcy.	110	»

524 INSTRUMENTS DE PHYSIQUE.

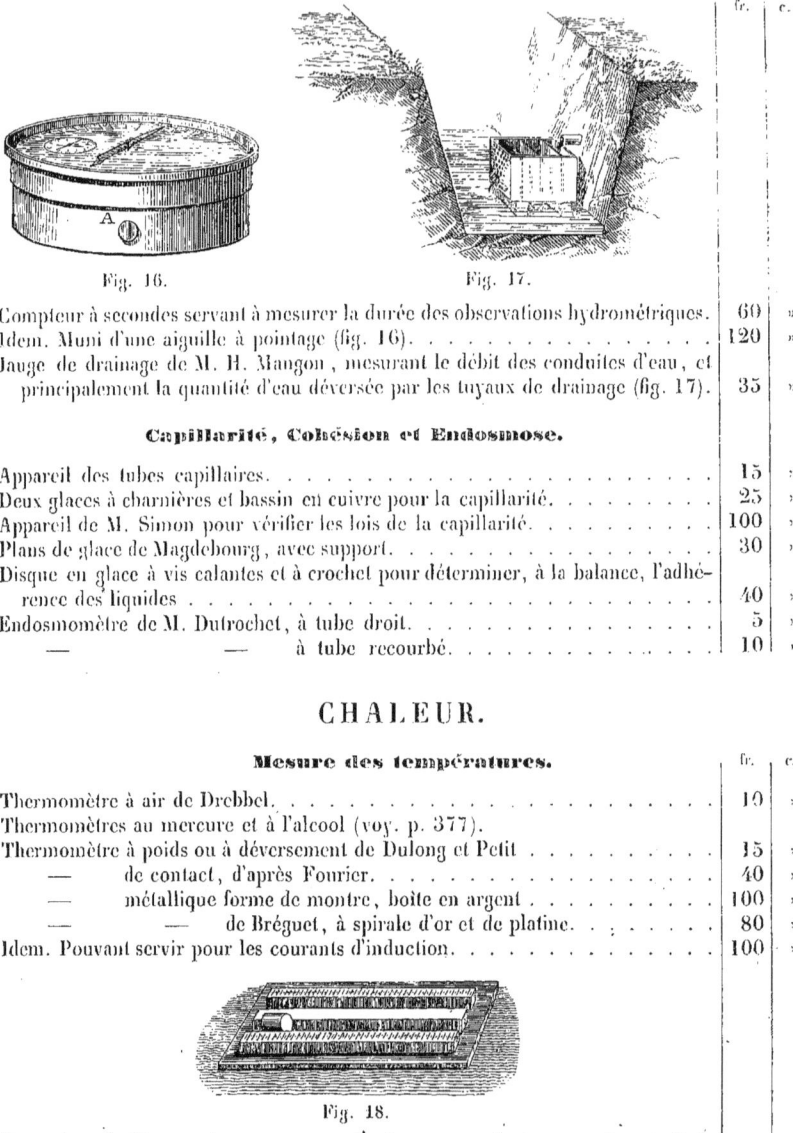

Fig. 16.   Fig. 17.

	fr.	c.
Compteur à secondes servant à mesurer la durée des observations hydrométriques.	60	»
Idem. Muni d'une aiguille à pointage (fig. 16).	120	»
Jauge de drainage de M. H. Mangon, mesurant le débit des conduites d'eau, et principalement la quantité d'eau déversée par les tuyaux de drainage (fig. 17).	35	»

Capillarité, Cohésion et Endosmose.

Appareil des tubes capillaires.	15	»
Deux glaces à charnières et bassin en cuivre pour la capillarité.	25	»
Appareil de M. Simon pour vérifier les lois de la capillarité.	100	»
Plans de glace de Magdebourg, avec support.	30	»
Disque en glace à vis calantes et à crochet pour déterminer, à la balance, l'adhérence des liquides.	40	»
Endosmomètre de M. Dutrochet, à tube droit.	5	»
— — à tube recourbé.	10	»

CHALEUR.

Mesure des températures.

	fr.	c.
Thermomètre à air de Drebbel.	10	»
Thermomètres au mercure et à l'alcool (voy. p. 377).		
Thermomètre à poids ou à déversement de Dulong et Petit.	15	»
— de contact, d'après Fourier.	40	»
— métallique forme de montre, boîte en argent.	100	»
— — de Bréguet, à spirale d'or et de platine.	80	»
Idem. Pouvant servir pour les courants d'induction.	100	»

Fig. 18.

Pyromètre de Wegwood pour mesurer les hautes températures par le retrait de l'argile (fig. 18).	30	»
Cylindres d'argile pour le susdit . . . . la pièce.	»	10
Thermomètre à air de M. Regnault. (Voir fig. 636 de son *Traité de chimie*).	200	»

CHALEUR.

Dilatation.

	fr.	c.
Pyromètre de Borda, à deux règles fer et cuivre.	30	»
— à anneau de S'Gravesande, pour démontrer la dilatabilité des métaux.	20	»
— à arc de cercle, avec lampe à alcool et tiges de différents métaux.	40	»
— à engrenages pour la dilatation comparée des différents métaux, garni de verges de même longueur : en argent, cuivre, laiton, acier et fer; ledit instrument est renfermé sous une cage de verre.	240	»
Appareil pour démontrer le maximum de densité de l'eau.	20	»
— pour la dilatation absolue des liquides.	40	»
— de Dulong et Petit pour déterminer la dilatation absolue du mercure.	280	»
— de Gay-Lussac pour la dilatation des gaz.	80	»
— de M. Regnault pour mesurer la dilatation des gaz par la variation de pression, entre les températures 0 et 100.	160	»
— pour les températures supérieures.	250	»
Pompe aspirante pour faire le vide dans les appareils ci-dessus.	65	»
Modèle de balancier de pendule à compensation.	25	»
— — de chronomètre.	40	»

Chaleur rayonnante et Conductibilité.

Fig. 19.

	fr.	c.
Deux grands miroirs paraboliques concaves pour la réflexion des rayons calorifiques. Ces miroirs, en cuivre poli de 50 centimètres de diamètre, sont montés sur des guéridons en bois verni.	150	»
Miroir concave de 32 centimètres de diamètre pour répéter les expériences de Leslie.	40	»
Cube en fer-blanc à faces peintes, monté sur pied.	12	»
— ayant quatre faces de différents métaux, pied en acajou.	30	»
Deux cylindres en fer-blanc ayant un fond en laiton, montés sur pied. . la paire.	20	»
Thermomètre différentiel de Leslie.	12	»
Thermoscope de Rumfort.	12	»
Appareil de Dulong pour déterminer les lois du refroidissement.	160	»
— thermo-électrique de Melloni pour étudier les propriétés thermanes et diathermanes des corps, leurs pouvoirs émissif et absorbant la réflexion, la réfraction et la polarisation de la chaleur (fig. 19).	700	»
— d'Ingenhousz, servant à comparer la conductibilité des solides pour le calorique.	25	»
Idem. Pour démontrer la non-conductibilité des liquides pour le calorique.	10	»
Appareil de M. de Sénarmont pour étudier la conductibilité de la chaleur dans les cristaux, avec une collection de neuf cristaux.	75	»

526 INSTRUMENTS DE PHYSIQUE.

Calorimétrie.

	fr.	c.
Calorimètre de Lavoisier en fer-blanc verni, monté sur un trépied en fer	55	»
Calorimètre de Rumfort pour mesurer la quantité de chaleur dégagée par la combustion	60	»
Idem. Grand modèle, avec thermomètre divisé sur verre	100	»
Appareil de Dulong pour le calorique latent de la vapeur d'eau	150	»
— — pour le calorique spécifique des solides	100	»
Appareil de Laroche et Bérard pour la chaleur spécifique des gaz	150	»
— de M. Regnault pour déterminer les chaleurs spécifiques par la méthode du refroidissement	70	»
— — pour la même expérience par la méthode des mélanges	280	»
Trois doubles vases et paniers en toile métallique, semblables à ceux employés avec l'appareil ci-dessus	30	»

GAZ ET VAPEURS.

Densité et tension des vapeurs.

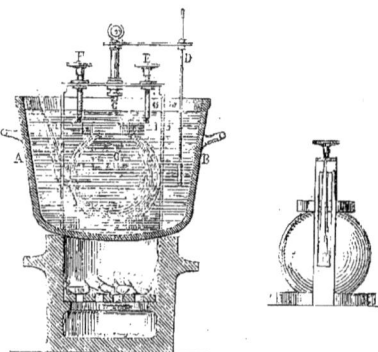

Fig. 20.

	fr.	c.
Appareil de M. Gay-Lussac pour mesurer la densité de la vapeur d'eau	45	»
— de M. Dumas pour mesurer la densité des vapeurs (fig. 20)	30	»
— de M. Regnault pour mesurer la densité des vapeurs à de hautes températures. (Voir fig. 637, 638, 639 de son *Traité de chimie*.)	300	»
Tube de verre recourbé pour démontrer la formation et la tension des vapeurs	3	»
Baromètre de Dalton, à longue cuvette, pour la tension des vapeurs dans le vide	24	»
— — à large cuvette et à plusieurs tubes pour mesurer la tension des vapeurs aux températures ordinaires	40	»
Appareil pour la même expérience aux températures intermédiaires entre 0 et 100 degrés	60	»
— — — — — au-dessous de zéro	60	»
Pipette graduée à piston, pour mesurer la quantité de liquide introduite dans le vide barométrique	18	»
Appareil de M. Pouillet pour déterminer la tension de la vapeur à de hautes températures	500	»

GAZ ET VAPEURS.

	fr.	c.
Appareil de MM. Gay-Lussac et Thénard pour démontrer les lois de la tension des gaz et des vapeurs mélangés.	90	»
Idem. Plus simple.	35	»
Eolipyle pour démontrer la force expansive de la vapeur d'eau.	20	»
Tourniquet pour démontrer la force de réaction de la vapeur.	40	»
Eolipyle monté sur un chariot pour démontrer le recul des armes à feu.	35	»
Marmites ou digesteurs de Papin (voy. p. 367).		
Bouillant de Franklin.	2	50
Bat-pouls.	2	50
Criophore.	2	50
Manomètres (voy. p. 487).		
Eudiomètres (voy. p. 382).		

Synthèse de l'eau.

Appareil de Lavoisier pour la décomposition de l'eau par le passage d'un courant de vapeur dans un tube de fer chauffé au rouge.	25	»
— — pour la formation de l'eau par la combustion des gaz hydrogène et oxygène.	140	»

État sphéroïdal des liquides.

Appareil de M. Boutigny pour répéter ses expériences sur l'état sphéroïdal des liquides.	120	»
Idem. Dont les capsules, creusets et curcubite sont en argent et en platine.	1200	»

Expériences obtenues à l'aide du dégagement des gaz.

Grand appareil pour le dégagement de l'hydrogène, servant à remplir les ballons, vessies, etc.	35	»
Appareil de Gay-Lussac pour le même usage.	25	»
— de J. Salleron pour le dégagement de l'oxygène par le peroxyde de manganèse ou le chlorate de potasse, et l'extraction du gaz hydrogène carboné de la houille, de l'huile, des résines, etc. (voy. fig. 4, p. 357).	15	»
Feu de gaz formant un soleil tournant par la force de réaction.	8	»
— — — double soleil.	15	»
— — — rosace à plusieurs branches.	40	»
Appareil pour brûler l'air atmosphérique avec le gaz éthéré.	15	»
Tuyau coudé à trois pas de vis, pour adapter deux vessies au même appareil.	6	»
Pas de vis intermédiaire, pour joindre ensemble deux vessies et mélanger les gaz.	2	»
Gazomètres (voy. p. 365).		
Vessies (voy. p. 368).		

Ballons ou aérostats en baudruche.

Ballons ou aérostats en baudruche de 20 centimètres de diamètre	2	»
— — — 30 — —	3	»
— — — 40 — —	4	»
— — — 50 — —	8	»
— — — 60 — —	9	»
— — — 70 — —	14	»
— — — 80 — —	18	»
— — — 1 mètre	35	»
Personnages, caricatures, animaux en baudruche, suivant la grandeur. de 20 fr. à	60	»

INSTRUMENTS DE PHYSIQUE.

Machines pneumatiques.

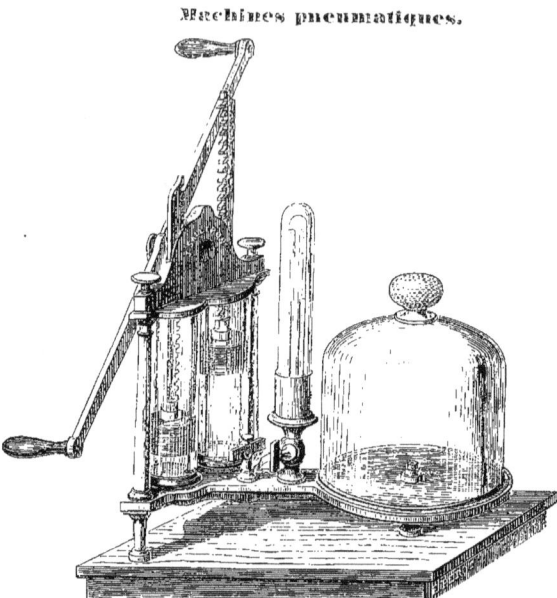

Fig. 21.

	fr.	c.
Machine pneumatique à un seul corps de pompe, construite en fonte de fer, à l'usage des laboratoires.	180	»
Machine pneumatique à double épuisement, système de M. Babinet, corps de pompe en cuivre, platine de 16 centimètres de diamètre, etc.	200	»
La même, montée sur une table en acajou.	230	»
Idem. De 22 centimètres, avec corps de pompe en cristal (fig. 21).	330	»
Idem. De 27 centimètres	450	»
Idem, dont la manivelle est remplacée par un mouvement de rotation.	700	»

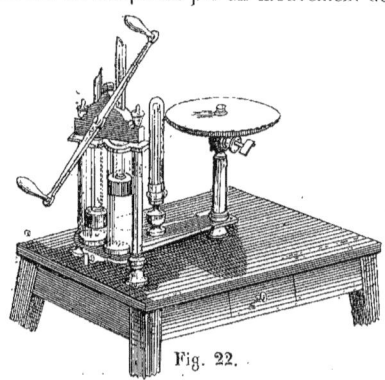

Fig. 22.

	fr.	c.
Idem, dont la platine, de 32 cent., est montée sur une colonne en cuivre (fig. 22).	900	»

GAZ ET VAPEURS.

	fr.	c.
La même, à mouvement de rotation.	1000	»
Baromètre à colonne entière, s'adaptant aux machines ci-dessus	60	»
Cloche en cristal, à bouton, bords dressés et rodés à l'émeri, suivant la dimension. .... 4 fr. à	18	»
Cloche à robinet, à bords rodés, suivant la dimension. ...... 10 fr. à	20	»
Double platine de 22 centimètres de diamètre, garnie d'un robinet pour conserver les corps dans le vide.	40	»
Idem. De 27 centimètres de diamètre.	60	»
Récipient garni d'une boîte à cuirs avec tige pour agir dans l'intérieur de la cloche.	25	»
— avec pièces pour l'électricité dans le vide, pince pour vider l'œuf, etc.	35	»
— pour poser la main	2	50
— dit crève-vessie.	2	50
— coupe-pomme	5	»
— à 2 baromètres, l'un dans l'intérieur du récipient, l'autre à l'extérieur.	40	»
Ballon à robinet et capsule, pour peser l'air et les gaz	25	»
Appareil d'Ingenhousz pour la congélation de l'eau dans le vide, composé d'une cloche, d'un vase en cristal et d'une capsule en laiton.	12	»
Appareil de M. Pouillet, pour l'ébullition et la congélation de l'eau dans le vide.	80	»
Appareil à jet d'eau dans le vide.	30	»
Moulinet avec récipient percé pour la rentrée de l'air.	20	»
Double moulinet pour la résistance de l'air	40	»
Baroscope ou balance dans le vide.	35	»
Ballon renfermant une clochette, pour prouver que l'air est le véhicule du son.	20	»
Timbre à rouages pour la même expérience.	36	»
Boîte renfermant une vessie qui soulève un poids par la dilatation de l'air.	8	»
Hémisphères de Magdebourg, de 8 centimètres de diamètre.	24	»
— de 11 —	30	»
Plans de glace de Magdebourg pour l'adhérence, avec support	30	»
Appareil dit à pluie de mercure, pour prouver la porosité des corps.	30	»
Grand tube pour la chute des corps.	40	»
— — — plus petit.	22	»
Marteau d'eau	5	»

Compression de l'air.

Briquet à air pour démontrer l'élasticité de l'air et l'inflammation de l'amadou, en laiton	3	»
Idem. En cristal.	18	»
Machine de compression d'une construction nouvelle, permettant de comprimer l'air et les gaz à de hautes pressions sans de grands efforts	500	»
Fontaine de compression, contenant environ six litres; avec pompe foulante, jet d'eau et divers ajustages	90	»
Idem. De dix litres.	120	»
Fusil à air comprimé, dit fusil à vent, avec pompe pour le charger	150	»
Tube de Mariotte.	18	»
Appareil de M. Pouillet pour vérifier la loi de Mariotte jusqu'aux pressions les plus élevées, avec un manomètre à air comprimé et un à air libre pour deux atmosphères.	200	»
Tubes en cristal, de deux mètres de long, avec raccords en fer, pour ajouter à l'appareil ci-dessus; chacun.	10	»

Compressibilité des liquides.

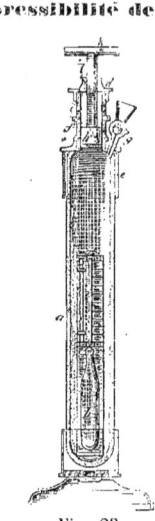

Fig. 23.

	fr.	c
Appareil de M. OErsted pour mesurer la compressibilité des liquides, avec piézomètre (fig. 23).	75	»

Solidification et liquéfaction des gaz.

	fr.	c
Appareil de Thilorier pour liquéfier et solidifier l'acide carbonique.	1500	»
— de Natterer pour la liquéfaction du protoxyde d'azote, cornue de 1 litre, avec ses accessoires et pièces de rechange.	1000	»
Deux sacs à gaz en caoutchouc pour recevoir le protoxyde d'azote.	125	»

MAGNÉTISME.

	fr.	c
Pierre d'aimant naturelle brute. . . . . le kilo.	20	»
Aimant naturel, monté dans des armatures de fer doux, suivant la dimension, 30 fr. à	100	»
Idem. Suspendu à une potence avec plateau pour recevoir la charge. . . 60 fr. à	150	»
Aimant artificiel, forme de fer à cheval, portant de 500 grammes à 3 kil. de 5 fr. à	15	»
Idem. A plusieurs fers, portant de 3 à 10 kilogrammes . . . . . . de 15 fr. à	50	»
Idem. De 10 à 50 kilogr., suspendu à une potence, avec plateau pour recevoir les poids. . . . . 60 fr. à	500	»
Barreau aimanté, renfermé dans un étui.	4	»
Boîte renfermant deux barreaux aimantés, avec leurs contacts. . . de 20 centim.	18	»
— — — — . . de 30 centim.	30	»
— — — — . . de 45 centim.	40	»
Faisceaux aimantés, composés de 6 barreaux de 50 centimètres de long, réunis trois à trois; avec contacts et boîte.	130	»
Toton magnétique, avec barreau aimanté	7	»
Aiguille aimantée à chape d'agate, de 10 centimètres de longueur; avec son pivot.	6	»
— — de 16 — — —	8	»

MAGNÉTISME.   531

	fr.	c.
Balance magnétique de Coulomb, pour mesurer les intensités magnétiques par la torsion d'un fil d'argent.	70	»
Idem. Renfermée dans une grande cage carrée en glaces.	300	»
Sidéroscope de Lebaillif, pour étudier les propriétés magnétiques des corps.	60	»

Fig. 24.

Grand appareil de M. Faraday, pour étudier l'influence du magnétisme sur la lumière et sur la matière pondérable (fig. 24).	650	»
Appareil de M. E. Becquerel, pour déterminer le magnétisme spécifique des corps plongés dans divers milieux.	1000	»
Diapason dont une des branches est entourée par une hélice électro-magnétique, pour démontrer la production du son causée par les changements moléculaires qui ont lieu dans le fer aimanté.	40	»
Appareil démontrant que l'action de l'aimant persiste à travers différentes substances	50	»
— — — — — le feu.	15	»

Magnétisme terrestre.

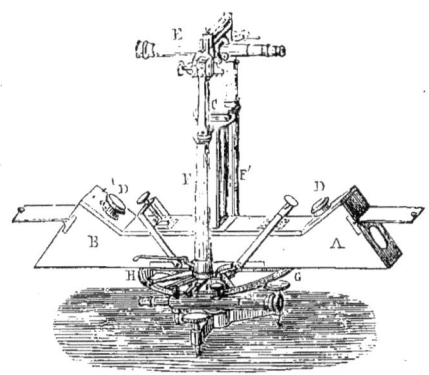

Fig. 25.

Boussole de déclinaison absolue, munie d'un barreau aimanté de 50 centimètres de longueur. Le cercle azimutal, divisé sur argent, donne les 10″ (fig. 25).	1800	»

34.

INSTRUMENTS DE PHYSIQUE.

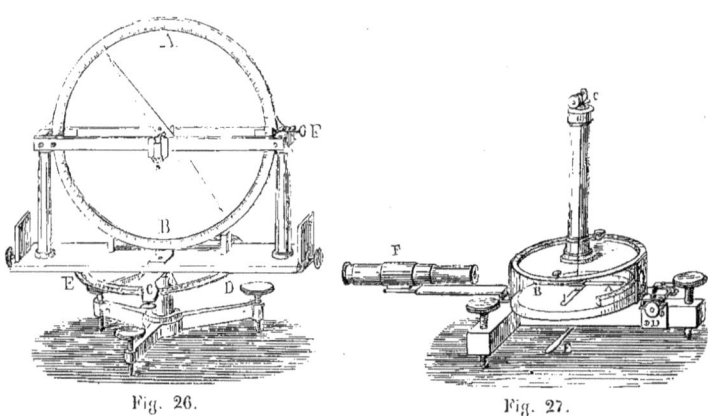

Fig. 26.   Fig. 27.

	fr.	c.
Aiguille d'inclinaison oscillant au centre d'un cercle de 20 centimètres de diamètre divisé en minutes de 10 en 10. Le cercle azimutal est divisé sur argent; 2 aiguilles et barreaux pour les réaimanter (fig. 26).	600	»
Idem. D'un modèle beaucoup plus simple, pour démontrer l'inclinaison de l'aiguille aimantée.	60	»
Boussole pour mesurer l'intensité de la force magnétique horizontale (fig. 27).	250	»

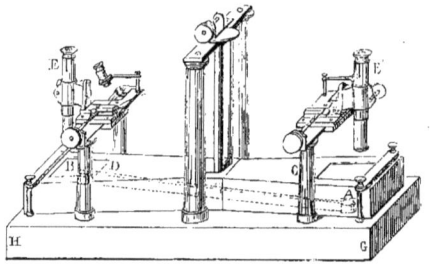

Fig. 28.

	fr.	c.
Boussole pour mesurer l'amplitude des variations diurnes (fig. 28).	900	»
Magnétomètre unifilaire de Gauss, muni d'un barreau de 60 centimètres de longueur pour mesurer la déclinaison, les variations diurnes et l'intensité de la composante horizontale.	600	»
Idem. Avec un barreau de 35 centimètres pour mesurer seulement la déclinaison et les variations diurnes.	350	»
Théodolite pour les observations magnétiques par la méthode de Gauss.	600	»
Magnétomètre bifilaire de Gauss pour mesurer l'intensité de la force horizontale, muni d'un barreau de 1 mètre 20 centimètres de longueur, pesant 11 kil. 650 gr.	700	»
Idem. Muni d'un barreau de 63 centimètres de longueur.	400	»
Magnétomètre-balance, pour mesurer la force verticale.	1200	»

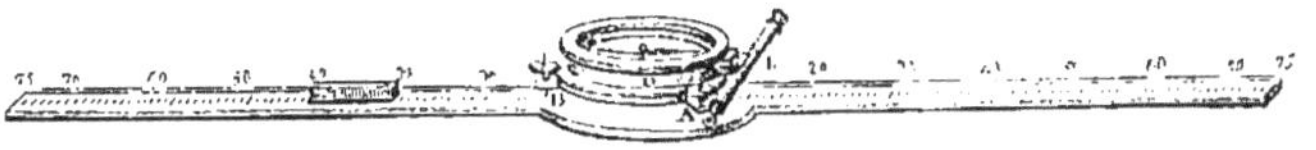

ÉLECTRICITÉ STATIQUE.

Fig. 29.

	fr.	c.
Magnétomètre portatif de M. A. Prazmowski, donnant la déclinaison et l'intensité de la force horizontale du magnétisme terrestre (fig. 29).	250	»
Magnétographes de déclinaison et de force horizontale, inscrivant photographiquement leurs indications	»	»
Magnétographe de force verticale, inscrivant photographiquement ses indications.	»	»

Les prix de ces instruments varient suivant la disposition de la localité où ils doivent être installés.

ÉLECTRICITÉ STATIQUE.

Appareils promoteurs de l'électricité.

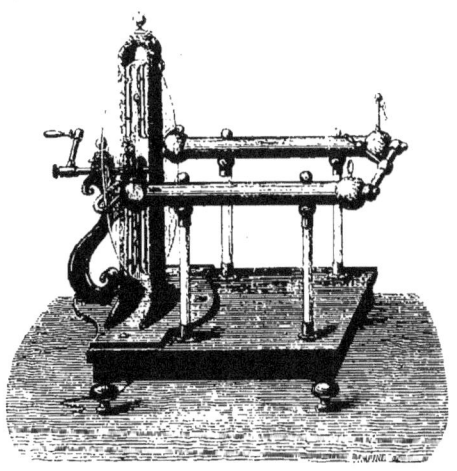

Fig. 30.

	fr.	c.
Machine électrique à deux conducteurs portés sur colonnes de cristal, montée sur table en noyer verni, plateau en glace de 1 mètre 30 centimètres de diamètre (fig. 30).	1600	»
La même machine, plateau en glace de 1 mètre.	850	»
— — — » — 80 centimètres.	600	»
— — — » — 65 —	400	»
— — — » — 55 —	300	»
Machine électrique à un seul conducteur, plateau de 55 centimètres.	280	»
— — — — 44 —	150	»
— — — — 40 — sans table	120	»
— — — — 35 — —	100	»

INSTRUMENTS DE PHYSIQUE.

	fr.	c.
Machine électrique de Van Marum, donnant les deux électricités, positive et négative, plateau en glace de 80 centimètres de diamètre.	800	»
— — — 65 — —	650	»
Plateau en glace pour machine électrique de 1 mètre 30 cent. de diamètre.	425	»
— — — — 1 — » — —	180	»
— — — — » — 80 — —	110	»
— — — — » — 65 — —	50	»
— — — — » — 55 — —	40	»
— — — — » — 44 — —	25	»
— — — — » — 40 — —	18	»
— — — — » — 35 — —	15	»
Or mussif (bisulfure d'étain). . . . . le kilogr.	30	»
Amalgame de zinc, étain et mercure. . . . . le kilogr.	8	»
Machine hydro-électrique d'Armstrong, servant à recueillir l'électricité dégagée par la vapeur d'eau frottée.	800	»
Bâton de verre, dépoli d'un bout	3	»
— en cire rouge.	3	»
— en gomme laque	3	»
— en cuivre, avec manche de verre	7	»
Tube en verre, avec armature, pour le développement de l'électricité par le frottement du mercure.	5	»
Disque en cuivre à manche isolant	8	»
— en verre.	8	»
Aiguille à tourmaline, pour l'électricité développée par la chaleur.	8	»
Tourmaline pour cette expérience. . . . . 5 à	20	»
Appareil de M. Becquerel, pour étudier les propriétés électriques des tourmalines.	60	»
Aiguille à spath d'Islande, pour l'électricité développée par la pression	10	»
Échantillon de spath d'Islande pour répéter la même expérience avec l'aiguille d'Haüy.	1	»
Électrophores à gâteau de résine de 50 centim. de diamètre, avec peau de chat.	30	»
— — — 32 — —	16	»
— — — 22 — —	10	»
Plateau de résine, les poudres et un soufflet pour l'expérience de Leichtemberg sur les deux électricités.	18	»
Peaux de chat . . . . 3 fr. à	5	»

Électromètres.

	fr.	c.
Pendule électrique à balle de sureau.	4	»
— — double.	10	»
Électroscope à balle de sureau et cadran d'ivoire pour reconnaître la charge des batteries.	9	»
— à feuilles d'or, à pailles ou à balles de sureau. . . . 15 fr. à	20	»
Les mêmes, avec condensateur . . . . 25 fr. à	30	»
Balance électrique de Coulomb pour mesurer l'électricité par la torsion d'un fil d'argent.	70	»
Idem. Avec grande cage carrée en glaces.	300	»
Grand électromètre à feuilles d'or et à condensateur, monté dans une double cage de verre pour contenir du chlorure de calcium.	120	»

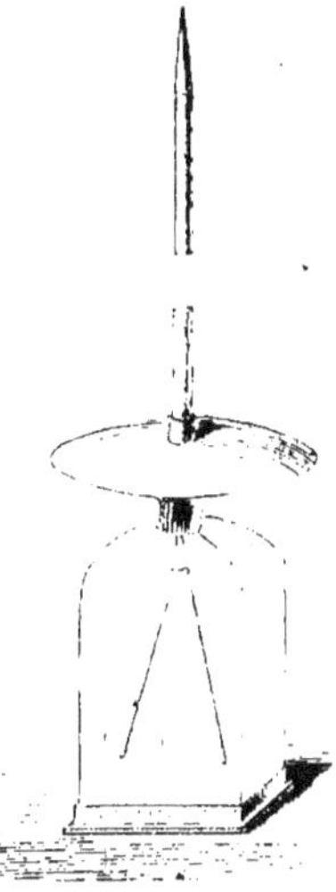

ÉLECTRICITÉ STATIQUE.

Fig. 31. 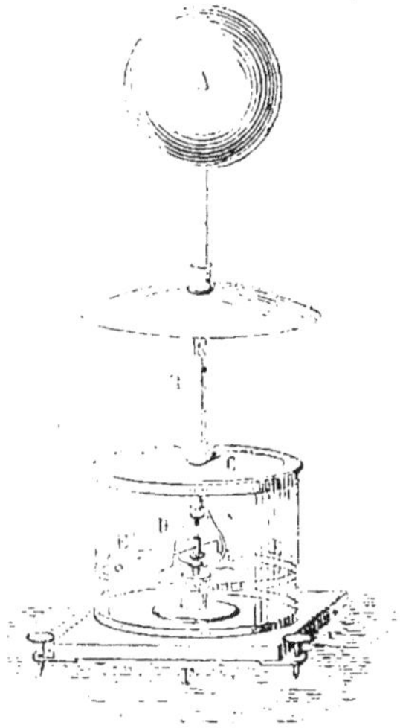   Fig. 32.

	fr.	c.
Électromètre de de Saussure, pour l'électricité atmosphérique (fig. 31).	40	
— de Peltier, pour mesurer les tensions électriques par influence (fig. 32).	80	
— de Bohnenberger à piles sèches.	35	
— — à condensateur.	50	
— de Peclet à trois plateaux.	150	
— de Melloni.	180	

Condensateurs et bouteilles de Leyde.

	fr.	c.
Condensateur de Volta, à plan de marbre et disque de métal isolé.	25	
Le même, à taffetas.	25	

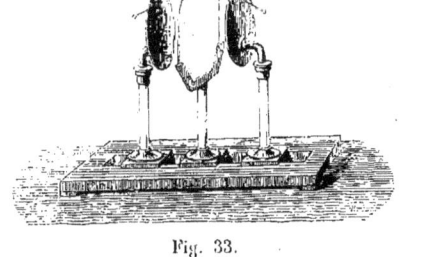

Fig. 33.

	fr.	c.
Condensateur d'OEpinus (fig. 33).	50	»
— à plateaux mobiles à crémaillères.	70	»
Appareil composé de deux disques isolés et d'un plan de verre pour la théorie de la bouteille de Leyde et de l'électrophore.	15	»

INSTRUMENTS DE PHYSIQUE.

	fr.	c.
Appareil pour l'analyse de la bouteille de Leyde.	10	»
Bouteille de Leyde, suivant la grandeur............ 2 fr. à	5	»
— — étincelante.................. 3 fr. à	6	»
— — dite aux trois étincelles.	10	»
— — avec deux pendules pour l'électricité dissimulée.	8	»
Bouteille de Franklin, dite à araignée.	12	»
Bouteille électrométrique de Lanne.	15	»
Idem. Dont l'armature est mobile par une vis de rappel.	30	»
Batterie électrique de quatre bocaux, dans une boîte en noyer.	40	»
— — de six bocaux.	60	»
— — de neuf bocaux.	80	»
Petit isoloir pour placer les bouteilles.	4	»
Excitateur simple, à charnière.	4	»
— à deux manches de verre.	18	»
— universel, pour la fusion des métaux.	25	»
Pointe en cuivre avec boule à l'autre extrémité.	4	»

Électricité par influence et distribution de l'électricité.

	fr.	c.
Deux cylindres isolés, pour l'électricité par influence.	50	»
Deux ellipsoïdes en cuivre, pour démontrer que l'intensité électrique est plus grande aux extrémités des corps qu'à leur centre.	90	»
Appareil composé de plusieurs sphères isolées de différents diamètres, pour la même démonstration.	75	»
Sphère creuse de Coulomb, pour prouver que l'électricité ne se manifeste qu'à l'extérieur des corps.	20	»
La même, à double enveloppe.	30	»

Fig. 34.

	fr.	c.
Sac de mousseline, monté sur pied isolant, pour la même démonstration (fig. 34).	20	»
Appareils de Faraday pour mesurer le pouvoir inducteur des corps solides et des gaz............ la paire.	100	»

Électricité expérimentale.

	fr.	c.
Tabouret isolant, de 50 centimètres de côté.	16	»
— — 70 —	30	»

ÉLECTRICITÉ EXPÉRIMENTALE.

	fr.	c.
Conducteur à crochets de 32 centimètres de longueur	3	»
— — 65 —	4	»
— — 1 mètre	5	»
— — 1 — à double tirage	10	»
Cordon métallique . . . . le mètre.	1	»
Pistolet de Volta en fer-blanc verni	2	»
— — en cristal, pour prouver que le bruit de la détonation n'est causé que par la rentrée de l'air	15	»
Batterie de 6 pistolets, avec bouteille de Leyde pour les faire détoner	30	»
Tableau magique de Franklin ou carreau de Leyde	8	»
Le même, recouvert d'aventurine	8	»
Chasseur tirant sur le tableau magique, avec son but	9	»
Canon de Volta, à gaz hydrogène	30	»
Mortier électrique pour lancer une bille	8	»
Thermomètre électrique de Kinnersley	18	»
Fontaine à trois jets pour accélérer l'écoulement des liquides	9	»
Carillon à trois timbres	10	»
— avec bouteille de Leyde et pointe pour l'effet du paratonnerre	18	»
Maisonnette pour démontrer l'utilité du paratonnerre	25	»
Petit vaisseau pour la même démonstration	9	»
Pyramide pour prouver le danger des conducteurs interrompus	8	»
Appareil à balles de sureau pour la théorie de la grêle	25	»
Théâtre de pantins	12	»
— monté sur deux colonnes en cristal	25	»
Figures en sureau pour ces appareils . . . . la pièce 2 fr. à	4	»
Soleil tournant par la force de réaction	5	»
Arbre à sept aiguilles pour la même expérience	15	»
Plan incliné pour la répulsion des pointes	30	»

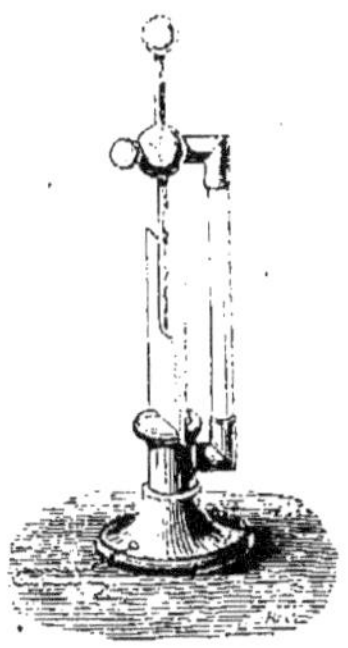

Fig. 35. 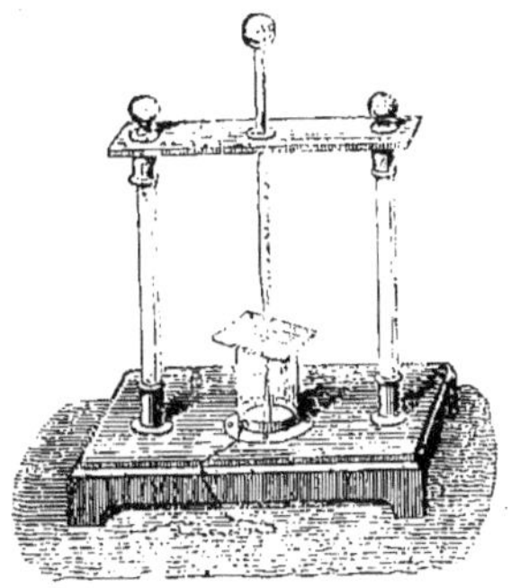   Fig. 36.

Appareil dit perce-carte (fig. 35)	12	»
— dit perce-verre (fig. 36)	15	»
— d'Ingenhousz, pour brûler par l'étincelle électrique une spirale d'acier dans l'oxygène	25	»

INSTRUMENTS DE PHYSIQUE.

	fr.	c.
Appareil pour faire passer la charge d'une batterie à travers l'eau	30	»
— pour fondre le fil de fer dans l'eau par l'étincelle électrique	25	»
— pour gazéifier l'eau par l'électricité	36	»
— de M. Becquerel, pour transformer l'air en gaz nitreux par l'électricité	15	»
— pour enflammer la poudre par l'étincelle électrique	8	»
Petit vase pour enflammer l'esprit-de-vin	4	»
Presse pour la fusion de l'or par l'étincelle	9	»
Découpure pour faire le portrait de Franklin avec la presse ci-dessus	4	»
Treuil électrique pour soutirer le fluide des nuages, avec son ballon et sa corde métallique	140	»
Modèle de paratonnerre monté sur une toiture en charpente, avec sa corde conductrice	60	»

Électricité lumineuse.

	fr.	c.
OEuf électrique, avec boîte à cuirs et tige mobile	30	»
Globe pour l'aurore boréale	20	»
Tube vide d'air, dit phosphorique	5	»
Grand tube étincelant pour les solutions de continuité . . . . . 10 fr. à	18	»
Matras étincelant, pour la même expérience . . . . 12 fr. à	18	»
Tableau étincelant	4	»
— monté sur pied	15	»

ÉLECTRICITÉ DYNAMIQUE.

Piles simples.

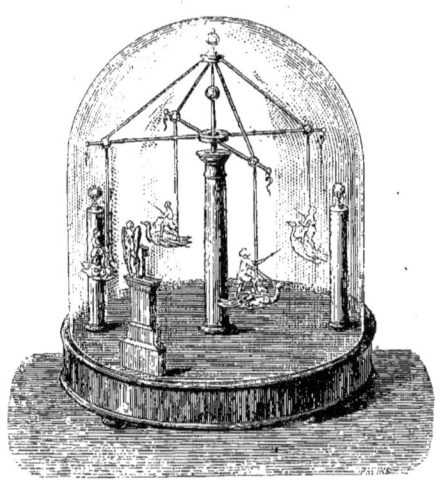

Fig. 37.

	fr.	c.
Pile sèche de Zamboni, composée de 2,000 éléments renfermés dans une colonne de verre	30	»
— imprimant un mouvement de rotation à une aiguille, dit *mouvement perpétuel*	75	»
— servant de moteur à un jeu de bague (fig. 37)	200	»

ÉLECTRICITÉ DYNAMIQUE.

	fr.	c.
Deux disques zinc et cuivre pour la théorie de la pile.	4	»
Lame zinc et cuivre, pour les contacts.	3	»
Excitateur zinc et cuivre, pour les expériences sur la grenouille.	3	»
Pile de Volta, de soixante couples zinc et cuivre, de 4 centimètres de diamètre, placés l'un sur l'autre entre trois colonnes de cristal.	35	»
Pile de Volta, à auges, de trente éléments de 54 millimètres de côté	30	»
Élément de Wollaston	12	»
Pile de Wollaston, de 6 éléments.	60	»
— de Munch, de 50 éléments.	55	»
Élément de Smee à lame platinée.	12	»
Chaîne hydro-électrique de Pulvermacher (p. 328).		

Piles à deux liquides.

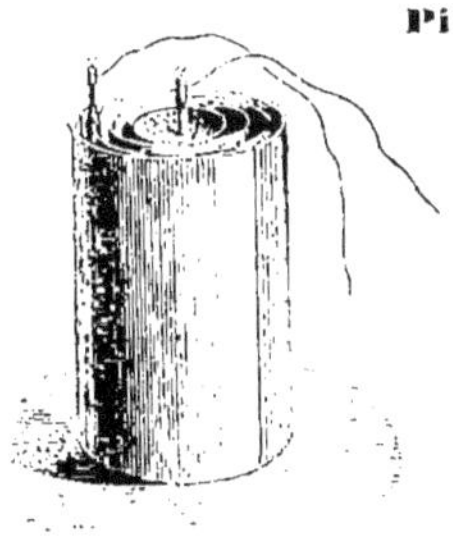

Fig. 38.    Fig. 39.    Fig. 40.

	fr.	c.
Élément de Daniell à courant constant, avec vis de pression pour les conducteurs :		
N° 1 (zinc de 20 cent. de hauteur) (fig. 38).	8	»
N° 2 — de 17 —	7	»
N° 3 — de 14 —	6	»
N° 4 — de 12 —	5	»
Élément de Grove à lame de platine, avec vis de pression pour les conducteurs, n° 4 (fig. 40).	7	»
Élément à charbon de cornue, avec vis de pression pour les conducteurs :		
N° 1 (fig. 39).	7	»
N° 2.	6	»
N° 3.	5	»
N° 4.	4	»
N° 5 (zinc de 95 mill. de hauteur).	3	50
Batterie de 50 éléments n° 2, pour produire la lumière électrique.	300	»
Pile de Grenet, à chromate de potasse (voy. p. 328).		
Élément de P. Renoux et J. Salleron, à chlorate de potasse, spécialement destiné à la galvanoplastie.	5	»
Piles télégraphiques renfermées dans une caisse, 2 éléments, n° 3	9	50
— — — 6 —	20	»
— — — 10 —	32	»
— — — 15 —	45	»
— — — 20 —	60	»
— — — 30 —	95	»
Batterie de 6 éléments de la pile à gaz de Grove.	50	»

Pièces de rechange pour les piles.

	fr.	c.
Charbon de cornue n° 1 ; hauteur, 25 centimètres ; largeur, 5 centimètres.	1	25
— — n° 2 — 21 — — 4,5 —	1	»
— — n° 3 — 18 — — 4 —	»	75
— — n° 4 — 15 — — 3 —	»	65
— — n° 5 — 10 — — 2 —	»	50
Vase poreux, n° 1 ; hauteur, 22 centimètres ; diamètre, 7 centimètres.	1	»
— n° 2 — 19 — — 7 —	»	75
— n° 3 — 15 — — 6 —	»	50
— n° 4 — 13 — — 5,5 —	»	35
— n° 5 — 9 — — 3,5 —	»	25
Zinc amalgamé, n° 1 ; hauteur, 20 centimètres ; diamètre, 10 centimètres.	2	50
— — n° 2 — 17 — — 9 —	2	25
— — n° 3 — 14 — — 8,5 —	2	»
— — n° 4 — 13 — — 7 —	1	50
— — n° 5 — 9,5 — — 5 —	1	25
Bocal en grès verni n° 1 ; hauteur, 22 centimètres ; diamètre, 12 centimètres	»	75
— — n° 2 — 17 — — 11,5 —	»	60
— — n° 3 — 15 — — 11 —	»	40
— en verre n° 4 — 13 — — 9,5 —	»	35
— — n° 5 — 10 — — 6,5 —	»	25
Pince à vis de pression pour les charbons nos 1 et 2 (voir fig. 39)	1	»
— — — nos 3 et 4	»	80
— — — nos 4 et 5	»	60
— — pour les zincs nos 1, 2 et 3 (voir fig. 38)	»	60
— — — nos 4 et 5	»	50
Support à vis de pression pour les lames de platine des piles de Grove (voir fig. 40).	»	75
Lame de platine pour pile de Grove.	3	50

Application des courants galvaniques.

OEuf électrique pour produire la lumière, et prouver que les charbons ne s'usent pas dans le vide.	30	»
Porte-charbons à crémaillère, pour la lumière électrique dans l'air.	30	»
Régulateur photo-électrique.	120	»
Lampe électrique de Dubosc, à point lumineux fixe.	250	»
Réflecteur en plaqué d'argent s'adaptant à la lampe ci-dessus.	30	»
Baguettes de charbon qui terminent les pôles de la pile, et entre lesquels se produit la lumière. . . . . le mètre.	5	»
Appareil pour produire la lumière électrique dans l'eau.	40	»
Voltamètre pour la décomposition de l'eau, avec cloches pour recueillir les gaz.	12	»
Fontaine électrique de M. Colladon, pour démontrer la réflexion totale d'un rayon lumineux dans une veine liquide.	100	»

Galvanoplastie.

Les produits chimiques pour la galvanoplastie figurent tous, par ordre alphabétique, au catalogue général des Produits chimiques. Nous renvoyons donc aux pages 31 et suivantes pour les prix des articles appliqués à la galvanoplastie.

Piles de tous les systèmes les plus généralement employés (voir p. 538).

ÉLECTRICITÉ DYNAMIQUE.

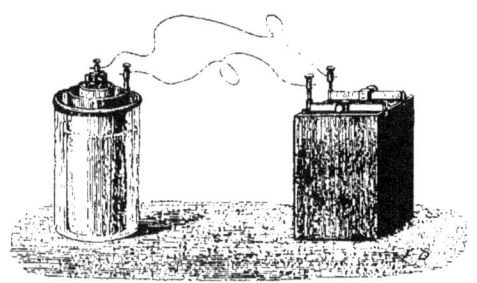

Fig. 41.

	fr.	c.
Nécessaire de galvanoplastie contenant un élément de Renoux et Salleron et tous les appareils et produits pour dorer, argenter et cuivrer, avec brochure explicative.	60	»
Cuve carrée en gutta-percha, de 10 centimètres sur 8 pour la galvanoplastie, avec électrode en cuivre, supports et vis de pression pour les conducteurs (fig. 41).	10	»
Idem, de 16 centimètres sur 20.	18	»
— de 20 — sur 27.	22	»
(Nous nous chargeons d'établir les cuves en gutta-percha et en bois doublé de gutta-percha de toutes les dimensions.)		
Flacon en gutta-percha de 30 grammes............ la pièce.	1	»
— — 60 — —	1	25
— — 125 — —	1	75
— — 250 — —	2	75
— — 500 — —	3	»
Gutta-percha épurée pour mouler les clichés......... le kilo.	9	»
Capsules en porcelaine pour la dorure à chaud (voy. p. 444).		
Cuivre rouge en planches pour électrodes solubles....... le kilo.	4	»
— — laminé très-mince pour conducteurs ...... —	8	»
Argent vierge — — .... le gram.	»	30
Or fin — — .... —	3	75
Fils et lames de platine.	1	30
Métal fusible de Darcet........................ le kilo.	8	»
Modèles en cuivre, en creux ou en relief, obtenus par la galvanoplastie, tels que : bas-reliefs, médailles, ornements, couvertures de livres, portefeuilles et porte-monnaie, etc., suivant la dimension .... 5 fr. à	20	»
Clichés creux en gutta-percha moulés sur les modèles précédents.... 3 fr. à	10	»

	Diamètre.	Couvert de coton.		Couvert de soie.		Couvert de gutta-percha.	
		fr.	c.	fr.	c.	fr.	c.
	3 millimètres.	8	»	16	»	15	»
	2 —	8	50	18	»	15	»
Fil de cuivre rouge pour conducteurs, le kilog.	1 1/2 —	9	»	18	»	16	»
	1 —	9	50	18	»	18	»
	3/4 —	10	»	19	»	19	»
	1/2 —	11	»	20	»	22	»
	1/4 —	12	»	22	»	26	»

542   INSTRUMENTS DE PHYSIQUE.

ÉLECTRO-MAGNÉTISME.

Électro-dynamique.

	fr.	c.
Appareils électro-dynamiques, de M. Pouillet; y compris les appareils pour démontrer l'action des courants croisés et pour faire voir que les portions contiguës d'un même courant se repoussent	290	»
Appareil d'Ampère, pour démontrer l'action des courants croisés.	40	»
— pour démontrer que les portions contiguës d'un courant se repoussent	6	»
Commutateur pour l'inversion des pôles.	25	»
— d'une construction plus simple.	15	»
Appareils flotteurs de M. de La Rive, avec cadre multiplicateur et hélice de M. Pinaud.	30	»
Aiguille astatique d'Ampère	180	»
Cerceau de M. Delezenne, pour donner naissance à un courant par l'influence de la terre.	350	»
Appareil de M. Faraday pour la rotation d'un aimant dans le mercure, avec contre-poids en platine.	60	»
Appareil de M. Th. du Moncel pour démontrer les réactions dynamiques des courants sur les aimants.	65	»
Appareil d'Ampère, à plateau de zinc, pour produire la rotation d'un conducteur circulaire, avec un faisceau de barreaux aimantés	45	»
Tourniquet pour démontrer les réactions des courants verticaux sur l'aiguille aimantée, d'après M. Th. du Moncel	60	»
Roue de Barlow, pour la démonstration des courants parallèles.	50	»
Appareil de M. de La Rive, pour démontrer la rotation d'un courant lumineux autour d'un électro-aimant	150	»

(Cet appareil ne fonctionne qu'à l'aide de la bobine de Ruhmkorff, fig. 44.)

Induction.

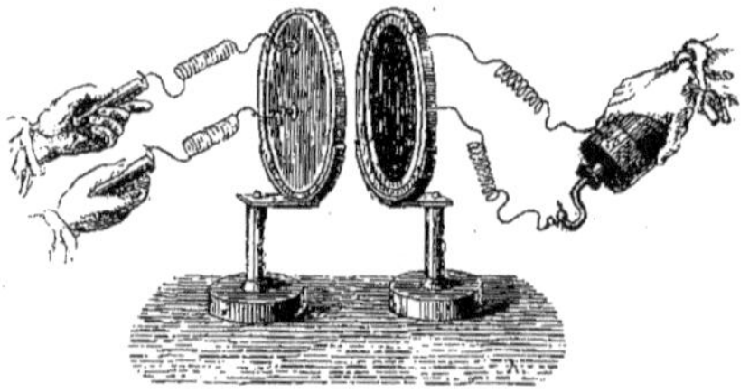

Fig. 42.

	fr.	c.
Spirales d'induction de M. Matteucci, pour démontrer le courant d'induction de l'électricité statique (fig. 42) . . . . la paire.	100	»
Appareil pour démontrer le phénomène de rotation magnétique découvert par M. Arago	200	»
— — d'une construction plus simple.	70	»
Condensateur électro-chimique, ou inducteur, de M. de La Rive.	30	»

ÉLECTRO-MAGNÉTISME.

Fig. 43.

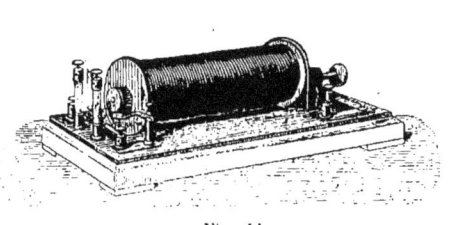
Fig. 44.

		fr.	c.
Bobine à un seul fil, avec un barreau aimanté pour mettre en évidence les courants d'induction produits par un aimant		50	»
Bobine à 2 fils pour démontrer les courants d'induction produits par les courants.		60	»
Idem plus petite et munie d'un interrupteur pour les effets physiologiques.		35	»
Appareil à roues dentées de M. Masson	150 fr. à	1200	»
Machine magnéto-électrique, reproduisant sur une plus petite échelle les expériences de la machine de Clarke; avec bobine à fil fin.		150	»
Machine magnéto-électrique de Clarke, avec une bobine à long fil et les accessoires pour répéter les expériences avec un courant à forte tension (fig. 43).		280	»
Idem. Avec une seconde bobine à fil gros et court, et les accessoires pour répéter les expériences avec un courant de quantité.		325	»
Machine magnéto-électrique, composée de 3 aimants verticaux et de 3 bobines. Un commutateur permet de recevoir séparément les courants de chaque bobine, ou de les ajouter bout à bout.		800	»
Idem, munie de 6 aimants entre lesquels tournent 6 bobines, recouvertes de fil très-gros. Un commutateur permet aussi de recevoir 3 courants d'intensités différentes.		1500	»
Appareil de M. Ruhmkorff pour transformer l'électricité dynamique en électricité statique; suivant la dimension (fig. 44).	120 fr. à	500	»
Idem. Spécialement disposé pour l'inflammation des mines à de grandes distances.		200	»
Fusées de Statcham pour l'inflammation de la poudre au sein des mines. Chacune.		»	90.
Commutateur pour produire l'inflammation dans cinq mines à la fois.		35	»
Idem. Dans 10 mines à la fois.		50	»
Tubes de Geissler contenant des vapeurs ou des gaz différents, donnant des jets lumineux diversement colorés et stratifiés.	Chacun, 15 fr. à	25	»
Tubes de M. E. Becquerel contenant diverses substances phosphorescentes. Chacun		15	»
Verre à pied ou coupe en verre d'urane, pour la phosphorescence électrique.		5	»
Prisme en flint pesant avec écran rectiligne et lunette, pour l'observation des spectres de la lumière électrique.		100	»
Appareils électro-médicaux. Voir le chapitre spécial (p. 326).			

Thermo-électricité.

	fr.	c.
Élément de Seebeck à 2 aiguilles astatiques, pour la démonstration des courants thermo-électriques.	18	»
Appareil de M. Magnus pour démontrer les courants thermo-électriques avec un seul fil.	25	»
Pile thermo-électrique	50	»

544 INSTRUMENTS DE PHYSIQUE.

	fr.	c.
Pile thermo-électrique très-sensible, montée sur un pied mobile et accompagnée d'un réflecteur conique.	90	»
Idem dont les pôles peuvent être soumis à des températures très-différentes, comme 100° et au-dessus ; et donnant des étincelles.	120	»
Pile thermo-électrique linéaire.	60	»
La même, avec règle divisée et ouverture variable, pour répéter les expériences de M. Masson sur la chaleur du spectre.	180	»
Aiguilles thermo-électriques de M. Becquerel, à soudures médianes . . la paire.	12	»
— — de M. Dutrochet à soudure termino-latérale. —	12	»
Disques thermo-électriques de M. Gavarret . . . . —	25	»
Appareil de Peltier pour démontrer que les courants électriques échauffent ou refroidissent la soudure d'un couple antimoine et bismuth, suivant le sens dans lequel ils les traversent.	50	»

Galvanomètres.

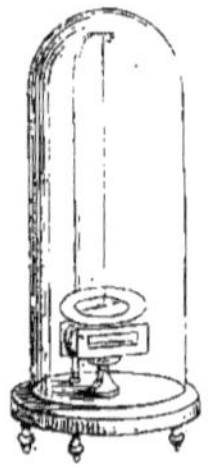

Fig. 45. 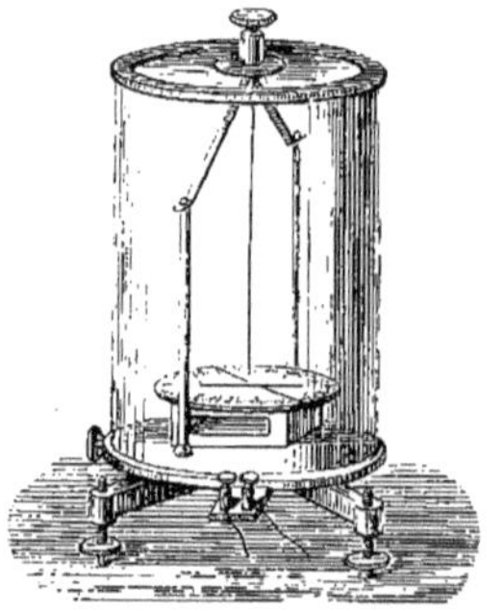 Fig. 46.

	fr.	c.
Boussole galvanomètre pour constater le passage du courant dans les appareils.	12	»
Multiplicateur de Schweiger.	12	»
Rhéomètre à fil gros et court pour les courants thermo-électriques, monture en bois (fig. 45).	40	»
— à fil fin et long pour les courants hydro-électriques, monté de même.	60	»
— monté entièrement en cuivre, aiguille astatique très-sensible, etc., à fil court ou long (fig. 46). . . . . 120 fr. à	140	»
Le même, à deux fils ou différentiel ; à fil court ou long. . . . . 125 fr. à	150	»
— à fil très-long et très-fin isolé dans de la gomme laque, pour mesurer l'électricité atmosphérique.	250	»
— à très-long fil pour répéter les expériences de M. Dubois-Reymond sur le dégagement de l'électricité par les contractions musculaires.	300	»
Le même, avec les appareils accessoires, lames de platine, etc.	350	»
Boussole de sinus, cercle vertical de 22 centimètres de diamètre, cercle azimutal de 16 centimètres de diamètre.	250	»
— de tangentes des mêmes dimensions.	200	»
— de sinus et de tangentes, cercle vertical de 33 centimètres de diamètre, cercle azimutal de 25 centimètres, barreau aimanté suspendu par un fil sans torsion, etc.	450	»

ÉLECTRO-MAGNÉTISME. 545

	fr.	c.
Rhéostat de M. Wheatstone, avec une série de bobines supplémentaires	300	»
Appareil de M. Wheatstone pour mesurer la résistance des liquides	90	»
Apppareil différentiel du même auteur, pour mesurer les résistances avec un galvanomètre à un seul fil	30	»
Grand rhéomètre de M. E. Becquerel, à cadran vertical, pour la démonstration dans les cours publics	200	»
Idem. A cadran horizontal	150	»

Application de l'électro-magnétisme. — Électro-aimants.

	fr.	c.
Hélices sinistrorsum ou dextrorsum pour aimanter par l'action d'un courant, chacune	3	»
Hélice sinistrorsum et dextrorsum pour obtenir deux points conséquents sur la même aiguille	3	»
Électro-aimant de M. Pouillet, portant un poids de 25 à 50 kilogrammes, 25 à	50	»
Idem. Plus grand pouvant porter de 75 à 200 kil., avec support en chêne, 60 à	200	»
Électro-moteur composé d'un contact de fer doux, prenant un mouvement de rotation par l'attraction d'un électro-aimant	35	»
Idem. Plus grand modèle	125	»

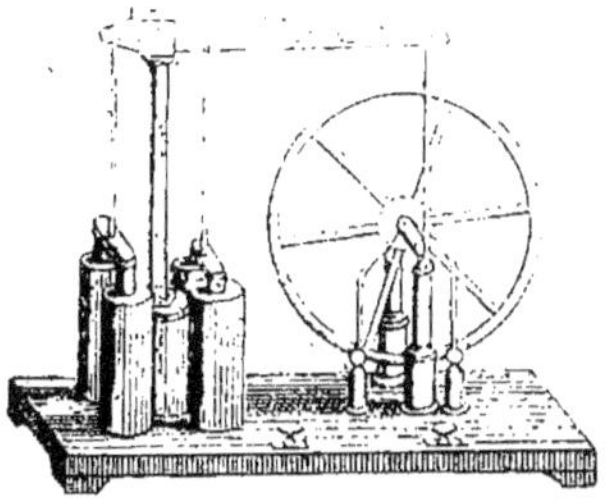

Fig. 47.

	fr.	c.
Électro-moteur de M. Bourbouze (fig. 47)	180	»
— à rotation immédiate, de M. Froment	230	»
Électro-aimant avec monture pour faire pointer les compteurs à secondes	180	»
Interrupteur électro-physiologique de M. Froment	75	»
Grand appareil de M. Faraday, pour étudier l'influence du magnétisme sur la matière pondérable et la lumière polarisée (fig. 24)	650	»
Idem. Plus grand modèle, produisant, avec le flint pesant, une déviation du plan de polarisation de 30 degrés	1400	»
Appareil de M. L. Foucault, pour démontrer l'échauffement d'un disque de cuivre tournant entre les pôles d'un électro-aimant; ou la transformation de la force magnétique en chaleur	350	»

Télégraphie électrique.

	fr.	c.
Télégraphe à cadran, semblable à ceux en usage sur les lignes de chemins de fer :		
Cadran récepteur	180	»
Manipulateur	110	»
Sonnerie	130	»
Boussole	15	»

546   INSTRUMENTS DE PHYSIQUE.

	fr.	c.
Paratonnerre.	45	»
Commutateur pour la pile.	15	»
Une station télégraphique complète.	495	»

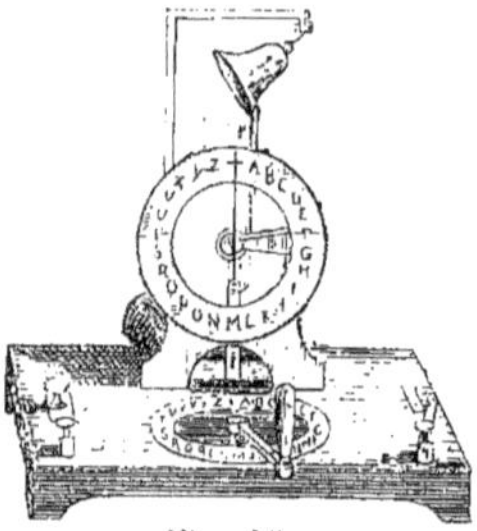

Fig. 48.    Fig. 49.

Modèle de télégraphe à cadran pour la démonstration; les deux stations (fig. 48).	150	»
— — pouvant être employé à des correspondances, comme par exemple entre les différents étages d'une maison, les bâtiments séparés d'une usine, etc. Chaque station composée d'un récepteur à cadran, un manipulateur et une sonnerie (fig. 49).	150	»

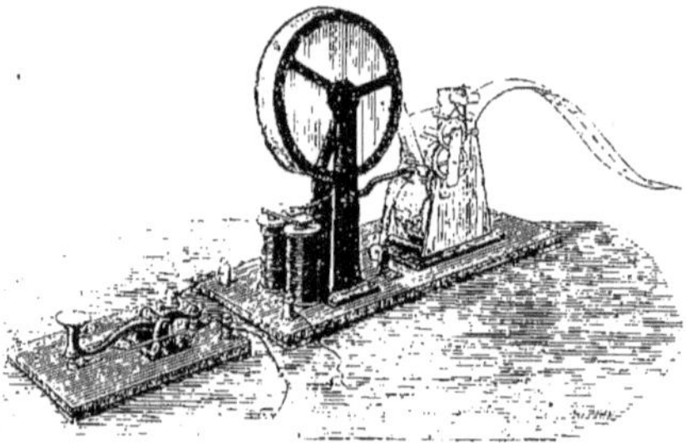

Fig. 50.

Modèle de télégraphe graphique de Morse pour la démonstration (fig. 50), chaque station.	150	»
Télégraphe de Morse, semblable à celui employé par le gouvernement :		
Récepteur imprimant les signaux à l'encre d'imprimerie, avec son relais.	500	»
Le même, mais gaufrant seulement les signaux à la pointe sèche.	325	»
Manipulateur.	25	»
Boussole.	15	»
Paratonnerre.	45	»
Commutateur pour la pile.	15	»
Une station télégraphique complète . . . . . 425 fr. ou	600	»
Piles télégraphiques (voy. p. 539).		
Poulies en porcelaine pour isoler les fils, avec vis galvanisée; chacune.	»	35
Supports en porcelaine, dits à clochette, — — chacun	»	60
Guides en porcelaine — — —	»	50
Tendeurs ou appareils à traction pour tendre les fils, chacun.	7	50
Tendeurs simples pour arrêter les fils aux têtes de ligne; chacun.	6	»

ACOUSTIQUE.

	fr.	c.
Fil de fer galvanisé de 4 millimètres de diamètre, les 100 kilogrammes contenant environ 1,000 mètres	100	»
Fil de cuivre rouge de 2 mill. de diamètre, couvert de gutta-percha, pour être enterré dans le sol; le kilogramme contenant 12 mètres 5 environ.	14	»

(Les prix que nous donnons aujourd'hui des fils télégraphiques ne sont qu'approximatifs, ils varient nécessairement avec le cours des métaux.)

Horlogerie électrique.

	fr.	c.
Régulateur électro-moteur, donnant l'heure avec précision et la transmettant aux cadrans indicateurs.	650	»
Pendule servant au même usage, suivant le modèle du socle . . . . 100 fr. à	250	»
Cadran indicateur, marquant l'heure, la minute et les secondes; cadran de 20 centimètres de diamètre.	250	»

(Pour les cadrans indicateurs de grandes dimensions, les prix varient suivant la grandeur du cadran, sa nature et son ornementation.)

Sonneries électriques.

Ces sonneries et signaux d'un usage facile et peu dispendieux, sont destinés à remplacer les sonnettes ordinaires, dans les grandes administrations, ministères, préfectures, mairies, hôtels, châteaux, bains, partout enfin où l'on veut un service prompt, facile et exempt d'erreurs.

Elles fonctionnent à toutes distances, et sont de véritables télégraphes domestiques.

La pose, extrêmement simple et facile, n'occasionne aucune dégradation, et permet d'établir ces sonneries dans des appartements entièrement terminés. Les fils étant immobiles peuvent suivre tous les détours des ornements; ils peuvent être peints, cachés sous les tapisseries, et par conséquent entièrement dissimulés.

	fr.	c.
Petite sonnerie pour bureau ou cabinet.	30	»
Sonneries plus fortes. . . . . 50 fr. et	60	»
Tableau indicateur faisant connaître quelle est la pièce ou la personne qui a sonné, par des numéros et des légendes	80	»
Bouton en marbre pour porte extérieure.	30	»
— en cuivre pour porte-cochère de 8, 10 et 12 centimèt., 18 fr., 20 fr. et	25	»
— transmetteur ordinaire.	5	»

ACOUSTIQUE.

	fr.	c.
Soufflerie, se composant d'une table munie d'un soufflet et d'un sommier d'orgue destiné à recevoir toute espèce de tuyaux.	200	»

Embouchures.

	fr.	c.
Une bouche de tuyau à lèvre mobile	6	»
Une embouchure de cor en cuivre argenté.	3	»
— de trompette en cuivre argenté.	3	»
— d'ophicléide —	3	50
— de clarinette.	3	»
— de hautbois.	3	»
— de basson.	3	»
— universelle, composée d'un porte-vent en caoutchouc, terminé à l'une de ses extrémités par un bec en laiton d'où s'échappe une lame d'air quand l'autre extrémité est montée sur la soufflerie.	6	»

Vibrations de l'air.

	fr.	c.
Deux longs tuyaux de verre, l'un ouvert, l'autre fermé, s'adaptant à un robinet en cuivre pour en régler le vent.	10	»
Une flûte composée de quatre pièces, se montant à vis : une embouchure, deux tubes ouverts chacun de la longueur de l'onde sonore, et un fermé, de la longueur d'une demi-onde.	10	»
Une flûte ouverte, munie d'un robinet en cuivre donnant les sons 1, 2, 3, 4, et pouvant être ouverte à chaque ventre de vibrations.	20	»
Un appareil à pistons hydrauliques, se composant de deux tuyaux de verre de différents diamètres, bouchés par deux colonnes d'eau mobiles.	80	»
Trois tuyaux harmoniques de diamètres différents, mais à l'unisson : deux bouchés, donnant le son 3, pouvant être fermés au nœud de vibration, et un ouvert, s'ouvrant à charnière au ventre. Les trois ondes sonores ont la même longueur.	24	»
Une flûte en palissandre, se composant d'une embouchure et de quatre tubes égaux se montant à vis, représentant chacun la longueur de l'onde sonore mesurée entre deux ventres de vibrations.	10	»
Un tuyau de verre à piston, divisé en parties égales, mesurant la longueur de l'onde sonore prise entre deux nœuds.	10	»
Trois tuyaux égaux, deux en bois différents d'épaisseur et un en papier.	15	»
Trois flûtes en sapin de même longueur, mais de différents diamètres.	15	»
Deux tubes de laiton de même diamètre, dont les longueurs sont dans le rapport de 1 à 2.	8	»
Deux tuyaux cubiques fermés.	18	»
Deux tuyaux prismatiques rectangulaires fermés.	16	»
Quatre tuyaux rectangulaires, dont un cubique.	32	»
Un tuyau cylindrique en cuivre à piston.	25	»
Trois tuyaux rectangulaires, le premier à base carrée, le second représentant la moitié du premier, coupé par un plan passant par l'axe perpendiculairement à la bouche, et le troisième représentant aussi la moitié du premier, mais coupé par un plan passant par l'axe parallèlement à la bouche.	15	»
Trois tuyaux égaux, un en cuivre, un en bois et un en carton.	21	»
Un tuyau en sapin ayant une face en glace, dans lequel on introduit une membrane qui sonne dans toute la longueur du tuyau, excepté à l'endroit du nœud.	15	»
Un tuyau muni d'une clavette placée au nœud de vibration, permettant de fermer le tuyau en cet endroit.	8	»

Coïncidence des vibrations et interférence du son.

Deux tuyaux ouverts sonnant la quarte pour les sons résultants.	8	»
Un tuyau donnant le son résultant des tuyaux précédents.	6	»
Deux tuyaux de grosse taille sonnant ut_2, et pouvant varier entre eux d'un demi-ton pour l'expérience des battements.	40	»
Trois tuyaux pouvant s'accorder facilement, plus un support destiné à les recevoir sur le sommier de la soufflerie lorsqu'on veut les rapprocher beaucoup.	15	»
Un tuyau coudé en sapin, pour l'interférence du son, d'après M. Wheatstone.	3	»
Un id. portant une membrane sur laquelle le sable dessine une figure dans le cas où le tuyau sonne.	8	»
Un id. à branches parallèles et mobiles.	6	»

ACOUSTIQUE.

Modèles de tuyaux d'orgues de différents timbres.

	fr.
Quatre flûtes ouvertes, à embouchure ordinaire, donnant l'accord parfait : ut_3, mi, sol, ut_4	20
Quatre flûtes bouchées avec des tampons, donnant le même accord.	20
— ouvertes à embouchure circulaire donnant le même accord	20
— — embouchées de manière à imiter le hautbois.	20
Un tuyau à tampon formant la cheminée	5
Un tuyau dont la lèvre supérieure est mobile pour montrer l'influence de l'ouverture de la bouche sur le son et sur le timbre.	8
Deux tuyaux trapézoédriques à base carrée construits sur le même calibre, mais dont l'un est embouché sur le plat et l'autre sur le champ. Ces tuyaux donnent exactement le même son, ce qui est en contradiction avec certaines théories des tuyaux d'orgue.	10
Modèle de sifflet de locomotive.	15
Sifflet de contre-maître de marine	10
Porte-voix de 1 mètre 30 centimètres.	15
— d'un mètre.	12
Cornet acoustique en fer-blanc.	5
— en cuivre.	7
Tuyau sphérique, dit toupie d'Allemagne.	5
Appeaux de toute espèce . . . . 1 à	3
Tube siffleur de M. Cagniard	3

Tuyaux à anches.

Une anche libre sonnant ut_3 montée dans un long porte-vent vitré surmonté d'un cornet d'harmonie en chêne, plus un cornet court et large qu'on peut substituer au premier pour montrer la différence du timbre	25
Une anche battante montée de même et portant les mêmes cornets.	22
Sirène-fronde de M. Cagniard, à tuyau cylindrique	15
— — à tuyau prismatique.	15

Vibrations des colonnes d'air par influence.

Grand appareil de timbre de Savart, monté sur un support à trois pieds et portant deux équipages de tuyaux.	400
Appareil en tout semblable au précédent, mais dont le timbre n'a que 22 centimètres de diamètre.	150
Le même, construit pour être mis sur une table.	90
— dont le timbre n'a que 16 centimètres	60
Appareil monté comme les précédents, mais dont le timbre est remplacé par une plaque de laiton de 35 centimètres de diamètre.	70

Vibrations dans le vide.

Un ballon renfermant une grosse clochette qu'on n'entend point quand elle vibre dans le vide.	20
Timbre à rouages pour la même expérience.	36

Membranes.

	fr.	c.
Une membrane circulaire en papier, de 30 centimètres de diamètre	6	»
— carrée, de 30 centimètres de côté	5	»
— — en papier végétal, de 10 à 15 centimètres	1	»
— circulaire	1	»
— triangulaire	1	»
Membrane à tension variable	10	»

Plaques vibrantes.

Appareil pour les lois des vibrations des plaques vibrantes, se composant d'un banc surmonté de 6 plaques de laiton : 3 rondes et 3 carrées . . . . 70 »

(Dans les trois plaques de même figure, deux sont semblables; deux dont les épaisseurs sont :: 1 : 2, et deux dont les surfaces sont :: 1 : 4.)

Idem. Portant trois plaques seulement, rondes ou carrées; pour les mêmes démonstrations . . . . 40 »

Idem. Portant un équipage de tuyaux pour les expériences de vibration par influence . . . . 55 »

Plaques pour figures et autres expériences.

Plaque circulaire en laiton de 35 centimètres de diamètre. . . . . 15 »

(Ces plaques circulaires sont propres aux expériences sur la rotation du lycopode.)

Plaque carrée en laiton de 35 centimètres de côté	15	»
— triangulaire —	20	»
Un support pour les plaques précédentes	10	»
Disque découpé s'adaptant sur le support ci-dessus pour démontrer l'interférence des ondes sonores produites par les vibrations d'une plaque circulaire	10	»
Une plaque circulaire en bois, montée sur un manche	3	»
Appareil pour démontrer que la rotation du lycopode sur les plaques circulaires n'est due qu'à la translation des lignes nodales autour du cercle	70	»

Vibrations transversales des lames et des verges.

Appareil de M. Lissajous pour démontrer les lois des vibrations transversales des lames élastiques . . . . 80 »

Quatre lames en acier, dont deux de même longueur, même épaisseur et largeur différente; une troisième même longueur et épaisseur double, et la quatrième même épaisseur que la première, mais dont la longueur est à celle des trois autres :: 1 : $\sqrt{2}$. . . . . 30 »

Quatre lames en laiton	15	»
— en sapin	4	»
Deux verges plates en laiton, l'une de 1 mètre, l'autre de 50 centimètres pour la loi des harmoniques dans les vibrations transversales	12	»

(Ces verges peuvent également servir pour démontrer les lois des longueurs dans les vibrations transversales.)

Six lames de même dimension, cinq en bois de différentes espèces et différentes densités, et une en laiton pour montrer l'influence de la densité ainsi que les modifications que peut y apporter la contexture organique, et enfin comparer la sonorité . . . . 12 »

Instrument des sauvages, dit claque-bois . . . . 12 »

ACOUSTIQUE.

Diapasons.

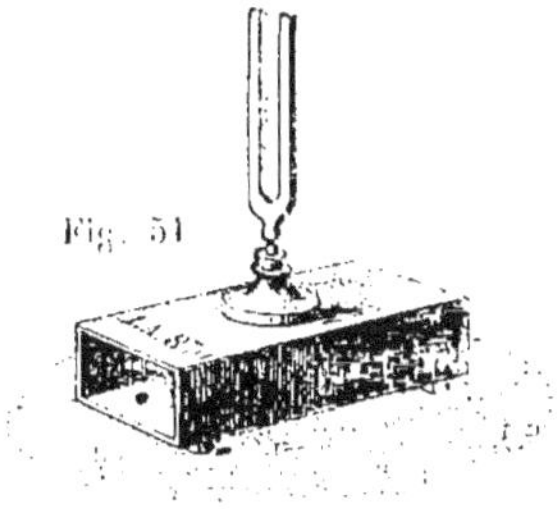

Fig. 51.

		fr.	c.
	Diapason de poche, *la*, 870 vibrations par seconde à la température de 15° centigr.	4	»
	Id. Monté sur une caisse sonore et portant le poinçon du gouvernement (fig. 51).	12	»
	Diapason en acier fondu sonnant ut_3, 512 vibrations simples par seconde, à la température de $+ 15°$	20	»
	Le même, monté sur une caisse exécutant comme lui 512 vibrations par seconde.	25	»
	Diapason en alliage de tam-tam et monté de même, mais sonnant l'octave grave, c'est-à-dire ut_2	75	»
	Idem, sonnant ut_1, ou huit pieds ouverts.	400	»
	Huit timbres sonnant l'octave.	50	»
	Huit morceaux de bois faisant entendre la gamme quand on les jette successivement par terre.	4	»
	Quatre morceaux de bois donnant l'accord parfait	2	»
	Quatre diapasons montés, donnant l'accord parfait.	61	»
	Appareil pour démontrer le rapport numérique des vibrations, dans l'accord parfait, à l'aide de quatre diapasons traçant simultanément leurs vibrations. . .	75	»

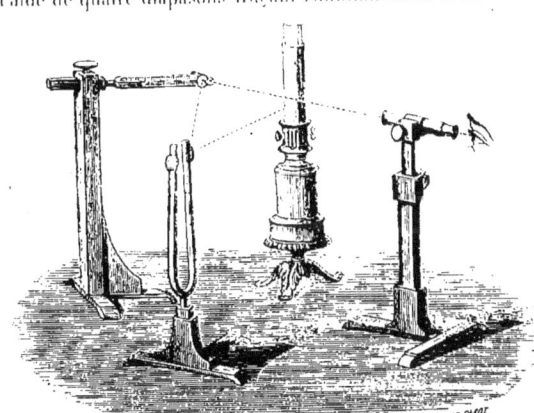

Fig. 52.

| | Grand appareil de M. Lissajous pour l'étude optique des mouvements vibratoires, composé de six diapasons munis de miroirs, d'une lampe et d'une lunette pour l'observation directe, et d'une lentille pour la projection des figures sur un écran (fig. 52). . . . . | 360 | » |

INSTRUMENTS DE PHYSIQUE.

	fr.	c.
Tableau peint représentant la série des figures optiques correspondant aux intervalles musicaux les plus simples.	50	»
Comparateur-optique des mouvements vibratoires permettant d'accorder les diapasons sans le secours de l'oreille.	80	»

Vibrations transversales des cordes.

	fr.	c.
Sonomètre différentiel, avec assortiment de poids	110	»
Deux cordes de sonomètre, en laiton, dont les diamètres sont :: 1 : 2.	»	50
Deux id. de même diamètre, l'une en fer et l'autre en platine.	7	»
Une bobine de cordes pour être tendues par les chevilles	1	»
Grand monocorde à table noire, de Savart.	18	»

Vibrations longitudinales des cordes.

	fr.	c.
Appareil pour les lois des vibrations longitudinales des cordes métalliques et diverses expériences, dont la longueur entre les étaux est d'un mètre et demi.	150	»

Vibrations longitudinales des verges.

	fr.	c.
Quatre verges en acier, deux cylindriques d'un mètre de long et de diamètres différents, une plate de même longueur, et une cylindrique moitié plus courte.	40	»
Quatre idem en sapin.	6	»
Une verge et un tube de laiton, d'un mètre de longueur et de même diamètre.	15	»
Verges d'un mètre de longueur en bois de différentes espèces, pour comparer la vitesse de propagation du son ; chaque verge	1	50
Instrument de musique fondé sur les vibrations longitudinales.	70	»

Communication des vibrations.

	fr.	c.
Un appareil de Savart se composant de cinq verges de laiton parallèles entre elles, réunies par un axe vertical monté sur un support	45	»
Un petit appareil de Savart, composé d'une lame de bois fixée par une de ses extrémités à une forte règle, l'autre est attachée à une corde de violon destinée à lui transmettre les vibrations	6	»
Appareil de Savart, composé d'une plaque circulaire en bois, traversée à son centre par une corde de violon qui, vibrant transversalement, communique à la plaque un mouvement de vibrations tangentielles. Le tout est fixé à un support	6	»
Une verge de sapin munie d'une virole pour fixer les plaques	3	»
Appareil pour la transmission des vibrations à travers les liquides.	10	»
Une crécelle fermée portant une soupape	7	»
Crécelle dans laquelle on entend le son monter quand on la fait tourner avec une vitesse croissante.	7	»
Appareil de roues dentées de Savart, avec barre et compteur	800	»
Idem. Plus simple et donnant seulement l'accord parfait par 4 roues dentées	400	»

OPTIQUE.

Mesure des vibrations.

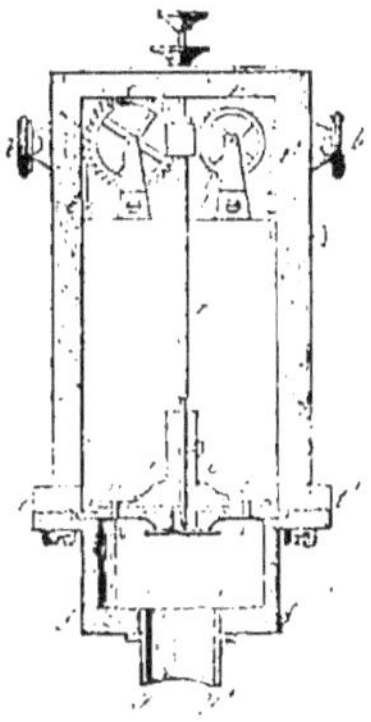

Fig. 53.

	fr.	c.
Sirène de M. Cagniard, avec compteur (fig. 53).	100	»
Sirène électro-magnétique parlant sans le secours d'une soufflerie.	300	»
Vibroscope de M. Duhamel.	90	»
Appareil de M. Wertheim pour mesurer les élasticités par le tracé des vibrations.	500	»

Appareils divers.

	fr.	c.
Cloche de verre suspendue, pour démontrer la présence des vibrations.	40	»
Timbres de 10 ou 15 centimètres de diamètre, munis d'un manche . . . . 6 à	20	»
Cloche elliptique munie d'un manche.	10	»
Caléidophone de M. Wheatstone.	10	»
Fronde musicale de M. Cagniard.	3	»
Appareil de Travaillant.	12	»
Vase elliptique en bois pour montrer la réflexion des ondes sur le mercure.	5	»
Robinet s'adaptant à la soufflerie pour en régler le vent.	7	»
Archet de contre-basse.	7	»
— de basse garni	7	»
— de basse, ordinaire.	2	50
Deux poudrières, sable et lycopode	4	»
Appareil servant à démontrer la composition de deux mouvements vibratoires rectangulaires de même période.	100	»
Lampe philosophique acoustique.	3	50

OPTIQUE.

Lunettes ou Besicles.

(Toutes les demandes de lunettes, lorgnons et pince-nez garnis de leurs verres, devront indiquer : 1° si ces lunettes sont destinées à un homme ou à une dame ; 2° si cette personne est myope ou presbyte, et 3° le numéro des verres.)

	fr.	c.
Montures de lunettes en fer, branches fortes, suivant le fini . . la douz°. 6 à	15	»
Idem, acier bleui, branches légères, suivant la légèreté et le fini. — 15 à	30	»

INSTRUMENTS DE PHYSIQUE.

	fr.	c.
Idem, en acier trempé, très-légères . . . . la douz^e. 30 à	60	»
— en ressort d'acier, extra-fines . . . . — 60 à	100	»
Verres de lunettes en crown-glass, extra-fins, convexes ou concaves, douz^e de pair^{es}	6	»
Idem, périscopiques ou ménisques . . . . —	9	»
— bleus, plans ou sans numéro . . . . —	7	»
— — convexes ou concaves . . . . —	7	»
— — périscopiques ou ménisques . . . . . —	12	»
— teinte neutre ou fumée, plans . . . . —	15	»
— — — convexes ou concaves . . . . . —	20	»
Étuis de lunettes couverts en peau . . . . la douzaine.	3	»
— — — chagrinée . . . . —	6	»
— — en peau souple . . . . —	6	»
— — fermant à bascule . . . . —	8	»
— — en cuir bouilli . . . . —	10	»
Pinces en fer pour équarrir les verres, c'est-à-dire pour les réduire à la dimension des montures	1	»
Meule à main pour user les verres et les ajuster dans les montures de lunettes . .	12	»
Lunettes en acier bleu, demi-légères, garnies de verres extra-fins, et renfermées dans un joli étui . . . . la paire.	4	»
Idem, montures légères . . . . —	5	»
— en acier trempé, très-légères . . . . —	8	»
— en ressort d'acier, extra-fines . . . . —	12	»
Lunettes en écaille ou en argent, avec verres et étui . . . . . . 10 fr. à	12	»
Idem, en or, suivant la force . . . . 50 fr. à	100	»
Lunettes à 4 verres, en forme de fer à cheval, en acier trempé avec verres bleus, suivant la légèreté des branches . . . . 10 fr. à	15	»
Lunettes dites de chemin de fer, garnies de verres colorés et de toiles métalliques; à cordons . . . . la paire.	5	»
Idem, à branches en acier . . . . —	7	»

Lorgnons, Pince-nez et Faces à main.

	fr.	c.
Lorgnons pour un seul œil, garnis de leurs verres carrés ou ronds :		
En corne	2	»
Tout en cristal	2	»
En acier	3	»
En écaille ou en argent	4	»
En argent doré ou plaqué or . . . . 6 fr. à	15	»
En or . . . . 25 fr. à	40	»
Pince-nez rond à ressorts avec verres ; en buffle	5	»
— — — en acier	6	»
— — — en écaille ou argent . . . . . 8 fr. à	10	»
— — — en argent doré ou plaqué or . . 12 fr. à	20	»
— — — en or . . . . 35 fr. à	80	»
Pince-nez ovale à ressorts avec verres ; en buffle	7	»
— — — en acier	10	»
— — — en écaille ou argent . . . . . 10 fr. à	12	»
— — — en argent doré ou plaqué . . . 15 fr. à	30	»
— — — en or . . . . 50 fr. à	100	»

OPTIQUE.

	fr.	c.
Faces à main à doubles ressorts avec verres :		
En argent, dessus écaille.	14	"
En argent doré, id. . . . . 16 fr. à	20	"
En argent plaqué or, id. . . . . 30 fr. à	40	"
En or, id. . . . . 60 fr. à	100	"
En argent doré ou plaqué, dessus ciselés. . . . . 30 fr. à	50	"
En or, dessus ciselés. . . . . 100 fr. à	180	"

Louchettes pour le strabisme.

(Indiquer exactement quel doit être l'écartement des deux trous percés dans les coquilles.)

Louchette ou coquille garnie en soie, pour un seul œil.	2	50
— — — pour les deux yeux.	4	"
Lunettes en acier dont les verres sont remplacés par des écrans percés d'un petit trou.	6	"

Verres pour optique et cosmorama.

Verre biconvexe, de 8 centimètres de diamètre.	4	"
— de 11 —	6	"
— de 13,5 —	10	"
— de 16,5 —	14	"
— de 19 —	18	"
— de 22 —	25	"
— de 27 —	50	"

Loupes à lire.

Loupes à manches pour tenir à la main, montées en corne :		
Verre de 6 centimètres de diamètre.	5	"
— de 8 —	8	"
— de 10 —	10	"
Loupes montées en corne, avec recouvrements, verre de 5 cent^es de diamètre.	7	"
— — — — de 7 —	8	"
— — — — de 9 —	10	"

Loupes d'horlogers et de graveurs.

Loupe à un seul verre montée en corne, de 25 millimètres de diamètre.	1	50
— — — de 35 —	2	"
Loupe dite achromatique, composée de 2 verres plano-convexes, dont les convexités se regardent :		
De 25 millimètres de diamètre.	2	50
De 35 —	3	"
Loupe formée par un objectif achromatique, monture en corne :		
De 30 millimètres de diamètre.	6	"
De 40 —	7	"

Loupes, Biloupes et Triloupes.

Loupe de poche montée en corne, à recouvrements, verre de 20 millim^es de diam.	2	50
— — — — de 25 —	3	"
— — — — de 35 —	4	50
— — — — de 45 —	6	"

556   INSTRUMENTS DE PHYSIQUE.

	fr.	c.
Biloupe avec une lentille à chaque extrémité.	6	»
— avec deux lentilles superposées.	5	»
Triloupe avec les trois lentilles superposées.	7	»
Compte-fils pour les toiles.	2	»

Microscopes simples.

	fr.	c.
Microscope destiné à renfermer des insectes vivants.	3	»
Microscope Stanhope, monté en argent.	4	»
Idem, grossissant davantage et muni d'un écran.	8	»
Microscope Stanhope, dit breloque (la lentille est protégée par un recouvrement) :		
En argent ciselé.	8	»
— doré.	10	»
En or.	18	»
Lentille Coddington, montée en cuivre et grossissant environ 14 fois.	8	»
Idem, montée en argent, grossissant 30 fois.	8	»
— — dont la lentille est protégée par un recouvrement.	12	»
Loupe du Dr Burq, à grossissements variables.	15	»

Fig. 54.

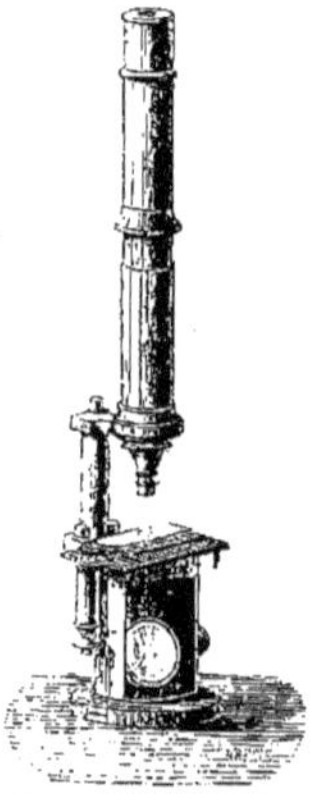

Fig. 55.

	fr.	c.
Microscope simple, dit de Raspail, sur colonne en cuivre avec crémaillère, 4 lentilles de rechange, outils de dissection; boîte en noyer verni (fig. 54).	35	»
Le même, d'une construction plus soignée; quatre doublets de Wollaston, diaphragmes variables, outils de dissection, boîte en acajou.	70	»
Loupe montée de Strauss, spécialement destinée aux dissections, avec 4 grossissements différents.	80	»
Idem, avec l'addition d'une chambre claire pour dessiner les objets observés.	110	»

Microscopes composés à lentilles achromatiques.

	fr.	c.
Microscope vertical à 3 lentilles achromatiques; amplification maximum 250 fois.	50	»
Idem, dont la mise au foyer s'effectue par une vis de rappel.	70	»
Microscope vertical à 2 oculaires; 3 lentilles achromatiques, vis de rappel, loupe pour l'éclairage des corps opaques, outils de dissection, boîte en acajou; amplification maximum 450 fois (fig. 55).	90	»

OPTIQUE.

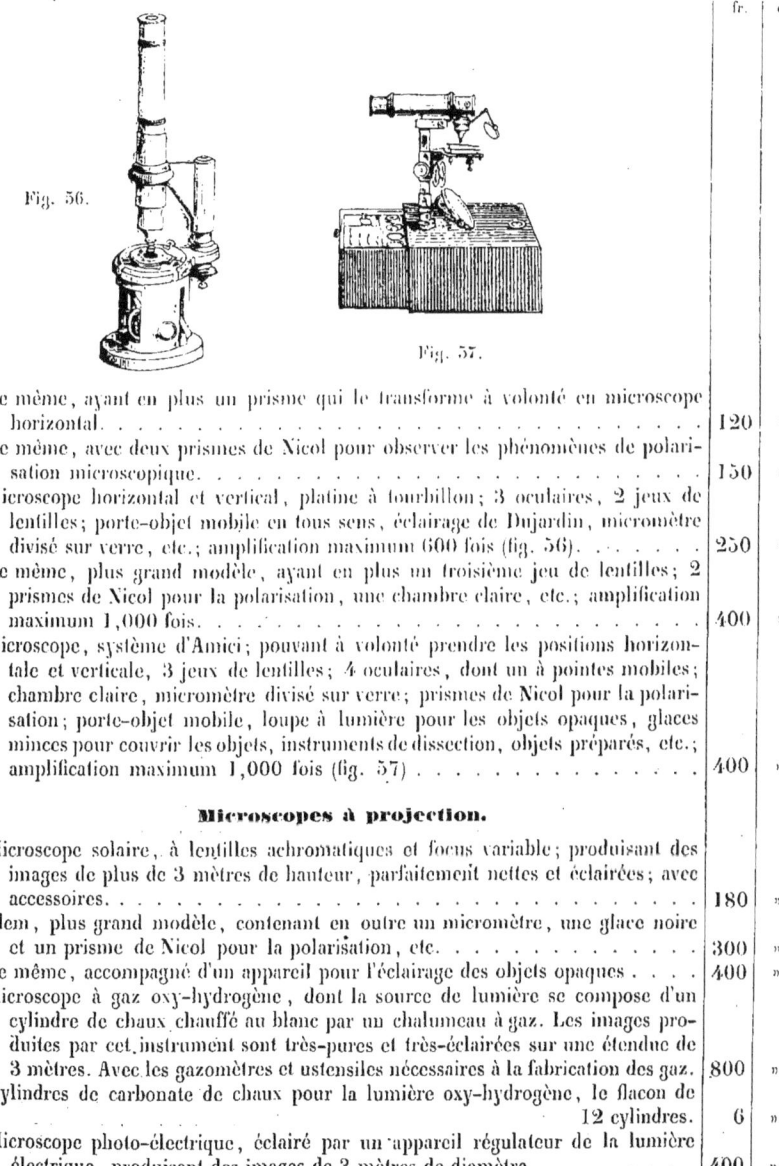

Fig. 56.

Fig. 57.

	fr.	c.
Le même, ayant en plus un prisme qui le transforme à volonté en microscope horizontal.	120	"
Le même, avec deux prismes de Nicol pour observer les phénomènes de polarisation microscopique.	150	"
Microscope horizontal et vertical, platine à tourbillon; 3 oculaires, 2 jeux de lentilles; porte-objet mobile en tous sens, éclairage de Dujardin, micromètre divisé sur verre, etc.; amplification maximum 600 fois (fig. 56).	250	"
Le même, plus grand modèle, ayant en plus un troisième jeu de lentilles; 2 prismes de Nicol pour la polarisation, une chambre claire, etc.; amplification maximum 1,000 fois.	400	"
Microscope, système d'Amici; pouvant à volonté prendre les positions horizontale et verticale, 3 jeux de lentilles; 4 oculaires, dont un à pointes mobiles; chambre claire, micromètre divisé sur verre; prismes de Nicol pour la polarisation; porte-objet mobile, loupe à lumière pour les objets opaques, glaces minces pour couvrir les objets, instruments de dissection, objets préparés, etc.; amplification maximum 1,000 fois (fig. 57)	400	"

Microscopes à projection.

Microscope solaire, à lentilles achromatiques et focus variable; produisant des images de plus de 3 mètres de hauteur, parfaitement nettes et éclairées; avec accessoires.	180	"
Idem, plus grand modèle, contenant en outre un micromètre, une glace noire et un prisme de Nicol pour la polarisation, etc.	300	"
Le même, accompagné d'un appareil pour l'éclairage des objets opaques	400	"
Microscope à gaz oxy-hydrogène, dont la source de lumière se compose d'un cylindre de chaux chauffé au blanc par un chalumeau à gaz. Les images produites par cet instrument sont très-pures et très-éclairées sur une étendue de 3 mètres. Avec les gazomètres et ustensiles nécessaires à la fabrication des gaz.	800	"
Cylindres de carbonate de chaux pour la lumière oxy-hydrogène, le flacon de 12 cylindres.	6	"
Microscope photo-électrique, éclairé par un appareil régulateur de la lumière électrique, produisant des images de 3 mètres de diamètre	400	"
Pile de 50 éléments de Bunsen grand modèle, pour éclairer le microscope ci-dessus.	300	"

Accessoires microscopiques.

	fr.	c.
Lentilles ou doublets de Wollaston pour microscope simple :		
De 2 à 20 millimètres de foyer.	10	»
De 1 à 2 —	15	»
Lentilles achromatiques pour microscope composé :		
Le jeu de 3 lentilles montant à vis l'une sur l'autre.	25	»
Idem, d'un plus court foyer.	35	»
— produisant de plus fortes amplifications.	60	»
Oculaire d'Huygens pour microscope composé.	8	»
Le même, muni de 2 pointes à vis de rappel pour mesurer le diamètre des objets.	15	»
Idem, à micromètre divisé sur verre.	15	»
Oculaire à prisme redresseur pour les dissections au microscope composé.	20	»
Prisme avec sa monture pour transformer les microscopes verticaux en microscopes horizontaux.	30	»
Micromètre divisé sur verre, le millimètre subdivisé en 10 parties.	4	50
— — — — 50 —	5	»
— — — — 100 —	6	»
— — un demi-millimètre en 100 parties.	7	»
— — un cinquième de millimètre en 100 parties.	10	»
— — un dixième de millimètre en 100 —	25	»
Chambre claire de Sœmmering pour dessiner les objets observés avec les microscopes verticaux.	20	»
Idem, à disque d'acier pour dessiner avec les microscopes horizontaux.	10	»
— à prisme de verre.	20	»
Compresseur de Schieck pour aplatir les objets.	15	»
Réflecteur de Lieberkuhn pour éclairer les corps opaques.	20	»
Appareil pour les décompositions chimiques par l'électricité.	15	»
Goniomètre pour mesurer les angles des cristaux microscopiques.	20	»
Chariot mobile pour faire mouvoir l'objet sous les lentilles avec des mouvements très-lents.	25	»
Deux prismes de Nicol montés en cuivre et s'adaptant aux microscopes, pour la polarisation de la lumière.	30	»
Tourmaline pour le même usage, suivant la beauté du cristal. 5 fr. à	20	»
Cuve pour la circulation de la sève.	2	50
Lames en glace pour recevoir les objets. la dizaine.	1	50
Petites glaces carrées très-minces pour les couvrir —	1	50
Couteau circulaire pour obtenir des tranches de bois d'une minceur excessive.	65	»
Instruments de dissection ; aiguille emmanchée, droite ou courbe.	1	75
— — — coupante.	1	75
— — porte-aiguille.	3	50
— — scalpel.	2	»
— — pressette en cuivre, 1 fr. — d° en acier.	3	»
— — ciseaux fins.	4	»
— — — à manche et à ressort.	6	»
Seringue à injections munie de 6 canules fines variées de grosseurs.	22	50
Appareil à injections par la pression d'une colonne de mercure.	20	»
Nécessaire de dissections contenant tous les outils et accessoires utiles aux dissections microscopiques.	65	»
Baume de Canada pour la préparation et la conservation des objets. les 50 gr.	1	50

OPTIQUE.

Préparations microscopiques.

Il n'est pas possible d'énumérer ici tous les objets qui peuvent être préparés et conservés pour être soumis aux observations microscopiques ; le nombre en est déjà illimité et s'accroît encore tous les jours. Il nous suffira de dire que nous nous chargerons de fournir toutes les préparations qui nous seront demandées, à moins qu'elles ne soient très-rares ou d'une conservation trop difficile.

	fr.	c.
Objets transparents parfaitement disséqués et préparés entre deux lames de glace minces, du 1er choix suivant la rareté du sujet . . . . . la pièce, 1 fr. 50 à	3	»
du 2e — — — — — — 1 fr. » à	1	50
du 3e — — — — — — » fr. 50 à	»	75
Préparations de cristaux naturels et artificiels dépolarisant la lumière. . . la pièce.	1	50
Fonds variés de sélénites pour placer les objets dépolarisant la lumière. —	2	50
Préparations d'objets opaques, minéraux, animaux, etc., la préparation contenant deux objets, du 1er choix.	1	50
du 2e —	»	75
Collection de préparations d'objets transparents, renfermés dans une boîte en acajou, 10 objets.	9	»
— 20 objets . . . . . 18 fr. 100 objets	100	»
30 — . . . . 27 200 —	250	»
50 — . . . . 50 300 —	450	»
Collection d'objets opaques, 10 objets.	6	»
— — 20 —	12	»
— — 30 —	18	»
— — 50 —	30	»
— — 100 —	80	»
Collection d'objets transparents, 1er choix, pour microscopes à projection, renfermés dans des porte-objets en buis, 10 objets.	20	»
— de 20 objets, 35 fr. ; — de 50 objets, 85 fr. ; — de 100 objets. . .	180	»
Photographies microscopiques, sujets variés : portraits, paysages, gravures, manuscrits, etc. . . . . la pièce.	4	»

Cette nouvelle application de la photographie donne des résultats surprenants et tout à fait inattendus. C'est ainsi qu'une épreuve dont la surface atteint à peine un millimètre carré, laisse voir, quand on l'observe au microscope, tout un paysage ou un groupe de plus de dix personnages tous parfaitement ressemblants.

Lorgnettes pour le spectacle.

	Corps verni noir.	Corps en ivoire.	Corps en écaille.
Lunettes simples ou monocles, pour le spectacle :			
Objectif de 38 millimètres de diamètre.	14 fr.	20 fr.	30 fr.
— 43 — —	16	25	35
— 48 — —	20	35	45
— 54 — —	25	40	55
— 59 — —	30	50	60
— 63 — —	35	60	70

Lorgnettes jumelles.

	Objectif de 27 mill. de diam.	Objectif de 34 mill. de diam.
Lorgnettes jumelles à 12 verres, dites *duchesses* :		
Corps verni noir	45 fr.	55 fr.
— ivoire, coulants et barrettes dorés.	55	65
— écaille, — — —	65	75

Lorgnettes jumelles.

	Corps ivoire, barrettes et coulants dorés.	Corps tout verni.	Corps tout ivoire.	Corps tout écaille.
Lorgnettes jumelles pour le théâtre :				
Objectif 34 millimètres de diamètre.....	30 fr.	25 fr.	50 fr.	65 fr.
— 38 — —	40	30	55	75
— 43 — —	50	40	65	95
— 48 — —	60	50	80	110
— 54 — —	70	60	90	125
— 59 — —	80	70	100	140
— 63 — —	»	90	125	»

	Corps verni noir.	Corps couvert en maroquin.
Jumelles à forts grossissements, pour la marine et la campagne :		
Objectif de 48 millimètres de diamètre............	60 fr.	65 fr.
— 54 — —	70	75
— 59 — —	80	85

Lunettes pour la campagne.

	fr.	c.
Lunette de Galilée ou à oculaire concave, corps en acajou, 2 oculaires variables, objectif de 34 millimètres........	12	»
— de 38 —	15	»
— de 43 —	20	»
— de 48 —	25	»
— de 54 —	30	»
Lunettes à tirages dites longues-vues, corps en acajou verni ou couvert de maroquin, et recouvrement pour le soleil :		
Objectif de 29 millim^{es} de diamètre ; longueur totale, » mètre 40 cent^{es}. .	20	»
— de 36 — — — » — 40 — . .	30	»
— de 43 — — — » — 75 — . .	40	»
— de 50 — — — » — 95 — . .	55	»
— de 57 — — — 1 — 20 — . .	70	»
— de 61 — — — 1 — 30 — . .	90	»
— de 75 — — — 1 — 50 — . .	150	»
Addition aux lunettes ci-dessus d'un micromètre servant à mesurer les distances.	8	»
Lunette militaire assez courte pour être tenue d'une seule main, avec micromètre pour la mesure des distances...........	30	»

Lunettes marines.

	fr.	c.
Lunette de mer ou de jour et de nuit, à un seul tirage, corps couvert en peau, recouvrement pour le soleil, objectif de 36 millimètres de diamètre ; longueur totale, 70 centimètres.........	40	»
La même, objectif de 43 millim^{es} de diam. ; longueur totale, 90 cent^{es}. ...	50	»
— — de 50 — — 95 —	60	»

OPTIQUE.

Lunettes montées sur pied.

Lunettes dont le corps est en cuivre et montées sur une colonne à pieds de biche également en cuivre, crémaillère à l'oculaire, oculaires de grossissements différents, boîte à serrure :

	fr.	c.
Objectif de 43 millimètres de diamètre et de 60 à 75 centimètres de foyer, 2 oculaires.	125	»
Objectif de 61 millimètres et d'environ 80 centimètres de foyer, 3 oculaires	240	»
Objectif de 75 millimètres, 4 oculaires.	350	»
— 81 — 4 —	440	»
— 95 — 5 —	600	»
Lunette à objectif de 81 millimètres, montée sur un pied en acajou à 6 branches, colonne en cuivre qui s'élève et s'abaisse à volonté par une crémaillère pour observer debout ou assis, 4 oculaires	530	»
Idem, dont le pied est muni de mouvements à vis de rappel	630	»

Lunettes astronomiques.

	fr.	c.
Lunette de 11 centimètres de diamètre et de 1 mètre 50 centimètres à 1 mètre 80 de foyer, chercheur à vis de rappel, 5 oculaires célestes et 2 terrestres, montée sur un grand pied à chaînes	1200	»
Lunette de 16 centimètres de diamètre et de 2 mètres à 2 mètres 50 centimètres de foyer, mêmes accessoires que la précédente et montée sur pied à chaînes	2500	»

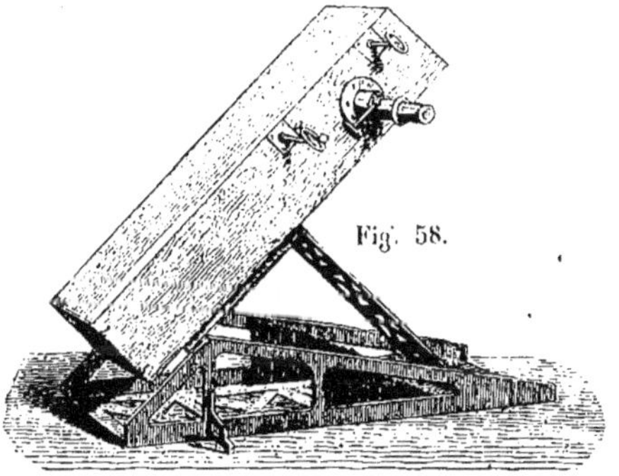

Fig. 58.

	fr.	c.
Télescope de M. Léon Foucault, à miroir argenté, de 108 millimètres d'ouverture et 52 centimètres de foyer, avec son pied et son oculaire à grossissements variables (fig. 58)	250	»

(Les prix des dimensions supérieures ne sont pas encore fixés.)

M. Foucault eut l'idée ingénieuse de substituer aux miroirs métalliques des anciens télescopes et aux objectifs achromatiques des réfracteurs modernes, un miroir de verre sur la surface réfléchissante duquel il dépose une couche très-mince d'argent. Les images formées au foyer d'un tel miroir sont si nettes, si pures et si éclairées, qu'elles peuvent être grossies impunément un très-grand nombre de fois. C'est ainsi qu'un télescope de 52 centimètres de longueur peut supporter une amplification de plus de 150 fois sans traces d'aberration et tout en conservant aux images une intensité lumineuse considérable.

Nous croyons que les télescopes de M. Foucault ne peuvent manquer de doter l'astronomie physique de nouvelles et nombreuses découvertes.

Accessoires de lunettes astronomiques.

	fr.	c.
Oculaire à 2 lentilles pour les observations astronomiques.	15	»
— à 4 — — terrestres.	20	»
— avec série de 5 prismes de divers angles pour mesurer l'écartement des étoiles doubles.	45	»
Oculaire avec série de 5 prismes biréfringents pour mesurer le diamètre des planètes.	75	»
Verre noir, monté en corne, en forme de lorgnon pour observer le soleil.	2	»
— — en cuivre.	4	»
Hélioscope ou prisme en matière colorée.	20	»
Appareil de M. Arago pour déterminer le grossissement des lunettes, avec un tableau composé d'une série de disques de différents diamètres	12	»
Dynamètre de Ramsden pour le même usage	15	»

Pieds de lunettes terrestres et astronomiques.

	fr.	c.
Pied à 3 branches, avec gouttière se mouvant horizontalement et verticalement, pour lunettes de 50 centimètres à 1 mètre.	15	»
Pied à 6 branches, pouvant supporter des lunettes plus fortes.	35	»
— avec la colonne et les mouvements en cuivre.	60	»
Pied en acajou à colonne en cuivre, qui s'élève et s'abaisse à l'aide d'une crémaillère, ce qui permet d'observer debout ou assis	200	»
Le même, avec l'addition de vis de rappel qui donnent des mouvements lents dans les deux sens.	325	»
Pied mécanique dit à chaînes ou à la Cauchoix, pour lunettes de 11 cent^{es} de diam.	350	»
— — — — de 16 — —	450	»

Optiques et Cosmorama.

	fr.	c.
Optique montée sur pied, verre de 16 centimètres, monture en acajou verni	35	»
Gravures coloriées pour être vues avec l'instrument ci-dessus . . . . . chacune.	5	»
Cosmorama, N° 1, pour tableaux de 20 centimètres sur 30, meuble en acajou, et 12 tableaux transparents à double effet.	80	»
— N° 2, à 2 verres, pour tableaux de 45 centimètres sur 55	300	»
— N° 3, à 3 — de 1 mètre sur un mètre 20 cent^{es}.	500	»
Tableaux transparents ou dioramiques pour les appareils ci-dessus :		
Pour le n° 1, jolies gravures coloriées . . . . chacune.	5	»
— 2, tableaux peints à la gouache . . . . . . chacun. 30 fr. à	40	»
— 3, — — . . . . . . — 70 fr. à	100	»

Lanternes magiques et Fantasmagories.

	fr.	c.
Garnitures de lentilles ou demi-boules pour lanternes magiques et fantasmagories :		
De 55 millimètres de diamètre.	2	50
De 70 — —	5	»
De 80 — —	9	»
De 11 centimètres —	12	»
De 13 1/2 — —	20	»
De 16 1/2 — —	35	»

OPTIQUE.

	fr.	c.
Lanternes magiques accompagnées de 12 verres peints :		
N° 1, demi-boule de 55 millimètres de diamètre, avec une lampe ordinaire.	8	»
La même, avec lampe à mèche ronde, verre et réflecteur.	14	»
N° 2, demi-boule de 70 millimètres de diamètre, avec une lampe ordinaire.	14	»
La même, avec lampe à mèche ronde, verre et réflecteur.	20	»
N° 3, demi-boule de 80 millimètres de diamètre, avec une lampe ordinaire.	20	»
La même, avec lampe à mèche ronde, verre et réflecteur.	28	»
Grande lanterne magique montée sur un chariot à roulettes, objectif à crémaillère, lampe à réflecteur parabolique.	80	»
Verres peints ou tableaux pour lanterne magique :		
Pour le n° 1, de 55 millimètres. . . . . la douzaine.	4	»
— 2, de 70 — —	5	»
— 3, de 80 — —	7	»
Fantasmagorie montée sur un chariot, lentilles de 13 centimètres 1/2 de diamètre, donnant des images de 3 mètres 50 centimètres de hauteur.	250	»
Fantasmagorie des mêmes dimensions que la précédente, mais avec double appareil pour produire les effets polyoramiques ou de *dissolving views*	450	»
Fantasmagorie semblable à la précédente, mais étant munie d'un mécanisme qui, pour la fantasmagorie, maintient constamment l'image au foyer, quelle que soit la distance de l'appareil à la toile.	600	»
Grand polyorama muni de lentilles de 22 centimètres de diamètre, donnant des images de 5 mètres de hauteur.	800	»
Grand polyorama éclairé par le gaz oxy-hydrogène, lentilles de 22 centimètres de diamètre, donnant des images de 7 mètres de hauteur, avec les gazomètres et ustensiles nécessaires à la production des gaz oxygène et hydrogène.	1250	»
Idem, lentilles de 27 centimètres de diamètre, donnant des images de 8 mètres de hauteur.	1600	»
Tableaux de fantasmagorie à fond noir, peintures ordinaires. . . . . 2 fr. à	4	»
— — mécanisés, — —	6	»
— — à fond noir, peintures soignées . . . . 8 fr. à	12	»
— — mécanisés, — — . . 12 fr. à	18	»
Paysages pour les effets de polyorama et de *dissolving views*, chacun. 12 fr. à	18	»
— pour le polyorama à lentilles de 22 centimètres. . . — 50 fr. à	70	»
— 27 — 80 fr. à	100	»
Paysages mécanisés, tels que : moulins à vent et à eau, navires en mouvement, etc., pour lentilles de 13 centimètres 1/2. . . . . . chacun. 18 fr. à	25	»
— de 22 — 70 fr. à	90	»
— de 27 — 90 fr. à	110	»
Phénomènes météorologiques, tels que : aurore boréale, trombe marine, halos, mirages, orages, etc., pour lentilles de 13 centimètres 1/2. . chacun. 12 fr. à	18	»
— de 22 — . . . — 50 fr. à	70	»
— de 27 — 80 fr. à	100	»
Tableaux chromatropes. Ces tableaux produisent des effets de ballons, de losanges en mouvement, de sphères, étoiles lumineuses et colorées lancées dans toutes les directions, etc., pour lentilles de 13 centim^{es} 1/2. . chacun. 22 fr. à	30	»
— de 22 —	50	»
— de 27 —	60	»

36.

INSTRUMENTS DE PHYSIQUE.

	fr.	c.
Tableaux, tels que : statues, portraits, reproductions de gravures et de tableaux, paysages, etc., obtenus par la photographie :		
Pour lentilles de 13 centimètres 1/2. . . . . chacun. 10 fr. à	15	»
— de 22 — — 15 fr. à	25	»
— de 27 — — 20 fr. à	35	»
Collection de 12 tableaux non mécanisés, représentant les principaux phénomènes astronomiques, tels que : systèmes de Copernic et de Tycho-Brahé ; théorie des saisons, équinoxes et solstices ; démonstration de l'attraction et des lois de la pesanteur ; idem, de la réfraction ; phases de la lune ; positions de la terre, de la lune et du soleil pendant la conjonction ; ascension droite et déclinaison ; vue télescopique de la lune, de Jupiter, de Saturne, de Mars ; éclipse totale de lune, etc., pour lentilles de 13 centimètres 1/2.	190	»
— de 22 et 27 centimètres de diamètre. . . .	280	»
Collection de 10 tableaux astronomiques mécanisés, tels que : systèmes de Copernic et de Ptolémée ; trajectoire parabolique d'une comète ; le soleil, la terre et les douze signes du zodiaque ; explication des marées ; rotation de la terre produisant le jour et la nuit ; sphéricité de la terre ; éclipse de soleil ; éclipse de lune, etc., pour lentilles de 13 centimètres 1/2.	300	»
— de 22 et 27 centimètres.	450	»
Toile blanche de calicot pour recevoir les images, de 3 mètres 30 cent^{es} de côté.	18	»
— — — — de 5 — —	45	»
— — — — de 7 — —	80	»
Feuille de tôle pour imiter le bruit du tonnerre	8	»
— en cuivre très-mince pour la pluie.	3	»
Grand appareil pour la grêle.	25	»
Appareil pour imiter la chute de la neige	15	»

Chambres claires.

Chambre claire de Wollaston pour le dessin d'après nature	35	»
— plus complète, avec verres de couleur et verres convexes pour éviter la parallaxe ; permettant de dessiner à toutes les échelles et dans toutes les circonstances.	75	»
Pied à 6 branches, très-léger, avec planchette pour dessiner en campagne . . .	18	»
— à double planchette à charnières pour copier les tableaux inclinés et les plafonds.	25	»
Tabouret en forme de canne.	8	»

Chambres noires.

Chambre noire à tiroir, avec miroir et glace dépolie, de 25 cent^{es} de longueur.	15	»
— — — — de 35 —	22	»
— — — — de 50 —	32	»
Grande chambre noire d'artiste, à prisme et à rideaux, pieds brisés, tablette à charnière, le tout se renfermant dans une boîte	90	»
La même, avec addition d'une lentille qui permet de dessiner les objets rapprochés, faire des portraits, etc.	100	»

OPTIQUE DÉMONSTRATIVE.

Sources lumineuses.

		fr.	c.
Héliostat de M. Silbermann, servant à donner aux rayons solaires une direction constante pendant tout le temps que le soleil reste au-dessus de l'horizon...		500	»
Platine en cuivre se vissant au volet, et portant un tube sur lequel s'adaptent les diverses pièces servant aux expériences............		25	»
Porte-lumière solaire, avec glace étamée pour la lumière ordinaire, et glace noire pour la lumière polarisée...........		200	»
Diaphragme à ouvertures circulaires de différents diamètres........		15	»
— — — de différentes formes..........		15	»
Régulateur photo-électrique, donnant un point lumineux fixe et toujours centré.		250	»
Batterie électrique de 50 éléments de Bunsen pour faire fonctionner cet appareil.		300	»
Chalumeau à gaz oxy-hydrogène pour produire la lumière de Drummond....		90	»
Deux sacs en caoutchouc pour contenir les gaz oxygène et hydrogène......		180	»
Lampe à modérateur dont le tube central donne passage à un courant d'oxygène qui accroît considérablement la lumière..............		18	»
Grande lanterne recevant tous les appareils de projection, et renfermant soit le régulateur photo-électrique, soit le chalumeau à gaz, soit la lampe à modérateur.............................		250	»
Porte-lumière double, donnant deux rayons lumineux pour produire les effets de polyorama par la lumière solaire, et permettant aussi de superposer des rayons diversement colorés.....................		600	»
Écran en carton, monté sur pied pour recevoir les images projetées......		15	»

Réflexion de la lumière.

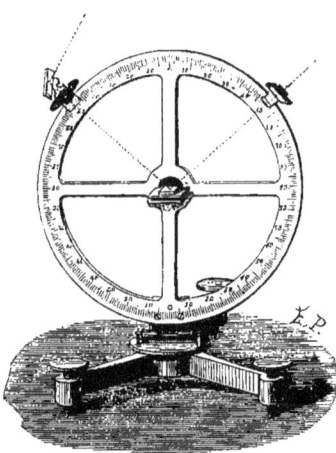

Fig. 59.

Appareil pour démontrer les lois de la réflexion et de la réfraction de la lumière (fig. 59).......................		180	»

	fr.	c.
Autre appareil plus complet pour la même démonstration, et prouvant aussi la constance du rapport qui existe entre les sinus des angles d'incidence et de réflexion.	250	»
Miroirs en verre étamé, plan, concave et convexe, montés sur pieds en acajou verni, les 3 miroirs de 19 centimètres de diamètre.	100	»
— de 22 — —	140	»
— de 32 — —	450	»
Miroir métallique plan de 11 centimètres de diamètre, monté sur pied à mouvements.	80	»
Miroir en glace étamée à surfaces parallèles, monté sur pied à mouvements.	40	»
— moitié étamée et moitié noircie — —	40	»
Appareil à glaces mobiles à charnières, avec arc de cercle divisé pour démontrer la loi des réflexions multiples et le principe du kaléidoscope.	80	»
Kaléidoscope simple	3	»
— à lentilles, appelé aussi multipanorama.	4	»
Cylindre en verre argenté pour démontrer les caustiques ou l'aberration de sphéricité par réflexion.	25	»
Miroir cylindrique dit à anamorphoses, avec 6 tableaux.	10	»
— — grand modèle.	35	»
Miroir conique, avec 6 tableaux.	10	»
— — grand modèle.	35	»
Appareil pour la réflexion totale de la lumière dans une veine fluide.	60	»
Le même, monté sur un piédestal en bois.	100	»
Miroirs en glace noire pour les peintres de paysages :		
Glace noircie, ronde, de 16 centimètres de diamètre, cadre en bois.	5	»
— noire naturelle, carrée, de 11 centimètres sur 15, montée en acajou.	15	»
— — — de 16 — sur 22, —	20	»

Réfraction de la lumière.

Diaphragme à flèche et tringle de verre pour projeter le phénomène de la réfraction.	10	»
Cuve à eau cylindrique, avec fenêtre et demi cercle divisé pour démontrer la réfraction des liquides.	40	»
Prisme de Borda pour déterminer l'indice de réfraction des gaz.	130	»
— à prisme mobile muni d'une lunette pour le pointage, et d'un collimateur pour remplacer une mire éloignée.	250	»
Cuve en glace de forme cubique, avec une séparation en glace suivant la diagonale.	36	»
Prisme à faces en glaces et à angle variable pour démontrer la réfraction à travers les prismes de différents angles.	180	»
Prisme creux à plusieurs compartiments pour démontrer d'un seul coup la réfraction à travers divers liquides.	40	»
Prisme-flacon de M. Biot pour la recherche de l'indice de réfraction des liquides.	60	»
— — pour contenir du sulfure de carbone.	55	»
Goniomètre de M. Babinet servant non-seulement à la mesure des angles des cristaux, mais encore à déterminer les indices de réfraction et de dispersion des corps transparents prismatiques.	200	»
Réfractomètre de M. Bernard pour mesurer l'indice de réfraction des corps terminés par des faces parallèles.	300	»

OPTIQUE DÉMONSTRATIVE. 567

Raies du spectre, Achromatisme.

	fr.	c.
Prisme rectangulaire en crown pour obtenir la réflexion totale, monté sur pied à mouvements.	40	»
Idem, pour l'angle limite.	35	»
Prisme équilatéral en flint.	60	»
— en cristal de roche.	80	"
Diaphragme à large ouverture rectiligne partagée en deux par un verre rouge pour démontrer que la lumière rouge homogène n'est pas décomposée, mais seulement déplacée.	10	»
Appareil composé de 7 miroirs plans pour la recomposition de la lumière déjà décomposée par un prisme.	90	»
Prisme oscillant pour la recomposition de la lumière blanche par la superposition des diverses parties du spectre.	60	.
Disque de Newton pour la recomposition de la lumière blanche par la rotation.	8	.
— tournant au moyen d'une manivelle.	40	»
— peint sur verre et visible par transparence, pour servir à la projection.	30	"
Deux verres de couleurs complémentaires, montés dans un double lorgnon.	10	»
Deux prismes isocèles en flint pour l'expérience des prismes croisés.	80	»
Prisme pyramidal donnant quatre spectres.	40	"
— conique donnant un spectre circulaire.	40	»
Diaphragme à ouverture rectiligne variable, s'adaptant aux appareils porte-lumière.	30	»
Idem, monté sur pied.	45	»
Lentille achromatique, montée en cuivre pour la projection des raies du spectre.	50	.
Lenti-prisme de M. Mathiessen pour montrer les raies qui se trouvent dans les parties sombres du spectre.	180	»
Goniomètre de M. Babinet, muni d'un prisme équilatéral en flint pesant, et dans lequel la lunette collimateur est remplacée par un écran rectiligne à ouverture variable pour mesurer l'écartement des raies du spectre.	220	.
Spectre solaire lithographié en couleurs, avec les raies de Fraunhofer et d'Ed. Becquerel et la courbe des intensités lumineuses.	6	»
Spectre solaire obtenu par réfraction au travers d'un prisme de sulfure de carbone, et imprimé en couleur sur les indications de M. Chevreul.	6	»
Tableau peint à l'huile, sur carton, représentant le spectre solaire par réfraction, avec les raies d'après Fraunhofer et Ed. Becquerel; le spectre solaire par diffraction, et le spectre par réfraction produit par la lumière d'une lampe; plus les courbes des intensités lumineuses.	40	»
Idem, peint à l'huile, sur toile de 55 centimètres sur 115.	100	»
Ballon pour contenir la vapeur d'iode destinée à faire naître des bandes obscures dans le spectre.	25	»
Tube à gaz nitreux pour produire des raies d'absorption dans le spectre.	18	»
Appareil de M. Stokes pour projeter les phénomènes de fluorescence.	120	»
Verre violet et dessin au sulfate de quinine pour les expériences de M. Stokes.	15	»
— d'urane pour la fluorescence.	15	»
Phosphoroscope de M. Ed. Becquerel pour observer par transparence les phénomènes de fluorescences.	300	»
Idem, pour observer par réflexion.	300	»
Polyprisme composé de 6 matières différentes pour démontrer les différences d'in-		.

	fr.	c.
dice de réfraction et de dispersion des différents milieux, avec écran opaque mobile pour intercepter à volonté chaque spectre.	60	»
Prismes en flint et en crown, montés sur le même pied, pour la théorie de l'achromatisme.	40	»
Prisme en flint et 2 prismes en crown pour la même expérience.	50	»
Diasparomètre de Rochon pour l'achromatisation des prismes et des lentilles.	120	»

Réfraction par les lentilles.

Grande cuve en glace, ayant une lentille à deux de ses extrémités pour la démonstration des lois de la réfraction à travers les milieux à surfaces planes ou courbes.	200	»
Lentilles convexe, concave ou ménisque du même foyer, montées sur pied en cuivre à mouvements, de 8 centimètres de diamètre........chacune.	20	»
de 11 — —	30	»
Lentille convergente de 19 centimètres de diamètre, montée sur pied et munie de 2 diaphragmes : l'un annulaire pour montrer l'aberration de sphéricité, et l'autre percé de trous suivant un diamètre pour faire voir les aberrations sphérique et chromatique.	90	»
Lentille à échelons, système Fresnel, à deux anneaux ; lentille centrale de 404 millimètres de diamètre ; distance focale, 50 centimètres ; montée sur pied, avec porte-creuset pour la fusion des métaux.	500	»
Idem, lentille centrale de 18 centimètres de diamètre et 15 centimètres de foyer.	270	»
Focomètre pour mesurer avec une grande exactitude les distances focales des lentilles convergentes et divergentes.	200	»
Sphéromètre mesurant avec une exactitude de 1/1000ᵉ de millimètre la flèche de courbure des lentilles et l'épaisseur des lames planes.	100	»

Double réfraction.

Prismes biréfringents achromatisés, en quartz............10 fr. à	15	»
— — en spath............7 fr. à	15	»
Rhomboèdre de spath d'Islande travaillé sur toutes les faces rhomboïdales naturelles, et de plus, ayant deux plans perpendiculaires à l'axe du cristal, par lesquels le rayon extraordinaire, ne s'écartant pas de l'axe, coïncide avec le rayon ordinaire (suivant le volume et la pureté)............20 fr. à	200	»
Prisme biréfringent, avec double prisme mobile en crown pour achromatiser à volonté le rayon ordinaire et le rayon extraordinaire.	40	»
Prismes biréfringents de même angle, montés ensemble pour l'expérience d'Huygens.	40	»
Lunette micrométrique de Rochon, de 50 centimètres de foyer.	110	»
— — de 66 — —	150	»

(Chacun de ces instruments muni d'une crémaillère coûte 15 fr. de plus.)

Double prisme de Fresnel, composé de deux prismes de quartz de rotation inverse pour montrer la double réfraction circulaire suivant l'axe.	45	»
Spath d'Islande (carbonate de chaux cristallisé) dont la cristallisation est très-nette, mais dont la transparence est incomplète............le kilog.	100	»
Idem, dont la transparence est plus parfaite............—	250	»
— dont la pureté est complète............—	300	»

Polarisation.

	fr.	c.
Glace noire, montée sur pied à mouvement d'inclinaison.	40	»
Pinces à tourmalines taillées parallèlement à l'axe; suivant le pouvoir polarisant, les dimensions des pierres et leur pureté. . . . . 8 fr. à	50	»
Tourmalines taillées parallèlement à l'axe, servant à produire de la lumière polarisée, et s'adaptant aux appareils porte-lumière . . . . 20 fr. à	50	»
Prismes de Nicol, en spath d'Islande, dimension moyenne . . . . . 8 fr. à	25	»
— — très-grands . . . . 50 fr. à	150	»
Appareil de Norrenberg pour l'étude de la lumière polarisée.	120	»
Idem, perfectionné par M. Wheatstone; l'axe de l'appareil s'incline de manière à transmettre à l'œil des rayons polarisés elliptiquement par réflexion sur des miroirs métalliques.	450	»
Verres trempés de différentes formes . . . . la pièce.	4	»
Appareil à chauffer le verre, avec verre de rechange	10	»
— pour l'étirer.	18	»
Presse pour le courber	18	»
— pour le comprimer.	18	»
Étoiles, papillons, fleurs et divers sujets en lames minces de chaux sulfatée. 8 fr. à	50	»
Deux lames de mica, ayant la longueur dite d'un quart d'onde pour produire la lumière polarisée circulairement.	12	»
Parallélipipèdes de Fresnel pour produire la polarisation circulaire.	35	»
Huit quartz taillés perpendiculairement à l'axe et de différentes épaisseurs, donnant les couleurs du spectre.	35	»
Deux quartz minces parallèles à l'axe, dont un concave pour donner les couleurs correspondant aux diverses épaisseurs du quartz.	16	»
Deux quartz perpendiculaires, tournant dans les deux sens, pour les spirales de M. Airy.	12	»
Appareil pour les hyperboles mobiles.	35	»
Appareil de M. Delezenne pour montrer les franges qui se produisent quand la lumière polarisée traverse deux quartz perpendiculaires à l'axe et inclinés l'un sur l'autre.	60	»
Prisme compensateur de M. Babinet	15	»
— de MM. Babinet et Jamin pour mesurer le déplacement du plan de polarisation	75	»
Appareil de M. Müller, faisant voir simultanément la croix noire et la croix blanche dans les plaques de spath perpendiculaires à l'axe.	35	»
Spath perpendiculaire à l'axe pour la démonstration de l'hémitropie	12	»
Appareil pour produire artificiellement les phénomènes que présentent les spaths hémitropes	18	»
Cristaux à 1 ou 2 axes pour les observations dans la lumière polarisée, tels que : spath calcaire, quartz, aragonite, tourmaline, aigue-marine, mica, bichromate de potasse, sucre, borax, topaze, plomb carbonaté, etc., suivant la beauté et la rareté de l'échantillon . . . . 3 fr. à	20	»
Lame de quartz taillée perpendiculairement à l'axe, et composée de 2 quartz de rotations inverses	10	»
Quartz naturel à 2 rotations, taillé perpendiculairement à l'axe. . . . . 15 fr. à	25	»
Loupe de M. Heidinger pour le dichroïsme	30	»
Deux tourmalines montées pour le dichroïsme.	30	»
Appareil de M. Soleil pour mesurer l'inclinaison des axes optiques des cristaux. .	200	»

570   INSTRUMENTS DE PHYSIQUE.

	fr.	c.
Scopéloscope d'Arago.	10	»
Polariscope de M. Babinet, avec un verre trempé.	16	»
— de Savart.	12	»

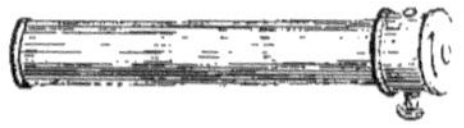

Fig. 60.

Fig. 61.

	fr.	c.
Polariscope d'Arago, muni d'une plaque de quartz à 2 rotations, servant à reconnaître la direction du plan de polarisation (fig. 60)	25	»
Polariscope d'Arago, portant une pile de glaces polarisateur et un cercle gradué à l'analyseur, monté sur pied.	100	»
Cyano-polarimètre d'Arago pour déterminer l'intensité de la couleur bleue du ciel (fig. 61)	180	»
Appareil destiné à projeter tous les phénomènes de double réfraction et de polarisation rectiligne, circulaire, elliptique et rotatoire. Cet appareil s'adapte sur tous les porte-lumière.	260	»
Porte-objet à engrenage, destiné à recevoir les cristaux qui doivent être observés avec l'appareil précédent	12	»
Grand appareil pour répéter les expériences fondamentales de la polarisation, par réflexion, par réfraction, double réfraction, polarisation circulaire, pouvoir rotatoire, inversion du quartz, couleurs complémentaires, anneaux colorés, verres trempés; avec une collection de cristaux, de verres trempés et de tubes de diverses longueurs.	550	»
Appareil de M. Mitcherlisch pour l'étude de la polarisation rotatoire (fig. p. 309).	130	»
Saccharimètre-Soleil pour la polarisation des liquides (voir fig. 27, p. 386)	280	»
Diabétomètre de M. Robiquet (voir fig. 26, p. 385).	90	»
Albuminimètre de M. Al. Becquerel	150	»

OPTIQUE DÉMONSTRATIVE.

Diffraction et Interférences.

	fr.	c.
Banc pour les expériences de diffraction et d'interférences, muni d'une série d'écrans destinés à montrer les différents cas de rencontre et d'influence des ondes lumineuses. Un micromètre oculaire de Fresnel permet de mesurer la longueur des ondes.	600	»
Appareil de S'Gravesande, ou écran à ouverture rectiligne ou conique variable.	70	»
Micromètre oculaire de Fresnel.	120	»
Appareil de Brewster pour obtenir les interférences par l'action des lames épaisses.	55	»
Appareil pour projeter les interférences produites par réflexion sur les lames épaisses.	15	»
Support destiné à contenir une lame de mica pour obtenir les interférences dans la partie la plus réfractée du spectre.	8	»
Appareil de M. de Wrede pour les interférences.	30	»
Deux réseaux rectilignes tracés au diamant sur verre, et mobiles pour produire les spectres des réseaux à mailles carrées.	50	»
Réseau circulaire tracé sur verre, monté en cuivre.	50	»
Bouton de Barton pour produire les spectres d'interférence par réflexion.	18	»
Appareil de Newton pour montrer les anneaux colorés par réflexion et par transmission.	24	»
Idem, monté sur pied à mouvements, pour voir les anneaux colorés par réflexion.	45	»
Miroir concave et diaphragme pour produire les anneaux colorés des lames épaisses.	50	»
Eriomètre d'Young pour mesurer le diamètre des globules très-petits, les épaisseurs des fibres déliées, etc.	60	»
Petit appareil pour la projection des halos.	5	»

Optique physiologique. Vision.

OEil de grande dimension, avec une portion de l'orbite, les muscles, les vaisseaux, les nerfs, les membranes, le corps vitré, etc.	60	»
(Ce modèle fait partie de la collection d'anatomie clastique du docteur Auzoux.)		
OEil pour expliquer l'effet des besicles sur le cristallin.	36	»
Phénakisticope de M. Plateau pour la persistance des images sur la rétine, avec une série de tableaux.	8	»
Idem, à images transparentes pour la projection.	100	»
Chaque image pour le phénakisticope à projection.	20	»

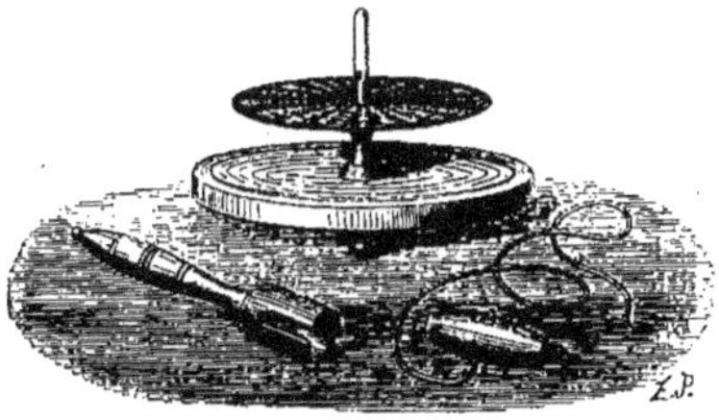

Fig. 62.

Gyro-chromoscope (kaleidoscopic-colour-top de M. J. Gorham) pour le mélange des couleurs par la rotation, et leur séparation par la persistance des sensations sur la rétine; couleurs complémentaires, teintes graduées, teintes fondues, contraste, etc. (fig. 62). . . . . 20 »

INSTRUMENTS DE PHYSIQUE.

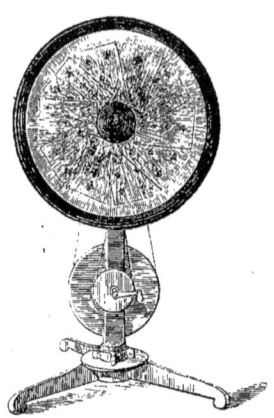

Fig. 63.

	fr.	c.
Anorthoscope de M. Plateau pour la persistance des images, leur multiplicité et l'anamorphose du mouvement de rotation, avec 12 tableaux (fig. 63).	20	»
Ophthalmoscopes (voy. p. 313).		
Stéréoscopes (voy. p. 605).		

Photomètres.

	fr.	c.
Photomètre de Rumford, fondé sur la comparaison de l'intensité des ombres	15	»
— de M. L. Foucault, fondé sur le même principe, mais d'une plus grande sensibilité	35	»
Idem, de Bunsen	25	»
— de Wheatstone, fondé sur la persistance des images sur la rétine	30	»
— de M. Babinet, fondé sur la polarisation de la lumière	150	»

MÉTÉOROLOGIE.

Baromètres d'observation.

	fr.	c.
Grand baromètre à siphon, mesurant la pression de l'air, avec une approximation de 1/100ᵉ de millimètre.	800	»
Baromètre à pointage électrique, mesurant les mouvements de la colonne barométrique, avec une approximation de 1/100ᵉ de millimètre.	225	»
Baromètre-étalon à cuvette, d'après M. Regnault.	150	»
Baromètre à siphon divisé sur verre; le tube et le thermomètre sont fixés sur une planchette d'acajou.	60	»
Baromètre à siphon, système de Gay-Lussac, disposé pour la mesure des hauteurs; les deux verniers donnent le dixième de millimètre; étui pour le voyage.	90	»
Baromètre à niveau constant, système de Fortin, pour les observations quotidiennes et la mesure des hauteurs; le vernier donne le 20ᵉ de millimètre, étui en cuir pour le voyage.	110	»

MÉTÉOROLOGIE.

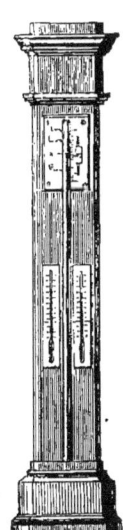

Fig. 64.

	fr.	c.
Grand baromètre à niveau constant, système de Fortin, semblable à celui de l'Observatoire de Paris (fig. 64).	400	»
Trépied en cuivre avec suspension de Cardan pour supporter les baromètres de Fortin et de Gay-Lussac.	30	»
Planchette à suspension pour supporter le baromètre de Fortin et l'observer dans le cabinet.	30	»
Double suspension de Cardan pour soutenir le baromètre de Fortin à bord des navires.	30	»
Thermomètre dit à air libre, pour prendre la température de l'air à chaque observation barométrique, avec étui en cuivre.	10	»
Tube vide pour le baromètre Fortin.	2	»
Tube plein de mercure pour le baromètre Fortin.	15	»
Tube vide pour le baromètre Gay-Lussac.	4	»
Tube plein de mercure pour le baromètre Gay-Lussac.	18	»
Barométrographe de M. Ronalds inscrivant photographiquement la pression barométrique à chaque instant de la journée.	800	»
Sympiézomètre de MM. Bunten et Silbermann.	70	»
Hypsomètre de M. Regnault, pour déterminer la température de l'ébullition de l'eau, et, par suite, la pression barométrique; avec thermomètre métastatique; étui en cuir, etc.	60	»
Thermomètre métastatique à ampoule pour l'hypsomètre.	30	»

Baromètres d'appartement.

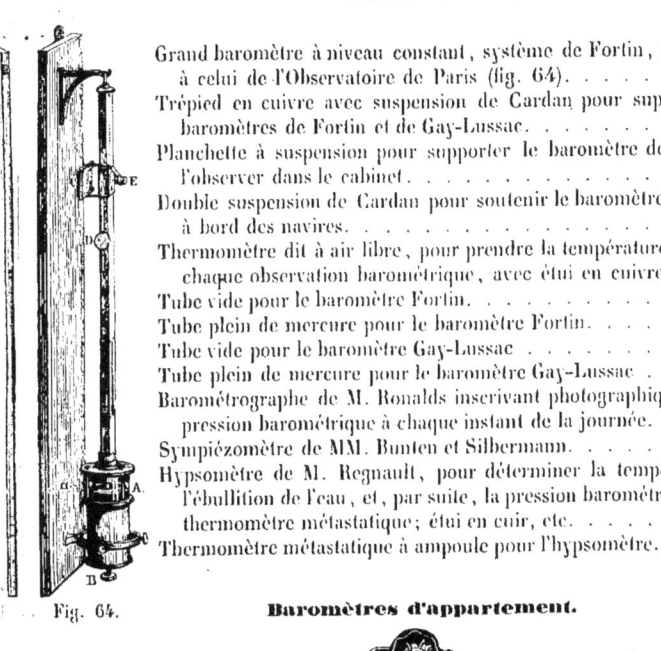

Fig. 65. Fig. 67. Fig. 66.

Baromètre à large cuvette monté sur planchette en acajou ou en palissandre; les

INSTRUMENTS DE PHYSIQUE.

	fr.	c.
divisions du baromètre et du thermomètre sont imprimées sur des plaques de porcelaine.	100	»
Idem. Dont les divisions sont gravées sur cuivre argenté.	80	»
Baromètre à siphon et à robinet; planchette en palissandre sculpté, divisions imprimées sur porcelaine.	120	»
Idem. Planchette à pans coupés (fig. 65).	80	»
Idem. En bois d'acajou ou de palissandre uni, divisions gravées sur cuivre argenté.	70	»
Idem. Les divisions écrites sur bois de houx.	50	»
Idem. Avec une monture plus simple (fig. 66).	35	»
Idem. Monté sur une planchette de bois peint.	16	»
Baromètre à cadran, bois de palissandre sculpté, divisions du cadran et du thermomètre imprimées sur porcelaine (fig. 67).	140	»

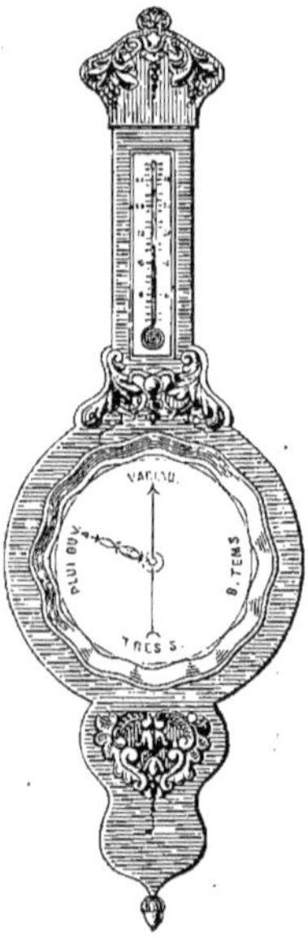

Fig. 68.    Fig. 70. 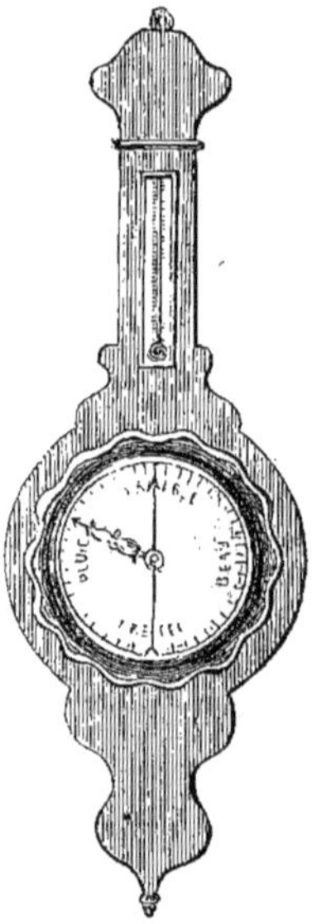   Fig. 69.

Idem. D'une ornementation plus simple (fig. 68).	90	»
Idem. En palissandre uni (fig. 69)	75	»
Idem. En chêne verni.	70	»
Idem. Plus simple; le cadran est imprimé sur carte porcelaine.	45	»
Baromètre à petit cadran, bois en palissandre à pans coupés; plaques de porcelaine (fig. 70).	110	»

MÉTÉOROLOGIE.

Baromètres métalliques.

Fig. 71. 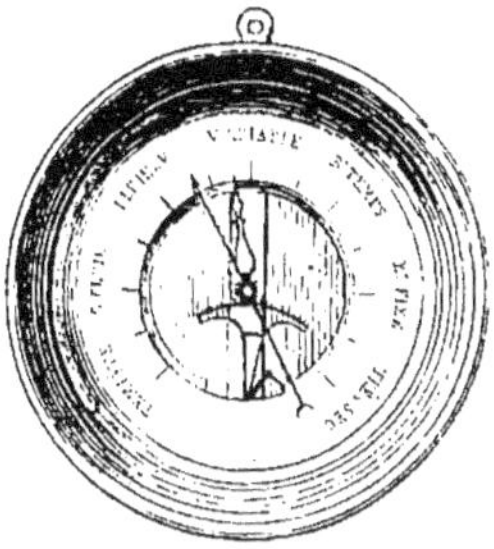   Fig. 72.

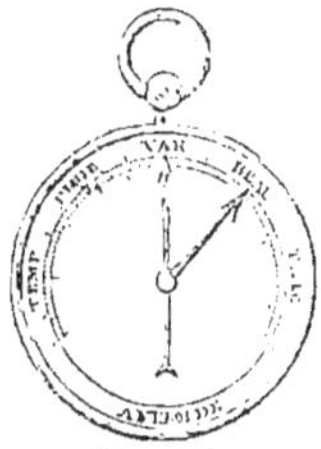

Fig. 73. 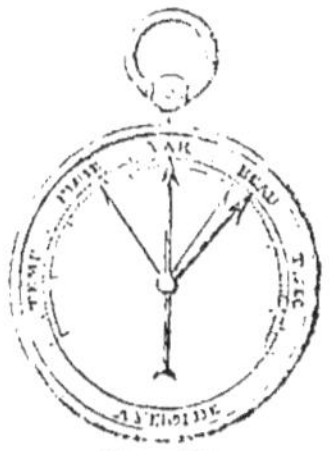   Fig. 74.

	fr.	c.
Baromètre métallique à boîte ronde, en cuivre, de 13 centimètres de diamètre, cadran à jour laissant voir le mécanisme ; écrin (fig. 71)............	65	»
Id. A cadre rond, en bois noir verni, de 31 c. de diamètre, cadran à jour (fig. 72).	75	»
Baromètre anéroïde, petit modèle ; cadran en carte porcelaine de 10 centimètres de diamètre ; écrin (fig. 73)............	50	»
Idem. Dont le cadran a 15 centimètres de diamètre............	60	»
Idem. Dont le cadran a 30 centimètres............	75	»
Addition aux baromètres ci-dessus, d'une double aiguille qui les transforme en baromètre à *maxima* et à *minima* (fig. 74)............	10	»

Thermomètres d'observation.

Thermomètre normal étalon, mesurant depuis — 10 jusqu'à + 110. La tige porte une échelle arbitraire de 4 à 500 divisions d'un écartement proportionné au calibre intérieur du tube (fig. 75)............	25	»
Idem. Dont la division donne directement les degrés et cinquièmes de degrés thermométriques............	25	»
Thermomètre d'observation divisé sur tige par cinquièmes de degré de — 25 à + 60............	15	»
Idem. A boule noire, pour les expériences sur l'absorption de la chaleur .	18	»
Idem. A boule dorée............	20	»
Idem. A boule argentée............	20	»
Idem. A boule couleur glauque............	18	»
Thermomètre métastatique d'après M. Walferdin ; la tige, de 30 centimètres de longueur, porte une échelle arbitraire calibrée............	25	»
Thermomètre métastatique différentiel d'après M. Walferdin, échelle arbitraire calibrée............	25	»

Fig. 75.

INSTRUMENTS DE PHYSIQUE.

Thermomètres à maxima et à minima.

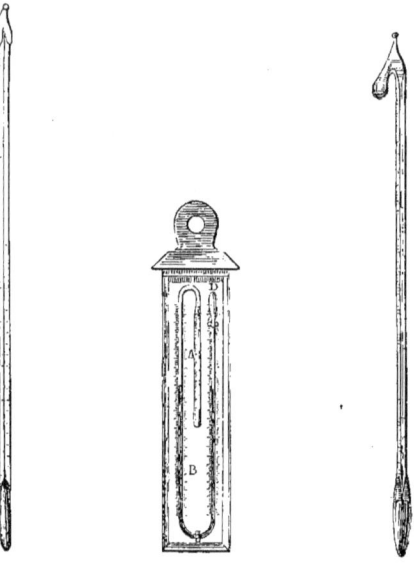

Fig. 76.   Fig. 78.   Fig. 77.

	fr.	c.
Thermomètre à maxima et à déversement de M. Walferdin, divisé sur verre; avec étui (fig. 76).	30	»
Thermomètre à minima de M. Walferdin, divisé sur verre; avec étui (fig. 77).	30	»
Les deux thermomètres à déversement, à maxima et à minima, et un thermomètre étalon.	70	»
Étui plongeur en cuivre, à parois très-résistantes, pour descendre les thermomètres au fond de la mer et dans les puits artésiens	60	»
Thermomètre à minima de Rutherford, divisé sur verre par cinquièmes de degré.	15	»
Idem. Divisé sur plaque de cuivre argenté; planchette en acajou	12	»
Idem. Divisé sur ardoise ou sur bois.	5	»
Thermomètre à maxima de MM. Negretti et Zambra, divisé sur verre par cinquièmes de degré.	20	»
Idem. Divisé sur cuivre argenté; planchette en acajou.	18	»
Idem. Divisé sur ardoise ou sur bois.	10	»
Thermométrographe de Bellani, divisé sur verre par cinquièmes de degré	25	»
Idem. Divisé sur cuivre argenté; planchette en acajou.	22	»
Idem. Divisé sur bois, et abrité par une guérite en tôle vernie (fig. 78)	20	»
Double suspension et caisse d'emballage pour le transport des thermométrographes.	6	»
Aimant en fer à cheval pour faire mouvoir les index des thermométrographes.	5	»
Thermométrographe enregistrant par la photographie la température de chaque instant de la journée	800	»

MÉTÉOROLOGIE. 577

	Tube à l'alcool.	Tube au mercure.
Thermomètres usuels pour l'extérieur.		
Thermomètre monté sur plaque de porcelaine.	9 fr. »	10 fr. »
Idem. Sur ardoise.	4 »	5 »
Idem. Sur bois; divisions gravées.	3 »	4 »
Thermomètre isolé monté sur une potence (fig. 79).	5 »	6 »
Thermomètre divisé sur glace, pour fixer devant les vitres, contre les traverses des fenêtres ; suivant les dimensions, de 20 fr. à.	» »	90 »
Thermomètres d'appartement et de voyage.		
Grand thermomètre monté comme le baromètre à large cuvette (p. 574), et devant lui faire pendant, c'est-à-dire sur bois d'acajou ou de palissandre, les plaques en cuivre argenté.	» »	80 »
Thermomètre monté sur une plaque de porcelaine incrustée dans un cadre en acajou ou en palissandre.	14 »	15 »
Idem. Plaque de cuivre argenté.	9 »	10 »
Idem. Plaque de bois de houx.	4 »	5 »
Thermomètre de poche divisé sur ivoire et renfermé dans un étui de cuivre.	» »	10 »
Idem. A boîte à coulisse en acajou ou palissandre ; plaque de cuivre argenté, d'ivoire ou de nacre, etc., de 10 fr. à.	» »	15 »
Température de la terre.	fr.	c.
Thermomètre de couches, renfermé dans un étui en zinc, pour reconnaître la température des couches dans les plantations, serres-chaudes, etc.	5	»
Thermomètre de 1 mètre de longueur pour mesurer la température de la terre à différentes profondeurs dans les opérations du drainage.	12	»
Pour les autres thermomètres (voy. p. 377).		

Fig. 79.

Construction des thermomètres.

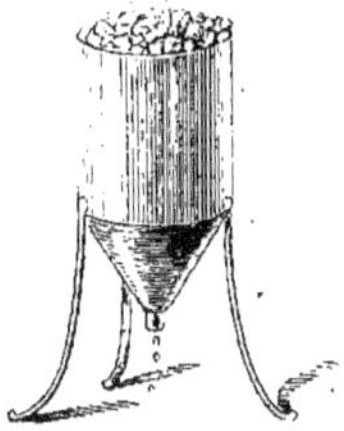

Fig. 80. 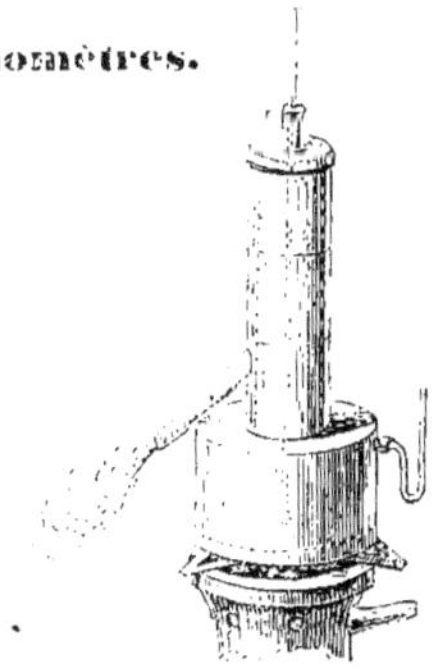 Fig. 81.

Récipient à fond percé pour déterminer le point 0° dans la neige ou dans la glace fondante (fig. 80).	6	»
Appareil de M. Regnault pour déterminer le point 100 degrés (fig. 81).	25	»

37

	fr.	c.
Lampes d'émailleur (voy. p. 366).		
Machine à diviser les lignes droites (voy. p. 401).		
Vernis pour la gravure sur verre . . . . l'hectogr.	1	50
Diamant pour graver sur verre.	4	»
Tubes en verre pour baromètres, et thermomètres à alcool ou au mercure, le kilog.	2	»
Idem. En cristal.	4	»
Idem. A bande d'émail renfermée dans l'intérieur des tubes.	10	»
Couteau pour couper les tubes de verre.	3	»
Appareil pour imprimer aux thermomètres un mouvement de rotation.	30	»
Idem. Mû par un mécanisme d'horlogerie	70	»

Viseurs et Cathétomètres.

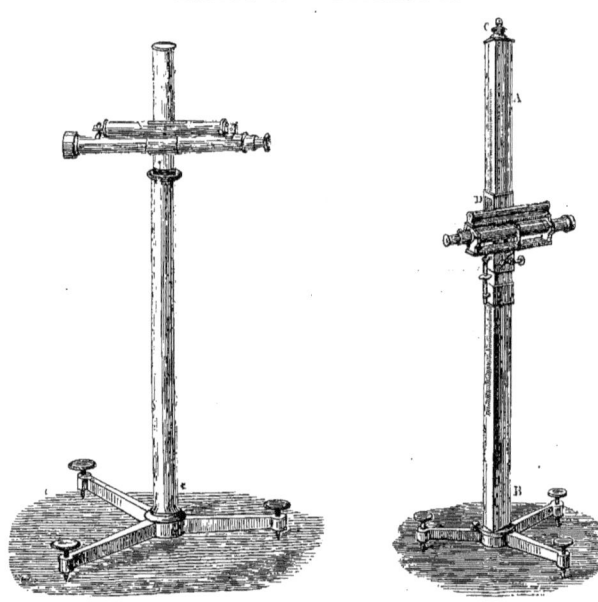

Fig. 82. Fig. 83.

Lunette ou viseur pour observer les thermomètres à distance (fig. 82).	90	»
Idem. Dont la lunette est montée comme celle d'un cathétomètre; la colonne est divisée, ce qui est souvent commode quand on veut mesurer avec une certaine approximation des hauteurs barométriques, etc.	150	»
Cathétomètre à règle triangulaire de 50 centimètres de course, vernier donnant le 20ᵉ de millimètre, etc. (fig. 83).	350	»
Idem, à règle triangulaire de 1 mètre, vernier donnant le 50ᵉ de millimètre . .	500	»
Le même, avec l'addition d'un microscope à vis micrométrique remplaçant le vernier, et donnant une approximation de 1/100ᵉ de millimètre.	550	»

MÉTÉOROLOGIE. 579

Chaleur solaire et rayonnement.

	fr.	c.
Thermomètre dont le réservoir occupe le centre d'une sphère de cuivre mince noirci de 1 décimètre de diamètre (le thermomètre divisé sur tige donne le cinquième de degré).	30	»
Pyrhéliomètre direct de M. Pouillet.	90	»
Pyrhéliomètre à lentille.	250	»
Actinomètre de M. Pouillet	70	»
Peau de cygne pour les observations actinométriques	15	»
Actinographe de M. Pouillet, inscrivant photographiquement, jour par jour, heure par heure, la présence du soleil et l'intensité de sa radiation.	150	»

Ozonométrie.

Ozonomètre de M. Schœnbein, composé d'une échelle ozonométrique et de 730 bandes de papier préparé pour les observations bi-quotidiennes d'une année.	6	»
Ozonomètre de M. Jame de Sedan, accompagné de la gamme chromatique de MM. Bérigny et J. Salleron, avec instruction.	6	»
Oxymètre de M. Houzeau, pour doser l'oxygène naissant contenu dans l'atmosphère	50	»

Hygrométrie (méthode chimique).

Aspirateur de 50 litres, muni à sa partie inférieure d'un robinet pour modérer l'écoulement. Une tubulure porte un thermomètre, qui, faisant connaître la température de l'air, permet de calculer exactement son volume (fig. 84).	55	»
Idem. De 25 litres	35	»

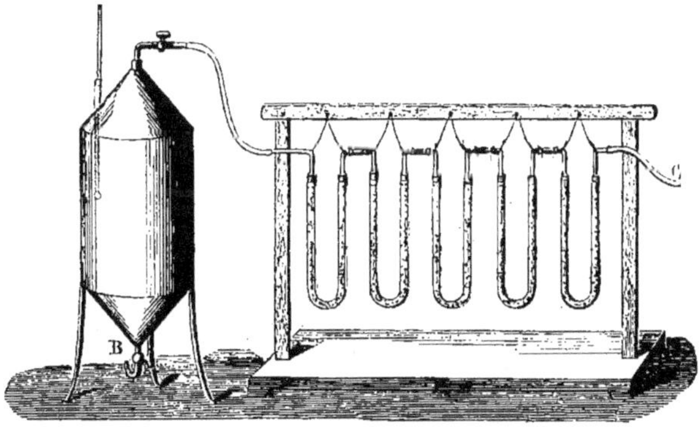

Fig. 84.

Cinq tubes en U suspendus à un support et mis en communication entre eux par des rallonges et des obturateurs en caoutchouc (fig. 84).	16	»
Balance pour peser les tubes en U, trébuchant à un milligramme sous la charge de 200 grammes dans chaque plateau. Une cage vitrée met le fléau à l'abri des courants d'air; série de poids de 200 grammes au milligramme.	260	»

37.

Hygromètres à condensation.

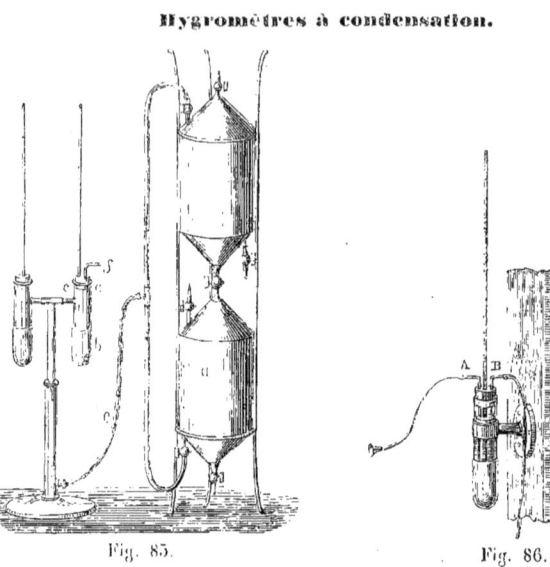

Fig. 85. Fig. 86.

	fr.	c.
Capsule en argent poli recevant un thermomètre divisé par cinquièmes de degré. (L'eau renfermée dans la capsule est refroidie par des additions successives d'azotate d'ammoniaque.)	35	»
Hygromètre de M. Regnault, avec deux thermomètres divisés par cinquièmes de degré, et aspirateur simple.	120	»
Hygromètre de M. Regnault, avec aspirateur double (fig. 85).	145	»
Hygromètre composé d'une seule tubulure, d'un seul dé d'argent et d'un seul thermomètre (fig. 86).	35	»

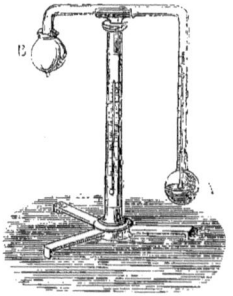

Fig. 87.

	fr.	c.
Hygromètre de Daniell, renfermé dans un écrin, avec flacon pour l'éther (fig. 87).	40	»
Hygromètre de M. Pouillet, à capsule dorée.	40	»
Thermomètre à virole d'or.	30	»

MÉTÉOROLOGIE.

Hygromètres de tension.

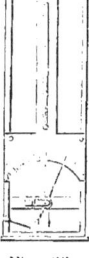
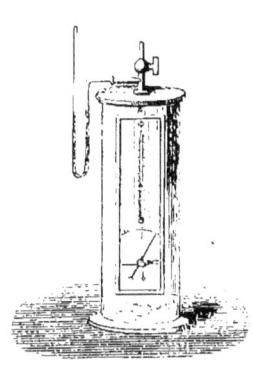

Fig. 88.   Fig. 89.

		fr.	c.
Hygromètre de Th. de Saussure, dont les points extrêmes ont été déterminés dans la sécheresse et dans l'humidité absolue, avec thermomètre et boîte (fig. 88).		30	»
Appareil de M. Regnault, pour transformer les degrés de l'hygromètre de Th. de Saussure en échelle des tensions de la vapeur (fig. 89)		35	»
Hygromètre de tension de M. P. Renoux, mesurant avec une grande exactitude la tension absolue de la vapeur d'eau contenue dans l'atmosphère.		70	»

Psychromètres.

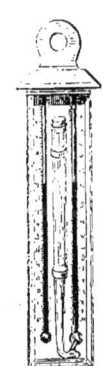

Fig. 90.

		fr.	c.
Psychromètre d'August, composé de deux thermomètres complètement isolés, divisés sur verre par cinquièmes de degré, avec écrin.		60	»
Idem. Spécialement disposé pour l'extérieur; les thermomètres divisés par cinquièmes de degré sont fixés sur une planchette de buis, renfermée au fond d'une guérite de tôle vernie qui garantit l'instrument de la pluie (fig. 90).		25	»

582 INSTRUMENTS DE PHYSIQUE.

	fr.	c.
Évaporation.		
Atmidomètre de M. de Gasparin, mesurant la quantité d'eau évaporée sur la surface de la terre.	60	»
Atmidoscope de M. Babinet.	20	»
Udomètres.		
Udomètre de M. Babinet, dont la base supérieure est de 1 décimètre carré.	35	»
Idem. Dont la base supérieure est de 4 décimètres carrés.	40	»
Udomètre totalisateur de M. H. Mangon, employé par l'Administration des ponts et chaussées.	80	»
Direction et vitesse des vents.		
Miroir pour observer la direction des nuages.	20	»
Girouette de 1 mètre 70 centimètres de hauteur, devant être fixée sur un toit ou sur une terrasse.	50	»
Idem. De 3 mètres de hauteur.	90	»
Idem. Terminée par une pointe de paratonnerre.	150	»
Anémoscope électrique de M. Th. Du Moncel, indiquant la direction du vent sur un cadran placé dans l'appartement.	150	»
Il faut ajouter à cet appareil :		
Câble composé de sept fils de cuivre isolés, le mètre.	1	75
Pile de deux éléments à courant constant renfermés dans une boîte.	10	»

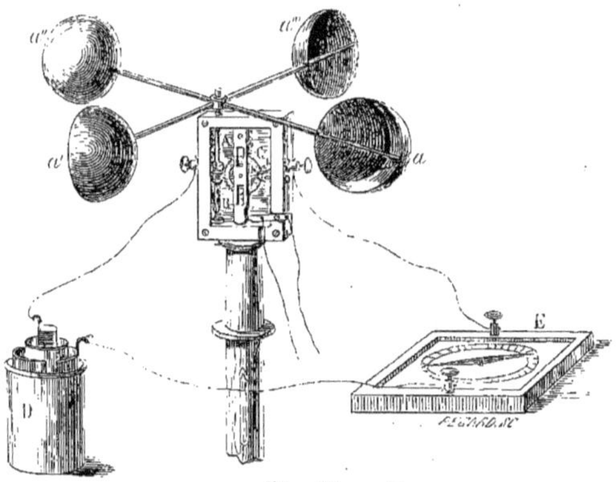

Fig. 91.

Anémomètre à ailes hémisphériques mesurant la vitesse des courants d'air, soit : le chemin qu'ils parcourent exprimé en mètres (fig. 91).	90	»
Galvanomètre pour transformer cet instrument en anémomètre électrique (fig. 91).	18	»
Pile de deux éléments à courant constant pour les observations anémométriques par l'électricité.	10	»
Fil de cuivre isolé dans de la gutta-percha, pour les conducteurs de l'anémomètre électrique . . . . le mètre.	»	25

	fr.	c.
Anémométrographe électrique inscrivant graphiquement la direction et l'intensité du vent pendant chaque instant de la journée	1000	»
Anémométrographe à indications électro-chimiques.	800	»
Il faut ajouter à ces appareils :		
Câble composé de dix fils de cuivre isolés . . . . le mètre.	2	50
Registre composé de 365 feuilles imprimées pour les observations d'une année.	30	»
Pile de six éléments à courant constant	20	»
Anémométrographe d'OEssler perfectionné, inscrivant à l'aide de crayons et sans le secours de l'électricité, la direction et la vitesse du vent pendant chaque instant de la journée	1000	»
Addition aux anémométrographes précédents d'un udométrographe, inscrivant la quantité de pluie tombée à chaque instant de la journée	200	»

Paratonnerres.

	fr.	c.
Pointe de paratonnerre, d'après l'ancien modèle de l'Académie des sciences . . .	18	»
Idem. Plus grand modèle	25	»
Pointe de paratonnerre, d'après le nouveau modèle de l'Académie, terminée par un cône de cuivre rouge.	12	»
Idem. Terminée par un cône de platine	140	-
Corde de paratonnerre, de 15 millim. de diamètre, tressée en fil de fer, le mètre.	1	60
Idem. De 18 millimètres	2	25
Idem. En fil de laiton, 15 millimètres.	4	25
Idem. — 18 —	5	25

MINÉRALOGIE.
Nécessaires pour les essais par le chalumeau.

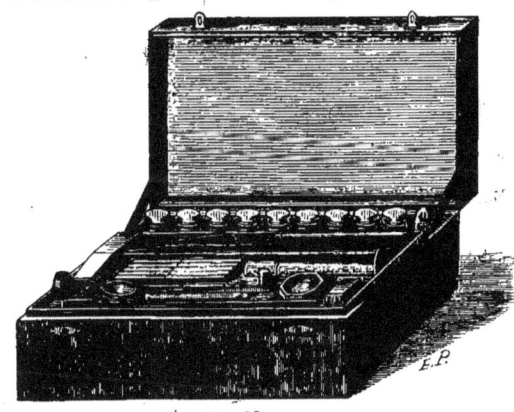

Fig. 92.

	fr.	c.
Nécessaire de minéralogiste, contenant les instruments les plus utiles, boîte en bois blanc.	25	»
Idem. Contenant une collection d'outils plus nombreuse, des flacons à réactifs, etc., boîte en gaînerie (fig. 92).	60	»

584   INSTRUMENTS DE PHYSIQUE.

	fr.	c.
Idem. Plus complète, contenant tous les instruments pour les essais au chalumeau, d'après Haüy, Berzélius, Lebaillif, etc. . . . . 150 fr. à	350	"
Nécessaire muni de la balance de Plattner (voy. fig. 24, p. 385), et de la plupart des outils indiqués par ce chimiste.	350	"
Nécessaire de Plattner, renfermant tous les instruments, outils, flacons et ustensiles employés par M. Plattner, pour les essais qualitatifs et quantitatifs par le chalumeau	600	"

Chalumeaux et lampes.

	fr.	c.
Chalumeau de Berzélius, en fer verni, avec réservoir en étain et bout de cuivre rouge.	4	"
— — idem, bout en platine.	6	"
— — en cuivre, bout en platine.	8	"
— — en argent —	18	"
Un bout en platine pour les chalumeaux ci-dessus	2	50
Lampe de Berzélius, à l'huile, montée sur une tringle en laiton	10	"
Idem. En cuivre, portative et à trépied mobile.	20	"
Lampes à huile et à alcool, montées sur le même support, avec cheminée et supports pour les capsules et les creusets.	30	"

Goniomètres.

Fig. 94.

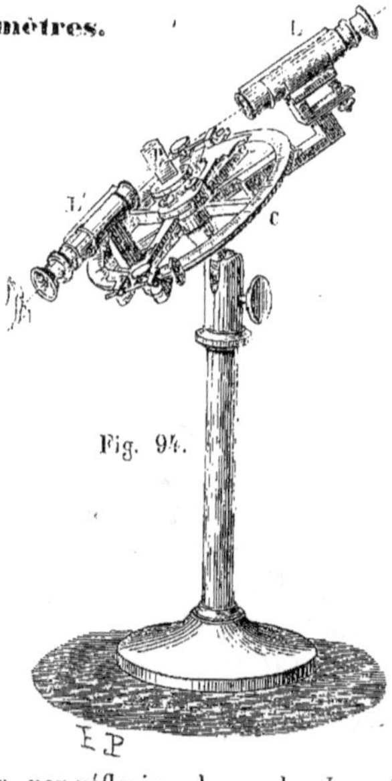

Fig. 93.

	fr.	c.
Goniomètre de Wollaston, pour mesurer, par réflexion, les angles des prismes et des cristaux (fig. 93).	70	"
Goniomètre collimateur, de M. Babinet	150	"
Idem. Plus complet, monté sur colonne en cuivre à genou, vis de rappel aux alidades, plate-forme à vis calantes, etc. (fig. 94)	200	"

MINÉRALOGIE. 585

		fr	c.
H	Héliçomètre de M. d'Orbigny, ou goniomètre, pour mesurer l'angle des coquilles bivalves.	25	»
G	Goniomètre d'application d'Haüy ou de Garangeot	20	»
	Idem. Alidades à coulisses.	30	»
	Idem. Le demi-cercle brisé à charnière.	40	»

Outils de minéralogiste.

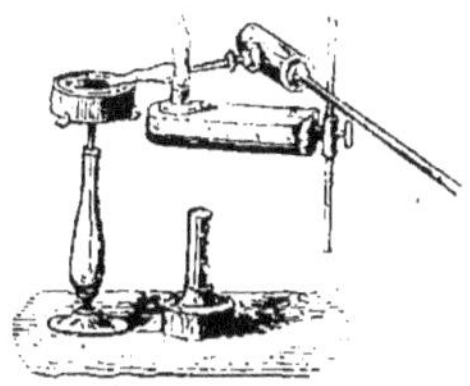

Fig. 95. 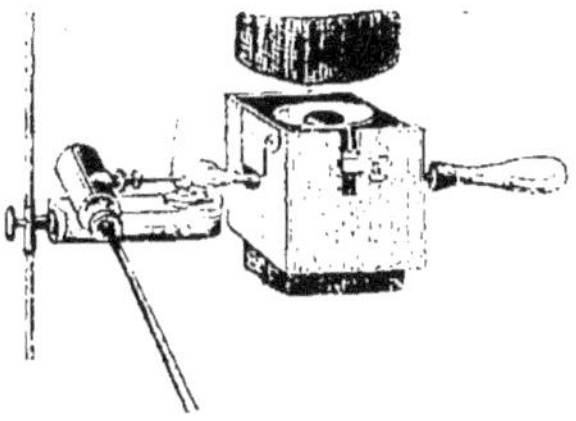   Fig. 96.

		fr	c.
A	Aiguille électrique d'Haüy.	3	»
	— aimantée à chape d'agate, avec pivot. . . . . 6 fr. à	8	»
B	Barreau aimanté avec étui.	4	»
C	Cisaille.	4	»
C	Ciseau en acier trempé, coupant ou pointu.	2	»
C	Coupelles de Lebaillif. . . . . . le cent.	2	»
E	Étau à main.	3	50
F	Flacons de Beudant. . . . . . la pièce.	1	25
F	Fraise cylindrique en acier, pour creuser les charbons	4	»
	— conique.	5	»
L	Limes plates, rondes ou triangulaires, chacune	1	20
M	Marteau de minéralogiste, à pique ou à tranchant, carré de 22 millimètres.	2	25
	— — — — 27 —	2	75
	— — — — 31 —	3	25
M	Mesure de Plattner, pour le plomb pur.	2	50
M	Mortier d'agate avec son pilon, suivant la dimension . . . . 5 fr. à	100	»
M	Mortier d'Abich pour pulvériser les pierres précieuses.	12	»
	— à virole mobile.	20	»
M	Moule en cuivre pour faire les creusets d'argile	12	»
	— en buis pour les capsules d'argile.	2	50
N	Nonnes et moines de Plattner pour les coupelles en poudre d'os, la paire avec support (fig. 95).	15	»
P	Pinces dites brucelles.	1	50
	— à bouts de platine	7	»
	— plates.	1	25
	— coupantes.	2	50
	— rondes.	1	25
P	Porte-charbon de Plattner, pour le grillage des minerais, avec anneau et coquille de platine (fig. 96).	12	»

INSTRUMENTS DE PHYSIQUE.

	fr.	c.
Règle de Plattner, pour mesurer le diamètre, et remplacer la pesée des boutons métalliques obtenus par la coupellation au chalumeau.	8	»
Microscope à oculaire micrométrique d'une grande exactitude, pour le même usage.	150	»
Scie à main pour le charbon.	4	»
Tas en acier trempé.	8	»

Tracé des galeries souterraines.

	fr.	c.
Boussole de géologue, forme de montre, avec éclimètre pour mesurer les inclinaisons verticales.	22	»
Idem. Avec l'addition de miroirs pour le levé des plans et la mesure des angles horizontaux et verticaux.	60	»
Poche de mineur complète, pour mesurer les angles horizontaux et verticaux, rapporteur pour reporter les angles sur le papier, boussole de 8 centimètres de diamètre.	200	»
Idem. Grand modèle, boussole de 11 centimètres de diamètre.	300	»
Théodolite souterrain de M. Combes, composé de deux cercles divisés sur argent : l'un horizontal de 16 centimètres de diamètre, l'autre vertical de 13 centimètres, etc.	450	»
Pieds supplémentaires de 70 centimètres de hauteur, chacun.	25	»
Lampes s'adaptant sur les pieds ci-dessus, chacune.	18	»

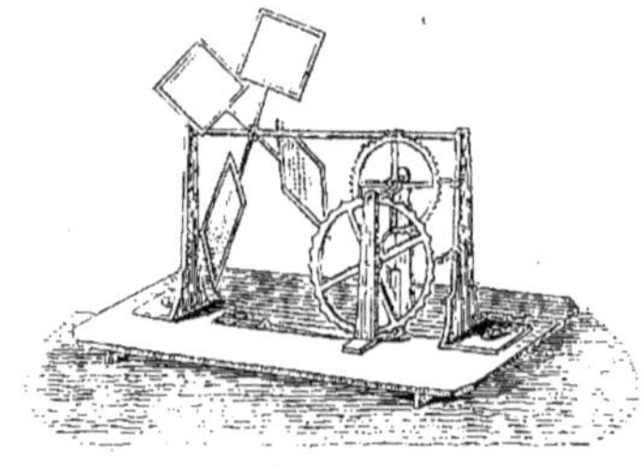

Fig. 97.

	fr.	c.
Anémomètre de M. Combes, pour mesurer la vitesse et le volume des courants d'air dans les galeries des mines, tuyaux de conduites, cheminées, etc. (fig. 97).	65	»
Idem. Plus sensible.	75	»
Lampe de Davy, à toile métallique.	8	»
Lampe de Müssler, avec verre et cheminée en toile métallique.	15	»

INSTRUMENTS POUR LES ARTS GRAPHIQUES.

Compas.

	Ordinaires.		Fins.	
	fr.	c.	fr.	c.
Compas à pointes sèches :				
de 11 centimètres de longueur.	1	»	2	»
14 —	1	50	3	»
16 —	2	»	4	»

ARTS GRAPHIQUES.

Compas à porte-crayon, tire-ligne et allonge :	Ordinaires.		Fins Pointes à aiguilles.		Superfins Tire-ligne à charnière.	
	fr.	c.	fr.	c.	fr.	c.
de 11 centimètres de long.	2	»	4	»	8	»
14 — —	4	»	6	»	10	»
16 — —	6	»	8	»	12	»

	fr.	c.
Compas à vis de rappel, dit à cheveu, de 11 centimètres.	6	»
— à balustre à ressort, manche en ivoire.	5	»
Idem. A tire-ligne et porte-crayon.	8	»
Compas de poche à pointes pliantes.	15	»
— de réductions, de 16 centimètres.	12	»
— — à crémaillère.	18	»
— à trois branches pour reporter les triangles.	12	»
— à ellipses.	35	»
Garniture de compas à verge s'appliquant sur une règle à dessin.	12	»
Idem. A vis de rappel.	15	»
Mesure à coulisse, divisée en millimètres, dite pied à becs, de 15 centimètres de longueur, fermée.	8	»
Idem. Avec vernier donnant 1/10ᵉ de millimètre.	15	»
Idem. De 20 centimètres.	10	»
Idem. Avec vernier.	16	»
Compas d'épaisseur.	3	»
Centres en corne pour éviter de percer le papier. . . . . la pièce.	»	50
Clous à papier, dits punaises. —	»	10

Tire-lignes.

	fr.	c.
Tire-ligne fin, manche en ébène.	1	50
— superfin, manche en ivoire.	2	50
— petit, dit à profiler.	2	50
— palettes à charnière.	4	»
— double pour tracer des lignes parallèles.	7	»
Roulette pour tracer des lignes ponctuées.	2	50

Rapporteurs.

	En corne.		En cuivre.	
	fr.	c.	fr.	c.
Rapporteur divisé en 1/2 degrés, de 11 centimètres de diamètre.	»	75	4	25
— — — 16 — .	1	25	5	»
— — — 20 — .	3	»	8	»
Rapporteur à alidade, demi-cercle de 16 cent. de diamètre.	50	»	»	»
Idem. Alidade mobile par une crémaillère de 16 cent. de diamètre.	75	»	»	»
Idem. A cercle entier.	85	»	»	»

Cassettes de mathématiques ou Boîtes de compas.

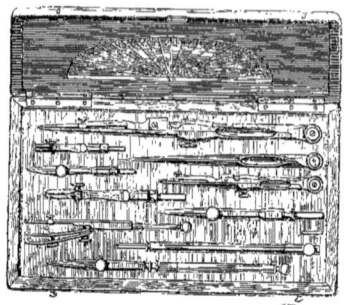

Fig. 98.

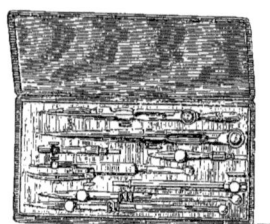

Fig. 99.

	Compas			
	Fins.		Superfins.	
	fr.	c.	fr.	c.
Boîte en palissandre contenant 2 compas, en tout 10 pièces; le compas à pointes de rechange et à aiguilles a 11 centimètres de longueur.	5	»	10	»
Idem, de 14 — —	7	»	14	»
Idem, de 16 — —	9	»	18	»
La même avec l'addition d'un compas à balustre; de 11 centimètres. .	8	»	14	»
— — — — 14 — . .	10	»	18	»
— — — — 16 — . .	12	»	22	»
Boîte contenant 3 compas, en tout 13 pièces; le plus grand compas à pointes de rechange et à aiguilles a 16 centimètres de longueur . . .	12	»	18	»
La même avec l'addition d'un compas à balustre (fig. 98).	16	»	23	»
— — — — de réduction.	30	»	40	»
La même à double fond, renfermant une paire d'équerres, un double décimètre en ivoire, des crayons, gomme, encre de Chine, godet, punaises, etc.	42	»	55	»
(La composition de ces boîtes et par conséquent leurs prix peuvent varier à l'infini et même s'élever jusqu'à plusieurs centaines de francs, suivant le nombre de pièces qu'on y ajoute, la perfection des instruments et le luxe de la boîte.)				
Boîte de poche couverte en maroquin, contenant 2 compas, 1 balustre et 2 tire-lignes (fig. 99)	22	»	30	»

(Les cassettes décrites dans ce chapitre peuvent être garnies de compas en maillechort : il faut alors compter sur les prix des compas superfins, augmentés de 20 %.)

Règles et Équerres.

	fr.	c.
Équerres en bois de poirier, suivant la grandeur. . . . . 75 c. à	1	50
Règles — — — . . . . 75 c. à	2	»
Idem. A filet en cuivre, — — . . . . 2 fr. à	5	»
T pour planches à dessiner, — — . . . . 2 fr. à	5	»
Planches à dessiner emboîtées tout autour, suivant la grandeur . . . . 4 fr. à	15	»
Pistolets ou instruments pour tracer des courbes, suivant la grandeur. . . 1 fr. à	2	50
Règles flexibles en bois de poirier, pour tracer des courbes . . . . . . chacune	2	»
— en baleine . . . . 4 fr. à	5	»
Plombs pour maintenir les règles ci-dessus . . . . chacun	4	50

ARTS GRAPHIQUES. 589

Échelles divisées.

		fr.	c.
Échelle en buis, de 2 décimètres, biseau divisé en millimètres.		»	60
Idem. En ivoire.		3	»
Idem. En buis, à deux biseaux, dont un est divisé en millimètres et l'autre en demi-millimètres.		1	25
Idem. En ivoire.		5	»
Échelles de réduction à transversales, à 2 divisions { en cuivre.		3	»
{ en ivoire.		6	»
— — — 4 — { en cuivre.		5	»
{ en ivoire.		7	»

(Indiquer la valeur des divisions.)

Échelle en cuivre, d'un mètre de long; biseau divisé à l'échelle de 1 à 1,000 ou de 1 à 2,000, la première centaine divisée de mètre en mètre, et les autres de 10 en 10 mètres.	50	»
La même, divisée de mètre en mètre dans toute la longueur.	60	»
La même à deux biseaux, portant deux divisions.	70	»

Planimètres.

Vérificateur ou Polygonomètre en glace, divisé de 2 en 2 mètres à l'échelle de 1 à 1,000.	10	»
Idem. Divisé de mètre en mètre.	14	»
Petite roulette pour déterminer la longueur des lignes courbes.	5	»
Planimètre sommateur ou instrument propre à calculer mécaniquement la surface des plans, par M. A. Beuvière, géomètre en chef du cadastre.	325	»
Planimètre à cône de M. Ernst.	425	»

Règles logarithmiques.

Règle logarithmique en buis de 26 centimètres de longueur.	6	»
Idem. Avec un biseau divisé en millimètres.	7	»
Idem. De 50 centimètres de longueur.	40	»
Grande règle à calculs, de 2 mètres de longueur, pour la démonstration dans les cours publics; la coulisse est mobile par une crémaillère.	250	»
Instruction pour l'usage de la règle à calcul, par M. Guy.	»	75
Idem. Par M. Artur.	2	»
Idem. Par M. Benoit.	5	»

Géométrie. — Stéréométrie.

Collection de 24 solides simples de géométrie construits en bois.	24	»
Idem. De 14 solides géométriques décomposés.	24	»
Idem. De 8 solides comparés.	25	»
Idem. De 12 solides pour les infiniment petits.	60	»
Collection de 18 figures planes et 8 solides avec les noms écrits, pour les écoles élémentaires.	8	»
Collection de 8 grands solides (format de 2 décimètres) en usage dans les écoles de Paris.	22	»

INSTRUMENTS DE PHYSIQUE.

	fr.	c.
Collection de 73 figures en relief d'après la Géométrie de Legendre.	125	»
Idem. De 50 figures en relief pour la Géométrie de Legendre revue par Blanchet.	100	»
Idem. De 40 reliefs et solides pour la Géométrie de Clairault.	55	»
Reliefs à fils tendus pour la géométrie descriptive, chaque relief pour les plans et les lignes droites, chacun.	3	»
Idem. Pour les surfaces courbes, hyperboloïdes, conoïde, cylindre gauche, etc.	8	50
Collection de 36 reliefs du 1er livre de la Géométrie de Lefébure de Fourcy.	70	»

Pantographes.

Pantographe pour la réduction des dessins, cartes, plans, etc., à 4 règles en ébène, de 56 centimètres de longueur.	125	»
Idem, à règles en cuivre.	200	»
Pantographe à 4 règles en cuivre, de 70 centimètres de longueur, muni de tous ses accessoires, tels que compas à verge, rallonge, traçoir à porte-mine, etc.	300	»
Idem, grand modèle, règles en cuivre de 90 centimètres de longueur.	450	»

Niveaux à bulle d'air.

Niveau à bulle d'air rectifiable par le moyen d'une vis de rappel; fiole rodée et divisée, règle de 8 centimètres de longueur.	3	50
Idem. De 11 centimètres de longueur.	4	50
— 14 —	5	75
— 16 —	7	»
— 19 —	8	»
— 22 —	9	50
— 27 —	12	»
— 32 —	14	»
Niveau sphérique donnant l'horizontalité dans toutes les directions, de 55 millimètres de diamètre.	4	»
Idem. De 75 millimètres de diamètre.	5	50

GÉODÉSIE.

Mires, Jalons et Trépieds.

Mire de 2 mètres, en bois rond, se dévissant en deux parties, avec voyant.	15	»
— de 4 — à coulisse, avec voyant.	30	»
— parlante, à coulisse, de 4 mètres.	35	»
Jalon en fer galvanisé.	2	»
Idem. En bois ferré, de 2 mètres de hauteur, peint blanc et rouge de 50 en 50 centimètres.	5	»
Bâton ferré pour supporter les équerres d'arpenteur.	2	»
Pied à 3 branches, dit pied de graphomètre.	5	»
— à 6 — à plateau triangulaire.	18	»

Mesure des distances.

Mesures de longueur, décamètres, etc. (voy. p. 400).		
Lunette micrométrique de Rochon, de 50 centimètres de longueur focale.	110	»
— — — de 65 — —	150	»

GÉODÉSIE.   591

		fr.
Stadia militaire pour mesurer approximativement les distances d'un cavalier ou d'un fantassin.		8
Nautomètre pour mesurer approximativement les distances d'un objet dont on connaît la hauteur, ou sa hauteur quand on connaît sa distance.		5
Appareil de M. Grœtaers pour mesurer les distances des objets inaccessibles et dont la hauteur n'est pas connue.		110
Lunette stadia, à micromètre à fils mobiles avec sa mire.		120
Idem. Munie d'un arc de cercle qui mesure les angles verticaux, pour obtenir les distances réduites à l'horizon, triangle à vis à caler, vis de rappel, mire, etc.		250

Nivellements.

Niveau d'eau en fer blanc.	5
— — à genou et se démontant.	15
Trépied pour supporter lesdits.	5
Niveau d'eau en cuivre avec genou; les fioles se renferment dans une boîte; avec le trépied.	35
Niveau à réflexion de M. Burel.	18
Idem. Avec l'addition d'un contre-poids mobile pour mesurer les inclinaisons verticales.	36
Niveau collimateur de M. Amici, flottant sur un bain de mercure.	40
— à bulle d'air et à pinnules, monté sur un genou.	60
Idem. Monté sur un triangle en fonte de fer avec vis à caler.	50
Niveau d'Egault à lunette, monté sur un triangle à vis à caler.	180

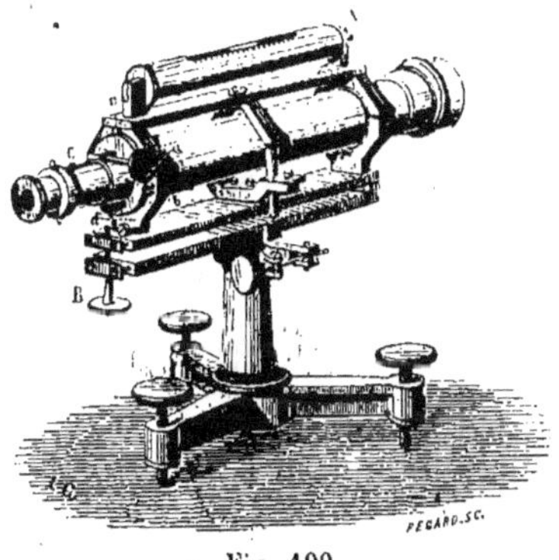

Fig. 100.

Niveau de J. Salleron, à lunette et à bulle indépendante, adopté par les services des ponts et chaussées (fig. 100).	210
Idem. Très-grand modèle pour les nivellements à grandes portées.	300
Niveau cercle dit de Lenoir.	140
— de pente dit de Chézy.	170

Alidades et Planchettes.

Planchette de 50 centimètres de côté, montée sur un genou en cuivre, avec trépied.	30

INSTRUMENTS DE PHYSIQUE.

	fr.	c.
Planchette à rouleaux, avec vis calantes et mouvements de translation en tous sens, remplaçant avantageusement la planchette de Cugneau.	90	»
Alidade à pinnules, règle de 55 centimètres avec niveau.	40	»
— à lunette achromatique rectifiable.	55	»
Boussole pour fixer sur les planchettes.	6	»
Boussole déclinatoire, aiguille à chape d'agate, arcs de cercle diurnes, boîte en acajou.	18	»
— — barreau à chape d'agate, boîte en cuivre.	40	»
Aplomb en cuivre à pointe en acier.	5	»

Équerres d'arpenteur.

	fr.	c.
Équerre d'arpenteur, octogone, petit modèle, à 8 fentes.	5	»
— — — à fenêtres.	7	»
— — — grand modèle, à 8 fentes.	8	»
— — — — à fenêtres.	10	»
— — dite pantomètre, divisée; les verniers donnent les 2 minutes.	30	»
La même, avec boussole.	40	»
— d'un plus fort modèle, avec boussole, lunette et niveau, genou à boule; les verniers donnent la minute.	100	»
— avec triangle à vis à caler.	120	»
Équerre à réflexion ou à miroirs.	24	»

Graphomètres.

	fr.	c.
Graphomètre de 16 centimètres de diamètre, alidade à pinnules, genou à vis de pression, pied et boîte.	50	»
Le même, avec boussole.	55	»
Idem. De 22 centimètres, sans boussole, 60 fr. — d° avec boussole.	70	»
— De 27 — sans boussole, 75 fr. — d° — —	85	»

Boussoles pour l'arpentage et les reconnaissances militaires.

Fig. 101.

	fr.	c.
Boussole dite tranche-montagne ou à la Messiat, avec lunette, cercle vertical et niveau, triangle à vis à caler.	200	»
Idem. Mais ayant la lunette montée comme celle d'un niveau et avec les mêmes rectifications.	230	»
Boussole tranche-montagne entièrement en cuivre; le cercle horizontal est répétiteur, de telle sorte que l'instrument peut être employé comme boussole et comme cercle répétiteur, triangle à vis à caler (fig. 101).	325	»

GÉODÉSIE. 593

	fr.	c.
Boussole dite déclinatoire, aiguille à chape d'agate, arcs de cercle divisés, boîte en acajou.	18	»
Idem. Entièrement en cuivre, avec barreau à chape d'agate.	40	»
Boussole à alidade dite d'arpenteur, aiguille à chape d'agate, avec boîte et pied.	55	»
La même, avec lunette.	70	»
Boussole du colonel Hossard, pour les levés à vue.	12	»
— du capitaine Burnier, pour le même usage.	35	»
Idem. Avec un éclimètre perfectionné, pour mesurer les angles verticaux.	55	»
Boussoles de mineurs (voy. p. 586).		

Petites Boussoles dites Breloques.

Petites boussoles dites breloques, pour suspendre à la montre, en argent, suivant la dimension, de . . . . . 3 fr. à	8	»
Idem. En or, suivant la dimension, de . . . . . 7 fr. à	25	»

Boussoles, forme de montre.

Petite boussole forme de montre, boîte en cuivre, aiguille à chape d'agate avec suspension, de 35 millimètres.	4	»
Idem. De 45 millimètres.	5	»
— Barreau à chape d'agate et cercle divisé, de 35 millimètres.	6	»
— — — — — de 45 —	7	»
Boussole de géologue, barreau à chape d'agate, éclimètre pour mesurer les inclinaisons verticales.	22	»
Idem. Avec viseur à miroirs pour les levés à vue.	60	»

Cercles géodésiques.

Fig. 102.    Fig. 103.

Cercle géodésique répétiteur de 16 centimètres de diamètre, verniers donnant la minute, avec lunette et niveau, base triangulaire à vis calantes (fig. 102).	150	»
Le même, avec arc de cercle vertical pour les angles de hauteur.	170	»
Cercle géodésique répétiteur, de 16 centimètres, à deux lunettes plongeantes, vis de rappel à la base, etc.	250	»
Le même, avec arc de cercle pour les angles de hauteur (fig. 103).	270	»

	fr.	c.
Cercle répétiteur de 16 centimètres de diamètre, divisé sur argent, verniers donnant les 30 secondes; deux lunettes plongeantes; l'inclinaison de celle supérieure est indiquée par un vernier qui se meut devant un arc de cercle; vis de rappel à la base de l'instrument et à l'alidade, triangle à vis à caler	450	»
Idem. De 22 centimètres, verniers donnant les 20 secondes	550	»
— De 27 — — — 10 —	700	»

Théodolites.

	fr.	c.
Théodolite souterrain de M. Combes, pour les travaux des mines	450	»
Pieds supplémentaires de 70 centimètres de hauteur, pour les opérations dans les galeries souterraines. . . . . chacun	20	»
Lampes s'adaptant sur les pieds ci-dessus. . . . . chacune	18	»
Théodolite répétiteur à cercles concentriques de 16 centimètres de diamètre divisés sur argent et donnant les 20 secondes par 4 verniers. La lunette supérieure est pourvue de tous les moyens de rectification. Un cercle vertical de 11 centimètres de diamètre donne la minute par 2 verniers. Loupes pour les lectures, etc.	750	»
Théodolite répétiteur, même modèle et mêmes accessoires que le précédent; le cercle horizontal, de 24 centimètres de diamètre, donne les 10 secondes par 4 verniers, et le cercle vertical, de 13 centimètres, donne les 30 secondes par 2 verniers.	1000	»
Théodolite doublement répétiteur, les 2 cercles de 22 centimètres, avec alidades concentriques, donnent les 10 secondes par 2 verniers sur le cercle horizontal, et par 4 verniers sur le cercle vertical; divisions sur argent. L'instrument est muni de 2 lunettes de 30 millimètres de diamètre. La lunette fixée sur l'alidade du cercle vertical porte un oculaire à prisme et des verres colorés pour les observations au zénith et du soleil. Un niveau mobile se place sur l'axe du cercle vertical pour en régler l'horizontalité. Un système de galets et de contre-poids maintient l'équilibre du système.	1800	»
Théodolite doublement répétiteur, cercles de 30 centimètres, donnant les 5 secondes par les verniers; même construction et mêmes accessoires que le précédent; les lunettes d'une plus grande puissance sont munies d'objectifs de 42 millimètres de diamètre.	3000	»

ASTRONOMIE.

Méridiens.

	En ardoise.	En marbre.
Méridien ou cadran solaire de 16 centimètres de diamètre	4 fr.	10 fr.
— — — de 22 — —	7	12
— — — de 27 — —	10	18
— — — de 33 — —	»	25

	A canon.	A mortier à recul.
Méridien en marbre, à détonation, de 22 centimètres de diamètre	45 fr.	» fr.
— — — de 27 — —	55	60
— — — de 33 — —	70	80
— — — de 40 — —	»	160

MARINE.

	fr.	c.
Boussole, forme de montre, formant cadran solaire universel	18	»
Idem. Boîte carrée en acajou, — — — —	30	»
Idem. Idem. Plus grande, avec niveaux et vis calantes, boîte en gaînerie . . .	75	»
Lunette murale de 55 millimètres d'ouverture et de 70 centimètres de longueur focale.	220	»
Dipléidoscope de M. Dent, mesurant le passage du soleil au méridien à une seconde près.	50	»
Le même, avec lunette qui augmente l'exactitude de l'observation	70	»
Prisme des passages pour le même usage	120	»
Lunette méridienne de 55 millimètres d'ouverture et 65 centimètres de longueur focale, avec toutes les rectifications nécessaires ; un cercle vertical donnant les minutes et muni d'un niveau est fixé après la lunette près de l'oculaire ; il accuse les angles de hauteur de l'axe qu'on observe. Le réticule est formé de cinq fils verticaux et d'un fil horizontal	1300	»

Pour les instruments astronomiques d'une plus grande importance, tels que cercles zénithaux, équatoriaux, lunettes parallactiques, les prix doivent être déterminés de gré à gré.

MARINE.

Boussoles marines.

	fr.	c.
Compas de route, à double suspension, boîte en cuivre de 11 centimètres de diamètre	24	»
Idem, dont la rose a 20 centimètres de diamètre, suspension en cuivre pour fixer le compas dans l'habitacle, boîte contenant 2 roses en talc à chapes d'agate, id.	100	»
Idem, semblable aux boussoles de la marine de l'État. La rose, portant une pointe en acier, tourne sur une agate qui est fixée sur une colonne en cuivre au centre du compas.	150	»
Compas de variation, rose de 20 centimètres, boîte roulant sur pivot, etc . . .	100	»

Octants, Sextants et Cercles à réflexion.

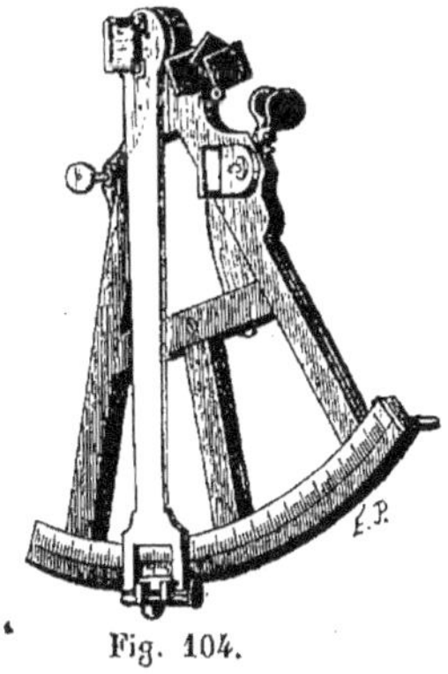

Fig. 104.

	fr.	c.
Octant en bois d'ébène, de 25 centimètres de rayon, limbe en ivoire, 3 verres de couleur, vis de rappel aux miroirs et à l'alidade (fig. 104)	80	»

Sextant en ébène, de 25 centimètres de rayon, limbe en ivoire, 2 lunettes, 1 viseur et 5 verres de couleur. 150 »

Fig. 105.

Sextant en cuivre de 16 centimètres de rayon, divisé sur argent, rappels à la lunette et aux miroirs, 6 verres de couleur, etc. (fig. 105). . . . . 250 »
Le même, de 19 centimètres de rayon. . . . . 300 »
Sextant de poche dit à tabatière, divisé sur argent, rappels à l'alidade et aux miroirs. . . . . 100 »
Le même, avec lunette. . . . . 120 »
Le même, avec horizon artificiel en glace noire et niveau. . . . . 140 »
Sextant de Douglas avec alidades pour reporter les angles sur le papier. . . . 90 »
Idem, à lunette. . . . . 110 »
Cercle à réflexion de Borda de 16 centimètres de diamètre, divisé sur argent. 300 »
Idem, de 27 centimètres de diamètre. 425 »

Horizons artificiels.

Horizon artificiel en glace noire naturelle, de 8 centimètres de diamètre, monture en cuivre, à 3 vis à caler; niveau, boîte en acajou. . . . . 35 »
Idem, de 11 centimètres de diamètre. 50 »
Horizon artificiel à mercure, formé de deux glaces parallèles disposées en toit pour éviter l'influence du vent, et d'une troisième pour appliquer sur la surface du mercure. . . . . 125 »
Porte-voix en fer-blanc verni, de 33 centimètres de longueur. . . . . 7 »
— — de 1 mètre de longueur. . . . . 12 »
— — de 1 — 30 centimètres de longueur. . . . . 15 »
Sifflet de maître d'équipage, en argent. . . . . 10 »
Loch à table pour mesurer la vitesse des navires. . . . . 12 »
Loch de Massey, pour le même usage. 125 »
Sablier pour le même usage. . . . . 2 »
Clinomètre ou niveau d'une grande sensibilité, servant à régler l'arrimage des navires. . . . . 180 »
Scopéloscope d'Arago, ou lunette laissant apercevoir les écueils sous-marins. . 12 »

PHOTOGRAPHIE.

Appareils complets de photographie sur collodion (1).

Appareils complets de photographie pour opérer sur *collodion*, comprenant tous les appareils, ustensiles, trépied et produits chimiques nécessaires pour la production des épreuves ; ces appareils sont renfermés dans une boîte en chêne à poignées et serrure :

DIMENSION DES ÉPREUVES.	Avec un objectif destiné à la reproduction des gravures et des paysages.	Avec un objectif servant à la reproduction des portraits, des gravures et des paysages.
1/4 de plaque (95 millimètres sur 125).	170 fr.	200 fr.
1/2 — (136 — sur 180).	225	275
Normale (18 centimètres sur 24).	320	430
21 centimètres sur 27.	400	630
25 — 32.	530	960
27 — 35.	640	1020
30 — 40.	830	1450
40 — 50.	1030	2050

Appareils complets de photographie sur papier (2).

Appareils complets de photographie pour opérer sur *papier*, comprenant tous les ustensiles, trépied et produits chimiques nécessaires à la production des images :

DIMENSION DES ÉPREUVES.	Avec un objectif destiné à la reproduction des gravures et des vues.
1/2 plaque (136 millimètres sur 180).	250 fr.
Normale (18 centimètres sur 24).	350
21 centimètres sur 27 centimètres.	400
25 — 32 —	520
27 — 35 —	650
30 — 40 —	830
40 — 50 —	1000

(1) Nous entendons par photographie sur *collodion* le procédé au moyen duquel on obtient sur une glace recouverte d'une légère couche de collodion rendu photographique, une première épreuve dite *négative*. Après avoir été fixée et vernie, cette épreuve négative sert à reproduire un nombre illimité d'épreuves *positives* qui sont imprimées sur papier par la lumière. Ce sont ces épreuves positives qui forment les belles images que tout le monde admire aujourd'hui.

Le procédé de photographie sur collodion est le plus fréquemment employé, parce qu'il donne des images d'une grande finesse, parce qu'il opère avec une grande rapidité, et enfin parce qu'il est d'un emploi facile et d'une réussite presque certaine ; malheureusement la couche de collodion doit être exposée dans la chambre noire avant sa complète dessiccation ; c'est, on le conçoit, un grand obstacle à l'emploi de ce procédé pour la reproduction des paysages, puisque la glace doit être préparée dans l'obscurité au moment d'en faire usage.

(2) Avec les appareils pour opérer sur papier, l'épreuve *négative* est obtenue sur une feuille de papier photographique, cette épreuve négative sert ensuite à la reproduction des images *positives*.

Ce procédé se recommande principalement aux voyageurs, parce que le papier qui est toujours em-

Ainsi que nous venons de le dire, les appareils précédents sont accompagnés de tous les ustensiles et produits chimiques nécessaires à la production des images. Mais un grand nombre de nos clients ont à leur disposition un laboratoire qui leur rend inutile une grande partie de ces ustensiles et de ces produits. Nous donnons ci-dessous les prix des mêmes instruments, contenant *seulement* les appareils spéciaux qui constituent, à proprement parler, l'appareil photographique lui-même.

Appareils de photographie sur *collodion* et sur *papier*, contenant les instruments spéciaux, tels qu'objectif, chambre noire, boîtes à glaces, cuvettes en porcelaine et en gutta-percha, presse à positives, trépied, etc., renfermés dans une boîte en chêne à poignées et serrure :

DIMENSION DES ÉPREUVES.	Avec un objectif destiné à la reproduction des gravures et des paysages.	Avec un objectif servant à la reproduction des portraits, des gravures et des paysages.
1/4 de plaque	110 fr.	130 fr.
1/2 —	145	195
Normale	210	320
21 centimètres sur 27	250	480
25 — 32	310	740
27 — 35	410	790
30 — 40	530	1150
40 — 50	620	1640

Appareils de photographie sur plaqué (1).

Appareils complets de daguerréotype pour opérer sur *plaqué*, comprenant tous les appareils, trépied, ustensiles et produits chimiques nécessaires :

	fr.	c.
Pour plaque 1/6ᵉ (70 millimètres sur 80)	195	»
— 1/4 (80 — sur 105)	210	»
— 1/2 (120 — sur 150)	320	»
— normale (162 — sur 215)	480	»
Appareil complet pour obtenir des épreuves stéréoscopiques, comprenant 2 objectifs 1/4 de plaque doubles, et 2 chambres noires pouvant être espacées proportionnellement à la distance du modèle ; plus le trépied et tous les accessoires et produits chimiques nécessaires pour obtenir les épreuves négatives sur collodion, et les épreuves positives sur papier ou sur verre albuminé	400	»
Idem, pour obtenir les épreuves sur plaqué	330	»

Il serait possible de réaliser une notable économie si, au lieu d'opérer avec deux chambres noires et deux objectifs, et par suite si, au lieu d'obtenir les deux épreuves au moyen d'une seule pose, on se contentait d'une seule chambre noire et d'un seul objectif qui donnât les deux épreuves successivement et après avoir fait poser le modèle deux fois ; mais le premier procédé est d'un usage beaucoup plus commode, plus rapide et plus sûr.

---

ployé sec peut être préparé longtemps à l'avance ; la manipulation des feuilles de papier est en outre plus facile et moins assujettissante que celle des glaces collodionnées, surtout quand elles sont de grandes dimensions. Mais il est juste d'ajouter que la finesse des épreuves sur papier n'est pas très-grande ; de plus, la durée de la pose doit être assez prolongée pour qu'il soit difficile, pour le modèle, de conserver une immobilité parfaite : pour ces raisons, la photographie sur papier ne se prête pas à la production des portraits.

(1) On sait que les anciens procédés de daguerréotype impriment les images sur des feuilles de cuivre plaqué d'argent. Ce procédé, au reste très-connu, n'est plus guère employé aujourd'hui, si ce n'est pour la production des portraits stéréoscopiques.

PHOTOGRAPHIE. 599

Objectifs.

	fr.	c.
Objectifs doubles pour portraits, à 2 lentilles achromatiques, garantis de premier choix, et exempts de double foyer :		
1/4 de plaque, monture à diaphragmes mobiles et à crémaillère.	50	»
1/2 —	60	»
Plaque normale, diamètre 81 millimètres.	150	»
De 110 millimètres de diamètre.	450	»
De 135 — —	750	»
Objectifs simples pour paysages, à une seule lentille achromatique :		
1/2 plaque, à diaphragmes mobiles	30	»
Plaque normale, diamètre 81 millimètres.	70	»
De 95 millimètres de diamètre.	120	»
De 110 — —	180	»
De 135 — —	325	»

Chambres noires.

	fr.	c.
Chambre noire en noyer à tirage, 2 châssis à double glace, pouvant servir pour papier et collodion ; verre dépoli :		
Pour épreuve 1/4 de plaque.	20	»
— 1/2 —	28	»
— normale.	35	»
— 21 centimètres sur 27	50	»
— 25 — sur 32	70	»
— 27 — sur 35	90	»
— 30 — sur 40	100	»
— 40 — sur 50	120	»
Châssis supplémentaires pour les chambres noires ci-dessus :		
Pour épreuve 1/4	6	»
— 1/2	8	»
— normale.	9	50
— 21 centimètres sur 27	12	»
— 25 — sur 32	16	»
— 27 — sur 35	19	»
— 30 — sur 40	20	»
— 40 — sur 50	25	»
Presses à glaces (châssis à positifs), glace épaisse et planchette à charnières permettant de suivre les progrès de l'image :		
Pour épreuve 1/4	9	»
— stéréoscopique.	9	»
— 1/2	10	»
— normale.	12	»
— 21 centimètres sur 27	15	»
— 25 — sur 32	18	»
— 27 — sur 35	22	»
— 30 — sur 40	26	»
— 40 — sur 50	45	»

Pieds de chambre noire.

	fr.	c.
Pieds à 6 branches brisées, rotule en cuivre et planchette		
Pour chambre noire 1/4	20	»
— — 1/2	22	»
— — normale	23	»
Pieds à 6 branches brisées, plus forts mais sans rotules; une longue barre sur laquelle repose le tirage de la chambre noire remplace la planchette :		
Pour chambre noire 21 centimètres sur 27	23	»
— — 25 — sur 32	25	»
— — 27 — sur 35	25	»
— — 30 — sur 40	28	»
— — 40 — sur 50	30	»
Pied d'atelier très-stable et très-solide, à mouvements horizontaux et verticaux, etc., en chêne	40	»
Idem, avec engrenages pour les deux mouvements	100	»

Boîtes à glaces à rainures pour conserver les épreuves :

	En Bois blanc		En Noyer	
Pour glaces 1/6ᵉ	1 fr.	25	2 fr.	25
— 1/4	1	25	2	50
— de stéréoscope	1	50	2	75
— 1/2	2	»	3	25
— normales	3	75	5	»
— 21 centimètres sur 27	4	»	6	50
— 25 — sur 32	6	»	9	»
— 27 — sur 35	7	»	10	»
— 30 — sur 40	10	»	13	»
— 30 — sur 50	13	»	16	»

Appuis-tête.

	fr.	c.
Appui-tête en bois, à tiges mobiles	7	»
— — articulé dans tous les sens	12	»
— en fer, pour poser debout et assis, droit	35	»
— — — — articulé	60	»

	fr.	c.
Planchettes à polir pour les plaques, à 4 agrafes en cuivre, le dessus couvert en drap, pour plaque 1/6ᵉ	1	75
— 1/4	2	»
— stéréoscopique, 1/3 ou 1/2	2	25
— normale	2	50
Presse en fer pour les planchettes ci-dessus	1	75
Polissoir de 18 centimètres, en velours	1	»
— — — en peau de daim	1	50
— de 35 — en velours	3	»
— — — en peau de daim	4	»
— de 45 — en velours	3	50
— — — en peau de daim	5	»
— de 55 — en velours	5	»
— — — en peau de daim	7	»

PHOTOGRAPHIE.

	fr.	c.
Boîtes à ioder et à bromer, à deux cuvettes en porcelaine, avec glaces rodées à coulisse, pour plaque 1/4.	26	»
— 1/2 et stéréoscopique.	35	»
— normale.	50	»
Boîte à mercure avec thermomètre, 1 6e.	11	»
— — — 1/4.	12	»
— — — 1/2 et stéréoscopique.	15	»
— — — normale.	20	»
Boîtes à plaques à 12 rainures, 1 9e.	1	75
— — — 1 6e.	2	»
— — — 1/4.	2	25
— — — stéréoscopiques.	2	50
— — — 1/3.	3	»
— — — 1/2.	3	25
— — — normales.	5	»
Recourboir pour biseauter les plaques.	8	»
Cuvette en porcelaine pour épreuve 1/4.	1	25
— — — stéréoscopique.	1	50
— — — 1/2.	2	50
— — — normale.	4	»
— — — 21 centimètres sur 27.	6	»
— — — 25 — sur 32.	7	»
— — — 27 — sur 35.	11	»
— — — 30 — sur 40.	20	»
Cuvettes plates en gutta-percha, pour épreuve 1/4.	2	»
— — — stéréoscopique.	2	50
— — — 1/2.	3	»
— — — normale.	4	»
— — — 21 centimètres sur 27.	5	50
— — — 25 — sur 32.	9	»
— — — 27 — sur 35.	11	»
— — — 30 — sur 40.	16	»
— — — 40 — sur 50.	25	»

Cuves verticales en gutta-percha pour le bain sensibilisateur, avec un crochet :	Cuves.		Socles en bois.	
Pour glace 1/4.	5 fr.	»	1 fr.	75
— stéréoscopique.	6	»	1	75
— 1/2.	7	»	2	»
— normale.	9	»	2	25
— 21 centimètres sur 27.	11	»	2	50
— 25 — sur 32.	16	»	2	75
— 27 — sur 35.	18	»	3	»
— 30 — sur 40.	23	»	4	»
— 40 — sur 50.	38	»	5	»

PHOTOGRAPHIE.

	fr.	c.
Crochet en verre pour plonger les glaces dans la cuve verticale, suivant la grandeur de la glace. . . . . 75 c. à	1	50
Idem, en gutta-percha . . . . 75 c. à	3	»
— en argent pour les cuvettes horizontales.	2	»
— en platine.	5	»

Glaces minces pour épreuves ou châssis de chambre noire :

	fr.	c.
1/6ᵉ (75 millimètres sur 92). . . . . la pièce.	»	50
1/4 (95 — sur 125) . . . . —	»	65
stéréoscopique (85 millimètres sur 170). . . . . —	»	65
1/3 (120 millimètres sur 160). . . . . —	»	95
1/2 (136 — sur 180). . . . . —	1	05
normale (180 — sur 240). . . . . —	1	80
21 centimètres sur 27 . . . . —	2	40
25 — sur 32. —	4	»
27 — sur 35. —	4	45
30 — sur 40. —	6	40
40 — sur 50. —	11	75

Verres dépolis pour chambre noire :

	En verre dépoli.		En glace dépolie.	
	fr.	c.	fr.	c.
Grandeur 1/6ᵉ. . . . . la pièce.	»	35	1	»
— 1/4.	»	40	1	25
— stéréoscopique	»	40	1	40
— 1/2.	»	60	1	60
— normale.	1	»	2	55
— 21 centimètres sur 27	1	25	3	20
— 25 — sur 32.	1	50	4	55
— 27 — sur 35.	1	75	5	35
— 30 — sur 40.	2	»	7	»
— 40 — sur 50.	2	50	13	50

	fr.	c.
Verres dépolis pour recouvrir les épreuves stéréoscopiques. . . . . . la douzᵉ.	1	80
Verres pour épreuves positives 1/6ᵉ, choisis. . . . . —	1	30
— — — 1/4, — . . . . —	1	90
— — — stéréoscopiques, choisis. . . . . . . —	2	10
— — — — ordinaires . . . . . —	1	30
— — — 1/2. . . . . —	3	20
— — — normales, id. . . . . —	4	50
— — — 21 centimètres sur 27, ordinaires. . —	6	60
— — — 25 — sur 32, — . . —	10	80
— — — 27 — sur 35, — . . —	13	»
— — — 30 — sur 40, — . . —	19	»
— — — 40 — sur 50, — . . —	36	»

PHOTOGRAPHIE.

Plaques en doublé pour le daguerréotype :	Au 30e.		Au 40e.	
1/9e (63 millimètres sur 72) . . . . la douze.	3 fr.	»	3 fr.	20
1/6e (70 — sur 80)	4	75	5	»
1/4 (80 — sur 105)	6	75	7	50
stéréoscopiques (80 millimètres sur 140)	9	50	11	»
1/3 (98 millimètres sur 130)	11	»	12	40
1/2 (120 — sur 150)	14	75	15	75
normales (162 millimètres sur 215)	31	»	34	»

Papiers pour photographie.

	La Main.		La Rame.	
Papier négatif d'Angoulême	2 fr.	25	40 fr.	»
— d'Annonay	2	25	40	»
— de Saxe	4	75	85	»
— anglais	4	50	80	»
Papier positif d'Angoulême	2	50	45	»
— d'Annonay	2	75	50	»
— de Saxe	5	»	95	»
— anglais	4	50	80	»

Encadrements.

	Cartes Bristol			
	à Filets.		à Biseaux.	
Passe-partout pour épreuves sur papier :				
Pour épreuves 1/6e	3 fr.	50	4 fr.	»
— 1/4	4	»	6	»
— 1/3	6	»	8	»
— 1/2	8	50	10	»
— normale	12	»	14	»
— 21 centimètres sur 27	18	»	22	»
— 25 — sur 32	25	»	30	»

			Peints sur verre			
Passe-partout pour épreuves sur plaques et sur verre :	Filets noirs.		Filets or.		à Biseaux.	
1/9e	2 fr.	30	2 fr.	50	3 fr.	25
1/6e	2	50	2	75	3	50
1/4	3	»	3	50	4	50
1/3	5	»	6	»	7	»
1/2	7	»	8	»	10	»
normale	15	»	17	»	20	»

	fr.	c.
Passe-partout pour épreuves stéréoscopiques . . . . la douze.	4	75
Cartes Bristol pour coller les épreuves stéréoscopiques . . . . le cent.	6	»
Verres dépolis pour fixer derrière les épreuves stéréoscopiques sur verre. la douze.	1	80

Cadres.

	Applications plastiques.	Coins ronds guillochés.	Ovales tournés.
Cadres pour passe-partout 1/6ᵉ pour plaques.	4 fr. 50	13 fr. »	11 fr. »
— — 1/4 —	5 »	14 »	13 »
— — 1/3 —	6 »	18 »	17 »
— — 1/2 —	10 »	20 »	19 »
— — normale —	13 »	30 »	40 »
— — — pour papier.	17 »	40 »	50 »

Écrins en maroquin.

	Ovales cercle guilloché doré.	Carrés fond sablé et doré genre anglais.
Écrins en maroquin pour plaques 1/9ᵉ. . . la douzᵉ.	20 fr. » c.	37 fr. » c.
— — — 1/6ᵉ. . . —	22 »	48 »
— — — 1/4 . . . —	27 50	65 »
— — — 1/3 . . . —	42 »	96 »
— — — 1/2 . . . —	50 »	114 »

	fr.	c.
Bassine en cuivre étamé pour bain-marie, pour épreuve 1/2	3	»
— — — — normale	4	»
— — — — 21 centimètres sur 27.	5	»
— — — — 25 — sur 32.	6	»
— — — — 27 — sur 35.	8	»
— — — — 30 — sur 40.	10	»
— — — — 40 — sur 50.	14	»
Bassines en doublé d'argent pour cirer le papier, pour épreuve 1/2.	8	»
— — — — normale.	10	»
— — — — 21 centᵉˢ sur 27.	11	»
— — — — 25 — sur 32.	12	»
— — — — 27 — sur 35.	14	»
— — — — 30 — sur 40.	18	»
— — — — 40 — sur 50.	26	»
Dynactinomètre de Claudet pour comparer la rapidité des objectifs.	15	»
Focimètre de Claudet pour déterminer les différences entre le foyer optique et le foyer chimique des objectifs.	15	»
Iconomètre de Ziegler pour déterminer la position de la chambre noire lors de la reproduction des paysages	10	»
Laminoir à satiner les épreuves de photographie, avec plaque d'acier poli :		
Pour épreuves de 21 centimètres sur 27.	115	»
— 25 — sur 32.	135	»
— 30 — sur 40.	235	»
— 48 — sur 65.	650	»
Sablier compteur de une minute, divisé par secondes.	1	75
— — de 5 minutes, — de 5 en 5 secondes	2	»
— — de 10 — — de 15 en 15 —	2	50
— — de 30 — — de 30 en 30 —	5	»
Addition à ces sabliers d'un pivot permettant de les retourner instantanément. .	»	75

	fr.	c.
Support à vis à caler pour les cuvettes, bassines, glaces, etc. :		
Pour épreuve 1/4	8	»
— 1/2 et stéréoscopique	9	»
— normale et 21 centimètres sur 27	11	»
— 25 centimètres sur 32 et 27 centimètres sur 35	12	»
— 30 — sur 40 et 40 — sur 50	16	»
Supports à chlorurer pour les plaques de daguerréotype, 1/4 et 1/6e	6	»
— — — — 1/2	9	»
— — — — normales	10	»

(Pour les autres ustensiles, tels que Verrerie, Produits chimiques, etc., voir aux chapitres spéciaux du Catalogue général.)

Stéréoscopes.

	fr.	c.
Stéréoscope en bois d'acajou	6	»
— — panoramique, à larges prismes	7	50
— panoramique en palissandre, d'une construction soignée	10	»
Épreuves de stéréoscope sur papier :		
Vues de Paris et ses environs . . . la douz^e	»	»
— de Bretagne —	»	»
— des Pyrénées —	»	»
— de Pompéï —	»	»
— d'Italie —	»	»
— d'Espagne —	»	»
— d'Égypte —	»	»
Statuettes de Pradier —	»	»
Paysages divers —	»	»
Scènes animées, personnages, etc., en noir —	»	»
— — — coloriées —	»	»
Épreuves sur plaqué, sujets divers . . . la pièce	3	»
— — statuettes de Pradier —	3	50
— sur verre, vues diverses —	3	50
— — — très-soignées —	5	»
— — vues de l'étranger, Suisse, Italie, Égypte, Turquie —	6	»

Brochures sur la photographie.

	fr.	c.
BARRESWILL ET DAVANNE. Chimie photographique	7	50
VAN MONKHOVEN. Traité de photographie sur collodion	4	»
— Traité général de photographie	10	»
NIEPCE DE SAINT-VICTOR. Traité pratique de gravure héliographique sur acier et sur verre, avec le portrait de l'auteur gravé par ses procédés	5	»

FEUX D'ARTIFICE ET PIÈCES MONTÉES.

On trouvera les prix de tous les produits chimiques pour artifices dans notre Catalogue général, suivant l'ordre alphabétique.

Fulminants.

	Le mille.	fr.	c.		Le mille.	fr.	c.
Tirants en carton pour cosaques		1	40	Gros pois, bien chargés		5	75
— en parchemin ord. —		2	»	Pois demi-gros, charge ordinaire		4	75
— — fort. —		2	40	Petits pois à pistolet, charge ord^{re}		4	»
— carton long ordinaire		1	80	Bombes algériennes fortes		6	25
— — grande longueur		2	25	— américaines		4	75
Bombes fortes, bien chargées		8	»	— blanches		4	»

Artifices.

		fr.	c.			fr.	c.
Pétards	la grosse	1	25	Étoiles pour fusil et pistolet de poche, le kilo, 8 fr. à		12	50
— moyens	—	1	75				
Fusées	—	1	20	Chandelles romaines de couleur, suivant longueur, le kilo, 2 fr. 50 c. à		30	»
Serpenteaux	—	2	40				
Fusées doubles	—	2	40	Soleils montés sur bois, feu couleur, la douz., 14 fr. à		24	»
Lardons	—	6	25				
Pétards 4 coups, n° 1	—	4	75	Fusées d'honneur, flamme à parachute ... la pièce, 4 fr. à		7	»
— n° 2	—	5	75				
— 7 coups, n° 1	—	6	50	Flammes du Bengale :			
— n° 2	—	9	50	N° 1	la douzaine	4	»
Gerbes chinoises	la douz., de 1 à	3	»	N° 2	—	5	»
Soleils pastilles, n°s 0 à 10, la gr^{sse} 3 à		5	»	N° 3	—	7	50
— américains :			»	N° 4	—	10	50
N°s 1 à 3, la douz., 3 à		6		Fusées volantes à feu de couleur :			
Chandelles romaines :				N° 4	la douzaine	7	»
N°s 1 à 8, la douz., de 1 fr. 60 c. à		21	»	N° 5	—	8	»
Artichauts, n°s 0 à 5, la douz., 3,80 à		12	»	N° 6	—	13	»
Pots à feu	7 fr. à	20	»	N° 7	—	19	»
— à corbeille, n° 1	la pièce	5	»	N° 8	—	28	»
— — n° 2	—	6	»	Fusées volantes à faux fourreau :			
Volcan fort calibre	—	6	»	N° 1	la douzaine	2	20
Bombe avec son mortier	—	5	50	N° 2	—	2	75
Marrons, n°s 0 à 4	la douz., 2 fr à	6	50	N° 3	—	4	»
Pattes d'oie	— 6,50 et	9	50	N° 4	—	4	50
Éventails	— 8,50 à	14	»	N° 5	—	5	»
Soleils montés sur bois, avec moyeux tournés .. la douz., 7 f. 50 c. à		14	»	N° 6	—	8	»
				Fusées volantes à chapiteaux :			
Soleils rosace	la pièce, 5 fr. et	6	»	N° 4	la douzaine	4	50
Caprices	— 1,50 à	4	50	N° 5	—	7	»
Cascades tournantes	—	4	75	N° 6	—	10	»
Girandoles	— 5 f. et	7	»	N° 7	—	14	»
Pièces pyriq^{es}, à pattes d'oie, la p^e, 3 à		8	»	N° 8	—	26	»

COULEURS FINES BROYÉES A L'HUILE
POUR LE TABLEAU
EN TUBES, EN VESSIES OU AU KILOGRAMME.

Plusieurs correspondants nous demandent fréquemment des couleurs à tableaux. Nous espérons que ce catalogue pourra guider leur choix en les fixant sur la valeur de ces produits, que nous tirons d'une fabrique spéciale très-recommandable par la réputation qu'elle s'est acquise dans l'opinion des artistes.

Nota. *Les couleurs en tubes d'étain valent 5 centimes de plus qu'en vessies.*

DÉSIGNATION DES COULEURS.	VESSIE. fr. c.	KILOGR. fr. c.	DÉSIGNATION DES COULEURS.	VESSIE. fr. c.	KILOGR. fr. c.
Blanc d'argent	» 25	5 »	Laque brûlée	» 40	32 »
— de céruse	» 25	4 »	— carminée fine	» 30	40 »
— de plomb	» 20	4 »	— ordinaire	» 15	16 »
— de zinc	» 20	4 »	— de garance brune	» 60	» »
Bistre	» 15	6 »	— — ordin.	» 40	48 »
Bitume	» 15	6 »	— — rose	» 60	72 »
Bleu de Chine	» 25	24 »	— jaune	» 20	24 »
— de cobalt	» 40	96 »	— de gaude	» 20	24 »
— minéral	» 15	16 »	— verte	» 25	28 »
— de Prusse fin	» 20	20 »	— violette	» 25	16 »
— — ordinaire	» 10	12 »	Laques de Smyrne :		
Brun d'Irlande	» 25	6 »	Brun rouge	» 70	» »
— de Mars	» 40	» »	— foncé	» 70	» »
— rouge	» 10	6 »	— jaune	» 70	» »
— de Van Dyck	» 20	8 »	Écarlate n° 1	3 »	» »
Carmin	1 »	» »	— n° 3	1 50	» »
— brûlé	1 »	» »	Jaune-capucine	» 70	» »
— de garance	1 »	» »	Pourpre concentré	1 75	» »
Cinabre	» 25	24 »	— n° 1	1 »	» »
Indigo	» 40	» »	— n° 2	» 75	» »
Jaune d'antimoine	» 50	48 »	Rose n° 1	» 70	» »
— brillant	» 20	10 »	— écarlate n° 1	» 75	» »
— de cadmium clair ou foncé	1 »	» »	— — n° 2	» 75	» »
— de chrome clair ou foncé	» 20	8 »	— doré	» 75	» »
			Rouge brun	» 70	» »
— orange ou rouge	» 20	8 »	Laque de Robert n° 1	» 75	» »
— citron	» 30	12 »	— n° 2	1 »	» »
— indien	» 60	» »	— n° 3	» 75	» »
— de Mars	» 40	» »	— n° 4	» 40	» »
— minéral	» 15	6 »	— n° 5	» 40	» »
— de Naples	» 15	6 »	— n° 6	» 40	» »
— de Rome	» 20	10 »	— n° 7	» 40	» »
			— n° 8	» 40	» »

COULEURS FINES BROYÉES A L'HUILE.

DÉSIGNATION DES COULEURS.	VESSIE.	KILOGR.	DÉSIGNATION DES COULEURS.	VESSIE.	KILOGR.
	fr. c.	fr. c.		fr. c.	fr. c.
Laque de Rome n° 1	1 20	» »	Stil de grain brun	» 25	24 »
— n° 2	» 90	» »	— — jaune	» 10	6 »
— n° 3	» 90	» »	Sel de Saturne	» 10	6 »
— n° 4	» 70	» »	Terre de Cassel	» 10	8 »
— n° 5	» 60	» »	— de Cologne	» 10	8 »
— n° 6	» 70	» »	— d'Italie brûlée	» 10	8 »
— n° 7	» 69	» »	— — naturelle	» 10	8 »
— n° 8	» 60	» »	— d'ombre naturelle	» 10	8 »
Momie	» 20	16 »	— — brûlée	» 10	8 »
Massicot	» 20	4 »	— de Sienne naturelle	» 10	8 »
Noir de bougie	» 40	» »	— — brûlée	» 10	8 »
— d'ivoire	» 10	6 »	— verte	» 10	8 »
— de pêche	» 15	8 »	Vermillon anglais	» 30	30 »
— de vigne	» 10	6 »	— de Chine	» 25	30 »
Outremer Guimet n° 1	» 70	40 »	— français	» 25	20 »
— n° 2	» 30	30 »	Vert anglais, 3 nuances	» 25	20 »
Ocre brune	» 15	8 »	— de chrome	» 40	» »
— jaune	» 10	6 »	— de cobalt	» 40	» »
— rouge	» 10	6 »	— émeraude	» 40	» »
— de ru	» 10	6 »	— de gris	» 30	16 »
Orange de Mars	» 40	» »	— malachite	» 40	» »
Rouge Van Dyck	» 10	6 »	— minéral	» 25	16 »
— de Venise	» 15	10 »	— de Scheele	» 25	16 »
			— Véronèse	» 20	12 »

Couleurs pour la gouache.

Couleurs en poudre de Lefranc . . . . le cent de flacons, 60 fr.
Couleurs liquides, du même . . . . — — 40
(13 couleurs pour la gouache, d'un prix plus élevé, ne figurent pas dans les précédentes.)

Couleurs en écailles pour la miniature.

DÉSIGNATION DES COULEURS.	31 Gram.	le Paquet.	DÉSIGNATION DES COULEURS.	31 Gram.	le Paquet.
	fr. c.	fr. c.		fr. c.	fr. c.
Blanc d'argent	» 80	» 30	Cinabre	1 50	» 40
Bistre	1 50	» 30	Gomme-gutte	1 50	» 30
Bitume	2 »	» 40	Gris de Payne	2 »	» 40
Brun de Mars	5 »	» 50	Indigo	1 50	» 30
— Van Dyck	1 50	» 30	Jaune d'antimoine	2 50	» 50
Bleu de cobalt	8 »	» 75	— de cadmium clair ou foncé	10 »	1 »
— minéral	1 50	» 30	— de chrome clair ou foncé	1 50	» 30
— de Prusse	1 50	» 30	— doré	2 »	» 50
Carmin extra-fin	12 »	» 75	— indien	8 »	» 50
— brûlé	16 »	» 60	— de Mars	5 »	» 50
— de garance	20 »	1 »	— minéral	1 50	» 30
Cendre bleue	1 50	» 30			
— verte	1 50	» 30			

COULEURS EN ÉCAILLES ET EN TABLETTES.

DÉSIGNATION DES COULEURS.	31 Gram.		le Paquet.		DÉSIGNATION DES COULEURS.	31 Gram.		le Paquet.	
	fr.	c.	fr.	c.		fr.	c.	fr.	c.
Jaune de Naples.	1	50	»	30	Rouge de Saturne.	1	50	»	30
Laque anglaise.	8	»	»	60	— de Venise.	1	50	»	30
— brûlée.	3	»	»	40	Sépia naturelle.	2	»	»	40
— carminée.	3	»	»	40	— coloriée.	2	»	»	40
— de garance brune.	4	»	»	50	Sang-de-dragon.	4	»	»	60
— — cerise.	6	»	»	50	Smalt.	16	»	»	75
— — rose.	6	»	»	50	Stil de grain jaune.	1	50	»	30
— jaune.	1	50	»	30	— — brun.	1	50	»	30
— verte.	1	50	»	30	Teinte neutre.	2	»	»	40
— violette.	1	50	»	30	Terre de Cologne.	1	50	»	30
Massicot.	1	50	»	40	— de Cassel.	1	50	»	30
Momie.	3	»	»	40	— d'Italie naturelle.	1	50	»	30
Noir de bougie.	2	»	»	40	— — brûlée.	1	50	»	30
— d'ivoire.	1	50	»	30	— d'ombre naturelle.	1	50	»	30
— de pêche.	1	50	»	30	— — brûlée.	1	50	»	30
— de vigne.	1	50	»	30	— de Sienne naturelle.	1	50	»	30
Ocre brune.	1	50	»	30	— brûlée.	1	50	»	30
— jaune.	1	50	»	30	— verte.	1	50	»	30
Ocre rouge.	1	50	»	30	Vermillon de Chine.	2	»	»	50
— de ru.	1	50	»	30	— français.	1	50	»	40
Orange de Mars.	5	»	»	50	Vert de cobalt.	8	»	»	50
Orpin jaune.	2	»	»	40	— de chrome.	8	»	»	40
— rouge.	2	»	»	40	— émeraude.	8	»	»	60
Outremer extra-fin.	8	»	1	»	— de gris.	1	50	»	30
— n° 1.	4	»	»	60	— minéral.	1	50	»	30
— n° 2.	3	»	»	50	— de Prusse.	1	50	»	30
Pierre de fiel.	15	»	»	75	— de Scheele.	2	»	»	40
Précipité d'or rouge.	60	»	1	»	— végétal.	1	50	»	30
— — violet.	60	»	1	»	— de vessie.	1	50	»	30
Rouge indien.	1	50	»	30	Violet de Mars.	5	»	»	30
— de Mars.	5	»	»	50					

Couleurs en tablettes.

					fr.	c.
Couleurs extra-fines, grandes tablettes. . . . . le cent.					20	»
— — petites — . . . . —					10	»
— demi-fines, grandes — . . . . —					12	»
— — petites — . . . . —					6	»
— ordinaires, grandes — chinoises. . . . . —					5	»
— — petites — . . . . —					3	»
— — grandes — fevrettes. . . . . —					2	»
— — petites — . . . . —					1	25

Couleurs anglaises de Newmann ou d'Ackermann.

Tablettes entières. . . . . le cent.	30	»
Demi-tablettes.	15	»

Palettes, pinceaux, crayons Conté, Gilbert, Walter, Lefranc, Faber; crayons lithographiques, pastels, estompes, et généralement toutes les fournitures à l'usage des élèves et des peintres artistes.

PEINTURE EN BÂTIMENTS.

On trouvera par ordre alphabétique, dans le catalogue général de droguerie, tous les articles concernant la peinture en bâtiments et les vernis.

Peinture chimique Sorel.

M. Sorel, bien connu par ses découvertes antérieures dans l'industrie, a inventé un liquide remplaçant avantageusement l'huile et l'essence dans leurs applications à la peinture, et dont le prix est de 30 p. 100 meilleur marché. Ce résultat nous a paru assez intéressant pour mettre au service de nos commettants tous les renseignements relatifs à ce nouveau liquide et à la poudre qui l'accompagne.

	fr.	c.
Huiline liquide remplaçant l'huile et l'essence............ les 100 kilogr.	75	»
Poudre spéciale Sorel n° 1, faisant l'office de la céruse et du blanc de zinc...	75	»
— — — n° 2, que l'on colore pour les tons bois, pierre et autres teintes communes.......... les 100 kilog.	30	»

Ces produits sont vendus par tonneaux de 50 et de 100 kilogr.

Hydrofuge Sorel, liquide qui, associé au blanc de zinc ou au blanc de Meudon, donne d'excellents résultats pour détruire les transsudations des murs humides ou salpêtrés..................................... le kilog.	2	»

Une explication détaillée pour l'emploi de ces différents produits est envoyée avec la marchandise.

APPAREIL DE PLONGEUR DE CABIROL

POUR LES TRAVAUX HYDRAULIQUES, LA PÊCHE DES ÉPONGES, DES HUÎTRES PERLIÈRES ET DE L'OR.

PRIX : 2,500 FRANCS.

Nous avons cru devoir faire connaître cet appareil dont on retire en France les plus utiles services pour tous les travaux qui exigent un séjour prolongé sous l'eau, il laisse au plongeur toute la liberté de ses mouvements et du sens de la vue. Le renouvellement dans le casque, de l'air respirable, s'accomplit dans les meilleures conditions pour n'avoir pas à redouter un accident d'asphyxie.

COMPOSITION DE L'APPAREIL DE PLONGEUR :

1° Une pompe à air;
2° Deux vêtements caoutchoutés entre deux étoffes;
3° Une paire de souliers avec semelles de plomb;
4° Deux poids en plomb;
5° Un casque en cuivre;
6° Une pèlerine de même;
7° 36 mètres de tuyaux avec raccords;
8° Une ceinture de cuir;
9° Un poignard;
10° Une paire d'ouvre-manchettes;
11° Anneaux en caoutchouc vulcanisé pour serrer les poignets;
12° Un mètre toile préparée et dissolution de caoutchouc pour réparations;
13° Vêtements intérieurs : 2 bonnets, 2 tricots, 2 caleçons, 2 paires de bas.

CATALOGUE DE GRAINES.

Nous n'avons pas indiqué les prix, attendu les variations fréquentes que produit sur la valeur de ces articles l'abondance ou la disette des récoltes ; mais ne nous adressant qu'aux maisons les plus honorablement connues dans l'horticulture, nous pouvons assurer à nos correspondants que leurs ordres seront remplis avec toute l'attention désirable, sous le rapport du prix et de a qualité.

Graines potagères.

Arroche blonde.
— rouge.
Artichaut vert de Provence.
Asperge de Hollande.
Aubergine violette longue.
Basilic grand vert.
— fin vert.
Betterave rouge grosse.
— jaune grosse.
Et plusieurs autres variétés.
Cardon épineux de Tours.
— plein inerme.
— sans piquants, d'Espagne.
Carotte rouge longue.
— — — d'Altringham.
— — courte, très-hâtive.
— — pâle de Flandre
— jaune longue.
— blanche longue.
— — à collet vert hors de terre.
— — des Vosges.
— rouge, à collet vert hors de terre.
Céleri plein blanc.
— — — court hâtif
— gros violet de Tours.
— rave, ou céleri-navet.
Cerfeuil commun.
— frisé.
Chicorée de Meaux.
— fine d'été.
— — de Rouen.
— toujours blanche.
— scarole.
— — blonde.

Chicorée sauvage.
Chou d'York, petit et gros.
— cœur de bœuf, petit et gros.
— Joanet ou Nantais.
— pommé de Hollande, pied court et tardif.
— de Poméranie.
— pointu de Winnigstadt.
— gros pommé de St-Denis
— d'Allemagne, le plus gros, dit Quintal.
— rouge pommé gros.
— — — petit.
— de Milan, court, hâtif et petit.
— — ordinaire.
— — pancalier de Touraine.
— — le plus gros, tardif, des Vertus.
— à jets, de Bruxelles.
— à grosse côte, vert et blond.
— — frangé, ou Fraise de veau.
— grand frisé vert.
— ravé, blanc et violet.
— navet.
— turnep.
— de Laponie.
— Rutabaga.
— navet de Suède.
Chou-fleur demi-dur de Paris.
— dur de Hollande.
— — d'Angleterre.
Chou-brocoli blanc.
— violet pommé.
Ciboule.

Concombre jaune gros.
— blanc.
— vert long.
— à cornichon.
Courge, plusieurs espèces.
Cresson alénois.
— de fontaine.
Épinard de Hollande.
— à feuille de laitue.
Fève de marais, plusieurs variétés.
Fraisier des Alpes, ou de tous les mois.
Giraumon turban.
Haricot de Soissons.
— — nain.
— flageolet.
— Bagnolet.
— riz.
— de Prague, plusieurs variétés.
— de la Chine.
— d'Espagne, rouge et blanc, et beaucoup d'autres variétés.
Laitue gotte.
— crêpe.
— à bord rouge.
— de Versailles.
— blonde d'été.
— grosse brune paresseuse.
— Batavia blonde.
— de Malte.
— impériale.
— palatine.
— sanguine.
— passion d'hiver.
— à couper, ou p^{te} laitue.

39.

612   CATALOGUE DE GRAINES.

Laitue rom.ne verte maraîchère
— — blonde
— — panachée.
— pommée et romaine.
Un grand nombre d'autres espèces de printemps, d'été et d'hiver.
Lavande.
Lentille large de Gallardon.
Mâche à feuille ronde.
Marjolaine.
Mélisse.
Melon, collection nombreuse.
Navet long des Vertus.
— gros d'Alsace.
— jaune de Malte.
— rose du Palatinat.
— rouge plat hâtif.
— blanc
— rave d'Auvergne à collet rose.
— turnep.
— Rabioule.
Oignon rouge pâle.
— — foncé.

Oignon paille ou jaune.
— blanc hâtif.
— — gros.
Oseille large.
Panais long.
— rond.
Persil commun.
— frisé.
— nain très-frisé.
Piment, ou poivre long ordin.
Et beaucoup de variétés.
Pimprenelle.
Poireau commun.
— gros court.
Poirée ou bette blonde.
— à carde.
Pois le plus hâtif, ou Michaux de Hollande.
— Michaux ordinaire.
— d'Auvergne.
— nain de Hollande.
— Clamart.
— ridé ou de Knight.
— sans parchemin à rames.
Et beaucoup d'autres espèces.

Potiron d'Espagne.
— jaune.
Pourpier doré.
— vert.
Radis rond blanc.
— — violet.
— — rose ou saumoné.
— — — hâtif.
— demi-long rose.
— — écarlate.
— gris d'été.
— jaune d'été.
— noir gros d'hiver.
Rave rose ou saumonée.
Raiponce.
Rhubarbe, plusieurs espèces.
Romarin.
Salsifis blanc.
Sarriette.
Sauge.
Scorsonère ou salsifis noir.
Thym.
Tomate ou pomme d'amour rouge grosse.
— jaune grosse.

Graines fourragères.

Alpiste.
Agrostis d'Amérique.
— traçante.
— vulgaire.
Ajonc ou jonc marin.
Betterave champêtre.
— jaune d'Allemagne.
— — globe.
— blanche à sucre, ou de Silésie.
Brome des prés.
Cretelle des prés.
Chicorée à café.
Chanvre com.n et du Piémont.
Chou cavalier.
— branchu du Poitou.
Dactyle pelotonné.

Fromental, avoine élevée.
Fléole des prés, ou timothy.
Fétuque ovine.
— traçante.
Et autres espèces.
Féverolle.
Gesse cultivée.
Graine de pré, mélange naturel.
Houque laineuse.
Lupin blanc.
Lin, diverses espèces.
Luzerne de Provence et du Poitou.
Lupuline ou minette.
Maïs, plusieurs espèces.
Moutarde blanche.

Panis, moha de Hongrie.
Pastel.
Pâturin commun.
— des prés.
Pimprenelle grande.
Pois gris de printemps et d'hiver.
Ray-grass, gazon anglais.
— d'Italie.
Sarrasin.
Sorgho à balais.
Spergule ordinaire et géante.
Trèfle rouge ordinaire.
— blanc.
— incarnat.
Vesce de printemps et d'hiver.
Vulpin des prés.

Graines de fleurs.

Adonide d'été.
Ageratum du Mexique.
Alysse, corbeille d'or.

Alysse odorante.
Amarante crête de coq.
Amarantoïde, plusieurs var.

Ancolie hybride variée.
— double variée.
Anagallis, plusieurs variétés.

CATALOGUE DE GRAINES.

Aubergine blanche, plante aux œufs.
Balisier, canne d'Inde.
Balsamine double variée.
— camellia.
Barbeau varié.
Basilic fin violet.
Belle-de-jour.
Belle-de-nuit variée.
— odorante.
Benoîte du Chili.
Brachycome iberidifolia.
Brize à grande fleur.
Buglosse d'Italie.
Calandrinia umbellata.
Campanule à grosse fleur, violette marine.
— pyramidale.
— miroir de Vénus.
Capucine grande.
— des Canaries.
— grande à fleur brune
— petite.
Chrysanthème à carène.
Centaurée ambrette.
— barbeau jaune.
— — vivace.
Clarkia pulchella rose et blanc
Collinsia bicolore.
Coloquinte variée.
Commeline tubéreuse.
Coquelourde rose du ciel.
Corcopsis elegans.
— picta, ou Drummondii.
Cosmos bipinné à grande fl^r.
Courge pèlerine.
Et autres variétés.
Crepis rose.
Cupidone bleue.
Cynoglosse à feuille de lin.
Dahlia double.
Datura fastuosa violet et blanc
Digitale, plusieurs espèces et variétés.
Dolique d'Égypte.
Enothère blanche.
— odorante à gr^{de} fl^r.
Erysimum petrowskianum.
Escholtzia californica.

Gaillarde de Drummond, ou peinte.
Galéga officinal.
Gaura Lendheimeri.
Gentiane, plusieurs espèces.
Gilia tricolor et capitata.
Giroflée quarantaine à gr. fl^r.
— grosse espèce, variée
— — — cocardeau.
— jaune, plusieurs variétés.
Glaciale.
Godetia rubicunda.
Gypsophila elegans.
Ibéride odorante.
Immortelle annuelle variée.
— à grande fleur.
Ipomée écarlate.
Julienne de Mahon.
Ketmie d'Afrique.
— vésiculeuse.
Lavatère à grande fleur.
Lin vivace.
— à grande fleur rouge.
Linaire pourpre.
Lobelia crinus.
— cardinalis.
— ramosa.
Lotier-Saint-Jacques.
Lupin rose.
— jaune odorant.
— polyphylle varié.
— de Cruikshank.
Beaucoup d'autres espèces.
Lychnis, croix de Jérusalem rouge.
Malope à grande fleur.
Martynia pourpre odorant.
Matricaire double.
Maurandia barclayana.
Mauve d'Alger. *Malva mauritiana*.
Mélilot bleu, baume du Pérou
Mimule maculé.
— *speciosa*.
— écarlate.
— *cardinalis*.
Mufle de veau varié.
Nemophila insignis.

Nigelle de Damas.
Nolana atriplicifolia.
Œillet double ordinaire.
— de fantaisie.
— flamand, 1er ordre.
— de poëte.
— de la Chine.
— de Gardner.
— d'Inde.
Pavot double varié.
— à bractée.
— coquelicot double varié
Pensée vivace à grande fleur, ou anglaise.
Persicaire du Levant, rouge.
Pervenche de Madagascar.
Petunia hybride varié.
— nyctaginiflora.
— phœnicea.
Phlox de Drummond.
Pied d'alouette nain varié.
— — grand varié.
— — des blés, à fl^r double.
— — vivace.
Pois à odeur varié.
— vivace.
Pourpier à grande fleur.
Primevère des jardins variée.
Reine-Marguerite double var.
— — anémone.
— — pyramidale.
— — pivoine.
Réséda.
Rose d'Inde.
— trémière grande variée.
Salpiglossis hybride.
Scabieuse.
Schizanthus pinnatus.
— de Graham.
Seneçon des Indes, diverses variétés, simples et doubles.
Sensitive.
Silène pendula.
— d'Orient.
Soleil double.
Souci double.
Statice pseudo-armeria.
Tabac de Virginie.

CATALOGUE DE GRAINES.

Thlaspi blanc.
— violet.
Et plusieurs variétés.
Valériane, plusieurs variétés.
— d'Alger.

Verveine de Miquelon.
— venosa.
— hybride variée.
— plusieurs autres espèces et variétés.

Viscaria oculata.
Volubilis varié.
Zinnia élégant varié.
— plusieurs autres espèces et variétés.

Graines d'arbres.

Acacia.
Arbre de Judée. Gaînier.
Catalpa.
Cèdre du Liban.
Cyprès pyramidal.
Cytise faux-ébénier.
Epicea.
Févier triacanthos.

Frêne.
Genêt commun.
Genévrier ou cèdre de Virginie
Mélèze d'Europe.
Mûrier blanc.
Pin maritime.
— sylvestre, ou d'Écosse.
— laricio de Corse.

Pin du lord Weymouth.
Sapin argenté, ou de Normandie.
— sapinette blanche et noire.
Sophora.
Thuya de la Chine.
Vernis du Japon. Aylanthe.

Oignons à fleurs.

Amaryllis, lis Saint-Jacques.
Anémone simple beau mélange.
— double.
Crocus ou safran printanier.
Glaïeul *gandavensis*.

Glaïeul *floribundus*.
— perroquet.
Jacinthes, nombreuse collection.
Renoncule semi-double, ou porte-graines.

Renoncule double.
— pivoine rouge.
Tigridia pavonia.
Tubéreuse double.
Tulipes, nombreuse collection.

Graines de plantes officinales.

Absinthe.
Agnus castus.
Aneth.
Angélique.
Anis.
Bardane.
Belladone.
Bouillon-blanc.
Bourrache.
Carotte ou daucus.
Carvi.
Céleri (pour liqueurs).
Chicorée sauvage.
Ciguë.
Cochléaria.

Coriandre.
Cresson de Para, spilanthe.
— du Brésil.
Cumin.
Fenouil doux, long.
— amer, dit vulgaire.
Fenugrec.
Guimauve.
Hysope.
Jusquiame.
Lavande.
Lin.
Marjolaine.
Mauve.
Mélisse ou citronnelle.

Morelle.
Moutarde blanche.
— noire.
Pavot blanc.
Pissenlit.
Psyllium.
Rhue.
Ricin major (palma-christi).
— minor.
Roquette.
Sauge.
— sclarée.
Staphysaigre.
Thym.

Collection de 10 espèces de rhubarbe, chez M. Pecqueur, au prix de 60 fr. les 10, rendues à domicile.

Graines de la pyrèthre insecticide acclimatée par Villemot. . . . . . . 3 fr. le gramme.

M. Villemot met à la disposition des pharmaciens des plants de pyrèthre insecticide au prix de 2 fr. la pièce.

CATALOGUE

D'OUVRAGES DE MÉDECINE, CHIRURGIE, CHIMIE, PHARMACIE, HISTOIRE NATURELLE, ART VÉTÉRINAIRE, ETC.

	fr.	c.
ADDE-MARGRAS (de Nancy). Manuel du vaccinateur des villes et des campagnes. 2ᵉ édition. 1 vol. in-12. 1856. . . .	3	50
AMETTE. Code médical, ou Recueil des lois, décrets et règlements sur l'étude, l'enseignement et l'exercice de la médecine civile et militaire en France. 1 vol. in-12, 1859	4	»
AMYOT. Entomologie française. Rhyncotes. Paris, 1848, in-8° de 500 pages, avec 5 planches	8	»
ANDRAL. Clinique médicale, 4ᵉ édit. Paris, 1840, 5 vol. in-8°.	40	»
— Essai d'hématologie pathologique, 1843. in-8°.	4	»
— Cours de pathologie interne, recueilli et publié par le Dʳ A. Latour, 2ᵉ édit. 3 vol. in-8°, 1848.	18	»
ANDRAL et GAVARRET. Recherches sur les modifications de proportion de quelques principes du sang dans les maladies. Paris, 1842. 1 vol. in-8°.	3	50
ANGLADA (Charles). Traité de la contagion. Paris, 1853. 2 vol. in-8°.	12	»
ANGLADA (J.). Traité des eaux minérales. Paris, 1833. 2 vol. in-8°.	6	»
ANNUAIRE DE CHIMIE par MM. E. Millon, J. Reiset. 7 vol. in-8°, 1845 à 1851; prix de chaque vol.	3	50
ANNUAIRE GÉNÉRAL DES SCIENCES MÉDICALES, contenant l'indication et l'analyse des travaux publiés sur les sciences médicales pendant l'année 1857, par A. Cavasse; première année. 1858, 1 vol. grand in-18 de 440 pag.	5	»
ARAN. Leçons cliniques sur les maladies de l'utérus et de ses annexes, recueillies par le docteur Gauchet et revues par l'auteur. 1 très-fort vol. in-8°, publié en trois parties.	12	»
AUZOUX. Leçons élémentaires d'anatomie et de physiologie humaine et comparée, au point de vue de l'hygiène et de la production agricole. 1 vol. in-8°, avec figures; 2ᵉ édition, 1858.	6	»
BAGLIVI. Médecine pratique, traduction nouvelle par M. le docteur J. Boucher; précédée d'une Introduction sur l'influence du baconisme en médecine. 1 vol. in-8°. 1851.	6	»
BALDOU. Instruction pratique sur l'hydrothérapie. Nouvelle édition. Paris, 1857. In-8° de 691 pages.	5	»
BARRESWIL et DAVANNE. Chimie photographique, 2ᵉ édition. 1 vol.	7	50
BARRUEL. Chimie technique appliquée aux arts et à l'industrie, à la pharmacie et à l'agriculture. 7 vol. in-8°, avec un grand nombre de gravures. 4 volumes sont en vente. Prix de chaque volume.	7	»
BARTH et ROGER (Henri). Traité pratique d'auscultation, suivi d'un précis de percussion. 5ᵉ édition. 1 vol. in-18. Paris, 1860. Prix : broché. . . .	6	»
BARTHEZ et RILLIET. Traité clinique et pratique des maladies des enfants, 2ᵉ édit. 3 vol. in-8°, 1853-1854. . . .	25	»
BASSET (N.). Traité théorique et pratique de la fermentation, considérée dans ses rapports généraux avec les sciences naturelles et l'industrie. Paris, 1858. 1 vol. gr. in-18.	7	»
BASSEREAU. Traité des affections de la peau, symptomatiques de la syphilis. Paris, 1852. 1 vol. in-8° de 600 pages. . .	7	50
BATILLIAT. Traité des vins de France, des phénomènes des vins, des moyens de les vieillir ou rajeunir, d'en prévenir ou corriger les altérations. 1 vol. in-8°.	5	»
BAUDRIMONT. Traité de chimie générale, 1846. 2 vol. in-8°.	10	»
BAUTIER. Tableau analytique de la Flore parisienne, d'après la méthode adoptée dans la Flore française de MM. de Marck et de Candolle; suivi d'un Vocabulaire renfermant la définition des mots techniques employés dans cet ouvrage. 8ᵉ édition, revue et augmentée d'un *Guide du Botaniste* pour les herborisations aux environs de Paris. 1857, in-18. Broché, 4 fr.; cartonné,	4	50
BAYLE (A. L. J.). Éléments de pathologie médicale, ou Précis de médecine théorique et pratique, écrit dans l'esprit du vitalisme hippocratique, 1856-1857. 2 vol. in-8°	14	»
— Traité élémentaire d'anatomie, ou Description succincte des organes qui composent le corps humain. 1 vol. in-32. 1855. Broché, 4 fr. 50 c; relié. . .	5	»

CATALOGUE DE LIBRAIRIE.

BEAU. Traité clinique et expérimental d'auscultation appliquée à l'étude des maladies du poumon et du cœur, par le docteur J. H. S. Beau. Paris, 1856. 1 vol. in-8° de 626 pages. 7 50

BEAUVAIS. Effets toxiques et pathogénétiques de plusieurs médicaments sur l'économie animale dans l'état de santé. Paris, 1845. In-8° de 420 pages avec 8 tableaux in-folio. . . . .

BÉCLARD (P.-A.). Éléments d'anatomie générale, description de tous les tissus ou systèmes organiques qui composent le corps humain. 3e édit. 1 fort vol. in-8°, 1852 . . . . 8 »

BÉCLARD (Jules). Traité élémentaire de physiologie humaine, comprenant les principales notions de la physiologie comparée. 3e édit. 1 vol. in-8° de 1,000 pages, avec 212 figures intercalées dans le texte. 1859. . . . . . 12 »

BECQUEREL. Des applications de l'électricité à la thérapeutique médicale et chirurgicale. 1857. 1 vol. in-8°, fig. . . . 5 »
— Résumé de l'histoire de l'électricité et du magnétisme, et des applications de ces deux sciences à la chimie, aux sciences naturelles et à l'industrie. Paris, 1857. 1 vol. in-8°. . . . . 6 »

BECQUEREL (A.). Traité élémentaire d'hygiène privée et publique. 2e édit. 1 fort vol. grand in-18 jésus. 1854. . . 6 »
— Traité de physique considérée dans ses rapports avec la chimie et les sciences naturelles. Paris, 1842. 2 vol. in-8°, figures . . . . 15 »

BECQUEREL et RODIER. Traité de chimie pathologique appliquée à la médecine pratique. 1 vol. in-8°, 1854. . . . . 7 »

BÉHIER et HARDY. Traité élémentaire de pathologie interne. L'ouvrage formera 4 forts vol. in-8°. Les 3 premiers volumes ont paru. 1846-1858. . . . . 24 »
Nota. Le t. 1er, contenant la pathologie générale et la séméiologie, se vend séparément. . . . . 8 »

BENOIT. Traité élémentaire et pratique des manipulations chimiques, et de l'emploi du chalumeau, suivi d'un Dictionnaire descriptif des produits de l'industrie susceptibles d'être analysés. Paris, 1854. 1 volume in-8°. . . . . 8 »

BÉRARD (P.). Cours de physiologie fait à la Faculté de médecine de Paris. Les livraisons 1 à 31 sont en vente. . . 31 »

BÉRARD (A.), DENONVILLIERS et GOSSELIN. Compendium de chirurgie pratique, ou Traité complet des maladies chirurgicales et des opérations que ces maladies réclament, 1840-1860. Ouvrage publié par livraisons de 160 pages, gr. in-8° à deux colonnes. Prix de chaque livraison. 3 50
Les 14 premières livraisons sont en vente.

BÉRAUD. Manuel de physiologie de l'homme et des principaux vertébrés. 2 volumes grand in-18, 1856. . . . . 8 »

BERNARD (Cl.). Leçons de physiologie expérimentale appliquée à la médecine, faites au Collège de France. Paris, 1855-1856. 2 vol. in-8°, avec figures intercalées dans le texte. . . . . . . 14 »
Le tome II, Paris, 1856, in-8°, avec figures. . . . . 7 »

BERNARD (Cl.). Cours de médecine du Collège de France : *Des effets des substances toxiques et médicamenteuses.* Paris, 1857. 1 vol. in-8°, avec figures intercalées dans le texte. . . . . 7 »
— Cours de médecine du Collège de France, *Physiologie et pathologie du système nerveux.* Paris, 1858. 2 vol. in-8°, avec figures intercalées dans le texte. . . . . 14 »
— Leçons sur les propriétés physiologiques et les altérations pathologiques des différents liquides de l'organisme. Paris, 1859. 2 vol. in-8°, avec fig. 14 »
— Mémoire sur le pancréas et sur le rôle du suc pancréatique dans les phénomènes digestifs, particulièrement dans la digestion des matières grasses neutres. Paris, 1856. In-4° de 190 pages, avec 9 planches gravées, en partie coloriées. . . . . 12 »

BERNARD et HUETTE. Précis iconographique de médecine opératoire et d'anatomie chirurgicale, 1 vol. in-18 anglais composé de 113 planches dessinées d'après nature, gravées au burin sur acier, et d'un texte explicatif et descriptif. Prix, cartonné à l'anglaise, fig. noires. 24 »
— fig. color. 48 »

BERTON. Traité pratique des maladies des enfants, depuis la naissance jusqu'à la puberté. Paris, 1842. In-8° de 820 p. 4 »

BERZÉLIUS. Traité complet de chimie, 2e édit. française, traduit, pour la partie inorganique, par MM. Esslinger et Hœfer ; continué, pour la partie organique, par M. Gerhardt. 11 vol. in-8°, 1846 à 1854. . . . . 100 »
— De l'emploi du chalumeau dans les analyses chimiques, Paris, 1836, in-8°. . 6 »
— Rapport annuel sur les progrès de la chimie. Paris, 1841-1848, 8 vol. in-8°. 35 »
— Théorie des proportions chimiques. Paris, 1835, in-8°, 2e édit. . . . . . 8 »

BEUDANT (E. S.). Cours élémentaire de minéralogie et de géologie. 8e édit. 1857. 1 fort vol. in-12. . . . . 6 »

CATALOGUE DE LIBRAIRIE.

BIBLIOTHÈQUE DU MÉDECIN PRATICIEN, par une société de médecins, sous la direction du docteur Fabre, rédacteur en chef de la *Gazette des hôpitaux*. — Paris, 1843 à 1851. *Ouvrage complet*, 15 vol. grand in-8° de chacun 700 p. à 2 colonnes. Prix de chaque vol. . . 8 50

BICHAT. Recherches physiologiques sur la vie et la mort, 5e édit. 1829, in-8°. . 6 »

BLANDIN. Traité d'anatomie descriptive. Paris, 1838. 2 vol. in-8°. . . . . . 8 »

BISCHOFF. Traité du développement de l'homme et des mammifères. Paris, 1843. In-8° et atlas in-4° de 16 pl. . 15 »

BOBIERRE. Traité des manipulations chimiques, 1844, in-8°. . . . . 6 »

BOENNINGHAUSEN. Manuel de thérapeutique médicale homéopathique, traduit de l'allemand par le docteur D. Roth. Paris, 1846, in-12 de 600 pages. . . 7 »

BOINET. Iodothérapie, ou de l'Emploi médico-chirurgical de l'iode et de ses composés, et particulièrement des injections iodées. Paris, 1855. 1 vol. in-8°. . 9 »

BOITARD. Manuel de botanique, 2e édit., in-18. Paris, 1828. . . . . . . 3 50
— Manuel d'entomologie. Paris, 1843. 3 vol. in-18. . . . . 10 »
— Manuel du naturaliste préparateur. Paris, 1832, in-18. . . . . 2 »

BOIVIN (madame) et DUGÈS (A.). Traité pratique des maladies de l'utérus et de ses annexes. Paris, 1833. 2 vol. in-8°, et Atlas de 41 pl. in-fol. gravées et coloriées, représentant les principales altérations morbides des organes génitaux de la femme, in-fol., avec explication. 70 »

BONAMY, P. BROCA et BEAU. Atlas d'anatomie descriptive du corps humain. Cet ouvrage est publié par livraisons contenant chacune 4 pl. accompagnées d'un texte explicatif gr. in-8°, 1841-1860. Prix de chaque livraison : Planches noires. 2 »
— — coloriées, 4 »
L'Atlas sera divisé en 4 parties qui seront vendues séparément et sans augmentation de prix, savoir :
1° Appareil de la locomotion (complet en 84 planches dont 2 sont doubles). Broché, fig. noires. . . . . 44 »
Demi-reliure. . . . . 47 »
Figures coloriées. Broché. . . . 88 »
— Demi-reliure. . . 92 »
2° Appareil de la circulation (complet en 64 planches). Broché, fig. noires. . 32 »
Demi-reliure. . . . . 35 »
Figures coloriées. Broché. . . . . 64 »
— Demi-reliure. . . . 68 »
3° Appareil de la digestion, de la respiration, génito-urinaire. (En cours de publication.)

BONNET (A). Traité des fièvres intermittentes, 2e édit. Paris, 1855, in-8°. . 6 30

BONNET (de Lyon). Traité des maladies des articulations. Paris, 1845. 2 vol. in-8° et atlas de 16 pl. in-4°. . . . . . 20 »
— Traité de thérapeutique des maladies articulaires. Paris, 1853. 1 vol. de 700 pages, in-8°, et atlas de 97 planches intercalées dans le texte . . . . . 9 »

BOSSU. Nouveau Compendium médical à l'usage des médecins praticiens, 1857. Nouvelle édition. 1 vol. gr. in-18. . 7 »
— Traité des plantes médicinales indigènes, précédé d'un Cours de botanique. 1854. 1 vol. in-8°, et atlas de 60 planches représentant 1,100 fig. . . . . . 13 »
Le même ouvrage, fig. coloriées. . . . 22 »
— Nouveau Dictionnaire d'histoire naturelle et des phénomènes de la nature. Paris, 1857. 3 vol. grand in-8°, avec un très-grand nombre de fig. intercalées dans le texte. . . . . . . 27 »

BOUCHARDAT. Annuaire de thérapeutique. 1841 à 1860. 22 vol. grand in-32. Chaque année. 1 25
— Supplément à l'Annuaire de thérapeutique, etc., pour 1846 et 1856. Chaque année, 1 vol. gr. in-32. . . . . . 1 25
— Nouveau Formulaire magistral. 1858. 9e édition. 1 vol. in-18, broché. . 3 50
— Manuel de matière médicale, de thérapeutique et de pharmacie. 3e édition. 1856-1857. 2 vol. gr. in-18. . . . 14 »

BOUCHARDAT et QUEVENNE. Du lait. 1er *fascicule* : Instruction sur l'essai et l'analyse du lait ; 2e *fascicule* : Des laits de femme, d'ânesse, de chèvre, de brebis, de vache. 1857. 1 vol. in-8°. . 6 »
On vend séparément l'*Instruction* pour l'essai et l'analyse du lait. 1856. in-8°, broché. 1 25

BOUCHUT. Nouveaux Éléments de pathologie générale et de séméiologie. Paris, 1857. 1 beau vol. grand in-8° de 1,064 pages, avec fig. intercalées dans le texte. . . . . 11 »
— Traité pratique des maladies des nouveau-nés et des enfants à la mamelle, 3e édit. Paris, 1855. 1 volume in-8°. 9 »
— Traité des signes de la mort et des moyens de prévenir les enterrements prématurés. Paris, 1849, in-12 de 400 pages. 3 50

BOUILLAUD (J.). Traité clinique des maladies du cœur, 2e édit. Paris, 1841. 2 forts vol. in-8°, avec 8 pl. gravées. . 16 »
— Essai sur la philosophie médicale et sur les généralités de la clinique. Paris, 1837, in-8°. . . . . 6 »
— Nosographie médicale générale et spéciale. Paris, 1845. 5 vol. in-8°. . 35 »

BOUILLAUD (J.). Traité clinique du rhumatisme articulaire et de la loi de coïncidence des inflammations du cœur, avec cette maladie. Paris, 1840, in-8°. . . 7 50
— Clinique médicale de l'hôpital de la Charité. Paris, 1837. 3 vol. in-8°. . . . 21 »
BOUISSON. Traité de la méthode anesthésique appliquée à la chirurgie et aux différentes branches de l'art de guérir, etc. Paris, 1850, in-8° de 560 p. 7 50
BOULEY (Henri). Traité de l'organisation du pied du cheval, comprenant l'étude de la structure, des fonctions et des maladies de cet organe. 3 vol. grand in-8°; le 1er volume, accompagné d'un atlas de 34 planches, est en vente, 1851. Prix : figures noires. . . . . 14 »
— coloriées. 23 »
BOURGERY et JACOB. Traité complet de l'anatomie de l'homme, comprenant la médecine opératoire. Cet ouvrage se compose de 100 livraisons de chacune 4 feuilles de texte et de 8 planches in-folio. Prix de chaque livraison, figures noires. . . . . 8 »
Figures coloriées. . . . . 16 »
BOUDIN. Traité de géographie et de statistique médicales et des maladies endémiques, comprenant la météorologie et la géologie médicales, les lois statistiques de la population et de la mortalité, la distribution géographique des maladies, et la pathologie comparée des races humaines. Paris, 1857. 2 vol. grand in-8° avec 9 cartes et tableaux. . . . . 20 »
BOUQUET (J. P.) Histoire chimique des eaux minérales et thermales de Vichy, Cusset, Vaisse, Hauterive et Saint-Yore; analyses chimiques des eaux minérales de Médague, Châteldon, Brugeas et Seuillet. Paris, 1855. 1 vol. in-8°, avec 2 cartes et 1 planche. . 7 50
BOUSQUET. Traité de la vaccine et des éruptions varioleuses ou varioliformes, ouvrage couronné par l'Institut de France. Paris, 1848, in-8° . . . . 7 »
BOUSSINGAULT. Économie rurale considérée dans ses rapports avec la chimie, la physique et la météorologie, 2e édit., 1850. 2 vol. in-8°. . . . . 15 »
BOUTIGNY (d'Évreux). Études sur les corps à l'état sphéroïdal; nouvelle branche de physique. 2e édition. Paris, 1857. 1 vol. in-8°, avec 26 fig. intercalées dans le texte. . . . . 7 »
BOYER (le baron). Traité des maladies chirurgicales et des opérations qui leur conviennent, 5e édit. Paris, 1844-1853. 7 forts vol. in-8°, ensemble de 6,200 pages. . . . . 56 »

BRIAND. L'Électricité appliquée au traitement curatif des névralgies, des rhumatismes, des ganglions, des tumeurs, etc., et, en général, des affections morbides réputées incurables. 1 vol. in-12, 1855. . . . . 3 »
BRIAND et CHAUDÉ. Manuel complet de médecine légale, ou Résumé des meilleurs ouvrages publiés jusqu'à ce jour sur cette matière, et des jugements et arrêts les plus récents; suivi d'un *Traité de chimie légale*, par H. Gaultier de Claubry, *sixième édition, revue et augmentée.* Paris, 1858. 1 v. in-8° de 950 pages, avec 3 planches gravées et 60 fig. intercalées dans le texte. . . . 10 »
BRIQUET (P.). Recherches expérimentales sur les propriétés du quinquina et de ses composés. 2e édition. Paris, 1855. 1 vol. in-8°. . . . . 8 »
BRIQUET (P.). Traité clinique et thérapeutique de l'hystérie, par le docteur médecin à l'hôpital de la Charité, agrégé honoraire à la Faculté de médecine de Paris. 1 vol. in-8°. . . . . 8 »
BRIQUET (P.) et MIGNOT (A.). Traité pratique et analytique du choléra-morbus (épidémie de 1849). Paris, 1850. 1 vol. in-8°. . . . . 7 »
BROCA (Paul). Des anévrismes et de leur traitement. 1 vol. in-8° de 940 pages, avec des fig. intercalées dans le texte. 1856. 10 »
BRONGNIART (A.). Énumération des plantes cultivées au Muséum d'histoire naturelle, 2e édit. Paris, 1850. in-12. . 3 »
— Traité des arts céramiques ou des poteries, considérées dans leur histoire, leur pratique et leur théorie, 2e édit. 1854. 2 vol. in-8°, atlas in-4°. . . 28 »
BROUSSAIS. Cours de phrénologie. Paris, 1836. 1 vol. in-8° de 850 pag., fig. 6 »
BROUSSAIS (A.). Hygiène morale, ou Application de la physiologie à la morale et à l'éducation. Paris, 1837, in-8°. . . 5 »
BULLIARD. Herbier de la France, Dictionnaire de botanique, histoire des champignons et des plantes vénéneuses et suspectes de la France, 1780-1793. 7 vol. in-folio, 602 planches, fig. coloriées. Il n'en reste plus que quelques exemplaires parfaitement complets. En feuilles, 300 fr.; relié en basane, filet. 300 »
BUNSEN (Robert). Méthode gazométrique, traduit de l'allemand, sous les yeux de l'auteur et avec son concours, par M. Th. Schneider. Paris, 1858. 1 vol. in-8° avec 60 gravures intercalées dans le texte. . . . . 8 »
BURAT. Géologie appliquée, ou Traité de la recherche et de l'exploitation des minéraux utiles, 1858, 2 vol. in-8°, fig. . 20 »

CATALOGUE DE LIBRAIRIE. 619

	fr. c.
BUSSY et BOUTRON-CHARLARD. Traité des moyens de reconnaître les falsifications des drogues simples et composées. Paris, 1829. 1 vol. in-8°	3 50
CABANIS. Rapports du physique et du moral de l'homme. 4ᵉ édition, revue et augmentée de notes par E. Pariset, 1824. 2 vol. in-8°, imprimés sur papier satiné. Au lieu de 14 fr.	8 »
CABANIS. Rapport du physique et du moral de l'homme, 8ᵉ édit., revue et augmentée de notes par E. Peisse. Paris, 1844. 1 vol. in-8° de 750 pages.	6 »
CADET-GASSICOURT. Formulaire magistral et mémorial pharmaceutique, 7ᵉ édition. Paris, 1840. 1 volume in-8° de 700 pages	4 50
— Des premiers secours avant l'arrivée du médecin, ou Petit Dictionnaire des cas d'urgence, à l'usage des gens du monde; suivi d'une Instruction sur les champignons, accompagnée de 8 planches coloriées. 1 vol. in-12, 1845.	3 »
CAILLAULT. Traité pratique des maladies de la peau chez les enfants. Paris, 1859. 1 volume in-18 jésus de 400 pages.	3 50
CAP. Principes élémentaires pharmaceutiques. 1 vol. in-8°, 1837.	2 50
CARRIÈRE. Le Climat de l'Italie sous le rapport hygiénique et médical, *Ouvrage couronné par l'Institut de France*. Paris, 1 vol. in-8° de 600 pages.	7 50
CAZAUVIEILH. Du suicide, de l'aliénation mentale et des crimes contre les personnes. Paris, 1840, in-8°.	5 »
CAZEAUX. Traité théorique et pratique d'accouchement. 6ᵉ édit. 1 vol. in-8°, 1858.	10 »
CAZENAVE et SCHEDEL. Abrégé pratique des maladies de la peau. 4ᵉ édit., 1847. 1 fort vol. in-8°, avec planches coloriées.	11 »
CAZENAVE. Traité des syphilides ou maladies vénériennes de la peau. Paris, 1843, grand in-8° et atlas de 12 pl. in-folio coloriées.	34 »
— Traité des maladies du cuir chevelu. Paris, 1850. 1 vol. in-8°.	8 »
CAZENAVE. Leçons pratiques sur les maladies de la peau, professées à l'Ecole de médecine de Paris, et publiées par fascicules, avec planches gravées et coloriées. L'ouvrage est entièrement achevé : il se compose de 59 feuilles de texte in-folio, et de 60 planches du même format, gravées et coloriées avec beaucoup de soin. 1856. Prix en feuilles ou en livraisons.	144 »
En demi-reliure avec dos en veau.	155 »
— — — — maroquin.	160 »

	fr. c.
CAZIN. Traité pratique et raisonné des plantes médicinales indigènes. 2ᵉ édition. 1 vol. grand in-8° de 1,100 pages, avec un atlas de 200 plantes du même format, 1858. Prix : Fig. noires. Figures coloriées.	16 » / 22 »
— Des vers ascarides lombricoïdes et des maladies que ces animaux causent, accompagnent ou compliquent. Mémoire couronné en 1849 par la Société des sciences médicales et naturelles de Bruxelles. 1850. in-8°.	2 50
— Monographie médico-pratique et bibliographique de la belladone. Grand in-8°. 1856.	2 »
— De l'organisation d'un service de santé pour les indigents des campagnes, considéré au point de vue administratif, hygiénique et thérapeutique. (Mémoire couronné par l'Académie de Reims en 1852.).	1 25
CHAILLY (Honoré). Traité pratique de l'art des accouchements, 3ᵉ édit. Paris, 1853. 1 vol. in-8° de 1,050 pages, avec 275 figures intercalées dans le texte.	10 »
CHARTROULE (P.). Traité de la phthisie pulmonaire et de son traitement. 1 vol. in-8°. 1857.	7 »
CHATIN (G. A.). Anatomie comparée des végétaux, comprenant : les plantes aquatiques ; 2° les plantes aériennes ; 3° les plantes parasites. 1856-1859. Se publie par livraisons de 3 feuilles de texte (48 p.) environ et 10 planches dessinées d'après nature, gravées avec soin sur papier fin, grand in-8° jésus. Prix de la livraison.	7 50
La publication se fera dans l'ordre suivant : 1° Les *plantes aquatiques*. 1 vol. d'environ 560 pages de texte et environ 100 planches ; 2° les *plantes aériennes* ou *épidendres* et les *plantes parasites*. 1 vol. d'environ 500 pages avec 100 planches. Les livraisons 1 à 10 sont en vente. Les livraisons 1, 2, traitent des *plantes aquatiques*, Les livraisons 3, 4, 5, 6, 7, 8, 9, 10 traitent des *plantes parasites*.	
CHAUSIT. Traité élémentaire des maladies de la peau, d'après l'enseignement théorique et les leçons cliniques de M. le docteur A. Cazenave, médecin de l'hôpital Saint-Louis. Paris, 1853. 1 vol. in-8°.	6 50
CHAUVEAU (A.). Traité d'anatomie comparée des animaux domestiques. Paris, 1854. 1 vol. grand in-8° de 800 pages, avec 150 figures intercalées dans le texte.	14 »

	fr.	c.
CHEVALLIER. Dictionnaire des falsifications et des altérations des substances alimentaires, médicamenteuses et commerciales. 2e édition. 2 volumes in-8º. 1854.	13	»
CHEVALLIER, RICHARD et GUILLEMIN. Dictionnaire des drogues simples et composées. 5 vol. in-8º, fig. 1827-1829.	34	»
CHEVALLIER et BARSE. Manuel pratique de l'appareil de Marsh, ou Guide de l'expert toxicologiste. 1843, in-8º.	5	»
CHEVALLIER (A.) et THIEULLEN (A.). Nouveau Livre-Registre pour la vente légale des substances vénéneuses et des médicaments dans lesquels on les fait entrer. Nouvelle édition, contenant divers modèles de rapports et lois régissant l'exercice et l'enseignement de la pharmacie; plus 200 pages pour l'inscription des ordonnances. 1 vol. in-fol. solidement relié.	8	»
CHEVALLIER, LAMY et ROBIQUET. Dictionnaire raisonné des dénominations chimiques et pharmaceutiques, contenant tous les termes employés en chimie et en pharmacie pour désigner les lois, phénomènes, substances, combinaisons ou préparations connues jusqu'à ce jour. 1 fort vol. divisé en 2 parties : la 1re partie, in-8º de 500 pages, texte compacte à 2 colonnes, est en vente. 1853.	9	»
CHOMEL (A. F.) Éléments de pathologie générale. 4e édition, revue et augmentée. Paris, 1856. 1 vol. grand in-8º.	9	»
— Des dyspepsies. Paris, 1857. 1 volume in-8º.	6	»
CHURCHILL (J. F.). De la cause immédiate et du traitement spécifique de la phthisie pulmonaire, et des maladies tuberculeuses. 2e édit. 1860. 1 vol. in-8º.	5	»
CIVIALE. Traité pratique des maladies des organes génito-urinaires. Nouvelle édition, augmentée. Paris, 1858-1860. 3 vol. in-8º, avec figures intercalées dans le texte.	24	»
— Parallèle des divers moyens de traiter les calculeux. Paris, 1836, in-8º, figure.	8	»
— De la lithotritie ou broiement de la pierre dans la vessie. Paris, 1847, in-8º, avec 8 planches.	8	»
CLOQUET (Jules). Anatomie descriptive du corps humain; 340 planches lithographiées, avec texte et explication. Prix : Figures noires.	120	»
— coloriées.	260	»
CODEX. Pharmacopée française, rédigée par ordre du gouvernement, avec un appendice thérapeutique. 1837, in-8º.	9	75

	fr.	c.
COLIN. Traité de physiologie comparée des animaux domestiques. 2 vol. gr. in-8º de chacun 550 pages, avec 120 figures intercalées dans le texte.	18	»
COLLADON. Histoire naturelle et médicale des casses et particulièrement de la casse et des sénés employés en médecine. 1816, in-4º, avec 19 planches.	6	»
COLOMBAT. Du bégayement et de tous les autres vices de la parole. Paris, 1840. in-8º, 2 vol.	12	»
— Traité des maladies des femmes et de l'hygiène spéciale de leur sexe. Paris, 1833. 3 vol. in-8º.	17	»
COMTE (A.). Structure et physiologie animales, démontrées à l'aide de figures coloriées, découpées et superposées. 2e édit. 1853, in-18, avec 8 planches gravées.	6	»
COQUAND. Traité des roches considérées au point de vue de leur origine, de leur composition, de leur gisement et de leurs applications à la géologie et à l'industrie; suivi de la Description des minerais qui fournissent les métaux utiles. Paris, 1857. 1 vol. in-8º de 423 pages, avec 72 figures intercalées dans le texte.	7	»
CORBEL-LAGNEAU. Traité complet des bains, ou Guide des baigneurs, suivi d'un Exposé de l'hydrothérapie. 1 vol. in-12, format Charpentier.	3	»
COSSON (E.) et GERMAIN (E.). Synopsis de la flore des environs de Paris. 2e édition. Paris, 1859. 1 vol. in-18.	4	50
COSTE. Instruction pratique sur la pisciculture. 2e édit., entièrement remaniée. Paris, 1856. 1 vol. grand in-18 avec figures intercalées dans le texte.	1	50
CRUVEILHIER. Traité d'anatomie descriptive. 3e édit., 1852-1853. Paris, 4 forts vol. in-8º.	28	»
— Traité d'anatomie pathologique générale. Paris, 1859. 3 vol. in-8º de 700 pages.	26	»
Le tome IV est sous presse.		
CURLING. Traité des maladies des testicules; traduit de l'anglais sur la 2e édition, avec des additions et des notes, par L. Gosselin. 1 vol. in-18, avec des figures intercalées dans le texte. 1857.	8	»
CUVIER. Discours sur les révolutions de la surface du globe. 7e édit. 1850, in-18, figures.	3	50
DANGER et FLANDIN. De l'arsenic. 1 vol. in-8º, avec planches. 1841.	5	»
DAUSSE. Mémoire sur la préparation de tous les extraits pharmaceutiques par la méthode de déplacement. Paris, 1836, in-8º.	2	»

	fr. c.
DAUVERGNE. Hydrothérapie générale. Du véritable mode d'action des eaux de mer en particulier, des eaux thermominérales, et de l'eau simple en général. 1 vol. in-8°. 1853	6 »
DAVAINE. Traité des Entozoaires et des maladies vermineuses de l'homme et des animaux domestiques. Paris, 1860. 1 vol. in-8° d'environ 900 pages, avec fig. intercalées dans le texte.	12 »
DEBREYNE. Thérapeutique appliquée aux traitements spéciaux de la plupart des maladies chroniques. 4ᵉ édit., 1850. 1 vol. in-8°.	6 »
DEBREYNE (P. J. C.). Des vertus thérapeutiques de la belladone. Paris, 1852, in-8°.	3 50
— Essai analytique et synthétique sur la doctrine des éléments morbides. Paris, 1849, in-8°.	6 »
DE CANDOLLE (A.). Géographie botanique raisonnée. Paris, 1855. 1 tome grand in-8° de 1,300 pages divisé en 2 vol. compactes, avec 2 cartes coloriées.	20 »
DECANDOLLE. Prodromus systematis universalis regni vegetabilis. Parisiis, 1824-1859. 14 vol. in-8°.	200 »
INDEX CANDOLLEANUS, par BUEK. Trois parties, contenant la table des genres, espèces et synonymes des volumes 1 à 13 inclusivement du *Prodromus*, 3 cahiers in-8°.	26 »
— Physiologie végétale ou exposition des forces et des fonctions des végétaux, pour servir de suite à l'Organographie végétale et d'introduction à la Botanique géographique et agricole. 1832. 3 vol. in-8°.	20 »
DELAFOND. Traité de la police sanitaire des animaux domestiques. 2ᵉ édit. (*Sous presse.*)	
— Traité de pathologie et de thérapeutique générales vétérinaires. 2ᵉ édit., 1855.	8 »
— Traité des maladies de sang des bêtes à laine. 1843, in-8°.	2 50
— Traité de la maladie de sang des bêtes bovines. 1848	3 50
— Traité sur la maladie de poitrine du gros bétail. 1854.	4 »
— Traité sur la pourriture des bêtes à laine. 1854.	1 25
DELAFOND et LASSAIGNE. Traité de matière médicale et de pharmacie vétérinaire théorique et pratique. 2ᵉ édit. 1 fort vol. in-8° de 844 pages, 1853.	9 »
DE LA RIVE. Traité d'électricité théorique et appliquée. 3 vol. in-8°. 1856.	27 »
DELASIAUVE. Traité de l'épilepsie; histoire, traitement, médecine légale. Paris, 1854. 1 vol. in-8°.	7 50

	fr. c.
DELAUNAY. Cours élémentaire de mécanique. 4ᵉ édit. Paris, 1857, 1 vol. gr. in-18, avec figures dans le texte.	8 »
— Cours élémentaire d'astronomie. Paris, 1855. 1 vol. grand in-18, avec figures dans le texte.	7 50
DELONDRE et BOUCHARDAT. Quinologie des quinquinas, et des questions qui, dans l'état présent de la science et du commerce, s'y rattachent avec le plus d'actualité. 1854. 1 vol. grand in-4°, avec 23 planches coloriées et 2 cartes.	40 »
DELWART. Traité de médecine vétérinaire pratique. 3 vol. gr. in-8°. 1850-53.	36 »
DENONVILLIERS et L. GOSSELIN. Traité théorique et pratique des maladies des yeux. 1 fort vol. in-18 de plus de 950 pages. 1855.	» »
DEPAUL. Traité théorique et pratique d'auscultation obstétricale. 1 vol. in-8°, avec 12 planches gravées sur bois et intercalées dans le texte. 1847.	5 »
DESCHAMPS (d'Avallon). Traité des saccharolés liquides et des méliolés. Paris, 1832, in-18.	3 50
DESCHAMPS. Manuel pratique d'analyse chimique. Paris, 1859. 2 vol. in-8°.	12 »
— Manuel de pharmacie et art de formuler. 1856. 1 vol. gr. in-18 de 658 pages, avec 19 figures.	6 »
DESCURET (J. B. F.). Les Merveilles du corps humain, précis méthodique d'anatomie, de physiologie et d'hygiène dans leurs rapports avec la morale et la religion. 1 vol. in-8°, 1856.	6 »
DESCURET (J. B. F.). La Médecine des passions, ou les Passions considérées dans les maladies, les lois et la religion, 2ᵉ édit. 1 vol. in-8°. Paris, 1843.	8 »
DESFONTAINES. Flora atlantica, sive Historia plantarum quæ Atlante, agro Tunetano et Algeriensi crescunt. Paris, an VII. 2 vol. in-4°, accompagnés de 261 pl. dessinées par Redouté et gravées avec le plus grand soin.	70 »
DESHAYES. Description des animaux sans vertèbres découverts dans le bassin de Paris, pour servir de supplément à la Description des coquilles fossiles des environs de Paris, comprenant une revue générale de toutes les espèces actuellement connues. Paris, 1857-1859. Cet important ouvrage formera environ 40 livraisons in-4°, composées chacune de 5 feuilles de texte et 5 pl. Les livraisons 1 à 18 sont publiées. Les autres livraisons paraîtront de six semaines en six semaines. Prix de chaque livraison.	5 »
DESLANDES. De l'onanisme et des autres abus vénériens. Paris, 1835. 1 vol. in-8°.	7 »

DESMARRES. Traité théorique et pratique des maladies des yeux. 1854-1858. 2ᵉ édition, 3 forts vol. in-8°, 205 fig. . . . 23 »
DETILLY. Formulaire électrique. 1 50
DEVAY (Francis). Traité spécial d'hygiène des familles. 2ᵉ édition entièrement refondue. 1 vol. in-8°, 1858. . . . . 9 »
DEVERGIE (A.). Traité pratique des maladies de la peau. 2ᵉ édition augmentée. Paris, 1857. 1 beau vol. in-8°, avec planches gravées et coloriées représentant 30 types de maladies. . . . . . . 14 »
DEVERGIE. (Alph.) Médecine légale, 3ᵉ édit. Paris, 1852. 3 vol. in-8°. . . . . . 23 »
DEZEIMERIS. Dictionnaire historique de la médecine ancienne et moderne. 7 vol. in-8°. . . . . 25 »
DICTIONNAIRE DE MÉDECINE, ou Répertoire général des sciences médicales considérées sous les rapports théorique et pratique, par MM. Adelon, Béclard, P. Bérard, A. Bérard, Biett, Blache, Breschet, Calmeil, Cazenave, Chomel, H. Cloquet, J. Cloquet, Coutanceau, Dalmas, Dance, Desormeaux, Dezeimeris, P. Dubois, Ferrus, Georget, Gerdy, Guérard, Guersant, Itard, Lagneau, Landré-Beauvais, Laugier, Littré, Louis, Marc, Marjolin, Murat, Ollivier (d'Angers), Orfila, Oudet, Pelletier, Pravaz, Raige-Delorme, Reynaud, Richard, Rochoux, Rostan, Roux, Rullier, Soubeyran, Trousseau, Velpeau, Villermé. 2ᵉ édit., 1832-1845. 30 forts volumes in-8°. . . . 180 »
DICTIONNAIRE (Nouveau) lexicographique et descriptif des sciences médicales et vétérinaires, par MM. Raige-Delorme, Ch. Daremberg, H. Bouley, J. Mignon, avec la collaboration de M. Ch. Lamy pour la partie chimique. L'ouvrage, formant 1 très-fort vol. gr. in-8° à 2 colonnes, sera publié en 4 livraisons, 1851-1860. Les trois premières livraisons sont en vente. Prix des trois livraisons pour les souscripteurs. 14 50
DICTIONNAIRE GÉNÉRAL DES EAUX MINÉRALES et d'hydrologie médicale, comprenant la géographie et les stations thermales, la pathologie thérapeutique, la chimie analytique, l'histoire naturelle, l'aménagement des sources, l'administration thermale, etc., par MM. Durand-Fardel, inspecteur des sources d'Hauterive à Vichy; E. Le Bret, inspecteur des eaux d'Uriage; J. Lefort, pharmacien, membre de la société d'hydrologie médicale, avec la collaboration de M. J. François, ingénieur des mines, pour les applications de la science de l'ingénieur à l'hydrologie médicale. Paris, 1860. 2 forts volumes in-8°, avec figures. . . . . 20 »
DICTIONNAIRE PRATIQUE de médecine, de chirurgie et d'hygiène vétérinaires, publié par MM. Bouley et Reynal. Cet ouvrage se composera de 8 forts vol. in-8° qui paraîtront tous les six mois. Prix de chaque volume. 7 50
  Les cinq premiers volumes sont en vente. 1858.
DICTIONNAIRE USUEL de chirurgie et de médecine vétérinaires, rédigé par M. Beugnot, ancien chef de service à l'Ecole vétérinaire d'Alfort, d'après les travaux de Bourgelat, Vitet, Huzard, Chabert, Chaumontel, Gohier, Flandrin, Fromage, Dupuy, Girard, V. Yvart, Moiroud, Vatel, Hurtrel, d'Arboval, etc. Nouvelle édition, revue, corrigée et mise au courant de la science d'après les travaux les plus récents des professeurs et praticiens français et étrangers de l'époque. 2 forts vol. grand in-8° à 2 colonnes. 1859. . . . . . . 17 »
DICTIONNAIRE DES DICTIONNAIRES DE MÉDECINE FRANÇAIS ET ÉTRANGERS, par une société de médecins, sous la direction du docteur Fabre. 9 vol. grand in-8°, 1850-1851. . . 45 »
DIDAY. Exposition critique des nouvelles doctrines sur la syphilis; suivie d'un Essai sur de nouveaux moyens préservatifs des maladies vénériennes. Paris, 1858. 1 vol. in-18 jésus de 560 pag. 4 »
— De la syphilis des nouveau-nés et des enfants à la mamelle. Paris, 1854. 1 vol. in-8°. . . . . 7 »
DIEU (S.). Traité de matière médicale et de thérapeutique; précédé de Considérations générales sur la zoologie, et suivi de l'Histoire des eaux naturelles. Paris, 1847-1854. 4 vol. in-8° . . . . . 26 »
DONNÉ. Cours de microscopie complémentaire des études médicales. Paris, 1844, in-8°. 7 50
— Atlas du cours de microscopie. Recueil de figures exécutées d'après nature au microscope-daguerréotype. Paris, 1845, grand in-4° de 20 pl. gravées avec le plus grand soin. . . . . 30 »
DORVAULT. L'Officine, ou Répertoire de pharmacie pratique le plus complet. 1 vol. grand in 8° de plus de 1,000 p., imprimé sur 2 colonnes, 5ᵉ édit. 1858. Prix : broché, 11 fr.; relié solidement. 13 »
— Iodognosie, ou Monographie chimique, médicale et pharmaceutique des iodiques en général et en particulier de l'iode et de l'iodure de potassium. 1 vol., 1850. . . . . 3 75
— Revue pharmaceutique, supplément annuel à l'Officine. Prix de chaque année. 2 »

CATALOGUE DE LIBRAIRIE.

	fr. c.
DUBOIS et BURDIN. Histoire académique du magnétisme animal. Paris, 1841, in-8° de 700 pages.	8 »
DUBOIS (d'Amiens). Histoire philosophique de l'hypocondrie et de l'hystérie. Paris, 1837. 1 vol. in-8°.	7 50
DUBREUIL (A.). Cours élémentaire, théorique et pratique d'arboriculture. 4e édition. Paris, 1858. 1 vol. grand in-18 de 1,045 pages, publié en 2 parties, avec 5 vignettes gravées sur acier, 894 fig. intercalées dans le texte et de nombreux tableaux.	12 »
DUCHENNE. De l'électrisation localisée et de son application à la physiologie, à la pathologie et à la thérapeutique. 2e édition. Paris, 1860. 1 vol. in-8° de 939 pages, avec 108 figures intercalées dans le texte.	11 »
DUCHESNE-DUPARC. Traité pratique des dermatoses, ou Maladies de la peau, classées suivant la méthode naturelle, comprenant l'exposition des meilleures méthodes de traitement; suivi d'un Formulaire pratique spécial complet, par le docteur DUCHESNE-DUPARC, professeur de clinique des maladies de la peau, ancien interne d'Alibert à l'hôpital Saint-Louis, etc. Paris, 1859. 1 vol. in-12 de 550 pages.	5 »
DUGÈS. Traité de physiologie comparée de l'homme et des animaux, 1838. 3 vol. in-8°.	15 »
DUMAS. Traité de chimie. 8 vol. in-8° avec atlas in-4° (Ouvrage épuisé et cher).	
— Philosophie chimique. Paris, 1837, in-8°.	6 50
DUMÉRIL. Traité élémentaire d'histoire naturelle. 4e édit. Paris, 1848. 2 vol. in-18, fig.	7 »
DURAND-FARDEL. Traité clinique et pratique des maladies des vieillards. 1 vol. in-8°, 1854.	9 »
DURAND-FARDEL. Traité thérapeutique des eaux minérales de France et de l'étranger, et de leur emploi dans les maladies chroniques. 1857. 1 vol. in-8° de 774 pages, avec cartes coloriées.	6 »
— Lettres médicales sur Vichy. 1855. 1 vol. grand in-18.	2 50
DUTROCHET. Mémoires pour servir à l'histoire anatomique et physiologique des végétaux et des animaux. Paris, 1837. 2 vol. in-8° et atlas de 30 pl. gravées.	10 »
EDWARDS (MILNE-). Leçons sur la physiologie et l'anatomie comparée de l'homme et des animaux. L'ouvrage comprendra huit volumes gr. in-8°. En vente les quatre premiers volumes. Le complément de l'ouvrage sera publié par demi-volume, de huit mois en huit mois.	36 »

	fr. c.
EDWARDS (MILNE-). Cours élémentaire de zoologie. 8e édition, 1859. 1 fort vol. in-12.	6 »
EDWARDS et VAVASSEUR. Nouveau Formulaire des hôpitaux, avec les poids nouveaux. 2e édit. Paris, 1840. 1 vol. in-24.	1 50
ENCYCLOPÉDIE ANATOMIQUE, traduit de l'allemand, par A. J. L. Jourdan. 8 vol. in-8° avec 2 atlas, 1843 à 1846.	67 50
ESPANET. Études élémentaires d'homéopathie, complétées par des applications pratiques, à l'usage des médecins, des ecclésiastiques, des communautés religieuses, des familles, etc. Paris, 1856, in-18 de 380 pages.	4 50
ESQUIROL. Traité des maladies mentales. Paris, 1838. 2 vol. in-8° avec atlas de 27 planches.	20 »
FAVROT. Traité élémentaire de physique, de chimie, de toxicologie et de pharmacie. Paris, 1841. 2 vol. in-8°, figures.	14 »
— Traité élémentaire d'histoire naturelle pharmaceutique et médicale. Paris, 1843. 2 vol. in-8°, figures.	14 »
FÉE. Cours d'histoire naturelle pharmaceutique. 2 vol. in-8°, 1837.	11 »
FERMOND. Monographie du tabac. 1857, 1 vol. in-8°.	5 »
FERMOND (Ch.). Monographie des sangsues médicinales. 1851, 1 vol. in-8° de 528 pages, avec 36 figures.	6 »
FIÈVRE PUERPÉRALE (De la), de sa nature et de son traitement. Communications à l'Académie impériale de médecine, par MM. GUÉRARD, DEPAUL, BEAU, HERVEZ DE CHÉGOIN, P. DUBOIS, TROUSSEAU, BOUILLAUD, CHUVRILLIER, PIORRY, CAZEAUX, DANYAU, VELPEAU, J. GUÉRIN, etc.; précédées de l'indication bibliographique des principaux écrits publiés sur la fièvre puerpérale. Paris, 1858, in-8° de 464 pages.	6 »
FIGUIER (L.). Découvertes scientifiques modernes (Exposition et histoire des). 5e édition. Paris, 1858, 4 vol. gr. in-18.	14 »
— L'Année scientifique et industrielle. 1856 (1re année), 1 vol. in-12.	3 50
1857 (2e année), 1 vol. in-12.	3 50
1858 (3e année), 2 vol. in-12.	7 »
— Les Applications nouvelles de la science à l'industrie et aux arts en 1855. 2e édit. Paris, 1857, 1 vol. gr. in-18.	3 »
FIGUIER (O.). Nouvelle Pharmacopée de Londres, traduction augmentée des remèdes secrets. 1841, in-18.	2 »
— Monographie chimique et pharmaceutique des corps qui peuvent être désignés sous les noms d'oxyde blanc d'antimoine. 1838.	1 25

624 — CATALOGUE DE LIBRAIRIE.

	fr.	c.
FILHOL (E.). Recherches sur les eaux minérales des Pyrénées. Paris, 1853, 1 vol. gr. in-18.	5	»
FLEURY (Louis). Clinique hydrothérapique de Bellevue; recherches et observations sur les maladies chroniques. Paris, 1855-1857, 3 part. in-8°.	7	50
— Traité pratique et raisonné d'hydrothérapie. 2ᵉ édition, revue et augmentée. 1 vol. in-8°, avec planches lithographiées. 1856. Prix : Figures noires.	8	»
— coloriées.	10	»
— Cours d'hygiène fait à la Faculté de médecine de Paris. L'ouvrage se composera de 10 livraisons; il y en a 9 de publiées. 1852. Prix de chacune.	2	»
FLOURENS. Recherches expérimentales sur les fonctions et les propriétés du système nerveux. 2ᵉ édit., augmentée. Paris, 1842, in-8°.	7	50
— Mémoires d'anatomie et de physiologie comparées. Paris, 1844. gr. in-4°, avec 8 planches gravées et coloriées.	18	»
— Analyse raisonnée des travaux de G. Cuvier. 1845, in-12	3	50
— Histoire des travaux et des idées de Buffon. 1850, in-12.	3	50
— Théorie expérimentale de la formation des os. Paris, 1847, in-8°, avec 7 planches gravées.	7	50
FOISSAC (P.). De la météorologie dans ses rapports avec la science de l'homme et principalement avec la médecine et l'hygiène publique. Paris, 1854. 2 vol. in-8°.	15	»
FONSSAGRIVES. Traité d'hygiène navale, ou De l'influence des conditions physiques et morales dans lesquelles l'homme de mer est appelé à vivre, et des moyens de conserver sa santé. Paris, 1856, in-8° de 800 pages, illustré de 57 planches intercalées dans le texte.	10	»
FONTAINE DE RESBECQ (A. DE), chef de bureau au ministère de l'instruction publique. Guide administratif et scolaire dans les facultés de médecine, écoles supérieures de pharmacie et écoles préparatoires du même ordre.	2	50
Ce livre est le travail le plus complet qui ait été publié sur les conditions d'études imposées aux élèves en médecine et en pharmacie.		
FORGET. Traité de l'entérite folliculeuse, fièvre typhoïde. 1841.	5	»
FOUCART. De la suette miliaire, de sa nature et de son traitement. 1 vol. in-8°, 1854.	6	»
FOY. Formulaire du praticien. 4ᵉ édit. Paris, 1844, in-18.	3	50
— Traité de matière médicale et de thérapeutique. 1843. 2 vol. in-8°.	14	»

	fr.	c.
FRANK (J. P.). Traité de médecine pratique, traduit par Goudareau. Paris, 1842. 2 vol. gr. in-8° à 2 colonnes.	24	50
FREGIER. Des classes dangereuses de la population dans les grandes villes. Paris, 1840... 2 beaux vol. in-8°.	14	50
FUSTER. Des maladies de la France dans leurs rapports avec les saisons, ou Histoire médicale et météorologique de la France. 1 vol. in-8°, 1840.	6	»
GALIEN. OEuvres anatomiques, physiologiques et médicales de Galien, traduites sur les textes imprimés et manuscrits; accompagnées de sommaires, de notes, de planches et d'une table des matières; précédées d'une Introduction, ou Étude biographique, littéraire et scientifique sur Galien, par le Dʳ Ch. Daremberg. Paris, 1854-1857, 2 vol. gr. in-8° de 800 pages. Prix de chaque volume.	10	»
GALISSET et J. MIGNON. Nouveau Traité des vices rédhibitoires et de la garantie dans les ventes et échanges d'animaux domestiques, ou Jurisprudence vétérinaire. 2ᵉ édit., in-8°. Paris, 1852.	6	»
GALL. Sur les fonctions du cerveau et sur chacune de ses parties, etc. 6 vol. in-8°, 1825.	42	»
GANOT. Traité élémentaire de physique expérimentale et appliquée et de météorologie. 9ᵉ édition, 1 vol. gr. in-18, avec 568 belles gravures sur bois intercalées dans le texte. 1859.	7	»
— Cours de physique purement expérimentale, à l'usage des gens du monde. 1 beau vol. gr. in-18, avec 308 magnifiques vignettes intercalées dans le texte, 1859.	5	50
GARNIER et HAREL. Des falsifications des substances alimentaires et des moyens chimiques de les reconnaître. Paris, 1844, in-12.	4	50
GAUBIL. Catalogue synonymique des coléoptères d'Europe et d'Algérie. Paris, 1849. 1 vol. in-8°.	12	»
GAVARRET. Physique médicale. De la chaleur produite par les êtres vivants. Paris, 1855. 1 vol. gr. in-18, avec figures dans le texte.	6	»
— Traité d'électricité. Paris, 1857-1858, 2 vol. in-18, avec de nombreuses fig.	16	»
GAY. Pharmacopée de Montpellier, 1843-1845. 3 vol. in-8°.	22	»
GEOFFROY SAINT-HILAIRE. Histoire générale et particulière des anomalies de l'organisation chez l'homme et les animaux. Paris, 1832-1836. 3 vol. in-8° et atlas de 20 planches.	27	»
GEORGET. De la physiologie du système nerveux, et spécialement du cerveau. Paris, 1821. 2 vol. in-8°.	12	»

CATALOGUE DE LIBRAIRIE.

GERDY (P. N.). Des bandages et appareils. 2ᵉ édit. Paris, 1837. 2 vol. in-8° et atlas in-4°. . . . . 18 »
— Physiologie philosophique des sensations et de l'intelligence, fondée sur des recherches et des observations nouvelles, et applications à la morale, à l'éducation, à la politique. 1 vol. in-8°. 1846. 7 »
— Anatomie des formes extérieures, à l'usage des peintres, sculpteurs, dessinateurs. 1 vol. in-8°, accompagné de 3 planches au trait. Paris, 1829. . . 6 »
— Chirurgie pratique complète, divisée en sept Monographies.
En vente : 1ʳᵉ monographie, Pathologie générale médico - chirurgicale. Paris, 1852. 1 vol. in-8°, avec une pl. 7 »
2ᵉ monographie. Maladies générales, et diathèses. Paris, 1852. 1 vol. in-8°, avec une planche . . . . 8 »
GERHARDT. Traité de chimie organique, suite à la Chimie de Berzélius. 4 vol. in-8° (voir Berzélius). . . . . 39 »
GERHARDT (C.) et CHANCEL. Précis d'analyse qualitative. 2ᵉ édition. Paris, 1860. 1 vol. gr. in-18, avec 48 figures dans le texte. 7 50
— Précis d'analyse quantitative ; précédé de la description des principaux appareils et des opérations générales. Paris, 1859. 1 volume grand in-18, avec figures. 7 50
GERVAIS et VAN BENEDEN. Zoologie médicale. Paris, 1859. 2 vol. in-8°, avec figures intercalées dans le texte. . 15 »
GIRARD (J.). Traité d'anatomie vétérinaire. 4ᵉ éd. 2 vol. in-8°. Paris, 1841. . . 13 »
GIRARD (N. F.). Traité de l'âge du cheval, 3ᵉ édit., augmentée de l'Age du bœuf, du mouton, du chien et du cochon. Paris, 1834. 1 vol. in-8°, orné de pl. 3 50
GIRARDIN. Des fumiers considérés comme engrais. Paris, 1847, in-8°. 1 25
— Leçons de chimie élémentaire. 4ᵉ édit., 1859. in-8°. 2 vol. . . . . 20 »
GODRON (D. A.). Flore de Lorraine. 2ᵉ édit. Paris, 1857. 2 vol. gr. in-18. . . . 12 »
GOFFRES. Précis iconographique de bandages, pansements et appareils. Ouvrage composé de 60 planches gravées sur acier et d'un texte explicatif et descriptif, format in-18 anglais : Fig. noires. 18 »
Figures coloriées. 36 »
GORY et PERCHERON. Monographie des cétoines et genres voisins, formant dans les familles de Latreille, la division des scarabées mélitophiles. Paris, 1832-1836. Ce bel ouvrage est complet ; il a été publié en 15 livraisons formant un fort volume in-8°, accompagné de 77 planches coloriées. . . . . . . 60 »

GOURDON (J.). Éléments de chirurgie vétérinaire. 2 forts vol. in-8°, avec 350 à 400 figures intercalées dans le texte. . 21 »
GRAHAM. Traité de chimie organique, trad. de l'anglais par Mathieu-Plessy. Paris, 1843, in-8°, fig 3 50
GRENIER et GODRON. Flore de France, ou Description des plantes qui croissent naturellement en France et en Corse. Paris, 1848-1856, 3 forts vol. in-8° de chacun 800 pages, publiés en six parties. . . . . 42 »
GRISOLLE. Traité élémentaire et pratique de pathologie interne. 2 forts vol. in-8°, 7ᵉ édition, 1857. . . . . 18 »
— Traité pratique de la pneumonie aux différents âges. 2ᵉ édit. 1860, in-8° de 750 pages. . . . . 8 »
GUIBOURT. Histoire naturelle des drogues simples, ou Cours d'histoire naturelle professé à l'École de pharmacie de Paris. 4ᵉ édit. 4 forts vol. in-8°, avec 800 figures intercalées dans le texte. 1849-1851. . . . . 30 »
— Manuel légal des pharmaciens et des élèves en pharmacie. Paris, 1852. 1 vol. in-12 de 230 pages. . . . . 2 »
GUNTHER. Nouveau Manuel de médecine vétérinaire homéopathique. Paris, 1846, in-8°. . . . . 6 »
HAAS. Mémorial du médecin homéopathiste, 1850. 1 vol. in-24. . . . . 3 »
HAHNEMANN. Exposition de la doctrine médicale homéopathique, ou Organon ; traduit par Jourdan. 4ᵉ édit. Paris, 1858, in-8°. . . . . 8 »
— Doctrine et traitement des maladies chroniques. 3 vol in-8°, 1846. . . . . . 23 »
— Études de médecine homéopathique, traduit de l'allemand par le docteur Schlesinger-Rahier. Paris, 1855. 2 vol. in-8°. . . . . 14 »
Opuscules servant de complément à ses Œuvres.
HARDY et BEHIER. Traité de pathologie interne. 4 forts vol. in-8° ; les tomes Iᵉʳ à III ont paru, 1854. . . . . . . 23 »
Le tome Iᵉʳ, contenant la pathologie générale et la séméiologie, se vend séparément . . . . 8 »
HARTMANN. Thérapeutique homéopathique des maladies aiguës et des maladies chroniques, par A. J. L. Jourdan et Schlesinger. Paris, 1847-1850. 2 forts vol. in-8°. . . . . 16 »
Le IIᵉ et dernier volume. . . . . . 8 »
— Thérapeutique homéopathique des maladies des enfants, trad. de l'allemand par le docteur Léon Simon fils. Paris, 1853. 1 vol. in-8° de 600 pages. . . 8 »

40

HATIN (Jules). Petit Traité de médecine opératoire à l'usage des sages-femmes. 2ᵉ édit. Paris, 1837, in-8°, fig. 2 25
HENLE. Traité d'anatomie générale, ou Histoire des tissus et de la composition chimique du corps humain. Paris, 1843. 2 vol. in-8°, fig .... 15 »
HENRY et GUIBOURT. Pharmacie raisonnée, 3ᵉ édit. Paris, 1847. 1 vol. in-8°, fig. 8 »
HENRY (OSSIAN) et HENRY fils. Traité pratique d'analyse chimique des eaux minérales potables et domestiques. 1858. 1 vol. in-8° de 700 pages, avec figures. 12 »
HÉRING. Médecine homéopathique domestique, traduite de l'allemand par Marchant. 4ᵉ édit. Paris, 1860. 1 vol. in-12 de 700 pages. .... 6 »
HERPIN. Du pronostic et du traitement curatif de l'épilepsie. Paris, 1860. 1 vol. in-8° de 650 pages. 7 50
HERPIN (de Metz). Études médicales et statistiques sur les principales sources de France, d'Angleterre et d'Allemagne. Paris, 1856. 1 vol. gr. in-18, avec tableaux. 4 50
HIPPOCRATE (OEuvres choisies), traduites du grec, par le docteur Ch. Daremberg, 2ᵉ édition, entièrement refondue et augmentée. 1 fort vol. in-8°, 1855. . . 9 »
— OEuvres complètes d'Hippocrate, traduction par E. Littré. Paris, 1839-1860. 9 vol. in-8°. Prix de chaque vol. 10 »
HIRSCHEL. Guide du médecin homéopathe au lit du malade, et Répertoire de thérapeutique homéopathique; traduit de l'allemand par le docteur Léon Simon fils. Paris, 1858, 1 vol. in-18 jésus de 344 pages. 3 50
HOFFER. Nomenclature et classifications chimiques. Paris, 1845. 1 vol. in-12 avec tableaux .... 3 »
— Éléments de chimie minérale. 1841, in-8°. 7 50
HOLLARD. Nouveaux éléments de zoologie, 1 vol. in-8° avec 22 planches. Prix :
    Fig. noires. 8 50
    Fig. coloriées. .... 14 »
— Étude de la nature. 2 vol. in-12. 1853. 10 »
— De l'homme et des races humaines. 1 vol. in-12, 1853. .... 3 »
HUFELAND. *Enchiridium medicum*, ou Manuel de médecine pratique, trad. de l'allemand par A. J. L. Jourdan. 2ᵉ édit., 1848, in-8° .... 8 »
HUNTER. Traité de la maladie vénérienne; traduit de l'anglais par G. Richelot; avec de nombreuses annotations par le docteur Ph. Ricord. 3ᵉ édition, Paris, 1859, in-8° de 800 p., avec 9 planch. 9 »
HUNTER (John). OEuvres complètes, trad. par le docteur Richelot. 1843, 4 vol. in-8°, et atlas in-4°. .... 40 »

HUREAUX. Histoire des falsifications des substances alimentaires et médicamenteuses. 1855, 1 vol. in-8°. .... 7 »
HUZARD fils. De la garantie et des vices rédhibitoires dans le commerce des animaux domestiques. 4ᵉ édit. Paris, 1844, in-18. .... 2 50
ITARD. Traité des maladies de l'oreille et de l'audition. 2ᵉ édit. Paris, 1842, 2 vol. in-8° avec 3 planches ...... 14 »
JACQUEMIER. Manuel d'accouchement et des maladies des femmes grosses et accouchées, 2 vol. grand in-18, 1846. . . 9 »
JAHR. Nouveau manuel de médecine homéopathique, 6ᵉ édit., Paris, 1850, 4 vol. grand in-12. .... 18 »
JAHR et CATELLAN. Nouvelle pharmacopée et posologie homéopathiques. Nouvelle édition, in-12 de 430 pages .... 7 »
JAHR. Du traitement homéopathique des maladies des organes de la digestion. Paris, 1859, 1 vol. in-18 jésus de 500 pages. 1 25
— Principes et règles qui doivent guider dans la pratique de l'homéopathie. Exposition raisonnée des points essentiels de la doctrine médicale de Hahnemann. Paris, 1857, in-8° de 528 pages. . . 7 »
— Du traitement homéopathique des maladies des femmes. Paris, 1856, 1 vol. in-12. .... 6 »
— Du traitement homéopathique des affections nerveuses et des maladies mentales. Paris, 1854, 1 vol. in-12 de 608 pages. .... 6 »
— Notices élémentaires sur l'homéopathie et la manière de la pratiquer; avec quelques-uns des effets les plus importants de dix des principaux remèdes homéopathiques, à l'usage de tous les hommes de bonne foi qui veulent se convaincre, par des essais, de la vérité de cette doctrine. 3ᵉ édition, augmentée. Paris, 1853, in-18 de 132 pages. 1 75
— Du traitement homéopathique du choléra. Paris, 1848, in-12. ...... 1 50
JAMAIN et WAHU. Annuaire de médecine et de chirurgie pratiques, pour 1855 à 1860; résumé des travaux pratiques les plus importants publiés en France et à l'étranger pendant 1854 à 1859. 6 vol. gr. in-32. Prix de chaque vol. 1 25
JAMAIN. Manuel de petite chirurgie, 3ᵉ édit., 1859, in-18 .... 7 »
— Nouveau traité élémentaire d'anatomie descriptive et des préparations anatomiques. 1 vol. grand in-18, avec 146 figures intercalées dans le texte, 1853. 12 »
JAMES (Constantin). Guide pratique aux eaux minérales de France et de l'étranger. 5ᵉ édition, 1860 .... 7 50

CATALOGUE DE LIBRAIRIE. 627

	fr. c.
JARJAVAY. Traité d'anatomie chirurgicale, ou de l'anatomie dans ses rapports avec la pathologie externe et la médecine opératoire. 2 vol. in-8°, 1852-1854. . .	14 »
JOBERT. Traité de chirurgie plastique. Paris, 1849, 2 vol. in-8° et atlas de 18 pl. in-fol. grav. et color. d'après nature. .	50 »
— Traité des fistules vésico-utérines, vésico-utéro-vaginales, entéro-vaginales et recto-vaginales. Paris, 1852, in-8° avec 10 fig. intercalées dans le texte. . Ouvrage faisant suite et servant de complément au traité de chirurgie plastique.	7 50
JOURDAN (J. L.). Pharmacopée universelle. 2ᵉ édit., entièrement refondue, Paris, 1840, 2 forts vol. in-8° à 2 col. . . .	25 »
JUSSIEU (A. DE). Cours élémentaire de botanique, 9ᵉ édit., 1859. 1 vol. in-12 de 740 pages avec 812 figures intercalées dans le texte	6 »
KOELLIKER. Éléments d'histologie humaine; traduction de MM. J. Béclard et Sée, revue par l'auteur. Paris, 1856. 1 vol. gr. in-8°, avec 334 figures dans le texte.	16 »
KUHLMANN (Fréd.). Application des silicates alcalins solubles au durcissement des pierres calcaires poreuses, à la peinture, à l'impression, etc. 3ᵉ édition, Paris, 1858, in-8°.	2 50
LALLEMAND. Des pertes séminales involontaires. Paris, 1836-1842. 3 vol. in-8°.	25 »
— Recherches anatomico-pathologiques sur l'acéphale et ses dépendances. Neuf lettres formant 3 vol. in-8°.	27 »
— Clinique médico-chirurgicale contenant les affections vénériennes, les rétrécissements de l'urètre et les affections de la prostate. 1 vol. in-8°, 1845. . .	5 »
LAMARCK (J. B.). Histoire naturelle des animaux sans vertèbres. 2ᵉ édit., augmentée par MM. Deshayes et Edwards. Paris, 1835-1845. 11 vol. in-8°.	88 »
LANGLEBERT. Guide pratique, scientifique et administratif de l'étudiant en médecine. 1852	2 50
LASSAIGNE (J. L.). Abrégé élémentaire de chimie. 4ᵉ édit., augmentée d'une Synonymie chimique. 2 vol. in-8°, atlas. 1846.	14 »
LAVALLE (J.). Traité pratique des champignons comestibles. Paris, 1852. 1 vol. in-8° avec 12 pl. color.	7 »
LEBAS. Pharmacie vétérinaire. 6ᵉ édit., revue et corrigée par Lelong. Paris, 1846. 1 vol. in-8°	7 »
LEBERT. Traité d'anatomie pathologique générale et spéciale, ou Description et iconographie pathologique des affections morbides, tant liquides que solides, observées dans le corps humain.	

	fr. c
Paris, 1855-1860. 2 vol. in-folio de texte et 2 volumes d'environ 200 planches dessinées d'après nature, gravées et la plupart coloriées. Le tome Iᵉʳ, texte, 760 pages, et tome Iᵉʳ, planches 1 à 94, sont complets en 20 livraisons. Le tome II comprendra les livraisons 21 à 40, avec les planches 95 à 200. Il se publie par livraisons, chacune composée de 30 à 40 pages de texte, sur beau papier vélin, et de 5 planches in-folio gravées et coloriées. Prix de la livraison. . . . . Trente-quatre livraisons sont en vente.	15 »
LEBERT. Physiologie pathologique. Paris, 1845. 2 vol. in-8° avec 20 pl. . . .	23 »
— Traité pratique des maladies scrofuleuses et tuberculeuses. 1 v. de 800 p., 1849.	9 »
— Traité pratique des maladies cancéreuses et des affections curables confondues avec le cancer. Paris, 1851. 1 vol. in-8° de 892 pages.	9 »
LECANU. Cours de pharmacie, leçons professées à l'école de pharmacie de Paris. 1842. 2 vol. in-8°, fig.	14 »
LECANU. Éléments de géologie. 2ᵉ édition, revue et corrigée, Paris, 1857, 1 vol. in-18 jésus.	3 »
— Études sur la géographie botanique de l'Europe. 1854-1855. 9 vol. in-8°. .	72 »
LECOQ (F.). Éléments de géologie et d'hydrographie. Paris, 1838. 2 vol. in-8° avec 8 pl.	15 »
— Éléments de géographie physique et de météorologie. Paris, 1836, in-8°, fig.	9 »
LECOQ (H.). Traité de l'extérieur du cheval et des principaux animaux domestiques. 3ᵉ édition, 1855. 1 vol. in-8°. . . .	9 »
LECOQ et JUILLET. Dictionnaire raisonné des termes de botanique et des familles naturelles, avec un vocabulaire grec et latin. 1834. 1 vol. in-8°, de 720 pages.	9 »
LEFORT (J.). Traité de chimie hydrologique. 1 vol. gr. in-8° avec fig. dans le texte.	8 »
LEFORT (J.). Chimie des couleurs pour la peinture à l'eau et à l'huile, comprenant l'historique, les propriétés physiques et chimiques, la préparation, la falsification, l'action toxique et l'emploi des couleurs anciennes et nouvelles. Paris, 1855, 1 vol. gr. in-18. . . .	4 »
LE GENDRE. Anatomie chirurgicale homalographique, ou Description et figures des principales régions du corps humain, représentées de grandeur naturelle et d'après des sections plans faites sur des cadavres congelés. Paris, 1858, 1 vol. in-folio de 25 planches, dessinées et lithographiées par l'auteur, avec un texte descriptif et raisonné, . . .	20 »

40.

	fr. c.
LEHMANN. Précis de chimie physiologique animale; traduction du professeur Drion. Paris, 1855, 1 vol. in-18, avec 26 figures dans le texte.	4 50
LELUT. Qu'est-ce que la phrénologie? etc. Paris, 1836, in-8°	7 »
— De l'organe phrénologique de la destruction comparé chez l'homme et les animaux. Paris, 1838, in-8°, fig.	2 25
LELUT (F.). Rejet de l'organologie phrénologique de Gall et de ses successeurs. Paris, 1843. 1 vol. in-8° avec 2 planches.	3 »
LELUT. L'Amulette de Pascal, pour servir à l'histoire des hallucinations. Paris, 1846, in-8°.	6 »
LÉLUT. Du démon de Socrate, spécimen d'une application de la science psychologique à celle de l'histoire, nouvelle édition revue, corrigée et augmentée d'une Préface. Paris, 1856, in-18 de 348 pages.	3 50
LE MAOUT (E.). Leçons élémentaires de botanique. Paris, 1857. 1 volume in-8°. Avec l'atlas noir.	10 »
— colorié	15 »
LE MAOUT et DECAISNE. Flore élémentaire des jardins et des champs; avec des clefs analytiques conduisant promptement à la détermination des familles et des genres, et un Vocabulaire des termes techniques. 2 vol. petit in-8° de 940 pages.	9 »
LEMOINE. Du sommeil, au point de vue physiologique et psychologique. Paris, 1855, in-12 de 410 pages.	3 50
— Stahl et l'animisme. Paris, 1858, 1 vol. in-8° de 208 pages.	3 50
LEROY D'ÉTIOLLES. Exposé des divers procédés employés jusqu'à ce jour pour guérir de la pierre sans avoir recours à l'opération de la taille. Paris, 1825, in-8° avec 5 planches	4 »
— Histoire de la lithotritie. Paris, 1839, in-8°.	3 »
LEROY (A.). Médecine maternelle ou l'Art d'élever et de conserver les enfants. Paris, 1830, in-8°	6 »
LESTIBOUDOIS. Botanographie de la Belgique. 4 vol. in-8°	40 »
LEURET et GRATIOLET. Anatomie comparée du système nerveux. Paris, 1857. 2 vol. in-8° et atlas in-folio de 32 planches. Prix :	
Figures noires	48 »
Figures coloriées	96 »
LEURET. Du traitement moral de la folie, Paris, 1840, in-8°.	6 »
LÉVY. (Michel). Traité d'hygiène publique et privée, 3e édit., Paris, 1856, 2 vol. in-8°	17 »

	fr. c.
LIEBIG. Introduction à la chimie, Paris, 1837, 1 vol. in-12.	3 »
— Manuel pour l'analyse des substances organiques, traduit de l'allemand par A. Jourdan, suivi de l'examen critique des procédés et de l'analyse élémentaire des corps organisés, par F.-V. Raspail. Paris, 1838, in-8°	3 50
— Traité de chimie organique, 3 vol. in-8° et planches. Paris, 1840.	25 »
LHÉRITIER et O. HENRY. Hydrologie de Plombières, ou Nouvelles Recherches sur le rendement, la température et la composition chimique des sources de Plombières. 1855, 1 vol. in-8°.	3 50
LODIEU (J. de Plouvain). Vaches laitières. Etude complète des caractères à l'aide desquels on peut reconnaître facilement une bonne laitière. Paris, 1856, 1 vol. gr. in-18.	2 »
LONDE (C.) Nouveaux éléments d'hygiène, 3e édit., 1847, 2 vol. in-8°.	14 »
LONGET. Traité de Physiologie, 2 vol. grand in-8°. Le tome II et trois fascicules du 1er sont en vente. Prix de l'ouvrage complet	20 »
LOUIS. Recherches pathologiques et thérapeutiques sur la fièvre typhoïde, putride, la gastro-entérite, 2e édit., augmentée, 1841, 2 vol. in-8°	13 »
— Recherches pathologiques et thérapeutiques sur la phthisie, 2e édition augmentée, 1843, in-8°.	8 »
LUCAS. Traité physiologique et philosophique de l'hérédité naturelle dans les états de santé et de maladie du système nerveux. Paris, 1847-1850, 2 forts vol. in-8°.	16 »
Le tome II et dernier. Paris, 1850, in-8° de 936 pages.	8 50
LUDOVIC HIRSCHFELD et LÉVEILLÉ. Névrologie ou description et iconographie du système nerveux et des organes des sens de l'homme avec leur mode de préparation. Paris, 1853, ouvrage complet, 1 beau vol. in-4°, composé de 400 pages de texte et de 92 planches in-4° dessinées d'après nature et lithographiées par M. Léveillé. (Il a été publié en 10 livraisons, chacune de 9 pl.) Prix : Figures noires.	50 »
Figures coloriées.	100 »
Demi-reliure, dos de maroquin non rogné, en plus.	6 »
MACKENZIE (W.). Traité pratique des maladies de l'œil ; traduit sur la quatrième édition et augmenté d'annotations, par MM. les docteurs Warlomont et Testelin. Paris, 1857, 2 vol. gr. in-8° compactes, de 1830 pages, avec 257 figures.	30 »

	fr. c.
MAGNE (J. H.). Hygiène vétérinaire appliquée. 2 forts vol. in-8°, 1857...	16 »
— Choix du cheval, ou Appréciation de tous les caractères à l'aide desquels on peut reconnaître l'aptitude des chevaux aux divers services. Paris, 1853, 1 vol. in-18, avec 5 planches....	1 25
MAGNE. Principes d'agriculture et d'hygiène vétérinaire, 2e édit., augmentée, 1860, in-8°. Sous presse.	
MAISONNEUVE et MONTANIER. Traité pratique des maladies vénériennes, contenant un chapitre sur la syphilisation, et suivi d'un formulaire spécial, 1 vol. in-8°, 1855	7 50
MALGAIGNE. Traité des fractures et des luxations. Paris, 1847-1854; 2 vol. in-8° et atlas de 30 pl. in-folio	23 »
Le tome II, Traité des luxations. Paris, 1854, in-8° de 800 pages avec atlas de 14 pl. in-folio et le texte explicatif des planches des 2 vol.	16 50
— Manuel de médecine opératoire, 7e édit. Paris, 1860, in-18.	7 »
MALGAIGNE. Traité d'anatomie chirurgicale et de chirurgie expérimentale. 2e édition. Paris, 1859, 2 forts vol. in-8°.	18 »
MANDL. Anatomie microscopique, par le docteur L. Mandl, professeur de microscopie. Paris, 1838-1857. Ouvrage complet, 2 vol. in-folio, avec 92 planches.	276 »
Publié en 46 livraisons. Prix de chaque livraison.	6 »
MANDL et EHRENBERG. Traité pratique du microscope et de son emploi dans l'étude des corps organisés. Paris, 1839, in-8° avec 14 pl.	8 »
MARC. Nouvelles recherches sur les secours à donner aux noyés et aux asphyxiés, 1 vol. in-8° accompagné de 16 pl. Paris, 1835.	7 »
— De la folie considérée dans ses rapports avec les questions médico-judiciaires. Paris, 1840, 2 vol. in-8°.	15 »
MARCÉ. Traité de la folie des femmes enceintes, des nouvelles accouchées et des nourrices, et Considérations médico-légales qui se rattachent à ce sujet. Paris, 1858, 1 vol. in-8° de 400 pages.	6 »
MARCHANT. Recherches sur l'action thérapeutique des eaux minérales des Pyrénées. Paris, 1832, in-8°.	8 »
MASSE. Petit atlas complet d'anatomie descriptive du corps humain, composé de 112 planches avec un texte descriptif, 4e édition, 1852, in-12, avec figures noires.	20 »
Le même avec figures coloriées.	34 »

	fr. c.
MASSE. Traité pratique d'anatomie descriptive, suivant l'ordre de l'Atlas d'anatomie. Paris, 1858, 1 vol. in-12 de 700 pages, cartonné à l'anglaise. . . Le Traité et l'Atlas ont un cartonnage uniforme.	7 »
MATHIEU. Etudes cliniques sur les maladies des femmes. Paris, 1848, in-8° de 834 pages.	8 »
MAUMENÉ (E. J.). Indications théoriques et pratiques sur le travail des vins, et en particulier des vins mousseux. Paris, 1858, 1 vol. gr. in-8°, avec 100 figures dans le texte.	12 »
MAURY. Traité de l'art du dentiste, 3e édit. Paris, 1841, in-8° avec planches. . .	12 »
MAYER. Des rapports conjugaux, 4e édit. Paris, 1860, in-8°.	3 »
MAYGRIER. Nouvelles démonstrations d'accouchements, 2e édit., 1 vol. in-8°, avec un atlas in-folio de 81 planches gravées.	
Prix : Fig. noires.	40 »
Fig. coloriées.	70 »
MÉMOIRES de l'Académie impériale de médecine de Paris, 1828 à 1860, 23 vol. in-4°. Prix.	320 »
Il paraît un volume chaque année. Chaque volume séparément.	20 »
MENVILLE. Histoire médicale et philosophique de la femme, 2e édit., 3 vol. in-8°, 1858.	12 »
MÉRAT. Nouvelle Flore des environs de Paris, 1836, 2 vol. in-18, 4e édit.	7 »
— Revue de la Flore parisienne, suivie de la synonymie linnéenne de toutes les plantes du *Botanicon parisiense* de Vaillant. Paris, 1843, in-8°.	5 50
— Synopsis de la nouvelle Flore des environs de Paris, Paris, 1837, in-18. .	4 50
MÉRAT et DELENS. Dictionnaire universel de matière médicale et de thérapeutique générale. Paris, 1829-1846, 7 volumes in-8° de 700 pages chacun. Broché.	20 »
MERCIER (Aug.). Recherches sur le traitement des maladies des organes urinaires, considérées chez les hommes âgés, et sur celui des rétrécissements de l'urèthre; suivies d'un Essai sur la gravelle et la pierre, principalement sur la lithotritie, l'extraction des fragments et sur celle des autres corps étrangers (ouvrage formant le complément du précédent). 1 vol. in-8°, avec des figures dans le texte. 1856. . .	7 50
MERCIER. Recherches anatomiques, pathologiques et thérapeutiques sur les valvules du col de la vessie, cause fréquente et peu connue de rétention d'urine, 1 vol. in-8°, 1848.	7 »

	fr.	c.
MIALHE. Chimie appliquée à la physiologie et à la thérapeutique. Paris, 1856, 1 vol. in-8°.	9	»
MILLET (de Tours). Du choléra-morbus épidémique, histoire complète de la maladie et de son traitement. 1 vol. in-8°, 1851.	6	»
MILLON. Eléments de chimie organique. Paris, 1845-1848, 2 vol. in-8°.	16	»
MILLOT. L'art de procréer les sexes à volonté, 6ᵉ édit., 1 vol. in-8°.	7	»
MITSCHERLICH. Eléments de chimie, trad. de l'allemand par Valérius, 1835-1837, 3 vol. in-8° avec fig.	21	50
MOIROUD. Traité élémentaire de matière médicale vétérinaire, 2ᵉ édit. Paris, 1843, in-8°.	6	»
MOLESCHOTT. De l'alimentation et du régime. Traité populaire. Traduction faite par M. Ferdinand Flocon. Paris, 1858, 1 vol. gr. in-18.	3	»
MONFALCON. Histoire des marais et des maladies causées par les émanations des eaux stagnantes, 2ᵉ édit., 1826, in-8°.	7	50
MONFALCON et POLINIÈRE. Traité de la salubrité dans les grandes villes. Paris, 1846, in-8° de 560 pages.	7	50
MONTAGNE. Sylloge generum specierumque cryptogamarum quas in variis operibus descriptas iconibusque illustratas, nunc ad diagnosim reductas, nonnullasque novas interjectas. Parisiis, 1856, in-8° de 500 pages.	12	»
MOQUIN-TANDON. Monographie de la famille des hirudinées, 2ᵉ édit. Paris, 1846, in-8°, avec 12 pl. coloriées.	15	»
— Eléments de tératologie végétale, in-8°, 1841.	6	50
— Histoire naturelle des mollusques terrestres et fluviatiles de France. Ouvrage complet. Paris, 1855, 2 vol. grand in-8°, et atlas de 54 planches gravées.		
Avec figures noires.	42	»
Avec figures coloriées.	66	»
Cartonnage de 3 vol. grand in-8°.	4	50
— Eléments de zoologie médicale. Paris, 1860. 1 vol. in-18, avec 122 figures intercalées dans le texte.	5	»
MOREL. Traité des dégénérescences physiques, intellectuelles et morales de l'espèce humaine et des causes qui produisent ces variétés maladives. Paris, 1857, 1 vol. in-8° de 700 pages, avec un atlas de 12 planches lithographiées, in-4°.	12	»
MOTTET. Nouvel essai d'une thérapeutique indigène. Paris, 1852, in-8° de 800 p.	8	»
MOURE (A.) et MARTIN (H.). Précis de thérapeutique spéciale, de pharmaceutique et de pharmacologie. Paris, 1845, 1 vol. grand in-18 compacte.	3	50

	fr.	c.
MULLER (J.). Manuel complet de physiologie, traduit de l'allemand par Jourdan. Paris, 1851. 2 vol. grand in-8°, avec un grand nombre de planches intercalées dans le texte.	20	»
NÉLATON. Eléments de pathologie chirurgicale, 5 vol. in-8°. 1844-1858.	37	»
NIEPCE de SAINT-VICTOR. Traité pratique de gravure héliographique sur acier et sur verre; avec un portrait de l'auteur, gravé par ses procédés. Paris, 1856, petit in-4°.	5	»
NOIROT (L.). Annuaire de littérature médicale étrangère, pour 1856, 1857, 1858. Paris, 1857, 1858 et 1859. 3 vol. in-18. Prix de chaque volume.	3	50
3ᵉ année, Paris, 1859, 1 vol. in-18.	3	50
NORMANDY (A.). Tableaux d'analyse chimique. Paris, 1858, 1 vol. in-4°, avec figures, relié en toile.	25	»
NYSTEN. Dictionnaire de médecine, de chirurgie, de pharmacie, des sciences accessoires et de l'art vétérinaire, de P.-H. Nysten, 11ᵉ édition, entièrement refondue par E. Littré et Ch. Robin. Paris, 1858, 1 beau vol. grand in-8° de 1680 pages à 2 colonnes.	18	»
Demi-reliure maroquin.	3	»
Demi-reliure maroquin à nerfs, très soignée.	4	»
OMALIUS (D.) D'HALLOY. Eléments de géologie. Paris, 1839, in-8°, fig.	9	»
ORFILA. Traité de médecine légale, 4ᵉ édit., augmentée et suivie du Traité des exhumations juridiques, 4 vol. in-8° et atlas. 1848.	29	50
— Eléments de chimie médicale, 8ᵉ édit. 1851, 2 vol. in-8°.	15	»
— Traité de toxicologie, 5ᵉ édit. 1852, 2 forts vol. in-8°, ensemble de 1920 p.	19	»
ORFILA (Louis). Leçons de toxicologie, professées à la Faculté de médecine de Paris, in-8°, 1858.	3	»
OZANAM. Etudes sur le venin des arachnides et son emploi en thérapeutique; suivies d'une Dissertation sur le tarentisme sporadique et épidémique. Paris, 1856, gr. in-8°.	2	50
PARÉ (Ambr.). OEuvres complètes par J.-F. Malgaigne. Paris, 1840, 3 vol. grand in-8°.	26	»
PARENT-DUCHATELET. De la prostitution dans la ville de Paris. 3ᵉ édition, revue par MM. A. Trébuchet et Poirat-Duval. Paris, 1857, 2 forts vol. in-8° de 750 pages chacun, avec cartes et tableaux.	18	»
PARISET. Histoire des membres de l'Académie royale de médecine ou Recueil des éloges lus dans les séances publiques. Paris, 1850, 2 vol. grand in-18.	7	»

CATALOGUE DE LIBRAIRIE. 631

	fr. c.
PARISOT et ROBINE. Essai sur les falsifications qu'on fait subir aux farines et au pain. 1840, in-8°.	1 50
PATISSIER. Rapport sur les eaux minérales naturelles. 1841, in-8°.	2 .
— Rapport sur le service médical des établissements thermaux en France. Paris, 1852, in-4° de 205 pages.	4 50
PATISSIER et BOUTRON-CHARLARD. Manuel des eaux minérales de France. 1837, in-8°.	7 .
PAUL D'ÉGINE (Chirurgie de) ; texte grec, avec traduction française en regard, par le docteur René Briau. Paris, 1855, 1 vol. gr. in-8°.	9 .
PAULET et LÉVEILLÉ. Iconographie des champignons, de Paulet. Paris, 1855, 1 vol. in-folio de 135 pages, avec 217 planches coloriées, cartonné.	170 .
On peut se procurer séparément le texte, par M. Léveillé, petit in-folio de 135 pages.	20 .
PAYEN. Précis de chimie industrielle, 4ᵉ éd. 1859, 2 vol. et atlas.	25 .
PAYEN et CHEVALLIER. Traité élémentaire des réactifs, 3ᵉ édit., augmentée d'un supplément. Paris, 1841, 3 vol. in-8°, fig.	9 .
PAYER (J.). Éléments de botanique. Paris, 1857; première partie, *Organographie*, 1 vol. grand in-18 avec 600 fig. intercalées dans le texte.	5 .
PEISSE. La Médecine et les médecins, philosophie ; doctrines, institutions, critiques, mœurs et biographies médicales. Paris, 1857, 2 vol. in-18 jésus.	7 .
PELOUZE et FRÉMY. Traité de chimie générale, 4ᵉ édition. 6 vol. grand in-8°, avec un atlas de 51 planches gravées, 1860.	48 .
— Abrégé de chimie. Paris, 1859, 3 vol. grand in-18, avec figures.	5 .
PERRÈVE. Traité des rétrécissements organiques de l'urèthre. Paris, 1847, 1 vol. in-8° de 340 pages, accompagné de 3 pl. et de 32 fig. intercalées dans le texte.	5 .
PERSOZ. Traité théorique et pratique de l'impression des tissus. 1843, 4 vol. in-8° avec atlas.	70 .
PETIT (Charles). Du mode d'action des eaux minérales de Vichy et de leurs applications thérapeutiques. Paris, 1850, 1 vol. in-8°.	5 .
PÉTREQUIN (J. E.). Traité d'anatomie topographique médico-chirurgicale. 2ᵉ édition, Paris, 1857, 1 vol. grand in-8°.	9 .
PHARMACOPÉE DE LONDRES, publiée par ordre du gouvernement, en latin et en français. Paris, 1837, in-18.	3 .

	fr. c.
PHILIPEAUX. Traité pratique de la cautérisation, d'après l'enseignement clinique de M. le professeur A. Bonnet (de Lyon). Paris, 1856, 1 vol. in-8° de 630 pages, avec 67 planches intercalées dans le texte.	8 .
PHILLIPS. De la ténotomie sous-cutanée. Paris, 1841, in-8° de 420 pages avec 12 planches.	3 50
PICTET. Traité de paléontologie, 2ᵉ édit. Paris, 1853-1854, 4 forts vol. in-8° avec un bel atlas de 110 planches grand in-4°.	80 .
PLÉE. Types de chaque famille et des principaux genres de plantes qui croissent spontanément en France. Paris, 1844-1859, publié par livraisons chacune d'une planche in-4° gravée et coloriée, avec un texte descriptif ; 130 livraisons sont en vente; prix de chaque livr.	1 25
— Glossologie botanique, ou Vocabulaire donnant la définition des mots techniques usités dans l'enseignement. Paris, 1854, 1 vol. in-12.	1 25
POGGIALE. Traité d'analyse chimique par la méthode des volumes, comprenant l'analyse des gaz, la chlorométrie, la sulfhydrométrie, l'acidimétrie, l'alcalimétrie, l'analyse des métaux, la saccharimétrie, etc. Paris, 1858, 1 vol. in-8° de 610 pages, illustré de 174 figures intercalées dans le texte.	9 .
POUCHET (F. A.). Hétérogénie, ou Traité des générations spontanées, basé sur l'expérimentation, par F. A. Pouchet, professeur de zoologie au Muséum d'histoire naturelle de Rouen. Paris, 1859, 1 vol. in-8° de 700 pages. Avec 3 planches gravées.	9 .
POUCHET. Théorie positive de l'ovulation spontanée et de la fécondation dans l'espèce humaine et les mammifères. Paris, 1847, 1 vol. in-8° de 500 pages avec atlas in-4° de 20 planches gravées et coloriées.	36 .
— Histoire des sciences naturelles au moyen âge. Paris, 1853, 1 beau vol. in-8°.	9 .
POUCHET (G.). De la pluralité des races humaines, essai anthropologique. Paris, 1858, 1 vol. in-8° de 200 pages.	3 50
POUILLET. Éléments de physique expérimentale et de météorologie, 7ᵉ édit. 1856, 2 vol. in-8°, et atlas.	18 .
PRADAL. Traité des maladies du porc, 1 vol. in-8°, 1848. Prix.	4 .
PRICHARD. Histoire naturelle de l'homme. Paris, 1843, 2 vol. in-8° accompagnés de 40 planches gravées et coloriées et de 90 figures intercalées dans le texte.	20 .
PRODHOMME. Formulaire anglais. Paris, 1835, 1 vol. in-12.	5 .

	fr.	c.
RACLE (V.-A.). Traité du diagnostic médical. Paris, 1859, 2ᵉ édit., 1 vol. in-18.	5	»
RAINARD. Traité complet de la parturition des principales femelles domestiques, suivi d'un traité des maladies propres aux femelles et aux jeunes animaux. 2 vol. in-8º, 1845.	12	»
RASPAIL. Manuel de la santé ou médecine et pharmacie domestiques, 1 vol. in-18.	1	»
RASPAIL (F.-V.). Nouveau système de physiologie végétale et de botanique. Paris, 1837, 2 vol. in-8º et atlas de 60 planches, fig. noires.	30	»
fig. coloriées.	50	»
RASPAIL. Nouveau système de chimie organique, 2ᵉ édit. Paris, 1838, 3 forts vol. in-8º.	30	»
— Histoire naturelle de la santé et de la maladie chez les végétaux et les animaux en général, et en particulier chez l'homme, 3ᵉ édit. 1859, 3 vol. grand in-8º avec 12 planches.	25	»
RAYER. Traité théorique et pratique des maladies de la peau, 2ᵉ édit. Paris, 1835, 3 forts vol. in-8º accompagnés d'un bel atlas de 26 planches grand in-4º : prix du texte seul, 3 vol. in-8º. Prix de l'atlas seul avec explication raisonnée, grand in-4º cartonné.	23	»
Prix de l'ouvrage complet, 3 vol. in-8º et atlas in-4º, cartonné.	70	»
— Traité des maladies des reins et des altérations de la sécrétion urinaire. Paris, 1839-1841, 3 vol. in-8º avec fig.	24	»
— De la morve et du farcin chez l'homme. 1837, in-4º, fig. coloriées.	9	»
REGNAULT. Premiers éléments de chimie, 4ᵉ édit. Paris, 1860, 1 vol. grand in-18 avec 142 fig. dans le texte.	5	»
— Cours élémentaire de chimie. Paris, 1859, 5ᵉ édit., 4 vol. in-18 anglais avec 2 planches en taille-douce et fig. dans le texte.	20	»
RENAULT. Traité raisonné du javart cartilagineux. Paris, 1831, 1 vol. in-8º, fig.	3	25
— Gangrène traumatique, mémoires et observations cliniques sur une de ses causes les plus fréquentes dans les animaux domestiques, in-8º, 1840.	2	50
RENDU (Victor). Ampélographie française. 2ᵉ tirage. Paris, 1857. 1 beau vol. grand in-8º, avec une carte.	8	»
RENOUARD (P.-V.). Histoire de la médecine depuis son origine jusqu'au XIXᵉ siècle. Paris, 1846, 2 vol. in-8º.	12	»
RENOUARD. Lettres philosophiques et historiques sur la médecine au XIXᵉ siècle. Seconde édition. Paris, 1857. in-8º.	2	50
REQUIN. Éléments de pathologie médicale, 4 vol. in-8º; les tomes 1 à 3 sont en vente. 1842-1852.	22	»

	fr.	c.
REVEILLÉ-PARISE. Physiologie et hygiène des hommes livrés aux travaux de l'esprit, 4ᵉ édition. Paris, 1843, 2 vol. in-8º.	15	»
— Étude de l'homme dans l'état de santé et dans l'état de maladie. 1845, 2 vol. in-8º.	15	»
— Guide pratique des goutteux et des rhumatisants, 3ᵉ édit. Paris, 1847, in-8º.	5	»
— Traité de la vieillesse. Paris, 1853, 1 vol. in-8º de 500 pages.	7	»
REY. Traité de maréchalerie vétérinaire, etc. 1 vol. in-8º avec des figures dans le texte. 1852.	8	50
REYBARD. Traité pratique des rétrécissements du canal de l'urèthre, 1 vol. in-8º avec planches, 1853.	7	50
RICHARD. Précis de botanique. 1852, 1 vol. in-12, fig.	6	»
— Formulaire de poche, 7ᵉ édit. 1840, in-32.	3	»
— Éléments d'histoire naturelle médicale, 4ᵉ édit., 3 vol. in-8º avec mille fig. intercalées dans le texte. 1849.	20	»
On vend séparément le tome 1ᵉʳ contenant la zoologie.	7	»
Les tomes 2 et 3 contenant l'histoire et la propriété des plantes médicinales, indigènes et exotiques.	17	»
RICORD. De la syphilisation et de la contagion des accidents secondaires de la syphilis. Paris, 1853, in-8º de 384 p.	5	»
RIGOT et LAVOCAT. Traité complet de l'anatomie des animaux domestiques. 6 parties in-8º.	24	»
ROBIN. Du microscope et des injections dans leurs applications à l'anatomie et à la pathologie. Paris, 1849, 1 vol. in-8º de 450 pages avec 23 fig. intercalées dans le texte et 4 planches gravées.	7	»
— Histoire naturelle des végétaux parasites qui croissent sur l'homme et sur les animaux vivants. Paris, 1853, 1 vol. in-8º de 700 pages accompagné d'un bel atlas de 15 planches, dessinées d'après nature, gravées, en partie coloriées.	16	»
— Tableaux d'anatomie. Paris, 1851, in-4º, 10 tableaux.	3	50
ROBIN et VERDEIL. Traité de chimie anatomique et physiologique. Paris, 1853, 3 forts vol. in-8º accompagnés d'un atlas de 45 planches dessinées d'après nature, gravées, en partie coloriées.	36	»
ROCCAS (A.). Des bains de mer. Paris, 1857, 1 vol. grand in-18.	3	50
ROCHE, SANSON et LENOIR. Nouveaux éléments de la pathologie médico-chirurgicale, 4ᵉ édit. 1844, 5 vol. in-8º.	36	»
ROCHOUX. Recherches sur l'apoplexie, 2ᵉ éd., augmentée. Paris, 1833, in-8º.	7	»

	fr. c.
RODET (H. J. A.). Botanique agricole et médicale, ou Études des plantes qui intéressent principalement les vétérinaires et les agriculteurs. 1 vol. in-8° de 858 pages avec 328 figures intercalées dans le texte. 1857.	12 »
— Leçons de botanique élémentaire, comprenant l'anatomie, la physiologie et la taxonomie végétales. 1 vol. in-8°, 1848.	6 »
RODIGAS (F.). Manuel de culture maraîchère. 2e édition. Paris, 1857, 1 vol. grand in-18, avec 54 figures et un plan de jardin maraîcher.	2 »
ROESCH. De l'abus des boissons spiritueuses. Paris, 1839, in-8°.	3 50
ROQUES. Histoire des champignons comestibles et vénéneux. Paris, 1841, in-8° avec 24 planches coloriées.	16 »
— Nouveau traité des plantes usuelles spécialement appliquées à la médecine domestique et au régime alimentaire de l'homme sain ou malade. Paris, 1837, 4 vol. in-8°.	15 »
— Phytographie médicale, histoire des substances héroïques et des poisons tirés du règne végétal, où l'on expose leurs caractères, leur action, etc. Paris, 1835, 3 vol. in-8° et atlas de 150 planches in-4° coloriées.	60 »
ROSE (H.). Traité complet d'analyse chimique. Edition française originale. Paris, 1858-1859. 2 vol. grand in-8° compactes, avec figures.	24 »
Un premier volume est en vente.	
ROSTAN. Exposition des principes de l'organisme, précédée de réflexions sur l'incrédulité en matière de médecine, in-8°, 1846.	4 »
ROTUREAU (A.). Des principales eaux minérales de l'Europe, Allemagne et Hongrie. Paris, 1858, 1 vol. in-8°.	7 50
— Des eaux minérales de France. Paris, 1859. 1 fort vol. in-8°.	9 »
ROUBAUD. Traité de l'impuissance et de la stérilité chez l'homme et chez la femme, comprenant l'exposition des moyens recommandés pour y remédier. Paris, 1855. 2 vol. in-8° de 450 pages.	10 »
— Annuaire médical et pharmaceutique de la France. Prix.	4 »
NOTA. Cet annuaire paraît tous les ans dans le courant du mois de janvier.	
SALVERTE. Traité des sciences occultes, ou Essais sur la magie, les prodiges et les miracles. 3e édition, Paris, 1856. 1 vol. grand in-8° de 550 pages.	7 50
SANDRAS. Traité des maladies nerveuses, 2 vol. in-8°. 1860.	12 »
SANSON (A.). Les Missionnaires du progrès agricole (organisation économique de la vétérinaire). 1 vol. in-18. 1858.	3 50
SAPPEY. Recherches sur la conformation extérieure et la structure de l'urèthre de l'homme. Paris, 1854, in-8°.	2 50
SAPPEY. Traité d'anatomie descriptive, 2e édit. (sous presse).	
SCANZONI. Traité pratique des maladies des organes sexuels de la femme; traduit de l'allemand sous les yeux de l'auteur, avec des notes, par les docteurs H. Dor et A. Socin. Paris, 1858, 1 vol. grand in-8° de 560 pages, avec fig.	8 »
SCOUTETTEN (H.). L'Ozone, ou Recherches chimiques, météorologiques, physiologiques et médicales sur l'oxygène électrisé. Paris, 1856, 1 vol. grand in-18 avec 6 tableaux et 1 planche.	4 »
SÉDILLOT. Traité de médecine opératoire, bandages et appareils. 2e édit. augmentée. Paris. 1853-1854, 2 vol. grand in-18, publiés en 4 parties, avec fig. dans le texte.	16 »
SEGUIN. Traitement moral, hygiène et éducation des idiots, etc. Paris, 1846, 1 vol. in-12 de 750 pages.	6 »
SERINGE (N. C.). Description, culture et taille des mûriers, leurs espèces et leurs variétés. Paris, 1855, 1 vol. grand in-8° avec figures dans le texte, accompagné d'un atlas in-4° de 27 planches.	9 »
SERINGE. Flore du pharmacien, du droguiste et de l'herboriste, ou description des plantes médicinales cultivées en France. 1852, 1 vol. in-12 broché.	6 »
SICHEL. Iconographie ophthalmologique, ou description et figures coloriées des maladies de l'organe de la vue, comprenant l'anatomie pathologique, la pathologie et la thérapeutique médico-chirurgicales; ouvrage complet. Paris, 1859. 2 vol. grand in-4°, dont 1 vol. de 830 pages de texte et 1 vol. de 80 planches dessinées d'après nature, gravées et coloriées avec le plus grand soin, avec une explication raisonnée, publié en 23 livraisons, au prix chacune de.	7 50
Prix de l'ouvrage complet, 2 vol. grand in-4°.	172 50
SIMON. Leçons de médecine homœopathique. Paris. 1835, 1 fort vol. in-8°.	8 »
SKODA (de Vienne). Traité de percussion et d'auscultation, traduit de l'allemand sur la 4e édit. avec des notes et des remarques critiques par le docteur Aran, 1 vol. grand in-18. 1854.	4 50
SOUBEIRAN. Traité de pharmacie théorique et pratique. 5e édition entièrement refondue. Paris, 1857, 2 forts vol. in-8° avec figures dans le texte.	17 »
— Précis élémentaire de physique, 2e édit. 1844, in-8°, fig.	5 »

	fr.	c.
STEINBRENNER. Traité de la vaccine, 1 vol. in-8°. 1846.	8	»
TARDIEU. Dictionnaire d'hygiène publique et de salubrité. Paris, 1852-1854, 3 forts vol. grand in-8°.	24	»
TARIF des pharmaciens, par une société de pharmaciens.	5	50
— des pharmaciens du Haut-Rhin.	5	»
TARNIER. De la fièvre puerpérale observée à l'hospice de la Maternité. Paris, 1858, in-8° de 216 pages.	3	50
TAVEAU. Hygiène de la bouche. Paris, 1843, in-8°.	5	»
TESTE. Manuel pratique du magnétisme animal, nouvelle édit. Paris, 1853, 1 vol. grand in-18.	4	»
— Le magnétisme expliqué. Paris, 1845, in-8°.	7	»
— Traité homœopathique des maladies aiguës et chroniques des enfants, 2e éd. Paris, 1856, in-12 de 420 pages.	4	50
— Systématisation pratique de la matière médicale homœopathique. Paris, 1853, 1 vol. in-8° de 600 pages.	8	»
TISSERANT. Guide des propriétaires et des cultivateurs dans le choix, l'entretien et la multiplication des vaches laitières. 1 vol. in-12, avec planches. 1858.	3	»
TRÉBUCHET. Jurisprudence de la médecine, de la chirurgie et de la pharmacie en France. 1834, in-8°.	9	»
TRIQUET. Abrégé de pathologie médico-chirurgicale, ou résumé analytique de médecine et de chirurgie, 2 vol. in-8°. 1852.	12	»
TRIQUET. Traité pratique des maladies de l'oreille. Paris, 1857, 1 vol. in-8°, avec figures intercalées dans le texte.	7	50
TROUSSEAU et PIDOUX. Traité de thérapeutique et de matière médicale. Paris, 1858, 6e édit., 2 vol. in-8°.	20	»
TROUSSEAU et BELLOC. Traité pratique de phthisie laryngée, de la laryngite chronique et des maladies de la voix. Paris, 1837, 1 vol. in-8° accompagné de 9 planches gravées.	7	»
Le même, figures coloriées.	12	»
TROUSSEAU et REVEIL. Traité de l'art de formuler, suivi d'un formulaire magistral avec les indications des doses pour adultes et pour enfants, 2e édit., 1 vol. in-12, 1858.	5	50
VALLEIX. Clinique des maladies des enfants nouveau-nés. 1838, in-8°, figures coloriées.	8	50
— Traité des névralgies ou affections douloureuses des nerfs. 1841, in-8°.	8	»
— Guide du médecin praticien ou Résumé général de pathologie interne et de thérapeutique appliquées, 4e édition. Paris, 1860, 5 beaux volumes grand in-8°, chacun de 750 pages.	45	»

	fr.	c.
VANDAMME. Flore de l'arrondissement d'Hazebrouck ou description des plantes du Nord, du Pas-de-Calais et de la Belgique, 2 vol. in-8°, prix.	4	50
VELPEAU. Traité d'anatomie chirurgicale, 3e édit. Paris, 1836, 2 forts vol. in-8° et atlas in-4°.	20	»
— Nouveaux éléments de médecine opératoire, 2e édit., augmentée. Paris, 1839, 4 vol. in-8° et atlas de 22 pl. in-4° gravées.	40	»
— Manuel pratique des maladies des yeux. 1840, in-18.	6	»
— Leçons orales de clinique chirurgicale. 1840, 3 vol. in-8°.	21	»
— Embryologie ou ovologie humaine. Paris, 1833, in-folio, fig.	12	»
— Traité des maladies du sein et de la glande mammaire, 2e édit. Paris, 1858, 1 beau vol. in-8° avec planches.	12	»
VERDÉ-DELISLE. De la dégénérescence physique et morale de l'espèce humaine, déterminée par le vaccin. 1855, 1 vol. grand in-18.	3	50
VERDO. Précis sur les eaux minérales des Pyrénées. 2e édition. Paris, 1855, 1 vol. grand in-18 avec une carte.	3	50
VERNOIS. Traité pratique d'hygiène industrielle et administrative. 1860, 2 vol. in-8°.		
VIDAL (de Cassis). Essai sur un traitement méthodique de quelques maladies de matrice. 1840, in-8°.	1	50
— Du cancer du rectum et des opérations qu'il peut réclamer. 1842, in-8°.	3	50
— De la cure radicale de la varicocèle. 1850, in-8°.	2	»
— Traité des maladies vénériennes. Paris, 1859, 1 vol. in-8° avec planches gravées en taille-douce et coloriées.	10	»
— Traité de pathologie externe et de médecine opératoire, 4e édit. Paris, 1855, 5 vol. in-8° de 800 pages chacun, accompagnés de plus de 575 fig. intercalées dans le texte.	40	»
VIOLETTE. Nouvelles manipulations chimiques simplifiées. Paris, 1859, in-8°.	8	»
VIOLETTE et ARCHAMBAULT. Dictionnaire des analyses chimiques. Paris, 1851, 2 vol. in-8° à deux colonnes.	12	»
VIREY. Philosophie de l'histoire naturelle, 1 vol. in-8°. Paris, 1835.	7	»
— De la physiologie dans ses rapports avec la philosophie. Paris, 1844, in-8°.	7	»
WEBER. Codex des médicaments homœopathiques. Paris, 1854, 1 beau vol. in-12 de 400 pages.	6	»
WECKHERLIN (A. de). Zootechnie générale. Reproduction, amélioration, élevage des animaux domestiques; traduit de		

CATALOGUE DE LIBRAIRIE. 635

	fr. c.
l'allemand par M. Verheyen. Paris 1857. 1 vol. grand in-18.	2 »
WEDDELL (H. A.). Histoire naturelle des quinquinas. Paris, 1849. 1 vol. in-fol. accompagné d'une carte et de 32 planches gravées, dont 3 sont coloriées.	60 »
WILL. Guide pour l'analyse chimique (qualitative et quantitative). 2e édit., revue et corrigée d'après la 4e édition allemande par Jean Risler. 1 vol. in-8°, 1858.	6 »
— Tableaux pour l'analyse chimique qualitative ; traduits de l'allemand par Jean Risler, pharmacien. In-8°, cartonné, 1856.	2 25
YVAREN. Des métamorphoses de la syphilis. Recherches sur le diagnostic des maladies que la syphilis peut simuler, et sur la syphilis à l'état latent. Paris, 1854. in-8° de 600 pages.	7 30
ZIMMERMANN. De la solitude, nouvelle édit. Paris, 1840, in-8°.	3 »

Journaux et publications périodiques.

AGENDA (format de poche) à l'usage des médecins, pharmaciens et vétérinaires, par le docteur Cazenave. Prix, broché, 1 fr. 75 c. à Paris ; 2 fr. 25 c. *franco* par la poste, et 3 fr. et au-dessus suivant la reliure. NOTA. Cet AGENDA paraît en novembre de chaque année et sert pour l'année suivante.

ANNALES D'HYGIÈNE PUBLIQUE ET DE MÉDECINE LÉGALE. 4 cahiers de 250 pages. Par an, pour Paris, 18 fr. ; départements, 21 fr.

ANNALES DE CHIMIE ET DE PHYSIQUE. 1 cahier par mois. Pour Paris, 30 fr. ; départements, 34 fr.

ANNALES MÉDICO-PSYCHOLOGIQUES, journal destiné à recueillir tous les documents relatifs à l'aliénation mentale, aux névroses et à la médecine des aliénés, par MM. Baillarger, Moreau (de Tours) et Cerise, paraissant tous les trois mois par cahiers de 160 pages in-8°. Prix de l'abonnement : pour Paris, 12 fr. ; pour les départements, 14 fr.

ANNALES DES SCIENCES NATURELLES rédigées pour la zoologie, par M. Milne-Edwards ; pour la botanique, par MM. Brongniart et Decaisne. 1 cahier par mois. Pour Paris, 38 fr. ; départements, 40 fr.

ANNALES DE LA SOCIÉTÉ D'HYDROLOGIE MÉDICALE DE PARIS. Comptes rendus des séances paraissant depuis 1854, de novembre à avril de chaque année, en numéros formant ensemble un volume in-8° de 400 à 500 pages d'impression. Prix de l'abonnement annuel : Pour Paris, 6 fr. ; pour les départements, 7 fr. Les tomes I à V sont en vente. Prix : 30 fr. Le tome VI est en cours de publication.

ARCHIVES GÉNÉRALES DE MÉDECINE. Rédacteurs : MM. Follin et Lasègue. 1 cahier de 8 à 9 feuilles tous les mois, 2 forts volumes chacun de 800 pages par an. Pour Paris, 20 fr. ; départements, 23 fr.

ART MÉDICAL. Journal de médecine générale et de médecine pratique. Paraît le 1er de chaque mois, depuis le 1er janvier 1855, par cahiers de 5 feuilles formant par année 2 vol. grand in-8° de 480 pages chacun. Prix : un an, pour Paris, 15 fr. ; pour la France, 18 fr. ; pour l'étranger, le port en sus, suivant les tarifs. La collection des années 1855, 1856, 1857 et 1858, forme 8 vol. grand in-8°. Prix de chaque année, formant 2 vol. grand in-8°, 15 fr.

BULLETIN DE L'ACADÉMIE IMPÉRIALE DE MÉDECINE. 1 cahier de 3 à 4 feuilles tous les quinze jours. 15 fr. par an.

BULLETIN GÉNÉRAL DE THÉRAPEUTIQUE MÉDICALE ET CHIRURGICALE, par le docteur Dehout. 1 cahier de 48 pages tous les 15 jours. 18 fr. pour Paris et les départements.

BULLETIN DE LA SOCIÉTÉ ANATOMIQUE DE PARIS. Paraissant par cahier bimensuel. Prix de l'abonnement : 7 fr. pour Paris, et 8 fr. pour les départements.

COMPTES RENDUS HEBDOMADAIRES DES SÉANCES DE L'ACADÉMIE DES SCIENCES, sous la direction de M. Flourens. Prix de l'abonnement annuel : Paris, 20 fr. ; départements, 30 fr.

GAZETTE DES HOPITAUX, Lancette française. Docteur Brochin, rédacteur en chef. Trois numéros par semaine. Pour un an, pour Paris et les départements, 30 fr.

GAZETTE HEBDOMADAIRE DE MÉDECINE ET DE CHIRURGIE. Docteur Dechambre, rédacteur en chef. Un numéro de 16 pages in-4° tous les vendredis. Prix de l'abonnement : un an 24 f. ; six mois, 13 f. ; trois mois, 7 fr.

GAZETTE MÉDICALE DE PARIS. Docteur Jules Guérin, rédacteur en chef. Une feuille et demie in-4° tous les samedis. Pour un an, 36 f. ; six mois, 18 f. ; trois mois, 9 fr.

JOURNAL DE CHIMIE MÉDICALE, DE PHARMACIE ET DE TOXICOLOGIE. Rédacteur en chef, A. Chevallier. 1 cahier de 4 à 5 feuilles tous les mois. Par an, 12 fr. 50 c. pour Paris et les départements.

JOURNAL DE LA SOCIÉTÉ GALLICANE DE MÉDECINE HOMÉOPATHIQUE. 1 cahier chaque mois. Prix de l'abonnement : pour Paris, 20 fr. ; pour les départements, 23 fr.

JOURNAL DE MÉDECINE ET DE CHIRURGIE PRATIQUES. Docteur Chaillou, rédacteur. 1 cahier de 48 pages tous les mois. Par an, 10 fr.

JOURNAL DE PHARMACIE ET DE CHIMIE. 1 cahier par mois. Pour un an, 15 fr., pour Paris et les départements.

JOURNAL DES CONNAISSANCES MÉDICALES PRATIQUES ET DE PHARMACOLOGIE. MM. Beaugrand, Caffe et Gustin, rédacteurs, 1 cahier de 16 pages grand in-8° tous les 10 jours. Par an, 7 fr. pour Paris, 8 fr. pour les départements.

L'ABEILLE MÉDICALE. Docteur Bossu, rédacteur. 1 cahier in-4° tous les 10 jours. Pour un an, 6 fr. pour Paris, et 6 fr. 50 pour les départements.

LA FRANCE MÉDICALE ET PHARMACEUTIQUE, rédacteur en chef le docteur Roubaud, paraît le 1er et le 15 de chaque mois depuis le 1er avril 1854. Prix de l'abonnement annuel pour toute la France, 6 fr.

LA SANTÉ UNIVERSELLE. Docteur Henri Cottin, rédacteur en chef. Un cahier de 32 pages par mois. Prix : 6 fr. pour toute la France.

LE MONITEUR DES SCIENCES MÉDICALES ET PHARMACEUTIQUES. H. de Castelnau, rédacteur en chef. Trois numéros de 8 pages in-4° par semaine. Prix de l'abonnement : 22 fr. pour un an, 12 fr. pour six mois, 7 fr. pour 3 mois.

LE MONITEUR SCIENTIFIQUE DU CHIMISTE ET DU MANUFACTURIER, ou Revue des travaux qui se publient en France et à l'étranger sur la chimie appliquée aux arts et à l'industrie, avec les nouvelles des sciences et des secrets, recettes et formules pour les industriels, les pharmaciens et les médecins, par le Dr Quesneville, rue de la Verrerie, 55. Prix pour un an, 12 fr.

(*Ce journal paraît tous les 15 jours depuis le 1er janvier 1857.*)

L'INSTITUT, journal des sociétés savantes, sous la direction de M. E. Arnoult, paraissant toutes les semaines par feuille de 8 pages in-4°. Prix de l'abonnement annuel : 30 fr. pour Paris, 33 fr. pour les départements.

L'UNION MÉDICALE. Rédacteur en chef, Amédée Latour. Paraît trois fois par semaine. Prix de l'abonnement annuel : pour Paris et les départements, 32 fr.

RECUEIL DE MÉDECINE VÉTÉRINAIRE PRATIQUE. Rédacteur en chef, M. Henry Bouley. 1 cahier de 80 à 100 pages par mois. Prix de l'abonnement : 13 fr. pour Paris, 14 fr. 50 c. pour les départements.

RÉPERTOIRE DE CHIMIE pure et appliquée. Compte-rendu de la chimie pure en France et à l'étranger, par Ad. Wurtz. 2 cahiers par mois, de chacun 50 pages. Prix : 12 francs.

RÉPERTOIRE DE PHARMACIE, recueil publié par le professeur Bouchardat. 1 cahier de 2 feuilles par mois. Prix, 6 fr. pour toute la France.

REVUE DE THÉRAPEUTIQUE MÉDICO-CHIRURGICALE (ancien *Journal des Connaissances médico-chirurgicales*). Martin Lauzer, rédacteur. Tous les quinze jours 1 cahier de 64 colonnes grand in-8° avec gravures intercalées dans le texte. Prix, 12 fr. pour Paris et les départements.

REVUE MÉDICALE FRANÇAISE ET ÉTRANGÈRE. Docteur Sales-Girons, rédacteur en chef. 1 cahier par mois. Pour un an, 20 fr. pour Paris; 25 fr. pour les départements.

REVUE SCIENTIFIQUE ET ADMINISTRATIVE DES MÉDECINS DES ARMÉES DE TERRE ET DE MER. V. Rozier, rédacteur-gérant. Paraît deux fois par mois. Chaque livraison est de 32 pages in-8°. Prix : 10 fr. pour l'année et 5 fr. pour six mois.

INSTRUMENTS EN ÉTAIN.

	la douzaine.	fr.	c.		la pièce.	fr.	c.
Boîtes à opiat, en étain, de	15 gr.	3	»	Spéculum en étain, n° 1		1	75
—	30 —	3	60	— n° 2		1	90
—	60 —	4	20	— n° 3		2	»
—	90 —	6	»	— n° 4		2	10
—	125 —	8	»	Mouloirs, double décilitre		3	»
—	180 —	10	»	— de 1/2 litre		3	90
—	250 —	18	»	— de litre		6	»
—	500 —	30	»	— de litre 1/2		7	»
Urinoirs en étain	la pièce.	4	»	— de 2 litres		10	50
Crachoirs —		3	50	Bassin pour malades, bords plats		7	50
				— ronds		6	50

PRODUITS ALIMENTAIRES.

CHOCOLATS-MENIER.

Depuis longtemps, le Chocolat-Menier est classé parmi les produits alimentaires les plus demandés, et dont la consommation s'est étendue partout.

Pour répondre à une confiance aussi générale, nous avons dégrevé nos correspondants des frais de transport et d'emballage jusqu'à la destination ou au port d'embarquement. Cette mesure établit un prix unitaire pour la vente au détail sur tout le territoire français.

Ainsi toute demande de 50 kilog. et au-dessus est expédiée franco d'emballage. Pour les voyages en mer qui exigent l'emploi de caisses exceptionnelles, nous diminuons sur le prix de ces caisses 3 fr. par 100 kilog. de Chocolat-Menier.

De plus, nous faisons une réfaction proportionnée à l'éloignement du lieu de destination, suivant le tableau ci-joint. — Cette réfaction forme la compensation des frais de transport.

Chocolat-Menier.

				PRIX pour le pharmacien.		PRIX pour le consommat'.	
				fr.	c.	fr.	c.
Santé.	Qualité fine,	papier jaune. . . .	1 2 kilo.	1	80	2	»
	— fine supérieure,	— chamois. . .	—	2	»	2	50
	— surfine,	— rose. . . .	—	2	40	3	»
	— par excellence,	— bleu. . . .	—	2	75	3	50
Vanille.	Qualité fine,	papier vert. . . .	—	2	40	3	»
	— fine supérieure,	— lilas	—	2	75	3	50
	— surfine,	— bronzé . . .	—	3	50	4	50
	— par excellence,	— blanc glacé.	—	4	»	5	»

Faute de désignation, nous enverrons la qualité fine santé (papier jaune).

Tous les Chocolats ci-dessus en pastilles coûtent en plus 25 cent. par 1/2 kilo.

Sur les prix ci-dessus, nous accordons une remise en rapport avec la quantité de Chocolat qui nous est achetée dans l'espace de 365 jours. Voici le tableau de ces remises proportionnelles :

Pour 50 kil., une remise de 5 %.	Pour 300 kil., une remise de 8 %.
— 100 — — 6 —	— 400 — — 9 —
— 200 — — 7 —	— 500 — — 10 —

Pour avoir droit à ces remises proportionnelles de 5 à 10 %, il faut prendre dans l'année de 50 à 500 kilog. de Chocolat-Menier; mais l'engagement consiste uniquement :

Pour Nous, à faire 5 à 10 % de remise ;

Pour nos Commettants, à prendre de 50 à 500 kilog. de Chocolat-Menier.

Quant au prix, il est en dehors, et reste variable selon le cours.

Le Chocolat ne se vend qu'au comptant, et les remises ci-dessus ne sont accompagnées d'aucun escompte. Dans les cas où le Chocolat fait partie d'une facture de droguerie dont le payement n'a lieu qu'au terme d'usage, il faut déduire de chacune de ces remises 1/2 pour 100 pour chaque mois de la durée de ce terme.

Tableau par départements des réfactions compensant les frais de transport du CHOCOLAT-MENIER.

PREMIÈRE CLASSE.

DÉPARTEMENTS AYANT DROIT A UNE RÉFACTION DE **3** FRANCS PAR 100 KILOGRAMMES.

Aisne.	Eure-et-Loir.	Oise.	Seine-et-Oise.
Aube.	Loiret.	Orne.	Seine-Inférieure.
Calvados.	Loir-et-Cher.	Sarthe.	Somme.
Eure.	Marne.	Seine-et-Marne.	Yonne.

DEUXIÈME CLASSE.

DÉPARTEMENTS AYANT DROIT A UNE RÉFACTION DE **6** FRANCS PAR 100 KILOGRAMMES.

Allier.	Ille-et-Vilaine.	Mayenne.	Puy-de-Dôme.
Ardennes.	Indre.	Meurthe.	Sèvres (Deux).
Charente.	Indre-et-Loire.	Meuse.	Vendée.
Cher.	Loire-Inférieure.	Moselle.	Vienne.
Côte-d'Or.	Maine-et-Loire.	Nièvre.	Vienne (Haute).
Creuse.	Manche.	Nord.	Vosges.
Doubs.	Marne (Haute).	Pas-de-Calais.	

TROISIÈME CLASSE.

DÉPARTEMENTS AYANT DROIT A UNE RÉFACTION DE **9** FRANCS PAR 100 KILOGRAMMES.

Ain.	Jura.	Rhin (Bas).	**Hors de France.**
Charente-Inférieure.	Loire.	Rhin (Haut).	Amérique.
Côtes-du-Nord.	Loire (Haute).	Rhône.	Angleterre.
Dordogne.	Lot-et-Garonne.	Saône-et-Loire.	Belgique.
Gironde.	Morbihan.	Saône (Haute).	

QUATRIÈME CLASSE.

DÉPARTEMENTS AYANT DROIT A UNE RÉFACTION DE **12** FRANCS PAR 100 KILOGRAMMES.

Ardèche.	Corrèze.	Garonne (Haute).	Lot.
Aveyron.	Drôme.	Hérault.	Lozère.
Bouches-du-Rhône.	Finistère.	Isère.	Tarn-et-Garonne.
Cantal.	Gard.	Landes.	Vaucluse.

CINQUIÈME CLASSE.

DÉPARTEMENTS AYANT DROIT A UNE RÉFACTION DE **15** FRANCS PAR 100 KILOGRAMMES.

Algérie.	Corse.	Tarn.	Etats Sardes.
Alpes (Basses).	Gers.	Var.	Italie.
Alpes (Hautes).	Pyrénées (Basses).	**Hors de France.**	Turquie.
Ariége.	Pyrénées (Hautes).	Autriche.	Suisse.
Aude.	Pyrénées-Orientales.		

Lorsque le chocolat doit payer un droit d'entrée à sa destination, il est nécessaire de nous en prévenir, afin de le déclarer sur la lettre de voiture; car nous déclinons toute responsabilité, et les frais de procès-verbal, pour défaut de déclaration, seront à la charge du destinataire.

CHOCOLATS PECTORAUX ET MÉDICINAUX.

Chocolats-Menier pectoraux.

		Le kilo.	PRIX pour le pharmacien		PRIX pour le consommat[r]	
			fr.	c.	fr.	c.
Qualité surfine.	À l'arrow-root................		5	50	8	»
	Au lait d'amandes...........		5	50	8	»
	À l'osmazome................		5	50	8	»
	Au saccharolé de lichen......		5	50	8	»
	Au sagou de l'Inde...........		5	50	8	»
	Au salep de Perse............		5	50	8	»
	Au tapioka des Îles..........		5	50	8	»
	Ferrugineux..................		5	50	8	»
Qualité fine	Les mêmes que ci-dessus.....		4	20	6	»

Chocolats médicinaux.

Par tablettes de 30 grammes pour une tasse de Chocolat.

		Le kilo.	fr.	c.
Au calomel à la vapeur.................	30 centigrammes par tablette.		6	»
Au calomel (25 centigram.) et à la scammonée..	50 — —		8	»
Au calomel (25 centigram.) et au jalap.....	50 — —		7	»
Au citrate de fer......................	25 — —		7	»
À l'iodure de fer......................	25 — —		8	»
Au lactate de fer......................	25 — —		7	»
À la magnésie calcinée.................	10 grammes —		9	»
À la mannite..........................	10 — —		24	»
À la santonine........................	25 centigrammes —		8	»

Pastilles de Chocolats médicinaux.

			Le kilo.	fr.	c.
Pastilles de chocolat ferrugineux (carbonate de fer)...	25 mill. par pastille.			6	»
—	—	au calomel à la vapeur......	5 cent. —	7	»
—	—	au calomel (5 c.) et à la scammonée	10 — —	16	»
—	—	au calomel (5 centigr.) et au jalap.	10 — —	8	»
—	—	au citrate de fer...........	25 milligr. —	8	»
—	—	au fer réduit par l'hydrog.....	25 — —	8	»
—	—	à l'iodure de fer...........	25 — —	10	»
—	—	à l'ipécacuanha............	5 centigr. —	8	»
—	—	au lactate de fer...........	25 milligr. —	8	»
—	—	à la santonine.............	25 — —	12	»
—	—	—	5 centigr. —	16	»

Nous nous chargerons de préparer toutes les espèces de Chocolats médicinaux, suivant les formules qu'on voudra bien nous désigner. Par suite de la réaction du tannin du cacao sur les sels de fer solubles, les Chocolats à l'iodure, au citrate et au lactate de fer, se colorent en noir.

CHOCOLATS SANS NOTRE NOM.

1° Nous ne faisons pas de bonifications sur les *Chocolats sans nom* lorsqu'ils sont vendus seuls, quelle qu'en soit la quantité prise dans la période d'une année; mais si en même temps nous avons livré 50, 100 à 500 kilos de Chocolat-Menier, nous accordons également une remise de 5, 6 à 10 p. 100 sur ces Chocolats sans nom; en d'autres termes, la même bonification devient applicable aux Chocolats sans nom, dès qu'on a droit à l'une des remises attribuées au Chocolat-Menier.

2° Le *franco d'emballage* et les *réfactions des frais de transport* ne sont pas applicables aux Chocolats sans notre nom.

	PRIX pour le pharmacien.	
	fr.	c.
Chocolat des Antilles (papier blanc).		
Forme élégante, par subdivision de 32 tablettes au 1/2 kilogr., avec jolie étiquette dorée, sans prix marqué. . . . . le 1/2 kil.	1	15
Chocolat dit des Étrennes.		
(Avec jolies étiquettes dorées sans prix marqué.)		
PETIT FORMAT.		
Ordinaire, papier rose glacé, 16 divis. au 1/2 kil., pliées par 2 tablettes de 125 gr. réunies, ou par tablettes de 125 gr. séparées; le 1/2 kil.	1	05
GRAND FORMAT.		
Ordinaire, papier rose glacé, 12 et 16 divisions au 1/2 kil., par tablettes de 250 grammes. . . . . le 1/2 kil.	1	05
Fin, papier blanc, 12 ou 16 divisions au 1/2 kil. par tablettes de 250 grammes. . . . . le 1/2 kil.	1	35
Superfin, papier blanc, 12 ou 16 divisions au 1/2 kil. par tablettes de 250 grammes . . . . le 1/2 kil.	1	80
Chocolat des Ménages (papier bleu).		
(Cette sorte, d'une jolie forme, est déjà connue d'un grand nombre de nos commettants.)		
16 divisions, 4 tablettes au 1/2 kil. . . . . le 1/2 kil.	1	25
Chocolat Parisien. (Papier saumon.)		
(Prix marqué sur l'étiquette, 1 fr. 60 c.)		
16 divisions au 1/2 kil. par tablettes de 250 grammes . . . le 1/2 kil.	1	25
— — — de 125 — . . . le 1/2 kil.	1	25
Chocolat forme Marseille.		
N° 0, par tablettes de 100 grammes, papier rose. . . . . . le 1/2 kil.	1	05
N° 1, — papier bleu. . . . . —	1	25
Chocolat sous formes anciennes et sans marques.		
N° 0. Santé ordinaire, sans bande. . . . . le 1/2 kil.	»	95
N° 1. — bande bleue. . . . . —	1	15
N° 2. — bande paille. . . . . —	1	35

Nous ferons une augmentation de 10 centimes par kilo pour les tablettes de 60 grammes.

Tous les chocolats sans marques distinctives sont, ainsi que le Chocolat-Menier, pliés avec le plus grand soin.

PRODUITS ALIMENTAIRES.

	PRIX pour le pharmacien.	
	fr.	c.
Chocolats en billes ou bâtons de 32, 40, 64 et 80 au kilo.		
N° 0, 16 bâtons au 1/2 kilo . . . . le 1/2 kil.	1	10
N° 0, 20 — — . . . . —	1	15
N° 0, 32 — — . . . . —	1	25
N° 0, 40 — — . . . . —	1	30
(Les autres qualités : 10, 15, 20 et 30 c. de plus qu'en tablettes.)		
Chocolat praliné à la crème.		
Fin . . . . le 1/2 kil.	3	»
Surfin . . . . —	3	50
Chocolat praliné au nougat.		
Santé fin . . . . le 1/2 kil.	3	»
Surfin . . . . —	3	50
Les Chocolats pralinés à la vanille coûteront 50 c. de plus par 1/2 kilo.		
Beurre de cacao (toujours récemment préparé) . . . . le 1/2 kil.	4	50
Chocolats en pains de 5 kilos.		
(Pour les personnes qui veulent elles-mêmes mouler et envelopper les tablettes.)		
20 cent. de moins par kil. que le prix de la même qualité en tablettes.		
Chocolat sans aromates, dit homœpathique . . . . le 1/2 kil.	1	80
Cacaos purs parfaitement broyés, en pains de 5 kilos.		
(Pour les personnes qui tiennent à fabriquer leur chocolat.)		
Martinique, dit des Iles . . . . le 1/2 kil.	1	90
Guayaquil . . . . —	1	90
Maragnan surchoisi, première sorte . . . . —	2	50
— deuxième sorte . . . . —	2	20
Caraque surchoisi, première sorte . . . . —	4	»
— deuxième sorte . . . . —	3	50
Cacaos pulvérisés.		
Cacao maragnan . . . . le 1/2 kil.	2	50
— caraque . . . . —	4	»
Pastilles et bonbons en Chocolat.		
Pastilles fines . . . . le 1/2 kil.	2	»
— surfines . . . . —	2	65
— par excellence . . . . —	3	»
— excellence vanille en jolies boîtes octogones de 100 gr. la boîte.	1	25
— — — ovales de 150 — —	1	75
— — — — de 250 — —	2	50
— — en boîtes vertes rondes de 100 — —	1	»
— excellence santé en boîtes bleues — de 100 — —	»	80

Les chocolats en pains, en pastilles, en billes, et les cacaos broyés, ne donnent aucun droit aux remises attribuées aux Chocolats-Menier; ils sont considérés comme matières premières.

FARINES DE LÉGUMES ET PATES FÉCULENTES
DE GROULT JEUNE.

Nouveaux produits.	fr.	c.
Le kilo.		
Potage à la Crécy	3	»
Riz-julienne pour potage	1	80
Cacao au tapioca	2	10
Parmentine	1	»

Farines de légumes cuits et de racines potagères
POUR PURÉES.

	fr.	c.
Farine de pois	1	20
— de lentilles	1	20
— de haricots blancs ou rouges	1	20
— de petits pois	1	50
— de fèves de marais	2	»
— de racines potagères	3	20
— de châtaignes cuites	2	80
La même, à la vanille	3	40

Polenta de pommes de terre.

	fr.	c.
Polenta semoule	1	10
— farine pour purée	1	10

Pâtes féculentes
DE LA SOLANÉE PARMENTIÈRE.

	fr.	c.
Tapioca de fécule	1	10
Sagou —	1	10
Mignonnette —	1	10
Petit sagou —	1	10
Riz français —	1	10
Arrow-root —	1	30
Salep —	4	»
Sagou pectoral	1	40
Riz Chochina 1re, 2e et 3e grosseurs	1	20

Semoule de riz.

	fr.	c.
Semoule de riz en paquets	1	10
— en vrac	1	»
(Fabriquée avec le riz de la Caroline.)		

Farine de riz et fécule.

	fr.	c.
Fleur de riz en paquets	1	10
— en vrac	1	»
Crème de riz en paquets	1	40
Fécule purifiée ou crème de fécule	»	80

Biscotes de Bruxelles.

	fr.	c.
La boîte, contenant 3 kilogr. à 3 kilogr. 25 décagr.	10	»

Substances étrangères
(garanties d'origine).

	fr.	c.
Le kilo.		
Tapioca pulvérisé en semoule fine	3	»
— grains préparés	2	60
— fin —	2	80
Crème de tapioca	2	90
Sagou des Indes	2	20
— — pulvér. en semoule	2	80
Fécule de palmier des Indes	3	20
Arrow-root de la Jamaïque	6	»
Salep de Perse pulvérisé	12	»

Pâtes d'Italie.

	fr.	c.
Macaroni de Naples de 4 grosseurs	1	20
Lazagnes de Gênes	1	20
Nouilles —	1	20
Vermicelle —	1	20
Semoule —	1	10
Petites pâtes sous diverses formes	1	20
Côtes de céleri	1	20

Pâtes d'Auvergne et d'Alsace.

	fr.	c.
Macaroni et vermicelle	»	95
Semoule	»	85
Petites pâtes sous diverses formes	»	95
Nouilles d'Alsace jaunes	1	20
— — blanches	1	20

Articles divers.

	fr.	c.
Gruau d'avoine mondée, en vrac	1	»
Farine de gruau d'avoine, en paquets	1	80
Gruau anglais —	1	80
Farine de maïs, n° 1 —	»	80
Semoule de maïs —	1	20
— d'orge perlé	1	80
Crème d'orge perlé —	1	80
Semoule de sarrasin —	1	20
Petite orge d'Allemagne —	2	»

LÉGUMES CONSERVÉS.

Poids pour 1 Plat.	Portions dans 1 kilogr.	NOMS DES PRODUITS.	PRIX. Le kilo. fr. c.	Poids pour 1 Plat.	Portions dans 1 kilogr.	NOMS DES PRODUITS.	PRIX. Le kilo. fr. c.
15 gr.	66	Artichauts fonds. . .	20 »	20 gr.	50	Petits pois n° 2	10 »
20 —	50	Artichauts au jus . . .	10 »	20 —	50	Pommes de terre maître d'hôtel.	2 »
15 —	66	Betteraves	6 »	25 —	40	Tomates. . la tablette.	» 75
»	»	Champignons.	4 »			**Assaisonnements.**	
20 —	50	Choux-fleurs	20 »				
15 —	66	Choux de Bruxelles .	12 »	»	»	Persil, céleri	10 »
15 —	66	Chicorée.	10 »	»	»	Poireaux, estragon. . .	10 »
20 —	50	Choux de Milan. . . .	5 »	7 —	»	Poudre de champignons	16 »
20 —	50	Carottes de Crécy. . .	4 »	7 —	»	Poudre de truffes . . .	50 »
15 —	66	Épinards	6 »	»	»	**Potages.**	
20 —	50	Fèves de marais. . . .	8 »				
20 —	50	Flageolets.	8 »	»	»	Julienne de ménage . .	2 »
15 —	66	Haricots verts, n° 1 . .	15 »	20 —	50	— fine	3 »
15 —	66	— — n° 2 . .	10 »	20 —	50	Printanière.	5 »
20 —	50	Jardinière	6 »	20 —	50	Julienne en semoule . .	4 »
20 —	50	Mélange de gros légumes.	2 »	20 —	50	Bouillon en tablettes. .	32 »
20 —	50	Pommes de terre à la minute.	2 »			**Purées.**	
20 —	50	Navets	4 »	une cuillerée par personne.	» » »	Crécy	4 »
15 —	66	Oseille.	6 »			Flageolets	5 »
15 —	66	Oignons	4 »			Pommes de terre . . .	1 50
20 —	50	Petits pois, n° 1. . . .	15 »			Fécule de pommes de terre.	1 20

Nota. Ces légumes conservés sont par paquets de 125, 250, 500 grammes et de 1 kilo, suivant leur prix; à défaut de désignation suffisante, nous les enverrons en paquets de 1 kilo. — Un kilogramme représente dix kilogrammes de légumes frais.

Pour la Marine, la Guerre, l'Exportation, Vivres de campagne et d'équipage, emballage et prix spéciaux.

Caisse d'assortiment (460 rations), emballage compris. . . . . 70 fr.

ÉPICES ET AROMES SOLUBLES EN POUDRE, DE LEMETTAIS ET BONIÈRE.

Nomenclature des épices et aromes solubles. — Prix : 1 fr. 60 pour 2 fr.

Poivre Cayenne.	Ail, oignon.	Basilic.	Cresson.	Carvi.
Poivre noir.	Échalote.	Sariette.	Absinthe.	Cumin.
Poivre long.	Laurier-sauce.	Estragon.	Anis.	Coriandre.
Piment Jamaïque.	Thym.	Ciboule.	Badiane.	Cannelle.
Muscade.	Sauge.	Persil.	Fenouil.	Citron (zeste).
Girofle.	Gingembre.	Cerfeuil.	Angélique.	Orange (D°).

Menthe anglaise pour boisson et bols parfumés. . . le flacon, 1 fr. 60 c. pour 2 fr. »
Vanille — 2 80 — 3 50

Ménagères appropriées aux aromes et épices solubles, de 4, 6 et 8 flacons, en bois, en ruolz et en argent, de toutes grandeurs.

CONFISERIE.

Dragées à amandes.

	Le kilo.	fr.	c.		Le kilo.	fr.	c.
Dragées surfines flots à la vanille, blanches et de couleur.		5	»	Dragées de Paris, assorties		2	20
Dragées surfines blanches et de couleur		4	50	— d'Italie, ou amandes de potiron, surfines		3	80
Dragées surfines, amandes émondées, assorties.		5	»	— — n° 1.		1	80
Dragées de Verdun, assorties . . .		3	80	— — n° 2.		1	50
— fines, à la vanille		4	»	— de Rouen.		1	40
— — aromes divers		3	60	— d'Espagne, grosses amandes, 4 fr. 20 c. et		5	»
— 3/4 fines, blanches et de coul.		3	20	— de chocolat, surfines. . . .		5	50
— 1/2 — — —		3	»	— — fines		5	»
— 1/3 — — —		2	60	— pistaches, surfines.		5	50
— 1/4 — — —		2	40	— — fines		4	50

Dragées à liqueurs.

	Le kilo.	fr.	c.		Le kilo.	fr.	c.
Dragées à liqueurs d'Espagne blanches et roses.		5	»	Dragées à liqueurs 1/2 fines. . . .		3	»
— — surfines.		3	80	— — 1/3 —		2	30
— — fines.		3	40	— — 1/4 —		2	10

Imitations de fruits, légumes, etc., à liqueurs.

Marrons, pommes, carottes, avelines, petits pois, radis, haricots mouchetés, navets, cerises, abricots, etc. :

		fr.	c.
Qualité surfine. . . . . le kilo.		5	»
— fine . . . . —		4	»
— 1/2 fine . . . . —		3	»

(Les qualités fine et demi-fine ne se vendent qu'assorties.)

Pralines diverses.

	Le kilo.	fr.	c.		Le kilo.	fr.	c.
Pralines surfines fondantes, assorties.		5	»	Pralines fines, assorties		3	20
— — à la vanille. . . .		4	50	— 1/2 fines, assorties . . .		2	80
— fines —		3	20	— ordinaires —		2	40
				— de Rouen.		1	40

Perlage et articles divers pour garniture de boîtes.

	Le kilo.	fr.	c.		Le kilo.	fr.	c.
Canelas surfins blancs et roses. . .		6	»	Vanillade surfine, rose et blanche.		5	50
Carvi — — . . .		5	50	Épine-vinette — .		5	»
Céleri — — . . .		5	50	Noyaux de cerises — . .		5	»
Citronnat — — . . .		5	50	Melonides surfines, assorties. . . .		5	50
Anneaux d'angélique surfine. . . .		6	»	Pilules argentées		10	»
Florentine rose et blanche.		6	»	Fleurs d'oranger pralinées.		16	»

CONFISERIE.

Pastillages.

	Le kilo.	fr.	c.		Le kilo.	fr.	c.
Pastillages surfins, assortis		5	50	Anis couvert ordinaire		2	80
— fins —		4	50	— — fin		3	40
— 1 2 fins —		3	40	— — surfin		3	80
— 1 3 —		3	»	— — de Verdun, gros		4	50
— 1 4 —		2	60	— de Flavigny		4	80
— de Paris		2	20	— perlé surfin, rose et blanc		5	50
— de Rouen		1	70	Sucre d'orge rond ou plat		2	»
Coriandre à bouteilles —		1	40	— — en tablettes		2	40
Semen contra couvert, blanc et rose		2	80	— cuit, assorti		2	80
Nonpareilles, de toutes couleurs		4	20	Boules de sucre d'orge		2	40

Pastilles.

	fr.	c.
Pastilles de gomme, liquides, candies, blanches ou roses . . . . . le kilo.	3	50
— — — à la violette, à la réglisse	3	50
— — solides, candies, blanches ou roses	3	50
— — — à la violette, à la réglisse	3	50
— — — forme haricot	3	50
— — non candies, forme bouton, blanches ou roses	4	»
— — — — à la violette ou à la réglisse	4	»
— — — forme framboise, blanches ou roses	4	»
— — — — à la violette ou à la réglisse	4	»
— — — forme haricot, blanches ou roses	4	»
— — — — à la violette ou à la réglisse	4	»
— de menthe, à la goutte	3	20
— — coupées	3	20
— galantes assorties	3	20
— aux fruits	3	20

Pâtes.

	Le kilo.	fr.	c.		Le kilo.	fr.	c.
Pâte de jujubes n° 1, blanche ou rose		3	»	Pâte de gomme candie, blanche ou rose		3	50
— — n° 2		2	70	— — — à la violette		3	50
— — n° 3		2	40	— — — à la réglisse		3	50
— de lichen		3	»	— — — au tolu		3	50
— — candie, en losanges		3	»	— de guimauve		4	»
— de réglisse		3	»	— — candie		4	»
— — candie, en losanges		3	»				

Bonbons divers en flacons.

	Le kilo.	fr.	c.		Le kilo.	fr.	c.
Bonbons anglais (drops)		2	80	Caramels au chocolat		3	20
— écossais		3	»	Mosaïques		3	20
— satinés		3	20	Napolitains		3	20
Boules de gomme transparentes		2	80	Bâtons de guimauve		3	20
Mignonnettes		3	20	Tablettes à la pomme		3	20
Haricots blancs et roses		3	40	— à la vanille		3	20
Caramels à la framboise		3	20	— rafraîchissantes		2	80

CONFISERIE.

Bonbons enveloppés.

	Le kilo.	fr.	c.		Le kilo.	fr.	c.
Papillotes surfines, à 7 fr., 10 fr. et		12	»	Fantaisies extra-riches, de 15 fr. à		18	»
— fines		4	20	— riches		12	»
— ordinaires		3	»	— fines		10	»
Cosaques extra-riches, de 15 fr. à		18	»	— ordinaires		6	»
— riches		10	»	Demandes et réponses, riches		12	»
— fins		7	50	— — ordinaires		5	50
— ordinaires		5	50	Cornes extra-riches . . de 15 fr. à		18	»
Sucre de pomme, riche		5	50	— riches		14	»
— — fin		4	20	— fines		10	»
— — ordinaire		3	80	— ordinaires		7	50

Fruits confits.

				fr.	c.			fr.	c.
Abricots,	glacés, le kilo,	5 fr. » c. ;	candis			Le kilo.		5	50
Poires, ponsires,	—	—	4	20	—			5	»
Mirabelles,	—	—	5	»	—			5	50
Prunes, cédrats,	—	—	4	20	—			5	»
Cerises, pêches,	—	—	6	»	—			6	80
Coings,	—	—	5	»	—			5	50
Chinois verts,	—	—	6	»	—			6	80
— blonds,	—	—	7	»	—			7	80
Marrons,	—	—	4	80	—			5	50
Angélique,	—	—	3	40	—			4	80

Pâtes de fruits.

	fr.	c.
Beignets d'abricots, de pommes, de coings, de reines-claudes, de framboises, le kilo.	5	»
Nœuds d'angélique, de framboises, d'abricots, de groseilles, etc.	5	50
Brochettes de cerises, d'abricots, de groseilles, etc.	5	50

Fruits naturels à surprises.

	fr.	c.	Fruits montés.	fr.	c.
Noix, marrons	6	»	Cerises, raisins	10	»
Amandes princesses	6	50	Groseilles, cassis, épis de blé	14	»
Noisettes	5	50	Fruits assortis. . . . . 9 fr. et	12	»

Confitures.

	Le kilo.	fr.	c.		Le kilo.	fr.	c.
Cerises en calottes		1	80	Gelée de pommes, en calottes		3	20
Gelée de groseilles, ordinaire, en calottes		1	50	— de framboises, —		3	20
— — fine, en calottes.		1	80	Marmelade d'abricots		3	»
— de coings, —		3	20	— de reines-claudes		1	70
				— de mirabelles		2	40

Conserves au sucre.

		Compotes.		1/2 Compotes.	
		fr.	c.	fr.	c.
Cerises, poires	la pièce.	2	»	1	50
Groseilles, prunes	—	2	»	1	50
Pêches, abricots	—	2	40	1	80
Framboises	—	2	40	1	80
Fraises, mirabelles	—	2	20	1	60

CONFISERIE.

Bonbons de dessert de toutes formes et à tous aromes.

	Le kilo.	fr.	c.		Le kilo.	fr.	c.
Bonbons candis unis		5	»	Rosolios, haricots, café		3	80
— — décorés		5	50	Gimblettes		4	80
— à la gelée . . 5 fr. 50 c. et		6	»	Petits glacés légers		3	80
— fondants au candi, 5, 6 et		7	»	— pains au rhum		3	80

Bonbons glacés et décorés.

	Le kilo.	fr.	c.		Le kilo.	fr.	c.
Personnages ordinaires		5	»	Fantaisies variées . . . . de 7 fr. à		10	»
— fins		6	»	Fleurs assorties		5	50
— riches . . . de 7 fr. à		10	»	Caricatures		8	50
Animaux, oiseaux		5	»				

(Ces articles sont très-nombreux et varient tous les ans.)

Liqueurs diverses.

	fr.	c.		fr.	c.
Anisette, curaçao, parfait-amour, vespétro, brou de noix, scubac, crèmes de noyaux, de framboises, de vanille, de roses, de menthe, de moka, etc.			Crème de thé, le flac. 3 f. 60 c., le 1/2	2	25
			Marasquin, — 5 » —	2	75
			— de Zara	5	50
			Rosolio, le flac. 5 fr.; le 1/2 flacon.	2	75
			Genièvre, le lit. 2 f. 50 c., la bout.	2	25
Qual. surf., le lit. 3 f. 60 c., la bout.	2	75	Bitter, — 4 » —	3	»
— fine, — 3 » —	2	50	Liqueur des Iles . . . . —	3	60
— 1/3 fine — 2 50 —	2	10	Vermout de Turin . . . . . le litre.	5	»
— 1/2 fine — 2 20 —	1	70	— ordinaire . . . . —	2	25
— ordinaire . . . . . le litre.	1	50	Eau-de-vie d'Andaye . . . la bout.	2	75

Fruits de choix conservés au sirop.

	Bouteille.		1/2 bout.			Bouteille.		1/2 bout.	
	fr.	c.	fr.	c.		fr.	c.	fr.	c.
Framboises, fraises	2	»	1	25	Reines-claudes, abricots	2	»	1	25
Mirabelles, poires	2	»	1	25	Groseilles épépinées	3	»	2	50
Groseilles, cerises	2	»	1	25	Ananas	4	50	3	50

Ananas en boîtes, n° 1, 6 fr. 50 c.; n° 2, 5 fr. 50 c.; n° 3, 4 fr. 50 c.

Fruits de choix à l'eau-de-vie.

	fr.	c.		fr.	c.
Cerises . . . la b^{lle}, 2 fr. »; 1/2 b^{lle}.	1	25	Poires . . . . le cent.	10	»
Mirabelles . . — 2 20; —	1	40	Marrons . . . . —	12	»
Reines-claudes — 2 20; —	1	40	Noix . . . . —	15	»
Abricots . . — 2 40; —	1	60	Mirabelles . . . . —	2	»
Prunes à l'eau-de-vie . . . le cent.	8	»	Cerises ordinaires à l'eau-de-vie,		
Chinois . . . . —	18	»	le litre, 1 fr. 60 c. à	2	»
Abricots . . le cent, 8 fr., 10 fr. et	18	»	Verjus . . . . le litre.	1	50
Pêches . . . . le cent, 12 fr. et	18	»			

PARFUMERIE.

	fr.	c.
Bandoline odeurs diverses.. la douz.	6	»
Blanc de perles en poudre. le kilo.	64	»
— — en boîtes. la douz.	12	»
— — en pots... —	48	»
— de neige...... —	12	»
Cold-cream, pots porcelaine. —	12	»
— — aux fraises... —	15	»
Cosmétiques fins, à toutes odeurs, la douzaine, 6 fr. et	9	»
Crème d'amandes amères.. le kilo.	10	»
— — en tabatières, la douzaine...	15	»
— d'ambroisie..... le kilo.	16	»
— — en tabatières, la douzaine...	15	»
— printanière, boîte porcelaine, la douzaine —	24	»
Eau de Chine pour teindre les cheveux........ la douz.	15	»
Eau de Cologne, flacons cylindriques, grand modèle.. la douz.	12	»
moyen — .. —	9	»
petit — .. —	6	»
flacon 1/4 litre —	24	»
— 1/2 - —	42	»
— 1 — —	84	»
Eau de Cologne des princes. —	18	»
Eau-de-vie de lavande ambrée :		
1/4 bouteille.. la douz.	15	»
1/2 — ... —	24	»
Eau-de-vie de lavande double :		
1/4 bouteille.... la douz.	9	»
1/2 — ... —	15	»
Essence bouquet n° 1 :		
grand modèle... —	36	»
petit — ... —	18	»
Extraits pour le mouchoir :		
flacons de 30 gram. —	12	»
— de 45 — —	18	»
— de 60 — —	24	»
— concentrés de violette —	30	»
Farine de noisettes, en sacs de 250 grammes..... la douz.	9	»
Huiles parfumées, gr. mod. —	6	»
— moyen — —	4	50

	fr.	c.
Huiles parfumées, petit mod. la douz.	3	50
Pastilles fumantes, boîtes rondes, la douz., 9 fr. et	12	»
Pâte d'amandes blanche amère, le kil.	3	60
— — — douce. —	2	40
— — bise amère.. —	1	60
— — — douce. —	1	40
— kéridulcine, en étuis.. la douz.	12	»
Pâte au miel........ le kilo.	6	»
— — en pots faïence, la douz.	12	»
Philocomes fins, odeurs assorties :		
— grand modèle. la douz.	12	»
— moyen — .. —	9	»
— petit — .. —	6	»
— qualité supérieure. —	10	»
Pommade ordinaire rose au citron, le kilo.	3	20
— — jaune. —	3	20
— fine à toutes odeurs —	6	»
— surfine...... —	9	»
— extra-fine.... —	12	»
— surfine duchesse. —	30	»
— — à la violette d'Italie.. la douz.	18	»
— — assortie d'odeurs, pots 60 gram. —	12	»
— — assortie d'odeurs, pots 30 gram. —	6	»
— — au cacao.... —	18	»
— fine, odeurs assorties, la douzaine, 4 fr. 50 c. et	6	»
— hongroise.... la douz.	12	»
— pour les lèvres :		
boîtes porcelaine. —	4	50
— buis —	3	50
Poudre odontalgique.... —	9	»
— mao-tcha..... —	9	»
— de riz à la fraise ou au musc, en boîtes, la douz.	15	»
— — — —	27	»
— à la fraise ou au musc, en sacs.. le kilo.	6	»
— de savon Windsor.. —	6	»
— sans odeur. —	5	»
— assortie d'od. —	12	»

PARFUMERIE.

	fr.	c.		fr.	c.
Poudre de savon Windsor :			Savons à la rose végétale :		
grand modèle, la douz.	6	»	grand modèle, la douz.	9	»
moyen — —	4	50	petit — . —	6	»
petit — —	3	50	— d'amandes amères :		
— — odeurs assorties, la douz., 4 fr. 50 c., 6 fr. et	9	»	grand modèle. —	9	»
Rouge de théâtre, en poudre, le kilo.	64	»	petit — . —	6	»
— — en boîtes, la douz.	12	»	— d'avelines. . . . . —	5	»
— végétal, en pots, la douz., 9 f. à	48	»	— légers, pour bains. . —	6	»
Savon ordin^{re} blanc parfumé, le kilo.	1	20	— de Windsor blanc :		
— — rose — —	1	20	grand modèle. —	5	»
— de Naples — —	12	»	moyen — —	4	»
— d'Alicante — —	4	»	petit — —	3	»
Savons superfins à la rose :			— de guimauve . . . . —	4	»
grand modèle. . . la douz.	24	»	— universel, grand mod. —	4	»
petit — —	12	»	— — petit —	3	»
— superfins assortis . . —	15	»	— sans angles, la douz., 2 50 et	3	»
— surfins à la rose. . . —	18	»	— de Castille, — 2 50 et	3	»
— — assortis d'od. —	12	»	Sélénite. . . . . la douz.	12	»
— fins, assortis d'odeurs,			Vinaigre de rouge, la douz., 9, 12 et	15	»
grand modèle. —	9	»	— universel. . . . . la douz.	11	»
petit — —	6	»			

PARFUMS D'ULYSSE ROY POUR LA FABRICATION DES LIQUEURS.

Une instruction pour la préparation de ces liqueurs accompagne chaque flacon, dont le prix est de 2 fr. 50 c. et le litre 30 fr.

Nomenclature des aromes.

Abricots.	Crème de framboises.	Liqueur du chasseur.
Absinthe.	— de noyaux.	— de Raspail.
Acacia.	— de roses.	Marasquin.
Amandes amères. .	— de thé.	Mezeng.
Ananas.	— de menthe.	Muscades.
Angélique.	Coings.	Nectar des dieux.
Anis.	Curaçao.	Noyaux d'abricots.
Anisette de Bordeaux.	Eau des belles femmes.	Oranges.
— de Hollande.	— des amis.	Parfait-amour.
Brou de noix.	Eau-de-vie de Dantzig.	Plaisir des dames.
Cacao.	— d'Andaye.	Poires.
Café.	Élixir de Garus.	Pommes.
Cannelle.	Fleurs d'oranger.	Punch.
Cassis.	Fraises.	Rosolio.
Cédrat.	Genièvre.	Thé.
Cent-sept-ans.	Grande-Chartreuse.	Vanille.
Cerises.	Groseilles.	Vermout.
China-china.	Héliotrope.	Vespétro.
Citron.	Kirsch-wasser.	Et tous les autres aromes.

Bouquet œnanthique (séve de Médoc) . . . . le flacon, 1 fr. 50 c.
Sirop concentré de raisins. . . . . la bouteille, 4 »
Essence de Cognac ou Rancio. . . . . le flacon, 4 »
— de rhum. 5

TARIF DES TRANSPORTS

DE PARIS A TOUS LES CHEFS-LIEUX DE DÉPARTEMENTS ET D'ARRONDISSEMENTS DE LA FRANCE

par Chemins de fer (petite vitesse).

OBSERVATIONS GÉNÉRALES :

1° Il y a trois classes de prix, suivant la nature de la marchandise.

2° Le chocolat, la droguerie médicinale, les acides, l'herboristerie, les produits chimiques sont placés dans la 1re classe.

3° Les articles de grosse consommation : la farine de lin, de moutarde, les eaux minérales font partie de la 1re ou de la 2e classe, selon le tarif particulier de chaque chemin de fer; mais il faut que ces articles fassent un colis d'au moins 50 kilog.

4° Tout colis dont le poids est moindre de 50 kilog., paye comme 50 kilog.

5° Les prix et les délais que nous avons indiqués sont ceux du transport *de domicile à domicile*. Nous rappelons que les uns et les autres sont variables au gré des Compagnies de chemins de fer.

6° En cas de manquant, d'avarie ou de retard dans la livraison, le destinataire a, vis-à-vis des Compagnies de chemins de fer, les mêmes droits que vis-à-vis des agents de transport par roulage. La marchandise voyageant aux risques et périls de celui à qui elle est adressée, c'est au destinataire à exercer son recours contre la Compagnie du chemin de fer ou l'agent de transport.

7° Il est utile d'indiquer toujours la ligne par laquelle on veut recevoir les colis, et la station où la marchandise doit s'arrêter. On évitera des erreurs, et pour nous des pertes de temps en recherches, en réitérant cette observation à chaque demande.

Par suite des embranchements établis sur les lignes de l'Est, Lyon, Orléans, etc., il est quelquefois plus économique de prendre la ligne indirecte que la ligne directe : ainsi le service de la Bourgogne par le chemin de l'Est offre plus d'avantages que par la ligne de Lyon. C'est pourquoi nous insistons sur l'importance de cette note, qui s'applique également à la grande vitesse.

8° Lorsqu'il n'y a pas d'indication précise, nous remettons à la voie directe.

PRIX DU TRANSPORT DES 100 KILOG. DE PARIS AUX VILLES CI-APRÈS :

DESTINATIONS.	DÉPARTEMENTS.	1re SÉRIE.	2me SÉRIE.	3me SÉRIE.	DÉLAI.
		fr. c.	fr. c.	fr. c.	
Abbeville.	Somme	4 »	3 75	3 35	4 jours.
Agen.	Lot-et-Garonne. . . .	10 30	9 75	9 25	13 —
Agde.	Hérault	12 50	12 »	11 »	18 —
Aix.	Bouches-du-Rhône. . .	11 »	10 »	8 »	12 —
Alais.	Gard.	11 »	10 »	8 »	12 —
Alby.	Tarn.	14 80	13 35	12 75	18 —
Alençon	Orne.	4 25	3 05	» »	4 —
Amboise	Indre-et-Loire	4 15	3 75	2 80	6 —

TARIF DES TRANSPORTS PAR 100 KILOG.

DESTINATIONS.	DÉPARTEMENTS.	1re SÉRIE.	2me SÉRIE.	3me SÉRIE.	DÉLAI.
		fr. c.	fr. c.	fr. c.	
Amiens.	Somme.	3 30	3 »	2 65	5 jours.
Ancenis.	Loire-Inférieure.	5 60	5 05	3 80	7 —
Anduze.	Gard.	13 75	12 50	» »	17 —
Angoulême.	Charente.	7 85	6 65	5 10	8 —
Annonay.	Ardèche.	9 10	8 »	7 »	15 —
Apt.	Vaucluse.	12 60	11 85	11 »	16 —
Argenton.	Indre.	5 50	4 90	3 75	7 —
Arles.	Bouches-du-Rhône.	10 50	9 50	7 75	12 —
Arras.	Pas-de-Calais.	4 30	3 75	3 »	5 —
Aurillac.	Cantal.	11 75	10 80	9 75	15 —
Auxerre.	Yonne.	3 80	3 50	2 90	5 —
Auxonne.	Côte-d'Or.	6 60	6 »	4 75	8 —
Avignon.	Vaucluse.	10 45	9 50	8 50	12 —
Avranches.	Manche.	7 50	6 80	» »	16 —
Bagnères de Bigorre.	Hautes-Pyrénées.	14 »	13 »	10 40	21 —
— de Luchon.	—	16 80	15 35	14 85	24 —
Bagnols.	Gard.	12 50	11 60	10 70	18 —
Barbezieux.	Charente.	9 30	8 55	6 70	12 —
Barjols.	Var.	14 50	13 50	12 60	20 —
Bar-le-Duc.	Meuse.	4 70	3 75	» »	5 —
Bar-sur-Aube.	Aube.	4 »	3 70	» »	5 —
Bayeux.	Calvados.	5 30	4 15	» »	8 —
Bayonne.	Basses-Pyrénées.	11 35	10 25	7 25	13 —
Beaucaire.	Gard.	10 50	9 80	9 »	13 —
Beaune.	Côte-d'Or.	6 75	6 »	4 50	7 —
Beauvais.	Oise.	2 75	2 50	» »	4 —
Bédarieux.	Hérault.	13 15	12 40	11 70	18 —
Belfort.	Haut-Rhin.	7 60	5 40	» »	8 —
Bergerac.	Dordogne.	9 20	8 45	6 95	13 —
Bergues.	Nord.	5 25	4 40	3 80	5 —
Besançon.	Doubs.	7 75	6 90	5 30	8 —
Béziers.	Hérault.	14 »	12 80	9 20	20 —
Blaye.	Gironde.	17 50	10 80	10 05	15 —
Blois.	Loir-et-Cher.	3 65	3 30	2 60	6 —
Bordeaux.	Gironde.	8 15	7 55	5 55	9 —
Boulogne-sur-Mer.	Pas-de-Calais.	5 10	4 25	3 70	5 —
Bourg.	Ain.	11 »	10 »	8 90	13 —
Bourges.	Cher.	4 50	4 05	3 10	6 —
Brest.	Finistère.	9 75	7 90	» »	15 —
— par eau.	—	7 »	6 50	» »	15 —
Briançon.	Hautes-Alpes.	19 »	18 50	» »	23 —
Brioude.	Haute-Loire.	7 60	6 70	5 60	10 —
Brives.	Corrèze.	9 90	9 15	7 65	14 —
Caen.	Calvados.	4 25	3 05	» »	5 —
— par eau.	—	3 50	2 75	» »	10 —
Cahors.	Lot.	12 45	11 65	10 05	17 —

TARIF DES TRANSPORTS PAR 100 KILOG.

DESTINATIONS.	DÉPARTEMENTS.	1re SÉRIE.	2me SÉRIE.	3me SÉRIE.	DÉLAI.
		fr. c.	fr. c.	fr. c.	
Calais.	Pas-de-Calais.	4 30	3 80	3 15	5 jours.
Cambrai.	Nord.	4 70	4 10	3 65	5 —
Carcassonne.	Aude.	13 25	11 50	10 90	15 —
Carpentras.	Vaucluse.	11 50	10 80	10 »	15 —
Castelnaudary.	Aude.	12 75	11 20	10 70	15 —
Castres.	Tarn.	13 80	12 35	11 85	17 —
Cateau (le).	Nord.	4 70	4 10	3 70	6 —
Cette.	Hérault.	11 »	10 »	9 »	12 —
Châlais.	Charente.	8 »	7 25	5 40	8 —
Châlons-sur-Marne.	Marne.	3 70	2 85	» »	5 —
Châlon-sur-Saône.	Saône-et-Loire.	7 20	6 50	5 »	6 —
Charolles.	—	10 50	9 50	8 30	11 —
Chartres.	Eure-et-Loir.	2 30	2 »	» »	4 —
Château-Gontier.	Mayenne.	6 45	4 75	» »	9 —
Châteauroux.	Indre.	5 »	4 50	3 35	6 —
Château-Thierry.	Aisne.	2 50	2 »	» »	4 —
Châtellerault.	Vienne.	5 45	4 70	3 45	7 —
Chaumont.	Haute-Marne.	5 »	3 75	» »	6 —
Cherbourg.	Manche.	7 »	5 85	» »	10 —
— par eau.	—	5 50	» »	» »	12 —
Clermont-Ferrand.	Puy-de-Dôme.	6 70	5 90	4 80	10 —
Clermont.	Oise.	2 75	2 30	» »	4 —
Cognac.	Charente.	9 35	8 15	6 60	10 —
Colmar.	Haut-Rhin.	9 »	6 45	» »	8 —
Commercy.	Meuse.	5 50	4 05	» »	5 —
Compiègne.	Oise.	2 75	2 60	» »	4 —
Condom.	Gers.	11 20	10 75	10 25	16 —
Corbeil.	Seine-et-Oise.	1 25	1 20	1 10	5 —
Coutances.	Manche.	7 25	6 25	» »	10 —
Creil.	Oise.	2 »	1 75	» »	4 —
Crest.	Drôme.	12 75	11 20	9 10	14 —
Dax.	Landes.	10 70	9 70	6 90	11 —
Decazeville.	Aveyron.	13 80	12 65	11 85	19 —
Die.	Drôme.	10 50	8 95	8 »	13 —
Dieppe.	Seine-Inférieure.	3 70	2 75	» »	4 —
Digne.	Basses-Alpes.	15 50	14 70	14 »	20 —
Dijon.	Côte-d'Or.	6 30	5 60	4 70	6 —
Dinan.	Côtes-du-Nord.	8 55	6 70	» »	10 —
Dol (de Bretagne).	Ille-et-Vilaine.	8 80	6 90	» »	15 —
Dôle.	Jura.	7 »	6 30	5 50	7 —
Douai.	Nord.	4 90	4 25	3 75	5 —
Draguignan.	Var.	14 »	13 20	12 60	20 —
Dreux.	Eure-et-Loir.	2 50	2 »	» »	6 —
Dunkerque.	Nord.	5 45	4 50	4 »	5 —
Elbeuf.	Seine-Inférieure.	2 85	2 15	» »	3 —
— par eau.		2 »	1 75	» »	3 —

TARIF DES TRANSPORTS PAR 100 KILOG.

DESTINATIONS.	DÉPARTEMENTS.	1re SÉRIE.	2me SÉRIE.	3me SÉRIE.	DÉLAI.
		fr. c.	fr. c.	fr. c.	
Embrun	Hautes-Alpes	17 »	16 15	» »	22 jours.
Epernay	Marne	3 25	2 50	» »	4 —
Epinal	Vosges	7 50	5 40	» »	6 —
Étampes	Seine-et-Oise	5 65	1 55	1 30	5 —
Evreux	Eure	2 55	2 »	» »	5 —
Excideuil	Dordogne	9 80	9 05	7 55	15 —
Falaise	Calvados	4 90	3 45	» »	6 —
Fécamp	Seine-Inférieure	4 15	3 »	» »	5 —
Fère (la)	Aisne	3 55	3 25	» »	5 —
Figeac	Lot	13 85	12 70	11 95	20 —
Flèche (la)	Sarthe	5 15	3 85	» »	8 —
Florac	Lozère	15 40	14 50	13 40	22 —
Fontainebleau	Seine-et-Marne	2 »	1 75	» »	3 —
Fontenay-le-Comte	Vendée	8 95	7 75	6 30	10 —
Foix	Ariége	14 30	12 85	12 35	18 —
Forbach	Moselle	7 90	5 75	» »	6 —
Forcalquier	Basses-Alpes	16 »	15 10	14 »	19 —
Fougères	Ille-et-Vilaine	6 75	4 80	» »	7 —
Fréjus	Var	16 »	15 »	14 »	22 —
Gaillac	Tarn	17 90	16 75	15 95	21 —
Gap	Hautes-Alpes	16 »	15 20	14 »	19 —
Givors	Rhône	8 80	7 80	» »	9 —
Granville	Manche	8 »	6 55	» »	12 —
Grasse	Var	17 »	16 »	14 50	23 —
Gray	Haute-Saône	6 25	4 50	» »	6 —
Grenoble	Isère	10 75	9 60	7 80	12 —
Guéret	Creuse	7 60	6 90	5 55	10 —
Ham	Somme	5 10	4 65	» »	5 —
Havre	Seine-Inférieure	4 07	2 95	» »	3 —
— par eau	—	3 »	2 50	» »	4 —
Hazebrouck	Nord	5 40	4 50	3 50	5 —
Honfleur	Calvados	4 50	3 55	» »	6 —
Hyères	Var	15 »	14 »	12 »	19 —
Isigny	Calvados	6 50	5 35	» »	7 —
Issoire	Puy-de-Dôme	7 20	6 40	5 40	10 —
Issoudun	Indre	4 50	4 05	3 10	6 —
Jarnac	Charente	9 35	8 15	6 60	11 —
Joigny	Yonne	3 30	3 20	2 50	5 —
Jonzac	Charente-Inférieure	10 30	9 55	7 70	14 —
Josselin	Morbihan	9 80	8 »	» »	14 —
Laigle	Orne	3 45	2 60	» »	6 —
La Canourgue	Lozère	13 40	12 50	11 40	18 —
La Ferté-sous-Jouarre	Seine-et-Marne	2 10	1 80	» »	3 —
Lamballe	Côtes-du-Nord	9 25	7 40	» »	12 —
Landerneau	Finistère	10 50	8 60	» »	15 —
— par eau	—	9 »	8 »	» »	18 —

TARIF DES TRANSPORTS PAR 100 KILOG.

DESTINATIONS.	DÉPARTEMENTS.	1re SÉRIE.	2me SÉRIE.	3me SÉRIE.	DÉLAI.
		fr. c.	fr. c.	fr. c.	
Landivisiau.	Finistère.	10 50	8 60	» »	15 jours.
— par eau.	—	9 »	8 »	» »	18 —
Langon.	Gironde.	9 05	8 85	8 20	13 —
Langres.	Haute-Marne.	5 50	4 10	» »	6 —
Lannion.	Côtes-du-Nord.	10 50	8 60	» »	13 —
— par eau.	—	9 »	8 »	» »	16 —
Laon.	Aisne.	4 05	3 30	» »	4 —
La Palisse.	Allier.	6 30	5 20	4 70	9 —
La Réole.	Gironde.	9 35	9 10	8 60	13 —
La Souterraine.	Creuse.	6 25	5 55	4 20	7 —
Laval.	Mayenne.	5 20	3 65	» »	4 —
Lavaur.	Tarn.	14 30	12 85	12 35	18 —
Lectoure.	Gers.	12 60	12 05	11 55	17 —
Libourne.	Gironde.	8 05	7 55	5 45	9 —
Lille.	Nord.	5 40	4 50	4 »	5 —
Limoges.	Haute-Vienne.	7 25	6 45	4 85	7 —
Lisieux.	Calvados.	3 75	2 75	» »	4 —
Lodève.	Hérault.	15 »	14 »	12 »	18 —
Lons-le-Saulnier.	Jura.	9 70	8 90	7 90	10 —
Lorient.	Morbihan.	10 55	8 70	» »	13 —
Louhans.	Saône-et-Loire.	8 65	7 »	» »	9 —
Louviers.	Eure.	2 75	2 25	» »	4 —
— par eau.	—	2 25	» »	» »	4 —
Luçon.	Vendée.	9 95	8 75	7 30	13 —
Lunel.	Hérault.	10 75	9 80	6 90	12 —
Lunéville.	Meurthe.	6 80	5 »	» »	6 —
Lure.	Haute-Saône.	7 30	5 25	» »	8 —
Lyon.	Rhône.	8 50	7 50	6 30	7 —
Mâcon.	Saône-et-Loire.	7 85	7 »	» »	10 —
Mans (Le).	Sarthe.	4 15	3 »	» »	4 —
Marennes.	Charente-Inférieure.	9 30	8 20	6 50	11 —
Marmande.	Lot-et-Garonne.	9 65	9 30	8 80	13 —
Marseille.	Bouches-du-Rhône.	11 10	10 »	9 »	12 —
Marvejols.	Lozère.	13 40	12 50	11 40	18 —
Mayenne.	Mayenne.	5 55	4 »	» »	6 —
Mazamet.	Tarn.	14 50	13 05	12 55	18 —
Meaux.	Seine-et-Marne.	1 50	» »	» »	2 —
Melun.	—	2 »	1 75	» »	3 —
Mende.	Lozère.	14 40	13 50	12 40	20 —
Metz.	Moselle.	6 »	4 05	» »	6 —
Milhau.	Aveyron.	13 40	12 50	11 40	19 —
Mirande.	Gers.	13 60	13 05	12 55	19 —
Mirecourt.	Vosges.	7 75	5 90	» »	10 —
Mirepoix.	Ariège.	14 30	12 70	12 20	17 —
Moissac.	Tarn-et-Garonne.	10 75	10 »	9 40	14 —
Montbéliard.	Doubs.	8 90	8 50	7 »	9 —

TARIF DES TRANSPORTS PAR 100 KILOG.

DESTINATIONS.	DÉPARTEMENTS.	1re SÉRIE.	2me SÉRIE.	3me SÉRIE.	DÉLAI.
		fr. c.	fr. c.	fr. c.	
Montluçon	Allier	5 20	4 90	4 10	14 jours.
Montpellier	Hérault	11 »	10 »	9 »	12 —
Montauban	Tarn-et-Garonne	12 70	11 55	10 90	14 —
Montélimar	Drôme	9 75	8 75	7 50	12 —
Montereau	Seine-et-Marne	2 30	2 20	1 50	5 —
Mont-de-Marsan	Landes	10 70	9 85	7 15	13 —
Morlaix	Finistère	9 25	7 40	» »	10 —
— par eau	—	6 75	» »	» »	11 —
Moulins	Allier	4 90	4 60	4 10	9 —
Mulhouse	Haut-Rhin	8 50	6 »	» »	8 —
Munster	—	10 »	8 »	» »	10 —
Nancy	Meurthe	6 26	4 50	» »	6 —
Nantes	Loire-Inférieure	5 65	5 50	3 85	8 —
Napoléon-Vendée	Vendée	7 95	7 80	6 15	14 —
Narbonne	Aude	14 »	12 »	11 50	18 —
Nérac	Lot-et-Garonne	10 50	10 05	9 45	15 —
Neufbrisach	Haut-Rhin	9 80	7 10	» »	10 —
Neufchâteau	Vosges	6 40	6 »	» »	10 —
Nevers	Nièvre	4 80	4 10	3 60	7 —
Nîmes	Gard	10 80	8 50	6 »	12 —
Niort	Deux-Sèvres	7 20	6 »	4 55	8 —
Montron	Dordogne	10 05	8 85	7 30	12 —
Oloron	Basses-Pyrénées	13 10	12 10	9 30	17 —
Orange	Vaucluse	10 50	9 30	7 70	14 —
Orléans	Loiret	2 70	2 45	1 95	5 —
Orthez	Basses-Pyrénées	11 80	10 80	8 »	16 —
Paimpol	Côtes-du-Nord	10 75	8 90	» »	13 —
— par eau	—	9 50	8 50	» »	18 —
Pamiers	Ariége	14 30	12 85	12 35	18 —
Pau	Basses-Pyrénées	12 80	11 80	9 »	16 —
Périgueux	Dordogne	8 05	7 30	5 80	9 —
Perpignan	Pyrénées-Orientales	14 90	13 30	12 80	18 —
Périers	Manche	6 95	6 40	» »	13 —
— par eau	—	6 50	» »	» »	16 —
Péronne	Somme	5 80	5 »	4 50	7 —
Pézenas	Hérault	13 »	12 25	11 »	19 —
Ploermel	Morbihan	9 25	7 40	» »	11 —
Poitiers	Vienne	6 10	5 25	3 85	7 —
Poligny	Jura	8 75	8 »	7 75	11 —
Pons	Charente-Inférieure	10 05	9 35	7 75	13 —
Pont-à-Mousson	Meurthe	6 50	4 75	» »	5 —
Pontarlier	Doubs	10 25	9 25	7 65	13 —
Pont-Audemer	Eure	4 25	3 25	» »	5 —
— par eau	—	4 50	» »	» »	7 —
Pont-l'Évêque	Calvados	4 50	3 55	» »	6 —
Pontorson	Manche	8 70	7 55	» »	10 —

TARIF DES TRANSPORTS PAR 100 KILOG.

DESTINATIONS.	DÉPARTEMENTS.	1re SÉRIE.	2me SÉRIE.	3me SÉRIE.	DÉLAI.
		fr. c.	fr. c.	fr. c.	
Pontorson, par eau	Manche	8 50	» »	» »	18 jours.
Pont-Saint-Esprit	Gard	12 »	11 »	10 »	15 —
Pontrieux	Côtes-du-Nord	9 95	8 10	» »	14 —
— par eau	—	9 75	8 75	» »	18 —
Privas	Ardèche	11 60	11 »	10 30	15 —
Puy (Le)	Haute-Loire	10 40	9 50	8 40	14 —
Port-sur-Saône	Haute-Saône	6 50	4 70	» »	7 —
Quimper	Finistère	12 55	10 70	» »	14 —
— par eau	—	10 75	9 »	» »	18 —
Quimperlé	—	12 25	10 40	» »	15 —
Quintin	Côtes-du-Nord	11 25	9 40	» »	12 —
Reims	Marne	3 55	2 85	» »	4 —
Rennes	Ille-et-Vilaine	6 55	4 65	» »	5 —
Rethel	Ardennes	5 30	4 75	» »	6 —
Riom	Puy-de-Dôme	6 50	5 90	5 »	10 —
Roanne	Loire	7 »	5 90	5 »	10 —
Rochefort	Charente-Inférieure	8 05	6 95	5 25	8 —
Rochelle (La)	—	8 05	6 95	5 25	8 —
Rochefoucauld (La)	Charente	9 55	8 35	6 80	11 —
Rodez	Aveyron	13 90	13 »	11 90	18 —
Roubaix	Nord	5 40	4 50	» »	5 —
Rouen	Seine-Inférieure	2 75	2 »	» »	3 —
— par eau	—	2 »	1 75	» »	3 —
Ruffec	Charente	7 10	6 15	4 45	7 —
Saint-Affrique	Aveyron	15 90	15 »	13 90	20 —
Saint-Amand	Cher	4 90	4 60	3 80	13 —
Saint-Brieuc	Côtes-du-Nord	8 25	6 60	» »	11 —
Saint-Céré	Lot	13 45	12 65	11 05	19 —
Saint-Claude	Jura	11 50	11 »	» »	16 —
Saint-Dizier	Haute-Marne	3 75	3 30	» »	5 —
Saint-Étienne	Loire	8 20	6 90	5 30	10 —
Saint-Florentin	Yonne	3 80	3 50	2 90	5 —
Saint-Flour	Cantal	10 20	9 25	8 15	14 —
Saint-Geniez	Aveyron	15 40	14 50	13 40	21 —
Saint-Lo	Manche	6 30	5 15	» »	10 —
— par eau	—	6 75	» »	» »	11 —
Saint-Maixent	Deux-Sèvres	6 90	5 95	4 25	10 —
Saint-Malo	Ille-et-Vilaine	7 25	5 40	» »	9 —
— par eau	—	6 75	5 75	» »	14 —
Saint-Omer	Pas-de-Calais	5 40	4 50	4 »	5 —
Saint-Nazaire	Loire-Inférieure	6 20	6 05	4 20	8 —
Saint-Pol-de-Léon	Finistère	10 75	8 90	» »	16 —
— par eau	—	8 75	7 75	» »	18 —
Saint-Quentin	Aisne	3 85	3 40	3 10	4 —
Saint-Sever	Landes	11 25	10 35	7 65	16 —
Saint-Servan	Ille-et-Vilaine	7 25	5 70	» »	12 —

TARIF DES TRANSPORTS PAR 100 KILOG.

DESTINATIONS.	DÉPARTEMENTS.	1re SÉRIE.	2me SÉRIE.	3me SÉRIE.	DÉLAI.
		fr. c.	fr. c.	fr. c.	
Saintes.	Charente.	9 30	8 20	6 50	14 jours
Salins.	Jura.	7 80	7 20	» »	7 —
Sarlat.	Dordogne.	10 45	9 65	8 05	15 —
Saumur.	Maine-et-Loire.	5 10	4 30	3 20	7 —
Saverne.	Bas-Rhin.	8 »	5 65	» »	8 —
Schelestadt.	—	9 25	6 60	» »	6 —
Sens.	Yonne.	2 80	2 60	» »	4 —
Strasbourg	Bas-Rhin.	8 48	6 »	» »	8 —
Surgères	Charente-Inférieure.	8 40	7 60	6 60	14 —
Tain.	Drôme.	9 40	8 40	» »	12 —
Tarascon.	Bouches-du-Rhône.	10 50	9 50	» »	12 —
Tarbes.	Hautes-Pyrénées.	13 »	12 10	9 40	19 —
Thiers.	Puy-de-Dôme.	8 20	7 40	6 60	15 —
Thionville.	Moselle.	7 40	5 30	» »	6 —
Thiviers.	Dordogne.	9 45	8 65	7 05	17 —
Tonneins.	Lot-et-Garonne.	9 70	9 35	8 80	14 —
Tonnerre.	Yonne.	4 25	3 80	3 »	5 —
Toulon.	Var.	14 »	13 »	11 50	18 —
Toulouse.	Haute-Garonne.	12 10	10 65	10 10	14 —
Tournus.	Saône-et-Loire.	6 80	5 80	5 »	9 —
Tours.	Indre-et-Loire.	4 45	3 80	2 80	6 —
Treguier.	Côtes-du-Nord.	11 »	9 10	» »	14 —
— par eau.	—	9 75	8 75	» »	18 —
Troyes.	Aube.	3 40	2 80	» »	3 —
Tulle.	Corrèze.	9 40	8 80	7 65	19 —
Ussel.	—	11 40	10 60	9 80	21 —
Uzès.	Gard.	13 »	12 »	» »	18 —
Valence.	Drôme.	9 85	9 »	» »	12 —
Valenciennes	Nord.	5 40	4 50	4 »	5 —
Valognes.	Manche.	7 25	6 05	» »	10 —
— par eau.	—	6 75	6 »	» »	16 —
Vannes.	Morbihan.	9 30	7 45	» »	10 —
Verdun.	Meuse.	6 40	5 90	» »	10 —
Vesoul.	Haute-Saône.	6 70	4 95	» »	7 —
Vichy.	Allier.	6 80	5 70	5 30	12 —
Vienne.	Isère.	9 50	9 »	7 50	12 —
Vigan (Le).	Gard.	14 »	13 »	11 »	18 —
Villefranche.	Aveyron.	13 05	11 90	11 20	22 —
—	Rhône.	8 50	7 60	6 »	8 —
Villeneuve d'Agen.	Lot-et-Garonne.	10 »	9 55	9 05	15 —
Vire.	Calvados.	6 25	5 05	» »	9 —
— par eau.	—	5 75	5 »	» »	14 —
Vitré.	Ille-et-Vilaine.	5 90	4 05	» »	5 —
Vitry-le-François.	Marne.	4 20	3 20	» »	5 —
Wissembourg.	Bas-Rhin.	9 30	6 50	» »	8 —
Yvetot.	Seine-Inférieure.	3 50	2 60	» »	4 —

AVIS CONCERNANT LES ENVOIS PAR LA POSTE.

Le volume des paquets ne doit pas dépasser 25 cent. cubes, et leur poids maximum 300 gram. Les substances *liquides, dangereuses*, ou *d'une odeur forte*, même emballées dans une boîte, et les paquets *cachetés* sont refusés par l'administration de la poste.

Le port doit être affranchi, à raison de 10 centimes par 100 grammes, à la charge du destinataire.

Il ne faut pas compter, pour la remise des paquets, sur la même célérité que pour les lettres; l'administration s'est réservé pour ce service des délais qu'elle applique à son gré.

Elle ne répond pas des pertes; les échantillons sont considérés comme marchandise sans valeur.

La facture qui accompagne l'échantillon ne doit porter que la désignation pure et simple de l'objet avec son prix ; l'addition sur la facture d'une observation quelconque expose l'expéditeur à une amende.

ADDITIONS ET ERRATA.

Additions.

Page 394. **Balances Roberval** (fig. 16), avec la modification suivante :
Le socle de la balance est disposé pour recevoir lui-même les poids, qui sont mieux ainsi sous la main de l'opérateur que dans un socle isolé de la balance.

Balance Roberval modifiée,
- de la portée de 1/2 kilog., avec 500 gram. de poids, 30 fr.
- — 1 — 500 — 32
- — 2 — 1000 — 40
- — 5 — 2000 — 50
- — 10 — 4000 — 62
- — 15 — 6000 — 78
- — 20 — 8000 — 92

Page 166. Appareil Dufourmantel pour aspiration d'iode, au pharm., 4 fr. 50 pour 6 fr. au public.
— — Bains minéraux de Chable. . . . . le flacon, 1 fr. 15 c. pour 1 fr. 50 c. au public.
— 175. Dragées de sulfate de quinine de Fortin. . . . . les 100 gram. 18 fr.
— 265. Lorsqu'on demande des sondes ou des bougies, il est nécessaire de préciser de quelle filière doivent être les numéros qu'on veut avoir. La filière Charrière fait loi.

Errata.

			Pour le pharmacien		Pour le public			Pour le pharmacien		Pour le public	
			fr.	c.	fr.	c.		fr.	c.	fr.	c.
Page 109. Manne en larmes.	*au lieu de*	le kilo.	17	»	»	»	*lisez*	15	»	»	»
— 139. Salseparcille Tampico	—	—	2	80	»	»	—	2	60	»	»
— 174. Dragées d'ergotine de Bonjean. .	—	le flacon.	2	»	3	»	—	2	80	4	»
— — Dragées de Fortin, au copahu; C: et cubèbes ; C:, cubèbes, ratanhia et fer . . .	*au lieu de*	le kilo.	12	»	»	»	—	10	»	»	»
— 180. Ergotine de Bonjean.	—	30 gram.	4	50	9	»	—	6	»	9	»
— 182. Globules antinévralg: de Cauvin.	—	le flacon.	6	50	10	»	—	2	25	3	»
— 183. Granules d'extr: d'ipéca de G.-L.	—	—	»	75	»	»	—	1	25	»	»
— — — — d'opium —	—	le kilo.	64	»	»	»	—	40	»	»	»
— — — — — —	—	le flacon.	»	75	»	»	—	1	»	»	»
— 196. Pilules de Cauvin, gourm:-purg:.	—	la boîte.	2	50	4	»	—	2	50	3	50
— — — — — —	—	la 1/2.	1	25	2	»	—	1	50	2	»
— 268. Caoutchouc liquide.	—	le kilo.	6	»	»	»	—	8	»	»	»
— 305. Scie à chaîne avec étui de Manric.	—	—	5	»	»	»	—	23	»	»	»
— — Scie à dos mobile, petit modèle.	—	. . . .	23	50	»	»	—	5	50	»	»

— 264. Suspensoirs *mobiles* de Leplanquais, *lisez* modèles de Leplanquais.
— 351. *Cires à cacheter*. Ce chapitre étant déjà imprimé lors de l'augmentation qui vient d'avoir lieu sur les cires à cacheter, motivée par celle des gommes laques, on voudra bien se reporter au catalogue de la droguerie (p. 62) pour les prix actuels.
— 485. *Appareil Carré*. Au lieu de 25 kilog. de glace pour 5 kilog. de charbon, les expériences de la Société d'encouragement donnent un produit de 100 kilog. de glace pour 7 kilog. de charbon, avec un moteur économique et puissant.

TABLE DES MATIÈRES.

Les articles qui ne figurent pas dans cette table ont leur place naturelle, et suivant l'ordre alphabétique, dans le catalogue général de *Droguerie, produits chimiques et pharmaceutiques, herboristerie* (page 31) ; et ceux qui font partie des spécialités, dans le catalogue des *Médicaments et objets spéciaux* (page 166).

	Pages.
Accessoires microscopiques.	558
Acétates divers.	32
Acétimètre de Réveil et Salleron.	378
Acides divers.	33
Acidimètre de Gay-Lussac.	378
Actinographe de Pouillet.	579
Actinomètre de Pouillet.	579
Additions et errata.	658
Agitateurs en verre.	372
Aiguilles aimantées.	530
— astatique d'Ampère.	542
— électriques.	534
— thermo-électriques.	544
— de Vicat.	387
Aimant naturel.	36
Aimants artificiels.	530
Alambics en cuivre.	329
— à double fond.	332
— pour fermier.	334
— de Salleron.	379
— en verre.	428
— — bouchés à l'émeri.	429
Albuminimètre de Becquerel.	386
Alcalimètre de Descroisilles.	378
— de Gay-Lussac.	378
Alcools et alcoolats divers.	37
Alcoolatures diverses.	38
Alcoomètre de Gay-Lussac.	379
— étalon.	379
Alèse en caoutchouc.	269
Aleuromètre de Boland.	380
Alidades.	592
Allonge en cuivre.	356
— en verre.	428
Aménoscope électrique.	582
Ammonimètre de Bobierre.	381
Amorce-siphon.	372
Ampoules en verre.	372
Analyse et synthèse de l'eau.	527
Analyse de l'air.	382
Anatomie (modèles d'Auzoux).	502
Anches.	549
Anémomètres de Combes.	586
— météorologiques.	582
Anémométrographes.	583
Anneaux de dentition.	250-269-346
— en ivoire.	346
Anorthoscope.	572

	Pages.
Appareil pour l'analyse de la bouteille de Leyde et de l'électrophore.	536
— d'Arago (rotation magnétique).	542
— d'Arago (optique).	562
— de Babinet (densité des liquides).	519
— de Barreswil.	389
— de Becquerel (électricité).	531-534
— de Berjot.	357
— à billes d'ivoire (choc des corps).	516
— de Bohnenberger.	515
— de Boussingault.	557
— de Bontigny (état sphéroïdal).	527
— à brûler l'air avec le gaz éthéré.	527
— de Brewster.	571
— de Brunner.	356
— de Buignet.	388
— de Bunsen.	383-520
— Carré pour la glace.	485
— de chimie.	356
— à congélation de l'eau dans le vide.	529
— à dégagement d'hydrogène (ballons).	527
— de Delezenne (polarisation).	569
— démontrant la répartition de l'électricité à la surface des corps.	536
— démontrant l'action de l'aimant à travers différents corps.	531
— démontrant le principe d'Archimède.	518
— démontrant le principe de Pascal.	518
— à démontrer l'aplatissement de la terre.	515
— à démontrer la force centrifuge.	515
— pour démontrer la chute parabolique des corps.	515
— à démontrer les propriétés du plan incliné.	515
— pour la conductibilité des solides.	525
— à démontrer la non-conductibilité des liquides.	525
— à démontrer la cause de l'engorgement des tuyaux.	521
— pour démontrer le maximum de densité de l'eau.	525
— démontrant les lois de la réfraction et de la réflexion.	565
— à déplacement.	422
— pour la dilatation des liquides.	525
— distillatoire industriel.	335
— pour la distillation du rhum.	336
— de Donny.	380

42.

TABLE DES MATIÈRES.

	Pages.
Appareil de Dulong (calorique).	526
— de Dulong (lois du refroidissement)	525
— de Dulong et Petit (dilatation).	525
— de Dumas (densité des vapeurs)	526
— de Dumas et Boussingault.	382
— à eaux minérales de Beltzung.	480
— — de Dalemagne	484
— — de François.	482
— — de Hammer.	483
— — de Lange.	479
— — de Savaresse.	480
— — de Stevenaux	478
— électro-dynamiques.	542
— électro-médical de Bianchi.	327
— — de Bondois.	328
— — de Bernard (Éric)	327
— — de Breton frères	326
— — de Duchenne.	326
— — de Gaiffe	327
— — de Goldberger	328
— — de Grenet.	328
— — de Morin et Legendre.	326
— — de Pulvermacher.	328
— — de Ruhmkorff	328
— — de Salleron.	327
— pour les essais des alcools.	379
— pour les essais d'argent	384
— pour les essais de cuivre.	385
— pour les essais des vins	379
— à évaporer dans le vide.	330-336
— pour expériences de polarisation	570
— pour expériences sur les effets de l'électricité.	537
— de Faraday.	536-542-545
— de Flandin et Danger.	386
— de Florès-Domonte.	385
— de Fresenius et Will.	375
— pour les forces parallèles.	514
— de L. Foucault.	516-545
— à fumigations	312-343
— — en verre.	421
— gazogènes	472
— de Gay-Lussac.	357-384-525-526
— de Gay-Lussac et Thénard.	357-527
— de Graetaers.	591
— de S'Gravesande (interférences)	571
— de Jacquelain.	385
— pour fractures	318
— pour imiter le bruit de la grêle.	564
— — la chute de la neige.	564
— — — de la pluie	564
— — le bruit du tonnerre.	564
— à jet d'eau dans le vide.	529
— de Lissajous (acoustique)	550-551
— de Laroche et Bérard (calorique).	526
— de Laurent (analyse des silicates).	356
— de Léon Gigot.	382
— à lumière électrique dans l'eau.	540
— de Magnus (électricité)	543
— de Mallet (densité des poudres).	519
— de Marguerite	385

	Pages.
Appareil de Marsh	386
— de Masson (induction).	543
— de Melloni.	525
— de Milon. Dosage de l'eau dans le pain.	380
— de Mitcherlisch.	387
— de Mohr.	375
— de Moride et Bobierre.	375
— de Morin	515-516
— à mouvements de Bonnet	319
— de Muller (polarisation).	569
— de Natterer	530
— de Newton (anneaux colorés).	571
— de Norrenberg (polarisation).	569
— d'OErsted (compression de l'eau).	530
— orthopédiques	317
— pour le parallélogramme des forces.	514
— en plomb pour l'acide fluorhydrique.	356
— pour l'acide phosphorique anhydre	356
— pour dessiccation par la chaleur et le vide	357
— de plongeur de Cabirol	610
— à pluie de mercure.	529
— de Pouillet	526-529
— à prouver l'équilibre des liquides.	518
— pour la double réfraction et la polarisation.	570
— de Regnault (calorique).	523-526
— pour la résistance des milieux	516
— à roues dentées (mécanique).	514
— de Ruhmkorff (électricité).	543
— de Rosenthal.	384
— de Sales-Girons (pulvérisation de l'eau).	312
— de Savart (acoustique).	549-552
— de Schaffner.	385
— de Sénarmont (calorique)	525
— à sept miroirs	567
— de Schlœsing.	382
— de Simon (capillarité).	524
— des trois siphons	521
— de Soleil, pour les axes optiques	569
— de Stokes (fluorescence).	567
— thermo-électriques de Peltier.	544
— pour la théorie de la grêle.	537
— — de la balance.	514
— — du kaléidoscope.	566
— — de la vis	515
— de Thilorier.	530
— de Travaillant (acoustique).	553
— de Venturi (hydrostatique).	520
— de Wertheim (acoustique).	553
— de Wheatstone.	545-569
— de Wrède (interférences).	571
— de Wurtz	375
— contre l'onanisme.	310
Appeaux de toute espèce	549
Appréciateur Robine.	380
Arbre à sept aiguilles (électricité).	537
Archets.	553
Aréomètres de Baumé.	376
— de Cartier.	379
— du commerce	375
— de Fahrenheit.	519

TABLE DES MATIÈRES.

	Pages.
Aréomètres en métal	377
— à pompe	519
— de précision	376-519
— de Tessa	379
— universels	519
Armoires d'Appert	333
Arséniates divers	41
Arsénites	42
Aspirateurs	358
Assiettes de comptoirs	416
Atmidomètre, Atmidoscope	582
Autoclaves	358
Azotates divers	42
Bains d'eaux minérales factices	471
Bains-marie, bains de sable	358
Balances bascules	395
— de comptoir	390
— de Coulomb	531-534
— gyroscopique	515
— hydrostatiques	518
— pendules	393
— de Plattner	385
— de précision	398
— Roberval	394-658
Balanciers à compensation (modèles)	525
Ballons en verre	428
— bouchés à l'émeri	430
— en cristal à robinet	338
— de Dumas	372
— en baudruche (aérostats)	527
— pour le son dans le vide	529
— pour la densité des gaz	520
Banc de diffraction	571
Bandages doubles	259
— en caoutchouc vulcanisé	269
— ombilicaux	261
— simples	237
— Biondetti	262
— Burat	262
— Leplanquais	262
— Valerius	262
— Wickam	262
Bandes en caoutchouc	269
Baromètres de tout genre	572
Baromètre de Dalton	526
Barométrographe de Ronalds	573
Baroscope	529
Barreaux aimantés	530
Bas en caoutchouc	269
— à varices	267
— Leperdriel	268
Bassines en cuivre	331
— étamées	604
— à double fond	332
— en doublé d'argent	604
— en fer contre-oxydé	340
Bassins de lit en faïence	449
— pour malades, en étain	636
Bateau à hélice (modèle)	516-518
— à aubes	516
Bâtons de verre, cire, cuivre (électricité)	534

	Pages.
Batteries électriques	536
Bat-pouls	527
Baumes naturels	44
— pharmaceutiques	44
Bélier hydraulique (modèle)	520
Benzoates	46
Béquilles à coussin d'air	269
Bésicles	553
Biberons de Mme Breton	247
— de Burq	248
— de Charrière	247
— du commerce	249
— de Darbo	248
— de Guilbaut	249
— de Jamet et Piquart	248
— de Leplanquais	248
— de Thier	247
Biloupes	555
Blancs pour peinture en bâtiments	47
Bleu pour le linge	47
— d'outre-mer divers	48
— de Prusse divers	49
Bobines pour induction	543
Bocaux en verre blanc	427
— en verre bleu	423
— à fœtus	424
— à sangsues	440
Bois de teintures	49
Boîtes à argenter, à ficelle	346
— à autopsies	291
— pour anatomie microscopique	291
— de compas	588
— pour dentistes	298
— de dissection	291
— pour embaumement	511
— de fantaisie en carton	465
— homœopathiques	242
— à opiat, en étain	636
— à pastilles, à tiroirs	465
— à pâtes (de guimauve, de jujubes, etc.)	342
— à pilules et autres, en carton	463
— à poudre dentifrice	465
— à pommade, en bois	346
— — en porcelaine	447
— à réactifs	359
— de secours pour les noyés	310
— à thé, en bois	347
— — en fer-blanc	342
— — en carton (canistres)	465
— à ventouses	306
Bonbons-pastillage	644-645
— de toute sorte	646
Bonde hydraulique de Payen	379
Bonnet à glace	269
Borates divers	50
Botanique (collections)	499
Bouchons de toute espèce	50
Bougies uréthrales de tout genre	265-658
Bouillant de Franklin	527
Boules à suspension	424
Boussoles d'arpenteur	592

TABLE DES MATIÈRES.

	Pages.
Boussoles breloques	593
— de déclinaison	531
— d'inclinaison	532
— forme montre	593
— galvanomètre	544
— de géologue	586-593
— de marine	595
— de militaires	593
— de mineur	586
— de sinus et tangentes	544
Bouteilles en caoutchouc	268
— à élixir américain	432
— de Franklin (électricité)	536
— inépuisable	521
— de Lanoe (électricité)	536
— de Leyde	536
— à purgatif	439
— en verre blanc	435
— — vert	438
— — noir	441
— à vomitif	432
Bouteilles-siphons de Beltzung	476
— — de Briet	476
— — de François	476
— — de Hammer	475
— — de Leroy	475
— — de Martin	476
— — de Nouveau	476
— — de Savaresse	477
— — de Veissière	476
Bouton de Barton	571
Bouts de sein anglais	248
— — de Mme Breton	247
— — de Charrière	247
— — de Jamet et Piquart	248
— — d'espèces diverses	249-269
Bras artificiels	314
Briquets à air	529
— à gaz	412
Brocs et bouteilles en cuivre	334
Bromates divers	51
Bromures divers	51
Bronzes pour peinture	52
Brosses à frictions	269
Burettes de divers auteurs	369
— anglaise	369
— hydrotimétrique	388
— sulfhydrométrique	388
Bustes d'hommes célèbres	513
Cabestan (modèle)	514
Cabinet d'histoire naturelle	502
Cacaos broyés	641
— pulvérisés	20-641
Cachets à cire	350
— à pastilles	345
— à timbre humide	350
Cadmium pour dentistes	298
Cadrans solaires ou méridiens	594
Cafetières à trois moteurs	341
— à bascule	340
Caléidophone de Wheatstone	553

	Pages.
Calorimètres divers	526
Canistres (boîtes à thé)	465
Canon de fusil pour laboratoire	360
— de pistolet —	360
— de Volta	537
Canules en buis	346
— en gomme	266
Caoutchouc à bureau	268
— en feuilles	268
— en fils	268
— liquide	268
— en masse	57
— en rondelles	268
— en tubes	272
Capillarité	524
Capsules en argent	360
— en cuivre	332
— en fer controxydé	339
— en platine	360
— en porcelaine	444
— en verre	432
— peintes pour bocaux	342
— à bouteilles, en étain et en plomb	477
Carafes pour biberons	423
— jaugées	370
— à huile	422
Carbonates divers	55
Carillon électrique	537
Carmins de divers numéros	56
Carreaux en faïence	449
Carreaux en porcelaine à broyer	445
Carréotypes	351
Carrés en bois	360
Cartes blanches	58
— en corne	346
— manquées	58
— étamées	350
Casse-sucre	339
Cassettes de mathématiques	588
Cathétomètres	578
Cautères de chirurgien	307
Ceintures abdominales	263-269
— en caoutchouc	269
— hypogastriques	269
— de natation ou de sauvetage	263
— ombilicales	263
— périnéales	263
— périodiques	263
— Rainal	262
— ventrières	263
Centres en corne (dessin)	587
— de gravité (disque-triangle, etc. pour)	515
Cerceau de Delezenne	542
Cercles géodésiques	593
— à réflexion	596
Chalumeaux (divers auteurs)	360
— pour la minéralogie	584
— à gaz oxy-hydrogène	565
Chambres claires	558-564
— noires	564-599
Charbon à couper le verre	361

TABLE DES MATIÈRES.

	Pages.
Charbon pour lumière électrique.	540
Chausses en feutre	347
— en molleton	347
Chaussons en caoutchouc.	268
Chemin de fer aérien.	515
— de fer (modèle complet).	517
Chèvre (modèles de)	514
Chlorates divers.	59
Chloromètre de Gay-Lussac	379
Chlorures divers.	59
Chocolat Menier.	637
Chocolats médicinaux.	638
— divers	640
— pralinés	641
Chocolatières françaises	343
Chromates divers.	61
Cigares médicamenteux	62
Cigarettes médicinales.	62
— en os, etc.	346
Ciment Rogers	298
Cires à cacheter	62-351
Ciseaux à pâte de jujubes	345
Citrates divers	63
Claque-bois (acoustique).	550
Clinomètre	596
Cloches à boutons ou à douille.	361-413
— à gaz	361
— à boutons, graduées.	370
— à robinet.	361
— en cristal.	413
— en cristal pour guéridon.	414
— à plongeur (modèle).	522
— en verre	432
Clyso-injecteur Cottiau.	254
Clysoirs.	251
— anglais.	270
— atmosphérique de Guérin.	256
Clysoléide Lehodey	253
Clysopoches Lehodey	253
Clysopompes.	251
— Fatoux	254
Clysotrousse Darbo	256
Clysotube Comolot	251
Clyso de voyage de Thier	254
Coin à angle variable	515
Colle Audouin	349
— à bouche.	351
Colles diverses	64
Collections d'appareils de chimie	389
— des solides de géométrie	589
— pour l'enseignement.	499
Colliers anodins	250-346
Colorimètre de Collardeau	387
Commutateurs pour les mines	543
Comparateur (acoustique).	552
Compas à dessin	586
— de route (marine).	595
Composteurs à lettres mobiles	353
— avec tampon.	353
Compresseur du sein	270
Compte-fils.	556

	Pages.
Comptes-gouttes	372
Compte-secondes	524
Compteurs pour machines	489
Condensateurs électriques	535
— électro-chimique de Delarive	542
Conducteurs à crochets (électricité).	537
Cône pour le centre de gravité.	514
— en tôle pour allumer les fourneaux	361
Confiserie	644
Confitures.	646
Conges avec échelle.	333
Conserves en cristal fin	406
— en cristal ordinaire	419
— en cristal peintes	416
— étiquettes vitrifiées	416
— pharmaceutiques	65
— au sucre	646
— en verre blanc.	428
Cordes de paratonnerre	583
— de sonomètre	552
Cornet acoustique en gomme.	266
— acoustique en caoutchouc	270
Cornues en biscuit	445
— en fer et en cuivre.	361
— de Salleron	361
— en grès	453
— en verre	428
— bouchées à l'émeri.	430
Cosmorama	562
Couleurs fines pour tableaux	607
— en écailles (miniature)	608
— (confiseurs)	66
— en tablettes	609
Coupelles en os.	361
— de Lebaillif.	361
Coupe-pâte Guichard	345
Coupe-racines	345
Coupes en cristal.	415
Coupe-savon	339
Courtines verre vert.	437
Coussins à air	268-270
Coussinets à fractures.	270
Couteau en ivoire.	361
— en corne.	361
— à bouchons.	361
— à couper les tubes	361
— à papier	346
— à sparadrap	345
Crachoirs de malade.	636
Crânes et bustes (phrénologie)	513
Création de pharmacies	490
Crécelles.	552
Crémomètre de Quevenne	383
Creusets en argent	361
— en biscuit	444
— en fonte.	361
— en fer forgé	361
— en platine	361
— et rhodium	361
— en plombagine.	361
— en porcelaine.	444

TABLE DES MATIÈRES.

	Pages.
Creusets en terre de Paris	452
— de Hesse	452
Cribles divers	348
Cric (modèles)	514
Criophore	527
Cristallographie (collections)	500
Cristaux pour la polarisation	569
Cruchons en grès	455
Cubes en fer-blanc (rayonnement)	525
Cuillers en fer à projection	361
— en tôle	362
— en verre	432
— à poudre	345
Cuivre recuit	362
— pour électrode	541
Culbuteur chinois	514
Cuve à eau	362
— en glace (réfraction)	566-568
— en fonte, de Doyère	362
— en gutta-percha	601
— à mercure	362
— en pierre de liais	362
Cuvettes de baromètres	413
— à mercure	445
— en porcelaine	601
Cyano-polarimètre d'Arago	570
Cyanures divers	68
Cylindres pour électricité par influence	536
— et plan incliné (centre de gravité)	514
Daguerréotypes	598
Décolorimètre de Houton-Labillardière	387
Décomposition et synthèse de l'eau	527
Densimètre pour les eaux minérales	387
Densimètres de Gay-Lussac	376-519
Densimètre de Rousseau	376
Dents artificielles et naturelles	298
Diabétomètre de Rohiquet	385
Diagomètre de Rousseau	381
Diapasons divers	551
Diapason vibrant par un courant électro-magnétique	531
Diasparomètre de Rochon	568
Digesteur de Corriol et Berthemot	362
— de Gerhardt	357
— de Payen	362
Dipléidoscope de Dent	595
Disques en glace (adhérence des liquides)	524
— à manche isolant	534
— de Newton	567
— thermo-électriques	544
— en tôle	363
— zinc et cuivre	539
Doublets de Wollaston	558
Doigtiers en caoutchouc	270
Dragées médicinales	69
— (confiserie)	644
Droguerie (catalogue)	31
— supplément	165
Dynactinomètre de Claudet	604
Dynamètre de Ramsden	562
Dynamisateur (homœopathie)	338

	Pages.
Dynamomètres	489
Eaux composées	70
— distillées	71
— minérales factices	470
— naturelles	468
Échelles alcoométriques	379
— divisées	589
Écluse (modèle)	521
Écumoires en cuivre	333
Élaïomètre de Berjot	281
— de Gobley	380
Électro-aimants divers	545
Électromètres	534
Électro-moteurs divers	545
Électrophores	534
Électroscopes	534
Électuaires	72
Élément thermo-électrique de Seebeck	543
Élixirs	73
Embaumement (divers procédés)	511
Embouchures (acoustique)	547
Emplâtres	73
Emporte-pièces	345
Encadrements pour photographies	603
Encres noires et de couleur	75-351
— à marquer le linge	351
— à timbre humide	351
Endosmomètre de Dutrochet	524
Engrenages (modèles)	514
Entonnoirs en cuivre	332
— en grès	454
— magique	521
— en porcelaine	447
— à robinet	420
— soufflés	372
— en verre	428
Enveloppes d'ordonnances	350
Envois par chemin de fer	650
— par la poste	658
Éolypiles	342
— (expansion de la vapeur)	527
— (recul des armes à feu)	527
Épices solubles de Lemettais	643
Épreuves pour stéréoscopes	605
Éprouvettes en cristal	411
— graduées	370
— à pied et sans pied	363
— à vanille	411
— en verre	432
— à poudre à canon	489
Équerres d'arpenteur	592
— à dessin	588
Équilibriste (centre de gravité)	514
Ériomètre d'Young	571
Errata divers	658
Espèces pharmaceutiques	76
Esprits (parfums)	77
Essences artificielles	80
— (huiles essentielles)	77
Estagnons en cuivre	332
Étamines à looch	347

TABLE DES MATIÈRES.

	Pages.
Étiquettes à bocaux.	459
— gommées et découpées.	462
— imprimés, prospectus.	461
— à liqueurs.	458
— passe-partout.	457
— en porcelaine.	442
— à tiroirs.	460
— vitrifiées.	416
Éthers.	80
Étuis à dissection.	291
Étuve de Coulier.	363
— de Darcet.	363
— de Gay-Lussac.	363
— d'Hervé-Mangon.	363
— pour la dessiccation des farines.	380
Eudiomètres de divers auteurs.	381-382
Extrait d'hydrocotyle.	165
Extraits pharmaceutiques.	81
— pour teinture.	89
Excitateurs (électricité).	536
— zinc et cuivre.	539
Faces à main.	554
Factures lithographiées.	458
Fantasmagories.	562
Farines diverses.	89
— de légumes de Groult.	642
Féculomètre de Bloch.	380
Fer à emplâtre.	343
Fers à moustache.	363
Ferme-portes en caoutchouc.	268
Feux d'artifices.	606
— de gaz.	527
Filières de différents auteurs.	265
Fil d'argent.	363
— de cuivre pour conducteurs.	541
— de platine.	363
— de fer de clavecin.	363
— de caoutchouc.	268
Filtres en cuivre.	333
— — à robinet.	333
— hermétiques de Septier.	340
— à robinet pour liqueur.	333
Fioles à niveau d'eau.	432
Flacons en argent.	363
— à alcali.	411
— à baume opodeldoch.	433
— en caoutchouc.	270
— en cristal pour devanture.	407
— pour le chlore.	420
— à densité de Regnault.	371
— forme bourse.	417
— désinfectants.	413
— à eau de Baréges.	439
— à eau-forte.	418
— des Jacobins.	439
— avec étui en bois.	346
— à fumigation.	421
— à étiquettes vitrifiées.	417
— à l'émeri.	418
— — avec robinet.	420
— — dans un étui.	346

	Pages.
Flacons en gutta-percha.	541
— à huile de foie de morue.	433
— — de ricin.	432
— pour homœopathie.	434
— à looch.	433
— à magnésie.	433
— à marasquin.	440
— de Mariotte (hydrostatique).	521
— de Mohr.	387
— moulés.	434-437
— à moutarde.	433
— ovales.	434
— à pans.	433
— en plomb.	363
— respiratoires.	421
— à rosolio.	440
— à salsepareille.	433
— à sels.	414
— en verre blanc.	427
— — bleu.	424
— à vinaigre.	433
— de Woulf.	428
Fléau de balance (théorie du).	514
Flotteur de Prony.	520
— de niveau d'eau, avec sifflet.	488
Fluorures.	90
Focimètre de Claudet.	604
Focomètre pour les lentilles.	568
Fontaine de circulation.	522
— de compression.	521-529
— électrique de Colladon.	540
— de Héron.	522
— intermittentes.	522
— à trois jets (électricité).	537
Forges portatives.	363
Formiates.	91
Fossiles (collections de).	501
Fourneaux à bassine.	450
— à coupelle.	451
— à gaz.	364
— à manche.	450
— à réverbère.	450
— en terre.	450
— à tubes.	451
Fourreaux de bandages.	261
Frein de Prony.	489
Fronde musicale de Cagniard.	553
Frosomètre d'Alcan.	489
Fruits confits.	646
Fusées de Stateham.	543
Fusil à vent.	529
Galactomètre, pèse-lait.	383
Galvanomètres.	544
Galvanoplastie (instruments pour).	540
Gants anatomiques.	270
Garde-lait, garde-chemise.	250
Gazogènes Briet.	472
— Rocquet.	472
— Fèvre.	473
— Guérin.	474
— Poncelin.	474

TABLE DES MATIÈRES.

	Pages.
Gazogènes Rousselle.	474
— Veissière.	473
— Villiet.	473
Gazolitres	474
Gazomètre à cloche	365
— de Mitcherlisch.	365
— d'usine à gaz (modèle)	522
Gaze cirée, verte et jaune	347
Genouillères en caoutchouc	270
Géologie (collections)	501
Géométrie (collections de).	589
Girouettes	582
Glace (fabrication de la glace)	485
Glaces pour la capillarité.	524
— noires.	566-569
— pour photographie	602
Glacières des familles	344
— de Fumet.	343
— parisiennes	344
Gleuco-œnomètre.	379
Globe pour l'aurore boréale	538
Globules homœopathiques	243
Gommes diverses	94
Goniomètres de divers auteurs	584
— de Babinet.	566-567
Goulots en verre blanc	427
— — bleu.	423
— bouchés à l'émeri	435
Graines de fleurs	612
— fourragères	612
— de plantes officinales.	614
— potagères.	611
— de pyrèthre du Caucase	614
— diverses	95
Granules	96
Graphomètres	592
Gravimètres (densité de la poudre).	518
Grille carrée	365
— circulaire	365
— à phosphures.	365
— à tubes	365
— à dessécher les plantes	499
Grue (modèle)	514
Guéridons en cristal, en bois	412
— pour cloches	415
Gypsomètre de Poggiale.	379
Gyrochromoscope.	571
Gyroscope de L. Foucault.	515
Hachettes pour casser la gomme	348
Hélices sinistrorsum et dextrorsum	545
Hélicomètre de d'Orbigny	585
Héliostat de Silbermann	565
Hémodromomètres.	313
Hémodynamomètres.	313
Hemisphères de Magdebourg.	529
Herbier médical.	499
Herboristerie (catalogue).	31
Hochets divers.	346
Horizons artificiels (marine)	596
Horloges électriques.	547
Huiles fixes.	97

	Pages.
Huiles essentielles (voy. Essences).	
— médicinales	98
— pyrogénées.	99
Huiline de Sorel	610
Hydriodates divers	99
Hydrochlorates divers.	100
Hydrocloses	255
Hydroclyses Naudinat.	255
Hydrocotyle asiatique	165
Hydrocyanates divers	100
Hydroferrocyanates	100
Hydrofuge Sorel	610
Hydrosulfates divers.	100
Hypophosphites divers.	101
Hyposulfates divers.	101
Hyposulfites divers	101
Hydrotimètre de Boutron et Boudet.	388
Hygromètres de tout genre.	579
Hypsomètre de Regnault.	573
Iconomètre de Ziegler.	604
Indicateur de Watt	489
— du vide	488
Injectoclyses.	436
Interférences (appareils pour)	571
Instruments pour la botanique	313
— de chimie.	356
— de chirurgie de divers fabricants.	320
— — nouveaux	308
Instruments de chirurgie.	275
— pour abcès.	299
— — ablation des tumeurs.	296
— — accouchements.	301
— — acupuncture.	307
— — alimentation des aliénés.	296
— — amputations.	305
— — amygdales.	295
— — anesthésie.	296
— — anus contre nature.	299
— — bec-de-lièvre.	295
— — cataracte.	292
— — cautères.	307
— — dentiste.	297
— — électro-puncture.	307
— — empyème.	299
— — fistule lacrymale.	293
— — vésico-vaginales	301
— — fistules et fissures anales.	299
— — fosses nasales	294
— — hydrocèle.	299
— — lithotritie.	303
— — maladies des femmes.	300
— — oreilles.	294
— — œsophage.	296
— — paupières.	294
— — pharynx.	294
— — phimosis	300
— — polypes des fosses nasales.	294
— — ponction de la vessie.	299
— — pupille artificielle.	293
— — strabisme.	294
— — staphyloraphie.	295

TABLE DES MATIÈRES.

	Pages.
Parfumerie	648
Parfums pour liqueurs	649
Passe-vin	518
Passe-partout (photographie)	503
— (étiquettes)	457
Pastilles de chocolat	641
— médicinaux	638
— pharmaceutiques	125
— (confiserie)	644
Pastilleuse de Féry	337
Pâtes pharmaceutiques	127
Peaux de chat	534
— de cygne	579
Pelle à braise	367
Pelotes de bandages	261
— à tamponnement	270
Pendules de divers auteurs	516
Pendule électrique	534
Pendule hydrométrique	523
Percalines cirées	347
Perce-bouchons	367
— -carte (électricité)	537
— -verre —	537
Percerette à bouchons	367
Personnages en baudruche	527
Pèse-liqueurs de Cartier	375-376
— -sirops, sels, acides, etc.	375-376
— -éthers, lait, vins, vinaigres	375-376
— -moût	379
— -grains	380
— -lettres	397
— -urine	385
Pesons cylindriques	396
Pessaires à air fixe	271
— à air libre de Gariel	271
— en buis	264-347
— en caoutchouc	271
— galvaniques	264
— en ivoire	264-347
— en gomme	264
— de Simpson	271
Pharmacies (création de)	490
— homœopathiques portatives	246
— de poche	498
— portatives	491
Phénakisticopes	571
Phosphates	129
Phosphites	130
Phosphoroscope de Becquerel	567
Phosphures	130
Photographie (appareils de)	597
— (traités de)	605
Photomètres	572
Pièces de rechange pour les piles	540
— en verre soufflées	372
Pieds de chambre noire	600
— de lunettes astronomiques	562
— terrestres	562
Pierre de touche	367
Piles de divers auteurs	539
— de Bunsen (50 éléments)	565

	Pages.
Pile de Grenet	539
— sèche de Zamboni	538
Piles télégraphiques	539
— thermo-électriques	543
Pilons en gayac, en buis	456
— en fer	348
— en porcelaine	443
Pilules	131
Piluliers	345
Pinces à charbon	367
— à creusets	367
— à coupelles	367
— à cuiller	367
— en acier et platine	367
— plates et coupantes	585
— à tourmaline	569
Pince-nez	554
Pipes à lait	249
Pipettes graduées	371
— à piston	526
— jaugées	371
— diverses	372
— de Mohr	387
Pissette à lavage	367
Pistolet de Volta	537
Pistons (modèles de)	523
Plan incliné pour la réaction (électricité)	537
— de marbre et bille d'ivoire	516
— vertical (mécanique)	514
Plans de glace de Magdebourg	524
Planchettes	591
Planimètres divers	589
Plaques pour daguerréotype	603
— vibrantes (acoustique)	550
Plessimètres	309
Plombateur Warton	298
Plumeaux	355
Pluviomètres	582
Pneumatomètre	313
Poches de minceur	586
— à mortier	348
— périodiques	271
Poêlons en cuivre	331
Poids à bouton et autres	396
— de précision	399
— de carats	400
Poids et mesures	390
Pointes de paratonnerre	583
Poires à injection	271
Pois à cautère	132
— Leperdriel	273
Polariscopes	570
Polymétrie (instruments de)	369
Polyorama	563
Polyprisme (optique)	568
Pommades médicinales	133
— (parfumerie)	648
Pompes de toute espèce (modèles)	522-523
— jumelles Darbo	256
— de Gay-Lussac	367
— de jardin	348

TABLE DES MATIÈRES.

	Pages.
Pompes à sein	250
Porphyres et molettes	436
Porte-acide Garnaud	473
— bouteilles Bardou	339
— charbon (lumière électrique)	540
— — de Plattner (minéralogie)	585
— coupe-fil	348
— lumière	565
— moxa	307
— ordonnances	297
— pierres	347
— plume (crampe de la main)	319
— tube à essais	368
— voix	549-596
Pots en faïence	448
— à opiat en porcelaine	446
— en étain	636
— en porcelaine décorés	442
— — à pommade	446
— à pommade avec étui	347
— en demi-porcelaine	447
Poudres pour appareils gazogènes	472-473
— composées	28
— grosses pour teintures	30
— impalpables	17
— à plomber les dents	298
— à peinture de Sorel	610
Poulies simples et composées (modèles)	514
Pralines (confiserie)	644
— de chocolat	641
Préface	3
Préparations microscopiques	559
— pharmaceutiques	31
Presses à copier	352
— à courber le verre (polarisation)	569
— à essais de betteraves	389
— hydrauliques (modèles)	521
— de laboratoire	354
— à timbre sec	352
Prismes à angles variables	566
— de Borda	566
— compensateurs (polarisation)	569
— creux à compartiments	566
— en cristal de roche	567
— de Fresnel	568
— flacon de Biot	566
— en flint	543-567
— de Nicol	558-569
— bi-réfringents	568
Produits chimiques (catalogue)	31
Psychromètres d'August	581
Puisard et son plateau	333
Pyrhéliomètres	579
Pyromètres de divers auteurs	524
Pyrophosphates	135
Pyxide à robinet et insufflateur	271
Quadrilatères à suspension pour bocaux à fœtus	424
Quartz (polarisation)	569
Quatre éléments (hydrostatique)	518
Quinimètre de Glenard et Guilliermond	387
Quinquinas divers	136

	Pages.
Râpes diverses	368
Rapport du jury de l'Exposition	5
Rapporteurs	587
Réchaud à esprit-de-vin	342
Récipients florentins	429
Réfractomètre de Bernard	566
Registre pour la vente des poisons	350
Règles à calcul	589
— à dessin	588
— de Plattner (minéralogie)	586
Régulateur photo-électrique	540-565
Ressorts de montre	368
Rhéomètres	544
— de Poletti	523
Rhéostat de Wheatstone	545
Rhomboèdre de spath d'Islande	568
Ringard en fer	368
Robinets divers	368
— à pessaires	271
Romaine à cadran	397
Rondelles en caoutchouc	268
Roue de Barlow	542
— et compteur (vitesse de l'eau)	523
— dentées de Savart	552
— hydrauliques (modèles)	521
— à tympan (modèle)	521
Rouleaux à sirops	431-438
— à pastilles	347
Sabliers compteurs	604
Sac de mousseline (électricité)	536
Saccharimètre de Mitcherlisch	389
— de Soleil	386
Saccharomètre	389
Sacoches à eau de fleurs d'oranger	439
Salsepareilles diverses	139
Scarificateurs à ressorts	306
Scie à main (minéralogie)	586
— à pilules	345-347
Scopéloscope d'Arago	570-596
Sébile à broyer avec boulet	345
Sels divers	140
Seringues en étain	252
— en verre et en cristal	253-436
— à injections en os	253
— à tige conductrice	256
— pour anatomie microscopique	558
Serpentins en verre	372
Serre-bouchons	473-477
Serre-bras en caoutchouc	271
— Leperdriel	274
— de toute espèce	274
Serre-cuisses divers	271-274
Serre-feu	363
Serre-têtes en gaze cirée	347
Sextants	595
Sidéroscope de Lebaillif	531
Sifflet de locomotive	549
— de marine	549-596
Siphons pour eaux gazeuses (voy. Bouteilles).	
— en verre, forme diverse	372
— irrigateur de Charrière	251

TABLE DES MATIÈRES.

	Pages.
Siphons omnibus de Joret	477
— de Porta	521
Sirène de Cagniard	553
— fronde de Cagniard	549
— électro-magnétique	553
Sirops divers	143
Soie pour tamis	348
Soleil tournant (électricité)	537
Sondes en gomme de tout genre	265-658
Sonomètres	552
Sonneries électriques	547
Soufflerie (acoustique)	547
Soufflet hydraulique (modèle)	522
Soupapes de sûreté	488
Sparadrapiers	345
Spath d'Islande	534-568
Spatules en bois, en buis	247
— en cristal	411
— en fer	346
— en os	347
— en porcelaine	445
— en verre	432
— flexibles en acier	346
Spécialités pharmaceutiques	166
Spécialistes (noms des)	216
Spéculums en cristal	413
— en étain	636
— de formes diverses	310
Sphères en cuivre (vitesse des courants d'eau)	523
— creuses de Coulomb	536
Sphéromètre	568
Spirale d'induction de Matteuci	542
Spiromètre de Boudin	271
Squelettes humains	509
— d'animaux	510
Stadia militaire	591
Stéréomètre de Say	519
Stéréoscopes	605
Stéthoscopes divers	310
Stores transparents	466
Succédané Seymour	298
Succinates divers	149
Sucs de fruits	148
— de réglisse	148
Sulfates divers	149
Sulfhydromètre de Dupasquier	388
Sulfites divers	151
Sulfures divers	151
Supports d'instruments de chimie	368
Suppositoires en gomme	266
— en caoutchouc vulcanisé	272
Suspensoirs de toute espèce	263
— en caoutchouc vulcanisé	272
Sympiézomètre	573
Tables à filtres	332
Tableaux astronomiques	564
— dioramiques	562
— étincelant	538
— de fantasmagorie	563
— pour l'étude de l'acoustique	552
— magiques de Franklin	537
Tableaux du spectre solaire	567
— de Courtois	350
— de Deleschamps	350
— de Dumont de Cambrai	350
— des indemnités de transport	639
Tabliers de nourrice	250-268
— de pharmacien	347
Tabourets isolants	536
Taffetas ciré jaune et vert	347
— à cautères	212-213-274
— à vésicatoires	212-213-273
Tampons à timbre humide	351
Tamis divers	348
Tannates divers	153
Tarif des pharmaciens	350
— des transports	650
Tas en acier (minéralogie)	586
Tasses d'allaitement	347
— de quassia amara	347
Tartrates divers	153
Tartrimètre	379
Taupettes diverses	431
Teintures alcooliques	154
— éthérées	157
— mères	242
Tetines ou mamelons	250
Télégraphes électriques et accessoires	545
Télescope de Foucault	561
Terres de couleur	157
Terrines en faïence	449
— en grès	453-455
Têtes articulées (ostéologie)	509
— des races humaines	513
Têts à gaz, à rôtir	451
Théâtre de pantins (électricité)	537
Théodolites	532-594
— de Combes	586
Thermomanomètre	487
Thermomètres à air	524
— alcoométrique	379
— de contact	524
— différentiel	525
— électrique	537
— éprouvette	379
— pour les farines	380
— métalliques	524
— métastatique	575
— à poids	524
— d'observation	575
— usuels	377
— (construction des)	577
Thermométrographes	576
Thermoscope de Rumfort	525
Thés divers	158
Tire-bouchon de Fontan	388
Tire-lait en caoutchouc	272
— de Leplanquais	250
Tire-lignes	587
Toile imperméable	268
Toiles vésicantes diverses	273
Toton magnétique	530

TABLE DES MATIÈRES.

	Pages.
Touchau pour l'or et l'argent	368
Touries pour le chlore	454
Tourillons	454
Tourmalines	534-569
Tourniquet hydraulique	520
— à vapeur	527
— de Dumoncel	542
Transformations des mouvements (mécanique)	515
Trébuchets divers	394
Treuils (modèles)	514
— électrique	538
Triangles pour fourneaux	368
Tribomètres	516
Triloupes	556
Trousses nouvelles de Charrière	275
— ordinaires	286
— de naturaliste	512
— de sage-femme	290
— de vétérinaire	325
Tubes de Becquerel	543
— en biscuit (porcelaine)	444
— de Chancel	387
— en caoutchouc	272
— à clysopompe	272
— courbés	374
— creux et pleins	432
— (chute des corps dans le vide)	529
— en fer	368
— fermés pour essais	373
— de Geissler (électricité)	543
— gradués	371
— — de Payen	389
— — de Abich	388
— de Liebig et autres auteurs	374
— de Mariotte	529
— de Pitot (hydrotimétrie)	523
— pour expériences spéciales	374
— phosphorique	538
— siffleur de Cagniard	549
— à soupape (hydrostatique)	520
— de sûreté	373
— en terre réfractaire	453
— de verre (électricité)	534
Turbines diverses (modèles)	521
— Girard	486
Tuyaux acoustiques	268
— pour l'étude de l'acoustique	548
Udomètres	582
Urinaux en caoutchouc vulcanisé	267
— en gomme	266
Urinoirs en cristal	413
Urinoirs en étain	636
— en faïence	449
Ustensiles pour liquoristes et distillateurs	332
— pour pharmacien	329
Valérianates divers	160
Valets, diverses espèces	368
Vase d'où l'on fait sortir deux liquides	521
Vases gondoles et chinois	409
— forme potiche	410
— gourde	410
— Médicis	408-419
— à poissons	430
— en porcelaine pour devanture	442
— à précipiter	427
— à sangsues	430
Ventilateurs (modèles)	515
Ventimètre	488
Ventouses en caoutchouc	272
— Junod	306
— en verre	431
Verges vibrantes (acoustique)	550-552
Verniers	587
Vernis	161
Verre blanc	427
— bleu	423
Verres à expériences	431
— gradués	371
— de montre	368
— pour optique et cosmorama	555
— — observer le soleil	562
— à pied en cristal gradués	371
— de Tantale	521
— trempés (polarisation)	569
Versoirs en cuivre	333
Verts pour la peinture	162
Vésicatoires de divers auteurs	214-273
Vessies préparées	368
— avec robinet	368
— en caoutchouc	368
— à glace	272
Vibroscope de Duhamel	553
Vins médicinaux	163
Vinaigres divers	163
Vis d'Archimède (modèle)	521
— sans fin	514
Volumètre de Gay-Lussac	376-519
Voluménomètre de Regnault	519
Voltamètre pour la décomposition de l'eau	540
Yeux en émail	512
— humains artificiels	319

PARIS. TYPOGRAPHIE DE HENRI PLON, IMPRIMEUR DE L'EMPEREUR, RUE GARANCIÈRE, 8.

www.ingramcontent.com/pod-product-compliance
Lightning Source LLC
Chambersburg PA
CBHW050058230426
43664CB00010B/1358